교회교의학 III/1

제5권 창조에 관한 교의 — 제1권

칼 바르트 지음 · 신준호 옮김

대한기독교서회

교회교의학 III/1

2015년 12월 30일 초판 1쇄

지은이/칼 바르트
옮긴이/신준호
펴낸이/서진한
펴낸곳/대한기독교서회
편집책임/김인자·이경훈

등록/1967년 8월 26일 제1967-000002호
주소/서울시 강남구 테헤란로 103길 14 (삼성동)
전화/출판 (02) 553-0873~4 · 영업 (02) 0871~2
팩스/출판 (02) 3453-1639 · 영업 (02) 555-7721
e-mail/cls1890@cho.com
　　　　edit1890@chol.com
http//www.clsk.org
facebook.com/clskbooks

직영서점/기독교서회
종로 5가 기독교회관, 전화 (02) 744-6733, 팩스 (02) 745-8064

값 30,000원 / 책번호 2176
ISBN 978-89-511-1827-2　94230
ISBN 978-89-511-0575-3 (전13권)

Die Kirchliche Dogmatik III/1

by Karl Barth
tr. by Shin, Joonho
ⓒ of the German original version 1986, 1987 by Theologischer Verlag Zürich
All rights reserved
Korean Translation Copyright
ⓒ 2015 by Shin, Joonho
Published by The Christian Literature Society of Korea, Seoul
Printed in Korea

이 책의 한국어판 저작권은
Theologischer Verlag와의 독점 계약으로 대한기독교서회에 있습니다.
저작권법에 의해 보호를 받는 저작물이므로
무단 전재와 무단 복제를 금합니다.

창조에 관한 교의

❋ 제1권 ❋

서문

'창조론'을 시작하면서 나는 결정적 신뢰와 확신을 느끼지는 못하는 한 영역에 발을 내딛는다. 교회교의학 전체의 순서가 내게 창조론을 향해야 할 의무를 지우지 않았더라면, 추측컨대 나는 이 내용에 이렇게 빨리 착수하지 않았을 것이다. 나는 대단한 재능과 성향과 학업을 고려할 만한 다른 사람들을 알고 있는데—다만 내가 그들의 전제들에 대해 어느 정도 더 신뢰할 수만 있었다면!—이 창조론의 작업을 기꺼이 그들에게 양도했을 수도 있었을 것이다. 예를 들어 부러워할 만한 라이덴(Leiden) 신학과는 1864년 교의학을 "52조항의 학술 논쟁 안에서 파악된 더 순수한 신학의 원전 대조"[1]라는 제목 아래서 함께 적용된 공동 방법론에 따라 출판하였다. 그 교의학 안에서 그 신학과에 속한 "신학박사들과 신학교수들" 중 한 사람이 다음과 같이 발언하였으며, 그리고 각각의 장소에서 모두가 반복하였다: "각각의 사람에게 완전한 확실성은 우리의 믿음과 정서의 총체적 화합에 놓여 있고, 또 거룩한 종교의 모든 측면에 관련된 우리의 상호 일치에 놓여 있다; 만일 교회의 목사들이 우리의 융화된 교리의 이러한 증명 자료들(그들 자신이 이것을 대단히 열망하였다.)에 의해 영향을 받을 수 있다면, 우리는 그들이 '너희의 영역도 우리의 영역과 함께' 그 융화로부터 하나님의 특수한 은혜에 힘입고 … 대학의 강단도 다음과 같은 만남과 입맞춤을 (교회의 설교단보다 조금도 못하지 않게) 인지하게 되도록 축복해 주리라는 것을 조금도 의심하지 않는다; 즉 진리와 평화가 지금 다시—저 제왕적 예언자 다윗의 말씀(*시 85:11[2])을 사용하자면—서로 만나며 서로 입을 맞춘다." (*과학과 신학 사이의) 그러한 혹은 그와 비슷한 만남과 입맞춤이 다시 도래할 수 있을 것인가? 아직 사태는 그렇지 않다. 그렇기 때문에 나는 갈망과 사랑 안에서도—왜 이 창조론적 과제가 지금의 나 자신을 또한 부르지 않았겠는가?—또한 염려 및 한숨과 함께 작업에 착수하게 되었으며, 지금까지 한편으로 여러 가지로 우려되면서도 선호되어 오고,

---

[1] 라틴어 인용문들은 우리말 고딕체로 표식하였다.
[2] * 표시는 역자의 부연 설명을 가리킴.

다른 한편으로 마찬가지로 여러 가지로 우려되면서도 소홀히 되어온 (*사도신경의) 첫 조항에 전적으로 몰두하고자 한다.

신학적 동기(내게는 이것 외에 다른 어떤 것도 없다.)[3]가 나의 작업을 거의 강제로 다음으로 이끌었다: 나는 우선 창조자의 사역론 자체를 이미 오래 전에 유행이 지난 형식, 곧 성서의 처음 두 장의 내용을 원칙적으로 주석하는 형식으로 서술했다. 그 첫 두 장(*창 1-2장)이 이 책의 중심 내용을 형성한다. 나는 그 두 장의 주목할 만한 특성(*창조의 내적 근거인 계약, 계약의 외적 근거인 창조)에 주목했으며, 그 두 장의 본문과 문제들에 대한 상세한 숙고도 그 특성을 벗어나지 못할 것이라고 생각한다. 추측컨대 사람들은 '왜 내가 이 맥락에 가까이 놓인 자연과학적 질문들과 논쟁하지 않았는가?'라고 꾸짖을 것이다. 나도 원래는 그렇게 논쟁해야 한다고 주장했었다.[4] 그러나 내게는 다음이 즉시 분명해졌다: 성서와 그리스도교적 교회가 하나님의 창조의 사역으로 이해하고 있는 것에 관련해서는 어떤 자연과학적인 질문들이나 항변들이나 혹은 보조적 지위들도 도무지 있을 수가 없다. 그렇기 때문에 사람들은 이 책의 중심점에서 '소박한' 히브리적 '사가'(Sage)는 대단히 많이 발견할 것이지만, 그러나 아마도 기대되는 (*자연과학에 대한) 변증이나 논쟁은 거의 발견하지 못할 것이다. 여기서 나는 교의학에 내적으로 적합한 과제란 사실상 배타적으로 저 '사가'를 뒤따라 말하는 것으로 보았다. 그리고 나는 그때 그 과제가 저 아마추어적인 고역(그렇지 않은 경우에 나는 이 고역에 몰두해야만 했을 것이다.)보다 훨씬 더 멋지고 가치 있음을 발견했다. 자연과학은 신학이 창조자 하나님의 사역으로 서술해야 하는 것의 저편에서 자유로운 공간을 갖는다. 그리고 신학은, 다만 자연과학일 뿐이며 비밀리에 어떤 이교적 영지 혹은 종교론은 아닌 자연과학이 주어진 한계를 지키는 곳에서 자유롭게 움직일 수 있으며, 또 마땅히 그래야만 한다. 또 내 생각은 다음과 같다: 그리스도교적 창조론의 미래의 작업자들은 양쪽 사이에 내가 규정하여 위치시킨 경계선의 성격에서 이득도 발견하게 될 것이다.

이 책 전체에서 내가 감당해야 했던 어려운 상황은 구체적으로는 원래 이 책 안에 포함되어야 했던 제2장에 놓여 있었다. 그것은 말하자면 인간론인데, 이것은 출판되기 전에 다시 한 번 수정되어야만 한다. 왜냐하면 지금까지 서술했던 그것의 초안이 내게 만족스럽지 않기 때문이다. 그 부분은 바라건대 짧은 시간 안에 이 III권의 둘째 부분으로 출판될 것이며, 그것에 뒤를 이어 셋째 부분인 하나님의 섭리, 피조물의 자유, 창조자 하나님의 계명 등이 창조론의 마지막이 될 것이다.

---

[3] 문장 중 ( )는 역자가 쉽게 읽을 수 있도록 삽입한 괄호이며, 독어원문에 있는 괄호는 [ ]로 표기함. 단 성경구절이나 독어 단어 등의 쉽게 구분할 수 있는 간략한 괄호는 독어원문 그대로 표기됨.
[4] 세미 콜론(;)과 콜론(:)은 독어원문에서는 콤마(,) 등에 의해 길게 이어지는 글을 번역자가 끊었음을 표시함.

마지막으로 긴급한 한 고백이 있다: 내가 간섭하여 혹은 나의 간섭 없이 발생한 이 시대의 일반적 사건에의 몰두는 물론 나의 작업 계획을 더욱 풍성하게 만드는 데에 공헌하였으며, 그래서 작업 계획은 내가 원했던 것과는 달리 변경되고 늦어지기도 했다. 물론 나는 오늘날 둘 혹은 그 이상의 (*장난감) 기차들을 선로 위에서 나란히 운전하기를 원하는 유일한 사람은 아니다. 또 그렇게 하는 것은 그리스도교적인 피조물론에 따른 인간에게도 겸허한 것이 아니기 때문에 나는 다만 양해를 구할 뿐이며, 그러나 이 교의학의 속편에 관련해서는 언제나 또 다시 최선을 다할 것을 약속드린다.

1945년 10월 바젤

차례

서문 / 5

제9장 창조의 사역

§40 창조자 하나님께 대한 신앙 ·· 13

§41 창조와 계약 ·· 63
    1. 창조, 역사, 창조사 / 63
    2. 계약의 외적 근거인 창조 / 129
    3. 창조의 내적 근거로서의 계약 / 302

§42 창조자 하나님의 '예' ·· 426
    1. 선하신 행동으로서의 창조 / 426
    2. 실현(Verwirklichung)으로서의 창조 / 444
    3. 칭의로서의 창조 / 470

찾아보기 ·· 536
    1. 성서 구절 / 536
    2. 인명과 고유명사 / 546
    3. 개념 / 549

제9장

창조의 사역

§ 40
창조자 하나님께 대한 신앙

인간이 자신의 현존재 및 존재형식을 하나님으로부터 구분되는 모든 현실성과 함께 하나님의 창조에 힘입고 있다는 사실의 통찰은 오직 하나님의 자기증거의 수용 및 대답 안에서만, 다시 말하여 오직 예수 그리스도에 대한 믿음 안에서만, 성취될 수 있으며: 예수 그리스도 안에서 실현된 창조자와 피조물의 합일의 인식 안에서만, 그리고 그분을 통하여 매개된 (창조자 하나님의 현재 안에 있는, 그분의 의로우심 아래 있는, 피조물에 대한 그분의 선하심의 경험 안에 있는) 삶 안에서만, 성취될 수 있다.

"사도적" 신앙고백은 첫째 조항에서 말한다: 나는 전능하신 하나님을, 아버지를, 하늘과 땅의 창조자(creatorem coeli et terrae)를 믿는다. 마지막 구절은—그 자체로는 아니지만, 그러나 앞선 것과의, 그리고 둘째 및 셋째 조항 안의 모든 것과의 관계성 안에서—가장 단순한 및 포괄적인 형식 안에서의 그리스도교적 교회의 창조론이다. 그 구절은 하나님에 관하여 말하지만, 그러나 하나님만이 아니라, 또한 동시에 하나님으로부터 구분되는 현실성, 즉 하늘과 땅에 관해서도 말한다: 하늘과 땅은 하나님으로부터 구분되어 존재하는 "세계"의 본질의 (두 가지의 거대하게 분리된, 그럼에도 불구하고 함께 결합된, 인간 안에서 서로 만나는) 영역들이다. 그 구절은 말한다: 홀로 하나님이시며 전능자이시며 아버지이신 그분은 홀로 존재하지 않으신다: 홀로 계시지 않으시며, 오히려 이러한 대단히 다른 현실성 전체를 그분의 앞에, 가까이에, 곁에 가지시며, 그 현실성에게 현존재를 그리고 그것에 특정한 존재형식을 부여하고자 하신다. 그 구절은 말한다: 하나님께서 그 현실성의 창조자이시며, 다시 말하여 하늘은, 땅은, 또 그 중심에서 인간은, 그것들이 존재한다는 **사실**[1])을 그분으로부터 소유하며, 그것들의 존재가 **무엇**[2])이고 그것들이 **어떻게** 존재하는가도 마찬가지로 하나님으로부터 소유한다. 이 구절의 말씀들 앞에는, 마찬가지로 또한 이 신앙고백 전체 앞에는 크레도(credo)가, 즉 '나는 **믿는다**.'[3])가 서 있다.

우리는 우선 이 마지막의 것을 강조한다: 창조론은 믿음의 조항이며, 그리스도교

---

1) 독어원문에서 'daß'는 'd a ß'와 같이 한 칸씩 띄어 강조되어 있다. 이것을 진한 글자체로 강조하였다.—역자 주.
2) 진한 글자체는 원문에서 별도의 표시로 강조한 것을 나타내는 표식이다.
3) 'ich g l a u b e.' 각주 5와 같음.—역자 주.

적 신앙고백의 그 밖의 모든 내용들보다 조금도 덜 그러하지 않다; 다시 말하여 창조론은 어떤 인간도 한때 자기 자신으로부터 만들어낼 수 없었고, 또 만들어낼 수 없게 될 한 인식의 재현이다.―이 인식은 인간에게 선천적으로 주어진 것도 아니고, 인지 및 연관된 사고의 길 위에서 도달될 수 있는 것도 아니다.―인간은 그 인식에 대한 어떤 기관도 어떤 능력도 소유하고 있지 않으며, 오히려 인간은 그 인식을 전적으로 오직 믿음 안에서만 사실상 **성취할 수 있으며**, 믿음 안에서, 다시 말하여 신적 자기증거의 수용 및 응답 안에서 사실상 **성취한다**: 이때 인간은 무력함 안에서 강하게, 눈 멂 안에서 볼 수 있게, 귀 멂 안에서 들을 수 있게 된다; 부활의 역사에 의하여, 인간을 수용하실 때, 닫힌 문들을 통과하여 가신 그분에 의하여 그렇게 된다. 바로 그러한 **믿음의** 인식 및 **신앙론**을 그분이 공표하시며, 그리스도교 전체 안에서 및 그것과 함께 하나님께서 하늘과 땅의 창조자이심을 그분이 고백하신다.

히브리서(11:3)가 이 사실을 대단히 명확하게 말한다: "**믿음으로** 우리는 세상이 하나님의 말씀으로 지어졌다는 것을 깨닫습니다."[4] 이 문장은 그곳에서 어떤 신앙**고백**의 정점에 서 있는 것이 아니라, 오히려 옛 계약의 사람들의 믿음의 **행위들**의 긴 열거 앞에서 그만큼 더 중요해지고 제목과도 같은 성격을 취한다; 저자는 그 행위들에 의하여 그리스도인들에게 그러한 신뢰 안에서 흔들리거나 치우치지 말고(10:35f.), 오히려 구름과 같이 많은 증인들에 둘러싸이며, 믿음의 시작 및 완성이신 예수를 바라보며, 지속적으로 그들의 앞에 놓인 투쟁을 진행시키라고(12:1f.), 호소하기를 원한다. 저 열거에 앞선 11:3의, 창조자 하나님께 대한 믿음은 저자에게는 명백하게도 (예수 안에서 시작되어 스스로 완성하는, 옛 사람들에 의하여 확증된, 그리고 이제는 또한 그리스도인들에게도 확증되는) 믿음의 특정한 직접적 지표(Exponent)이다. 올바르게, 끈기 있게, 즉 믿음에 주어진 약속의 수용을 확신하면서 믿는 자는 세상이 하나님의 말씀을 통하여 창조되었다는 것을 믿는다.―이에 상응하며 안디옥의 테오필루스(Theophilus von Antiochien, *Ad Autol.* II, 10)는 서술하였다: 하나님의 로고스(말씀)가 예언자들 안으로 강림하였으며, 그들을 통하여 "세계의 창조에 관련된 지식"이 전달되었으며, 그래서 그 예언자들은 일치하여 "존재하지 않는 것으로부터 [하나님께서] 만물을 창조하셨다."고 가르쳤다. 그리고 이러한 로고스의 기관으로서 모세는 말하였: 내초에 하나님이 하늘과 땅을 창조하셨다.―그 다음에 후대의 신학은 물론 한편으로 일반적 창조의 개념 그 자체 그리고 다른 한편으로 그 창조의 현실적인 실행 사이를 물론 구분해야 한다고, 또 구분할 수 있다고 주장하였으며, 그리고 세상이 자기 자신으로부터 생성된 것이 아니라, 오히려 그것의 근원 및 지지 근거를 자신 밖에 가진다고, "또한 이성의 가르침으로부터도" 획득될 수 있다고, 주장하였다. 그러나 자연신학에 대한 이러한 유보의 영역 안에서 또한 토마스 아퀴나스도 다음과 같이 설명하였다: 어쨌든 창조의 교리를 지칭하는, "세계의 새로움"에 대한 정점의 명제[세계는 영원하지 않으며, 오히려 시작을 갖는다는 명제]는 다만 "믿어질 수 있을 뿐"이며, "서술되거나 제시될 수는 없다." 그 명제는 우연적인(kontingenten),[5] 그 자체로는 탐구될 수

---

4) 헬라어 인용문들은 우리말 변형서체로 표식하였다. 성경번역은 표준새번역 개정판을 사용하였다.

없는 하나님의 의지에 관계된다; 바로 그 하나님의 결정을 이성적으로 근거하려고 하는 것은 다만 불신앙의 조롱만을 불러일으킬 뿐이다.(S. theol. I qu. 46 art. 2c) 그리고 대단히 강조하면서 폴란(Polan, *Synt. Theol. chr.* 1609 col. 1700)도 서술하였다: "창조의 참된 및 확실한 인식에 관하여 다음이 유효해야 한다: 그 인식은 철학이 아니라, 신학에, 자연이 아니라, 믿음에, 인간 정신의 날카로운 의미가 아니라, 오히려 신적인 빛에, 인간적 추론이 아니라, 오히려 신적 계시에, 자연의 정보적 계산들과 증명들이 아니라, 오히려 신적 말씀하심 및 증거들에 의지해야 한다." 그리고 정확한 제한 안에서 크벤슈테트도 말하였다.(Quenstedt, *Theol. did. pol.* 1685 I cap. 10 sect. 2 qu. I thes. u. beb. II): "시간 안에서 발생한 세계의 무로부터의 창조는 자연의 빛 안에서는 인식될 수 없으며, 혹은 철학적 근거들에 의해 결론지어지거나 강제적으로 증명될 수 없다; 오히려 창조는 유일하게 신적 계시를 통하여 알려지며, 그렇기 때문에 순수한 믿음과 배타적 계시의 조항이다. … 왜냐하면 계시 밖에서 인간은 하나님의 자유로우신 행하심들에 대하여 아무것도 모르기 때문이다."—확실하게 신뢰할 만한 코엘러(Walter Koeler, *Dogm. Gesch.* 1938, 92)의 증거가 여기서 언급될 수 있다: "헬라 철학은 세상을 창조하신 하나님을 알지 못한다." 그 철학의 신 개념(τό ἐν, 일자)으로부터는 다만 세계의 자동적인 유출의 상상만이 가능할 뿐이라고 한다. 그리스도교적 창조자 신앙은 교리사적으로 영지주의에 대립하여 그것의 정점을 취한다; 영지주의는 저 신 개념과 함께 또한 세계 생성에 대한 그러한 상상도 재차 수용하려고 하였다.

우리는 먼저, **왜** 창조론이 **믿음의** 교의여야 하는지를, 그것의 내용이 **비밀**이어야 하는지를, **왜** 창조론이 그래서 신조에, 교회교의학에 속하는지를 분명하게 드러내기를 시도한다. 창조론이 어떻게 해서 "신앙의 진술"이 아닌 다른 어떤 것일 수 없는지에 관하여 우선 세 가지 이유가 존재하며, 그 다음에는 창조론이 실제로 "신앙의 진술"이며, 또 반드시 그래야만 한다는 사실에 대한 한 긍정적으로 결정적인 이유가 있다.

1. 하나님께서 하늘, 땅, 인간을 창조하셨다는 명제는 다음을 주장한다: 그것들 전체가 하나님으로부터 구분되는 현실성**이다**. 그 명제는 그러므로 부정적으로는: 하나님께서 홀로 존재하지 않으시며, 하나님의 본질은 유일무이한 것이 아니며, 다른 모든 본질들을 배제하는 것이 아니라고 주장하며—그리고 긍정적으로는: 하나님 앞에, 곁에 및 하나님과 함께, 한 타자가, 하나님의 본질로부터 구분되는, 또한 그 자신 안에서 다양하게 분화된, 그러나 어쨌든 하나님의 본질에 대하여 자신의 고유한 본질을 갖는 타자가 존재한다고 주장한다.—창조 교리의 이미 이러한 측면이 예를 들어 자명하지는 않다. 여기서 행하여지는 부정적 및 긍정적 주장은, 그것이 어떤 개념적 모순을 자신 안에서 포함하고 있지 않다는 한도에서, 그 자체로 불가능한 것은 아니다. 그러나 그 주장은 증명될 수 없다; 그 주장은 반박될 수 있고, 또 지속적으로 그러하다. 하나님

---

5) 맹목적 "우연"이 아니라, 세계 내적인 모든 인과율을 벗어난다는 의미에서의 신적 "우연성"을 뜻한다.
—역자 주.

이 세계를 창조하셔야만 했다는 것, 세계가 하나님의 관점에서 필연적으로 존재하고 또 그것의 본질을 소유하여야 한다는 것, 그래서 세계가, 하나님의 현실성에 비추어 볼 때, 그 자신도 현실성을, 그것에 고유한, 특별한 현실성을 가져야 한다는 것 등이 제시될 수가 없다. 그리고 다음이: 세계가, 하나님에 의하여 창조되었기 때문에, 하나님으로부터 필연적으로 실존하면서 그 안에 본질이 규정되었기 때문에, 어떤 환상, 어떤 꿈, 단순히 어떤 생각만 된 것에 불과한 것이 아니라, 오히려 사유 **그리고** 현실성이라는 사실이 세계의 편으로부터 제시될 수가 없다. 긍정적인 정반대의 주장: 즉 하나님께서는 홀로 존재하시며, 하나님의 본질은 다른 모든 본질들을 배제하는 유일한 것이라는 주장도—그리고 부정적인 정반대의 주장: 세계와 우리 자신은 전혀 존재할 수 없으며, 하나님의 본질로부터 구분되는 본질을 전혀 가질 수 없으며, 하나님 밖의 모든 것은 다만 추측일 뿐이라는 주장도 마찬가지로 반박될 수 있는 것이며, 또 증명될 수 없는 것은 저 (*앞의) 주장과 마찬가지이다. 이 정반대의 주장들은 그러나 저 긍정적 주장들에 의하여 또한 부정될 수도 없다. 더 나아가: 하나님께서 세계를 **실제로**(faktisch, 사실상) 창조하셨으며, 세계는 **실제로** 하나님의 자유로운 의지 및 우연적 행동을 통하여 현실성이라는 것이—바로 이것이 교리가 말하는 것의 의미이다.—(하나님과 세계로부터 그렇게 혹은 다르게 존재할 수 있는 것에 대한 모든 토론의 저편에서) 신적 자기증거의 근거 위에 확고하게 설 때에만, 그리고 우리가 세계의 이러한 **실제의** 존재에 관하여 **실제로** 알고 있을 때에만, 그 정반대의 주장들은 성립될 수 있다. 그러므로 이러한 전적으로 사소하지만은 않은 것을 감행하는 사람, 즉 하나님으로부터 구분되는 것 그 자체에게, 하늘과 땅에게, 그리고 자기 자신에게 고유한 현실성을, 하나님 앞에, 가까이에, 곁에서의 존재와 본질을 귀속시키는 것을 감행하는 사람은, 그 자신 그리고 그와 함께 소위 세계가 **존재**하며, 그래서 존재하지 **않는** 것이 아니라는 대담한 견해를 가질 수 있는 사람은, 다음 사실을: 즉 그것이 하나의 증명될 수 없는, 논박될 수 있는 가설이며, 그리고 그는 바로 그러한 가설의 지반 위에서 사고, 삶, 죽음을 스스로 결단해야만 한다는 사실을 분명하게 이해할 수 있어야만 할 것이다.—그때 이것은 다음과 같이 될 것이다: 그러한 사람은 저 신적 자기증거를 수용하였으며, 그래서 그리스도교 전체와 함께 태초에 하나님이 하늘과 땅을, 그리고 그 자신을 창조하셨다는 것을, 또 그래서 하나님으로부터 구분되는 세계에게 증명될 수 있는 및 논박될 수 없는 현실성을 실제로 수여하셨다는 것을 믿음 안에서 고백하는 셈이 된다.

저 옛 신학자들은, 창조를 "하나님의 사랑의 행위"라고, 신적-우연적(kontingent) 의지 행위라고 이해하였을 때, 전적으로 옳았다; 그 행위는 오직 하나님 자신을 통해서, 즉 "계시로부터", 인간에 의하여 통찰될 수 있으며, 그래서 다만 믿어질 수 있을 뿐이며, 믿음의 명제의 내용으로 물론 증명되고 논박들로부터 보호될 수도 있으며, 그러나 다른 어떤 근거들로부터는 진지하게 및 단호하게 주장될 수 없다고 이해되었다. 우리는 다만 다음을 추가한다: 일차적으로 그 명제가 '**하나님**'을 세계의 창조자로, 그래서 '**하나님**'의 현실성을 주장하는 측면에 따라서가 아니라 오히려 그 명제가 하나님을 '**세계**'의 창조자로 주장하는, 그래서 '**세계**'의 고유하게 특징적인 현실성을 주장하는 다른 측면에 따라서, 창조의 명제는 하나의 믿음의 명제이다: 그것은 하나님의 자기증거에 근거하고 있다는 것을 도외시한다면, 단순한 가설이며, 가설에 머문다. 다음 견해가: 마치 창조자 하나님의 현실성은 불확실하고, 그래서 증명 혹은 계시를 필요로 하는 반면에, 피조물의 현실성은 (하나님의 현실성은 창조의 질문 안에서 주어진 것이 아니라, 찾아져야 하는 것이며, 그러나 피조물의 현실성은 경외할 만한 반석으로서(rocher de bronce) 전제된 요소로서 취급될 수 있다는 사실에 의하여) 그만큼 더 확실하다는 견해가 가까이, 그것도 너무도 가까이 놓여 있다. 또 옛 신학자들은, 말하자면 그들이 그들의 문제의 핵심을, 즉 하나님의 말씀으로부터의 하나님의 확실한 인식을 확신하고 있었다는 한도에서, 여기서 다소간에 정확하였다. 그러나 그들이 그렇지 않았다는 한도에서, 오히려 그들이 세계에 대한 고대 철학과 함께 '세계로부터 하나님께 대하여' (성서와 함께 '하나님으로부터 세계에 대하여' 보다 더 많이) 숙고하였다는 한도에서, 신 존재에 대한 그들의 이성적 증명들과 마찬가지로 또한 그들의 계시에 대한 지시들은 어쩔 수 없이 어느 정도 곤란한 및 당혹스런 특성을 띠게 되었으며, 그 점에서 우리는 스트라우스(D. Fr. Strauß)의 악의 곁의 신학사 전체를, 멈출 수 없이 전진하는, 신학적 문제의 핵심과는 전혀 다른 [승리에 도취한 인간적 자의식에 근거한] 어떤 합리적-경험적 세계학(Weltwissenschaft)으로 퇴각하는 전선으로 이해 및 서술했을 수도 있을 것이다. 너무도 일방적인 방향을 취하면서 사람들은 다음을 분명히 밝히기를 소홀히 하였다: 창조의 질문 안에서 창조자의 현실성에 대하여, 피조물의 현실성에 대한 것보다 '더 적게'가 아니라, 오히려 훨씬 '더 많이' 질문되어야 한다. 사실상─하나님의 말씀 안에서 확실한 하나님 인식을 전제한다면─사태는 다음과 같다: 세계의 존재 및 본질은 하나님의 존재 및 본질을 통하여 그 반대의 경우보다 '더 적게'가 아니라, 오히려 훨씬 '더 많이' 문제시된다. 어떤 한도에서 우리는 세계, 자연, 역사를, 또 무엇보다도 우리 자신을 (그것들이 그리고 우리 자신이 현실적으로 존재하고 또 현실적으로 이러저러한 존재라는 인식과 진술을 논박될 수 없도록 만드는 확실성 안에서, 그 인식과 진술을 그럴 듯한 가설 이상의 단계로 격상시키는 확실성 안에서) 알고 있는가? 그때 우리는 피조물이, 하늘과 땅이, 그리고 우리 자신이 하나님 곁에 다만 가능하기라도 한 어떤 영역을 형성한다고 확신하는가? 무엇으로부터 우리는 그러한 생각에 도달하게 되는가? 하나님께서 현존하실 때, 어떻게 도대체 타자가 동시에 현존할 수 있는가? 어떻게 어떤 다른 본질이 그분의 본질 곁에 있을 수 있는가? 이것이 신학을 언제나 우선적으로, 또 실제보다 훨씬 더 많이 곤란하게 만들었어야 했던: 말하자면 신학이 창조자와 피조물 사이의 관계에 대한 성서적 증거를 지속적으로 및 일관성 있게 눈앞에 유지했었다면 그렇게 곤란하게 했을 질문이다. 그러한 성서적 증거에 따르면 잘 알려진 대로 창조자 앞에서의 피조물의 그릇 행함과 불가능성은 대단히 곤란하게 하는 질문이다. 다음 명제, 즉 "계시를 통하지 않고서 사람은 하나님의 사랑의 행위들에 관하여 아무것도 알 수 없다"는 것은 물론 옳았다. 그러나 이 명제에는 언제나 다음의 다른 명제가 앞섰어야만 했다: "계시를 통하지 않고서는 우리는 세계의 우연성(Kontingenz)에 대하여 아무것도 알 수 없다." 사람들은 고대 및 현대의 세계학(Weltwissenschaft) 전체에 대하여 우선 다음과 같이 논쟁했어야만 했다: 세계가 하나님에 의하여 창조되지 않았다면, 세계는 존재하지 않는다. 우리가 세계를 하나님에 의하여 창조된 것으로 인식하지 않는다면, 우리는 세계가 있다는 것을 인식하지 못한다. 세계가 하나님에 의하여 창조되었다는 것을 우리는 그러나 오직 하나님의 자기증거에 근거하여, 즉 믿음 안에서, 인식한다. 그래서 우리는 세계가 있다는 것을 오직 믿음 안에서 인식한다. 세계학으로부터 오는 신학의 곤란성은, 만일 신학이 자신의 고유한 [근본 주장에 따라 충분히 축제적으로 확인된] '하나님학'(Gotteswissenschaft)에 의하여 미리 앞서서 더 강력하게 및 효과적으로 곤란을 당하였더라면, 만일 신학이 우리가 **확신하지 못하는 것**이 우선 **피조물**이며, 창조자가 아니라는 사실을, 그래서 우리가 피조물을 알기 위해서는 증명 혹은 계시를 필요로 한다는 사실을 분명히 알았더라면, 이후에는 결실을 맺을 수 있었을 것이다. 만일 신학이 그때 이러한 포괄적 의미에서 하나님에 의한 세계의 창조가 오직 믿음 안에서만 인식될 수 있다고 말하였더라면, 그때 저 퇴각 전투의 악한 외관은 회피될 수 있었을 것이다. 그때 사람들은 그러한 제한과 함께 이미 믿음을—찾아진 및 발견된 도피라는 의혹 아래서—숙고한 셈이 되었을 뿐만 아니라, 오히려 고백하고, 또 히브리서 11:3의 의미 안에서 용감하고 증거력 있게 확증한 셈이 되었을 것이다.

2. 하나님께서 하늘을, 땅을, 또 인간을 창조하셨다는 명제는 다음을 주장한다: 그러한 영역 전체는 **하나님**으로부터 존재하며, **하나님**을 통하여 현실성으로 (하나님의 고유하신 현실성과는 구분되면서) 원해졌고, 규정되었다. 이 명제도 또한 이러한 측면에 따라 부정적인 것 및 긍정적인 것을 자신 안에 포함한다. 부정적인 것은 다음이다: 또한 세계도 홀로 존재하지 않으며, 세계는 하나님보다 훨씬 더 홀로 존재할 수가 없다. 하나님께서는 (*원하신다면) 홀로 존재하실 수도 있다. 그러나 세계는 그렇게 할 수 없다. 세계는, 만일 하나님이 없다면, 그리고 그것이 하나님으로부터 유래하지 않았다면, 있지 않았을 것이다. 그렇기 때문에 세계는 그것의 현존재 및 존재형식에 대하여 권세를 주장할 수 없으며, 세계는 자기 자신에게 속하지 않으며, 자기 자신을 스스로 처분할 수 없다; 왜냐하면 세계는 자기 자신을 통하여 존재하는 것이 전혀 아니며, 오히려 하나님께서 그것을 원하셨고 또 창조하셨음으로써 존재하기 때문이다. 그리고 긍정적인 것은 다음이다: 세계보다 **앞서서** 하나님께서 존재하신다; 하나님께서는 세계에 대하여 철두철미 다른, 고유하신 본질을 가지시며, 세계와는 달리 전적으로 자기 자신에 속하시고, 자기 자신을 처분할 수 있으시다; 왜냐하면 하나님은 자기 자신을 통하여 근거되고 규정되시며, 전적으로 자기 자신으로써 충족되시기 때문이다. 그리고 하나님께서는 가장 엄격한 의미에서 세계보다 앞서서 계시며, 세계의 배타적으로 유일한 근원이시다: **하나님**이 세계의 의미이시며, **하나님**이 세계를 다스리시는 권세이시며, **하나님**이 세계의 주님이시다; 왜냐하면 하나님께서 세계를 창조하셨기 때문이다. **하나님**을 통하여 세계는 생성되었고, **하나님**을 통하여 세계는 존재한다.—그러나 창조 교리의 이러한 측면도 또한 자명하지는 않다. 저 부정적인 및 이 긍정적인 주장은 물론 가능하지만, 그러나 마찬가지로 필연적이지는 않다. 세계 밖에 놓인 '세계의 근거'에 대한 질문은 가까이 있기는 하지만, 그러나 그 질문이 불가피한 것은 아니다.

어떤 영원한, 다시 말하여 스스로 신적인 세계의 사고도 (그 세계의 중심에서 물론 인간이 세계의 신성의 본래적 장소, 담지자, 총괄개념일 수 있다.) 또한 실행될 수 없는 것은 아니다. 그 사고가 진리에 상응한다면, 그때 세계도 또한 홀로 존재할 수 있을 것이다: 세계는 스스로를 통하여 생성되거나 혹은 영원한 생성 중에 있으며, 자신의 고유한 현존재 및 존재형식에 대한 대단히 큰 권세를 주장할 수도 있게 될 것이다. 그때 어떤 하나님도 세계에 앞서서 있어서는 안 될 것이다. 세계는 그때 어떤 낯선 근원 및 의미도, 자신을 다스리는 어떤 권세도 필요로 하지 않을 것이다. 그때 타자가 세계를 창조했을 필요가 없을 것이다. 만일 우리가 세계 밖에 놓인 '세계의 근거'에 대한 질문이 불가피하다고 여기려고 한다면, 그렇다면 마찬가지로 바로 하나님께서 세계를 창조하셨다는 대답은 물론 가능하지만 그러나 강요되는 것은 아니며, 모든 다른 종류의 대답들이, 다른 근원들 및 통치들의 모든 주장들이 철두철미 배제된 것으로 간주되어야 한다는 식으로 강요되는 것은 아니다. 어떤 멋진 우연이, 어떤 우주적 거대 존재가 세계에 현존재를 수여하고, 자기 자신을 그 세계의 주님으로 만들었다는 것은 있을 수 없다. 누가 이러한 추측을 철두철미 바른 길을 벗어난 것이라고 지칭할 수나 있겠는가? 짧게 말하여: 교리의 이 측면에 대한 온갖 부정들 그리고 온갖 정반대의 주장들은 그 자체로서는 최소한 토론될 수 있으며, 그리고 세계가 서 있다는 한도에서는, 실제로 토론되어졌다. 또한 그 주장들도 증명될 수 있는 것들이 아니며, 오히려 모두가 심각하게 반박될 수 있는 가설들이라는 사실은 (동일한 것이 또한 교의의 명제에도 해당한다는 사실에 직면하여) 우리가 그 명제를 말하자면 믿음의 명제가 아닌 다른 것으로써는, 하나님의 자기증거에 대한 대답이 아닌 다른 것으로써는 이해할 수 없었다는 한도에서, 작은 위로가 된다. 그 명제가 그러하다면, 그때에―바로 그때에 비로소―세계가 자신 안에 혹은 밖에 놓인 '세계 근거'와 함께 혹은 그것 없이 될 수 있는 존재에 대한 토론 전체는 무의미할 것이다. 하나님께서 **사실상**(faktisch) 세계의 창조자시라면, 세계가 **사실상** 그분의 피조물이라면, 그리고 우리가, 하나님 자신이 그것을 우리에게 말씀하셨기 때문에, **사실상** 그것을 고려한다면, 그때에는, 오직 그때에만, 그 교리의 명제는 또한 이러한 측면에서도 확실하고, 증명될 수 있고, 논박될 수 없게 된다. **하나님**께서 세계를 창조하셨다는 견해를 가진 사람도 또한 실제로는 어떤 대담한 것을 감행하고 있다. 또한 그러한 사람도, 혹시 그가 (단순히 그럴 듯한, 그 곁에 이러저러한 다른 많은 것들이 있을 수 있는, 그래서 다소간에 좋은 공명 안에 최소한 함께 들어야 하는) 한 가설을 세운 것이 아닌지, 대단히 조심해야 할 것이다. 그러한 가설의 지반 위에서 계속해서 사고하고, 최종적으로 살고 또 죽어야 한다는 것은 대단히 우려할 만한 일이다. '세계는 어디로부터 유래하였는가?'의 질문의 대답 안에서 다만 절반만 확실한 걸음을 행한다면, 좋은 일일 수 없으며, 이 문제에서의 사람들의 추측이 유감스럽게도 훌륭한 것이라고 해도 그렇지 않으며, 그 추측이 저 교리의 명제와 거의 글자 그대로 일치한다고 해도 그렇지 않다. 단순히 견해 및 추측으로 이해되고 표명될 때, 바로 그 교리적 명제는 빈약한 위로일 뿐이다. 혹은 그 명제를 뒤따라 말하는, 또 하나님의 자기증거에 대답하는, 그래서 믿음을 고백하는 사람은 다르게 진행되는 모든 추측들을 단번에 끝장을 내는 사람이어야만 하는가? 그렇게 될 수만 있다면! 그러나 "하늘과 땅을 창조하신 … 하나님을 나는 믿습니다."라는 믿음을 가지고 또 고백하는 것은 큰 및 특별한 일이다. 우리는, 대용품에 불과한 어떤 것이 이러한 신앙고백에 내재하는 능력을 증명할 것이라고 기대해서는 안 될 것이다.

사람들이 슐라이에르마허의 학파 안에서 이 문제의 중심에 관련된 진술로서 필연적이고 올바르다고 간주했던 것을 읽는 것은 깊은 우려를 낳는다. **알렉스 슈바이처**(Alex Schweizer): "절대 의존의 감정(그 안에서 인간은 세계 전체를 수용하며, 세계의 시작됨에 대한 객관적 상상에 적용되면서, 인과의 길로 인도되면서, 창조의 교리를 산출하며, 하나님을 창조자로 규정한다.)은 그러므로 다만 신적 속성들만을 더 이상 열거하지 않으며, 오히려 신적 기능들을 생각해내며, 그래서 본질적으로 전능성[이것 안에 모든 다른 속성들이 이미 잠복해 있다.]이 그것의 활동성 안에서 창조하는 것이다." (*Gl.-Lebre d. ev. ref. Kirche I. Bd.* 1844, 296f.) **립시우스**(R. A. Lipsius): "인간이 자신의 자의식에 의하여, 그것과 함께 동시에 규정된 세계의식을 그의 하나님 의식과 관련시킴에 의하여, 그는 자기 자신과 함께 또한 그의 세계 전체를 하나님께 대한 의존의 관계 안으로 규정하며, 그렇게 하여 그 세계를 피조물로 관찰한다."(*Lehrb. d. ev. prot. Dogmatik* 1879, 294) "세계 및 인간에 관련하여 교회 교의학은 하나님께 세 가지 술어, 즉 창조자, 유지자, 통치자의 술어를 헌정한다."(237쪽) 그 사실로부터 세계는 종교적 관찰에 대해서는 하나님에 의하여 창조되고, 유지되고, 다스려진다고, 혹은 현존재, 진행 과정, 목적 성취에 따라 신적 인과율에 근거해 있다고 보인다.(284쪽) **뤼데만**(H. Lüdemann): 그리스도인은 자신의 종교적 자의식에 힘입어 세계를 하나님의 창조적 권능으로부터 뛰어오른 것으로 규정하며, 그리고 모든 창조된 것의 완전한 예속성에 상응하여 그러한 창조를 절대적으로 자유로운 그렇기 때문에 또한 순수하게 영적인, 그러나 그 동기는 신적인 사랑으로 관찰한다; 또한 그리스도인은 성서적 창조 기사 안에서, 또 마찬가지로 교회적 창조 개념 안에서, 그의 종교적 진술의 근본적 특징들을 본질적인 것 안에서 재발견한다.(*Chr. Dogmatik 2 Bd*. 1926, 282) 그러니 우리는 다음을 엿볼 수 없다: "그것은 어떻게 바로 그 A. G.(절대 의존의 감정; Abhängigkeitsgefühl)가 그리스도인의 진술 안에서 오직 그의 직접적인 자기체험 곁에 머물러 서 있는 것으로써 만족할 수 있는가 하는 것이다. 종교적 주체는 그의 A. G.를 즉시 세계로 연장하며, 세계와 함께 그 주체는 상호작용 안에 놓이며, 세계는 그 작용으로부터 그 주체 자신과 동일한 상태에 위치하게 되며, 그렇게 하여 그 주체가 자기 자신으로부터 자신의 A. G.를 통하여 진술하도록 강요되는 그것을, 세계에 대해서도 진술해야만 하게 된다. 이 사실을 그 종교적 주체가 자신의 현존재의 계속적 존속을 하나님을 통한 그의 유지에 빚지고 있다는 것만을 뜻하는 것이 아니라, 오히려 더 나아가: 그의 실존이 그것의 근원적 원천을 오직 하나님 안에서만 가질 수 있음도 뜻한다."(283쪽) 왜냐하면: "만일 내가 존재한다면, 이러한 나의 현존재는, 스스로는 어떤 근거도 필요로 하지 않는 한 존재에 근거되어 있음이 틀림없기 때문이다." 이것은 그 자체가 흔들릴 수 없는, "우주론적" 신 존재 증명의 "자아론적인" 진리-내용이다!(135f.) **제베르**

크(R. Seeberg): 만일 인간이 "세계 안에서 스스로를 작용하는 것으로 예시하는 철두철미 독립적인 어떤 영(Geist)"을 확신하게 되었다면, 그때 또한 다음이 추인되어야 한다: "세계의 원인 및 목적을 질문하는 것은 하나의 정당한 논리적 논제이다. 만일 말하자면 세계 안의 모든 것이 작용이기도 하고 원인이기도 하다면, 그때 세계 안의 아무것도 다만 원인일 수만은 없으며, 그때 논리적으로 한 세계 외적인 '세계 원인'이 명제화되어야만 하며, 그 명제로부터 세계는 자기 자신의 원인이라는 것이 확고해진다. 바로 그러한 원인을 우리는 이제 철두철미 독립적인 하나님의 영 안에서 발견하였다. 그때 다음 결론이 우리 가까이에 놓인다: 우리는 추구되었던 최초의 원인을 하나님의 의지 안에서 엿보아야 한다."(Chr. Dogm. I. Bd. 1924, 351)

이 모든 것은 깊은 우려를 낳는다; 왜냐하면 교리의 명제는 여기서 물론 형식적으로는 긍정되고 수용되었지만, 그러나 인간의 한 구상개념(Konzeption)으로 이해되고 있기 때문이다; 그 인간은 그 명제에 의해 자기 자신이 자기 자신에 대하여, 그리고 그 다음에는 또한 그 밖의 세계 전체에 대하여 알려주며, 그는 이러한 신학자들의 주장에 따라 바로 그러한 것을 알려주어야만 한다. "그의 A. G."에 의하여 내몰리면서 그는 자신의 근원적 원천을 하나님 안에서 발견하며, 그리고 "그의 A. G."를 세계로 확장시킴으로써, 세계에 관련하여 동일한 발견을 하며, 세계는 그에게 하나님에 의하여 창조되고 유지되고 다스려지는 것으로서 "현상한다!"(erscheint) 그리고 그렇게 하여 그 인간은 창조의 교리를 "생성"하며, 그렇게 하여 그는 하나님을 창조자로 "규정하며", 또 그는 자신에게 신적 속성들과 기능들이 "제시되도록" 허용하며, 그리고 하나님께 그에 상응하는 술어들을 "헌정"하며, 그렇게 하여 그는 자기 자신과 함께 세계를 "하나님의 창조적 권능으로부터 솟아난 것으로서" 하나님께 대한 의존의 관계 안에 놓으며, 그렇게 하여 그는 세계를 피조물로, 세계의 창조를 자유롭고, 영적이고, 하나님의 사랑에 의하여 동기화된 것으로 "관찰한다." 그 인간은 세계의 세계 외적인 원인을 당연히 및 반드시 "명제화"해야 한다고 주장하며, 그리고 그는 그에 상응하는 "종교적 진술"을 행한다; 그 진술들의 근본 특징들을 그는 그때 물론 성서적 창조기사 안에서 및 교회적 창조 개념 안에서 본질적으로 "재발견"한다.

이제 인간은 거꾸로 이러한 신학이 교리에 대하여 개별적으로 말해야 하는 것 안에서 교회가 성서로부터 창조에 대하여 말할 줄 알았던 것에 관한 많은 것 및 본질적인 것을 내용적으로 재발견한다. 그러나 이러한 전제 안에서 및 이러한 형식 안에서 말해지는 것이 동일한 것일 수 있겠는가? 신적 자기증거에 대한 대답을, 창조에 관한 믿음의 명제를―이것이 창조의 교리이다.―종교적 자의식의 규정 및 진술 안으로 번역하는 것이 잘 행하여질 수 있겠는가? 19세기의 신학은 그렇게 함으로써 그 명제를 인간과 세계의 기원에 대한 어떤 대립된 가설들의 측면으로부터 논박에 반대하여 확고하게 세웠다. 그러나 그렇게 함으로써 사람들이 그 명제 자체를 이제 그러한 가설들의 옷을 입은 온갖 형식 안으로 덮어버리는 일이 성공할 수 있었는가? 그와 같은 틀림없이 선하게 의도된 및 모든 측면에서 많은 날카로운 의미들과 조심성과 함께 착수된 시도가 믿는 및 믿지 않는 동시대인들에게서 이제 그럼에도 불구하고 성공을 거두지 못했다는 사실은 놀라운 일인가?; 그 성공은 다만 다음에 관련하여 약속되었다고 사람들이 주장했었다: 그 교리는 바로 그러한 번역 안에서 다만 대단히 작은 남은 자들 안에서만 여전히 인상적인 형태를 보존할 수 있었다; 그 형태 안에서 그 교리는 한때―교부들과 스콜라 학자들의 시대에, 또 16-17세기에도 여전히―계시의 진리로서, 믿음의 명제로서, 또 비밀로서 이미 그 당시에 충분히 소란스럽게 모순되었던 신화들 및 철학들에 마주 대립하였었다. 방법론적으로는 그러한 신화들 및 철학들과 동일한 노선 위로 옮겨지면서, 인간의 어떤 깊은 의미에서 경건한 상태로 소급되면서(이 인간은 악명 높게도 전적으로 그와 다른 위치에 있을 수도 있다.), 그 교리는 필연적으로 **허약한** 말씀이 되었으며, 그리스도교적 고백은 필연적으로 여전히 **불확실한** 걸음을 행하게 되었다: 그 의식된 번역 안에서 (하나님의 자기증거에 대한 대답으로써 사실상 말해져야 했던 그것에 근접하는) 동일한 것이 말해졌다고 해도, 그럴 수밖에 없었다. 사람들이 이 명제를 공표했던 근거는 이제 또한 그 명제의 도달영역에 대해서—그 근거는 최종적으로 및 정확하게 말하여 그 명제의 내용의 의미에 대해서도—무관하지 않다. "인간의 A. G."(절대의존의 감정) 위에 우리는 어떤 대단히 견고한 집도 건축할 수가 없다.

이러한 맥락에서 반대의 사례로서 아우구스틴의 고백 중 제10장(X, 6)을 눈앞에 주시해보는 것이 유익할 것이다. 의존의 감정이 무엇인지, 피조물 안에서, 세계 안에서 및 인간적 의식 안에서 창조자의 인식이 무엇인지, 그는 대단히 잘 알고 있었다. 이러한 현실성 전체에 직면하여 그 현실성의 사랑의 가치에 압도되면서, 그렇기 때문에 그 현실성과의 신뢰할 만한 대화 안에서, 아우구스틴은 묻는다: "내가 당신을 사랑할 때, 나는 무엇을 사랑하는 것입니까? 내가 나의 하나님을 사랑할 때 나는 무엇을 사랑하는가? 이것은 무엇인가? 나는 땅에게 물었으며, 땅은 대답했다: 나는 하나님이 아니다; 그리고 땅 안에 있는 모든 것도 동일한 것을 고백했다. 나는 바다에게, 깊음들에게, 그리고 그 안에 우글거리는 생물들에게 물었으며, 그들은 대답했다: 우리는 너의 하나님이 아니다; 우리의 존재보다 더 높은 것을 찾아라! 나는 바람 불고 있는 공기들에게 물었으며, 대기 전체가 그 안의 거주자들과 함께 말하였다: 아낙시메네스는 틀렸다; 나는 하나님이 아니다. 나는 하늘, 태양, 달, 별들에게 물었으며, 그들도 말했다: 우리도 또한 너의 하나님이 아니다. 그리고 나는 나의 육체의 문지방에 둘러서 있는 모든 사물들에게 말했다: 너희가 하나님이 아니라면, 그분에 대하여 나에게 무엇인가를 말해다오! 그때 그들은 큰 음성으로써 외쳤다: 그분이 우리들을 만드셨다! … 나는 나 자신을 나 자신에게 향하게 하였으며, 그리고 나에게 말하였다: 너는 무엇인가? 그리고 나는 대답하였다: 한 인간." 그것은 한 인간, 즉 자신의 육체의 매개를 통하여 관계성 안의 사물들의 저 우주와 대화하는 인간이며, 그러나 더 나아가: 그것은 영, 즉 육체적 대사들이 감각적 지각들을 마치 상관 혹은 심판자에게 보고하듯이 전달하는 영이다: "우리는 하나님이 아니며, 오히려 그분이 우리를 만드셨다! 내적인 인간은 외적인 인간의 봉사를 통하여 그것을 인식하였다: 내적인 인간인 나는, 그것을, 나를, 정신적인 나를, 나의 몸의 감각(Sinne)을 통하여 인식하였다." 지금까지 아우구스틴의 서술도 또한 명백하게 모든 경우에 경건한 인간적 자의식의 한 구상개념으로 이해되어 왔다. 그러나 그 모든 것은 이제—바로 이것이 아우구스틴의 신학을 이미 저 단계에서 방금 우리가 그 주장을 들었던 신학자들로부터 구분한다.—그의 근거가 아니며, 오히려 다만 피조물과 구분되면서도 또한 그것과의 관계 안에 계신 창조자의 현실적 인식에 대한 심리학적 서술이다. 그 X장은 말하자면 최고로 긍정적인 설명과 함께 시작된다: "의심하는 정서가 아니라, 오히려 확고한 정서 안에서, 주여, 나는 당신을 사랑합니다. 당신은 내 마음을 당신의 말씀으로써 적중시키셨습니다; 그리고 당신께 대한 나의 사랑이 깨워졌습니다." 하늘과 땅이, 그리고 그 안에 있는 모든 것이 그가 하나님을 사랑해야 한다고 외쳐 부르며, 또한 그것들은 로마서 1:20에 따르면 모든 인간들이 변명할 수 없도록 만들기를 그치지 않으며, 그래서 인간은 물론 인간으로서, 즉 육체적 영적 존재로서, 그것들의 음성을 인지하고, 그것들에게 갈채를 보낼 수 있는 위치에 있다. "당신이 긍휼히 여길 수 있는 것보다 더 깊이 당신을 긍휼을 베푸실 것이며, 그리고 당신이 자비하신 자에게 자비를 예시하실 것입니다: 그 밖에도 하늘과 땅이 수천의 귀에게 당신의 찬양을 선포할 것입니다." 아우구스틴은 다음을 잘 알고 있다: 창조의 아름다움 전체는 모든 사람에게 동일한 것을 말하지 않는다; 비록 그것의 말씀이 객관적으로 하나이고 동일한 것이라고 해도 그러하다. 아우구스틴은 알고 있다: 창조의 아름다움은 "어떤 사람에게는 이러하게, 다른 사람에게는 저러하게 나타나며"; 한 사람에게는 침묵하고, 다른 사람에게는 말한다; 비록 그것이 사실상 모든 사람에게 말하고 있지만, 그러하다. "그럼에도 불구하고 외부로부터 인지된 음성을 내적으로 **진리**와 함께 결합시키는 사람들은 이해한다. **진리**는 말하자면 나에게 **말한다**: 너의 하나님은 하늘도 아니고, 땅도 아니고, 어떤 천체(육체)도 아니다." 진리, 즉 하나님 자신은, 직접적으로 말씀하셔야 하며, 창조의 음성을 통해서가 아니라, 오히려 창조에 고유한 음성과 함께 인간에게 직접 말씀하셨으며, 그래서 "인도하는 자 및 판단하는 자"로서의 인간의 영은 (이 영에게 "육체의 사절들"은 우주의 저 소식을 전달한다.) 그 음성을 듣고 이해하며, 그리고 "우리는 하나님이 아니며, 오히려 그분이 우리를 만드셨다!"라는 그 음성의 소식에 갈채를 보내게 된다. 그러므로 하나님의 은혜의 예정이—하나님께서 긍휼히 여기고자 하시는 자를 하나님께서는 긍휼히 여기신다.—그리고 하나님의 계시[진리는 말한다!]가 사실상의 다음 인식에 이르는 길을 열어준다; 그것은 사랑받을 가치가 있는 (자연과 영의) 우주 전체보다 더 많이 사랑받을 가치가 있는 것의 인식을 뜻한다. 우주는 사실상 침묵하지 않지만, 그럼에도 불구하고 진리에, 다시 말하여 하나님의 직접적인 '자기 열음'에 아직도 참여하지 못한 자들에게는 침묵한다.—우리는 잘 알려진 대로 "아우구스틴의 진리"-개념이 신학적으로 완전한 명료성을 가지고 있다고는 말할 수 없다; 저 모든 제각각의 인간적 자기 이해로부터의 그의 구분 안에서 그는 그 명료성을 필요로 한다. 다음을 확정하는 것은 그만큼 더 중요하다: "진리"는, 하나님의 말해진 말씀과 동일시되면서, 여기서 아직도 여전히 지배하는 반쯤의 어둠 안에서도, (인간이 하늘과 땅의 통일성 안에서 및 그것들과의 대화 안에서 자기 자신에게 부여하려고 시도하는) 저 증거의 철두철미 다른 질서로부터, 스스로를 유일한 인식 원천으로, 뚜렷이 구분한다. 그 전적으로 다른 질서의 그러한 증거를 통한 바로 그 근거를 창조자 하나님에 대한 명제는, 그것의 모든 대립 명제들보다 더 의미 깊고 더 중요한 명제가 되고자 한다면, 필요로 한다. 그 명제는 아우구스틴에서는 이미 여기서 그 증거 안에 근거되었기 때문에, 그 명제는 그에게서는 강조되었다; 그러나 저 후대의 신학의 재해석 안에서는 그렇게 강조되었다고 하기가 거의 불가능하다.

3. 하나님을 하늘과 땅의 창조자라고 말하는 명제는 (그것의 공표된 및 공표되지 않은 모든 요소들 안에서) 성서의 '언어 사용'으로 소급된다. 이 명제가 지시하는 및 그 명제로부터 얻어질 수 있는 '창조 개념'은 성서적 언어 사용을 통하여 앞서서 규정되었다. 우리가 이 명제를 그리스도교적 신앙고백의 한 통합적 계기로 평가한다면, 그 명제를 그것의 요소들 중의 하나 안에서 자의적으로 충족시키는 일은 결코 우리에게 자유로 주어져 있지 않다. 우리는 그렇게 하는 중에 오히려 신구약성서의, 약속과 성취의 맥락 안에 있는 성서적 증거를 붙들어야 한다. 저 명제는 바로 이 맥락에 관계된다. 신조의 다른 명제들과 마찬가지로, 또한 이 명제도 '그리스도 증거'의 총계(Summierung)이다;

그리스도교는 성서의 맥락 안에서 그 증거를 처음부터 들었으며, 그 증거를 통하여 그리스도교는 교회로서 구성되었다. 이 '그리스도의 증거'는 신구약성서의 저 맥락 안에서 스스로를 하나님의 계시 및 하나님의 자기증거로 전달하며, 또 그 증거는, 비록 언제나 한결같은 연속성 안에서는 아니라고 해도, 그리스도교적 교회에 의하여 근본적으로는 언제나 그렇게 이해되어져 왔다. 그 증거는 믿음으로의 '외쳐 부름'이다. 그 증거는 오직 믿음 안에서만 수용되고 이해될 수 있다. 이 사실은 이제 하늘과 땅의 창조자로서의 하나님의 명제에 대해서도 해당한다. 그 명제는 그것의 모든 요소들 안에서 '그리스도 증거'에 대한, 즉 상이성과 통일성 안에 있는 신약 및 구약성서의 하나님의 자기 증거에 대한 대답이다. 그 명제는 오직 그 사실로부터, 즉 오직 믿음으로부터 수용되고 이해될 수 있으며, 다르게는 전혀 그렇게 될 수 없다. 우리는 그 명제가 말하는 것에 관련하여 오직 그 명제가 교회를 구성하는 비밀에 관하여 말하는 것의 실현만을 선택해야 한다: 그렇지 않으면 우리는 그 명제가 말하는 것을 전혀 실현할 수 없게 된다.—우리는 여기서 명제의 가장 중요한 요소들의 (저 기원을 통하여 규정된) 특수한 성격을 다만 예기하면서 지시할 수 있을 뿐이다.

    a) 그 명제가 말하는 "**하나님**"이라는 주어 개념은—이 개념인 그 신조 안에서 잘 알려진 대로 세 조항 모두를 포괄하는 괄호를 형성한다.—바르게 혹은 바르지 않게 명제화된 혹은 열려진 혹은 느껴진 어떤 '세계 근거'의 개념과 동일한 것을 의미하지 않는다. '세계 근거'라는 개념이 그것의 존재 및 본질과 함께, 어떻게 성립되든지 간에: 그것은, 이미 인간적 규정[비록 이것이 어떤 창조되지 않은, 창조하는, 최고로 완전한 본질의 규정이라도 해도]으로서, 이미 피조물의 영역에 속한다. 그러한 '세계 근거'는 하나님이 아니다. 그것은 인간의 정신적 작업의 성공한 혹은 성공하지 못한 생산품이다. 그것은 "하늘과 땅의 창조자"(creator coeli et terrae)와 동일하지 않다. 그러한 '세계 근거'는 차후적으로라도 이 창조자와 동일시될 수 없으며, 그 창조자의 이름 및 술어들로 지칭될 수 없다. 이것이 발생할 때는 언제나, 창조자에 대한 신앙고백은 그 고백의 근거와 함께 또한 그것의 확실성을 상실하며, 그 고백의 원래의 의미와 함께 또한 그것의 신뢰성과 실천적 적용 능력을 잃어버리게 된다. 하늘과 땅을 창조하신 하나님은 "아버지" 하나님이시며, 다시 말하여 그분은 예수 그리스도의 아버지시며, 그분은 자신의 아들의 영원한 생성 안에서 성령을 통하여 그분 자신을 규정하시는 자이시며, 그러므로 어떤 방식으로도 밖으로부터, 다른 곳으로부터 규정되지 않으시는 분이시다. 바로 이러한 영원한 아버지로서 그분은 자신의 자유로우신 외화의 행동 안에서 **존재하시**며, 그래서 밖으로부터 그렇게 규정되시는 것이 아니라, 오히려 안으로부터, 그분의 아들 안에서 성령을 통하여 그분 자신을 그렇게 규정하시며, 그리고 밖에 있는 모든 것을 그분의 편에서 설치하시며, 그래서 그분은 **창조자**이시다. 그리고 마찬가지로 그분은 다른 어떤 자로 아닌 바로 그러한 영원한 아버지로서 그분 자신을 창조자로 **계시하신**

다; 그분의 아들 예수 그리스도 안에서 성령을 통하여, 정확하게 다음과 같이, 즉 그분이 스스로를 또한 내적으로 그렇게, 창조자로 존재하시기로, 결정하고 규정하신 것과 같이, 계시하신다. 그분이 이러한 그분의 계시 안에서 인식되지 않는다면, 그분은 전혀 인식될 수 없을 것이며, 만일 그분이 바로 그러하신 자, 즉 아버지가 아니시라면, 그분은 전혀 창조자가 아니실 것이다.

유감스럽게도 사태는 다음과 같다: 교회는 바로 이러한 최초의 결정적인 지점에서 처음부터 대단히 자주 문제의 핵심을 지나쳐서 말해왔다. 그러한 옛 문서들 중의 하나가 아리스티데스(Aristides, cap. I)의 호교론 안에 놓여 있다: "나는 하늘과 땅을, 바다를, 해와 달을, 그리고 그 밖의 것을 관찰하였다; 그리고 나는 그것들의 멋진 질서에 대하여 경탄하였다. 나는 세상과 그 안에 있는 모든 것을, 그리고 그것들이 [법칙에 따르는] 필연성 안에서 운동하는 것을 보았으며, 그리고 나는 다음 통찰에 도달하였다: 그것들을 움직이고 유지하시는 분이 하나님이시다. 왜냐하면 언제나 움직이게 만드는 것이 움직여진 것보다 더 강하며, 유지하는 것이 유지되는 것보다 더 강하기 때문이다. 그래서 나는 그 모든 것을 존속되도록 및 유지되도록 하신 분을, 시작도 없으시고 볼 수도 없는 분을, 모든 열정들 및 모든 비천한 것들보다, 분노, 망각, 무지 등보다 더 높으신 분을, 하나님이라고 부른다. 그분을 통하여 모든 것은 각각 존속한다."

우리는 "내가 관찰했던" 것, "내가 경탄했던" 것, "내가 보았던" 것, "내가 통찰에 도달했던" 것, "내가 언급하는" 것! 등을 주목한다. 그리스도교적 철학자가 다른 모든 철학자들이, 그러나 또한 모든 신화의 창작자들이 예로부터 할 수 있었고 또 행하였던 그것과 동일한 것을 행함으로써, 그리스도교적 철학자가 인지와 반성의 길 위에서 한 "세계관"을 형성함으로써, 그는 세계를 넘어서는 한 원칙의 수용이 불가피하다는 결과에 도달하며, 그래서 그는 바로 그러한 불가피하게 명제화되어야 하는 원칙을 현실성으로 유효하다고 인정하고, 그것을 하나님이라고 부르기로 결정한다. 바로 그러한 근본적 특성들 안에서 사태는 언제나 또 다시 그와 같았다. 다음은 분명하다: 이러한 과정 안에서 하나님의 계시 및 그것에 대한 믿음은 최고로 잘해야 다음 순간에: 즉 그 철학자가 자신의 사변 혹은 창작의 산물에 차후로 "하나님"이라는 이름을 부여하기로 결정할 순간에, 중요성을 갖는다. 그러나 다음도 마찬가지로 분명하다: 이러한 중요성은 다만 이론적일 뿐이다. 여기서 창조자라고 말해지는 "하나님" 혹은 여기서 하나님이라고 말해지는 "창조자"가 (그의 본질은 결정적으로 세계에 대한 그의 다른 존재에, 세계의 모든 허약함에 의한 '접촉될 수 없음'에 놓여 있는 것으로 보인다.) 그리스도교적 신앙고백의 전능하신 아버지와 무슨 관계가 있는가? 그러한 어떤 "창조자"의 인식에 이르는 길은 명백하게도 처음부터 필연적으로 절대자(das absolute Wesen, 절대 본질)라는 저 신 개념에 이르는 길이었다; 바로 이 개념이 나중에, 언제나 새롭게 생명력을 획득하면서 (사람들이 언제나 또 다시 그러한 창조자에 이르는 길을 가려고 함으로써) 유령과도 같이 그리스도교적 신앙고백의 참된 내용을 언제나 또 다시 은폐하였으며, 이것은 교리사 전체를 통하여 진행되었으며, 그 개념의 신뢰할 수 없는 것은 참된 그리스도교적 창조자 개념을 언제나 또 다시 믿을 수 없는 것으로 만들려고 위협하였으며, 그것의 실천적 무의미성은 언제나 또 다시 참된 창조자 개념을 무의미하게 만들려고 위협하였다.

우리는 이러한 사실에 대하여 다음을 명확하게 기억하여야 한다: 그리스도교적 신앙고백 안에서 말해지는, 즉 의심의 여지없이 창세기 1:1로 소급되는 그 하나님은 엘로힘, 즉 이스라엘의 하나님

이시다: 그분은 예레미야 18:1-6에 따르면 토기장이가 토기와 관계하듯이 그렇게 이스라엘 백성과 관계하시며, 그분은 이사야 22:11, 37:26, 열왕기하 19:25 등에 따르면 그분이 이 백성의 역사 안에서 사건으로 발생하도록 하신 그것을 (이미 오래전부터, 가장 이른 시대로부터 그 역사의 목표를 향하여) 원하셨고 또 예비하셨다. 이 역사의 시작은 창조이다. 오직 그렇게 해서 창조사는 또한 세계사의 시작이다. 그리고 그 세계사의 영역의 주님이 창조자 하나님이시다; 오직 그러하신 분(*창조자)으로서 그분은 또한 세계 영역의 주님이시다. 이 관계는 해체의 운명을 겪지 않는다. 그것으로써 제시된 길은 우회될 수 없다. 모든 자칭 더 직접적이라는 길은 필연적으로, 하늘과 땅을 창조하신 하나님께로 향하는 것이 아닌 다른 어떤 길로 인도한다. 우리는 이사야 17:7의 기억의 비유를 생각한다: "그 날이 오면, 사람들은 자기들을 지으신 분에게 눈길을 돌리고, 이스라엘의 거룩하신 분을 바라볼 것이다." 우리는 다음을: 이 통일성이 어떻게 이사야 45:1-13의, 특별히 6-7절에서 강조되는 맥락 안에서의 고레스의 기능의 관점에서 가시화되는가를 생각한다: "그렇게 해서 해가 뜨는 곳에서나, 해가 지는 곳에서나, 나 밖에 다른 신이 없음을 사람들이 알게 하겠다. 나는 주님이다. 나 밖에는 다른 이가 없다. 나는 빛도 만들고 어둠도 창조하며, 평안도 주고 재앙도 일으킨다. 나 주님이 이 모든 일을 한다."(비교. 사 44:24) 또 우리는 요한계시록 4장의 광경을 생각한다: 그곳에서 하나님의 보좌는 우주 그 자체를 대변하는 네 존재들(생물들)에 의하여 둘러싸여 있으며, 무엇보다도 우선 그러한 이스라엘과 교회를 통하여 그것들의 통일성이 대변되는 24장로들에 의하여—그러나 "하나님의 일곱 영을 의미하는 불타는 일곱 횃불"이 잊혀서는 안 된다.—둘러싸여 있다. 그리고 만일 9절에서와 같이 그 네 존재들이 모든 영원 안에서 살아 계시는, 보좌에 앉으신 분께 찬양과 영광과 감사를 드린다는 것이 참이라면, 마찬가지로 또한 10f.절에 따르면 24장로들도 그러하다; 24장로들은 보좌에 앉으신 분 앞에 엎드려, 모든 영원 안에서 살아 계신 분께 경배를 드리며, 그들의 면류관을 벗어서 보좌 앞에 내놓으며, 그 다음에는 저 피조물의 찬양에 말하자면 음성과 이해될 수 있는 발음을 부여하며—명백하게도 24장로들은 뒤따라오는 것을 홀로 알고 말할 수 있는 자들이다.—그리고 외친다: "우리의 주님이신 하나님, 주님은 영광과 존귀와 권능을 받으시기에 합당하신 분이십니다. 주님께서 만물을 창조하셨으며, 만물은 주님의 뜻을 따라 생겨났고, 또 창조되었기 때문입니다." 그러므로 다음이 요청된다: 사람들은 이스라엘의 거룩한 자를 보게 될 것이며, 보좌에 앉으신 분 주위의 저 공동체의 모임 안에서 위치하게 될 것이며, 바로 그곳에서 및 그곳으로부터 창조자 하나님의 저 명제를 외칠 수 있게 될 것이다. 창조자 하나님은 어떤 자의적인 최고 존재가 아니시며, 오히려 그분은 이스라엘 역사의 주님이시며, 그분은 그 보좌에 앉으신 분이시다; 그리고 그분을 인식하고 고백하는 자들은 그 역사에 참여한 자들이며, 그러한 보좌 앞에 있고 엎드린 자들이다. 또 그 밖의 피조물 전체가 창조자께 대한 찬양과 함께 그 보좌 주위에 모인다; 그들도 바로 그 역사를 위하여 존재한다. 사도신경의 첫째 조항 그리고 둘째 및 셋째 조항 사이의, 한 분 하나님의 길과 사역들의 시작 그리고 계속 사이의 이러한 필연적인 결합은, 우리의 장자권을 한 그릇의 죽(불콩요리)을 위하여 던져버리는 것이 아니라, 오히려 보유해야 한다는 것이 교리에 관련해서도 유효하다면, 결코 잊지 말아야 하는 것이다. 그러므로 다음은 분명하다: 바로 이 관점에서 순수하게 이해된 교리들은 오직 믿음으로의 '외쳐 부름'에만 속할 수 있다.

b) 저 명제의 "창조자"라는 술어에 대하여 우선 다음이 말해질 수 있다: 그 술어는

한 사건을, 하나의 완결된 행동을, 자체 안에 포함한다. "창조자"(creator)는 단순히 "존재"하기만 하는 것이 아니라, 오히려 그분은 어떤 것을 행하셨으며: "창조하셨으며"(creavit), 그분은 "창조"(creatio)를 실행하셨다. 하나님께서 하늘과 땅을 창조하셨다는 명제는 다른 어떤 것과도 비교될 수 없는 현재완료(Perfeckt)에 대하여 말하며, 그리고 그 명제는 바로 그 현재완료가 하늘과 땅의 시작이라고 말한다. 이 시작은 끝나는 것이 아니라, 오히려 그것들의 지속을 규정한다는 것, 창조자는 창조자로 머무시며, 그러하신 분으로서 피조물에 현재하시며—그것도 행동하시면서 현재하신다는 것, 이것은 참되다; 이것은 배 만드는 사람이 배를, 시계 제작자가 시계를 자신의 작품으로서 뒤로 넘겨버리고, 타자 혹은 그 자체에게 위임해 버리는 것과는 다르다. 그 현재완료는 또한 현재를 자기 자신 안에 포함한다는 것이 그 현재완료의 철두철미 배타적인 특징에 속한다; 이 특징은 그러나 다음 중 아무것도 변경시키지 않는다: 그것은 한 현재완료이며, 그것은 유일회적으로 한때 발생한 한 사건에 대하여 말한다. 사도신경의 첫 조항은 "창조자"라는 그것의 명사와 함께 그것의 방식으로 많은 동사 형태들을 가진 둘째 조항보다 조금도 덜 역사적(historisch)인 것이 아니다. 바로 그렇기 때문에 창조자는 어떤 '세계 근거'로, 어떤 최고의 및 최초의 원인으로, 어떤 존재 원칙으로 곡해되어서는 안 된다. 그러한 종류의 모든 개념들은, 어떤 무시간적인, 다시 말하여 언제나 어디서나 존재하는 (원인과 결과의 세계 내적인 관계들에 대한 유비 안에 있는) 관계로서 특징적으로 표현되고 있기 때문에, 만일 우리가 그 개념들을 창조자 하나님을 지칭하기 위하여 적용해보려고 한다면, 그 개념들은 그것들의 편에서 반드시 곡해되며, 그것도 너무도 급격하게 곡해되어서, 그것들은 더 이상 세계 내적인 관계들에 대한 한 유비일 수 없게 된다. 창조는 우리에게 알려진 모든 근거 및 원인과 구분되면서 신적 행위(Aktion)를 가리킨다; 이 행위는 오직 아버지에 의한 아들의 영원한 유출(Zeugung; 산출) 안에서만, 오직 하나님 자신의 내적인 생명 안에서만 참된 비유를, 진정한 비교점을 가지며, 피조물의 삶 안에서는 그러한 것을 갖지 못한다. 하나님께서 자신의 고유한 현실성 밖에 그것(*현실성)에 대한 하나의 상응을 원하셨고 또 그것(*상응)을 실행하셨으며, 그 실행은 하나님 존재에 구성적 행위인 그분의 고유하신 실존 및 그분의 고유하신 본질의 비밀을 형성한다는 것, 이것이 창조의 역사적(historische) 비밀이다. 그것이 바로 다른 어떤 것과도 비교될 수 없는 현재완료이며, 신앙고백은 바로 그 현재완료를 하늘과 땅의 시작에 의하여 뒤돌아본다. 그러므로 창조는 물론 하나님과 세계 사이의 관계를 가리킨다: 그것은 한편의 철저한 우월성 및 통치와, 다른 한편의 철저한 예속 사이의 관계이다. 그러나 창조는 그 관계 개념의 단순히 신화적인 혹은 사변적인 첨예화를 뜻하지 않으며, 오히려 그 관계 개념의 전제 및 결정적인 의미 부여를 뜻한다: 창조는 그 관계를 넘어서서 우선 그 관계를 가능하게 만드는 것의 **근거**에 대하여 말하며, 하나님의 의지와 행동을 통한 하늘과 땅의 유일회적인, 우연적인(kontingenten) **규정**

(Setzung; 설치)에 대하여 말한다.

교리의 이러한 핵심적 요점들은 결코 억압되지 말았어야 했으며, 또한 한편으로는 창조 행위의 모든 시간을 초월하는 특징의, 다른 한편으로는 '창조자-피조물-관계'의 현재화시키는 특징의 과다한 강조를 통하여 모호해지거나 무관심의 대상이 되지 말았어야 했다. 몇몇의 교부들(Theoph. v. Antiochien, *Ad Aut.* II 10, Clemens Alex, Strom. VI, 7, Ambrosius, *Hexaem.* I, 4, 15, 또한 Augustin, *Cof. XI*, 8f. 비교. 24)이 창세기 1:1의 "창조하셨다"(bereschit)를 "로고스 안에서"(ἐν Λόγῳ)라고 번역하려고 했던 것은 위험한 월권이었다. 창조가 하나님의 말씀을 통하여 발생하였다는 것은 참이다; 그러나 창조는 어쨌든 "태초에"(im Anfang),[6] 다시 말하여 모든 사물들의 **시작으로써** 발생하였다. 창조는 모든 사물들의 (역사적[historische][7] 현실성 안으로의) 입장이었다. 또한 요한복음 1:1도, 로고스가 시초라고 말하지 않으며, 오히려 그분이 "태초에"(im Anfang), 다시 말하여 그분이 하나님 곁에 계시고 또 하나님 자신이었다는 것 외에, 또한 (하나님에 의하여 창조된 것으로서 하나님으로부터 구분되는) 만물의 시초 안에 및 그 시초와 함께 계셨음을 말한다. 그분의 창조에의 참여는 요한복음 1:3, 9에서 동일한 "되어졌다"(ἐγένετο)로 서술되며, 이 동사는 14절에서 그분의 '육신이 되심'을, 그래서 확실하게도 유일회적인 역사적(historische) 행위를 지칭하며, 또 그분의 영원한 근거 및 모든 시간들을 포괄하는 도달 영역을 손상하지 않으며, 다만 하나님과 인간 사이의 어떤 무시간적인 관계를 지칭하지는 않는다. 저 교부들과는 전혀 다른 전제들 아래서 유대교 주석가인 야곱(B. Jacob, *Das erste Buch der Thora* 1934, 20)은: 창세기 1:1의 "창조하셨다"는 "비교가 불가능한, 절대적인 '시간 이전성'(Vorzeitlichkeit)"을 가리키며, 또 "시간 안에서의 모든 사건들에 대한 우선적 조건"을 가리킨다고 주장하였다. 그에게는 그 이후에 뒤따라오는 창조기사는, 그리고 그 창조기사로부터 전개되는 이스라엘의 역사는 (시간과 마찬가지로) 영원과 마주 대하여 서 있는 셈이다. 창조 행위의 바로 그 우연적-유일회적인 것은 그러므로 그 자체로는 그 역사 안에 속하지 않으며, 그 역사의 시작을 형성하지 않으며, 엄격하게 말하여 전혀 어떤 사건이 아니며, 오히려 그 역사 및 그것의 시초를 철두철미 초월하는 근원으로서 그것과 마주 대하여 서 있는 셈이 된다. 예수의 메시아성 및 또한 말씀의 성육신의 유대교적 부정에 근거한다면 그러한 창조 개념은 고도의 일관성을 갖는 셈이다. 그러나 그리스도교적 창조 개념 안에서 그곳에서 서로 분리되어 마주 보면서 흔들리는 두 영역이 서로 접촉하고 겹친다: 두 영역은 여기서 이미 예수 그리스도의 인격 안에서, 즉 하나님의 말씀의 개념 안에서, 더 나아가 삼위일체적 신 개념 그 자체 안에서 그리고 하나님의 영원하신 의지 및 결의의 이해 안에서 접촉하고, 겹치고, 서로를 배제하지 않는다. 하나님께서 시간을—우리의 시간을—세계와 함께 창조하심으로써, 시간은 하나님께 본래부터 낯설지 않다; 왜냐하면 바로 영원이 하나님의 시간이며, 그 시간을 바라보시면서 하나님께서 우리의 시간을 창조하셨기 때문이다. 하나님께서 피조적 역사를 하나님 자신에 의하여 결의된 구원사로 근거하고 통치하심으로써, 또한 그 역사의 현실성도 하나님께 본래부터 낯설지 않으며, 오히려 그 피조적 역사의 현실성은 피조적 역사의 모든 진행에 앞서서 우선

---

[6] Am Anfang이 아님에 주의할 것.—역자 주.
[7] geschichtliche가 아님에 주의할 것.—역자 주.

(근원적으로 아버지, 아들, 성령으로서의 그분의 고유하신 삶 안에서, 이러한 피조적 역사를 바라보시면서 내려진 하나님의 영원하신 결의 안에서, 하나님의 모든 길 및 사역들의 영원한 시초로서의 은혜의 예정 안에서) 우연적-역사적으로 선재한다.(präexistiert) 만물의 바로 이러한 (하나님 안에서의) 영원한 시초는 다음을 배제하는 것이 아니라, 오히려 포함한다: 만물의 창조의 실행도 또한 하나의 **역사적**(historische) 비밀이며, 또한 시간과 함께하는 및 그러한 한도에서 시간 **안**에 있는 세계의 시초이며, 최초의 **역사**(Geschichte)이다. 창조의 실행이 참으로 그러하다는 것, 그것이 창조자 및 그분의 사역에 대한 그리스도교적 신앙고백 안에서 사실상 주장되는 것이다. 이러한 주장은 하나님과 인간의, 영원과 시간의, 절대적 존재와 하나님의 우연적 의지의 합일에 근거한다; 이 합일(Einheit)은 예수 그리스도의 인격 안에서 계시되었고, 현실적으로 작용하였다. 그 합일 안에서 그리스도교적 고백은 하나님의 모든 길들 및 사역들의 시초를 인식하며, 그리고 그 합일 안에서 이제 바로 하나님의 영원하신 본질 및 의지의 역사성을 인식하며, 즉 하나님의 내적 및 (세계를 근거하고, 유지하고, 통치하시는) 외적 생명 사이의 구분됨을, 그러나 또한 분리될 수 없음을 인식한다. 하나님의 의지 및 행동을 통하여 규정된 (세계의) 시초는, 초역사적으로**만이 아니라**, 오히려 **또한** 역사적으로도 이해된다. 신약성서 안에서 "창조자"라는 명사는 오직 한 번만(벧전 4:19) 등장하며, 그러나 보통은 분사구문들 및 관계대명사 문장들로 서술된다는 사실, 그래서 창조가 보통 명시적으로 하나님의 하나의 역사적(geschichtlichen) 행위로 생각된다는 사실은 확실하게도 우연이 아니다. 그렇기 때문에 그리스도교적 고백은 그 다음에 다른 한편으로, 창조의 모든 계속 및 지속을 역사적(geschichtlichen)으로만이 아니라, 오히려 또한 저 시초의 의미에서 초역사적으로 조건 지어진 것으로, "계속적 창조"(creatio continua)로 이해할 수 있었으며, 그래서 전체의 저 초월적 근원에 근거한 내재적 '계속 전개'로만이 아니라, 그와 동시에 하늘과 땅의 새 창조를—이것도 첫째 창조보다 조금도 덜 우연적-역사적(historisch)이지 않다.—마주 바라보는 것으로도 이해할 수 있었다. 창조자(Creator)는 "창조하셨다"(creavit)를 뜻하며, 이 "창조하셨다"는 창조의 명제를 엄격한 개념적 의미 안에서 믿음의 명제로 특징짓는다.

c) "창조자"라는 술어는 내용적으로는 다른 어떤 것과도 비교할 수 없는 한 행동에 관하여 말한다. 그 술어는 하나님에 관하여 다음을 말한다; 하나님은 유일하신 분이시며, 모든 완전성의 소유 안에서 자기 자신으로써 철두철미 충분하신 분이시며, 그분 자신의 내적인 생명 안에서 철두철미 영예로우신 자 및 지극히 행복하신 자이시며, 그러나 이제는 그러하신 분으로서 홀로 머물기를 원하지 않으셨고, 사실상 홀로 머물지 않으셨으며, 오히려—그분 자신의 고유하신 의지에 따라, 그리고 다름이 아니라 그분의 사랑의 자유로서의 내적 필요(Nötigung) 안에서, 그분 자신의 내적 영광의 넘쳐흐름의 행위 안에서 그분 자신과 구분되는 한 현실성 그 자체를 규정하셨다. 그리고 "창조자"라는 술어는 세계에 관해서는 다음을 말한다: 세계는 그것의 현실성을, 그것의 현존재와 존재상태(세계는, 과거에는 존재하지 않았기 때문에, 현존재와 존재상태를 소유하지 못했으며, 또 자기가 자기 자신에게 그것을 부여할 수도 없었다.)를 하나님의 행위를 통하여 수용하였으며, 또 세계는 그것의 존재 및 본질에 관련하여 그것 자신을 철두철미

하나님으로부터 선사받았다. 그리스도교적 신앙고백의 의미 안에서 "창조"(Schaffen)는 그러한 행위를 가리킨다: 그 창조의 출발점(terminus a quo)은 신적 사랑의 자유로운 전능의 선의이다. 그 창조의 목적점(terminus ad quem)은 그러한 신적 선의에 의하여 선택된, 계획된, 그것을 통하여 근거된, 또 규정되고 제한된 (비-신적인 것의) 현실성이다; 비-신적인 것의 존재 및 본질은 그렇기 때문에 다만 저 행위에의, 즉 하나님 자신에의 철저한 종속성으로서, 오직 그분에 대한 관계 안에서 이해될 수 있을 뿐이며, 오직 그분의, 그분에게 철두철미 속하는 "피조물"의 존재 및 본질로 서술될 수 있을 뿐이다. 창조의 시작 및 계속 사이의 관계가 주석적으로 및 체계적으로 어떻게 이해되든지 간에, 다음은 확실하다: 창조는 오직 그분에게 전적으로 동등하지 않은 대상에 대한 그러한 행위로, 그분에게 전적으로 동등하지 않은 전제들로, 이쪽에서 저쪽으로 이해될 수 있을 뿐이며; 이러한 '역전될 수 없음' 안에서, 오직 이러한 '하나님 그리고 세계'로부터 동시에 파악될 수 없는, 연역될 수 없는, 철두철미 우연적인(kontingente) 사건으로, 오직 (창조자 및 피조물의, 양자의 **공동 존재**'의, 그리고 그 '공동 존재'의 지양될 수 없는 순서의) **현실성**의 비밀로 이해될 수 있을 뿐이다. 한편으로 하나님께, 다른 한편으로 세계 및 인간에게 참된 것은 언제나 바로 이러한 전제 위에 놓인다. 그리고 이러한 양자 사이에서 발생할 수 있는 것은 언제나, 그것의 배후의 근거는 언제나 그러한 행위이며; 하나님께서는 이러한 의미에서 언제나 창조자이시며, 그리고 그분으로부터 구분되는 모든 현실성은 이러한 의미에서 언제나 그분의 피조물이다. 왜냐하면 이러한 '창조자-피조물-관계'는—그러한 행위에 의하여 근거되고 규정되고 제한되면서—은혜의 예정 안에 있는 하나님의 우연적인(kontingente) 의지 결정의 실행이기 때문이다. 이제 창조가 이러한 **비밀**이라면, 그때 그 비밀의 인식을 위해서는 오직 하나님 자신의 계시만이, 그리고 그 인식의 체득으로써는 오직 **믿음**만이 요청될 수 있을 뿐이다: 저 파악될 수 없는 것, 연역될 수 없는 것, 철두철미 우연적인 것(Kontingente)이 양쪽의 측면에 따라 믿음의 눈앞에 마주 서며, 그 비밀 자체가 스스로를 사실상 믿음의 눈앞으로 이끌어낸다. 창조자 및 그분의 사역의 인식은, 만일 우리가 그 인식을 저 술어의 참된 의미의 곡해와 약화의 대가를 치르면서, 그래서 계시 및 믿음의 길 위가 아닌 다른 방식으로, 마련하게 된다면, 그 즉시 그것의 대상을 그르치게 할 것이다; 그렇게 마련된 인식은 창조자 및 그분의 사역의 인식으로는 사실상 성취될 수 없을 것이다.

성서 안에서 사용된 신적 창조의 동사형 서술들 중에서 (이하의 내용을 W. Foerster *Th WB zum NT III* 중 κτίζειν 등의 논문과 비교할 것) 구약성서의 bara(*창조하다)가 사전적으로는, 그것이—이 단어는 잘 알려진 대로 창세기 1:1에서 즉시 등장한다.—엄격하게 말하여 다른 모든 창조들과 구분되면서 오직 신적 창조만 지칭할 수 있다는 한도에서, 명확하다: 그 창조에 대해서는 어떤 가공될 수 있는 대상도 미리 놓여 있지 않으며, 창조자가 재료로 삼아서 다른 어떤 것을 만들 수 있는 그 어떤 것도 없었으며, 그래서 그것은 "무로부터의 창조"(creatio ex nihilo)이며, 그 창조의 주체는 오직 하나님이며, 하나님 밖에 그 누구도, 어떤 피조물도 주체가 될 수 없다. 야콥(B. Jacob, 위의 책, 22)은 창세기 1:1의 문장을 이러한 bara(창조하다)의 관점에서 "토라의, 이스라엘의 종교적 천재의, 최초의 위대한 행동"이라고 말했다. 그 문장은, 사람들이 그것에 대하여, 사람들이 그러한 bara와 함께 선포되어야 하는 이스라엘의 하나님의 명예를 이스라엘의 및 (이스라엘의) 종교적 천재의 명예로서 재현하는 것이 가능하다고 여기는 곳에서, 그래서 하나님의 명예에게 그러한 재현의 단서를 공공연히 부여하는 곳에서, 과연 (*제대로) 이해될 수 있는가? 그 밖에도 칠십인역이 bara를 ἐποίησεν(만들었다)라고 번역했을 때, 그 천재들은 어디에 있었는가? 그러나 어찌 되었든 간에: 한편으로 하나님의 의지 및 행동의 기적 그리고 다른 한편으로 이러한 번역될 수 없는 단어로 지칭된, 하늘과 땅의 존재 및 본질은 바로 이 헬라어 단어에서는 결합되지 못하였다. 구약성서와 신약성서는 바로 그것의 최종적 및 결정적 단어에 관련하여 근거가 빈약하였으며, '최종 이전'의 단어를 사용했을 때는 부주의했다. 그렇기 때문에 우리는, bara라는 유일무이한 특성의 단어 곁에 또한 다른 동사들을 하나님의 창조적 활동성을 서술할 때, 놀라지 않게 된다: qana가 κτίζειν으로써: '애써 획득하다, 스스로 마련하다, 준비하다'의 의미로—jazar가 πλάσσειν으로써: '형성하다, 짓다, 이러저러한 형태를 만들다'라는 의미로—asa가 ποιεῖν으로써: '제작하다, 만들다'의 의미로—jasad가 θεμελιοῦν으로써: '근거하다'의 의미로 각각 사용되었다. 우리는 이러한 단어들이 하나님의 창조적 행동에 적용되는 곳에서, 사실상 다음을 의심하지 않는다: 또한 그 단어들도 하나님과 그분의 행동의 대상 사이의 저 기적적인 관계를, 즉 그분의, 신적인 의지 및 결의의 실행을 통한 오직 하나님 자신 안에 근거된 잠재성으로부터 다른 현실성으로의 (저 파악될 수 없는, 연역될 수 없는, 우연적인) 건너감을 지칭한다. 구약성서적 하나님은 이러한 의미에서 **창조자**이시며, 그리고 모든 신이 아닌 것들은 구약성서 안에서 그분께 대하여 이러한 의미에서 **피조물**로서 마주 서 있다. 다음은 특징적이다: 칠십인역은 하나님의 창조자로서의 활동성에 대한 히브리적 명칭을 오직 한 번만 헬라어에는 대단히 흔했던 단어인 δημιουργεῖν(제작하다)로 번역하였다. 어떤 δημιουργός(제작자)란 본래적으로, 일반적인 사람들을 위하여 한 특정한 작업을 수행하는 자이며: 선견자, 의사, 건축가, 전령, 가수 등일 수 있으며, 그 다음에 더 일반적으로는: 수공업자, 더욱 일반적으로는: 일반인과 대립하는 전문가이며, 주어진 재료로써 다른 사람들과는 달리 어떤 것을 만들어낼 줄 아는 사람을 가리킨다. δημιουργός가 헬라 문학 안에서 신에게 사용될 때, 그것은 그 신을: 세계를 ἀταξία(무질서)로부터 κόσμος(질서, 우주)로 이끌어낸 신이라는 의미에서 지칭한다. 구약성서의 하나님도 또한 세계 형성자이시지만, 그러나 그것만은 아니시며, 그분은 또한 창조자이시다. 명백하게도 이 내용을 정확하게 의식하면서 칠십인역은 창조자를 헬라 철학 및 신화의 δημιουργός와 직접 동일시하려고 하지 않았다. 그리스도교적 영지주의에게도 이러한 경계선을 불분명하게 만드는 것은 금지되어 있었다. 이러한 포기 외에도 다음의 긍정적인 것이 또한 마찬가지로 인상적이다: 칠십인역은 ποιεῖν, λάσσειν, θεμελιοῦν 곁에서 바로 κτίζειν을 **선호**하였으며, κτίζειν이 바로 그것으로부터 신적 창조의 본래적인 '기술적 용어'가 되었다. κτίζειν은 (Foester에 따르면) "[도시, 극장, 사원, 목욕탕 혹은 비슷한 것들의] 건립, 근거, 설립을 위한 결정적인, 기초를 놓는 의지 행위"를 가리키며, 그것의 뒤에는 수작업의 수행이, 즉 δημιουργεῖν이 뒤따른다. κτίζειν은 알렉산더 대제 이래로 특별히 헬레니즘적 의미 안에서 스스로 영광을 취했던, 더 나아가 신들로 격상되었던 통치자의 일이었으며, 그곳에 앞서 있었던 것과는 무관하게, 그 통치자의 말, 명령, 의지(이것들의 배후에는 그의 권세가 버티고 있다.)를 통하여 한 도시가 생성되었으며, 그 도시의 존재는 오직 그것의 창조자 κτίστης인 그 통치자에게 의존하였으며, 그 통치자는 그것에 상응하여 그 도시 안에서 신적 영예에 참여하였다. bara를 일관성 있게 κτίζειν으로 번역하는 일은 발생하지 않았다. 바로 창조사 안에서 그 번역은 중지되었다. 그러나 우리는 말할 수 있다: 저 히브리적 개념(bara) 안에서와 마찬가지로 또한 이 헬라적 개념 안에서도 이 문제에 있어서 성서적 사고가 진행되었던 방향이 뚜렷이 부각된다. 저쪽에서와 마찬가지로 또한 이쪽에도 우월성 안에서 유일무이한 특징을 가리키는, '창조'로 지칭되는 신적 행위의 비밀을 가리키는 방향이 있다. 우리는 이 비밀을 아무리 극단적으로 강조해도 지나치지 않는다. 히브리서 11:3에 따르면 창조는 다음의 '생성'(Werden)에 관계된다: 어떤 φαινόμενα(현상)도 그 생성보다 앞서거나, 그 생성의 근거에 놓일 수 없다; 또 로마서 4:17에 따르면 창조는 다음의 하나님의 행동에 관계된다: 그 행동은 오직 죽은 자들로부터의 부활과 함께 한 호흡에 말해질 수 있으며, 그 행동은 부활과 함께, 아브라함에게 믿음을 선사하셨고, 또 의롭다고 여기셨던 그 하나님을 가리킨다. 또 신약성서의 일련의 구절들에 따르면 창조는 καταβολή κόσμου(세계의 기초)에 관계된다: 에베소서 1:4에 따르면 하나님의 의지의 영원하신 결의에 따라 예수 그리스도 안에서 발생한 우리의 예정 밖에, 즉 하나님 자신 밖에, 그 기초 위에 있는 것은 아무것도 없으며, 아무것도 생각될 수 없다. 그 밖에 어떤 다른 것이 필요하다고 (*잘못) 생각된다면, 다음의 설명들이, 즉 시편 73:25: "내가 주님과 함께 하니, 하늘로 가더라도, 내게 주님 밖에 누가 더 있겠습니까?"; 또 마가복음 13:31: "하늘과 땅은 없어질지라도, 나의 말은 절대로 없어지지 않을 것이다"; 그리고 또 요한계시록 21:1, 베드로후서 3:13에서 공언되는 새 하늘과 새 땅의 기대 등이, 우리가 하나님께서 바로 그 하늘과 바로 그 땅을 창조하셨다고 말할 때, 어떤 탐구될 수 없이 우월한 행동이 그 말에 의해 성서적 증거의 의미 안에서 지칭되고 있는지를 우리에게 가르쳐 줄 것이다. 이 행동이, 그리고 이것에 근거된 창조자와 피조물 사이의 관계가, 이제 예수 그리스도 안에서 및 또한 신약성서의 증인들의 믿음 안에서가 아닌 다른 어떤 곳에서 인식될 수 있겠으며, 그리스도교적 신앙고백의 한 조항의 형식이 아닌 어떤 다른 형식으로써 고백될 수 있겠는가?

d) 창조의 명제가 말하는 객체는 "**하늘** 그리고 **땅**"이다. 이 양쪽 개념들이 각각 그 자체로서 및 서로에 대한 관계 안에서 어떤 더 상세한 것을 의미할 수 있든지 간에, 다음은 확고하다: 양쪽 개념은 창세기부터 요한계시록에 이르는 성서적 증거의 의미에서 하나님으로부터 구분되는 현실성의 총괄개념을 지칭한다. 양쪽 개념은 또 다음을 말한다: 하나님 밖의 이러한 하나의 현실성 안에는 구분이 있다: 그것이 하늘과 땅이며, 그것들은 하나님께 대한 양쪽의 공통적인 구분 안에서 상대적이며, 또 그것들의 구분이 '공동 존재'를, 더 나아가 양자의 통일성을 배제하는 것이 아니라, 오히려 포함한다는 한도에서 상대적이다.—그러나 그 구분은 그럼에도 불구하고 확실하게 규정되었으며, 그래서 양자의 어떤 '공동 존재' 안에서도, 양자의 어떤 통일성 안에서도 지양되지 않는다. 하늘은 땅이 아니며, 땅은 하늘이 아니다. 그러나 양자 사이에 동등한 비

중이나 단순한 대칭성이 놓여 있는 것은 아니며, 오히려 하늘은 땅에 대하여 의심의 여지없이 확실한 우위(Vorrang)를 갖는다; 이것은 물론 하나님께서 만물에 대하여 가지시는 최우선성(Primat)에는 근접할 수 없지만, 그러나 그럼에도 불구하고 존경되어야 하는, 지워질 수 없는 우위이다. 하늘은 전체 안에서 상위의, 외적 및 내적으로 특출한 피조물이다. 땅은 그것의 편에서 하나님 없이 존재하지는 않지만, 그러나 또한 하늘 없이 존재하지도 않는다; 땅은 하늘 아래 있으며, 그렇게 하여 땅도 하늘의 특출함에 참여하며, 그렇게 하여 땅은 또한 그것만의 고유한, 하나님과의 관계 안에서 (*하늘보다) 조금도 덜하지 않은, 바로 하나님으로부터 (하늘에 대한 그것의 피조세계 내적인 관계를 통하여 규정된 및 질서를 갖춘) 가치를 갖는다. 하늘과 땅은 이러한 구분성 안에서 하나의 전체를 이룬다. 그것들은 다음에서 하나이다: 그것들은 하나님이 아니며, 오히려 하나님으로부터 구분되며, 그렇지만 양쪽 모두가 하나님께서 원하셨고 규정하신 것이다. 바로 그렇게 하여 그것들은 하나님과 구분되는 현실성의 전체이다. 하늘과 땅은 그것들의 대립성 안에서 그리고 그것들의 일치성 안에서 신적이 아닌 것이며, 하나님 자신이 아니다. 하나님께서 하늘과 땅을 창조하셨다는 명제는 그러므로 다음을 말한다: 하나님께서 그 전체를, 다시 말하여 하나님 자신이 아닌 모든 것을, 그 영역 안의 최고의 것 및 가장 깊은 것을 동일한 방식으로 창조하셨으며, 그 영역 안에는 존재하기 위하여 하나님의 창조를 필요로 하지 않는 것은 아무것도 없으며, 그러나 또한 존재하는 것 중에서 하나님의 창조에 대하여 가치 있다고 평가되지 않는 것도 아무것도 없으며; 또 존재하는 것 중 어떤 것도 피조물의 비천함을, 그러나 또한 피조물의 영광을, 하나님께 대한 철저한 종속성을, 그러나 또한 하나님에 의한 철저한 유지됨을, 전적으로 벗어날 수는 없다. 바로 이러한 피조물 전체에 대하여, 하늘과 땅에 대하여 말해짐으로써, 이제 **인간**에 대해서도 언급된다. 피조물의 저 총괄개념에 대한 성서적 언급 전체와 함께 또한 그리스도교적 신앙고백도 바로 그 인간을 목표로 한다: 그러나 대단히 인상적이게도, 그 고백은 인간을 언급하지 않으면서, 목표로 한다. 그 고백이 인간을 언급할 필요가 없는 것은, 바로 그 고백 안에 하늘과 땅이 저 확실한 질서 안에서 나란히 존재하기 때문이며, 바로 인간이 피조물의 그러한 비밀이고, 또 그것을 표현하기 때문이다. 또 그 고백이 인간을 언급하지 않는 것은, 명백하게도 바로 저 결정적인 것이 바로 인간에 대하여 그 축제적인 '언급하지 않음'과 함께 말해지기 때문이다: 즉 인간은 땅 위에서 및 하늘 아래서, 그렇게 해서 두 세계들 사이에서 존재한다; 두 세계는 그것들의 서로에 대한 전적인 구분성 안에서 하나이며, 하나님에 의하여 창조된 한 세계이다. 하나님의 영원하신 아들 및 로고스가 천사가 아니라, 동물이 아니라, 오히려 인간이 되기를 원하셨다는 것, 다른 어떤 것이 아닌 바로 그 사실이 하나님의 영원한 은혜의 예정의 내용이었으며, 바로 그것이 하나님께서 왜 이 세계를, 하늘과 땅을, 창조하셨으며, 왜 또한 미래의 세계가 새 하늘과 새 땅이 될 것인지에 대한 이유이다. 바로 그 이유에서 하나님께서는 인간을 영원 전에 사랑하셨으며, 바로 그 이유에서 하나님께서는 바로 이러한 땅 위에 및 하늘 아래 있는 피조물로서의 인간의 존재 및 본질을 원하셨고, 또 하나님 자신을 창조자로 현실성 안으로 들여놓으셨다. 그분의 말씀은—새 하늘과 새 땅의 씨앗 및 저당으로서—이 하늘과 이 땅이 생성되었던 것처럼, 없어지게 될 때에도, 없어지지 않을 것이다. 그분은 [그분의 인간성에 따라] 모든 피조물의, 현실성 전체의, 중심이시다; 신앙고백은 하나님께서 그 현실성을 창조하셨다고, 그 현실성이 오직 하나님을 통하여 존재상태와 본질을 갖는다고 말한다. 그러므로 창조의 명제는 이러한 측면에서 볼 때 믿음의 명제이며, 그것도 믿음의 어떤 부차적인 이차 명제 혹은 단순한 서론이 아니며, 오히려 그것의 방식 및 형태 안에서 그리스도교적 신앙고백의 유일무이한 중심 명제이다. 우리는 전능하셔서 하늘과 땅을 창조하신 창조자이신 아버지 하나님을 믿을 때, 예수 그리스도를 믿는다. 첫 조항의 이 말씀은, 그것이 그것의 의미의 최고의 특수성 안에서 둘째 그리고 셋째 조항의 고백을 선취하지 않는다면, 어떤 의미도 갖지 못할 것이다.

하늘 그리고 땅의 특수한 본질, 그것들의 서로에 대한 관계 및 인간 안에서의 그것들의 통일성 등은 많은 주석적 및 개념적 설명들을 필요로 한다; 여기서는 그 설명들을 위한 자리가 아직은 마련되지 않았다.

다음이 우리의 맥락에 대하여 확실하고 또 중요하다: 신구약성서는 하나님의 피조물에 대하여 말할 때, 사실상 언제나 또 다시, 대단히 강조하면서 그 피조물을 이러한 이중적인 것으로 지칭하며, 그 다음에는 물론 마찬가지로 강조하면서 그러한 이중적인 것을 한 유일한 전체로서 포괄하며, 바로 이 전체를 하나님께서 원하신 및 규정하신 피조물의 전체로서 이해한다. "세계"의 단일한 개념에 대하여 구약성서의 언어는 특기할 만하게도 어떤 단어도 갖고 있지 않다; 그 언어는 때때로(시 8:7, 사 44:24) "전체"(hakkol)라는 표현을 사용한다; 그 언어는 그러나 보통은 나열할 뿐이며, 그리고 바로 "하늘과 땅"이 말하자면 나열의 철과 같이 견고한 상태를 구성하며, 그 나열의 순서는 문맥의 관찰방식에 따라 그때그때마다 바뀔 수 있으며, 그리고 때로는(예를 들어 출 20:11, 느 9:6) 바다 [이것으로써 그 전체성은 특별한 사정을 갖게 된다.]를 통하여 보충될 수도 있다. 피조물이라고 말해지는 모든 것 그리고 이차적으로는(많은 경우에 욥 38f.에서와 같이 대단히 풍부하게!) 그렇게 말해질 수 있는 것: 즉 저곳에 있는 해, 달, 별들, 이곳의 이 세상적 생물들 등은 "내부에"(출 20:11), 하늘과 땅 안에 있는 것으로 파악되며, 그래서 하늘과 땅의 거주자들이다. 이러한 언어 사용은 대체적으로 또한 신약성서 안에서도 유지된다. 하나님은, 출애굽기 20장의 축제적 주석인 요한계시록 10:6에 따르면, "하늘 그리고 그 안에 있는 것들을, 땅 그리고 그 안에 있는 것들을, 바다 그리고 그 안에 있는 것들을 창조하신 분"(비교. 계 5:13, 행 4:24, 14:15)이시다. 골로새서 1:16에 따르면 "하늘에 있는 것들과 땅에 있는 것들, 보이는 것들과 보이지 않는 것들"을 창조하셨으며, 히브리서(1:2, 11:3)에 따르면 "온 세상을 지으신 자"이시다. 요한복음 1:10, 로마서 1:20, 사도행전 17:24, 그리고 "기초"($\kappa\alpha\tau\alpha\beta o\lambda\acute{\eta}$)라는 개념의 맥락 안에서는 또한 "세계"($\kappa\acute{o}\sigma\mu o\varsigma$)가 전체를 요약하면서 창조의 대상으로 언급된다.

저 **이중적** 영역은 **창조된 것**의 **전체**(τὰ πάντα; 골 1:16, 엡 3:9, 계 4:11)이다. 우리는 이러한 성서적 증거의 이해를 위하여 그 명제의 삼중적 내용을 눈앞에 두어야 한다: 그 영역은 **이중적** 영역이며, 다음과 같은 것으로 [모든 더 상세한 설명들은 이후로 유보되면서] 특징지어진다: 그 영역 안에는 어떤 위층(Oben)과 아래층(Unten)이 있으며, 그래서 피조적 생명의 내부에도 또한 어떤 방향성이 있다: 그것은 한 특정한, 비가역적인 방향의 가능성 및 필연성이다. 아우구스틴(*Conf. XII* 7, 7)이 여기서 언급될 수 있다: "무로부터 당신은 하늘과 땅을, 큰 것과 작은 것을 … 창조하셨으며, 어떤 것은 당신께 가깝고, 또 어떤 것은 무에 가까우며, 어떤 것 위에는 당신만이 홀로 존재하시며, 어떤 것 아래는 무가 있을 뿐입니다." 그리고 여기서 어떤 방향으로 계속해서 사고되는가 하는 것을 골로새서 1:16이 제시한다: 피조적 영역 안에는 하부의, 더 작은, **보이는**, 그리고 상부의, 더 큰, **보이지 않는** 현실성이 존재한다. 양쪽 영역은 이레네우스(Irenäus, *Adv. o. h.* II 30, 9) 이래로 언제나 또 다시, 또 다름이 아니라 아우구스틴에 의해서도, 그러나 또한 니케아 신조 이래의 교회의 더 후대의 고백 안에서도 마찬가지로, 바로 그러한 의미에서 이해되었다. 이러한 이중 영역은 그러나 피조물의 **전체**이다: 그것은 그 자체로서 **함께 전체**를 이루고 결합되며, 그러한 공속성 및 결합성 안에서 **유일무이**한 피조물이다. 피조물이 그 자체로서 신구약성서의 증거에 따르면 개관될 수 없을 만큼 풍부하고 다양하고, 깊고 파악될 수 없다는 것은 위의 사실과 모순되지 않는다. 하나님께서 언제라도 창조하실 수 있는 것은 이러한 이중적 현실성 영역의 내부에 위치한다. 피조물은 이러저러하게 우리에게 알려지지 않은 수천 가지의 형태를 가질 수도 있다. 피조물은 그 자체 안에서는 무한할 수도 있지만, 그러나 그럼에도 불구하고 이 영역의 바깥에는 어떤 현실성도 없다; 만일 있다면 그것은 하나님 자신의 현실성일 것이다. 우리는 하늘과 땅 안에서, 그리고 하늘과 땅의 통일성으로서의 인간 안에서, 하나님의 전체적인, 나누어지지 않은 사랑의 사역과 관계하게 된다. 우리는 그러므로 그러한 피조물(그것 안에서 그 양쪽이 하나이다.)로서, 그분의 전체적인, 나누어지지 않은 관심의 대상이다. 그리고 이제 이러한 이중 영역이 전체로서 하나님에 의하여 **창조되었다**는 것은—"만물이 그분으로 말미암고"(고전 8:6, 롬 11:36) 그리고: "만물 중에서 예외는 전혀 없으면서"(*Irenäus, Adv. o. h.* I 22, 1)—다음을 뜻한다: 하늘 안에 및 땅 위에는 물론 자칭의 신들 및 주님들은 있지만, 그러나 참된 신 및 주님은 있을 수 없다: 저기 아래도, 저기 위에도 없으며, 땅 위에도, 또한 우리의 인지의 영역 안에서 도달될 수 있는 자연요소들 및 그것들의 능력들 안에도 없으며, 그러나 또한 하늘에도, 또한 영 및 영들의 더 높은 은폐된 세계 안에도 없다. 하나님께서 하늘과 땅을 [참으로 또한 하늘도!] **창조하셨다**는 인식만큼 그렇게 철저한 (피조물의 최고의, 또한 가장 깊은 단계들 위에서 "세속"[saeculem]에 속하는 것에 대한) 세속화는 없다. 왜냐하면 세속의 영역 안의 가장 강력한 권세도 그 인식에 의하면 참으로 다름이 아니라 가장 명백한 무력함 안에서 그분의 손 안에 있기 때문이다. 그러나 저 전체가 하나님에 의하여 **창조되었다**는 것은 또한 다음을 뜻한다: 그러한 전체 안에는 많은 자칭의 무성들(Nichtigkeiten)은 있을 수 있지만, 그러나 어떤 현실적인 무성도 있을 수 없다: 완전히 멸시되는 것, 전적으로 배척되는 것은 하늘에도, 또한 땅 위에도 없으며, 영의 왕국 안에도 없지만, 또한 물질의 왕국 안에도 없다. 그렇기 때문에 하나님께서 하늘과 땅을 [참으로 또한 땅도!] 창조하셨다는 인식만큼 그렇게 철저한(철두철미 비신적인 것의 세속적 현실성에 대한) 경외는 없다. 왜냐하면 그 영역 안에서의 가장 우려스러운 것도 그 인식에 따르면 참으로 다름이 아니라 하늘의 영역들 안에서 명백하게도 가장 영광스러운 것으로서 다름이 아니라 그분의 손 안에 있기 때문이다. "보라, 하늘과 땅이 그곳에 있다: 그것들은 자신들이 창조되었다고 외친다; 왜냐하면 그것들은 변화와 순환에 굴복하기 때문이다. … 또 그들은 자신들이 스스로를 창조하지 않았다고 외친다: 우리는, 왜냐하면 우리가 창조되었기 때문에, 존재한다; 그러므로 우리는 우리가 있기 전의 과거에는 없었다; 그러므로 우리가 우리 자신으로부터 스스로 생성되었을 수가 없다."(Augustin, *Conf. XI* 4, 6)

그리고 이제 하늘과 땅의 중간에, 그것들의 통일성으로서, 인간이 존재한다; 창세기 2:7에 따르면 인간은 흙으로 빚어졌으며, 하나님의 생명의 숨이 공급되었으며, 그래서 바로 이러한 특별한 "생령"(nephesch chajjah)로서 창조되었다. 이사야 45:12는 인간에게 다음을 제시한다: "바로 내가 친히 이 땅을 만들었으며, 바로 내가 그 위에 인류를 창조하였다. 내가 손수 하늘을 폈으며, 그 모든 별에게 명령을 내렸다." 또 시편 8편도 인간을 명백하게도: 하나님께서 기초를 놓으신 창공인 하늘에 관련하여서는 "어린이와 젖먹이"이며, 이제 그럼에도 불구하고 하나님께서는 인간을 "천사들보다 조금 못하게 하시고", 모든 동물들의 지배자로 정하셨다; "사람이 무엇이기에 주님께서 이렇게까지 생각하여 주시며, 사람의 아들이 무엇이기에 주님께서 이렇게까지 돌보아 주십니까?"(4절) 우리는 다음에 놀라서는 안 된다: 인간은 바로 이러한 맥락 안에서는 그다지 자주 및 강조되면서 생각되지 않는다; 비록 그가 창세기 1장 및 2장의 두 가지 창조 보고들 안에서는 의심의 여지없이 신적 사역의 정점 및 목적으로 보인다고 해도, 그러하다. 그렇기 때문에 인간은 시편 104편의 거대한 창조 시편 안에서 본래적으로 다만 부차적으로만 언급된다: 젊은 사자들이 먹이를 찾으려고 으르렁거리다가 해가 뜨면 물러가서 굴에 누울 때, 그때 "사람들은 일을 하러 나와서, 해가 저물도록 일합니다"(23절); 그러나 인간은 그 밖의 구절들 안에서는 다른 피조물들의 무리의 한가운데에서 전적으로 사라져버린다. 마찬가지로 인간은 욥기 38f.의 "폭풍으로부터"의 하나님의 거대한 말씀들 안에서도 다른 피조물들의 경이로운 형태들의 곁에서 전혀 언급되지 않는다: 땅, 바다와 별들에 대하여, 어리석은 타조와 용감한 말, 최종적으로 나일의 하마와 악어에 대하여 거기서 잊을 수 없는 것들이 말해지지만, 그러나 바로 인간은 그곳에서 전혀 주목되지 않는다; 그 밖에도 인간은 불평하는 욥의 인격 안에서 언제나 또 다시: '그가 혹시 그 모든 것을 고안했는가, 선택했는가, 규정했는가, 설치했는가?'라는 질문을 통하여 불합리성 안으로 인도된다. 우리는 시편 139:14f.를 틀림없이 간과해서는 안 될 것이다: "내가 이렇게 빚어진 것이 오묘하고, 주님께서 하신 일이 놀라워, 이 모든 일로 내가 주님께 감사를 드립니다. 내 영혼은 이 사실을 너무도 잘 압니다. 은밀한 곳에서 나를 지으셨고, 땅 속 깊은 곳 같은 저 모태에서 나를 조립하셨으니, 내 뼈 하나하나도, 주님 앞에서는 숨길 수 없습니다. 나의 형질이 갖추어지기도 전부터, 주님께서는 나를 보고 계셨으며, 나에게 정하여진 날들이 아직 시작되기도 전에, 이미 주님의 책에 다 기록되었습니다."—이에 더하여 시편 119:73 및 욥기 10:8 등도 생각될 수 있지만—그러나 인간의 창조의 바로 이러한 찬양은 사실상 대단히 고립되어서만 들려진다. **루터**가 [소요리 문답에서] 바로 이 관계를 역전시키고, 첫째 조항을: "나는 하나님께서 (다른 모든 피조물들과 함께) **나를 창조하셨으며**, 나에게 몸과 영혼을, 눈을, 귀를, 또 모든 지체들을, 이성과 모든 감각을 주셨으며, 또 유지해 주심을 믿습니다."라는 선언과 함께 시작하였을 때, 그는 옳았는가 혹은 옳지 않았는가? 성서가 그렇게 명시적으로 인간 중심적으로 말하지 않는 것에는 확실하게도 이유가 없지는 않다. 만일 인간이 시편 8장의 방식으로 하나님에 의하여 정해진 위와 아래를 고수하려고 하려기보다, 오히려 자기 자신을 창조의 중심으로 관찰하려고 한다면, 그것은 하나님을 창조자로, 인간을 피조물로 인식하는 것에 그리고 또한 양자 사이의 구분성 및 참된 관계의 인식에 틀림없이 도움이 되지 않을 것이다. 그러나 루터도 자기 나름대로는 **또한** 옳았다. 시편 104편 및 욥기 38f.는 창세기 1-2장과 비교하자면 의심의 여지없이 숨은 그림 찾기와 같으며, 그것 안에서 그 본래적 대상 그 자체는 다른 많은 것들의 맥락 안에서 볼 수 없게 되어 있으며, 그 많은 것들 사이에서 인간은 비로소 발견되고자 하며, 하늘과 땅의 비밀로 스스로를 발견해야만 한다. 욥기 38f.에서 인간에게는 저 모든 형태들이 날카로운 질문자들로 그의 앞에 이끌어내지며, 그의 탄원의 철회의, 그의 거역의 참회의, 하나님과의 평화조약의 체결의 원인이 되며(42:1f.), 그 체결과 함께 또한 인간 자신의 재건(42:7f.)도 가능해지고 그 길이 준비된다. 시편 104:14f.에 따르면 땅은 인간의 필요를 위하여 채소들을 낸다: "사람의 마음을 즐겁게 하는 포도주를 주시고, 얼굴에 윤기가 나게 하는 기름을 주시고, 사람의 힘을 북돋아 주는 먹거리도 주셨습니다." 그리고 인간은 또한 시편 104편의 시작과 끝에서 하나님의 피조물의 기적에 직면하여 독백한다: "내 영혼아, 주님을 찬송하여라!" 바로 창조의 사역을 크게 및 영광스럽게 만드는 데에 인간이 말하자면 필요하지 않으며, 또 인간은, 루터가 방금 대단히 깊은 의미로 강조했던 것과 같이, 다만 눈과 귀, 이성과 감각이며, 그것은 창조 사역의 규모 및 영광을 인지하기 위한 것일 뿐이며, 또 인간의 입은 다만 그 사역의 찬양으로 규정되어 있다; 그렇기 때문에 인간에게는 명백하게도 그의 권리와 그의 비견할 바 없는 가치가 전체의 한가운데에서 훨씬 더욱 인상적으로 귀속되며, 인간의 존재 및 본질은 (인간이, 후대의 계몽주의적 경건이 사랑했던 것과 같이, 저 다른 형태들 곁에서 스스로를 특별한 찬양의 대상으로 만들 때보다) 훨씬 설득력 있게 지칭된다. 그러나 다른 피조물들의 한가운데에서 인간의 존재 및 본질, 인간의 권리 및 가치의 인식은 큰 주제이다. 어떤 소박한, 어떤 직접적인 인간 중심주의는 여기서 틀림없이 문제가 될 수 없다. 인간, 그에 대해서 하늘과 땅이 (그것들이 하나님께 대하여 그러한 것처럼) 전체(hakkol), τὰ πάντα, 하나의 전체, 그 특정한 전체, 하나님께서 창조하신 전체인 그는 누구인가? 왜냐하면 인간 자신이 바로 그러한 전체이기 때문에: 영혼과 육체 그리고 그러한 것으로서 저 더 큰 전체의 총괄개념이기 때문에 하늘과 땅이 그에 대하여 그러한 전체인 그는 누구인가? 신약성서가 비로소 우주에 대하여 말하기를 감행한다는 것은—그리고 바로 요한복음 서문과 같은 그렇게도 중요한 맥락 안에서 그것에 대하여 말하기를 감행하였다는 것은—다만 헬레니즘에의 언어적 적응에 지나지 않는 것이 틀림없이 아니며, 오히려 최종적으로는 오직 신학적으로만 설명될 수 있다. "사람이 무엇이기에 주님께서 이렇게까지 생각하여 주십니까?" 이 인간에 대해서는 다만 하나님만 **한 분**이실 뿐만 아니라, 또한 하늘과 땅도 **하나**이다; 왜냐하면 그 자신이 양쪽 모두이며, 그것들의 통일성으로서 하나이기 때문이다; 인간, 그가 피조물 전체에 직면해서 스스로에게 외쳐 부른 것은 헛된 일이 아니었다: "내 영혼아, 주님을 찬양하여라!" 그것은 그 스스로가 단순히 바로 창조의 주님의 찬양인 자의 영혼이기 때문이다. 신약성서는 이 인간을 안다: 그러나 헬라문화 안에서 성취된 인간의 발견으로부터 아는 것은 아니다.—그 발견은 이미 오래전에 "내 영혼아, 주님을 찬양하여라!"가 전혀 아닌 다른 곳으로 인도되었다; 오히려 신약성서는 이스라엘의 메시아의, "사람의 아들"의 인격에 직면하여 인간을 알았다; 그분 안에서 그 특정한 인간은 하나님의 사람으로서, 하늘과 땅을 자신 안에서 합일시키면서, 인간들 사이에서 현실성 안에서 등장하셨다. 바로 이 인간이 하늘과 땅의, 하나님에 의하여 창조된 우주의 비밀이다. 그분을 인식하는 것은 하늘과 땅을 인식하는

것을 뜻한다: 그것들의 구분성 안에서, 그것들의 통일성 안에서, 그것들의 피조성 안에서, 그리고 하나님을 그것들의 창조자로서, 인식하는 것을 뜻한다. 우리는 이 문제에 있어서의 구약성서적 인식을, 오직 그것을 메시아적 인식의 약속과 모범으로 이해할 때에만, 의미 깊게 성취될 수 있을 것으로 이해할 수 있게 된다. 그리고 이 인식에 이르는 길은, 그 인식이 이러한 특징을 갖는다는 사실로 제시되는 길 외에는, 없다.

우리는 요약한다: 창조의 명제는 다름이 아니라 "신앙의 진술"(articulus fidei)이다; 왜냐하면 (1) 그 명제 안에서 주장된, 세계의 현실성뿐만 아니라, (2) 그 명제 안에서 주장된 그 현실성의 근거도 하나님 안에서 믿음의 명제가 아닌 다른 것으로는 공표될 수 없기 때문이며, 그리고 그 명제는 (3) 그것의 모든 요소들 안에서, 다시 말하여 주어, 술어 및 목적어에 따라서 성서적 언어사용을 통하여 및 그것의 의미 내용을 통하여 규정되었으며, 또한 그곳으로부터도 믿음의 명제가 아닌 다른 것으로는 이해될 수 없기 때문이다.

우리는 이제 '창조론은 신앙론이다.'라는 우리의 처음 주제의 **긍정적** 서술로 향한다; 창조론은 신적 자기증거의 수용 및 대답의 실행 안에 있는 인식 및 고백이다. 이 주제의 긍정적 의미는 물론 지금까지 수행된 '간접적 논증'의 증명에서, 창조교리의 개별적 요소들의 성서적 증거의 분석에 있어서 계속해서 볼 수 없었던 것은 아니었다. 우리는 이 주제를 이제 전면에 위치시킨다.

우리는, 하나님께서 하늘을, 땅을, 그리고 인간을 창조하셨다는 것을, 그래서 그것들이 **현실성**이라는 것을, 그것들이 **하나님**으로부터 유래하였다는 것을, 그것들이 그러한 것으로 **존재한다**는 것을, 어디서 아는가? 질문은 다음이 아니다: 어떻게 우리는 그것을 올바르게 추측하게 되었는가? 어떤 예감들 및 느낌들이, 어떤 외적 및 내적인 개연성들이, 사태가 그러하다는 사실을 우리에게 증거하는가? 그리고 질문은 다음도 아니다: 어떤 논리적 필연성들이 사태가 그러해야만 한다고, 그러하다고 명제화 하는 것이 불가피하다고, 말해주는가? 또 당연히 다음도 아니다: 만일 사태가 그러하다면, 우리는 그것으로부터 무엇을 얻을 수 있으며, 어떤 선한, 위로적인 및 도움이 되는 확신들이 그것으로부터 생겨나올 수 있는가?—그때는 말하자면: '사태가 그러하다!'고 말하는 것은 아마도 너무 좋은 일이어서 우리에게 그것을 소유하고 그것과 함께 살고 싶다는 동기를 부여할 수도 있을 것이다. 오히려 질문은 다음이다: 우리는 어떻게 사태가 그러하다는 것을 '우리가 **안다**.'고 진실하게 말하기에 이르게 되는가? 어떻게 그리스도교적 교회는 다음에 이르는가?: 모든 세계 앞에서—그것이 교회 자체에게 그리고 세계에게 조명되고 마음에 들었든지 아니든지 간에—그리고 이 문제에 있어서의 모든 모순들, 모든 다르게 말해지는 진술들에도 불구하고, 진리로, 그것도 아버지 하나님의 그러한 사역의 절대적 및 배타적 진리로, 즉 하늘과 땅의 창조로 고백하기에 이르는가?: 하나님의 아들 및 우리 주님이신 예수 그리스도께 대한 고백과의 연속 안에서, 즉 그분의 탄생, 고난, 죽음의 낮아지심으로부터 그분의 부활 및 아버지 하나님의 우편에 앉으심의 높여지심에 이르기까지의 길에 대한 연속성 안에서—그리고 마찬가지로 성령에 대한, 그분의 전적인, 인간의 모든 건져냄 및 모든 구원을 자신 안에 포함하는 구속의 사역에 대한 고백과의 연속 안에서 고백하기에 이르며—그래서 만일 창조의 고백이 진리가 아니고, 무력하고, 불가능하다면, 예수 및 성령께 대한 고백도 마찬가지로 그렇게 되고, 그래서 이 고백들 전체가 다른 부분들과 함께 바로 이 창조의 교리와 함께 서고, 그것과 함께 넘어지는 식으로, 고백하기에 이르게 되는가? 어떻게 우리는 창조의 교리를 확실성 및 확신 안에서 고백하기에 이르는가?: 그리스도교적 교회에게 그것의 선포 및 가르침 안에서, 그러나 또한 모든 개별적 그리스도인들에게도 (그 교리에 대한 책임성을 수용 및 담지하도록) 허용되고 또 명령된 확실성 및 확신으로 고백하기에 이르며, 그래서 그 고백에 의해 어떤 다소간에 근거를 갖춘 인간적 통찰이나 학설이 아니라, 오히려 하나님의 고유하신 말씀을 언어로 옮기기에 이르게 되는가? 무엇이 우리에게 다음을: 창조의 신앙고백의 내용과 함께 (그 고백이 명시적으로 언어로 표현되든지 않든지 간에) 모든 상황 안에서도 오류가 없고도 존경되어야 하는 하나님의 진리로 고려하는 것을, 그 진리를 다른 모든 전제들, 공리들, 확신들보다 철두철미 앞서야 하는 전제로 취급하는 것을, 그 진리의 작용성을 모든 생각될 수 있는 관계 안에서 중요하게 여기는 것을, 허용하고 명령하는가?

우리는 그렇게 제기된 질문에 대한 수용 가능한 및 유효한 대답의 조건들을 바로 여기서, 즉 우리가 겉으로 보기에—그러나 다만 겉으로 보기에만!—세계관적 비구속성들의 영역 안에 위치하는 곳에서, 아무리 엄격하게 제시하여도 지나치지 않는다. 사람들은 흔히 그 조건들을 충분히 엄격하게 제시하지 않았다. 그렇기 때문에 사람들은 그 질문에 흔히 충분히 근본적으로 및 충분히 상세하게 대답하지 못하였다. 그 결과는 사람들이 바로 여기서 바로 여기에 요청되는 것 및 바로 여기서 필연적인 것만큼 그렇게 확실하게 및 그러한 확신으로 고백할 수 없었으며, 그래서 바로 이곳으로부터 온갖 종류의 무규정성과 불확실성이 또한 그 밖의 신앙고백에 대해서도 준비된 셈이 되었다.

창조의 명제의 근거에 대하여 엄격하게 제기된 질문의 근본적인 및 상세한 대답으로 다음과 같이 말하는 것은: 그것이 성서의 시작 부분에 있다든가, 혹은 그 명제가 그곳에서 소위 두 가지의 창조기사의 형식 안에서 전개된다든가, 그 다음에서 그렇게도 많은 구약 및 신약성서적 맥락들 및 구절들 안에서 대단히 명확하게 기억되고 설명된다고 말하는 것은, 전혀 충분하지 못하다. 그렇게 말하는 것은 물론 올바르며, 우리도 또한 확실하게 그렇게 말하게 될 것이다. 창조의 명제의 흔들 수 없는 근거는 사실상 그것이 성서 안에 있다는 **사실**(daß)이다. 그곳에서 그 명제가 **어떻게** 서술되는가 하는 것에 우리는 이 책에서 대단히 상세하게 몰두하게 될 것이다. 그러나 '성서가 진리를, 사람들이 신뢰할 수 있고, 교회가 그것의 선포에 의해 근거하고, 또한 모든 개별적 그리스도인이 고유한 집을 그 위에 건축할 수 있는 진리를 말한다.'는 우리의 인식 및 고백에 대하여 성서 자체가 신뢰할 만한 근거를 놓는다는 것, 이것은 오직 다음 안에서 및 다음 이유에서 참이다: 성서는 **예수 그리스도**를 증거한다. 모든 말들 안의 성서의 말은 바로 이 말이다. 그리고 성서의 모든 말들을 속이지 않는 하나님의 말씀으로 만드는 것도 바로 이 말, 즉 성서의 그리스도 증거이다. 성서는 영의 기관(das Organ des Geistes)으로서 아버지의 인식을 아들을 통하여 우리에게 매개한다. 성서는 또한 창조에 관하여 말하는 것에 의해 창조자의 인식을 매개하며, 그것을 그분을 통하여 매개한다; 그분 안에서 창조자는 피조물을 창조자 자신과 화해시키셨으며, 그분 안에서 창조자는 피조물의 창조자 자신에 대한 관계를 정상으로 회복시키셨으며, 그분 안에서 창조자는 피조물에게 그의 영원한 미래를—창조자께서 피조물을 바로 그분 안에서 영원 전부터 사랑하셨고 또 원하셨다는 사실에 상응하여—수여하셨다. 성서 전체는, 창조에 관하여, 창조자 및 피조물에 관하여 말할 때, 모범적으로, 예언적으로, 그분에 관하여, **예수 그리스도**에 관하여 말한다. 그러므로 우리가 성서가 그러한 것에 관하여 말하는 것을 올바로 이해하고 평가하려고 한다면, 그때 우리는 최우선적으로, 성서는—성서가 말하는 다른 모든 것과 마찬가지로—그 말하는 것들로써 최초 및 최종적으로 그분을 의미하고 증거한다는 사실을 주목해야 한다. 그분은 또한 여기서도 성서적 증거의 일차적 및 궁극적 대상이시며, 우리는 그분을 지나쳐서 바라볼 수 없다. 만일 사람들이 그분을 지나쳐서 바라본다면, 그렇게 하는 만큼 아무것도 못 보게 되는 위험에 노출될 것이다. 그분을 앞으로 **바라보면서** 말해질 수 있는 것, 그것은 이제 다름이 아니라 또한 **뒤돌아보면서** 그분으로부터 이해될 수 있다: 성서 내용의 범위 전체 및 또한 하나님에 의한 세계 창조의 진리 및 현실성도 오직 그 중심으로부터 이해될 수 있다. 만일 우리가 이와 다르게 이해하고자 한다면, 어떻게 우리는 성서를 '영의 기관'으로 이해할 수 있겠는가? 그리고 그때 성서도 어떻게 스스로를 '영의 기관'으로 예증 및 확증할 수 있겠으며, 어떻게 성서가 그때 진리의, 분명하고 확실한 창조자 하나님의 인식을 매개할 수 있겠는가? 다음은 물론 참이다: 창조자 하나님의 명제는 그것의 미혹될 수 없는 근거를 다음 안에서: 그것이 성서 안에 있다는 사실 안에서 갖는다. 그러나 바로 이 근거 안에서 그 명제는 우리에게 다음에서, 오직 다음에서만, 보이게 된다: 우리는 그 중심으로부터 성서를 정지시키며, 우리는 그 명제의 근거에 대한 질문을 예수 그리스도를 향하게 하며, 그분으로부터 그 질문이 대답되도록 한다.

올바른 및 필연적인, 또 중심적인 성서주의 곁에 하나의 산만한, 분산된, 주변적인 성서 문자주의(Biblizismus)가 있다. 이것은 성서가 한 전체성이라는 것을, 그 전체성은 그것의 모든 부분들에 있어 그것의 통일성의 관점에서, 다시 말하여 성서가 도처에서 말하는 바로 그 한 분의 관점에서 읽혀지고자 한다는 것을 모른다. 성서 문자주의는 예수 그리스도를 다른 많은 성서적 증거의 대상들 중의 하나로 여긴다. 성서 문자주의는 성서를 다양한 순서의 온갖 종류의 경건한 인식들의 레파토리(목록)로 여긴다. 성서 문자주의는 하나님(이분의 계시와 사역을 성서는 증거한다.)의 삼위일체성을 모른다. 성서 문자주의는 물론 아마도 하나님의 삼위일체성에 대하여 특정한 개별적인 맥락 안에서는 고백하기는 하지만, 그러나 그것을 진지하게 취급하지는 않는다. 성서 문자주의는 성서에 근거하여, 다시 말하여 성서의 이러저러한 한 조각의 관점에서 아버지 하나님 및 창조자에 대하여 말할 수는 있지만, 성서에 따라, 다시 말하여 성서 전체에 따라 아들을 통하여 아버지에 관하여, 화해자를 통하여 창조자에 대하여 가르침을 받으려고 하지는 않는다. 성서 문자주의는—17세기의 성서영감설의 빈약한 가설과 함께 혹은 그 가설 없이—스스로 성서로부터 취한 주변적인 인식들이 하나님의 참된, 분명한 및 확실한 말씀들이라고 자기 자신을 설득할 수는 있지만, 그럼에도 불구하고 그것이 바로 성서의 영에 [왜냐하면 그분은 아버지 그리고 아들의 영이기 때문에] 순종하기란 불가능해지며, 그래서 그것이 바로 창조자 하나님의 명제의 미혹될 수 없는 근거를 통찰하는 것도 불가능하게 된다. 이제 '무엇으로부터 인간이 그 진리를 알 수 있는가?'라는 질문에 대한 바로 그 유일무이하고 내적으로 필연적이고 또 입증하는 대답은, 성서 문자주의가 성서의 문자들을 아무리 망치로 깨뜨려 조각을 취한다고 해도, 주어지기란 불가능하다. 이러한 성서 문자주의에 대하여 여기서 반드시 경고가 주어야 한다.

창조 교리에 관련하여 성서가 시작부터 및 모든 측면에서 지시하는 지점, 또 거꾸로 그것의 고유한 조명 능력이 또한 성서의 모든 개별적 지시들을 처음부터 계속해서 밝게 조명하는 그 지점이 아닌 다른 지점으로부터 출발할 때, 어떤 한도에서 통찰될 수 없으며, 어떤 한도에서 당혹스럽게 되는가? 바로 그 지점은 이스라엘에 의하여 기대되었던, 이스라엘에게 주어진 약속에 따라 현실적으로 등장하셨던 메시아의, 교회의 주님의 지점이다: 그분은 신구약성서의 함께 전체를 구성하는 공동체 전체의 머리이시며, 이사야 7:14에 따르면 "임마누엘", 곧 "우리와 함께 하시는 하나님"이라고 말해지는 분이시다. 그분의 계시 및 그분께 대한 믿음이 우리에게 창조의 문제 안에서도 또한 유일한, 참된, 분명한 및 확실한 인식을 매개한다; 이 인식 곁에는 물론 추측들이, 가설들이, 명제들이 있으며, 물론 경건한 세계관의 제시들도 있지만, 그러나 그와 다른 어떤 인식은 없다: 즉 스스로를 신앙고백의 대상으로 만들 만한 가치가 있는, 그래서 교회가 신뢰할 수 있는 어떤 인식은, 그것으로써 사람이 살고 죽게 되는 그런 어떤 인식은 없다. 그 인식은 다른 모든 추측들, 가설들 및 전제들에 앞서 다음의 결정적 장점을 갖는다: 즉 그 인식은 하나님의 **자기증거**에 관계되며, 그래서 오직 그 신적 자기증거와 함께 의문시될 수 있을 뿐이다. 그리고 그 인식은 바로 그 사실로부터 또한 다음의 형식적인 장점도 갖는다: 그 인식은 상세하게, 단순하게 및 항상 성취 가능하다. 여기서 중요한 것은 저 임마누엘-이름 안에서 제시된 다음과 같은 사실성의 순전한 주석이다: 하나님께서 예수 그리스도 안에서 인간을 하나님 자신에게로 수용하셨으며, 하나님께서 예수 그리스도 안에서 스스로 인간이 되셨으며, 하나님이 그 인간과의 합일 안에서 스스로 계시되셨다. 중요한 것은 이 사실성의 어떤 지치게 하는 많은 주석이 아니다: 그 사실성은 창조의 문제와 관련하여 말하는 것보다 훨씬 많은 것을 포함하고 있다. 그러나 그 사실성은 바로 이 관점에서도 하나의 대단히 특정한 가르침을 포함한다. 그리고 바로 이 관점에서 읽어낼 수 있는 그 가르침은 신뢰할 수 있는 것이다. 우리는 그 가르침을 그 밖의 모든 자칭의 가르침들에 대한 관계 안에서 비교해 볼 수도 있을 것이다. 그때 우리는 엄격하게 말해서 하나님, 세계, 인간에 관하여 그것들의 서로에 대한 관계 외에 무엇을 알게 되는가? 그것에 대한 모든 숙고 및 진술들은, 우리가 저 성서의 중심 안에서 본문에 의하여 증거되는 사실성으로부터 멀어질 때, 그 즉시 조야한 신화 및 거친 형이상학이 되지 않는가? 그리고 우리는 질문해야 한다: 만일 그러한 중심이 없다면, 어떻게 우리가 창조에 대한 그 밖의 성서적 증거에 의하여, 이 문제에 있어서의 분명하고 확실한 인식을 성서로부터 현실적으로 읽어낼 수 있을 것인가? 여기서 하나님 자신이 창조자와 피조물의 관계를, 그 관계의 근거, 규범 및 의미를 보이게 만드셨다. 여기서 우리는 모든 측면에서 확고한 지반 위에 있다. 그리고 우리가 성서로부터 그 밖에도 배워야 하는 모든 것, 그것은 총괄적으로는 바로 여기서 배워야 하는 것이다.

예수 그리스도의 인격 안에서 성취된, 하나님의 인간과의 합일의 계시된 사실성으로부터 우리는 우선 대단히 단순하게 다음을 읽어낸다: **하나님께서는** 현실적으로 **홀로 계시지 않는다**. 하나님께서는 그분의 신적 삶을 다만 그분의 고유하신 공간 안에서만 살지 않으신다. 하나님께서는 오히려 '세계 공간'을 주신다; 그 공간 안에서 하나님께서는 그분 자신과는 구분되는 한 본질에 대한: 즉 인간에 대한 주님이 되시며, 그렇게 하여 그 현실성을 증명하신다. 하나님께서는, 저곳에만, 하나님 자신 안에서만이 아니라, 오히려 **또한** 여기서도, 하나님 자신의 밖에서도 하나님이시기 때문에, 그러한 다른 본질 안에서 한 대상을, 한 파트너를 가지신다; 이 파트너는 그분의 통치에 전적으로 굴복하며, 전적으로 그분의 처치 아래 있으며, 이제 그럼에도 불구하고 그것의 고유한 실존 및 한 고유한 본성을 가진다; 하나님께서는 이 파트너와 하나가 아니었지만, 그러나 하나님의 영원하신 뜻에 따라 그리고 자유로우신 우연적(Kontingente) 행동 안에서, 하나가 되셨다. 예수 그리스도의 인격 그 자체는 하나님의 고유하신 영역으로부터 구분된 한 영역을: 그 안에서 하나님께서 행동하시고, 하나님 자신을 계시하시는 영역을 증명한다. 그리고 하나님 자신으로부터 구분되면서 **어떤 한 사람**이 있다; 하나님께서 이분에게 그리고 이분과 함께 행동하시며, **그분에게** 그리고 **그분을 통하여** 하나님께서 자기 자신을 계시하신다. 예수 그리스도의 인격은 그러한 피조물이 **존재한**

다는 것의 예증이다: 그는 한 분 하나님 곁의 어떤 둘째 하나님으로서가 아니라, 하나님의 특성으로서가 아니라, 자기 자신을 통하여 존재하는 것이 아니라, 그러나 그것 자체의 **고유한** 특성 안에서 바로 그 하나님의 뜻을 통하여 **존재하며**, 하나님에 의하여 배제되거나 부정되지 않으며, 오히려 바로 하나님을 통하여 근거되고 규정된다. 우리는 예수 그리스도의 인격에 직면하여, 하나님의 바깥에는 아무것도 존재하지 않는다고, 피조물의 존재 및 본질은 다만 가상이라고, 하나님께서 하늘과 땅을 창조하지 않으셨다고 주장 및 추측할 수 없다. 하나님께서는 그것들을 창조**하셨으며**, 마찬가지로 확실하게 그의 영원하신 말씀은, 하나님이기를 그치지 않으신 채, 어떤 다른 것이, 말하자면 육체가—그러므로 아무것도 아닌 것이 아니라!—되셨다. 하나님의 영원하신 말씀이 육신이 되신 것은 그러나 그분의 공동체를 위한 것이다: 그것은 이스라엘의 메시아 그리고 교회의 머리로서, 모든 각각의 믿는 자들의 하나님 앞에서의 대변자가 되시기 위함이며, 모든 각각의 믿는 자들 안에서 스스로 살면서 형태를 취하시기 위함이며, 세상 전체의 죄를 위하여 고난당하시고, 죽으시고, 그리고 자신의 부활 안에서 세상 전체를 위한 빛으로서 영원한 생명을 덧입으시기 위함이며—이러한 모든 기능들 안에서: 예언자, 설교자, 왕으로서 하늘과 땅의 모든 권세들 및 능력들을 다스리는 주님이 되시기 위함이다. 이것을 위하여 말씀은 육신이 되셨다. 그래서 우리는 그분 안에서 그분의 고유하신 인간 존재가 긍정된 것을, 그분의 실존 안으로 진지하게 수용된 것을, 그분의 특수하게 창조된 본질의 특성 및 목적성 안에서 승인된 것을 발견하기만 하는 것이 아니다. 우리는, 바로 그것과 함께 그분의 이스라엘 및 그분의 교회, 그리고 그분을 믿는 모든 자들을, 그리고 그들 사이에서 또한 우리 자신을, 인간 세상 전체(이것을 위하여 그분은 죽으셨고 부활하셨다.)를, 마지막으로는 하늘과 땅의 창조된 현실성(이것의 영광은 그분의 손안에 있다.)의 다의적인, 수수께끼 같은, 비밀스런 윤곽들을, 함께 바라보지 않고서는 그분을 바라볼 수 없다. 그것들이 현실성이라는 사실: 하나님과 구분되지만, 그러나 또한 무(Nichts)로부터도 구분되는 현실성이라는 것, 그것들은 존재하며, 가상이 아니라는 것, 우리 자신도 존재하며, 없는 것이 아니라는 것, 바로 이 사실을 그분이 보증하신다. 다른 누구도, 또 다른 그 무엇도 그렇게 할 수 없으며, 오직 그분이 절대적 권위로써 그렇게 보증하신다.

그리고 이제 우리는 동일한 계시된 (그분의 인격 안에서 성취된, 하나님의 인간과의 합의의) 사실성 안에서 다른 것을 읽어낸다: **또한 인간도 홀로 존재하지 않는다**; 또한 인간의 삶의 공간도 유일한 것이 아니다. 오히려 인간 및 인간 세상은 하나님과는 달리 절대적이지 않으며, 자기 자신을 통하여 근거되지 않으며, 자기 자신 안에서 휴식하지도 않는다. 왜냐하면 자기 자신을 통하여 및 자기 자신 안에서 현실적으로 존재하는 것은 인간의 본질이 아니기 때문이다. 피조물의 영예에 의해서는 하나님의 은혜를 통하여 현실적인 것이 아닌 다른 어떤 것이 예수 그리스도의 인격 안에서 인간에게 귀속되지 않는다. 왜냐하면 인간이 존재한다는 사실, 그리고 그의 존재 자체는 하나님의 은혜의 사역이기 때문이다. 이 인간은 **존재한다**; 왜냐하면 하나님의 영원하신 말씀이 하나님 자신과의 합일로 그를 취하셨고 수용하셨기 때문이다. 인간이 하나님을 찾은 것이 아니라, 하나님께서 인간을 그러한 합일 안의 공동 존재로 추구하셨다. 그리고 하나님께서는 이 합일을 필요로 하지 않으시지만, 인간은 그것을 철두철미 필요로 한다. 인간은, 오직 하나님께서 살아 계시기 때문에, 하나님께서 인간을 위하여 살아 계시기 때문에, 인간이 또한 하나님을 향하여 살아 있는 것이 하나님의 자유로우신 의지이기 때문에, 살아 있다. 인간은 그렇게 하나님의 피조물로서 살아 있다. 이것은 바로 여기서, 하나님과 하나님으로부터 구분되는 현실성 사이에서 이러한 완전히 일회적인 및 유일무이한 관계가 발생하는 곳에서 즉 하나님 자신이 이러한 다른 현실성의 존재 및 본질을 스스로 소유하신 곳에서, 그분의 영원하신 아들이 피조물이 되시며, 피조물이 하나님을 그분의 아버지라고 부르는 곳에서 가시화된다. 그렇게 하나님께서는 바로 여기서 창조자로서 피조물 위에 서신다. 그렇게 하여 이러한 다른 현실성은 하나님 앞에서, 오직 그것이 하나님께 감사함으로써, 존재할 수 있다; 그렇게 하여 바로 감사가 여기서 피조물의, 하나님으로부터 구분되는 현실성의 본질로 가시화된다. 우리는 피조물에게, 그리고 우리는 하나님께 예수 그리스도의 인격에 직면하여 다른 어떤 지위도 도무지 부여할 수가 없다. 우리는 예수 그리스도의 인격에 직면하여, 인간이 홀로 존재한다고, 자기 자신을 처치할 수 있다고, 자신의 고유한 주인이라고, **하나님**이 하늘과 땅을 창조하지 않으셨다고 도무지 주장할 수 없으며, 그렇게 추측할 수도 없다. **하나님**께서 그것들을 창조하셨으며, 그분의 길은 영원하신 것과 마찬가지로 확실하게 시간 안에 있으며, 마찬가지로 확실하게 하나님의 아들은, 그가 인간이 되심으로써, 지속적으로 주님이시다. 그리고 바로 그렇게 하여: 영원하신 주님의 전권 안에서 그분은 이제 또한 이스라엘의 메시아 및 교회의 주님이시며; 그렇게 그분은 그분을 믿는 자들을 위하여 전능함으로써 등장하시며, 그와 같이 죽으시고 죽은 자들로부터 부활하시며, 그와 같이 그분은 하늘과 땅의 현실성의 모든 나라들 안에서 왕이시며: 그 모든 것들과의 대면 안에서 그분은 언제나 피조물에게 행동하시는 창조자이시다. 우리는 예수 그리스도를, 그분의 공동체를, 그분의 나라를, 즉시 또한 그러한 대면을 함께 생각하지 않고서는 인식할 수가 없다: 그 대면자는 전능하신 자의, 아버지의 존재로서의 하나님의 존재 및 본질이며, 이 존재에 대하여 다른 모든 것들은 크든지 작든지, 높든지 깊든지 간에, 철두철미 감사의 의무를 지며, 전혀 상호관계가 없는 감사의 빚을 진다. 예수 그리스도께서 그분의 인격 안에서 및 그분의 사역 안에서 피조물의 현실성을 보증하시듯이, 마찬가지로 그분은 창조자의 현실성에 대해서도 그렇게 하신다. 오직 그분만이 또한 여기서도 권위로써 그렇게 행하신다. 바로 그분의 권위는 절대적 권위이다.

그리고 이제 또 다시 다음도 예수 그리스도이시다: 그분 안에서 우리는 마지막으로 성서적 증거들 중 창조의 교리를 구성하는 저 모든 각각의 개별적 요소들이 하나가 되는 것을 발견하며, 그래서 그 교리 안에서 발생하는 그것들의 합일은 필연적으로 가시화되고 조명된다.

그분 안에서 우리는 "하나님"이라는 주체를 그분의 영원하신 아버지라고 배운다; 영원하신 아버지께서는 영원 안에서 자기 자신을 아들 안에 두시고 근거하시는 것과 같이, 또한 아버지의 은혜의 자유로운 외화 안에서는 자기 자신을 창조자로, 그리고 하늘과 땅을 자신의 피조물로 규정하시며, 이스라엘의 모든 거룩한 자들을, 역사의 지배자들로 규정하시며, 그것들이 메시아 예수의 나타나심 안에서, 죽으심 안에서, 그리고 부활 안에서 그것들의 목표에 도달하도록 하신다. 바로 이러한 목표를 직시하는 것 외에 다른 어떤 곳에서 우리가 이 주체를 인식하겠는가? 그러나 바로 여기서 그 주체는 분명하고 확실하게 인식될 수 있다.

이것은 또한 술어인 "창조자"에도 해당한다; 그 술어와 함께 한 현재완료가, 한 우연적 역사적(historische) 신적 의지 및 실행(이것으로부터 하늘과 땅의 존재 및 역사[Geschichte] 전체가 유래한다.)이 지칭된다는 한도에서 그러하다. 하나님과 인간, 영원과 시간이 예수 그리스도 안에서, 시간적인 및 바로 그래서 모든 시간을 지배하는, 하나님께서 원하신 및 실행하신 현재완료 안에서 서로 접촉하고 중첩되는 것과 마찬가지로, 또한 창조의 행위(Akt) 안에서도 그러하다. 하나님께서 인간을 아들 안에서 하나님 자신에게로 수용하신 것처럼, 또한 그렇게 하나님께서는 인간을 하늘과 땅 전체와 함께 유일회적으로 창조하셨다. '하나님께서 역사적으로(geschichtlich) 행동하셨고, 또 어떻게 행동하셨는가?'라는 사실을 인간은, 만일 화해에 직면해서, 즉 예수 그리스도의 인격 및 사역에 직면해서 그곳에서 반드시 배워야 하는 것을 배운다면, 창조 안에서 오해할 수가 없다.

우리는 동일한 곳에서 이러한 술어 "**창조자**"가 다음 행동을 말한다는 것을 배운다: 그 행동의 내용은 신적 사랑의 전능성을 통한 현실성의 자유로운 규정으로는 파악될 수 없고 유도될 수 없는 것이며, 그래서 유일무이하다. 하나님께서는—그분이 전적으로 홀로 행동하실 수도 있지만—예수 그리스도 안에서 세계를 하나님 자신과 화해시키심으로써, 행동하신다: 그분은 그분의 죽음 안에서 모든 피조물의 종말을 드러내시고, 동시에 그분의 부활 안에서 모든 피조물의 새로운 시작을 나타내신 분이시다. 하나님께서 창조자로서 어떻게 행동하시는가 하는 것을, 우리는 하나님께서 여기서 (*예수 그리스도를 통하여) 행동하신 것에 직면할 때, 결코 오해할 수 없게 된다.

그리고 이제 마찬가지로 여기서 저 수수께끼와 같이 지칭된, 창조의 객체도 볼 수 있게 된다: 그것은 "**하늘 그리고 땅**" 그리고 그 중심에 있는 인간이다. 여기서 "보라, 인간이다!"(Ecce homo! 요 19:5)가 유효하다. 여기서 사람의 아들이, 여기서 우주 한가운데에서의 인간성이: 우주의 상층 및 하층과 함께하는, 그것의 기원과 목적과 함께하는 인간성이, 땅 위에 놓이는, 그럼에도 불구하고 땅 아래로 도달하게 되는 및 그 자체가 다시 흙(땅)이 되어야 하는 규정과 함께하는 인간성이 — 하늘 아래서, 그럼에도 불구하고 모든 하늘들 위로의 존재로 규정된 인간성이 — 그리고 하나님의 창조의지를 통하여 제한된 두 가지 모두가, 새 하늘과 새 땅의 전망 안에 그렇게 배치되는 두 가지 모두가, 여기서 유효하다. 여기서, 예수 그리스도 안에서, 인간을 하나님의 피조물로 발견한 사람은 그것과 함께 즉각적으로 또한 하늘과 땅을 신적 창조의 행동의 대상으로서 발견한다.

그러므로 바로 그곳으로부터 우리는 창조교리의 신앙고백이 진리를 말한다는 것을 보고 이해하며, 인식하고 알게 된다. 그곳으로부터 우리는 창조교리와 함께 — 어떤 명제 혹은 가설의 형식 안에서가 아니라, 오히려 인간이 고백하도록 허용되고 또 인간만이 홀로 고백할 수 있는 절대적 확실성 안에서, 고백하게 된다: "태초에 하나님께서 하늘과 땅을 창조하셨다."

우리는 이것으로써 아직은, 예수 그리스도와 창조 사이의 관계에 관련하여 보아야 하는 것의 전부를 본 것은 전혀 아니다. 다만 **인식론적** 관계에 대하여 우리는 말했을 뿐이며: 창조의 현실성은 예수 그리스도의 인격 안에서 **인식되며**, 그것도 오직 그 인격 안에서만 분명하고 확실하게 인식될 수 있다는 것을 말했을 뿐이다. 이제 우리는 어떤 진정한 인식론적 관계가 존재하는 곳에는, 언제나 그 관계가 **존재론적 근거**를 갖는다는 사실을 고려해야 한다. 이것은 여기도 해당한다. 예수 그리스도께서 우리에게 창조의 인식을 매개하는 말씀이신 것은, 그분이 다음의 말씀, 즉 그것을 통하여 하나님께서 창조를 실행하셨으며, 그것을 통하여 하나님께서는 창조를 계속 또 계속해서 유지하시고 다스리시는 말씀이시기 때문이다. 우리는 그것에 대하여 — 일련의 신약성서적 구절들을 통하여 요청되면서 — 나중에 상세하게 논의해야 한다. 이 자리에서 우리는 우선 저 인식론적 관계에 더 관심을 갖는다. 우리는 확정하였다: 예수 그리스도께서는, 모든 관점 아래서 관찰할 때, 바로 창조의 비밀을 여는 **특정한** 열쇠이다. 그것과 함께 이제 다음이 현실적으로 분명해진다: 창조, 창조자, 피조물의 인식은 **믿음의** 인식이며, 그리고 그리스도교적 교리는 또한 이 점에서도 **믿음의** 교리이다. 우리는 바로 위에서 제시된 숙고들 전체 안에서 다음을: 예수 그리스도는 하나님의 영원하신 결의의 실행이시며, 참 하나님 및 참 사람으로서 우리에게 알려져 있으며, 세상의 하나님과의 화해로서의 그분의 사역도, 이스라엘의 메시아 및 교회의 주님으로서의 그분의 실존도, 모든 하늘들 및 땅의 피조물 위의 그분의 높으심도 알려지지 않은 것이 아니라, 오히려 알려진 규모라는 것을 전제하였다. 이러한 알려진 규모를 투입함으로써 우리는 증명되어야 하는 그것을 증명해야 했다. 그 전제가 알려진 규모라는 것, 그것과 함께 우리의 숙고는 서고 넘어진다. 그러나 '예수 그리스도'가 전제된 포괄적 의미 안에서의 알려진 규모이신 것은 저곳, 오직 저곳에서이다: 그곳은 그분인 인간을 그분 자신에 대한 믿음으로 부르시는 곳이며, 그분이 인간들에게서 믿음을 발견하시는 곳이다: 아버지 및 아들의 성령의 사역을 통하여, 그분의 공동체의 삶의 공간 안에서 그분을 그렇게 부르시고 발견하신다. 우리는, 그분이 그분의 사람들인, 그분의 몸의 지체들인, 그분의 교회에 속한 자들인 우리에게 사실상 그러한 알려진 규모라는 것을 전제하였다. 그 다음에 우리는 이러한 알려진 규모를 바라보면서, 하나님에 의한 하늘과 땅의 창조라는 명제가 참이고 필연적임을 보고 이해하였다. 이것으로부터 그러한 봄 및 이해가 **믿음의 봄 및 이해**라는 것이 명백하다. 그리고 바로 다음이 여기서 제시되어야 했던 것이다: "알기 위하여 믿는다."(Credo, ut intelligam) 이것은 이 경우에는 다음을 뜻한다: 나는 '전능하신 아버지 하나님께서 하늘과 땅의 창조자이시다.'라는 것을 보고 이해하기 위하여, 예수 그리스도를, 하나님의 아들이신 우리의 주님을 믿는다. 내가 그곳에서 믿지 않는다면, 나는 또한 이곳에서 볼 수 없고, 이해할 수 없을 것이다. 만일 내가 이곳에서 보고 이해한다면, 그때 나의 봄 및 이해는 철두철미 저곳에서의 나의 믿음에 근거하고, 그 믿음에 의하여 운반되고 운동하고 있다. 이렇게 하여 창조자 하나님께 대한 신앙고백은 그 밖의 다른 고백들에 접합된다. 그렇게 하여 창조의 신앙고백은 전체 고백 안에서 어떤 낯선 부분을, 어떤 단순히 서론에 불과한 것을 형성하는 것이 아니다. 그러므로 Credo(나는 믿습니다; *라틴어 사도신경의 첫 단어)는 헛된 것이 아니다. — 다만 그것이 전체의 처음에 놓여 있기 때문만은 아니며 — 오히려 그것의 그리스도교적인 완전한 형태 안에서 그 신앙고백의 바로 이러한 **처음** 명제이기 때문이다.

우리는 예수 그리스도와 창조 사이의 인식론적 관계를 예시함으로써, 근대뿐만 아니라 오히려 고대의 신학 안에서도 특징적이게도 간과되고 소홀히 되었던 것을, 어쨌든 상세하게 전개되지는 않았던 것을, 이끌어낸다. 그것은 다음 이유에서 특징적이다: 왜냐하면 사람들이 어쨌든 고대 신학 안에서도 이 관계의 존재적 근거(우리는 이것을 곧 말하게 될 것이다.)를, 말하자면 요한복음 1:3 등의 위대한 진리를: 즉 하나님께서 "그분 안에서", 예수 그리스도 안에서, 만물을 창조하셨다는 것을 대단히 잘 알고 있었기 때문이며, 그 진리를 최소한 부분적으로는 또한 보증하면서 경외하였기 때문이다. 예수 그리스도께서 우리의 창조의 인식에 대하여 의미하는 것에 대한 숙고는 바로 그 구절로부터 대단히 명확해진다.

사람들이 여기서 불가피하게 이러한 노선에 반드시 도달해야만 했었다고 말하는 한 지점이 있었다. 이미 오리게네스(Origenes, περί ἀρχῶν, II, 9, 6), 요한네스 다마스커스(Joh. Dam. ὀρθ. πιστ. II 2), 니사의 그레고리(Gregor v. Naz., Or. 38, 9) 등이 이미 창조의 사역이 하나님의 순수하고 자유로우신 선하심의 행동으로써 이해되어야만 한다는 인식을 발견하였다. 그 인식은 그 다음에 누구보다도 아우구스틴에게서 우리와 만난다: "당신의 선하심의 충만으로부터 당신의 피조물은 각각의 존재를 소유하며, 그와 함께 선함도 소유합니다; 이 선함은 당신께는 아무런 유익도 되지 않고, 비록 그것이 당신으로부터 유래했다고 해도, 당신과 비슷하지도 않으며, 그럼에도 불구하고, 그것이 당신을 통하여 생성될 수 있었기 때문에, 빠질 수는 없는 것입니다. 당신이 태초에 창조하신 하늘과 땅이 당신께 관련하여 무슨 공로를 획득하였습니까? … 그것들이 당신께 어떤 기여를 하였습니까? 그것들은 다만 형태 없는 존재로서 그곳에 있었을 뿐이며, 그것들은, 만일 당신이 당신으로부터 그것들을 창조하지 않으셨다면, 전혀 그곳에 있지도 않았던 것들일 뿐입니다."(Augustin, *Conf. XIII* 2, 2) 그리고 용어적으로 더욱 나아가면서: "논쟁될 수 없는 확실한 근거가 없지 않으면서 우리는 하나님의 은혜(이것을 통하여 우리는 창조되었다.)에 관하여 말하며, 그래서 우리는 실제로 존재하며, 살아 있지 않은 어떤 시체와 같은 방식으로, 혹은 지각이 없는 나무와 같이, 혹은 이성이 없는 동물과 같이 존재하지 않으며, 오히려 인간들로서 존재하며, … 그리고 우리의 창조자에게 그 크신 선한 행동에 대하여 감사할 수도 있다. 이 사실로부터 그 은혜는 올바르게 "은혜"라고 말해질 수 있다; 왜냐하면 그 은혜는 어떤 앞선 사역들의 공로의 대가로써가 아니라, 오히려 하나님의 (우리가 받을 자격이 없는) 선하심으로부터 주어지기 때문이다."(Ep. 177, 7) 또한 캔터베리의 안셀름도 이 명제를 알고 있다: 본래적 의미에서 은혜라고 [화해의 은혜라고] 말해지는 것 곁에 또한 다음이 참이라고 한다: "모든 피조물은 **은혜**를 통하여 실존한다; 왜냐하면 피조물은 은혜로부터 창조되었기 때문이다.(De conc., qu. III 2) 그리고: 당신이 나를, 내가 있지 않았을 때, 창조하셨습니다; 당신이 나를, 내가 타락하였을 때, 구속하셨습니다. 그러나 나의 창조 및 나의 구속은 오직 당신의 사랑이었습니다."(Medit. 12) 그리고 토마스 아퀴나스도 말한다: "그분의 선하심이 바로 그 근거이다; 그 근거로부터 그분은 그분과 구분되는 다른 것을 원하신다."(S. c. Gent. I 86) **루터**도 [소요리문답 안에서] 다음으로써 창조자의 선하신 행동들의 열거를 마감한다: "… 그리고 그 모든 것은 신적, 부성적인 선하심 및 자비로부터, 나의 모든 **공로와 가치 없이**, 온다; 나는 그 모든 것에 대하여 감사하고 찬양해야 하며, 그것을 위하여 봉사하고 순종해야 한다; 이것은 확실하게도 진리이다." 그리고 칼빈도 서술한다: "그분의 자비가 그 위에 쏟아 부어지지 않는 …" 그런 피조물은 없으며, 시편 145:9에 따르면: "주님은 모든 만물을 은혜로 맞아 주시며, 지으신 모든 피조물에게 긍휼을 베푸신다."(*Instit.* I 5, 6) 그리고 폴란도 말한다: "창조는, 그 단어의 넓은 의미 안에서는, 은혜이며, 다시 말하여 (우리가 받을 자격이 없는) 선하신 행동이다. … 왜냐하면 하나님께서 우리 및 다른 사물들을 창조하셨고, 다스리시고, 유지하시기 때문이다; 하나님께서는, 우리에게 그것을 빚을 지셨기 때문이 아니라, 오히려 순수한 은혜로부터 그렇게 창조하셨고, 또 그렇게 행하신다."(Polan, Synt. Theol. chr. 1609 col. 1646) 바로 여기서 도처에서 다음이 명확하다: 사람들이 하나님의 사랑, 선, 은혜, 자비 등에 관하여 알고 있던 것이 창조의 이해를 위한 열쇠로 사용되었다; 최소한 창조의 **유비** 및 **해석 원칙**이 되었던 것은 **칭의론**이었다; 인간은 칭의에 의하여 자신의 공로 없이 하나님을 통하여 은혜 안으로 수용된다. 물론 우리는 "어떤 확실한 논쟁될 수 없는 정당성으로써 … 그것은 언급될 수 있으며, … 단어의 넓은 의미에서"라는 어떤 주저함을 간과하지는 않는다. 그러나 사람들은 이러한 노선을 취하였다. 그리고 소요리문답 안에서의 바로 루터의 설명이 너무도 범주적이어서 우리는 다음을 수용하지 않을 수 없게 된다: 루터는 그러나 유비를 대단히 확실하게 보았으며, 루터는 창조의 저 해석을 의도하였다: 그는 또한 창조가, 이미 창조가 "신적 부성적인 선함 및 자비"에 의한 창조라는 해석을 대단히 진지하게 실행하고 또 승인했다. 바로 루터가 이미 창조의 중심적 명제를 대단히 인상적으로, 창조가 철두철미 하나님에 의하여 인간에게 예시된 선하신 행동으로 특징지어지는 방식으로 형성하였다. 루터가 "그것은 확실하게도 진리이다."라고: 어떤 신학적인 논문으로서가 아니라, 오히려 하필이면 어린아이들에게도, 그리고 일반 사람들에게도 확실한, 그의 학설의 가장 단순한 서술 안에서, 마지막으로 확정하였을 때, 그는 무엇으로부터 그 모든 것을 감행하였는가? 어떤 유비하는 것(analognas)으로부터 그는 여기서 유비된 것(analogatum)을 그렇게도 확신하였는가? 우리는 또한 아우구스틴, 안셀름, 칼빈에게서도 질문해야 한다: 도대체 무엇으로부터 그들은 "창조는 은혜이다."라는 저 등식을 감행하였는가? 이 등식이 그리스도교적 교리의 중심이 아닌 다른 어떤 곳으로부터 도무지 감행될 수 있었는가? 아우구스틴, 안셀름, 루터는, [저 자리에서] 또한 칼빈은 우리에게 어떤 명시적인 대답도 주지 않는다. 그러나 우리는 그 대답을 해야 한다: 그 등식은, 만일 그것이 교양의 유희가 아니라면, **예수 그리스도**의 인식이 아닌 **다른 어떤 곳**으로부터는 사실상 감행될 수 **없다**. 그러나 그곳으로부터 그 등식은 반드시 감행되어야 했으며, 그것도 저 어떤 주저함 없이 감행되어야 했다. 또한 창조가, 이미 창조가 하나님의 자유로운 부성적 은혜 및 자비의 사역이다. 이 등식이 완전한 진지함 안에서, 어떤 주저함도 없이, 루터에게서 사실상 발생하였던 것과 같이 단순한 확실성 안에서 감행되어야 한다는 것을 분명히 하기 위해서는 우리는 다만 요한복음 1:3의 노선을 따르기만 하면 되고, 예수 그리스도께서 창조의 현실적 근거(Realgrund)라는 사실을 다만 붙들기만 하면 된다.—지금까지 언급된 모든 것보다 더욱 강력한 것은 **하이델베르크 교리문답** 26항의 질문 및 대답 안에서의 이러한 방향으로의 전진이다. 다음 질문: "나는 아버지 하나님을, 하늘과 땅의 전능하신 창조자를 믿는다고 말할 때, 당신은 무엇을 믿습니까?"에 대하여 여기서의 중심적 명제 안에서 대답된다: "**우리 주님이신 예수 그리스도의 영원하신 아버지께서 … 그분의 아들 그리스도를 인하여 나의 하나님 그리고 아버지이심**"(을 *믿습니다.) "우리 주님 예수 그리스도의 영원하신 아버지"라는 주어에는 그 다음에 중간에 놓이는 관계대명사 문장이 연결된다: (*그분은) "하늘과 땅을 그 안에 있는 모든 것과 함께, 무로부터 창조하셨으며, 바로 그것들을 그분의 영원하신 뜻과 섭리를 통하여 유지하시고 다스리신다." 그리고 술어에는 "그리스도를 인하여 나의 하나님 그리고 아버지"의 둘째 관계대명사 문장이 연결된다: 이 문장 안에서 저 인식으로부터 생기는, 하나님 및 아버지의 보살핌에 대한 실천적 신뢰의 인식이 서술된다; 하나님께서는 그분의 전능성에 근거하여 그렇게 할 수 있으시며, 그분의 신실하심에 근거하여 그렇게 하기를 원하신다. 이 진술은, 사도신경의 둘째 및 첫째 조항 사이의 관계가 이전의 교부들의 설명들 안에서보다 더욱 명시적으로 강조된다는 한도에서, 결정적인 한 걸음을 앞서 나가고 있다. 하나님께서 우리의 하나님 그리고 아버지시라는 것, 이것이 여기서 첫째 조항 및 창조론의 핵심 내용으로서 특별히 드러난다. 그리고 하나님이 그러하시다는 것은 여기서 다음에서 근거된다: 하나님께서는 예수 그리스도의 아버지시며, 그분으로 인하여 [예수 그리스도께서 우리의 형제이심으로써] 또한 우리의 아버지이시다. 하나님께서 예수 그리스도의 아버지이심으로써, 또한 그분은 하늘과 땅의 창조자, 유지자, 통치자이시다. 그리고 하나님께서 예수 그리스도의 아버지로서 또한 우리의 하나님 그리고 아버지이심으로써, 우리는 그분의 보살피심을 전적으로 신뢰할 수 있다. 그러한 한도에서 여기서는 이미 모든 것이 서로 내적으로 연관되며, 또 "나는 믿는다"(credo)라는 단어가 창조의 명제 앞에도 위치해야 한다는 것이 대단히 분명해지며, 또 왜 여기서 (둘째 및 셋째 조항을 바라볼 때와 조금도 다르지 않은, 그때보다 조금도 약하거나 적지 않은) 그리스도교적 의미를 가질 수 있는지가 대단히 분명해진다. 하이델베르크인들의 이러한 깊고 포괄적인 설명으로부터 볼 때, 우리가 이제 저 첫째 관계대명사 문장의 내용을, 창조의 사역 그 자체를, 명시적으로 신앙의 대상으로, 그래서 예수 그리스도의 인식의 대상으로 드러나게 만들려고 시도했던 것도 또한 작은 한 걸음을 뜻한다. 예수 그리스도의 아버지께서 하늘과 땅의 창조자이시고, 우리가 예수 그리스도의 아버지를 그러한 창조자로서 인식한다면, 그리고 그분을, 우리가 그분의 아들을 믿음 안에서, 재차 우리의 하나님 그리고 아버지로 인식한다면, 그때는 우리가 바로 그 동일한 아들에 대한 믿음 안에서, 즉 예수 그리스도 안에서가 아닌 다른 어떤 방식으로 하늘과 땅의 창조자를 인식할 수 없다는 사실은 명확하게 통찰된다.

신학적 전통 중에서 이 방향을 지시하는 내가 알고 있는 가장 강력한 증거는 칼빈의 창세기 주석(1554)에 대한 서론 중의 한 구절이다. 칼빈은 그곳에서 고린도전서 1:21을 생각한다: "이 세상은 그 지혜로 하나님을 알지 못하였습니다. 하나님의 지혜가 그렇게 되도록 한 것입니다. 하나님께서는 어리석게 들리는 설교를 통하여 믿는 사람들을 구원하시기를 기뻐하신 것입니다."(*칼빈에 의하면) 바울은 여기서 틀림없이 다음을 말하였다: "헛되이 인간은 하나님을 보이는 사물들로부터 유도하려고 시도한다. 그러나 우리에게는 직접 그리스도를 붙드는 것 외에는 다른 어떤 길도 남아 있지 않다. 그러므로 우리는 이 세상의 요소들로써가 아니라, 오히려 복음으로써 시작해야 한다; 복음은 우리에게 한 분이신 그리스도를 그분의 십자가와 함께 알도록 가르치며, 우리를 그분 곁에 굳게 붙들어 맨다. 이 사실에 직면하여 다음도 또한 칼빈의 확신이다: 복음의 설교를 통하여 이미 겸허해진 사람이 아니면, 자신의 정신의 날카로운 지각 전체를 십자가의 어리석음에 굴복시키기를 배운 사람이 아니면, 세계의 생성에 대하여 헛되이 철학적으로 사고할 뿐이다. 위에서도 아래에서도 그 어느 곳에서도, 나는 이렇게 말한다, 우리는 무엇이 우리를 하나님께로 고양시키는지, 우리에게 그리스도를 그분의 학교 안에서 가르치는지에 관하여 아무것도 발견하지 못할 것이다. 그것은 오직, 우리가 가장 깊은 지옥으로부터 솟구쳐 올라서 그분의 십자가에 의지하여 모든 하늘들 위로 고양됨으로써, 발생할 수 있을 뿐이다; 그곳에서 우리는 눈이 결코 보지 못했던, 귀가 결코 듣지 못했던, 우리의 마음과 지각을 훨씬 넘어서는 것을 믿음 안에서 파악하게 될 것이다. 왜냐하면 그곳에서 (우리를 그것의 열매들로써 또 일용할 양식들로써 부양하는) 땅이 우리와 만나는 것이 아니라, 오히려 그리스도 자신이 영원한 생명 안에 우리에게 나타나시기 때문이며, 또 하늘이 우리의 육체의 눈에 해와 별들의 광채를 비추는 것이 아니라, 오히려 마찬가지로 (세상의 빛이시며, 의의 태양이신) 그리스도께서 우리의 마음에 빛을 비추시기 때문이며, 또 공기가 우리에게 빈 공간 안에서 호흡하도록 해주기 때문이 아니라, 오히려 하나님의 영 그분 자신이 우리를 강하게 하고, 생동시키기 때문이다. 짧게 말하여 보이지 않는 그리스도의 왕국이 그곳에서 모든 것을 채우며, 그분의 영적 은혜가 만물 위에 펼쳐져 있기 때문이다. 이것은 우리가 우리의 눈길을 또한 하늘과 땅을 향하도록 하는 것을, 우리가 그것을 통하여 우리의 참된 하나님 인식을 강화하는 것을, 물론 방해하지는 않는다. 왜냐하면 그리스도께서는 다음의 상(imago)이시기 때문이다: 그 상 안에서 하나님께서는 우리에게 그분의 마음만이 아니라, 또한 그분의 손과 발도 보여 주신다. 나는 저 은폐된 사랑을 "마음"이라고 말하였다; 하나님께서는 그 사랑으로 우리를 그리스도 안에서 감싸 주신다: "손과 발"로써 나는 우리 눈앞에 공개되어 있는 사역들을 이해한다. 그러나: 우리가 그리스도로부터 벗어날 때는 그 즉시, 우리가 회피할 수 없는 것이 아니면서도 날조된 얽힘 안으로 필연적으로 빠져 들어가게 되며, 그것처럼 조야한 것 혹은 무가치한 일은 없게 된다."(C. R. 23, 10f.) 우리는 또한 칼빈에게서도 이러한 프로그램적 표현의 더 상세한 설명 혹은 서술을 발견하지는 못한다: 그의 창세기 주석 안에서도, 또한 기독교강요의 연관된 맥락들 안에서도, 그러하다. 그러나 칼빈이 여기서 제공한 그 이상의 사고의 자극은 그럼에도 불구하고 오인될 수 없다. 우리가 시도하였던 걸음, 즉 그에 의하여 대단히 인상적으로 예고된 노선 위에서의 더 나아가는 걸음에 있어서 중요한 것은 (또한 교부들의 서술들을 통해서도, 비록 그들 자신은 그 노선을 아직은 이끌어 내지는 못하였지만, 말하자면 입으로 말해지기는 했던) 한 결과에 관계된다.

    우리는 그러나 이러한 숙고 전체를, 예수 그리스도에 대한 믿음으로서 창조의, 창조자의, 피조물의 비밀의 인식을 자신 안에 포함한다는 그 믿음이 어떤 **믿음**인가에 대하여 최소한 암시적으로라도 설명하지 않고서는, 마칠 수가 없다. 바로 우리가 이 맥락에서의 믿음을 단순히 전제하였기 때문에, 그리고 그것으로부터 예수 그리스도를 하나의 알려진 규모로 고려하였기 때문에, 그 다음에 또한 그곳으로부터 창조의 현실성을 확신하였기 때문에, 우리는 이제 이 전제가 **유효한** 그곳에서, 사실상 **믿어지는** 곳에서, 무엇이 발생하는지를 이제 의식해야 한다; 즉 예수 그리스도 안에서의 저 창조의 인식이 아무런 부담도 없이 구성될 수 있는 곳에서, 더 나아가 그 인식이 스스로 유지되고 전달되는 곳에서, 그 인식이 살아 있고 운동하는 곳에서, 그래서 그 인식이 우리가 갈채를 보냈던 저 단순성 안에서 사실상 언제나 및 모든 사람에 의하여 성취될 수 있는 곳에서, 무엇이 발생하는지를 이제 의식해야 한다. 예수 그리스도에 대한 믿음, 창조자 하나님께 대한 믿음, 즉 저 구성을 살아 있게 만들고, 또 유지하고 전달하는 인식을 자체 안에 포함하고 또 그렇게 할 수 있는 믿음은 대단히 특정한 한 **입장** 및 **결단**이다. 이 입장 및 결단은 다음에 근거한다: 그러한 믿음을 소유하고 고백하는 사람은, 바로 하나님께서 하나님 자신으로부터 구분되는 현실성 전체의 창조자이심을 **진지하게 취급**한다. 그 입장 및 결단은 그 현실성이 하나님께 대하여 그분의 행동의 무대, 도구, 대상으로서의 처분 아래 있다는 사실에 대한 실행된 **승인**에 근거한다. 그것은 그러므로 다음에 근거한다: 하나님께서 그 현실성에 대한 처분권을 가지셨으며, 지금도 가지시며, 또 미래에도 처분하실 것이다. 물론 예수 그리스도께 대한 믿음은 이것보다 훨씬 이상이며, 이것과는 다르다. 그러나 그 믿음은 필연적으로 또한 이것이어야 한다: 그것은 창조자 하나님의 진지한 수용, 그분의 처분권 및 그분의 처분 능력의 승인, 과거, 현재, 미래 안에서의 그분의 실제적인 처분에 대한 **고려** 등이 그것이다. 예수 그리스도에 대한 믿음은 명백하게도 하나님의 아들 및 사람의 아들에 대한, 또한 교회의 주님이신 이스라엘의 메시아에 대한, 그분의 죽음의 및 그분의 부활의 능력에 대한, 모든 세상에 대한 그분의 왕국에 대한 믿음이다; 그 입장 및 결단으로부터 벗어나려고 하는 사람은, 그 믿음 안에서 및 그 믿음과 함께 저 입장 및 결단을 성취하려고 하지 않는 사람은, 위에 대하여 믿지 않는 셈이 될 것이다. 그리고 예수 그리스도에 대한 믿음이 바로 이러한 측면을 갖는다는 한도에서, 그 믿음은 창조자의 진리의 인식을 자신 안에 포함하며, 그 믿음은 저 전제가 된다; 이 전제로부터 예수 그리스도는 알려진 규모가 되며, 이 전제를 직시할 때 창조자 및 피조물의 현실성 및 관계가 우리에게 더 이상 은폐되어 있을 수 없게 된다.

예수 그리스도를 믿는 것은 창조자의 **현재** 안에 있는 삶이다. 그분을 믿는 자가 언제 어디서 누구이든지 및 무엇이든지 간에: 그에게는 예수 그리스도 안에서 어쨌든 또한 창조자가 현존하신다.—철두철미 새로운 시작이 하나님에 의하여 규정되며, 그의 실존의 철두철미 새로운 시작이, 만물의 철두철미 새로운 시작이, 자기 자신 안에 근거하면서 총체적으로 규정하는, 다른 모든 각각의 법정들보다 앞서는 한 법정이, 그의 현실성 전체를 새롭게 조명할 뿐만 아니라, 변화시키고 개선할 뿐만 아니라, 오히려 또한 총체적으로 변경하고 새롭게 하는 한 권세가, 현존한다. 그 현존에 대하여 그가 어떤 입장을 취하는가, 그가 그것을 어떻게 맞서는가, 어떻게 평가하는가 하는 것은 별개의 문제이다. 그럼에도 불구하고 그 질문이 다음의 사실성을 어둡게 할 수는 없다: 예수 그리스도를 믿는 그 사람에게는 그분의 인격 안에서 **창조자**께서 등장하셨다. 다른 어떤 피조물도 그와 같이 철두철미 혁명적으로 한 피조물을 만날 수가 없다. 예수 그리스도께서 그 믿는 자 앞에서 서신 것과 같은, 다른 모든 것들보다 앞서는 한 법정은, 다른 모든 것들을 변화시키고 새롭게 만드는 권세는 피조물이 자기 자신으로부터 이끌어낼 수가 없는 것이다. 예수 그리스도 안에서 그 믿는 자는 자신의 창조자와, 현실성 전체의 창조자와 대면한다. 그렇게 행동하시는 분은 오직 그분뿐이시다. 그가 창조자의 현재 및 행하심을 기뻐한다는 것—그가 그렇게 하기를 시작하여 결과가 어떻게 되든지 간에—이것이 예수 그리스도를 믿는 자의 입장 및 결단이다. 그 믿는 자가 바로 그것을 기뻐함으로써, 즉 그의 '나는 믿습니다.'(Credo)가 이러한 태도를 자체 안에 포함함으로써, 그가 창조의 비밀을 인식할 수 있게 되고, 또 그 인식에 참여하는 일이 발생한다.

우리는 여기서 최선으로 갈라디아서의 열정적 결말 부분(6:13f.)에서 시작한다; 그곳에서 바울은 유대주의자들에 최종적인 분노의 비난을 계속한다["그들이 여러분에게 할례를 받게 하려는 것은, 여러분의 육체를 이용하여 자랑하려는 것입니다"]: "그런데 내게는 우리 주 예수 그리스도의 십자가 밖에는 자랑할 것이 아무것도 없습니다. 그리스도로 말미암아, 내 쪽에서 보면 세상이 죽었고, 세상 쪽에서 보면 내가 죽었습니다. 할례를 받거나 안 받는 것이 중요한 것이 아니라, 새롭게 창조되는 것(καινὴ κτίσις / 새 피조물)이 중요합니다. 그리고 이 표준을 따라(τῷ κανόνι τούτῳ) 사는 사람들에게와 하나님의 백성 이스라엘에게 평화와 자비가 있기를 빕니다." 그러므로: 그러므로 유대교적 및 이교적 실존의 문제 전체에 대한 바울의 지위 및 현존재는 예수 그리스도에 대한 그의 관계를 통하여 혁신적으로 다르게 되었다: 즉 그는 자신의 존재를, 그곳을 뒤돌아보면서 한 **새로운** 실존으로 **창조된** 존재라고 이해할 수 있을 뿐이었다. 그리고 바울은 그 존재를 어떤 경우에도 그를 감동시키는 경험으로서가 아니라, 오히려 "하나님의 이스라엘" 그 자체로 여겼으며, 유대인과 이방인의 그리스도인들이 그러한 변화된 지위 및 현존재 안에 위치하였다; 그들은, 예수 그리스도께서 그들 모두의 주님이신 것이 확실한 것처럼, 그러한 "정경"에 따라, 그러한 다른 지반 위에, 거주하였다: 그들은 바울 자신과 마찬가지로 "새 창조"이며, 그러한 자들로서 하나님의 평화와 자비에 참여한다. 비슷한 운동 및 동일한 의미에서 바울은 고린도후서 5:14f.에서 말하였다: 그리스도의 사랑은 우리가 달리면서 (*벗어나지 말아야 하는) 트랙이다.(συνέκει ἡμᾶς) 한 위기가 바울 위로 덮쳐 왔다; 그는 그 위기에 적응해야 하며, 자신의 고유한 판단 안에서 바르다고 인정해야 한다: 이 한 분의 모든 사람을 위한 죽음은 그 모든 사람들의 죽음을 뜻하며, 다시 말하여 그 죽음은 그들이 그들의 생명을 더 이상 그들 자신을 위하여 소유하지 않고, 오히려 그분을 위하여, 그들을 위하여 죽으셨고 부활하신 분을 위하여 소유함을 뜻한다.(15절) 바울은 자기 자신을 및 다른 사람들을, 그는 그리스도 자신을 더 이상 육체에 따라(κατὰ σάρκα) 알지 않는다; 다시 말하여 그 위기가 그에게 닥쳐오지 않았을 때, 그가 그것이 올바르다고 인정하기 전에, 사물들과 사람들과 관계들을 알았던 것처럼, 더 이상 그렇게 알지 않는다. 그러므로—이것도 마찬가지로 일반적으로 추론된다.—사태는 다음과 같다: 누구든지 "그리스도 안에" 있는 자는 [사도인 바울만이 아니라, 모든 각각의 그리스도인 그 자체가] "새롭게 창조되었으며", 그는 이 존재 안에서 및 그것과 함께 그리스도 안에서 한 새로운 피조물(καινὴ κτίσις)이다: "이전 것은 지나갔으니, 보라 새 것이 되었다." 그러므로: 한 현실성의 질서 전체가 지나가고, 다른 하나가 도래하였다는 것이 모든 사람을 위하여 발생한 그리스도의 죽음과 함께 등장한 변화의 의미이다. "이 모든 것은 하나님에게서 났습니다."라고 바울은 18절에서 계속한다.—여기서 문제가 되는 것은 로마서 11:36, "만물이 그에게서 나고"에서 확실하게 창조라고 지칭하는 단어의 가벼운 변형이다. 바로 그분, **창조자** 하나님이 그리스도를 통하여 우리를 그분 자신과 화해시키시는 분이시며, 바울에게 화해의 사도적 봉사를 맡기신 분이시다. 동일한 맥락을 바울은 이미 고린도후서 4:5f.에서 드러나게 만들었다: 그는 그 자신이 아니라, 오히려 그리스도 예수를 선포하며, 자기 자신은 그 예수로 인하여 그들의, 공동체의 노예가 되었다고 말한다.(5절) 그의 인격의 이러한 몰수는, 즉 이제 그의 사도적 기능의 전대미문의 전권 요구를 포함하는 그 몰수는 어디로부터 오는가? 이에 대하여 6절이 대답한다: "어둠 속에 빛이 비쳐라 하고 말씀하신 하나님께서 우리의 마음속을 비추셔서, 그리스도의 얼굴에 나타난 하나님의 영광을 아는 지식의 빛을 우리에게 주셨습니다." 명확하게 "우리의 마음"이 언급될 때, 사도적 복수는 폭파되며, 또한 여기서도 일반적인 그리스도인들에 대하여 말해지고 있다: 일반적 그리스도인들 그 자체가, 그들이 그들의 방식 안에서 그 사도와 같이 모두 그리스도에 대한 봉사로 위치됨으로써, 다음의 방식으로 조명된다: 오직 "빛이 있으라!"(창 1:3)만이 그 유비일 수 있으며, 오직 **창조자**만이, 저 "빛이 있으라!"를 말씀하셨던 분만이, 그들의 조명의 근거일 수 있으시다. 에베소서 2:8f.도 명백하게 일반적으로 말한다: 여러분이 믿음을 통하여 은혜로 구원을 얻었다는 것, "이것은 여러분에게서 난 것이 아니요, 하나님의 선물입니다. 행위에서 난 것이 아닙니다. 그러므로 아무도 자랑할 수 없습니다." "왜냐하면 [우리는 이 계속이 수식 문장으로서가 아니라, 오히려 근거하면서 연결된다는 것에 주의해야 한다!] 우리는 하나님의 작품(ποίημα)입니다. 선한 일을 하게 하시려고, 하나님께서 그리스도 예수 안에서 우리를 만드셨습니다(κτιθέντες)." 그러므로: 그리스도인들에게 수여된 구원하는 은혜는 모든 자기 자랑을, 행위의 모든 자랑을 배제한다; 왜냐하면 그 은혜가 수여되는 사람들은 그 자체가 그 은혜의 작품이며, 그 은혜의 피조물이기 때문이며, 오직 그 은혜를 통하여 비로소 그들은 그들의 존재로 만들어졌으며, 그들이 행하는 것을 행할 수 있게 되었기 때문이다. 우리는 그 은혜 안에서, 우리의 피조성 그 자체 안에서 보다 조금도 덜 하지 않게, 오히려 이제야 비로소 올바르게 **창조자** 하나님과 관계하게 된다. 이 확정은 그 다음에 에베소서 4:24에서, 이번에는 마치 새 옷과도 같이 그들을 위하여 예비된 새 사람을 덧입으라는 훈계의 형식 안에서 다시 나타난다;

새 사람은 "하나님의 형상을 따라(κατά θεόν) 참 의로움과 참 거룩함으로 지으심을 받은 사람"이다. 골로새서 3:10의 병행구절 안에서 다음이 말해진다: 그리스도인들은 새 사람을, 다시 말하여 [우리는 여기서 고후 4:5f. 그리고 갈 6:15f.와 가까이 있게 된다.] 그의 **창조자**의 형상에 상응하여 아는 것으로 새롭게 된 새 사람을 입어야 한다; 거기에는 그리스인과 유대인도, 할례받은 자와 할례받지 않은 자도, 야만인도 스구디아인도, 종도 자유인도 없으며, 오직 그리스도만이 모든 것이며, 모든 것 안에 계신다. 그러나 또한 에베소서 2:5에서도 유대인과 이방인의 대립 너머의 그리스도교적 실존의 실현은 [갈 6:15에 전적으로 상응하면서] 둘을 하나의 새 인간으로 "창조하는 것"(κτίζειν)으로, 양자 사이에 평화의 수립을 [가르는 담을, 14절] 만드는 것으로, 그것도 여기서는 명시적으로 예수 그리스도 자신의 창조 및 만드심으로 서술된다. 여기서 마지막으로 야고보서 1:16f.가 언급될 수 있다: 그곳에서 그리스도인들은 하나님으로부터, "빛의 아버지로부터" 선한 은사가 아닌 어떤 다른 것이 기대될 수 있다는 모든 추측에 대하여 경고를 받는다. "그분은 뜻을 정하셔서 진리의 말씀으로 우리를 낳아주셨습니다." 이러한 맥락에 직면하여 우리는 그것을 단순한 제의적-수사학적인 미사여구로 이해할 수만은 없다; 예수께서 하나님을 마태복음 11:25에 따르면 "하늘과 땅의 주님이신 아버지"라고 부르실 때, 그 하나님께 "이 일을 똑똑한 사람들에게는 감추시고 어린아이들에게는 드러내어 주셨으니, 그렇습니다. 아버지, 이것이 아버지의 은혜로운 뜻입니다."라고 찬양하실 때, 그렇게 이해할 수 없다. 한쪽에서는 그러한 은폐에, 다른 쪽에서는 그러한 계시에 도달하는 곳에서, 그것은 하늘과 땅의 주님의, 즉 **창조자**의 선하신 뜻의 행동에 관계된다. 왜 바울이 아레오바고 연설(행 17:24f.)에서 아테네 사람들이 경외했던, 그러나 그들에게는 그럼에도 불구하고 알려지지 않았던 그 신을 우선적으로 세계를 및 그 안의 모든 것을 **창조하신** 하나님으로 서술하였는지를, 그리고 그 다음에는, 바로 그 하나님이 "사람의 손으로 지은 신전 안에 계시지 않는, 무슨 부족한 것이라도 있어서 사람의 손으로 섬김을 받으시는 분이 아니시며, 오히려 모든 사람에게 생명과 호흡과 모든 것을 주시는 분"이라고 확정하였는지를 설명하기 위해서, 자연신학적인 접촉점의 필요성을 지시하는 것만으로는 충분하지 못할 것이다. 31절에서 예수의 죽은 자들로부터의 부활의 선포로써 종결되는 진술은 명백하게도 창조의 선포로써 시작된 것이 틀림없지만, 그러나 바울은 그곳에서도, 이곳에서도 자연신학을 대변하지 않았다. 메시아 예수와의 만남은 신약성서 안에서 언제나, 그것이 명시적이든지 아니든지 간에, **창조자** 하나님의 비밀과의 만남이며, 메시아 예수에 대한 믿음은 언제나 사람이 창조자 하나님의 현재의 비밀을 기꺼이 수용하는 것을 뜻하였다. 만일 우리가 이러한 맥락을 고려하지 않으려고 한다면, 그때는 자명하게도, 메시아 예수에 대한 믿음이 창조의 인식을 사실상 그 자체 안에 포함한다는 사실 및 어떤 한도에서 그러한가 하는 것을 구체적으로 제시하는 일은 어려워지거나 혹은 불가능하게 될 것이다.

우리는 위의 사실로부터 그 믿음의 몇 가지의 구체적 규정들을 주목한다.

그 믿음이 창조자의 현재 안에 있는 삶이라면, 그렇게 하여 그 믿음은 모든 사물들 및 관계들을 통치하는 창조자의 **권능**에 대한 사실상의 경험 및 승인 안에 있는 삶이다. 예수 그리스도를 믿는 자들이 그 밖에 아는 및 그들의 방식으로 바르게 혹은 틀리게 존경해야 한다고 주장하는 권세들이 어떤 것이든지 간에: 그 믿는 자에게는 예수 그리스도 안에서 모든 권세들을 통치하는 권세를 지니시는 자가 등장하셨다; 이 권세가 다른 권세들과 다른 특성을 갖고 그것들로부터 구분되는 것은, 다만 그것이 다른 권세들보다 크고 또 그것들을 지배한다는 사실을 통해서만이 아니라, 오히려 결정적으로는 그 권세 자체가 다른 권세들의 근원이며, 그래서 다른 권세들은 이 권세 없이는 전혀 권세일 수 없으며, 바로 그렇기 때문에 그것들은 그 권세에 굴복한다는 사실을 통해서이다. 그분은 창조자의 권세를 지니시는 자(Träger)이시다. 그러나 이 사실이 그 믿는 자에게 얼마나 많이 볼 수 있게 되는가, 얼마나 많이 예수 그리스도 자신이 그 사실을 또한 믿는 자에게 볼 수 있도록 만드실 것인가의 질문은 열린 채 남아 있다. 만일 믿는 자가 이러한 삶 안에서—믿는 자로서, 그래서 구경하는 자로서가 아니라—그 사실 중 무엇인가를 보게 된다면, 그때 그것은 언제나 표징일 것이며, 또한 그에게 그 사실에 대한 그러한 표징이 주어졌다는 것 및 그가 그 표징 그 자체를 볼 수 있게 되었다는 것은 언제나 은혜일 것이다. 그러나 이것이 사태의 핵심을 변경시키는 것은 아니다. 예수 그리스도를 믿는 자는, 표징과 함께 혹은 표징 없이, "바로 그 믿는다는 사실로써"(ipso facto) 하늘과 땅의 주님과 관계한다: 그분은 하나님 자신으로부터 구분되는 현실성의 영역 전체를 처분하실 수 있고, 은폐되시거나 혹은 [표징 안에서] 공공연히 언제나 도처에서 처분하시는 분이시다. 믿는 자가 이러한 가능한 및 현실적인 처분의 권능을 근본적으로 고려한다는 것, 그리고 그것을 실천적으로 언제나 및 도처에서 고려하는 것을 기뻐한다는 것, 이것이 예수 그리스도를 믿는 자의 입장 및 결단이다. 이러한 입장 및 결단 안에 사로잡힐 때, 그 믿는 자에게는 창조의 비밀이 더 이상 은폐되지 않는다.

이것은 예수께서(마 8:5f.) 이스라엘 안에서는 발견하지 못했지만, 그러나 가버나움의 이방인 군인에게서 발견하셨던 믿음이며, 그것은 그분께 대한 신뢰였다: 그 신뢰 안에서 그 군인은 그분께 다만 한 말씀만 하시라고 간청하였으며, 그러면 그의 종이 낫게 될 것이라고 믿었다: 그것은 그가 그의 군사들 중 하나에게 '가라!' 하면 가고, 다른 자에게 '오라!' 하면 오고, '이것을 행하라!'고 하면 행하는 것과 마찬가지라는 것이었다. 그러나 여기서 우리는 다름이 아니라 모든 복음적 보고들을 인용하게 된다; 그 보고들에 따르면 예수께서는 실제로 그러한 권세를 지니셨고 또 자유롭게 행사하셨으며, 또 그 보고들에 따르면 그분은 온갖 종류의 무력한 자들 사이에서, 어떤 질병에 희망 없이 괴로움을 당하는 자들로부터, 믿음을, 다시 말하여 그분의 **권능**에 대한 바로 그 신뢰를 발견하셨으며, 또 그 보고들에 따르면 이 사람들은 그분이 그들을, 만일 그분이 원하시면 도울 수 있을 것이라고 생각하였다; 그리고 다른 쪽으로도 저 모든 보고들이 있다: 이 보고들에 따르면 그분은 제자들을—이러한 측면에서 그것은 놀랍게도 언제나 그분의 제자들이다.—꾸짖으셨으며, 그들의 "작은 믿음"(ὀλιγοπιστία)을 책망하셨다; 왜냐하면 그들은 자연 전체에 대한 그분의 권세를 바로 실천적으로는, 주어진 상황 안에서는, 근본적으로 고려하지 않았으며, 그래서 지속적으로 모든 사물들 및 관계들에 대한 그분의 처분의 권능 안에 현재하는 자들로서 살지 않았기 때문이다. 예수께서 말씀의 권세(ἐξουσία), 가르침, 계시를, 또 서기관들이 갖지 못했던(마 7:29) 땅 위에서 죄를 용서하는 권세(막 2:10)를 가지셨기 때문에(가지심으로써), 바로 그렇기 때문에: "너희로 알게 하려 하노라!"(표징으로!)를 위하여 그분은 중풍병자에게 말씀하신다: "내가 네게 말한다. 일어나서 네 자리를 걷어서 집으로 가라." 그리고 저 권세(ἐξουσία)에 힘입어 그것이, 바로 그것이 발생한다! 네 복음서 모두가 예수의 바로 이러한 권능의 소유 및 권능의 행사에 대한 지속적인 지시가 아니라면, 그러한 권능을 지니시는 자이신 그분께 대한 믿음으로부터 지속적인 호소가 아니라면, 다른 무엇이겠는가? 바로 그러하신 분으로서 그분은 메시아이시다. "이분이 누구이기에, 바람과 바다까지도 그에게 복종하는가?"(막 4:41) 그렇다. 이분은 누구신가? 그분은 바로 약속을 성취하시는 자이시다: "보아라. 내가 새 하늘과 새 땅을 창조할 것이니, 이전 것들을 기억되거나 마음에 떠오르거나 하지 않을 것이다. 그러니 너희는 내가 창조하는 것을 길이길이 기뻐하고 즐거워하여라."(사 65:17f.) 새 하늘과 새 땅의 이러한 신적 창조가 예수의 권능의 행사 안에서 사건이 되며, 그와 함께: **현재의** 하늘 및 **현재의** 땅을 이미 창조하신 자의 권능이 계시된다. 그렇기 때문에 그분에 대한 믿음은, 비록 그것이 대단히 적다고 해도, 이러한 신적 창조에 상응하여, 산과 나무들을 옮기는, 그리고 아무것도 불가능한 것이 없는 특성을 가져야만 한다.(막 11:23 및 병행구절들) 믿음이 이러한 특성을 갖지 못한다면, 그때 그것은 그분께 대한, 약속되신 및 등장하신 메시아에 대한 믿음이 아닐 것이다. 이 믿음에는 저 창조자의 권능과 함께 행동한다는 것이 본질적이며, 그래서 바로 그 특성은 그분께 대한 믿음의 어떤 부차적인 것이 아니면, 어쨌든지 없어도 되는 어떤 것이 아니다. 믿음이 그 특성을 갖지 못한다면, 그때 그분 안에서 창조의 인식에 도달한다는 주장은 당연히 공중에 뜨게 될 것이며, 그 인식의 모든 구문들은 가치 없는 졸작들이 될 것이다.

창조자의 현재 안에 있는 삶으로서 믿음은 마찬가지로 필연적으로 피조물에 대한 그분의 **의로우심**(Recht, 정당하심)의 경험 및 승인 안에 있는 삶이다. 또한 여기서도 온갖 다른, 피조적인 의로움이, 그리고 신적 의로움을 피조물의 관점에서 온갖 방법으로 논쟁하고 협소화시키는 것들이, 실제로 중간에 등장할 수 있으며, 그 결과 믿는 자 자신의 고유한 믿음도 거짓으로 정죄되기에 이를 수도 있다. 그러나 다음 사실에는 변함이 없다: 그 믿는 자에게, 그가 믿는다는 한도에서, 예수 그리스도 안에서 모든 것 위의 권능만이 아니라, 오히려 또한 이 권능과 함께 최고의 의로움이: 통치할 뿐만 아니라, 통치할 자격이 있는 법정으로서, 그와 같은 자격 안에서 존경을 요청하면서 등장하였다: 그 존경에 인간은 **반드시** 굴복히여야 할 뿐만 아니라, 오히려 **마땅히** 및 최종석으로는 **당연히** 굴복하게 된다; 왜냐하면 우리가 굴복하지 말아야 할 어떤 근거도 존재하지 않기 때문이다; 또 그 법정을 바라보는 것은 놀람만이 아니라, 오히려 경외를 불러일으킨다. 피조물에 대한 창조자의 의는 대단히 단순하게도 '피조물이 창조자에게 속한다.'는 사실에 근거한다: 어떤 추가적인 획득을 통해서가 아니라, 오히려 근원적인 소유이기 때문에, 피조물이 창조자에게 빚지고 있는 피조물의 실존 안에서 및 그 실존 그 자체와 함께 그러하다. 그러므로 피조물이 창조자에게 빚지고 있지 않은 어떤 관점도 생각될 수 없다. 예수 그리스도께서는, 세상을 하나님과 화해시키심으로써, 창조자의 이러한 의를 수립하셨다. 그래서 사태는 다음과 다를 수 없다: 그분을 믿는 자는 창조자의 이러한 의와 만나게 되며, 그 의에 굴복하게 된다. 믿는 자가 기꺼이 그렇게 행한다는 것, 그것이 그리스도교적 믿음의 입장 및 결단이며, 그러한 자에게는 창조의 비밀이 인식 가능하게 된다.

창조자의 이러한 의는 복음서들 안에서 우선 온갖 다양한 형태들 안에서 언제나 다시 나타나면서, 고유하게 특징적으로 지배하면서, 비유의 인물(Figur)을 드러낸다. 그 의는 우선 누가복음 17:7f.에서의 저 주인에게 관계된다: 그는 그의 종에게 (그 주인은 그 종이 행한 것에 대하여 어떤 감사도 빚지고 있지 않다.) 그 자신을 돌볼 생각을 하기 전에, 주인 자신이 먹고 마시기를 끝내기까지 그 주인에게 봉사해야 한다고 요구한다; [우리는 이 가혹한 비유가 누가에 있어서 5f.에서 믿음을 증가시켜 달라는 제자들의 간청에 대한, 그리고 뽕나무를 옮기는 믿음의 권능에 대한 설명하는 말씀을 형성한다는 사실에 주목해야 한다!] 마태복음 25:14f.에서 달란트를 자신의 종들에게 나누어준 주인은 명백하게도 동일한 주인이다; 이 주인은 그의 생각대로 저 사람에게는 다섯을, 저 사람에게는 둘을, 저 사람에게는 하나를 나누어주었으며, 그리고 그 다음에 다시 돌아와서는 각각에게 계산을 요청하며, 각각에게 그의 상급을 수여한다. 그리고 마찬가지로 마태복음 18:24f.도 동일한 주인을 말한다; 그는 왕으로서 그의 종들과 계산하며, 큰 빚을 진 자에게 긍휼을 베풀며, 그를 석방하며, 그의 빚을 면제하며, 그리고 그 다음에는 바로 그 사람이 그의 동료인 종에게 전혀 다르게 행동하였기 때문에, 그에 대한 결정을 취소하고, 그리고 마찬가지로 "그를 형무소 관리에게 넘겨주고, 빚진 것을 다 갚을 때까지 가두어 두게 하였다." 그리고 다음도 동일한 주인이다: 마태복음 20:1f.에 따르면 그는 놀고 있는 자들을 아침에, 열두 시에, 세 시에, 그리고 오후 다섯 시쯤에 자신의 포도원으로 부르며, 마지막에는 처음 온 자와 똑같이 마지막에 온 자에게도 임금을 지급한다: "이보시오, 나는 당신을 부당하게 대한 것이 아니오. 당신은 나와 한 데나리온으로 합의하지 않았소? 당신의 품삯이나 받아가지고 돌아가시오. 당신에게 주는 것과 꼭 같이 이 마지막 사람에게 주는 것이 내 뜻이오. 내 것을 가지고 내 뜻대로 할 수 없다는 말이오? 내가 후하기 때문에, 그것이 당신 눈에 거슬리오?" 누가복음 15:11f.에서의 동등하지 않은 두 아들의 **아버지**도 마찬가지이다: 이 비유의 후반부에서 특별히, 잃어버렸던, 작은 아들의 드라마 같은 재수용 안에서, 그리고 그 동생보다 훨씬 더 나은 형에 대한 대답 안에서, 그러하다. 계속해서 마태복음 13:24f.의 저 밭의 **소유자**도 마찬가지이다; 그 밭에 알곡 사이에 원수가 와서 가라지를 뿌렸으며, 추수 때까지 양쪽 모두를 자라게 하라는, 추수 다음에 가라지를 불태우라는, 그러나 알곡은 곳간에 쌓으라는 명령이 내려진다. 또 마태복음 21:33f.의 저 포도원 소유자도 있다: 그가 보낸 자 및 그의 아들은 소작인들에 의하여, 그 포도원을 강탈하려는 의도에서, 대단히 악하게 학대당하며, 그 주인은 그들을 즉시 징벌하기를 게을리하지 않으며, 질서를 재건하고 다른 소작인들에게 그들의 지위를 맡긴다. 또 마태복음 22:1f.에서의 **왕**이 있다; 그는 자기 아들의 혼인 잔치를 베풀었으며, 먼저 초대된 정규적인 손님들은 그 왕의 호의에 감사하지 않았으며, 그래서 그 왕은 길에서 저 모든 사람을 아무나 만나는 대로 데려왔으며, 그럼에도 불구하고 그들 중에서 예복을 입지 않은 사람을 발견하고서는, 그가 유래했던 그 어둠 안으로 던져 넣으라고 명령한다. 또 마태복음 25:1f.에서의 **신랑**이 있다; 그의 잔치의 시간이 다가오며, 그를 위하여 준비한 처녀들이 그와 함께 잔치에 들어가며, 그러나 등불에 기름이 없었던 다른 처녀들은 그 신랑이 말하는 것을 들어야만 한다: "내가 진정으로 너희에게 말한다. 나는 너희를 알지 못한다." 또 누가복음 13:6f.의 **농부**가 있다; 그는 무화과나무를 심었으며, 그 나무의 결실을 얻을까 하고 왔지만, 삼 년 동안 아무것도 발견하지 못한다—"찍어 버려라. 무엇 때문에 땅만 버리게 하겠느냐?"—그리고 그때 올해만큼은 그것을 그냥 두도록 하자는 포도원지기의 간청이 들린다. 우리는 또한 누가복음 16:1f.의 불의한 **청지기**가 그리고 누가복음 18:1f.의 불의한 **재판관**의 희화적 형태 안에서 동일한 인물을 재인식해야 한다. 그들은 이러한 노선 위에서, 자신의 소유, 자신의 지위 및 자격, 그것에 근거한 자신의 권리를 무조건적으로 인지하는, 자신의 주변 환경에 대한 관계 안에 근거된 자신의 의로움을 엄격하게 관철시키는 주인으로서의 인물들이며, 그렇기 때문에 그의 처분에 대하여 어떤 효과적인 저항을 있을 수 없다; 왜냐하면 그 처분의 적법성에 대한 항의란 불가능하기 때문이다. 이것이 바로 창조자의 의이며, 예수를 만나는 자는 그 의로움에 관계된다. 창조자로서의 바로 이러한 의로부터 하나님께서는, 신약성서 전체를 지배하는 직관에 따르면, 또한 인간의 심판자가 되신다. 하나님께서 심판자가 되셔야 하는 것이 아니며, 하나님께서는 심판자가 되실 필요도 없다; 하나님께서는 본래부터 심판자이시다. 하나님은 창조자 하나님으로서 또한 심판자이시다; 그분은 피조물에 대하여, 피조물이 그분 앞에서, 자신의 실존이 정당한지, 다시 말하여 피조물이 자신의 실존을 빚지고 있는 그분의 의로우심에 충분한 것을 행하였는지를 질문하고 책임을 져야 한다는 것에 대해 결정적인 요구의 권한을 가지고 계신다. 피조물이 그 질문을 긍정한다면, 그때 그 피조물은 의롭다. 그가 그 질문을 부정한다면, 그때 그 피조물에게는 모든 의가 결여된다. 그러므로 모든 것은 전적으로 피조물이 이 질문을 긍정하는가에 달려 있다. 그러므로 사태는 예를 들어 다음과 같이 되지 않는다: 하나님의 높으심(이것 안에서 하나님께서는 통치하시고 또 모든 의의 척도 및 총괄개념인 그분의 선하신 뜻에 따라 결정하신다.)에 대한 구약성서적 증거는 신약성서적 선포 안에서도 최소한도라도 변경되지 않는다. 우리는 예레미야의 토기장이 집의 방문의 유명한 묘사(18:6f.)를 읽는다: "이스라엘 백성아, 내가 이 토기장이와 같이 너희를 다룰 수가 없겠느냐? 나 주님의 말이다. 이슬라엘 백성아, 진흙이 토기장이의 손 안에 있듯이, 너희도 내 손 안에 있다. 내가 어떤 민족이나 나라의 뿌리를 뽑아내거나, 그들을 부수거나 멸망시키겠다고 말을 하였더라도, 그 민족이 내가 경고한 죄악에서 돌이키기만 하면, 나는 그들에게 내리려고 한 재앙을 거둔다.(*후회한다) 그러나 내가 어떤 민족이나 나라를 세우고 심겠다고 말을 하였더라도, 그 백성이 나의 말을 순종하지 않고, 내가 보기에 악한 일을 하기만 하면, 나는 그들에게 내리기로 약속한 복을 거둔다."(*후회한다) 이것이 자의인가? 아니다. 이미 예레미야 27:5가 대답한다: "내가 권능과 편 팔로 이 땅을 만들고, 이 땅 위에 있는 사람과 짐승도 만들었다. 그러므로 나의 눈에 드는 사람에게 이 땅을 맡기겠다." 그리고 이사야 45:9f.: "질그릇 가운데서도 작은 한 조각에 지나지 않으면서, 자기를 지은 이와 다투는 자에게는 화가 닥칠 것이다. 진흙이 토기장이에게 '너는 도대체 무엇을 만들고 있는 거냐?'라고 말할 수 있겠으며, 네가 만든 것이 너에게 '그에게는 손이 있으나마나!'라고 말할 수 있겠느냐? 아버지에게 말하기를 '나를 자식이라고 낳았습니까?' 하는 자와 자기 어머니에게 '무슨 해산의 고생을 했다는 겁니까?' 하고 말하는 자식에게 화가 닥칠 것이다. 이스라엘의 거룩하신 하나님, 곧 이스라엘을 지으신 주님께서 말씀하신다. '내가 낳은 자녀를 두고, 너희가 감히 물으려느냐? 내가 한 일을 너희가 나에게 감히 명령하려느냐? 바로 내가 친히 이 땅을 만들었으며, 바로 내가 그 위에 인류를 창조하였다. 내가 손수 하늘을 폈으며, 그 모든 별에게 명령을 내렸다.'" 그리고 시편 89:11f.(비교 24:1): "하늘은 주님의 것, 땅도 주님의 것, 세계와 그 안에 가득한 모든 것이 모두 주님께서 기초를 놓으신 것입니다. 남쪽과 북쪽을 주님이 창조하셨습니다." 그리고 시편 95:4f.: "땅의 깊은 곳도 그 손 안에 있고, 산의 높은 꼭대기도 그분의 것이다. 바다도 그의 것이며, 그분이 지으신 것이다. 마른 땅도 그분이 손으로 빚으신 것이다." 그리고 바로 그렇기 때문에: 그분이 창조자로서 또한 소유자이시며, 소유자로서 처분 권한을 가진 자이시기 때문에(6f.): "오너라, 우리가 엎드려 경배하자. 우리를 지으신 주님 앞에 무릎을 꿇자. 그는 우리의 하나님이요, 우리는 그가 기르시는 백성이며, 그가 손수 이끄시는 양떼이다." 예레미야 10:11f.에 따르면 이스라엘의 하나님을 다음을 통하여 다른 이방신들로부터 구분되며, 다음을 통하여 이방신들에게는 속하지 않은, 인간에 대한 그분의 전권을 특성화 한다: "너희는 우상에 대하여 이렇게 선언하여라. 하늘과 땅을 만들지 않은 신들은 이 땅에서 사라지고, 저 하늘 아래에서도 없어질 것이라고 선언하여라. 권능으로 땅을 만드시고, 지혜로 땅덩어리를 고정시키시고, 명철로 하늘을 펼치신 분은 주님이시다. 주님께서 호령을 하시면 하늘에서 물이 출렁이고, 땅 끝에서 먹구름이 올라온다. 주님은 번개를 일으켜 비를 내리시며, 바람 창고에서 바람을 내보내신다." 인간은 그의 신상들과 함께 그곳에서 무엇이겠는가? "그것들은 허황된 것이요, 조롱거리에 지나지 않아서, 벌을 받을 때에는 모두 멸망할 수밖에 없다. 그러나 야곱의 유산이신 주님은 그런 것들과는 전혀 다르시다. 그분은 만물(hakkol)을 지으신 분이시요, 이스라엘을 당신의 소유인 지파로 삼으신 분이시다. 그분의 이름은 '만군의 주님'이시다." 혹은 짧게 및 멸망시키면서 시편 96:5: "만방의 모든 백성이 만든 신은 헛된 우상이지만, 주님은 하늘을 지으신 분이시다." 예수의 및 신약성서의 선포가 이제 본래적으로 이와 같은 오래전부터 증거되어온 창조자의 피조물에 대한 의로우심(정당하심)의 수립, 계시 및 효력화가 아닌 다른 무엇이겠는가? 이러한 구약성서적 맥락들 안에서 하나님께 귀속된 전권 안에서 주님은, 혹은 왕 또는 소유자, 저 비유들 안에서 자신의 소유물에 그렇게(*정당하게) 관계되며, 그렇게 그분은 자신의 자격 및 지위를 변호하시며, 그렇게 그분은 자신의 명예를 지키시며, 그렇게 그분은 그분의 인간적 주변 환경들과 만나신다. 그렇기 때문에 저 인물은 어떤 독재자의 인물이 아니다; 그 인물은 그렇기 때문에 모든 측면에서 정당성을 갖는다; 바로 그 인물이 모든 측면에서 그렇게 자유롭게 처분하실 수 있기 때문이며, 또 명백하게 그것이 **창조자**의 인물이기 때문이다; 그분은 **그러하신 분으로서** 법과 심판자이시며, 또한 적법한 통치자이시다. 우리는 예수 그리스도와 대면할 때, 바로 그러하신 적법한 통치자와 대면한다. 그리고 우리가 예수 그리스도께 대한 믿음으로 부르심을 받고 또 일깨워질 때, 우리는 **그분의** 적법성의 승인과 관계하게 된다. 이러한 승인을 성취하는 것이 바로 믿음이다; 믿음은 자신의 편에서 하나님께서 하늘과 땅을 창조하셨다는 인식의 능력 및 뿌리이다.

이제 믿음이 창조자의 현재 안에 있는 삶이라면, 그 믿음은 마지막으로 필연적으로 그분의 **호의**(Wohlmeinen)의 승인 및 경험 안에 있는 삶이다. 인간을 둘러싼 현실성이, 더 나아가 인간의 고유한 실존이 (그 실존이 자신의 현실성의 은혜를 입고 있는) 그분의 호의의 거울이라는 사실은 자명하지는 않다. 그 현실성 그 자체에 있어서 및 홀로 그러한 거울인 것은 틀림없이 아니다. 위협하는 재앙이, 혹은 구원과도 같은 재앙이, 약속과도 같은 위협의 어두운 원천이 마치 창조자의 호의와도 같이 그 현실성의 근저에 마찬가지로 놓여 있을 수 도 있다. 그러나 사태가 어떻게 되는지 간에: 어쨌든 예수 그리스도 안에서는, 창조자의 호의를 전하는 자 및 선포자가 그분을 믿는 자에 대하여 등장하였다; 그분이 세계와 인간 자신을 원하셨고, 창조하셨다. 바로 여기서 피조물 그 자체의 윤리적인, 미학적인, 혹은 그 밖의 영화로움이 전혀 문제될 수 없기 때문에, 바로 여기서 피조물이 노선 전체에서 화해를, 평화를, 구속을 필요로 하는 것으로 보이고 그렇게 말해지기 때문에, 다음은 그만큼 더 밝게 등장한다: 피조물의 창조자로서 그것들에 대한 모든 권세와 모든 권한을 가지신 분이, 언제나 그들에 관하여 **선하게** 말씀하셨으며, 그분은 그것들을 처음부터 귀하게 여기시고 사랑하셨으며, 그분은 그들에게 그들의 권리를 마련해 주시기를 원하셨고, 그분은 그들을 언제나 돕고자 하시며, 그분은 그들에 대하여 언제나 친절한 계획을 생각하셨다. 만일 피조물이 그것을 알아채지 못하고, 그들이 그것을 기뻐하지 않는다면, 그것은 그분의 책임이 아니다. 그리고 예수 그리스도 안에서, 은폐성(다음 사실은 우리의 통찰에는 감추어져 있다.) 중에, 현실적으로 계시된 것은 명백하게도 다음이다: 창조자의 전능 및 정의는 그분의 긍휼하심의 전능 및 정의이다. 그분이 하나님과 인간 사이의 중보자이시며, 하나님께서 자신과 인간 사이에서 사랑으로 수립하신 영원한 계약의 실행자이실 때, 어떻게 사태가 그와 다를 수 있겠는가? 그분을 믿는 자는, 필연적으로 창조자의 또한 이러한 긍휼을, 그분(창조자께서 인간이신 그분을 자신의 고유한 사랑하는 아들이라고 부르기를 원하셨다.)의 사랑을, 파악하고 이해하게 된다. 얼마나 깊이 및 얼마나 진지하게 믿는 자가 이러한 관점에서 믿고, 또 예수 그리스도 안에서 또한 그에 대해서도 현실적이고 공개된 것을 실현하는가 하는 것은 또 다른 별개의 문제이다. 그러나 창조자의 전능 및 정의와 마찬가지로 또한 창조자의 긍휼 및 또한 호의를 고려하지 않는 믿음 중에서, 그러한 특성을 갖지 않은 믿음 중에서, 예수 그리스도의 믿음은 없다. 예수 그리스도를 믿는 자는, 그는 바로 이러한 관점에서 또한 및 최고의 입장을 취한 것이며, 결단을 내린 것이다; 창조자 하나님께서는 그에게 신뢰하실 만하게 되셨으며, 그는 자신이 그분께 신뢰(그분은 이 신뢰를 받으실 자격이 있다.)를 실제로 선사하는 일을 빚지고 있음을 인정한 셈이 되었다. 이러한 결단에 사로잡힐 때, 그의 믿음은 창조의 비밀에 대한 참된 및 확실한 인식이 된다.

아우구스틴 이래의 저 교부들이 창조를 하나님의 은혜로서 이해하려고 했던 것은 그러므로 진실로 자의적이 아니었으며, 오히려 그리스도교적으로 올바르고 또 필연적이었다. 하이델베르크 교리문답도 또한 깊은 인식을 매개한다; 질문 26에서 (우리 주님 예수 그리스도의 영원한 아버지이시며, 그분을 인하여 또한 나의 하나님 및 아버지이신) 창조자 하나님께 대한 믿음의 서술은 다음의 추가에서 설명된다: "내가 누구를 **신뢰**하는가에 대하여 나는 의심하지 않으며, 그분이 나에게 몸과 영혼의 모든 필수품을 **공급**하시며, 이러한 탄식의 골짜기 안에서 내게 운명처럼 주어지는 모든 악한 것들도 내게는 선으로 전환될 것이다; 왜냐하면 그분이 전능하신 하나님으로서 그렇게 하실 수 있기 때문이며, 또 신실하신 아버지로서 그렇게 하시기를 원하기 때문이다." 여기서 사실상 하나님의 아버지-이름이 개입한다. 하나님께서는 신약성서 안에서 현실적으로는 세상에 대하여 및 세상 안에서 통치하시는 최고 본질의 (인간에게 향해지는) 선하심의 인간적 느낌에 대한 어떤 감수성 있는 표현은 아니다. 오히려 예수 그리스도께서 하나님의 아들이심으로써, 하나님은 그분의 아버지이시며, 예수 그리스도께서 하나님을 아버지라고 부르신다. 그리고 예수 그리스도께서 우리를 그분 자신과의 연합 안으로 및 그분의 뒤따름 안으로 부르심으로써, 그분이 우리를 그분과 함께 기도하도록 외치심으로써, 그분은 또한 그분의 아버지를 통한 우리의 **아버지**로서 인식하고 고백하도록 우리를 초대하신다. 우리는 바로 이 아버지를 인식함으로써, 또한 창조자를 인식하며, 역은 성립되지 않는다. 그러나 또한 우리가 바로 이 아버지 안에서 창조자를 인식함으로써, 우리는 사실상 그분의 선하심을 인식한다. 부성적 성격은 여기서 물론 신인동형론적 의미 안에서가 아니라, 오히려 신약성서의 최고로 본래적인, 신학적 의미 안에서 창조자의 **호의**이다. 그와 같은 (그분과의 연합 안으로의 및 그분의 뒤따름 안으로의, 즉 창조자에 대한 관계 안으로의) 입장으로서의 예수 그리스도에 대한 믿음은 의심의 여지없이 창조자 바로 그분에 대한 확실한 **신뢰**이다. 그분이 공중의 새를 양육하신다; 그것들은 "씨를 뿌리지도 않고, 거두지도 않고, 곳간에 모아들이지도 않는다"; 또 그분이 들의 백합화를 자라나게 하신다; 그것들은 "수고도 하지 않고, 길쌈도 하지 않는다"; "오늘 있다가 내일 아궁이에 들어갈 들풀도" 하나님께서는 그렇게 입히신다.(마 6:26f.) 그분이 허락하지 않으시면 참새 하나라도 땅에 떨어지지 않으며, 아버지께서는 너희의 머리카락까지도 다 세어 놓고 계신다.(마 10:29f.) 그분은 동일한 신뢰 안에서 일용한 양식에 대하여, 죄의 용서에 대하여, 그분의 고유하신 이름의 계시에 대하여, 또 그분의 나라의 도래에 대하여, 하늘에서와 마찬가지로 또 땅에서의 그분의 뜻의 발생에 대하여 기도할 것을 원하신다(마 6:9f.); 그때 그분은 그것을 확실히 들으신다. 인간들의 아비들도 그들의 악함 안에서 구하는 그들의 자녀들에게 악한 것이 아닌 선한 것을 준다면, 하늘에 계신 아버지는 얼마나 더욱 그러하시겠는가!(마 7:11) 바로 그렇기 때문에 예수 그리스도께 대한 믿음은, 그것이 믿음인 한도에서는, 염려와 두려움을 그 자체 안에서 전혀 갖지 않으며, 오히려 그 믿음은 만물의 주님께 대한 순수하고 전적인 신뢰이다. "하나님께서 자기에게 밤낮으로 부르짖는, 택하신 백성의 권리를 찾아 주시지 않으시고, 모른 체하고 오래 그들을 내버려 두시겠느냐?"(눅 18:7) 그러나—이 구절은 계속해서 이렇게 전개된다.—사람의 아들이 올 때에, 세상에서 믿음을 찾아볼 수 있겠느냐? 명백하게도 바로 다음의 믿음에 관계된다: 그것은 그분의 뒤따름 안에서 하나님의 부성적 성격 및 그분의 호의에 대한 신뢰를 진지하게 수용하는 것이며, 그래서 모든 염려와 두려움을 자신의 뒤로 던지는 믿음이다. 이러한 모든 구절들 안에서 울리는 구약성서적 병행들은, 우리가 이 믿음을 가지고 있는지 않는지의 질문이 얼마나 자명하지 못하며, 또 얼마나 중요한가를 동시에 제시한다. 산헤립의 만용의 소식에 직면하여 흔들리는 가운데 기도했던 열왕기하 19:15f.의 히스기야와 같이, 올바른 하나님, 계약(이것의 성취가 예수 그리스도 안에서 계시되었다.)의 하나님을 인식한 사람을 다음과 같이 반드시 및 마땅히 기도해야 한다: "그룹들 위에 계시는 주 이스라엘의 하나님, 주님만이 이 세상의 모든 나라를 다스리시는 오직 한 분뿐인 하나님이시며, 하늘과 땅을 만드신 분이십니다. 주님, 귀를 기울여 들어 주십시오. 주님, 눈여겨보아 주십시오. 살아 계신 하나님을 모욕하는 말을 전한 저 산헤립의 망언을 잊지 마십시오! … 주 우리의 하나님, 이제 그의 손에서 우리를 구원하여 주셔서, 세상의 모든 나라가, 오직 주님만이 홀로 주 하나님이심을 알게 하여 주십시오." 그리고 이사야 64:8f.와 같이 기도해야 한다: "그러나 주님, 주님은 우리의 아버지이십니다. 우리는 진흙이요, 주님은 우리를 빚으신 토기장이이십니다. 우리 모두가 주님이 손수 지으신 피조물입니다. 주님, 진노를 거두어 주십시오. 우리의 죄악을 영원히 기억하지 말아 주십시오. 주님, 보십시오. 우리는 다 주님의 백성입니다." 이러한 기도에 대하여 이사야 43:1f.의 응답이 즉시 손에 주어진다: "그러나 이제 야곱아, 너를 창조하신 주님께서 말씀하신다. 이스라엘아, 너를 지으신 주님께서 말씀하신다. 내가 너를 속량하였으니, 두려워하지 말아라. 내가 너를 지명하여 불렀으니, 너는 나의 것이다.─네가 물 가운데로 건너갈 때에 내가 너와 함께 하고─네가 강을 건널 때에도 물이 너를 침몰시키지 못할 것이다. 네가 불 속을 걸어가도, 그을리지 않을 것이며, 불꽃이 너를 태우지 못할 것이다. 나는 주, 너의 하나님이다. 이스라엘의 거룩한 하나님이다. 너의 구원자이다." 그리고 이사야 44:1f.: "이제 나의 종 야곱아, 내가 택한 이스라엘아, 이제 너는 들어라. 너를 지으신 분, 네가 태어날 때부터 내가 너를 도와주마 하신 주님께서 말씀하신다. 나의 종 야곱아, 내가 택한 여수룬아, 두려워하지 말아라. 내가 메마른 땅에 물을 주고, 마른 땅에 시내가 흐르게 하듯이, 네 자손에게 내 영을 부어주고, 네 후손에게 나의 복을 내리겠다. 그들은 마치 시냇물가의 버들처럼, 풀처럼, 무성하게 자랄 것이다." 우리는 여기서 어떻게 신적인 선택(예정), 창조, 긍휼, 그리고 실제로 넘쳐흐르는 지속적 도움 등이 서로 연관되며, 유일한 하나의 전체를 형성하는가를 본다. 예수의 제자들에 대한 외침: 그들은 염려하지 말며, 그들은 두려워해서는 안 된다는 외침은 명백하게도 바로 그러한 전체와 관계된다. 그러나 이 외침은 들려지고자 하며, 신적 예비 및 도움의 저 전체는 믿음 안에서 이해되고 파악되고자 한다. 이 믿음(저 대답은, 그리고 그 대답에 기초한 신뢰는 이 믿음을 통하여 사람에게 수용된다.)의 원수는 창조자를 언제나 또 다시 망각하는 및 부정하는, 인간의 자기 자신에 대한 믿음이다. 그러한 인간을 신명기 32:15의 모세의 노래가 서술한다: "이스라엘은 부자가 되더니, 반역자가 되었다. 먹거리가 넉넉해지고, 실컷 먹고 나더니, 자기들을 지으신 하나님을 저버리고, 자기들의 반석이신 구원자를 업신여겼다." 그리고 호세아 8:14: "이스라엘이 궁궐들을 지었지만, 자기들을 지은 창조주를 잊었다. 유다 백성이 견고한 성읍들을 많이 세웠으나, 내가 불을 지르겠다. 궁궐들과 성읍들이 모두 불에 탈 것이다." 그리고 이사야 22:9f.: "'다윗성'에 뚫린 곳이 많은 것을 보았고, '아랫못'에는 물을 저장하였다. 집의 수를 세어 보고는, 더러는 허물다가, 뚫린 성벽을 막았다. 또한 '옛 못'에 물을 대려고 두 성벽 사이에 저수지를 만들기도 하였다. 그러나 너희는 일이 이렇게 되도록 하신 분을 의지하지 않고, 이 일을 옛적부터 계획하신 분에게는 관심도 없었다. … 그래서 만군의 주님께서 나의 귀에 대고 말씀하셨다. 이 죄는 너희가 죽기까지 용서받지 못한다!" 인간이 자기 스스로의 능력을 신뢰하면서, **창조는 은혜**라는 사실을 망각하고 부인하는 곳에서, 어떻게 창조의 은혜가 인식될 수 있겠으며, 어떻게 인간이 그 은혜로부터 살아갈 수 있겠는가? 창조가 예수 그리스도께 대한 믿음 안에서 은혜로서 이해되고 파악되기 때문에, 그렇게 때문에 이 믿음은 변화될 수 없는 및 결코 실망시키지 않는, 그분의 호의에 대한 희망 안에 있는 삶이며, 창조자에 대한 신뢰 및 확신 안에서 살아가는 삶이다. "주님께서 손으로 몸소 나를 창조하시고, 나를 세우셨으니, 주님의 계명을 배울 수 있는 총명(통찰력)도 주십시오."(시 119:73) 이러한 통찰력은 창조자의 호의를 인식하게 되지 않을 수가 없다. 예수 그리스도께 대한 믿음은 바로 이 통찰력이며, 바로 이러한 통찰력 안에서 그 믿음은 창조자 하나님의 비밀의 인식을 위한 강한 도구이다.

§ 41
창조와 계약

창조는 삼위일체 하나님의 일련의 사역들 중의 첫째 사역이며, 그럼으로써 하나님 자신으로부터 구분되는 모든 사물들의 시작이다. 창조는 또한 시간의 시작을 자신 안에 포함하기 때문에, 창조의 역사적(geshichtlichen) 현실성은 모든 역사학적(historischen) 관찰들 및 보고들로부터 벗어나며, 그래서 창조는 또한 성서적인 창조사들 안에서도 다만 순수한 사가(Sage)의 형식 안에서만 증거될 수 있다. 창조의 의도 및 또한 창조의 목적은 그러나 그 증거에 따르면 인간과 맺은 하나님의 계약의 역사를 가능하게 하는 것이다; 이 계약의 역사는 예수 그리스도 안에서 그것의 시작, 그것의 중심 및 그것의 종말을 갖는다: 이러한 계약의 역사가 창조의 목적인 것과 마찬가지로, 또한 창조 자체는 그 계약의 역사의 시작이다.

1. 창조, 역사, 창조사

성서가, 그리고 교회의 신앙고백이 창조에 대하여 말할 때, 그것은 하나님의 한 사역 안에서의 한 **특수한** 사역 혹은 한 특수한 계기를 가리킨다; 그 사역 안에서 하나님께서는 그분의 고유하신, 내적 의지 및 결의에 근거하여 스스로 밖으로 향하신다. 창조는 그 자체로서 이미 화해 혹은 구속이 아니다; 비록 화해와 구속이 창조 안에 이미 그것들의 전제를 가지며, 그러한 한도에서 이미 창조와 함께 시작한다고 해도, 그렇지 않다. 하나님께서 원하신 및 결의하신, 그분의 영광의 계시 전체가 이미 창조 안에서 발생하였다고 우리가 말해야 한다고 해도, 그러나 우리는 거꾸로 그 계시가 창조에 한정된다거나 혹은 그 계시의 더 이상의 모든 내용이 다만 창조의 연속 및 전개로 이해되어야 한다고는 말할 수 없다. 마찬가지로 이 사실이, 마치 창조가 다른 사역들 곁에서 혹은 하나님의 하나의 사역의 다른 계기들 곁에서 다만 부차적인 및 독립적이지 못한 의미만 갖는다거나, 독립적 관찰에 대한 마찬가지의 가치를 갖지 못한다는 것을 의미하는 것도 아니다. 성서 및 교회의 신앙고백에 의하여 증거되는 하나님의 말씀과 사역은 그 고백의 각각의 조항 안에서 분명하게 말해지며, 그래서 또한 바로 이러한, 창조자 하나님의 자기 계시로서의 조항 안에서, 특별한 주목과 함께 들려지고 관찰되고자 한다.

창조의 특별한 점은 다음에 놓여 있다: 창조는 하나님의 사역들 중에서 **첫째** 사역이다. 그 사역과 함께 성서는 시작되며, 그 사역과 함께 신앙고백도 시작된다. 왜냐하면 그 사역과 함께 하나님 자신으로부터 구분되는 모든 사물들이 시작되기 때문이다. 그 사물들이 하나님의 영원하신 의지 및 결의 안에 그것들의 내적인 시초를 갖는다면, 또한 그것들은 여기서, 창조 안에서, 그것들의 외적인 시초를 갖는다. 그리고 창조의 고유하게 특징적인 가치는 다음에 놓여 있다: 창조는 모든 사물들의 외적 시초로서 그것들의 내적인 시초와, 하나님의 결정 및 계획 안에 있는 그것들의 영원한 근원과, 말하자면 직접적으로 마주 대하여 선다. 모든 사물들은 어떤 외적 전제도 갖지 않으며, 오히려 그것들은 하나님의 영원하신 의지를 나타낼 뿐이다. 창조로부터 뒤돌아 숙고할 수 있는 것은 오직 모든 완전성들 안에 계신 하나님의 삼위일체적 본질뿐이며, 오직 하나님의 결의의 깊이, 거룩성, 은혜뿐이다. 창조는 가장 탁월한 방식으로 하나님의 자유의 사역이며, 그렇기 때문에 가장 탁월한 방식으로 하나님의 기적의 사역이다. 만일 하나님의 다른 사역들 안에서 또한 모든 것이 자유롭고 기적적이라면, 그때 그것은 하나님께서 또한 그것들에게도 창조자로서 행동하셨고 계시되셨다는 사실과 관계되어 있다. 창조 그 자체는 그분의 영광의 계시와 함께 시작되는 신적 계획의 직접적 상응 및 효력화(Inkraftsetzung)이다. 창조는 이러한 계시의 수용자, 무대, 도구 등이 그분 자신을 통하여 현실성을 획득함으로써, 시작된다. 이것이 발생함으로써, 모든 것이: 시작이 없는 하나님 자신과 하나님의 계획이 아닌 모든 것이 시작된다. 이러한 시작에 앞선, 이러한 시작을 목표로 하는 신적 계획의 효력화에 앞선 어떤 첫째의 것은 명백하게도—하나님 자신과 그분의 계획을 예외로 한다면—생각될 수 있다고 이해될 수 없을 것이다. 하나님 밖의 공간 전체 안에서 창조는 **첫째**의 것이며, 모든 것은 창조로부터 오며, 모든 것은 창조를 통하여 유지되고, 제약되고, 규정되고 형태화된다. 오직 하나님 자신만이 이러한 첫째의 것보다 앞선 분이시며, 그 첫째의 것에 대해서도 자유롭고 기적적으로 머무신다; 오직 하나님 자신이 그분의 사역들의 계속 안에서 모든 것을 또한 다르게 유지, 제약, 규정, 형태화 하실 수 있으시며, 또 그렇게 하실 것이다; 이것이 창조의 시역 안에서 발생한 것이다. 그러나 또한 하나님 자신이, 바로 하나님 자신이 그분의 창조의 연속성 안에서 그것을, 그분만이 그것을 그분의 자유의 각각의 새로운 기적 행위 안에서, 그렇게 행하실 것이며, 그래서 그분은 그분의 이러한 첫째 사역에 대하여 신실하게 머무신다. 하나님께서 피조물의 현실성을 변화시키실 것이며—그 변화 안에는 또한 죽음과 소멸과, 또 새 창조가 있을 것이다.—그러나 하나님께서는 그 현실성을 파괴하지는 않으실 것이다; 하나님께서는 그 현실성을 그분 자신에게로 더 이상 취하지 않으실 것이다. 하나님께서는, 창조 이전에 홀로 계셨던 것처럼, 더 이상 그렇게 홀로 계시지 않을 것이다. 그리고 피조물도, 그것이 창조 이전에 존재하지 않았던 것처럼, 그렇게 존재하지 않을 것이다. 하나님 자신은 그분이 행하실 모든 것 안에서 그러한 첫째의 것을 행하신 분으로서 존재하기를 그치지 않으실 것이다.

하나님의 첫째 사역으로서의 창조는—마찬가지로 성서 및 신앙고백의 증거에 따르면—하나님의 그 이상의 사역들과의 분리될 수 없이 내적으로 연관된 일련의 관계성 안에 있다. 그리고 이 사역들은—우리가 구속과 완성의 사역으로부터 잠정적으로 엿본다면—**은혜의 계약**(이것의 파트너로 하나님께서는 인간을 규정하셨고, 부르셨다.)의 근거, 유지 및 실행을 위한 하나님의 행동들이다. 창조를 뒤따르는 이러한 하나님의 사역의 역사도 또한 하나님의 의지와 결의 안에서 영원 전에 내려진 결정의 실행 및 상응이다. 성서적 경륜 및 중심의 배분을 바라볼 때 우리는 즉시 말하게 된다: 이러한 은혜의 계약의 역사는, 비록 그것의 실현이 창조의 실현에 뒤따라오지만, 하나님의 의도와 계획 안에서 창조와는 다른, 그러나 창조보다 조금도 적지 않은, 오히려 동일한 가치를 갖는다. 은혜의 계약의 역사는 물론 창조에 뒤따라오지만, 그러나 창조로부터 유래하지는 않는다. 오히려 은혜의 계약의 역사는, 그것이 창조를 뒤따름으로써, 창조의 범위(Skopus)를 형성한다. 창조에 관하여 우리는 훨씬 더 다음과 같이 말할 수 있을 것이다: 창조는, 계약의 역사가 창조의 필연적 근거 및 전제이기 때문에, 은혜의 계약의 역사로부터 유래한다. 창조는 하나님의 첫째 사역으로서 이러한 둘째 사역의 어떤 모델 혹은 껍데기의 특성을 가지며, 그렇기 때문에 전체 윤곽에 안에서는 이미 그러한 둘째 사역의 형태이다. 창조는 은혜의 계약의 역사를 위한 공간의 설립이다. 은혜의 계약의 역사는 그것에 상응하는 공간을 필요로 한다: 그것은 인간의 실존의 및 인간의 세계 전체의 공간이다. 창조는 그 공간을 마련한다. 로마서 11:36에 따르면 만물이 "하나님을 통하여" 존재하고[이것은 은혜의 계약의 근거, 유지, 실행을 위한 하나님의 행동들의 내용이다.], 그리고 마지막에 최종적으로[구속과 완성 안에서] "하나님께로" 향한다면, 그때 물론 만물은 "하나님으로부터" 존재한다. 어떻게 만물이—그리고 그것들의 "하나님을 통한" 및 "하나님을 향한" 존재 안에서, 만일 그것들이 "하나님으로부터" 그렇게 규정된 존재를 수용하지 않았더라면, 그렇게 존재할 수 있겠는가? 그것들에게 그러한 규정의 존재가 주어졌다는 것, 그것이 하나님의 사역 전체 안에서 창조의 기능이다.

창조는 이러한 맥락으로부터 분리될 수 없다. 바로 그렇기 때문에 창조의 개념은 어떤 경우에도 만물의 첫째 근거 혹은 최종적 종속성의 일반적 개념과 동일하지 않다. 물론 창조의 개념은 이러한 개념도 포함한다. 창조 안에서가 아니라면, 만물의 첫째 근거 및 최종적 종속성이 어디서 찾아질 수 있겠는가? 그러나 만물의 창조의 그리스도교적 개념 안에서는 구체적으로 인간과 인간의 세계 전체가 문제가 된다; 인간과 세계는 은혜의 계약의 역사를 위한 공간이다; 또 그 개념 안에서는 에베소서 1:10에 따르면 그리스도 안에서 집약되는 천상의 및 이 세상적인 사물들의 총체성이 문제된다. 그리스도교적 인식에 따르면 있는 그대로의 그 자체로서의 어떤 사물이란 없으며, 바로 그렇게 **그리고 그 목적을 위하여** 생성되고 존재하지 않는 사물들이란 없다. 그러므로 그리스도교적 인식에 따르면 있는 그대로의 그 자체로서 존속하는, 만물의 첫째 근거란 없으며, 있는 그대로 그 자체로서 존속하는, 만물의 최종적 종속성도 없다. 만물이 "하나님으로부터" 존재한다는 것은 즉시 및 배타적으로 다음을 뜻한다: 만물은 저 구체적인 **관계성**(Zusammenhang) 안에서 생성되었고 존재한다; 만물은 저 역사의 주님 및 섭정자이신 하나님으로부터 존재한다. 그리고 거꾸로 그 다음에는 이(*은혜의 계약의) 역사 안에서의 신적 통치 및 섭정의 절대적 권위 및 능력은 다음에 근거한다: 이 역사는 그것에 근원적으로 낯선 어떤 공간 안에서가 아니라, 오히려 본래적으로 그 역사를 위하여 그리고 오직 그 역사를 위하여 규정되고 마련된 공간 안에서, 인류와 세계 안에서 연출된다: 인류와 세계는 하나님의 피조물 및 또한 그분의 소유이며, 그 자체로서 하나님의 행동들의 대상, 무대 및 도구이다.

그렇기 때문에 한편으로 **아우구스틴**과 함께 말해질 수 있다: "동일한 분이 그러나 인간의 창조자이시다; 그분은 또한 그의 구원자도 되신다. 그러므로 우리는 창조자를, 말하자면 마치 구원자가 전혀 필요하지도 않은데, 그렇게 하도록 강제로 강요당하는 것처럼, 그렇게 사랑해서는 안 된다."(De nat. et gratia 34, 39) 그리고 다른 한편으로 니사의 그레고리와 함께 말해질 수 있다: "타락한 [생명을] 다시 그분 자신에게로 부르시는 것은 태초에 생명을 주신 오직 그분에게만 가능했으며, 또 오직 그분만이 그럴 가치가 있다고 여기셨다."(Or. cat. 8)

바우어(Ferd. Chr. Bauer)는 창조교리를 바라보면서 다음 진술을 감행했다: "그러한 교리들은 그리스도교적 의식에 대하여, 사람들이 이전에는 그 교리에 부여해야 한다고 믿었던 어떤 의미를 전혀 갖지 못한다; 왜냐하면 그곳에서, 즉 세계의 하나님께 대한 종속성의 본질적인 계기가 확정되자마자, 그 동일한 계기의 특정한 형식이 그리스도교적 관심사에 의하여 더 이상 상세하게 취급되지 않기 때문이다."(*Lehrb. d. Dogmengeschich*. 1847, 268) 이에 대하여 다음이 말해져야 한다: 세계의 하나님께 대한 예속성의 주장은 오직 다음의 때에만 그리스도교적 신앙고백의 "본질적 계기"이며, 그 주장은 그리스도교적 창조론과 오직 다음의 때에만 일치한다: 그것은 그 주장이 대단히 **특정한** 하나님에 대하여—이것은 그분이 저 역사의 주님 및 섭정자라는 사실에서 인식된다.—그리고 세계의 **바로 그** 하나님에 대한 종속성에 대하여 말할 때이다. 만물의 어떤 공통된 최고의 및 최종적인 유래의 일반적인 개념은, 즉 만물의 근거 및 종속성의 어떤 일반적 개념은 여기서 충분하지 않다. 예를 들어 **칸트**의: "창조는 세계의 혹은 사물들의 현존재의 원인"이며, 그것이 "실체의 실현"(*Kritik d. Urteilskraft* ed. Vorländer, 335)이라는 정의는 그리스도교적 신앙고백의 관점에서 볼 때, 물론 틀린 것은 아니지만, 그러나 완전히 아무것도 말하지 못하고 있다. 바로 창조자에 대한 질문이 칸트의 이러한 정의의 명시적인 설명에 따르면 **열려** 있다. 그리고 여기서 모든 것은 다음에 달려 있다: 일자(세계는 그것으로부터 유래하고, 그것에 종속된다.)는 이러저러한 "신" 개념의 의미 안에 있는 것이 아니라, 오히려 바로 저분이시다: 그분은 세계를 저(*은혜의 계약의) 역사의 경과 안에서 자기 자신과 화해시키셨으며, 그 다음에 세계에게 그것의 구속자로서 새로운, 영원한 형태를 주고자 하신다. 만일 그가 그러하신 분이 아니라면, 그는 그리스도교적 이해에 따라서는 어떤 경우에도 하나님이라고 말해질 수가 없다. 그리고 만일 세계가 그러하신 분에 의하여 근거되고, 그러하신 분에게 예속되지 않는다면, 그 때 세계의 근거 및 종속성은 그리스도교적 신앙고백에 따르면 하나님께 대한 관계와 아무 상관도 없다. 세계의 하나님께 대한 종속성의 일반적 개념 아래는 그리스도교적 신앙고백과는 무관한 온갖 종류의 최고의 사변들이 은폐되어 있을 수 있으며, 또한 그 신앙고백에 최고로 모순되는 온갖 종류의 신화들이 은폐되어 있을 수도 있다.

그러나 또한 이것의 역도 숙고되어야 한다: 어떤 진지한 의미에서 하나님께서는 저 역사의 주님 및 섭정자이시며, 그분의 은혜는 및 그 은혜로 인하여 인간과 맺은 계약은, 만일 그분이 예를 들어 그 계약의 왕으로서 또한 만물의 창조자가 아니시라면, 무엇을 뜻하겠는가? 그리스도교적 창조론은 (이것에 의하면 창조자와 구원자는 동일하신 한 분이시다.) 다음과 같이 말한다: 나는, 나의 고유한 관점으로부터 저 역사와 논쟁하기 위하여, 먼저 존재하는 것이 아니며, 오히려 나에게는 나의 관점이, 나의 실존이 바로 그분에 의하여 주어졌다; 그분은 저 역사 안에서 나와 논쟁하시며, 그래서 나는, 내가 존재함으로써, 이미 저 역사의 한가운데에 위치하고 있다. 나는, 그분이, 구원자께서, 나를 만나실 때, 그분으로부터, 창조자로부터 언제나 이미 유래하고 있다. 그리고 그리스도교적 창조론은 창조자 및 구원자를 동일시함으로써, 또한 다음을 말한다: 존재와 운동의 관계성 전체인 세계도 또한 (그 안에서 나는 실존한다.) 먼저 존재하는 것이 아니며, 신적 은혜의 계약의 역사에 대하여 우선성을 갖는 것은 철두철미 아무것도 없다: 계약의 역사를 효과적으로 제약하거나 혹은 삭제할 수 있는, 그러한 권리와 작용이 기대될 수 있는 어떤 것은 아무것도 없다; 오히려 나 자신과 함께 또한 세계 전체도—현실적으로 존재하는 모든 것은—구원자 하나님의 사역에 봉사해야만 한다; 왜냐하면 만물은 오직 바로 그러하신 하나님의, 창조자 하나님의 사역에 자신의 존재를 빚지고 있기 때문이다.

그래서 이러한 양쪽 측면에서 볼 때, 다음은 쉽게 논박되지 않는다: 창조의 교리의 중심 문제 안에서 너그럽게도 (*일반성의 영역 안에) 머무는 것이 아니라, 오히려 정확하게 그리스도교적 진리를 탐구하는 것이 가치가 있다. 그러한 정확성의 근본 조건은 다음에 놓여 있다: 우리는 신앙고백의 첫째 및 둘째 조항 사이의, 창조와 계약 사이의 구체적 관계성을 시야에서 잃지 말아야 한다.

또한 그리스도교적 창조론이 만물의 첫째 근거 및 최종적 종속성의 총괄개념으로서의 하나님에 관하여 말할 때, 창조론은 그것을 아들의 아버지이신 및 그 아들과 함께 성령의 근원이신 하나님의 인식 안에서 말한다; 그러하신 자로서 하나님은 신적으로 자유로운 및 신적으로 사랑하는 인격이시며, 전능하신 자이시다. 창조론은 그러하신 하나님의 첫째 사역이: 하나님으로부터 구분되는, 인간 및 인간의 세계의 현실성의 설정이, 저 다른 근원 혹은 시초에 대한 첫째 사역의 지워질 수 없는 고유한 특성이 다음에 놓여 있다고 말한다: 첫째 사역은 저 둘째 사역보다, 이러한 현실성의 공간 안에서의 하나님의 은혜로우신 행위보다, 앞서며, 그 길을 예비한다. 그리스도교적 창조론은 말한다: 세계와 인간은 다음 사실과는 달리 현실적일 수가 없다: 그것들은 하나님의 손으로부터 산출되었고, 하나님의 손에 의하여 유지되며, 그것들은 하나님께 결합되고 의무 지워져 있으며, 그러나 또한 전적으로 헌신되어 있다; 그분은 아버지, 아들, 성령으로서, 다시 말하여 그분의 모든 사역들의 저 관계성 안에서 그분의 은혜를 인간과 세계에 대하여 영광스럽게 만들려고 하신다. 그리스도교적 창조론은 말한다: 피조물 그 자체가 그러하신 하나님의 뜻을 통하여 근거되고 수행되는 역사에 참여하도록 규정되어 있으며, 피조물은 미리 앞서서—그것이 **존재**함으로써, 현재**의 존재 상태**인 그 것임으로써—이 역사 안에서 계시되는 약속의 전달자이다. 그리스도교적 창조론은 또 거꾸로 말한다: 이(*계약의) 역사 안에서 예시되는, 피조물에 대한 하나님의 은혜는 피조물의 존재 근거보다 조금도 덜 높게, 덜 깊게, 덜 확고하게 근거되지 않았다. 그리스도교적 창조론은 하나님의 계약 및 인간의 그 계약 안에서의 파트너 됨을, 그리고 세계의 저 장소(이 계약이 체결되고, 유지되고, 그것의 목적으로 인도되어야 하는 장소)로의 규정을, 모든 우연성으로부터 끄집어내어 만물의 저 **시초**로 옮겨 놓는다. 그리스도교적 창조론은, 우리가 예수 그리스도, 그분의 나라 및 그분의 교회에 대하여 사소하게 생각하지 못하도록 막는다; 마치 우리의 구원 및 구속의 사역을 어떤 이차적인 행사와 같은 것으로서, 사람들이 창조를 하나님의 첫째의 기초를 놓으시는 사역으로 볼 때 안 보고 지나칠 수도 있는 어떤 것으로 생각하지 못하도록 막는다. 바로 창조를 바라보면서 우리가 예수 그리스도를 안 보고 지나친다는 것은 **불가능**하다. 그리고 그리스도교적 창조론은 그 모든 것을 다음 인식의 완전한 확신 안에서 말한다: 아버지, 아들, 성령 하나님께서는 한 분이시며, 바로 그러하신 한 분은 그분 자신에 대하여 신실하지 않으신 것이 아니라, 오히려 신실하시다.

여기서 주목되는 맥락을 **후기 유대교**의 교리가 이미 명확하게 말하였다.(비교. W. Foerster, *ThWB z. N. T. III* 1019f.) 그 교리에 따르면 일곱 가지의 선재하는, 다시 말하여 창조 이전에 만들어진 사물들이 존재한다: 토라, 하나님의 보좌, 족장들, 이스라엘 백성, 성막 내지는 성전, 메시아의 이름 등이, 속죄 등이 그것이다.—그리고 그 교리에 따르면 세상은 그것의 존재를 특별히 토라 없이는 결코 수용하거나 보유할 수 없었다고 한다. 하나님께서는 세상을, 아브라함, 족장들, 이스라엘, 모세 및 의인들을 위하여, 그러나 결정적으로는 이스라엘이 **토라**를 수용하게 된다는 전망 안에서, 창조하셨다. "창조의 의미는 하나님의 뜻이 행하여지는 한 장소를 마련하는 것이다." 또한 다른, 첫 눈에 보기에는 덜 유명론적인(noministische) 교리의 전승도 있다: 이 교리에 따르면 이 세대는 그것의 시간성과 함께 창조되었으며, 그래서 인간이 그의 시간을 인식하고, 자신의 삶을 계산하고 자신의 죄를 숙고하도록 그렇게 창조되었다. 이러한 통찰의 특징적으로 유대교적인 왜곡은 또한 락탄티우스에게서도 극복되지 못하였으며, 그는 이 문제는 다음과 같이 인지하였다.(Div. instit. VII 6, 1–2): "세계가 창조된 것은, 우리가 탄생하기 위함이다; 우리가 탄생하게 된 것은, 우리가 하나님을 세계의 창조자 및 우리의 창조자로 인식하기 위함이다; 우리가 그분을 인식하는 것은 그분을 경외하기 위함이다; 우리가 그분을 경외하는 것은, 우리의 수고에 대한 상급으로써의 불멸성에 도달하기 위함이다. … ; 우리가 불멸성의 상급으로써 뚜렷이 특징지어지는 것은, 우리가 천사들과 비슷하게 되고, 가장 높으신 아버지 및 주님께 영원히 봉사하게 되고, 하나님을 향하여 그분의 나라가 되기 위함이다. 이것이 만물의 총합이며, 이것이 하나님의 비밀이며, 이것이 세상의 신비이다." 그리고 **칸트**가 세계의 현존재의 최종 목적을 "도덕적 법칙들 아래 있는 이성적 본질의 실존"(*Kr. d. Urteilskraft*, ed. Vorländer, 336)이라고 보려고 했던 것도—그 중간에 얻어진 더 나은 통찰에 따르면—마찬가지로 유대교 안으로의 퇴각이다. 동일한 것이 또한 도르네스(I. A. Dorners)의 제시에 대해서도 말해질 수 있다; 그것에 따르면(*Syst. d. chr. Gl. Lehre I Bd.* 1886, 458) "창조적 사랑에 대한 시각"은 근원적으로 "하나님과의 연합으로 규정된 자유로운 자의 세계"를 향해진다: 이 자유로운 자들은 근원적 사랑을 통하여 자기 자신을 사랑하는 및 그렇게 하여 현실적인, 하나님의 모형으로 되어야 한다. 그리고 또 **비더만**에게도 말해질 수 있다.(A. E. Biedermann, *Chr. Dogma*. 1869, 638); 그에 따르면 세계과정의 최종 목적은 정신존재 안에, 즉 그 세계과정을 자신의 전제로 또 매개로 갖는 정신존재 안에 놓여 있으며, 그 정신존재 안에서 유한한 정신의 존재 안에 … 혹은 다른 곳에서는(756쪽): "절대 정신의 의지적 표현을 위한, 개별적인 유한한 정신들의 통일적 다수성 안에서의 피조적 정신의 삶의 신적 규정의 실현 안에" 놓여 있다. 또 **립시우스**에 대해서도 말해질 수 있다.(R. A. Lipsius, *Lehrb. d. ev. prot. Dogm*. 1879, 285f.): 그에 따르면 자연세계는 인간 세상의 신적 질서의 기초이며, 자연세계의 목적은 "인간의 정신적 삶 안에 있는 하나님의 계시 혹은 세계의 무한하게 정신적인 근거의 (유한한, 자연적 삶의 기초 위에서 스스로를 전해하는 정신 안에서의) 스스로를 열어보임"이다; 인간 세계의 목적도 마찬가지로 "인류의 (자연을 넘어서는 하나님과의 연합 안에서의 본성에 대한 혹은 신적 나라의 실현에 대한) 자유로의 정신적 규정성의 실현"이다. 그리고 또 **리츨**에 대해서도 말해질 수 있다.(A. Ritschl, *Unterricht I. d. chr. Rel.* 1875 §12): 그에 따르면 "세계는 하나님 나라를 향하여", 다시 말하여 다음의 최종 목적을 향하여 창조되었다: 그 목적은 한 나라를 창조하는 영들이 하나님과의 및 서로에 대한 완전한 정신적인 결합 안에서 존재하는 것을 뜻한다. 그리고 **제베르크**에 대해서도 말해질 수 있다.(R. Seeberg, *Chr. Dogm.* I Bd. 1924, 472): 그에 따르면 절대정신은 "물질세계를 창조하며, 그와 함께 다양성을 창조하는 정신들일 수 있으며, 그와 함께 그 정신들은 물질세계의 한가운데에서 그들의 정신성의 발전의 도상에서 내화될 수 있다." 그리고 마지막으로 트뢸치에 대해서도 말해질 수 있다.(E. Troeltsch, *Gl. Lehre* 1925, 384): 그에 따르면 하나님의 세계 목적에 관하여 우리에게 인식될 수 있는 것은 "신성으로 충만한 인격성의 양육"이다. 제시된 이 모든 서술들의 유대적인 것은 다음에 놓여 있다: 그 서술들 모두에 따르면, 만일 우리가 그것들을 그것들의 축제적 언어로부터 어느 정도 옷을 벗긴다면, 신적인 창조 목적으로서는 대단히 단순하게도 이상적 인간(der ideale Mensch)이, 그 인간의 영성화 혹은 신격화의 과정이 눈에 보인다. 우리는 성서가 인간과 맺은 하나님의 은혜의 계약이라고 지칭 및 서술하는 것을 그렇게 진술된 창조의 목적 안에서는 전혀 인식하지 못하거나 혹은 다만 멀리서만 재인식하게 된다. 그러나 비록 우리가 저 저자들의 현대적 언어의 관대한 해석으로 그렇게 인식한다고 해도, 그래도 여전히 다음의 주목할 만한 구분이 남는다: 저 계약 및 계약의 역사는 성서적 인식에 따르면 어떤 경우에서 창조 그 자체의 목적이 아니며, 오히려 창조를 통하여 가능하게 된, 창조로부터 구분되는 **화해의** 신적 사역의 내용이다. 우리는 이렇게 말할 수 있다: 창조는 바로 이러한 다른(*화해의) 사역을 **목표로 한다**. 우리는 또한 이렇게도 말할 수 있다: 이러한 다른(*화해의) 사역이 창조의 사역 안에서 및 그 사역과 함께 이미 **시작한다**. 성서적 창조사들은 그렇게 말하며, 그렇게 우리도 또한 창조와 계약의 관계를 성서적 창조사들을 바라보면서 전개해야만 한다. 우리는, 창조의 사역이 그 다른 사역의 원인이라고, 그래서 그 다른 사역이 창조의 목적이라고는 말할 수 없다. 우리는 다만 다음을 말할 수 있을 뿐이다: 창조는 이러한 다른(*화해의) 사역의 지반을, 공간을, 대상을, 도구를 제작하는 중에 있다.

신학적 전통의 설명들은 덜 좋은 것들로부터 다음에서 스스로를 구분한다: 그 설명들은 1. 인간 및 인간의 인간성으로의 고양이 아니라, 오히려 물론 인간에 몰두된 하나님의 사역을 저 계약의 역사 안에서 창조의 의미의 질문의 중심점으로 옮겨 놓으며, 그리고 그 설명들은 2. 어떻게 해서든 다음을 명확하게 만든다: 창조 그 자체의 목적에 있어서는 오직 저 다른(*화해의) 신적 사역의 **가능화**에만 관계되며, 어떤 경우에도 그 사역의 실현에는 관계될 수 없다. 이러한 좋은 설명이 디다케에 있다. (Didache, 10, 1): "당신은 그 모든 것을 오직 당신의 이름을 위하여 창조하셨습니다", 다시 말하여 "당신의 이름이 그 모든 것들 안에서 계시되고, 그 모든 것을 통하여 찬양을 받으시려는 의도 안에서" 창조하셨습니다. 혹은 이레네우스(Adv. o. h. IV 14, 1): "하나님께서는 아담을 형성하셨는데, 그것을 어떤 자를, 즉 그 안에 하나님의 호의의 행동들을 두실 수 있는 자를 얻으시기 위함이었다." 혹은 테르툴리안 (Tertullian, Apol. 17): 하나님께서는 세상은 "하나님의 존엄의 장식"을 위하여 창조하셨다. 혹은 칼빈 (Calvin, De aet. praed. Dei 1552 CR 8, 294): "이것이 명제로서 확고하게 유지되어야 한다: 그와 같은 형태를 하나님께서는 우리의 구원을 위하여 염려하셨으며, 그래서 하나님께서는, 하나님 자신을 잊지 않으시면서, 자신의 영예에 우선권을 부여하셨으며, 그리고 세상 전체는 그것이 그분의 영광의 무대가 되어야 한다는 목적을 가지고 창조되었다."(비교. Ins. I 5, 5: 세계는 하나님의 영광의 무대로 창조되었다.) 혹은 멜랑히톤(Melanchthon, Enarr. Symb. Nic. 1550 CR. 22, 239): "그분이 자기 자신을 그것들 안에서 계시되도록 하시고, 그것들이 그분의 지혜 및 선하심에 참여하도록 하신다는 것", 이것이 모든 피조물에 대한 신적 규정의 "최종 목적"일 것이다. "왜냐하면 최고의 본질성(Wesenheit)은 사역들(Werke)을 갖고자 하며, 그 사역들 안으로 그 본질성은 자신의 지혜 및 선함의 시내를 흘려보내려고 하며, 그 사역들에 의하여 그 본질성은 재차 인식되고 경외되고자 한다." 혹은 폴라누스(Polanus, *Synt. Theol. chr.* 1609 col. 1706): 그 최종목적은 "영원 안에서 하나님을 경외하고 영화롭게 하는 데에 있다." 혹은 크벤슈테트 (Quenstedt, *Theol. did. pol.* 1685 I c. 10 sect. I th. 12): 그 최종목적은 "오직 하나님의 … 그분의 의지의 자유로부터 스스로를 전달하시는 분의, 호의에 있다." 이러한 설명들이 저 후기 유대교적의, 락탄티우스의, 칸트의 및 저 현대적 신학자들의 설명들에 대하여 갖는 장점은 명백하게도 다음이다: 그것들은 저 전대미문의 성급함 및 긴급성과 함께 **인간**을, 신적 법칙에 대한 인간의 관련성을, 자연성으로부터 정신성으로의 인간의 고양을, 인간을 통하여 구체화되는 하나님 나라를, [우리는 여기서 어떻게 락탄티우스, 립시우스, 리츨 등이 서로에게 및 저 유대적 교리에 일치하는가를 주목해야 한다!] 인간에게 규정된 하나님과의 및 천사들과의 연합을—마치 창조를 그렇게도 추상적으로 인간을 목적으로 집중시키는 것이 의미 있는 일인 것처럼, 그렇게 바라보지 않았다. 그러한 설명들은 그렇게 바라보는 대신에—명백하게도 그렇게 하지 않음으로써 인간의 중심 문제, 규정성, 미래 등이 최고로 보존되는 것으로 보인다는 확신 안에서, 하나님의 이름을, 선하신 행동들을, 존엄성을, 영예를, 계시를, 짧게 말하자면: **하나님의** 말씀을, 저 첫째 사역의 목적으로 바라보았다. 그렇게 하여 저 시작의 가치에 상응하는 연속을 위한 공간이 마련되었다. 그렇게 하여 인간은 창조의 저편에서 아마도 기적적인 어떤 이상(관념)을, 즉 이제는 그럼에도 불구하고 홀로 독립하여 세워진, 또한 환상일 수도 있는 그리고 쓰라린 실망들로 인도할 수 있는 이상을 바라본 것이 아니라―이 실망들은 그러했던 옛 유대인들에게 및 현대의 관념론자들에게 잘 알려진 대로 면제되지 않았다.―오히려 새롭게 및 이제야 비로소 올바르게 세계와 인간들 사이에서의 하나님의 일을, 하나님의 계획 및 행동을 바라보았다. 그리고 바로 여기서 인간이 또한 창조의 저편에서도 하나님께서 (창조의 목적의 총괄개념이라는 인간을 통하여 그 자리를 빼앗기는 일 없이, 즉 창조의 목적을 인간의 대단히 우려스러운 손에 넘기는 일 없이) 통치권을 수행하신다는 것을 알기 때문에―바로 그렇기 때문에 여기서 저 시작의 계속이 훨씬 더 침착하게 그것(*계속)의 **본래적 특성** 안에서 관찰되면서, 저 시작으로부터 **구분되면서**, 다음이 명확해질 수 있다: 계시 및 신적 이름의 찬양과 함께, 신적 "유익"의 "수여"와 함께 창조를 넘어서는 한 새로움이 등장하였으며, "장식품"과 신적 존엄성은, "무대"와 "하나님의 영광"은, 창조자의 "작품"과 그것 위에 부어지는 "지혜와 선하심의 시냇물"은 각각 다르며, 구분되어 머문다. 우리는 창조와 화해의 일치라는 거대한 진리에 관하여 저쪽에서는 조야하게 혹은 세련되게 **떠들어대는** 이해와, 그러나 이쪽에서는 **명확한** 및 바로 그렇기 때문에 **힘 있는** 이해와 관계한다.―성서의 증거에 단순하게 귀를 기울이는 창조론은 의심의 여지없이 바로 이러한 둘째 노선 위에서 움직여야만 한다.

창조와 계약의 일치의 인식이 닻을 내리는 결정적인 접점은 창조자 하나님께서 **삼위일체** 하나님이시라는, 아버지, 아들, 성령이시라는 인식이다. 이 인식이 지속적으로 명확한 곳에서, 창조의 개념은 자신에게 필연적인, 구체적으로 그리스도교적인 형태와 의미를 획득할 것이다; 그곳에서 창조의 개념은 어떤 일반적 근원의 개념 및 종속성의 개념으로의 모든 곡해에 대하여 꺾이지 않음을 스스로 예증할 것이다; 그곳에서 그 창조의 개념은 화해의 개념의 고립 및 무력화를, 자기 스스로를 화해의 전제 및 척추로 증명함으로써, 막게 될 것이다; 그러나 그 개념은 그곳에서 또한 그것의 제약 안에 머물게 될 것이다: 그 개념은 그곳에서 하나님의 사역 전체의 총괄 개념으로서 성장하지는 못할 것이며, 그곳에서 그 개념은 그 다음에는 계약의 개념에 대한 어떤 율법적인 혹은 관념적인 해석의 단서도 제공하지 않게 될 것이다. 신적 본질의 통일성 및 아버지, 아들, 성령으로서의 하나님의 특수성의 통일성의 인식은 이러한 모든 방향들 안에서 창조와 계약의 관계의 결합 관계에 대해서도, 또 구분성에 대해서도 영향을 주는 것으로 예시될 것이다.

그러므로 구 정통주의 교의학자들이 [예를 들어 Melanchton, *Enarr. Symb. Nic.* 1550 CR. 22, 238, Bucanus, *Instit. theol.* 1605 L. V 2, Polanus, *Synt. Theol. chr.* 1609, col. 1650, J. Gerhard, *Loci* 1610 f. L. V 2, 8f.] 창조를 명시적으로 삼위일체 전체의 사역이라고 표현했을 때, 그것은 다만 형식적으로만 아니라, 또한 중심적 내용적으로도 중요한 의미를 가졌다.

사도신경은 **아버지** 하나님을 하늘과 땅의 **창조자**라고 말한다. 이것은 의미 깊고 올바르다; 왜냐하면 첫째의 신적 존재양식["인격"]의 특수한 성격 그리고 모든 신적 사역들 중 첫째로서의 창조의 사역 사이에는 하나의 확실한 상응 및 유사성이 존재하기 때문이다. **아버지**로서의 하나님께서는 자기 자신 안에서 근원이시며, 이 근원은 어떤 다른, 또한 영원한 신적인 것이라고 해도, 근원을 갖지 않는다; 또 아버지 하나님은 신적 본질의 다른 영원한 신적 존재양식들의 영원한 원천이시다. 하나님께서는 **창조자**로서 그분의 외부를 향한 시초적 작용에 힘입어 (그분으로부터 구분되어 현존하는 모든 것에 대한) 철두철미 주권적인 주님이시다. 하나님께서는 **아버지**로서 영원 전부터 자기 자신을 그분의 아들 안에서 산출(erzeugt)하시며, 그리고 하나님께서는 그분의 아들과 함께 영원 전부터 성령 안에서 또한 자기 자신의 근원이시다. 하나님께서는 **창조자**로서 그분으로부터 구분되는 모든 사물들의 현실성을 정하신다. 양자는 동일하지 않다. 아들도, 또한 성령도, 세계가 아니다; 아들과 성령은 아버지와 마찬가지로 하나님 자신이다. 양자 사이에는: 하나님 자신 안의 관계 그리고 하나님의 세계에 대한 관계 사이에는 명백하게도 하나의 **비례**(Proportion)가 있다. 그 비례의 관점에서 볼 때 아버지 하나님을 특별하게 [삼위일체적 점유에 따라서; per appropriationen] 창조자로서, 창조자 하나님을 특별하게 [삼위일체적 점유에 따라서] 아버지로 지칭하는 것은 의미 깊고 또 올바르다.

성서에 관계되는 한, 다음이 언제나 주목되어야 한다: "아버지"와 "창조자"의 개념 사이의 **명시적**이고 **직접적인** 결합관계는, 내가 아는 바로는, **어떤 곳에서도** 등장하지 **않는다**. 그러나 이것이 이러한 언어 사용의 금지를 뜻하지는 않는다. 그러나 그것은 어쨌든, 그 개념의 적용 영역을 과대평가해서는 안 된다는 한 경고를 뜻한다.

아버지 하나님께서 배타적으로 창조자이시며 혹은 창조자 하나님이 배타적으로 아버지이시라는 주장은, 그리고 그 사실에 상응하는 분할된 주장들은, 하나님의 삼위일체성을 세 신들의 삼위성을 만드는 셈이 될 것이다. 어떤 진지한 삼위일체 신학도 그것을 책임질 수 없을 것이다. "삼위일체의 외부를 향한 사역들은 나누어질 수 없다."(Opera trinitatis ad extra sunt indivisa.) 또 하나님 아버지께서 창조자이시며, 창조자 하나님께서 아버지이시라는 명제도, 오직 "아버지" 아래서 "**아들과 함께 및 성령과 함께 하시는 아버지**"가 이해될 때에만, 유지될 수 있다. 성서 안에서 및 신앙고백 안에서 하나님께서 아버지의 이름을 지니시는 것은 예수 그리스도의 아버지로서 그러하시며, 즉 그분의 아들 없이는 그렇게 지니지 않으신다. 마찬가지로 성서 안에서 및 신앙고백 안에서 만물의 주권자로서, 즉 창조자로서 하나님께서 스스로 인식되도록 하시는 것도 예수 그리스도 안에서이며, 아들 없이는 그렇게 하지 않으신다. 마찬가지로 성령께서도 하나님의 '아버지 되심'의 자기 전달인 것과 마찬가지로 또한 하나님의 창조자로서의 통치의 자기 전달이시다; 그래서 하나님께서는 또한 성령 없이도 아버지의 이름 및 창조자의 이름에 참여하실 수가 없다. 하나님 아버지께서 창조자시라는 명제가 어떻게 그것이 점유하면서, 그러나 또한 함축하면서, 사실상 삼위일체 하나님에 관하여 말하고 있다는 것과 다르게 이해될 수 있겠는가? 그러나 그 명제가, 올바로 이해된다면, 사실상 하나님에 관하여 말함으로써, 그것은 또한 창조와 계약의 관계에 대해서도 증거한다; 그 관계는 이러하신 하나님 안에, 그리고, 정확하게 말하여, 각각 개별적인 하나님의 세 가지 존재양식들 안에, 근거한다.

우리가, 하나님께서 그분의 아들 혹은 말씀 **안에서** 및 **함께**, 아들을 **통해서**, 하나님의 말씀을 **통해서**, 만물의 창조자시라는 것이 무엇을 의미하는가를 분명히 하려고 시도할 때, 다음이 즉시 명확해진다. 하나님께서 그렇게 창조자시라는 사실은 저 첫째 명제의 단 한 가지의 가능한 함축적 이해로부터 유래한다. 이제 그 사실은 무엇을 뜻하는가?

하나님의 아들 혹은 말씀 안에서 여기서 우선 **내재적** 신적 본질의 **둘째** 존재양식("인격") 그 **자체**를 이해하는 것은 적법하고, 또 명령적이다. 이 둘째 존재양식과 창조 사이에는 다음의 관계가 존재한다: 사랑과 자유 (이것 안에서 하나님께서는 자기 자신 안에서도 고독하지 않으시며, 오히려 아버지에 의하여 영원히 산출되는 자이신 아들의 영원한 산출자이시다.) 안에서 하나님께서는 창조자로서 외부를 향하시며, 그래서 또한 절대적으로, 또한 외부를 향해서도 고독하신 것이 아니라, 오히려 자유 안에서 사랑하시는 자가 되신다. 혹은 다르게 표현하자면: 하나님께서 자기 자신 안에서 침묵하거나 귀를 막고 있지 않으시며, 오히려 영원 전부터 **말씀**을 말하시고 또 들으시는 것처럼, 그렇게 하나님께서는 또한 그분의 영원성의 외부에서도 들음 및 메아리 없이, 즉 **피조물**의 귀들 및 음성들 없이, 존재하지 않으려고 하신다; 이것이 하나님의 존재이다. 그러므로 아버지와 아들 사이의 혹은 하나님과 그분의 말씀 사이의 영원한 연합은 하나님과 피조물 사이의 연합 안에서의 저 상응[전적으로 다른, 그러나 비슷하지 않지만은 않은 종류의 상응]을 갖는다. 외부를 향한 행동 안에서 창조자시라는 것은 영원하신 아들의 아버지에게, 영원하신 말씀을 말하시는 자 그 자신에게 **적절**하며, 그분에게 **합당**하다. 이것이 이 문제의 중심에서의 하나님의 아들의 혹은 말씀의 기능에 대한 한 가지 이해이다.

그러나 이 이해만으로는 충분하지 않다. 하나님의 아들 혹은 말씀 아래서는 의심의 여지없이 저분이 이해된다: 그분은 하나님의 결의 및 의지 안에서 이미 영원 전에, 즉 만물의 창조 이전에 자기 자신을 **낮추시고**, **사람의 아들**, 즉 육체가 되심으로써, 하나님의 신성의 가시화와 실현의 길을 떠나시며, 자신의 인격 안에서 모든 인간들의 죄의 저주를 담당하시고 운반하여 제거하시며, 바로 그러한 그분의 십자가에의 순종으로 인하여 하나님에 의하여 높여지셨으며, 마찬가지로 그분의 인격 안에서 모든 인간들을 위한 신적 동일형상의 담지자가 되신 분이시다. 그분과 창조 사이의 관계는 명백하게도 훨씬 더 밀접하고, 훨씬 더 중요한 의미를 갖는다. 인간이 되시고, 인간의 죄를 운반하시는 자가 되셔야 했던 이러한 아들을 보시면서 하나님께서는 인간을, 그리고 인간과 함께 인간의 세계 전체를 영원 전에, 그것들을 창조하시기도 전에, 사랑하셨으며, 그것들의 전적인 비천함, '신이 아닌 속성', 더 나아가 '신께 거역하는 속성'에도 불구하고 및 그 속성들 안에서 — 하나님께서는 그것들을 **창조하셨다**: 왜냐하면 하나님께서 그것들을 그분의 고유하신 아들 안에서 **사랑하셨기** 때문이다; 그 아들은 그것들의 죄 때문에 **저주받으신 자** 및 **죽임을 당하신 자**로서 하나님의 영원하신 눈앞에 서 계셨던 분이시다. 그리고 마찬가지로 인간 및 신적 동일형상이 되셔야 했던 그분의 아들을 바라보시면서 하나님께서는 인간에게, 그리고 인간과 함께 인간의 세계 전체에게, 영원 전부터, 그것들의 창조자로서 그것들을 만드시기도 전에, 그것들의 비참함을 덮어줄, 더 나아가 제거하게 될 미래의 영광의 비유로서의 그렇게도 큰 영광을 주기로 작정하셨다. — 왜냐하면 하나님께서 그것들에게 그분의 고유하신 아들 안에서 주시기로 작정하셨기 때문이다; 이 아들은 그것들의 칭의를 위하여 **선택되신 자** 및 **부활로 일깨워지신 자**로서 하나님의 영원하신 눈앞에 서 계셨던 분이시다. 우리가 하나님의 아들 혹은 말씀 아래서 구체적으로 **예수**를, **그리스도**를, 즉 참 하나님 및 참 사람을, 영원 전 하나님의 결의 안에서 존재하셨으며 그래서 창조보다 선재하셨던(präexistierte) 분을, 이해한다면, 그때 우리는 그분이 창조자이신 것이 어떤 한도에서 하나님께 적절하고 합당할 뿐만 아니라 또한 **필연적**인가를 보게 된다. 만일 하나님의 사랑의 전적인 자유 안에서의 그분의 영원하신 결의가, 베들레헴의 말구유 안에서, 골고다의 십자가에서, 그리고 아리마대 사람 요셉의 무덤에서 실현되었던 결의라면 — 그때 하나님께서는 창조자이실 수 있을 뿐만 아니라, 그때 하나님께서는 반드시 창조자**이여야만** 한다. 하나님께서 이러한 그분의 아들을, 사람의 아들을, 육체 안의 말씀을 바라보시는 것이 창조의 진정한 '현실적 근거'(Realgrund)이다: 창조는 그분의 **사랑**이 아닌 다른 어떤 필연성에도 근거하지 않으며, 오직 저 **필연성**에, 그 안에서 하나님께서 세상을(요 3:16) 이같이: 그분의 독생하신 아들의 헌신 안에서, 사랑하기 원하셨고 또 영원 전에 이미 사랑하셨던 그 필연성에만 근거한다.

위의 내용의 전개 중에 우리는 물론 예수 그리스도와 창조 사이의 존재적 관계에 연관된 잘 알려진 일련의 신약성서적 구절들을 염두에 두었다. — 우리가 여기서 제시했던 내용은 그 구절들에 대한 주석들의 제안이었다. 우리는 읽는다: 골로새서 1:17에서 하나님의 아들에 관하여: "그분은 만물보다 먼저 계십니다"; 그리고 요한복음 1:1에서 하나님의 말씀에 관하여: "태초에 말씀이 계셨다"; 그리고 요한1서 1:1[직접적 언급 없이] 그리스도교적 선포의 대상에 관하여: "태초부터 계신 것"; 그러나 요한1서 2:13f.에서는 오해의 소지 없이 남성형으로서: "여러분이 태초부터 계신 분을 알고 있기 때문입니다." 또 골로새서 1:15도 이곳에 속한다: 하나님의 아들은 "모든 피조물보다 먼저 나신 분이십니다."[그러나 피조물 중에서 처음으로서가 아니라, 보이지 않는 하나님의 형상으로서 그러하시며, 그분을 통하여 만물이 창조되셨다고 서술된다.] 이 모든 말씀들의 의미는 오직 다음과 같이: 그분은 하나님과 **마찬가지로**, 하나님과 **함께** (창조보다 앞서서, 창조 위에, 창조와 함께 발생하는) 만물의 시초이시다; 하나님 자신이 시초이심으로써, 그분도 시초이시다. 말씀이 하나님 곁에 계셨고, 하나님 자신이었다고 요한복음 1:1은 명시적으로 추가한다. 우리는 계속해서 골로새서 1:17에서 하나님의 아들에 관하여 읽는다: "만물은 그분 안에서 존속합니다"; 히브리서 1:3도 마찬가지이다: "그는 자기의 능력 있는 말씀으로 만물을 보존하시는 분이십니다"; 그리고 하나님의 말씀에 관한 요한복음 1:11: "그가 자기 땅에 오셨다"; 그리스도에 관한 골로새서 2:10: "그리스도는 모든 통치와 권세의 머리이십니다"; 동일하신 분에 대한 고린도전서 8:6: "만물은 그분에게서 났습니다"; 마태복음 28:18에서 예수 자신의 입에서: "나는 하늘과 땅의 모든 권세를 받았다"; 요한복음 5:17에서 마찬가지로 예수의 말씀으로써: "내 아버지께서 이제까지 일하고 계시니, 나도 일한다"; 요한복음 5:19: "아버지께서 하시는 일은 무엇이든지, 아들도 그대로 한다"; 요한복음 16:15: "아버지께서 가지신 것은 다 나의 것이다"; 그리고 요한복음 17:2: "아버지께서 아들에게 모든 육체를 다스리는 권세를 주셨습니다." 우리는 다음을 간과할 수 없다: 이 모든 말씀들 안에서 그분에게 모든 경우에 창조자의 피조물에 대한 지위, 자격, 권세가 주어지며: 제한되지 않은 통치권의 행사가 의심의 여지없이 귀속된다. 그러나 우리는 요한계시록 3:14에서 명시적으로 읽는다: 그분 자신이 "하나님의 창조의 처음이신 분"이시다; 히브리서 1:2: "이 아들을 통하여 온 세상을 지으셨습니다"; 히브리서 1:10: "주님, 주님께서는 태초에 땅의 기초를 놓으셨습니다. 하늘은 주님의 손으로 지으신 것입니다"; 하나님의 말씀에 관하여 요한복음 1:3: "만물이 그로 말미암아 창조되었으니" 그리고 이 긍정적인 것의 부정적 적용 안에서 확증하면서: "그가 없이 창조된 것은 하나도 없다"; 요한복음 1:10이 동일한 분에 대하여: "세상이 그로 말미암아 생겨났다"; 골로새서 1:16이 하나님의 아들에 대하여: "만물이 그분 안에서 창조되었습니다. 하늘에 있는 것들과 땅에 있는 것들 … 모든 것이 그분으로 말미암아 창조되었고, 그분을 위하여 창조되었습니다." 모든 앞선 것들은 이러한 말씀들 안에서 분명하게 된다: 하나님의 아들 혹은 말씀은, 혹은 구체적으로: 예수 그리스도께서는 만물의 주님이 비로소 **되는** 것이 아니라, 오히려 그분은 만물의 주님**이시다**; 왜냐하면 그분은 하나님과 마찬가지로, 하나님과 함께, 하나님을 통하여 그분 자신이 만물의 창조자로서의 완전한 신적 자격 및 권능 안에서 취임하시기 때문이다. "모든 사물들을 아버지께서는 그분을 통하여 창조하셨다."(Irenäus, Adv. o. h. I 22, 1); 여기서 폴라누스(Polaus, *Synt. Theol.* chr. 1609 col. 1653)는, 이 문장을 다음과 같이 옮겨 표현했을 때, 확실하게도 이레네우스만이 아니라, 오히려 또한 신약성서의 "통하여"(διά)와 "안에서"(ἐν)를 올바르게 해석하였다: 그는 "그분의 [아들의] 고유하신 능력, 작용력 및 권세를 통하여 만물이 창조되었으며", — 그리고 아들 혹은 말씀을 바로 "말하자면 도구적인 혹은 보조적인 원인으로써가 아니라, 오히려 스스로 작용하는 원인, 작용을 불러일으키는 원인으로, 창조의 행위 곁의 아버지의 동반자로" 이해하고자 하였다. 우리는 다음을 주목해야 한다: 바로 그 "통하여"(διά, 이것은 도구적 인과의 사고에 특별히 가까운 것으로 보인다.)는 로마서 6:4, 고린도전서 1:9, 에베소서 2:4에서 또한 아버지의 사역에게도 적용된다.

이제 다음이 잘 알려져 있다: 신약성서의 저자들은 이 문제에 관련하여, 창조에 있어서 함께 작용했던, 그들의 시대의 다른 신적 본질에 대한 상상이 그들이 익히 알고 있는 사고였다는 한도에서, 잘 닦여진 노선들 위에 위치해 있었다. 그들이 저 모든 구절들 안에서 예수께 귀속시켰던 것은 필로가 로고스에 귀속시켰던 것일 뿐만 아니라, 또한 그 시대의 혼합종교적 신지학과 우주학 안에서 헤르메스에게, 토트에게, 아테네에게, 보누마누에게, 또 조로아스터 종교의 미트라에게 귀속되었던 것이며, 그것은 또한 만다라교의 히빌-지바에게도 귀속되었다: 이것은 계시의 전달자이며, 저급하고 어두운 세상을 더 높은 순수한 신과 교제시키며, 신과 세계 사이의 관계를 근거하며, 다시 말하여 그를 통하여 또한 창조가 실행되었다. 그렇게도 신은 위대하고, 세계의 비밀은 수수께끼와 같아서, 양자 사이에 어떤 중보자가 필요하다. 또 그렇게도 계시 전달자도 위대해서 바로 그가 저 근원적 및 근본적 매개의 수단이다. 다음에는 물론 어떤 의심도 없다: 신약성서적 저자들은 여기서 관찰되는 맥락들 안에서 그들의 주변 환경의 종교적 사변세계의 이러한 요소들과의 관계 안에 있었다. 하나님 의식 및 세계의식의 격렬한 흔들림은 저 중보자의 존재의 고안 안에서, 온갖 종류의 계시 전달자의 선언 안에서, 그리고 마지막으로 각각의 승인된 계시 전달자들과 저 중보자와의 동일시 안에서, 계시되었다. 사도들이 그들의 주변세계의 이러한 종교적인 사변-물품들과의 관계 안에 있었다는 것은 그러나 그들이, 그들이 말하는 것을 그곳으로부터 **차용했다**는 것을 뜻하지는 않는다. 이것은 사실이 아니었다. 그들은 예수 그리스도에 대한 그들의 진술의 형식을 그들의 동시대인들로부터 넘겨받을 필요를 전혀 갖지 않았다. 그들은 현실적으로 그들의 동시대인들이 말하는 것을 들었던 그것에 **관계시키는 것**으로 만족할 수도 있었다. 그들은 또한, 만일 우리가 문제의 핵심을 별개로 한다면, 저 "지혜"라는 개념을 바로 코앞에 가지고 있었다; "지혜"는 구약성서적 정경의 셋째 부분 안에서 문학적 모범으로서, 잠언 3장 및 8장, 그리고 욥기 28장 등의 어쨌든 대단히 오래된 문서들이 서술하며, 인간에게는 도달될 수 없는, 오직 그것의 자기계시를 통해서만 도달될 수 있는 것이었다; 또 그 지혜는 다름이 아니라 하나님의 참으심 때문에 인간에게 말씀하시는, 인간들을 가르치시는, 인도 및 보존하시는 하나님의 거룩성 및 의로우심(인간들 사이에서 이것의 시작은 언제나 또 다시 주님의 경외이어야 한다.)이었다. 그 지혜에 관하여 잠언 8:22f.에서 그들은 읽었다: 하나님께서 지혜를 영원 전에, 세상의 시작 전에, 세상의 근원 이전에, 형성하셨으며, 그 다음에 지혜는 그분의 애용품으로서 [혹은 그분의 작업 반장으로서] "유희하면서" 그분이 하늘을 지으실 때, 위에서 물들이 퇴각된 이후에, 아래서 땅의 기초들이 놓일 때, 그곳에 함께 현존하였다. 또 신약성서의 저자들을 시편 136:5, 잠언 3:19 등에서 하나님께서 하늘과 땅을 그분의 바로 그러한 "지혜"를 통하여 창조하셨다는 것도 또한 대단히 명확하게 읽었다. 만일 저 신약성서적 구절들이 문학적 원천으로 소급된다면, 그때는 틀림없이 바로 그러한, 후기 유대교 안에서 관심을 갖고 충분히 이용되었던 및 충분히 열심히 결실을 맺었던 구절들로 소급될 것이다. 바로 그렇게 창조에 참여하는 구약성서적 "지혜"는 이제는 그러나—그리고 이제 핵심적 구분에 도달한다.—1. 신 개념과 세계의 수수께끼와의 결합을 위하여 고안된 형이상학적 설명 원칙이 아니다. 우리는 깨달아야 한다: 저 본문들 전체는 신론의 및 세계 이해의 문제들에는 전혀, 단 한 번도 몰두한 적이 없으며, 저 "지혜"는 사실상 대단히 단순하게 및 대단히 깊게도 (하나님과의 계약 관계 안에 서 있는 인간들에게 삶의 지혜로서 말을 건네고 다스리는) 신적 계시이다; 그 지혜는 유일무이한, 상세하게 그것을 취급하는 신약성서의 단락인 고린도전서 1-2장에서, 그러나 또한 마태복음 11:16-19에서, 골로새서 1:9, 25f., 4:5, 에베소서 1:7f., 17f., 5:15, 야고보서 1:5f., 3:13f. 등에서 의심의 여지없이 바로 그러한 신적 계시로 이해되었다. 그리고 이제 우리는 인용했던 신약성서적 맥락들 안에서 어떤 곳에서도, 예수 그리스도의 창조에의 참여가 예를 들어 다음의 이유에서, 그들의 신의식 및 세계의식이 저 일반적인 '급격한 흔들림'에 적중되었기 때문에, 그래서 어떤 매개하는 원칙을 추구했으며, 그리고 바로 그 명제에다 예수 그리스도의 이름을 부여했기 때문에 중요했다는 흔적을 찾아볼 수가 없다. 신약성서의 저자들이 아니라, 바로 그들의 주변 환경의 동시대인들이 바로 그렇게 '급격하게 흔들린 자들'이었으며, 그래서 그러한 원칙들을 추구했던 자들이었다! 그러나 그들은, 사도들은, 거꾸로 객관적으로 '급격하게 흔드는' 소식의 전달자였다; 그것은 가까이 다가온 하나님 나라에 대한, 그것과 함께 가까이 다가온 모든 매개하는 철학, 신지학, 우주학 등의 종말에 대한 소식이었다. 겉으로 보기에는 비슷하게 들리는 동시대인들의 제시들과 비판적으로 맞서면서, 그들은 예수 그리스도를, 이미 말했던 것처럼 "그분을 통하여" 혹은 "그분 안에서" 하나님께서 만물을 창조하신 그러하신 분으로 말하는 것 외에는 다른 아무것도 말할 수 없었다. 그렇게 하여 사도들은 사실상 모든 신론 및 세계관을 믿음으로의 초대와, 다시 말하여 하나님의 은혜의 계약에의 및 그 계약의 역사에의 실천적 참여로의 초대와 마주 대면시켰다. 그리고 이제 구약성서적 "지혜"는 2. 하나님과 세계 사이에 어떤 제삼의 존재를 도입하는 일종의 매개 존재가 아니다. 물론 지혜는 후기 후대교의 해석 안에서는 어느 정도 그러한 종류의 것이 되었다. 그러나 저 정경적 본문들 안에서 지혜는 (모든 맥락들에 따르면) 인간들에 대한 하나님의 계시이며, 어떤 제삼의 것이 아니라, 오히려 **신적인** 그리고 **인간적인** 얼굴이다: 즉 지혜의 수여자의 얼굴 및 지혜의 수령자의 얼굴이다. 그러므로 (본문들에 따르면) 어떤 "가설적 실체"(Hypostase)로 지혜가 태초에 있었던 것이 아니라, 오히려 지혜 자체가 태초이며, 그 자체가 만물의 창조자이다. 그 본문들은 다음을 말한다: 인간에 대한 그러한 신적 행동이 이미 창조 안에서 및 창조와 함께, 창조의 의미 및 근거로서, 시작되었다. 그리고 이제 신약성서적 본문들이 동일한 맥락에서 예수 그리스도에 대하여 말할 때, 바로 그렇게 말하였다. 바로 예수 그리스도께서 그 본문들에 대하여 "하나님과 인간 사이의 중보자"(딤전 2:5)인 것은 분명하지만, 그러나 그렇다고 해서 어떤 매개 존재는 아니시며, 양자 사이의 제삼자도 아니시다. 하나님과 인간 사이에는 천사들의 세계가 있다; 그러나 또한 천사들도 어떤 "매개 존재"(Mittelwesen)가 아니며, 오히려 그들의 속성에 따라 또한 피조적 측면에 속한다. 그리고 신약성서는 어떤 천사에게도 저 기능을 귀속시키지 않았다: 히브리서 1:10은 오히려 그 핵심이 예수 그리스도께서는 모든 천사들로부터 구분되신다는 맥락 안에 서 있으며, 바로 그것은 또한 고린도전서 8:6 및 골로새서 1:16에서도 명확하게 서술된다. 신약성서 안에서 창조에 참여하였다고 말해지는 분은 구약성서적 "지혜"와 마찬가지로 오직 **신적인** 그리고 **인간적인** 형태를 가지신다. 그분은 "매개 존재"가 아니시다. 그분은 인간으로서 행동하시는, 고난당하시는, 승리하시는 신적 인물이시며, 낮아지신 자 및 높여지신 자, 죽임을 당하신 자 및 부활하신 자이시며, 바로 그렇게 하여 그분은 구약성서적 "지혜"와 마찬가지로 하나님과 인간 사이의 중보자이시다: 바로 그분이 어떤 "가설적 실체"가 **아니심**으로써, 그러하시다. 신약성서적 저자들이 그분을 그와 같은 어떤 실체로 곡해하려는 무슨 관심을 가졌겠으며, 어떤 관점에서 그것이 그들에게 가능했겠는가? 그분은 그들에게 그 이상이셨고, 그보다 훨씬 더 좋으신 분이셨다. 그리고 마찬가지로 그들은 동시대인들의 상상에 대하여, 그들이 (의심의 여지없이 그들도 그 상상들과의 관계 안에 있으면서) 그 인격에 관련하여 하나님께서 만물을 그 인격을 통하여 창조하셨다고 말하는 것보다 더 강하게 마주 대립할 수가 없었다. 그렇게 함으로써 그들은 인간을 하나님께 대한 믿음으로 불렀다. 그들은 바로 그렇게 함으로써 소위 "매개 존재"의 무수한 인물들을 계속해서 증가시키지 않았다.

이러한 종교사적 질문보다 더 중요한 것은 내적 내용의 질문이다: 신약성서적 저자들은 이제 저 중요한 "그분을 통하여"(δι᾽ αὐτοῦ) 혹은 "그분 안에서"(ἐν αὐτῷ)를 그들의 입장에서는 **어떻게** 이해하였으며, 그들이 아버지 하나님과 함께 또한 그분의 아들 혹은 말씀이, 또한 예수 그리스도께서, 창조에 참여하였다고 보았을 때, 그들은 **무엇**을 생각하였는가? 우리가 예수 그리스도의 인격의 특별한 강조 및 특수하게 뚜렷한 지칭에 관계된다는 사실은 저 모든 맥락들 안에서—특별히 우리는 요한복음 1:3f., 히브리서 1:2f., 골로새서 1:15f. 등을 생각해야 한다.—대단히 명확하다. 하나님, 세계 및 양자의 관계가 이 구절들 안에서 중심인 것이 아니라, 오히려 예수 그리스도의 주님 되심의 위치가 그러하다. **신성**이 그렇게도 높고 순수하며, **세상**은 그렇게도 어둡다는 것이 그들의 출발점이 아니며, 그리고 양자 사이의 어떤 **매개**와 같은 것이 있으며, 그리고 매개가 이제 예수 그리스도라는 이름을 취하게 된다는 것이 그들의 주장이 아니다. 오히려 그들의 눈앞에서는 가까이 다가온 하나님 나라가 서 있으며, 예수 그리스도의 이름 안에서 공개된, 은혜의 계약의 모든 약속의 성취로서의 시간들의 전환이 서 있었다; 그래서 그들은 그 이름을 지니시는 자에게 합당한 경외를 드리기 위하여, 더 나아가 그분이 소유하신 그 존엄성을 증거하기 위하여, 다음의 놀랍도록 거대한 진술을 감행하였다: 세계는 그분을 통하여 및 그분 안에서 창조되었으며, 이것은 하나님을 통하여, 하나님 안에서, 하나님의 영원하신 의지와 결의 안에서 창조된 것을 뜻한다. 그러므로 우리는 무엇보다도 다음의 명확한 사실을 보아야 한다: 그들은 그렇게 감행하는 중에 구체적으로 예수 그리스도의 말로 할 수 없는 포괄적인 현실성을 "주님"(κύριος)의 현실성으로 사고하였으며, 또 그들은 그분의 주권(κράτης)을 포괄적으로 서술하려고 했으며, 그들은 그 주권을 이제 바로 필연적으로 또한 말하자면 만물의 시초의 자리에 위치한 것으로 서술하지 않을 수 없었다.

그러나 우리는 마땅히 및 반드시 계속해서 질문해야 한다: 그렇게 감행하는 중에 그들의 눈앞에 서 있었던 것은 순수한 신성 안에 있는 하나님의 **영원한** 아들 (혹은 **영원한** 말씀) 그 자체였는가? 혹은 더 포괄적으로 및 더 구체적으로: **사람**의 아들로서의 하나님의 아들, **육체** 안의 말씀이었는가? 만일 저분이 다만 '육체 없는 로고스'(λόγος ἄσαρκος), 즉 삼위일체 그 자체의 "둘째 인격"(이 인격에 관련하여 그들은 "그분을 통하여"와 "그분 안에서"를 말하였다.)에 불과하였다면, 그때 우리는 의심의 여지없이 특별하게도 창조론적인 **인과관계**를 지시하는 (그러한 표현들의) 힘에 대하여 놀라지 않을 수 없을 것이다. 창조자의 지혜 및 권능이 또한 하나님의 영원한 아들 혹은 말씀의 권능이라는 사실은 물론 참이다. 그러나 이 사실이 그 표현들이 말하는 것으로 보이는 신적 인과관계의 **특수성**을 설명해 주지는 못한다. 한편으로 영원한 아들 혹은 말씀 그리고 다른 한편으로 창조 사이에 존재하는 특수한 관계는 오직, 우리가 이미 보았던 것처럼, 외부를 향한 행동 안에서도 창조자시라는 것이 영원한 아들의 아버지에게, 말씀을 발하시는 화자 그 자신에게, 적절하며, 그분의 자격에 합당하다는 것 외에 다른 어떤 것일 수 없다. 이것을 확실히 신약성서적 저자들도 또한 말하려고 했을 수도 있고, 또 그들이 그것을 실제로 또한 말하려고 했을지도 모른다. 그러나 그들이 다만 그것만 말하려고 했겠는가? 만일 그랬더라면 그들은 예수 그리스도를 바로 창조의 본래적인 신적 **근거**로는, 저 표현들이 지시하는 것으로 보이는 창조론적 **인과관계**로는, 지칭하지 않았을 것이다. 그리고 우리는 다음을 구체적으로 바라보아야 한다: '육체 없는 로고스'(λόγος ἄσαρκος)에 대한, 삼위일체의 "둘째 인격" 그 자체에 대한 모든 상상은 추상에 불과하며, 그것이 교회의 그리스도론적 및 삼위일체론적 숙고 안에서 필연적이라고 예시되기는 했지만, 그리고 교의학적 연구 및 서술 안에서 오늘도 여전히 불가결하기는 하지만, 또 신약성서 안에서 다양하게 취급되기는 하지만, 그러나 그 어느 곳에서도 직접적으로 제시되지는 않는다. 신약성서는 물론 충분히 명확하게도 모든 세계 이전에 계셨던 예수 그리스도에 대하여 말하지만, 그러나 언제나 영원한 신적 의지 및 결의의 구체적 내용을 바라보면서 그렇게 말하며, 그렇기 때문에 **배타적으로** 영원하신 아들 혹은 말씀 그 자체에 대해서가 아니라, 오히려 **포괄적으로** 중보자로서의 그분에 대하여, 하나님의 영원한 눈들 앞에서 이미 우리의 인간적 본성을 입으신 자로서의 그분에 대하여 말하며, 그렇기 때문에 어떤 형태 없는 그리스도(이것은 다만 하나의 '그리스도 원칙' 혹은 그와 비슷한 것일 수밖에 없다.)가 아니라, 오히려 그리스도이신 **예수**에 대하여 말한다. 그분은 히브리서 1:3에 따르면 모든 죄의 씻음을 성취하신 후에 존엄의 우편으로 높여져 앉으신 분이시며, 그 직전에 그분은 만물이 그분의 말씀의 능력을 통하여 유지되는 그런 분이심이 말해진다. 골로새서 1:15에 따르면 그분은 "모든 피조물보다 먼저 나신 분"이시며, 14절에서 우리가 그분 안에서 "구속 곧 죄사함"을 받으며, 그리고 18절에서 그분은 "만물 가운데서 으뜸이 되시기 위하여" "죽은 자들 가운데서 제일 먼저 살아나신 분"이시다. 어떻게 그분이 '육체 없는 로고스'이겠으며, 그 로고스에 대하여 어떻게 그렇게 말해질 수 있겠는가? 그리고 우리는, 만일 "그가 태초에 하나님과 함께 계셨다."는 문장이 (그 밖에서는 전혀 불필요한 반복을 형성하면서) 바로 그 인격을, 즉 뒤따라오는 복음 전체의 내용의 대상을 형성한다는 것을, 즉 14절은: "말씀이 **육신**이 되어 우리 가운데 거하셨다."고 진술하는 바로 그분을 지시한다는 것을 못 본다면, 우리는 요한복음 서론을 전적으로 잘못 이해하게 될 것이다. 바로 그렇게, 말씀이 이 사건 안에서 역사적 현실성이 되었던 것처럼, 바로 **육신** 안의 말씀으로서—그 밖의 다른 무엇이겠는가?—그 말씀은 태초에 계셨으며, 다시 말하여 모든 세계 이전에 결의된 신적 계획 안에서 하나님 곁에 계셨다. 그 말씀이 **그렇게** (*육신 안의 말씀으로서) 하나님 곁에 계셨다는 것, 그렇게 모든 세계 이전에 선재하셨다는 것, 하나님께서 그분의 독생하신 아들을 영원 전부터 바로 그러한 분으로서, 중보자로서, 육신 안의 말씀으로서 보시고, 아시고, 사랑하셨다는 것, 그것이 창조의 현실적 근거였으며, 그것이 3절의 전대미문의 진술을 허용 및 명령하였다: "만물이 그로 말미암아 창조되었으니, 그가 없이 창조된 것은 하나도 없다." 혹시 다른 구절이 예수를, 그리스도를, 자명하게도 참 하나님이시지만, 그러나 그것에 그치는 것이 아니라, 또한 참된 인간이신 분으로 이해하는 것 말고 어떤 더 의미 깊은 방식으로 그와 다르게 이해한 적이 있었는지를 사람들은 (*만일 그렇게 주장한다면) 설명해 보아야 할 것이다! 이레네우스는 다음에서 신약성서를 올바로 이해하였다[위의 내용은 문제의 중심에 있어서 여기서도 전혀 다르게 이해될 수 없다.]: "세계의 창조자는 진실로 하나님의 말씀이다: 그분은 그러나 우리의 주님이시며, 마지막 시간들 안에서 인간이 되셨으며, 이 세상 안에 자리를 잡으시며, 그리고 창조된 모든 것을 그분의 비가시성에 따라 포괄하시며, 그리고 그 비가시성을 창조 전체 안에 각인시키신다; 그곳에서 그분이 하나님의 말씀으로서 만물을 다스리시고, 질서를 부여하시기 때문이다; 그리고 그렇기 때문에 "그분은 자기 소유 안으로 오셨다."(요 1:11) (Irenäus, Adv. o. h. V 18, 3) 그리고 코케이유스도 신약성서를 올바로 이해하였다: "세계의 근거는 예정의 법령에 종속되며, 그 법령에 관계된다."(Coccejus, S. Theol. 1669, 37, 29) "태초에 하늘과 땅을 창조하신 그분이 이스라엘의 하나님이라고 불리기를 원하셨던 그분이시다: 그리고 하나님께서 세계를 창조하셨을 때, 그때 이미 그분은 세계를 그분의 은혜의 영예의 무대가 되도록 만들어졌음을 보셨으며", (우리는 여기서 그의 낮지만 그러나 명확한 목소리가 칼빈의 표현을 능가하고 개선하는 것에 주목해야 한다.) "그분의 탁월한 명성의 칭호인 은혜로써 승리하셨다."(앞의 책, 33, 1) 그리고 비트지우스(H. Witsius)도 그러하다: "바로 세계의 근거는 **그리스도의 죽음**을 바라보지 않고서 발생할 수가 없다. 그곳에서 그리스도를 통하여 인간에게 하나님의 영광의 은혜를 예시하시는 것이 인간의 창조에 있어서의 하나님의 최고의 목적이었기 때문에, 땅의 근거는 (왜냐하면 땅은 선한 자들을 위한 거주 장소가 되어야 하기 때문에) 그러한 목적을 위한 수단의 지위를 획득하였다. 그리고 죄인들의 거주 장소로서의 땅을 창조하는 것은, 만일 바로 이 땅이 그리스도(택하신 자들을 거룩하게 하시고 영광스럽게 만드시는 그리스도)의 피를 통하여 언젠가는 정화되어야 하지 않는다면, 하나님께 올바른 일이 아닐 것이다. 이러한 모든 이유들로부터 그리스도의 희생(계 13:8!)이 세계의 기초와 한 호흡 안에서 동시에 말해질 때, 그것은 부적절하지 않다."(Oecon. foed. 1693 III 4, 16) 그리고 비헬하우스(Wichelhaus, Die Lehre der hl. Schrift, 1892, 349f.)도 말한다: "만일 하나님께서 자기 자신 안에서 죽었고, 어둡고, 소멸적이시라면, … 어떻게 하나님 아닌 것을 현존재 안으로 불러내실 수 있었겠는가? 만일 하나님 안에 어떤 것이, 그곳에서 하나님께서 영원한 사랑 안에서 자신 밖에 및 자신 앞에 수립하셔야 하는 어떤 것이 있지 않았다면, 만일 하나님 안에 한 영원한 결의가 [세상의 기초가 놓이기 전에 아버지와 아들 사이에서 결의된 하나님의 계획 및 평화의 계약이] 있지 않았더라면, 하나님께서는 그렇게 불러내실 수 없었을 것이다; 그 결의 안에서 하나님의 모든 완전성들이 계시되어야 하며, 에베소서 1:10, 골로새서 1:15f. 등에 따르면 하나님께서는 그 자체를 위하여 사랑하지 않으신, 하나님 자신 안에 그것의 생명을 갖고 계시지 않은 어떤 세상을 창조하실 수 없었다. … 오히려 하나님께서는 창조에 있어서 오직 그분의 **아들**을, 사랑의 아들만을, 그리고 그 아들 안에서 영원하신 뜻에 따라 선택된 **공동체**를 눈앞에 두셨다. … 그러므로 하나님께서는 자신이 조명하고 결실 맺도록 하기를 원하셨던 한 어두운 세계를, 그리고 자신이 축복하기를 원하셨던 한 불쌍한 인종을 예수 그리스도 안에서 창조하셨다." 351쪽: "하나님께서 그분의 아들 안에서, 그리스도 안에서, 그분의 영광을, 자기 자신 안에서는 먼지와 재인 피조물에게 전달하기를 원하셨다는 것, 그리고 하나님께서 최후의, 가장 도움을 필요로 하는, 가장 방어력이 없는 피조물을 그분의 모든 사역들을 다스리는 주님으로 승격시키기를 원하셨다는 것(시 8편, 히 2장)은 파악될 수 없는 선하심 및 긍휼의, 은혜와 사랑의 자유로운 운동의 한 의지 및 호의였다. 바로 그렇게 영원한 사랑은 그것의 긍휼과 선함의 대상을 창조하셨다." 355쪽: "예수 그리스도 안에서의 하나님의 이름의 영광은 그에 따르면 창조의 목적이며, 그러므로 이 목적을 향하여 여기서 만물이 질서를 갖추었으며, 만물은, 그것이 빛이든지 혹은 어둠이든지, 그것이 선하든지 혹은 악하든지 간에, 이 목적에 봉사해야 한다."

우리는 요약한다: 질문되었던 신약성서적 구절들은 다음을 말한다: 만물의 시초에서의 하나님의 창조적 지혜 및 권능은 또한 **예수 그리스도**의 특수한 지혜 및 권능이었다: 한편으로 그분은 영원하신 아들 및 하나님의 말씀인 한도에서, 또한 창조 안에서 스스로를 계시하고 확증하는 하나님의 본질이 또한 그분의 고유하신 영원한 본질인 한도에서, 그러하였다. 그 다음에는 아버지 하나님의 아들로서의 그분의 실존이 말하자면 창조의 내재적-신적인 유비 및 칭의인 한도에서, 그러하였다. 그리

고 마지막으로 및 무엇보다도, 그분이 하나님의 영원하신 결의 안에서 이미 중보자이시며, 이미 우리의 인간적 본성을 지니시는 자이시며, 이미 우리의 육체의 담지자로 낮아지신 자 그리고 그러하신 자로서 또한 높여지신 자이시며, 이미 피조물이시며, 바로 그러한 피조물로서 하나님에 의하여 사랑을 받으신, 바로 그렇게 하여 창조의 신적 운동의 근거이시라는 한도에서, 그러하였다.(*창조의 특수한 지혜 및 권능이셨다.) 아버지 하나님께서 영원하신 아들에게 이러한 형태 및 기능을 주시기를 **원하셨다면**, 아들 하나님께서 그의 아버지께 이러한 형태 및 기능 안에서 순종하기를 **원하셨다면**, 그때 하나님께서는—바로 그러한 '원하심' 안에는 어떤 정지도 없다.—창조자로서 행동하기 시작**하셔야 했다**. 그러한 한도에서—저 신약성서적 구절들이 이렇게 설명한다.—아버지 하나님만이 아니라, 특수하게는 또한 아들도, 또한 예수 그리스도도 "그분의 고유하신 능력과 작용력과 권능을 통하여" 만물의 창조자이시다.

아버지에게 그리고 아들에게 해당하는 것은, 다른 곳에서와 마찬가지로 또한 여기서도 아버지의 그리고 아들의 **성령**에도 해당한다. 성령은 아버지 그리고 아들과 함께 참된, 영원하신 하나님이시며, 그러한 한도에서 그분은 산출하시는(zeugende) 아버지 및 산출되시는 아들과 마찬가지로 양자 사이에서 스스로를 성취하고 존속하는 연합(Gemeinschaft) 및 자기전달이시라는 한도에서 그러하시다; 또 성령은 양자로부터 공통적으로 생성되는 및 양자 모두와 본질적으로 동등한 (양자 상호 간의 사랑의) 원칙이며, 양자의 분리관계, 상호관계, 동반관계의, 즉 양자의 구분 및 관계의 영원한 현실성이시다. 그러한 한도에서 우리는 이렇게 말할 수 있다: 바로 성령 안에서 하나님의 삼위일체적 본질의 비밀이 가장 깊게, 그러나 가장 명확하게 드러난다. 성령께서는 하나님 자신 안에서 가장 깊이 은폐되신 자인 동시에 하나님의 인간에 대한 관계 안에서 아버지와 아들의 단일성 및 구분성의 큰, 밝은, 논박될 수 없는 계시이시다. 바로 성령 안에서 아버지의 사명부여와 아들의 순종이, 아버지의 호의와 아들의 영광이 서로 만나며, 저 결의의 영광을 형성한다; 그 결의는 만물의 내재적 신적인 시초이다.

우리는 성령을 마땅히 및 반드시 하나님의 영원하신 내재적 신적인 현실성 안에서 이사야 11:2f.와 함께 "주님의 영"으로 지칭한다; 그 영은 "지혜와 총명의 영, 모략과 권능의 영, 지식과 주님을 경외하게 하는 영"이시다.

성령 안에서, 그분이 아버지와 아들의 영이심으로써, 그리고 아버지와 아들이 세계 및 인간에 관련하여 성령 안에서 합치하심으로써, 하나님의 부성적 긍휼의 현실성 전체가, 하나님의 자기 외화가, 그러나 또한 하나님의 (아들 안에서의) 자기 영광이, 약속의 진리 전체가, 복음의 능력 전체가, 창조자 하나님 및 피조물 사이의 관계의 질서 전체가 선재한다. 하나님께서 그분의 의지 및 행동 안에서 세계 및 인간에 대하여 **성령**이심으로써, **하나님께서는 피조물**에 대하여, 그리고 **피조물은 하나님**에 대하여, 존재가능하고, 서로 유지될 수 있게 된다: '하나님께서 피조물에 대하여', 그래서 하나님 밖에 및 하나님 앞에서 존재하는 것이 피조물의 즉각적인 멸망을 뜻하지 않게 된다. 그리고 '피조물이 하나님께 대하여', 그래서 하나님께서는 피조물 안에서 그분의 명예에 대한 반역, 소란, 모욕 이상의 어떤 것을 발견할 수 있게 된다. 우리는 한마디로 말할 수 있다: 바로 성령 하나님 안에서 피조물 그 자체가 선재한다. 이렇게 말할 수도 있다: 피조물의 **실존** 그 자체를—그분이 피조물의 하나님과의 화해를, 그리고 하나님을 통한 피조물의 구원을 아버지 및 아들의 합일 안에 있는 저 결의 안에서 선취하시고 또 보증하심으로써—**가능하게** 만드신 분은, 피조물에게 실존함을 허용하신 분은, 피조물은 그들의 실존 안에서 유지하시는 분은, 피조물이 그것의 실존 안에서 전적으로 의존되어 있는 분은 성령 하나님이시다. 피조물은, 만일 하나님께서 그들을 바라보시면서 영원 전에 자기 자신과 합일하지 않으셨다면, 만일 하나님께서 영원 전으로부터 그것들의 실존을 저 합치 안에서 원하셨고 자신의 고유하신 책임 안에서 그것들을 수용하셨던 '사랑의 성령'이 아니셨다면, 존재할 수 없었을 것이다. 그리고 그렇기 때문에 피조물은 그것이 실존할 수 있고 또 실존하도록 허용되어 있다는 사실을 오직 성령 안에서만 확신할 수 있다. 왜냐하면 오직 성령 안에서만 피조물의 실존의 가능화 및 허용으로서의 아버지와 아들 사이의 저 합일 및 합치가 계시될 수 있기 때문이다. 이러한 합치(Übereinkunft)가 존재하고 또 유효하다는 것, 그것이 성령의 '창조 사역'이다. 또한 이것도, 우리가 볼 수 있는 것처럼, 특별한 측면에서의 "삼위일체 전체의 나누어지지 않은 사역"이다.

우리는 성령의 창조와의 관계에 대하여 우리가 하나님의 아들 혹은 말씀의 관점에서 서술했던 것과 같은 일련의 직접적인 신약성서적 증거들을 가지고 있지 않다. 니케아-콘스탄티노플 신조가 성령을 '살리시는 자'(τό ζωποιοῦν)라고 부를 때, 그것은 요한복음 6:63: "생명을 주는 것은 영이다."의 직접 인용이며, 또 동시에 고린도전서 15:45: "마지막 아담은 생명을 주시는 영이 되셨습니다."의, 또 고린도후서 3:6: "영은 사람을 살립니다."의 암시이다. 그러니 우리는 깊이 생각해야 한다: 이 모든 구절들의 맥락 안에서의 '살리는 것'은 어쨌든 우선 구원론적-종말론적이며: 예수 그리스도의 사역을 통하여 내지는 그분에 대한 믿음을 통하여 성취되는 (그분 없이는 죽음에 빠져 있는 자들의) 살림 및 살아남에 관한 것으로 이해되었으며, 그리고 니케아-콘스탄티노플 신조 안에서 그 개념은 우선 확실하게도 이러한 의미에서 수용되었다. 어쨌든: 성령을 통하여 성취되는 바로 이러한 **구원**이 그 자체로서 창조의 확증이다; 창조 안에서 하나님께서는 인간에게 최우선적으로 생명을 **주셨다**; 그러나 인간은 그 생명을 **잃어버렸다**. 바로 이러한 맥락이 신약성서적 저자들의 눈앞에 있었다는 것은 다음으로부터 유추된다: 저 세 구절들은 [특별히 고전 15:45는] 명백하게도 창세기 2:7을 암시한다; 그곳에서 인간은 하나님의 "생명의 숨"에 의하여 "생령"이 된다. 이것은 어쨌든 다음을 뜻한다: 하나님께서 하나님으로서 존재하시는 바로 그것의 이월 및 전달에 의하여 인간은 인간으로서 존재하기에 이른다. 창세기 7:15에서는 인간 세계만이 아니라, 또한 동물의 세계도 "살과 피를 지닌, 살아 숨

쉬는 모든 것들"이라고 서술된다. 시편 33:6에서는 하늘의 별들이 "주님의 입김으로" 만들어졌다고 말해진다. 시편 139:7은 더욱 포괄적으로 질문한다: "내가 주님의 영을 피해서 어디로 가겠습니까?" 시편 104:29f.에서 마지막으로 특징적인 대조를 읽는다: "주님께서 얼굴을 숨기시면 그들은 떨면서 두려워하고, 주님께서 호흡을 거두어들이시면, 그들은 죽어서 본래의 흙으로 돌아갑니다. 주님께서 주님의 영을 불어넣으시면, 그들이 다시 창조됩니다. 주님께서는 땅의 모습을 다시 새롭게 하십니다." 이것과 함께 우리는 다음의 특징적인 사태 관계 앞에 선다: 여기서 관찰되는 **구약성서적** 제시는 의심의 여지없이 세계와 인간의 **첫** 창조 및 유지에 관하여 말하고 있다. 그 구절은 하나님의 호흡, 숨 혹은 영에 관련하여 예를 들어 잠언 3장 및 8장에서 "지혜"에 대하여 말해진 것에 상응하는 아무것도 말하지 않는다; 말하자면 그 구절은 [또한 시 33:6도 마찬가지이다. 세계가 영을 "통하여" 창조되었다고는 말하지 않는다. 그러나 그 구절은 성령을 [이것은 특별히 시 104:29f.에서 명확하다.] 피조물의 창조와 유지에 "없어서는 안 될 조건"으로 말한다. 그 구절은 말한다: 피조물은 오직 성령을 통하여 그것에 불가결한 **생명**을 소유하며, 오직 성령을 통하여 창조를 통하여 수여된 그것의 실존 안에서 **존속**하며, 그 실존을 **사용**할 수 있다; 반면에 피조물은 성령이 없다면 즉시 (그것의 창조에 근거하여 그것에게 존재하도록 규정된 것으로서) 존재할 수 없게 될 것이다. 바로 이러한 의심의 여지없이 **우주론적으로** 의미된 진술을 우리는 이제 저 신약성서적 구절들 안에서 즉시 **구원론적–종말론적**으로 이해되고 수용된 것을 발견한다: 우리는 요한복음 6:63에서 어떻게 예수께서 저 생명을 수여하는 및 생명에 필수적인, 그분의 살과 피를 먹고 마시는 것에 관한 "가혹한 진술"이 그분의 아버지께로 가심의 지시 중의 마지막 계기 안에서 다음 말씀을 통하여 설명되고, 보충되고, 능가되는가를 듣는다: "생명을 주는 것은 영이다. 육은 아무 데도 소용이 없다. 내가 너희에게 한 이 말은 영이요, 생명이다." 우리는 고린도전서 15:45가 현재의 영혼 및 미래의, 부활 안에서 실현될 피조물의 영적 존재 사이의 일련의 구분이 창세기 2:7의 통하여 명확하게 강조되는 것을 본다: "첫 사람 아담은 산 영이 되었다고 기록한 바와 같이 마지막 아담은 생명을 주시는 영이 되셨습니다." 그리고 우리는 고린도후서 3:6에서 예레미야 31:31의 "새 계약의 직무"가 문자의 것이 아니라, 영으로 된 것임이 다음을 통하여 설명되는 것을 발견한다: "문자는 사람을 죽이고, 영은 사람을 살립니다." 그러므로 예수의 **영**이 [그분이 제자들(이들은 그 자체로 영의 전달자이며, 생명을 가져오는 자들이다.)에게 하신 말씀들이] 그 자체로서는 무력한 혈과 육 안에서 참된 양식으로, 참된 음료로 된다; **영**은 [그분의 죽은 자들의 부활에 힘입어] 마지막 아담이며, 그래서 바로 첫 아담을 "생령"으로 만들었던 바로 그것이다; 마찬가지로 **영**은 사도적 직무의 탁월하게 구분되는 본질이다. 이 사태 관계는 무엇을 뜻하는가? 그것은 틀림없이 신약성서적 저자들이 하나님의 숨에 대한 저 구약성서적 말씀들 안에서는 아직은 감추어져 있었던 한 차원을 바라보았다는 사실이다. 그러나 또한 틀림없이 다음이기도 하다: 또한 그들은—이제 바로 그 새로운 차원을 바라보면서—영을 피조적 실존의 "없어서는 안 될 조건"이라고, 말하자면 그것들의 영광, 희망으로서, 그것들의 규정된 존재 및 행동을 위한 적응성이라고 지칭하였다. 구약성서와 마찬가지로 그들도 이 문제 안에서는 다음 질문에 대답한다: 어떻게 도대체 이제 피조물은 피조물로 **될 뿐**(werden)만 아니라, 또한 피조물로서 **존재**(sein)할 수 있는가? 그들의 대답은 간접적이며, 다음과 같아야 한다: 피조물에 대해서는, 예수 그리스도의 부활 안에서 이미 진행되기 시작한 및 그분에게서 아직 기대될 수 있는 생명으로부터 멀리 떨어진 "생명"(ζωή)은 없으며, 그래서 또한 "생명을 주는 것"(ζωοποιήσις)도 없다. 바로 그러한 "살리는 것"(ζωοποιεῖν) 안에서 그들은 영의 사역을 보았다. 이러한 **간접성** 안에서: 그들에게도 또한 생명은—이제부터는 새로운 에온 안의 생명이지만, 그러나 그것이 바로 그들을 위한 생명이다.—영의 사역으로부터, 오직 그 사역으로부터만 기대될 수 있기 때문에, 그들은 증거한다: 하나님께서 또한 성령이 아니시라면, 하나님께서 아버지와 아들이시며, 그러하신 자로서 작용하시는 것처럼, 또한 성령으로서 작용하지 않으신다면, 어떤 피조물도 없을 것이며, 또한 창조도 없었을 것이다.

사태가 이러하다면, 우리는 신학적 전통이 니케아–콘스탄티노플 신조의 저 '생명을 주시는 자'(ζωοποιοῦν)를 첫 창조 안에서의 성령의 현재 및 작용에 관계시켰던 것이 비성서적인 길 위를 움직인 것이라고 말할 수는 없게 된다. 오순 찬송가인 '오소서 창조자 성령이시여'(Veni Creator Spiritus)의 구절들은 사람들이 우리가 방금 제시했던 주석적 숙고들에 가까이 위치했음을 보여준다:

위로부터의 은혜로 마음들을 채우소서,
당신이 **창조하신** 그 마음들을.

개혁자들 사이에서는 두드러지게도 특별히 칼빈이 성령을 만물 위에 부어지는, 모든 것을 전달하고, 유지하고, 생동케 하는 신적인 능력(virtus)이라고 이해하는 입장을 취하였다.(Genfer Katech. 1542 Fr. 19; *Instit.* I 13, 14); 그러나 유감스럽게도 그 다음에는 그 관계에 대하여 상세하게 설명하지 않았다. 그 설명은, 만일 우리가 성령이 말하자면 피조물 그 자체의 필연적인 신적 칭의 및 성화이며, 그것과 함께 성령이 피조물의 실존의 근거는 아니라고 해도, 그러나 근본적 **조건**이라는 사실을 눈앞에 두었더라면, 그렇게 어렵지는 않았을 것이다. 창조 및 피조물의 근거는, 우리가 보았던 것처럼, 영원하신 신적 은혜의 결의의 내용 및 대상으로서의 육체 안의 하나님 말씀: 즉 선재하시는 예수이다. 그분을 위해서 하나님께서는 피조물을 원하시며, 창조를 실행하신다. 이러한 은혜의 결의 및 그것에 기초된 창조자의 의지는 그것의 필연적인 내적 전제를, 아버지 하나님과 아들 하나님 사이의 합일, 사랑 및 평화는 다음을 통하여: 즉 하나님의 말씀이 육신이 되며, 하나님께서 아들 안에서 인간의 비참을 스스로 수용하시며, 마찬가지로 인간의 구원을 자신의 고유한 문제로 만드시며, 그분으로 인하여 하나님 자신과 다른 것을, 말하자면 피조물을, 소유하기를 원하셨고, 그것이 현실이 되도록 하셨다는 사실을 통하여, 말하자면 혼란해지고 방해를 받는 것이 아니라, 오히려 넘치도록 영광을 받는다는 사실에 두고 있다. 신적 본질이 바로 그분의 인간적 본성 안에서의 낮아지심 및 높여지심 안에서, 십자가에 못 박히신 자 및 부활하신 자이신 예수 그리스도 안에서, 그리고 그분으로 인하여 바로 피조물의 실존 안에서—하나님께서 그 영광을 혼자서 보유하셨을 때보다 더 많이, 더 크게, 더 강하게—빛을 발하고 승리한다는 사실, 이것이 명백하게도 신적 은혜의 결의 및 그것에 기초된 신적 창조자 의지의 내적 전제이다. 그것은 말로 하자면 하나님의 자기칭의 및 자기성화에 관계된다; 이것 없이 하나님께서는 피조물을 사랑하실 수 없으며, 피조물의 실존을 소유하기를 원하거나 혹은 실현하실 수 없을 것이다. 이러한 전제의 성취, 신적 자기칭의 및 자기성화의 영원한 완성이 아버지의 및 아들의 성령이시며, 아버지와 아들로부터 나오시는 성령이시다.(qui procedit ex Patre Filioque); 성령께서는 아버지 안에서 및 아들 안에서의 공통의 근원 안에서 양자의 연합을 방해하지 않을 뿐만 아니라,

오히려 영화롭게 하며, 성령 안에서 (저 은혜의 결의 안의, 또한 그분의 창조자 의지 안의) 신성은 감소되는 것이 아니라, 오히려 넘쳐흐른다. 그렇게 하여 **성령은 피조물의 내재적-신적인 보증이다.** 피조물의 실존이 하나님과 양립할 수 없다면, 어떻게 피조물이 하나님에 의하여 사랑을 받고, 원해지고, 작용될 수 있었겠는가? 피조물이 어떻게 생성되고 존재할 수 있겠는가? 피조물의 실존이 하나님께서 견딜 수 없는 것이 아니라는 것, 그 실존이 오히려 하나님의 더 큰 영예에 봉사하도록 규정되어 있다는 것—그분의 실존의 이러한 근본 조건의 창조가 창조 안에서의 성령의 특별한 사역이다. 이러한 성령의 사역을 바라보면서 그 근본 조건은 칼빈과 함께 하나님의 행동 안에서의 "능력과 권세"라고 말해질 수 있다; "이 능력과 권세는 모든 피조물 위에 확산되어 있으며, 그렇다고 해서 조금이라도 덜 그분 자신 안에 존재하게 되는 것은 아니다."(*원문 프랑스어) 이제 은혜의 계약의 역사적 성취 안에서의 성령의 사역이 신약성서에서 특별히 죽음에 빠져 있는 피조물을 "살리는"(ζωοποίησις) 것이라고, 예수 그리스도의 사역 및 증거의 신적 능력이라고, 그래서 거듭남의, 믿음의, 구원의, 희망의 능력이라고 서술된다면, 우리는 그 서술 안에서 창조의 저 첫째 사역에 고유하게 특징적인 성령의 특성을 어렵지 않게 인식한다.

창조는 **역사**를 목표로 한다. 이 사실은 결정적으로 다음으로부터 주어진다: 창조자 하나님께서는 삼위일체 하나님이시며, 역사 안에서 행동하시고, 스스로를 계시하시는 하나님이시다. 아들 혹은 말씀으로 인하여, 바로 그렇게 하나님 자신과의 합일 안에서, 하나님의 고유하신 최고의 영예를 위하여, 즉 성령 안에서 하나님께서는 피조물을 원하시고, 불러일으키신다. 하나님께서는 은혜 안에서 아들 혹은 말씀을 통하여 성령 안에서 피조물에게 및 피조물과 함께 행하기 원하시는 그것을 위하여 그렇게 원하시고 그렇게 일하신다. 그러한 행동의 실행이 역사이다. 이것은 다음을 뜻한다: 하나님에 의하여 근거된 **계약**의, 하나님과 인간 사이의 은혜의 계약의 역사는—하나님께서 그 계약을 인간과 맺으시고, 실행하시고, 그것의 목적으로 이끄시고, 그래서 하나님께서 영원 전 하나님의 곁에서 결의하신 그것을 피조물의 영역 안에서 인지되도록 하시는 일련의 사건들의 연속이며—바로 그 사건들의 연속을 위하여 하나님께서는 피조물에 인내를 가지시며, 바로 그 사건들을 위하여 하나님께서는 피조물에게 창조와 함께 시간을 수여하신다: 그것은 이러한 사건들을 통하여 내용을 획득하고, 최종적으로는 그 사건들의 종결을 통하여 "성취"되며, 그렇게 하여 그것 자체의 종말이 완숙되어야 하는 그런 시간이다. **바로 그 역사는,** 신학적으로 이해한다면, **특정한** 역사이다.

19세기의 보수 신학은 그 역사를 세계사, 민족들의 역사, 문화사와 구분하여, 또한 교회사와도 구분하여: **구속사**라고 불렀다. 이 표현은 중심 내용에 있어서는 올바르고 중요하다:—창조로부터 예수 그리스도의 탄생, 죽음, 부활로써 시작되는 종말의 시간(이것이 우리의 시간이다.)에 이르는—저 사건들의 연속 안에서 문제가 되는 것은 사실상 '**구원**'의 마련 및 계시이다: 그것은 정확하게 말하여 영원한 구속 및 완성의 전제로서의 (인간의 하나님과의 화해를 통한) 필연적인 구원을 뜻한다. 그러나 바로 그러한 구원사는 다만 (*여럿 중의) **하나의** 역사가 아니며, (*여럿 중의) **하나의** 계기가 아니며, 많은 다른 역사들의 그물망 중에서 본래적 역사를 찾는 어떤 단서와 같은 것이 아니다. "구속사"라는 개념을 사용하는 사람은 그들의 손안에서 그 개념이 "종교사"라는 세속적 개념으로 변질되지 않도록; 다시 말하여 경건한 영의 어떤 역사가, 그 다음에는 물론 그러한 (*경건한 영의) 역사로서 일반적 역사의 맥락 안에서 다른 많은 역사들 사이에 있는 하나의 역사가 되지 않도록, 조심해야 한다. 구속사는 **특정한** 역사이며, **본래적** 역사이다; 그 안에 다른 모든 역사들이 포함되며, 그것들은 그 특정한 역사에 속한다; 다른 모든 역사들이 말하자면 구속사를 자신 안에서 반사하고 예시한다는 한도에서, 모든 다른 역사들이 구속사를 표징, 통고와 모방, 사례 및 반대 사례와 함께 동반한다는 한도에서, 그러하다. 그러나 구속사에 대하여 고유한 독립적인 주제를 갖는 어떤 다른 역사도 없으며, 하물며 어떤 일반적으로 본래적인 역사, 즉 그것의 맥락 안에 구속사가 다른 것들 중의 하나라는 그런 역사는 더욱 있을 수 없다. 은혜의 계약은 특정한 역사의 특정한 주제이다. 구속사는 바로 그 특정한 역사이다.

이제 창조가 은혜의 계약을, 그래서 역사를 목표로 함으로써, 창조는 그것 자체가 역사에 속하며, **시간을 성취**하는 사건들의 저 연속에 속한다. 창조는 하나님의 모든 사역들 중 첫 사역이라는 저 최고로 유일무이한 지위 및 의미를 가지며, 이것을 통하여 다른 모든 사역들로부터 분명하게 구분된다. 그러나 창조는, 그것도 자체도 또한 시간을 성취하는 사건들의 한 연속이고, **역사적 현실성**임으로써, 다른 모든 사역들에 속한다; 이것은 하나님의 사역들의 종결로서의 완성 및 구속이 시간을 성취하는 사건, 즉 역사적 현실성이 될 것과 정확하게 마찬가지이다. 창조와 창조를 뒤따르는 것 사이에는 어떤 '범주의 변경'도 없다. 창조는 그것 자체의 편에서 예를 들어 단절되지 않으며, 그것은 중단하지 않는다; 계약의 역사가 시작하고 계속됨으로써 그러하다. 우리가 앞으로 특별히 인간과 세계에 대한 하나님의 (계약을 통한) 섭리, 유지, 다스림으로 이해하게 될 것도 또한 창조이며, 계속 진행되는 창조, 즉 '계속적 창조'(creatio continua)이다. 하나가 참인 것처럼, 또한 다른 하나도: 즉 역사는 그들의 편에서 이미 창조와 함께 시작한다는 것, 창조 자체가 그 자체로서 또한 역사적 특성을 가지며, 시간을 성취하는 사건이라는 것도, 마찬가지로 참이다. 이것은 감추어지거나 혹은 모호하게 되어서는 안 된다. 창조는, 비록 창조와 함께 또한 시간이 시작한다고 해도, 비록 창조가 모든 시간들 위에서 펼쳐진다고 해도, 비록 하나님께서 모든 시간들에 대하여 창조자시라고 해도, **무시간적 진리가 아니다**. 성서에 따르면 무시간적 진리들이란 전혀 없으며, 오히려 모든 **진리들**은 성서에 따르면 하나님께서 자기 자신을 열어 보이시는 특정한 **행동들**이다; 즉 그 자체로서 영원하지만, 그러나 또한 모든 시간들을 엮어 짜는, 그러나 동시에 또한 구체적, 시간적 특성을 갖는 행동들이다. 예수 그리스도 자신이 하나님으로서 영원하시며, 주님으로서 모든 시간들 위의 주님이시며, 이제 그럼에도 불구하고 구체적으로 시간적인, 바로 그렇게 하여 현실적인 (세상 및 그분의 공동체에 대한) 주님이신 것처럼, 마찬가지로 또한 창조도 그러하다. 하나님의 창조를 영원한, 그러나 어떤 무시간적인 (피조물과 그것의 실존에 대한) 관계로 여기려는 사람은, 어떤 대단히 깊은 혹은 경건한 확신을 자랑할 수는 있겠지만, 그러나 그리스도교적 및 성서적 의미에서 그것을 믿을 수는 없다. 왜냐하면 하나님의 은혜의 결의(이것 안에서 하나님께서는 아들 안에서 영원으로부터 피조물로 스스로 낮아지셨으며, 그 다음에는 그 피조물을 하나님의 아들로 높이셨다.)와—그리고 저 행동들(이것들 안에서 하나님께서는 그러한 결의를 자신의 자기 계시를 통하여 성취하셨다.)과 그러한 무시간적 관계는 아무런 관계도 없기 때문이다. 그러한 무시간적 관계는 하나님께서 인간 및 세계에게 **아직도 혹은 더 이상** 은혜롭지 않으실 수도 있다는 사실을 배제하지 못한다. 스스로 피조물로 낮아지려는, 그 다음에 그 피조물을 하나님 자신에게로 높이려는 하나님의 의지에 관하여 그러한 무시간적인 관계는 아직 아무것도 혹은 더 이상 아무것도 알아채지 못한다. 우리는, 그러한 관계가 존재한다는 것을 말하자면 우리 자신의 고유한 책임을 걸고 (*잘못) 설득하여야 할 것이며, 그때 우리는 또한 마찬가지로 고유한 책임으로 긍정적으로 (*잘못) 해석해야만 할 것이다. 우리가 우리의 피조적 실존 그 자체를 신적 **은혜**의 은사로 이해해야 한다면, 그것은—만일 은혜가 단순히 경건한 말에 불과하지 않으려면—다음에 달려 있다: 피조적 실존의 근거 및 유지는 하나님의 구체적 행동이며, 그래서 역사적인, 시간을 성취하는 현실성이다. 그때에, 오직 그때에만 우리의 피조적 실존 그 자체는 하나님의 모든 행동들의 조직하는 중심과의 관계성 안에, 즉 예수 그리스도의 현실성과의 관계성 안에 있게 된다; 그때에, 오직 그때에만 우리는 이미 우리의 현존재 및 존재 형식을 하나님의 은혜로 이해할 수 있다; 그때에 오직 그때에만 우리는 우리의 고유한 현존재 및 존재 형식을—우리가 예수 그리스도를 믿는 것처럼(믿음으로써), 우리가 삼위일체 하나님을 믿는 것처럼(믿음으로써)—믿을 수 있다.

이곳으로부터 볼 때 이제 성서적 증거가 우리에게 은혜의 계약의 역사 그 자체만이 아니라, 오히려 무엇보다도 우선, 그러나 저 역사와의 분리될 수 없는 관계성 안에서 및 다양한 표현양식 안에서 **창조사**를[1] 매개한다는 사실성은 우연이 아니며, 오히려 최고로 근본적으로 중요한 것이다.—구약성서의 첫 장들을 **공허하다고** 생각하는 사람이 있으며, 혹은 어떤 자칭 계시된 **우주학** 안에서 다소 형이상학적인 혹은 다소 자연과학적인 혹은 또한 혼합적인 방향으로 생각하는 사람이 있다; 그러한 사람들은 마치 그 뒤에야 비로소 하나님과 인간 사이의 교제와 계약의 시작의 설명이 뒤따라온다고 생각하게 된다.

---

1) Schöpfungsgeschichte를 일반적 의미에서는 '창조사'로, 역사적 특성이 강조될 때에는 '창조역사'로 번역하였다. 그러므로 본문 중 창조사와 창조역사는 같은 단어이다.—역자 주.

첫째 경우는 다음을 뜻하게 된다: 첫째 견해는 인간과 세계의 근본 및 본질에 대한 어쨌든 명백하고도 무관심하지 않은 질문에 대답하기 위하여, 우리가 아마도 우리의 고유한 형이상학적 혹은 자연과학적 기술에, 아마도 우리의 고유한 신화적인 혹은 사가 형태의 능력에 의존되어 있다는 보는 셈이 될 것이다. 모든 시대가, 그리고 최종적으로는 모든 각각의 인간들이 그들의 고유한 정신적 속성 및 정신적 능력의 빛들에 대한 저 질문에 대답해야 한다는 셈이 될 것이다. 이에 상응하여 하나님과 인간 사이의 교제 및 계약의 시작 및 경과의 이해 전체도 필연적으로 다양한 것이 될 것이다. 사람들이 성서의 첫 장을, 마치 그것이 사실상 공허한 것처럼 취급하는 그곳에서 하나님의 모든 사역들에 대한 인식이 흔히 어떻게 되는가 하는 것은 잘 알려져 있다.

둘째 경우는 다음을 뜻하게 된다: 우리는 (*창세기의) 첫 장들에서 인간과 세계의 근거 및 본질에 대한 어떤 내용적인 가르침을 받기는 하며, 그리고 (왜냐하면 그것들이 계시되어 우리 앞에 놓여 있기 때문에) 우리는 그것들이 우리에게 넘겨주는 단서와 의무를 고유하게 습득할 이유를 갖는다. 우리가 대단히 진지하게 그렇게 시도한다고, 그리고 그것이 어느 정도의 단계에 도달했다고 가정해 보자! 그러나 보라, 그때 성서의 저 '시작'과 그것의 '계속' 사이에는 심연이 갈라질 것이며, 우리는 저쪽에서는 비역사적인, 그러나 이쪽에서는 역사적인 하나님의 현실성과 관계하는 셈이 될 것이다. 이제 믿음이란 것이 (계속되는 성서 전체에 따르면) 하나님의 특정한 역사적인 행동들 및 행동방식들에 대한 관계를 뜻한다면, 어떤 의미에서 우리는 이제 도대체 이쪽에서 **그리고** 저쪽에서 **믿을 수** 있는가? 저 양쪽의 상이한 하나님의 현실성들의 관계에 대한 질문에는 도대체 어떻게 대답될 수 있을 것인가? 그때 최소한 그러한 관계 규정은—그것과 함께 또한 마찬가지로 또한 전체의 해석은—최종적으로 우리의 고유한 책임에 내맡겨지지 않는가? 또한 그 질문도 이론적인 것이 아니다: 구약성서의 첫 장들 안에 기록된 것을 사람들이 본문 없이 혹은 본문과는 반대로 일종의 계시된 우주론으로 취급하는 곳에서, 하나님의 모든 사역들의 인식에 그때 어떤 일이 일어나게 되는가 하는 것은 공공연하게 잘 알려져 있다.

두 경우 모두는 다음을 뜻하게 될 것이다: 성서의 역사적 설명은 [타락 사건의 이야기로서 시작하면서] 하나님의 행동들에 관한 진술로서 어떤 낯선 공간 안에서 시작하는 셈이 될 것이다.—그 공간은 그 안에서 우선 하나님의 행동들이 아닌 어떤 다른 것이 결정적인 척도가 되었으며, 그 안에서 우리가 하나님의 행동들이 아닌 다른 어떤 인식을 향하고 또 옳다고 발견해야 했으며, 그 안에서 하나님께 대한 믿음의 관계가 아닌 다른 어떤 관계가 우리에게 필연적인 그런 공간이다. 우리는 그러한 공간 안에서는, 비록 우리가 하나님의 행동하심을 믿고, 비록 우리가 예수 그리스도에게 믿음을 선사한다고 해도, 그 믿음 안에서조차도, 바로 그 예수 그리스도와 함께 한다고 해도, 최종적으로는 믿을 수 없을 정도로 고독하고 위협을 당하는 것을 느낄 수밖에 없을 것이다.

그러한 믿을 수 없는 고독과 위협의 느낌을 어떤 최종적으로는 낯선 공간 안에서 철두 철미 떨쳐버리지 못하는 [또한 자기 나름대로는 진지하고 깊이가 있는] 기독교가 존재한다는 것도 마찬가지로 공공연히 잘 알려져 있다: 이 사실은, 마치 성서의 첫 장들이 공허한 것처럼, 마치 그 위에 적혀 있는 것들이 창조 역사가 아니라, 오히려 창조 철학인 것처럼, 그것을 우리는 믿을 수가 없고, 오히려 그것에 대하여 (*믿음이 아닌) 어떤 다른 관계를 추구해야 하는 것처럼, 그렇게 처신하는 기독교가 너무도 많다는 사실과 관계되어 있다. 그러나 그곳에 현존하는 것은 이제 분명히 창조 **역사**이며, 그것은 그것만의 고유한 특성 안에 있다; 이 특성에 관하여 이제—역사, 계약의 역사와 동일한 의미에서, 그리고 이러한 속성 안에서 명백하게 그것의 연속을 형성하는 것과 마찬가지로—논의되어야 한다.

성서가 **창조사**로서 시작함으로써 성서는 인간과 세계의 근거와 본질을 이미 은혜의 빛 안에 위치시킨다; 이 은혜는 나중에 하나님과 인간 사이에서 시간을 성취시키면서 발생하는 것의 연속 안에서, 하나님의 의미 및 의도로 계시된다. 사물들의 근원, 실존, 본성에 대한 질문에 있어서 다음은: 은혜의 왕국을 벗어나는 것은, 어떤 독립적인, 그 왕국에 낯선 대답들을 불러들이는 것, 세상의 하나님과의 화해 안에서의 하나님의 계시 및 하나님의 통치를 어떤 고유한 사고 체계 안으로 옮기는 것, 하나님의 은혜가 아직도 혹은 더 이상 최종적 단어가 아닌 어떤 곳에 마치 그 체계에 상응하는 자연적인 실재 체계가 존재하는 것처럼 생각하는 것 등은 금지된다. 물론 그 자체로 은혜의 왕국과 구분되는 자연의 왕국이 있다. 그러나 또한 그 왕국 안에서도 모든 고유한 특성들에도 불구하고 은혜로부터 이미 유래하여 은혜를 목표로 나아가지 않는 것은 아무것도 없으며—어떤 삶을 독자적으로 영위한다거나 혹은 어떤 통치를 스스로 행사할 수 있는 것은 아무것도 없다. 마찬가지로 거꾸로 은혜의 왕국 안에서도, 그것이 자연의 왕국에 대하여 아무리 새롭게 및 아무리 특별하게 대면하고 서 있다고 해도, 비자연적인 공간을 갖는 것은 아무것도 없으며, 오히려 창조로부터 모든 각각의 것은 또한 자연이다. 성서가 창조사로서 시작함으로써, 성서는 하나님께 대한 믿음(성서는 이 믿음으로 초대하고 요청한다.)을 어떤 한 특수한, 현실성의 어떤 특수한 영역에 관계된 기능으로 이해되는 것을 막으며, 오히려 성서는 모든 것을 믿음 위에 위치시키며, 성서는 믿음의 전제, 즉 피조물의 실존이 믿음의 대상이며, 그래서 믿음에 속하며, 오직 믿음 안에서만 인식될 수 있다는 사실을 제시하며, 성서는 그러나 또한 거꾸로 믿음을 현실성 **전체**와의 관계 안에 위치시키며, 그래서 성서는 바로 저 고독과 위협의 감정을 막는다; 이 고독과 위협은, 창조가 계시에 대하여, 자연이 은혜에 대하여, 실존이 믿음에 대하여 마치 정말인 것처럼 어떤 분리된 영역을 형성하는 곳에서는, 불가피하다. 이것이 우리가 다음 사실을 감사하게 수용하여야 할 단서와 내적 근거들을 제공한다; 그것은 성서적 증거의 시작은 창조에 대한 침묵도 아니고, 창조 철학도 아니며, 오히려 그 증거는

창조사로 시작된다는 사실이다.

창세기 1장과 2장의 창조사의 두 가지의 표현양식은 이제 그러한 증거 안에서 어떤 낯선 부분을 형성하지 않는다. 창세기 1장 및 2장은 첫 인간의 역사로서 시작되는 **이스라엘 민족의 선역사**의 통합적 계기이며, 그렇기 때문에 창세기 12:1로써 시작되는 이스라엘 민족의 본래적 역사와도 분리될 수 없이 결합되어 있다. "창조사"라는 용어의 기술적 의미는 창세기 2:4a: "하늘과 땅의 기원이 이러하니라(toledot; 세대, 이력, 계보)"의 —이 말씀은 아마도 근원적으로는 전체의 시작에 놓였을 것이다.— 제사장 문서의 근원에 따르면 일련의 신적 창조 사역들 중에서 볼 수 있게 되는, 세계 전체의 "계보"(Stammbaum)이다. 이 개념은 바로 그것의 부적합한 사용 안에서 특징이 드러난다. Toledot는 나중에는 [예를 들어 창 5:1, 6:9, 10:1 등에서] 현실적인 조상들이며, 다시 말하여 인간적 가계 계보의 예시들이며, 신적 은혜의 계약의 역사로 스스로를 표현하는 이스라엘의 전 역사 및 역사의 중추 신경을 직접적으로 형성한다. 만일 여기서 하늘과 땅의 toledot가 언급되고 있다면, 그때 그것은 구체적으로: 창조와 계약이, 창조와 역사가 합치함을 뜻한다: 이후에 이스라엘의 역사가 있는 것처럼, 그렇게 이전에는 창조 역사가 있다. 우리는 다음을: 어떻게 창세기 2:4b의 야웨 문서적 관계 안에서 3:24의 창조 역사에, 그리고 그 다음에 따라오는 타락의 역사에 이르기까지 거의 틈이 없이 내적으로 엮이면서 건너가는지를 주목해야 한다; 그래서 그 내용의 전체 제목을 궁켈(H. Gunkel, *Genesis 3. Aufl. 1910*)이 "낙원의 역사"라고 붙였던 것은 어쨌든 숙고할 만한 가치가 있다. 인간이 자신의 실존 안에서 및 그것과 함께 이미 그를 선택하시는 하나님의 은혜의 대상이라는 것을 이러한 맥락이 양쪽 관계 안에서 제시하며, 또 하늘과 땅이 그러한 은혜로우신 하나님의 행동들의 무대로 규정되어 있을 뿐만 아니라, 근원적으로 무대로 창조되었다는 사실도 제시한다. 또 그 맥락은 제시한다: 그 계속 이후에 아브라함과 함께, 그리고 그 다음에는 백성 전체와 함께 말씀하시고 행동하시는 분은 참으로 현실적인 주님이시다; 왜냐하면 하늘과 땅이, 엄격한 의미에서 세계 전체가 그분의 것이기 때문이며, 그분이 그것의 **창조자**이시기 때문이다. 또 그 맥락은 미리 앞서서 다음도: 어떤 한도에서 이러한 역사의 주님의 말씀하심 및 행동은 언제나 창조적인 것이며, 언제나 하나의 새로운 시작들이며, 그리고 정확하게 말하여 언제나 새로운 세계시작들을 규정하는, 언제나 새로운 근원적 근거를 기초하는 말씀 및 행동이 되는가를 설명한다. 창조와 역사 사이의 관계성은 창조사이 (그 밖의 오경과의, 그리고 그것으로부터 또한 구약성서 전체와의) 합치 안에서 볼 수 있으며, 그러므로 그 관계성은 한편으로는 **창조**와 인간 및 세계 전체의 실존의 의미 및 의도를: 즉 하나님께서 특수한 것 및 가장 특수한 것을 위하여 일반적인 것을 원하시며, 하나님께서 **이스라엘**을 원하시기 때문에 피조물을 원하신다는 것을 조명하며 —다른 한편으로 그 관계성은 이스라엘 역사의 의미 및 의도를: 즉 하나님께서 가장 일반적인 것을 위하여, 하나님에 의하여 지어진 인간 및 인간의 우주를 위하여 그 특수한 것 및 가장 특수한 것을 원하신다는 것을, 하나님께서 피조물을 원하시기 때문에(원하심으로써) 이스라엘을 원하신다는 것을 조명한다. 그분의 우주는 그러므로 전적으로 그분의 공동체에, 그러나 그분의 공동체는 전적으로 그분의 우주에 연관되어 있으며, 각각 그쪽을 향한다. 구약성서적 증거에 의하여 사태는 반드시 그러해야 한다: 그리고 그 증거에 따르면 사태는 실제로 그러하다. '왜 그러해야 하는가?'라는 질문에 대해서 구약성서적 증거는 그 자체로서는 하나님의 사실적인 의지 및 사실적인 행동에 대한 지시 외에는 아무런 대답도 주지 않는다. 공동체의 머리를, [골 1:16-18에 따르면] 또한 우주의 머리이시고, 계약의 근거이시고, 또 창조의 근거이신 그분을—양자를 자신 안에서 하나로 합일시키시는, 양자로 서로 관계시키고 서로 향하게 하시는 그 한 분을—구약성서적 증거 그 자체는 아직도 지칭할 수 없었으며, 이름을 부를 수 없었다. 구약성서적 증거는 그분의 존재를 실제로 약속하고, 그리고 그 약속과 함께 순종 및 희망을 외치는 것으로 만족해야만 했다.

신약성서는 저 (*창조와 역사 사이의) 관계성의 **사실성**만이 아니라, 오히려 또한 그것의 '**이유**'도 알고 또 말한다. 신약성서는 창조와 계약, 우주와 공동체 사이의 중심과 통일성을 **예수 그리스도**의 인격 안에서 이끌어내며, 그리고 그것을 그분의 이름으로 지칭한다. 그렇기 때문에 신약성서는 이 문제에 있어서도 구약성서의 질문에 대한 대답이다. 그러나 구약성서는 이 문제에 있어서 신약성서에 대한 불가피한 소재-내용적인 전제이다. **어떠한** 질문들이 예수 그리스도의 이름 및 인격 안에 대답되었는가 하는 것을 **구약**성서 안의 창조사와 계약사의 특징적인 병렬관계, 순차관계, 결합관계가 증거한다. 만일 예수 그리스도의 교회가 그들의 주님을 그러한 분으로서 인식한다면, 만일 교회가 자연과 은혜, 실존과 믿음, 우주과 공동체 사이의 관계를 다만 주장할 뿐만 아니라, 내적 근거들로부터 열고 명제화할 뿐만 아니라, 오히려 하나님의 말씀의 진리로 인지한다면, 만일 교회가 의식적으로 및 침착하게 이러한 진리 안에서 살아가기를 원한다면, 그때 교회는 구약성서적 증거를 대충 읽기란 불가능할 것이다. 교회는 그때 구약성서의 창조사 그 자체를—창조자 하나님의 행동의 현실적인, 시간을 충족하는 역사로—그리고 그것의 계약사와의 관계를 말로 표현하는 것을 주저하는 것이 아니라, 오히려 기뻐하게 될 것이며, 그리고 계약사가 그 자체로서 말해야 하는 것을 말할 수 있는 자유를 계약사에 허용하게 될 것이다.

이러한 본문들의 **주석**은 그러므로—이것은 흔히 일어나지 않는다.—두 가지의 오류들로부터 보호되어야 한다.

한편으로 그 주석은 그 본문들이 현실적인 **역사들**에 관계되며, 그래서 무시간적인, 형이상학적인 혹은 영혼 쪽으로 향해진 세계 설명에 관계되는 것이 아니라는 사실을 간과하거나 혹은 곡해해서는 안 된다. 하나님께서 이러한 역사들의 유일하게 능동적으로 작용하시는 주체이시라는 사실, 그리고 그 역사들이 시간의 시작(이것 안에서 또한 그 역사들이 연출된다.)을 자체 안에 포함한다는 사실 등이 그 역사들을 그것들에 뒤따라오는 성서적 역사들로부터 분명하게 구분한다. 그 역사들은 뚜렷이 부각되는 방식으로 **선역사**이다. 그러나 이것이, 또한 여기서도 **이야기된다는 것**, 그래서 또한 여기서도 어떤 무시간적인 진리가 서술되거나 선포되지 않으며, 오히려 **유일회적인** 말씀들 및 행동들이 보고된다는 것 중 아무것도 변경시키지 않는다. 만일 누가 이 사실을 받아들이지 않으려고 한다면, 그때 그는 이러한 본문들에 대하여 다만 당혹성 안에 얽혀들 뿐이다; 우리는 예를 들어 **아우구스틴**이 그의 고백들(XI 3, XII 18. 23. 31) 안에서 그러한 당혹성에 부딪친 것을 본다; 그는 다음 사실을 수용함으로써 그 당혹성을 해결해보려고 하였다: 그 본문들은 물론 대단히 다중적인 의미를 가지고 있지만, 그러한 그 다음에는 그중 하나의 의미를 그가 그의 신플라톤주의적 형이상학의 척도에 따라 하나님의 피조물에 대한 무시간적인 관계에 대한 올바른 지칭이라고 여겼던 것과 동일시하려고 하였다. 그리고 만일 누가 [동일한 관점에서] 바실리우스와 암브로시우스와 함께 [그들의 "Hexaemera" 안에서], 그러나 또한 현재의 많은 변증론자들처럼, 혼동을 일으키면서 형이상학(Metaphysik)보다는 물리학(Physik, 형이하학)에 더 많은 관심을 갖는다면, 그때 그는 아마도 소위 빈약한 및 소박한 성서적 진술들을 자신의 고유하고 풍부한 자연과학으로 보충하고 일치시키려고 시도함으로써(이것은 다른 곳도 있지만 또한 토마스의 S. theol. qu 65-74에서 일어난다.), 그 본문들을 도와야 한다고 주장하게 될 것이다. 그렇게 혹은 이렇게 해서 스스로를 구체적 역사로 주장해야 하는 성서적 창조사는 그것이 말하고자 하는 것을 말하지 못할 것이며, 그렇기 때문에 결실을 맺는 인식을 매개하지 못할 것이다.

회피되어야 하는 또 다른 오류는 성서적 창조역사들의 오경과 그 밖의 구약성서 안에서 그것들에 **뒤따르는** 것과의 **관계성**에 충분히 주의하지 못하는 것이다. 개별적인 지시들을 제외하고 고대교회의 주석은 또한 여기서 실패한다. 그들은 사람들이 자주 비난해온 신약성서적-그리스도론적 선입견에 책임을 물어서는 안 된다. 그들이 조금만 더 많이 그 방향으로 바라보았더라면! 그러나 그들은 그 밖의 창세기 및 그 밖의 구약성서 전체를 너무도 적게 참조하였으며, 그래서 그러한 본문들을 '너무 많이'가 아니라, '**너무 적게**' 시작의 자료로 삼았다. 이 본문들이 제시하는 것은 어떤 서론이나 프롤레고메나가 아니라, 오히려 선역사이며, 이렇게 말하기를 원한다면: 이스라엘 역사의 원역사(Ur-Vorgeschichte)이다. 그 본문들은 어떤 소위 세계 창조자의 사역이 아니라, 오히려, 그 본문들을 뒤따르는 모든 것과 마찬가지로 정확하게 창조자 하나님의 말씀들 및 행동들을 보고한다; 그 창조자는 나중에 이스라엘 백성에게 자신을 야웨 엘로힘으로서 알리고, 이스라엘과 계약을 맺는다. 그분은 이미 창조자로서 나중에 시내의 및 시온의 하나님이 되실 분과 동일하신 분이다. 그 하나님은 자신을 시내에서 및 시온에서 여기서 말씀하셨고 행동하셨던 분과 동일하신 분으로서 자신을 계시하실 것이다. 성서적 창조역사들에 대한 **결정적인** 주석은 **그 밖의** 구약성서이다. 우리는 그 주석을 세부적인 것에 이르도록 참조하여야 한다. 그리고 성서적 창조역사들의 세부사항들은 바로 이러한 주석을 요청한다. 이쪽 방향의 주목은 이 본문들에 대한 17세기의 "현대적" 관찰 및 평가의 시작 이래로 계속해서 결여되었다. 17세기의 관찰 및 평가는 잘 알려진 대로 고대 교회적 주석과 대립하면서 자신들의 역사적 무전제성, 편견 없음 및 공명정대함 등을 자랑했고, 또 자랑하고 있다. 그러나 사람들이 이러한 본문들에 대한 결정적인 주석을 그들이 이제 서 있는 및 그들 자신을 가리키는 그곳에서가 아니라, 오히려 일반적 종교사의 전제들 안에서 찾으려고 했을 때, 그때 전제된 것도 마찬가지로 하나의 당혹스런 전제였다: 즉 그들은 그 결정적인 주석을 인간적 현존재의 총체적 예속성 및 규정성의 어두운 감정 안에서 그리고 그러한 감정 안에서 성취되는 (낮과 밤의 교차의, 겨울과 봄의 연속의, 생성과 소멸의 관계의, 잉태, 탄생, 삶 및 죽음의 연관성의 비밀들에 대한) 원시적 인간적 사변들 안에서 찾으려고 했다.—마치 성서적 창조사 안에서 표현되는 고유한 것이, 이제는 그러한 **감정**의 산물에 불과한 것처럼, 그리고 그러한 감정 안에서 성취되는 **반성**에 불과한 것처럼, 찾으려고 했다. 다음은 명확할 것이다: 이 본문들은 그러한 관점 아래서도 그것들이 말하려고 하는 것을 제대로 말할 수 없으며, 그 본문들의 현실적인 맥락이 바로 그것들의 **시간적** 의미에 주목할 것을 요청하는 그곳에서, 여기서는 새로운 형식 안에서, 그러나 방법론적으로는 아우구스틴에게서와 마찬가지로 한 **무시간적**인 의미가 그 본문들에게 억지로 부과되었을 뿐이다.

성서적 증거에 따르면 창조**역사**가 존재함으로써, 즉 그 증거에 따르면 창조가 역사적 현실성임으로써, 창조역사는 신적 존재 및 행동의 '가능화, 예비화, 근거화'로 특징지어지며, 이 존재 및 행동이 그 다음에 그 밖의 모든 성서적 본문들의 대상을 형성한다. 이러한 신적 존재는 그러나 도처에 존재한다고 하면서도 어떤 곳에도 존재하지 않는, 언제나 존재한다고 하면서도 어느 때에도 결코 현재하지 않는 어떤 최고 본질의 존재가 아니며, 오히려 언제나 도처에서 각각 일회적으로(einmalig) 말씀 및 행동하시는 신적 **인격**의 존재이다. 그리고 그 인격의 신적 행동(Verhalten)도 어떤 일반적인 작용(이것 안에서 그 다음에 특수한 것은 언제나 다만 일반적인 것의 하나의 뛰어난, 그러나 근본적으로 우연적인, 지나가는 및 의미 없는 현상형식일 뿐이며, 고유한 것일 수 없다.)이 아니며, 오히려 그 행동의 **고유한 것**(das Eigentliche)은 언제나 도처에서 그분의 말씀들 및 행위들의 **특수한 것**이며, 그분에 의하여 이끌어내어져 제시되는 개별적 사건들 및 인물들이며, 각각의 맥락 안에 있는 **특정한** 역사들의 구체적인 것이며, **개별성** 안에 및 그것의 **순서** 안에 있는 그분의 사역들이다. 성서 전체의 하나님은 이러한 역사적 사역들 안에서 스스로를 계시하시고 행동하시는 **주님**이시다. 그러므로 그분의 말씀은 어떤 말로 표현될 수 없는 및 귀로 들을 수 없는 로고스(그 다음에 이 로고스 주위에 온갖 종류의 무수한 인간적인 말들이 있다고 한다.)가 아니며, 오히려 언제나 도처에서 말씀되어진, 들려진 '말하심'(Rede)이며, 이것은 전적인 인간성 안에 있는 인간들에게 향해지며, 전적인 인간성 안에 있는 인간들의 입술 위에 올려진다. 그러므로 그 주님의 복음은 그분이 어떤 은혜로운 아버지라는 일반적 진리가 아니며, 오히려 그분이 그분의 고유하신 아들 안에서 우리의 자리에 등장하셨으며, 우리가 망가뜨린 죽음과 부활을 그 아들 안에서 다시 선하게 만드셨다는 특수하고 구체적인 진리이다. 그러므로 그분의 진리는 선의 어떤 일반적인 규칙이 아니며, 오히려 구체적인 **인도하심**(Weisung)이다; 이 인도하심은 인간의 자리에 등장하신 하나님의 아들이 그의 죽음 및 부활에 힘입어 또한 인간의 주님이시라는 사실을 통하여 각각의 인간에게 주어진다. 그렇게 해서 하나님과 인간 사이의 전적인 관계는, 그것이 성서적 증거 안에서 하나님에 의하여 원해진, 창조된 및 계시된 은혜의 현실성으로 선포되는 것처럼, **역사적인**—이렇게 이해되어야 할 것이다: 다만 부차적으로, 외적으로, 현상적으로가 아니라, 오히려 바로 **본질적으로 역사적인**—관계이다. 은혜의 계약은 역사들 안에서: 역사들 곁에서, 이념적으로 역사 배후에서 혹은 역사 위에서가 아니라, 오히려 바로 그 역사들 안에서 생성되고, 성취되고, 완성된다. 계약 안에서 하나가 된 것에 대한, 하나님과 인간에 대한, 혹은 그 계약의 장소로서의 세상에 대한 모든 겉으로 보기의 확정들도 또한, 그 계약 안에서 인간적 삶을 형성하기 위한 모든 겉으로 보기의 일반적인 지침들과 계명들도 또한 실제로는 성서적 증거의 고유한 대상으로서의 '역사들'을 증거하고, 개괄하고, 예시한다. 바로 그 역사들 안에서 모든 것은 각각의 자연적 장소를 가지며, 그 역사들로부터 각각은 자신의 빛을, 의미를, 권위를 소유한다. 만일 사람들이 그 관계를 역전시킨다면, 만일 사람들이 성서적 역사들을 단순히 일반적 진리들 및 규정들의 예시로 읽는다면, 그때 그들은 그 역사들을 해체하게 되며, 그 역사들로부터 바로 진리와 규정으로서의 그것들의 특성을 강탈하게 되며, 그래서 그 역사들은, 아무리 그들이 그 역사들을 높이 평가한다고 해도, 더 이상 하나님의 말씀이 아니게 된다.

성서적 증거에 따라 이해된 하나님의 사역 및 말씀의 '가능화, 예비화, 근거화'는 **창조**이다.—말하자면 동일한 성서적 증거에 따라 마찬가지로 하나의 **역사**로 이해되는 창조이다. 창조는 물론 **서언**이다; 하나님께서 창조 안에서 자신의 '내적 존재'로부터 벗어나시며, 그래서 저 모든 역사들의 주님 및 파트너가 되시며, 은혜 안에서 행동하시는 구원자가 되신다는 한도에서 그러하다. 그러나 창조는 바로 그 역사들의 서언이며, 그렇기 때문에 그 자체가 **선역사**(Vorgeschichte)이며, 그래서 어떤 무역사적인 선진리(Vorwahrheit)가 아니다! 다름이 아니라 하나님의 영원하신 결의 안에 있는 창조의 근거도 또한 그러한 무역사적인 선진리가 아니다; 왜냐하면 그러한 영원한 선진리도 그 자체가 명백하게도—영원의 품속에서도—역사적인 특성을 갖기 때문이다. 하나님의 순수한, 영원한 본질 그 자체로 무역사적 선진리가 아니다; 왜냐하면 삼위일체적 본질로서의 그 본질은 그것의 순수한 영원성 안에서 바로 무역사적이지 않으며, 오히려 역사적이기 때문이다. 그렇다면 어떻게 창조가 어떤 무역사적인 선진리일 수 있겠는가? 만일 창조가 그러한 것이라고 한다면, 어떻게 그것의 연속이 저 역사적 시작과 일치할 수 있겠는가? 그러한 어떤 시작의 연속이란 그때 의심의 여지없이 하나님과 인간 사이의 관계의 어떤 무역사적 진리, 근거, 규정화의 서술에 있게 될 것이다. 그러한 어떤 연속은 성서적 증거에 따라 참으로(현실적으로) 창조된 연속에 모순된다. 그러나 이 현실적인 연속은 성서적 증거가 시작이라고 지칭하는 그것에 상응한다: 그것은 **역사로서의 창조**이다. 바로 이러한 및 오직 이러한 형태 안에서 창조는 그것에 뒤따르는 것을 목표로 하며, 그리고 그것에 뒤따르는 것은 시작으로서의 창조 안에 이미 포함되어 있다. 역사로서의 창조는 말하자면, 모든 의미 인에서 및 모든 차원들에 따라, 아직 은폐되어 있는 (하나님의 사역 및 말씀의) 선형식을 창조한다; 이 사역 및 말씀은 인간에 대한 신적 은혜의 '계시, 서술, 전달'의 연속되는 역사들의 성취에 놓여 있다. 역사로서의 창조는 인간의 공간으로서의 세계(그 은혜에 참여해야 하는 세계)를 창조한다. 그리고 역사로서의 창조는 바로 그 공간 안에서 하나님의 은혜에 감사해야 하고 그 은혜에 상응해야 하는 존재로서의 인간을 창조한다. 왜냐하면 창조 자체가 역사이기 때문에, 창조에 뒤따르는 계약사의 주님은 참으로(현실적으로) 자신에게 낯선, 본래적으로 자신에게 속하지 않은 어떤 땅이 아니라, 오히려 요한복음 1:11에 따르면 자신의 소유물 안으로 오시게 될 것이며, 그래서 그분의 인간들은, 비록 그들이 그분을 수용하지 않는다고 해도, 자신들이 근원적으로 그분의 인간들이 아니었다고 변명할 수는 없게 된다. 인간들은 바로 근원적으로 및 본래부터 그분의 인간들이다. 그들은 바로 처음부터 그분에게 결합되어 있고, 의무를 진다. 그러므로 그들은 그분을 수용하지 않을 어떤 현실적 가능성도 가지고 있지 않다. 그들은, 저 역사가 시작함으로써, 또한 이미 역사적이다. 그들은 어떤 자연적 실존(이것 안에서 그들이 마치 자신들이 하나님의 은혜가 아닌 다른 어떤 것으로 규정되고 예비되어 있다고 생각한다.)을 배후에 가지고 있지 않다. 그들은 어떤 자연적인 높은 곳(그들은 그곳으로부터 마치 하나님의 은혜에 대하여 적법한 방식으로 이러저러한 행동을 선택할 수 있는 것처럼, 그곳으로부터 마치 그들은 하나님의 은혜가 아닌 다른 어떤 것을 스스로 선택할 수 있는 것처럼 생각한다.)에 위치해 있지 않다. 그들이 지금 그들의 존재인 것은 하나님의 은혜를 위해서이다. 그리고 우주 전체도 다음을 위하여 창조되었다: 우주 안에서는 인간이 하나님의 은혜를 **통하여** 참으로(현실적으로) 하나님의 은혜를 **향하여** 바로 지금의 상태로서 존재한다는 사실이 사건으로 발생하고 계시되어야 한다. 은혜 및 역사, 또 역사들(이것들 안에서 그 사건 및 계시는 성취된다.)은 창조 바로 그 자체 안에 뿌리를 두고 있다. 어떻게 다음과 다를 수가 있겠는가?: 창조 그 자체는 하나의 역사이며, 최고로 고유한 종류의, 모든 연속들로부터 대단히 명확하게 구분되는, 그러나 철두철미 역사의 특성을 지니는 선역사이며, 이것은 우리가 성서의 첫 장에서 증거되고 서술되는 것으로 보는 그대로이다.

이제 하나님의 창조가 역사라면, 그것은 창조가 **시간 안에서** 발생함을 뜻한다. 시간은, 영원과 구분되면서, 피조물의 실존형식이다. 영원은 물론 단순히 시간의 부정이 아니다. 영원은 결코 무시간적이 아니다. 오히려 영원은 시간의 '근원적 장소'로서 바로 철저한, 절대적인 시간이며, 말하자면 '현재, 과거, 미래'의, '지금, 과거의 그때, 미래의 그때'의, '중간, 시작, 끝'의, '운동, 근원, 목적'의 직접적인 합일(Einheit)이다. 그래서 영원은 하나님의 고유하신 본질이며, 하나님 자신이 영원성이시다. 하나님 자신은, 그분이 바로 영원하시다는 한도에서 시간적이시며, 그분의 영원성은, 영원하신 자로서의 그분이 동시에 선시간적, 초시간적, 후시간적(vorzeitlich, überzeitlich, nachzeitlich)이라는 한도에서, 또한 시간적이다. 그러나 시간 그 자체는, 말하자면 우리의 상대적인 시간은—그 자체가 창조된 것으로서—피조물의 실존형식이다: 이 시간은 영원과는 달리 한 방향으로 향해진 순서이며, 그래서 과거, 현재, 미래의, 과거 그때, 지금, 미래 그때의, 시작, 중심, 끝의, 근원, 운동, 목적의 순차관계 및 분리관계이다. 하나님께서 창조하심으로써, 그래서 하나님 자신의 곁의 및 밖의 타자에게 현실성을 수여하심으로써, 그 타자의 실존형식으로서의 시간이 또한 시작된다: 시간이 물론 마찬가지로 하나님의 피조물로서 [정확하게 말하여, 그분의 영원성의 피조물로서], 그러나 이제 현실적으로 그분의 창조하심(Schaffen)과 함께 **동시에** 시작되며, 그 결과 우리는: '하나님의 창조하심이 시간의 근거이다.'라고 말해야 하며, 그러나 또한 '하나님의 창조하심이

시간 안에서 발생하며, 진정한 역사를 취한다.'라는 것도 말해야 한다. 시간의 시작이 영원성 안에 계신 하나님이시라는 것도 물론 진리이다. 그러나 다만 영원하기만 한 어떤 창조하심에 대하여, 시간을, 그것도 피조물의 실존형식으로서의 우리의 상대적인 시간을 이미 동반하는, 그러한 한도에서 스스로 이미 시간 안에서 발생하는 것이 아닌 어떤 신적 창조하심에 대해서 말하는 것은 무의미하다. 우리가 (*하나님의 영원이 시간적이라는) 명제를 감행하지 않으려고 한다면, 창조의 역사성에 대하여 말했던 모든 것을 취소해야 할 것이다.

시간 안에서 발생하지 않은 창조라는 개념은 적법하게는 오직: 하나님의 영원성의 품속에서 내려진 은혜의 및 또한 창조의 결의만을 뜻할 수 있을 것이다. 그러나 우리는 그 결의의 실행 및 현실화에 대하여, 창조 그 자체에 대하여 말하고 있다: 창조와 함께 즉시 시간은 현실적이 되며, 창조는 피조물과 함께 또한 시간을 피조물의 실존형식으로 규정하며, 그러한 한도에서 창조는 시간에 앞서서가 아니라, 시간 안에서 발생한다. 그 밖에도 **시간 안에서 발생하지 않은** 창조라는 개념은 하나님의 (하나님 자신과 동등하게 영원한) 세계에 대한 어떤 영원한 근원자 관계를 지칭한다는 부적절한 의미를 가질 수 있을 뿐이다.—그것은 명백하게도 잘못된 이론이다; 이것에 따르면 사실상 어떤 창조도 없다는 셈이 되며, 또 하나님의 현실성 혹은 그 피조물의 현실성 중 하나가, 혹은 영원성 혹은 시간 중 하나가 부정되며, 하나님의 고독 혹은 피조물의 고독 중 하나가 주장된다. 참으로 **시간 안에 있지 않은 것**은 오직 하나님의 영원하신 본질 그 자체: 즉 순수한 신적 존재형식 안의 하나님뿐이다. 그러나 **이러한** 의미에서도 하나님께서는 물론 무역사적 및 그렇기 때문에 무시간적이지 않으시다. 무역사적이 아니신 것은 하나님께서 삼위일체로서의 내적 생명 안에서 모든 역사의 원형 및 근원이시기 때문이다. 또 무시간적이 아니신 것은 바로 그분의 영원성이 단순히 시간의 부정이 아니며, 오히려 시간의 창조를 위한 그분의 내적 예비상태이기 때문이며, 바로 그 영원이 절대적인, 철저한 시간이면서 또한 우리의 상대적인 시간의 원천적 장소이기 때문이다. 그러나 다음은 참이다: 하나님께서 바로 그러한 의미에서, 그분의 **순수한** 신적 존재형식 안에서 시간 안에 계신 것이 아니라, 오히려 모든 시간의 앞에, 위에, 이후에(vor, über, nach) 계시며, 오히려 시간이 그분 안에 있다. 그러나 이제 하나님께서는 그분의 말씀 및 사역에 의하여 그분의 그러하신 순수한 신적 존재형식에 머무는 것을 충분하다고 여기지 않으셨다. 이제 그분의 내적 영광은 밖으로 넘쳐흘렀다. 이제 그분은 말씀을 발하시며, 이제 그분은 자신의 사역 안에서 그분 자신이 아닌 타자와 함께 및 그 타자에게 행동하신다. 이 타자가 하나님의 피조물이다.

그러나 피조물은 영원하지 않으며, 오히려 시간적이다; 다시 말하여 피조물은 **시간 안에**, 저 일방향의 순서 안에, 저 순차관계 및 분리관계 안에, 과거로부터 지금을 통과하여 미래에 이르는 저 도상에 있다. 피조물이라는 것은 바로 그 도상에 있음을 뜻한다. 어떻게 이제 하나님과 피조물 사이의 교제가, 어떻게 다만 그 교제의 근거 및 시작이, 하나님께서 피조물에게 은혜로우시며, 하나님 자신을 피조물로 낮추시며, 피조물의 실존형식 안으로 진입하시며, 피조물과 함께 저 길을 가시며, 그래서 하나님 자신의 말씀이 시간 안에서 들려지며, 하나님 자신의 사역이 시간 안에서 발생되도록 하신다는 것에 의해서가 아닌 다른 방법으로 가능하거나 혹은 현실적일 수 있겠는가? 거꾸로 된 것, 즉 피조물이 자신을 하나님으로 높인다거나, 하나님의 존재형식 안으로 진입한다거나, 하나님의 측량될 수 없는 길을 간다거나, 그래서 스스로 저 교제를 가능하게 만든다는 것은 명백하게도 문제가 될 수도 없으며—바로 그 교제의 근거 및 시작에 대해서는 전혀 문제가 될 수 없다. 만일 하나님께서 피조물에게 은혜로우시지 않다면, 구체적으로 다시 말하여: 만일 하나님께서 피조물과 함께 같은 지반 위에서 행하시며, 피조물의 실존형식 안으로 진입하시며, 그러한 실존 형식 안에서 피조물과 함께 대화하시며, 피조물에게 행동하시는 방식으로 피조물을 하나님 자신에게로 수용하지 않으신다면, 그때에 피조물의 창조란 전혀 발생할 수 없을 것이다. 그때에 창조자와 피조물 사이의 교제란 전혀 성립될 수 없을 것이다. 하나님은 그때 전혀 창조자가 되실 수 없을 것이며, 피조물은 그때 전혀 피조물이 되어 그분 앞에 존재할 수 없을 것이다. 그때 하나님의 존재는 그분의 영원하신 삼위일체적 본질 안에, 그분의 전혀 다른 존재형식 안에, 그분의 고유한 측량될 수 없는 길 위에 머물러 있을 것이다. 그때에 하나님의 내적 영광의 넘쳐흐름은 일어나지 않을 것이다. 그렇다면 모든 것은 다름이 아니라: 역사로서의 하나님의 창조가 **시간 안에서** 발생하며, 그것의 방향성을 갖는다는 명제에 달려 있게 된다. 이 명제가 유효하지 않다면, 그때 하나님께서는 은혜로우신 창조자가 아닐 것이며, 그때 하나님께서 은혜를 베푸시는 어떤 피조물도 존재하지 않을 것이다. 하나님의 모든 말씀들 및 사역들은 그때 내적으로만 머물러 있을 것이며, 그때는 하나님 자신이 아닌 그 누구도 및 그 무엇도 시작될 수 없을 것이다. 하나님께서는 물론 그렇게 원하셨을 수도 있다; 하나님께서는 자신의 고유하신 생명의 풍요한 충만에 만족하셨을 수도 있다. 비록 하나님께서 그렇게 원하셨고, 그렇게 행하셨다고 해도, 하나님께는 아무것도 결여되지 않았을 것이며, 그럼에도 불구하고 하나님께서는 영원한 사랑 및 자유이셨을 것이다. 그러나 우리가 증거하도록 부르심을 받은 그분의 말씀들 및 사역들에 따르면 하나님께서는 그와 다르게 원하셨고, 행하셨다. 하나님께서는 그분의 피조물을 긍휼히 여기셨고, 수용하셨다. 만일 이 사실이 철회될 수 없다면, 그때는 또한 다음의 다른 것도 부정된다거나 다만 의심도 될 수 없다: 하나님께서는, 피조물에게 그것의 실존 및 실존형식을 수여하심으로써, 하나님 자신을 피조물로 낮추어 굽히셨으며, 피조물의 그 실존형식을 하나님 자신에게, 자신의 말씀 및 행동에 적합하도록 만드셨으며, 그래서 시간의 창조자 및 주님으로서 **시간 안에서** 피조물과 말씀하셨으며, **시간 안에서** 피조물에게 행동하셨다. 근본 및 시작으로부터 시간 안에서: 하나님께서 창조자로서 피조물에게 근거와 시작을 수여하심으로써 그 자체가 시작되었던 바로 그 시간 안에서, 그렇게 행하셨다. 만일 사실이 이와 다르다면, 그때 하나님께서는 피조물을 긍휼히 여기고 자신에게로 수용하지 않으신 셈이 된다. 그때 하나님께서는 피조물을 수용하기를 시작하실 수도 없었을 것이다. 만일 하나님의 말씀하심 및 행동이 단순히 영원 안에만 있고 머문다면, 그때 그것은 필연적으로: 창조적인 말씀하심 및 행동이, 하나님 자신이 아닌 타자와의 교제의 시작이 아직은 아니었다는 것을 뜻하게 될 것이다.

이로써 우리는 조용히 침묵하는 중에 교리사에서 유명해지고 중요해진 **아우구스틴**의 설명과 논쟁하였다. 그는(*Conf.* XI, 12) '하나님께서는 세계 창조 이전에 무엇을 행하셨는가?'라는 빈정거리는 질문에 대하여 확실히 올바르게 대답하였다: 그는 다음과 같이 말하려고 하지 않았다: "그분은 그러한 높은 일들에 탐구하려는 사람들에게 지옥을 마련하고 계셨다! 왜냐하면: 아는 것과 빈정거리는 것은 전혀 다른 것이기 때문이다." 오히려 그는 다음과 같이 말하려고 하였다: "하나님께서는 아무것도 만드시지 않았다; 왜냐하면, 만일 그분이 무엇인가를 만드셨다면, 그것이 피조물이 아니고 다른 무엇이겠는가?" 창조 이전의 외부를 향한 하나님의 모든 행동은 그 자체가 이미 창조였을 것이다. 그리고 위의 책 XI, 13, 15: 창조에는 또한 시간의 창조도 속한다: "시간 그 자체를 당신은 창조하셨습니다." 그러므로 창조 이전에는 시간이 없었으며, 그래서 뒤돌아볼 수 있는 어떤 과거도 없었다: "시간이 없다는 한도에서, 어떤 '과거의 그때'도 존재하지 않았다." 그리고 같은 책 XI, 13, 16: "또한 너는 시간적으로도 시간보다 앞서 갈 수 없었다; 그 밖의 수단으로도 너는 모든 시간들보다 앞서 갈 수 없었다; 오히려 너는 언제나 현재적인 영원의 고매함을 통하여 모든 과거의 시간들보다 앞서 가며, 모든 미래적인 것들을 탁월하게 능가한다; 왜냐하면 그것들은 미래적이지만, 그러나 그것들이 도래했을 때, 지나간 것이 되기 때문이다: 그러나 너는 동일한 한 가지로 남아 있다." 여기까지는 모든 것이 좋다: 피조물 앞에는 오직 창조자만, 시간 앞에는 오직 영원만이 있다; 영원은 모든 시간을 능가하며, 자기 자신 안에 포괄한다. 그러나 아우구스틴은 이제(같은 책 XI, 30) 말하자면 '하나님께서는 어떤 때에도 창조하신 적이 없다.'(niemals, numquam fecisse)라는 명제를 최소한 다음의 의미에서 수용하려고 할 때, 사태는 염려스러워진다: 즉 하나님은 어떤 시간 안에서도 창조하지 않았으며(nullo tempore fecisse), 오히려 인간이 하나님을 모든 시간들 이전에 모든 시간들의 영원한 창조자이신 분으로 인식하였다는 것이다.(te ante omnia tempora aeternum creatorem omnium temporum) 신의 도성(*De Civ. Dei* XI, 6)에서 그는 이러한 설명을 — 마찬가지로 창조 이전의 시간의 상상의 올바른 거부 안에서, 그러나 마찬가지로 그리고 이번에는 더욱 명확하게 그 거부를 창조 자체에 이르기까지 연장시키면서 — 다음의 형식으로 옮겼다: "의심의 여지없이 세계는 시간 안에서가 아니라, 오히려 세계와 함께 창조되었다." 그는 이렇게 말하였다: 만일 창조가 시간 안에서 발생하였다면, 그것은 창조가 지나간 시간 이후에 그리고 미래적 시간 이전에 발생하였다는 것을 뜻하게 될 것이다. 그러나 창조보다 앞서는, 그래서 창조로부터 볼 때 지나간 시간이란 생각될 수 없다; 왜냐하면 창조 이전에는 어떤 피조물(그의 시간이 그러한 지나간 시간일 수 있었던 피조물)도 없었기 때문이다. 그러므로 세계는 시간과 동시에 창조되었지만, 시간 안에서 창조될 수는 없었다. 이 증명은 그러나 두말할 필요도 없이 적확한 것은 아니다:

신적 창조, 피조물의 생성 및 시간의 시작은 그와 같지 않으며, 하나님께서 **먼저** 창조하시고, **그리고 그 다음에** 피조물이 비로소 생성되고, 그것과 함께 시간이 시작되었다고 생각될 수 없다. 이제 아구구스틴이 신적 창조 그 자체에―이것을 우리가 어떻게 다르게 부를 수 있을 것인가?―피조물의 생성보다, 시간의 시작보다 시간적으로 앞서는 일종의 우선성을 귀속시키려고 할 때, 그 자신이 스스로 시간 이전의 어떤 시간과 같은 것을 고려하고 있지 않은가? 세계 관계성의 배부에서는, 즉 시간 안에서는 그가 서술하는 것처럼 작용은 원인을 뒤따른다. 그러나 하나님의 창조는 (이 창조를 통하여 원인들 및 결과들의 세계 관계성 전체가, 그리고 그것과 함께 그 관계성의 형식으로서 시간이 최우선적으로 규정된다.) 피조물의 존재 및 시간의 존재에 대하여 하나의 다른, 더 높은 우선성을 갖는다. 하나님의 영원성은, 그분이 창조자로서 말씀하고 행동하기를 시작하심으로써, 시간 앞의, 그러나 또한 시간 위의 [정확하게는: 시간과 함께하는] 그리고 시간 이후의 본질을 전개한다. 하나님께서 영원하시기 때문에, 바로 창조자로서의 그분이 그분의 영원성의 전적인 영광을 효력 있게 만드시고 또 계시하심으로써, 그분의 창조는 그분에 의하여 창조된 것의 생성과 **동시에**(zugleich), 즉 그 창조와 함께 시작되는 시간과 **동시에** 시간 밖이 아니라, 오히려 그 시간 **안에** 있다. 만일 시간과 **함께**(cum tempore)의 의미가 시간 **안에서**(in tempore)를 말하지 않는다면, 그 의미는 무엇이겠는가? 창조 이전에 확실하게도 어떤 피조물도, 어떤 시간도 없었다면, 다음도 또한 조금도 덜 참인 것은 아니다: 또한 피조물 이전에 그리고 시간 이전에 어떤 창조도 없었다. 피조물 이전에는 오직 하나님의 순수한, 자신 안에 휴식하고 운동하는 내적 본질만 있으며, 그리고 시간 이전에는 오직 그 본질의 영원성만이 있다. 바로 그분의 영원성은 그러나 창조의 행위 안에서 선–시간적으로, [시간 위의 혹은] 동반–시간적으로, 후–시간적으로 계시되며, 그렇게 하여 시간의 원천적 장소로서, 절대적인 철저한(eminent) 시간으로서 계시된다. 그리고 그렇게 해서 이러한 그분의 계시는, 즉 창조의 행위는 피조물의 생성과 동시에, 시간의 시작과 동시에 발생한다; 창조는 그것을 통하여 규정되는 새로운 공간의 밖에서가 아니라, 오히려 안에서 발생한다. 거꾸로 말하자면: 창조는 더 이상 하나님의 순수한 내적 공간 안에서 발생하지 않으며―창조는 그곳에 그것의 근거 및 가능성을 가지며, 그곳에서 창조는 [밖을 향한 내적 사역(opus ad extra internum)으로써] 하나님의 구원의 및 평화의 결의 안에서 의지되고 계획되었다.―오히려 [밖을 향한 외적 사역으로서(opus ad extra externum)] 그 (*내적) 공간의 밖에서: 그분께 대하여 및 그분과 구분되면서 피조물로서 존재하게 될 그곳에서, 창조가 사건이 되면서 생성되는 (피조물의 고유한 규정인) 새로운 공간 안에서 발생한다. 창조역사는 동시에 [첫째 요소의 완전한 중심적 우선성 안에서] 근거된 신적 행동 **그리고** [첫째에 대하여 완전히 이차적으로] 근거되어진 피조적 사건 둘 다이다: 양자는 **함께 결합**된 관계(miteinander)이지만, 그러나 [양쪽 요소들의 가치 및 능력의 모든 구분에도 불구하고] 또한 **내적 일치의** 관계(ineinander)이다. 이로써 창조에 선행하는 과거의 시간에 대한 아우구스틴의 질문은 무력해진다. 그가 그러한 시간은 생각될 수 없다고 굴복하였을 때, 그는 옳았다. 그러나 창조가 시간 안에서 발생하였다는 명제는 그러한 생각될 수 없는 것을 주장하고 있지 않다. 피조적 존재가, 하나님의 창조하심을 통하여 생성되자마자 즉시 이미 과거에 있었던 것 및 비로소 될 것처럼, 또한 시간 그 자체도, 그것이 현재로서 시작하자마자, 즉시 및 그 자체로서 또한 이미 지나간 것 및 비로소 미래적인 것이다. 만일 시간이, 현재로서 시작하는 동시에, 즉시 그것의 미래를, 그리고 또한 그것의 과거를 갖지 않는다면, 그것은 현실적인, 즉 우리의 상대적인 시간이 아닐 것이며, 현재, 과거, 미래의 순차관계 및 분리관계를 가진 시간이 아닐 것이다. 시간은 (영원과는 구분되면서) 현재, 과거, 미래의 이러한 분리됨이며, 과거로부터 현재를 통과하여 미래로 향하는 존재자의 흐름이다. 만일 시간이 즉시 이러한 흐름이 아니라면, 그것은 현실적으로 창조되지 않은 셈이 될 것이며, 영원과 구분되는 시간도 아닐 것이다. 그러므로 시간은 이미 그것의 시작에서, 그것이 창조됨으로써, 현재와 미래일 뿐만 아니라, 또한 과거이다. 그렇기 때문에 시간에 및 신적 창조에 앞서는 과거는 고려될 필요가 없다. 그러므로 아우구스틴에 대립하여—그의 근원적으로 올바른 의도의 모든 승인 곁에서—다음과 같은 형식으로 말하는 데에 반대할 이유는 없다: "세계는 시간과 함께, 즉 시간 안에서 창조되었다." "시작의 시간과정은 세계창조 개념에 대한 상관개념(Korrelat)이다." (A. v. Oettingen, *Luth. Dogm. II 1*, 1900, 302)

성서의 첫 창조보고는 대단히 명확하게 바로 그렇게 말한다; 그 보고가 창조를 하나님의 말씀들 및 행동들의 등급화된 순서로, 그리고 계속 또 계속해서 성취되는 (피조물의) 생성으로 서술할 때 그러하며, 각각의 신적 사역들의 완성 그리고 각각의 피조적 존재 영역의 본질을 **하루**의 완성과 일치되도록 할 때, 그리고 전체의 완성을 **한 주**의 완성과 일치되도록 할 때, 그러하다. 시간은 이 보고에 따르면 의심의 여지없이 첫째의 신적인: "있으라(생겨라)!"와 함께 그리고 첫째의 피조적인: "그렇게 되니라"와 함께 시작한다. 하나님께서 자신의 "있으라!"를 말씀하셨음으로써, 그리고 그에 상응하는 피조적 생성이 성취됨으로써, 하나님께서 첫 피조물에게, 빛에게, 그리고 그것의 창조되지 않은 대립자인 어둠에게, 그들의 이름을 수여하셨음으로써, "저녁이 되고 아침이 되니, 하루가 지났으며", 이에 상응하여 그 다음에 둘째 날과 셋째 날이 생겨났다. 그리고 하나님의 사역의 넷째 날에 비로소, 일월성신의 창조(창 1:16-18)에 있어서, 인간에게 필요한 시간의 규모를, 시간의 객관적인 인식 근거를—이렇게 이해해야 할 것이다: 시간의 현실적 근거가 아니라, 그 자체로서의 시간이 아니라, 오히려 시계와 달력을 그것들의 확정된 자리에 [이것은 그것들의 창조자 하나님을 위한 것이 아니라, 오히려 인간을 위하여]—마련하셨을 때, 이것은 앞선 사실: 즉 시간이 신적 창조와 함께 및 피조물의 생성과 함께 이미 **시작**하였으며, 시간은 사실상 저 형식(이 형식 안에서 피조물이 실존하기 시작했을 뿐만 아니라, 오히려 그 형식 안에서 또한 시간을 근거하는 창조자의 신적 말씀하심 및 행위도 그것의 진행을 시작하였다.)의 시작이었다는 사실과 충돌하지 않는다.

우리가 위의 사실을 인정한다면, 그때 **창조 그리고 계약 사이의 관계**도 또한 새로운 빛 안으로 들어간다. 창조의 시간성은 창조자의 은혜의 필연적인 상응일 뿐만이 아니다; 이 은혜가 신적이며, 그래서 영원하며, 그러나 이제 이 은혜는 하나님이 아닌 타자에게, 말하자면 피조물에게, 내려오며, 피조물과의, 신적이지 않은 것과의, 즉 영원하지 않은 것과의 교제를 취하며, 그 피조물에 적절한 방식으로 그것을 수용한다는 한도에서 그러하다. 창조역사의 시간은 그것을 넘어서서 창조를 뒤따르는 **계약의 그리고 구원의 역사**라는 두 가지 **대칭상들**(Gegenbilder)을 시간 안에서 갖는다. 그 역사의 공간이 시간이라는 것은, 비록 그 역사가 영원하신 하나님의 말씀하심과 행동에 관계된다고 해도, 진지하게는 논쟁될 사안일 수가 없다. 만일 누가 그 역사의 시간성을 논쟁하려고 한다면, 그는 명백하게도 그것의 현실성을 먼저 논쟁해야 할 것이다. 만일 그 역사 안에서 오직 영원하신 하나님의 존재, 말씀하심, 행동만이 문제되고, 시간 안에서 실존하는 인간에게는, 하나님께서 인간과 맺으신 계약에는, 하나님께서 인간에게 주기로 생각하신 구원에는 관계되지 않는다면, 그렇다면 그 역사는 현실적으로 발생하지 않은 셈이다. 그때 그 역사는 물론 하나님의 영원한 계획 및 결의일 수는 있지만; 그러나 바로 그 계획 및 결의는 실행되지 않은 셈이 된다. 그리고 어떻게 우리가 그러한 어떤 실행되지 않은 하나님의 계획 및 결의를 다만 생각이라도 하면서 눈앞에 그려볼 수 있겠는가? 현실적으로 실행된 하나님의 영원하신 계획과 결의 안에서는, 현실적으로 발생한 및 아직도 발생하고 있는 계약사 및 구원사 안에서는 시간 안에서 실존하는 인간이 문제된다. 그 역사의 공간은 의심의 여지없이 시간이다. 그러하기 때문에, 한편으로 계약 및 계약사가 창조의 확증 및 갱신이며, 다른 한편으로 창조가 계약의 전제이기 때문에, 이곳으로부터 이미 창조 및 창조사의 시간성의 필연성이 생겨나온다.

창조에 뒤따라오는 계약사에 대한, 시간 안에서의 창조사의 시간의 하나의 대칭상(Gegenbild)이 좁은 개념적 의미 안에서의 **"우리의" 시간**이다; 다시 말하여 그것은 하나님께 대하여 고립된, 죄에 빠진 인간의 시간이다. 그 시간의 흐름은 도피와 같이 되어 버렸다. 그 시간 안에는 어떤 진정한 현재도 없으며, 그렇기 때문에 어떤 진정한 과거 및 미래도 없으며, 어떤 중심도 없으며, 그렇기 때문에 또한 어떤 시작도, 어떤 끝도 없으며, 혹은 한 중심의 현상적 형식으로서 시작과 끝만 있으며, 그 중심은 실제로는 일자인 동시에 전체이며, 이러저러해서 바로 현실적이 아닌, 본래적이지 않은 시간이다. "우리의 시간"은 참된 당혹성의 수수께끼로서 겉으로 보기에는 마찬가지로 필연적인 유한한 동시에 무한해야 하며, 또한 마찬가지로 필연적으로 유한할 수도, 무한할 수도 없다. 그 시간에 대해서 우리는 한탄할 만하게도,—비록 그것이 우리의 유일한 시간이라고 해도—언제나 다만 가설적으로 다음을 말할 수 있을 뿐이다: 그 시간은 최소한 그것의 근원 혹은 목적 혹은 비밀스런 형태로서의 어떤 본래적이고 절대적인 시간에 대한 관계를 가지며, 그렇게 하여 현실성의 특성을 소유한다. 그 시간은 영원 안에서 인식될 수 있는 근거 및 의미가 없는 시간이다. 우리의 시간은 그렇게 보이며, 그렇게 보여야만 한다; 그 시간이 하나님에 의하여 수립된 및 인간에 의하여 수용되고 승인되어야 하는 질서로부터 인간적 사역 및 기관이 되어버렸기 때문에 그러하다. 그래서 그 시간은 인간의 표상 안에서 및 인간의 현존재를 위하여 스스로 형태를 구성하며, 인간은 그 시간을 그에게 수여된 시간으로 취급하는 대신에 자신에게 고유하게 속하는 시간인 것처럼, 그의 사고, 의지 및 현존재의 술어인 것처럼 취급하려고 한다. 그 시간은 타락한 인간의 시간으로서 그 자체가 다만 타락한 시간일 수밖에 없다. 바로 그 타락한 시간만을 소유하는, 즉 실상은 어떤 시간도 소유하지 못하는 타락한 인간과 하나님께서는 하나님 자신의 시간에, 자신의 은혜의 시간의 돌입 안에서, 계약을 체결하셨다. 그러한 계약의 역사는 인간의 구원에 해당한다. 우리는 이러한 역사의 빛 안에서, 신적 은혜의 시간의 돌입의 빛 안에서 다음을 말해야만 한다: 또한 이러한 우리의 타락한, 문제가 있는, 더 나아가 비현실적으로 되어버린 시간도, 그것이 최소한 일그러진 회화로서 한 현실적인 것을 지시하는 것으로 보인다는 한도에서, 단순히 허무한 것은 아니다; 즉 그 시간은 도피가 아닌 한 흐름을, 진정한 과거 및 미래를 지닌 진정한 한 현재를, 절대적 시간의 무한성의 한가운데 있는 한 유한한 시작 및 한 유한한 목적을 지시하는 듯이 보이며, 그리고 그것과 함께 또한 그 절대적 시간에 대한 한 현실적 관계에 대하여 ─ 말하자면 그 시간도 또한 마지못해서 및 충분히 반역적이라는 한도에서 ─ 그것의 전적으로 혼동된 구조 안에서도 한 시간에 대하여 증거를 한다; 그 시간은 저 시간, 즉 하나님께서 피조물에게 수여하신 시간과는 달리, 그러한 타락한 시간을 위한 것이 아니며, 오히려 인간의 참된 삶의 현실적 형식일 수 있다. 하나님의 은혜 및 계시 없이는 "우리의" 시간의 이러한 원형은 어떤 형태도 획득할 수 없다. 하나님의 은혜 및 계시에 대한 믿음 없이는 "우리의" 시간의 그러한 원형은 전혀 시야에 들어오지도 않는다. 그러나 형태화 및 가시화에 도달하지 못한다면, 하나님의 은혜 및 계시는 헛된 셈이 될 것이며, 믿음도 공허해질 것이다. 이제 은혜의 계약의 역사와의 관계성 안에서 그리고 그 역사의 전제로서 (하나님의 은혜 및 계시에 관한 성서적 증거에 따르면) 또한 창조사가 존재한다면 ─ 이것은 아직 죄에 빠지지 않은 인간과 세계의 창조의 역사이다. ─ 그렇다면 우리는 다음을 말해야만 한다: 이 역사의 시간(이것 안에서 하나님께서는 그러한 인간과 아직 계약 안에 계시지 않으며, 그러나 그 계약을 바라보시면서 말씀하셨고, 행동하셨으며, 그의 창조자로서 말씀 및 행동하시기를 시작하셨다.) 이, 바로 이 시간 지금 "우리의" 일그러지고 희화화된 시간의 순수한 원형이었으며, 그리고 지금 "우리의" 시간은 사실상 일그러짐 및 희화화(이 시간은 지금 그러하다.)로서 바로 그 시간의 대칭상이다. 또한 우리의 타락한 시간도 저 처음의 본래적 시간이 없이는 존재할 수 없다; 이것은 인간이 저 처음 시간 안에서 어쨌든 본래성 안에서 창조되지 않았다면, (인간은 그 다음에 그 본래성을 상실하였다.) 전혀 다락할 수 없었던 것과 마찬가지이다.

그러나 이제 창조의 시간의 (저 다른, 여기서 관찰되기 시작하는) '대칭상'이 은혜의 계약의 영역 안에서 훨씬 중요하다; 그것은 말하자면 **은혜의 시간** 그 자체이며, 이 시간 안에서 계약의 역사가 연출된다. "우리의" 시간의 한가운데에서, 다시 말하여 죄에 빠진, 하나님께 대하여 고립된 인간의 시간의 한가운데에서 (하나님께서 바로 그 인간을 은혜 안으로 수용하심으로써) 새로운 시간이 돌발한다; 이것은 하나님께서 우리를 위하여 가지시는 시간이며, 우리가 하나님께서 우리에게 수여하신 시간을 상실한 이후에, 하나님께서 다시 한 번 우리에게 은혜의 시간으로 선사하기 원하시는 시간이며, 이 시간의 돌발과 함께 우리의 타락한 시간 그 자체는 소멸로 심판되었으며, 그러나 또한 변화하고 갱신될 것이다. 은혜의 시간은 하나님에 의하여 창조된 세계 안에서의 하나님의 고유하신 (예수 그리스도 안에서 성취된) 현재를 통하여 성립된다. 그 시간은 창조자의 시간이며, (창조자의 구상은 피조물의 어떤 오류를 통해서도 혼동에 빠지지 않는다.) 진정한 시간적 과거 및 미래를 지닌 진정한 시간적 현재이다. 만일 하나님의 말씀이 시간적이 되지 않았다면, 그때 그 말씀은 또한 육신이 되지 않았다는 셈이 된다. 말씀이 육신이 되셨음으로써, 그 말씀은 시간의 옷을 두른다: 한 인간의 삶의 시간으로서, 한 인간의 삶의 시간에 속한 (저 진정한 현재의 진정한 과거 및 미래로서의) 앞선 시간(Vorzeit)과 나중 시간(Nachzeit)과 함께, 시간의 옷을 두른다. 하나님의 아들의 참된 인간성의 이와 같은 필연적인 옷 입음 안에서, 그러한 현재, 과거, 미래 안에서 하나님께서는 우리의 타락한 시간으로부터 그분의 은혜의 시간을 창조하시며, 인간과의 계약의 시간을 창조하신다. 은혜의 시간 안에서 우리의 시간은 (하나님께서 스스로 우리의 시간 안으로 진입하시고, 우리의 시간을 제압하시고, 그것을 하나님의 시간으로 변화시켜 창조하심으로써) 타락한 시간으로서의 소멸로 판결되었으며, 그러나 동시에 다른 새로운, 현실적인, 성취된, 다시 말하여 하나님에 의하여 통치되는 시간으로 고양되었다. 육신이 되신 하나님의 말씀은 **있다**. 그리고 그 말씀은 그것이 과거에 **있었**고, 또 미래에 **있을 것**이라는 사실 없이는 현재 있을 수 없다. 그 말씀은 그러나 마찬가지로 결코 "아직" 존재하지 "않을" 수 없으며, 그리고 결코 "더 이상" 존재하지 "않을" 수도 없으며, 오히려: 그 말씀은 "과거의 그때에" [그리고 그러한 한도에서 "더 이상" 존재하지 "않으면서"] 존재하는 동시에 "지금" 존재하며, 그리고 그 말씀은 또한 "미래의 그때에" [그리고 그러한 한도에서 "아직" 존재하지 "않으면서"] 존재하는 동시에 "지금" 존재한다. 그 말씀은 완전한 시간적 현재이며, 바로 그렇기 때문에 또한 완전한 시간적 과거 및 미래이다. 그 말씀은 서로 함께 시간의 존재를 구성하는 저 순차관계 및 분리관계 안으로 전적으로 진입하며, 그리고 그 말씀은 바로 그러한 순차관계 및 분리관계를 하나의 전적인 **연대관계**(Miteinander)로 만드신다. 예수 그리스도의 십자가의 죽음 안에서 옛것은 지나갔지만, 이제 그럼에도 불구하고 그분 자신은, 그분의 죽음은, 그러나 또한 그분 및 그분의 죽음에 대한 구약성서적 증거 전체는 과거일 뿐만 아니라, 오히려 또한 현재 및 미래로서 지속된다. 그리고 동일하신 예수 그리스도의 부활 안에서 새것이 되었으며, 그래서 이제는 그분 자신이, 그분의 부활이, 그리고 부활하신 자이신 그분에 대한 신약성서적 증거 전체는 미래일 뿐만 아니라, 오히려 또한 현재 및 과거로서 지속된다. 그분은 시간을 소멸시키지 않으신다; 그분은 "처음이요, 마지막이요, 살아 계신 자"(계 1:17)이시다. 그분은 시간을 정상화하신다. 그분은 시간의 상처들을 치료하신다. 그분은 시간을 성취하시며, 시간을 실현시키신다. 그렇게 그분은 우리에게 시간을, 우리가 그 시간을 "우리의" 시간으로서, 우리에게 희사된 은혜의 시간으로서 (우리가 "우리의" 시간으로서의 시간을, 우리에 의하여 범해진 죄의 시간을 상실

이후에) 다시 소유할 수 있도록, 돌려주신다. 그렇게 하여 그분은 우리가 그분에 대한 믿음 안에서 참된 시간의 동시대인이 되도록, 그분 안에서 및 그분을 통하여 참된 시간을 소유하도록, 초대하신다. 참된(현실적인) 시간을 갖는다는 것은: 그분 안에서 및 그분과 함께 그분의 죽으심 및 그분의 부활하심에 힘입어 **현재** 안에서 살아가는 것을 뜻한다; 이 현재는 **전환**(Wende)이다; 이 전환 안에서 인간의 죄, 노예 됨, 저주, 죽음 등은 [그리고 그것과 함께 또한 "우리의" 타락한 시간은] 과거로서 우리의 뒤편에 놓이게 된다; 그 전환 안에서 죄는 오직 그분 안에서, 말하자면 우리의 유익을 위하여 그분이 지신 짐으로서만, 현재할 수 있다.—그리고 그 전환 안에서 인간의 무죄, 순종, 정의, 거룩, 축복 등은 미래로서 우리의 앞에 놓이며, 그러나 그분 안에서, 말하자면 그분의 사역 및 그분의 승리로서, 또한 이미 현재이다. 참된 시간을 갖는다는 것은: 그분 안에서 및 그분과 함께, 그분의 현재에의 참여에 힘입어, 그러한 과거로부터 그러한 미래로 이르는 도상에 위치하게 됨을 뜻한다. 참된 시간을 갖는다는 것은—죄인인 동시에 의인으로서—그와 같은 건너감(transitus) 안에서 살아가는 것을 뜻하며, 그분과 함께 이쪽으로부터 저쪽으로 나아가는 것을 뜻한다. 우리가 예수 그리스도 안에서 및 그분과 함께 가질 수 있도록 허용된 그러한 참된 시간은 하나님의 은혜의 시간이며, 옛 **그리고** 새 계약의 시간이다.

바로 이 시간이 이제 창조시간의 **본래적인** '대칭상'이다. 바로 이 시간은 명백하게도—"우리의" 타락한 시간으로부터는 이것은 말해질 수 없을 것이다.—저 날들 및 주간(이것들 안에서 하나님께서는 선하심으로써 모든 사물들 및 최종적으로 인간을 창조하셨다.)의 **올바른** 연속이며, 그것의 후속시간이다. 이미 창조시간이 하나님의 은혜로우신 의지 및 실행을 통한 전환의 시간, 건너감의 시간, 결단의 시간이다. 또한 이미 창조 안에서 (피조물 그 자체를 규정하고 살아가도록 허용함으로써) 시간을 성립시키는 것은, (다시 말하여: 피조물을 무로부터 빼앗아오며, 그것에게 존재를 수여함으로써) 피조물에게 현재와 미래를, 그러나 또한 과거를 수여하는 것은, 하나님의 고유하신 직접적 말씀 및 사역이다. 이미 창조 안에서 시간을 깆는다는 것은 피조물에게는: 하나님의 현재에 참여하는 것을 뜻하며, 하나의 어제(하나님께서 이것의 비존재에게 '아니오'를 말씀하셨다.)로부터 하나의 내일(하나님께서 이것의 존재에게 그때 '예'를 말씀하실 것이다.) 안으로 진입하는 도상에 위치함을 뜻한다. 이미 창조 안에서 피조물은 참된 시간을 획득하고 소유한다: 그 시간은 하나님께서 피조물에게 헌정하신 시간이며, 하나님의 영원성의 측량될 수 없는 보화로부터 빌려주신 시간이다.—그 시간은 하나님 자신에 의하여 규정된 그것의 중심 안에서 하나님의 고유하신, 절대적인 시간에 대한 분명하고 확고한 관계 안에 있으며, 또 그 중심으로부터 현실성과 존속상태를 가지며, 또 과거와 미래로 보증되고 유지된다.—그 시간은 도피하는 것이 아니라, 오히려 흐른다; 그러나 그 시간은 언제나 **이미** 있음으로써, 그 시간은 아직 있지 않고 그리고 **아직도** 여전히 있음으로써, 그 시간은 더 이상 있지 않음으로써, 지금 있다. 은혜의 시간은, 예수 그리스도의 시간은, 창조시간의 분명하고 완전한 '대칭상'은 바로 그러하다. 은혜의 시간은 창조시간과 마찬가지로 "우리의", 공허한 시간과는 반대로 성취된 시간이다.

그리고 이제 구약 및 신약성서에 따르면 사태는 다음과 같지 않다: "우리의" 공허한 시간이 이쪽 및 저쪽의 성취된 시간 사이로 밀려들어 가서, 그 양쪽 사이에서 말하자면 한 진공의 공간을 만드는 것은 아니다. 물론 "우리의" 공허한 시간은 존재했고, 또 존재한다. 그러나 마치 예로부터 다만 그러한 공허한 시간만이 존재했었다는 것은 사실이 아니다. 오히려 신적 창조의 시간 이후에 물론 이러한 공허한 시간이 돌발적으로 시작되었을 때, 또한 그 시간과 동시에 하나님의 은혜의 시간도 창조시간의 참된 및 본래적인 순서 및 연속으로서 시작되었으며, 또한 그 시작된 죄인의 공허한 시간은 동시에 예수 그리스도의 성취된 시간이었다; 그 성취된 시간의 중심은 그분의 삶의 시간 안에 있다: 그것은 그분의 **앞선 시간**(Vorzeit)이며, 이미 그분의 삶의 시간이었으며, 동시에 그분의 삶의 시간 그 자체는 아직 아니었다. 인간이 자신에게 수여된 시간을 상실하는 동시에, 그 시간은 예수 그리스도 안에서, 다시 말하여 창조 이후에 즉시 시작된 (그분의 죽음 및 그분의 부활 안에서 펼쳐진 은혜의 계약의) 역사 안에서 이미 다시 선사되었다. 인간의 상실된 시간은 처음부터 창조의 시간에 직접적으로 연속되는 (신적 은혜의 계약의) 시간에 의하여 둘러싸였고, 포괄되었다. 그렇게 하여 시간은 하나님으로부터, 하나님의 약속에 의하여, 그리고 하나님의 약속과 함께 이미 등장하여 현존하는 공급품 안에서, 처음부터 인간적 공허함에 거역하면서, 창조시간과 정확하게 마찬가지로, 성취된 시간이었다.

우리는 은혜의 시간에 대하여: 그 시간 자체가 다름이 아니라 인간의 죄에도 불구하고 계속 진행되는 창조시간에 불과하다고 꼭 그렇게 말해야 하는가? 우리는 물론 다음은 확실히 말할 수 있다: 우리의 타락한 시간과는 반대인 시간으로서의 '은혜의 시간'의 특성은 어쨌든 창조시간의 그것과 동일하다; 그리고 우리는 창조 및 창조의 시간에 대해서도, 그것이 중지되었다고는, 그것의 지속이 그것에 뒤따라오는 시간 위로, 즉 은혜의 시간 위로 펼쳐지지 않는다고는 틀림없이 말할 수 없다. 또 거꾸로 우리는 창조시간에 대하여: 그 시간이 다름이 아니라 이미 시작된 은혜의 시간에 불과하고 꼭 그렇게 말해야 하는가? 물론 우리는 다음은 확실히 말할 수 있다: 양쪽 시간들의 바로 그 특성 그 자체는 의심의 여지없이 동일하기 때문에, 그리고 은혜의 시간의 의미 및 내용은 틀림없이 이미 그것을 예비하는 창조시간의 의미 및 내용이다. 그러나 우리는 여기서 양자의 구분에 머무는 것이 좋을 것이다: 은혜의 시간은 죄인들의 타락한 시간 안에서 한 거역하는 대상을 갖는다; 그러나 창조시간은 바로 그것을 갖지 않았다; 그리고 창조시간은 시작하는 시간 그 자체이지만, 은혜의 시간은 바로 그렇지는 않다.

한 다른 질문에 대답하는 것이 더욱 명확할 것이다: 우리는 은혜의 시간을 창조시간의 '대칭상'(Gegenbild)이라고 불렀다. 이제 우리는 질문할 수 있고 또 해야 한다: 최종적 근거에서는 거꾸로 창조시간은 은혜의 시간의 '대칭상'이라고, 그래서 또한 **은혜의 시간**을 모든 시간의 본래적인 **원형상**(Urbild)라고 이해할 수 있지 않은가? 이 설명을 우리는 물론 최종 근거에서는 회피할 수 없을 것이다. 세계와 인간이 예수 그리스도 안에서, 다시 말하여 그분을 위하여 및 그분을 향하여 창조되었다는 것이 참이라면: 세계와 인간이 긍휼(하나님께서 피조물을 담지하고 대변하는 아들의 인격 안에서 영원 전에 긍휼 안에서 피조물에게 향하셨다.)의 실현의 도상에 있다는 것이 참이라면, 그때 창조는 화해보다 **앞서지 않으며**, 그때 창조는 오히려 화해를 **뒤따른다**. 왜냐하면 아직 창조 안에서가 아니라, 오히려 화해 안에서야 비로소 그 긍휼은 하나님께서 영원 전에 바라보셨던 그 목적에 도달하기 때문이다. 그렇다면 최초의, 본래적인, **원형적**(urbildliche)인 시간은 창조의 시간이 아니라, 오히려 화해의 시간이다; 이 화해의 시간을 향하여 세계와 인간은 하나님의 의지에 따라 또 하나님의 행동을 통하여 창조되었다. **참된 시간은 그렇다면 우선적으로 예수 그리스도의 삶의 시간이다**; 이 시간은, 전환, 건너감, 결단이며, 그분의 죽음 안에서 그리고 그분의 부활 안에서 성취된 시간이다; 또 이 시간은 이스라엘의 역사 안에서 및 그리스도교적 교회의 실존 안에서 **그 사건의 앞선 시간 그리고 후속 시간과 함께** 결합되어 있다. 이러한 참된 시간에 상응하면서, 그 사건의 필연적 및 적합한 형식으로 시간은 근원적으로—창조 안에서 및 창조와 함께, 그리고 동시에 창조사 자체의 형식으로—창조되었다: 근원적으로, 다시 말하여 모든 시간의 시초로서, 그러나 그것의 저 내적 근원 및 근거와의 관계 안에서 모형적으로, 대상적으로 창조되었다. 우리는 본다: 또한 여기서도 창조와 계약의, 그리고 그것과 함께 양쪽의 시간의, 그것들의 해체될 수 없는 결합관계의 모든 인식 및 승인에도 불구하고, 서로에 대한 관계를 분리하고 구분해야 할 단서가 존재한다. 그리고 우리는 마지막으로 이곳으로부터 다시 한 번 창조를 참된, 다시 말하여 시간을 성취하는 역사로 이해해야 할 필연성을 본다: 창조의 시간이 최종적으로 은혜의 시간의 모형 및 대칭상이라면, 그때 창조의 시간은, 그것이 모든 시간의 시작이기 때문에(시작임으로써), 다름이 아니라 저 참된—강력한 의미에서 참된—시간이다.

그러나 바로 이 자리에서 이제 그 이상의 하나의 국면이 열린다; 이것의 고려는 창조사의 평가에, 그리고 특별히 창조에 대한 성서적 증거의 평가에 불가결하다. 우리는 보았다: 창조가 모든 시간의 시작을 자신 안에 포함한다는 사실은 창조 그 자체가 참된(현실적인) 역사이며 또 그 자체가 시간 안에서 발생한다는 사실 중 아무것도 변경시키지 않는다. 그러나 다음이 간과될 수는 없다: 이 사실성은 창조역사에게 그 밖의 다른 역사들에 대하여 최고로 고유한, 최고로 예외적인 특성을 준다. 그 역사의 고유한 특성은 명백하게도 객관적으로 다음에 근거한다: 창조는 어떤 (후방으로 결합된 및 그러한 관계 안에 있는) **선역사**도 갖지 않으며, 오히려 철두철미 새로운, 피조물로부터 볼 때 자기 자신으로써 시작하는 사건 안에서 존속한다. 피조물의 생성 **이전**에는 오직 창조자만이, 시간의 시작 **이전**에는 오직 하나님의 영원성만이 있다. 우리는 동시에 이렇게 말할 수도 있다: 창조가 모든 사물들의 시초이기 때문에, 그러나 바로 그러한 시초로서 그치지 않으며, 오히려 계속 진행하기 때문에, 피조물의 모든 현존재 및 존재 형식이 하나님의 계속 진행하는 창조에 근거하기 때문에, 실제로는 그 밖의 모든 역사들도 또한 하나님께 대한 그러한 **직접성**(Unmittelbarkeit) 안에 서는 고유한 특성을 갖는다. 그 밖의, 창조의 시작에 뒤따르는 역사는 그 밖에도 그것에 더하여 하나님께 대하여 간접적(mittelbar)이라는 특성도, 다시 말하여 그것에 더하여 어떤 선역사로부터, 그것에 더하여 하나님 아닌 타자에 대한 결합 안에서 및 관계 안에서, 그것에 더하여 이미 시작된 시간 안에서 발생한다는 특성도 갖는다. 은혜의 시간의 기적들(이것들 안에서 하나님의 창조가 사실상 계속 진행된다는 것이 가장 명확해진다.)로부터, 모든 기적들 중의 기적으로부터, 즉 예수 그리스도의 부활로부터 다음이 말해져야 한다: 창조에 뒤따라오는 역사는 하나님께 대하여 직접적으로뿐만 아니라, 또한 언급된 의미 안에서 간접적으로 발생한다. 창조사 그 자체로부터는, 시작하는 신적 창조의 역사로부터는 그것은 말해질 수 없다. 창조자의 내용은 피조물 그 자체의 **순수한 생성**이며, 그것의 위쪽에는 피조물의 편에서 보자면 아무것도 없으며, 하나님의 계시로부터 및 그 계시에 대한 믿음 안에서 보자면: 하나님만 홀로 계시며, 오직 하나님의 의지 및 행동만 있다. 바로 이것이 창조사를 객관적으로 **유일하게 특이한**, 다른 모든 역사에 대하여 **유일무이한** 역사로 만드는 것이다. 창조사의 이러한 객관적인 특성은 이제 그러한―이것이 창조사의 성서적 증거의 평가에 중요한 것이다.―그렇게 그 창조사에 주어지는, 그 창조사의 **인식**의 고유한 **특성** 안에서 반사된다. 어디서 및 어떻게 인간은 이 역사를 알 수 있게 되며, 그래서 그 역사를 설명할 수 있게 되는가? 이 질문의 구체적인 어려움은 흔히 창조의 역사성과 시간성을 거부하는 쪽으로, 그리고 창조에 대한 성서적 증거를 실상은 창조자의 피조물에 대한 비역사적인 및 무시간적인 관계를 목표로 하는 진술로 변형시키는 쪽으로, 인도하였다. 그러나 성서적 증거는 바로 그러한 곡해에 스스로 저항한다. 그리고 우리는 이제 창조와 계약 사이의 관계에 대한 잠정적인 탐구 안에서 그 관계가 사람들이 무시할 수도 있는 어떤 우연이 아니라는 것을 보았다. 성서적 증거는 그러한 곡해에 저항해야만 한다. 이미 여기서 **역사**가 설명되어야 하며, 창조는 이미 여기서 오직 역사의 설명으로 이해되고 평가되어야 한다. 그 증거가 사실상 말하는 그것이 반드시 말해져야 한다: 창조는 물론 시간의 시작이었지만, 그러나 또한 그러한 시작하는 시간 안에서 [이 시간의 시작을 창조 자체가 자신 안에 포함한다.] 발생하였다. 만일 그렇지 않다면 창조는 성서적 증거에 의하면 바로 그러한 것: 즉 창조에 뒤따르는 역사 전체의 '전제 및 예비'가 아닐 것이다. 그러나 이러한 그 자체로써 필연적인 사태 관계를 이해하는 어려움은 그렇기 때문에 간과될 수 없다. 만일 우리가 저 곡해의 길을 벗어나고자 한다면, 그것을 현실적으로 잘 이해하는 셈이 된다. 어떻게 이 역사는 **설명**(이야기)될 수 있는가? 어떻게 이 역사는 도무지 인간적 **인식**의 대상일 수 있는가? 어떻게 어떤 사람이 모든 사건이 그것의 시초를 취하는 그곳에서 발생했던 것을 알거나 말할 수 있는가? 어떻게 어떤 사람이 그 사건을 보았다거나 개념적으로 파악하였다고 할 수 있겠는가?

슐라터(Ad. Schlatter)는 명백하게도 옳았다: "우리가 우리 자신에게서 자연과 정신 사이의 합일점을 관찰할 수 없기 때문에, … 어떻게 자연이 하나님으로부터 생성되었는가에 대한 … 모든 상상은 우리에게 금지된다. 우리는 자연을 결코 우리 자신으로부터 아닌 다른 곳으로부터, 그것이 우리의 인지에게 드러나는 것과 같지 않은 다른 것으로 (*인식할 수 없으며), 그리고 자연의 (하나님께로 향하는) 측면은 우리에게는 도달될 수 없는 영역으로 머문다."(*D. chr. Dogma*, 1923, 60) "우리에게 창조 개념이 주어짐으로써, 우리는 우리의 가시능력의 경계선에 선다. 왜냐하면 생겨남과 생성의 인지는 우리에게 도처에서 거부되기 때문이다. 우리는 다만 생성된 것만을 보며, 오직 그 작용의 결과만을 본다. 또한 우리 자신 안에서 발생하는 생성의 과정도 우리에게는 완전하게 은폐되어 있다. … 왜냐하면 우리는 창조자가 아니기 때문에, 우리는 어떤 창조적 행위도 보거나 파악할 수 없다."(앞의 책, 36) "창조의 보고는 철두철미 직관될 수 없는 하나님의 행동으로부터 볼 수 있게 설명되고자 한다. 무로부터 무엇이 생겨나온다는 것, 그것은 철두철미 서술될 수 없는 것이다."(W. Zimmerli, *1. Mose* 1-11 1943, 27)

우리가 볼 수도 파악할 수도 없는 역사는 어쨌든 사실사적(historische) 역사는 아닙니다. 사실사(Historie), 다시 말하여 왜냐하면 개관될 수 있기 때문에, 왜냐하면 인간에게 인지될 수 있고 파악될 수 있기 때문에 인간에 의하여 도달될 수 있는, 역사는 **객관적으로**: 다른 피조적 역사(Geschichte)와의 관계성 안에 있는 피조적 역사이며—그 사건 앞에 및 곁에는 다른, 원칙적으로 동일한 종류의 사건이 존재하며, 이쪽은 저쪽과 비교되며, 다른 쪽과 함께 하나의 상 안에 함께 배치될 수도 있다. 그리고 그와 같이 사실사(Historie)는 **주관적으로**: 피조적 관계성 안에 있는 그러한 피조적 사건의 상(Bild)이다. 그러나 창조역사에는 바로 그러한 관계성이 없다. 창조사의 그러한 관계성으로서는 오직 창조자 하나님만이 문제될 수 있을 뿐이다. 바로 그렇기 때문에 창조역사는 어떤 사실사(Historie)가 아니며, 창조사에 관해서는 어떤 사실사도 존재하지 않는다. 그렇기 때문에 창조역사는 다만 비사실사적 역사(unhistorische Geschichte)일 뿐이며, 창조사에 관해서는 오직 비사실사적인 역사 서술만이 존재할 뿐이다. 우리는 즉시 추가하여야 한다: 역사 전체는 예외 없이 다음의 한도에서: 즉 역사 전체 안에서 하나님의 창조가 계속 진행된다는 한도에서, 역사 전체가 그것의 모든 운동들, 관계들 및 형태들 안에서 언제나 또한 한 구성요소(Komponent; 이것 안에서 역사는 하나님께 대하여 직접적이며, 그것 안에서 역사는 직접적인 신적 규정이다.)을 갖는다는 한도에서 언제나 또한 비사실사적이며, 그러한 한도에서는 역사 전체에 대하여 언제나 다만 비사실사적으로만 보고될 수 있다. 그리고 모든 역사가 본래적 및 최종적으로는, 오직 그것이 또한 그러한 구성요소를 갖는다는 한도에서, 그 역사는 그러므로 사실사적일 뿐만 아니라, 오히려 동시에 비사실사적이라는 한도에서, 중요하고 주목할 만하다는 사실이 어떻게 간과될 수 있겠는가? 모든 역사 서술이, 그것이 말하자면 다만 사실사적일 뿐이며, 전혀 비사실사적일 수 없고 비사실사적으로 말할 수 없다는 한도에서, 영적이지도 않고 또 결실도 없게 될 수밖에 없다는 사실이 어떻게 간과될 수 있겠는가? 그러나 이제 모든 그 밖의 역사는 하나님께 대하여 직접적일 뿐만 아니라, 오히려 또한 간접적이며, 그래서 비사실사적(unhistorisch)일 뿐만 아니라, 오히려 또한 사실사적(historisch)이다. 이제 모든 그 밖의, 창조를 뒤따르는 역사 전체는 또한 하나의 피조적 구성요소를 갖는다: 그것은 다른 피조적 사건과의 동등성 및 관계성을 뜻한다. 이 관계성은 전반적으로 불명확하며, 그리고 그 관계성은 때로는 거의 완전히 어둡게 된다: 이것은 역사가 기적의 특성을 취하는 곳에서 가장 강력하게 사건으로 발생한다; 이것은 은혜의 계약의 역사의 중심점에서, 예수 그리스도의 부활 안에서, 생각될 수 있는 최고의 정도로 사건이 된다. 한 현실적인 기적을 보고 파악한다는 것은 무엇을 뜻하는가? 죽은 자들로부터의 부활의 인지 및 확정은 무엇을 뜻하는가? 역사의 사실사적 구성요소는 그곳에서는 거의 전적으로 사라지는 듯이 보이며, 비사실사적인 구성요소가 철두철미 증대된 것으로 보인다. 또한 그것에 대한 인간의 보고도, 역사 서술도, 그곳에서는 사실사적 관계의 형식을 필연적으로 폭파해야만 한다. 사태 관계는 그러하며, 바로 그것이 또한 실제로 발생한다. **바로 그 역사**는, 은혜의 계약의 역사는 의심의 여지없이 바로 그것의 결정적 중심에서 오직 사실사(Historie)인 것만은 아니다; 그리고 우리가 다른 역사들에 있어서 그것들의 비사실사적 구성요소들을 [물론 그것들의 관찰을 해치면서!] 위기를 초래하면서 간과하거나 혹은 곡해할 수 있다고 해도, 그것은 이 자리에서—그러나 또한 이 자리의 주변 환경 전체 안에서도—쉽게 가능하지 않을 것이며, 그러므로 그러한 관계성 전체를 바라보면서, 우리가 그곳에서 다만 부분적으로만 사실사와, 다만 부분적으로만 사실사적인 보고들과 관계한다는 사실에 대한 공개적인 동의만이 남게 될 뿐이다. 어쨌든 다만 부분적으로! 물론 또한 그곳에서도 다른, 피조적인, 그러한 한도에서 간과될 수도 있는 역사와의 하나의 확실한 관계 및 동등성이 사실상 분명히 남아 있다. 또한 그곳에서도 사실사적 구성요소들이 단순히 절멸된 것은 아니다. 물론 거대한 사실사적 어둠(Dunkel)이 등장하지만, 그러나 그것은 그럼에도 불구하고 **사실사적 암흑**(Finsternis)은 아니다. 우리가 **창조역사** 그 자체를 눈앞에 파악할 때, 바로 다음이 말해져야 한다: 그것은 그것 안에서 창조하시는 하나님이 전적으로 홀로, 그리고 그분의 창조를 통하여 생성된 피조물이 파트너로서, 마주 대하여 서는 역사이며—또 그것 안에서 피조물과 함께 또한 시간이, 어떤 앞선 시간도 없이, 시작되는 역사이며, 어떤 다른 역사 안에서의 모든 비교 및 참조점 없이 존재하는 역사이다. 이 역사 안에서는 무엇이 인지되고 파악될 수 있으며, 그래서 사실사적(historisch)으로 다만 존재라도 **할 수** 있는가? 은혜의 계약의 역사가 그것의 기적들 및 그것의 거대한 중심 기적과 함께 의심의 여지없이 사실사적(unhistorisch)일 뿐만 아니라, 오히려 [그 역사 자체가 계속되는 창조역사라는 점에서!] 최고로 비사실사적이라면, 마찬가지로 창조사 그 자체에 대해서도 다음과 같이 말해질 수 있다: 창조사도 그것의 본질에 따라서 **철두철미 비사실사적**이며, 창조사에 대한 성서적 보고들도 그것의 본질에 따라서 **철두철미 비사실사적** 보고들로 읽혀지고 이해될 수 있다.

그것의 **본질**에 따라서! 우리가 이것(*위 단락의 마지막 문장)을 말할 때, 우리는 어떤 양보도 할 수가 **없다**. 우리가 여기서 수용하는 것은 어떤 중심 내용에 낯선, 비신학적인 "사실사적 비평(역사비평)"의 판단이 아니다. 오히려 우리는 다음을 **신학적** 명제로 주장한다: 창조사는 비사실사적이다; 다시 말하여 창조사는 사실사(Historie)로서 인지될 수 없고 파악될 수 없는 방식 안에 있는 역사(Geschichte)이다. 그렇지 않다면 그것은 창조사가 아닐 것이다. 그러므로 창조사에 대한 보고도 또한 어떤 경우에도 사실사적인 관계로 이해될 수 없다.

첫째, 우리가 이것(*위 단락의 마지막 문장)을 말할 때, 우리는 다음의 사실성을 진지하게 수용한다: 성서는 창조를 이야기 역사(Geschichte)로 설명하며, 이 역사는 [그것의 내용과는 전혀 별개로] 어쨌든 **인간적 증인**을 전혀 갖지 **않는다**. "내가 땅의 기초를 놓을 때에, 너는 어디 있었느냐? 네가 그처럼 많이 알면, 대답해 보아라!"(욥 38:4) 하나님께서 땅의 기초를 놓으실 때 인간이 어디 있었는지 대답할 수 없다면, 인간은 그때 무엇이 발생했는지 및 어떻게 발생했는지를 자신의 고유한 직관 및 이해력으로부터 알 수 없으며, 그래서 사실사적으로 보고할 수도 없다. 어떤 역사가도 없는 곳에서는, 명백하게도 바로 그렇기 때문에 [비록 그가 그곳에서 발생했던 것을 인지할 수 있고 이해할 수 있다고 해도] 어떤 사실사(Hsitorie)도 존재할 수 없다.

우리는 둘째로 다음 사실성을 붙든다: 성서적 창조사 그 자체의 내용은 명확하게도 **선역사적**(praehistorischcn) **특성**을 깃는다: 물론 선**자연**사적(prae-naturhistorisch)이라는 의미에서 선역사적으로 이해되어야 한다. 그 보고들은 물론 시간적으로 단계화된 사건을 취급하지만, 그러나 그 사건은 그 밖의 모든 역사의 자연적 전제들의 생성의 사건이다. 하늘, 땅, 바다, 식물과 동물, 마지막으로 인간이 생기는 곳에, 다시 말하여 아직 존재하지 않았다가 그 다음에 존재하는 곳에서, 창세기 1장은 광범위하게 전개하고 창세기 2장은 고유하게 특징적인 단축 안에서 묘사하는 것과 같은 그곳에, 어떤 사실사적인 보고도 없다. 사실사적인 것은 이미 존재하는 '자연 현실성'의 내부의 진행과정들이다. 여기서는 자연의 비존재 및 존재 사이의 경계선상의 진행과정들이다. 이러한 과정들에 대해서는, 어쨌든 보고하려고 한다면, 전혀 사실사적으로 보고될 수 없다.

우리는 셋째로 다음 사실성을 바라본다: 우리는 성서의 첫 장들에서 하나가 아니라, 오히려 두 가지의 상이한 창조보고들과 관계한다; 이 보고들은 그 밖의 정경 안에서의 창조에 관한 주제의 개별적 취급을 통하여 보충되며, 부분적으로는 또한 정면 대립되기도 한다. 이 본문들의 주석적 평가에 관련하여, 그 본문들을 그것들이 창세기 안에서 이제 우리 앞에 놓여 있는 전체적 구조 안에서 이해하려고 할 때, 우리는 다음을 주목하게 된다: 그 본문들은 동일한 진행과정을 대단히 상이한 관심사로서만이 아니라, 오히려 또한 대단히 상이한 방식 안에서 서술하고 있다. 두 보고들 각각은, 다른 편에서 본다면, 고통스런 결함들 및 제거될 수 없는 모순들을 지시한다. 그래서 다음의 추측이 긴급히 떠오른다: 그 보고들은 원래 상이한 기원을 가지며, 상이한 시대 및 배경으로부터 유래하며, 또한 상이한 정신적 특성으로부터 생성되었다. 사려 깊은 관찰은 잘 알려진 '원천 구분 가설'과 결합된 평가 및 평가절하[Gunkel!]로부터 자유롭게 위치해야 한다; 왜냐하면 그러한 것은 주석과는 확실하게도 아무 관계도 없기 때문이다. 그러나 사람들이 그러한 평가 및 평가절하를 행한다고 해도, 비록 사람들이 양쪽 보고에 공통적인 것을 오인하지 않는다고 해도, 더 나아가 사람들이 그러한 공통적인 것인 양쪽에 대하여 의심의 여지없이 결정적인 것이라고 확정한다고 해도, 그래도 우리는 다음을 오인할 수가 없다: 이쪽에서 그리고 저쪽에서 어쨌든 — 만일 다른 이유들이 반대로 말하지 않는다면 — "사실사적으로" 관찰될 수 있다고 하는 바로 그것은 그러한 공통적인 것과 조합되지 않는다; 바로 한 사실사적인 상(ein historisches Bild)이 — 만일 이것이 사태에 적합하게 가능하다고 한다면 — 그러한 양쪽의 보고들로부터는, 이쪽 혹은 저쪽으로부터 다른 한쪽에게 혹은 양쪽 모두에 강제력을 행사하지 않는다면, 결코 조합되지 않을 것이다. 그와 같은 사실사적인 조화를 추구했던 옛 주석들은 기록되어 있는 바로 그것을 존중하는 일에 있어서 상당한 부분을 빠뜨린 셈이 되었다. 기록되어 있는 것은 이제 — 이것은 모든 원천의 가설들과는 독립적으로 말해져야 한다. — 두 가지의 상이한 보고들의 그러한 병렬관계 안에서 그 배후에 놓인 사실사적 사태 관계를 탐구하는 데에는 적합하지 않다; 만일 그러한 의도에서 읽고 해석하려고 한다면, 그것을 다만 폭력을 행사하는 셈이 될 뿐이다.

창조역사는 비사실사적(unhistorische)인, 정확하게 말하여: **선역사적인 역사**(praehistorische Geschichte)이다. 물론 우리는, 창조역사가 역사(Geschichte)가 아니라는, 오히려 무역사적 및 무시간적 현실성의 변장이라는, 주석적 및 교의학적으로 불가능한 주장으로 되돌아가 빠지지 않도록 조심해야 한다. 그러나 우리는 마찬가지로 주석적 및 교의학적 근거들로부터 확정해야 한다: 창조역사는 **사실사적** 역사(historische Geschichte)가 **아니다**. 모든 역사(Geschichte)가 사실사적(historisch)인 것은 아니다. 우리는 반복한다: 하나님께 대한 직접성 안에서 말하자면 모든 역사는 비사실사적이며, 다시 말하여 유도될 수 없고 비교 불가능하며, 그렇기 때문에 직관될 수 없고, 인지되거나 파악될 수도 없다. — 그 모든 것이 그러나 그렇기 때문에 현실적인 역사이기를 그치는 것은 아니다. 바로 그것(*모든 역사)의 결정적인 구성요소(Komponente) 혹은 차원 안에서, 바로 그것이 최종적으로 홀로 중요하고 관심의 대상이라는 관점에서, 모든 역사는 비사실사적이며 — 바로 그것이 현실적인 역사임으로써 그러하다! 그리고 그 구성요소들이 더욱 압도적일수록, 그 차원이 — 하나님께 대한 직접성이 — 더 많이 가시적이 될수록, 그것은 그만큼 더 현실적인 역사이며, 그만큼 더 구체적이 된다. 창조역사는 **다만**(nur) 그러한 구성요소들이다. 창조자 및 피조물은 창조사 안에서 **다만** 직접적으로 서로 대면하여 선다. 바로 그렇게 하여 창조사는 강력한 의미에서 현실적인, 그러나 마찬가지로 강력한 의미에서 비사실사적인, 선역사적인 역사이다. 바로 그렇기 때문에 창조사는 오직 비사실사적인, 선역사적인 역사 **묘사** 및 역사 **서술**의 대상일 수만 있다.

우리는 비사실사적인 역사 묘사 및 역사 서술이 열등하다거나, 의문스럽다거나, 혹은 배척되어야 한다는 강제적 상상을 머리로부터 떨쳐버려야 하며, 마지막 나머지까지 청산하여야 한다. 그러한 상상은 근본적으로 다만 웃음거리의, 다만 부르주아적인 (그것의 병적인 상상력 부재 안에서 최고의 상상력을 발휘하는, 현대 서구적 정신의) 관습이다; 이 정신은 자신의 콤플렉스(*Komplexe*; 복잡성)를 추방시켜 버림으로써, 그것으로부터 벗어나고자 한다. 그 관습은 저 가치 및 유효성(이것 안에서 그 관습은 출현한다.)에 대하여 현실적으로 어떤 권리를 주장도 할 수 없는 그런 관습이다. 사람들은 다만, 마치 사실사적 역사가 유일하게 현실적인 역사인 것처럼, 비사실사적인 역사는 그 자체로서 마치 비현실적인 역사인 것처럼 행동한다! 사람들은, 모든 역사들의 하나님께 대한 직접성은 그것의 비역사성(Unhistorizität)의 비난 아래서 역사로부터, 역사의 상으로부터, 그리고 역사의 파악으로부터 추방되어야 하며, 그래서 단순한 이념 안으로 도피해야만 하는 것처럼, 다만 그렇게 앞으로 나아가기만 한다. 그때 역사의 지평은 필연적으로 사람들이 스스로 원하는 그대로 될 것이다; 그것은 최고로 비현실적인 역사가 될 것이며, 말하자면 다소간에 명시적인 어떤 신화가 될 것이며, 그 신화의 빈약한 빛 안에서 사실사적인(historische), 자칭 홀로 현실적인 역사가 지루한 무의미성의 바다로서, 그리고 바로 괴물과 같은 카오스로서 교대하면서 등장해야만 한다. 아니다. 우리는 바로 그렇게 앞으로 나아가서는 안 된다! 그러나 비사실사적 역사 현실성, 역사 관찰 및 역사 서술에 대하여 그러한 위축 안에 머무는 것은 어떤 경우에도 필요하지 않고, 권고되지도 않는다. 오히려 필요하고 권고되는 것은 어떻게 역사적인 것(das Historische) 및 비역사적인 것이 현실적인 역사 안에서 서로 결합되어 있고 또 합치하고 있는가를(또 그러한 사실을) 분명하게 만드는 것이다.

모든 시대들에, 모든 적법성 안에서 (사실사적인 역사서술 곁에 및 그것과 함께) 비사실사적인, 선역사적인 역사서술이 있으며, '**사가**'(Sage ; *고대 역사의 구전된 이야기)라는 비사실사적인, 선역사적인 역사적 상(Geschichtsbild)이 있다.

내가 보고 이해할 수 있는 한도에서는(비교. H. Gunkel, W. Baumgartner, O. Rühle, P. Tillich, R. Bulltmann 등의 RGG 안의 관련된 논문) **신화, 사가, 전설, 설화**(Anekdote)의 개념들에 관한 명확하고 인정된 설명, 구분, 조합 등은 오늘의 인종학(Ethnokogie)과 종교학 안에서는 언급되지 않고 있다; 하물며 역사와 사실사의 개념에 관련된 그것들의 관계의 유용한 규정은 더욱 그러하다. 비전문가는 여기서 바른 길을 찾으려는 모험을 감행해야 할 것이다.

이하에서 내가 '**사가**'로써 이해하는 것은 예언적-문학적(diviatorisch-dichterisch)으로 고안된

(구체적이며 일회적인, 시간적 공간적으로 제약된 선역사적 역사 현실성의) 상(Bild)이다. 전설들 및 설화들은 사가의 변형된 종류라고: 전설들은 구체적 인물에 관한 사가와 같은 묘사이며, 설화들은 그러한 구체적 인물 혹은 어떤 구체적 역사적 개별 상황에 대한 사가와 같은 갑작스런 조명이라고 말해질 수 있다.

성서적 창조사의 지칭을 위해서는 명백하게도, 만일 —앞으로 제시되어야 할 것처럼— 신화의 개념이 탈락된다면, 오직 '사가'의 개념만이 고려될 수 있다.

성서적 증거가 사실상 **많은** '사가'들을 [또한 전설들 및 설화들을!] 포함하고 있다는 사실은 그 증거의 성격 및 대상과 관계되어 있다. 성서적 증거는 또한 사실사(Historie)도 포함하지만, 그러나 보통은 다소간에 강하게 사가로써 포장된 사실사를 포함한다: 역사의 하나님께 대한 직접성이 (성서가 보고하는 사건 안에서 흔히 그러한 것처럼) 전면으로 밀고 나올 때, 어떻게 사태가 그렇지 않을 수 있겠는가? 다른 한편으로 성서적 증거는 사실사적으로 포장된 많은 사가들도 포함한다; 이것도 마찬가지로 놀랍지 않다; 왜냐하면 그 증거가 보고하는 사건의 광범위한 부분은 언제나 사실사와 사실사적 보고가 어쨌든 근본적으로 가능한 공간 안에서 연출되기 때문이다. 그 증거는, 조심스럽게 말하자면, **순수한 사실사는 적게**, 그리고 **순수한 사가도 적게** 포함하고 있으며, 그리고 양자로부터 이러저러한 속성 안에서 의심의 여지없이 인식될 수 있는 것은 더욱 적다. 보통은 양쪽 요소들의 **혼합**이 등장한다. 그러므로 우리는 보통은 성서 안에서 사실사 **그리고** 사가 둘 다를 고려해야만 하게 된다.

여기서 다음이 강조되어야 한다: 특별히 그리스도교적 공동체 안에서 사람들이 마치 오직 성서가 사실사적으로(historisch) 말할 때에만, 그것이 하나님의 말씀을 말하는 것과 같이 상상하는 것을 청산해야 한다. 이러한 오해의 결과의 첫째는 신앙의 거대한 불확실성이었다: 이 불확실성은 사람들이 많은 성서적 요소들의 사가적인 성격의 인상을 벗어날 수 없었으며, 그럼에도 불구하고 어디에 및 어떻게 경계선을 두어야 할지, 무엇이 최종적으로 사실사적인 것으로서, 그래서 참된 하나님의 말씀으로서 남아야 하는지를 알지 못했다는 사실로부터 생겨났다. 혹은 사람들은 바로 그러한 상상의 둘째 결과로서 다음을: 성서 안에는, 그것이 참으로 하나님의 말씀이기 때문에, 전적으로 오직 사실사적 보고들만 있으며, 사가는 전혀 존재하지 않는다고 강경하게 주장하였다; 이 주장은 그러나 감은 눈에 의해서 혹은 눈으로 볼 수 있는 것의 폭력적 곡해가 아닌 다른 방법 안에서는 관철될 수 없었다. 셋째로 사람들은 여전히 동일한 상상의 결과로서 성서로부터 어떤 사실사적인 "핵심"을 추출해 내려고 시도하였다; 사람들은 그 핵심 안에서 그때 참된, 말하자면 그 사실사적인 하나님의 말씀을 구체적으로 취할 수 있다고 생각하였다.—그러나 그렇게 하는 중에 바로 그 제거된 사가들과 함께 어떤 주변적인 것이 아니라, 오히려 하필이면 성서적 증거의 중심적 내용이 상실되었다는 불행한 일만 닥쳤을 뿐이었다. 우리는 반드시 다음을 분명히 해야 한다: 세 가지의 경우 모두에 전제된, 하나님의 말씀과 사실사적 보고의 동일시는 허용될 수 없는 '명제'(Postulat)이며, 이 명제는 철두철미 성서로부터 온 것이 아니며, 오히려 저 유감스러운 현대적-서구적 사고 습관으로부터 유래하였다; 이 사고 습관에 따르면 역사(Geschichte)의 현실성은 그것이 사실사(Historei)이냐 아니냐의 문제와 함께 서고 넘어진다는 것이다. 이러한 사고 습관이 [17세기 말에] 등장하고 지배하였을 때, 그곳에서는 점증하는 신학적 자유주의가 사실사적으로 정화된 성서를 추구하였으며, 그리고 그곳에서 점증하는 신학적 정통주의는 성서가 순수하게 사실사만을 포함하며, 그래서 그것 전체가 하나님의 말씀이라는 강경하게 주장하였다. 바로 이 **자유주의** 그리고 바로 이 **정통주의**는 동일한 한 허약한 정신의 자녀들이며, 그리고 그들의 길을 계속 나아가는 것은 전혀 바람직하지 않다. 말하자면 왜 성서가 하나님의 참된 말씀의 참된 증거로서 철두철미 사실사적으로만 말해야 하는지, 왜 사가의 형식으로 말해서는 안 되는지가 도무지 통찰되지 않는다. 오히려 다음이 통찰되어야 한다: 거룩한, 영감으로 고취된 문서인 성서는, 하나님의 참된 말씀의 참된 증거로서, 바로 왜냐하면 그것의 대상 및 근원이 스스로 계시는 하나님이기 때문에, 다만 사실사적으로만이 아니라, 오히려 공공연하게 비사실사적으로, 또한 사가의 형식 안에서도, 말해야만 한다. 만일 성서가 그렇게 말하지 않는다면, 만일 성서가 그 말씀을 보통 사실사와 사가 양쪽 요소의 저 혼합 안에서 말하지 않는다면 — 그래서 양자 사이의 경계선을 이끌어내는 것이 대단히 어렵지 않다면, 그것은 성서가 아닐 것이다. 성서가 하나님의 계시이며, 사람들이 성서에 믿음을 선사해야 한다는 것을 결정하는 것은 참으로 **그러한** 경계선이 아니다. 성서가 그것의 사실사적인 그리고 그것의 비사실사적 및 사가적인 구성요소들 안에서 — 바로 이러한 구성요소들 안에서(!), 전자는 확실하게도 오직 후자와의 관계 안에서 — 현실적 역사로서 하나님의 크신 행동들의 역사를 증거한다는 사실, 그리고 그러한 성서적 증거가 성령의 능력을 통하여 인지되고 수용된다는 사실, 바로 이 사실 안에서 그 역사의 계시의 특성에 대한 그리고 하나님의 말씀으로서의 그 역사의 현실성에 대한 판정이 내려진다.

성서적 **창조사**는, 그것의 대상의 특이한 성격에 상응하면서, **순수한** 사가이다; 이것은 성서의 다른 곳에 또한 그 자체로 진지하게 문제 삼기 어려운 순수한 사실사가 존재하는 것과 마찬가지이다.(양쪽 모두가 보통의 경우의 예외이다.) 창조사의 직관, 묘사 및 서술은 인지 및 개념에 근거하는, 그리고 인지 및 개념의 영역 안에서 유도되고, 비교되고, 병렬 배치되고, 또 동일한 길 위에서 검증될 수 있는 보고의 가능성과는 전혀 다른 가능성에 **전적으로** 근거한다. 이 다른 가능성은 (이것에 근거하여 또한 사실사적인, 선역사적인 역사도 승인 및 서술될 수 있다.) **예언적인**(divinatorischen) 그리고 **문학적인 '역사 사가'**(Geschichtssage)이다. **예언**(Divination)이란: 사실사적 역사보다 앞서는 역사적 생성을 바라보는 것을 뜻한다; 그 생성은 이미 되어진 것(이것 안에서 사실사적 역사는 연출된다.)으로부터 추측될 수 있다. 그리고 **문학적 창작**(Dichtung)이란: 그렇게 추측된 직관의, 즉 추측하면서 직관된 역사적 생성의 언어적 형태를 뜻한다. 이러한 예언 및 문학적 창작 안에서 사실사와 구분되면서, 또 사실사와의 관계 안에서 — 이 관계가 결여된 사실사에게는 화가 있을 것이다! — 이야기하는 사가가 생성된다. 사가는, 일반적으로 말해서, 역사의 건립적 사건들과: 즉 역사의 근원들과 뿌리들, "어머니들"과 관계한다. 사가는, 사실사의 편에서 볼 때, 모든 것이 어두운 바로 그곳을 바라본다; 그곳으로부터는 현실적으로 어떤 사실사도 혼자서는 밝아질 수가 없다. 사가는 역사의 밝은 국면의 배후에 있는 본래적으로 근거하는 및 운동하는 사건을 바라본다; 그곳에서 역사는 그러한 밝은 국면 안에 있을 때보다 덜 **역사**인 것이 아니며, 그곳에서 역사는 오히려 자신의 근원을 가지며, 그러한 한도에서 더욱 강한 의미에서의 역사이다. 사가는 시간의 은폐된 깊은 곳을 바라본다; 그 시간은 이미 그러한 깊음 안에서 마찬가지로 **시간**이며, 바로 그러한 깊이 안에서 **현실적인** 시간이다. 사가는 가장 글자 그대로의 의미에서 "극단적인" 역사시간을 바라본다. 예언적인 및 문학적인 사가가 언어를 포착하고 소유할 수 없는 곳에서는—물론 그것을 위해서는 또한 단순히 사실사적인 인식 및 진술이 꼭 필요하다.—한 현실적인 역사상이, 다시 말하여 현실적 역사의 상(Bild)이, 더 이상 결코 생성될 수 없다. 물론 허무한, 거짓된, 무가치한, 위험한 사가도 틀림없이 있다. 사가가 그렇게 되는 것은, 그것이 **사가**이기 때문이 아니라, 오히려 그것이 현실적 역사적인 근원들 및 뿌리들을 오해하는 **공허한** 예언의 서투른 사가, **나쁜** 사가이기 때문에 그러하다. 사가의 형식 그 자체는 그러한 사실을 통해서 전혀 무효화 될 수 없다; 이것은 사실사의 형식이 또한 충분히 전적으로 허무한, 거짓된, 무가치한 및 위험한 사실사가 있다고 해서 무효화되지 않는 것과 마찬가지이다. 많은 나쁜 사가들 곁에는 또한 올바른 사가도 있다. 만일 성서적 창조역사들이 그것의 내용 및 성격에 따라 그 밖의 다른 성서적 증거들과 일치한다면, 그때 우리는 그것이 이제 사가라는 사실 때문에 거치는 것에 부딪치지는 않게 된다. 그때 우리는, 성서가 순수하게 사실사의 형식 안에서, 그리고 다른 곳에서는 진술, 가르침, 명상, 법률 규정, 경구, 서사시, 운율시 등의 형식 안에서 말하는 그곳에서, 또한 성서가 사가의 형식 안에서 말해야 하는 것도 듣도록 요청을 받는다.

이에 대하여 W. Vischer, *Das Christuszeugnis des Alten Testamentes*, I Bd. 1934, 47f. 그리고—조심스럽게 즐기면서!—그곳에서 제공된 J. G. Hamman, J. J. Bachofen, N. Berdjajew 등으로부터의 인용들을 비교하라. 성서적 역사 서술의 사실사적일 뿐만 아니라, 오히려 또한 예언적인 및 문학적인 활동성에 관하여 슐라터(Ad. Schlatter)가 이미 잘 서술하였다: "하나님께 봉사하는 자들인 성서적 화자들은 그의 사실사적 회고의 모든 어둠들과 함께 및 그의 예언적인 내다봄과 함께 하나님께 대한 기억을 일깨우며, 그분의 뜻을 알린다. 그가 그것을 아는 자로서 행하지 못할 때, 그는 꿈 꾸는 자로서 그것을 행하여, 그의 눈이 볼 수 없을 때, 그때 환상이 등장하며, 긴급하게 균열된 틈을 메우며, 그리고 그는 신적 은사를 그를 계속해서 수행한다; 이 은사는 역사의 진행과정 안에서 등장하였으며, 그리고 그 은사는 후대의 사람들을 위하여 결실을 맺는다. 그가 아는 자 및 생각하는 자로서만이 아니라, 또한 문학적 창작자 및 꿈 꾸는 자로서 하나님께 봉사해야 한다는 것은 다음 사실에 근거한다: 그는 인간이며, 그리고 우리 인간들은 사고로부터 문학적 창작으로의 건너감을 정지시킬 수가 없다; 이러한 요청이 우리에게 주어진 삶의 규범에 반대하여 논쟁한다."(위의 책, 377)

그러나 사가의 개념은 사실사에 개념으로부터만이 아니라, 또한 **신화**의 개념으로부터도 스스로 한계선을 긋는다.

"신화는 신들의 역사이다."라는 통용되는 정의는 이 문제의 피상적인 것에 적중할 뿐이다. 신들과 마찬가지로 신화의 역사도 비본래적인 것이며, 본래적인 것을 다만 지시하고자 할 뿐이다. 신화의 참된 대상 및 내용은 특정한 시간들 및 장소들에 결합되지 않은 (자연적 및 정신적 우주의) 일반적인 현실성들 및 관계성들[이것들은 구체적 역사와는 반대된다.]의 본질적인 원칙들이다. 신화의 변증법 및 그것의 순환하는 변천을 신들의 역사로 변장시키는 것이 **신화**의 형식이다. 마찬가지로 구체적 역사를 향하는 것이 아니라, 오히려 온갖 종류의 일반적 현상들, 진리들, 혹은 현존재의 수수께끼들을 향하는, 그러나 [전설들 및 설화들이 사가와의 관계 안에서 그러한 것처럼] 전체보다는 개별적인 것에 관심을 가지는 동화들(Märchen)은 신화의 변형된 한 종류이다; 이것은 전설들 및 설화들이 사가의 변형인 것과 마찬가지이다.

성서적 창조사들은 신화도 아니고, 동화도 아니다. 이 사실이 창조 이야기에 의해 가공된 재료들에 속하는 신화들 및 아마도 부분적으로는 또한 동화들도 있다는 것을 부정하는 것은 아니다.

이것은 창세기 1장 및 2장의 주요 본문들 안에서 명확하다: 이 본문들 중 1장은 연관된 역사의 일련의 시작 안에서 이야기하며, 그 다음에서 2장은 이어서 계속 설명되는 식으로 말해진다.—첫째 보고는 빛의 창조로부터 그 밖의 피조물의 창조를 건너서 첫 인간 쌍의 창조에 이르며, 이것을 넘어서 하나님의 안식일의 안식에 도달한다.—둘째 보고는 거꾸로 인간의 창조로부터 여기서 더욱 가까이 이끌어진 피조물의 영역의 창조를 지나서 여자의 창조에 이른다. 양쪽의 창조보고들은 뒤따라오는 것과 정확하게 마찬가지로 구체적 **사건들**의 묘사이다; 이 사건들을 그 자체로서 그 보고에 중요하다. 이 사건들은 선역사적이다: 그것은 피조물 그 자체의 생성에 관계된다: 그렇기 때문에 양쪽 보고들은 순수한 사가들이다. 그러나 그 사가들이 그 뒤에 따라오는 본문들과 정확하게 마찬가지로 진정하고 올바르게 및 어떤 속셈도 없이 **이야기하려고** 한다는 사실을 부정하는 어떤 지시도, 흔적도 없다. 그 사가들은 비역사적 **사변**의 역사적 **변장**이 **아니다**. 그 사가들은 그것의 모든 진술들 안에서 글자 그대로: 물론 어떤 피상적인 것이 아니라, 오히려 깊은 어의에서, 좁은 것이 아니라 포괄적인 어의에서 수용되기를 원한다; 그러나 또한 가장 구체적인, 직접적으로 설명하는 의미가 올바름을 소유하고 보유하는 방식으로 수용되기를 원한다.—즉 이야기 그 자체로부터 온갖 종류의 무시간적인, 그래서 이야기될 수 없는 관계들 및 정황들의 상이 생기는 것은 철두철미 아니며—오히려 이야기 그 자체가 우선적으로 유효하게 및 진지하게 수용되기를 원하며, 어떤 **더 깊은**, 더 포괄적인 어의가 다름이 아니라 (**역사적인** 및 그래서 이야기될 수 있는 및 이후의 계속 안에서 사실상 설명되는) 사물들의 지평에서 찾아질 수 있는 방식으로 수용되기를 원한다. 성서적 창조보고들이 제공하는 것은 창조 사가이다. 바

1. 창조, 역사, 창조사 117

로 이것은 그러나: 창조역사를 뜻하며, 창조신화를 뜻하지 **않는다**.

"**창조신화**"라는 개념은 다른 민족들의 신화들에 대해서와 마찬가지로 또한 이스라엘적 창조 사가들에 대해서도 자주, 그러나 대단히 경솔하게, 적용되어왔다. 그 개념은 정확하게 본다면 "용어상의 모순"(contradictio in adiecto)을 내포하고 있다. 참된 신화는 참된 창조를 주제 및 대상으로 가진 적이 결코 없다. 신화도 물론 많은 것을, 말하자면 성서적 창조 사가들보다 훨씬 더 극적으로 및 서정적으로 이야기한다. 그러나 그것들의 이야기 및 그 이야기의 사건들 및 형태들은 공공연하게도 언제 어디서도, 그러한 한도에서 "결코 어떤 곳에서도 존재한 적이 없는" 것에 대한 상들 및 옷 입힌 것들이다. 신화는 말하자면 "이야기한다"(erzählt); 말하자면 눈을 깜박이면서, 빈정대면서, 얕잡아보면서, 변장하면서, "어린이를 위하여 및 어린이를 사랑하는 이를 위하여", 역사의 형식을 선택하고 사용하면서, 모든 각각의 통찰들에 대하여 그러한 "역사"를 통찰할 것을 요구하면서도 정작 자기 자신은 그 의무를 지키지 않으면서, 오히려 그것의 사건들 및 형태들을 충분히 즐기면서, 그것의 생기 넘치는 상들의 유희를 통하여 자극되면서, 그것의 고유한 무역사적, 무시간적 의미 및 상이 없는 의미 안에서, 오직 그러한 유희 안에서 묘사되는 영원한 진리 그 자체의 인식을 향하여, 이야기한다. 이러한 요청을 듣지 않으려는 자, 그 요구를 이행하지 않으려는 자가 어떻게 신화를 이해할 수 있겠는가? 그러한 어떤 영원한 진리의 더 높은 인식, 예언, 문학적 창작으로부터 모든 시대들의 철학의 존엄한 도펠갱어(*두 장소에 동시에 존재하는 자)가 바로 신화이며, 그러한 자가 예로부터 생겨났으며, 언제나 또 다시 생겨나고 있다. 오직 그것의 생성의 그러한 길이 독자 혹은 청취자에 의하여 말하자면 역으로 진행됨으로써, 오직 그것의 이야기의 엮인 조직이 사유하면서 혹은 예감하면서 및 느끼면서 재차 해체됨으로써, 그것의 무역사적, 무시간적 및 상이 없는 의미 안으로 환원됨으로써, 신화는 순수하게 이해되고자 한다.(이해될 수 있다.) 참된 신화는 창조 사가의 **형식**을 사용한다. 그러나 신화는 그 형식을 다만 **사용만** 한다. 신화는 창조 사가의 형식 안에서도 결코 참된 창조를 대상으로 가질 수 없다. 신화가 이야기하는 신들 및 그들의 행위들, 소위 창조자와 창조들 등은 그것의 상상 안의 허구의 인물들 및 광경들이며, 그것의 구상적 언어들 안의 단어들 및 이름들이다; 그것들은 결코 그 신화에 헌신한 고안자와 창작자가 의도하는 그것 그리고 그 신화에 헌신해야 하는 청취자와 독자가 인지해야 하는 그것이 결코 될 수가 없다. 참된 신화는 어떤 참된 선역사적인 생성을, 인간 및 우주(그것과 구분되는 신적 현실성과의 만남 안에 있는 인간과 우주)의 현실성의 생성을 결코 의도하거나 선포한 적이 없다. 참된 **신화**는—그것의 이야기의 비유적 상들이 아무리 이원론적 혹은 삼원론적이라고 해도—그것의 의도에 있어서는, 그것 안에 놓인 및 그것으로부터 제기되는 본래적 의미 안에서는 언제나 **일원론적**(monistisch)이다. 신화는 인간과 우주의 오직 하나의 현실성만을, 이 현실성의 술어들 및 내적 운동만을 안다. 신화는 그 현실성의 깊이를 안다고 주장하지만, 그러나 다만 그 현실성의 고유한 깊이만을 알 뿐이다. 신화도 또한, 창조자들 및 창조들에 관하여 이야기함으로써, 생성(신화도 이것을 향한다.)을 이해하지만, 그것을 다만 바로 그 하나의 현실성의 구성요소로 이해할 뿐이다. 신화는 하나님을, 신들을, 신성들을 다만 허구적 인물들로, 그러한 하나의 현실성의 경륜 안의 인격화된 요소들로, 이해한다. 신화는 다만 겉으로만 창조에 대하여 말하며, 실상은 세계 수수께끼의 어떤 시각 및 해소에 관하여, 현실적인 혹은 추정적인 세계 요소들(이것 안에서 한 인간 혹은 한 시대가 그러한 요소들의 현존재를 그것들의 순환 형식적인 국면들 안에서 스스로 통찰될 수 있도록 만든다고 주장한다.)에 관하여 말할 뿐이다. 인간이 자기 자신에게 더 가까이 다가가는 것이 결코 아니며, 세계 안에서 인간이 자신과 세계를 자기 자신으로부터 더 많이 이해하게 되는 것도 결코 아니다; 왜냐하면 인간은 그 신화의 고안자 및 창작자이며 혹은 일면적인 청취자 및 독자이기 때문이다: 인간은 그 특징적인 신화의 길 위에서 사물들에 대한 일상적인 날들의 관점의 제국으로부터 **멀어지며**, 어떤 중요한 의미의 상들의 세계의 높은 곳으로 **오르며**, 그곳으로부터 본질적인 것의, 만물 안의 일자의 직관의 최종적인 깊이 안으로 회귀한다; 그 일자는 저 상들의 세계의 직관 안에서 인식될 수 있다고 하지만, 그러나 오직 다양한 방식으로 고쳐진 거울 안에서 보는 것과 같이 인식될 수 있을 뿐이며, 반면에 그 일자는 실상은 그러한 상들의 세계에 대해서도, 또 마찬가지로 일상적인 날들의 관점에 대해서도 어떤 제삼의 것 및 고유한 것으로서 머문다. 신화 안에서 신화 안에서 인간은, 자신과 세계가 최종적 근거 안에서는, 저 일자 및 전체와의 동일성 안에서는 바로 어떤 역사도, 어떤 창조자 및 주님도 갖지 않으며, 오히려 그것들의 생성의 비밀 안에서는 자기 자신 안에서 운동하고 휴식할 뿐임을, 이해한다. 그렇기 때문에 "창조신화"라는 개념은 **오해**에 근거하고 있다. 어떤 참된 신화도 창조신화는 아니다. 신화를 창조신화로 이해하는 사람은, 어떤 신화가 진지하게 창조에 관하여 말하는 것으로 들을 수 있다고 주장하는 사람은 스스로 한 연금술사로서 행세하는 셈이다; 그는 모든 역사의, 그래서 또한 모든 창조적 역사의 저편에 놓여 있다는 자신의 비법의 의미를 아직도 통찰하지 못하였다.

바로 그렇기 때문에 사람들이 이스라엘적–성서적 창조 사가를 신화의 개념에 의하여 부담을 지우는 것도 마찬가지로 오해에 근거하고 있다. 왜냐하면 **신화** 그 자체가 결코 **창조**신화일 수 없는 것처럼, 또한 진정한 '창조 사가'(우리는 창 1–2장에서 이것과 관계한다.) 그 자체도 신화가 **아니기** 때문이다. 만일 창조 사가도 자신을 넘어선 곳을 가리킨다면, 그때 그것은 자신에 뒤따라오는 '역사 사가'와 사실사를 가리키는 것이며, 이것과 함께 창조 사가는 하나의 전체를 형성하며, 그렇기 때문에 바로 어떤 무역사적인 의미형태를 가리키는 것이 아니다. 신화에 본질적인 바로 그것: 즉 자신 안에서 운동하고 휴식하는 인간 및 인간의 세계의 직관은, 인간의 고유한 기능들로서 인간 및 세계의 생성의 직관은 사가에게는 비본질적일 뿐만 아니라, 더 나아가 사가에 의하여 모든 형식 안에서 허무하다고 설명된다. 그리고 바로 신화에게 비본질적인 것: 즉 하나님 및 그분의 행위는, 창조자와 피조물의 구분 및 대면은, 인간과 세계에게 마주 등장한 및 그들을 주권적으로 처치하는 다른 신적 현실성의 자유는―바로 이것은 성서적 창조 사가에게 **본질적**일 뿐만 아니라, 오히려 그 사가 안에서 일자 및 전체이며, 바로 사가가 수립하고자 하는 그것이다. 사가는 비본래적으로, 다만 통속적으로(exoterisch) 말하지 않으며, 오히려 본래적으로 그리고 모두에게 유효하게 창조자 및 창조에 대하여 말한다. 사가는, 인간 및 세계로부터 구분되는 저 신적 주체 그리고 그 주체의 말씀들 및 행동들에 관하여 말할 때, 단순히 '상들의 세계'를 전개하지 않는다. 사가는 어떤 비밀종교적인(esoterisch) 인식으로부터 유래하지 않으며, 어떤 비밀종교적인 해석을 기대하지도 않는다. 사가는 청취자 및 독자에게 아무것도 추측하고 해석하도록 하지 않는다; 사가 자체의 역사의 상의 배후에 및 그 상 위에 어떤 다만 감추어진 것이 있는 것처럼, 그래서 그것이 다시 아래로 떨어져야 하는 것처럼 말하지 않는다. 오히려 사가의 **진리**는 그것이 제공하는 '**역사의 상**'(Geschichtsbild)과 동일하며, 이 상의 깊이는 오직 다음에서 찾아진다: 그 상은 **계속되는** 일련의 역사의 상들 전체 중 첫째 부분으로서 위치해 있으며, 그러나 어떤 방식으로도 비역사적 현실성을 모사하거나(abbilden) 의미하지 않으며, 오히려 그것의 고유한 역사성 안에서―그리고 그것에 뒤따라오는 역사성과의 관계 안에서―영원한 진리이다. 그러므로 성서적 창조 사가는 어떤 눈 깜박임도 **없이**, 빈정거림 **없이**, 얕잡아봄도 **없이**, 변장도 **없이** 말한다. 사가는 그것의 예언(Divination) 및 문학적 창작으로서 정확하게 그것이 자기 자신 안에서 및 그것의 맥락 안에서 말하는 그것을 진술한다. 사가는 이야기하는 것을 다만 차용된 형식으로 사용하는 데 그치지 않는다. 사가는 이야기함을 통해서, 또 계속 그렇게 하여 존재한다. 사가는 도펠갱어로서의 어떤 철학을 자신 곁에 갖지 않는다; 그러한 철학의 언어 안에서는 그것이 구체적으로 말하는 것이 또한 추상적으로 말해질 수 있는 것과 동일하다. 사가가 말하는 것은 **오직** 그것의 고유한 이야기의 형식 안에서, 그리고 그것에 뒤따라 계속되는 이야기의 형식 안에서 말해질 수 있다. 사가가 그것을 그렇게, **오직** 그렇게만 말할 수 있기 때문에, 사가는 참으로(현실적으로) 하나님의 창조를 말하며, 사가는 참으로(현실적으로) 선역사적으로 말하며, 또 다음을 증거한다: 인간과 우주의 현실성은 무한하지 않으며, 그 현실성은 일자 및 전체가 아니며, 오히려 하나의 진정한, 초월될 수 없는, 저 현실성의 내재성 안으로 흡수되는 지평을 가지며, 그리고 그 지평은―이것은 이 지평의 내부에 존재하고 발생하는 모든 것에 결정적으로 중요하다.―신적 의지, 말씀하심, 행하심이며, 그래서 인간은, 신화의 고안자 및 창작자로서, 청취자 및 독자로서 그러했던 것처럼, 고립되어 자기 자신 곁에 존재하고 머물 수 없게 되며, 오히려 인간은 그의 실존 안에서 자신의 창조자와 대면하며, 신적 의지, 말씀하심, 행하심을 통하여 근거된 역사에 참여하며, 그것도 그분의 주권성에 굴복하고 책임을 지는 피조물의 위치 및 기능 안에서 참여된다. 이 모든 증거들은 이제 다음을 뜻한다: 성서적 창조 사가는 **이미 그것의 특성과 형식 안에서** ─역사로서의 창조에 관한 진정한 이야기로서─ 그것의 **정확하게 정반대의 역할을 하는 신화에 정면 대립**한다. 사가는, 신화가 자신에게 **알려져** 있으며, 그래서 때로는 신화에 대한 논쟁적 **관계**를 취한다는 사실을 드러내지 않고서는, 그렇게 정면 대립하지 않는다; 바로 이것이 참으로 왜 사가가 신화의 개념 아래로 그리고 이제 그 자체로서도 성립되지 않는 창조신화라는 개념 아래로 옮겨질 수 없는가에 대한 가장 첫째의 이유이다.

그 모든 것은 우리가 성서적 창조 사가들을, 그리고 사실사적으로 우선 관찰되는, 참으로 신화적인 본문인 바벨론적 서사시 '에누마 엘리쉬'(Enuma elisch; 기원전 2000년경)와, 그리고 '베로수스'(Berosus, 기원전 300년경) 등을 비교할 때, 구체적으로 볼 수 있게 된다.(H. Greßmann, *Altorientalische Texte zum AT*, 1926, 108f.) 전문적 연구는(비교. F. Delitzsch, *Genesis* 1887, 40f.; Gunkel, 앞의 책, 119f.) 다음에서 일치하는 것으로 보인다: 저 문서들과 창세기 1-2장 사이에서 어떤 직접적인 예속 관계란 문제될 수가 없으며, 다만 창세기 1-2장 **그리고** 저 바벨론적 문서들의 배후로 소급되는 더욱 오래된 전승의 어떤 공통점만이 질문될 수 있다. 그러나 사람들은 또한 다음에서도 일치하는 것으로 보인다: 창세기 1-2장의 소재적 일치는 본래적으로 다만 "어떤 부분들"(Gunkel, 129) 안에서만, "개별적인 나머지들"(128쪽) 안에서만 성립하며, 그래서 신화적 전통은 창세기 1-2장 안에서는 다만 "가장 강력하게 희석되고"(122쪽) "증류되었으며", 더 나아가 "가장 미세한 나머지에 이르기까지 전적으로 추방되었으며"(130쪽), 내지는 이스라엘적 종교 안으로 "용접"(129쪽)되었다. 사람들은 또한 창조를 취급하는 그 밖의 성서적 본문들을 바라보면서 말하였다: 신화는 이스라엘 안에서 "역사화"(historisiert)되었으며, 신화로서의 힘을 탈취당했으며, 신화는 고유한 생명을 더 이상 가질 수 없게 되었으며, 오히려 파편화된 시적 장식품이 되었다.(W. Eichrodt, *Theol. d. AT* 2. Bd. 1935, 56) 그러나 "역사화"된 신화는 더 이상 신화가 아니며, 오히려 '사가'이며, 신화적 소재들로써 작업은 하지만 그러나 신화와는 구분되면서 진지하게 및 어떤 감춘 속셈도 없이 과거가 어떠했는가를 이야기하려고 하는 사기이다. 그러므로 우리가 왜 또한 다음에 대해서도 일치하지 말아야 할 정당한 이유를 찾기란 어렵다: 성서적 창조보고들 안에 놓인 사가의 특성은 그 자체로서 신화의 특성과는 다른 것이며, 그리고 ─저 문서들 사이의 관계들이 어떠한 것이든지 간에─ 바벨론적 신화의 주제는 성서적 사가의 주제와는 다른 것이며, 그리고 성서적 사가는 그것의 주제에 힘입어 결코 신화라고 말해질 수가 없다.

서사시 "에누마 엘리쉬"는 어떤 창조역사가 아니며, 선역사도 아니다; 오히려 언제나 회귀하는, 그래서 이미 생성되고 존재하는 우주의 내부에서의 관계성들의 발생하는 변천의 묘사이며, 어떤 앞선 시간 안에서도 다르지 않았고, 다른 어떤 시간 안에서도 다르게 발생하지 않는 관계성들의 변천의 묘사이다. 그 우주의 통일성, 전체성, 유일성은 다음을 통하여: 그 안에 기괴한 대립들, 변화들, 격변들이 있고, 원천들과 유출들, 근원들과 결과들, 탄생들과 죽음, 투쟁들, 승리와 패배들, 통일들과 새로운 분할들 등(이러한 것들에 대하여 신화는 정보를 전달한다.)이 있다는 사실을 통하여 전혀 변경되지 않는다. 그 모든 것들은 다만 우주에 고유한 내적인 리듬이며, 우주의 창조와는 아무 관계도 없다. 신들의 어머니인 '티아마트'(Tiamat), 그녀로부터 유래한 신들 및 그녀의 가장 어리고 성공적인 자손, 영웅이며 후에 세계 창조자(Demiurg)인, 저 호의적-적대적인 원초적 권세를 최종적으로 제압하고 다른 상당히 무기력한 신적 형태들을 최종적으로 도우려고 달려가는 마르둑(Marduk)—이 모든 신들은 **하나의 종**(Geschlecht)의 및 **하나의 종류**(Art)의 본질이다. 하늘과 땅이 다음을 통하여: 마르둑이 [베로수스에 따르면 벨과 헬라적 제우스와 동일하다고 한다.] 모든 신들의 저 원어머니 및 모든 존재를 습격하여, 그녀를 자르고 조각내어 하늘과 땅을 가공함으로써, 생성되었을 때, 마찬가지로 다음도 결정되었다: 신성 밖에 있는 모든 것은 실상은 다름이 아니라 신적 존재의 변형된 그러나 진정한 구성요소이며, 우리는 거꾸로 밖의 그 존재 자체 안에서 모든 존재의 원형을 인식해야만 한다. 이러한 일자 및 전체의 참된 **지평**(창조의 개념 안에서 제시되는 것과 같은 지평)은 그러한 형태들 및 사건들 안에서는 그 어디서도 볼 수가 없다. 신적 현실성의 그 밖의 현실성들로부터의 질적 구분은 여기서 문제가 되지 않는다. 어떤 신성 그 자체의 고유한 품속에 그렇게도 많은 어둠이, 그와 같은 선악의 변증법이 있으며, 그 안에서 투쟁, 승리와 패배, 삶과 죽음이 나란히 다스리고 있다면, 그것이 어떻게 신성이겠는가? 그 신성이 우주의 **창조자**라는 것은 불가능하며, 다만 그 우주의 부분적으로 투쟁하는, 부분적으로 고난당하는, 기괴한 **자기모순**일 뿐이며, 비자연적인, 그러나 필연적인 반란 안에서 자기 자신을 분할하는 **궁극적 근원**일 뿐이다. 그 모든 것에 있어서 자연의 진행과정의 알레고리적 묘사에 관계된다는 사실은 현대적 추측이 아니며, 오히려 이미 마르둑 신전의 제사장이었던 베로수스에 의하여 공개적인 자기 이해로서 말해졌다. 동일한 관계성이 그 다음에 신성과 인간 사이의 관계 안에서도 회귀한다. 티아마트에 대한 투쟁자로서 옛 신들을 돕기 위하여 서둘렀던 마르둑이라는 인물 자신 안에서 이미 그 관계가 예시적으로 형성되며, 그 다음에는 이어지는 사건 안에서 형태를 획득한다: 신들 자신이 보충을, 더 나아가 서사시의 6번 돌판에 따르면 명시적으로 구속을 필요로 한다; 이 구속은 그들에게 바쳐진 제사의 형식 안에서 성취되어야 한다. 이러한 목적을 위하여 인간은, 그것도 바벨론의 인간은 필요하며, 또 그 밖의 고향을 잃은 신들의 정착지로서 바벨론이라는 도시도 필요하다. 그래서 아무리 찬양하여도 지나치지 않는 마르둑의 결의에 따라 다른 신들 중 하나가 희생제의로 바쳐지며, 그것의 피로부터 인간이 형성되며, 그가 그 다음에 바벨론을 건설하며, 신들에게 바로 그 장소에서 올바른 제사를 드리게 된다. 이 모든 것은 본래적인 창조 및 창조역사로 이해될 수 **없으며**, 이해되고자 하지도 **않는다**. '에누마 엘리쉬'는 신년에 [우기가 끝날 때] 무대에 올려진 **연극적인 제의**의 대본을 형성하였으며, 그 제의 안에서 그때그때마다의 왕은 마르둑의 역할을 담당하였다. 우리는 질문하여야 한다: 창세기 1장 혹은 2장이 그러한 종류의 실행에 과연 사용될 수 있었겠으며, 이스라엘적 창조자 하나님이 예루살렘 안에서 다윗의 계승자 중 하나를 통하여 인격화된다는 것이 다만 생각이라도 될 수 있었겠는가? 그러나 이것은 신화의 본질에는 다만 너무도 잘 상응한다. 마르둑의 역할, 즉 신화적 "창조자"의 인격은 사실상 피조물에 의하여 역할이 **수행**될 수 있다: 이것은 그 인격이 대단히 확실하게도 본래적 및 근원적으로는 피조물의 고유한 역할 및 인격인 것과 마찬가지이다. 신화적 "창조"란 다름이 아니라 무시간적으로 유효한 및 지속적인 반복 안에서 스스로를 확증하는 (피조세계 안에서의 생성과 존재, 소멸과 새로운 생성 사이의) 관계를 뜻하고 있다. 그러므로 신화적 창조는 피조세계의 선역사적 정초와는 아무런 관계가 없다. 신화적 창조가 신들 및 신적 형태들의 행위들 안에서 성취된다는 사실도 그들을 이 세상의 현실적 근거자들 및 주님들로 만드는 것이 결코 아니다: 그들 중 어떤 개별자도, 또한 그들 전체로도 그러하지 않다. 그들이 세계를 생성시킨 것이 아니다; 그들은 오히려 세계와 함께 동일한 근원으로부터 생성되었으며, 그러한 한도에서 세계와 같은 종류의 것이며, 비록 그 신들도 그 나름의 방식으로는 약하고 당혹스러우며, 또한 고난으로 판정되어 있으며, 그들도 세계의 이원론의 구체화된 형태이다.—그 신들은 어떤 자유로운, 우월한 참여 및 긍휼로부터 그러한 것이 아니라, 오히려 그들도 어쩔 수 없기 때문에, 왜냐하면 세계에 대한 것과 동일한 숙명이 그들 위에서 지배하기 때문에, 왜냐하면 그들 자신도 이원론, 갈등 및 곤경을, 이러한 명백하게도 이미 저 공통적인 근원에 고유하게 특징적인 것들을 견뎌야만 하기 때문에 그러하다. 그리고 이제 피조세계가 다름이 아니라 그들의 고유한 호의적-적대적 원모친의 변형된 및 가공된 것들의 총합이라면, 다음은 명확하다: 그들은 어떤 방식으로도 현실적으로 이 세계 이상(über)이 아니다; 그들은 세계를 결코 현실적으로 다스리지 못하며, 그들은 세계에 대하여 어떤 더 큰 혹은 더 나아가 고유한 경외의 권리를 주장하지 못한다; 그들은 세계에 대하여 오히려 결합된 채, 의무를 지닌 채 지속적으로 존재한다; 그들은 최종적으로 무엇보다도 그들 자신이 신적 피로부터 형성된 **인간**에게 (최소한 인간이 그들에게 의존하는 만큼) 의존한다. 여기서 인간은 그렇게도 높은 위치에 있다: 인간은 **반드시** 존재해야 한다; 그러므로 인간은 **반드시** 창조되어야 한다; 바벨론은 **반드시** 생성되어야 한다.—이 모든 것들은 신들을 위한 것이지만, 그러나 그 신들은 인간들의 제사와 인간적인 성전을 **필요로 하기** 때문이다. 그리고 긴급히 강요되어 희생된 신적 피로부터 드디어 인간이 창조된다. 어떻게 인간이 그곳에서 최소한 신들이 그의 주님들인 것만큼 또한 마찬가지로 신들의 주님이 아닐 수 있겠는가? 우리는 조용히 질문해야 할 것이다: 도대체 무엇이 인간을 여기서 본래적 및 최종적으로 그러한 신들로부터 구분하는가? 그리고 도대체 무엇이 그러한 신들을 본래적 및 최종적으로 인간적 경험들 및 곤경들, 투쟁들 및 고난들, 희망들 및 가능성들 등의 거대한 그러한 그림자와 같은 투사들(Projektionen)로부터 구분하는가?—무엇이 바벨론적 **신성**을 바벨론적 **왕**으로부터, 바벨론적 **인간**으로부터 구분하는가? 바로 마르둑의 인물 안에서 이 세 가지는 사실상 전혀 구분될 수 없게 되었다. 선역사에 관하여, 참된(현실적인) 창조역사에 관하여 이 서사시 안에서는 언급될 수가 없다. 여기서는 오히려 모든 것이 이미 생성된 세계 및 인간의 현실성 안으로의 깊은 통찰의 투명하게 변장된 재생산일 뿐이다. 그 현실성 및 그것의 문제성은 여기서 사실상 어떤 한계도, 어떤 시작도, 어떤 끝도 갖지 않으며, 그 현실성 자체에게 주어지는, 그래서 그것의 고유한 운동의 자의성 혹은 숙명을 벗어나는 어떤 규정도 갖지 않는다.

우리가 창세기 1장과 2장에서 읽는 것은 참된(현실적인) 창조역사들이다. 만일 여기에 바벨론적 신화 혹은 그것의 더 오래된 원천들과의 관계가 놓여 있다면, 그때 그것은 **비판적** 관계이다. 왜냐하면 여기서는 모든 것이 너무도 달라서, 우리는 각각의 고유한 관찰 장소에 따라 이스라엘적 전승 안에서 바벨론 전승의 완전한 희화화를 혹은 바벨론적 전승 안에서는 이스라엘적 전승의 완전한 희화화를 보는 것 외에 도무지 다른 어떤 선택을 할 수 없기 때문이다. 창세기 1장과 2장 안에서는 다름이 아니라 모든 것이 창조자 및 창조적 행위의 유일무이한 특성 및 주권성에 달려 있다: 이것은 너무도 강해서 피조적 진술 혹은 행위는 첫째 보고 안에서는 전혀 등장하지 않으며, 둘째 보고의 종결에서

[남자가 동물들에게 이름을 부여할 때, 그리고 그에게 인도되어져 온 여자에 대한 그의 말 안에서] 다만 시초적으로 언급된다. 궁켈은 창세기 1장 안에서의 "행동의 건립"에 관련하여(117쪽) 거의 탄원하면서 다음 언급했을 때, 틀리지는 않았다: "그것은 당혹스럽지는 않다; 모든 대상이 결여되어 있다. 이야기 전체는 나란히 배열된 순전한 하나님의 말씀들 및 행동들로써만 구성된다." 창세기의 양쪽 보고들이 제공하는 것은 그 보고의 엄격한, 배타적 의미에서의 **우주 생성론**(Kosmogonie)이다. 이것은 **첫째**로 다음을 뜻한다: 그 보고들은 현실적으로 하나님의 말씀 및 사역을 통한 세계의 **생성**을 그 행위 안에서 전제된 어떤 세계 근거에 대한 상상을 배제하는 가운데 눈앞에 제시한다. 그리고 그것은 **둘째**로 다음을 뜻한다: 그 보고들은 **어떤 방식으로도 '신들의 발생 계보론'**(Theogonie)이 아니다; 그 보고들은 세계의 생성을 신성의 앞선 혹은 동시적 생성에 대한 상상을 배제하는 가운데 눈앞에 제시한다. 바로 그렇기 때문에 양쪽 보고들 안에서는 어떤 일원론적인 그리고 어떤 이원론적인 사변 및 체계도 문제가 될 수 없다. 일원론적인 것이 문제될 수 없는 것은 여기서 창조자 하나님이 그분의 사역에 대하여 고유하신 다른 본질을 지니시기 때문이며, 창조자 하나님과 피조물 사이에는 어떤 건너감과 매개도 없기 때문이며, 하나님과 세계 사이의 모든 비밀스런 동일성이 여기서는 불가능하기 때문이다. 그리고 이원론적인 것이 문제될 수 없는 것은 여기서 하나님의 의지 및 행동에 거역하는 세계의 가능성 및 현실성이 창조의 행위 안에서 및 그 행위와 함께 배제되기 때문이며, 오직 그것의 그렇게 배제된 존재 안에서 시야에 들어오고 그 행위 안에 머물 수 있기 때문이며, 반면에 하나님에 의하여 원해진 및 현실적으로 창조된 세계 안에는, 하나님 자신 안에서와 마찬가지로, 어떤 이분성이나 갈등이 전혀 있을 수 없기 때문이다. 창조는 창세기 1장 및 2장에 따르면 어떤 방식으로도 피조물에 고유한 술어일 수 없으며, 어떤 방식으로도 스스로 운동하는 및 자기 자신을 통하여 운동하는 "생성의 바퀴"(τροχὸς τῆς γενέσεως, 약 3:6)와 동일하지 않으며, 오히려 창조는 피조물의 이러한 운동을, 창조가 이 운동을 최초로 유발한다는 한도에서, 더 나아가 창조가 스스로 운동하고 운동되는 피조물에게 최초로 그것의 현존재와 존재형식을 수여함으로써, 창조 자체 안에 포함한다. 창조는 여기서 철두철미 인간의 나라, 능력, 영광을, 또는 어떤 영웅들 및 권력자들의 통치, 도시 건설, 전쟁, 사자 사냥 등을 목표로 하지도 않으며, 오히려 하나님의 (하나님에 의하여 창조된 및 통치되는 세계 안에서의 그리고 그분에 의하여 창조되고 인도되는 인간에 대한) 행동의 역사를 목표로 한다; 그래서 창조는 여기서 원형적으로 및 모범적으로 하나님의 의도, 하나님의 계획, 하나님의 승리를 반영하며, 인간적 경험 및 가능성들의 모호성을 반영하지 않으며, 하나님 나라의 도래, 그분의 이름의 영광을 반영하며, 인간의 성공들과 모험들(인간은 나쁜 날씨의 기간이 다시 한 번 지나갔을 때 이것들을 마주 바라본다.)을 반영하지 않는다. 그렇기 때문에 여기서는 현실적인, 그것의 특성에 있어서 유일무이한 종류의 역사가 이야기되며, 그래서 매해 새해마다 뒤돌아보면서 및 앞을 내다보면서 동일한 진지함으로써 실행될 수 있는 어떤 대본의 책이 쓰여지는 것이 아니다. 여기서 **선역사**의 개념이, 여기서 이러한 측면에 따라 **순수한 사가**의 개념이 성취된다. 왜냐하면 여기서는 어떤 무시간적인 '원시 상태'에 대해서가 아니라, 오히려 현실적인 '**원시간**'(Urzeit)에 대하여, 그리고 (우리의 시간의 및 그 사건들의 은폐된 시작으로서의) 그 원시간의 사건들에 대하여 말해지기 때문이다. 여기서 예언(Divination)과 문학적 창작의 대상을 형성하는 것은 그 자체가 현실적 역사의 역사적 근원(Ursprung)이다. 이 사실은 또한 다음에서 제시된다: 여기서는 선역사적인 공간을, 특별히 베로수스의 우주발생론 안에서

그러하듯이, 온갖 종류의 공공연한 무의미하게 구성된 우화적 존재로써 [두 개 혹은 네 개의 날개를 가진 존재, 머리가 둘인 그리고 남녀 양성의 인간, 인간-동물, 개-물고기, 물고기-말, 그 외의 괴물들로써] 채울 필요가 없으며, 오히려 여기서 세계 및 그 거주자들은 바로 그 상태, 즉 그것들이 나중에 창조에 뒤따르는 사실사적 역사의 장소 및 운반자로서 실존하게 될 그 상태 안에 있게 된다. 여기서 선시간(Vorzeit)의 묘사를 위하여 특별한 인물들 및 사건들이 고안될 필요는 전혀 없다. 이러한 것들은 저곳에서, 즉 연출되고 흉내 내어지는 곳에서, 다만 겉으로만 [비밀종교적 해석의 유보조건과 함께] 이야기되는 곳, 실상은 무시간적으로 사변되는 곳에서 필요하다. 그러나 여기서는 그러한 고안물들을 필요로 하지 않는다. 여기서 한편으로는 창조자 하나님이 충분하시며, 다른 한편으로는 그것이 언제나 그러했고, 또 그러할 것처럼, 현실적 피조물로서 충분하다. 여기서 이쪽으로는 이야기의 내용으로서의, 양쪽 파트너 사이에서 발생하는 사건으로서의 (하나님의) 창조적 말씀하심과 행하심이 충분하며―그리고 저쪽으로는 피조물의 생성이 전적으로 홀로 충분하다. 그렇기 때문에 원시간(Urzeit)과 이후에 계속되는 시간 사이의, 원역사와 그것에 뒤따르는 사실사적 역사 사이의 연속성은 여기서 분명하고 완전하다. 이것이 성서적 창조사가의 독창성이다; 우리는 사가의 신화에 대한 관계를, 현존하는 공통된 소재적 요소들의 모든 승인에도 불구하고, 다만 **비판적-논쟁적** 관계로써만 올바르게 평가할 수 있을 뿐이다.

성서적 창조역사는 순수한 사가이며, 그 자체로서 사실사로부터, 마찬가지로 또한 신화로부터, 구분된다. 바로 그렇게 하여 창조역사는 성서적 증거의 한 구성요소이며, 그래서 그 자체가 하나님의 자기계시의 증거이다.

우리는 주목해야 한다: 성서적 본문들의 신학적 평가 및 해석의 문제는 모든 주의해야 할 특수성에도 불구하고 또한 여기서도 근본적으로는 다른 곳에서의 평가 및 해석과 다르지 않다. 여기서 사실사가 사가를 통하여 전적으로 밀려났다는 사실, 사가가 여기서 순수한 선역사가 되었다는 사실, 이것을 본문들은 형식적으로는 (사실사의 위치에 예언이 그래서 또한 '역사 이후'가, 그것도 흔히 충분히 명시적으로 순수한 '역사 이후'가 가시화되는) 다른 곳과 공통으로 갖는다. 그리고 반성적 사고와 문학적 창작을 통하여 성서의 사실사적 보고는 또한 그 밖에도 많은 경우에 한 권 전체 및 일련의 성서들 안에서 중단된다. 사실사(Historie)는 **유일한** 성서적 서술형식이 아니라, 오히려 많은 서술형식들 중의 하나이다. 중요한 것은 언제나 어디서나 하나님의 역사적 자기계시의 현실성이다. 이 현실성은 물론 사실사적 측면을 갖는다; 그러한 경우에 한하여 그 현실싱의 증거는 사실사적으로 관찰하고, 사고하고, 진술한다. 그 현실성은 원칙적인, 형이상학적인 혹은 윤리적인 측면도 갖는다: 이러한 경우에 한하여 증인들은 그들의 반성적 사고와 명상을 그들의 봉사적 직무 안에 위치시켜야 한다. 그 현실성은 또한 인격적 측면도 갖는다: 이러한 한도에서 증거의 형식은 서정적으로 되어야 한다. 그 현실성은 엄격한 혹은 덜 엄격한 의미에서 '역사 이후'(posthistorischen)의 측면도 갖는다: 그러한 측면에 대한 증거는 예언이 되어야 한다. 그와 같이 하나님의 자기계시의 현실성은 때로는 비사실사적인 측면을, 그리고 창조사 안에서는 말하자면 전적으로 비사실사적인 내지는 순수하게 선역사적인 측면을 갖는다: 그러한 한도에서 그 현실성의 증거는 사가가 되어야 하며, 사가의 적용 및 사용을 위하여 그 현실성의 증인들이 자신들에게 제공되고, 권한으로 주어지고, 봉사적 직무 안에 놓인 것으로 보는 것은 바로 역사적 예언(Divination) 및 문학적 창작(Dichtung)의 가능성들이다. 이 가능성들도 원칙적으로는 일반적 가능성들이다; 비록 모든 개인에게 다른 사람과 마찬가지로 도달될 수 있는 가능성들은 아니라고 해도 그러하다. 선역사적 영역 그 자체도 또한 피조적 세계에 속한다면, 그 영역과 이 세계의 다른 영역들 사이의 관계도 또한 원칙적으로는 폐쇄되지 않았으며, 그 영역의 인식도 원칙적으로는 불가능하지 않다. 그 관계는 다만 우리의 인지적 경험에 그리고 그 경험을 연관시키는 우리의 개념들에 도달되지 않을 뿐이다. 그러나 인간적 인식(Erkenntnis) 능력은 인지(Wahrnehmen) 능력 및 파악능력 안에서 소진되지 않는다. 인간적 인식능력에는, 그것의 특성 안에서 마찬가지로 적법하게, 또한 **상상**(Phantasie)도 속한다. 정말로 상상력이 없는 사람이 있다면 그는 최악의 의미에서 다리 하나가 결여된 어떤 허약한 존재일 것이다! 모든 각각의 인간은 그러나 다행스럽게도 어디서든 어떻게 해서든—아무리 이 재능이 많은 사람들 안에서 위축되어 있다고 해도, 많은 사람들의 그것의 사용이 흔히 대단히 서툴다고 해도—상상의 재능을 부여받았다. 모든 각각의 인간은 원칙적으로 예언(Divination) 및 문학적 창작을 행할 수 있으며 혹은 그것의 작품을 수용할 능력이 있다. 원칙적으로 모든 각각의 인간은 선역사 그리고 역사 이후의 현실성들에 대하여 개방적일 수 있으며, 또한 사가와 예언(Weissagung)을 만들어낼 수 있거나 혹은 다른 사람에 의하여 사가와 예언으로 산출된 것을 인지할 수 있다. 그러므로 그러한 점에서는 성서적 저자들은 아직은 하나님의 말씀의, 하나님의 역사적 자기계시의 증인들이 아니며, 우리가 그 증인들에게서 또한 이러한 개방성을 인지한다는 것에 대한, 우리가 그 증인들도 또한 사가와 예언을 산출하는 것을 본다는 것에 대한 믿음의 증인들이 아니다. 예언과 문학적 창작을 예로부터 전혀 다른 사람들도, 그것들의 기능에 철두철미 참여하지 않은 사람들도 행하여 왔다. 우리가 그들이 그것들의 특별한 기능 안에서 이제 또한 예언과 문학적 창작의 가능성을 사용하는 것을 본다는 사실이 그들을 위한 어떤 대단한 것을 의미하지는 않는다. 그것은 그러므로 그 자체로서는 계시의 증인으로서의 그들의 영감과, 그들의 고유한 속성, 그들의 신뢰성 그 자체와 아무런 관계도 없다. 마찬가지로 그것은 그러나 어떤 방식으로도 그들에 대한 나쁜 것을 뜻하지는 않는다; 오히려 영적으로 허약한 자들만이, 이러한 형식적 근거로부터 성서적 저자들의 권위 및 신뢰성에 반대되는 어떤 것을 기억하게 되었을 때, 다만 자기 자신에 반대하는 것을 말할 뿐이다. 우리는 그러한 사람들에게 모든 침착함 안에서 옛 지혜로써 대답해야 한다: 하늘과 땅 사이에는 말하자면 인간적 통각능력(Apperzeption) 및 표현능력 안에는—학교에서 배운 그들의 지혜가 꿈꿀 수 있는 그 이상의 사물들이 존재한다.

성서적 창조사의 본래적 및 현실적 비밀과 기적은 [그 밖의 성서적 본문들 안에서도 원칙적으로 동일하면서] 다음에 놓여 있다: 우리는 그 본문들 안에서—이제는 바로 그러한 특별한 국면에서—자신의 통각 및 표현 가능성을 지닌 인간이 바로 그러한 **대상**과 대면하는 것을, 그리고 바로 그러한 현실성을 논쟁 안에서 파악하는 것을 본다. 그 인간과—다시 말하자면: 이 사가들을 [그의 직관의 세계가 그 밖의 고대 근동의 것과 관계가 없지는 않으면서] 개념적으로 구성하고 형태를 만든 바로 그 이스라엘 사람과—그 사가의 내용에 따르면 **주님**이신 **하나님**께서, 말하자면 하늘과 땅의 창조자께서 만나셨으며, 그리고 그것도 선역사의 영역 안에서 발생하는 그분의 말씀과 행동 안에서 만나셨으며, 그래서 하나님께서는 알려지지 않은 영역으로부터 알려진 영역이 되셨다. 그 이스라엘인은 이러한 만남에 대하여 창조역사들 안에서 숙고하고 증거한다. 오직 사가의 형식 안에서만 그는 그것을 행할 수 있다: 그렇지 않다면 그와 만나셨던 분이 어떻게 **창조자 하나님**이겠는가? 그렇지 않다면 그가 보고하고 증거해야 하는 것이 어떻게 **창조사**이겠는가? 오직 그의 **환상**(Phantasie)을 수단으로 하여 그에게는 저 만남이 가능했다; 오직 **예언적으로**(divinatorisch) 및 **문학적 창작적으로**(dichterisch) 그는 그러한 표현들에 도달할 수 있었다; 그가 창조자를 환상 속에서(pantasierend) 개념적으로 구성하고 표현하는 것밖에 다른 무슨 수가 있었겠는가? 그러나 그가 바로 이 **형식**을 취했다는 것이 이러한 진행과정에서 중요하고 관심을 끄는 것은 아니다; 오히려 그 인간의 환상이—다른 사람들의 환상과는 대단히 다르게도—이제 바로 그 **대상**을 가졌다는 사실이 중요하고 관심을 끈다. 왜 이스라엘의 환상은 신화의 넓은 영역을 지향하지 않았는가? 왜 여기서는 전혀 다른 구상적 개념들 및 표현들에 도달하지 않았는가? 왜 여기서는 신화에 대한 저 구체적인 비판인가? 왜 바로 여기서는 및 오직 여기서만, 그 자체로서는 또한 바벨론적 혹은 이집트적 환상의 대상일 수도 있었던 그것이: 즉 참된 창조자가, 참된 창조가 등장하는가? 이러한 왜에 대해서는 어떤 대답도 없다. 우리는 다만 그것이 사실상 발생하였다는 것을 확정할 수 있을 뿐이다. 바로 그러한 사실적인 것이 성서적 창조사들의 탁월한 점이며, 그 밖의 어떤 것도 그러하지 않다. 창조사가 사실상 다르게 그리고 이제 바로 그렇게 환상을 펼침으로써, 그것은 영감을 받은 것이며, 그것은 하나님의 자기계시의 증거이며, 그것은 믿음을 요청하며, 믿음을 권리로서 주장할 수 있다. 그것에 대한 결정은 형식적인 것이 아니며, 창조사는 바로 **소재적인**(Materiale) 결정이다. 창조사가 이러한 내용을 갖기 때문에(가짐으로써), 창조사가 이미 선역사 안에서 말씀하시고 행동하시는 하나님을—더 나아가 구체적으로: 그분의 말씀들 및 행동들을 또한 이 영역 안에서 증거하기 때문에(증거함으로써), 창조사**는** 그러하신 하나님의 (만일 이 하나님께서 참된 하나님이시라면, 참된 하나님의) 참된 증인이다. 그리고 그것은, 창조사가 그것의 환상을—그것의 대상에 의한 인도 및 규율화 아래—지배되도록 허용하였음에도 **불구하고가 아니라**, 허용하였기 **때문에(허용함으로써)**, 창조사의 산출이 여기서 순수한 사가[그러한 문제의 핵심 내용에 관한 사가]이기 때문에(사가임으로써), 그러하다. 창조사는 **거룩한** 사가이다; 왜냐하면 창조사는 바로 그러하신 하나님에 관하여, 그리고 이제 바로 창조자이신 그분에 관하여—바로 이것이 여기서 그분의 특별한 측면이다.—말하기 때문이다. 바로 이것이 신화가 행하지 못하는 것이며, 또한 다른, 형식적으로 보자면 비슷한, 더 나아가 동일하게 생성된 사가들이 행하지 못하는 것이다. 바로 이것이 성서적 사가가 다른 비슷한 형태들에 대하여 **절대적으로** 탁월한 점이다; 반면에 그 밖의 다른 점들에 있어서 성서적 사가는 다른 것들로부터 다만 상대적으로만 구분된다.

다음은 명확하다: 우리는 창조 사가의 이러한 탁월성을—특별히 그러한 탁월함의 절대적 성격을—오직 창조 사가들의 (그것에 뒤따라오는 사가 및 사실사와의) 관계를, 창조사의 (그것에 뒤따라오는 계약사와의) 관계를 눈앞에 두고 시야에서 잃지 않을 때에만 인지할 수 있게 된다; 비록 우리가 그 계약사에 스스로 그 계약의 당사자로서 의식적으로 **참여**되어 있다고 해도, 그러하다. 이스라엘의 하나님을, 또한 예수 그리스도의 아버지이신 분을, 더 나아가 이미 그분 자신이 은폐되신 예수 그리스도이신 분을 알지 못하는 사람이 어떻게 성서적 사가들의 말씀하시고 행동하시는 주체를 눈으로 볼 수 있겠는가? 어떻게 그가 그곳에서 참된 창조자 및 참된 창조에 관하여 진술된다는 것이 무엇을 뜻하는지를 깨달을 수 있겠는가? 어떻게 그가 **신화**와 **사가**를, **바로 이** 사가와 **다른** 사가들을 나란히 병렬시키지 않을 수 있겠는가? 바로 그러하신 하나님을 안다는 것은—이것으로써 그 하나님과 함께 규정된 사가의 절대적 탁월성이 인지된다.—이제 그분을 자신의 **고유한** 하나님으로서 아는 것을 뜻하며, 그래서 창조사에 뒤따르는 계약사에 계약의 당사자로서 의식적으로 **참여되었음**을 뜻한다. 성서 저자들에게 말씀하셨던 영(Geist) 자신이 또한 성서의 청취자들 및 독자들에게도 말씀하지 않는 곳에서는, 성서 저자들의 영감이 독자 및 청취자의 영감을 통하여 공개되고 인식되지 않는 곳에서는, 성서적 증거와 온갖 종류의 다른 증거 사이의 (여기서 아마도 깊은 현상적인, 그러나 틀림없이 본질적이지는 않은, 그래서 다만 상대적이며 절대적이지는 않은) 구분이 등장하게 된다.

'**또한 여기서**'는 다음을 뜻한다: 창조사와 그 밖의 다른 증거들은, 그것의 대상이 그분의 신성 안에서 그 증거의 독자들 및 청취자들 자신을 계시하고 인식되도록 할 수 있다는 사실, 그렇지 않다면 그분은 그분의 신성 안에서 전혀 계시하거나 인식되지 않는다는 사실에서는 구분되지 않는다. 이것은 성서가 여기서와는 다르게 말하는 곳에서도, 조금도 덜 유효하지 않다. 이것은 성서가 사실사적으로 말하는 곳에서도 또한 유효하다. 어떻게 하나님의 자기계시는 성서가 사실사적으로 말한다는 것을 통하여 보증될 수 있겠는가? 성서적 저자들은 언제나 다만 봉사하는 증인들일 뿐이며, 그들의 확증은 신적 현실성의 자기증거를 통하여, "성령의 증거"를 통하여, 전체 노선에 있어서 불가결해진다. 그러나 이것은 사실상 또한 여기서도, 성서가 비사실사적으로, 선역사적으로 말하는 곳에서도, 유효하다.

성서적 저자들은 또한 여기서도 인간적으로 말하며, 천사 혹은 신들로서 말하지 않는다. 그러므로 그곳에서는 그들의 입장에서 (그들의 개인적인 및 일반적인 수용능력 및 표현능력의, 그들의 개인적인 및 그들의 시대와 주변세계를 통하여 제약된 직관방식 및 진술방식의) 모든 각각의 인간적 규정성들이, 그리고 자명하게도 또한 그러한 인간적 규정성들의 한계들 및 결함들이—이 경우에는: 그들의 환상의 한계 및 결함들이—고려되어야 한다. 우리는 성서가 사실사적으로 혹은 반성적 사고로서 혹은 도덕적으로 혹은 서정적으로 말하는 곳에서도, 그렇게 고려해야 한다. 성서가 구체적으로 역사적인 형태를 갖지 않는 곳에서는, 성서가 또한 저 구체적 역사적인 형태의 불가피한 약점을 갖지 않는 곳에서는, 성서는 어떤 구체적으로 역사적인 문서도 아닐 것이다. 그 사태관계가 또한 여기서도 유효하다. 성서적 창조역사들은 하늘로부터 떨어진, 어떤 진리 자체의 공표들이 아니며, 오히려 피조적 공간 안에서 발생한 그 진리의 계시에 대한 인간적 증거들이다. 성서는 그렇게, 오직 그렇게만, 진리를 말한다. 성서는 하나님께서 특정한 인간들에게 하나님 자신에 관하여 파악되도록 허용하신 그것을 바라보면서 그렇게 말한다; 그리고 성서는 그것을 바로 그 사람의 환상, 입 및 문서를 통하여 말한다; 이것들은 그 자체로서 결함이 있는 것이며, 또 다른 모든 것들과 마찬가지로 오류가 있을 수 있는 것이다. 성서는 그러므로 그것을 적합한 매개로서가 아니라, 오히려 대단히 부적합한 매개로서 그렇게 말한다. 성서는 그것의 내용에 관련하여, 마찬가지로 또한 그것의 신뢰성에 관련하여 전적으로 그것의 대상으로부터, 즉 바로: 성령의 자기증거로부터 살아간다; 성서의 생성은 오직 그분에게, 그리고 성서의 능력도 오직 그분에게만 은혜를 입고 있다. 바로 이것이 성서의 규정성과 제약이며, 이것이 성서의 평가 및 해석에 있어서 간과되어서는 안 된다. 성서의 대상에 대한 성서의 관계는 하늘의 보화의 이 세상의 그릇에 대한 것과 같은 최고로 불균등한 관계이며, 그 하늘의 보화가 보존과 전달을 위하여 스스로를 그 그릇에게 위탁하였다. 바로 이 관계가 성서의 비밀이며, 성서의 기적이다. 바로 그 관계 안에서 및 오직 그 관계 안에서 성서는 영감을 받았으며, 성서는 하나님의 말씀을 말한다. 만일 우리가 그 관계를 다르게, 덜 모순적으로 서술한다면, 그때 우리는 성서의 비밀과 기적을, 성서의 영감을 부정하는 셈이 될 것이다. 바로 해석의 문제가 그 저자들에 의하여 증거되는 하나님의 역사적 자기계시의 현실성을 눈앞에 드러내는 데에 놓여 있다면(놓여 있기 때문에), 우리는 그들의 증거 그 자체이 인간성을 간과하거나 지워서는 안 되며, 우리는 그 증거를 오히려 그것의 전적인 인간성 안에서, 그래서 또한 그 증거가 말하는 것을 그것의 논박가능성 및 문제가능성 안에서 언어로 표현하여야 한다; 그렇게 할 때 그러한 가능성을 부끄러워할 필요는 없다; 왜냐하면 그 증거는 그렇게 구체적으로 형식화되어 있기 때문이다; 또 우리는 그 증거의 그러한 구체적 형식에 대하여 해석과 함께 동반된 전제로부터 더 나은 정보를 알려고 하지 말아야 하며, 그 증거를 어떤 개선을 통하여 도우려고 해서도 안 되며, 그곳에 틀림없이 존재하는 허점들을 덮으려고 해서도 안 되며, 또 그 증거의 인간적 제약성이 해석에, 예를 들어 너무도 명백해서 너무 방해가 되는 것으로 보이는 곳에 그 증거를 그대로 놓아두어서도 안 된다. 만일 그 증거의 대상의 자기증거가 바로 저곳에서: 즉 우리에게 그 증거의 인간적인, 시간적 및 언어적 역사성의 제약이, 우리에게 성서적 저자들의 실수가능성 및 오류가능성이, 우리에게 또한 그들의 환상의 한계 및 결함들이 가장 강력하게 눈에 뜨이는 것으로 보이는 곳에서, 가장 명확하고 또한 가장 중요한지 아닌지, 우리가 어떻게 알겠는가? 그것의 인간성 안에서 가장 명확하게 인식된 성서적 증거에 사려 깊은 해석은 그만큼 더 조심스럽게 및 경외하면서 관계하게 될 것이다: 그 증거 자체를 위해서가 아니라, 그 자체로서는 다른 것과 마찬가지의 문자인 그 증거의 문자들에 대한 어떤 마술적 존경심으로부터가 아니라, 오히려 그 증거의 **대상**에 대한 존경 안에서 그렇게 관계하게 될 것이다; 그 대상은 이제 **바로 그러한** 인간적 증인들을 그들의 **제약성** 안에서 일깨우시기를, 바로 그러한 문자들을 사용하시기를 거절하지 않으셨다; 그 대상을 우리는, 우리가 도무지 인식하고자 한다면, 오직 그러한 증거를 통해서, 그것도 그러한 증거의 문자들을 통해서만 인식할 수 있다.

지금까지 서술된 것에 의해 다음이 결정되었다: 이제 시도된 창조의 서술 및 그 자체는 **소재적으로는**(materiell) 창조와 계약의 관계의 제시에, 그리고 **형식적으로는** 양쪽의 성서적 창조보고들의 해석에 놓여 있어야만 한다.—그러나 또한 다음의 입장 및 기대도 결정되었다: 그 입장 및 기대 안에서 우리는 이제 막 여기서 개봉된 교회교의학의 부분에 대한 근본적인 과제에 접근해 가야 한다.

2. 계약의 외적 근거인 창조

피조물은 자기 자신을 **통하여** 존재하지 않는다. 피조물은 자신의 현존재 및 존재형식을 스스로 취하고 스스로 부여한 것이 아니다. 피조물은 자신을 통하여 생성되지 않았다. 피조물은 자기 자신을 통하여 존속하지 않는다. 피조물은 자기가 자기를 유지시키는 것도 아니다. 피조물이 생성된 것, 되는 것, 또 될 것, 이것을 피조물은 그의 창조에, 즉 그의 창조자에게 은혜를 입고 있다. 피조물은 또한 자기 자신을 위해서 존재하지도 않는다. 창조자께서 피조물을 위하여 존재하시며, 피조물을 위하여 생각하시며, 말씀하시고 염려하시지만, 그러나 피조물 자신은 그렇게 하지 않는다. 피조물은 그 자신이 목적 혹은 목표가 아니며, 이것은 피조물 그 자체가 근거 및 시작이 아닌 것과 마찬가지이다. 피조물의 현존재 및 존재형식에 내재된 어떤 규정이란 존재하지 않으며, 피조물의 창조와 함께 수립된, 피조물에게 고유하게 새겨진, 피조물의 어떤 독립적인 목적론도 존재하지 않는다. 피조물의 규정은 전적으로 그의 창조자께서 변호자 및 배려자로서 그를 목적으로 삼는 것 안에 놓여 있다. 하나님께서 그의 창조자로서 그 피조물을 목표로 하여 그에게 향하셨다는 것, 이것이, 오직 이것만이 홀로 피조물의 의, 의미, 목적, 목표, 가치이다. 하나님의 그와 같은 향하심, 즉 그와 같은 변호 및 배려를 기뻐하는 것이 아닌 다른 의도를 가지고, 각각 자기 마음대로의 의향을 가지고, 자신의 현존재 및 존재형식에 내재한다는 권리를 주장하면서, 피조물이 비로소 수용해야 하는 것이 아니라 이미 소유하고 있다는 어떤 의미를 향할 때, 자기 자신이 설치한 어떤 목적을 향할 때, 피조물 자신 안에 및 스스로 소유한다는 어떤 목표를 향할 때, 그의 창조자의 자유로운 의지와는 독립적으로 유효하게 만들 수 있다는 어떤 가치를 향할 때,—이 모든 것으로써 피조물은 환영과 마찬가지의 허공 안에 자신을 위치시키며, 피조물은 자기 자신을 통하여 생성된다고, 자기 자신을 통하여 존속된다고, 자기 자신을 통하여 유지된다고 주장한다. 그러나 피조물의 창조를 통하여, 즉 피조물로서의 그의 본질을 통하여 이러한 환영은, 마찬가지로 또한 그러한 모든 각각의 의도는 뿌리에서 불가능해지며, 기만이라고 예증된다.

    그것과 함께 그러나 이제 다음도 결정되었다: 하나님의 창조 그 자체는 자기 자신을 위하여 발생하지 않았으며, 또 발생하고 있는 것도 아니다. 창조는 하나님에 의하여 자유 안에서 원해진 및 실행된 (그분으로부터 구분되는 현실성의) 규정이다. 다음 질문이 긴급해진다: 하나님께서는 그 규정과 함께 무엇을 원하셨고 또 무엇을 원하시는가? 하나님께서는 그분의 고유하신 영광 안에서 홀로 존재하기를 원치 않으신다; 하나님께서는 자신의 곁에 한 타자를 갖기를 원하신다. 이 대답은 그러나 틀림없이 다음을: 하나님께서 그것을 헛되이 원하셨거나 행하셨다는 것을, 혹은 하나님께서 그로써 어떤 결핍을 겪으셨다거나, 그래서 어쩔 수 없어서 하나님께서 홀로 존재하고 머물기를 원치 않으셨다거나 하는 것을 뜻하지는 않는다. 하나님 곁의 한 타자, 그것은 이제 그 자체로서 마치 하나님으로부터 독립적으로 존재하는 것과 같은 상상은 그분의 '자유'와 양립될 수가 없다: 그분의 영광의, 그분의 의지의 및 그분의 권능의 경계선을 그분은 그러한 규정과 함께 틀림없이 두지 않으셨으며, 그분에게 낯선 및 그분을 벗어나는, 자기 자신에게 혹은 자신의 고유한 목적론에게 내맡겨진 영역을 하나님께서는 신적 창조자로서 창조하지 않으셨다. 이제 그러한 규정이 우연이 아니라면, 그 규정이 어떤 신적 결핍에 상응하지 않는다면, 그 규정이 그분의 고유하신 영광의 한계의 설치가 아니라면, 그때 우리에게는 다음의 기억만 남게 된다: 하나님께서는 자신의 사랑 안에서 자유로우신 자이시다. 그때 우리는 그 밖의 방법으로는 파악이 불가능한 그 규정을 오직 하나님의 사랑의 사역으로만 이해할 수 있다. 하나님께서 피조물을 원하시고 규정하실 때, 기분에 따라 하신 것도 아니고, 어떤 결핍 때문에 하신 것도 아니다; 오히려 하나님께서 영원 전부터 그 피조물을 사랑하셨기 때문에, 그리고 그 피조물에 대한 그분의 사랑을 예시하기를 원하시기 때문에 그렇게 행하셨다; 즉 그분의 영광이 피조물의 실존 및 본질을 통하여 제한되는 것이 아니라, 오히려 그러한 타자와의 그분의 고유하신 '공동존재'(Zusammensein) 안에서 그 영광이 계시되고 예증되기를 원하시기 때문에, 그렇게 행하셨다. 하나님께서는 창조자로서 참으로 그분의 피조물을 위하여 존재하기를 원하신다. 그것을 위하여 하나님께서는 피조물에게 고유한 실존 및 고유한 본질을 수여하셨다. 그렇기 때문에 피조물의 고유한 실존 및 고유한 본질로부터 이제 어떤 (그 피조물에게) 내재적인 목적 및 목표의 규정이 뒤따라올 수 없으며, 피조물의 현존재 및 존재형식의 권리, 의미, 가치에 대한 (마치 그것들이 피조물에게 주어진 것이 아닌 다른 방식으로 그렇게 귀속되어 있는 것과 같은) 어떤 권리 주장도 있을 수가 없다. 그렇기 때문에 바로 피조물의 고유한 실존 및 고유한 본질은 이미 하나님의 은혜의 사역이다. 타자의 현존재 존재형식으로써 만족하면서, 그 타자에게 그 밖에서는 참여되지 않은 채 마주 대하여 서면서, 그 타자를 그 밖에서는 그 자신에게 내맡겨지도록 버려둔다면, 그것이 무슨 사랑이겠는가? 사랑은 사랑하기를 원한다. 사랑은 사랑받는 자와 함께하는 어떤 것을, 사랑받는 자를 위한 어떤 것을 원한다. 하나님께서 피조물을 사랑하시기 때문에, 그렇기 때문에 피조물의 창조는, 그러나 또한 그것의 존재 상태와 유지는 피조물 자신을 넘어서서 하나님의 사랑의 **확증** 및 **성취**를 지시한다; 하나님의 사랑은 피조물 그 자체가 규정되어 있으며, 그것의 고유한 실존 및 고유한 본질을 (하나님의 본질 및 존재의 곁에서 및 밖에서 *창조 이전에) 수용하였다는 사실로써는 **아직 발생하지 않았다**; 오히려 창조가 그것의 전적인 영광 안에서 그 사랑을 비로소 마주 바라보고 또 마주 나아가며, 창조가 비로소 그 사랑을 위한 전제를 형성한다.

그리고 이제 특정한 하나의, 첫째의 국면(이것 아래서 우리는 성서의 인도에 따라 창조를 관찰하여야 한다.)은 다음과 같다: 창조는 피조물에 대한 신적 사랑의 의도의 실현의 전제이다. 왜냐하면 **신적** 사랑의 의도의 실현에 관계되기 때문에, 그렇기 때문에 창조는 여기서 불가결한 전제이다. 그것이 피조적 공간 안에서의 일자의 타자에 대한 사랑에 관계된다면, 창조는 불가결한 전제가 아니다. 그곳에서 사랑받는 자는 그것의 실존 및 그것의 본질을 사랑하는 자로부터 독립적으로 소유한다. 그곳에서 사랑하는 자는 사랑받는 자보다 앞서 위치하며, 그 다음에 자신의 현존재 및 존재형식에 근거하여 사랑받는 자를 사랑하게 된다. 신적 사랑은, 그러한 전제로부터 유래하지 않는다는 점에서, 오히려 바로 그 전제 자체를 창조한다는 점에서 이미 완전한 사랑이며, 모든 피조적 사랑의 도달될 수 없는 원형 및 현실적 근거이다. 하나님께서는, 하나님 자신이 아니면 전혀 존재할 수도 없는, 오직 하나님 자신을 통해서만 있는 존재를 사랑하신다. 하나님께서는 자신의 고유한 **피조물**을 사랑하신다. 이것이 **계약**의 철두철미 고유하게 특징적인 것이다; 계약 안에서 하나님의 사랑은 확증 및 성취에 도달한다. 계약의 외적 근거는: 피조물의 **실존** 및 **본질**은 (하나님께서는 이 피조물을 자신과 결합시키신다.) 그분의 **고유하신** 의지 및 실행의 사역이다. 피조물의 **창조**는 그러한 계약의 외적 근거이다. 그러한 계약은 그렇게도 확고하게 근거되었으며, 계약의 전제는 하나님의 편에 대해서만 아니라, 또한 피조물의 편에 대해서도 그렇게도 신뢰할 수 있는 것이며, 그 계약 안에서 하나님께 기대할 수 있는 신실하심 및 한결같으심은 그렇게도 큰 것이며, 자명하게도 이 계약의 수립자의 권위는 그렇게도 우월하다! 그 계약이 가진 외적 근거 중에서 여기서 인간과 계약을 맺으시는 바로 그 하나님 자신에 의하여 놓이지 않은 어떤 근거는 철두철미 없다. 피조물의 존재 중에서 근원적으로 바로 그 결합에 속하지 않고 다른 어떤 곳에 속하는 것도 없다. 피조물은 그와 같은 계약의 수립자에 대하여 낯설게 할 수 있는, 당연히 및 반드시 그렇게 해야 하는 어떤 속성들도, 어떤 삶의 조건들도, 어떤 종류의 실체적 혹은 우연적 술어도 없다. 또 계약 그 자체에 의하여 동반된 및 제시된, 어떤 권리 및 가치에 대한 주장들(그 계약의 수립자의 의지와 구분되고 반대되면서 유효하게 관철되는 주장들)도 물론 없으며, 어떤 입지장소, 즉 그곳으로부터 같은 지반에 발을 딛고 그분과 거래할 수 있는 어떤 장소도 없다. 하나님께서는 피조물에게 그 계약 안에서, 피조물에게 최우선적으로 그것의 현존재 및 존재형식을 부여하셨을 때, 주기로 계획하셨던 그것을 주신다. 하나님께서는 그 계약의 파트너인 피조물에게 오직 한 가지만을, 피조물에게 최우선적으로 현존재 및 존재형식을 부여하셨을 때, 피조물을 자신과 결합시키고 의무를 지웠던 목적인 그것만을 원하신다. 하나님께서 자신과 결합시키신 그 피조물은 하나님께 **속한다**. 하나님께서 피조물을 자신과 결합시키신다는 것은 오직 하나님의 자유로우신 사랑이다. 하나님께서 그렇게 행하실 때, 하나님의 편에서는 피조물에 대한 어떤 빚진 것을 갚는 것이 아니다. 어떻게 하나님께서 하나님 자신이 아닌 다른 어떤 것을 통하여, 어떻게 하나님께서 완전한 자유 안에서가 아닌 다른 어떤 것 안에서, 그분의 피조물(이것은 오직 홀로 그분의 은혜에 의해 존재한다.)을 현실적으로 사랑하실 수 있겠으며, 그래서 그 피조물에 대한 관계 안으로 진입하실 수 있겠으며, 피조물의 창조에 이제 현실적으로 그러한 순서를 부여하실 수 있겠는가? 그러나 하나님께서는 그것을 행하심으로써, 그분의 사랑은 그렇게도 파악 불가능하게 높고 깊음으로써, 그래서 그분이 바로 그것을 원하시고 행하시기를 거부하지 않으셨음으로써, 그러한 그분의 행동은 그것의 견고한 외적 근거를 다음에 둔다: 그분에 의하여 사랑받는 것은 그분께 **속하며**, 하나님께서는 계약의 파트너와 어떤 낯선 것의 신하로서도, 그것에 고유한 권리의 주인으로서도 관계하지 않으시며, 오히려 하나님의 소유물로서, 더 나아가 그분의 의지 및 성취의 사역으로서 관계하신다. 다음이 계약의 외적인 능력이다: 계약은 창조에 근거하며, 피조물은 그것의 현존재 및 존재형식에 힘입어 그 계약의 파트너가 되도록 규정되고, 예비되고, 무장되었다. 이 계약은 피조물의 혹은 피조물의 주변세계의 어떤 본성으로부터도, 인간 혹은 세계의 어떤 고유한 특성을 통해서도, 심각하게 및 현실적으로 위협받거나 도전받지 않는다. 바로 그것의 전적인 **본성**(Natur)을 통하여 피조물은 오히려 그 계약을 향하여 규정 및 배치되어 있다. 그 자체로서 바로 이 계약을 목표로 하지 않는 (인간 및 세계의) 어떤 고유한 특성이란 존재하지 않는다. 피조물은 이 계약의 파트너로서 하나님의 편에서는 언제나 및 전적으로 자신의 창조자와, 그리고 자신의 고유한 편에서는 언제나 및 전적으로 바로 그 자신의 고유한, 창조자에 의하여 규정된 본성과, 관계하게 된다.

주어져야만 하는 제한은 자명하다: 창조 그 자체가 계약인 것은 아니다. 사랑받는 자의 실존 및 본질은 그의 '사랑받음'과 동일하지 않다. 이것은 오직 하나님께서―아버지께서 아들을, 그리고 아들이 아버지를 성령 안에서―자기 자신을 사랑하시는 그 사랑에 대해서만 말해질 수 있다. 그것은 하나님으로부터 구분되도록 규정된 피조물에 대한 하나님의 관계에 대해서는 말해질 수 없다. 하나님께서 원하셨고 규정하신 피조물의 실존 및 본질은 그러한 한도에서 그분의 사랑의 전제이다. 그래서 **계약**은 창조의 목적(Ziel)이며, 창조는 계약을 향한 **길**이다. 창조는 계약의 **내적** 근거가 아니다. [우리는 이후에 거꾸로 말하게 될 것이다: 계약은 창조의 내적 근거이다; 그러나 바로 이 관계는 역전될 수 없다.] 계약의 내적 근거는 전적으로 홀로 하나님의 자유로우신 사랑이며, 정확하게 말하여: 그것은 하나님께서 자기 자신 곁에서 아버지의 (인간적 본성의 주님 및 담지자로서의, 그러한 한도에서 피조물 전체의 대변자로서의) 아들과의 계약으로 체결하신 '영원한 계약'이다. **창조**는 **계약**의 **외적** 근거이며, 다만 외적 근거일 뿐이다; 우리는 이렇게 말할 수도 있다: 창조는 계약의 기술적인 가능화이며, 공간의 준비 및 설치이다; 그 공간 안에서 계약의 기초 및 역사가 연출된다; 창조는 또 이러한 역사 안에서 하나님의 파트너가 되어야 하는 주체의 준비 및 설치이며, 짧게 말하여 그 역사 안에서 하나님의 은혜를 수용하고 그 은혜를 향해야 하는 자연의 준비 및 설치이다. 하나님의 사랑이 저 영원한 계약 그 자체 안에서 만족하지 않음으로써, 하나님의 사랑이 계약을 실행함으로써, 그래서 그 사랑이 계약을 신적 영역의 밖에서 형태를 부여하기를 원하셨음으로써, 그 사랑 자체가 계약의 그와 같은 외적 근거를, 즉 피조물의 실존 및 본질을, 즉 창조를 필연적으로 만들었다. 창조는 그러나 계약의 다만 외적인 근거이다. 창조가 계약을 위하여 발생하였다면, 그리고 (계약이라는 그것의 목적을 바라보면서 말한다면) 이미 은혜라면, 그때 창조는, 오직 은혜 자체를 지시하고 예비함으로써, 그러하다. 그러나 여기서 "다만"은 무엇을 뜻하는가? 창조는 은혜의 진정한 지시로서, 은혜의 필연적인 예비로서, 이미 그 자체가 은혜이다: 다만 이러한 의미 및 맥락 안에서 그러하며, 그리고 반드시 계약과 함께 그러하다. 이것이 우리가 이제 관찰해야 할 유일한 및 첫째의 국면이다.

성서의 첫째 창조사(창 1:1-2:4a)는 우리에게 말하자면 둘째와 구분되면서 그러한 특별한 국면을 열어준다. 첫째 창조사는 창조를 말하자면 밖으로부터 어떤 굉장한 힘의, 그러나 계획적인, 완전하게 숙고된, 또한 완전하게 개관될 수 있는 장비(Zurüstung)의 사역으로 묘사한다; 이것은 성전 건축에 비교될 수 있다; 성전의 기초와 구조는 전체적 및 개별적으로 제의를 통하여 규정되며, 성전은 제의에 봉사해야 한다; 그러나 그러한 고유한 사건의 시작은 (창조는 그 사건을 지시한다.) 다만 서술의 종결에서, 즉 주변적으로만 취급된다: 이것은 충분히 명확하게도, 창조의 목적을 드러내기 위함이며, 그러나 또한 충분히 주저하면서, 창조 및 그것의 연속이 계약의 역사 안에서 현실적으로 (*구분되는) 두 가지라는 사실이 또한 잊혀지지 않도록 하기 위함이다. 여기서 서술되어야 하는 것은 다음이다: "하늘과 땅이 그것들의 전적인 주님과 함께"(창 2:1) 특정한 의도 안에서, 말하자면 계약의 역사라는 의도 안에서, 창조되었다.

이야기(창 1:26-2:3)에 따르면 마지막으로 발생하는 것은 다음이다: 창조의 정점에 인간이, 남자와 여자가, 서며, 하나님의 형상 안에서 및 그 형상에 따라 창조된다. 이 피조물을 바라보면서 (이 피조물과 함께 제6일에 창조 전체는 완성된다.) 하나님께서는 창조된 전체를 바라보시며, 그리고 그것이 대단히 좋다고 보셨다. 그때 및 그렇기 때문에 하나님께서는 제7일에 안식하셨다. 자신의 창조와 함께 지시된 사역에 착수하는 인간이 일곱째의 마지막 창조 날의 영웅이 아니다; 비록 이제 모든 것이 인간이 생육하고 땅 위에서 번성하고, 그곳에서 다른 동물적 피조물들을 다스리고, 그에게 특별히 할당된 양식을 찾기 시작하는 것을 위하여 준비된 것으로 보인다고 해도, 그러하다. 바로 그러한 행동으로 사명을 받은 자가 이제는 오히려 한 전적으로 다른 사건의 증인이 되어야 한다. 인간이 창조사를 끝내는 것이 아니며, 또 인간이 창조사에 뒤따라오는 역사를 시작하는 것도 아니다. 오히려 저곳의 끝 및 이곳의 시작은 하나님의 안식, 즉 창조로써 발생하고 성취된 것에 대한 하나님의 자유로우신, 축제적인, 기쁨의 만족이며, 그리고 하나님과 함께 안식하라는, 다시 말하여 하나님과 함께 하나님을 통하여 발생한 것에 만족하라는 (인간에게 주어지는) 초대이다. 이것이 창조의 목적이며, 그리고 동시에 창조에 뒤따라오는 모든 것의 시작이다: 그것은 하나님의 안식의 자유, 안식의 축제, 안식의 기쁨이며, 그것에 인간도 또한 참여하도록 부르심을 받는다: 그것은 인간의 창조 안에서 완성된 우주에 직면하며 자신의 사역에 착수하는 모든 각각의 인간의 진지함 및 열정보다 전적으로 우월한 신적 안식의 사건이다. 바로 그 안식에 참여하기 위하여 인간은 창조되었다. 그 사건 안에서 첫째 창조사의 정점 및 마침점 안에서 모든 뒤따르는 것의 시작점으로서 바로 눈앞에 드러나는 것은 하나님의 은혜의 계약이다. 모든 앞선 것은 바로 이 정점으로 인도하는 길이다. 창조사의 개별적 사건들 자체의 맥락 및 순서는—각각 자신의 장소에서 및 자신의 특성 안에서—그러한 마지막 사건을 지시하며, 그러한 긍정적인, 그럼에도 불구하고 또한 제한적인 (하나님의 안식일의 안식의 이제 준비를 하고 자신의 고유한 사역을 시작하는 인간에 대한) 관계를 지시한다. 그러므로 우리는 이 본문을 바르게 이해하기 위해서는 뒤로부터 앞으로 읽어야 한다. 우리는 어디서 그 본문의 고유한 진술이 (*자신을) "넘어서려고" 하는지, 선역사적인 영역을 넘어서서 사실사적인 영역 안으로 진입하려고 하는지를 알아채야만 한다. 그 본문은 **창조 이후의** 제 일곱째 날에 그리고 인간의 모든 **행동들에 앞서서** 하나님께서 안식하신 곳에서 넘어서고 진입하려고 한다. 그 본문은 저곳에서: 무엇이 등장하든지 간에 하나님과 인간 사이의 관계의 진리가 하나님에 의하여 수립된 (그분의 완전히 만족시키는 및 완전히 주권적인) 은혜의 계약이 된다는 사실이 간과되지 않는 곳에서, 그렇게 넘어서고 진입하려고 한다. 바로 이것이 우리가 첫째의 창조사가 안에서 시작부터 숙고해야 하는 것이다.

[창 1:1] 인간에게 향해진 하나님의 바로 그러한 의지 및 실행이 — 다른 어떤 것도 아닌 바로 그것이! — 모든 사물들의 시초에 현실적으로 서 있다. 그렇게 — 다른 어떤 방법도 아닌 바로 그렇게! — "하늘과 땅의 생성"은 이루어진다. 인간이 아니라, 인간의 세계에 내재된 어떤 지혜 혹은 어리석음, 권세 혹은 무력함이 아니라, 오히려 하나님께서 피조물을 원하셨고, 완성하셨다: 그분은 그분의 고유하신 형상으로서의 인간을 기뻐하시는 하나님이시다. 바로 그것이, 다른 어떤 것도 아닌 그것이 태초에 발생하였다; 왜냐하면 그곳에서 발생할 수 있었던 다른 모든 것은 **바로 그 특정한** 것이 발생함으로써, 이미 **지나가 버렸기** 때문이다. 만물의 시초의, 또한 시간의 시초의 이러한 현재 및 미래는, 그리고 모든 현실적인 현재 및 미래는, 그러한 하나님의 의지 및 성취이다. 그렇기 때문에 이러한 태초의 사역은 우연적이지 않으며, 자기 자신을 통하여, 어떤 낯선 이념 혹은 권세를 통하여 형성된 존재도 아니며, 오히려 그것은 한 우주(Kosmos)이며, 그것도 특정한 우주이며, 하나님에 의하여 질서가 부여된 세계이며, 그 세계 안에서 — 은혜의 계약 안에 있는 하나님과 인간의 관계의 상이 — 하늘과 땅으로 구분되며, 그러나 또한 서로에게 연관되어 마주 대면하여 섰다: 하늘과 땅은 한 위의 것(ein Oberes)과 한 아래의 것(ein Unteres)이며, 전자는 인간에게 원칙적으로 보이지 않는 영역이며, 후자는 인간에게 원칙적으로 보이는 영역이며, 전자는 인간에게 낯선 높음 안에서 우월한 영역이며, 후자는 인간에게 친숙하고 고유한 영역이다. 그것이 하나님에 의하여 선택된, 원해진 및 규정된 피조물이며, 그렇기 때문에 하나님께서 보시기에 좋았던, 그것도 대단히 좋았던 피조물이다: 좋았던 것은 말하자면 다음 이유에서, 즉 이러한 모형적인(abbildlichen) 상층질서 및 하층질서에 힘입어 그것이 신적 의지 및 성취의 의도인 계약의 공간에 적합하기 때문이며, 그것이 바로 이러한 존재 상태 안에서 다른 어떤 규정으로부터는 미리 앞서서 벗어나면서, 하나님의 은혜에 미리 앞서서 처치될 수 있도록 설정되었기 때문이다.

[이하의 내용에 관하여 이미 언급된 Fr. Delitzsch, H Gunkel, W. Zimmerli 등의 주석 외에 또한: Alfred Jeremias, *Das AT im Lichte des alten Orients*, 1930, 그리고 B. Jacob, *Das erste Buch der Thora*, 1934를 참고하라]

1절의 "태초에"(bereschit)는 두 가지를 동시에 말한다: 저 역사는, 그리고 그것과 함께 세계의 존재 및 본질은 **시작**을 가지고 있으며, 그래서 하나님 자신처럼 시작이 없는 것이 아니며, 그래서 그 시작과 함께 또한 종말을 마주 바라보고 있다. "어떤 사물이 어떤 시간적 시작을 가진다면, 그때 그것의 종말에 절망하지는 말지니라!"(Basilius, *Hex*, I 3)—그리고: 바로 이것이, 다른 어떤 것도 아닌 이것이, 그들의 시초였다: 그것은 저 하나님의 행동, 즉 그분의 창조이다. '엘로힘'(하나님)이라는 주어가 모든 신적 권세들의 총괄개념 및 주님을 지시하는 것처럼, 마찬가지로 술어인 '바라'(창조하다)는 창조를 지시한다; 그 창조의 주체는 오직 엘로힘이며, 그 창조의 특징은 오직 그러하신 엘로힘에 상응할 수만 있다; 그 창조는 어떤 경쟁에 의해서도 방해받지 않으며, 어떤 전제를 통해서도 제약되지 않으며, 어떤 다른 요소의 협력 작용을 필요로 하지도 않는 순수한 창조이다; 그 창조의 개념 안에서 미리 앞서 주어진 어떤 현실성을 가공한다는 모든 상상은, 그러나 또한 그러한 어떤 현실성과 투쟁한다는 모든 상상도 배제된다.

창세기 2:4a: "하늘과 땅을 창조하실 때의 일(대략; toledot)은 이러하였다."의 창세기 1:1에 대한 관계는 논쟁의 소지를 갖는다. 이 문장은 전체 보고에 대한 제목 내지는 요약하는 후기인가(Delitzsch), 혹은 근원적으로는 정점의 자리에 있었으며, 그래서 그 본문의 시작을 형성하였는가(A. Jeremias, Gunkel)? 확실한 것은 다음이다: 2:4a의 요약은 1:1을 통하여 고유하게 특징적인 비판적 정화에 굴복하게 된다: 이것은—신적 창조(bara)의 사역들은—실상은 toledot, 즉 하늘과 땅의 "가계적 계보"이며, 이 toledot은 창세기의 그 밖의 곳에서는 적합한 방식으로 온갖 종류의 인간들에게 적용되지만, 그러나 미리 전제된 신화 안에서는 적합하지 않은 방식으로 세계 현실성 그 자체에게 적용된다. 그래서 그곳에서, 태초에 참으로 문제가 되는 것은 바로 그와 같다; 신화는 그곳에서 티아마트의 산출, 근원적 산출, 최종적으로는 세계 현실성의 영원한 자기산출과 같은 어떤 것을 보려고 한다. 그러나 그곳에서 발생했던 것은 진실로 하나님의 자유로우신 (그러한 세계 현실성의) 규정이다. 이것이 "하늘과 땅의 탄생 역사"의 특별한 점이다: "하늘과 땅은 어떤 자연적인 유비로써 파악되지 않으며, 오히려 오직 '**창조**'라는 단어로써만 서술될 수 있다."(Zimmerli) 그렇게 하여 하나님의 크신 행동들의 역사는 이미 이 보고의 최초의, 전체를 비로소 예고하는 첫 걸음과 함께 신화를 대체하고 추방한다. 창세기 1:1을 바라보면서 또한 궁켈(Gunkel)도 P의 자료를 칭찬하였다: "이것은 강력한 말씀이다! 단순하게 및 권능 가득하게 저자는 우선 하나님께서 세계를 창조하셨다는 교의를 확고히 하였다; 성서의 바로 이러한 첫 단어와 필적할 수 있는 단어는 다른 민족들의 우주 발생론들 안의 그 어디에도 없다!"

"하늘과 땅"이라는 표현은 그 밖의 성서 전체 안에서, 그 표현이 포괄적으로 결정적인 것을, 말하자면 상층 및 하층의 존재와 구분과 실존에 관하여 말함으로써, 질서 및 형태를 갖춘 '세계 전체'를 지칭한다. 아우구스틴[토마스 아퀴나스가 그를 계승하였으며, 또한 루터와 칼빈이, 그리고 가톨릭적 및 개신교적 정통주의와 함께 또한 Wellhausen도 그를 계승하였다.]이 "하늘과 땅"을 여기서 1:2에서 언급된 "하나님께서 무로부터 창조하셨다는 '형태 없는 물질'"(informis materia)과 동일시하려고 하였을 때, 그 '형태 없는 물질'이 여기서, 그것이 이미 존재했기 때문이 아니라, 오히려 그것이 그러한 것일 수 있었기 때문에, "하늘과 땅"이라고 말해진다고 설명했을 때(De Gen. c. Man. I 7, II 비교. Conf. XII 4, 4 등등), 그것은 과도한 것이었다. 이러한 일반적인 견해는 반박되어야 한다. 물론 1:2에 따르면 혼돈이, 그리고 하나님의 (혼돈에 대한) 대단히 특정한 관계가 있다. 그러나 하나님께서 우선 카오스를 창조하셨다는 것은, "형태 및 질서가 없는 세계 전체의 규정"(B. Jacob에게서도 이러하다.)을 실행하셨으며, 그 다음에 비로소 그러한 "거칠고 혼탁한 덩어리"로부터 그 안에 잠재적으로 현존하고 있었다는 하늘과 땅을 생성하셨다는 것은, 그 밖의 성서 전체에 대해서만이 아니라, 오히려 또한 창세기의 바로 이 첫 구절에 대해서도 전적으로 낯선 한 견해이다. "카오스의 창조라는 사고는 그 자체로 모순적이며 기이한 것이다; 카오스는 창조 이전의 세계이다."(Gunkel) 오히려 카오스는 1:1에서 예기하면서 형식화되는 "보편적 진술 안의 창조사실성"이다.(Delitzsch) 그러므로 1:1은 1:2에 대하여 어떤 긍정적 관계 안에 있지 않으며, 오히려 제목이며 그 다음에 3절부터 그러한 창조 사실성의 형태로 전개될 것을 선취한다.

1:1과 2절 안에서의 "땅"이라는 개념은 물론 우리가 "하늘"과 대립되는 "땅"으로 이해하는 것을 포함한다; 그러나 그 개념이 그것으로써 다 표현된 것은 아니며, 오히려 우리의 그러한 개념보다 더 포괄적으로 삼분화된 이 땅의(tellurischen) 전체의 총체성을 말한다.(A. Jeremias): 그것은 공중하늘("대기"와 "창공"), 우리의 의미에서의 땅, 그리고 바다로써 구성된다; 바다는 땅을 지탱하는, 하부 대양의 깊이로 이해된다. 아우구스틴도 다음과 같이 말했을 때, 바로 이 문제에서는 옳았다: "하늘의 하늘에 비교한다면 또한 우리의 땅의 하늘은 땅이다."(Conf. XII 2,2) 출애굽기 20:11, 느헤미야 9:6, 요한계시록 5:13, 10:6, 사도행전 4:24, 14:15에서와 같이 하늘-땅-바다의 삼분법이 언급되는 곳에서는—전체에 대한 부분으로서!—그와 같이 이 세상적 '전체'가 의미된다. 창세기 1장은 첫 두 날의 사역들의 예외로서 (이날들은 또한 그 이상의, 더 높은 피조물의 영역과도 접촉한다.) 오직 땅(tellurischen) 전체의 창조에 관해서만 명시적으로 언급한다. 그것은 구체적으로 저 역사의 무대이다; 그 역사의 시작이 여기서 창조라고 이야기된다. 1절 안에서는 그러나 암묵적으로는—그 다음에 둘째 날의 사역의 묘사에 있어서는 또한 명시적으로—"하늘"의 창조가, 다시 말하여 마찬가지로 삼중적인 하늘의 전체가 증거되며, 그것은 가장 위층의 하늘, 하늘의 대양, 그리고 하늘의 땅으로써 구성된다. 아우구스틴이 이러한 천상의 하늘 전체를 "지성적 피조물"(creatura intellectualis)이라고 특징지었을 때 (Conf. XII 9,9), 그는 이 문제의 핵심을 단순화시켰다. 이러한 특징적 지칭은 하늘에 거주하는 [그러나 배타적으로 하늘에만 배타적으로 거주하는 것은 아닌!] **천사들**에 관련해서는 적절하지만, 그러나 **하늘** 그 자체에 관해서는, 특별히 **가장 상층의** 하늘에 관련해서는 적절하지 않다. 또한 여기에도 한 단단한 [그러한 한도에서 땅에 상응하는] 그리고 흐르는 [이 세상의 바다와 관계가 있는] 요소가 등장한다는 것을 우리는 바로 6-8절에서 경험한다; 그곳에서는 더 나아가 창공과 상층 창공 사이에 위치하는 (이 세상적 전체의 물들로부터 분리되어진 저) 물들이—구분된다. 이 창공에 17절에 따르면 해, 달, 별들이 고정된다. 그러나 그 밖의 다른 구약성서로부터는 다음이 강조된다: "하늘"의 개념은 이러한 이중적인 의미[창공과 하늘의 바다] 안에서 소진되지 않으며, 오히려 포괄적이고 또 이에 더하여 비교적 최근의 단어인 창세기 1:1은 제**삼의** 의미를 목표로 하고 있음이 틀림없다. 우리는 창세기 28:12, 열왕기상 8:12, 시편 2:4, 11:4, 이사야 66:1 등에서 하늘이 하나님의 거주지, 궁전, 혹은 보좌임을 경험한다; 그러나 그 자체로서는 창공도, 혹은 창공 위에 위치하는 하늘의 바다도 그렇게는 말해지지 않는다. 명백하게도 또한 구약성서의 최근의 층에 속하는 "하늘에 계신 하나님"이라는 흔한 지칭도 또한 **더 넓은** 영역을 내다본다. 마찬가지로 신명기 10:14, 열왕기상 8:27, 느헤미야 9:6, 역대하 2:6, 6:8 등에서 "모든 하늘들의 하늘"은 "하늘"로부터 명확하고 공개적인 형식으로 반복하여

구분되며, "모든 하늘들의 하늘"도 하나님을 파악하기에는 마찬가지로 너무 부족하며, 이것은 피조적 영역에 속하는 어떤 다른 공간이 그러한 것과 마찬가지이다. 그 하늘은 시편 68:34에 따르면 가장 높은, 영원한 하늘이다. 시편 148:4에 따르면 그 하늘은 위상학적으로는 저 하늘의 바다와 정확하게 마주 대하여 서 있다. 이사야 14:13에서 그 하늘은 참람하게도 자신을 하나님으로 격상시키려는 바벨론 왕의 묘사 안에서 "저 멀리 북쪽 끝 위에 있는 하나님의 산"이라고, 다시 말하여 아마도 우주의 극점으로, 지칭된다. 바울도 고린도후서 12:2에서 "셋째 하늘"로 이끌려 올라간 그의 황홀경에 대하여 말할 때, 바로 그 하늘을 명확하게 의미한다. 바로 이러한 최고의 및 가장 본래적인 하늘을 또한 창세기 1:1도 함께 눈앞에 그렸을 것이다; 비록 그 다음에 서술되는 것 안에서는 그 하늘에 대한 언급은 없다고 하여도, 그러하다. 왜 아니겠는가? 우리는 그 대답을 아마도 야콥(B. Jacob)과 함께 시편 115:16의 말씀 안에서 찾을 수 있을 것이다: "하늘은 **주님**의 하늘이라도, 땅은 **사람의 자녀들**에게 주셨다." 우리는 이러한 가장 상층의 및 가장 본래적인 하늘에, 하나님의 하늘에 관련하여 또한 그 하늘도 창조되었다는 것 외에 다른 어떤 가르침을 필요로 하지 않으며, 또 시편 73:25에 따르면 또한 하늘에서도 하나님만이 홀로 우리를 대적할 수 있으시며, 현실적으로 우리를 인도해 주신다. 바벨론적 상상, 즉 땅의 세계 전체가 어떻게 해서든 상층의, 하늘의 세계 전체에 매달려 있다는(욥 26:7) 상상은 우리의 본문의 저자에게는 관심 밖이었던 것으로 보인다; 또 하늘 자체를 지탱하는 기둥들(욥 26:11)이라는 직관 혹은 그 밖에서도 흔히 (예를 들어 시 104:5에서) 언급되는, 땅이 그 위에 기초한다는 특별한 기둥들의 직관도 보이지 않는다. 그 모든 것은 창조의 개념 및 창조 위에 기초된 세계 전체의 존재상태의 개념에 대하여 어떤 구성적 의미도 갖지 못하는 것으로 보인다. 하나님께서 상층과 하층의, 보이지 않는 및 보이는 세계 전체를 **창조하셨다**는 것, 상층에서나 하층에서는 '하나님께서 창조하셨다.'(bara Elohim)의 지칭 아래 있지 않은 것은 아무것도 없다는 것, 이것이 창세기 1:1의 본문이 말하려고 하는 것이다. 그러므로 우리는 다음을 확정해야 한다: 창세기 1:1의 본문은 그리스도교적 신앙고백 안에서, 또 세계의 존재상태의 저 포괄적 이중 현실성이 목표가 되는 곳에서, 과대 해석된 것이 아니라, 오히려 본질적으로 순수하게 이해되고 있다.

[창 1:2] 다른 모든 것은, 다시 말하여 신적 의도에 대하여 중립적 혹은 거역적인 모든 것은 **과거 존재**가 되었으며, 지나갔다; 이러한 신적 의지 및 실행과 함께 시간이 시작하고, 시간 안에서 하나님에 의하여 창조된, 질서를 갖춘 세계가 시작함으로써, 그렇게 되었다. 시작된 시간의 회귀하지 않은 과거 안에서 하나님의 의지 및 행동에 의하여 **부정된 것**은 과거 존재가 되었으며, 그래서 모든 현재적 및 미래적 실존으로부터 **배제된 것**이 되었다: 카오스, 그것은 하나님의 의도의 관점과는 다르게 형태를 취한, 즉 진리 안에서는 형태를 취할 수 없는, 그 자체로서는 불가능한 세계이다. 하나님께서 원하신 및 규정하신 세계가 그분의 피조물로서 스스로 신적이지 않다면, 마찬가지로 또한 그 세계는 창조를 통하여 당위적 혹은 필연적으로 신답지 않은 혹은 신을 거역하는 존재가 되는 것으로부터도 보호된다. 오직 하나님의 결단 및 행위를 통하여 저주된 것 및 지나간 것으로서, 그래서 하나님의 결단 및 행위에 따라 **존재**하고 **존재하게 될 것**의

경계선으로서 그러한 비신적인 것(das Ungöttliche) 및 신을 거역하는 것은 현실성을 가질 수 있다. 바로 그 권세, 비신적인 것 및 신을 거역하는 것의 저주와 비참으로부터 스스로를 보호하는 권세를—하나님의 눈과 판결 앞에서 선할 수 있고, 그래서 자기 자신을 신적 의도의 성취의 공간과의 질서 안에 둘 수 있는 권세를—피조물이 자신 안에서 및 자신으로부터는 결코 소유할 수 없는 그 권세를 하나님께서는 피조물의 자리에서 피조물을 위하여 소유하셨고 또 사용하셨다. 하나님께서 위협하는 저주와 위협하는 비참을 보셨다. 하나님께서 그분에 대하여 중립적이거나 혹은 거역하는 피조물의 현실성을 배척하셨다. 하나님께서 그 현실성을, 하나님께서 원하셨고 규정하셨던 세계의 극단적 가장자리 너머로 물리치고 넘기셨다. 그렇게 하여 하나님께서는 그분의 피조물을 **긍휼히** 여기셨다. 하나님께서는 피조물을 물론 신적으로 창조하지는 않으셨지만, 그러나 또 비신적으로도, 신에 거역하는 자로도 창조하지 않으셨다; 오히려 하나님 자신과의 조화 및 평화 안에서, 즉 그분의 계획에 따라, 그분의 행동의 무대 및 도구로, 그분의 기쁨의 대상으로, 그리고 그러한 그분의 기쁨에 참여로 창조하셨다.

1:2의 문장은 말한다: "땅이 혼돈하고 공허하며, 어둠이 깊음 위에 있고, 하나님의 영은 물 위에 움직이고 계셨다." 이 문장은 예로부터—성서 전체 안에서 가장 곤란한 것들 중 하나로서—한 대단히 특수한 "해석의 비밀"(곤란성)을 형성하였으며, 우리가 궁켈로부터 그 문장이 "하나의 참된 신화론적 보물창고"라는 말을 듣는다고 해도, 별로 위로가 되지 않는다. 이미 아우구스틴(Conf. XII 21)이 다섯의 대단히 상이한 변주를 열거하였으며, 그중에서 특별히 이 구절의 유명한 'tohu wabohu'(혼돈하고 공허함)이 이해될 수 있다고 했다: 그것은 하나님에 의하여 창조된, 아직 형태가 없고 질서가 없는, 빛도 없는, 특별히 이 세상적 물체적 사물들의 재료(Stoff)를 뜻하는가? 혹은: 하나님에 의하여 창조된, 형태가 없는 재료, 즉 그것으로부터 이후에 물체적 하늘과 물체적 땅이 그 안에 있는 모든 것과 함께 창조될 수 있었고, 그래서 창조되었던 그런 재료를 뜻하는가? 혹은: 하나님에 의하여 창조된, 형태 없는 재료, 즉 그것으로부터 후에 상층 하늘과 또한 (이 세상적 하늘을 포함하는) 땅이 창조되었던 그런 재료를 뜻하는가? 혹은: 어떤 형태 없는 재료, 즉 상층 및 하층의 세계 전체의 창조 이전에 이미 현존하였고, 그 다음에 창조에 이용되었던 어떤 재료를 뜻하는가? 혹은 마지막으로: 하층 세계 전체의 창조 이전에 현존하였고, 그 다음에 특별히 그것의 창조에 이용된 형태 없는 재료를 뜻하는가?

첫째의 근본적인 질문은 명백하게도 다음과 같다: 2절은 [1절과 함께 혹은 1절을 뒤돌아보지 않으면서] 'tohu wabohu'를, 어둠과 홍수를 창조보다 **앞선** 어떤 원시상태로, 그래서 창조로부터 독립적인, 하나님과 구분되는 원시 현실성으로 말하고 있는가? 혹은 2절은, 'tohu wabohu'의, 어둠과 홍수의 근본적 규정과 함께 그것들의 시초의 원시상태의 규정을 자신의 **시초**로 삼은 창조가 6일간의 사역 안으로 병합되지는 못하였지만, 그러나 나중에 그 어두운 혼돈의 전체 위로 하나님의 영의 움직임이 약속 가득히 동반된 규정이 되었다고 주장하는가? 첫째 해석은 어쨌든 배제된다. 혹시 궁켈이 본문 안에서 진술된 "하나님의 창조보다 앞서갔던 세계의 원시 상태"를 정말로 고려했는지, 아니면 그는 다만 그러한 상상이 그 본문에게 어쨌든 직접적으로 낯선 것은 아니라는 것만을 말하려고 했는지가 내게는 명확하지 않다. 이에 대하여 다음이 말해져야 한다: 그러한 상상은 저자에게, 그가 바벨론적 신화에 관계되었다는 한도에서, 그에게 물론 낯선 것은 아니었겠지만, 그러나 저자는 그 상상을 확실하게도 고유하게 소유하려고 하지 않았으며, 확실하게도 **재생**할 수 없었고, 재생하기를 원하지도 않았다. 그러한 상상은 1절의 결정적인 개념들과, "태초에"(bereschit)와, "창조하셨다"(bara)와, 무엇보다도 우리가 여기서 관계하는 후대의 자료의 "엘로힘"(Elohim)의 개념과 너무 강력하게 상충한다. 카오스라는 것이 있다는 것, 창조가 "어떤 식으로든" 그것과 관계된다는 것, 창조로 시작하는 후대의 역사 안에서도 카오스는 역할을 맡는다는 것, 그리고 그곳에서도 또한 하나님과 카오스와의 전적으로 특정한 만남들이 등장한다는 것, 이것은 사실이다. 창조자 및 그분의 사역에 말하자면 독립적으로 마주 서는, 그분의 행동에 대하여 자신의 물질로서의 혹은 대적하는 원칙으로서의 고유한 능력 안에서 현존하는 어떤 카오스-현실성이란 없다. '무로부터의 창조' 개념이 (이것에 대해서 창 1-2장에서는 사실상 아직은 **아무것도** 입 밖에 말하지 않는다.) 그 자체로서 후대의 상세화의 구성물이라면, 마찬가지로 그것의 **정반대도**: 하나님께 대하여 독립적이라는 어떤 원시 현실성의 신화적 수용도 우리의 본문의 노선에 의하여, 또 성서적 맥락의 안에서의 그것의 위치에 의하여, **실천적**으로 배제된다.

그러나 이제 우리는 이미 1절의 숙고에 있어서 둘째 해석에 반대되는, 다시 말하여 일반적 견해 (이것에 따르면 2절에서 "물체의 형태 없음"이라고 서술된 것은 "당신이, 그것으로부터 좋은 형태를 지닌 세계를 창조하시기 위하여, 형태 없이 창조하셨던 것입니다.": Augustin, Conf. XII 4)에 반대되는 결정을 내렸다. 이보다 더 짧게 및 더 멋지게 우리는 그 해석을 재현할 수가 없다. 또한 이 같은 의견을 가졌던 암브로시우스도 다음과 같이 알고 있다고 믿었다: 하나님께서는 피조물을 우선 그러한 허약함(형체없음) 안에서 창조하셨으며, 그래서 우리가 그것들을 시작 없는 것으로, 창조되지 않은 것으로, 신적 실체와 동등한 것으로 여기지 못하게 하셨다.(Ambrosius, Hex. I 3, 8) 루터의 해석에 따르면 2절은 이러한 파악에 따라 [1절의 2절에 대한 잘 알려진 긍정적 관계 안에서] 다음과 같이 전개되어야 했다: "하나님께서 하늘과 땅을 창조하셨다고, 그리고 땅이 혼돈하고 공허하다고 말할 때, 그것은 무엇을 뜻하는가? 내가 이전에 말했던 것처럼, 말하자면 전능자 하나님께서 세계를 하루에 창조하신 것이 아니라, 오히려 그 목적을 위하여, 마치 그분이 아이를 창조하듯이 그렇게 시간을 취하셨다. 그분은 먼저 가장 사소한 것, 즉 하늘과 땅을 만드셨으며, 그것들은 아직 창조된 것이 아니었으며, 혼돈하고 공허하였으며, 그곳에서는 아무런 생명도 없었고, 자라지도 않았으며, 어떤 법칙도 형태도 그 안에서는 어떤 형식을 갖추지 못하였다.—여기서 우리는 철학자 플라톤과 아리스토텔레스가 그들의 이념을 생각했던 것처럼 생각해서는 안 되며, 오히려 가장 단순한 방식으로 본문이 말하는 것처럼 그곳에 참된 하늘과 땅이 있었다고 인정해야 한다. 그래서 그곳에는 첫 피조물이 있었지만, 그러나 아무것도 장래의 모습으로의 형태를 갖추지는 못하였다. 이것은 태아가, 모친의 자궁 속에서 아무것도 아닌 것은 아니지만, 아직은 완전한 아이로서 형태를 갖추지 못한 것과 마찬가지이다; 또 연기가 아무것도 아닌 것은 아니지만, 그러나 빛도 광채도 갖추지 못한 것과 같다; 그와 같이 땅은 아직 어떤 물체로도 옮겨지지 않았으며, 어떤 형식도 갖추지 않았으며, 넓이나 길이의 차원도 없으며, 어떤 씨앗이나, 나무, 풀도 그 위에 없었으며, 다만 아무것도 자라지 않는 황무지 혹은 사막과 같은 황량하고 삭막한 땅이었지만, 그러나 그럼에도 불구하고 아무것도 아닌 것은 아니었다."(창세기 설교, 1527, W. A. 24,

25, 26) 이 해석에 대하여 제기된 결정적인 항의는 [Zimmerli는 올바르게도 그 해석을 "절망하게 하는 정보"라고 불렀다.] 다음의 숙고에 놓여 있다: 그곳에서 전제된 1절과 2절의 결합은 "하늘과 땅"이라는 각인된 표현을 바라볼 때 허용될 수가 없다. 만일 우리가 이 결합을 단념한다면, 그때는 본문 중에서 그러한 창조 이전의 세계의 어떤 원시적인 조야한 상태에 관한 그 어떤 것도 읽을 수가 없다. 그러나 만일 저자가 어떤 그러한 결합을 정말로 의미 속에 가지고 있었다면, 그가 그것에 관하여 침묵했다는 것이, 그가 바로 이 근본 행위를 6일간의 사역 안에, 그래서 하나님의 말씀을 통하여 세계 창조의 서술 안에 병합시키지 않았다는 것이, 도무지 이해가 되지 않는다. 저자는 이러한 침묵으로써 거대한 어둠을 1절 위에만이 아니라, 오히려 뒤따라오는 모든 것 위로 확산시킨 셈이 된다: 만일 저자가 2절을 [1절과의 관계 안에서 혹은 관계없이] 그러한 창조 이전에 관하여 말한 것이라면, 우리는 사실상 그 어둠 속으로 빠져들지 않을 수 없게 된다. 그렇다면 저자는 바벨론 신화의 태초의 현실성을—왜냐하면 2절은 그것에 관계되기 때문에—그 자체로서 의문시하거나 혹은 논박하는 것이 아니라, 오히려 이스라엘의 하나님에 의하여 [그분의 창조적 말씀보다 앞서면서!] 원해지고 규정되는 (본래적 창조사역의) 시작으로서 지칭한 셈이 된다! 이사야 45:18에서 정반대의 것이 읽혀진다: "하늘을 창조하신 주, 땅을 창조하시고 조성하신 하나님(Elohim), 땅을 견고하게 하신 분이 말씀하신다. 그분은 땅을 혼돈 상태로 창조하신 것이 아니라(lo-tohu beraah), 사람이 살 수 있게 만드신 분이다. 나는 주다. 나 밖에 다른 신은 없다!"

우리가 **양쪽**의 해석을 거부했을 때 당하게 되는 당혹감은 물론 적지 않다. 양쪽 사이의 선택은 말하자면 불가피한 것으로 보이기는 한다: 2절에서 묘사되는 세계의 원시적 조야상태가 하나님 및 그분의 사역에 대하여 독립적인 현실성이 아니라면, 그때 그것은 하나님의 창조가 아닌 다른 무엇일 수 있는가? 만일 그것이 하나님의 창조가 아니라면, 하나님 및 그분의 사역에 대하여 독립적인 현실성이 아닌 다른 무엇일 수 있는가? 그러나 바로 그것은 다음 질문이다: 혹시 2절이 형체 없는 물질에 대하여, 조야하고 혼탁한 물질에 관하여 말할 때, 사실상 세계의 [그 자체 안에 근거되었든지, 혹은 하나님에 의하여 원해지고 규정되었든지 관계 없이] **현실적인** [3f.에서 창조된 사물들의 의미에서 "현실적"이라고 말해질 수 있는] 원시적 조야 상태에 관하여 말하는 것은 아닌가? 오직 그러한 경우에만 저 딜레마는 존속된다. 만일 그러한 경우가 아니라면 저 딜레마는 다만 가상의 것이며, 여기서는 사실상 제삼의 것이 존재한다.

우리가 이러한 숙고에 몰입하기 전에, 우리는 그곳에 있는 그대로를 확증한다: 2절은 1절과는 달리 직접적으로는 오직 땅에 대해서만, 다시 말하여 하층의, 보이는 '세계 전체'에 대해서만 말한다. 이 진술이 간접적으로는, 대유적(*부분으로 전체를 나타냄)으로는 또한 하늘의 세계와 관계될 수 있다는 것은 중심 내용적으로는 배제되지 않지만, 그러나 그것은 저자의 견해로는 확정될 수 없다. 2절의 문제 전체는 뒤따르는 역사에 의하면 **인간**을 핍박하는, 그래서 인간의, **하층의** 세계에 부담을 지우는 문제이다. 이 문제가, 저자도 그것을 바라보듯이, 또한 하늘의 세계에도 부담을 주고 어느 정도 위험에 빠뜨릴 수 있다는 사실은 하나의 가까이 놓인 추론이기는 하지만, 그러나 저자는 보이는 방식으로 그것을 따라가지는 않았다. 2절이 제공하는 것은, 궁켈(Gunkel)이 올바르게 예감한 대로, 1절에서 요약적으로 지칭된, 하늘과 땅의 피조적 현실성과는 모순되면서, 우리는 벌써 이렇게 말해야만 한다: 잔인하게 대립되면서, 그리고 무엇보다도 이후에 하나님의 "보기 좋으신" 창조라고 서술되는 것과의 잔인한 대립 안에서, 지상의 세계 전체의 한 **희화**(Karrikatur)를 나타낸다. 그곳에는 아무것도, 전혀 아무것도, 하나님께서 1절에 따라 그리고 이후의 계속에 따라 원하시고, 창조하시고, 질서를 부여하시는 것처럼, 그렇게 존재하지 않으며, 오히려 그곳에는 바로 "카오스"(혼돈)만 있다. 이 헬라어 단어는 (여기서 정말로 꼭 들어맞는다.) 일차적으로는 어떤 혼란한 것이 아니라, 오히려 균열을, ἄβυσσος를 지칭하며 — 칠십인역은 그 개념을 주석적으로써는 아니지만, 그러나 내용적으로는 상당한 정당성으로써 이 본문 안으로 도입하였다. — 절대적으로 지반이 없는 및 미래가 없는, 완전한 어둠을 뜻한다. **바로 이것이** — 1절 및 우선적으로 그 뒤에 오는 것들에게는 최고로 낯선 것으로서 — 2절에 따르면 땅이다! 이러한 대립을 간과하거나 혹은 약화시키는 모든 해석들은, 여기서 어떤 미래 친화적인 세계 알이나 혹은 세계 자궁 등을 보려고 하는 사람들은, 다음을 간과하고 있다: 저자는 그러한 신화의 구상개념을 확실하게도 알고 있었으며, 그러나 저자는 — P 자료의 연대를 최근으로 추정하면 할수록, 그만큼 더 이것은 확실하게 수용된다. — 오직 그 구상개념에 반대하며, 오직 그것을 나쁜 의미(malam partem)에서 해석하고 조명하려고 할 수 있었을 뿐이다.

"그리고 땅은 혼돈(tohu)하고 공허(bohu)하였다." 이 진술에 따르면 땅이 위치하고 있는 상황은 어떤 약속이 가득한 것이 아니라, 오히려 완전히 출구가 없는 상황이다. 왜냐하면 tohu는 — 이미 이 개념은 예레미아스(A. Jeremias)에 따르면 확실하게도 바벨론적 원어머니 티아마트와 관계가 있다. — 이스라엘적 언어 안에서는 흔히 황무지, 어떤 황폐한 도시와 그와 비슷한 것을 지칭하는 데에, 그러나 또한 어떤 내용이 없는 진술의 지칭에도 사용되었으며, 그러나 일관성 있게: 광야, 공허함, 무 등을 철두철미 의미하며, 사무엘상 12:21에 따르면 대단히 특징적이게도: 이방인들의 신들이, 이사야 41:29, 44:9에 따르면 그 신들의 형상들 및 경외자들을 뜻하기도 한다. bohu라는 단어는 구약성서 안에서 오직 tohu와의 결합 안에서만 등장한다; 이 단어는 페니키아 및 바벨론의 여신인 바우(Bau)와 관계가 있을 것이다; 이 여신은 페니키아인들에게는 인간의 원어머니로서의 자연의 인격화이며, 그리고 단순히 공허(비어 있음, die Leere)을 뜻한다. 우리는 그러므로 이미 이러한 두 가지 개념들에 의해 신화의 세계의 한가운데에 위치하게 된다; 그러나 이 신화의 형태들은 이스라엘적-유대적 언어와 반성적 사고에 대해서는 어떤 긍정적인 의미도 가지지 않았고, 또 가질 수도 없었으며, 오히려 철두철미 어떤 혐오스러운 것의 의인화에 불과하였다. tohu와 bohu가 실천적으로 무엇을 뜻하는가를 우리는 양쪽의 예언적 구절이, 즉 그것들이 창세기 1:2에서처럼 함께 언급되는 구절들로부터 구체적으로 이해해야 할 것이다. 예레미야 4:23에 따르면 다가오는 최후의 심판의 모든 무서운 것들이 환상 안에서 함께 밀려온다: "땅을 바라보니 온 땅이 혼돈하고 공허하다.(wehinneh tohu wabohu) — 하늘에도 빛이 전혀 보이지 않는다." 이사야 34:11에 따르면 시온에 대한 예언 안에서: "주님께서 혼돈(tohu)의 줄과 황무(bohu)의 추로 재실 것이다." 그러므로 심판을 불러오는 종말의 시간의 전적인 끔찍함과 2절이 묘사하는 땅의 상태는 동일하다! 이러한 끔찍함을 넘어서서 저쪽(*렘. 사)에는 구원이 있으며, 그리고 이쪽에서는 이제 바로 창조가 있다. — 구원과 창조의 양쪽 모두가 위협하는 혼돈과 공허(tohu wabohu)에 모순되는 하나님의 행동이다. — 그러므로 저쪽에서도 그리고 이쪽에서도 이러한 철두철미 전율의 것에 대한 어떤 긍정적인 특징화도 전혀 말이 될 수가 없다. tohu 및 bohu로서의 땅은 그 자체가 허무(Nichts)이며, 자신의 창조자를 멸시하는 무로써, 그것의 위에 펼쳐진 하늘에 대해서도 오직 동일한 무(Nichtigkeit)로서 모욕일 수밖에 없는 그런 땅이다.

동일한 것이 이제 둘째 문장의 내용에 대해서도 올바르게 적용된다: "**그리고 어둠**(choschek)**이 깊음**(tehom)**의 표면 위에 놓여 있었다.**" 궁켈은, 여기서 저 황무한 세계 상태에 대한 둘째의, 다른 직관이 매개 없이 [그리고 첫째의 것과의 병렬 좌표를 고려함 없이] 저 첫째의 것 곁에 위치되었다고 말할 때, 아마도 옳을 것이다. 옛 주석 안에서 흔히 행하여졌던 것처럼, 둘째 직관을 첫째의 것과 체계적으로 조합하려는 시도는 어쨌든 불필요할 것이다. 여기서 우리가 보는 것은 오직 하나의 상이 아니라, 오히려 신화적 직관의 다수의, 말하자면 중첩된 상들이다. 그러한 영역 안에서 우리는 말하자면 이 둘째 문장 안에 위치하게 된다. 깊음(tehom)은 그 밖의 구약성서 안에서 거대한 양의 물이며, 그것을 넘어서서 바다의 깊이이며, 그것을 넘어서서 창공 아래의 대양을 포함하는 바다 그 자체이며, 그리고 여기서는 [그러나 또한 시 33:7, 104:6에서도] 이제 바로: 홍수를 뜻하며, 그것은 새로운, 더욱 특징적으로 지칭되는 형태 안에서의 홍수를 뜻한다: 그것이 카오스, 즉 자체 안에서 불가능한 것의 균열(협곡)이다. tehom이라는 표현이 정의되지 않은 채, 그래서 어떤 고유명사처럼 사용됨으로써, 그 표현은 여기서 전반적으로 다음을 기억한다: 그것은 근원적으로 하나의 신화적으로 인격화된 규모이며, 그것도 추측컨대 마찬가지로 바벨론적인, 여성적 신성의 기괴한 특성으로 상상된 티아마트로서의 어떤 원시 바다의 형체화를 지칭했다. 다음이 성서의 첫 창조보고의 고유한 특성에 속한다: 그 보고는 바벨론적 전통에 형식적으로 연관되면서 **물**의 요소를, 무지막지한 대량 및 권세의 통치 안에서 하나님의 창조에 절대적으로 대립하는 원칙으로 취급하였다. 궁켈은 그것을 아마도 부적절하지는 않은 방식으로, 다음의 맥락으로 옮겨 놓았다: P 자료가 특별한 방식으로 관계하는 전승은 메소포타미아 안에서, 그리고 또한 "홍수에 노출되어 있었던 충적층 땅의 기후" 안에서 생겨났다: 그 전승은 바로 야웨 자료의 저자의 배경에서 관찰되는 건조한 기후 안의 전승과 정면으로 대립된다; 건조 기후 안의 전승은 그 결과로서 여기서 발생하는 바로 그 물의 부정적인 특성화에 동조하지 않을 뿐만 아니라, 오히려 강조하면서 그 반대 방향으로 진행한다. 물이, 하늘의 및 지상의 대양이, 그리고 후자와 함께 또한 tehom도 나중에는 또한 하나님에 의하여 창조된 세계의 요소들 중에서 볼 수 있고, 그래서 그 자체로서 틀림없이 또한 하나님의 소유물 및 영역이라는 사실은 또 다른 문제이며, 그러나 다음 사실 중 아무것도 변경시키지 않는다: 물은 [지상의 것과 함께 그 밖에도 또한 하늘의 물도!] **우려스러운**, 인간의 보호를 위해서는 하나님에 의한 지속적인 제한을 필요로 하는, **위험한** 물체이며, 그리고 여기서는, 물이 tehom(깊음)과 철두철미 동일한 것으로 보이는 곳에서는, 직접적으로 **악한** 물체이다. 이러한 원시 홍수로부터는 어떤 선한 것도 생성될 수가 없다. 원시 홍수는 티아마트-신화 안에서는 어머니이지만, 그러나 바로 **악한** 어미이며, 모든 생명의 원수이며, 그래서 비로소 **죽임**을 당해야만 하며, 그렇게 해서 그녀의 구성부분들로부터 세계가 건립될 수 있다. 그러나 tehom에 관련하여 그와 같은 "죽음과 생성"에 대해서 이제 구약성서 및 우리의 본문은 아무것도 알지 못한다. 우리의 본문은 tehom의 어떤 모성에 대하여 전혀 알지 못한다. 그 본문은 tehom에게 아무런 기회도 주지 않는다. 오히려 여기서 tehom에게 주어지는 단 하나의 술어는 바로 다음이다: **어둠**이 그것 위에 덮여 있었다; 이것은 아마도 이미 첫째 문장의 bohu(공허) 안에서 함께 의미된 어둠일 것이며—그것 안에서는 어떤 인식도, 그래서 또한 어떤 대상성도 존재하지 않는 그런 어둠일 것이며, 그 안에서 인간은 인간이 아니라, 다만 잠자는, 술 취한, 꿈꾸는 인간일 뿐인 그런 어둠이며, 그것에 대해서는 하나님께서 그것을 창조하셨다고는 결코 말해질 수 없으며, 오히려 하나님께서는 창조하신 및 선하다고 보신 빛으로부터 그것을 갈라놓으신 그런 어둠이다. 세계가 어둠으로부터 생성되었다는 것, 어둠이 근원적인 것이고, 빛이 말하자면 어둠의 산물이라는 것, 이것은 물론 많은 민족들의 형이상학적-종교적 견해였다. 그리고 밤이 인간의 특별한 친구라는 것도 물론 다른 사람들 중에서 노발리스(A. Novalis)에 의하여 열렬한 언어로 선포되었다:

> 당신도 또한
> 인간적인 가슴을 가지고 계시나요?
> 어두운 밤이며,
> 당신은 당신의 겉옷 안에
> 무엇을 간직하시기에
> 내게는 보이지 않으면서도 강렬하게
> 영혼에 와 닿는 것인가요?
> 당신은 겉으로는 다만 두렵게 보이지만 -
> 그러나 당신의 손으로부터는
> 양귀비의 다발로부터
> 값비싼 향유가 흘러내립니다.
> 달콤한 취함 안에서
> 당신의 정서의 무거운 날개를 펼치시며
> 그리고 우리에게 기쁨을
> 어둡고 말로 할 수 없는,
> 당신 자신의 존재와 같이 비밀스런
> 기쁨을 선사하십니다. 그 기쁨은
> 우리로 하여금 하늘을 예감하도록 하지요.
> ……
> 저 반짝이는 별들보다 더 높은 하늘에서
> 저 광대한 공간들 안에서
> 무한한 눈들이 우리를 생각할 때,
> 이것들을 밤이
> 우리의 내면에 열어주었지요.

성서적 사가의 직관은 이제 바로 그러한 것이 아니다. 알려지지 않은 어둠(Dunkel), 즉 사가의 하나님이 그 안에 거주하시는 어둠은 오히려 **빛**이며, 어떤 사람도 가까이 할 수 없는 빛(딤전 6:16)이며, 그래서 확실하게도 흑암의 어둠(Finsternis)이 아니다. "주님 앞에서는 어둠도 어둠이 **아니며**, 밤도 **대낮**처럼 밝으니, 주님 앞에서는 어둠과 **빛**이 다 같습니다."(시 139:12) 어둠의 이러한 **극복**이 그러한 규모(*어둠)에 대한 하나님의 관계이다. 그래서 또한 어둠도—그리고 이제는 2절에 놓인 tehom과의 결합 안에서—(tehom에 대하여 어둠은 명백하게도 현실적으로 창조된 세계 안에서 하늘이 땅에 대하여 관계하는 것처럼, 그렇게 관계한다.) 어떤 경우에도 다만 잠재적으로라도 긍정적인 어떤 규모로 이해되지 않는다. tehom으로부터와 마찬가지로, 또한 어둠으로부터도 어떤 선한 것도 생성될 수 없다. 우리는 여기서 대단히 가혹하게 들리는 이사야 45:7을 이와 반대되는 것으로 인용할 수 없다: "나는 빛도 만들고 어둠도 창조하며, 평안도 주고 재앙도 일으킨다. 나 주가 이 모든 일을 한다." 이 구절은 야웨를 알지 못하는 고레스를 이스라엘을 위하여 야웨의 도구로 삼으셨을 때, 그에 관하여 말씀하신 것이다. 어둠과 악이 [여기서는 고레스가 속해 있는 이교의 밤이] 야웨의 권능의 영역 및 그분의 처치로부터 벗어나고 있다는 어떤 이원론적인 이해와는 반대로, 여기서는 창조자 야웨의 주님으로서의 요구 및 주님으로서의 권능이 또한 **그와 같은** 영역들 및 권세들에 대해서도 유효하게 적용된다. 또한 어둠과 악의 존재도 그분 없이 있는 것이 아니라, 오히려 그분을 통하여 있으며, 그래서 그분의 의지에 따라 사용될 수도 있다. 그분이 빛의 창조자가 아니라면, 또한 어떤 어둠도 없었을 것이다. 그분이 빛의 창조자이기 때문에, 또한 어둠도 그분 없이 존재하지 않으며, 오히려 그분을 통하여 존재한다. 그래서 아모스 3:6은 말한다: "어느 성읍에 재앙이 덮치면, 그것은 주님께서 하시는 일이 아니겠느냐?" 또 아모스 4:13: 그분이 "여명과 어둠"을 만드셨다. 또 예레미야 애가 3:38: "나쁜 일도 좋은 일도 가장 높으신 주님께서 말씀하셔서 일어나는 것이 아니냐?" 그러나 하나님께서 어둠을 **빛과 같이 긍정적**으로, 재앙을 **구원과 같이 긍정적**으로 (그분의 계획의 **독립적인** 목적과 결과로) 원하셨다거나, 창조하셨다거나, 규정하셨다는 것은 이러한 구절들 어디에서도 말해지지 않는다. "어둠 이후의 빛"(post tenebras lux)—이것은 참이며, 그리고 이러한 "이후"(post) 안에서 다음이 예시된다: 하나님께서는 또한 어둠을 통치하시는 주님이시며, 더 나아가 또한 어둠도 하나님 없이 존재하지 못하며, 어둠도 하나님께 대한 대적자로서, 그러나 그렇게 하여 하나님에 예속되어서, 그것의 존재로서 존재한다. "어둠으로부터의 빛"(E tenebris lus)은 이와는 반대로 하나님의 의도 및 행동을 전적으로 오인하는, 신화의 비진리이다. 성서의 창조사는 신화와는 반대로 진리를 증거해야 하기 때문에, 또한 성서의 창조사도 그 자체로 말하자면 '어둠 이후'를, 그러한 한도에서 신화의 배경에서 그 말을 채택해야 했기 때문에, 성서의 창조사는 원시 홍수 및 그것 위에 놓인 어둠을 숙고해야만 했다: 그것들 그 자체를 위해서가 아니라, 그것들을 현실성으로 진술하기 위해서가 아니라, 혹은 그것들(*홍수와 어둠)을 확증하거나 그 자체로 영화롭게 하기 위해서가 아니라, 혹은 하나님의 창조를 그것들로 소급하고 그것들로부터 유도하기 위해서는 더욱 아니면서, 오히려 그것들에 대하여 하나님의 계시로서의 하나님의 창조를 마주 대하여 세우기 위하여, 그렇게 하여 그것들이 현실적인 세계와 갖는 관계를 명확하게 드러내기 위하여, 그것들을 숙고해야만 했다.

그러나 이제 창세기 1:2는 셋째 문장을 포함한다.—궁켈에 따르면 그것은 창조의 저 문제성을 지닌 세계 상태에 관한 "마찬가지로 근원적으로 종이 다른, 셋째의 이론"이다: "**그리고 하나님의 영은 물 위에 움직이고 계셨다.**" 마찬가지로 유동적 요소는 가시화된 세계 상태의 특성을 표현한다. 그 세계 안에는 어떤 "지속적인 것 및 고정된 것"(Calvin)도 볼 수 없으며, 그 세계는 원칙적인 '출구 없음'이며, 이스라엘은 애굽으로부터의 탈출에서 홍해가 그들의 진군을 가로막았을 때, 자신들이 그러한 '출구 없음'에 마주 세워졌던 것을 보았다. 게네사렛 바다 위에서 제자들을 위협했던 그 원칙적으로 기괴한 것, 창세기 7:10f.의 홍수 이야기를 형성하는 물로서의 원칙적인 악, 즉 '물의 많음': 이것이 이러한 셋째 문장이 앞의 두 문장과 함께 공통으로 갖는 직관이다. 그러나 이제 그 물 위로 움직이는 것은 그것을 덮은 어둠이 아니라, 오히려 "하나님(Elohim)의 영"이다. 여기서 처음으로 바로 다음 요소가 눈에 들어온다: 그것은 하나님의 이스라엘이 저 기괴한 것에 대하여 갖는 관계이다. 그러나 그것은 어떤 관계인가? 이제 하나님의 **영**에 대하여 말해지고 있다; 그것은 구약성서의 그 밖의 용어들에 따르면 신적 **능력**과 **작용**을 뜻하며, 이 능력과 작용은 특별히 예언자들의 준비 태세와 경험들 안에서, 그러나 또한 시편 104:29f.에 따르면 피조물 일반의 현존재 안에서의 생동하는 원칙으로서 스스로를 나타내고 표현한다. 그러므로 그 능력과 작용에 관련하여 어떤 단순한 바람을, 새의 둥지 위에서의 날개짓에 비교될 수 있는, 그래서 저 물을 위로부터 운동시킨다는 어떤 수직적인 운동을 이해하는 것(B. Jacob)은 성립하기 어렵다; 그 이해에 따르면 하나님의 영은 "부드러운 숨"으로서 3절의 신적 "사랑"에 앞선다고 하며, 그리고 그 영도 하나님의 피조물이기 때문에 "하나님의 바람"이라고 말해질 수 있다고 한다. 그리고 또 다음도: 그러한 신적 바람을 창세기 8:1, 출애굽기 15:8, 10, 사무엘하 22:16, 욥기 26:13 등과의 유비 안에서 이해하는 것, 그래서 창세기 1:2c를 내용적으로 3절과 결합시키려는 것, 그래서 "하나님의 영이 물 위를 움직이셨다: 하나님이 말씀하셨다: 빛이 있으라!"라고 읽으려는 것도 마찬가지로 성립되지 않는다. 왜냐하면 "내려오는" 혹은 올라오면서 부는 하나님의 바람에 대해서 2절은 말하지 않기 때문이다. 오히려 그것은 날개를 움직이며 떠 있는 새에 대한 상상이다; 이 상상은 rachaph(움직이다; 비교. 신 32:11. 그곳에서 새끼들 위에 있는 독수리가 언급된다.)라는 동사를 통하여 연관되며, 그것으로써 우리는 확실히 더 이상의, 이미 교회교부들에게 알려져 있던 상상, 즉 그렇게 둥지 위에 떠 있으면서 날개를 치는 새가 **알을 품으려는** 상상으로 인도되며, 그렇게 해서 옛날과 마찬가지로 널리 퍼져 있는 '세계 알'의 신화에 근접하게 된다; 과거의 한때에 그 알이 깨지면서 그것으로부터 하늘과 땅이 생성되었다는 것이다. 저자는 이러한 가설을 혹은 그것에 대한 희미한 기억이라도 여기서 정말로 대변하려고 하였는가? 저자가 정말로 그와 같은 어떤 하나님의 영의 떠 있음 혹은 알을 품음이 3절이 묘사하는 본래적 신적인 창조 행위의 어떤 예비와도 같은 것이었다고 말하려고 했는가? 사람들은 언제나 또 다시, 본래적으로는 도무지 분별없이 그렇게 말해왔다. 왜냐하면 여기서 이스라엘의 하나님께 사실상 이러한 대단히 특별한 기능이 긍정적으로 귀속되는 것이 생각될 수 있다고 가정한다고 해도―만일 그러한 일이 벌어진다면, 그것은 얼마나 이상하게도 불명확하며, 얼마나 그 다음의 내용과의 관계에 혼동을 주게 되는가! 그러한 알(이것의 현존이 어두운 진행과정을 어느 정도 이해될 수 있게 만든다고 한다.)은 우리의 본문 안에서는 사실상 언급되지 않으며, 그리고 어떤 공중에 떠서 떠도는 어떤 작용도, 품어진 물 위에서의 저 알을 품음도 묘사되지 않는다. 그러한 물 위에서의 새의 떠도는 운동으로부터 생길 수 있는 것을 우리는 창세기 8:6f.가 노아의 까마귀와 비둘기에 대하여 이야기하는 것으로부터 배울 수 있다; 그러나 새가 그러한 둥지 위에서 알을 품는다는 것으로부터 생기는 것을 우리는 전혀 분명하게 통찰할 수가 없다. 그리고 우리가 이 모든 것을 넘어선다고 해도, 다음을 말해야 할 것이다: 여기서 취급된 상상은 카오스가 그러한 어떤 돌봄을 통하여 하나님에 의하여 내면으로부터 질서의 우주(코스모스; 카오스로서의 우주는 아직 코스모스는 아니다.)로 발전될 수 있다는 직관을 전제하고 있다. 그러한 직관에는 명백하게도 3f.절에서 계속되는 내용이 모순된다; 3절 이해에 따르면 우주는 결코 그와 같이 하나님에 의하여 돌보아진 내면으로부터의 발전이 아니며, 오히려 전혀 아무런 전제도 없이 처치하고 행동하시는 하나님의 의지와 행동을 통하여 저 우주의 실존에 도달한다. 궁켈은 또한 여기서는 대단히 올바르게 핵심을 보았

다: 3절 이하에서 새로운 창조 원칙이 도입되고 시작된다. "창조하시는 하나님과 알을 품는 어떤 영은 도무지 어떤 내적인 관계도 갖지 않으며, 오히려 서로를 직접적으로 배제한다. … 바로 이러한 특성이 모호해지는 이유는 분명하다: 초자연주의가 진화의 이념을 배후에 밀어 넣었기 때문이다." 사태가 이러하다면, 그때 우리는 2절의 이러한 셋째 문장을 오직 **희화**(Karrikatur)의 재현으로만, 창조 이전의 세계 상태로―정확하게 말하자면: 하나님의 창조와는 별개로, 참된 창조자께서 참된 창조 위로 확산시키신 계시로서의 빛과는 별개로, 저자에 의하여 서술된 희화의 재현으로만 이해할 수 있다. 여기서 묘사된 것과 같은 것이 이제 또한 저 기괴한 세계 안에서의 **하나님의 영**에도 관계된다; 즉 다음이 그 기괴한 세계로서의 본질과 특성에 속한다: 또한 하나님의 영도 그 세계 안에서는 제방이 없는 물 위로 떠도는 혹은 결실 없는 물 위에서 알을 품는 새의 본질의 전적인 무력함으로 판결을 받는다는 것이다. 그렇다면 하나님의 세계에 대한 관계도 바로 그렇게 보여야만 한다! 어떻게 우리가 그러한 어떤 신 안에서 3절 이해에서 말씀하시고 행동하시면서 등장하시는 하나님을 볼 수 있겠으며, 어떻게 그러한 신 안에서 그 밖의 창세기 및 그 밖의 구약과 신약성서의 하나님이 다만 멀리서라도 재차 인식될 수 있겠는가? 성서 안의 어디에서 하나님께 다만 예감되는 방식으로라도 그러한 수동적-명상적 역할과 기능이 귀속되는가? 그러나 그것이 모든 시대들의 '신화의 신'의 전적인 무관계성 및 비신뢰성을 뜻한다면, 그래서 여기서 참된 창조자 하나님 및 그분의 사건에 대한 (미리 앞선, 의식적인 및 단절하는) 대조가 파멸적인 아이러니의 상 안에서 특징적으로 표현되고 있다고 한다면, 그때는 모든 것이 단번에 잘 이해된다. 그러한 신 및 그러한 영은, 즉 오인된 이스라엘의 하나님은, 그 자체로서 오인되는 중에, 이스라엘의 하나님, 즉 홀로 참된 하나님일 수가 없으며, 이것은 그러한 기괴한 세계가 그분에 의하여 창조된 세계일 수가 없는 것과 마찬가지이다.―오직 그 하나님께만 모든 의로움이 귀속된다. 저 물들 위의 새의 존재에 관련하여 필연적으로 밀려오는 모든 질문들은 바로 그러한 하나님께 대한 올바른 관계 안에 놓여야 한다. 그러하신 하나님은 전혀 카오스로부터 코스모스(우주)를 만들지 않으시며, 이것은 카오스가 자기 자신으로부터 코스모스가 될 능력을 갖지 못한 것과 마찬가지이다.

그리고 이제 우리는 저 딜레마에 관하여: 2절이 말하는 세계의 원시적 혼돈 상태가 자기 자신 안에 근거하는 것인지 혹은 하나님에 의하여 원해지고 규정된 것인지에 관하여 언급할 수 있는 위치에 있는가? 우리는 대답한다: 전자도 아니고 후자도 아니다! 왜냐하면 세계의 원시적 혼돈 상태에 대해서 여기서 전혀 말해지지 않고 있기 때문이며―오직 악의, 죄의, 타락 및 그것의 모든 결과들의 원시적 및 혼돈의 상태만이 여기서 관찰될 수 있다.―오히려 하나님께서, 창조에 돌입하심으로써, **건너가 버리신**, 그분이 멸시하시면서 **지나쳐 버리신** 가능성에 대해서 말해지고 있기 때문이다; 이것은 어떤 인간적 창조자가, 그가 특정한 작품을 선택함으로써, 아마도 다른 많은 작품들을 선택하지 **않게 되고**, 그래서 **버리게 되며**, 그것들을 지나치게 되며, 그것들을 수행하지 않은 채 뒤에 남겨 두게 되는 것과 마찬가지이다. 우리는 주의해야 한다: 하나님께서 (이후에 계속되는 구절 안에서) 그분의 말씀을 말하심으로써 이제, 1절에서 이러한 계속에 대하여 미리 내다보면서 언급되었던 그 하늘이 무엇이고, 그 땅이 무엇인가 하는 것이, 그래서 하나님께서 현실적으로 선택하신 작품이 무엇인가 하는 것이, 공개될 것이다. 2절은 그러나 하나님의 말씀이 말하지 않은 어떤 세계 상태에 관하여, 그러한 상태 안의 세계에 관하여 말한다; 그 상태 안에서는 (이후에 계속되는 구절들에 따르면) 세계의 현실성의 근거 및 척도인 하나님의 말씀이 **결여**되어 있다. 2절은 "무"(Nichts; Zimmerli)에 대해서 말하고 있다; 무는 하나님의 창조 행동을 통하여 멸망한다. "하나님의 영"은, 2절의 셋째 문장에 따르면 혼돈 위에 머물고 또 운동하는 영은 신적인 능력이지만, 그러나 아직은 창조적 말씀은 아닌 능력이며, 그러한 결여를 보충할 수 없으며, 그 결여를 오히려 더욱 날카롭게 빛 안으로 옮겨 놓을 수 있다. 하나님의 말씀이 없는 그 세계에게 희망 없이 비껴가는 것은 피조물의 실존, 마찬가지로 또한 본질성, 또 선함이며, 이것들은 나중에 하나님의 말씀의 피조물로, 그리고 그것과 함께 현실적 피조물로 서술된다. 우리에게 남은 것은 2절을 우연이 아니게도 철두철미 신화로부터 취해낸 (그분의 계시에 의하면 그분의 현실적 창조 [말하자면 그분의 말씀의 말하심!] 안에서 **부정된** 및 **배척된**, **지나쳐진** 및 **뒤로 버려진** 세계의) 조각상으로 이해하는 것이다; 그 부정된 세계에는 필연적으로 또한 저 무력한, 왜냐하면 말씀 없이 그 세계 위를 떠돌거나 멈추는, 그것의 현실성 안에서 오인된 소위 '하나님의 영'도 속한다. 왜냐하면 또한 그 세계도 (그것의 불합리한 방식 안에서, 하나님께서 원하시고 창조하신 세계와는 전적으로 다르게: 존재하지 않는 것의, 본질이 없는 것의, 계속 또 계속해서 나쁜 것의 세계로서) 현실적이기 때문에—왜냐하면 그 세계도 저자에게 및 성서적 증거 전체에게 **그림자**(이것도 사실상 [faktisch] 하나님께서 원하시고 창조하신 세계에 근거한다.)로서 너무도 잘 알려져 있기 때문에, 그렇기 때문에 여기서 지시되면서(hajeta) 숙고되고 있다. 저 악한 세계는 (*과거에) **있었다**. 하나님의 창조사역으로부터 볼 때, 1절에서 개관되는 것처럼, 그 세계는 바로 **과거에 있었던** 것의 총괄개념이다. 바로 2절에서 묘사되는 카오스의 상태는—원시적 혼돈 상태가 아니라, 오히려—하나님의 말씀에 의하여 창조된 현실적 우주의 **과거**이다. 2절이 묘사하듯이 하층 세계는, 하늘과 땅의 창조자 하나님께서 그것을 **지나쳐** 오셨다는 한도에서, 그러나 또한 남김없이 **지나쳐** 가셨다는 한도에서, 또 그 하층 세계는 하나님께서 그분의 말씀에 의하여 선택하셨고 또 행하셨던 것을 통하여 시초부터 및 영원히 일회적으로 추월되었고, 그래서 못쓰는 것으로 선언되었다는 한도에서, 존재했다.(war) 바로 이러한 "있었다"(hajeta)의 그림자도 오직 하나님에 의하여 현실적으로 창조된 우주에 근거하여야 하게 될 것이다. 그리고 이 그림자는 언제나 오직, 하나님의 말씀이 및 그래서 하나님의 현실적 선택과 현실적 사역이, 그와 함께 또한 우주 자체의 현실성이 잊혀지고 무시된다는 사실을 통해서만, 생겨날 수 있다. 카오스의 세계는 언제나 오직 하나님의 등 뒤에서만 저 고유하게 특징적인, 그 자체 안에서 모순 가득한 현실성의 특성을 획득할 수 있다. 어쨌든 그것은 발생할 수는 있다. 피조물은 그렇게도 어리석을 수 있어서, 그것은 저 파악될 수 없는 반역의 죄책을 저지를 수 있으며, 하나님의 말씀을, 그리고 그것과 함께 근본적 및 중심적으로는 자신의—비록 그것의 고유한 것이라고 해도—현실성을 지나쳐 버리며, 그것의 원칙적인 과거성을, 저 hajeta(있었음)로, 그래서 저 카오스의 상태로 뒤돌아보고, 되돌아간다: 하나님께서 창조자로서 사랑하셨던 것을 미워하며, 그렇게 함으로써 창조자 하나님의 사랑 대신에 미움을 자기 자신에게로 끌어들인다. 그 피조물에게는 그러므로 저 어둠 및 '혼돈과 공허'는 잠입하는 및 날카로운 위험일 수 있으며, 그 피조물에게는 하나님에 의하여 선택된, 창조된 및 질서를 갖춘 우주가 출구 없는 것, 결실 없는 것, 기괴한 것, 악한 것이 될 수 있다; 그러나 우주는 하나님의 말씀을 통해서는 결코 그와 같이 존재하지 **않는다**. 그때 하나님께서는 창세기 6:5f.에 따르면 인간과 인간의 세계 전체를 창조하셨던 것을 후회하실 수도 있다. 그 모든 것은 발생할 수 있다; 왜냐하면 피조물 그 자체는 하나님과의 구분성 안에서 물론 하나님께 거역하는 것은 아니라고 해도,

그러나 신적이지 않은 것이기 때문이며, 그것의 규정은 의심의 여지없이 한 모험이기 때문이며, 또 그 피조물의 규정은 자유의 규정이기 때문이다; 그러나 그 자유는 하나님의 자유와는 다르다. 그 규정이 하나의 모험이라는 것은 특별히 **인간적** 피조물의 행위 안에서 볼 수 있다. 인간은 이 자유의 사용 안에서가 아니라, 오히려 오용 안에서 저 과거로 뒤돌아보고 또 되돌아갈 수 있으며, 또 그는 창세기 1:2의 그림자를 주문을 외어 불러낼 수 있으며, 그래서 저 과거로 하여금 그것의 본래 (*허무한) 존재를 거역하여, 또한 현재가, 또한 미래가 되도록 할 수 있다. 이것은 하나님께서 창조의 모험과 함께 짊어지신 부정될 수 없는 위험(Risiko)이며—그러나 하나님께서는 창조자이시기 때문에 그 위험을 능가하시며, 그래서 하나님께서는 그것을 부끄러워하실 필요가 없으시다. 하나님께서 그분의 사역을 후회하실 수 있다는 것은 그것이 그분으로 하여금 후회하셨던 것을 재차 후회하도록 할 수 있다는 사실을 방해하지 않는다. 하나님의 창조적 말씀이 그분에 의하여 창조된 세계 안에서 바로 인간에 의하여 잊혀지고 멸시될 수 있다는 사실은—이것에 뒤따라와야 하는 모든 결과들과 함께—하나님께서 이 세상을 그분의 말씀을 통하여 결합된 채 머물도록 하시는 것을 방해하지 않는다. 카오스가 또한 현재 및 미래가 될 수 있다는 사실도 그것이 [원칙적으로는] 과거이며, 하나님에 의하여 부정된 및 배척된 가능성이라는 사실 중 아무것도 변경하지 못한다. 창세기 안에서 이야기되는, 창조와 함께 시작하는 역사는 그러나 하나님께서 자신의 후회를 사실상 재차 후회하셨음을 증거한다. 그 역사는 하나님의 은혜를, 자비를, 피조물에 대한 신실하심의 인내를 증거한다. 하나님께서는 인간적 자유의 오용에 의해서도, 하나님 자신의 고유하신 거룩한 자유를 사실상 다음과 같이 행사하시는 것에 방해를 받지 않으신다: 즉 하나님께서는 모든 심판들과 재난들을 [창 1:2과의 모든 유사성 안에서] 통해서도 창세기 1:1의 창조자이시기를, 그래서 창세기 1:3f.에서 말해진 말씀 곁에 서시기를 그치지 않으신다. 창세기 6장의 홍수 이야기와 비교할 때 창세기 1:2는 하나님께서 세상을 다름이 아니라 바로 그렇게 유지하신다는 것이, 세상에게 그러한 신실하심을 유지하신다는 것이 사실상 하나님의 **자유**임을 제시한다. 우주 그 자체는, 만일 자유롭게 선언되는 및 자유롭게 반복되는 하나님의 은혜의 말씀이 없다면, 카오스로의 추락 앞에서: 저 비-존재로의, 본질 없음 및 극단적으로 선하지 않음 안으로의 추락 앞에서 보호받지 **못한다**. 자유롭게 선언되는 및 자유롭게 반복되는 하나님의 말씀을 통하여 세계는 세계로서 **존재**한다. 이 말씀이 말해짐으로써, 그리고 인간의 타락과 함께 즉시 시작하는 계약의 역사 안에서 반복됨으로써, 계속 또 계속해서 다음이 결정된다: 저 카오스의 '있었음'(hajeta)에 있어서 모든 반대되는 외관에서 불구하고 그것은 끝장이 나야 한다: 그 세계는 "있었다."(war) 하나님께서는 세계의 그러한 궁극적인 마법화 및 악마화, 그분의 창조의 총체적인 파괴, 즉 창세기 1:2의 저 어두운 가능성의 고유한 현실화를 허용하지 **않으실 것이다**. 하나님께서는 신화가 현실성이 되는 것을 사실상 허용하지 않으실 것이다. 하나님께서는 자기 자신을 그곳으로부터 발생하는 (자신의 사역에 대한) 모든 위협들에 저항하시면서 언제나 또 다시 저 기괴한 세계를 시초부터 영원히 단번에 지나쳐 버리신 하나님으로 예시하실 것이다.—그리고 저 기괴한 세계는 언제나 또 다시 그곳에서 시초부터 및 영원히 단번에 그분에 의하여 건너진 및 배제되어진 가능성으로 스스로를 예시하게 될 것이다. 하나님께서는 자신의 말씀으로부터의 소외(인간이 이러한 소외의 죄책을 저질렀으며, 그것으로 인하여 하나님에 의하여 창조된 세계 전체를 위험에 빠뜨렸다.)를 물론 진지하게 취급하실 것이지만, 그러나 바로 그렇게 멸시된 그분의 말씀 그 자체에, 즉 그분의 신실하심에 적합한 방식으로써 취

급하실 것이다: 하나님께서는 말하자면 창세기 1:2을 물론 그분의 말씀으로부터 소외된 세계에 대한 예고된 심판의 가능성으로써, 사실상 오직 그분에 의하여 창조된 우주 중의 한 유일한 장소에만, 오직 유일한 한 피조물에게만 현실적으로 성취되도록 하실 것이며, 그리고 바로 그 유일한 장소에서, 바로 그 유일한 피조물 안에서 하나님 자신이 심판 당하시는 자, 고난을 짊어지시는 자가 되실 것이며, 그래서 그 자리는 그 밖의 창조 전체의 구원 및 보존의 장소가 될 것이다. 바로 이것—그 어둠의 순간에, 그분의 창조적 말씀 자체가, 그분의 고유하신 아들이 골고다의 십자가에서 외치게 될 것이다: 나의 하나님, 나의 하나님, 어찌하여 나를 버리셨나이까?—바로 이것이 진노의 "짧은 순간"(사 54:7)이 될 것이며, 그 순간 안에서 창세기 1:2에서 예고된 모든 것이 현실적으로 될 것이다. 땅 위의 그 밖의 어둠의 모든 비유에도 불구하고 그와 같은 다른 어떤 순간도 없다! 바로 그렇게, 다름이 아니라 오직 그렇게 하나님께서는 인간과 그의 세계가 그들이 스스로에게 끌어 모은 진노의 열매들을 수확하도록 하실 것이다. 그리고 하나님의 창조적 말씀이, 세계 자체 안에서 피조물이 되심으로써, 세계를 위하여 고난(세계가 자신의 자유의 오용 때문에 당해야 하는 고난)을 당하심으로써, 하나님께서는 그러한 그분의 말씀을 통하여 세계를 자신과 화해시키시며, 이것은 하나님께서 동일한 말씀을 통하여 세계를 하나님 자신을 위하여 창조하셨던 것과 마찬가지이다. 하나님께서는 저 유일한 피조물을, 인간 예수를, 우주 전체에 주어지는 약속의 표징으로 높이셨으며, 그래서 이러한 지금의 시험 당할 수 있는 형태 안에서의 그의 종말은 동시에 한 새로운, 저 어두운 가능성에 의하여 더 이상 시험 당할 수 없는 형태 안에서의 그의 시작이 될 것이다. 하나님께서는 저 유일한 피조물 안에서, 전체 우주를 위한 빛으로서의 저 유일한 장소에서, 창세기 1:3f.에서 이미 **창조자**로서 행동하셨던 바로 그분으로서 자신을 예증 및 확증하실 것이다: 또한 원시 홍수, 어둠 및 '혼돈과 공허'를 다스리시는 주권적 주님으로서, 이러한 영역을 자신의 뒤편으로 버리실 수 있는 및 현실적으로 뒤편으로 넘기신 분으로서: 저녁으로부터 아침을, 다시 말하여 (저 원칙적인, 왜냐하면 그분에 의하여 규정된) 과거로부터 그분의, 그분에 의하여 규정된 미래로 언제나 또 다시 한 **새로운** 날이 되도록 하는 의지와 권능을 지니신 분으로서, 자신을 예증 및 확증하실 것이다. 창세기 1:2의 수수께끼에 대하여 이러한 최종적 국면 없이 어떤 현실적인 대답을 한다는 것은 아마도 가능하지 않을 것이다. 창세기 1:2는 옛것에 대하여 말한다; 이 옛것은 고린도후서 5:17에 따르면 예수 그리스도의 죽음과 부활 안에서 근본적으로 과거가 되었다. 창세기 1:2는 말한다: 카오스는 저 새 창조로부터 볼 때 비로소 그러한 것이 아니라, 오히려 이미 첫째 창조로부터 볼 때에도, 현실적으로 옛것이며, 이 세상의 지나간, 건너가 버린 존재이다.

(창 1:3) 창조는 하나님의 긍휼의 '돌연한 출현'(Einbruch) 및 계시이다. 하나님께 낯선 및 대적하는 피조물의 저 배척된 및 지나간 현실성에 대립하여 영원히 단번에 **하나님의 말씀**이 선언되었다. 창조는 하늘과 땅의 생성이며, 시작되는 시간의 내용이었다: 그 내용은 하나님께서 말씀하셨고 또 재차 말씀하셨다는 것, 즉 이후에 언제나 새로운 신실하심 안에서 그분과 인간 사이의 계약을 구성하게 될 바로 그것을 행하셨음을 뜻한다. 그러한 이후의 역사의 바로 그 주체 및 주님이, 살아 계셔서 자신의 사람들에게 말씀하시는 하나님이, 그분이 이미 창조자이셨으며, 어떤 말 못하는 운명, 어떤

비이성적인 생명력, 어떤 자유롭지 못한 자연의 충동이 창조자였던 것이 아니다. 창조자는 신적 인격이며, 후에 그러하신 인격으로서 그분의 백성 및 모든 백성의 주님, 변호자, 돌보는 자로서 행동하게 되실 것이다. 하나님께서 인간을 자신의 형상으로 창조하실 것이라는 사실은 그 자체 안에, 우선 인간이 아니라, 오히려 우선 하나님께서 살아 계신 인격이시며, 아시는 자, 의지하시는 자 및 말씀하시는 자라는 사실을 포함한다. 바로 그러하신 분으로서 그분은 이미 창조자이셨으며, 그분 자신을 계시하셨으며, 그리고 시작하는 시간 안에서 행동하셨다. 그리고 그렇게 하여 피조물은 그러하신 살아 계신 신적 인격에 총체적으로 결합되었으며, 피조물 자신의 실존 및 본질에 관련하여, 그것의 존속 및 유지에 관련하여 그 인격에 전적으로 의존되었다. 피조물은 하나님의 말씀의 사역에 의하여 생성되었으며, 그분의 말씀하심에 '상응하는 것'이 되었다. 그렇게 근원적으로, 그렇게 친밀하게 피조물은 하나님의 은혜를 향한 성향으로 배치되었다. 피조물이 하나님의 은혜로부터 적법하게 벗어날 수 있는 그러한 어떤 장소는 도무지 찾아질 수가 없다. 은혜의 말씀이 피조물과 만남으로써, 피조물은 바로 지혜, 선함, 권능 등과 만나며, 이것들 없이 피조물은 전혀 존재할 수가 없다. 이 말씀이 피조물과 만날 때, 그 말씀은 참으로(현실적으로) 그분의 소유 안으로 오시게 된다. 하나님께서 말씀하심에 의하여 창조하셨다는 것, 이것은, 피조물이 하나님을 **통하여**(durch) 하나님의 자유로우신 외화의 규정 및 사역에 의하여 생성되었으며, 예를 들어 어떤 신적 본질의 유출(Emanation)로써 생성된 것이 아니라는 사실을 자체 안에 포함할 뿐만 아니라, 또한 다음도 포함한다: 하나님께서 피조물을 형성하실 때에 그 재료로 삼은 (하나님의 고유하신 의지 및 의도에 대하여 어떤 고유한 의지 및 고유한 법칙성을 지녔다고 할 수 있는) 어떤 대상물도, 어떤 물질도 없었다. 하나님께서 시간 안에서 말씀하심에 의하여 생성되는 것, 그것은 그 자체가 신이 아니며, 그것의 생성도 또한 하나님의 말씀하심 외에 어떤 다른 전제를 갖지 않는다. 그렇게 하여 창조자의 행동으로서의 하나님의 말씀은 피조물의 성향(Disposition)이다. 피조물은 하나님의 말씀 안에서 자신의 고유한 노선 및 사역을 우연적, 우발적(비본질적; akzidentieller)으로 진행하는 특성 이상의 어떤 특성을 갖게 되며—그것은 하나님의 말씀 안에서 더 나아가 그것의 비밀스런, 결코 전적으로 간과되거나 망각될 수 없는, 최종적 및 궁극적으로는 그 자체로서 계시되는, 그 자체로서 확증되는 **주님**을 갖게 된다. 피조물은 오직 실수하면서, 기만하면서, 오직 자신에게 해를 입히면서 하나님의 말씀 안에 있는 자신의 근원에 불성실하게 된다; 피조물은 그 말씀에 최종적으로는 어떻게 해서든 충분한 것을 수행해야만 한다. 피조물은 오직 하나님의 말씀에 대한 순종 안에서만 자유롭게 되고, 자유롭게 머물고, 또 다시 자유롭게 될 수 있다. 그리고 만일 피조물이 불충실하거나, 불성실을 통하여 자신의 자유를 상실하게 된다고 해도, 그때에도 하나님께서는 자신의 말씀에 및 그렇게 하심으로써 또한 피조물에게 성실하게 머무시며, 피조물에게 속한 것이 상실되지 않도록 돌보신다. 피조물의 고유한 노선 및 사역으로부터 무슨 결과가 나타나고 산출되든지 간에, 피조물은 하나님의 말씀을 통하여 생성되었고, 생성되고, 생성될 것임으로써, 하나님은 자신을 피조물과 결합시키셨다. "우리와 함께하시는 하나님", 이것은 물론 이스라엘의 역사 안에서 시작하고 예수 그리스도 안에서 성취된 은혜의 계약의 계시이지만, 그러나 그것은 또한 (왜냐하면 인간이 세계 전체와 함께 다름이 아니라 하나님의 말씀을 통하여 존재하기 때문에) 이미 하나님의 창조의, 피조물의 실존 및 본성의 비밀이다; 피조물은 이 비밀을 물론 부정할 수도 있지만, 그러나 어떤 부정을 통해서도 그것을 제거하거나 지양할 수는 없다.

창세기 1:3에서 우선 나타나는, 그 다음에 6일간의 사역 전체의 묘사를 통하여 언제나 또 다시 풍부하게 사용되는 '그리고 하나님께서 말씀하셨다.'(wajjomer Elohim)는 잘 알려진 대로 이 본문에서 유일한 (신적 행동의 특징적인) 서술이 아니다. 본문은 그것을 넘어서서 하나님의 "창조하심", "만드심", "규정하심(두심)"을, 더 나아가 "이름부름" 및 [인간을 포함한 동물적 피조물을 바라보면서] "축복하심"을, 그리고 마지막으로 6일간의 모든 사역을 [둘째 날의 특징적인 예외와 함께!] 종결하는 "축복하심"을, 또 그분이 기뻐하시는 것을 "바라보심"을 알고 있다. 그러나 다음은 명확하다: 이 첫째 보고의 저자는 bara(창조하다), asa(만들다), natan(두다) 등의 단어를 저 amar(사랑하다)와는 구분되는 어떤 행위들로 지칭하려고 하는 것이 아니라, 오히려 바로 그 amar를 여기서만, 오직 여기서만, 그것에 적합한 효과로 서술하려고 한다. qara(이름부름)도 마찬가지로 다만 amar 그 자체의 결과 및 완전화일 뿐이다: 빛, 어둠, 물 위의 견고함, 땅과 바다 등의 실존 및 본질과 함께 또한 그것들의 이름도 은혜를 입고 있다. 하나님의 축복 및 창조된 것을 바라보시는 것도 명백하게도 그것이 하나님의 말씀을 통하여 창조되었다는 확증이다. 여기서 피조물의 존재 및 행동에 관하여 말하는 모든 문장들 및 어법들은 물론 올바르게도 [1:3에서 빛이 있었고, 저녁이 되고 아침이 되어 첫날이 되었고, 계속해서 다른 날들이 생성되었다고 말할 때, 혹은 1:12에서 땅이 푸른 움을 돋아나게 하였다고 말할 때, 혹은 2:1에서 하늘과 땅이 완성되었다고 말할 때] 하나님의 말씀하심 그 자체의 사역이 아닌 다른 어떤 것에 관하여 말하려고 하지 않는다. 이 모든 것은 1:7에서 처음으로 등장하는 wajjehiken, 즉 "그리고 그대로 되었다."의 괄호 안에 있다: 피조물의 어떤 고유한 운동도 발생하지 않았으며, 오직 하나님의 말씀하심에 상응하는 운동만이 발생하였으며, 그 운동 안에서 피조물은 최초로 현존재 안으로 등장한다. "다른 어떤 곳에서도 주님의 참된 권능이 순종을 발견하는 그분의 계명 안에서처럼 그렇게 완전하게 볼 수 있게 되지 않는다."(Zimmerli) 우리가 1:26의 하나님의 창조적인 말씀하심을 더욱 주목해야 한다: 그곳은 인간의 창조에 관계되며, 다음이 하나님의 **독백**으로 확실하게도 우연이 아니면서 서술된다: "우리가 사람을 만들자! …" 하나님께서는, 그분의 말씀을 자기 자신으로부터 발하실 때, 그분 자신 곁에 및 동시에 그분 자신 안에 머무시며, 혹은 거꾸로: 그분의 말씀의 말하심은 그분의 내적 결의의 실행이며, '외부를 향한 사역'(opus ad extra)과 그것에 선행하는 '내부을 향한 사역'(opus ad intra) 사이의 연관성이 바로 여기서 특징적으로 가시화된다. 이러한 첫째 보고의 저자의 의도는 다음이었을 것이다: 바로 저 신적 독백은, 그 자체로써 모든 시간의 앞선 곳에서 및 외부에서 발생할 수 있는 독백은 [그리고 실제로 발생하였다!] 이제 시간의 창조의 행위 안에서, 그리고 그러한 한도에서 이미 시간 자체 안에서 발행하였으며, 바로 그러한 신적 독백 안에서 및 그것과 함께 그 다음에 "그리고 하나님께서 사람을 창조하셨다. …"라는 말로 서술되는 것이 발생하였다. 하나님의 형상에 따른 사람의 창조의 특별한 강조 곁에, 그리고 제7일의 다른 날들에 대한 관계의 강조 곁에, 하나님의 창조적 **말씀**의 이러한 강조는 P 문서의 창조보고의 고유한 특성으로서 성서적 창조 이해 전체에 대하여 뚜렷한 특징이 되었다.

이 직관의 절대적 독창성은 물론 주장될 수 없다. 성서 저자는 여기서 창조적 신성의 한 말함이 또한 다른 방식으로써 최소한 숙고되기는 하는 어떤 신화적 전승과 관계된다. 그러나 우리는 흔히 이러한 관계가 있다고 증빙하곤 하는 바로 가장 중요한 증거들을 창세기 1장 곁에 놓아야 하며, 그 다음에 그 전승이 여기서 어떤 알아볼 수 없을 정도의 다른 형태를 어떤 식으로든 취하였는지를 확증할 수 있어야 한다. 한편으로 관찰되는 것은 테벤에서 발견된 소위 아포피스(Apophis) 책이라는, 마술 파피루스인 이집트 문서이다; 이 책은 죽은 자들이 저 세상으로 갈 때 용 Apophis로부터 보호를 받기 위하여 함께 가져갔다고 한다.(H. Greßmann, *Altoriental. Texte z. AT* 2. Aufl. 1926, 1f.) 여기서 "만물의 주"는 [추측컨대 태양신 및 최고신인 토트(Thot)가] 그의 우선적으로 생성된 입으로부터 그를 뒤따라 생성된 것의 "무수한 형태들"이 산출되었다고 자랑한다. 그는 하늘 대양의 한가운데 서서 그것들에게 이렇게 명령했다고 한다: "나는 내 마음속에 마법을 걸며, 새로운 것을 창조하였다. 나는, 오직 나만이 홀로 존재했을 때, 나와 함께 창조할 수도 있었던 다른 어떤 자도 생성되지 않았을 때, … 모든 형태들을 창조하였다." 그러나 이제 이러한 창조자가 그의 입으로써 우선 그의 자녀들이 슈(Schu)와 테페네(Tefene)의 생성 안에서 행하는 것은 '창조적인 말씀하심'과는 전혀 다른 어떤 것인 것으로 보이며, 말하자면: "나는 [어떤 것을] '슈'로써 침으로 뱉으며, 또 [어떤 것을] '테페네'로써 구토한다", 그리고 바로 그 뒤에는 자신의 그림자와의 관계에 의한 자기잉태, 또 더욱 원시적인 성적 관계 등이 언급된다. 그리고 이제 그 신이 그의 저 자녀들에 대하여 울 때, "그때 내 눈으로부터 유래한, 나의 눈물로써 만들어진 인간들이 생겨났다." 이제 이것이 정말로 전부이다; 사람들이 성서 저자가 이러한 혹은 그와 비슷한 직관들을 알고 있었다는 사실을 수용하려고 할 때, 그때 사람들은 즉시 다음을 추가해야만 한다: 성서 저자는 신적인 말씀하심 그 자체를 전체 과정의 유일한 행위로 만듦으로써, 거의 혹은 전혀 은폐되지 않은 (그러한 "창조신화"의) 자연주의를 그와 정반대 쪽을 향하도록 만들었다. 어떤 최고의 [언제나 스스로 "생성된"] 본질의 다른 모든 것보다 앞서는 탁월한 존재라는 사고, 만물의 그 존재 안에서의 선재, 그리고 그러한 사물들의 창조자로서의 그 존재의 역할 등이 여기서 현실적으로 공통적인 것이며, 그러나 바로 이 공통적인 것이 이제 성서적 창조보고 안에서의 하나님의 말씀의 중요한 의미의 본질적인 것을 포함하지는 않는다. 가까운 관계의 다른 문서로 관찰되는 것은 바벨론 서사시 '에누마 엘리쉬'의 넷째 돌판에서 등장한다.(Greßmann, 117): 용들의 전투보다 그리고 세계 창조보다 앞선 [셋째 돌판에 따르면 다량의 알콜 향유와 연관된] 신들의 회의 안에서 그곳에서 전투자, 창조자 및 후일의 하늘의 주님으로 결정된 마르둑이 그 모든 일에 대한 자신의 재능을 증명해야 하며, 동시에 자신의 통치권의 행사를 확증해야 한다. 이것은 다음 방식으로써 발생한다.

그들은 그들이 모인 자리에 한 옷을 가져다 놓았으며

그리고 그들이 가장 먼저 만든 자인 마르둑에게 말하였다.
"당신의 결정은, 오 주여, 신들의 그것보다 우월합니다!
소멸 그리고 창조를 명하시면, 그것은 그대로 될 것이며,
당신이 입을 열면, 그 옷은 소멸될 것이며,
다시 명령하시면, 그 옷은 (다시) 전혀 손상되지 않을 것입니다!"
그때 마르둑은 자신의 입으로 명령하였으며 — 그때 그 옷은 소멸되었다.
그는 다시 명령하였으며 — 그때 그 옷은 (새롭게) 창조되었다.
신들이, 그의 아버지들이, 그의 입으로부터 나온 것을 보았을 때,
그들은 기뻐하였으며, 경배하였다: "마르둑은 왕이다!"

우리가, 명백하게도 이 신화에서의 말씀이 묘사된 행위의 도구가 되었다는 한도에서, 그것이 우리의 구약성서의 본문의 정점에 도달했다고 인정할 수 있다고 해도, 그때에는 그 묘사된 행위가 바로 창조와 어떤 관계를 갖는가 하는 것은 그만큼 더 의심스러워진다. 예레미아스(A. Jeremias, 앞의 책, 42)가 저 옷을 "세계 망토"라고: "세계 통치자가 운명을 결정할 때 입는 옷"이라고 이해한 것이 올바르다고 해도, 그래도 맥락에 따르면 그것은 분명히 일종의 마술에 관계되며, 마르둑의 첫 시험 작품 및 처녀 수행이었으며, 그의 창조자로서의 규정은 나중에서야 비로소 가시화된다. 본래적인 용들과의 투쟁 및 창조역사 안에서 마르둑의 강력한 말함은 전혀 어떤 역할을 수행하지 **않는다**. 다른 한편으로 창세기 1장의 엘로힘의 권능의 말씀하심은 그러한 마술적 말함과는 전혀 공통점을 갖지 않으며, 그리고 저자는 그 신화에서 본질적으로 보이는 어떤 기적의 수행의 관점에 대해서는 전혀 관심을 갖지 않은 것으로 보인다.

그러나 어쨌든 간에: 창조의 본래적 도구로서의 하나님의 말씀하심의 강조는 그 밖의 다른 성서적 전승에 의하여 아마도 창조보고의 고유한 특성들 중에서 가장 강력하게 주목되고 수용된 핵심을 형성하였다. 그 핵심의 가장 강력한 병행은 이 관점에서 시편 33:6f.이다: "주님은 **말씀**으로 하늘을 지으시고, **그 입의 숨**으로 모든 별을 만드셨다. 주님은 바닷물을 모아 독에 담으셨고, 그 깊은 물을 모아 창고 속에 두셨다. 온 땅아, 주님을 두려워하여라. 세상 모든 사람아, 주님을 경외하여라. 한 마디 주님의 **말씀하심으로** 모든 것이 생기고, 주님의 **명령 한 마디로** 모든 것이 견고하게 제자리를 잡았다." 이에 시편 148:5[모든 하늘들의 하늘 및 견고한 땅 위의 물들에 관하여]: "주님이 **명령**하셨으며, 그것들은 창조되었다." 그리고 아모스 9:6: "바닷물을 **불러** 올려서 땅 위에 부으신다. — 그분의 이름은 야웨이시다." 또 이사야 48:13f.: "내 손으로 땅의 기초를 놓았고, 내 오른손으로 하늘을 폈다. 내가 하늘과 땅을 **부르기만** 하면, 하늘과 땅이 하나같이 내 앞에 나와 선다. 너희는 모두 함께 모여서 들어 보아라. 우상들 가운데서 누가 이런 일들을 **알려준** 일이 있었느냐?" 그리고 이사야 41:4f: "누가 이런 일을 일어나게 하고 행하였느냐? 종족들을 시초에 **부르셨던** 자, 나, 주님은 태초부터 끝 날까지 동일한 자이다. 섬들이 주님께서 하신 일을 보고 두려워한다. 저 멀리 땅 끝에 있는 나라들이 무서워서 떤다. 사람들이 함께 모여서 나온다." 우리는 제2 이사야에 있어서 44:26f.의 특징적인 병행구절에 주목해야 한다; 그곳에서 하나님은: "예루살렘을 보시고는 '여기에 사람이 살 것이다.' 하시며, 유다의 성읍들을 보시고는 '이 성읍들이 재건될 것이다. 내가 그 허물어진 곳을 다시 세우겠다.' 하신다. 고레스

를 보시고서는 '너는 내가 세운 목자다. 나의 뜻을 모두 네가 이룰 것이다.' 하시며, 예루살렘을 보시고는 '네가 재건될 것이다.' 하시며, 성전을 보시고는 '너의 기초가 놓일 것이다.' 하신다." 또한 신약성서도 바로 이러한 직관을 수용하였다: "어둠으로부터 빛이 비쳐라! 하고 말씀하셨던 그 하나님께서는" 고린도후서 4:6에 따르면 "우리의 마음속을 비추셔서 그리스도의 얼굴에 나타난 하나님의 영광을 아는 지식의 빛을 우리에게 주신" 분이시다. 그리고 아브라함이 믿었던 하나님께서는 로마서 4:17에 따르면 없는 것을 있는 것처럼 **불러내시는** 하나님이시다. 태초에 **말씀**이 계셨다고 우리는 요한복음 1:1에서 읽으며, 또 히브리서 11:3도 말한다: 세계는 그분의 능력의 **말씀**으로 지어졌다. 그리고 히브리서 1:3: 그리스도께서 만물을 그분의 능력의 **말씀**을 통하여 붙드신다. 그리스도교적 신학이 창세기 1:3의 바로 이러한 요소에 관하여 시초부터 그렇게도 많이 숙고해 왔다는 것은 전혀 우연이거나 자의적인 것이 아니다. 어떤 성서적 인식의 단서들이 여기서 함께 어울리지 않겠으며, 여기서 함께 주목되지 않겠는가? 우리는 여기서 조용히 다음을 인정해야 한다: 우리는 저 하나님의 말씀하심에 관한 직관을, 그것이 창세기 1:3f.의 저자에게 그리고 그 이후에 선 전승들에게 고유하게 특징적이었던 것처럼, 일반성 안에서 알고 있으며, 개별성 안에서 아는 것이 아니다. 우리는 또한 조용히 다음을 고려해야 한다: 그 직관의 생성 및 근원적 특수성은 온갖 실천적 설명들에 의해서는 도달될 수 없다. 우리가 예를 들어 욥기 37:5에서 또한 이 맥락에 속하는: "하나님이 명하시면(그분의 음성으로 천둥을 울리시면) 놀라운 일들이 벌어지며, 도저히 이해할 수 없는 신기한 일들이 일어납니다."라는 말씀을 읽을 때, 그 말씀의 맥락에 관련하여 다음이 오인되지 말아야 한다: 그러한 직관의 배후에는 또한 대단히 단순한 "현실적인" 천둥의, 그리고 그것의 결과로써 초래되는 폭풍우박의 경험이, 그것의 모든 현상들과 함께 서 있다. 하나님의 음성은 구약성서 안에서 또한 그 밖에서도 드물지 않게 바로 그러한 (저 근동의 사람에게 특별한 방식으로 인상적이었던) 자연현상과의 관계 안에 놓였으며 혹은 그러한 자연현상의 노선 및 색채들 안에서 묘사되었다. 그러나 그것이 다음 사실에 대하여: 사람들이 모든 경우에 있어서 바로 한 **음성**을, 그것도 **하나님**의 음성을, 그리고 이제 이 음성을 현실성 전체의 창조적 근원으로 듣는다고 생각한다는 사실에 대하여, 무슨 다른 것을 의미할 수 있는가? 바로 이 핵심적인 것에 모든 것이 달려 있다: 이 사가는 사실상―그것의 직관의 영역 및 직관의 형식이 그것이 집필되던 시대에 속하든지 혹은 그 이전으로 소급되는 형태 안에 있었든지와는 관계없이―하나님의 **말씀하심**이 하나님 자신이 아닌 모든 것 및 모든 자들에 대하여 철두철미 최초의 것이며, 출처이며, 그 말씀하심의 배후 및 그 위에는 어떤 다른 것도 존재하지 않는다는 것을 말한다. 이 사가가 바로 그것을 말함으로써, 그것도 어떤 공허한 공간 안에서가 아니라, 오히려 구약 및 신약성서적 증거 전체와의 연관성 안에서 및 그 증거의 정점에서 바로 그것을 말함으로써, 그 사가는 사실상 쉽게 잘못 해석될 수 있는, 그러나 과도하게 해석되기는 대단히 어려운 어떤 것을 증거하게 된다; 왜냐하면 그것은―여기서 혹은 욥기에서, 시편에서 혹은 제2 이사야에서 주장되고 말해진 것의 특별한 의미가 무엇이든지 간에―순수하게 사실적으로 서술하며, 비록 무한하게 많은 것은 아니라고 해도, 그럼에도 불구하고 중심 내용적으로는 전적으로 측량이 불가능한 것을 서술하기 때문이다.

우리는 여기서 다만 예고하면서 몇 가지를 선취할 수 있다. 야콥(B. Jacob)이 '그리고 하나님께서 말씀하셨다.'(wajjomer Elohim)에서, 세계가 모든 신화들 안에서 그렇게 예견되는 것처럼 하나님으**로부터**(aus)가 아니라, 오히려 하나님을 **통하여**(durch) 창조되었다는 부정적인 인식을 취하였을 때,

그것은 옳았다. 세계의 근원으로서의 신적 잉태 및 탄생들의 모든 상상들은, 이러한 "그리고 하나님께서 말씀하셨다."(wajjomer Elohim)가 시작점에 위치된 이후에는, 사실상 퇴각한다. 궁켈도, 신적 창조와 신적 말씀하심 사이의 등식을 "초자연주의의 고전적인 표현"이라고 말했을 때, 어느 정도 비슷한 것을 목표로 했던 것으로 보인다: "하나님께서는 그분의 의지를 통하여 세계에 작용하신다; 그분은 세계 안으로 진입하시지는 않는다. … 오히려 그분은 세계 위에, 밖에 머무시며, 서시며, 그리고 되어질 것을 명령하신다: 그분은 말씀하시며, 그때 그것은 생성된다." 또한 암브로시우스(Ambrsius)도 창조적 말해짐과 창조적 상응 사이의 통일성을 지시했을 때, 옳았다: "그분은 어떤 행위가 비로소 뒤따라올 것이라고 말씀하지 않으셨으며, 오히려 말씀해진 것을 통하여 그 행동을 완성하셨다." 그리고 또한 포에스터(W. Foerster)도 서술된 진행과정의 완전한 파악 불가능성을 강조하였을 때, 마찬가지로 옳았다: "사람은 오직 이미 존재하는 것만을 부를 수 있지만, 그러나 하나님께서는 아직 존재하지 않는 것을 부르실 수 있으며, 그리고 그것에게 명령하실 수 있다. 이 명령에 대한 순종 안에서 창조되어짐이 성취된다. … 그분의 구체적인 말씀하심 안에서의 명령이 창조의 말씀이며 … 창조는 절대적인 권능의 행동이다."(ThWB. Zum NT III, 1009f.) 그러나 이 모든 것은 이제 본래적으로는, 이러한 직관을 **또한** 의심의 여지없이 가지고 있는 비판적 의미를 목표로 한다. 이미 로마의 **클레멘스, 유스틴, 이레네우스,** 테르툴리안 및 안디옥의 **테오필루스** 등이, 그리고 후대에 특별히 **아타나시우스**가 바로 이 직관 위에 두었던 두드러진 강조의 무게는 그러한 비판적 의미로써는 아직은 설명되지 않았으며, 그리고 또한 **아우구스틴도** 만물의 시초로서의 하나님의 말씀에 대한 사고에 있어서 어떤 다른 깊이를 바라보았던 것처럼 보인다; 그가 바로 여기서 다음과 같이 외쳐야 한다고 생각했을 때 그러하다: "누가 그것을 파악할 수 있는가? 누가 그것을 설명할 수 있는가? 빛을 밝히면서 스스로를 내게 제시하는, 그래서 다치지 않고서 내 마음에 적중하는 이것은 무엇인가?―그리고 나는 떨림에 사로잡히는가? 나는 불타는가? 내가 그분과 비슷하지 않다는 한도에서, 나는 떨림에 사로잡힌다: 내가 그분과 비슷하다는 한도에서 나는 불타오른다. 지혜 그 자체가 바로 그것이다: 그것이 빛을 밝히면서 스스로를 내게 제시하며, 나의 안개를 분산시키며, 내가 어둠 속에서 및 나의 탄식의 벽 아래서 당신을 배신하자마자 그 즉시 나를 재차 에워싼다."(Conf. XI 9)

우리가 우선 창세기 1장의 "그리고 하나님께서 말씀하셨다."(wajjomer Elohim)가 창조를 이후에 성서적 역사 전체의 중추와 실체를 형성하게 될 **모든** 신적인 말씀하심과의 관계 및 맥락 안에 위치시킨다는 사실을 확정할 때, 그것은 본문의 순수한 의미를 넘어서는 것이 아니다. 창세기 1:3f.의 엘로힘 하나님의 말씀하심이 경계선(그것으로부터 볼 때 창세기 1:2의 기괴한 세계는 다만 과거로만 보이고 이해될 수 있다.)을 형성한다면, 마찬가지로 창세기 12:1에서의 야웨 하나님도, 아브라함에게 말씀하실 때, 한 **경계선**을―이것은 근본에 있어서는 동일한 경계선이 아닌가?―설치하신다: "너는 네가 살고 있는 땅과 네가 난 곳과 너의 아버지 집을 떠나서, 내가 보여줄 땅으로 가거라!" 일반적 민족들의 역사의 상대적인 카오스(혼돈의 세계)는 뒤에 남게 되고, 그 자체로서도 더 이상 어떤 역할도 담당할 수 없게 된다; 이스라엘의 역사의 상대적인 코스모스(질서의 세계)가 시작하였다. 바로 하나님의 말씀하심을 통하여 이제는 또한 이 역사의 내부에서 언제나 새롭게 그 **경계선**이 설치된다; 옛 것은 지나간 것으로, 새것은 도래한 것으로 설명된다. "주님께서 이렇게 말씀하셨다."가 모세 및 예언자들의 입에서 울려 퍼질 때, 그때에 그것으로써, 다시 말하여 언제나 또 다시 옛것은 옛것으로, 새것은 새로운 것으로 보이도록 만들어짐으로써, 역사가 형성된다: 전자는 심판의 강조로, 후자는 하나님의 은혜의 강조로, 양자는 서로 함께 언제나 또 다시 저녁과 아침으로 그 자체가 말씀의 확증인 신적 시계 바늘의 운동으로 드러난다; 그 말씀과 함께 모든 시간이 시작되었으며, 창조되었다.—또 양자는 서로 함께 하나님께서 자신의 작품에 고백하기를 그치지 않으시는 신실과 인내의 표징이기도 하다. 그리고 이제 이러한 모든 신적인 말씀하심은 충분히 명백하게도 다만 **잠정적인** 및 **예비적인** 성격만을 갖는다. 그 모든 것은 이스라엘 백성을 인도하고 유지하는 목적으로 정해진다. 어디로? 무엇을 위하여? 구약성서적 증거 그 자체는 이에 대하여 어떤 대답도 주지 않는다. 그 증거는 다만, **사실**이 그러하다는 것만을, 시간이 시작과 마찬가지로 또한 계속된다는 것만을, 그리고 그렇게 구성되어 있다는 것만을, 그리고 침묵하지 않으시는 하나님의 말씀을 통하여 그러하다는 것만을, 증거한다. 그 증거는 다만, 그러한 시간을 성취하는 역사가 또한 한 목적을 갖는다는 **사실**만을, 저 이스라엘적 코스모스도 그것 자체를 초월하는 미래를 갖는다는 **사실**만을 증거한다. 그리고 그렇기 때문에 그 시간은 경과하게 된다. 그렇기 때문에 이스라엘 역사의 그러한 상대적인 코스모스에게는 한 경계선이 설치되며, 그것으로부터 볼 때 또한 그 코스모스도 한 상대적인 카오스의 성격을, 이제는 지나가 버린 옛것의 성격을 획득한다. 그리고 마찬가지로 이 경계선을 설치하는 것도 또한 하나님의 말씀하심이다. 그러나 이제는—새로운 것이 등장하며, 모든 지나간 것들은 그것 자체를 통하여 낡아지며, 이제는 창세기 1장의 하나님의 말씀하심 안에서는 아직 발생하지 않았던 것이 지금 발생한다: 즉 하나님의 말씀 자체가—그것을 통하여 만물이 창조되었다!—다른 피조물 중의 한 피조물이 된다: 아브라함의 자손, 다윗의 아들, 이스라엘의 메시아, 인간 나사렛 예수가 되신다. 그렇게 하여, 이러한 낮아지심 안에서, 그러나 또한 이러한 구원 가득한 가까움 및 연합 안에서 그 말씀은 그 밖의 창조 전체에 대하여 이제 말해진다. 그렇게 하여 그 말씀은 자신을 통하여 창조된 세계를 소유한다: 세계의 시험 가능성, 그것의 사실상의 시험에 든 상태, 그것의 도착성, 그것의 곤경을 자신의 것으로 소유한다. 그리고 그렇게 하여 하나님의 말씀을 통하여 창조된, 이제 말씀의 세계는 자신의 편에서 그 말씀의 승리하는 생명력에, 거룩성에, 영광에 참여한다. 이스라엘 역사 전체는, 더 나아가: 이스라엘의 역사의 저 상대적인 코스모스 안에서 및 그것과 함께 했던 하나님의 말씀의 행동 전체는 바로 이 목적을 향해, 그 코스모스를 종결짓고 완성하는 말씀의 이러한 행동을 향해, 마주 달려오지 않았는가? 신약성서적 증인들도 마찬가지로 그렇게 말한다. 그들도 구약성서의 증거를 그렇게 이해하였다. 자기가 더 낫게 안다고 주장하는 사람은, 바로 신약에서 종말로부터 해석되어진 것보다 구약성서를 더 분명하게 해석함으로써, 그 사실을 증명해야 할 것이다. 신약성서가 구약성서를 올바르게 해석하였다면, 그때 그와 같이 증거된 역사는 일주일이다; 그 주의 마지막은 이제 새로운 시간의 통고로서 및 안식일의 시간의 계산으로서 시작되었다. 그 시간은 다음과 함께 시작하였다: 하나님께서—그분이 옛 날에(πάλαι) 많은 사람들에게, 여러 가지 방법으로 조상들에게 예언자들을 통하여 **말씀하신** 이후에 이 모든 날들의 마지막 날에 우리에게 그 아들을 통하여 **말씀하셨다.**(히 1:1) 그렇게 하여 또한 안식일은, 바로 그 안식일도, 하나님의 말씀을 통하여 비로소 올바르게 도래하였다; 이 말씀은 이제 저 이스라엘적인 격리 안에서도 이미 비밀리에 모든 민족들에게, 세계 전체에 향해진 하나님의 진술로서 **계시**되며, 그리고 그 자체로서 사실상 또한 저 [창 12장부터 우선 지나쳐지는] 일반적인 민족들의 세계를 다스리는 원칙으로 **인식**될 수 있게 되었다. 모든 시간의 종말에 이르기까지, 다시 한 번 및

158 §41 창조와 계약

이제는 이 하늘과 이 땅의 전체에 관계되면서, 동일한 말씀이 옛것을 지나간 것으로, 새것을 도래한 것으로 선언하고, 바로 그 선언 자체와 함께 저 소멸과 이 도래를 실현하게 될 종말에 이르기까지, 그렇게 될 것이다. 바로 이것이 창세기 1:3f.의 "그리고 하나님께서 말씀하셨다."가 그것의 가장 가까운 및 특수한 의미를 손상하지 않고서, **또한** 함께 읽혀져야만 하는 맥락이다; 만일 우리가 그 가장 가까운 및 특수한 의미를 정말로 이해하고자 한다면 반드시 그렇게 읽어야 한다. 하나님께서 말씀하심으로써, 하나님께서는 자신을 창조자로서, 자신의 창조와 함께 이미 [이 창조가 그분의 말씀을 통하여 발생함으로써] 저 **역사**를 여시는 분으로서, **계시**하신다; 이 역사는 성서적 증거 전체에 따르면 화해를, 최종적으로는 세계의 구속을 향하며, 바로 그분의 말씀의 성육신, 십자가에 못 박히심 및 부활 안에서 그것의 목적에 도달하게 될 것이다. 바로 그분의 **말씀**을 통하여 (이 말씀을 통하여 그분은 창조자이시다.) 그분은 그 역사 안에서 또한 창조자이시며, 또 그분은 그 역사의 종말에, 그렇게 통고된 대로, 최종적으로는 또한 구속자가 되실 것이다. 이것이 우리가 여기서 바라보아야 하는 한 차원이다.

그러나 우리는, 하나님께서 창세기 1:3f.에 따라 바로 **말씀하심**으로써, 그리고 그분의 진술 안에서 **창조자**가 되심으로써, 모든 경우에 있어서 하나님 자신의 피조물의 실존에의 참여가 미리 앞서서 사건이 되었다는 그 이상의 숙고로써도, 본문의 순수한 의미를 넘어서지 않는다. 물론 본질적인 참여—이 점에서는 "그리고 하나님께서 말씀하셨다."(wajjomer Elohim)에 대한 저 비판적인 유보의 이해는 전적으로 옳다.—신적 유출로서의 창조, 신성의 피조물 등의 개념들은 창세기 1:3f.를 통하여 엄격하게 및 완전하게 배제된다. 세계는 하나님의 말씀을 **통하여** 존재한다는 한도에서, 하나님의 말씀이 아니다. 그러나 세계가 바로 하나님의 말씀을 통하여 존재한다는 것에 의해서보다 어떻게 더 하나님께 더 강하게 결합될 수 있겠는가? 하나님의 말씀은 다름이 아니라 하나님 자신이시다; 그 말씀은 하나님 안에서 및 하나님과 함께 영원하고, 거룩하고, 전능하고, 은혜로우시다. 교회 교부들이 창세기 1:3f.의 "그리고 하나님께서 말씀하셨다."(wajjomer Elohim) 안에서 **삼위일체**의 비밀 전체가 울려 퍼지는 것을 들었을 때, 그들은 옳았다. 성서 저자가 하나님의 **말씀하심**을 그분의 **창조**라고 지칭하였을 때—그가 세부적으로는 무엇을 생각하였든지 간에—그는 그 자체로서 하나님의 "표명"인 말씀하심을 하나님 자신과 동일시하였다. "하나의 동일한 말씀으로서 그분은 자기 자신을, 그리고 그분이 창조하신 모든 것을, 말하신다."(Anselm von Canterbury, *Monol.* 33) 하나님만이 홀로 창조하신다. 그분의 말씀을 창조라고 지칭하는 자는, 그분의 말씀이 그분 자신, 즉 한 분이신 하나님이시라는 것을 말한다. 하나님께서 그 말씀을 밖으로 드러내시고, 그래서 말씀하시기 전에, 그 말씀은 하나님 안에 있었다: 그러나 하나님 안에 있는 것은, 그것은 다름이 아니라 하나님 자신이며, 그보다 적은 것일 수 없다. 그러나 하나님께서 그 말씀을 밖으로 드러내시고 말씀하심으로써, 하나님께서 말씀하시면서 창조자가 되시며, 그리고 그분의 말해진 것으로서의 말씀이 창조의 수단이 될 때에도, 그 말씀은 하나님 자신과 동등하게 머문다. 하나님께서는, 하나님 자신 안에 계시고 머물든지, 혹은 말씀하시고 창조하심으로써 하나님 자신의 밖에 위치하시고, 그 외부 안에서 말씀하시고 행동하시든지, 하나님이시기를 그치지 않으시며, 하나님 자신과 동등하게 존재하기를 그치지 않으신다. 그렇게 하여 "그리고 하나님께서 말씀하셨다."(wajjomer Elohim)는—우리가 그것을 삼위일체론의 의미에서 표현할 수 있든지 없든지 간에—사실상 우리의 사고로써는 모든 관점에서 파악될 수 없는 (은혜의) 비밀을 표

현한다: 즉 이미 창조 그 자체가, 그것이 하나님의 말씀을 통하여, 즉 하나님 자신을 통하여 발생함으로써, 저 가장 정확한 및 가장 완전한 (하나님의 우리와의) 결합을 자체 안에 포함하며, 그 말씀은, 그것이 우리에게 계시되고, 그래서 말해짐으로써, 그리고 우리가 그 말씀을 들을 수 있음으로써, 그 결합을 우리에게 알려주신다. 하나님의 말씀은, 이스라엘의 역사의 진행 안에서 언제나 또 다시 말해지면서, 그리고 최종적으로는 그 자체가 육신이 되시면서 말씀하신다; 그 말씀은 우리에게 "하나님께서 우리와 함께하신다."는 것을 말해주며, 그렇기 때문에 진리를 실현하였으며, 왜냐하면 하늘과 땅이, 왜냐하면 우리 자신이 다름이 아니라 바로 그 말씀 자신을 통하여 존재하기 때문에, 그리고 왜냐하면 그 말씀이 이미 그러한 창조자의 말씀이기 때문에, 그 말씀을 통하여 우리가 존재하며, 우리는 그 말씀으로부터 유래하기 때문에, 바로 그러한 "우리와 함께하시는 하나님"을 근본적으로 실현하였다. 그 말씀은 요한복음 1:10f.에 따르면, 세상에 오셨을 때, 비록 세상은 그 말씀을 인식하지 못했지만, 자기 땅에 오셨다; 다시 말하여 세상은 그 말씀의 진리에 대한 어떤 저항이란 객관적으로 가능하지 않은 그런 장소이다; 왜냐하면 세상은 그 말씀을 통하여 창조되었기 때문이며, 그래서 세상은 자신의 현실성 안에서 그 말씀의 진리에 대한 첫째의 증거이기 때문이다. 바로 그렇기 때문에 그 말씀은 저 역사 전체의 진행 안에서 그리고 마지막으로는 그 말씀의 성육신 안에서 권능 있게 및 신뢰 있게, 더도 덜도 아니라 바로 하나님 자신이 우리와 함께하신다고 말한다; 바로 그렇기 때문에 그 말씀은 여기서와 마찬가지로 저곳에서도 더도 덜도 아니라 '외부를 향한 사역' 안에서 행동하시는 하나님 자신이시다.—이것은 우리의 본문의 26절에 따르면 하나님의 '내부를 향한 사역'과의 가장 직접적인 관계 안에 있다.—왜냐하면 그 말씀은 이미 창조자 하나님의 말씀이기 때문이다. 하나님께서 우리를 그분의 말씀에 의하여 그분 자신에게로 이끄신다는 것, 그분이 우리를 그분 자신과 화해시키신다는 것, 그분이 우리를 최종적으로 [그분께서 새 하늘과 새 땅을 만드시고, 그리고 우리를 그곳의 거주자들로 만드심으로써] 구속하기를 원하신다는 것, 이것을 그분은 우리에게 이미, 하늘과 땅 그리고 우리 자신을 그분의 말씀으로 창조하심으로써, 약속하셨다. 그리고 하나님께서 우리에게 저 말씀을 계시하시고 말하심으로써, 그분은 우리에게 다름이 아니라, 바로 그분 자신이 그분의 창조자로서의 말씀의 그 약속을 보증하시며, 그 말씀이 참이 되기를 원하시고 또 그렇게 만드실 것임을 말하신다. "만물이 그로 말미암아 생겨났다."(요 1:3)에 대한 루터의 해석이 사실상 여기서 창세기 1:3f.의 내적 도달영역의 완전한 이해를 위하여 주목되어야 한다: "이러한 방식으로 성 요한은 보이지 않는 하나님의 형상이신 하나님의 아들이 창조되거나 만들어지지 않았다는 사실을 지시하고 강력하게 입증한다. 세계가 있기 전에, 모든 피조물들과 천사들조차도 창조되기 전에, 그 모든 것이 시작되기도 전에, 그때 대화(Gesprech) 혹은 말씀은 하나님 곁에 계셨으며, 그리고 이것의 결과로서, 하나님의 그 말씀 혹은 대화를 통하여 만물이 창조되었으며, 그 말씀이 없이 지어진 것은 아무것도 없다. 이 말씀 혹은 대화는 세계의 창조로부터 그리스도께서 탄생하셔서 인간이 되시기 전 거의 4천 년 동안을 계셨으며, 더 나아가 영원 전부터 아버지의 품에 계셨다. 사태가 이러하다면 그 말씀은 창조되고 만들어진 모든 것보다 더 높고 더 큰 것이 틀림없으며, 다시 말하여: 그 말씀은 하나님 자신이어야 하며, 왜냐하면 창조자 하나님 밖의 모든 것은 창조되었기 때문이며—모든 피조물, 천사들, 하늘, 땅, 인간, 그리고 모든 생물들도 그러하기 때문이다. 이제 요한은 말한다; 태초에 하나님께서 그 모든 것을 창조하셨을 때, 말씀은 이미 있었으며, 그것의 존재를 갖고 있었다. 요한은 하나님께서 말씀을 창조하셨

다거나 혹은 말씀이 생성되었다고 말하지 않으며, 오히려 말씀은 이미 있었다고 말한다. 이것은 결과는 다음과 같다: 말씀은 창조되지도, 만들어지지도 않았으며, 어떤 피조물도 아니며, 오히려 (즉시 본문에서 뒤따라오듯이) 만물이 바로 그 말씀을 통하여 만들어졌으며, 그렇기 때문에 그 말씀은 하나님이어야 한다; 그러므로 우리는 말씀이 모든 피조물 이전에 있었다는 것을 원칙으로 규정하여야 한다. 예수 그리스도의 신적 본질 안에서 그분이 영원하신 아버지의 말씀이라고 말하는 것은 우리 주님 및 구원자 예수 그리스도의 신적 본성 및 존엄성에 관하여 대단히 고매한 방식으로 말하기 시작하는 것이 된다. 이제 다음에는 어떤 의심도 없으며, 이성은 다음을 잘 결론 내릴 수 있다: 말씀이 태초에, 만물이 시작되기도 전에 계셨다면, 이것의 결과는 바로 그 동일한 말씀이 하나님이라는 것이 된다; 왜냐하면 이성은 다음을 잘 구분할 수 있기 때문이다: 말하자면 만일 어떤 것이 존재하고, 세계와 모든 피조물의 창조 이전에 그것의 존재를 갖는다면, 그것은 하나님임이 틀림없다; 왜냐하면 피조물 밖에서 우리는 오직 창조자만을 말할 수 있기 때문이다; 왜냐하면 모든 존재하는 것은 창조자 자신이거나 혹은 그분이 만드신 것이며, 하나님이거나 혹은 피조물이기 때문이다. 이제 성령께서는 성 요한을 통하여 말씀하시고, 증거하신다: '태초에 말씀이 계셨다.' 등; '만물이 그 말씀을 통하여 지어졌다.' 등. 그러므로 말씀은 피조물 사이에서 헤아려질 수 없으며, 오히려 그것의 영원한 존재를 신성 안에 갖는다; 그리고 이것으로부터 극복될 수 없이 및 논박될 수 없이 다음 결과가 나온다: 그 말씀은 하나님이시다. 이것은 또한 성 요한도 또한 결론을 내린 것이다."(요 1-2장 주석 1537/38, W. A. 46, 547, 29)

(창 1:3-5) 하나님의 첫째 피조물 및 그분의 말씀의 첫째 사역은 어둠으로부터의 **분리**(Scheidung) 안에 있는 **빛**이다. 오직 빛으로부터 **분리**(Geschiedenheit)됨으로써 또한 **어둠**도 창조된 셈이며, 또한 그것도 하나님의 피조물이다. 여기서는 자연적인 빛과 자연적인 어둠이 말해지고 있다. 그러나 그것은 하나님으로부터 배척된 및 그렇기 때문에 지나간 현실성의 선포자로서의 자연적 어둠이며, 이것과 반대되는 하나님의 의지의 알림(Kundgabe)으로서의 자연적 빛이다. 바로 자연적 빛 그 자체에는 반박될 수 없이 및 취소될 수 없이 공표된, 생명의 통고이며, 그렇기 때문에 부정적으로는: 하나님께선 원하시지 않은, 그래서 창조하시지 않은 더 다른 현실성에 대한 승리, 그 현실성의 분리 및 추방을 뜻한다. 빛이 이러한 기능을 갖기 때문에, 빛이 이러한 통고(Ankündigung)이기 때문에, 그것을 하나님에 의하여 낮이라고 말해진다. 하나님의 말씀을 통하여 빛이 생겨남으로써, 바로 이 **통고**가 등장함으로써, 첫째 날이 성취되며, 시간과 시간 안의 우주가 시작된다. 바로 그렇게 시간은 계속 진행한다. 하나님의 모든 사역들은 낮에, 즉 빛 안에서 발생하며, **어둠** 안에서 발생하지 **않는다**. "어둠 속에 있음"은: 저 배척된 및 지나간 현실성을 현재 및 미래로 선포하는 표징 안에, 즉 기만의 표징 안에 있음을 뜻하게 된다. 또한 이 표징도—그것의 전적인 **비-중요성** 안에서, 그러나 또한 그것의 빛으로부터의 미리 앞선 **분리** 안에서, 빛에 대한 그것의 전적인 **예속성** 안에서—하나님에 의하여 창조되었다. 하나님의 어떤 사역도 그러한 표징 안에서

발생하지는 않는다. 그러한 현실성은, 어둠과 기만에도 불구하고 빛이 한 번 생겨난 이후에는, 결코 오늘이, 결코 내일이 될 수 없으며, 그러한 현실성은 언제나 다만 **어제 있었을 뿐**(gestern gewesen)이게 된다. 왜냐하면 빛은 빛을 비추기를 그치지 않기 때문이다. 그것은 하나님의 첫째 사역이었으며, 첫째 날은 그렇게 시작되었고, 그렇게 완성되었으며, 그날에 다른 날들은 오직 동일한 빛의 날들로서 마찬가지로 다만 빛의 어둠으로부터의 **분리**의, 빛을 통한 어둠의 **부정**의 날들로서 뒤따라올 수 있을 뿐이다. 그렇게 시간의 시작은 발생하였으며, 하나님의 창조로서의 시간의 내용은 모든 경우에 오직 빛의 사역들 안에, 저 통고의 반복들 안에, 현재 및 미래적 우주의 (지나간 카오스로부터의) 저 밝은 구분의 통고의 반복 안에, 그 구분의 확증 안에, 그러한 시대(Aeon)의 전환의 언제나 새로운 공시(Anzeige) 안에 놓여 있을 수 있다. 하나님의 사역 중 어떤 것도 그러한 구분의 배후로 되돌아갈 수 없다. 이 사역 중 그 어떤 것으로부터도 하나님께서 자신의 피조물에 대한 긍휼 안에서 외면하신 저 현실성을 다시 향할 어떤 필연성 혹은 권리가 생겨나지 않는다. 그 사역들 중 그 어떤 것도 어둠의 선포에 정당성을 부여하지 않으며, 어떤 것도 그중 어떤 것도 어둠의 선포가 불의하다는 '사실 증명'이 아닌 다른 어떤 것이 되지 않는다. 그리고 빛이 창조된 바로 이 첫날이 위치해 있는 일련의 날들 중 그 어떤 날도 신적이지 않은 및 하나님께 거역하는 어떤 날이 당연히 및 마땅히 될 수 없으며, 타락과 재앙의 날도 될 수 없다. **창조**로부터 피조물 전체는, 그리고 창조의 주간의 첫날로부터 모든 시간은 유일회적으로 발생한 (빛의 어둠으로부터의) **분리**에 참여한다; 그 분리는 유일회적으로 시작되었으며, 더 이상 철회될 수 없으며, 오히려 다만 빛을 통하여 계속되는 어둠의 부정일 뿐이다. 하나님에 의하여 창조된 우주 그 자체는 빛 안에서 존재한다. 곧 해, 달, 별들이 창조될 때, 그것들도 피조된 눈들에게 빛을 매개하는 데에 봉사해야 한다. 그리고 곧 피조적 눈이 창조되어 열리게 될 때, 그것은 빛과 빛 안의 우주를 보게 될 것이다. 그리고 빛은 그것들에게, 옛것은 지나갔다고 통고할 것이다. 이 사실에 대하여 어둠은 아무것도 변경하지 못할 것이며, 밤 즉 하나님의 의지 및 질서에 따라 모든 날들의 경계선이 밤의 이름 아래서도 변경하지 못할 것이다. 빛을 창조하신 바로 그 하나님께서 그것들에게 이러한 이름과 이러한 입지를 부여하셨다. 그렇게 하여 다음이 마련되었다: 그것들의 선포는 어떤 권위나 결과도 갖지 못하며, 어떤 권세도 획득하지 못하며, 어떤 대립되는 날도, 어떤 고유한 시간도, 어떤 둘째의, 다른 세계도 근거하지 못한다. 우리는 주목한다: 하나님의 **말씀**이 빛을 창조하셨다. 그러나 빛 자체가 하나님인 것은 아니며, 오히려 그것은 피조물이며, 다른 모든 피조물과 마찬가지로 종속적이고, 위협당하고, 소멸적이다. 그러므로 빛도 자신의 고유한 권세를 갖지는 않으며, 오히려 오직 하나님의 말씀으로부터 살아간다. 그래서 빛도 하나님께서 그분의 말씀에 보증하시는 그 신실함을 필요로 한다. 그래서 빛을 통한 코스모스(우주)의 카오스(혼돈)로부터의 구분도 하나님의 말씀에 달려 있다. 어둠의 돌입은, 유일한 두려운 '날의 반대'(Gegen-Tag)는, 기만의 날은, 만일 빛이 더 이상 빛이 아니라면, 그것을 **생성시킨** 동일한 능력에 의하여 승리하는 진리가 되지 않는다면, 불가피할 것이다. 그리고 우리는 계속해서 주목한다: 빛을 선하다고 보셨던 분이 바로 하나님이셨다. 그렇기 때문에 빛 자체는 어떤 고유한 가치와 거룩성도 갖지 않는다. 그렇기 때문에 빛은 오직 하나님의 눈 안에서 그리고 하나님의 판결 안에서만 가치 있고 거룩하다. 그렇기 때문에 낮은, 오직 하나님께서 빛에게 바로 그러한 낮이라는 이름을 주셨기 때문에 낮이며, 재앙이 아닌 구원의 올바르고 현실적인 시간이다. 세계 안에서 일어나는 모든 승리, 분리, 배척과 추방이 세계를 코스모스로 만들며, 그것을 현실적으로 카오스로부터 구분하는 것이 아니라, 오히려 오직: 하나님에 의하여 그분의 말씀을 통하여 창조된, 그리고 창조되었을 뿐만 아니라, 또한 선하다고 보신 및 선하다고 부르신 빛이 그렇게 만들고 구분한다. 모든 것은 빛이 바로 그렇게 선하다는 사실에 달려 있다. 그러나 바로 그러한 선한 것으로서의 빛은 피조세계 전체 안에 빛 그것에 대하여 수립된 (신적 은혜의 계약의, 또 신실하심의) 표징이다; 하나님께서는, 피조물의 죄와 타락에 반대하여, 죽음(피조물은 자기 자신을 죽음에 팔아버렸다.)에 반대하여, 그 죽음과 함께 문이 열리려고 하는 지옥에 반대하여, 피조물의 편에서 서시고 그 신실하심을 보증하시기를 원하신다. 어둠 속에서 등장하는 및 어둠을 극복하는 빛은 피조된 자연의 원칙으로서 그 자체가 약속이며, 그러한 자연이 그 자신에게 내맡겨져 있지 않다는, 그 자연이 하나님의 은혜와의 만남을 향하여 마주 나아간다는 약속이다. 빛은 자연의 한가운데에서 은혜의 계시의 모범이다. 빛의 창조와 함께 이미 하나님의 선하신 뜻의 이전에는 은폐되었던 결정의 드러남이 사건이 되었다. 하나님께서 이 첫째 사역과 함께 말씀하신다면, 그 사역이 발생한 동시에, 하나님께서 첫째 사역의 발생 안에서 자기 자신을 증거하시는 동시에, 하나님께서는 피조물에게 그분의 '예'(긍정)를 말씀하신다. 하나님께서는 빛의 창조자로서 그분의 고유하신 영예를 선포하심으로써, 바로 피조물을 가장 설득력 있게(beredtest) 피조물을 자신에게로 수용하신다. 아직 그 모든 것을 감사하면서 인시할 수 있는 어떤 눈도, 귀도, 마음도 그곳에는 없다. 아직 그 모든 것을 통하여 조명되고, 기뻐하고, 믿음으로 부르심을 받는 그 어떤 것도 없다. 아직 그 모든 것이 말해지고 또 그분의 선포자가 될 수 있는 어떤 증인도 없다. 계시의 모범(Vorbild) 이상의 그 어떤 것은 그곳에 확실히 발견될 수 없다. 그러나 계시의 모범은 확실하다: 계시는, 그것이 도래하였을 때, 아무리 새롭다고 해도, 그러나 그것은 절대적 새로움은 아니다. 계시는, 그것의 시간이 현존할 때, (창조가 빛과 함께 시작되고 빛 안에서 완성되기 때문에 참이 되어야 하는) 그것을 참이 되도록 만든다; 그것을 위하여 피조물 전체는 (첫째 피조물이 빛이라는 사실을 통하여) 예비되고 규정되었다; 즉 계시는 주님의 인식을 근거한다. 빛은 처음부터 바로 이러한 사건의, 주님의 인식의 모범, 표징, 통고 등이었다.

우리는 창세기 1:3-5의 설명에 있어서 확실하게도 야콥(B. Jacob)과 함께 다음의 통찰로써 시작해야만 한다: 이러한 창조의 첫째 사역은 모든 관점에서 다른 모든 사역들로부터 **구분된다**. 성서가 창조로 이해하는 것은 이 구절들 안에서는 이후에 계속되는 구절들의 경우 결코 그렇지 않은 방식으로 채색되었다는 사실이 예로부터 주목되어 왔다. 오직 여기서만 다음이 보여진다: 하나님께서는 그 창조적 말씀하심 이전에는 전적으로 **홀로** 계셨으며, 그 다음에, 그러하신 말씀하심 이후에는, **더 이상 홀로** 계시지 **않으며**, 오히려 한 타자를, 바로 그 하나를, 즉 빛을 다른 모든 것들에 대한, 피조성 전체에 대한 표징으로서 자신의 앞에, 곁에, 사이에 두셨다. 오직 여기서만 명령이 그 실행에 대하여, 그 실행은 명령에 대하여 대단히 언어적으로 그렇게도 풍부한 의미로서 서로 마주 대한다: "**하나님께서 말씀하셨다: 빛이 있으라! 그리고 빛이 있었다!**" 그리고 바로 이 빛의 생성이 어떠한 고유한 특성을 갖는가 하는 것은 오직 여기서만 배울 수 있고, 다른 어떤 곳에서도 배울 수 없다. 그리고 오직 빛에 대해서만 (피조물의 경계선을 다치지 않고서도, 또한 그 피조물의 존재 및 본질이 다른 모든 것에 대하여 스스로 뚜렷하게 구별하는 것을 바르게 평가하는 가운데) 시편 104:1f.의 [또한 이곳에서도 전체의 정점에 서면서] 말하는 것이 말해질 수 있다: "주님은 더 없이 위대하십니다. 권위와 위엄이 당신의 의복입니다. 주님은 빛을 옷처럼 걸치시는 분이십니다. …" 우리가 이것으로부터 이란적인 및 특별히 조로아스터적인 종교 및 신화론 안에서의 잘 알려진 빛의 역할을 생각한다면, 그때 우리는 다음을 간과할 수가 없다: 거기서는 어떤 신성 및 신적 기능에 대해서 말해지면, 우선적으로 바로 어둠에 대한 빛의 투쟁에 대해서는 말해지지 **않는다**. 창조되지 않은 빛, 즉 하나님 자신과 그분의 말씀은 그분에 의한 창조가 여기서 말해지는 빛과는 서로 다르다. "있으라! ─그리고 있었다"라는 진술형식으로써 여기서 발생하는 것은 저 유출(Emanation)과는 구분되며, 이 사건을 근거로 하여 하나님께 대하여 현존하는 그것(빛)은 하나님과 동등하는 본질과는 명확하게 구분된다: "빛으로부터의 빛"(φῶς ἐκ φωτός)은 니케아-콘스탄티노플 신조에 따르면 하나님의 아들이시다. 여기서 말해지는 빛은 하나님의 첫째의 가장 특징적인 사역으로서의 그것의 전적인 고매함 안에서도 하나님의 아들과는 전혀 동등하지 않으며, 신적이지 않다. 하나님과 그 빛 사이에는 권능의 말씀으로서 말해진 "있으라!"(Fiat!)가 서 있다; 빛은 그것의 현존재와 본질을 그 말씀의 은혜를 입고 있다. 그리고 빛의 모든 뛰어난 특성들의 자랑은 오직 하나님께서 그것을 좋다고 보셨다는 사실에 근거한다. 또한 빛이 어둠과 대립 안에 있고 그 안에서 작용한다면, 다음이 숙고되어야 한다: **빛**과 어둠이 아니라, 오히려 **하나님**과 어둠이, 다시 말하여 그분의 '창조자 의지' 및 그것을 통하여 배척된 것이 진정한, 근원적인 대립을 형성한다; 창조된 빛은 그 다음에 비로소 그 대립 안으로, 그것도 봉사하면서: 신적 '창조자 의지'에 상응하고 굴복하면서 등장한다. 빛이 (스스로 및 자기 자신으로부터) 자신을 어둠과 구분하는 것이 아니라, 오히려 하나님 자신이 및 하나님 자신으로부터 그렇게 구분하신다. 하나님께서 빛에게 그 본성을 수여하시는 것처럼, 또한 하나님께서는 빛을 그것에 주어진 본성 안에서 및 그 본성과 함께 저 대립 안에 위치시키신다. 마찬가지로 5절에서 언급되는 낮의 구성적 원칙으로서의 그것(빛)의 중요성도 어떤 경우에도 빛 그 자체에 내재해 있지 않으며, 오히려 그것의 이름을 "낮"이라고 아시고 공표하시는 분은, 그것에게 그러한 이름을 주시고 또 그 이름으로써 이제 또한 (낮의 원칙으로서의) 그것의 특별한 본질을 주시는 분은 하나님이시다. 이와 같이 이 빛을 어떤 '빛-신'과 혼동하는 것은 한 요점 또 한 요점에 따라 뿌리에서 전적으로 불가능해진다. 이러한 제한 안에서라면 이제 물론 바로 그 첫째 피조물의 명예는 아무리 크게 평가되어도 지나치지 않는다. 다음은 물론 참이다: 빛은 하나님께서 가장 가까이 신뢰하는 것처럼, 하나님 곁에 거한다.(단 2:22) 우리는 다음도 생각하게 된다: 빛의 개념은 요한복음 서론 안에서 [이것도 또한 그 밖에서 창 1장과의 완전한 관계 안에서] 또한 그 밖의 요한적 문서 안에서 신적 계시의 개념의 직접적인 표징(signum)을 형성한다. 우리는 그러나 또한 고린도후서 4:6에 관하여 말해야만 한다: 이 구절은 창세기 1:3의 빛과의 병행으로써, 사도적 직무 안에서 수립된 "그리스도의 얼굴 안에 있는 하나님의 영광을 아는 빛"이라는 (저 구약성서의 구절에 대한) 가장 순수한 이해를 드러내고 매개한다. 왜냐하면 '우주 한가운데에서의 하나님 자신의 표징 및 증거' – 바로 이것이 암묵적으로 하나님에 의하여 창조된 빛 그 자체이며, 그 후에는 명시적으로 저 직무이기 때문이다. 하나님께서 빛을 창조하심으로써, 그분은 이러한 표징을 수립하시며, 그분은 그것의 증인을 요청하신다. 이제 — 다만 몇 가지만 열거하자면 — 시편 119:105가 하나님의 말씀을, 잠언 6:23이 율법을, 이사야 42:6이 이스라엘을, 요한복음 5:35가 세례 요한을, 고린도후서 4:4가 복음을 각각 빛이라고 부를 때, 또 예수께서 요한복음 8:12, 9:5에서 자기 자신을, 그리고 마태복음 5:14에서 그분의 제자들을 세상의 빛이라고 말씀하실 때, 또 베드로전서 2:9이 그리스도인들 각각의 부르심을 "여러분을 어둠에서 불러내어 자기의 놀라운 빛 가운데로 인도하심"이라고 서술할 때, 데살로니가전서 5:5, 에베소서 5:9, 요한복음 12:36 등이 그리스도인들 그 자체를 "빛의 자녀들", 다시 말하여 빛을 지니고 운반하는 자들이라고 부를 때, 시편 36:10이 "당신의 빛 안에서 우리가 빛을 봅니다."라고 말할 때, 이것은 철두철미 어떤 단순한 표상적 진술이나 비유들이 아니며, 오히려 이미 창세기 1:3에서 빛의 창조, 존재 및 기능에 대하여 말하는 그 의미의 최고로 정확한 재현이다. 신적 '창조자 의지'가 빛의 창조와 함께 **발생**하기 시작함으로써, 그 의지는 또한 즉시 **공개**되기 시작한다. 하나님께서 이러한 세 구절(*창 1:3-5) 이후에 행하셨던 것을 **행하심**으로써, 그분은 동시에 그분이 **원하시는 것**이 무엇인지를 말씀하신다: 빛의 창조 및 그 밖의 다른 모든 것의 창조와 함께 그것을 말씀하신다. 빛의 어둠으로부터의 분리 안에서, 빛을 낮이라고 부르는 것 안에서, 그래서 (시간의 단위로서의 낮의 구성 및 그것과 함께 시간 그 자체의 구성 안에서, 빛의 창조의 범위는 계속해서 가시화된다. 그러므로 빛이 창조되었을 때, 그것은 하나님께서 원하시는 역사의 (유일회적으로 수립된) **법칙**이다. 바로 이 피조물의 역사의 법칙이 선포되고 인식되는 곳에서, 그래서 계시가 객관적 및 주관적 개념의 의미에서 발생하는 곳에서, 그곳에서 창세기 1:3이 말하는 하나님에 의하여 창조된 빛의 봉사가 발생하며, 그곳에서 빛과 빛의 사역에 대하여 유형적 및 과장적으로가 아니라, 오히려 최고로 본래적으로 및 현실적으로 말해질 수 있고 또 말해져야 한다.

빛은 창조보고에 따르면 다른 모든 빛의 물체들 및 빛의 전달자들보다 **앞서서** 창조되었다. 현대적 자연인식에게만 부딪치는 것이 아닌 저 거치는 것은 명백하다: 너무 명백해서 아무리 진지하게 취급해도 지나치지 않는다. 그 거치는 것은 혹시 가장 최근의 물리학에 대해서는 사람들이 이전에 겪었던 것과 같은 동일한 중요성을 갖는가? 빛을 독립적인 실체로, 어떤 미세한, 그러나 장소에 위치시킬 수 있는 및 무게를 잴 수 있는 물질로 여겼던 고대 자연과학의 단순성(Gunkel)으로써 이 문제는 어쨌든 설명될 수가 없다: 여기서 이 사가의 언어 안에서 이 진술을 수행하는 증인은, 자연과학과 함께 혹은 자연과학 없이, 자연과학과의 모순 혹은 일치 안에서, 그가 **신학적으로** 말하고자 하는 것을 대단히 잘 알고 있었다. 그의 서술은 바로 이 지점에서 모든 및 각각의 태양 숭배 및 천체 숭배에 대한 공공연한 항의이다. 우리는 여기서 예를 들어 아무리 찬양해도 지나치지 않는다는 천체 태양의 높음과 신성의 가치에 관련된 깊이 뿌리를 내린 전통을 지녔던 고대 이집트인의 귀와 함께 여기서 시도되는 그 역전된 도달 영역을 측정하기 위하여 그 증인의 서술을 읽어야 한다: 즉 빛이 태양보다 **앞서서**, 모든 천체들보다 **앞서서** 있다! 그러나 근동의 종교들 중 그 어떤 것이 이와 모순되지 **않겠는가**! 왜 이러한 (*성서적) 직관은 빛에 대한 저 소박한—혹은 오늘의 견해에 따르면 아마도 그렇게 전적으로 소박하지만은 않은—고대의 직관을, 만일 그것이 현실적으로 일반적인 것이었다면, 사용하지 않았는가? 왜 오직 이스라엘에게만 그러했는가? 이것은 우리가 다음에 주목할 때 잘 이해된다: 빛의 직관 및 개념은 여기서 **강렬하게도** 그것이 신적 계시의 표징 및 증거이며, 신적 **말씀**에 대한 **첫째의** 및 **가장 본래적인** 상응이라는 사실을 통하여 특별하게 구분된다. 하나님의 말씀과 이러한 일차적인 및 근본적인 관계 안에 서 있는 것은, 그것(빛)이 하나님의 말씀을 통하여 창조되었을 뿐만 아니라, 오히려 즉시 또한 그 말씀에 봉사하도록, 그 말씀의 증인과 표징으로 창조된 그것은, 해, 달, 별 등의 존재에 예속될 수 없으며, 그것은 그것들의 창조보다 앞서야 하며, 그것에 대해서 해, 달, 별들은 오직 보조적 역할만 할 수 있으며, 그것도 그것들에게 그것(빛)의 충만으로부터 빛이 수여됨으로써—그것들이 그 빛의 전달자들 및 대변자들이, 그래서 이차적 서열의 증인들 및 표징들이 되는 방식으로써, 그 역할을 행할 수 있다. 그것들이 창세기 37:9f.에 따르면 요셉의 저 꿈에 의하여 부정되어야만 하는 것처럼, 그것들은 모든 창조된 것들 중의 첫째에게, 빛에게, 시초부터 그러한 관계 안에 있다. 이에 더하여 그 다음에 또 하나의 **외연적인**(extensive) 특별한 표징이 다가온다. 성서가 빛에 대하여 말할 때, 그때 성서는 한 사건을 의미한다: 그 사건은 태양과 천체들의 조명들을 포괄하고 자체 안에 포함하지만, 그러나 어떤 경우에도 저것들의 조명 안에서 소진되지 않으며, 또 그 사건은 그것들의 존재 및 기능에 예속되지도 않는다. 태양과 달은 마가복음 13:24에 따르면 그것들의 광채를 언젠가는 잃게 될 것이며, 별들도 하늘로부터 떨어질 것이다. 그 다음에는 어떻게 되는가? 그때 어떤 빛도 없으면 어떻게 되는가? 그때에는 예를 들어 창세기 1:2의 어둠이 말씀을 사로잡고 유지하게 될 것인가? 아니다.—이사야 60장이 여기서 주목되어야 한다: 그곳에서는 미래의 시온의 영광을 서술하는 중에 바로 그 시온에게 일어나서 빛이 되라고 말해지면서—"너의 빛이 다가오며, 주님의 영광이 아침 해처럼 너에게 떠올랐다."(1절)—마지막으로(19f.) 말해진다: "해는 더 이상 낮을 밝히는 빛이 아니며, 달도 더 이상 밤을 밝히는 빛이 아닐 것이다. 오직 주님께서 너의 영원한 빛이 되시고, 하나님께서 너의 영광이 되실 것이다. 다시는 너의 해가 지지 않으며, 다시는 너의 달이 이지러지지 않을 것이다. 왜냐하면 주님께서 몸소 너의 영원한 빛이 되시며 … 때가 되면 나 주가 이 일을 지체 없이 이루겠다." 이 직관은 그 다음에 요한계시록 21:23f., 22:5에서 저 도시의 상 안에서 수용된다: "그 도성에는 해나 달이 빛을 비출 필요가 없습니다. 그것은 하나님의 영광이 그 도성을 밝혀주며, 어린양이 그 도성의 등불이시기 때문입니다. 민족들이 그 빛 가운데로 다닐 것이요 … 그 도성에는 밤이 없으므로 온종일 대문을 닫지 않을 것입니다. … 다시는 밤이 없고, 등불이나 햇빛이 필요 없습니다. 그것은 주 하나님께서 그들을 비추시기 때문입니다." 어떤 피조된 빛이 전혀 존재하지 않는 것이 아니라, 오히려 하나님께서 자신의 고유하신 조명으로써 우리에게 알려진 피조된 조명들의 위치 및 기능에 서실 것이며, 하나님 자신이 그분의 고유하신 증인이, 그분의 고유한 표징이, 그러한 한도에서 그분 자신이 피조된 빛이—비록 그분이 누구도 가까이할 수 없는 저 빛 안에서 거하시지만, 그리고 거하심으로써—되실 것이다; 바로 이것을 그 직관은 말하며, 그것으로써 빛을 그러한 측면에서 우리에게 알려진 모든 발광체의 존재로부터 독립적으로 만든다. 참으로 모든 시대의 모든 태양 숭배자들이 **유일무이한** 빛이라고 여기는 그것 "이상의 빛"이 존재하게 될 것이다!

그리고 이제 빛에 대하여 다음이 또한 말해진다: 하나님께서 보시기에 그 빛은 **좋았다**. 이것에 이어서 즉시 어둠의 존재에 대해서도 언급된다. 어둠에 대해서는 하나님께서 그것을 창조하셨다고 말해지지도 않는 것처럼, 또한 하나님께서 보시기에 좋았다고도 말해지지 않는다. 빛에 대해서, 오직 빛에 대해서만, 어둠으로부터 분리 이후에 지속되는 빛에 대해서만 그것은 말해질 수 있다. 그리고 그 이후에 동일한 것이 또한 하나님의 다른 사역들에 대해서도 말해질 때, 그때 이러한 첫째 사역으로부터 다른 모든 것이 어둠의 사역이 아니라 빛의 사역들로, 밤의 사역이 아니라 낮의 사역들로 특징지어지며, 그래서 그것들의 좋음은 하나님께서 여기서, 그분의 사역의 그러한 처음의 것 안에서 발견하고 보셨던 좋음에 반드시 상응하는 것이어야만 한다. 그러나: "**하나님께서 보시기에 그 빛이 좋았다.**"는 무엇을 뜻하는가? 궁켈은 이 말씀 및 그것의 그 이후의 병행들에 대하여 다음과 같이 주석하였다: "창조의 도취적 열정이 지나갔을 때, 자신의 작품을 비판적으로 조사하는 어떤 예술가와도 같이 하나님께서는 모든 창조를 추가적으로 바라보시며, 그것들이 되어진 상태를 검사하신다; 그리고 그분은 모든 것이 선하고 아름답다고 발견하신다: 그 작품은 성취되었다. ⋯ 세계에 대한 하나님의 판결과 같이 자연스럽게 또한 화자의 판결도 그러하다: 세계는 좋았다. 환호의 찬양 안에서 옛 이스라엘은 세계 창조자의 지혜와 선하심을 노래한다. 이에 대하여 후기 유대교는 전적으로 다르게 생각하였다: 세계는 악함 안에 놓여 있다." 존경과 함께 그러나 우리는 말해야 한다: 여기서 궁켈의 모든 각각의 말은 적절하지 못하다. 어떤 도래했다가 다시 사라지는 창조의 도취적 열정이라는 것은 '그리고 하나님께서 말씀하셨다.'(wajjomer)에 전적으로 홀로 근거하는 진행과정에는 의미 깊은 방식으로써는 결코 말해질 수 없다. 하나님께서 빛을 보셨다는 것은 하나님께서 추가적으로 비판적으로 조사하셨다는 사실을 참으로 함축하지 않는다. 그곳에 놓여 있는 것은 오히려 다음이다: "하나님께서 빛을 보셨으며, 그 빛은 보시기에 좋았다"; 다시 말하여(B. Jacob이 올바로 서술하는 것처럼) '그것은 얼마나 아름다웠는가!'이다. 그것이 하나님의 말씀을 통하여 창조되었기 때문에 좋았다는 것은 자명하다. 그러나 다음은: 하나님께서 빛을—하나님의 고유하신 선하심(*좋으심)으로부터 어쨌든 구분되는 어떤 좋음을—좋다고 보셨고 유효하게 하셨다든가, 하나님께서 하나님 자신의 고유하신 선하심의 밖에 있는 어떤 좋음을 좋다고 승인하셨다든가, 그러한 어떤 것이 하나님의 마음에 드는 대상일 수 있다든가 하는 것은, 철두철미 자명하지 않다. 하나님 자신 밖에 있는 어떤 것도, 하나님 자신이 창조하신, 즉 선하게 창조하신 것 외에 그 어떤 것도 (그것 자체로부터 및 그것 자체를 통하여) 그러한 마음에 드는 대상의 주장 및 권한을 갖지 않으며, 최종적으로, 본래적 진리 안에서 좋다고 말해질 수 있는 주장 및 권한도 갖지 못한다. "어찌하여 너는 나를 선하다고 하느냐? 하나님 한 분밖에는 선한 분이 없다."(막 10:18) 마치 어떤 자가 혹은 어떤 것이 하나님 자신에 의하여 선하다고(좋다고) 발견되어진 것처럼! 어떤 것이 그렇게 발견된다면 그것은 언제나 하나님의 발견일 뿐이다; 하나님의 자유는 그 해당하는 것을 좋게 창조하심으로써도 지양되지 않고 감소되지도 않는다. 하나님께서 어떤 것을 창조하셨기 때문에 그것이 좋다는 것은, 그것에게 어떤 단순히 내재하는, 하나님의 발견을 더 이상 필요로 하지 않는 좋음이 수여되었다거나 혹은 고유한 속성이 되었다는 것을 뜻하지는 않는다. 그것이 '**좋게 되는 것**'(Gutwerden)이 하나님의 **창조**의 일인 것처럼, 또한 그것의 '**좋은 존재**'(Gutsein)도 하나님의 '**보심**'(Sehen)의 일이다. 바로 이 '보심'이 **은혜**이다. 하나님께서 보시기 위해서 예를 들어 피조된 빛이 필요한 것은 아니다. 그리고 마찬가지로 하나님께서는 그것이 얼마나 좋은가를 보시기 위하여 그분의 고유하신 선하심 및 그 선함의 진리의 능력 안에서 그것을 보시는 것은 아니다. 오히려 아무런 의무도 없는 및 아무런 줄 가치도 없는 은총의 자유 안에서 하나님께서는 빛에게, 그리고 그 이후에는 모든 다른 사역들에게 그분의 '호의'를 **수여하시며**, 하나님께서는 그 모든 사역들이 — 이제 참으로 **그것들**은 하나님 자신으로부터 **구분**되면서 — 그분의 창조적 의지 및 행동의 선하심에 상응하는 것을 발견하신다. 왜냐하면 그것은 오직 이러한 맥락 안에서만: 하나님의 '창조자 의지'에 상응하여 및 그분의 창조의 행동에 상응할 때에만, 그렇기 때문에 오직 하나님 자신과의 긍정적 관계 안에서만 "좋다"고 말해질 수 있기 때문이다. 이러한 상응의 시작이 창조자의 은혜이며, 그분이 피조물이 좋다고 '보시는 것'이다. 하나님의 이와 같은 "보심"은, 그리고 성서 저자가 이 어법으로써 증거하려고 하는 것은 신적인 및 이제 소위 고대 이스라엘인 낙관주의와는 아무런 관계가 없다; 그러한 낙관론의 "환호의 찬양"은 그 후에는 [예를 들어 리스본 지진 이후의 라이프니츠의 낙관론과도 같이] 마찬가지로 또한 그에 상응하는 비관론에게 자리를 내어줄 수 있다. 왜냐하면 "좋다"고 말해지는 것은 이제 단순히 "멋있고 아름답다"는 것을 뜻하는 것이 아니라, 오히려 명백하게도 즉시 그 뒤에 숙고되는, 빛의 어둠으로부터의 분리와 동시에 관계를 맺기 때문이다. 하나님께서 빛을 — 이것은 그 자체로부터 이해되지 않는다; 왜냐하면 그것은 피조물이며, 오직 피조물에 불과하며, 하나님이 아니기 때문이다. — 그러한 분리의 가치가 있다고 발견하심으로써, 하나님께서는 빛이 좋다고, 다시 말하여 그것이 어떤 것, 말하자면 그분의 증인 및 표징으로서의 존재를 위하여 좋다고 보신다. 빛의 (다른 모든 관찰되는) 특성들 및 장점들은: 우리가 빛 안에서만 볼 수 있다는 것, 빛이 흔히 열을 동반한다는 것, 빛이 동물적 생명의 조건들이 속한다는 것 등등은 많은 주석가들의 관심이기는 했지만, 그러나 여기서의 성서 저자에게는 전혀 관심 밖이었다. 빛이 좋다고 하나님께서 은혜로써 판단하시는 것(Befinden), 바로 이것은 (이후의 구절들에 따르면) 그분이, 하나님께서 빛을 어둠에 대한, 또한 카오스에 대한 국경선으로서 확고하게 생각하신다는 것을 뜻한다.

　하나님께서: "빛이 있으라!"라고 말씀하실 때, 그분은 "어둠도 있으라!"라고 말씀하지 않으신다; 오히려 하나님께서는 그와 같은 어떤 창조 및 그와 같은 어떤 피조물의 가능성을 지나쳐 버리셨으며, 그분은 창세기 1:2의 영역 전체를 뒤로 넘겨 버리셨으며, 그래서 그분은 (저 어리석음, 불의, 기만과 대립되는) 그분의 지혜 및 그것과 함께 모든 지혜의 총괄개념인 것, 그분의 정의 및 그것과 함께 모든 정의의 총괄개념인 것, 그분의 진리 및 또한 모든 진리의 총괄개념인 것을 공개하시고 볼 수 있게 만드셨다; 그 어리석음, 불의, 기만의 부정성은, 하나님께서 빛을 창조하셨고, 어둠을 창조하지 않으셨으며, 하나님께서 빛을 좋다고 보셨으며(보셨기 때문에 좋았으며), 어둠을 그렇게 보지 않으셨다는 사실을 통하여, 결정되었다. "**창조**"는 여기서 그리고 둘째 창조의 사역 안에서, 그러나 셋째 날의 전반부에서 더욱 명확하게 인식되면서: **분리**(Scheiden)를 내포한다. 이러한 분리와 관계되는 것은 그러나 3-5절에서 가장 명확하다; 왜냐하면 빛이, 6-8절에서는 창공이 양쪽 영역의 확고한 경계선을, 혹은 9-10절에서는 다만 두 영역이 서로의 구분성 안에서 그러할 뿐만 아니라, 오히려 경계선으로서 또한 동시에 **경계 짓는 것** 내지는 **경계 지어진 것** 자체이기 때문이다. 빛과 어둠 사이에는, 6-8

절에서의 창공 위의 물과 창공 아래의 물 사이와 같은 어떤 제삼의 것이 없다. 그리고 빛과 어둠은, 9-10절에서의 지상의 대양과 지상의 물과 같이 상대적으로 평화적인 공존 안에 있지도 않다. 오히려 서로를 배제하면서 이쪽은 저쪽과 대립된 **일자**와 **타자**로서 서 있다: 빛은 어둠에 대립하며, 어둠은 빛에 대립한다; 그러나—이러한 양자는 어떤 대칭에도, 어떤 동등함에도 관계되지 않는다.—하나님께서는 좋다고 보신 빛을 어둠으로부터 **분리**시키신다. "어둠 및 밤 안에서 저 원시 상태의 나머지들이 형태 있는 세계 안으로 치솟는다."(Zimmerli) 2절에서 카오스의 술어로 언급된 어둠이 아닌 다른 어떤 것이 명백하게도 여기서 의미되었을 수가 없다; 그렇지 않다면 어둠은 하나님에 의하여 창조된 및 그것의 특성 안에서 하나님에 의하여 선하다고 발견된 것으로 지칭되었을 것이다. 이러한 일이 일어나지 않았기 때문에, 다음은 명백하다: 빛의, 즉 하나님의 선하신 창조의 **반대**는 바로 **카오스**이며—그리고 바로 하나님께서 그 카오스를 지나쳐 버리셨다는 것, 하나님께서 카오스에 대해서는 어떤 '창조자 의지'도, 어떤 창조의 행동도, 어떤 창조의 은혜도 베풀지 않으셨다는 것, 오히려 그 모든 것을 빛에게, **오직** 빛에게만, 베푸셨다는 것이 필연적으로, 통합적으로 (빛의 창조와 함께 시작되는) 창조에 속한다. 창조가 그렇게 시작됨으로써, 하나님의 창조는 동시에 그분의 의지 및 길의 분명한 계시이다. 카오스로부터 및 카오스를 향하여 현실성이 될 수 있는 것은 이러한 신적 창조의 시작을 통하여 어둠으로서 빛으로부터, 하나님께서 원하지 않은 것으로서 그분에 의하여 원해진 것으로부터, 비은혜의 영역으로서 은혜의 영역으로부터, 분리되었다. 오직 하나님의 존엄성 및 높은 통치로부터는 또한 카오스도 물론 분리되지 않았다. 어둠이 빛의 생성에 어떤 저항도 마주 세울 수 없기 때문에, 어둠은 빛이 자신으로부터 분리되는 것을 기꺼이 수용해야만 하기 때문에, 나중에는 빛만이 아니라, 또한 어둠도 하나님으로부터 자신의 이름을 얻고 날의 영역 안에서 또한 그것의 익명적인 장소를 획득하기 때문에, 다음은 충분히 분명하게 말해졌다: 하나님의 권능이 또한 어둠 위에도 펼쳐졌으며, 또한 자신의 방식 안에서 어둠도 하나님께 복종해야 하며, 그래서 어떤 절대적 이원론이란 말이 될 수가 없다. 그렇기 때문에 여기서 "분리한다"(scheiden)는 것은—그러나 원칙적으로는 또한 6f. 및 9f.에서 묘사되는 진행과정들 안에서 똑같이—단순히 떼어 놓고 떨어뜨려 놓는 것이 아니라, 오히려 그것을 넘어서서: **질서를 창조하는 것**을 뜻한다. 분리하는 것은 그와 동시에 어떤 건너갈 수 없는 **경계선**의 수립에 관계된다: 빛과 어둠 사이에서 무엇이 계속해서 발생하더라도, 빛은 결코 어둠이 될 수 없으며, 어둠은 결코 빛이 될 수 없다.—그리고 분리하는 것은 또 저 지양될 수 없는 **위계질서** (Hierarchie)의 수립에 관계된다: 빛은, 그것이 아무리 작고 약한 것이라고 해도, 언제나 어둠을 추방하는 권세를 갖는다.—어둠은, 그것이 아무리 크고 강력하다고 해도, 언제나 빛을 피해가야 하는 무력함일 뿐이다. 빛은 **존재한다**.(ist) 어둠에 대하여 우리는 오직 다음을 말할 수 있을 뿐이다: 어둠은, 빛이 존재함으로써, 빛으로부터 구분됨으로써, 빛으로부터 어둠이라고 지칭되고 판결을 받음으로써, 빛에 저항함으로써, 빛의 반대로서 및 이제는 그럼에도 불구하고 빛에게 봉사하는 (빛의) 배경으로서, **또한** 있다(ist). 어둠은 **현존**하지 않는다(nicht da); 어둠은 다만 (*현존의) **곁에 있을 뿐이다**(nur dabei). 어둠도 물론 어느 정도 독립적으로 존재하고자 한다; 어둠도 그러한 권리 주장을 언제나 또 다시 제기한다; 어둠은 그러나 그 주장을 관철시킬 수가 없다; 어둠은 사실상 언제나 또 다시 투쟁해야만 하는 바로 그것을 위하여 존재해야만 한다. 명백하게도 창조의 위계질서 안에서 생각된 이와 같은 어둠의 위치 및 역할을 바라보면서 욥기 38:19는 빛 **그리고** 어둠의 존재를 하나님의 비밀이라고 지칭하며, 이사야 45:7에서는 또한 어둠에 대하여, 하나님께서 어둠을 "창조하셨다"라고 말해질 수 있고 또 말해져야 했다. 그것은 하나님의 창조의 **반대면**이며, **부정적** 능력이다; 이 측면을 우리는 이미 하나님의 의지로부터 떼어 말할 수 없으며, 이 측면은 그러한 확실히 최고로 두드러지는(bara라는 단어의) 사용 안에서 잘 볼 수 있다. 빛과 어둠의 관계에 대한 큰 유비는 성서적 역사 안에서의 선택된 자들 및 배척된 자들 사이의 관계: 예를 들어 야곱과 에서, 다윗과 사울, 유다와 다른 사도들 사이의 관계이다. 그러나 바로 이러한 유비도 또한 다만 비본래적이고 또 불완전하다. 왜냐하면 이러한 배척된 자들도, 또한 사탄과 마귀들도 하나님의 피조물들이기 때문이며—물론 그것들의 도착성 안에서가 아니라, 오히려 근원적인 은혜(이것이 그들 안에서는 도착되었다.) 안에서 그러하다.—이에 대하여 어둠은, 카오스(이것의 지수[Exponent]가 어둠이다.) 일반은, 하나님의 피조물이 아니다; 이것은 모든 도착된 것들의 도착성이, 모든 배척된 자들의 죄가, 하나님의 피조물이 아닌 것과 마찬가지이다. 그러므로 우리는 빛과 어둠 사이의 관계에 대한 본래적인 및 엄격한 유비를 오직 하나님 자신의 선택된 자 및 배척된 자 사이의 관계 안에서만, 저 영원한 '예'와 '아니오' 사이에서만 볼 수 있다; 그 관계는 하나님께선 자기 자신 안에 및 곁에 머무시는 대신에, 그분의 자유로운 사랑의 '외부를 향한 사역'으로 걸어 나가심으로써, 하나님 자신에 의하여 말씀되어졌다. 하나님께서 우리가 예수 그리스도 안에서 하나의 근원적인 및 근본적인 의지라고, 그분의 모든 길들 및 사역들의 시초라고 (바로 그분 자신 안에서) 인식하는 그것을 행하심으로써, 그분은 또한 저 경계선을 설치하시며, 그분은 또한 저 위계질서를 수립하신다. 이것이 창조사가 저 첫 삼일의 사역들에 대한 보고로써, 그리고 첫째 날에 대한 보고 안에서 뛰어난 방식으로써, 증거하고자 했던 바로 그것이다.

그러나 아직 우리는 이 첫째 사역의 마지막 계기를 그 자체로 평가하지 못하였다. 그 계기는 다음에 놓여 있다: 하나님께서는 빛에게 및 어둠에게 **이름**을 주신다: 빛에게는 "**낮**"이라는 이름을, 어둠에게는 "**밤**"이라는 이름을 주신다; 그리고 또 이러한 '이름부여'는 창조적 능력을 가지며, 말하자면 이러한 지칭에 근거하여 **저녁**이 되고 다시 **아침**이 된다; 그래서 하루가 되며, 그것은 "제 일일"이며, 첫날이다. 우리는 우선 앞선 것을 뒤돌아보면서 이러한 '이름부여'의 **순서**를 주목해야 한다. 빛의 창조 및 어둠으로부터의 빛의 분리의 명명백백한 의미가 관철된다: 2절의 잘못된 이해에 따라 우선적으로 현존하였다거나 혹은 우선 창조된 것으로 오해되는 어둠이 아니라, 오히려 **빛**이 먼저 자신의 이름을 획득한다. 그리고 우리는 이 행위의 창조적 작용의 서술 안에 있는 오인될 수 없는 **뉘앙스**(Nuance; 색조)를 주목해야 한다: 이러한 '이름부여'의 결과로서 첫째 낮과 첫째 밤이 생긴 것이 아니라, 오히려 다만 **첫날**의 생성에만 도달하였다. 또한 그곳에는 어떤 단순한 유사한 상응도 존재하지 않는다. 비록 하나님께서 저쪽에서와 마찬가지로 이쪽에서도 말씀하시고, 창조하시고, 통치하신다고 해도, 다음은 명백하다: 하나님께서는 이쪽 그리고 저쪽에서 전적으로 다르게 행동하시며, 오히려 저 분리, 질서 및 위계질서가 효력을 발생한다. 어떤 인격 혹은 사물의 **이름**은 성서 안에서 우연한 부속표지 혹은 인식표찰을 뜻하는 것이 아니라, 오히려 그 해당되는 자의 본성 및 기능이며, 그리고 그러한 한도에서 그것에 상응하고 그것을 가리키는 본질이다. 이스라엘이 괜히 이스라엘이 아니며, 예수께서도 공연히 예수라고 말해지는 것이 아니다. 유다도 괜히 유다라고 불리지 않는다. 각각은 바로 그 이름이 말하는 바로 그것이며, 바로 그것으로써 존재한다. 이름이 없다는 것, 즉 익명성은 바로 본질이 없음을 뜻한다. 성서 안에서의 이름부여는 그러므로 어떤 부차적인 행위가 아니라, 오히려 결정적인 행위이며, 이것이 명시적으로 숙고되지 않는 곳에서도 또한 그렇게 전제된다. 그렇기 때문에 이름부여(비교. 왕하 23:34, 24:17)는 하나의 통치 행위이며, 그것도 근원적 및 본래적으로 **신적인 통치 행위**(Zimmerli)이다. 비록 사람이 이름을 부여할 때에도[둘째 창조보고의 2:19에서 동물들에게 이름을 부여하는 것이 사람의 일로서 지칭되는 것처럼], 사람은 그것을 하나님의 파견자 및 전권 위임자로서 그렇게 하며, 그러므로 자신의 고유한 절대적 권위 안에서 그렇게 하는 것이 아니다. 이 사실은 다음에서 볼 수 있다: 하늘(8절)의 명칭, 땅과 바다(10절)의 명칭, 그리고 또한 그것의 총체성 안에서의 우주의 명칭도 오직 하나님에 의해서만 행사되는 권리 및 권능의 행위로 서술된다. 우선 빛과 어둠의 명칭이 하나님의, 오직 그분만의 일이다. **하나님**께서 저 피조물이 및 저 피조물이 아닌 것이 어떻게 불려야 할지를, 다시 말하여 어떤 것이 그것의 본질 및 위치와 기능인지를, 말씀하신다. 누구도 이러한 명칭에 있어서 하나님의 자리에 설 수 없다. 오직 그분만이 여기서 심판자이시고 섭정자이시다. 왜냐하면 이러한 이름부여는 양쪽을: 심판의 행위 및 통치의 행위를, 판결 및 처치를 뜻하기 때문이다.

"**하나님께서 빛을 낮이라 부르셨다**(하셨다)." 글자 그대로는: 하나님께서 빛을 낮이라고 호칭하셨으며, 그렇게 언급하셨다. 이 점에서 빛이 하나님 보시기에 좋았다는 사실이 계속 전개되며, 계속해서 작용한다. 어떤 한도에서 및 무엇을 위하여 하나님께서 좋다고 보셨는가 하는 것이 이제 가시화된다. 하나님께서 그분의 은혜 안에서 빛이 낮으로 존재하고 그렇게 불러지는 것이 가치 있고 적합하다고 보셨다. 이것이 하나님의 판단이며, 이 판단이 유효한 처치의 성격을 갖는다는 것이 이제 하나님의 창조적 말씀의 계속되는 내용으로 지칭된다. 성서 저자에 따르면 또한 여기서도 창조에 관계된다. 하나님께서 빛을 낮이라고 부르시기 전에는, 빛에게 그것이 낮이어야 한다는 본질을 귀속시키시기 전에는, 어떤 낮도 없었다. 전적으로 오직 하나님의 추가적 말씀하심을 통하여 날은 생성되었으며, 빛은 낮이 되었다.

마찬가지로 여기서도 **궁켈**의 주석이 언급될 가치가 있다. 그는 'wajjiqra Elohim'(하나님께서 ... 라고 부르셨다.)에 대하여 서술한다: "그곳에서는 당연히 하나님께서 히브리어로 말씀하신다고 생각된다: 히브리어는 본래적 언어이다; 다른 민족들은 본래적으로 '말하지'(reden) 못하며, 다만 '더듬거릴'(stammeln) 뿐이다. 이것은 모든 고대 민족의 소박한 오만이다." 이에 대하여 다음이 언급되어야 한다: 여기서는 물론 자명하게도 하나님께서 히브리어로 말씀하셨다고 전제된다. 히브리인이었던 성서 저자가 하나님을 어떻게 다르게 이해할 수 있었겠는가? 어떻게 한 보통의 정규적 사가가 이와 다른 어떤 전제를 질문했겠는가? 이제 계약의, 계시의, 메시아의 민족으로서의 이스라엘의 실존이 어떤 우연도 아니고, 어떤 자의성도 아니라면, 이스라엘이라는 이름도 그러하다면, 그때 또한 그것의 언어도 그러하지 않겠는가? 그때 하나님에 의하여 날이 ἡμέρα 혹은 dies라고 불러지지 않고, 오히려 앗수르의 ûmu와 유사성 안에서, 그러나 앗수르적으로가 아니라, 오히려 바로 히브리적으로 jom이라고 불려졌다면, 그렇다면 우리는 모든 소위 빈정거리는 겸손 없이 다음을 수용하여야 한다: 하나님께서는 이 문제에 있어서 사실상 히브리어로 말씀하셨으며, 그래서 중국어로 말씀하셨거나 혹은 이해되지 않으셨으며, 그래서 히브리어는 "본래적" 언어가 된다. 그리고 만일 이 문제에 있어서 및 이스라엘의 선택의 맥락 전반에 있어서 충분히 명백하게도 어떤 특수한 이스라엘적 오만이 존재한다면, 비록 그 오만이 모든 고대의 [그리고 현대의!] 민족들의 오만에 대단히 유사하게 보일 수 있다고 해도, 그래도 우리는 다음을 간과해서는 안 된다: 두 가지가 동일한 것을 행한다고 해도, 그 두 가지가 반드시 동일한 것은 아니며, 양쪽의 결과가 서로를 왜곡하는 경우는 더욱 그러하다. 선택된 민족의 '소위' 오만은 다른 어떤 자의적인 국가적 오만과는 최소한 현상적으로라도 구분되어야 한다.

이제 날은 무엇을 뜻하는가? 명백하게도 그 다음에: "저녁이 되고, 아침이 되었다."라는 말로써 생성되는 바로 그것을 뜻한다. 이것이 무엇을 뜻하든지 간에, 다음은 확실하다: 그것은 저녁 및 아침을 통하여 제한되고 지칭되는 것이다. 우리는—여기서 궁켈이 델리취(Delitzsch)에, 또 예레미아스(A. Jeremias)에 대하여 옳았다고 인정하면서—문제의 중심의 이러한 단순한 의미로부터 벗어나서는 안 될 것이다. 시편 90:4처럼 하나님 앞에서는 천년이 하루와 같다는 것은 물론 사실이지만, 그러나 이것이 하나님께서 창세기 1:5에서 철두철미 우리의 날을, 결코 천년의 날이 아니며, 오히려 그 자체로서 24시간인 날을 창조하시고 우리에게 선사하셨다는 사실 중 아무것도 변경하지 않는다. 성서 저자는 이 첫날에 뒤따르는, 하나님의 안식에 이르는 일곱째 날까지의 날들을 틀림없이 바로 그러한 계속되는 날로 이해하였으며, 그리고 우리가 만일 여기서—어떤 호교론적 의도에서, 온갖 종류의 천문학적인 및 지질학적인 수백만 년을 이러한 상 안으로 옮겨 오면서—'날'이라는 분명한 개념의 자리에 어떤 불명확한, 대단히 거대한 시공간을 위치시키려고 한다면, 그때 우리는 그의 상 전체를 다만 불투명하게 만들 뿐이며, 그러한 성서적 상을 어떤 끔찍한 및 현실적으로 거의 가르침을 줄 수 없는 혼동 안으로 옮겨 놓는 셈이 될 뿐이다. 델리취의 논쟁, 즉 그러나 날들에 관해서는, 왜냐하면 시간의 측정기준인 태양이 아직 존재하지 않기 때문에, 최소한 14절에 이르기까지는 언급되지 않았다는 논쟁도 적절하지 못하다. 왜냐하면 우리의 본문이 빛을 태양 이전에 창조된 것으로 말하는 것처럼, 또한 본문은—추측컨대 모든 태양 숭배들에 대한 동일한 주권적인 부정 안에서—빛에게 이름이 주어진 결과로서 저녁과 아침이, 그래서 날이 생성되었다고 말하며, 그래서 하나님께서는 (본문에 따르면) 우리가 저녁이 되고 아침이 되는 원인으로, 즉 날의 현실성의 원인으로 알고 있는 것 혹은 안다고 주장하는 것과는 전혀 무관하게 '날'을 창조하셨다. 델리취가 계속해서 유효하다고 주장하듯이, 우리의 시간이 그것의 원형에, 말하자면 신적인 시간성에 비추어 볼 때, 측정될 수 없다는 것은 물론 참이다. 그러나 우리는 여기서, 이제 막 시작되는, 이제 막 운동하려고 하는 '하나님의 외부를 향한 사역'에 관하여, 그리고 이 맥락 안에서 이제 시간의 단위에 관하여 언급이 되는 곳에서, 그러한 개념을 이제 마찬가지로 저 (*내적인) 신적 현실성 안으로 다시 되돌려 적용하는 권리를 어디서 얻는가? 그러므로 델리취가—또한 그도 일종의 사라의 웃음을 터뜨리면서—'날'이라는 개념의 글자 그대로의 이해를 "유치하고 또 직접적으로는 어리석은 상상"으로써 버려야 하는 카드로 취급해야 하며 그래서 거부할 수 있다고 주장할 때, 그것은 약간 슬픈 일이 아닐 수 없다. 우리는, 우리가 나중에 그것으로써 무엇을 시작할 수 있고 또 무엇을 시작할 수 없는가를 경우에 따라 숙고하기 위하여, 우선 이 사가가 말하고자 하는 그것을 한 지점 또 한 지점씩 침착하게 끝까지 말하도록 하여야 하지 않겠으며, 왜 그렇게 해서는 안 되는가? 이 사가는 바로 이 지점에서 그러나 대단히 주목할 만한 것을 말한다: 그것은 말하자면 하나님께서 또한 시간을, 그것도 **우리의** 시간을—어떤 일반성 안의 시간이 아니라, 현실적인 시간(이것 안에서 각각의 피조물은 현실적으로 살아간다.)을—그리고 구체적으로: 한 **단위**(Einheit)의 시간을, 즉 '날'을, 또 **통합단위**(Zusammenhang)의 시간을, 말하자면 주간을, 창조하셨으며, 그것도 그분이 빛에게 날이라는 이름을 주시는 방식으로써 창조하셨다는 사실이다. **하나님에 의하여 그**

렇게 불러진 **빛**, 그것이 날이며: 여기서는 "일일", 즉 첫째 날이며—그것은 그러나 이러한 첫째 날과 함께 그것의 동류로서 또한 뒤따라오는 모든 날들과의 같은 선상에 있다. "저녁이 되고, 아침이 되었다."는 동일한 진술형식에 의해 이후에 모든 다른 날들의 창조도 [일곱째 날의 주목할 만한 예외와 함께] 지칭된다: 명백하게도 저 다른 날들의 모든 신적인 창조도 암묵적으로는 또한 이러한 첫째 날의 창조의 반복을, 그래서 하나의 새로운 날로부터 그것의 완전수에 이르는 계속되는 시간의 단위를 뜻한다는 견해 안에서, 지칭된다.

하나님께서 빛을 **날**이라고 부르심으로써, **형식적**으로는 다음이 결정된다: 날은, 우리의 시간의 단위(Zeiteinheit)는, 결코 인간적 자의적인 고안이나 구성이 아니며, 오히려 신적 작품 및 설치이며, 그 단위는 물론, 그것이 그 자체로서 피조물에게 주어졌다는 점에서, 피조물의 삶의 공간이지만, 그러나 그것은 근원적 및 본래적으로는 피조물의 소유가 아니며, 오히려 하나님의 소유이며, 그래서 근원적 및 본래적으로는 피조물의 처치가 아니라, 오직 하나님의 처치 아래 있다. 날은 (하나님에 의하여 그분의 은혜의 선하심 안에서 수용된 및 이제는 또한 구체화된—그분에 대한 특별한 봉사로, 그래서 또한 하나님의 뜻의 알림으로 바쳐지고 규정된) 빛이다. 그 누구도, 그 무엇도, 또한 태양도 혹은 어떤 천체도, 하물며 인간은 더욱더, 날을 빛의 구체화와 함께 그것에게 주어진 그와 같은 규정으로부터, 즉 그것 자체를 빛에 대한 그와 같은 봉사에의 참여로부터 빼앗아 분리시킬 수 없다.

그리고 하나님께서 빛을 **날**이라고 부르심으로써, **내용적**(materiell)으로는 다음이 결정된다: 하나님께서 시간 단위를 위하여, 즉 우리의 삶의 공간의 척도로 정하시고 투입하신 것은 어둠이 아니라, 빛이다. 피조물에게 시간이 주어졌음으로써, 다음의 의미가 피조물 자체에 대하여 결정되었다: 피조물 그 자체는, 시공간 안에서 실존하는 것으로 하나님께서 자신이 선택한 가능성으로써 긍정하신 그 측면에 속한다; 하나님께서는 자신의 은혜로우신 호의를 피조물에게 향하게 하시며, 하나님께서는 피조물을 저 다른 측면으로부터, 카오스로부터 전적으로 분리시키시며, 하나님께서는 피조물을 다른 측면보다 저 근본적 및 궁극적으로 우위에 배치시키신다. 시간을 갖는다는 것은, 빛처럼 그리고 빛과 함께 하나님의 긍정 사이에서 및 그 긍정으로부터 살아야 하는 것처럼, 하나님의 부정에 의하여 적중되지 않는 것을 뜻하며, 그 부정으로부터 보존되고 보호되는 것을 뜻한다. 첫째 날은 빛의 날이었으며, 그 뒤에 따라오는 모든 날들도 각각, 저 첫째 날이 낮이며 밤이 아닌 것처럼, 마찬가지로 그러해야 한다. 이 사가는 이것을 말하여, 바로 이것이 우리가 글자 그대로 수용하려고 하지 않을 때, 벗어나게 될 수밖에 없는 것이다. 왜냐하면 여기서 모든 것은 다음에: 우리의 시간의 본문은 어떤 무규정적 시공간들에 관해서가 아니라, 오히려 구체적으로 측정되고 제한된 우리의 시간에 관해서, 즉 우리의 현실적인 날에 관해서 말하고 있다는 사실에, 달려 있기 때문이다. 또 왜냐하면 저 형식적인 것 및 이 내용적인 것이: 우리가 **우리의** 시간 안에서 하나님께, 그것도 빛에 대한 봉사와 동일한 하나님께 대한 봉사에 속한다는 사실이—그리고 우리가 **우리의** 시간 안에서 빛처럼 및 (빛과 함께) 하나님의 긍정 아래서 실존할 수 있다는 사실이 (한편으로 하나님에 의하여 긍정된 및 하나님께 대한 봉사로 향해진 피조물로서의 빛 그리고 다른 한편으로 우리의 현실적인 시간 사이에서 우리의 본문의 **글자 그대로**의 이해로부터 주어져야 하는 바로 그 관계가 존재한다면) 또한 결정되기 때문이다. **아우구스틴**(예를 들어 De Gen. ad litt. VI 27, 44; De Civ. Dei XI 9 등등)에 의하여 언제나 또 다시 대변되어온 해석, 즉 창세기 1장의 6일 혹은 7일은 실제로는 유일한 한 날이며, 여섯 번 혹은 일곱 번 서술되었으며, 그러는 중에 그러한 한 날이 실제로는 유일무이한 한순간으로 환원되었다는(또한 Anselm von Canterbury, *Cur Deus homo?* I 18)—이러한 해석은 **그리고** 근세의 호교론적으로 관심을 가졌던 주석들의 해석은 여기서 얻어져야 하는 **우리의** 시간에 대한 모든 가르침을 파괴한다. 우리의 시간은 이제 수백만 년 안에서가 **아니라**, 또한 한 순간 안에서가 **아니라**, 오히려 현실적인 날들 안에서 구성된다. 만일 사람들이 창세기 1장 안에서 빛이 현실적인 날들에 대하여 갖는 관계를 마술로써 없애버린다면, 바로 그렇게 하여 빛이 우리의 시간에 대하여 갖는 관계도, 다시 말하여 창세기 1:3f.도, 역사의 의미에서의 선포로부터 어떤 다소간에 흥미로운, 믿을 만한, 구속력 있는 (자연과학적 혹은 일반적 세계관적 내용의) 이론이 되어버릴 것이다. 창세기의 창조 사가가—구약성서 안에서 전개되어야 하는 계약의 및 구원의 역사의 시작이—저 선포의 의미 안에서 (그것이 그러한 이론의 의미 안에서 가르치려고 하는 것보다) 보다 더 진실의 가능성이 있다면, 그것은 우리가 저 사가가 말하는 날들을, 그것도 여기서 창세기 1:3f.에서 말해지는 날들을 **글자 그대로**의 개념적 의미에서 이해해야 한다는 사실로부터, 주어진다.

그러나 이제 우리는 5절의 첫 문장 안에서 계속해서 듣는다: 하나님께서는 또한 **어둠**에게도 이름을 주셨으며, 그것을 "**밤**"이라고 부르시고 명명하셨다. 이것은 빛의 어둠으로부터의 분리와 마찬가지로 우선 대단히 명확하게 다음을 뜻한다: 빛의 창조자께서는 또한 어둠의 주님이시다. 어둠과 카오스(이것의 지수가 어둠이다.)도, 물론 그분의 피조물은 아니지만, 그러나 그분으로부터 빠져나올 수 없고 벗어날 수도 없다. 어둠은 그것에게 고유하게 특징적인 부정성 안에서도 하나님께서 그것을 만드신 목적대로 존재할 수 있을 뿐이며, 하나님께서 그것을 사용하시게 될 것을 위하여 다만 준비될 뿐이다. 어둠 자신이 아니라, 사탄이 아니라, 또한 인간도 아니라, 오히려 하나님께서 어둠에게 그것의 이름을 주시며, 어둠을 그것의 자리에 놓으시며, 그것에게 또한 역할과 과제를 수여하신다. 하나님께서 빛에게 그것의 이름을 주신 이후에, 또한 그렇게 행하심으로써, 하나님께서 어둠을 "밤"이라고 명명하시고 빛 곁에 위치시키심으로써, 하나님께서는 어둠을 창조의 질서 안에 편입시키신다. 빛과 어둠은 다음에 근거한다: 하나님께서 어둠을 빛으로부터 분리시키신 이후에, 더 나아가 **어둠을 고려**하시며, 하나님께서는 우주(코스모스)를 카오스에 의한 그것의 전적인 시험 가능성 및 위협 가능성 안에서 가지고 운행하시기를 원하시며, 하나님께서는 또한 카오스로부터의 우주의 위협에 (그분의 고유하신 영원한 의지의 예와 아니오의 관계에 상응하여) 어떤 확실한 권리와 특정한 기능을 지시하시며—그리고 하나님께서는 **바로 그렇게** 하셔서, 어둠의 특성에 상응하면서, 어둠을 고려하시며, 하나님께서는 카오스에게 우주의 가장자리에서의 위협의 특성 이상을 허용하지 **않으시며**, 그래서 하나님께서는 어둠에게도 하나의 고유한, 그것 자체로서 지칭될 수 있는 이름을, 다시 말하여 하나의 고유한, 빛의 본질로부터 완전히 구분되는 본질을 주시며, 그 본질 안에서 어둠은 빛으로부터, 그분의 창조의 행위에 상응하면서, 언제나 또 다시 구분되어야만 한다. 우리는 욥기 17:12에서 격노한 음성을 듣는다: "그들은 밤을 밝은 낮이라고 공표한다: 빛이 어둠으로부터 나온다고 한다!" 욥의 이러한 항의는 전적으로 옳다: 바로 그것은 일어날 수도 없고 일어나서도 안 되는 일이다. 빛과 어둠은, 마치 그것들이 하나님의 의지 및 말씀을 통하여 분리되지 않은 것처럼 혼동되거나 혼합될 수 없으며, 그렇게 되어서도 안 된다. "악한 것을 선하다고 하고, 선한 것을 악하다고 하는 자들, 어둠을 빛이라고 하고, 빛을 어둠이라고 하는 자들에게 재앙이 닥칠 것이다!"(사 5:20) 이스라엘이 "야웨의 날"을 기다린다고 하면서, 실제로는 (이스라엘의 야웨 인식은, 그리고 그것과 함께 또한 그 기대는, 거짓된 것이기 때문에) 어둠을 향하여 마주 나아간다는 것, 바로 이러한 두려운 혼동에 반대하여 예언자들은(암 5:18, 습 1:15) 그들의 목소리를 높였다. 그리고 누가복음 11:35(비교. 마 6:23)에서와 같이 신약성서도 동일한 혼동을 경고한다: "그러므로 네 속에 있는 빛이 어둡지 않은지 살펴보아라!" 이러한 혼동이 가능하다는 것은 "어둠의 **권세**"(눅 22:53, 골 1:13)에 속한다. 그러나 바로 그 혼동에 하나님의 이름부여가 경고와 약속으로서 정면 대립한다. 어둠의 본질은 하나님의 결정에 따르면, 빛의 본질과는 **다른 어떤 것**이다. 시편 88:12에서 "흑암 속에서 주님의 기적이 경험될 수 있겠습니까?"라고 질문될 때, 저자가 눈앞에 두고 있는 대답은 아마도 절대로 그럴 수 없다는 것으로 보인다. 빛과 어둠 사이에는 물론 결정과 기적적인 건너감은 있겠지만, 그러나 어떤 혼합도 없으며, 한쪽의 다른 한쪽 안에서의 어떤 존재도 없다. 빛은 이제, 전도서 2:13이 특징적으로 표현하는 것처럼, 어둠을 "능가"한다. 이러한 빛과 어둠에 대해서는 그렇게 때문에 다만 대적관계로 말해질 수밖에 없다: "어둠은 지나가고 참된 빛이 벌써 비취고 있습니다."(요일 2:8) "빛과 어둠이 어떻게 사귈 수 있겠습니까?"(고후 6:14) 그리고 그렇기 때문에: "여러분은 어둠 속에 있지 않으며, … 모두 빛의 자녀요, 낮의 자녀입니다."(살전 5:4f.) 혹은 더욱 풍부한 의미로써: "여러분은 전에는 어둠**이었으나**, 지금은 주님 안에서 **빛입니다**. 빛의 자녀답게 사십시오."(엡 5:8) 어둠으로부터 빛으로의 부르심과 돌이킴(벧전 2:9)—이것이 이러한 관계 안에서 유일하게 문제될 수 있는 것이다: 그것은 기적이며, 소경의 눈이 흑암 및 어둠으로부터 볼 수 있게 되는 것이며(사 29:18), 하나님 자신이 그들 앞에서 어둠을 빛으로 만드시는 것이다.(사 42:16) 그렇게 하나님께서는 코스모스와 카오스의, 빛과 어둠의 관계에, 어둠에 그것의 이름을 주심으로써, 질서를 부여하셨다. 그렇게 하나님께서는 어둠을 그분의 통치 영역 안으로 편입시키셨으며, 어둠을 빛에 대하여 배치시키셨다. 그렇게 하나님께서는 어둠에게도 그것의 권리가 주어지도록 하셨다. 그것은 **철두철미 불의 안으로 놓이게 되는 그러한 것**의 권리이다. 어둠이 밤이며, 그래서 낮이 아니며, 낮의 한 부분이라고 불러질 수 없다는 사실로써 다음이 결정된다: 어둠은 낮의 현실성, 즉 시간의 현실성에 대하여 어떤 구성적 의미도 갖지 **못한다**. 어둠은 물론 빛의 곁에 서지만, 빛을 동반하고 제한한다. 어둠과 빛 사이에는 계속해서 결정과 변경이 발생한다. 또한 빛 안에 거하는 자들도 결코 어둠으로부터 전적으로 안전하지는 않으며, 전적으로 위협을 받지 않는 것이 아니다. 바로 이것이 하나님에 의하여 낮이라고 불러진 빛을 창조되지 않은 영원한 빛으로서의 하나님 자신으로부터 구분한다: 창소된 빛에게는 하나님처럼 어떤 변함이 없지(약 1:17) 않으며, 어둠으로부터의 시험과 위협이 없지 않다. 어둠도 그러한 정도의 권세를 **갖는다**. 그러나 어둠의 낮의 및 시간의 현실성에 다만 함께라도 구성적일 수 있는 그 정도의 권세는 갖지 **못한다**. 그렇기 때문에 이제 창세기 1:3f.에서 밤은 결코 낮 곁의 어떤 둘째의 시간 개념으로서가 아니라, 오히려 정확하게 다만 낮의 부정 및 제한으로서만 현상한다. 이러한 의미 안에서—그래서 두 가지의 시간 영역의 어떤 평화로운 동반 관계가 아닌 의미에서—시편 74:16은: "낮도 주님의 것이며, 밤도 주님의 것입니다."라고 말하며, 그리고 예레미야 33:19도 이러한, 오직 이러한 의미에서 낮과의 하나님의 계약 및 밤과의 하나님의 계약에 대하여 언급한다. 하나님께서 또한 밤과도 계약을 맺으셨다는 것은 다음을 말한다: 또한 밤도 그분의 통치권 아래 있으며, 하나님께서 밤을, 그것이 낮을 제약할 때, 그 자신의 편에서도 제한을 갖도록 정하셨으며, 모든 밤 이후에는 그 뒤에 따라오는 아침과 함께 새 날이 동터 오며, 우리에게는 우리의 시간이 한 새로운 빛의 날의 형태 안에서 다시 선사되며—그러나 바로: 진지한 위험과 이협 이후에 비로소 다시 선사되어질 것이다. 예레미야 33장에서 그렇게도 분명하게 이중적 계약에 대하여 말해지는 것은 공연한 일이 아니다: 하나의 철두철미 다른 하나와 갖지 않다; 비록 이쪽과 마찬가지로 저쪽과도 계약을 체결하신 하나님께서는 바로 동일하신 한 분 하나님이시라고 해도 그러하다. 하나님께서 낮에게 그리고 또한 밤에게 이름을 주신 분으로서, 의심의 여지없이 "낮들의 하나님, 또 밤들의 하나님"(Lavater)이시라고 해도, 그럼에도 불구하고 그분은 한쪽에서는 다른 쪽과는 전적으로 다르게 및 전적으로 상이한 의도에서 그러하신 분이시다. 그러므로 우리는 "낮과 밤"이 함께 묶어져서 겉으로 보기에는 다만 중단되지 않은 (활동성의 혹은 상태의) 연속 안에서 서술되는 수많은 성서 구절들에 대하여, 마치 그것이 단순히 "중단되지 않은 채" 그렇게 위치해 있는 것처럼 건성으로 읽어서는 안 된다. 낮의 빛에 대한, 밤의 어둠에 대한 관계는 그대로 지속된다. 이 두 개념이 함께 등장하는 곳에서는 언제나 깊이 생각되어야 하는, 전혀 부차적이 아닌, 오히려 대단히 원칙적인 대립이 지속된다. 이 사실은, 생명이 그것의 "낮과 밤"의 형태들 안에서 지속된다고 서술되는 곳에서, 우리에게 도전이 되고 또 극복이 된다. 그러나 그것이 실제로 그렇게 지속되는지는 전혀 자명하지 않다. 오히려 생명은 하나님께서 빛을 및 **오직** 빛만을 **좋다**고 보셨을 때, 그리고 빛을 및 오직 빛만을 낮이라고 칭하셨을 때, 이미 그곳에 있었다. 또 생명은 밤 그 자체가 끔찍할 때에도(시 91:5, 아 3:8) 그곳에 있다. 낮의 동터 옴이 그러한 끔찍함으로부터의 해방을 가져다주는지는 자명하게 이해되지 않는다. 그렇지 않을 수도 있을 것이다. 예언자가 저 세일에서의 질문(사 21:11f.): "파수꾼아, 밤이 얼마나 지났느냐?"에 대하여 "아침은 이미 왔다.—그러나 밤도 곧 온다."라고 대답해야만 했던 것은 전혀 다른 어떤 가능성에 대한 지시이다. "낮과 밤"은 그러므로 단순하게: 멈춤 없는 순환 안의 완전한 24시간을 뜻하지 않으며, 오히려: 밤을 은혜롭게 포괄하는 낮을, 비시간(Unzeit)의 개념을 포괄하는 총괄개념의 시간을 뜻한다. 물론 많은 경우에는 거꾸로 강조되기도 한다: 밤이 끔찍하게도 낮에 이르기까지 연장되기도 하며—비시간이 어떤 경우에는 또한 시간 위를 홍수로 덮고 헤엄치기도 한다. 하나님께서 이러한 대립 너머에 계시다는 것—우리가 그분을 이쪽에서 혹은 저쪽에서 보는 것과는 상관이 없다.—이것이, 그분이 대립의 양쪽 측면에 이름을 주심으로써, 확실한 신뢰를 주시며, 그러나 오직 그분이 "낮 그리고 밤"이 되도록 하신다는 점에서, 이 문제에 있어서 참된 신뢰가 주어진다. 밤이 낮의 곁에 있다는 것, 이것은 그 자체로서는 우리가 (우리의 시간 안에서 살아감으로써 및 그러한 한도에서) 어떤 위험 지역에 위치해 있음을 뜻한다. 모든 올바른 교회적인 저녁 및 아침 찬송들이 "밤"의 개념의, 그와 함께 "낮"의 개념의 진부화에 대하여, 그와 함께 시간 개념 전체의, 또 그와 함께 저 신뢰의 공허화에 대하여 항의하였던 것은 좋은 일이었다; 그 찬송들을 명확하게 우리에게 기억나게 한다.—저녁에는:

"너는 어디에 머물러 있었느냐, 태양이여?
밤이 너를 밀쳐내었구나,
밤이, 낮의 원수가."(P. Gerhardt)

혹은

"저기 아래로 태양의 빛은 지고

어두운 밤이 이제 다가온다.
주님 그리스도시여, 우리에게 참된 빛을 비추소서,
우리가 어둠 속에서 넘어지지 않게 하소서!(N. Hermann)

혹은
"오, 우리 곁에 머무소서, 주님 예수 그리스도시여,
왜냐하면 이제 저녁이기 때문입니다,
당신의 신적인 말씀이, 밝은 빛이
우리 곁에서 꺼지지 않게 하여 주소서!"(N. Selnecker)

이에 상응하여 아침에는:
"오늘 어두운 그림자로써
나의 전체를 둘러싸고서는
사탄은 나를 탐하였지만
그러한 하나님께서 그것을 막아주셨다.(P. Gerhardt)

혹은
"하나님, 당신께 진심으로 감사드립니다.
당신께서는 나를 이러한 밤에
위험, 두려움, 곤경, 아픔으로부터
지켜주셨고, 감시해 주셨습니다.
그래서 악한 원수의 간계가
나를 제압하지 못 하였습니다."(H. Albert)

혹은
"하나님께 찬양, 그분은 우리를 이러한 밤 안에서
마귀의 권세로부터 지켜 주신다!"(N. Herman)

요한계시록 21:25, 22:5가 명확하게도 하늘의 예루살렘 안에는 어떤 밤도 없을 것이라고 말할 때, 이것은 밤의 및 (그것의 낮에 대한) 여러 관계들의 암시된 성격에 적합하다. 낮이 밤을, 시간이 그러한 비시간을 자신의 곁에 두고 있다는 것, 어둠이 어쨌든 그러한 권세를 갖는다는 것, 이것은 성서적 보고의 대상인, 하늘과 땅의 창조의 잠정적인 특성들 중의 하나이다. 이러한 병렬관계는 새 창조 안에서는 지양되며, 또 새 창조 안에는 어둠이 없는 것처럼, 또한 어떤 밤도 그것의 위험한, 위협적인 역할을 더 이상 수행할 수 없게 될 것이다. 이상이 어둠의 명명에 대한 문제에 관한 설명이었다.

5절의 둘째 문장: "**저녁이 되고 아침이 되니, 이는 첫째 날이었다.**"는 하나님의 말씀에 상응하는 날의 생성에 대한 보고이며, "빛이 있었다."는 3절의 말씀에 상응한다. 이 문장은 말한다: 빛이 하나님에 의하여 "낮"이라고 명명됨으로써, 날이 생성되었으며, 날이 현실성 안으로 진입하였으며, 그리고 그날은, 저녁이 되고 아침이 되는 방식으로써, 그렇게 진입하였다.

우리는 우선 이 진술의 첫째의 중심 내용을 취급한다: 날의 및 시간 단위의 창조는 현실적으로 저 **이름부여**의 사역이다. 자동적으로가 아니라, 오히려 빛을 불러내시고 그것을 낮이라고 이름 지으신 **하나님의 말씀**을 통하여 낮은 생성되었으며, 시간도 생성되었다. 하나님의 말씀이 없다면 어떤 날도, 어떤 시간도 없다; 그 말씀은 바로 빛을 불러내신, 그 빛이 생기라고 하신, 바로 그 빛을 날이라고 부르신, 그래서 낮이 되도록 하신 하나님의 말씀이다. 이러한 첫째 날을 뒤따르는 날들은, 하나님의 말씀을 통하여 및 그 말씀을 위하여, 그것도 빛을 창조하신 하나님의 말씀을 위하여 존재해야 한다는 것을, 자체 안에 포함한다. 또한 다른 날들의 창조도, 그것과 함께 시간의 결합 단위로서의 주간의 창조도 그 사실을 확증한다. 또한 이러한 다른 날들의 창조도 하나님의 말씀의 사역이며, 그리고 그것들을 창조하신 하나님의 말씀이 자기 스스로를 먼저 빛을 창조한 그 동일한 말씀이심을 확증하게 될 것이다. 왜냐하면 이러한 다른 날들의 사역은, 그리고 최종적으로 한 주 전체의 사역은 하나님의 영광의 계속되는 증인들로서, 그분의 '자기 알림'의 계속되는 봉사자들로서 저 첫째 피조물, 즉 빛의 곁에 세워지기 때문이다. 시간은 빛의, 그리고 또한 신적 '자기 알림'의 본질적 술어이다. 그러한 것으로서 우선 날이 창조되었다. 그러한 본질적 술어로서 날은 피조물이다. 날은, 빛에 대한 봉사 안에 섬으로써, 그것으로써 하나님께 대한 봉사 안에 있다. 날이 굴복할 수도 있는 다른 모든 봉사는 빛과 어둠을 혼동하고 혼란해질 수 있는, 그래서 시간을 비시간으로 만들 수 있는 저 위험하고도 최종적으로는 무력한 시도에 놓여 있을 수 있다. 창조를 통하여 규정된, 시간의 **본성**은 그러한 시도에 언제나 또 다시 **저항**하게 될 것이다. 어떤 피조물도 빛에 대한 봉사에 참여하는 것 외에 다른 어떤 것과의 관계 안에서 참된 시간을 가질 수 없으며, 자신의 방식으로써 하나님의 자기 알림을 증거하는 방식 외에 다른 어떤 것을 증거함으로써 참된 시간을 가질 수도 없다. 우리는 계속해서 주목한다[5b절의 진술의 첫째의 중심적 내용을 여전히 바라보는 중에]: 밤의 앞선 명명으로부터는 어떤 상응하는 창조도 뒤따라오지 **않는다**. 낮 곁의 밤의 고유하고 특징적인 존재에 대해서는 14f.에서야 비로소 하늘의 천체들의 창조에 있어서 다시 명시적으로 생각된다. 낮이 생성되었다는 것, 그것이 및 오직 그것만이 하나님의 완전하신 사역으로 지칭된다. 이것으로써 이 구절들 전체 안에서 충분히 명확하게 증거되는 하나님의 통치 행위가 또한 저 **다른** 측면에 따라서도 부정되지 **않으며**, 오히려 확증되고 특징지어진다. 그러나 밤의 현실성이 무엇이든지 간에, 밤의 낮에 대한 관계가 아무리 좁다고 해도, 밤이 아무리 엄격하게 하나님에 의하여 낮과 함께 배치되었다고 해도—밤이 (낮과 같이) 하나님의 말씀을 통하여 생성되었으며, 그래서 하나님의 피조물로서 낮의 곁에 있다고는 말해질 수 없다. 밤에 대하여 그렇게 말하는 것은, 밤이 오직 어둠의 이름일 뿐이며, 그래서 어둠의 본질이라는 사실을 통하여, 금지되었다.

    5b절의 둘째의, 이해되기 어려운 중심적 내용은 다음과 같이 말해지는 데에 놓여 있다: 저녁이 되고 아침이 되었으며, 그래서 하루가 되었다: 그 개념의 완전한 의미에서는 "첫 날"이라고 또한 말해질 수도 있다. '저녁—아침'이라는 눈에 두드러지는 순서가 유대교적 하루의 계산 및 특별히 안식일 계산에 상응한다는 것은 분명하다; 그러나 이것으로써는 아무것도 설명되지 않는다; 왜냐하면 그러한 유대교의 하루의 계산은 [구약성서 안에서 예를 들어 느헤미야 13:19, 다니엘 8:14, 신약성서 안에서는 예를 들어 고린도후서 11:25에서 볼 수 있다.] 바로 우리의 지금 본문 혹은 이 본문에 근거한 혹은 병행되는 전승으로 소급되기 때문이다. 그러므로 우리의 본문의 및 그러한 전승의 계산은 무엇을 뜻하는가? 루터의 번역: "그때 저녁과 아침으로부터 첫날이 되었다."는 아마도 첫눈에 우리가

생각하는 것보다는 더 깊은 통찰력을 지닌다. 그러나 우리는 다음에서 시작하는 것이 더 낫다: 그 진술은 두 가지의 명확하게 구분되는 문장들 안에서 진행된다: "그리고 저녁이 되었으며, 그리고 아침이 되었다."—이것은 병행 문구이며, 이것에 있어서 우리는 예레미야 33:20의 이중적 계약을 생각해야만 하게 된다. **"저녁이 되었다."** 이렇게 하여 하루의 첫 구성적 요소는 충분히 주목할 만하게도 '목적점'(terminus ad quem), 즉 마침의 및 시간점이다. ereb(저녁)이라는 단어는 성취의 개념을 자체 안에 포함하는 것으로 보인다. 그러나 어쨌든 간에: 우리가 이 짧은 문장을 앞선 문장의 맥락 안에서 읽는다면, 그때 그것은 우선 다음을 뜻한다: 창조자께서 자신의 첫째 사역을 마지막까지 수행하셨으며, 종결하셨다. 창조자께서 말씀하셨으며, 그 말씀에 따라 성취가 뒤따라왔다: 빛이 생성되었으며, 빛은 어둠으로부터 분리되었다. '하나님의 외부를 향한 사역'은 유일회적으로 완성된 사건이 되었다. 하나님으로부터 구분되는 한 현실성이 형태와 실존을 획득하였다. 그리고 제일 마지막의 것은 하나님께서 빛을 낮이라고 칭하셨다는 것이다. 여기서도 또한 어떤 성취와 상응이 있었는가? '그렇다.'라고 본문은 대답한다: 저녁이 되었다; 다시 말하여 빛에게 왕관을 씌우는 이러한 명명과 함께 **하나님의 완성된 사역은 동시에 시간의 형식을 수용했으며**, 바로 그 명명(Benennung)과 함께 시간 그 자체가 생겨나고 생성되었으며, 우선 하루가 되었으며, '일일' 그 자체가 창조되었다. 바로 이 명명이 하나님의 완성된 사역을 역사적 행동으로, 하나님의 일련의 다른 모든 역사적 행동들의 첫째 부분으로 특징짓는다. 어떤 영원한 순간의 찰나(Nu) 안에서가 아니라, 어떤 무규정적 시간 안에서가 아니라, 오히려 저녁을 통하여 제한된 하루 안에서 "하나님의 외부를 향한 사역"은 유일회적으로 사건이 되었다. 바로 그러한 날들 안에서 그 사역은 명백하게도 재차 사건이 되고자 하며, 또 될 것이다. 이것은 하나님의 긍휼과 낮아지심의 근본 행위이며, 다음 사실 안에서 공개된다: 하나님께서는 영원만이 아니라, 또한 **시간을 가지시며**, 그리고 이제는 또한 그분의 피조물에게도 그것에 고유하게 특징적인 삶의 공간으로서의 **시간을 선사하시며**, 하나님께서 그분의 고유하신 존재의 지속성에 상응하여 중단이 없이 사역하기를 원하실 뿐만 아니라, 오히려 또한—하나님께서는 이렇게 하실 권능도 가지신다!—중단되면서, 개별적인, 구체적인, 그리고 또 더 잘 이해하자면 유한한(!) 행위들 안에서 피조된, 그분 자신으로부터 구분되는 현실성에 상응하여 사역하기를 원하신다. 바로 그렇게 하여 하나님께서는 그분의 피조물의 주님으로서 계속해서 말씀하시고 행동하시고자 하며, 또 그렇게 행하신다. 하나님께서는 피조물을 위하여 시간을 가지실 것이다. 하나님께서는 피조물의 역사의 주님이 되실 것이다. 그리고 여기서, 하나님께서 빛을 창조하시고 그것을 어둠으로부터 분리하신 후에, 저녁이 됨으로써, 하나님께서는 특별히 하나님 자신을 (하나님께서 자기의 영원성으로부터 피조물의 유한한 존재로 내려오심으로써) 피조물의 역사의 주님으로 만드신다. 여기서 하나님께서 피조물을 위하여 시간을 가지신다는 사실이 예증된다. 여기서 하나님께서는 피조물에게 그들의 시간을 (그들의 유한성에 상응하는) 삶의 공간으로 주신다. 이 사가가 바로 저녁을, 그래서 목적과 종말을, 하루의 최초의 구성적 요소를 언급함으로써 말하는 것보다, 그 사실을 더욱 인상 깊게 공개적으로 말할 수는 없을 것이다. 우리는 오직 다음을: 여기서 문제가 되는 것이 하나님의 사역의 끝과 목적이며, 목적점(terminus ad quem)이며, 바로 그 목적점 안에서 하루의, 그래서 또한 피조적 시간의 끝 및 또한 완성에 관계된다는 것을 주목한다면, 그때에는 모든 것이 분명해진다: **아침에 그리고 그때로부터 저녁에 이르기까지 발생한 것, 그것이 하나님의 사역이다.** 그러나 **저녁에 그곳에 있는 것은**—말하자면 하나님의 사역의 어떤 부산물로서, 공간(하나님의 외부를 향한 사역이 자기 자신을 위하여, 동시에 또한 그분의 피조물을 위하여 만들어 주신 공간)으로서, 그곳에 있는 **그것은, 날이며, (하나님의 영원성과는 구분되는, 그러나 명백하게도 또한 그것과의 관계 안에 있는) 유한한 시간**이다. 이 사가가 날의 및 또한 시간의 속성에 대하여 긍정적으로 말해야 하는 것, 이것을 이 사가는 "저녁이 되고…"라는 짧은 문장으로써 말하였다.

그러나 이제 **밤**은 어디에 있는가? 그리고 어둠은, 하나님께서 5a절에 따르면 마찬가지로 축제적으로 밤이라고 부르셨던 그 어둠은 어디에 있는가? 다음은 분명하다: 저자는 밤을 날의 둘째의 구성적 요소라고 지칭하지 않았으며, 그리고 앞선 모든 것에 따르면 저자가 그렇게 한다는 것은 불가능하다. 하나님의 사역이 날(하루)을 구성한다. 그러나 하나님의 사역은 빛의 창조이며, 어둠의 창조는 아니다. 또한 하나님에 의하여 밤이라고 명명된 어둠도 날(하루)의 구성에 있어서는 함께 작용하지 못한다. 어둠이 창조되지 않은 것처럼, 어떤 시간도 그것과 함께 창조되지 않았다. 그러나 우리는 이제, 어떻게 어둠이 (성서 저자의 서술에 따르면) 의심의 여지없이 그것의 특수한 방식으로써 또한 현존하며(da ist), 그것도 철두철미 창조자 하나님의 높으심 및 통치의 영역 안에서 현존한다는 것을, 보았다. 오직 그분의 긍정에 의하여 암묵적으로 성취된 부정에 힘입어 어둠은 존재한다. 그렇게 어둠은 물론 존재한다. 어떻게 어둠이, 그렇게 존재하면서, 하나님의 권세 및 결정의 영역으로부터 벗어날 수 있겠는가? 그리고 그렇게 하나님께서는 또한 어둠에게 그것의 이름을 주셨다. 그렇게 어둠도 또한 자신에게 지시된 본질 안에서 또한 존재한다. 어둠의 이름 및 본질은 밤이다. 그리고 빛이 어둠을 제한하듯, 또한 낮도 밤을 제한하며, 그렇게 하여 **낮의 창조와 사역과 함께 또한 밤도 낮의 영역 안으로 포괄되었다.**(빠져 들어갔다, geriert): 마치 날이 낮과 밤으로 구성되듯이 그렇게가 아니라—그러한 진술은, 그 자체로서 모순인 것처럼, 여기서 대변되는 시간 개념의 어떤 희망 없는 통속화에 불과할 것이다.—오히려 낮이 [이것은 그 자체가, 빛이 어둠과 공통점을 갖지 않듯이, 밤과 전혀 공통점을 갖지 않는다.] 밤을 그 자체 안에 포함하는 방식으로써, 다시 말하여 밤이 어떤 포위된 성처럼 앞에서 및 뒤에서 둘러싸이고 원 안에 갇히는 방식으로써, 포괄되었다.

낮을 통한 밤의 포위가 둘째의 짧은 문장 안에서 드러난다: "**그리고 아침이 되었다.**" 이것으로써 하루를 구성하는 둘째 요소가 지칭되었다는 것은 명확하다. 계속해서 다음도 명확하다: 이러한 둘째 요소는, 밤의 현실성이—이것은 저녁과 아침 사이에 놓여 있다.—고려됨으로써, 그렇게 지칭된다. 그러나 마지막으로 다음이 명확하다: 이것은, 밤이 그것의 현실성의 고유한 특성 전체가 고려되면서 물론 수동적으로 하루의 구성 안으로 편입되지만, 그러나—밤은 눈에 볼 수 있게 건너뛰어지고 있다!—날의 구성에 있어서 어떤 능동적인 역할로부터도 배제되어 있다! boquer(아침)이라는 단어는 돌입(Durchbruch)라는 개념을 포함한다. 그러나 중심 내용은 가장 명확하게 스스로를 말한다. 저자는 저녁의 뒤에, 즉 하루의 뒤에 밤이 뒤따라온다는 것을 고려하고 있다. 그러나 밤은 어디에 속하는가? 저녁으로써 종결된 하루에 속하는가? 이것은 확실히 아니다. 하루가 하나님의 사역이 그리고 빛의 사역이, 창조되고, 생성되고, 종결되었기 때문에, 그리고 밤이 어둠의 이름이기 때문에 아니다. 그럼에도 불구하고 밤은 하루의 뒤에 따라온다; 그렇게도 불구하고 밤은 하루의 영역 안에 놓여 있으며, 그럼에도 불구하고 명백하게도 어떤 독자 혹은 청취자도 여기서 '저녁-아침'의 순서를 인지하면서 그 사이에 놓인 밤을 함께 생각하기를 빠뜨릴 수가 없을 것이다.(빠뜨려서도 안 된다.) 밤은, 야콥

(B. Jacob)이 잘 말했듯이, 낮의 "그림자 및 어두운 후미"이다. 정말로 그것뿐인가? 밤이 낮의 **초강력**의 그림자는 아니며, **끝이 보이지 않는** 후미는 아닌가? 어둠이 빛보다 더욱 강력할 수는 없는가? 빛도, 그리고 그것과 함께 낮도, **창조되었고**, 그래서 **유한**하다면, 자기 자신을 통하여 스스로를 주장하고 갱신하는 권세를 소유할 수는 없다. 어떻게 밤은 낮의 뒤에 따라오면서, 하루의 영역 안에 (시간의 한가운데에서의 비시간으로서) 놓여 있으면서, 그럼에도 불구하고 영원한 밤이 되지 않을 수 있으며, "낮의 원수"가 기꺼이 되려고 하는 것처럼 낮을 폭력으로 제압하지 않을 수 있는가? 우리는 심각해지지 않고서, 최종적으로는 경악하지 않고서, 어떻게 밤을 생각할 수 있는가? 누가 혹은 무엇이 밤을 대적하겠으며, 밤을 제한하겠으며, 낮과 함께 (낮이 시간 단위로서 자신을 주장하고 갱신하고 반복하며, 밤 다음에 다시 낮이 되며, 그래서 하나의 시간 단위만이 아니라, 오히려 위협하는 비시간에도 불구하고 하나의 **결합**된 시간 단위를, 시간의 **지속**을 보장할 수 있게 되는 방식으로써) 밤에게도 질서를 부여할 수 있겠는가? 여기서 '**아침**이 된다.'는 문장이 개입한다. 아침은 명백하게도 그 자체로서 한 출발점(terminus a quo)을, **시작**을 지칭한다. 지나간 날의 끝을 지칭하는 것은, 그날이 바로 그것의 저녁, 즉 그것의 끝을 통하여 구성된 것으로서 지칭된 다음에는, 이제 더 이상 필요하지 않다. 그러나 그 끝의 **저편**(jenseits)에는, 왜냐하면 그날의 끝에는 밤이 뒤따라오기 때문에, 한 **시작**이, 한 **새 날**이 있으며, 그래서 첫째 날은 유일한 날이 아니며, 어떤 어둠도 빛에 저항할, 또 빛이 새로운, 비로소 올바른 날이라고 말해지고 그렇게 존재하는 것을 막을 권세를 갖지 못한다; 이렇게 말하는 것이, 어떻게 날이, 하나님께서 그것을 창조하시고 생성되도록 하신 이후에, 구성되는가를 제시하기 위해서, 필요하다. 날은 하나님의 사역을 통하여 구성된다(konstituiert)는 것을 우리는 보았다. 그러나 이제 우리는 계속해서 듣는다: 하나님의 사역을 통해서, 그날은, 그것이 발생한 이후에, 하나님에 의하여 **새롭게** 그리고 다르게 **또 다시** 수용되고 계속된다. 날은 빛을 통하여 구성된다는 것을 우리는 보았다. 그러나 우리는 이제 추가하여 배워야 한다: 그 빛은 물론 피조된 빛으로서 어둠을 자신의 곁에 갖지만, 그러나 어둠에 의하여 제압될 수 없으며, 또 실제로도 제압되지 않는다. 물론 저녁 다음에 밤이, 그러나 또한 밤 다음에 아침이 옴으로써, 창조된 빛이 어둠을 능가하고 우월하다는 사실은 스스로 예증된다. 왜냐하면 아침에 발생하는 것, 발생하기 시작하는 것 및 그때로부터 다시 저녁까지 진행되는 것은 마찬가지로 하나님의 사역이며, 둘째 날의 사역이다; 반면에 밤은 그러한 하나님의 사역이라고 제시되지 않는다. **둘째** 날의 이러한 **아침**이 밤 이후에 도래하며, 그 아침과 함께 하나님의 긍정적 의지의, 그 의지의 새로운 사건이 새롭게 "돌입"한다는 것, **이것이 첫째** 날의 다른 구성적 요소이며, 밤이 그 요인인 것이 아니다. 날은 창조된 빛의 낮으로서의 전적인 영광 안에서 사실상 자기 자신만을 위하여, 하나님의 사역을 통하여 종결된 한 날만을 위하여 존재하는 것이 아니다. 바로 그렇기 때문에 날은 위협하면서 침입하는 밤을 통하여 절대적으로는 아니지만 상대적으로는 물론 어제의, 지나간 날로 만들어진다. 날은 **약속**을 갖는다.—그리고 이 약속은 침입하는 밤의 그림자를 미리 앞서서 능가하면서 비춘다.—그것은 그날의 끝을 넘어서는 새로운 시작의, 밤을 추방하는 아침의, 그래서 또한 날 그 자체를 뒤따르는 다른 날의 약속이다. 이러한 약속이 없다면 및 이러한 희망이 없다면 그것은 날[하나님에 의하여 창조된, 하나님의 말씀을 통하여 빛의 이름으로써 생성된 날!]이 아닐 것이다. 날은 그러므로, 하나님께서 말씀 및 행동하신다는 사실을 통해서만이 아니라, 마찬가지로 또한 하나님께서 재차 말씀 및 행동하실 것이라는 사실을 통해서, 구성된다. 날(하루)은 미리 앞서서 시간

의 **결합** 단위(*주간) 안의 한 시간 **단위**이며, **일련의 날들** 중의 주간의 날이며, 날은 안식의 날에서 끝나며, 그날과 함께 새로 시작된다. 날은, 그것이 피조물의 삶의 공간인 오늘임으로써, **그 이상**의, 그날을 재차 확증하는 삶의 공간의 약속 및 희망이다. "뿌리는 때와 거두는 때, 추위와 더위, 여름과 겨울, 낮과 밤"이 그치지 않을 것이라고 [시간의 그와 같은 첫 구성을 확증하면서] 또한 홍수 이후의 병행되는 하나님의 말씀(창 8:22) 안에서도 말해진다. 그러나 우리는 이것을 넘어서서 말해야만 한다: 여기서는 또한 창조와 **새** 창조 사이의, 피조된 시간과 **종말**의 시간(피조된 시간은 종말의 시간을 향해 나아간다.) 사이의 필연적인 관계가 가시화된다. 하나님께서는 시간을 (그것의 고유한 종말[Eschaton]에 대하여 그것이 갖는 이러한 관계없이) 창조하지 않으셨다. 하나님께서는 시간을 창조하심으로써, 그것을 **희망의** 시간으로 만드셨다. 그렇기 때문에 여기서 (뒤따르는 날들의 출발점[terminus a quo]인) 아침이, 첫째 날의 전적으로 결여될 수 없는, 둘째의 구성적인 요소로서, 등장한다. 만일 그러한 끝 이후에 아침이 오지 않는다면, 다시 낮이 되지 않는다면, 그것은 날이 아닐 것이다. 이제 한 날의 끝과 다른 날의 시작, 즉 하나님의 새로운 말씀 및 사역 사이에 놓인 것, 그것이 바로 밤이다. 그와 같이 그 사이에 놓은 것은 바로 그것이며, 오직 그것뿐이다: 그렇기 때문에 그것은 영원한 밤이 아니며, 어둠의 일시적 승리 그 이상이 아니며, 어떤 초강력의 그림자도 아니며, 날의 끝이 보이지 않는 후미도 아니다. 밤이 어떤 권세를 취하려 하는 동시에, 그 권세를 사용하려는 동시에, 밤은 그 권세를 빼앗긴다. 그렇기 때문에 밤은 (우리의 구절의 저 특징적인 서술에 따르면) 다만 **익명적**으로 날의 **영역** 안에 위치한다. 비록 밤이 하나님에 의하여 주어진 이름이며, 하나님에 의하여 지칭된 어둠의 본질이라고 해도, 그러하다. 그러한 이름부여 및 본질 지칭의 의미는 다음으로써 다시 한 번 명확해진다: 밤은 이름 없는 것들의 이름이며, 본질 없는 것들의 본질이다. 그렇게, 오직 그렇게만 밤은 빛의 낮을 뒤따르며, 밤은 그것의 동료이다. 밤은 낮에 의하여, 그리고 그 낮에 현실적으로 뒤따르는 새로운 빛의 낮들에 의하여 그 낮의 현실적인 동료로서 포괄되고 원 안에 갇힌다. 그렇게 하여 또한 밤도 하나님의 권능과 영광의 영역 안에 있으며, 그렇게 하여 또한 밤도 그것을 유지하는 인내를 기뻐하며, 또한 밤에게도 그것의 권리가 주어진다. 이 권리와 다른 어떤 것은 그러나 밤에게 주어질 수 없다. 그리고 밤이 (하나님께서 또한 밤에게도 잠정적으로는 거부하지 않으시는) 그러한 권리에 근거하여 피조물을 위협할 수 있고 또 실제로 위협한다고 해도, 그때 밤은 피조물을 멸망시키지는 못한다. 밤은 그러한 권리와 그러한 권세를 갖고 있지 않다. 저 목적점과 출발점이, 그리고 양쪽 모두에 있어서 창조자 하나님의 말씀 및 사역이 밤을 강제하여, 그것의 고유한 거역의지의 방식 안에서도 피조물의 하나님 찬양 안에 조율되도록 만드신다. 이러한 의미에서 루터가 말한 "저녁 그리고 아침으로부터 첫날이 되었다."가 발생한다. 실제로: 저녁과 아침이 서로 함께 첫날(이것으로부터 언제나 또 다시 날이 생성된다.)이 생성되는 구성요소들이라는 한도에서, 저녁 그리고 아침'**으로부터**'(aus) 그러하다.

(창 1:6-8) 빛의 창조는 아직은 정확하게 말하여 하나님에 의하여 퇴출된 카오스의 현실성과의 투쟁 안에서 발생하는 어떤 것의 통고(Anzeige)에 불과하였다. 빛의 창조는 아직은 그러한 알림의 형식 안에서 발생하였다. 아직 저 배척된, 저 창조되지 않은 세계는 전적인 심각성 안에서 존재 및 존속하고 있었다. 그리고 하나님께서 말씀하셨을 때 그곳에서 어둠의 표징 안에서 존재했던 것, 그곳에서 하나님의 창조적인 말씀

하심을 통하여 배척되고 소멸했던 것, 그것이 이제 (빛의 창조와 함께 통고되는 질서의 실제적인 수립을 향한 첫 걸음이 행하여질 때) 비로소 가시화된다. 그것이 있었고—바로 그것이 이제 (시작되는 시간과 함께, 하나님께서 창조하신 빛 안에서, 계속해서 성취하시는 하나님의 말씀을 통하여, 둘째 날의 시작과 함께 및 둘째 날의 완성 안에서) 과거가 된다.—그것은 질서 있는 세계로서의 "하늘과 땅"에 철두철미 대립되는, 모든 생명의 원수인, 모든 생명의 가능성의 죽음인 무한한 홍수였다. 이러한 권세 그 자체가 둘째 날의 창조의 사역을 통하여 근본적으로 단절된 권세이다. 그리고 생명을 위한 공간 및 그것과 함께 **인간**을 위한 공간은 그 사역을 통하여 근본적으로 안전하게 보장되었다. 이제—빛의 창조 안에서 행하여진 알림에 정확하게 상응하면서—한 **경계선**이 설치되어 유지된다. 셋째 날의 사역 안에서 이 경계선 설치는 계속될 것이다. 그 경계선 설치의 시작은 '카오스 요소'의 주권성의 근본적인 굴절이며, 그것의 무한성의 지양이며, 그것을 "위의 물"과 "아래의 물"로 형태를 짓고, 분절시키며, 가르는 것이다; 그렇게 하는 중에 어쨌든 그것은 최종의 적대적인, 죽이는 말을 더 이상 말할 수 없으며, 그것은 인간과 인간의 세계를 더 이상 철두철미 불가능하게 만들 수 없으며, 더 이상 멸망시킬 수 없으며, 그 세계 안에서 다만 최종적 위협일 수만 있을 뿐이다. 그 요소는 분리된다. '카오스 요소'는 오직 그러한 분리 안에서만 존재하도록 허용된다. 바로 그렇게 하여 그 요소는 과거의 그것이었던 것으로 존재하기를 철두철미 그친다. 그것은 더 이상 일자도 아니고, 더 이상 전체도 아니다. 그것은 일자 및 전체**였다**: 하나님의 '창조자 말씀'을 통하여 규정된 과거 안에서 그러했다. 이제 그것은 그것의 분리성 안에서 존재하고, 존재하게 될 것이다: 하나님의 '창조자 말씀'을 통하여 규정된 현재 및 미래 안에서 그러할 것이다. 그렇게, 분리되어서, 그것은 또한 하나님의 피조물이며, 카오스의 요소가 아니라, 코스모스(우주)의 요소이며, 그것은 우주 안에서 저 과거에 대한, 하나님의 말씀 및 행동을 통하여 제거된 죽음의 위험에 대한 기억이다. 그것은 위협적이고 또 위협할 것이다. 그 '카오스의 요소'는 창조가 피조물의 재난일 수도 있었으며, 피조물은 그 요소를 결코 회피할 능력이 없으며, 그것을 회피할 수 있는 분은 오직 하나님뿐이라는 사실에 대한 표징이며, –일 것이다. 그 요소는 그러나 그 자체가 피조물이기 때문에, 동료 피조물에게 더 이상 재난이 될 수 없고, 되지도 않을 것이다. 그것은 코스모스(이것 안으로 그것은 배열되었다.)가 코스모스로서 존재하는 것을 막을 수 없다. 그 요소는 코스모스에게 굴복하며, 그것에 병합되고, 편입된다. 이것이 사가에 따르면, 하나님께서 창공을, 하늘의 견고하게 지어진 하층 부분을 창조하심으로써, 발생하였다. 하나님께서는 물들과 물들 사이에 침투될 수 없는 벽을 지으셨다. 하나님께서는 물들의 무한성을 깨뜨리셨다. 하나님께서는 물들이 함께 흐르는 것을 막으셨다. 하나님께서는 물들이 '일자이며 전체'가 되는 것을 허용하지 않으셨다. 하나님께서는 하층 우주의 존재를 확실하게 보장하셨다. 하나님께서는 하층 우주의 시작이 동시에 몰락이 되고, 그것의 존재가 동시에 소멸이 되는 것으로부터, 그것을 보호하셨다. 하나님께서는 그것을 유지하시며, 만일 하나님께서 진노 안에서 피조물을 창조하기를 원하셨다면 발생했어야 하는 것을 철회하신다. 코스모스는 하나님께서 그러한 것을 원하지 않으셨고 또 행하지 않으셨다는 '사실 증거'(Tatbeweis)이다. 그와 같이 그것은 창공으로서의 하늘이며, 저 위에 있는 것, 즉 보이지 않으며 저기 아래 있는 것보다, 그래서 인간보다 우월한 것의 총괄개념으로서의 하늘이다. 그러므로 상층의 은폐된 우주는 인간에게 어떤 현실적인 두려움의 대상일 수 없다. 카오스, 죽음, 멸망 등은 저기 위에 있는 것이 아니며, 하늘로부터 인간에게 무너져 내리는 것이 확실히 아니다. 만일 하늘이 그것 없이 발생할 수 있는 것에 대하여 두려움과 떨림을 불러일으킬 수 있다고 해도, 또한 하늘은 바로 그것이 발생하지 않도록 배려한다는 사실에 대한 훨씬 더 큰 신뢰를 준다. 하층 우주 위에, 즉 인간 위에 보이지 않는 것은—**중간에 있는 것**으로서—저 위협하는 하늘의 대양이다. 그러나 위협하는 그 대양이 그 위의 곳에서 최종적인 것도 아니고, 최초의 것도 아니다. 위의 그곳에서 **최종적인 것**은—이곳의 사가에 의해서는 명시적으로 지시되지 않았다.—최고의 하늘이다; 그것은 하나님의 피조적 거주지이며, 이 최고의 하늘은 (여기서 첫째의 것은 또 따로 있다.) 그분의 긍휼하심의 보좌이다; 그분의 긍휼은 죄인들의 죽음을 원하지 않으시며, 오히려 죄인이 돌이키고 살기를 원하신다. 그러나 저기 위의 **첫째의 것**은—이 사가는 여기에 그것의 모든 강조를 둔다.—중간에 있는 것을, 저 위협하는 하늘의 대양을 정지시키는, 그 대양을 그것의 장소에 가두는 **창공**이다. 창공의 창조와 함께 하나님께서는 한 세계, 즉 그 안에서 인간이 미리 앞서서 상실될 수도 있는 어떤 세계에 대하여 현실적인 '아니오'를 말씀하셨으며, 또 다른 한 세계, 즉 그 안에서 인간이 (실제로 안전하기 때문에) 안전하다고 느낄 수 있는 세계에 대하여 현실적인 '예'를 말씀하셨다. 하나님의 보좌의 부동성에 이 창공의, 또 그 경계선의, 그 '아니오와 예'의 부동성이 상응하며, 또 (저 원시 홍수의, 카오스 요소의 주권성에 대립하여, 그것의 현재적 및 미래적 현실성에 대립하여) 우주를 위하여 성취된 하나님의 결정의 부동성도 그 보좌의 부동성에 상응한다. "날"이 하나님께서 인간에게 (그것이 빛이 되도록 하심으로써, 하나님께서 인간에게 그분의 결정을 통고하시고 약속하심으로써) 시간을 주셨다는 사실에 대한 이름인 것처럼, 또한 "하늘"도 하나님께서 인간에게 (저 창공을 창조하심으로써, 그것과 함께 저 결정을 사역으로 옮기심으로써) 공간을 주셨다는 사실에 대한 이름이다. 이러한 둘째 날의 사역 안에서 하늘의 창조와 함께 (카오스의 탈권세화를 위하여, 코스모스의 근거를 위하여) 근본적으로 시작된 그것은 이제 끝이 났으며, 그것으로부터 되돌아가는 길은 없다. 그래서 이러한 결정 안에서 과거가 된 것도 또한 이제 회귀하지 않을 것이다. 이러한 창조 사역의 모범적 특성이 또한 오인되어서는 안 된다. 창공의 창조는, 그것이 비형체의 형체를 포괄함으로써, 죽음의 필연성에 삶의 가능성을 정면으로 대립시키며, 피조물의 평화적 및 의미 깊은 현존재를 창조자 앞에 및 창조자와 함께 마주 세운다. 창공의 창조는 하나님께서 피조물을 어떤 경우에도 진노 안에서 창조하신 것이 아니라, 오히려 모든 경우에 자유로 창조하셨음을 증거한다. 창공의 창조는 저기 위로부터, 인간에게 보이지 않는 (세계 현실성의) 우월한 측면으로부터 어떤 경우에도 어떤 제약되지 않은, 어떤 멸망시키는 재앙이 기대될 수 없음을 증거한다. 창공의 창조는 증거한다: 피조물이 아무리 약하고, 무력하다고 해도, 피조물 위에 놓인 짐이 아무리 크다고 해도, 피조물 위에 놓인 위협이 아무리 두려운 것이라고 해도, 어쨌든 피조물은 호흡할 수 있음을 증거한다; 또 하나님 앞에서의 및 하나님과 함께하는 피조물의 현존재에 대한 신뢰를 정당하게 탈취할 수 있는 어떤 최종적인 것도, 그렇기 때문에 어떤 첫째의 것도 존재하지 않음을 증거한다; 오히려 그 모든 **위협**은 언제나 다만 **중간에 있는 것**일 뿐이며, 그 자체가 제한되고 철회되며, 그것도 다만 하나님의 피조물일 뿐이며, 그것도 그 자체로서 자신의 방식 안에서 또한 주님을 찬양해야 하며, 그리고 하나님을 사랑하는 자들에게 최고로 봉사해야만 한다는 것을 증거한다. 저 지반(그 위에서 하나님께서 피조물을 그분의 계시 안에서 만나시고, 또 피조물이 그분의 계시에 믿음을 선사할 수 있는 지반)이 놓였고, 다시 철회되지 않는다. 하나님 앞에서의 및 하나님과 함께하는 인간적 실존의 근본 조건은 다음으로써 질서 안으로 옮겨졌다: 인간적 삶은 저 상층의 우주 아래서, 저 형이상학적 지평 안에서 연출되며, 그 상층 우주는 바로 "하늘"이라고 불러지며, 하늘은 이제 바로 이러한 최종의 및 최초의 근거 안에서 신뢰를 주는, 또한 그것의 중간에 있는 내용 안에서도 최종적으로는 위협을 받지 않는 기능 및 의미를 갖는다. 세계는 살리는 복음의 선포 및 들음을 위하여 창조되었으며, 어떤 죽이는 율법을 위하여 창조된 것이 아니다. 하나님께서는 시초부터, 세계의 기초를 놓으실 때부터, 인간에 대하여 선한 의도를 가지셨다. 이 사실이 은혜의 계약의 수립 및 역사 안에서 공개된다면, 또한 그것은 둘째 날에 규정된 피조물의 현존재의 근본 조건으로부터 볼 때에도 어떤 절대적인 새로움은 아니며, 오히려 창조 안에서 발생한 예비적인 것에 상응한다.

창세기 1:6-8의 구절들이 주석적인 수수께끼를 제공하는데, 우리는 그것에 미리 앞서서 대답할 수 있다. 그 구절들에는 말하자면 그 밖의 히브리적 본문에서 빠지지 않는 문장: "그리고 하나님 보시기에 그것은 좋았다."가 결여되어 있다. 이 말씀이 우연히 빠졌다는 것은 모든 단어들 하나하나가 중요한 이와 같은 본문에 있어서는 전혀 어떤 설명이 될 수 없다. 칠십인역은 이 말씀이 보충되어야 한다고 생각했다. 그러나 그것은 본문의 의도를 오인하는 어떤 조화의 시도일 뿐이다. 둘째 및 셋째 창조의 사역도 [내지는 셋째 사역의 첫째 부분도] 그러한 (*보시기에 좋은) 맥락 안에 있다는 것은 분명하다. 저기서와 마찬가지로 여기서도 물의 제한에 관계된다. 이 제한의 문제는 그러나 6-8절에 따라 발생한 것과 (물론 그것의 중요한 부분에 있어서는, 물론 그것의 형이상학적 측면에 있어서는 그러하지만) 그러나 그것의 물리적 측면에 따라서는 아직도 하층 우주에 관련된 배열로써는 해결되지 않았다. "그 목적은, 이 세상의 물이 그것들에 어울리는 장소로 퇴각할 때까지는 아직 도달되지 않았다."(Calvin) 양쪽의 물은 저자에게는 명백하게도 너무도 밀접하게 관계되어 있어서, 그래서 저자는 저 종결하는 문장을 9-10절의 보고에 연결시키려고 하였다. 그는 그곳(10절)에서 틀림없이 6-8절을 뒤돌아보고 있다.

"아침이 되었다."라고 5b절에서 말해졌으며, 그리고 우리는 여기서 조용히 침묵하면서 함께 숙고하였다. 밤이라는 이름을 가진 어둠은 첫째 날 이후에 그곳에 계속 있었지만, 그러나 빛을 제압할 수는 없었다. 아침이 되었다; 아침이 되었다; 둘째의, 새로운 날이 동터 왔다; 하나님께서는 다시 계속해서 말씀하셨고, 그것과 함께 새로운 시간이 창조되고 규정되기 시작하였으며, 저녁까지 이 둘째 날은 완성되었으며, 참된 날로서 (이제 둘째 밤에도 불구하고 또 다시 아침이 되었다는 사실을 통하여, 그날이 셋째 날 안에서 그것이 미래를 가졌다는 사실을 통하여) 확증되었다. 그리고 다시 하나님께서는 그분의: "있으라!"를 말씀하셨다. 이 진술 형식은 지나치게 꼼꼼하게 반복되는 것이 아니다; 이것은 다만 14절에 가서야 명시적으로 다시 나타난다. 본문은 모든 정확성에도 불구하고 사가의 자유로운 언어이며, 어떤 교의학적인 논문이 아니다. 우리는 우리의 본문 안에서 등장하는, 창조자의 다른 명령 형식들을 바로 이 "있으라!"의 엄격한 의미에서 이해해야 한다. 이전에는 존재하지 않았던 것의 생성은 전체 노선에서 문제되며, 하나의 창조가 이미 앞선 다른 창조와 관계를 갖는 그곳에서도 또한 문제된다. 6-8절의 창조는 그러나 그러한 어떤 앞선 창조를 뒤돌아보고 있지 않다. 우리는 물론 7절에서 처음으로 wajja'as Elohim(그리고 하나님께서 만드셨다.)이라는 표현을 읽는다. 그러나 7절 전체가 하나님의 말씀의 의도 및 (즉시 등장하는) 효과를 지칭하는(6절의) 변형인 것처럼, 또한 그와 같은 "하나님께서 만드셨다."도 명백하게도 저 결정적인 wajjomer Elohim(말씀하셨다)의 변형일 뿐이다. 하나님께서는 말씀하심으로써, 만드신다. 야콥(B. Jacob)의 7절에 대한 번역의 제안 및 병행구의 제안은 통찰을 주는 것으로 보인다: "하나님께서는 창공을 만드셨으며, 그리고 하나님께서 그것을 만드심으로써[그것의 목적 규정에 상응하는 기능 안에서], 창공은 그것에 해야 하는 것을 행하였다: 말하자면 창공은 창공 위의 물과 창공 아래의 물을 갈라놓았다." 이 이해에 있어서 그 밖에서는 낯선, 6절과 7절의 나란한 병렬이, 또 7절의 마지막에서의 wajjehi ken(그리고 그대로 되었다.)의 말씀의 설명하기 어려운 위치도 모두 설명된다. 야콥은 올바르게도 묻는다: "어떻게 하나님께서 6절에서 창공이 생겨 물을 나누라고 말씀하시고는, 7절에서 하나님 자신이 스스로 나누실 수가 있는가?" 그리고 하나님께서 7a절에서 그 해당된 것을 바로 그렇게 행하신 다음에, "그대로 되었다."(7b절)는 것은 무슨 의미를 갖는가? 만일 7절의 wajja'as가 6절의 wajjomer를 그것의 의미 및 의도를 수용하면서 변형한 것이라면, 그 모든 것은 명백해진다.

이러한 둘째 말씀의 혹은 이러한 둘째 명령 안에서 계속되는 하나님의 말씀의 피조물은 raqia' betok hammajim(물의 한가운데 있는 창공)이다. 우리는 이 개념을 단일체로 이해해야 한다. 그 개념은 하나님께서 이미 만드신 물 사이에 창공을 끼워 넣으셨다는 것을 뜻하지 않으며, 오히려 6a절에서 그것은 "**물 한가운데에 창공**"이라고 말해지지만, 6b절에서는 그것의 규정성의 지칭을 위하여 "**물과 물 사이가 갈라지게**" 하심으로써, 하나님께서 창공을 만드셨다고 말해진다. 우리의 본문은 세계 그 자체에 관심을 갖는 것이 아니라, 오히려 세계 안에서 발생하는 역사에 그리고 그 역사의 전제에 관심을 가지며, 그래서 본문은 창공 위의 물과 아래의 물의 창조에 대한 보고를 단순히 양자 사이에 설치된 **경계선**의 창조에 대한 보고 안에 숨기려고 하거나 내지는 함축되도록 한다. 하나님께서 이 경계선을 원하시고 창조하심으로써, 하나님께서는 그 경계선을 통하여 경계 지어진 그것을 양쪽 측면에 원하시고 또 창조하신다. 하나님에 의하여 창조된 물은 바로 창공을 통하여 갈라진 및 제한된 물이다. 우리는, 저자가 이러한 물을 무엇으로 이해했는가를 가시화하기 위해서, 물의 그러한 규정성을 추상화 할 수 없으며, 그 규정성의 배후로 돌아갈 수도 없다. 어떤 나누어지지 않은 및 제한되지 않은 물에 대해서는 이제 다만 **뒤돌아보게** 될 뿐이다. 오직 카오스의 원시 홍수만이 그러한 상태로써 질문될 수 있을 뿐이다. 그러나 카오스는 모든 경우에 하나님께서 원하지 않으셨고 창조하지 않으신 (세계의) 뒤편에 놓이며, 또한 카오스의 물도, 원시 홍수도 그러하다. 하나님의 말씀에 의하여 창조된 물은 그 물과는 다른 어떤 것이다. 창조된 물에게는 카오스의 물에는 결여된 것, 즉 창공을 통하여 갈라졌으며, 그래서 전체가 아니며, 주님이 없지도 않고 본질이 없지도 않다는 사실이, 본질적이다. 그것은 하나님을 통하여 그것의 울타리 안에서 및 그것의 장소에 지시된 물이다. 그렇기 때문에 그 물에게는 6-8절에서 세 번이나 이러한 갈라짐을 바라보면서도, 그러나 단 한 번도 독립적인 관심으로서의 언급은 주어지지 않는다. 2절이 어떻게 설명되든지 간에, 6-8절에 따르면 나누어지지 않은 및 구분되지 않은 물은, 하나님께서 말씀하심으로써 지나쳐졌고 지나갔으며, 물은 이제 오직 하나님의 말씀의 사역을 통하여 나누어지고 분할된 물로서만 생각될 수 있다. 저자가 물들이 하나님에 의하여 창공의 창조 안에서 및 그것과 함께 창조되었다고 말하려고 했다고 주장하는 것이 지나친 모험이라고 한다면, 그래도 다음만큼은 확실하다: 물들은 그것들의 직관에 따라 오직 창공의 창조된 존재 안에서 및 그것과 함께 그것들(물들)에게 주어진 존재 및 본질을 갖는다: 그 이전에는 및 그것 스스로로서는 그 존재와 본질을 갖지 못했다. 하나님의 창조의 공간 안에는 물 그 자체는 없다. 오직 하나님의 말씀을 통하여 **분리되어진** 물만이 있다.

"물 한가운데의 창공"은 무엇인가? raqia'(창공)는 어떤 견고하게 각인된 것: 올바른 번역으로는 στερέωμα, firmamentum을 뜻한다. 이에 대한 바벨론적 단어는 schupku이며, 퇴적을, 하늘의 대양을 막는 하늘의 흙으로 만든 댐을 뜻한다. 나중에 14절, 17절, 20절에서 명시적으로 "하늘 창공"이 언급되기 때문에, 땅에 상응하는 것을 우리의 보고 안에서 볼 수 있다. 이 창공은 욥기 37:18에 따르면 "부은 거울과 같이 견고한 것"이며, 욥기 26:11에 따르면 "하늘을 떠받치는 (*땅의) 기둥"과도 같다. 창공은 에스겔 1:22f., 10:1에 따르면 평면이며, 그 위에서 네 생물이 휴식하며, 신적 보좌 내지는 보좌 수레를 형성하며, 어쨌든 땅과 같이 질량이 있고 견고한 구조물이다. 이사야 40:22가 하나님께서 "하늘을 엷은 휘장처럼 펴셔서 사람이 사는 장막과 같이 쳐 놓으셨다."라고 말할 때, 그리고 이사야 42:5 등에서 아마도 비슷한 의미에서 하늘을 "펴시는 것"을 말할 때, 그것은 "문학적인 과장법"(Eichrodt, 앞의 책, 45)이며, 이러한 신적 창조의 우월한 가벼움을 그리는 한 비유이지만, 그러나 그 구조물의 견고함에 대해서는 틀림없이 의문시하려고 하지 않는다. 창공이 하나님의 손의 작품이라는 것을 우리는 또 시편 19:2에서 읽으며, 그렇기 때문에 시편 150:1에서는 자명한 것, 즉 창공이 하나님께 속하며, 하나님을 찬양한다는 것을 읽는다. 저 견고함을 요청하는 것은 우리의 본문 안에서 분명하게 통찰될 수 있는, 창공의 **목적**이다; 창공은 다름이 아니라, 땅의 대양 및 하늘의 대양을 서로 분리시켜야 하는 바로 그 일을 수행하여야 한다; 그것의 넘침은 곧 카오스의 침입을 의미하게 된다. 창공 안에는 천창 혹은 창문이 있다.(시 78:23, 왕하 7:2, 19) 모든 것은 하나님께서 창공의 주님으로서 이 천창을 닫힌 채 유지하신다는 데에(창 8:2), 그리고 예를 들어 홍수 때와 같이(창 7:22) 한 번씩 발생하는 것처럼, 여신다는 데에 달려 있다. 우리는 주목해야 한다: 그러한 한계 상황 안에서도 raqia'(창공)의 붕괴 혹은 제거에 대해서는 전혀 언급되지 않는다. 왜냐하면: "주님의 은혜는 하늘에 영원히 있을 것이며, 그 신실하심은 당신의 입을 통하여 그곳에 견고히 서게 될 것입니다."(시 89:3) 창공은 하층 세계 전체의 존속에 대한 보증이다. 동물의 영역에 대한 관계는 구약성서 안에서 14f.에서 다만 하늘의 빛들이 그 영역 위에 비추도록 매달아진다는 한도에서만 볼 수 있다. 그러나 이것은 저자에게는 이 창공의 한 추가적인 규정인 것으로 보이며, 창공 그 자체는 하늘의 빛들보다 앞서고 그 빛들 위에 있으며, 창공 자체에 고유한 목적은 분명히 "물과 물들 사이"를 구분하는 것이다.

그리고 이제 사태는 실제로 다음과 같이 된다: 성서적 증거는 이러한 하늘의 창공의 창고를 언급할 뿐만 아니라, 오히려 뛰어나게 강조하는 방식으로 언급함으로써, **하늘의 대양**에 관한 직관을 다양한 형식 안에서 수용하였다. 하늘의 대양은 홍수 이야기의 명확한 전제가 되었을 뿐만 아니라, 또한 시편 104:3 및 시편 148:4에서 우리와 명시적으로 만나며, 그리고 아마도 욥기 38:22의 눈과 우박의 하늘창고라는 상의 형태 안에서도 만나게 된다; 하늘의 대양은 그러나 무엇보다도 성서적 서술 전체에서 거의 언제나 위협적인 성격을 지니는 땅의 우박들의, 또 바다의 조용하게 침묵되는 전제이기도 하다. 바다의 물리적 위험 위에는 및 뒤편에는 하늘창공을 통하여 가두어진 **상층** 바다의 **형이상학적** 위험이 위협한다. 그러므로 델리취(F. Delitzsch)와 많은 옛 사람들이 창공이: "우리 위로 떠가는 안개와 구름들, 하늘의 무지개에서 고정되는 많은 물들이며, 그것으로부터 구름이 생겨나오면, 비가 내린다.…"는 해석은 통용될 수 없다. 왜냐하면 우리의 본문에 따르면 그러한 물들을 가두는 하늘창공에는 14f.에 따르면 명백하게도 아래를 향하여 하늘의 천체들이 고정되기 때문이며, 이것들을 우리의 저자는 구름 아래서가 아니라, 오히려 위에서 인지하였기 때문이다. 칼빈도 "상층의 물들" 안에서 마찬가지로 구름들을 보려고 하였으며, 그가 언짢게도 "하늘 위의 물들이 일반적인 감각에는 낯설다"는 것을 언급하였을 때, 그것은 창세기 1:6f.의 주석에는 전혀 적절하지 않은 이성적인 논쟁이었다. 루터는, 더 큰 상상력의 재능에 의지하여, 여기서 모범적 방식으로 본문에 머물렀다: 창공 위의 물이 무엇인지 우리는 잘 알 수가 없다; 그렇기 때문에 우리는, 내가 이미 말했던 것처럼, 성령에게 여지를 주고 말씀하시도록 해야 한다; 그분이 우리가 이해하는 것보다 더 잘 아신다; 그렇게 하나님께서는 물론 하늘 위에 물들을 잘 유지하실 수 있다. 나는 창공 위의 물이 공기라고 추측한다; 그래도 여전히 그것은 하늘 아래 있다. 그렇기 때문에 우리는 당혹하지만 여전히 다음에 머물러야 한다: 하늘이 물들 사이에 있도록 만들어졌다.(W. A. 24, 33f. 창세기 설교 1527)

이 문제는 특징적이게도 루터주의자와 칼빈주의자들 사이의 직접적인 논쟁의 주제가 되었다; 예를 들어 크벤슈테트(A. Quenstedt, *Theol. did. pol.* 1685 I cap. 10 sect. 2 qu. 8)는 다음 제목의 완전한 논문 한 편을 헌정하였다; "하늘창공 위의 물은 존재하는가?" 이 루터주의자가 이 질문에 긍정하면서: "하늘을 모든 측면에서 둘러싸는 하늘 위의 물들이 존재한다."라고 대답하였을 때, 우리는 그가 주석적으로, 그러나 최종적으로는 또한 교의학적으로도 옳다고 인정해야만 한다. [그와 같은 '둘러싸는' ambientes 안에서 우리는 이미 중세기에 개선된, 그 다음에는 또한 종교개혁에 있어서 및 17세기에 있어서도 이러한 형태에 척도가 되는 프톨레마이오스의 세계상을 인식하게 된다: 지구는 이미 세계 전체의 중심점에 확고하게 놓인 구슬로 이해되었으며, 동시에 구형인 하늘에 의하여 둘러싸여 있으며, 하늘은 다시 거대한 물구슬이라는 천상의 물들에 의하여 마찬가지로 둘러싸여 있다는 것이다.] "왜냐하면 하나님께서 현실적 및 자연적인 물을, 하늘 아래의 물들과 전적으로 동질적인 물들을, 창조의 시작에서 넷째 날에, 별들로 장식된 하늘 위에 놓으셨다; 이것은 성서가 설명하는 것과 같다." 이 문장의 증거로부터 몇 가지를 살펴보는 것은 유익하다. 저 상층의 물들에 있어서 문제가 되는 것은 우리의 경험과 이성이 도달할 수 있는 어떤 규모가 아니다; 오히려 "그러한 물들이 존재한다는 것 및 그것들이 그러한 물이라는 것을 우리는 오직 성서로부터 인식한다." 그러나 문제가 되는 것은 어떤 "알레고리적인 혹은 상상 안의 물"이 아니라, 오히려 "올바르고도 본래적으로 그렇게 말해지는 물"이다; 그것의 특별한 목적은 물론 우리에게는 통찰되지 않는다. 크벤슈테트는 다음의 가능성을 숙고한다: 그 물들은 천체의 열들을 식히는 데에, 그리고 동시에 아래로부터의 너무 격렬한 바람을 막기 위한 천구의 외적인 정지도구로서 유용할 수도 있다. 그 물들의 "최종적으로 의도된 및 포괄적인 목적"은 시편 148:4로부터, 그리고 불타는 용광로 안의 세 사람의 찬양으로부터(37절) 시작된다: 또한 그 물들로 주님을 찬양해야 하며, 그래서 우주의 한 통합적인 구성부분을 형성한다. "왜냐하면 하나님 및 자연은 어떤 것도 근거 없이 행하지 않기 때문이다." 비록 우리에게 그것의 "어떻게와 그렇기 때문에"가 어둡다고 해도, 그래도 우리는 그것의 '사실성'이 우리에게 공개되었다는 것을 굳게 붙들어야 한다. 7절의 me'al은 supra(위)를 가리키며, raqia', firmament(창공)는 별들의 하늘을 가리킨다. 그러나 구름들은 별들의 하늘의 아래에 있다. 그러므로 창공 위의 물들은 구름과 동일할 수가 없다. 하늘의 위쪽에는 물들의 어떤 자연적인 장소도 있을 수 없다는 주장에 대하여 다음이 주목되어야 한다: "물론 그것은 하나님께서 모든 각각의 사물에게 시원적 창조 안에서 할당하신 것이다." 세계 전체 안에서 땅을 유지할 수 있으신 하나님께서는 또한 이러한 물들을, 그것에 어떻게 발생하든지 간에, 저 높은 곳에서 유지할 수 있으시다. "어떤 방식으로 그 물들이 그곳에 있든지 간에: 그것들이 그곳에 있다는 것에 대해서는 의심할 수가 없다." 17세기 정통주의의 강점들과 약점들은 바로 이러한 서술로부터 동일하게 명확하게 시작된다. 그것의 강점들: 정통주의는 [이전 및 이후의 많은 신학과는 구분되면서] 성서 안에 있는 것을, 비록 그것이 그들의 그 밖의 전제들에 있어서 명백한 어려움을 일으킨다고 해도, 그대로 읽을 줄 알았다; 정통주의는 바로 이러한 경우에도 사실사적으로 주석하려고 했으며, 거치는 것은 거치는 것으로 버려둘 줄 알았으며, 그래서 성서적 직관들에 근거하지 않은 쉽게 하는 시도들 및 항의들에도 불구하고, 고집스럽게 다음 태도를 고수하였다: 바로 이 거치는 것은 이제 기록되어 있기 때문에, 어떤 대가를 치르든지 간에, 그렇게 주목되어야 한다는 것이었다. 그러나 또한 정통주의의 약점들: 정통주의는―현대적 사실주의와, 궁켈과 같이, 다음에서 그 밖에도 너무도 유사하면서―특징적이게도 다음에서 부동적이었고 양보하지 않았다; 그것이 이제 주석적으로 올바르게 확정되고 확고하게 유지된 개별적 자료들도 이제 또한 신학적으로 평가하고 이해하는 것이 유효하다고 주장하였으며, 그래서 이 경우에는: 구체적인 기적성으로부터 이러한 하늘 위의 물들의 계시된 비밀로까지 밀고 나가려고 하였다. 다음은 얼마나 이상한 일인가!: 크벤슈테트는 우리의 본문 안에서 너무도 강하게 강조된, raqia'(창공)의 바로 그 구분하는 성격을 지나치고 있으며, 그리고―눈길을 저 "하늘 위의 물들"에 고정시켰으며, 성서를 통하여 증명되는 그것의 소위 존재를 확정하는 것에만 철두철미 관심을 가졌으며―오직 그의 시대의 저 자연과학에 따라 어쨌든 조명된다는 가설들만 취하였으며, 그러는 사이에 raqia'를 통하여 땅의 대양과 분리된 "상층 창공"의 물에게(창 1장에 따르면 그리고 그 밖의 성서에 따르면) 도대체 어떤 기능이 주어지는가에 대해서는 단 한 순간도 질문하지 않았다. 우리의 본문의 저자가, 그리고 그와 함께 그 밖의 구약성서가 하늘의 대양의 직관을 수용하였다는 **사실**은 다만 참이기만 한 것이 아니다. 그 저자가 그곳에서, 오늘날 우리가 알고 있는 것처럼, 바벨론의 신화(이것은 이러한 점에서는 이집트의, 페르시아의, 중국의, 그리고 다른 민족들의 신화와 동격이다.)에 관계하고 있었다는 것도 다만 참이기만 한 것이 아니다. 또한 저자도 그 신화와 관계한다는 것이 무엇인지 잘 알고 있었다; 왜냐하면 그는 자신의 대단히 **특별한** 방식으로 그 신화와 관계하였기 때문이다. 우주의 통합적 한 구성부분으로서의 저 상층의 물 그 자체에 그가 관심을 가졌던 것이 아니다. 물론 저자도 그러한 물 그 자체를 알고 있으며, 확실하게도 그도 또한 시편 148:4의 일반적인 설명, 즉 또한 그 물들도 주님을 찬양해야 하고 또 할 수 있다는 설명을 계승하고자 했을 것이다. 그러나 그 저자의 창조 보고 안에서 그 물들은 이제 그럼에도 불구하고 다른 물들과 함께 다만 y 곁의 x로서 그 **사이**에 하나님께서 창공을 창조하셨던 것으로서 등장할 뿐이다. 저자가 특별히 그러한 상층의 물들에 대하여 관심을 가졌던 것은 다음이다: 창공을 통하여 그 물들의 위협이 막아지고 있다. — 위로부터, 다시 말하여 마찬가지로 하나님에 의하여 창조된, 그러나 인간에게는 보이지 않고 도달될 수 없는 코스모스로부터 아래로 돌입하는, 인간의 거주지로서의 아래의 코스모스를 근본적으로 파괴하는 강압적 힘의 위협이 막아졌다는 것이다: 그 힘의 승리는 하나님의 '창조자 의지'에 거역하여 우주를 카오스로 변화시키는 것을 뜻한다. 구약성서에 따르면 이러한 재앙을 막는 것이 raqia'(창공)의 일이다. 그리고 구약성서 안에서 저 '창공 위의 물'은 그러한 재앙의 총괄개념이다. 저자는 이 문제에서 어떤 "알레고리적인 혹은 상상 속의 물들"도 생각하지 않았다는 것은, 오히려 저자의 시대의 신화 및 자연과학(이 문제에 있어서는 17세기의 신화 및 자연과학도 그러하다.)에 상응하여 올바른 물을 생각하였다는 것은 자명하다. — 이것은 저자가 견고한 창공을 어떤 알려지지 않은 굳은 물질로써 제작된 뚜껑 있는 둥근 그릇이라고 상상했던 것과 정확하게 마찬가지로 자명하다: 궁켈의 생각은 유희에 불과하다; 왜냐하면 '우리가 아는 것처럼'의 하늘의 둥근 아치는 다만 시각적 미혹이기 때문이다! 사가는 창공 및 그것으로써 분리된 물에 대해 보고한다: 인간의 삶과 인간에게 알려진 및 도달될 수 있는 세계 전체의 존재 및 상태는 — 그것에 고유한 자연적 권세의 마귀들을 통하여 [구약성서 안에서는 이 세상의 물이라는 직관 안에서 요약된다.] — 그 자체 안에서 위협을 당할 뿐만 아니라, 오히려 또한 그것을 넘어서는 훨씬 더 높은 및 훨씬 더 위험한 질서의 권세를 통하여 **원칙적으로** 위협을 당한다; 이 위험한 권세의 승리는 [저 자연적 재난의 저편에서 우리에게 손짓하는 새로운 시작의 가능성이 전혀 없이!] 모든 사물들의 **종말**을 뜻하게 될 것이다. 이 사가가 그러한 권세를 알기 때문에, 그리고 이 사가가 그 권세를 지시하려고 하기 때문에, 이 사가는 — 이번에는 물리치면서가 아니라, 오히려 수용하고 긍정하면서 — 신화적 내지는 고대 자연과학적 세계관의 소재에 따라 저 상층의 물들에 대하여 말한다. 이 사가는 고대 사상과 함께 전적으로 현실적인 한 올바른 바다를 말하며, 그러나 바로 이러한 올바른 하늘의 바다로써 가장 엄격한 의미에서 그렇게 말해질 수 있는 저 **"높은 수준의 권세"**를 말한다; 이 권세 아래서는 **형이상학적인 위험**이 이해되며, 인간의 역사는 그 위험 안에서 연출된다. 그러나 정확하게 말하여 이 사가가 관심을 가지고 지시하려고 하는 것은 그러한 형이상학적 위험 그 자체가 아니라, 오히려 하나님의 '창조자 말씀'을 통하여 성취된 그 위험의 **방어**이며, 또 인간과 그의, 하층의, 우주가 그 위험으로부터 **보호**되고 **관찰**되고 있다는 사실성이다. 이 사가는 하나님께서

"물 한가운데의 창공"을 원하셨고, 창조하셨고, 건립하셨다는 복음을 선포한다; 그래서 상층의 물들과 하층의 물들은 서로 섞여서 흐를 수가 **없으며**, 인간과 인간의 세계의 유한한 및 무한한 위협은 물론 각각 존재하지만, 그러나 하나가 될 수는 없으며, 그래서 인간은 모든 유한한 위협 안에서도—인간에게 닥치고 인간을 삼키려고 하는 땅의 대양의 파도들과 풍랑들을 통하여—어떤 **무한한** 위협은 실제로는 발생하지 못한다는 사실을 통하여 위로를 받고, 또 그것을 지속적으로 확신할 수가 있다: 땅의 대양은 인간을 물론, 요나의 큰 물고기처럼, 한동안은 실제로 삼킬 수 있지만, 그러나 그것은 그 인간을 다시 내어놓아야 한다; 왜냐하면 땅의 대양은 저 치명적으로 위험한 하늘의 대양이 아니기 때문이며, 하늘의 대양은 저 경계선의 견고한 건축을 통하여, '창공'을 통하여 인간에게 접근하지 못하도록 **멀리** 가두어져 있기 때문이다. 17세기의 정통주의가, "그것은 기록되어 있다"로써 맞서려고 했던 것은 물론 좋은 일이었지만, 성서의 맥락 및 행간을 통하여 이제 정말로 필요하게 되는 숙고들에 대하여 호흡, 시간 및 흥미를 전혀 발견하지 못했던 것으로 보이는 것은 얼마나 안타까운 일인가!

창조 보고에 관한 모든 것은 다음에 달려 있다: 이 경계선은 하나님의 말씀을 통하여 정해졌다; 이것은 앞에서 하나님의 피조적 자기증거로서의 빛이 어둠에 대하여 스스로를 경계 짓는 것과 정확하게 마찬가지이다. 또한 창공도 하나님의 증인이다; 창공도 "그분의 손의 작품"을 선포한다.(시 8:4, 19:2, 102:26); 다시 말하여 창공은 존재함으로써, 유지될 수 있음을 예시함으로써 다음을 선포한다: 하나님께서 그 창공을 만드셨으며, 그래서 창공의 기원은 그분의 지혜 및 권능 안에, 즉 카오스에 반대하는 그분의 근원적 의지 및 항의 안에, 또 우주를 유지하시려는 그분의 결단 및 능력 안에 놓여 있다. "주님께서는 대적자를 인하여 창공을 손수 만드셨으며, 원수와 복수하려는 자들을 침묵하게 만드셨습니다."(시 8:3) 겉으로 보기에 7절의 말씀의 중복은, 만일 여기서 3-5절과 구분되면서 하나님의 말씀 및 사역의 **의도**가, 그분의 이러한 두 번째의 피조물의 구체적인 **업무**가 명확하게 이해된다면, 의미 깊은 것이다: 하나님께서 **말씀하셨으며**(6절), 그래서 다음이 **발생하였다**: "하나님께서 이처럼 창공을 **만드시고**, 물을 창공 아래에 있는 물과 창공 위에 있는 물로 나누셨다."(7절) 아래와 위의 물로 구분된 물이 하나의 창공의 말하자면 술어라는 사실이 여기서 오인되어서는 안 되며, 또 무엇보다도 다음도 그러하다: 또한 창조 자체도 자기목적적이 아니며(이것은 빛에 대해서도 어떤 의미에서는 그렇게 말해져야 한다.), 오히려 그 목적은 그 물들을 분리시켜서 유지하는 일을 수행하는 것이다. 야콥은 7절에 대하여 대단히 통찰력 있게 말한다: 우선 하나님의 '창조자 말씀'을 통하여 '창공'에게 두 가지가 요구되는 것처럼 보인다: 1. 창공은 생성되어야 한다, 2. 창공은 분리해야 한다. "그러나 실상 이 두 가지는 하나이다. 왜냐하면 목적규정에 상응하는 기능은 생성과 동시에 등장하기 때문이다; 그곳에서 창공이 어떤 외부에서 제작된 다음에 비로소 그 장소 및 위치로 옮겨진 것이 아니라, 오히려 바로 그것이 기능을 행사해야 하는 그곳에서 생성되었다: 그곳은 '물들의 한가운데'이다." 그것이 존재한다는 것 **그리고** 그것이 기능을 행한다는 것, 이것은 그때: "그대로 되었다."가 뒤돌아보는 그것으로 소급된다.

바로 이 창공이 이제 8절에 따르면 마찬가지로 하나님 자신에 의하여, 그래서 확증적 및 권위적으로 "**하늘**"이라고 말해진다. 우리가 하늘을 창공이라고, 그리고 [땅으로부터 볼 때] 창공 배후의 및 위의 상층 우주 전체라고 이해할 때, 그것에는 아무 문제도 없다. 그러나 바로 상층 우주는 하층 우주에 대한 거대한 대면체(Gegenüber)로서, 그곳에서 발생하는 역사의 증인 및 참여된 요소로서, 창공이라는 얼굴과 특성을 지니며, 그래서 바로 이러한 [전체를 위한 부분(pars pro toto)으로서] "하늘"이라는 이름을 획득하는 것은 공연한 일이 아니다. "날"이 하나님께서 그것이 빛이 되도록 하심으로써 인간에게 **시간**을 선사하시는 것을 뜻하는 것처럼, 또한 "하늘"도 하나님께서 창공을 창조하심으로써 인간에게 **공간**을 마련해주셨다는 것을 뜻한다. "하늘"이라는 이름이 등장하는 곳에서는 어디서나 우리는 우선 그러한 창공을, 그래서 그 창공의 건축과 함께 완성된 제한과 보장을, 그래서 인간적 삶의 공간의 근본적인 가능화를 생각해야 한다. 하늘이 모든 역사의 이러한 기술적인 근본 전제와 동일하다는 것, 이것이 하늘을 땅과의 관계 안에서 그렇게도 "높게" 만든다: 다음이 비교할 만하다: 시편 103:11에 따르면 하나님의 **은혜**는 그분을 경외하는 자들 위에 그렇게도 높으며, 이사야 55:9에 따르면 하나님의 **길들** 및 **생각들**은 이스라엘의 그것보다 그렇게도 높다. 하나님의 말씀은 **하늘**에 굳게 선다.(시 119:89) 시편 36:6, 57:11, 108:5에 따르면 하나님의 선하심은 하늘과도 같이 높다. 그렇기 때문에 하늘은 인간에게 측량될 수 없으며(렘 31:37, 사 40:12), 또 도달될 수 없다: "하늘에 올라갔다가 내려온 사람이 누구인가?"(잠 30:4) 그렇기 때문에 민족들이 창세기 11:4에서 탑을 지어서 그 꼭대기가 하늘에 닿게 하려고 했던 것은 참람하고도 동시에 우스운 시도였다. 그렇기 때문에 욥기 20:6f.에서 하나님 없는 자들에 대해서 말해진다: "교만이 하늘 높은 줄 모르고, 머리가 구름에 닿는 것 같아도, 마침내 그도 안개처럼 사라지고 말며, 그를 본적이 있는 사람은 말하게 될 것이다: 그는 어디 있는가?" 예레미야 51:53이 바벨에 관하여 말한다: "비록 하늘까지 올라가서 그 높은 곳에 자기의 요새를 쌓아 놓는다고 하여도, 내가 파괴자들을 보내어 그것을 부수겠다. 나 주의 말이다." 또 아모스 9:2도 이스라엘들에 대하여 말한다: "그들이 하늘로 올라가더라도, 거기에서 내가 그들을 끌어내리겠다." 이사야 14:13f.도 마찬가지로 바벨론의 불법 강탈자에게, 다음과 같이 스스로 말하는 저 "아침의 계명성"에게 관계된다: "내가 가장 높은 하늘로 올라가겠다. 하나님의 별들보다 더 높은 곳에 나의 보좌를 두고, 저 멀리 북쪽 끝에 있는 산 위에 자리잡고 앉겠다." 신명기 1:28, 9:2에 따르면 많은 경악한 이스라엘인들이 가나안에서 발견하고 두려워했던 것과 같은 "하늘에 닿을 듯한 높은 성벽으로 둘러싸인" 도시들은 땅 위에는 존재하지 않는다. 다만 천사들이 위로 오르고 아래로 내리는 사닥다리만이(창 28:12) 그 끝이 하늘에 닿는다. 오직 계시의 산 위의 하나님의 불이(신 4:11) "하늘 한가운데까지 높이 치솟고, … 어둠과 검은 구름이 산을 덮는다." 그리고: "하늘에서 내려온 이 곧 사람의 아들 밖에는 하늘로 올라간 이가 없다."(요 3:13) 하늘에 그분의 보좌를 가지시며(시 11:4, 103:19, 사 66:1 등등), 신약성서의 표현에 따르면: "하늘에 계신 우리 아버지", 그리고 또 "하늘보다 더 높이 존재하시는 것"(욥 11:8, 시 57:6, 113:4, 148:13)은 **하나님**의 특권이며, 마찬가지로 누가복음 18:13의 죄인은 눈을 들어 하늘을 바라보지 않으려고 했을 때, 이미 의로웠다. 우리는, 확고한 경계선으로서의 창공의 특성이 어떻게 인간의 모든 만용 및 소요에도 불구하고 관철되는가를, 본다. "하나님은 하늘에 계시고, 너는 땅 위에 있다."(전 5:1) 사태가 이러하다는 것, 하나님께서, 우주의 내부에서 거주하시는 한도에서, 하늘에 말하자면 그분의 거주지를 가지신다는 것, 그렇기 때문에 정경의 후기의 문서들 안에서는 직접 "하늘의 하나님"(욘 1:9, 단 2:18f.)이라고 말해질 수 있으며, 하나님께서는 하늘로부터 보시며(시 14;2, 33:13 등), 들으시며(왕상 8:32f.), 간구함을 들으시며(시 20:7, 느 9:27), 그러나 또한 도움을 보내시며(시 57:4), 무엇보다도 또한 많은 구약 및 신약성서적 구절들에 따르면 하늘로부터 말씀하신다; 이 모든 것들은 어쨌든 언제나 땅의 실존의 기술적 근본 조건으로서의 하늘의 저 목적 규정을 함께 고려하는 가운데 이해되어야 한다. "하늘 아래" 산다는 것은, 특별히 신명기와 전도서가 잘 말하듯이, 근원적 및 본래적으로는: 하나님께서 정하신 조건 안에서 사는 것이며, 그래서 하나님의 보호 및 통치 아래서, 그러나 또한 그분의 심판의 가능성 아래서 사는 것을 뜻한다. 시편 85:12의 멋진 구절에 따르면 하나님의 의는 하늘로부터 땅 아래로 내려다 보신다; 더 나아가 하늘 자체가 그 의를 선포한다.(시 50:6, 97:6) 하늘의 광채는 다니엘 12:3에 따르면 땅의 모든 지혜의 가르침의 원형이며, 그 가르침은 그것의 조명을 하늘에 힘입고 있다. 예레미야 4:28, 이사야 50:3에 따르면 하나님께서 땅 위에서 실행하기로 결정하신 심판에 직면하여 하늘도 또한 슬퍼한다. 로마서 1:18에 따르면 하나님의 진노는 하늘로부터 공개된다. 하늘로부터 하나님의 축복이 내려온다.(창 49:25, 말 3:10): 하늘로부터 이슬이(창 27:28f., 신 33:28), 비가(신 11:11f.), 그리고 그것과 함께 빵이(출 16:4, 요 6:33) 내려온다. 하늘은 또한 닫힐 수도 있다.(왕상 8:35 등) 하늘은 철과 같이(레 26:19) 또는 청동과 같이(신 28:23) 될 수도 있다. 하나님께서 인간의 희생제사를 수용한다는 표징인 거룩한 불(왕상 18:38, 레 9:24)이, 그러나 또한 하나님의 심판의 사르고 소멸시키는 불(창 19:24, 계 13:13 등)이 하늘로부터 땅으로 떨어질 수도 있다. 이와 같이 하늘은 다양한 관점에서 땅의 우주 안의 생명 전체의 일종의 **신적 지평**과도 같은 것을 형성한다. 하늘 그 자체가 철두철미 굳어진 것이 아니며, 오히려 또한 저 천창 및 창문을 제외하고도 현관문을 가지며, 그것의 열림이 재앙이 아니고, 오히려 구원을 뜻한다는 것(창 28:17), 더 나아가 하늘이 직접적으로 하나님의 계시의 의미에서 열릴 수 있다는 것(겔 1:1) 등은 구약성서 안에서는 비교적 개별적인 직관이지만, 그러나 신약성서에게는 대단히 흔한 직관이다. 땅의 생명의 저 신적 지평으로서의 하늘로부터 **예수**께서는 오셨으며(요 3:31), 그리고 다시 그곳으로 가셨으며(눅 24:51 등등), 그리고 마지막 및 최종적으로 그곳으로부터 다시 오실 것이다.(살전 1:10 등등) 또한 하늘로부터, 예수께서 보내시면서, 또한 **성령**이 공동체 위로 온다.(행 2:2, 벧전 1:12) 이러한 배경에서 볼 때 다음이 하늘에 대하여 말해질 수 있다: 하늘이 열린다는 것(요 1:51, 행 7:55)—이것의 의미는: 안으로부터 밖으로 열리는 것이며, 그래서 상층 및 하층 세계 사이에, 그래서 하나님과 인간 사이에 (여기서도 물론 주도권은 전적으로 위로부터, 하나님으로부터 오면서) 직접적인 관계가 가능해지고 현실적이 된다는 것이며, 하늘의 창조를 통하여 막아진 저 위협 없이 그렇게 된다는 것을 뜻한다. 그 하늘이 이제 예수의 인격 안에서 그리고 성령의 부어짐이 사역을 위하여 열려짐으로써, '창공'이 말하자면 분리시키면서 혹은 떼어 놓으면서 하나님과 인간 사이에 끼어들 일도 지나가 버렸다. 하늘의 **그와 같은** 열림이 발생함으로써, 저 위로부터의 형이상학적 위협은 (창공의 존속상태와는 별개로) 공개적으로 전혀 위험하지 않게 되었다. 우리는 이것으로부터 또한 다음도 이해한다: 이미 구약성서도 저 순간, 즉 하늘이 연기처럼 사라지며(사 51:6), 하늘이 두루마리처럼 말리게 될(사 34:4) 순간에 대하여 말할 수 있게 되며, 마찬가지로 올바르게 신약성서도 하늘이 떠나가는 것(계 20:11), 더 나아가 하늘이 소멸하는 것(마 5:18, 24:29, 계 21:1, 벧후 3:10)을 알고 있다. 이 모든 것이 재앙의 소식이 아니라, 오히려 구원의 소식을 뜻한다는 것은 창세기 1장으로부터 오직 다음 전제 아래서만 가능하다: 저 순간 안에서 및 그것과 함께 또한 상층 우주 안에 존재하는 및 그곳으로부터 하층 우주로 위협하던 형이상학적 위험도, 그때까지는 '창공'을 통하여 유지되었지만, 이제는 전적으로 제거되거나 혹은 변화하며, 그래서 말하자면 저 상층 바다는 새 하늘 안에서 수정과 같은 바다가 되며, 마찬가지로 견고하지만 그러나 동시에 투명하게 된다.(계 4:6, 15:2) 방어벽 및 한계선으로서의 창공은 이러한 변화와 함께 명백하게도 불필요하게 된다. 하늘도 또한, 하층 우주에 대하여 모든 사물들의 종말을 뜻하지 않고서도, 제거될 수 있다. 그리고 하나님을 얼굴과 얼굴을 대하여 보는 것에 대해서도 하늘은 지금 여기서 아직도 의미하는 것과 같은 그러한 방해가 더 이상 되지 않을 것이다. 그러나 명백하게도 모든 것은 하늘이 예수의 인격 안에서 그리고 성령의 사역 안에서 일어났던 것처럼 그렇게, 오직 그렇게 열린다는 데에 달려 있으며—또 모든 것은 하늘의 바로 그러한 유일무이한 종류의 열림이 그때는 또한 그것(하늘)의 유한한 지양을, 새 하늘을 통한 그것의 대체를 위하여 결정되었다는 데에 달려 있다.

이렇게 가능해진 것에 뒤를 이어 인간적 삶의 공간의 긍정적 실현이 따라온다: 그것은 **땅**의 창조(창 1:9-13)이다. 다시 한 번 빛의 창조 안에서 발생한 알림에 대한, 그리고 카오스 요소의 분리 및 경계 설치에 대한 정확한 상응이 등장한다. 하늘이 물들과 물들 사이의 분리 안에서 창조되는 것처럼, 이제 땅도 하늘 아래의 물들로부터 고유하게 분리됨으로써 창조된다, 다시 한 번 저 지나가 버린 것(das Vergangene)은, 이제는 땅의 대양의 형태 안에서 눈앞에 드러나며, 그것은 분리되며, 내쫓기며, 추방된다; 바로 그렇게 하여 그것은 우주에 굴복하고, 병합되고, 편입된다. 다시 한 번 그 지나가 버린 것은 최소한 여기서 및 이제는 바로 여기서, 인간이 살아야 하고 살고자 하는 곳에서—주권적으로 일자 및 전체일 수 있다. 바로 이러한 둘째의 분리 안에서 저 첫째의 분리는 완성되고, 그리고 의심될 수 없게 된다. 아직도 안전을 보장하는 하늘 아래는 **이 세상의** 대양으로부터의 직접적인 위험이 존재하고 있었으며, 이것은 하늘이 존재를 통하여 근본적으로 막아진 그것에 근접하는 위협이다. 아직도 하늘 아래 세계의 실천적인, 직접적인 안전은 완성되지 않았다. 그것의 완성은 땅과 바다의 분리라는 형식 안에서의 땅의 창조였다. 그렇게, 그렇게 해서 비로소 땅은, 앞선 것들에 근거해서 그렇게 존재할 수 있는 것: 즉 삶의 공간이 되었다. 땅이 자기 스스로를 그렇게 만들 수 없는 것은, 하늘이 그렇게 할 수 없는 것과 마찬가지이다. 오히려 하나님께서 그분의 말씀을 통하여, 그것도 다음의 방식으로 그렇게 만들었다: 그분은 하층 우주의 물들에게 퇴각을, 특별한 장소에 모일 것을 명령하셨으며, 그렇게 하여 이쪽에서는 건조한 뭍이 여기서 거주할 수 있는 **땅**이, 저쪽에서는 **바다**가 그것의 **특수성** 안에서 생성되고 볼 수 있게 되었다. 이것이 발생함으로써, 땅과 바다가 창조되었다. 그것들이 각각의 특수성 안에서 땅과 바다임으로써, 양쪽은 하나님의 피조물이다. 그렇게 해서, 오직 그렇게 해서 그것들은 현재 및 미래이다. 그렇게 해서, 오직 그렇게 해서 그것들은 빛의 창조와 함께 발생한 통고에 상응한다. 그리고 이제 그것들의 관계 안에서 빛과 어둠의 관계가, 밤과 낮의 관계가, 그러나 또한 완전한 하층 우주와 위협하는 하늘 대양 사이의 관계가 반복된다: 하나님에 의하여 본래적 및 **긍정적**으로 원해진 것 및 의도된 것은 견고한, 거주할 수 있는 **땅**(Land)이다. 그러나 땅은 바다를—땅의 창조를 통하여 바다가 그것의 장소로 지정된 이후에—자신의 곁에 현존하는, 그러나 또한 방어되는 위협의 표징[이번에는 가까이 있는, 직접적인, 볼 수 있는 표징!]으로서 갖는다; 그 위협은 하나님의 진노를 통하여 통치할 수도 있는, 그리고 이제는, 하나님의 선하심을 통하여 통치하는 것이 아니라, 오히려 다만 위협만 할 수 있는, 그리고 그것의 방식으로써 재차 하나님을 찬양할 수 있는, 그리고 그분을 사랑하는 자들에게 최선을 다하여 봉사해야 하는 현실성의 위협이다. 이러한 은혜로운 '아니오'가 이제 지속적으로 들려져야 하며, 그렇기 때문에 피조세계 안에서 크게 외쳐져야 한다; 하나님의 '예'가 이해되어야 한다면, 만일 그 세계 안에서 한때 하나님의 계시가 주님의 인식에 도달되어야 한다면, 그러하다. 그 '아니오'가 크게 들려져야 한다는 것, 그것을 하층 우주 안에서 대양의 존재가 (하나님에 의하여 배척된, 지나가버린 카오스의 현실성에 대한 그것의 유사성 안에서) 현존하는 그러나 이제는 통치하는 것이 아니라, 오히려 밀려난, 제어되는 권세로서, 현존하는 그러나 이미 방어된 위협으로서, 피조세계의 가장자리에서, 그렇게 되도록 한다. 그것을 위하여 또한 땅의 대양도 창조되었다. 하나님의 은혜의 계약이 이 세계에 대하여 이러한 의미이기 때문에, 하나님의 자유로우신 긍휼, 그분의 우월하신 도움, 구원, 해방이 피조물에 대한 그분의 의도이기 때문에, 그렇기 때문에 피조세계는 그러한 가장자리를 가져야만 한다. 이러한 가장자리의 실존으로부터 피조물이 어떻게 **위협 당하는가** 하는 것이, 피조물에게 긍휼, 도움, 구원, **곤경들**로부터의 해방 등이 존재한다는 것이, 눈에 들어오게 된다. 이것에 있어서 또 다른 하나가 더욱 중요하다: 위협에 처한 피조물에 대한 긍휼, 도움, 구원, 해방 등은 현실적으로 이미 피조물의 창조와 함께 창조자에 의하여 약속되었고, 그래서 보장되었다. 바로 이것이 땅의 창조 안에서, 땅의 바다로부터의 분리 안에서 구체적으로 볼 수 있게 되는 것이다. 그러나 이것이 홀로 땅(die Erde)을 거주할 수 있는 삶의 공간으로 만드는 것은 아니다. 땅은 하나님의 말씀을 통하여 **건조한 뭍**이 되며, 그리고 땅은 하나님의 말씀을 통하여 **싹이 돋는 땅**이 된다. 건조되었기 때문에 사람은 땅 위에서—그리고 식물이 있기 때문에 사람은 땅으로부터, 살아갈 수 있다. 하나님께서 계속해서 창조하실 모든 것은 바로 그 집의 거주를 위한 부속품들을 형성한다: 셋째 날의 이중적 사역은 그러나, 이 집을 **집으로** 만드는 것이다. 셋째 날에는 여섯째 날과 마찬가지로 두 가지의 특별한, 그러나 두 가지의 일치하는 사역들에 관계된다. 저쪽에서와 마찬가지로 이쪽에서도 하나의 **종결**에, 그리고 하나의 **시작**에 관계되며, 그러나 양자는 서로 하나의 **전체**를 형성한다. **생명**에 관해서는 지금까지는 다만 암묵적으로만 언급이 되었다; 빛의 창조에 있어서, 하늘 창공의 건축에 있어서, 건조한 땅의 기초 놓음에 있어서 다만 죽음으로부터의 조심스런 보존에 관계되었다는 한도에서 그러하다. 그러한 한도에서 이제는 하나의 새로운 시작에 관계된다. 이제 주어지는 설명에 따르면 피조물은 살아 있으며, 이 피조물은 자신의 씨앗을 통하여 다른 동일한 종류의 피조물의 존재 안에서 스스로를 계속 존재하도록 하며, 그 밖에서도 또 열매를 맺을 수도 있다. [어둠과 함께] **빛**에 대해서는, [밤과 함께] **낮**에 대해서는, [위의 및 아래의 물들과 함께] **창공**에 대해서는, [바다와 함께] **땅**에 대해서는 그것은 말해질 수 없었다. 그것들은 그것들의 특수한 영광 안에 있지만 그러나 살아 있는 피조물은 아니다. 생명은 그러한 분리의 사역들 이후에, 마지막 사역에 근거하여 시작된다. 그러한 한도에서 저 종결은 이 새로운 시작에 속한다. 하나님의 말씀에 대한 순종 안에서 건조된 땅으로부터 싹이 난 식물의 세계가 유일한 살아 있는 피조물이 되는 것은 아니다. 식물의 세계는 그러나 살아 있는 피조물 중의 첫째이며, 다른 모든 생물들의 전제가 된다. 바로 모든 살아 있는 피조물들이 (그것들이 식물과 공통으로 소유하는 것 안에서) 살아 있으며, 또 그것들은 식물의 세계 안에 그것들의 양식을, 그것들의 차려진 식탁을 발견함으로써 지속적으로 살아간다. 이러한 차려진 식탁은 필연적으로 하나님에 의하여 건축된 집의 중심에 속한다. 그러나 이 관계는 우선 아직은 눈에 보이지 않는다. 식물들도 처음에는 의심의 여지없이 그들 자신을 위하여 창조된다. 오직 그것들의 잉여 안에서만 그것들은 저 목적에 봉사할 수 있게 될 것이다. 모든 옛 창조 영역의 중심에 최종적으로 인간이 등장할 때에도, 그리고 그때 모든 것이 인간에게 봉사할 수 있어야만 한다는 사실이 실제로 예시될 때에도, 우리는 다음을 간과해서는 안 된다: 인간도 바로 그 사실로써 모든 피조물들을 가장 필요로 하는 존재라는 것이 예시될 것이다. 인간의 동식물들에 대한 주권성이, 인간이 그러한 다른 땅의 피조물보다 더 많이 감사해야 한다는 사실: 그 자신의 고유한 존재에 대해서만이 아니라, 또한 그의 고유한 존재의 불가결한 전제인 땅의 영역 전체의 존재에 대하여 감사해야 한다는 사실 외의 다른 어떤 것에, 근거할 수 있는가? 인간이 그 주권성을, 그러한 감사를 자신의 이름 안에서 및 동시에 그 밖의 땅의 피조물의 이름 안에서 이제 현실적으로 표현하는 것 외의 다른 어떤 방식으로 행사하고 보존할 수 있는가? 이렇게 하여 인간은 살아 있는 피조물들 (식물들은 이것들 중의 "가장 낮은" 피조물이다.) 사이에서 "최고의" 피조물로서 등장하지만, 그럼에도 불구하고 실제로는 지속적으로 가장 낮은 피조물이어야 한다. 그렇게 하여, 오직 그렇게 하여 인간은 인간적 삶의 공간의 수립으로서의 셋째 날의 사역을, 인간은 특별히 식물의 세계의 창조를, 최종적으로 및 최고로서 이 집의 중심에서 인간을 위하여 마련된 식탁의 주문으로 이해할 수 있게 된다. 창조의 이러한 목적 안에서 통고되는 것은 인간의 자랑이 아니라, 오히려 긍휼하심 안에서 인간에게 향하시는 하나님의 영예이다. 그곳에 마련된 것은 주님의 식탁이다; 인간은 그 식탁으로 초대되고 허용되었다; 또 그곳에서 자연 그 자체 안에서 예시되는 것은 은혜의 계약이다.―그것은 질서이며, 그 질서 안에서 나중 것은 첫째 것이 될 수 있으며, 그러나 또한 첫째 것도 철두철미 나중 것일 수 있고, 또 지속적으로 및 언제나 또 다시 그렇게 되어야만 한다.

창세기 1:9-11의 셋째 창조의 날에 대한 보고가 여섯째 날의 보고와 마찬가지로 두 가지의 "그리고 그대로 되었다." 및 "그리고 하나님 보시기에"를 통하여 명확하게 구분되는 신적 사역들을 말한다는 두드러지게 특징적인 사실성은 추측컨대 다음의 원인을 제공하였다: P 문서의 창조 보고 안에는 형식적으로는 6일의 창조의 **날들**에 따른, 그리고 내용적으로는 8가지의 [아마도 10가지라고도 할 수 있는] 창조의 **사역들**에 따른 한 배열구도가 서로 교차한다. 그리고 궁켈은 격렬하게 비판한다: 후자는 P의 저자가 안식일의 거룩성을 기초시키려고 했던 전자에 의하여 "완전하게 파괴"되었다. 만일 이제 여덟 혹은 열 가지 사역들로 이 보고를 해체하는 것이 문서비평적으로 불가능하지 않다고 해도, 그것이 또한 부분적으로는 개연적 방식으로 시도되었다고 해도, 그럼에도 불구하고 그것에 의해서도 여러 가지가 "완전히 파괴"될 것이라는 사실이 지적되어야 한다: 첫째, 셋째 날과 여섯째 날 사이의 대단히 인상적인 상응이 파괴될 것이다; 이곳에서는 각각 그날에 귀속되는 둘째 사역이 [전자에서는 식물이, 후자에서는 인간이] 신적 창조의 결정적으로 새로운 한 단계로의 건너감을 볼 수 있게 만든다. 그 다음에는 그 각각의 두 날 안의 두 가지 사역 사이의 내적 일치성이 파괴될 것이다: 셋째 날 안의 두 가지 사역이 어떻게 일치될 수 있는가 하는 것은 이미 제시되었으며, 여섯째 날 안의 두 가지 사역의 일치성은 앞으로 제시될 것이다. 그 다음에는 제시된 창조 개념 전체가 시간의 개념에 대하여 갖는 개념이 파괴될 것이다.—이 관계는 최종적으로 신적인 그래서 최초의 안식일의 예시에 근거하지 않으며, 오히려 (시간단위로서 날의 구성 및 결합된 시간단위로서의 주간의 구성에 의해서도) 마찬가지로 중요함이 드러날 것이다. 마지막으로 및 무엇보다도 이제 확실히 주목될 만한—야콥에 의하여 강조했던—뉘앙스(색조)가 파괴될 것이다; 즉 저자가 이제 날들을 중요하게 세지만, 그러나 하나님의 사역들은, 왜냐하면 그것이 중요하지 않기 때문에, 왜냐하면 그에게는 정확한 숫자의 헤아림(이것 안에서 현대적 비평가들은 그의 앞에 그가 파괴했다고 하는 추측된 근원적 숫자 배열을 내어 놓는다.)이란 것이 아마도 그 자체로 작은 신성모독으로 비추어졌을 것이기 때문에, 이제 세지 않는다는 사실이 파괴될 것이다. 저자가 날들을 따르기보다는 사역들에 따르는 그러한 숫자 배열을 생각하고 있었다고 가정한다고 해도: 그 숫자 배열은 어쨌든 간에 (언제나 그것은 감소되었더라면 얼마나 좋았을 것인가!) 성서적 역사 안에 (우리의 저자의 본문에서 인식될 수 있는 것보다) 더 의미 있는 어떤 도입 부분을 형성할 수는 없었을 것이다. 이와 같은 어쨌든 대단히 눈에 잘 들어오는 이유들에—그것들 중에는 안식일이 가장 중요한 것이 아니어야만 한다는 것도 있다.—이러한 다른 서술은 연결되지 않으며, 이에 더하여 또한 다음이 숙고되어야 한다: 그러한 숫자 배열의 존재란 추측 이상의 어떤 것이 될 수 없으며, 어떤 주목할 만한 병행 구절들에 의해서도 지지되지 않는다.

땅의 창조는 9절에 따르면 다음의 방식으로 완성된다: 땅이 건조된 뭍으로서, 견고한 대지로서, 명백하게도 하나님 자신에 대하여—다른 행위자 및 구경자는 아직도 등장하지 않는다.—볼 수 있게 된다: 하층의 물들 곁의 어떤 다른 것으로서, 그래서 그 땅과 그 물은 10절에 따르면 하나님에 의하여 각각의 이름을 수용할 수 있는 위치에 있게 되며, 그래서 하나님께서는 땅을 및 그 물을 각각의 구분성과 분리됨 안에서 사실상 보시며—그리고 또한 그것들이 좋다고 보실 수 있었다. 그 이전에 땅은 역사가 아니었다. 땅의 **역사**는, 그것이 하층의 물들의 퇴각 및 가두어짐의 결과로서 하나님께 대하여, 그리고 그 다음에 다른 각각의 눈들에 대하여 **볼 수 있게** 됨으로써, 시작한다. 그러나 이것은 땅이 자기 스스로를 볼 수 있게 만듦으로써, 자기 자신을 말하자면 현실성으로 계시함으로써가 아니라, 오히려 하나님께서 땅을 덮고 있는 이 세상의 물들을 제거하시고, 모으시고, 한 장소를 지시하심으로써, 발생한다. 물들의 이러한 제거, 모음, 국지화는 본래적인, 마찬가지로 오직 하나님의 말씀 및 명령을 통해서만 실행되는 창조 행위이다; 9-10절의 jiqqawu는 teraeh와 마찬가지로 수동형이며, 그래서 "물들은 모일지어다."가 아니라, 오히려 "물들은 모아질지어다."라고 번역되어야 한다. 또 물들에게 귀속되는 속성도 어떤 고유한 운동이 아니라, 오히려 수여되는 것이다. 야콥이 주장하는 것처럼, 2절의 저 "하나님의 바람"이 이 진행과정 안에서 능동적 요소였다는 사실은 본문에 있지 않다; 만일 그러하다면, 그것은 저 통일성의 파괴를 뜻했을 것이다; 우리의 보고는 그 통일성 안에서 하나님의 말씀을 그러한 능동적 요소로, 그분의 명령의 권세를 창조적인 운동자로 지칭하였다. 물은 그러므로 모여졌으며 그리고 재차 운동시켜졌으며, 다시 말하여 하나의, 그것들에게 정해진, 그것들에게 땅의 영역 안에서 허용된 및 지시된 장소로 옮겨졌다. 이것은 여기서 하나님의 말씀의 사역이다. 땅의 바다로부터의 완전한 해방은, 창조된 빛의 어둠으로부터의, 낮의 밤으로부터의, 하층 우주의 그것을 위로부터 위협하는 위험으로부터의 완전한 해방에 관계되지 않는다. 그러한 해방은 새 창조의 일이 될 것이며, 그것은 땅의 역사의 시작이 아니라, 끝을 형성하게 된다. 우선 또한 바다도 그것의, 하나님께서 주기로 하신 및 지시하신 장소를 가지며, 또한 땅도, 창조됨으로써, 그러한 경계를 가지며, 그렇게 해서 및 그러한 한도에서 땅은 그것의 창조와 함께 즉시 (그 경계지음으로써 발생하는) 위협의 표징 아래 서게 된다. 이것이 9절에 따르면 하나님의 명령이며, 하나님의 명령에 따라 현실성이 되는 것이다. 그리고 이것이 10절에 따르면 하나님께서 계속되는 이중의 이름부여에 의하여 확정하시는 것이며, 그리고 하나님께서 (그것이 그분에 의하여 주어지는 이름 아래서 실존과 존속을 가짐으로써) 보시는 것이다.—하나님 보시기에 그것은 좋았으며, 그것은 잘 행하여졌다. 칼빈은 이러한 과정에 관하여 서술하였을 때, 여기서의 본문의 의미를 틀림없이 올바르게 이해하였다: "집적지로 내몰린 바다가 인간들을 위하여 공간을 내어주었다는 것, 이것은 흡사 자연과 대립되는 것 같다. … 우리는 또한 알아야 한다: 우리가 마른 지역에 거주하는 것은, 하나님께서 명령으로써 물을 밀어내셨기 때문이며, 물이 땅 전체 위로 넘치지 못하도록 하셨기 때문이다." 루터는 더욱 힘 있게 표현하였다: 저곳을 보라, 하나님께서 세계를 창조하신다는 것은 하나님께서 행하시기에는 얼마나 쉬운가! 왜냐하면 물이 그 세계 주위를 및 그 위를 진행한다는 것은 그것의 본성이기 때문이다. 그러나 하나님의 말씀 및 명령을 통하여 그 물들은 그것의 본성을 거역하면서 유지되었다; 그렇지 않았다면 그 물들은 가두어질 수 없었을 것이며, 만물 위로 흘러넘쳤을 것이다.(창세기 설교, 1527 WA 24, 38)

이 사가를 이해하기 위하여 우리는 다음을 깨달아야 한다: 이 사가에 대해서 여기서 하늘 대양의 둘러싸기란 다름이 아니라 **기적**을 뜻한다. 우리는 잠언 8:27f.에서의 잘 알려진 지혜의 자기자랑 안에서 양쪽이 어떻게 한 호흡에 말해지는지를 주목해야 한다: "주님께서 하늘을 제자리에 두시며, 깊은 바다 둘레에 경계선을 그으실 때에도, 내가 거기에 있었다. 주님께서 구름 떠도는 창공을 저 위 높이 달아매시고, 깊은 샘물을 솟구치게 하셨을 때에, 바다의 경계를 정하시고, 물이 그분의 명을 거스르지 못하게 하시고, 땅의 기초를 세우셨을 때에, 나는 그분의 곁에서 창조의 명공(장인)이 되어…" 우리는 예레미야 5:22에서 동일한 과정의 서술을 읽는다; 이것은 우리의 개념들에 따르면 그것의 자연적 내용이며, 창세기 1:9-10의 서술보다 훨씬 상세하다: "너희는 내가 두렵지도 않으냐? 나 주의 말이다. 너희는 내 앞에서 떨리지도 않느냐? 나는 모래로 바다의 경계선을 만들어 놓고, 바다가 넘어설 수 없는 영원한 경계선을 그어 놓았다. 비록 바닷물이 출렁거려도 그 경계선을 없애지 못하고, 아무리 큰 파도가 몰아쳐도 그 경계선을 넘어설 수가 없다."—이 내용은 또한 이러한 이해로써 다름이 아니라 하나님 자신의 부동성 및 주권성을 서술하는 데에 봉사한다. 또 시편 95:5의 단순한 서술: "바다도 그의 것이며—그가 지으신 것이며; 또한 마른 땅도—그가 손으로 빚으신 것이다."도 바로 그 뒤에 따라오는 열정적인 외침을 충족시킨다: "오너라, 우리가 엎드려 경배하자. 우리를 지으신 주님 앞에 무릎을 꿇자. 그는 우리의 하나님이시요, 우리는 그가 기르시는 백성이며, 그가 손수 이끄시는 양떼이다." 동일한 과정의 기적의 특성이 (우리의 본문에서보다) 거꾸로 훨씬 더 격렬하게 서술될 수 있다는 것이 이 문제의 본질에 놓여 있다. **시편 33:7**에서도 그러하다: "주님은 바닷물을 모아 독에 담으셨고, 그 깊은 물을 모아 창고 속에 두셨다." 시편 139:9가 바다는 마치 하층 우주의 극단적 가장자리와도 같은 것을 형성한다는 상상을 드러낼 때도, 마찬가지이다. 또 창세기 7:11, 49:25, 시편 24:2, 136:6 등이 바다가 땅을 아래로부터 둘러싸며, 그래서 땅은 바다 위에 "기초가 놓였다."고 말할 때에도 그것은 옳다! 다른 측면에서 시편 90:2가 "산들의 출생"에 관하여 말할 때에도 그러하다! 또 우리는 시편 104:5f.에서와 같은 묘사를 읽어야 한다: "주님께서는 땅의 기초를 든든히 놓으셔서, 땅이 영원히 흔들리지 않게 하셨습니다. 옷으로 몸을 감싸듯, 깊은 물로 땅을 덮으시더니, 물이 높이 솟아서 산들을 덮었습니다. 그러나 주님께서 한 번 꾸짖으시니 물이 도망치고, 주님의 천둥소리에 물이 서둘러서 물러갑니다. 물은 산을 넘고 골짜기를 타고 내려가서, 주님께서 정하여 주신 그 자리로 흘러갑니다. 주님은 경계를 정하여 놓고, 물이 거기를 넘지 못하게 하시며, 물이 되돌아와서 땅을 덮지 못하게 하십니다." 그리고 욥기 38:6f.: "무엇이 땅을 버티는 기둥을 잡고 있느냐? 누가 땅의 주춧돌을 놓았느냐? 그날 새벽에 별들이 함께 노래하였고, 천사들은 모두 기쁨으로 소리를 질렀다. 바닷물이 땅 속 모태에서 터져 나올 때에, 누가 문을 닫아 바다를 가두었느냐? 구름으로 바다를 덮고, 흑암으로 바다를 감싼 것은 바로 나다. 바다가 넘지 못하게 금을 그어 놓고, 바다를 가두고 문빗장을 지른 것은, 바로 나다. '여기까지는 와도 된다. 그러나 더 넘지는 말아라! 너의 도도한 물결을 여기에서 멈추어라!' 하고 바다에게 명한 것이 바로 나다." 다음은 명확하다: 바로 이 두 곳의 가장 상세한 병행구절들이 부분적으로는 (우리의 본문들의 직관을 벗어나는, 그래서 그것들이 명백하게도 부분적으로는 다른 신화적 전통에 관계된다고 설명될 수밖에 없는) 직관을 전제하고 서술하고 있다. 그러나 여기서 중요한 것은 그것이 아니며, 오히려 다음 사실이다: 또한 이러한 두 가지 본문들(*시 104편, 욥 38장)도—창세기 1장이 결정적으로 **경계선**의 개념에 관심을 가지듯!—명백하게도 다음 이유에서 신화의 직관형식을 취하였다: 왜냐하면 양쪽 본문에게 땅과 바다의 분리의 과정이, 그것과 함께 양쪽의 구성이 그들의 눈앞에서 창세기 1장의 저자보다 '더 적게'가 아니라, 오히려 '더 많이' 하나님의 기적으로서 서 있었기 때문이었다. 하나님의 측량될 수 없는 규모에 대한 놀람이 시편 104편에도, 마찬가지로 욥기 38장에도 본래적인 주제이며, 그 동기에서 또한 여기서의 주제가 표현된다. 성서적 증거가 신화의 언어 안에서 말하는 것은 바로 하나님의 기적이며, 다른 곳에서와 마찬가지로 여기서도 그것은 오직 하나님의 **비밀**에 대한 표징일 뿐이다. 본문이 의심의 여지없이 현실적인 자연의 과정들 및 자연의 관계들을 바라봄으로써, 바로 본문은 그것들 그 자체 안에서, 그리고 그것들의 서술 안에서 이스라엘의 하나님의 본질과 사역을, 이스라엘 자체 안에서 발생하는 구원사의 근본 행위를 보고 있다. 본문이 말하는 "바다"는 물론 글자 그대로 및 구체적으로 땅에 대하여 자신의 장소에 모여 보존되는 (자신의 이 세상적인 전적인 충만 안에 있는) 흐르는 요소이며, 팔레스틴의 자연적인 서쪽 경계선을 형성하지만—그러나 바로 결정적으로 **다만 그러한 것**일 뿐만은 아니다! 마찬가지로 또한 바다의 속박과 제한의 기적도, 그것이 아무리 크다고 해도, 자기목적이 아니며, 오히려 그것이 바로 그 구체적인 기적임으로서 또한, 자기 자신을 넘어선 곳을 지시하는 **표징**이다. 어떻게 그렇지 않을 수가 있겠는가? 왜냐하면 땅의 바다는 그 속성에 따라 하늘 대양과 친숙하며, 저 형이상학적 위험의 물리적 반복 및 가시화이며, 무한한, 말로 할 수 없는 위협의 구체적인, 여전히 중요하게 형태 지어지는 서술이기 때문이다; 그 위협 아래서 인간의 삶이 연출되며, 그 위협 앞에서 그 삶은 그럼에도 불구하고 보호를 받는다. 그리고 마찬가지로 "땅"도 글자 그대로 및 구체적으로 굳은 대지이며, 그 위에서 인간이, 바다의 침입으로부터 보존되면서, 자신의 본질을 마땅히 및 반드시 소유한다.—그리고 그럼에도 불구하고 땅은, 그것이 그러한 것임으로써, 결정적으로는 **다만 그것**에 불과하지 않으며, 오히려 땅의 실존 그 자체의 기적도 또한 **표징**이다; 땅도 그것의 속성에 따라서는 하늘의 창공(이것을 통해서 상층의 물들이 가두어졌다.)에 친숙하며, 또 하늘의 창공과 마찬가지로—그러나 그것과는 달리 볼 수 있고 만질 수 있는 것으로서—**은혜**의 서술이며, (은혜 안에서 하나님께서는 하나님 자신을 위하여 인간을 유지 및 보존하신다.) 그리고 하나님의 목적 및 하나님의 **인내**이기도 하다; 인간은 그 인내로부터 언제나 또 다시 유지된다. 자연의 과정들 및 관계들이 **직관에 관련해서** 우선적인 것(우리의 본문 및 저 다른 본문들의 시각이 이것에 근거한다.)이라면, 또한 우리는 즉시 추가하여야 한다: 그것이 바라보고 있는, **중심 내용적으로** 우선적인 것은 지중해의 파도 치는 것이 아니라, 팔레스틴의 경계선을 형성하는 해안가의 많이 언급되는 "바다의 모래"가 아니다; 오히려 그것은 출애굽기 14장에서 묘사되고, 그 다음에는 [예를 들어 사 43:6f., 시 106:9 등등] 언제나 또 다시 크게 찬양되는, 이스라엘이 갈대바다 사이로 통과하는 기적의 사건이며, 그리고 이스라엘에게 약속된 조상들의 땅으로의 이주에 있어서 그 사건의 반복이다. 그 사건이 그곳에서 발생하였다는 것, "이스라엘 자손은 바다 한가운데로 마른 땅을 밟으며 지나갔으며, 그 동안에 물이 좌우에서 그들을 가리는 벽이 되었다."는 것(출 14:22), 그 다음에 그들을 추격하는 자들 위로 다시 합쳐졌으며, 그들을 삼켜버렸다는 것—그리고 그 사건이 그 다음에 요단 강에서 [수 3:15f., 비교. 시 114:3, 5] 하필이면 그것이 넘치는 시기에 다시 발생하였다는 것, 위로부터 흘러오던 물이 멈추었고, 솟구쳐 역류하여 "심히 멀리 사르단에 가까운 아담 읍 변방에 일어나 쌓이고, 아라바의 바다 염해로 향하여 흘러가는 물은 온전히 끊어졌다."—바로 이것이 바다와 땅에 대한 창조 보고가 [묘사된 일반적인 자연 과정들 및 자연 사건들을 말하자면 관통하여] 바라보았던 것이다. 우리는 시편 66:6, 77:17f.의 구절들을 주목하게 된다; 그곳에서 바다와 땅의 관계의 일반적인 신적 질서의 묘사 그리고 갈대바다 사건의 묘사는 너무도 내적으로 밀접하게 연결되어 있어서, 본문이 이쪽 혹은 저쪽 중 어느 쪽을 목표로 하고 있는지 말하기가 거의 불가능하다; 왜냐하면 본문에게는 양쪽이 동시에 눈앞에 있기 때문이다.

그러나 바로 저 사실성, 즉 (이스라엘의 민족의 구성 및 존속에 결정적인 저 양쪽 사건들 안에서의) 물 그리고 물에 대립하여 그것을 막아내는 하나님의 행위가 이러한 특징적인 역할을 담당한다는 사실성은 이제 우리를 그 이상의 것으로 인도한다: 그 사건은 구약성서적 사고 전체의 강력한 노선 위에서 (이 노선은 또한 창 1:9-10의 해석에 대해서도 고려되어야 한다.) 이스라엘 민족에게 주기로 된 구원을 거역하고 좌절시키는 모든 **재앙의 권세들의 대변자들**을 의미한다; 이 권세들은 또한 하나님 자신에게 거역하려고 하지만, 그러나 그렇게 할 수 없다; 왜냐하면 하나님께서는, 또한 그러한 권세들의 주님이시며, 그래서 그것들보다 우월하며, 그것들의 만용과 대면하시며, 그것들의 울타리 안으로 지시하시기 때문이다. 다음의 추측, 즉 (이러한 직관의 서술에 있어서, 또 이러한 비교에 있어서) 옛 동방 전체에 알려져 있었던 신성의 (특별히 바다 안에서 대표되는 카오스의 괴물과의) 투쟁의 상상이 사용되었다는 추측은 격퇴되어야 한다. 이러한 상상 중 소위 가장 구체적이라는 형태: 즉 뱀과의 투쟁 및 용과의 투쟁의 상도 (물론 하나님께서는 이러한 문제 안에서 그것을 승리하시면서 뒤로 넘기신다.) 구약성서에게는 철두철미 낯선 것이 아니다. 아모스 9:3, "그들이 내 눈을 피해서 바다 밑바닥에 숨더라도, 내가 거기에서 바다 괴물(뱀)을 시켜 그들을 물어 죽이게 하겠다." 이사야 27:1, "그 날이 오면, 주님께서 좁고 예리한 큰 칼로 벌하실 것이며, 매끄러운 뱀 리워야단, 꼬불꼬불한 뱀 리워야단을 처치하실 것이다. 곧 바다의 괴물을 죽이실 것이다." 시편 74:13f., "주님께서는 주님의 능력으로 바다를 가르시고, 물에 있는 타닌들(바다 괴물)의 머리를 깨뜨려 부수셨으며, 리워야단(바다 괴물)의 머리를 짓부수셔서 사막에 사는 짐승들의 먹이로 주셨다." 시편 89:10f., "주님은 소용돌이치는 바다(괴물)를 다스리셨으며, 그것의 뛰노는 파도도 진정시키셨습니다. 주님은 라합(바다 괴물)을 격파하여 죽이시고, 주님의 원수들을 강한 팔로 흩으셨습니다." 하박국 3:8도 조금도 덜 전투적으로 들리지 않는다: "주님, 강을 보고 노를 발하시는 것입니까? 바다를 보고 진노하시는 것입니까? 어찌하여 구원의 병거를 타고 말을 몰아오시는 것입니까?" 바다에 대한 하나님의 꾸짖음(이것을 통하여 건조된다.)을 우리는 나훔 1:3, 이사야 50:2, 시편 18:16 등에서 읽으며, 또 이에 상응하여 시편 77:16도 읽는다: "물들이 주님을 뵈었습니다. 물들이 주님을 뵈었을 때, 두려워 떨었습니다. 바다 속 깊은 물도 무서워서 떨었습니다." 이러한 모든 상들의 수용은 우연적이지도 않고, 외적이지도 않으며, 의미 없지도 않으며, 시적 언어의 필요성의 단순한 과장에 불과한 것도 아니다. 오히려 이 모든 것은 틀림없이 최로 현실적으로(real) 의미되고 이해되었으며, 그러나 또한 모든 것은 바로 그 현실성 안에서, 대적자들의 세계 한가운데 있는 작고 무력한 계약의 백성에게 외적 및 내적으로 언제나 또 다시 강압적으로 위협하는 위험들의 묘사이며, 그리고 그 민족에게 그것의 하나님의 능력을 통하여 언제나 또 다시 주어지는 직접적 도움 및 구원의 묘사이다. "스올(죽음)의 줄이 나를 동여 묶고, 멸망(벨리알)의 덫이 나를 덮쳤다."(시 18:5) "하나님, 나를 구원해 주십시오. 목까지 물이 찼습니다. 발 붙일 곳이 없는 깊고 깊은 수렁에 빠졌습니다. 물 속 깊은 곳으로 빠져 들어갔으니, 큰 물결이 나를 휩쓸어갑니다."(시 69:1f.) "큰 물결이 나를 덮치지 못하게 해주십시오. 깊은 물이 나를 삼키지 못하게 해주십시오. 큰 구덩이가 입을 벌려 나를 삼키고 그 입을 닫지 못하게 해주십시오."(시 69:15f.) "주님께서 나를 바다 한가운데, 깊음 속으로 던지셨으므로, 큰 물결이 나를 에워싸고, 주님의 파도와 큰 물결이 내 위에 넘쳤습니다."(욘 2:4) 그러나 이러한 직관들은 이제 그것들의 전적인 현실성(Realität) 안에서 어떤 자연의 견해 안에서 소진되지 않는다: 이사야 8:6f., "이 백성이 고요히 흐르는 실로아 물은 싫어하고, 르신과 그말리야의 아들을 좋아하니, 나 주가 저 세차게 흐르는 유프라테스 강물, 곧 앗수르 왕과 그의 모든 위력을, 이 백성 위에 덮이게 하겠다. 그때에 온 샛강을 뒤덮고 둑마다 넘쳐서, 유다로 밀려들고 소용돌이치면서 흘러, 유다를 휩쓸고 유다의 목에까지 찰 것이다. 임마누엘!"—이와 같이 앗수르의 왕이 바로 이 물이며, 팔레스틴을 통과하는 그의 정복의 행렬이 다가오는 홍수이다. 이사야 17:12f.의 앗수르에 대한 위협 그 자체도 마찬가지이다: "가련하다! 저 많은 민족의 요란한 소리가 마치 바다에 파도치는 소리처럼 요란하고, 많은 백성들이 몰려오는 소리가, 마치 거대한 물결이 밀려오는 소리 같구나." 그리고 예루살렘에 대한 베발론의 위협도 마찬가지이다.(렘 6:23): "그들은 바다처럼 요란한 소리를 내며, 군마를 타고 달려온다. 딸 시온아. 그들은 전열을 갖춘 전사와 같이 너를 치러 온다." 시편 144:7f.의 기도도 마찬가지이다: "높은 곳에서 주님의 손을 내미셔서, 거센 물결에서 나를 끌어내시고, 외적의 손에서 나를 건져주십시오. 그들의 입은 헛된 것을 말하며, 그들이 맹세하는 오른손은 거짓으로 속이는 손입니다." 시편 65:7의 외침도 마찬가지이다: "주님께서는 바다의 노호와 파도 소리를 그치게 하시며, 민족들의 소요를 가라앉히셨습니다." 시편 124:2f.의 해방된 자들의 감사하는 한숨 돌림도 그러하다: "주님께서 우리 편이 아니셨다면, 원수들이 우리를 치러 일어났을 때에, 원수들이 우리에게 큰 분노를 터뜨려서, 우리를 산 채로 집어삼켰을 것이며, 물이 우리를 덮어, 홍수가 우리를 휩쓸어 갔을 것이며, 넘치는 물결이 우리의 영혼을 삼키고 말았을 것이다." 이사야 57:20(비교. 유다서 13)에 따르면 하나님 없는 자는 요동하는 바다와 같다: 그들은 "고요히 쉬지 못하니, 성난 바다는 진흙과 더러운 것을 솟아 올릴 뿐이다." 이와 같이 우리는, 바다와 물에 대한 하나님의 통치 및 승리에 대하여, 그것의 위협에 대한 그분의 도우심과 구원에 대하여 말해지는 도처의 곳에서 확실하게도 직관에 상응하는 것을 관통하여 동시에 중심 내용적인 것(바로 이것이 그곳에서 문제되는 것이다.)을 반드시 바라보아야 한다. "네가 물 가운데로 건너갈 때에, 내가 너와 함께하고, 네가 강을 건널 때에도, 물이 너를 침몰시키지 못할 것이다."(사 43:2) "주님, 주님의 왕위는 예로부터 견고히 서 있었으며, 주님은 영원 전부터 계십니다. 주님 강물이 소리를 지릅니다. 강물이 그 소리를 더욱 높이 지릅니다. 강물이 미친 듯이 날뛰며 소리를 높이 지릅니다. 큰 물 소리보다 더 크시고 미친 듯이 날뛰는 물결보다 더 엄위하신 주님, 높이 계신 주님은 더욱 엄위하십니다."(시 93:2f.) 이에 대하여 시편 46편의 첫 소절(1-3절)도 말한다: "하나님은 우리의 피난처이시며, 우리의 힘이시며, 어려운 고비마다 우리 곁에 계시는 구원자이시니, 땅이 흔들리고 산이 무너져 바다 속으로 빠져들어도, 우리는 두려워하지 않는다. 물이 소리를 내면서 거품을 내뿜고 산들이 노하여서 뒤흔들려도, 우리는 두려워하지 않는다; 만군의 주님이 우리와 함께하신다. 야곱의 하나님이 우리의 피난처시다." 이 모든 맥락들 안에서 물과 바다는 무엇이며, 그것의 속박 및 제한은 무엇을 뜻하는가? 단순한 상?(Bild, image) 그것은 틀림없이 아니다: 왜냐하면 그것이 바로 중심적 내용의 상 및 서술인 동시에—하나님의 구원의 역사의 현실적 진행과정의 상 및 서술인 동시에—그 모든 것은 이스라엘 역사의 주제인, **더 높은** 질서의 현실성에의 완전한 **참여**의 상이기 때문이다. 물은 이스라엘에 대적하는, 그렇게 하여 또한 이스라엘의 하나님의 일과 영예를 거역하는, 이제는 또한 그 하나님께서 다스리고, 인도하고 사용하시는 인간 세계 및 인간적 권세를 거역하는 권세들 전체에 참여한다. 그리고 물의 속박은 하나님의 결의 및 그것의 계시를 거역하는 것에 대한 하나님의 승리하시는 극복에 참여한다. 이제 우리가 (그 상의 바로 이러한 중심 문제에의 참여에 직면하여) 어떻게 그 중심 문제 자체를, 저 더 높은 질서의 현실성(Wirklichkeit)을, 즉 하나님의 구원사의 진행과정을 간과할 수 있겠는가?; 그 진행과정은 [하나님에 의하여 정해진 표징의 현실성(Realität) 안에서] 바다의 파도들 및 물결들 안에서 및 그것들의 경계 지음 안에서 서술된다. 바다의 형태의 및 그것의 속박된 형태의 물은 이스라엘 역사의 시작에서의 저 사건들과 함께 그것 자체에 결정적으로 주어진 그러한 특성을 소유하고 보유한다.

다음은 자명하다: 물의 그러한 속박 및 제한 안에서도 또한 바다의 천둥소리는 저 환호에 동조

해야 한다: "주님께서 통치하신다."(대상 16:31) 다른 한편으로 다음도 틀림없이 우연은 아니다: 이스라엘 사람들은 구약성서에 따르면 페니키아인들과는 다르게 바다를 항해하는 국가가 아니었다; 비록 스블론, 앗수르, 단 등은 바닷가에서 살고 항구를 가졌다고 해도(삿 5:17, 창 49:13, 비교. 신 33:18) 그러하다. 어떤 (*배를 통한) 운송(Expedtion; 이것의 조직이 예를 들어 왕상 9:28f.에서 솔로몬에게 귀속된다.)은 [이스라엘에게 전적으로 새로운, 말에 대한 그것의 긍정적인 관계와 함께!] 대단히 예외적인 특성에, 우리는 이렇게까지 말해야 한다: 이 다윗의 직접적인 아들의 메시아적으로 고유한 특성들에 속한다. 열왕기상 22:49f.에서 여호사밧이 동일한 노선에서 취하였던 시도는 즉시 좌절된다. 그리고 또한 요나의 항해도 그것의 출발점 및 그것의 재난적 종말을 바라볼 때 어떤 일반적인 것의 예외를 결코 형성하지 않는다. 항해라는 것은 시편 107:23f. 등의 구약성서에는 광야의 방황, 감옥에 갇힘, 질병 등의 곁에 놓이는, 거대한 인간적 비참의 형태들 중의 하나이다; 이 비참으로부터 인간을 구원하는 것이 하나님의 (선하시고 능력 있으신, 아무리 해도 지나치지 않는 감사로써 긍정해야 하는) 뜻이다. 그 다음에 더욱 주목할 만한 것은 다음이다: 예수의 가장 구체적인 메시아적 행동은 그분이 왕의 자유 안에서 바다 위를 걸으셨으며, 또 그분이 폭풍과 그것의 파도들에게 그분의 말씀을 통하여 잠잠할 것을 명령하셨다는 데에 놓여 있다. 그리고 마지막으로 사도행전 27-28장에서 바울의 가이사리아로부터 크레타와 말타와 푸테올리에 이르는 폭풍을 만난, 그러나 최종적으로는 운이 좋았던 바다 항해의 항법상의 모든 세부사항들에 이르기까지의 정확한 서술은 다만 사실사적인(historischen) 관심 혹은 호기심만을 위한 것이 아니며, 오히려 또한 그 신약성서적 저자도 바다의 표징을 알고 있었으며, 그래서 이러한 진행과정 안에서 동시에 솔로몬, 여호사밧 및 요나의 능가를, 시편 107:23f.의 감사 찬양의 확증을, 그리고 마지막으로 예수 자신의 바다기적의 맥락 안에서 위험한 바다에 대한 하나님의 통치에 관한 모든 구약성서적 예언의 약속을, 그리고 또한 창세기 1:9-10의 확증을 보았기 때문이었다. 요한계시록 21:1에 따르면 새 하늘 및 새 땅에는 바다가 **더 이상** 있지 **않다**는 사실이 속한다; 다시 말하여 인간은 그의 구원에 대한 모든 및 각각의 위협들로부터—그리고 그것과 함께 또한 하나님께서도 그분의 영예에 대한 모든 및 각각의 위협들로부터 궁극적으로 및 극단적으로 자유롭게 될 것이다.

물의 속박과 제한은 그러나 셋째 창조 날의 기적과 비밀의 다만 부정적인 측면일 뿐이다. 물이, 하나님의 말씀에 의하여 바다가 있지 않고 통치할 수 없는 곳에, 건조한 대지로서의 **땅**이 있다. 물의 이동 및 모음을 통한 땅의 '기초놓음' 및 '확고해짐'이 셋째 날의 하나님의 말씀의 긍정적 의미이다. 이것이 투쟁의 성경을 갖는 이유는 다음에 놓여 있다: 물은 하층 우주와 마찬가지로 또한 상층 우주의 영역 안에서도 하나님에 의하여 부정된 카오스의, 즉 하나님에 의하여 배척된 세계 가능성 혹은 불가능성을 형성하는 카오스의 표징이다. 이러한 표징으로서—그렇기 때문에 추방당했으며 가장자리로 밀려났으며, 그렇기 때문에 한결같지 않으며, 그렇기 때문에 그것의 특수한 피조성 안에서 창조자께서 피조물을 보호하려고 하시는 바로 그 위협의 보이는 형태일 수밖에 없다.—물은, 땅의 경계선이 됨으로써, 동시에 하나님의 긍정적 의지의 경계선이다. 물의 실존은 다음을 증거한다: 하나님의 의지가 피조물의 영역 안에서 진행되는 역사 안에서 실행될 것이며, 그리고 하나님께서 물에게 행하시는 것은 더도 덜도 아니라 신적 승리의 역사로서의 특성 안에 있는 그 역사의 앞선 통고이며, 더나아가 선취이다. 그 역사를 위하여 물은 그것의 존재를 소유하며, 그러나 그 역사의 종말에서 물은,

왜냐하면 그 역사가 승리의 역사가 될 것이기 때문에, 더 이상 물이 아닐 것이다. 물은 신적 '창조자 의지'의 긍정적인 내용에, 창조의 목적인 우주에, 다시 말하여 창조로써 목표가 되고 시작된 역사에, 속하지 않는다. 물은 다만 그것에게 주어지는 속박을 통하여, 그것의 퇴각 및 최적으로는 그것의 전적인 소멸을 통하여 그 우주를 다만 제시할 수 있을 뿐이다. 그 우주는 전적으로 오직 하늘과 땅으로서만 구성될 것이다. 그렇기 때문에 셋째 날의 사역은 그것의 **긍정적** 의미로부터 볼 때는 **땅**이며, **오직 땅뿐이다. 땅**에 해당하는 것은, 루터와 칼빈이 올바르게 보았던 것처럼, 기적이며, 이러한 두 번째의 수평적인 물의 분리의 비밀도 땅에 관계된다. **이쪽**에서 하나님께서는, 저쪽에 '아니오'를 말하심으로써, '예'를 말하신다; 저쪽에서 나누심으로써, 이쪽에서는 근거를 놓으시고, 확고히 하시고, 건립하신다. 하나님과 땅 사이의 **계약**의 확증 및 갱신에 관하여 창세기 9:13이 말한다. 이러한 계약에 근거하여 다음이 유효하다: "땅이 진동하고 거기에 사는 사람들이 흔들리고 비틀거릴 때에, 땅의 기둥을 견고하게 붙드는 자는 바로 나다."(시 75:3) 마찬가지로 전도서 1:4, "한 세대가 가고, 또 한 세대가 오지만, 땅(세상)은 언제나 그대로." 땅이 그렇게 기초된 그대로 있는 것은 오직 하나님 덕분이다.(사 44:24) 하나님이 "땅덩이를 빈 곳에(허공 위에) 매달아 놓으셨다."(욥 26:7) 그러나 하나님께서는 바로 그것을 **행하시며**, 그것을 행하심으로써, 땅을 **기초**하시고, **견고히** 하시고, **유지**하신다: 땅을 하늘과 함께, 하늘보다 조금도 못하지 않게 그렇게 하시며, 비록 땅이 하늘에 대하여 의심의 여지없이 낮은, 열등한 및 또한 더 약한, 더 위협을 받는 피조물이기는 해도, 그렇게 하신다. 하늘이 하나님의 보좌라면, 땅은 하나님의 발등상이다.(사 66:1, 마 5:35, 행 7:49) 이것은 땅에게는 충분한 영광이다. 바로 하나님께서 "땅의 영역 위에 보좌를 취하셨으며, 땅에 사는 사람들은 하나님 보시기에는 메뚜기와 같을 뿐이다."(사 40:22)라는 것이 땅에게는 영광이다. 마찬가지로 주님의 땅은 땅을 가득 채우는 모든 것(시 24:1)과 함께 주님의 선하심으로 가득 차 있으며(시 33:5), 주님의 영광으로 가득 차 있다.(합 3:3) 하나님께서는 하늘을 채우듯이, 자신의 현재로써 땅도 가득 채우신다.(렘 23:24) 왜냐하면 땅은 무엇인가? 무엇을 위하여 하나님께서는 땅을 창조, 형성하시고, 만드시고 견고히 하셨는가? 이사야 45:18이 그것에 대답한다: "그분은 땅을 혼돈 상태로 창조하신 것이 아니라, 사람이 살 수 있게 만드셨다." 그리고 이사야 42:5, "하나님께서 땅 위에 사는 백성에게 생명을 주시고, 땅 위에 걸어 다니는 사람에게 목숨을 주셨다." 그리고 시편 115:16, "하늘은 주님의 하늘이라도, 땅은 사람에게 주셨다." 마찬가지로 또한 우리의 보고에서 28절도 말한다: 사람들이 땅에 충만해야 하며, 땅을 정복해야 한다. **사람** 그리고—우리는 주목해야 한다: 동물과의 사이에서가 아니라, 인간과의 사이에서—**땅**의 경우 둘째 창조 보고(창 2:7)에 따르면 최고로 친밀한 관계가 존재하며, 즉 인간 자체가 하나님에 의하여 흙으로부터 빚어지며, 그래서 그 자체로서 신적 생명의 호흡을 담은 땅의 존재이다. 그리고 그가 땅으로부터 취해졌고, 그 자체가 흙인 것처럼, 인간은 또한 재차 흙으로 돌아가야 한다.(창 3:19, 욥 10:9) 거꾸로—그리고 이 맥락과 확실하게도 관계가 없지는 않으면서, 인간의 근원적으로 **이 세상적인**(땅의) 성격으로부터 이제 땅 자체도 근원적으로 **인간적인** 성격을 지니며, 땅은 주로(a parte potiori) 인간에게 속하며, 인간 종족이 거주하고 정하는 땅이며, 인간의 생명 및 죽음의, 인간의 기쁨과 아픔의, 그의 권세와 무력함의, 그의 죄와 예배의 장소이다—이 모든 것은 그러나 저 역사의 연속 안에서 발생하며, 이 역사를 향하여 하나님께서 전체의, 하층의 및 상층의 우주를 창조하셨다. 그는, 인간은, 물론 창세기 9:13의 저 계약의 당사자이며 책임이 있는 체결 파트너이다. 신명기 32:1,

시편 147:15에서 하나님과 땅과 말씀하셨다고, 혹은 이사야 11:4에서: 하나님께서 그분의 입의 몽둥이로써 땅을 치신다고, 혹은 히브리서 12:26, 그분의 음성이 땅을 흔드신다고, 혹은 시편 104:32, 하나님께서 땅을 보실 때, 땅이 진동한다고, 혹은 이사야 2:19 및 욥기 9:6, 하나님께서 땅을 놀라게 하셨다고, 혹은 시편 74:12, 하나님께서 땅 위에서 구원의 행동들을 실행하셨다고, 혹은 히브리서 6:7, 땅이 주님으로부터 축복을 얻는다고, 혹은 시편 65:6, 하나님께서는 모든 땅 끝의 신뢰시라고, 혹은 시편 76:9, 주님께서 이렇게 재판을 하시어 땅에서 억눌린 사람들을 구원해 주셨다고 말할 때, 그때 땅은 인간을 의미한다. 예레미야 9:24에서 하나님께 대하여 긍휼과 공평과 공의를 땅(세상)에 실현하는 분이시라고, 그리고 이사야 42:4에서 그분은 쇠하지 않는 빛이시며, 끝내 땅(세상)에 공의를 세울 때까지, 먼 해안가에서도 그분의 가르침을 고대할 때까지, 꺾지 않으시는 분이라고 말할 때, 그때 그것은 인간에게 관계되며, 인간의 역사의 통치, 의미, 목적이 서술되고 있다. 인간의 타락 및 그의 비참 때문에 "땅" 및 "이 세상"(irdisch)의 개념은 특별히 신약성서 안에서 [그리고 여기서 마찬가지로 특별히 요한계시록에 의하여 각인되면서] 물론 불완전성이라는 대단히 특정한 의미뿐만 아니라, 오히려 직접적으로 하나님을 거역하는 것의 의미를 취하게 되었으며; 그래서 예수께서는 요한복음 3:31, 고린도전서 15:47에 따르면 땅으로부터가 아니라, 오히려 하늘로부터 오신 자로서 인간들과 마주 대하셔야 했으며; 그리스도인들은 골로새서 3:2에서 땅 위에 있는 것이 아니라, 오히려 위에 있는 것을 생각하도록 부르심을 받으며; 히브리서 11:13에 따르면 [이미 시편 119:19에서 그렇게 말해진 것처럼] 믿는 자들은 시민이 아니며, 오히려 땅 위에서의 손님들 및 나그네들이다. 동일한 이유에서 이사야 51:6에 따르면 [하늘이 연기처럼 사라지는 것에 상응하여] 땅도 옷처럼 해어질 것이다. 그래서 땅은 하나님 앞에서 놀라고 진동해야 할 이유를 갖는다. 그러나 우리는 간과해서는 안 된다: 땅의 이와 같이 못쓰게 버려짐 및 위협은 이제 그럼에도 불구하고 (성서가 증거하는 피조물의 역사 안에서의) 다만 **하나의** 계기일 뿐이며, 더 나아가 다만 **하나의** 단계일 뿐이다; (그 역사는 피조물의 실존의 특별한 의미이다.) 땅은, 그것이 "이 세상적으로" 처신하면서도, 그리고 실제로 "이 세상적"이면서도, 그렇기 때문에 하늘과 함께 거대한 소멸을 향해 마주 나아가면서도, 주님의 것이기를 그치지 않는다. 땅이 예수의 죽음의 시간에 진동함으로써(마 27:52), 땅의 죄는 물론 확정되었고 계시되었지만, 그러나 또한 땅은 그 죄로부터 건져졌으며, 땅의 소멸은 물론 결정되었지만, 그러나 땅을 비켜갔다. 예수의 죽음 안에서 발생한 바로 그것을 통하여 다음은 유지되며, 또 확증되고 계시된다: 온유한 자는 복이 있으며, 그들은 땅을 — 참된(현실적인) 땅을 — 유산으로 받게 될 것이다.(마 5:5) 예수께서 땅에 던지시려고 오셨다고 설명하신 바로 그 불(눅 12:49)도 누가복음 2:14에 따르면 땅의 평화를 뜻한다. "바다에 물이 가득하듯이, 주의 영광을 아는 지식이 땅 위에 가득할 것이다."(합 2:24) 이것이, 오직 이것만이 — 인간의 및 그의 땅의 모든 "이 세상적인" 본질에도 불구하고 — 하나님의 뜻이며, 마태복음 6:10에 따르면 하늘에서와 같이 땅 위에서 발생해야 하는 하나님의 뜻이다. 왜냐하면 아브라함과 함께 시작한 역사는, 혹은 더 나아가 아브라함 안에서, 하나님께서 특정한 인간과 함께하시는 특정한 역사로서 계시된 것은, 땅과 맺은 하나님의 계약의 실행은, 결코 철회되지 않을 것이며, 중단되지 않을 것이기 때문이다. 그러나 아브라함에 대해서 말해진다.(창 12:3 등): 그의 이름은 땅의 모든 족속들을 위한 축복의 소원이 될 것이다. 바로 그것이 로마서 11:29에 따르면 하나님에 의하여 철회될 수도 없고 또 되지도 않을 약속들의 총괄개념이다. 창조 사가는, 그것이 땅의 '기초놓음' 및 '확고히됨'을 말할 때, 바로 이러한 아브라함의 약속을 또한 내다본다. 그 약속을 위하여 구약성서 전체는 그것의 중심 문제를 그렇게도 확신한다; 구약성서가 바다의 물들에 관하여 알고 말할 때, 그 물들에게 "여기까지이며, 그 이상은 안 된다!"라고 외쳐 불러 말할 때, 그렇게 확신한다. 그 약속 때문에 구약성서적 인간은 그에게 이미 고유한 모든 '나그네 됨'에도 불구하고 그렇게도 확고하게 인간의 지반(땅) 위에 서며, 그에게 "땅"(Land)의 소유는—땅 전체의 총괄개념으로서의 팔레스틴 땅의 소유는—그렇게도 값비싼 것이다. 그 약속 때문에 인간은 출애굽기 20:12에 따르면 "그 땅에서의 장수"를 기대한다. 주님께서, 그의 하나님께서 그에게 주기를 원하시는 것은 언제나 땅(Land)이다. 창조 사가가, 하나님의 지혜 및 권능을 통하여 분리되어 건조된 것을 말할 때, 바로 그러한 땅(Land)에 대해서 말하고 있다; 그리고 그 사가는 그러한 **이스라엘인**의 땅에 대하여 말함으로써, 또한 땅 **전체**에 대하여 말하며, 그 땅 그 자체는 주님의 땅으로서, 이스라엘의 봉사를 통하여, 아브라함에게 주어진 약속의 성취 안에서, 주님의 소유로서의 그것(땅)의 총체성 안에서, 계시될 것이다. 이스라엘은 땅의 한가운데에서 한 축복[특정한 축복!]이 될 것이며, 앗수르와 애굽 사이에서도 축복이 될 것이다.(사 19:24) "이제 너희가 정말로 나의 말을 듣고, 내가 세워준 언약을 지키면, 너희는 모든 민족 가운데서 나의 보물이 될 것이다. 왜냐하면 온 땅(세상)이 나의 것이기 때문이다."(출 19:5) 바로 이것은 바로가(출 9:29) 그에게 주어졌던 심판들로부터 배웠어야 했던 것, 그러나 배우지 못하였던 것이다. 이스라엘이 약속을 지니고 전하는 자임으로써, 현실적으로 "땅 위에서는 이스라엘 민족과 같은 다른 어떤 나라는 없다."(삼하 7:23)

그리고 이제 우리는 여기서, 다음의 직관이, 그러나 또한, 중심 내용이 무엇에 해당하는지를 숙고해야 한다: 땅 위에는—말하자면 강해진 땅에는—**산들**이 있다. 바로 산들이 다수의 구절 안에서, 땅은 자신의 견고함 및 존속을 스스로에게 힘입고 있지 않으며, 땅은 인간의 타락과 비참의 장소로서 저 거대한 소멸을 향해 나아가며, 그 소멸을 피할 수 있는 것은, 땅 위에서 최고로 높고 최고로 견고하다고 해도, 아무것도 없다는 사실의 사례가 된다는 점이 특징적이다. "산들이 당신을 바라보며, 흔들리고 있습니다."(합 3:10) "산들은 주님 앞에서, 온 땅의 주님 앞에서, 초처럼 녹아 버린다."(시 97:5) 주님의 영광이 나타나게 될 때 "산과 언덕은 깎아 내리고, 거친 길은 평탄해 져야 한다."(사 40:4) 산들은 옮겨질 수 있으며, 언덕은 흔들릴 수 있다; 그와 다르게 하나님의 은혜는 떠나지 않으며, 그와 다르게 평화의 언약은 파기되지 않을 것이다.(사 54:10) 그러나 또한 그 모든 것이 해당하지 **않는 다른** 산들도 있다: 그것은 "하나님의 산"이다; 이 산은 하나님의 의와 같이 서 있다.(시 36:7)—그 산을 향하여 나는(시 121:1) 눈을 들며, 그 산으로부터 나의 도움이 오며, 그 산 위에 하나님 자신이 머물기를 원하신다.(시 68:17): 우선적으로 그것은 호렙 산이지만, 그러나 그 다음에서 많이 공언되면서 및 결정적으로: 하나님께서 거하시는 시온 산이다.(사 8:18); 그 산 위에서 하나님께서는 왕이시며(사 24;23, 미 4:7), 그 산으로부터 하나님께서는 다투시며(사 31:4), 그 산 위에서 구원이 발견되며(욜 3:5), 마지막 날에는 모든 민족들이 그 산으로 밀려오게 될 것이며, "백성들이 오면서 이르기를, 자 가자, 우리 모두 주님의 산으로 올라가자. 야곱의 하나님이 계신 성전으로 어서 올라가자. 주님께서 우리에게 주님의 길을 가르치실 것이니, 주님께서 가르치시는 길을 따르자 할 것이다."(사 2:3)—그 산은 마지막에 최종적으로 어린양이 서실 장소이며, 그리고 "그 어린양과 함께 십사만 사천 명이 서 있었는데, 그들의 이마에는 어린양의 이름과 그의 아버지의 이름이 적혀 있었습니다."(계 14:1) **바로 이**

산들의, **바로 이** 산의 옮겨감 및 흔들림에 대해서는 자명하게도 언급되지 않는다. 바로 이 하나님의 산은 땅 위에 있을 뿐만 아니라, 오히려 그 산은 그 자체가―특별히 시온 산 그 자체가―창세기 1:9f.에서 시각화되는 (그것의 신뢰할 만한 견고함 안에 있는) 땅이며, 하나님의 영광이 거하는 장소이며, 그렇기 때문에 및 그와 함께 또한 인간이 안전하게 거할 수 있고 또 거하게 될 장소이다. 시온 산이 이스라엘에게 주어진 아브라함의 약속이기 때문에, 표징과 사태 자체(Zeichen und Sache)는 여기서 모든 구분에도 불구하고, 결코 분리되어서는 안 된다.

이제야 비로소―셋째 날의 사역에 대한 보고의 중간에서―(10b절) 두 번째로, 그의 만드신 것은 하나님 보시기에 좋았다. 이 말씀은 9-10절을 바라보며, 그러나 또한 6-8절을 뒤돌아본다: 이 사건이 여기서 및 저기서 저자에게는 하나의 내적 관계 안에 있다는 것은 명확하다. 하나님께서는 양쪽의 완성된 행위들을 보시며, 이쪽 및 저쪽으로 분리된 것을 동시에 보신다. 하나님께서 보시기에 그 분리 자체가 좋으며, 그리고 그 분리에 힘입어 분리된 이쪽 및 저쪽의 것이 좋다: 그것은 하나님의 뜻과 계획에, 그분의 말씀에 상응하는 것이다. 하나님께서는 이러한 그분의 사역 곁에 서시며, 그리고 그것을 승인하시며―또한 상층의 및 하층의 물들에게도, 또 그분의 비의지의 표징들에게도, 그분이 3절에서 그분에 의하여 창조된 빛을 승인하셨던 것처럼, 승인하신다. 이러한 우주의 공간 안에서는 제기 될 수 있는, 하나님께 대하여 제기될 수도 있는 어떤 비난이나 불편도 있을 수 없으며, 제자리에 있는 저 표징에 직면해서도 어떤 절대적인 두려움도 있을 수 없다.

그러나 양쪽의 거대한 분리의 이러한 내적인 연관성이 하나님의 '날의 사역'의 개념을 구성하는 것은 아니다. 그런 식으로 서술한다면, 문제는 쉬웠을 것이다. 그러나 사가는 그 문제를 다르게 본다: 제삼일은 거주와 삶의 공간으로서의 땅의 날이며, (*땅의) 그러한 규정의 충족을 위하여 땅에게 요청되는 불가결한 것의 날이다. 그렇기 때문에 하층 우주에서의 땅과 바다의 분리는 **셋째** 날의 사역에 속하며, 그렇기 때문에 또한 **식물의 세계**의 창조도 셋째 날에 속한다. 여섯째 날의 사역의 종결 및 그것과 함께 전체의 목적은 땅의 동물들의 창조 이후의 인간의 창조가 될 것이다. 그리고 바로 인간에게, 땅의 동물들에게 그리고 동물의 세계 전체에게(29f.에 따르면) 식물들이 양식으로 주어진다. 셋째 날의 사역의 후반부는 그 전제에 속하며, 그것과 함께 저 역사(땅은 이것의 무대로서 규정되었다.)의 물질적 근거에 속한다. 역사란 오직 생명이 있는 곳에서만 존재한다. 삶은 생명을 전제한다. 인간과 동물들의 삶을 위하여 전제되는 그러한 생명과 우리는 11-13절에서 관계한다. 이 구절들은 말한다: 또한 그 생명도, 풀들과 나무들도 (인간과 동물들은 그것을 먹고 살아야 한다.) 하나님의 말씀을 통하여 창조되었다. 동물들과 인간이 창조되기도 전에, 하나님께서는 그것들의 필요를 배려하셨다. 모든 인간적 염려는, 창조가 이러한 질서 안에서 진행됨으로써, 미리 앞서서 그 지반을 빼앗긴다. 인간은 참으로(현실적으로) 다음 질문으로써 주위를 둘러보면서 근심할 필요가 없다: "우리는 무엇을 먹어야 하며, 무엇을 마셔야 하며, 무엇으로 입어야 할 것인가?"(마 6:31); 왜냐하면 인간이 질문할 수 있기 전에, 인간이 존재하기 전에, 그 모든 것은 이미 그곳에 있다: 하나님께서 인간을 위하여, 인간을 창조하시기도 전에, 그것을 염려하셨다. 우리는 물론 또한 다음에 주목해야 한다: 인간은(29f.에 따르면) 그가 필요로 하는 것을 스스로 취할 수 있는 위치에 있지 않으며, 오히려 어떤 것이 현실적으로 **인간을 위하여** 그곳에 있다는 것은 어떤 대단히 특수한 일이다: 즉 그것은 하나님에 의하여 그에게 **주어진다**. "이 모든 피조물이 주님만 바라보며, 때를 따라서 먹이 주시기를 기다립니다."(시 104:27) 창조가 이러한 질서 안에서 진행되기 때문에, 인간의 모든 오만한 및 자의적인 월권행위는 뿌리로부터 불가능해진다. 인간 없이 및 인간이 있기 전에, 풀들과 나무들이 있었다. 그것들도 또한 고유한 가치 및 삶의 권리를 가졌으며, 지금도 갖는다. 그 다음에야 비로소, 풀들과 나무들 다음에, 인간은 생겨났고, 그리고 인간은—이것도 하나님의 의지와 말씀에 따라—그것들의 잉여의 향유자로 투입되었다. 그렇게, 오직 그렇게만 풀들과 나무들은 인간의 처치 아래 놓였다. 인간이 삶을 시작하면서, 그렇게 살게 되었으며, 하나님의 은혜에 의하여 바로 그에게 미리 앞서서 예비된 식탁으로부터 살아가게 되었다. 그가 얻는 모든 한 입의 양식은 그 자체가 표징이며, 그 한 입은 그 표징 안에서, 그것과 함께, 그것 아래서 은혜 그 자체이다; 인간은 그 은혜로부터만 살아가야 하며, 그 은혜 없이 살아갈 수가 없다.

햇빛이라는 근본 조건이 없이 어떻게 식물의 세계가 존재할 수 있었는가라는 질문은, 3절에서 빛에 관련한 질문과 마찬가지로 무지한 질문일 뿐이다. 왜냐하면 다음이 명확하기 때문이다: 저자는—여기서 관찰되는 물리학적 법칙들을 알았든지 혹은 몰랐든지 간에—바실리우스(Basilius, Hex. V 1)의 올바른 추측에 따르면 또한 여기서도 모든 것에 대립하면서, 특별히 애굽의 태양신 제의와 대립하면서, 바로 다음을 말하려고 했기 때문이다: "태양의 빛이 비치기도 전에, 풀들이 생겨났다고 한다: 그렇다면 풀의 우선권이 태양의 것보다 더 오래된 셈이다. 땅이 태양을 통하여 열을 흡수하기 전에 어떤 것을 싹트게 하였다는 것으로써, 인간의 오류가 강화되는 것은 아니다. 모두는 다음을 알아야 한다: 태양이 생성되는 사물들의 창시자가 아니다. 하나님의 선하심이 땅을 결실 맺도록 하는 그것이다; 하나님의 은총이 열매들이 자라나도록 하는 그것이다."(Ambrosius, Hex. III 6, 27) 인간이 향유자로서 등장하는 것처럼, 또한 태양도 땅의 식물의 조건으로서 식물의 창조 **이후**에야 비로소 등장한다: "그것으로써 우리는 배운다: 하나님께서 피조물을 통하여 행동하실 때, 그것은 그분이 낯선 도움을 필요로 하시기 때문이 아니며, 오히려 그것이 그분에게 기쁨을 주기 때문이다."(Calvin) 하나님 자신이 및 하나님만이 홀로 빛 **그리고** 생명의 창조자이시며, 하나님만이 홀로 양자 사이의 관계의 장소이시다. 이 사실로써 또한 자명하게도 다음도 결정된다: 11절에서 땅에게 주어지는: "땅은 푸른 움을 돋아나게 하여라. 씨를 맺는 식물과 씨 있는 열매를 맺는 나무가 그 종류대로 땅 위에서 돋아나게 하여라"라는 명령은 땅 그 자체에 내재한 능력에 호소된 것이 아니다. 다만 건조한 대지이었던, 다만 불모의 땅이었던 것이 어디서 성장력과 결실력을 얻겠으며, 어디서 그것의 전제로서의 생명을 얻겠는가? 여기에는 오직 하나의 이유만이 있다: "하나님께서 한 번 말씀하셨기 때문에, 다시 말하여 그분의 영원하신 법령이 공개되었기 때문에, 이제 땅은, 그리고 땅으로부터 산출된 것은, 그것들이 지속적으로 인지하는 하나님의 명령에 순종하게 된다."(Calvin) 이미 사태는 이러하다: 땅은 현실적이 되며, 이제는 능동적인 주체이며, 현실적으로 땅은 명령받은 대로 행동하며, 땅은 현실적으로 산출하며, 식물과 나무가 싹을 내도록 한다. 그러나 땅은 그것을 자신의 고유한 창조력 안에서 행하는 것이 아니며, 신적 말씀과 사역의 대리인으로서 행하는 것이 아니며, 오히려 땅이 **하나님의** 명령을 들었기 때문이며, 그래서 자기 자신의 힘으로써는 의심의 여지없이 행할 수 없었던 것, 즉 이제 그것이 행하여야 하는 그것을—이제는 (왜냐하면 그것이 하나님의 명령이기 때문에) **할 수 있기** 때문이다. 이렇게 말해질 수도 있다: 우리는 여기서 성서적 의미에서 말할 수 있는 피조물의 '순종 능력'(potentia oboedentialis)과 관계한다. 참된 능력(potentia) 안에서 참된 순종(oboedire)이 가능하게 되며, 이것은 오직 피조물에게 선사된 들음

(audire)의 상응이며, 철두철미 피조물에게 **말해진** 것의 능력 안에서 발생한다. 이제 이러한 순종의 능력 및 순종의 행위 안에서 땅에 의하여 돋아난 것(11절) 및 산출된 것(12절)의 총괄개념은 desche, 즉 식물이다. 여기서 우리는 3절, 6절, 9절의 활동 및 결과의 차이에 주목해야 한다: 빛은 다만 생성되기만 하면, 그것의 본질로서 존재한다. 창공도 다만 분리시키기만 하면 된다. 물들은 다만 모이기만 하면 된다. 피조물의 이러한 행동의 결과는 그 피조물을 넘어서서 다른 피조물의 존재로 인도하지 않는다. 그러나 땅은—이것이 셋째 날의 사역의 후반부 안에서의 커다란 전환이다.—"식물을 재배한다"; 땅의 행동은 자기의 존재에만 놓여 있는 것이 아니라, 오히려 그것은 전이(transeunten)의 성격을 갖는다. 땅은 자신과 구분되는 것, 이러한 새로운 것 및 타자를, 이제 "땅 위에" 있는 것을 산출해낸다. 하나님의 이러한 특별한 말씀에 상응하여, 땅의 이러한 특별한 순종에 상응하여, 이 새로운 것 및 타자는 식물이 되며, 글자 그대로: "처녀 식물"(das jünge Grün)이 된다. 이것은 다음을 뜻한다: 하나님의 말씀을 통하여 산출된 것 자체가 산출하는 것이다. 죽은 땅이, 하나님의 말씀의 능력 안에서 푸르러짐으로써, 생명을 산출하였다. 왜냐하면 이러한 새로운 산출에, 풀과 나무들에 귀속되는 것은 공통적인 것이기 때문이다: 그것들도 자신의 입장에서 씨를 산출하여야 하며, 풀은 드러난 씨를 혹은 나무들은 그 안에 씨가 있는 열매를 산출하여야 한다; 그리고 그 모든 것은 "각기 종류대로", 다시 말하여 개별적으로, 그러나 특정한 종의 범위 안에서 그렇게 산출해야 한다. 이것이 **생명**이며, 하나님께서 산출하신 **살아 있는** 피조물이다: 이것은 자기 자신에게 충실하지 못하게 되는 일 없이, 자신을 재차 산출하며, 그리고 그 산출된 것은—마찬가지로 불충실함 없이—씨앗이며, 그래서 다시 하나의 산출하는 것이다. 이것은 새로운 개체 안에서 자신을 반복하는 피조물이며, 그럼에도 불구하고 각각의 반복 안에서, 각각의 개체 안에서 전적으로 자기 자신일 수 있는 피조물이다: "살아 있어서 자신을 전개하는, 각인된 형식"(Goethe)이다. "처녀 식물"은 최초의 및 원본적인, 동시에 모든 계속되는 것에 불가결한 (이러한 살아 있는 피조물의) 형태이다. 또한 동물들 및 인간들도 씨를 맺는 및 그래서 살아 있는 피조물이 될 것이며, 그리고 여기서 "처녀 식물"이라고 말해지는 것도 그들의 생명의 유지에 봉사하게 될 것이다. 그리고 땅이—그 자신은 살아 있는 피조물이 아니지만[하나님의 명령에 따라 및 그 명령의 능력 안에서 "푸르러짐으로써"도 그렇게 되지 않는다.]—바로 그 "처녀 식물"을 산출하였다는 것, 그것이 셋째 창조 날의 둘째 기적이다: 왜 및 무엇을 위하여 물의 한 장소에 모음과 함께 건조된 대지가 눈에 드러나야 했는가 하는 것이 식물들의 그러한 푸르러짐으로써 공개된다는 한도에서 둘째 기적은 첫째 기적의 확증 및 설명이다. 하나님의 말씀이 하나님의 말씀을 통하여 땅 위에 생명이 존재함으로써, 땅의 날은—바로 이 창조의 셋째 날(13절)은—그것에 아침이 뒤따라올 것이라는 형식적 약속을 넘어서서, 성취된, 내용적인 미래를 갖는다. 그것은 땅의 미래적인, **새로운** 날이다: 그것은 성숙과 추수의 날이며, 자신의 편에서 재차 "산출"하는 피조물을 산출하는 땅의 날이다; 그곳에서 식물은 씨앗을, 나무들은 열매를, 열매 속에 그것들의 씨앗을 맺게 되는 날이며—이러한 성취 안에서 계속되는 날을, 계속되는 추수를, 개관될 수 없는 일련의 날들 및 추수들을 내다보게 되는 날이다. "개별적으로 산출되어야 하는 피조물들에게 말해진 하나님의 저 첫째 말씀(창 1:11)은 땅에게 모든 시간 동안 귀속되어 머물게 될 자연의 법칙이다; 그것은 미래의 경과에 규칙을 부여하는 법칙이다: 그 규칙은 어떤 방식으로 산출된 것 혹은 열매 맺은 것의 진행이 미래에 전개되어야 하는가를 규정한다."(Ambrosius, Hex. III 6, 26) 식물들 및 나무들의 창조와 함께—이것은 앞선 창조에 대해서는 말

해질 수 없었다.—앞서 진행되는 모형으로서의 그리고 동시에 은혜의 계약의 역사의 기저(Substrat)로서의 **자연사**가 시작된다. 여기서 땅에게 푸르러지라고 명령이 주어지는 것처럼, 마찬가지로 제육일에는 [28절에서, 마찬가지로 그날의 사역의 후반부에서] 하나님의 형상으로 지음을 받은 인간에게 생육하고 번성하라는, 땅에 충만하라는, 땅을 정복하라는 사명이 주어진다. 앞의 명령이 의도하고 뜻하는 것이, 이미 앞의 명령 안에 앞서 형성된 그것이 후자의 사명 안에서 가시화된다; 그 사명 안에서 메시아는 인간의 역사의 시작 및 목적이 되신다. 여기서 이제, 11-12절에서, 원본적으로, 다시 말하여 저 다가오는 원형을 통하여 규정되면서, 자연사가 시작된다.

그리고 이제 이 본문은 그 자연사가 두 가지 노선으로 시작하였다고 지속적으로 말한다: "풀들 및 나무들"이 푸른 것이며, 이것이 이제 "땅 위에서" 땅의 성취된 미래를 형성한다. 궁켈은 여기서 찬양한다: "식물학의 가장 오래된 시작이라고 볼 때, 그 분류는 그리 나쁘지 않다." 그러나 이 분류는 틀림없이 다만 식물학적인 것에 그치지 않으며, 틀림없이 결정적으로 식물학적으로 이해되고자 하지 않는다. "풀과 나무"들이 목표로 하는 것은 29f.에서 대단히 명확하다: 그것은 동물들 및 인간들을, 즉—전자는 열매들과 풀들을, 후자는 과일과 채소를—각각 양식으로 삼는 자들을 목표로 한다. 우리는 다니엘 4장의 느부갓네살을 생각해 볼 수 있다; 그의 영광은 처음에는 강하고 대단히 높아서 땅 가운데서 하늘에 닿도록 자라는 나무와 같다.(7f.); 그리고 그의 심연의 추락은 그 나무가 직접 뿌리가 잘리는 것에 비교된다.(11절) 그리고 또 그의 낮아짐의 깊이는, 그의 존엄성의 권세와 명성을 통하여 축조된 큰 바벨을 자랑하려는 순간 그에게서 인간의 마음이 제거되고, 동물의 마음이 주어지며(23절), 그리고 "그는 사람 사는 세상에서 쫓겨나서, 소처럼 풀을 뜯어 먹었으며, 몸은 하늘에서 내리는 이슬에 젖었고, 머리카락은 독수리의 깃털처럼 자랐으며, 손톱은 새의 발톱같이 자랐다."(33절) 다름이 아니라 이것이 창세기 1:11-12의 저 분류의 지양 혹은 역전을 뜻할 것이다. 인간에 의해서 다스려지는, 인간을 흉내 낼 수 없는 지위의 동물의 세계와 구분되는 인간의 존엄성은—이것은 다른 어떤 것보다도 바로 인간의 오만에 의해서 위협을 받는다.—하나님께서 원하신 및 창조하신 (인간 및 동물의 양식으로 규정된) 채식의 형태 안에서 통고된다. 풀과 채소의 규정은 물론 씨앗을 산출하는 것이지만, 그 다음에는 시드는 것이며, 베어지는 것이며, 불타는 것이며, 어떻게 해서든: 소멸하는 것이다. 이것은 동물들과 유사하다. 만일 모든 육체가, 만일 민족이 풀과 같다면, 만일 풀은 시들고 꽃은 떨어진다(사 40:6f.)는 것이 인간에게도 말해져야 한다면, 그때 그것은 어떤 끔찍한 도착과 멸망을 전제로 한다. 그것은 전적으로 달라야 하고, 또 다를 수 있다. 우리는 의인의 정반대의 상을 본다: "그는 시냇가에 심은 나무가 철따라 열매를 맺으며, 그 잎이 시들지 아니함 같으니, 하는 일마다 잘 될 것이다."(시 1:3f., 비교. 렘 17:8) "의인은 종려나무처럼 우거지고, 레바논의 백향목처럼 높이 치솟을 것이다. 주님의 집에 뿌리를 내렸으니, 우리 하나님의 뜰에서 크게 번성할 것이다. 늙어서도 여전히 열매를 맺으며, 진액이 넘치고, 항상 푸르를 것이다."(시 92:12f.) 또 나무의 규정은: 곧게 자라는 것이며, 열매를 맺고 지속되는 것이다.—그것과 유사한 인간의 규정은: 선한 나무로서 선한 열매를 맺는 것이다.(마 7:17) 그렇기 때문에 "지혜는 그것을 얻는 사람에게 생명나무이다."(잠 3:18) 그렇기 때문에 때로는 일반적으로 말해질 수도 있다: "들과 거기에 있는 모든 것도 다 기뻐하며 뛰어라!"(시 96:12)—이 영역 안에서 일반적으로 나무들(사 44:23, 시 148:8, 대상 16:33)은—이사야 55:12에서 한번은 "박수를 치며!"라고도 말해진다.—피조물의 일반의 하나님 찬양 안에 조화를 이루며 편입되라고 부름을 받는다. 어떤 나무가 그것의 높음 때문에 [겔 31:3f.의 바로 혹은 단 4장의 느부갓네살처럼 혹은 마 21:19의 무화과나무처럼] 결실을 맺지 못할 수 있다는 것, 그리고 말라버릴 수 있고(욜 1:12), 불에(겔 21:3) 혹은 도끼에(마 3:16) 넘겨질 수도 있다는 것은 또 다른 문제이며, 이 피조물의 탁월한 본질을 다만 간접적으로 확증할 수 있을 뿐이다. 풀과 채소는 나무와 같이 그러한 죄의 대가 및 그러한 비하에 처하여질 수 없다. 그러므로 저 분류는, 그것이 식물학의 형식을 취함으로써, 문제의 중심에서는 여기서 언어로 표현되는 모든 것처럼 동시에 원형(Vorbild)이다. 이날의 사역의 전반부에서는 분리가 더 이상 발생하지 않지만, 그러나 이러한 강조된 구분이 발생한다; 이 구분에 대하여 우리는 강조되어온 전체 노선 위에서 아마도 저 분리의 연속과도 같은 것이라고 어쨌든 말해야만 한다.

다음은 확실하다: 그 분리 안에서 대단히 특징적인 방식으로 이스라엘의 다가오는 역사가 반영된다. 이것은 저 분류 없이도 유효하다. 우리는 푸르러진 땅 그 자체는 구약성서의 사람들에게는 파괴적인 바다의 반대인 것처럼, 또한 열매 맺지 못하는 **사막**의 반대임을 잊어서는 안 된다. 9-10절에서 11-12절로 건너가는 것은 이스라엘의 광야를 통한 행렬과의 내적 관계가 없지는 않은 어떤 위험 지점의 통과과정이다. 바다로부터 해방된 건조한 대지가 메마른 채로 그대로 남아 있을 것인가? 그것은 한 인간이 한 괴물로부터 벗어난 다음 다른 괴물에게 잡힌 셈이 될 것이다. 광야는 "두려운 땅"이다: 우리는 이사야 21:1f.에서 광야로부터 기대되는 것을 읽을 수 있다! 우리는 시편 107:1f.에서 광야를 방랑하는 비참에 관하여 읽는다! 광야에서 이스라엘인들은 흔히(출 14:11, 민 14:12, 16:13) 높여진 목소리의 그리고 그 자체로서는 불의하지만 않은 탄원 다음에 단순히 죽어야만 했다. 팔레스틴의 아름다운 땅이, 그것의 들과 도시들이, 재차 광야가 될 것이라는 것은 이사야 24:1 및 많은 다른 구절들에 따르면 가장 인상적이 예언자적 위협들 중의 하나이다. 그리고 거꾸로 가장 인상적인 예언자적 약속은 언제나 또 다시 다음을 말한다: 우리가 광야가 있었던 곳에서 "또 다시 환호하며 기뻐하는 소리와 신랑 신부가 즐거워하는 소리가" 들릴 것이며, 그곳에 다시 한 번 양떼를 뉘어 쉬게 할 목자들의 초장이 생겨날 것이다.(렘 33:11f.) "들짐승들아, 두려워하지 말아라. 이제 광야에 풀이 무성할 것이다."(욜 2:22) "광야와 메마른 땅이여 기뻐하며, 사막아, 백합화처럼 피어 즐거워하라! 사막은 꽃이 무성하게 피어 크게 기뻐하며, 즐겁게 소리쳐라! 레바논의 영광과 갈멜과 샤론의 영화가 사막에서 꽃 피며, 사람들이 주님의 영광을 보며, 우리 하나님의 영화를 볼 것이다."(시 35:1f.) "내가 광야에는 백향목과 아카시아와 화석류와 들올리브 나무을 심고, 사막에는 잣나무와 소나무와 화양목을 함께 심겠다. 사람들이 이것을 보고, 주님께서 이 일을 몸소 하셨다는 것을 알게 될 것이다. 이스라엘의 거룩하신 하나님께서 이것을 창조하셨다는 것을 깨닫게 될 것이다."(사 41:19f.) 왜냐하면 하나님께서는 바로 광야에서 이스라엘을 발견하시며(호 9:10, 신 32:10), 이스라엘을 취하시며(호 13:5), 더 이상 버리지 않으시며(느 9:19), 인도하시며(신 8:2), 그리고 이스라엘의 의심에도 불구하고 그것을 위한 식탁을 마련하신다.(시 78:19) 바로 이것이 이스라엘이 광야를 통과하도록 및 건너가도록 만든 것이며, 이스라엘에게 마른 땅을 의미할 수도 있었던 위험을 제거하는 것이다. 그리고 바로 이것이 창조 보고의 11-12절 안에서 대립의 상으로써 원형을 갖는 역사적 직관이다. 우리는 또한 다음을 구체적으로 이해해야 한다: 이제 또한 셋째 사역이 날의 후반부도(13절) 하나님 보시기에 좋았다는 것으로써 종결된다. 이제 막 그 시작이 창조된 땅 위에서의 **생명** 그 자체는 좋은 것이며 ─ **생명이 불어**

넣어진 땅은, 이제 그렇게 현존하는 것처럼, 그 생명의 이중적 형태로서 좋은 것이며 (그 형태 안에서 이제 생명은 그 이상의 살아 있는 피조물을 향해 나아간다.)—광야 안의 하나님의 현재, 광야로부터의 구원, 광야의 정원으로의 변화는 좋은 것이다.—왜냐하면 그 모든 것이 땅과 물의 분리와 함께, 땅 위에서 장차 발생해야 하는 역사를 준비하고 앞서 형성하기 때문에, 바로 그 준비와 앞선 형성으로서 하나님의 의지 및 말씀에 상응하기 때문에, 좋은 것이다.

(창 1:14-19) 넷째 사역의 날과 함께 우주의 장식(장치, Ausstattung)이 시작된다. 이제 서술되어야 하는 것은 우주의 존속상태가 아니라, 그것의—하나님의 의지 및 말씀에 힘입은—**풍부함**(Reichtum)이다. 또한 인간도 (인간의 하나님과 함께하는 역사가, 이제 점점 증가하면서 명확해지는 것처럼, 이 모든 것의 목표이다.)—또한 그러한 인간도 우선은 단순하게 다음의 순서 행렬에 속한다: 해, 달, 별들 다음에, 하늘 아래 및 물속의 동물들 다음에, 땅의 동물들과 함께 하나님의 저 넘쳐흐르는 '창조자 영광'의 마지막 한 방울에 속하며, 그분의 지혜 및 친근하심의 마지막 기적이 된다. 이 순서 행렬의 첫째는 해, 달, 별들이다. 첫째 날의 사역과의 일치성은 명확하다.—그리고 마찬가지로 저 사역과의 어떤 경쟁이란 전혀 말이 되지 않는다. 빛은 빛들에 앞서 있었다. 빛들은 피조된 눈들에게 빛을 매개하는 장소들, 전달자들이다. 하나님의 모든 피조물들의 처음 난 자인 빛이 존재할 뿐만 아니라, 또한 **인식될 수도 있다**는 것은 쉽게 이해되지 않는다. 낮이 낮으로서, 밤이 밤으로서, 시간의 변경 및 진행이 하나님께만 아니라, 또한 피조물에게도 **구분될 수 있다**는 것은 쉽게 이해되지 않는다. 피조물이 시간을 가질 뿐만 아니라, 오히려 시간을 **안다는 것**도 쉽게 이해되지 않는다. 이것이 가능하다는 것을 그것을 넷째 날의 사역이 빛의 매개체와 전달체를 창조함으로써 마련한다. 이것들은 스스로 빛인 것은 아니며, 그것들은 빛에 참여한다. 이것으로부터 창조의 한 새로운 질서가 시작되었다는 것이 명확해진다. 빛의 창조만이 아니라, 또한 그것들이 옮겨져 고정되는 하늘 창공의 창조도, 그것들이 비추어야 하는 땅의 창조도, 이러한 조명체(해, 달, 별들)의 불가결한 전제이다. 그것들은, 비록 저기 위에 있지만, 하부의 보이는 우주에 속한다: 그것들이 바로 상층 우주 및 하층 우주의 구분의, 그리고 하층 우주의 가시성의 실천적 원칙이다. 그것들은 창조자가 아닌 피조물에게 다음을 알려준다: 피조물은 천상의 것이 아니며, 오히려 이 세상적이며, 그것은 그러나 이 세상적인 것의 빛의 제시를 위하여 창조되었으며, 또한 그것도 시간을, 말하자면 하나님에 의하여 창조된 빛의 시간을 갖는다. 그렇게 하여 그 조명체들은 하나님의 뜻에 대한 저 객관적인 소식을, 즉 모든 피조물들 중에서 첫째인 빛을 이러한 다른 피조물들에게, 마지막에 최고로는 인간에게 전달하며, 이 소식은 인간에게는 다만 그곳에 머물러 있고 유효한 것만이 아니며, 인간을 듣고 순종만 하면 되는 것이 아니며, 인간은 시간을 가질 뿐만 아니라, 오히려 시간을 알며, 인간을 통하여 시간은 성취되어야만 한다. 다른

어떤 것도 아닌 바로 그것이 우주 안에서의 천체들의 지위, 역할, 의미이다. 이러한 기능 안에서 그것들은 존재하며, 불가결하다. 하나님께서는 다른 피조물과 마찬가지로 그 천체들도 전혀 필요로 하지 않으신다: 그것들이 신적이라든지 신과 같은 권능을 갖는다는 것은 그러므로 전혀 말이 되지 않는다. 또한 하나님에 의하여 창조된 빛 그 자체로 천체들을 필요로 하지 않는다: 그것들이 없다고 해도 빛은 빛이며, 빛을 발할 것이다. 또한 하늘과 땅도, 그리고 이 사가의 견해에 따르면 또한 식물의 세계도 그 천체들을 필요로 하지 않는다: 그 모든 것은 그것들의 매개 없이도 빛 안에 존재하고 살아갈 것이며, 창조의 첫날의 직접적인 빛 안에 있게 될 것이다. 그러한 한 다른ㅡ우리는: '더 높은'이라고, 혹은 '더 나은'이라고 말해야 하는가?ㅡ피조물이 있다: 이것은 저 피조물보다, 눈을 가지고 있다는 점에서, 보면서 빛 안에서 살아갈 수 있다는 점에서 더 강하며, 그러나 마찬가지로 보면서, 바로 눈을 통하여 직접적인 아닌, 다만 매개된 빛 안에서만 살아갈 수 있다는 점에서 저 피조물보다 약하다. 그러한 더 강하고 더 약한 피조물은 동물들이며, 마지막 및 최고로는 인간이다; 이들은 천체들을, 그것들의 빛을 필요로 한다. 인간에게 빛을 밝히기 위해서가 아니라, 오히려 인간이 그의 감각 및 이성으로써 인간 자신이 빛이 될 수 있다는 사실에 참여하도록 하기 위하여, 그 목적을 위하여 인간에게 빛은 천체들(빛들, Lichter) 안에서 조명하며, 그래서 구체적 형태 안에서 어둠과의 구체적 구분 안에서 조명한다. 이러한 천체들(빛들)이 없다고 해도 시간은 있었을 것이며, 자연역사와 인간의 역사도 있었을 것이다. 그러나 그것들이 없었다면, 동물의 세계에 둘러싸인 인간이 창조자의 파트너로서 의식적으로, 능동적으로, 참여할 수 있는 그러한 시간 및 그러한 역사는 없었을 것이다. 그것을 위하여 빛은 인간을 조명해야 하며, 그것을 위하여 인간은 빛을 인지할 수 있어야 한다; 인간은 시간을 빛의 시간으로 알 수 있는 위치에 있어야 한다. 인간이 동물의 세계의 한가운데에서 창조자의 흥미로운 파트너가 될 수 있다는 사실, 이것을 인간은 창조의 넷째의 날의 사역에 힘입고 있다. 그러한 한도에서 여기서는 절대적 필연적인 창조 사역이 아니라, 오히려 일련의 **상대적으로** 필연적인 창조사역이 시작된다. 앞선 모든 것은 보통은 인간을 혹은 더 나아가 하나님의 인간에 대한 관계를 목표로 한다. 지금 시작되는 것 및 이후에 따라오는 것은 다음의 특수한 것을 목표로 한다: 그것은 인간의 하나님께 대한 관계 안에서의 그 흥미로운 파트너 역할이다. 하나님의 지혜 및 친근함은ㅡ인간의 삶의 공간 그 자체가 창조되고, 근거되고, 안전해진 이후에ㅡ하나님께서 그 삶의 공간을 다음의 특정한 인간의 삶의 공간으로 만들기를 원하시고, 그런 형태로 만드셨다는 점에서 넘쳐흐른다: 그 인간은 하나님을, 자기 자신을, 동료 피조물을 **인식할 수 있는** 인간이며, 존재하는 것 및 발생하는 것의 인식 안에서 **감사할 수 있는**, 또 스스로를 그렇게 예증할 수 있는 인간이다. 인간의 약함 및 강함에 상응하여 허용되는 천체들(빛들)을 인식하지 않고서는, 인간은 희미할 것이며 그래서 빛 안에서도 눈먼 상태일 것이며, 시간 안에서 무시간적일 것이며, 역사의 진행 및 현재 안에서도 무역사적일 것이다. 빛들, 즉 천체들은 인간을 그의 창조자와의 관계 안에서 보도록, 의식하도록, 행동하도록 외쳐 부르는 일에 봉사한다. 만일 인간이 이러한 우주 안에서 살지 않는다면, 인간에게 이러한 전제가 결여된다면, 인간은 하나님의 형상으로 창조될 수 없을 것이며, 신적 은혜의 계약의 당사자로 부르심을 받을 수 없을 것이다. 창조는 오직 그러한 전제에 관계될 수 있을 뿐이다. 천체들은 봉사자 그 이상일 수가 없다. 태양, 달, 별들이 아니라, 오히려 하나님 자신이 인간을 그분의 고유하신 형상으로 창조하신다. 그것들이 아니라, 오직 하나님께서 홀로 인간에게 저 흥미로운 파트너 역할을 수여하시며, 인간을 볼 수 있게, 의식할 수 있게, 그리고 그분과의 관계 안에서 능동적으로, 그분의 계약의 현실적인 당사자로 만드신다. 그것들은 방향 정립(Orientierung)에 봉사한다. 그것들은 다음을 통보한다: 어떻게 저녁과 아침이 하루가 되는지, 다시 말하여 어떻게 그 자체로서 빛 안에서 발생하는 하나님의 각각의 말씀 및 사역에 따라 어둠은 밤이라는 이름 아래서, 위협하는, 그러나 이미 제어된 (하나님의 배척된) '아니오'의 기억으로 신고되어야 하는지, 어떻게 그 밤은 다가오는 아침 안에서, 즉 하나님의 새로운 말씀 및 사역 안에서 그것이 넘어설 수 없는 경계선을 갖는지, 어떻게 밤이 다름이 아니라 빛의 경계선으로서 현존하고 지배할 수 있는지를, 통보한다. 해, 달, 별들은 인간에게 및 인간을 둘러싸는 동물세계에게 그것들의 삶의 필연적인 진행을 위한, 마찬가지로 또한 자유로운 형태지음을 위한 표징(Merkzeichen)을 제공한다. 그것들은 인간 및 동물세계에게, 공간 안에서 및 시간 안에서 올바른 위치를 찾도록 인도한다. 그것들은 인간 및 동물세계에게 기한(Termine)이 눈에 보이도록 만든다: 그 기한 안에서 자연의 삶이 진행되며, 그 기한에 따라서 인간도 자신의 삶의 질서를 형성하며, 자신의 과업들을 수행할 수 있다. 해, 달, 별들은 인간이 그의 역사를 역사로 내려다 볼 수 있도록, 그 역사 안에서 자리를 취하도록 하며, 그래서 역사의 객체가 아니라, 오히려 역사의 주체가—비록 그 역사의 피조적, 이 세상적 주체이기는 해도—되도록 한다. 그렇게 및 그것과 함께 해, 달, 별들은 하층 우주를 조명한다. 그렇게 그것들은 그 우주 한가운데에서 인간의 규정성을 가능하게 만든다. 인간이 그 규정성을 현실적으로 소유하고, 그 규정성의 성취로 부름을 받는 일을 물론 해, 달, 별들이 수행할 수는 없다. 창조와 계약은 또한 여기서도 두 가지이다. 그러나 하나님께서 천체들을 창조하심으로써, 또한 하나님께서는 인간이 그 규정성을 소유할 수 있도록 배려하신다. 이 전제가 결여될 수 있지 않은가라는 질문은 게으른 질문이다. 만일 계약에게 창조 안의 그러한 전제가 결여된다거나 혹은 다만 결여될 수 있다고만 해도, 하나님은 하나님이 아닐 것이며, 인간은 인간이 아닐 것이다. 하나님께서 긍휼의 주님이시기 때문에, 인간이 신적 긍휼에 참여하는, 그러나 또한 그 긍휼을 필요로 하는 (그 계약의) 파트너이기 때문에—그리고 그러하신 하나님께서 동시에 그러한 인간의 창조자이시기 때문에, 그렇기 때문에 인간에게 수여된 객관적 지시(인도)는 창조에 속한다; 그 지시는 인간이 자신의 편에서 하나님께서 구분하신 것 및 구분되기를 원하시는 것을 구분하는 것이다; 그렇기 때문에 인간의 우주는 하나님에 의해서 방향이 정립될 뿐만 아니라, 오히려 또한 인간을 위해서 방향이 정립되어야 한다. 하나님께서 천체들을 창조하셨다는 본문에 따르면, 우주는 그렇게 될 것이고, 그렇게 존재할 것이다. 만일 우리가 바로 여기서 창조의 넘치는 잉여에 대해 사치라는 의혹의 눈초리를 보내려고 한다면, 우리는 은혜의 계약의 현실성을 추상적으로 만들지 않을 수 없을 것이다. 성서적 증인은 그러한 추상화의 잘못을 저지르지 않았다.

또한 넷째 날의 사역(14-19절)도 명령(14-15절)과 실행(16-19절) 사이의 잘 알려진 상응을 제시한다. 마찬가지로 다음이 주목되어야 한다: "그리고 하나님께서 말씀하셨다."라는 명령과, "그리고 하나님께서 만드셨다."라는 실행은 두 가지의 상이한 행위를 지칭하는 것이 아니라, 오히려 하나님의 명령이 바로 그 실행에 고유하게 특징적인 만듦이다. 그러나 또한 다음도 주목되어야 한다: 천체들[큰 빛, 작은 빛, 별들]의 구별은 16절의 실행의 서술에서야 비로소 말로 표현된다. 또 다음도 우선적으로 주목되어야 한다: 이 피조물들에게 하나님께서 이름을 붙이시는 일은 [그리고 그 다음에 인간의 창조를 포함한 제6일의 사역에 이르기까지] 일어나지 않는다. 또한 이 점에서도 (앞선 3일의 사역에 대하여) 뒤따르는 3일의 사역은 명확하게 격된다. 우리는 물론 시편 147편에서 하나님께서 별들의 숫자를 정하시고, 그것들 모두를 이름으로 부르신다는 것을 읽는다. 그러나 그것을 외적으로 말하는 것은 **인간의** 일이다. 마찬가지로 "해" 혹은 "달" 혹은 어떤 별의 이름은 우리의 본문 안에서 등장하지 않는다. 이미 천체들도 바로 특별히 **인간의** 인식 영역 및 권세 영역으로 창조된 영역에 속한다.

우리는 계속해서 주목해야 한다: 천체들은 바로 그렇게 해서 살아 있는 구약성서적 단어의 의미에서 "생령이 된"(beseelten) 존재의 영역에 속한다. 궁켈의: "천체들은 다만 물건들(Sachen)에 불과하다"는 진술은 위의 명확한 의미 안에서는 올바르다고 인정하기가 어려우며, 또 그가 우리의 본문이 세계 전체의 비정신화(Entgeisterung)로써 현대적 자연과학의 길을 예비하였다고 주장하면서 그것을 칭송하였다는 것도 마찬가지로 납득되기 어렵다. 우리가 식물들, 새들과 물고기들, 땅의 동물들 및 인간들의 이웃 관계(이것 안에서 천체들이 여기서 등장한다.)를 간과할 수 있는가? 우리가 16절 및 18절에서 그것들에게 귀속되는 "통치"의 기능을, 또 우리가 하늘의 "무리"(Heer, 창 2:1)에 대한 진술을 단순히 표상적으로만 이해할 수 있는가? 또 우리가, 그 밖의 구약성서 안에서 대단히 자주 사용되는 하나님 개념인 "만군의 주님"[혹은 거꾸로 "주님의 만군"]이라는 개념 안에서 또한 천체들도 함께 생각하기를 그만둘 수 있는가? 여호수아가 태양에게 정지할 것을 명령했을 때(수 10:12), 그는 다만 하나의 "물건"(Sache)에게 말하였는가? 해는 [달과 별들을 포함하여] 요셉의 꿈속에서(창 37:9), 그리고 시편 19:6에서 [해는 신방에서 나오는 신랑처럼 기뻐하고, 제 길을 달리는 용사처럼 즐거워한다.] 하나의 "물건"으로 이해되는가? 사사기 5:20에서 별들이 시스라를 거역하여 싸웠다는 것은 무엇을 뜻하는가? 그리고 이사야 24:32f.는 어떻게 이해되어야 하는가?: "그날이 오면, 주님께서 위로는 하늘의 군대를 벌하시고, 아래로는 땅에 있는 세상의 군왕들을 죄수처럼 토굴 속에 모으시고, 오랫동안 감옥에 가두어 두셨다가 처형하실 것이다. 만군의 주님께서 왕이 되실 터이니, 달은 볼 낯이 없어 하고, 해는 부끄러워할 것이다." 천체들이 식물들, 동물들, 인간들과 같은 의미에서 살아 있지 않다는 것은 이미, 그것들의 장소가 하늘의 창공이며 땅이 아니라는 사실에서, 결정되었다. 그러나 마찬가지로 다음도 배제되지 않는 것으로 보인다: 구약성서는 천체들에게, 지나치지는 않게 그리고 자명하게도 어떤 위험한 결과들을 이끌어내지도 않으면서, 일종의 인격적 본질 및 사역을 귀속시켰다. 다른 고대 근동의 종교들도 잘 알려진 대로 그렇게 하였으며, 또한 구약성서도 특별히 창조 보고 안에서는 이러한 직관의 소재를 수용하였고, 그 자체의 방식으로 사용하였다는 사실이 있을 수 없는 일은 아닐 것이다.

성서적 사가에 의하여 고대 근동의 일반적 신화로부터 구분된 것은 천체의 인격성이 아니라, **신성**이다. 이것은 우선 다음에서 볼 수 있다: 천체들은 여기서 소위 피조세계의 내부에서 명확하게도 **하위에 놓인** 위치 및 역할로 지시된다. 천체들은 단순히 '빛들'이 아니라, 오히려 meorot, φωστῆρες, 즉 빛의 전달체, 조명체, 등(램프)들이다. 그리고 그것들은 bireqia' haschamajim, 즉 그것들은 이 세상 편에, 하늘 창공의 끝 쪽에 존재하며, 추측컨대 어떻게 해서는 그곳에 고정되었다. 그렇게 그것들은 우주에, 그것도 하층 우주에 속한다. 그렇게 그 천체들의 가치는, 그것이 아무리 크다고 가정해도, 하늘 창공의 가치보다는 적으며, 천체들은 그렇게 볼 수 있게 하늘 창공에 예속되어 있으며, 그리고 빛의 가치보다 적은 것은 당연하며, 천체들은 빛에 다만 참여할 수 있을 뿐이며, 그러나 또한 땅 및 땅의 거주자들의 가치보다도 적으며, 땅 및 땅의 거주자들을 향하여 천체들은 창조되었다. 어떻게 그것들에게 신성이 귀속될 수 있겠는가? 야콥(B. Jacob)이 틀림없이 바르게 말하였다: 창세기 1장에서 천체들에게 주어진 것은, 고대 근동의 신화 안에서의 그것들의 지위에 비교한다면, 격하되어진 것이다. 이것은 창세기 1장이 천체들의 **목적성**에 관하여 말하는, 전혀 흘려들을 수 없는 강조 안에서 가장 명확하게 드러난다. 우리는 주목해야 한다: 다른 어떤 것의 창조 안에서도 [제일 마지막의 인간 자신의 창조는 예외로 하면서] 바로 여기서처럼 눈에 두드러지게 들어오는 방식으로, 즉 우리의 현재적인 감각 및 사고에만이 아니라, 이미 고대의 감각 및 사고에 대해서도 가장 심각하게 거치는 것을 의미하는 방식으로, 그러한 격하가 발생하지는 않는다. 태양계의 수백만 년을 계산하는, 광년들 및 수천 광년들을 측정하는 별들의 세계에 대한 현대적 관찰과 동일한 장소에서 초강력으로 지배하는 신성들을 발견했다고 주장하는 고대적 관찰은 바로 다음에서 서로를 비교 측정할 수 있을 것이다: 양자 모두는 일종의 마술적 존경과 함께 그 세계의 목적에 대한 질문을, 그리고 이제 더 나아가 땅 및 땅의 거주자에 대한 그 목적의 관계를, 즉 이 세계의 목적 규정으로서의 인간에 대한 상상을 배제하는 것으로 보인다. 우리의 본문은 별들의 세계에 대하여 (땅을 위한 및 고유하게 및 최종적으로는 인간을 위한 규정성에 관계되는 않은) 어떤 한 마디도 말하지 않는다! '천체가 무엇인가?' 하는 것은 철두철미 '그것들이 무엇을 위하여 현존하는가?'와 함께 말해지면서 서술된다. 천체들은, 하늘 창공으로부터 땅을 비추면서, 낮과 밤의 구분 및 교차 안에서 빛과 어둠을 분리시켜야 한다; 천체들은 표징이 되기 위하여, 시간들을 통고하기 위하여, 날들과 해(년)들을 경계 표시하기 위하여, 그래서 낮과 밤을 통치하기 위하여, 존재한다. 하나님께서 천체들을 그 목적을 위하여 설치하셨다. 하나님께서 천체들을 그분의 봉사자로, 직무 담당자로, 기능자로 만드셨으며, 그러나 그분 자신에게는 다만 간접적으로 봉사하게 하셨으며, 그와 반대로 직접적으로는 [그 목적 전체에 따르면] **땅** 그리고 **땅의 거주자**에게 봉사하도록, 그리고 최종적으로는 그러한 표징들을 사실상 그러한 것만이 아니라, 오히려 자발적으로 및 충분히 이해할 수 있는, 무의식적으로만이 아니라, 오히려 의식적으로 주목하고 수용할 수 있는 땅의 거주자에게 봉사하도록 만드셨다. 천체들은 신들과 주님들의 별들로부터 (인간은 그러한 별들에게 영광과 경외와 제사를 드릴 의무가 있다고 한다.) — 혹은 현대적 관찰에 따르면: 무한한, 인간을 철두철미 결정하는 **우주**(Universum)의 대변자들로부터 — 하나님에 의하여 규정된, 인간의 **조력자**가 되었다. 궁켈은 다음에서 옳았다: "야웨 신앙이 별들의 종교에 대하여 승리하였다." 그러나 우리는 그것으로써 무엇을 말하였는지, 그것이 무엇을 의지하는지를 아는가? 이보다 더 극적인 전환을 도무지 생각될 수가 없다. 저자는 그 전환을 코페르니쿠스 이전의 세계관 안에서 실행하였다. 그러나 코페르니쿠스적 발견이라는 것은 다만 여기서 전체 안에서 (그것의 코페르니쿠스 이전의 **그리고** 그것의 코페르니쿠스적 형태 안에서) 질문되는 관찰 내부에서의 하나의 좌표이동을 의미할 뿐이다. 여기서 무엇이 감행되는가? 여기서 감행되는 것이 옳다면, 무엇이 참이고, 무엇이 유효한가? 시편 8:4f.에서 이렇게 질문된다: "주님께서 손수 만드신 저 큰 하늘과 주님께서 친히 달아 놓으신 저 달과 별들을 내가 봅니다. 사람이 무엇이기에 주님께서 이렇게까지 생각하여 주시며, 사람의 아들이 무엇이기에 주님께서 이렇게까지 돌보아 주십니까? 주님께서는 그를 천사보다 조금 못하게 하시고, 그에게 존귀하고 영화로운 왕관을 씌워 주셨습니다." 우리가 저자가 26f.를 말로 표현할 때 그의 인간 이해를 충분히 높게 및 깊게 이해하고 해석하려고 한다면, 그 이해는 여기서 인간을 위하여 실행된 역전에 반드시 상응해야 하며, 또 그 저자가 여기서 [소위 말하는 대로: 이 문제에 관한 현대적 **그리고** 고대적 관찰과는 반대로] 소위 인간중심적(anthropozentrischen) 망상을 말하려고 했다고는 결코 주장되어서는 안 될 것이다.

그러나 이제 천체들의 저 격하는 (그것과 함께 그 자체로서 참으로 그것의 고대적 형태에 결부되지 않은 어떤 신화에 대한 논쟁은) 우리의 본문의 다만 이차적 내용만을 형성한다. 본문은, 저 목적론을 전개함으로써, 우선적 및 결정적으로 어떤 긍정적인 것을 말한다. 본문은 천체들에게 바로 그렇게 하여 그것들에게 고유하게 특징적인 및 그것들에게 합당한 가치를 부여하며, 즉 본문은 천체들에게 저 [고대의 및 현대의 관점으로부터는 그렇게도 낯선] 규정을 귀속시킨다. 천체들이 없다면 우주(Kosmos)에는 무엇이 결여될 것인가? 넷째 날에 천체가 창조됨으로써, 우주에 더해진 것이 무엇인가? 이 질문에 대하여 본문은 대답하고 있다. 본문은 우선 대답한다: 천체들은, 하나님께서 말씀하심으로써, 그것들이 마땅히 되어야 하는 존재로 등장하며, 그것들이 그 말씀을 통하여 만들어지고 실존 안으로 등장함으로써, **분리**의 기능 안으로 진입한다. 그래서 4절에서 하나님에 의하여, 6-7절에서 창공에 의하여 사용되었던 badal(분리하다)이라는 단어가 다시 등장한다. 이번에 분리해야 하는 것은 빛들이다: 낮과 밤 사이를(14절), 이 이름들에 상응하면서: 빛과 어둠 사이를(18절) 분리해야 한다. 우리는 깜짝 놀란다: 바로 이 분리는 4절에 따르면 이미 발생하였으며, 유일회적으로 발생하였다. 바로 그렇게 하여 하나님께서는 그곳에서 자신의 의지를 계시하셨으며, 그것을 하나님께서 원하지 않으시는 것과 마주 대립시키셨으며, 그렇게 하여 첫째 날을 창조하시고 밤과 분리시키셨다. 만일 이제 동일한 것이 천체들의 직무 및 사역을 통하여 다시, 그것도 언제나 또 다시 발생하여야 한다면, 그때 그것은 첫째의 것이 명백해진다: 그것은 신적 원본에 대한 모방 안에서만 천체들에 의하여 수행될 수 있다. 즉 천체들의 고유한 주도권 안에서 수행되는 것이 아니다: 왜냐하면 하나님께서 그것을 이미 행하셨으며, 그래서 천체들은 어떤 경우라고 해도 다만 뒤따를 수밖에 없기 때문이다. 그리고 신적 사역의 반복 안에서 수행되는 것도 아니다: 왜냐하면 이것은 어떤 반복도 필요로 하지 않기 때문이며, 또 그것은 완전하게 발생하였고, 유일회적이기 때문에 반복될 수도 없기 때문이다. 오직 모방만이, 빛의 창조의 신적 사역의 일종의 모사(Abbildung)만이 가능하다. 이제 무엇 때문에 이러한 모방과 모사는, 빛과 어둠의, 낮과 밤의 이러한 이차적인 분리(천체들은 이 분리를 수행하여야 하고, 그것을 위하여 창조되었다.)가 필요한가? 여기서 둘째의 것이 명백해진다: 여기서 어떤 이에게 **하나님**께서 첫째 날에 행하신 것의 한 **표징**이 (그러한 모방 및 모사의 형태 안에서) 주어져야 한다. 여기서 어떤 이(이 자를 위하여 천체들은 신적 사역의 모방 및 모사로 창조되었으며, 천체들은 그를 조명해야 한다.)는 그러한 사역에 대하여 **가르침을 받아야** 하며, 그것도 천체들의 이끄는 직무 및 사역을 통하여 가르침을 받아야 한다. 어떤 자(하나님께서는 그를 가치 있다고 여기신다.)는 저기 우주 안에서 다만 현존할 뿐만 아니라, 오히려 우선 빛과 어둠의 분리를 통하여 근거되었으며, 또 그것을 넘어서서 자기 자신과 함께, 저 분리 및 창조의 말씀을 말하신 하나님과 함께, 그 분리를 알 수 있는 자이다. 그 어떤 자는 이러한 '함께 앎'(συνείδησις, conscientia) 안에서 하나님과 함께 존재해야 한다. 그러나 그 어떤 자는 자기 자신으로부터 스스로 그러한 '함께 아는 자'가 되거나, 자신을 그렇게 격상시킬 수 없다. 그 어떤 자는 하나님과 동등하지 않고, 그래서 그러한 분리를, 또 하나님께서 원하지 않는 것에 대한 하나님의 의지의 승리를 (하나님 자신의 말씀을 통하여 그것을 아시는 것처럼 그렇게) 알 수는 없다. 그 어떤 자는 빛을 빛으로, 날을 날로, 시간을 시간으로 직접적으로 인식할 수 있는 위치에 있지 않다. 그 어떤 자는 그것 자신이 피조물이기 때문에, 그에게는 다만 피조적인, 다시 말하여 피조물의 봉사를 통하여 도움이 주어져야 한다; 그래서 그에게 빛은 모든 피조물 중의 처음으로서 비추며, 그에게 날이 생성되며, 그도 또한 시간을 갖게 된다. 천체의 창조 안에서의 빛의 창조의 모방 및 모사는 바로 그러한 어떤 자를 목표로 한다. 그것들은 바로 그러한 어떤 자를 바라보며, 그에게 천체들은 표징이 되며, 그에 의하여 그 표징은 보이고, 인식되고, 이해되어야 한다: 그것은 날이 날이며, 밤은 밤이며, 빛은 빛이고, 어둠은 어둠이라는 표징이다. 그 모방과 모사는 어떤 객관적 기준으로써 우주를 장식(장치)하는 것이다; 이 기준은 그러한 어떤 자의 눈앞에 지속적으로 서 있게 되며, 그 기준의 존재로부터 그 어떤 자는 지속적으로 다음을 읽어낼 수 있게 된다: 그는 하나님에 의하여 창조된 세계 안에, 즉 빛이 어둠으로부터 분리된, 현실적인 낮 및 현실적인 시간이 존재하는, 현실적인 역사가 체험되고 자신의 고유한 규정성을 갖는 그런 세상 안에 존재한다. 이러한 어떤 자가—하나님께 결합되어 있지만, 그럼에도 불구하고 하나님과 동등하지 않은 자가—현존한다는 것은 물론 넷째 날의 사역이 아니다. 다만 그 사역을 그를 내다본다고만 말해질 수 있다.(말해져야 한다.) 그리고 다음이 잘 이해되어야 한다: 그러한 어떤 자가 자신의 편에서 그 표징의 봄, 이해, 수용의 능력을 가지고 있는지 아닌지, 그 어떤 자에게 천체들의 언어가 이해 가능한지 아닌지는—또 그 사건이 그의 능력에 상응하여 발생하는지 아닌지도 넷째 날의 사역에 의해서도 결정되지 않았다; 그 사건 안에서 이제 하나님께서 자신을 바로 그와 실제로 결합시키시며, 그래서 그는 하나님과 '함께 아는 자'가 되며, 그래서 그는 이해할 수 있는 것을 현실적으로 **이해하며**, 그가 수용할 수 있는 것을 **수용하며**, 그는 신적인 '빛의 창조'에 대한 관계 안으로 현실적으로 수용되고 그 안으로 입장하며, 이것은 하나님에 의하여 창조된 천체들의 (그러한 빛의 창조의) 모방과 모사를 통하여 그에게 가능하게 된다. 저 능력 및 이 사건은 천체들의 사역이 아니다.

천체들은 — 부분적으로는 낮에, 부분적으로는 밤에 조명함으로써 — 낮과 밤을 인간들을 위하여 분리한다; 다시 말하여 그의 낮과 밤의 인식에 대한, 그에 대하여 하나님에 의하여 규정된 **역사**에의 그의 참여를 위한 전제로서 분리한다. 우리는 이제 다음이 전혀 우연이 아니라는 사실을 주목해야 한다: 낮만이 빛을 통하여, 태양의 큰 빛을 통하여 특징지어지는 것이 아니라, 또한 **밤**도 빛들을 통하여, 해와 별들의 작은 빛을 통하여, 특징지어진다. 그러므로 밤에 대한, 또 어둠 그 자체에 대한 표징은 없다. 만일 어둠이 하나님의 특별한 긍정적인 사역이라면, 왜 그것은 그때 어떤 특별한, 그것을 그 자체로써 지칭하는 표징을 갖지 않는가? 그러나 어둠은 그러한 표징을 갖지 않는다. 오히려 어둠의 표징은 **빛**들이며, 그래서 그것의 방식으로 **날**의 표징이다: 밤이 유래하는 저녁의, 그리고 밤이 마주 나아가는 아침의 표징이다. 빛의 전달체들(이것들 곁에 다른 어떤 어둠의 원천들도 없다.)은 저곳에서와 마찬가지로 여기서도 신적인 가르침의 소재들이다. 빛의 전달체들이, 오직 그것들만이 저곳에서와 마찬가지로 여기서도 인간의 인식의 전제를 형성한다. 오직 그것들의 구분이, 오직 그것들의 교차가 인간에게 낮 및 밤 그 자체를 의식 안으로 옮기는 것이며, 인간에게 낮과 밤을 구분할 수 있도록 허용하는 것이다. 그래서 천체들은 인간에게 — 언제나 낮과 밤을 구분한다는 근본 기능 안에서 — 14절에서 주어지는 특징인 "**나타내는 표**"(Merkzeichen), 일종의 표지판이다: 우리는 여기서 날씨를, 하늘의 영역을 향한 방향을 생각하게 되며 — 더 나아가 농사, 항해를 위한 "시기"를, 또한 그 객관적 의미가 자연, 동식물의 삶 안에서 상응하고 또 인식될 수 있는 그런 시기를 생각하게 되며 — 더 나아가 "날들과 해들"에 대한 제한의 가능성들, 그래서 또한 시간 규정 및 시간 계산의 수단을 생각하게 된다. 천체들이 수행하는 것은 바로 다음이다: 그것들은 인간에게 — 인간이 이것을 실현할 수 있다고, 그것을 현실적으로 행할 수 있다고 전제한다면 — 식물과 같이, 꿈꾸면서 사는 것이 아니라, 오히려 깨어서, **시간**을 의식하면서 및 **역사**를 의식하면서 살아가는 것을 가능하게 해준다. 천체들은 그 모든 것을 수행할 수 있고 또 해야 한다. 천체들은 하나님의 빛의 창조의 반복 및 모사로서 다음 목적을 가진 우주의 장치이다; 그것들은 인간이 그 우주 안에서 현존할 뿐만 아니라, 또한 하나님에 의하여 그에게 규정된 역사의 이 세상적 주체로서 **능동적**으로 현존할 수 있도록 해준다. 천체들은 인간이 저녁과 아침으로부터 언제나 또 다시 하루가 되는 과정에 다만 방관자로서가 아니라, 오히려 참여된 및 책임을 질 수 있는 **증인**으로서 보조하는 것을 가능하게 해준다. 천체들은 인간에게 밝아오는 각각의 날이 **그의** 날이 되도록, 인간에게 주어진 시간 전체가 **그의** 시간이 되도록, 그의 역사가 현실적으로 **그의** 역사가 될 수 있도록 해준다. 천체들은 현실적으로 인간의 낮과 밤의 인식의, 또 하나님의 빛의 창조의 인식의 형식적 전제이며, 그래서 "빛이 있으라!"와 "그리고 빛이 있었다."에의 인간의 참여의 형식적 전제이다. 천체들은 어떤 다른 것 및 그 이상의 어떤 것일 수 없다. 천체들이 인간에게 어떤 다른 것 및 그 이상의 어떤 것이 되는 곳에서, 인간은 천체들에 대한 오류 안에 있게 되며, 그곳에서 인간은 천체들의 봉사로부터 벗어나게 되며, 그곳에서 인간은 천체들이 인간 자신에게 제공해야 하는 바로 그것이 반드시 결여될 때에도 이상하게 생각해서는 안 된다. 천체들의 그 밖의 존재속성 및 작용은 그러한 노선 안에서 요약되며, 그러한 노선의 맥락 안에서 감사하면서 이해되고 수용되고자 한다. 천체들이 사실상 수행하는 혹은 수행할 수도 있는 많은 것들이 여기서 명시적으로 언급되지 않는다는 사실이 우리를 피해갈 수는 없다. 본문은 천체들이 낮과 밤에 밝음과 열을 확산한다는 것, 인간이 삶을 위하여 그것을 필요로 한다는 것 등의 상세한 것에 대해서, 또 그러한 작용들이 식물, 동물, 인간의 삶에 대한 영향력에 대해서도 전혀 말하지 않는다. 본문은 올바르게도 고대의 및 현대의 점성술의 예시들에 따라 발생한다는, 천체들 그리고 그것의 특수한 구조에 근거하여 인간에게 주어진다는 구체적 기회들 및 일들 사이의 관계에 대해서도 전혀 언급하지 않는다. 저자는 명백하게도 천체들이 시간 및 공간의 객관적인 척도라는 대단히 명확한 확정을 벗어나는 모든 것을 의식적으로 탈락시킨다: 천체들은 인간이 방향을 찾을 수 있는 객관적 시계이며, 객관적 나침반이다; 인간은 그러한 방향 정립의 가능성 안에서 역사를 실현할 수 있는 존재가 된다. 마찬가지로 본문은 천체들이 창조에 고정된 빛들이며 땅 위를 비춘다는 사실을 넘어서는 그것들의 본성에 대해서도 아무것도 말하지 않는다. 천체들이 16-18절에 따라, 그리고 대단히 정확한 병행구절인 시편 136:8f.(비교. 욥 38:33)에 따라 낮과 밤을 "다스리고" 통치해야 한다는 사실도 또한 해 및 달을 신 혹은 여신으로 만들지 않으며, 오히려 그것은 그것들의 역할에 대한 바벨론적 및 이집트적 직관의 극복을 기억한 것에 불과하다. 왜냐하면 한편으로 그 통치도 하나님의 위탁에 근거해서, 즉 부사관의 권위 및 권세 아래에서만 발생하기 때문이다. 다른 한편으로 그 통치는 본문의 맥락에 따르면 철두철미 낮과 밤의 저 분리에, 저 시간 수여에 근거하기 때문이다; 그 시간 수여 안에서 천체들은 신적인 '빛의 창조'를, 하나님의 의지의 계시를 인간에게 보이도록 알려야 한다. 그리고 마지막으로 천체들은, 여기서 언급되지 않은 그것들의 그 밖의 작용들이 무엇이든지 간에, 낮과 밤은 다스리지만, 그러나 인간을 다스리지는 못한다. 점성술이 주장하는, 인간적 현존재의 천체들에 의한 외적 결정이란 이미 다음 이유에서: 바로 그 "통치"가 우리의 저자에 의하여 16절에서 충분히 명확하게 해와 달에게는 귀속되지만, 그러나 별들에게는 귀속되지 않는다는 이유에서, 불가능하다. 우리는 물론 다음을 고려해야 한다: 저자가 관심을 갖지 않았던, 그래서 언급하지 않았던, 또한 그 천체들의 그 "통치"란 것이 저자에게도 잘 알려져 있었을 것이다. 그러나 모든 천체들의 본성이 무엇이든지 간에 그것은 다음 안에서 요약된다: 천체들은, 하나님에 의하여 창조되어, 하늘에 그것들의 장소를 가지면서, 땅 위를 비춘다. 그리고 천체들이 수행할 수 있는 것이 무엇이든지 간에, 그것은 다음 안에서 결정되어 있다: 그것들의 구분 및 그것들의 교차는 그러한 표징을 수용할 수 있는 존재를 가능하게 만들며, 그 존재가 시간 안에서 및 공간 안에서 방향을 찾으며, 그래서 하나님의 빛의 창조에 (그에게 그 참여가 현실적으로 주어질 때) 참여할 수 있게 한다. 이러한 기능 안에서 또한 천체들도 주님을 찬양한다.(시 148:3) 마태복음 16:2f.에서 바리새인들이 하늘은 보면서도 "시대의 표징"을 읽지 못한다고 꾸짖었을 때, 그것은 그들이 천체들을 이러한 기능 안에서 인식하지 못한다는 꾸짖음이다. 저자에게는 척도들에 대한 바로 이 기능이 크고 중요하며, 그래서 저자는—여기서 그는 어떤 자연과학을 생각하는 것이 아니라, 오히려 다가오는 구원사의 시각에 붙들리면서—천체들의 기능이라고 또한 말해질 수 있는 다른 모든 것들에 대해서는 차라리 침묵하였으며, 그래서 오직 이 한 가지만을, 그리고 그것으로써 모든 것을 말하려고 했다. 거룩성과 열을, 그리고 그 천체들로부터 시작할 수 있다는 모든 숙명들을 보내는 것은 저자에게는 다음 안에서 소진된다: 천체들은 인간의 장소적 및 시간적 의식의 객관적 가능성을 보낸다; 천체들은 그래서 인간이 피조물로서 하나님과 함께 하나의 역사를 소유하는 것을 가능하게 한다; 천체들은 하나님 자신에 의하여 빛의 창조로써 이미 개시된 역사의 (위로부터 아래로 조명하는) 표징이다. 그러므로 우리는 창세기 1:14f.를 이해하기 위해서, 이 세상적 역사의 개념을 추상화해서는 **안 된다**. 천체의 창조가

12 동물 영역의 상, 28 달의 집들, 486000 조디아쿠스텐 등의 [페르시아적] Bundehesch로써 서술될 때, 그곳에서 식물들이 고정된 별들의 군대 장관이라고 말해질 때, 다음은 분명하다: 우리는 성서적 사가가 목표로 하지 **않았던** 어떤 학문적인 세계 설명의 시도와 관계하지 않는다. 마찬가지로 애굽 전승도: 태양신인 레(Re)와 토트(Tot) 이후에 달의 신이, 그리고 그 자체로써 태양신의 부재시의 시간을 위한 대변자가 되어 지하세계에 놓였다는, 내재 신적인 위계질서 안의 한 과정을 서술한다; 이것은 우리의 본문에는 전혀 존재할 수가 없다.

우리는 그러나 창세기 1:14f.에 있어서 또한 다음을 추상화해서도 안 된다: 그곳에서 바라보는 역사는 (해, 달, 별들은 시간의 척도로 창조되었으며, 그 시간의 내용이 그 역사이다.) **이스라엘**의 하나님의 인도 아래 있는 및 그분의 의미 안에 있는 대단히 특정한 (빛의 창조와 함께 시작하는) **구원**사이다. 천체의 창조의 (연대기에 대한, 그러한 한도에서 또한 역사에 대한) 관계는 말하자면 '에누마 엘리쉬' 서사시의 다섯째 돌판에 따르면 또한 바벨론 신화에도 낯선 것이 아니었다. 그러나 우선 다음이 주목되어야 한다: 그곳에서의 천체의 창조에 있어서는 하나의 형이상학적 문제가 전면에 위치해 있는 것으로 보인다: 별들의 세계는 말하자면 우선적으로 큰 신들이 아누(Anu), 엔릴(Enlil), 에아(Ea) 등이 머무는 장소이다.―그리고 또 다음이 주목되어야 한다: 바로 우리의 본문의 근본적 직관, 즉 시간을 날로 구성하는 (해와 달의) 행위로서의 낮과 밤의 분리가 그곳에서는 전적으로 빠져 있으며, 더 나아가 모든 강조점은―다시 한 번 자연과학적인 정확성과 함께―시간을 달로 구성하는, 달의 변화 국면 위에 놓인다; 그러나 이것은 우리의 본문 안에서는 [우리는 14절에서 달이 빠져 있다는 것을 주목해야 한다.] 전혀 언급이 되지 않는다. 다음은 분명하다: 우리는 이쪽에서도, 저쪽에서도, **상이한** 연대기(Chronologie)와 관계하며, 더 나아가 이미 상이한 **시간 개념**과 관계한다. 우리는 주목해야 한다: 특수한 성서적 시간 개념은, 시편 104:19에서처럼 하나님께서 달도 만드셨으며, 그로써 한 해를 나누셨다는 것이 전면에 등장하는 그곳에서도, 관철된다. 창세기 1:14f.가 어떤 날을, 어떤 시간을, 어떤 역사를 목표로 하는가 하는 것, 창공에 달린 빛들이 무엇 때문에 땅을 비추는가 하는 것, 표징, 시간들, 날들과 해들을 나타내기 위해서라는 것 등은 18절에서 다음으로써 명확하게 된다: **낮**과 **밤**이 다시 한 번 명시적으로 **빛**과 **어둠**이라고 해석된다. 하늘에서의 표징 수여는 어떤 의도를 가지고, 나침반, 시계, 달력으로써 방향을 찾는, 어떤 이 세상적 역사의 주체가 되어야 한다는 인간에게 유효한 것이 아니다. 그 표징 수여는 다음 사람에게 유효하다: 그의 날, 시간, 역사는 빛과 어둠의 분리에의 그의 참여에 근거한다; 왜냐하면 말씀에 의해 빛과 어둠을 나누신 하나님께서 인간을 자기 형상대로 창조하셨기 때문이며, 인간이 그러하신 하나님의 타고난 및 부르심을 받은 '계약 파트너'이기 때문이다. 시편 19편에서의 양쪽 절반들의 특징적인 병렬은 이곳의 관점으로부터 볼 때 전혀 문학적인 우연이 아니며, 오히려―어떤 추가적인 병렬이라면―대단히 깊이 숙고된 및 어쨌든 대단히 인상적인 창작(Komposition)이다. 4f.에서 "하늘 이 끝에서 나와서 하늘 저 끝으로 돌아가니, 그 뜨거움을 피할 자 없다."라고 마치는 해에 대한 서술은 창세기 1:14로부터 볼 때에는 7f.에서 보다 더 의미 깊게 전개될 수는 없다: "주님의 교훈은 완전하여서 사람에게 생기를 북돋우어 주고, 주님의 증거는 참되어서 어리석은 자를 깨우쳐준다. 주님의 교훈은 정직하여 마음에 기쁨을 안겨 주고, 주님의 계명은 순수하여서 사람의 눈을 밝혀 준다. 주님의 말씀은 티 없이 맑아서 영원토록 견고히 서 있으며, 주님의 법규는 참되어서 한결같이 바르다. 주님의 교훈은 금보다, 순금보다 더 탐스럽고, 꿀보다, 송이꿀보다 더 달콤하다. 그러므로 주님의 종이 그 교훈으로 경고를 받고, 그것을 지키면, 푸짐한 상을 받을 것이다. 그러나 어느 누가 자기 잘못을 낱낱이 알겠습니까? 미쳐 깨닫지 못한 죄까지도 깨끗하게 씻어 주십시오. 주님의 종이 죄인 줄 알면서도 고의로 죄를 짓지 않도록 막아 주셔서, 죄의 손아귀에 다시는 잡히지 않게 지켜 주십시오. 그때에야 나는 온전하게 되어서, 모든 끔찍한 죄악을 벗어 버릴 수 있을 것입니다. 나의 반석이시요 구원자이신 주님, 내 입의 말과 내 마음의 생각이 언제나 주님의 마음에 들기를 바랍니다." "빛"의 "통치" 아래 놓인 날은 바로 이와 같이 보인다! 그것은 다음과 같은 날이다: 그날에 아무리 자랑해도 지나치지 않는 하나님의 말씀이 인간에게 말해지며, 인간을 극단적으로 심판하며, 그러나 또한 인간을 극단적으로 구원하고 보존하는 약속이 되며, 인간을 하나님의 은혜의 간구로 부른다. 이 목적을 위하여 날은 언제나 또 다시 인간에게 날이 되며, 이 목적을 위하여 (인간에게 낮과 밤의 분리를 통고하는) 해, 달, 별들은 인간을 비춘다: 그래서 인간이 그 목적을 위하여 시간과 공간을 갖는다는 것을 알게 한다. 우리는 동일한 성취된 시간 개념을 예레미야 31:35f.에서 관찰한다: "낮에는 해를 주셔서, 빛을 밝혀 주시고, 밤에는 달과 별들이 빛을 밝히도록 정하여 놓으신 분, 그 주님께서 말씀하신다. 이렇게 정해진 질서가 내 앞에서 사라지지 않는 한, 이스라엘 자손도 내 앞에서 언제까지나 한 민족으로 남아 있을 것이다. 나 주의 말이다." 혹은 이스라엘의 왕에 관하여 말하는 시편 72:5, "해가 닳도록, 달이 닳도록, 영원무궁하도록, 왕이 천수를 누리게 해 주십시오." 그리고 17절, "태양이 그 빛을 잃기까지, 그의 이름은 영원히 잊혀지지 않을 것이다." 혹은 아모스 5:8f., "묘성(칠성)과 삼성을 만드신 분, 어둠을 여명으로 바꾸시며, 낮을 캄캄한 밤으로 바꾸시는 … 그분의 이름은 주님이시다! 그분은 강한 자도 갑자기 망하게 하시고, 견고한 산성도 폐허가 되게 하신다." 혹은 거꾸로 마태복음 5:45에서는 하늘의 아버지께서 그분의 해를 악과 선 위에 모두 비치신다고 말해진다. 우리는 여기서 너무 성급하게 그것이 단순한 비유에 관계될 뿐이라고 말하지 말아야 한다! 물론 여기서 비교는 된다. 그러나 다른 곳에서와 마찬가지로: 천체들 및 그것들의 작용들의 창조와 그분의 이스라엘 안에서의 말씀의, 은혜의, 심판의 사역이 그러한 방식으로 비교된다는 점이 바로 여기서 주목되어야 한다. 이 비교는 가능하다; 왜냐하면 구약성서에 대하여 명백하게도 현존하는 **인식** 관계에 (창 1:14f.에서 창 1:26f.와의 연관성 안에서 밝혀지는) 한 **존재** 관계 및 **사태** 관계가 상응하기 때문이다. 우리는, 양자의 비교되는 것들이 이제 저 구절들 안에서도 더욱 가깝게 병치되는 곳에서는 어디서나, 그 관계를 생각하게 된다. 사사기 5:31의 드보라의 노래의 종결도 바로 그와 같다: "주님을 사랑하는 사람들은 힘차게 떠오르는 해처럼 되게 하여 주십시오." 혹은 시편 37:6, "주님이 너의 의를 빛과 같이, 너의 공의를 한낮의 햇살처럼 빛나게 하실 것이다." 혹은 말라기 4:2, "그러나 내 이름을 경외하는 너희에게는, 의로운 해가 떠올라서 치료하는 광선을 발할 것이다." 혹은 마태복음 13:43, "그때에 의인들은 그들의 아버지의 나라에서 해와 같이 빛날 것이다." 혹은 메시아적 구절들 안에서 민수기 24:17, "나는 그 모습을 환히 본다. 그러나 가까이에 있는 모습은 아니다. 한 별이 야곱에게서 나올 것이다. 한 통치 홀이 이스라엘에서 일어설 것이다", 그리고 이사야 30:26, "주님께서 백성의 상처를 싸매어 주시고, 매 맞아 생긴 그들의 상처를 고치시는 날에, 달빛은 마치 햇빛처럼 밝아지고, 햇빛은 일곱 배나 밝아져서 마치 일곱 날을 한데 모아 놓은 것 같이 밝아질 것이다", 그리고 누가복음 1:77f.는 하나님의 자비로운 심정을 말한다; 그 안에서 그분은 해를 하늘 높이 뜨게 하셔서 우리를 비추실 것이다. 혹은 마태복음 17:2(비교. 계 1:16)에서 예수에 대하여, 그리고 그 다음에 생명책을 가진 천사에 대하여(계 10:1) 그 얼굴이 해와 같이 빛난다고 말해진다. 그리고 무엇보다도 요한계시록 12:1은 큰 환난 안에 있는 저 여자를, 의심의 여지없이 그리스도교적 공동체를, "해를 둘러 걸치고, 달을 그 발 밑에 밟고, 열두 별이 박힌 면류관을 머리에 쓰고 있었다."고 서술한다. 물론 이 모든 것들은 상들(Bilder)이지만, 그러나 이제 그럼에도 불구하고 우연히 혹은 자의적으로 바로 그러한 상들인 것은 아니다. 오히려 빛은 이제 하나님의 의지의 계시이며, 천체들은, 특히 해는 하나님의 봉사자이며, 천체들은 그 봉사로써 인간이 그러한 주어진 시간의 계시의 인식에 도달하도록 한다; 그에게 주어진 날은 계시의 날로, 그의 시간은 계시의 시간으로, 그의 역사는 계시의 역사로 통고된다. 그러므로 그 상들이 이러한 중심 문제에 대한: 즉 하나님의 의 및 의인들의 생명에 대한 **상들**로서 사용된다면, 그것은 그것들이 바로 그 문제에 대한 상이기 때문이며, 바로 근원적 및 본래적으로 (그들의 창조에 근거하여) 성서적 직관에 따른 신적 '빛의 창조'의 모방 및 모사이기 때문이며, 그것들이 바로 그 목적을 위하여 본래적으로 봉사해야 하기 때문이다. 그러므로 이러한 상들의 사용에 대한 어떤 시적인 혹은 그 밖의 허가증이란 어떤 경우에도 성립될 수 없다.

이곳으로부터 비로소 우리는 그 다음에 이러한 명확한 거부를 이해하게 된다; 이 거부 안에서 구약과 신약성서는 모든 **천체 제의**와 대립하여 마주 선다: 예를 들어 신명기 4:19(비교. 17:3)의 경고가 그러하다: "눈을 들어서 하늘에 있는 해와 달과 별들, 하늘의 모든 천체들을 보고 미혹이 되어서, 절을 하며 그것들을 섬겨서는 안 됩니다." Kewan, 즉 토성의 경배에 대해서는 이미 아모스 5:26에 언급된다. 예레미야 8:2, 19:13, 스바냐 1:5, 열왕기하 17:16, 21:3f., 23:5, 12 등은 후기의 왕들의 예루살렘 안에서 집집마다 사람들이 지붕 위에서 온갖 천체(하늘 무리들)에게 향을 피워 올리고 이방신들에게 술을 부어 제물로 바쳤다고 말한다. 에스겔 8:16에서는 다음도 읽는다: "그가 나를 주님의 성전 안뜰로 데리고 가셨는데, 주님의 성전 어귀에, 바로 그 현관과 제단 사이에 사람이 스물다섯 명이나 있었다. 그들은 주님의 성전을 등지고, 얼굴을 동쪽으로 하고 서서, 동쪽 태양에게 절을 하고 있었다." 이것은 이스라엘의 영역 안에서는 있을 수 없는 일들이다! "해와 달을 보고 그 장엄함과 아름다움에 반하여 그것에다가 절을 하는 사람들이 있다. 해와 달을 경배하는 표시로 제 손에 입을 맞추기도 한다. 그러나 나는 그렇게 하지 않았다. 그런 일들은 높이 계신 하나님을 부인하는 것이기 때문이다."(욥 31:26f.) 성서 안에서 **점성술**이 거의 철두철미 부정적으로 판단되는 것도 동일한 노선 위에 놓여 있다. 오직 하나의, 물론 주목할 가치가 있는 예외가 여기서 관찰된다: 그것은 마태복음 2:1f.의 동방박사들의 이야기이다; 그들에 대해서는 아무런 비판도 없이 다음과 같이 말해진다: 그들은 그들의 고향에서 새로 태어난 유대인의 왕의 별을 보았으며, 그리고 그 왕께 경배하기 위하여 왔으며, 더 나아가: 그 별이 말하자면 최종적으로 그 아기가 있었던 곳에서 정지할 때까지 그들을 인도하였다. 누구도 다음을 논쟁하기는 어려울 것이다: 복음서 기자는 이러한 진행과정의, 그것과 함께 전적으로 점성술적인 가능성의 현실성을 어떻게 해서든 이미 주어진 것으로서 전제하였으며, 그 가능성 그 자체를 예수 그리스도의 기적적인 탄생의 서술 안으로 끌어들였다. 박사들의 행동의 올바름 혹은 그것을 흉내 내는 것의 초대 혹은 허용, 그래서 이 허용에 의하여 승인되는 현실적 가능성을 사용하는 것 등에 대해서 복음서 기자는 그러나 언급하지 않았다. 그 현자들과 같은 **선택된** 이방인들이 있다는 사실이 그들의 이교를 정당화하거나 추천하지는 않는다; 그리고 이 이야기에 따른 혜성의 형태 안에서, 혹은, 사람들이 후대에 가정했던 것처럼: 목성과 토성의 겹침의 형태 안에서, 저 드물고 특별한 기능으로서 이야기되고 거룩하게 된 어떤 별이 있을 수 있었다고 해도, 그러한 가정으로써도 다만 다음이 확증될 뿐이다: 그러한 표징의 수여는 별들의 **정규적인** 기능이 **아니다**. 예레미야 8:2에서 천체들에게 "뜻을 물어보는 것"은 단숨에 저주받은 숭배라고 말해진다. 예레미야 10:2는 그것을 명시적으로 말한다: "나 주가 말한다. 너희는 이방 사람의 풍습을 배우지 말아라. 이방 사람이 하늘의 온갖 징조를 보고 두려워하더라도, 너희는 그런 것들을 두려워하지 말아라! 이방 사람이 우상을 숭배하는 풍속은 허황된 것이다." 이사야 47:13f., "너는 오히려 너의 많은 조언자들 때문에 지쳤다. 자, 하늘을 살핀다는 자들, 별을 보고서 점친다는 자들[루터: 별들의 운행의 전문가들, 하늘을 연구하는 자들], 매달 초하루마다 너에게 닥쳐올 일을 알려 준다는 자들, 그들을 일으켜서 너를 구원하라고 하여라. 보아라. 그들은 검불같이 되어서, 불에 타고 말 것이다." "표징 해석"[루터: 날들의 선택]은 신명기 18:10f.에 따르면 점쟁이, 복술가, 요술객, 무당, 주문 외우는 사람, 귀신을 불러 물어 보는 사람, 박수, 혼백에게 물어 보는 사람 등과 함께 하나님의 백성이 행하지 말아야 하는 것들에 속한다; 그러한 것들의 현실성이 어떠하든지 간에 구약성서는 의심의 여지없이 그 모든 가능성들을 대단히 상세하게 고려하고 있다. "표징 해석자"는 이사야 2:6에 따르면 블레셋 사람이며, 예루살렘의 거주민이 결코 될 수가 없다. "표징 해석자"는 예레미야 27:9에 따르면 온갖 종류의 거짓 예언자들, 점쟁이들, 해몽가들 및 그와 비슷한 자들과 함께 예루살렘 사람들에게 바벨론 왕을 섬기지 않게 될 것이라고 기만하려는 자들이다. 그리고 마찬가지로 갈라디아 공동체가 그리스도로부터 율법으로 떨어진 타락도 갈라디아서 4:9f.에 따르면 부끄럽게도 미약하고 빈약한 "세상의 초등 학문"에 봉사하는 일로 퇴각한 것과 관계된다; 그 퇴각은 그들이 날들과 새로운 음력, 축제 기간, 새해 등을 관찰하기 시작하였다는 데에 놓여 있다; 그리고 비슷한 것이 골로새 2:16에 따르면 골로새에 퍼져 있었던 잘못된 교리의 결과이기도 했다. 천체 숭배와 천체 해석의 성서적 거부의 필연성과 힘은 어디에 놓여 있는가? 사람들은 그 대답을 이스라엘적 및 그리스도교적 예배의 유일신론적 성격에 대한 일반적 숙고들의 도상에서만 찾으려고 해서는 안 될 것이다. 이 문제의 특수한 이유는 명백하게도 다음에 놓여 있다: 여기서 그 자체로서는 "최악의 것"인 것의 "최선의 것으로의 위조"가 발생한다. 천체들은 그것들의 창조에 따르는 규정에 의하여 그것들에게 주어진 특정한 방식 안에서 "다스려야" 하기 때문에, 다음은 결정된다: 천체들은 위에서의 경우와 같이 사람들에 의하여 경배를 받는 그러한 방식으로 행해서는 안 되며, 사람들이 그것들에게 다만 물어보는 것도 안 된다. 저쪽에서와 마찬가지로 여기서도 인간의 오류를 통하여 하나님의 창조의 객관적 질서가, 천체들이 신적인 '빛의 창조'의 상들이 되라는 그것들의 특수한 규정으로부터 소외됨으로써, 방해를 받고 있다: 사람들이 천체들을 주님들 및 신들로 혹은 선생들 및 조언자들로 격상시킬 때, 겉으로 그것은 천체들에게 유익이 되는 것 같아도 실상은 그것들의 참된 기능을 해치게 되며, 바로 그렇게 해서 하나님의 불명예와 인간의 파멸에 도달하게 된다. 그때 천체들은 하나님의 계약의 역사를 위한 표징 및 가르침의 수단이 더 이상 아니다; 그것들이 모사하는 것, 그 앞에서 그것들이 투명하게 머물러야 하는 것, 그것들이 드러나도록 만들어야 하는 것에 앞서서 자신의 고유한 충만 안에서 등장하는 곳에서, 혹은 그것들이 모사해야 하는 것이, 하나님의 말씀의 은혜 안에서가 아니라 오히려 심판 안에서 다른, 자의적으로 고안된 인간적 삶의 필연성에 대한 자칭의 어떤 해결책들이 추구되는 곳에서, 그것들은 바로 그것들의 고유한 가치를 상실하게 된다.

마찬가지로 천체들의 (창조에 따른) 기능과 마지막으로 다음이 또한 관계되어 있다: 성서는 일련의 종말론적 구절들에서 천체들의 기능이, 즉 그것들의 밝힘이 그칠 것이라고 말한다. 그러한 사태에 도달**할 수 있다**는 것은 다음에 근거한다: 해, 달, 별들도 그 밖의 세계 전체와 마찬가지로 하나님에 의해서 창조되었으며, 그것도 유한한 현실성으로 창조되었다. 하나님께서 산을 옮기시고, 땅을 놀라게 하실 수 있는 것처럼, 또 하나님께서는 욥기 9:7에 따르면 또한 해에게도 더 이상 빛을 발하지 말라고 말씀하실 수 있고, 또 별들도 봉인되도록 할 수 있으시다. 하나님께서 그렇게 하실 것이라는 그것이 구약성서적 예언의 특징적인 위협들 중의 하나이다. 그 예언은 이미 아모스에게서 발생한다 (8:9): "나 주 하나님이 하는 말이다. 그날에는 내가 대낮에 해가 지게 하고, 한낮에 땅을 캄캄하게 하겠다." 요엘 2:20에 따라 "땅"이 저 거대한 및 두려운 주님의 날에 닥치는 메뚜기 재앙 안에서 체험해야 하는 것이, 요엘 3:15에 따르면 "판결 골짜기" 안에 모인 백성들의 세계에 대하여 반복될 것이다: "해와 달이 어두워지고, 별들이 빛을 잃는다." 이사야 13:10에 따르면 다음이 바벨에 닥칠 것이다: "하늘의 별들과 그 성좌들이 빛을 내지 못하며, 해가 떠도 어둡고, 달 또한 그 빛을 비치지 못할 것이다." 에스겔 32:7은 애굽에 대하여 말한다: "내가 네 빛을 꺼지게 할 때에 하늘을 가려 별들을 어둡게 하고, 구름으로 태양을 가리고, 달도 빛을 내지 못하게 하겠다. 하늘에서 빛나는 광채들을 모두 어둡게 하고, 네 땅을 어둠으로 뒤덮어 놓겠다. 나 주 하나님의 말이다." 바로 이것: 해가 어두워지며, 달이 그 빛을 잃고, 별들이 하늘에서 떨어지면, 하늘의 권능들이 흔들릴 것이라는 것은 이제 마가복음 13:34, 마태복음 24:29에 따르면 예수 그리스도의 재림 직전의 종말의 앞선 표징이 될 것이다. 누가복음 21:25도 동일한 맥락에서 해, 달, 별들에게 발생하게 될 표징들을 다만 일반적으로만 말한다. 이 구절에서의 누가의 주저는: 그가 거꾸로 예수의 죽음에서 등장한 어둠(23:45)의 숙고를 "해는 빛을 잃고"의 명시적인 설명을 통하여 보충한다는 데에 근거했을 수 있다; 이 보충으로써 누가는 명백하게도, 그가 **여기서** 저 예언이 중심적 및 원본적으로 성취된 것을 보았다는 사실을 명시적으로 말하려고 했다. 바로 이것이 또한 틀림없이 다른 복음서 기자들이 이 어둠에 대해서 표현하지는 않았던 견해일 것이다. 모든 약속에 가득한 시작들이 다가오는 새로운 세계의 그 특정한 시작(이것은 예수의 부활 안에서 발생하였다.)을 목표로 하는 것처럼, 그리고 모든 심판들이 그분의 십자가의 죽음 안에서 돌입한 하나님의 심판 및 세계 종말을 목표로 하는 것처럼, 마찬가지로 어둠도, 다시 말하여 모든 피조된 빛들의 어두워짐도 그분의 죽음의 시간 안에서 모든 어둠들의 어둠이 된다; 이 어둠을 우리는 또한 요한계시록의 여러 맥락 안에서(6:12f., 8:10f., 9:1f.) 등장하는, 저 구약성서적 예언의 반복들에 관계시킬 수도 있다. 그러나 다음이 주목되어야 한다: 물론 신약성서 안에서는 [추측컨대 사 14:12의 아침의 계명성의 말씀과 연결되면서] 여러 번 별들의 **"떨어짐"**에 관하여 말해지지만, 그러나 [하늘과 땅의 소멸에 상응하는] 해, 달, 별들의 **소멸**에 관해서는 말해지지 **않는다**. 이미 구약성서도 이 진술을 분명하게도 의식적으로 회피하였다. 해와 달이 그것들의 **빛을 잃게 될 것**이라는 것, 그것 및 오직 그것만이 저 예언의 내용이며, 오직 그 내용에 관해서만 예수의 죽음의 보고 안에서 언급된다, 또한 이사야 60:19f.에서도 예를 들어 해와 달이 그때, 하나님 자신이 영원하신 빛이 되실 때, 더 이상 존재하지 않을 것이라고 말하지 않으며, 오히려 다만 그것들이 그때 더 이상 빛을 내지 않을 것이라고, 내지는 그것들의 빛이 그때에 영원한 빛이신 하나님 자신에 의하여 완전히 능가될 것이라고 말한다. 요한계시록 20:23, 22:5에서도 이 문제의 중심은 순전히 다음과 같이 해석된다: 우리는 그때

해와 달의 빛을 더 이상 필요로 하지 않게 될 것이다. 해와 달의 빛이 하나님 자신의 빛에 의하여 대체된다고 해도, 이사야 60:20에 따르면 오히려 다음이 보장된다: "다시는 너의 해가 지지 않으며, 다시는 너의 달이 이지러지지 않을 것이다." 그러므로 우리는 다음과 같이 생각해야 한다: 성서적 직관에 따르면 이 세상의 종말은 물론 하늘과 땅의 소멸에, 그리고 천체들의 기능의 정지에, 그것들의 특별한 빛의 꺼짐에 놓여 있게 될 것이지만, 반면에 천체들 그 자체는—하나님의 보좌와 같이, 하늘의 바다와 같이, 천사들과 같이—단순히 소멸하는 것이 아니라, 오히려 유지될 것이며, 새로운 기능을 행사하게 될 것이다. 하늘의 빛들의 소멸 그 자체와 내적으로 관계된 것을 우리는 욥기 3:1f.에서 가장 잘 배울 수 있다; 그곳에서 욥은 자신의 탄생을 다음과 같은 말들로써 저주한다: "내가 태어나던 날이 차라리 사라져 버렸더라면, 남자 아이를 배었다고 좋아하던 그 밤도 망해 버렸더라면, 그날이 어둠에 덮여서, 높은 곳에 계신 하나님께서도 그날을 기억하지 못하셨더라면, 아예 그날이 밝지도 않았더라면, 어둠과 사망의 그늘이 그날을 제 것이라 하여, 검은 구름이 그날을 덮었더라면, 낮을 어둠으로 덮어서, 그날을 공포 속에 몰아넣었더라면, 그 밤도 흑암에 사로잡혔더라면, 그 밤이 아예 날 수와 달 수에도 들지 않았더라면, 아, 그 밤이 아무도 잉태하지 못하는 밤이었더라면, 아무도 기쁨의 소리를 낼 수 없는 밤이었더라면, 주문을 외워서 바다를 저주하는 자들이 리워야단도 길들일 수 있는 마력을 가진 자들이, 그날을 저주하였더라면, 그 밤에는 새벽별들도 빛을 잃어서, 날이 밝기를 기다려도 밝지를 않고, 동트는 것도 볼 수 없었더라면, 좋았을 것을! 어머니의 태가 열리지 않아, 내가 태어나지 않았어야 하는 건데, 그래서 이 고난을 겪지 않아야 하는 건데!" 우리는 다음을 이보다 더 명확하게 말할 수가 없다: **빛**이 그리고 또한 천체들의 봉사가 **날, 시간, 역사**를 구성한다. 욥과 같이 그러한 하루를 저주하는 자는, 다시 말하여 날이 아니라고 말하자면 논쟁하려는 자는, 그에게 천체들의 빛이 없기를 바라야 한다. 그렇기 때문에 그의 탄생의 날이 없었더라면 하는 욥의 소원도 그날에 어떤 천체의 어떤 빛도 없었으면 하는 소원과 동일하다. 어떤 천체의 빛도 없다는 것은 날이 없고, 시간이 없고, 역사가 없음을 뜻한다. 그렇기 때문에 다음은 저 심판의 위협의, 또한 이사야 60장 및 요한계시록 20-21장에 상응하여 형식을 갖춘 약속의 중심 내용이다: 인간적 역사를 근거하는 하나님의 지혜 및 인내는 특정한 **목적**을 가지며, 인간에게 그 역사를 바라보면서 수여된 유한한 목적을 가지며, 그래서 사실상 **종말**을 갖는다. 예수의 죽음이 저 **역사**의 목적임으로써, 그분은 또한 **시간**의 종말이시다. 모든 예언이 그분을 목표로 함으로써, 예언은 그분의 부활과 재림의 이쪽 편에서의 최후의 시간들에 관하여, 새 창조의 시작의 이쪽 편으로부터 필연적으로 시간의 **종말**에 관하여, 말해야만 한다. 예언이 바로 이것을 행함으로써, 예언은 경고하면서 그리고 경악을 일으키면서, 그러나 또한 기쁘게 및 약속 가득하게—천체들의 종말과 소멸에 대해서가 아니라, 오히려 그것들의 **조명** 및 또한 그것들의 **봉사**의 종말 및 소멸에 관하여 말한다. 이러한 천체들의 봉사는 창조를 위한 하나님의 인격적 등장 안에서, 영원한 빛으로서의 그분의 고유하신 조명 안에서, 예수의 **부활** 및 재림 안에서, 그것의 한계를 갖는다. 그렇게 하여 넷째 날의 사역의 의미는: 하나님께서(18b절에 따르면) 보시기에 좋았다는 것이며, 그것은 또한 이러한 측면에서 볼 수 있다; 또 우리는 이렇게 말해야 할 것이다: 19절의 종결하는 확정: 저녁 및 아침으로부터 이날이, 넷째 날이 되었다는 확정은 첫째 날과 마찬가지로 여기서도 대단히 **명확**한 의미를 갖는다: 첫째 날에서와 마찬가지로 우리는 넷째 날 안에서도—여기서는 주관적으로, 저곳(첫날)에서는 객관적으로—소재들 안에서 및 그것들과 함께, 날의, 시간의, 역사의 창조와 관계한다.

(창 1:20-23) 다섯째 사역 안에서는 바다동물들과 새들의 창조에 관계된다. 다섯째 사역은, 넷째 사역이 첫째 사역과 상응하는 것처럼, 둘째 사역과 동일한 상응을 이룬다. 둘째 사역 안에서 위의 물과 아래 물 사이의 창공의 기초를 통하여 하층 우주의 근본적인 안전이 성취되었다면, 마찬가지로 다섯째 사역 안에서는, 저 창공의 보호 안에서, 그러나 또한 여전히 바다 안에서 그리고 땅의 가까운, 두려운 경계지역의 한가운데에서, 전적으로 새로운 종류의 창조가: 즉 식물의 세계의 형태 안에서의 살아 있는 피조물과는 명확한 거리를 두면서 최초의 **독립적으로** 살아 있는 피조물들의 창조가 성취된다. 다음은 명확하다: 우리는 강력한 걸음들로써 이야기의 정점에 접근하고 있다. 우리는 두 가지를 주목해야 한다: 이러한 새로운 창조의 특별한 존재, 그리고 그것의 무대를 형성하는 공간들이 그것이다. 그 창조의 특별한 존재는 바로 다음에 놓여 있다: 하나님께서 이제, 이 다섯째 날에, 창조하시는 것은―빛, 하늘, 땅 및 빛들과 구분될 뿐만 아니라, 또한 식물의 세계들과도 구분되면서―독립적인 운동 안에서 살아 있는 피조물이며, "우글거리는" 및 날아다니는 피조물들이다. 인간을 인간으로 만드는 자유로운 결단 및 행위(하나님의 형상 안에서 창조될 인간은 그 자유로운 결단 및 행위로 규정될 것이다.)는 아직 멀리서도 발생하지 않았지만, 그러나 여기서 그 피조물은 명백하게도 처음으로 스스로를 통고한다. 아직 그 피조물은 인간의 직접적인 주변환경 및 동료됨으로써 특수하게 높여진 특성 안에서 살아 있는 피조물이 아니지만, 그러나 이미 그것은 최소한 멀리서는 볼 수 있게 된다: 인간은 그러한 종류의 생물로서 홀로 존재하지 않을 것이다; 인간은 그 피조물들과 비슷하지만 동시에 비슷하지 않으면서, 그러한 생물들의 세계 전체의 중심 및 정점에 서게 될 것이다. 하나님의 말씀이 바다동물들 및 새들을, 그분의 명령이 그것들 그 자체를 그것들의 요소 안에서 저 독립적인 운동 안에 놓는 방식 안에서, 창조하심으로써, 이전에 근거된 삶의 공간이 이제 처음으로 및 첫째의 형식 안에서 한 거주민을 얻게 됨으로써, 기적과 같은, 거의 기괴한, 그럼에도 불구하고 특정한 윤곽들 안에서 처음으로 그 공간 안에서 하나님의 파트너가 될 수 있는 존재가 출현한다: 그것은 **동물적** 피조물이며, 하나님에 의하여 창조된 및 재능을 가진 (독립적으로 살아 있는 존재들의) 종족(Volk)이다. 이제 개봉되는 노선 위에서, 동물적 피조물로서―다시 한 번 및 마지막으로 이러한 긴 도상에서의 한 새로움이, 그러나 바로 이제 막 발을 내딛은 그것의 마지막 구간 위에서, 물고기와 새들과 혼동되지 않으면서, 그러나 독립적으로 살아 있는 존재로서 그것들 사이에서 원본을 형성하고, 그것들 사이에 또한 배치되면서―인간이 예기된다. 그러나 이제 또한 이러한 다섯째 창조의 날의 무대를 형성하는 공간들이 주목되어야 한다. 그것은 바다 및 공중의 공간에 관계되며, 그래서 인간에게 본래 더 먼 및 더 낯선 (하층 우주의) 영역들에

관계되며, 또 저 공간들(인간은 이 공간들 안에서 전혀 못하거나 혹은 다만 인공적 및 잠시 동안만 머물거나 운동할 수 있다.)에 관계되며, 또 왜냐하면 카오스의 요소에 가깝거나 혹은 소위 근원적으로 친숙하기 때문에 위험한 저 공간들에 관계된다. 바로 그곳에 ― 어디서 우리가 바로 그곳에서보다 그것을 덜 기대했겠는가? ― 하나님의 '창조자 명령'을 통하여 독립적 피조물의 삶이 **시작된다**. 바로 그곳에서 이제 처음으로 피조적인 고유한 삶이 형성되며, 자기 자신을 운동하는 존재의 저 종족들 전체의 존재가 형성된다. 바로 그곳에 하나님께서는 우선 그러한 존재의 찬양을 마련하셨다. 그렇게 깊은 곳에서 및 그렇게 먼 곳에서 하나님께서는 그러한 존재에 관계된 및 그것과 함께하는 사역을 시작하기를 원하셨다. 그분의 긍휼은 그렇게도 강력하다. 그렇게도 대단하게 그분은 전체의 주님 및 장인(Meister)이시며, 또한 저 한계 영역 안에서도 그러하시다. 그렇게도 근본적으로 하나님께서는 미리 준비하셨다; 그래서 이 한계 영역은 그분의 진노의 위협하는 표징 이상이 될 수 없으며, 그 영역도 카오스로부터 방어되며, 또한 그것의 직접적 근접 영역 안에서도 삶은 가능하다. 인간이 이미 죽음의 아가리가 열려진 곳을 본다고 생각하는 그곳에, 바로 그곳에 하나님께서는 "우글거리고" 또 날아다니도록 하셨으며, 바로 그곳에 인간 자신과 마찬가지인 생물들의, 인간의 고유한 동료들의, 동물적 본성의 (저 종족들의) 세계가 자극되고 운동되도록 하셨다. 그곳에서 인간에게 제공되는 것은 신뢰를 불러일으키는 광경이다. 인간 곁의 물고기들과 새들이란 무엇인가? 얼마나 인간은 자신의 존재를 통하여 그것들보다 선호되는가! 그리고 그것들의 영역들과 비교한다면 인간은 어떤 확실한 산성 안에서 살아갈 수 있는가! 피조된 공간의 기괴함 앞에서의 삶의 두려움은 여기서 명백하게도 사라져야 하며, 그러한 공간 안에서의 존재의 감행을 향한 '삶의 용기'가 명백하게도 일깨워진다; 이 광경이 열린 눈들을 발견하는 곳에서, 물고기들 및 새들의 증거가 인지되는 곳에서, 일깨워진다. 그렇게도 위험에 처한 종속들이 "각각 자신의 종류에 따라" 이미 살아가고 또 운동하고 있다; 그렇다면 또한 그렇게도 많이 보호를 받는 인간도 자신의 종류에 따라 신뢰하면서 동일하게 살고 운동할 수 있을 것이다. 그곳에 어떤 기괴한 것도, 어떤 카오스 괴물도 없다면, 오히려 인간도 함께 속하는 동일한 동물적 종의 종류들이 있다면, 그래서 인간은 그곳을 바라볼 때에도, 좀 먼 거리의 친구들 및 친척들 사이에 위치하는 셈이라면, 그렇다면 인간은 여기 안전한 장소에서, 하나님께서 창조하신 확고한 지반 위에서, 무엇을 두려워할 필요가 있겠는가? 그곳에 아무것도 놀랄 것이 없다면, 여기서 무엇이 인간을 놀라게 할 수 있겠는가? 이러한 다섯째 날에 저곳에, 저 불안한 먼 곳에 창조하신 것도 또한 하나님 보시기에 좋았다. 그러나 이 보고는 아직 끝이 아니다. 하나님께서는 여기서 처음으로 하나님께서 피조물에게 수여하시는 **축복**을 말씀하신다. 축복은 이 바다 및 공중의 거주자들의 생육, 번성, 충만에 관계된다. 빛, 창공, 땅, 식물, 빛들의 창조에 있어서는 그러한 축복은 말해지지 않았으며, 그 축복은 명백하게도 요청될 필요가 없었다. 그 피조물들은 자신의 본래 존재대로 존재하는 것이 이미 축복받는 것으로 보인다. 그러나 다음이 동물적 피조물의 본질에 속하는 것으로 보인다: 동물적 피조물은 단순한 존재를 넘어서서, 창조와 동시에 생명의 운동을 할 수 있으며, 특별히 새로운 개체들 안에서의 그것의 지속적 생육 및 번성을 위하여 신적 축복이 요청된다. 한 존재가 특정한 행위에 의하여 (또한 마찬가지로 권한을 가진 타자로부터) 자율적으로 되고, 능력을 갖고, 동시에 성공의 약속을 소유하게 될 때, 그는 축복받은 것이다. 후손의 생산, 즉 자연역사의 형식 안에서의 자연의 실존은, 바로 자연이 그렇게 할 수 있는 피조물의 자발적 행위의 형식을 갖는 곳에서, 과감한 시도가 되는데, 이 시도에는—그것은 참람하거나 전망 없는 것이 되지 않으려면—하나님의 허용과 약속을 필요로 한다. 다섯째 날에 창조된 극단적 영역의 동물적 피조물도 이미 그러한 축복을 **필요**로 하며, 그것들은 그 축복을 실제로 이미 **받는다**. 우리는 여기서 어떻게 처음으로 [아직도 창조역사의 한가운데에서!] 본래적인, 창조를 계승하는 역사의 문제가 가시화되는가를 주목해야 한다; 그 역사는 바로 성서적 계약역사에 대하여 대단히 특징적인 (세대의 연속, 아버지됨과 아들됨의) 형식 안에서 가시화된다. 하나님께서 바다 동물들과 새들을 **축복하시는 것**, 이것은—정확하게 말하여 창조의 개념을 이미 넘어서면서—처음으로 피조물에 대한 하나님의 행동을, 그 행동의 역사의 시작 혹은 최소한 그 역사의 특정한 주제를 통고하면서 선취하는 (계약의 수립)의 전주이다: 이 수립은 하나님 그리고 그분 자신과의 유사성 안에서 독립적으로 움직이고 동일한 존재를 생산하면서 스스로를 갱신하는 피조물과의 계약의 수립을 뜻한다. 그와 같이 하나님과 유사한, 아버지됨 및 아들됨으로 규정된, 아버지됨 및 아들됨의 관계 안에서 계속 존재하는 피조물이 있다는 것: 그것도 하나님과의 갈등 안에서가 아니라 오히려 평화 안에서, 무기력 안에서가 아니라, 오히려 권능 안에서, 또 피조물 자신의 자의성이나 능력 안에서가 아니라, 오히려 그분의 축복, 권리 부여, 약속에 근거하여 결실을 맺는 생산 안에서 살아 있고 또 활동한다는 것, 하나님께서 바로 이 피조물에게 선하심과 신실하심 안에서 하나님 자신을 향하게 하신다는 것, 그와 동시에 바로 이 피조물이 그분의 창조의 목적이 된다는 것—이것이 여기서 **아직도** 창조사의 요소이지만, 그러나 **이미 계약사**의 요소로서 공개되는 것이다. 피조적 본성을 신적 본성과의 전적인 구분 안에서도 헛되지 않게, 결실을 맺지 못하게 창조하지 않으신 것은 은혜이며, 이러한 피조적 본성을 하나님께 대한 그것의 상대적으로 고유한 독립성 및 고유한 운동성 안에서 허용 및 희망 없이 존재하지 않도록 하신 것은, 오히려 그것들이 주어진 자유를 행사하는 중에 그것들을 친근하게 존속하게 하고, 둘러싸고, 다스리기를 원하시는 것은 창조자의 선하심이다. 이것이 또한 및 우선적으로 저 먼 및 위험한 (피조물의 세계의) 영역 안에서, 그것이 이미 및 우선적으로 그러한 극단적인 (동물적 피조물의) 영역 안에서 공개된다는 것, 이것은 그 진행과정의 내적인 의미성을 높인다. 은혜의 계약의 전주 및 선형태화(Praefiguration)는 사실상 우리가 그것을 가장 적게 기대하는 바로 저곳에서 시작된다: 즉 또한 저 두려운 지역들도, 또한 이 세상적 대양 안에서 직접적으로 볼 수 있는 (신적 진노의) 표징도 그러한 반대 표징 없이 존재하지 않는다. 동물적 피조물의 저 극단적인, 저 기이한 영역도 (그 영역의 밝은 중심에 인간이 존재하게 될 것이다.) 그 계약을 증거한다. 하나님께서 또한 그 영역도 **좋게** 창조하셨다는, 그리고 인간이 또한 그 영역을 바라볼 때도 두려움 안에서가 아니라, 오히려 신뢰와 용기로써 살아갈 수 있는 단서를 갖는다는 것, 이 사가의 바로 이러한 보고 및 훈계가 이제 명백하게도 처음으로, 그 **축복**에 대하여 보고함으로써, 특수한 내용 및 설득력을 획득하였다.

궁켈이 20-22절에 대하여 다음과 같이 말했을 때, 틀림없이 그는 잘 알고 있지 못하였다: "그것들의 특성에 따라 물고기와 새들은 거의 일치하지 않는다; 또한 여기서도 6일간의 사역은 재료에 올바로 어울리지 않는다; 저자는, 6이라는 숫자를 넘지 않기 위하여 두 가지의 상이한 사역들을 함께 묶어야만 했다." 물고기와 새들을 "함께 묶는 것"은—모든 동물학적인 질문과는 전혀 별개로—바로 다음에 근거한다: 둘째 날의 사역에서 '창공'의 창조와 함께 암묵적으로 이 세상의 (상층 세계를 경계 짓는) 하늘의 창조가 성취되었으며, 셋째 날의 사역에서는 아예 명시적으로 이 세상의 바다의 창조가 성취되었고, 그래서 땅은 인간에게 본래적으로 도달될 수 없는, 어쨌든 인간이 거주할 수 없는 두 가지의 한계 영역들에 의하여 둘러싸이게 되었다. 그리고 이제 다음이 제시되어야 한다: 인간은 또한 이러한 두 가지의 한계 영역을 바라볼 때에도 땅 위에서 본향에 있다고 느낄 단서를 갖는다. 또한 그 한계 영역들도 거주자들을 가지며, 또한 그 거주자들은 땅의 거주자와 같은 종류이며, 그렇기 때문에 그것들의 전적으로 고유한 속성 안에서도 땅의 거주자의 고유한 속성과 일치한다. 또한 그곳에서도 자신의 현존재와 본성을 하나님의 의지 및 말씀에 힘입고 있지 않은 그 누구도, 그 무엇도 없다: 인간이 창조되고 자신의 규정을 갖는 맥락(관계성)에 근본적으로 낯선 그 누구, 그 무엇도 없다. 이러한 **신학적** 관점에 물고기들과 새들은 함께 속한다. 두 가지 모두가 그물에 잡힐 수 있다는 것(B. Jacob)은 이 사가의 관심의 전면에 전혀 속할 수 없는 비교의 근거(tertium comparationis)이다. 물고기-새들의 순서는 구약성서의 지속성인 언어 사용에 상응한다: 물고기들은 동물세계의 총괄적인 열거 안에서 첫째이거나 혹은, 보통 다른 끝으로부터, 다시 말하여 인간으로부터 생각될 때는 (예를 들어 신 4:18, 왕상 5:13), 끝에 언급된다. 우리의 본문은(겔 38:20과 같이) 인간을 향하여 바라보기 때문에, 물고기로써 시작한다; 바다는 창조 사가에 대해서는 가장 멀리서 문제되는 장소이다.

칠십인역 및 불가타역은 20절의 창조자의 명령의 말씀을 다음과 같이: 물은 [11절에서 땅이 식물들을 산출한 것과 비슷하게] 동물들을 산출해야 한다고 이해하였다: 그것들의 번역은 그 다음에는 즉시 새들의 생성이 동일한 요소로 소급되는 것처럼 들린다. 칼빈도 이 본문을 그렇게 이해하였으며, 새들의 경이로운 기원 안에서 "우리에게 경탄을 강요하는 신적 권능의 특별한 예시들" 중의 하나를 발견하였다. 그러나 물은 실제로 새들도, 물고기들도 산출하지 않았다. 11절 및 24절에서 땅에게 어울리는 속성은 우리의 본문의 사고방식에 따르면 바다에게는 전혀 어울리지 않는다. 11절에서 식물들에게 해당하는 것은 (피조물의 맥락의 이러한 첫 단계 위에서) 지금 존재 안으로 불러진 피조물에게는 거의 해당하지 않는다. 21절에서 [1절에서 처음 사용된] bara(창조하다) 단어가 사용되는 것은 우연이 아니다. 27절에서 인간의 창조의 서술에 있어서 그 단어는 세 번 가장 밀접하게 연결되면서 재차 등장한다. 인간에서 정점을 이루는 동물 영역은 직접적인 창조라고 강조된다. 그렇기 때문에 20절의 하나님의 명령 jischrezu(우글거려라)는 προσαγαγέτω(만들어라)가 아니며, producant(만들어라)도 아니다; 오히려: "서로 자극되면서 움직여라!"(Es errege sich! 루터) 혹은: "우글거려라!"(Es wimmle! 취리히 성서)를 뜻하며, 바다는 다만 그것이 발생해야 하는 **장소**를, 구성**요소**를 지칭할 뿐이다. 이에 상응하여 다음이 말해진다: 새들은 땅 위 하늘 창공에서 날아다녀라! 이 두 가지는 3, 6, 11절에서와 같은 창조의 명령인데, 이것은 11절과는 달리 이미 창조된 어떤 규모와도 관계를 갖지 않는다. 우리는 이 극단적 영역의 거주자들이 지칭되면서 생각될 때의 그 특별한 지칭에 주목해야 한다. 땅의 동물들은 24절에 따르면 식물들처럼 땅으로부터 산출될 것이다. 그러나 물고기와 새들은, 그것들의 본성을 지칭하는 그것을 행하라고 그것들에게 명령됨으로써, 현존재 안으로 불러내진다: 물 안에 우글거려라, 공중에 날아다녀라! 창공과 빛들의 창조에 있어서보다 더욱 친밀하게 여기서—"그렇게 되어라"(Es werde!)가 생략됨으로써—피조물의 실존 및 기능이 서로 밀접하게 연관되고 있다. 바로 이 "그렇게 되어라"(Es werde!)가 생략됨으로써, 그 다음에는 그것에 상응하는 것도 또한 생략된다: "그렇게 되었다." 칠십인역과 그것을 따르는 취리히 성서는 이것이 보충되어야 한다고 생각했다. 불가타역과 루터는 그럼에도 불구하고 올바르게도 원문의 본문을 유지했다. 생성의 개념이 (여기서도 물론 그것이 문제된다.) 명령에, 마찬가지로 또한 그것의 실행에 관계되면서 전적으로 (창조되어야 하는 및 창조된) 존재 그 자체의 개념 안에 깊이 숨어 있다. 그것들은 nephesch chajjah (살아 있는 존재)이며, 다시 말하여 다른 피조물에 대하여 상대적으로 독립적인 개체성 안에서 실존하는 육체의 존재들이다. 땅은 그것이 아니다; 땅은 그 자체 안에는 죽어 있기 때문이다. 식물들은, 비록 살아 있다고 해도, 그것이 아니다. "동물적인" 피조물이 비로소 그것이다. 그렇기 때문에 하나님의 말씀을 통한 그것의 생성은 직접적으로 다음에: 하나님께서 그 피조물에게 그것의 특별한 방식 안에서 살도록, 즉 물 안에 "우글거리도록" 그리고 땅과 하늘 사이에서 날아다니도록 명령하셨다는 데에 놓여 있다. **칼빈**이 창조를 바로 여기서 반드시 특별한 방식의 기적으로 이해해야 한다고 주장했던 것은 올바른 일이었다. 다만 이러한 다섯째 날의 사역의 기적은 물이 물고기들과 새들을 산출했다는 데에 놓여 있는 것이 아니라, 오히려 다음에 놓여 있다: 여기서 최고의 및 본래적인, 동물적인 형식 안의 생명이 [인간의 생명 형식도 마찬가지이다.] 신적 말씀의 명령에 근거해서 스스로 시작되었다는 데에—그리고 바로 이것이 저 가장 먼, 극단적인, "두려운" (물의 및 공중 공간의) 영역들 안에서, 즉 그것이 가장 기대되기 어려운 바로 그곳에서, 발생하였다는 데에 놓여 있다. 바로 **그것이** 바로 **그곳에서**! 이것이 다섯째 날의 사역의 비밀이다. 우리는 다섯째 날의 사역의 둘째 날의 사역에 대한 상응을 주목해야 한다: 둘째 날에 위의 물과 아래의 물 사이의 창공의 건립을 통하여 하층 우주의 원칙적인 안전이 성취되었다면, 다섯째 날에는 다음이 발생한다: 저 창공의 보호 안에서, 비록 직접적으로 가까이 있는 추방된 카오스의 권세 안에서도, 위에도 아래에도 저 자유로운 육체의 존재의 실존이 가능하고 또 현실적으로 된다. 하나님께서 물고기와 새들을 창조하심으로써, 하나님께서는 말하자면 다음을 확증하셨다: 창공은 현실적인 창공이며, 하늘의 대양의 침입을 막는다; 아래의 대양도 그것의 모든 두려운 것들에도 불구하고 어쨌든 전혀 최종적 위험이 아니며, 형이상학적 위험이 아니다.

물고기들이 그곳에서, 새들이 이곳에서 각기 그것들의—(인간에게는 그렇게도 기괴한) 요소들 안에서 즐겁게 움직인다는 것은 신뢰를 불러 일깨우는 일이다! 인간도, 자신이 위치해 있는 안전한 산성 위에서, 자신의 방식으로 동일한 것을 행하기를 감행할 수 있다. 물고기들과 새들이 인간들에게 가르쳐 준다: 인간도, 그것들과 마찬가지로 자유로운 육체의 존재인 인간도, 이제는 많은 안전한 장소에 있는 및 자신의 본질을 통하여 그렇게도 높게 그것들보다 선호되는 인간도, 올바르게도 동일한 것을 감행할 수 있다.

인간이 여기서 사실상 인간적 삶의 영역의 **경계선**을 생각해야 하며, 그래서 둘째 창조의 사역을 함께 눈앞에 두어야 한다는 것을 21절의 다음과 같이 두드러지는 사실성이 제시한다: 우리의 본문의 그 밖의 모든 엮여진 맥락들과는 정면으로 대립되면서 물속에 우글거리는 동물들 안에서 이제 단번에 하나의 종이, 말하자면 tanninim(거대한 고래)이, 명시적으로 언급될 뿐만 아니라, 오히려 이러한 신적인 bara(창조)의 첫째 대상성으로 언급된다: "하나님께서 큰 고래를 창조하셨다."(루터) 이에 관한 요점은 최종적으로 다음이다: 그 tanninim은 **거대한**, 하나님에 의하여 창조된 고래 혹은 그와 비슷한 **바다동물**이다. 그러나 그것은 하나의 결과이며, 그 배후에는 하나의 역사 전체가 서 있다. 그러나 그 커다란 바다짐승이 그것의 크기 때문에 신적 창조능력의 특별한 증인이 되는 것은 아니다; 오히려 tanninim이 여기서 등장하는 것은 다음이 쉽게 이해되는 것이 아니기 때문이다: 또한 그것도 및 바로 그것이 하나님에 의하여 창조된, 인간에게 친숙한, 그 나름의 방식으로써 신뢰를 일깨우는 생물이며, 그래서 시편 148:7에 따르면 또한 그것도 하나님 찬양 안으로 편입되어야 한다. 왜냐하면 tanninim은 그 밖의 구약성서적 언어 사용에 따르면 그 자체가 두려운, 위협하는 존재이기 때문이다: 그것은 뒤틀린, 삼키는 괴물이며, 뱀 혹은 용이며, 불안하게 및 위험하게 움직이는, 파멸로써 위협하는 바다 자체의 말하자면 대변자이다: 그것은 하나님께서 원시 시간에 투쟁했고 극복하셨던(사 27:1, 51:9, 욥 7:12, 시 74:13) 원수이다. 여기서 무엇보다도 우선적으로 바로 tanninim을, 마치 그것이 그 밖의 다른 바다동물들 사이의 다만 특별히 언급될 만한 하나의 종인 것처럼 지칭함으로써, 창조 사가는 말하자면 수소의 뿔을 붙잡은 셈이 되었다: 또한 tanninim도—모든 바다동물들의 정점에서만이 아니라, 모든 자유로운 생물 전반 중에서 바로 그것도—하나님에 의하여 창조되었으며, 그것이 여기서 일종의 고래처럼 [상어? 오징어?] 이끌어내졌다는 것은 구약성서적 사고의 범주 안에서는 일종의 비신화화의 행위를 뜻한다; 이 비신화화가 도달되지 않는 영역을 우리는 물론 더 이상 볼 수가 없다. 즉 이제는 그렇게 무시무시한 바다도 더 이상 어떤 카오스 괴물도 숨기고 있을 수가 없다. 카오스 괴물들이란 이제는 또한 바다 위에도 명령하시는 하나님의 '창조자 말씀'을 통하여 미리 앞서서 격퇴된 가능성 혹은 왜곡된 현실성이다. 신화가 카오스 괴물이라고 철저하게 두렵게 만드는 그것은 실상은 물론 크고 위험하기는 하지만, 그것들이 거주하는 바다 자체처럼 하나님에 의하여 수립된 (그분의 창조의 경계선의, 인간성의 경계선의, 그리고 하나님 자신의 의지의 경계선의) 표징이기는 하지만, 그러나 그것도 **하나님**에 의하여 수립된 표징이며, 또—여기서 시작되는 줄의 제일 끝에 놓인—인간 자신과 마찬가지인 다만 생물일 뿐이며, 모든 헤엄치는 존재와, 최종적으로는 모든 살아 있는 존재 일반과 마찬가지의 본성을 가진 생물에 불과하다.

그 이상의 어떤 '종'의 분화는 발생하지 않는다. 새들에 있어서는 어떤 '종' 분화도 전혀 없다. 그러한 어떤 특별한 '종'이, 하나님에 의하여 원해지고, 정해진 것이 사실상 존재한다는 것은 다음으로

써 확정된다: 식물들에 있어서도 말해진 것과 같이, 하나님께서 물의 및 공중의 영역의 거주자들은 "각기 그 종류대로", 다시 말하여 그것들의 상이한 특성에 따라 창조하셨다. tanninim의 특별한 언급은 다음을 확실하게 만든다: 이 영역들 안에서 하나님의 말씀을 통하여 창조되지 않은 어떤 "종류"도 없으며, 인간을 위한 땅의 (*적합한) 거주성을 의문스럽게 만들 수 있는 그 어떤 것도 없으며, 더 나아가 그 거주성을 확증하지 않는 그 어떤 것도 없다. 어떤 동물학적 관심을 여기서 조금도 볼 수 없는 것은 11f.에서 식물학적 관심을 혹은 14f.에서 천문학적 관심을 조금도 볼 수 없는 것과 마찬가지이다. 그렇기 때문에 물고기들에 우리가 '수륙 양생 동물'이라고 부르는 것이 속하는지, 그리고 새들에게 또한 벌레들도 속하는지 하는 질문들은, 본문의 관점에서 볼 때, 어리석은 질문이다. 이 사가가 예를 들어 혹시 새들이 정확하게 말하여, 왜냐하면 새들이 온혈동물이기 때문에, 그리고 오직 땅에서만 둥지를 틀고, 알을 까고, 음식을 발견할 수 있기 때문에, 땅의 동물들에 속하지 않는지의 질문으로써 소위 곤란을 겪게 하는 것도 유치한 일이다. 그렇기 때문에 교회 교부들의 다음과 같은 작업은 본문의 의도 및 진술을 다만 가렸을 뿐이었다: 그들은 주석들과 설교들 안에서 다른 곳에서와 마찬가지로 여기서 한편으로 그들의 시대의 모든 자연과학적인 지식들을 사람에게 적용하였으며, 다른 한편으로 그 지식들의 단편에 온갖 종류의 알레고리적 교훈들과 도덕성을 연결시켰다: 육식어는 탐욕의 인간의 전형으로, 살무사와 큰 바다뱀장어는 진정한 사랑 및 신뢰의 이상적 모형으로, 오징어 및 게는 간교한 계교들의 유형으로, 두루미들의 사회적 삶은 원시 시대의 인간적 이상국가의 원형으로, 황새의 경건성은 어린이 사랑의 이상으로, 제비의 둥지 짓는 것은 모성의 원형으로, 잉꼬는 정결한 과부의 원형으로, 독수리와 다른 새들은 하나님의 어머니의 동정녀 잉태의 가능성 및 신뢰성의 증인으로, 빛에 약한 밤부엉이는 하나님께는 낯선 세상 지혜의 상 등등으로 연결시켰다.(Ambrosius Hex. V에서 그러하다.) 만일 우리가 본문이 말하는 바를 듣고자 한다면, 그때 우리는 모든 자연과학적인 그리고 교훈적인 관심사를 버리고 철두철미 자신을 본문에 의하여 진술되는 두 가지 방향을 바라보는 것에 제한시켜야 한다: 그것은 대양의 깊이를 그리고 공중 공간의 높이를 바라보는 것이며, 그 다음에 또한 그곳에도 하나님께서 피조물과 그분의 말씀의 증인을 창조하셨다고 스스로에게 말하는 것이다; 또 그곳을 바라보면서 인간은 자신이 소외되었다고 느끼거나 혹은 경악할 필요가 없다; 또한 그곳에 및 바로 그곳에 하나님께서는 피조물과 그분의 말씀의 증인을 자유로운, 인간 자신과 대단히 다르지만, 그러나 그럼에도 불구하고 대단히 유사한 생물의 형태 안에서 창조하셨다; 인간은 바로 그 동일한 말씀에 순종하면서 살아가도록 부르심을 받은 존재이다.

저 극단적 영역의 그러한 거주민들도 하나님 보시기에 좋았다.—이것으로써 이 창조행위 그 자체에 대한 보고도 또한 종결된다. 그러나 이제 살아 있는 생물의 특별한 (여기서 시작되는 및 인간에게서 끝나는) 창조의 통일성이 제시된다: 즉 22절에서 지금까지는 볼 수 없었던 하나님의 말씀 및 행동의 요소가 등장한다: "하나님께서 이것들에게 **복을 베푸시면서** 말씀하시기를, 생육하고 번성하여 여러 바닷물에 충만하여라. 새들도 땅 위에서 번성하여라 하셨다." 빛, 창공, 땅, 식물, 천체들에 대한 축복은 말해지지 않았다. 축복은 히나님의 말씀이다; 그 말씀이 그 한 피소물에게 특정한 능력 혹은 호의를 베푸시며, 그와 함께—그것이 하나님의 말씀이기 때문에—그것이 그 피조물에게 귀속되며, 그 피조물에게 미래의 피조적 고유운동에 유익이 된다는 한도에서 그러하다. 빛, 창공, 식물들, 천체들은 그러한 축복을 필요로 하지 않는다; 왜냐하면 그것들은 살아 있는 존재가 아니기 때문이며, 피조물의 어떤 고유한 운동을 실행하지도 않으며, 오히려 그것들 본래의 존재대로 존재함으로써 봉사하도록 되어 있기 때문이다. 그것들은 말하자면 본래적으로 축복을 받았다. 11절에서 "푸른 움이 돋아나게 하여라"라는 땅에게 주어진 사명도 어떤 특별한 축복 말씀으로 이해될 수 없다; 왜냐하면 땅은 그것을 실행하기는 하지만, 그러나 자기 자신을 통해서가 아니라, 오직 신적인 '창조 명령'을 통해서만 그렇게 할 수 있기 때문이다. 엄격하게 말하여 하나님의 축복의 대상은 다섯째 날의 사역에서 열거되는 피조물들에게서 비로소 관찰될 수 있다. 하나님의 창조에 근거해서 고유한 운동 안에서, 살아 있는 존재로서 살아가는 것만이, 그것의 고유한 운동이 하나님으로부터 멀어지지 않고, 그래서 몰락하는 것이 아니라, 오히려 하나님의 뜻에 따라 번성하기 위하여, 하나님의 축복을 필요로 한다. 그러나 여기서 문제가 되는 것은 그 번성의 가장 순전하고도 가장 포괄적인 형식이다; 말하자면 그것은 피조물이 스스로 번식할 수 있고, 번성할 수 있고, 그래서 그것에게 지시된 공간을—여기서는 물과 공중을—현실적으로 차지하는 것이다. 이것은 물론 식물에 있어서 땅과의 관계 안에서 발생한다; 그러나 식물은 고유한 운동을 수행하지는 않으면서도, 살아 있는 존재이다: "땅이 저절로 열매를 맺게 한다."(막 4:28) 식물은 그것의 번식을 위하여 하나님의 말씀을 통한 특별한 축복을 필요로 하지 않는다; 왜냐하면 식물은 그 축복을 본질에 상응하여 이미 소유하고 있기 때문이다. 동물은 (그것의 번식을 위해서는 "두 개체의 서로 적합한 존재가 자발적으로 무리를 지어야 한다; J. Jacob) 축복을 필요로 한다; 다시 말하여 그것에 의하여 자발적으로 수행되는 생명의 행위들을 고려해서도 하나님의 말씀을 필요로 한다. 동물은 강력한 하나님의 말씀의 현재만이 아니라, 또한 그 말씀의 동반을 필요로 한다. 피조물에 대한 창조자의 그러한 동반이 22절에서 말해지는 하나님의 축복이다; 그 동반에 힘입어 그 피조물은 자신의 고유한 생명의 활동들을—이제는 피조적 생명 활동에 불가결한 하나님의 능력 없이가 아니라, 그 능력과 함께—수행할 수 있게 되고, 계속해서 그 위치에 머문다. 이러한 축복은 다음을 바라본다: 인간의 역사와 함께, 그리고 그 역사의 기저로서, 자연사는, 피조된 생명 그 자체의 유지 및 갱신의 역사는, 진행되어야 하고 또 진행될 것이다. 하나님의 말씀이 그 말씀을 필요로 하는 (물고기와 새들로부터 인간 자신에 이르는) 피조물들을 축복하심으로써, 그 말씀은 그러한 더 높은 질서 안에서 자연사의 가능성 및 현실성을 돌보신다. 그 말씀은 자연사의 근거 안에서 및 그것과 함께 또한 인간적 거주공간으로서의 땅도 유지되도록 돌보신다. 그 말씀은 이제 또한 특별히 인간과의 인접성이 저 다른 생물의 형태 안에서 유지되도록 돌보신다. 오직 축복으로서의 하나님의 말씀만이 그것을 창조하실 수 있다. 축복으로서의 그분의 말씀이 그것을 실제로 **창조하신다**.

칼빈은, 도대체 하나님께서 물고기와 새들에게, 그것들을 축복하시면서 정말로 (어떤 축복에 있어서 명백하게도 발생해야만 하는 것처럼) **말을 건네셨는가**라는 질문 앞에서 깜짝 놀라 멈췄다. 칼빈은 이 질문을 긍정했다. "경험 그 자체"가 제시한다: 하나님의 말씀이 그러한 존재의 본성(자연) 안에 뿌리를 내렸으며, 그것으로써 하나님께서 그것들에게 말씀하셨다는 사실이 사실상 증명된다는 것이다. 우리는 어쨌든 주목해야만 한다(B. Jacob): 여기서 문제가 되는 말 건넴(Anrede)는 다만 간접적으로만 말해졌으며, 나중에 인간에게처럼 [하나님께서 그들을 축복하시고 그들에게 말씀하셨다. …] 직접적으로 말해진 것은 아니다. 그러한 말 건넴의 대상은 사실상 또한 동물이 될 수도 있다. 우리는 창세기 3:14에서 하나님께서 뱀에게 배로 기고 먼지를 먹으라고 판결하신 것을, 열왕기상 17:4에서 엘리야에게 먹을 것을 주라고 까마귀에게 명령하신 것을, 요나 2:11에서 요나를 다시 땅에 뱉아 놓으라고 그 물고기에게 명령하신 것을, 요한계시록 19:17에서 천사가 태양 안에 서면서 큰 음성으로 공중에 나는 모든 새들에게 하나님의 큰 잔치에 모이라고 부르는 것을, 그리고 시편 148:10에서 모든 들짐승과 가축들, 기어다니는 것과 날아다니는 새들에게도 하나님을 찬양하라고 말해지는 것을, 각각 읽는다. 그러나 이것은 명백하게도 인간에게 주어지는 말 건넴과는 다른 것이다. 인간에게의 말 건넴은 동물에게의 그것보다 오인될 수 없는 탁월함을 갖는다. 그 말 건넴은 동물의 **존재**에게 직접적으로 향해진다: "그것들의 본성 안에서 수용된 하나님의 말씀의 능력은 그곳에서 뿌리를 내린다." 그 말 건넴은 동물에게 어떤 결단을 요청하지 않으며, 오히려 그 말 건넴이, 그것이 밖으로 말해짐으로써, 그 결단을 성취한다. 그러므로 그 말 건넴은 동물의 어떤 불순종이란 말이 되지 않는 방식으로 발생한다. 짧게 말하여: 그 말 건넴은 우리의 본문 안에서 빛, 창공, 땅 위의 물, 땅 자체, 그리고 마지막으로 빛들에게 건네진 말이 발생하듯이 그렇게 발생한다. 그렇기 때문에 신적 말씀의 목적 및 최종적 승리: "주님의 말씀으로 모든 것이 생기고, 주님의 명령으로 모든 것이 견고하게 자리를 잡았다."(시 33:9)는 인간에 대한 것 안에서보다 동물에 대한 말 건넴 안에서 더욱 분명하게 볼 수 있다. 그러나 이러한 장점들은 말이 건네진 존재 자체에게는 이제 마찬가지로 많은 단점들을 갖는다. 인간이 하나님의 말씀을 간접적으로, 반성하면서, 숙고하면서 듣는다는 것은 다음과 관계된다: 인간은 신적 이성을 이성적으로 만나도록 규정되어 있다; 이것은 동물에게는 주어지지 않은 것이며, 그래서 성 안토니우스의 경우와 같이 물고기에 대한 어떤 설교는, 혹은 성 프란체스코의 새들에 대한 설교는 성서적 직관의 세계로부터는 이제 탈락되어야 한다. 인간이 하나님의 말 건넴을 통하여 결단으로 요청받는다는 것, 이것이 하나님의 의지의 성취를 **자유**의 계시로 만든다; 이 자유는 피조물에게 향해진 은혜의 비밀이다: 동물은 그 계시에 대하여 다만 수동적인 증인이며, 능동적으로 참여하는 증인으로서 그 계시 곁에 머물 수 없다. 이제 인간이 불순종 "할 수 있다"(kann)는 것, 이것은 인간이 순종할 수 있는 위치로 규정되었다는 측량할 수 없이 탁월한 사실의 어두운 뒷면이다; 동물은 그곳(순종)에서 본래적으로 말하여 다만 기계적으로 병합될 수 있을 뿐이다. 인간의 축복과 22절에서 보고되는 물고기와 새들의 축복 사이의 중심 내용적 구분은 이러한 방향에서 찾아져야 한다. 이 축복은 그것의 모든 장점들 및 단점들과 함께, 그럼에도 불구하고 충분히 의미 깊은 것이며, 피조물과 함께하는 (하나님의) 첫 행동이며—우리는 이렇게 말할 수도 있다: 창조 전체를 근거하는 역사의 전주이며—그 행위 안에서 하나님께서 처음으로 피조물에게 신실하신 하나님으로서 스스로 의무를 지신다.

물고기와 새들이 있다는 것, 그것들에게 그 축복이 주어졌다는 것, 그래서 그것들에게서, 최소한 서곡으로서, 저 역사가 시작한다는 것 등은 다만 그 진행과정의 내적인 의미만을 강조한다. 다음이 또한 그 축복으로부터 유효하다: 인간의 창조와 인간은 축복은 그보다 얼마나 더 크겠는가! "너희는 그것들보다 얼마나 더 귀하냐?"(마 6:26) 그렇다, "너희는 많은 참새들보다 더 귀하다", 그렇기 때문에: 두려워하지 말아라!(마 10:31) 바로 여기서 물고기와 새들에게 주어진 것이 하나님께서 아브라함에게 주신 (구속사를 개봉하는) 약속을 미리 앞서서 형태화한다: 하나님께서는 그를(창 12:1f., 15:1f., 22:15f.) 그분의 사랑의 아들을 통하여 큰 민족으로, 하늘의 별들 및 바다 해안가의 모래와 같이 무수하게 만들기를 원하시며, "너의 후손은 너의 원수의 성문을 소유하게 될 것이다." 다음이 땅의 번성과 성취이며, 그래서 또한 물고기와 새들에 대하여 그리고 인간에 대해서도 동일하게 말해지는 축복의 성취이다: 그것은 다음에 따라오는 구속사 안에서 (이것의 의미는 메시아 **예수**의 나라 안에서 계시된다.) 사건이 될 것을 가리킨다. 하나님의 첫째의 특수한 행동은 대양 및 공중 공간의 멀고 낯선 영역들 안에서 이미 그 **방향**을 가리킨다. 이것은 우리가 예를 들어 시편 50:10f.의 내용을 이해하기 위하여 반드시 보아야 하는 맥락이다: "숲 속의 뭇짐승이 다 나의 것이요, 수많은 산짐승이 모두 나의 것이 아니더냐? 산에 있는 저 모든 새도 내가 다 알고 있고, 들에서 움직이는 저 모든 생물도 다 내 품안에 있다." 이스라엘의 하나님은 그것을 원칙적으로 말할 수 있는 분이시다; 왜냐하면 그분은 참으로 **인간들** 사이에서의 **그분의** 특별한 행동의 서곡 및 선형체화로써 **동물들**을 축복하셨으며, 바로 그러한 그분의 행동 안에서 그분은 근원적인 및 적법한 주님이시며, 그래서 인간이 바치는 희생제의를 필요로 하지 않으신다.

우리는 여기서 특별히 **물고기** 및 **새들**에 관련된 몇 가지 관찰들로써 마친다. 이미 그것들을, 즉 동물적 생명세계 전체와의 맥락 안에서의 그것들의 특수성을 볼 때에, 창조가 하나님 보시기 좋다는 것이 유효하다. 또한 이 창조도 전체 날들의 창조의 고유한 내용을 형성한다. 이 창조도 앞선 다섯 날의 모든 창조들처럼 서곡이기 때문에, 그것들은 고유하게 특징적인 의미와 가치를 다음에서 갖는다: 그것들은 저 먼 및 낯선 영역들 안의 살아 있는 존재의 창조인 동시에 축복이며, 그것들은 또한 그 영역들을 신적인 선하심과 신실하심의 증거들로써 가득 채운다. 그리고 이제 다음 사실이—물과 바다에 대한 여러 가지의 입장들과의 관계 안에서—구약과 신약성서의 구분에 속한다: 물고기는 정확하게 관찰할 때 (신약성서에서 비로소 그러하지만, 그러나 구약에서도 때로는 대단히 강조되면서) 한 흥미로운 존재가 된다. 에스겔 47:8f.에서 죽은 바다의 물이 성전에서 시작되는 살아 있는 강물에 의하여 다시 회복되고, 그 결과 큰 바다의 물과 같이 살아 있는 것들이 우글거리게 된다는 것은 창세기 1:20f.의 병행구절로서 최고로 언급할 가치가 있다. 그리고 우리는 그것 곁에서 또한 부정적인 것을 주목하게 된다: 구약성서 안의 수중동물은 사실상 그 어디서도 다양한 형태로 생각될 수 있는 괴물로서 등장하지 않는다; 왜냐하면 요한복음 2:1f.의 물고기도 하나님의 명령에 철두철미 굴복하는 및 결합된 피조물이며, 요나를 삼켰던 것과 마찬가지로 3일 후에는 다시 순종하면서 다시 내놓아야 했기 때문이다. 그러나 신약성서 안에서 물고기는 빵 곁에서 인간의 특정한 식사와도 같이 등장하며(마 7:9f., 14:17f., 눅 24:42f.), 그렇기 때문에 고기잡이(막 1:16f.)는 이 세상적 직업이며, 제자들은 그 직업을 버리고 예수를 따르라고 부르심을 받으며, 또 그 직업 안에서 후에 예수에 의하여 또한 확증을 받으며—그렇기 때문에 기적적으로 많이 잡힌 그물(눅 5:4f., 요 21:1f.)은 인간의 메시아적 축복의 총괄개념으로서, 동시에 교회의 생성의 서술로서 등장한다. 이제는 저 먼, 저 낯선 바다의 영역도 대단히 친숙하게 되어서, 세례가 이제 바로 부르심과 화해의 성례전이 되며(세례 안에서 인간은—이것에 "사람을 낚는 어부"라는 단어가 관계될 수 있다.—물속으로 잠긴다.), 또 카타콤의 새겨진 글들에 따르면 물고기가 초기 그리스도인들에게 양과 비둘기 곁에서 그들의 믿음의 특별한 상징이 되었으며, 예수의 이름에 대한 IXΘΣ(*익수스, 물고기)라는 암호로 이용되었다. 땅의 동물로서의 양과 다른 한편으로 바로 비둘기가, 즉 **새**가 짝을 이룬다는 것은 철두철미 지속적인 노선 위에 있다. 또 새도 정확하게 말하여 신약성서 안에서 비로소—그리고 여기서 이제 바로 비둘기의 형태 안에서—친숙한 존재로, 창세기 1:20f.에서 인간에게 창조된 존재로 된다. 구약성서 안에서 새는 전반적으로 언제나 또 다시—우리는 "지붕 위의 외로운 새"를, 광야의 백로(올빼미), 폐허 더미에 사는 부엉이(시 102:7f.)를 생각하게 된다.—길 잃은 및 버려진 존재이며, 사냥꾼에 의하여 위협을 당하며, 그래서 날아야만 하는 존재이다.(호 11:11, 시 11:1)—그것은 물론 날 수 있고, 도망할 수 있지만(시 124:7), 그러나 비둘기의 형태 안에서 불안하게 휴식할 곳을 찾으며, 마침내 그 장소를 겨우 발견한다.(창 8:6f.) 육식 새의 형태 안에서도 새는 마찬가지로 어떤 구절 안에서도 위험한 괴물이 되지 않지만, 그러나 대단히 자주(예를 들어 왕상 14:11) 언급되는 것처럼, '썩은 고기를 먹는 새' 및 그러한 종류의 예언자적 위협의 표징들 중 하나가 되며, 그 위협의 실행의 도구가 된다. 땅과 하늘 사이에 날아다니는 생물 중에 오직 하나의 정말로 자랑스런 및 용맹한 비행자가 있다; 그것은 독수리이며, 그것의 올라감은(사 40:31) 주님을 고대하는 자들에게 비교되며, 그러나(렘 4:13, 신 28:49) 그것은 또한 위험하게도 땅의 종말을 향하여 서둘러 나아가는 대적민족이기도 하다. 그러나 사자가 아니라 양이, 큰 말이 아니라 나귀가 그러한 것처럼, 이 영역에서도 날아오르는 독수리가 아니라, 오히려 내려오는, 이제 정말로 땅 위에서 자신의 장소를 발견하는 비둘기가 신약성서가 주목하는 생물이다. 그래서 혹시 고대 자연과학에 의하면 쓸개(*분노, 원한)가 없다는 비둘기(마 10:16)는 ἀχέραιος(흠이 없음)라고 말해지며, 예수의 비둘기의 보고 안에서(막 1:10 및 병행구절들) 성령의 형태로 지칭되는 것인가? 그러나 어찌되었든 간에: 이러한 명백하게도 긍정적인 형태 안에서 또한 새들의 세계도 신약성서의 직관 및 선포에 참여하며, 그렇게 하여 그것들도 하나님에 의하여 창조되었고 또 축복을 받았다는 사실이 확증된다.

(창 1:24-31) 창조의 **종결**은 아직 창조의 완성이 아니다: 창조는 말하자면, 그것이 이제 종결된다는 것에 의해서가 아니라, 오히려 하나님께서 그 종결의 전제 아래서 제7일에 안식하신다는 것에 의해서 완성된다. 창조의 완성은 기쁜 소식이다; 그 소식 안에서 창조자와 피조물은, 장인과 작품(이제 장인은 그 작품을 마주 보고 서 있다.)은, 나란히 존재하며, 시작되는 공통의 역사를 서로 함께 바라본다. 여섯째 사역의 날은 그러나 피조세계의 한 지점을 나타낸다; 그 지점에서 하나님께서는 그 세계의 창조의 종결 이후에 저 안식 안에서 뒤돌아보실 것이다; 혹은 피조세계로부터 볼 때에는 그것의 최종적 형태를 나타낸다; 그 형태 안에서 피조세계는 그것의 창조자 및 주님의 그 이상의 결정 및 행동을 바라본다.

여섯째 날의 사역은 셋째 날의 사역에 대한 동일한 상응을 보여준다; 이것은 넷째 날이 첫째 날에, 다섯째 날이 둘째 날에 상응하는 것과 마찬가지이다. 이 상응은 외적으로 이미 다음을 통하여 강조된다: 우리는 재차 이중의 및 명백하게도 일치하는 사역과 관계하게 된다. 둘째 날의 바다로부터의 땅의 안전함은 여기 다섯째 날의 이러한 지반에, 즉 인간의 보호된 삶의 공간에 앞서서 거주하는 및 인간에게 친숙한 **땅의 동물들**의 창조에 상응한다. 셋째 날의 지반 위에 식물이 돋아나는 것 그리고 살아 있는 피조물의 첫 등장은 여섯째 날의 **인간의** 등장 안에서의 그 피조물의 최종적 및 본래적 형식에 상응한다. 다시 한 번 결합과 구분이 중요하다. 다시 한 번 종결과 새로운 시작이 문제되며, 그러나 양자는 하나의 전체를 형성한다.

성서적인 창조 사가는 인간을 전적으로 고유한 속성 안에서 바라보지만, 그러나 고립된 것이 아니라, 이러한 주변 환경 및 사회 안에서 바라본다: 인간은 땅에 배양된 식물의, 땅의 기어다니는 및 야생의 동물의 동료성 안에 있다; 이것들은 인간 자신 및 이전의 바다동물들 및 새들과 마찬가지로―그러나 이제는 간과될 수 없는, 인간과의 직접적인 근접성 안에서, 이제는 인간과 분리될 수 없는 동료들로서―살아 있는, 다시 말하여 독립적인 운동 안에서 살아 있는 및 자유로운 번식 행위들 안에서 스스로를 번성케 하는 존재들이다. 창조가 인간에서 종결된다는 것이 참이라면, 또한 다음도 참이다: 인간의 창조자께서는 빛, 창공, 안전하게 되고 결실 맺게 된 땅, 천체들, 물과 공중의 거주자들만이 아니라, 또한 이제는 인간에게 대단히 가까운, 그러나 인간과는 대단히 다른 동물적인 동료 피조물들을 (공동의 삶의 공간 안에서 인간에 대하여) 등장시키셨다. 인간이 그것들보다 귀하다는 것이 참이라면, 또한 다음도 참이다: 인간은 앞선 모든 것들과 마찬가지로 또한 그 피조물도 필요로 하지만, 반면에 그것들은 인간을 철두철미 필요로 하지 않는다. 인간이 동물들과 함께 하나님의 의지 및 말씀을 통하여 창조되었으며, 자유 안에서 그 말씀을 듣고 순종해야 한다는 것이 참이라면, 또한 다음도 참이다: 인간은 바로 그를 직접적으로 둘러싸는 동물의 세계 안에서 지속적으로 자유롭지는 않지만, 그러나 사실상 발생하는 및 그 나름대로의 방식으로써는 완전한 (그 말씀에의) 굴복의 연극(Schauspiel)을 눈앞에 두게 된다. 동물들은 그것의 창조자에 대한 독립적인 찬양 안에서, 창조와 함께 주어진 규정의 자연적 성취 안에서, 자신의 피조성의 사실상의 겸허한 승인 및 확증 안에서, 인간보다 앞선다. 또 동물들은, 그것의 동물적인 특성을, 그것의 가치를, 그러한 또한 그것의 한계를 잊지 않으며, 오히려 보존한다는 점에서, 그리고 인간에게 어떤 한도에서 동물과 동일한 것을 말해야 하는가를 질문한다는 점에서, 인간보다 앞선다. 동물들은, 인간과 함께 그것의 삶의 공간의 동일한 객관적인 안전성에, 그리고 인간과 함께 낮과 밤의 동일한 조명에 의존해 있다는 점에서, 그리고 인간과 함께 하나님에 의하여 마련된 동일한 식탁으로 지시되어 있다는 점에서, 인간이 고유하게 필요로 하는 것을 기억나게 하는 살아 있는 존재이다. 동물들은 인간의 지배에 굴복함으로써, 인간에게 자신의 고유한 가치와 함께 부과되어 있는 의무를 기억나게 하는 살아 있는 존재이다. 그리고 또한 동물도, 그것도 먼저, 축복을 받았기 때문에, 동물에게도, 그것도 먼저, 그것의 생산 능력을 확증하는 허락 및 약속이 주어졌기 때문에, 또한 동물도 그러한 축복을 분명히 소유하면서 그 능력을 계속 또 계속해서 사용하여 결실을 맺고, 번성하고, 땅에 충만하기 때문에, 그 동물은―공중과 대양의 먼 곳 안에서만이 아니라, 이제는 땅 위의 가까운 곳에서도―(아버지 됨 및 아들 됨의 비밀로서 인간적 역사의 주제를 형성하게 될 것을) 침묵 속에서 그러나 설득력 있게 말하는 원형이 된다. 이와 같이 동물은 전체 노선에서는 물론 인간보다 **열등한** 존재이지만, 그러나 그럼에도 불구하고 인간의 동료이며, 더 나아가 그 이상: 즉 인간의 선행자이다. 물론 인간보다 **열등하다**: 왜냐하면 오직 인간만이 하나님의 형상으로 창조되었기 때문이다. 오직 인간만이 자유 안에서 창조자의 음성을 듣고 순종하게 된다; 인간은 은혜의 계약 안에서 하나님의 파트너이며, 오직 인간만이 그러한 가치를 갖는다; 하나님과 (다른 동물들과 구분되는) 오직 인간 사이의 독립적 역사만이 사건으로 발생하게 될 것이다. 인간은 그러나 그 모든 것 안에서 이러한 **동료**를, 동물들을, 자신의 곁에 가져야 한다. 하나님과 인간 사이에서 발생하는 모든 것은, 동물의 영역 안에서 발생하는 것에 의해서, 삶과 죽음에 의해서, 동반되며, 그 사건 안에서 자신의 증인들을 가진다; 이 증인들은 인간적 증인들이 증거를 거부하는 곳에서도 침묵하지 않으며, 오히려 많은 경우에는 모든 인간적 증인들보다 더 크게 및 더 긴급하게 말하게 된다. 안녕과 고통 안에서의 인간의 구원 및 재앙, 인간의 기쁨 및 고통이 인간의 이러한 동물적인 주변 환경 및 동료성 안에서 반사된다. 동물은, 계약의 독립적 파트너는 아니지만, 그러나 그러한 독립적 파트너가 될 인간의 동반자로서, 함께 계약 안에, 인간의 약속에 함께 참여하는 것이 되며, 또한 그 약속을 그림자로써 덮은 저주에 참여하는 것도 된다. 그 약속이 잠정적으로 발생할 때, 그리고 궁극적으로 발생하게 될 때, 동물도 인간과 함께 완전한 두려움 안에서, 그러나 또한 완전한 확신을 가지고 그 사건의 성취를 기대하며, 인간과 함께 호흡하게 될 것이다. 인간의 이러한 동료는 또한 인간의 선행자(Vorläufer)가 될 것이다: 인간은 처음에는 동물을 그렇게도 열등한 존재로서, 그러나 그럼에도 불구하고 그것의 전적인 원본성 안에서 언제나 또 다시 발견하게 될 것이기 때문이다; 이것은 동물이 인간보다 저 여섯째 창조의 날에 이미 그렇게 발견했던 것과 마찬가지이다. 그 다음에 동물은, 그것의 전적인 부자유 안에서도, 피조성의 완전한 존재를 인간에게 제시하기 때문에 인간의 선행자가 된다; 인간 자신이 그의 자유 안에서 그것을 의식하고 승인하기를 결정하기 훨씬 전에 그렇게 된다. 그리고 동물이 인간의 선행자가 되는 이유는 마지막으로—우리는 이미 앞에서 취급하였다—동물이 인간에게 그것의 가장 깊은 비천함 안에서: 즉 도살된, 죽임을 당한, 희생제물이 된 동물로서 인간의 고유한 역사의 최종 비밀을, 말하자면 인간의 고유한 아버지 됨과 아들 됨을; 인간에게 주어진 허용과 약속의 본래적 내용으로서의 약속된 사람의 아들의 필연적인, 그러나 구원에 가득한 헌신을 눈앞에 인도하게 되기 때문이다. 어떻게 동물이 그것의 전적인 동물적 한계성 및 무력함 안에서 인간에게 바로 그러한 상을, 인간 자신은 너무도 많은 이유에서 언제나 그것으로부터 도피 중에 있는 상을, 인간 자신은 진실로 그것의 성취를 감당할 수 없는 상을, 인간의 눈앞에 이끌어오게 되는가?

인간의 창조 그리고 이러한 생물들의 창조는 의미 깊은 방식으로써 하나의 동일한 날의 사역이다. 땅이 그들을 산출하여야 하며; 땅으로부터 그들은 신출되어야 한다; 다시 말하여 또한 그들의 실존과 본성도 땅에, 인간의 삶의 공간을 위한 땅의 규정 및 장치에 속하며, 그 규정 및 장치는 양도될 수 없이 또한 땅 위에 거주하는 인간에게도 속한다.—셋째 날의 식물의 창조에서와 마찬가지로, 하나님의 **말씀**이 그렇게 말하신다. 그 말씀의 실행은 그러나 여기서 저곳에서보다 더 명확하게 명령의 말씀으로부터 분리되면서 — 하나님께서 그것들(*땅의 동물들)을 하늘 창공, 빛들, 바다 및 공중 동물들, 나중에 인간들과 마찬가지로, **만드셨다**는 데에 놓여 있다. 그들은 **하나님의** 피조물이며, 땅의 피조물이 아니다. 마찬가지로 이제 이러한 창조와 인간의 창조 사이의 **구분**이 간과될 수 없다. 이 구분은 (셋째 날에 건조된 땅 그 자체가 살아 있는 피조물의 공간 및 가능성으로서의 그것의 속성에 속하는 것처럼, 여섯째 날에도 동물과 인간이 명백하게도 서로에게 관계됨으로써) 여섯째 날과 셋째 날의 이중적 사역 사이의 상응으로부터 생겨나온다. 그 구분은 땅과 인간 사이의 현실적인 관계에 대해서는 (땅과 동물 사이에서 발생하는 것처럼 그렇게) 이 첫째 사가 안에서는 말해지지 않는다는 사실로부터 생겨나온다. 그 구분은 또한 다음으로부터 온다: 땅의 동물들은 창조는 이제 단순히 다섯째 날의 동물들 및 새들의 창조의 연속이다: 저곳에서의 바다동물과 공중동물의 그룹화에 이곳에서의 집짐승들, 기는 것들, 야생동물의 그룹화가 상응한다; 또 하나님에 의하여 창조된, 이 그룹의 내부에서의 특성들의 상이함의 강조 그리고 그곳에서 저 첫 생물의 생육과 번성에 관련한 축복에 대하여 말해졌던 것이 암묵적으로는 이곳의 피조물의 내적 영역에도 관계된다. 그러한 그룹들 및 종류들[인종들, 민족들 혹은 그와 비슷한 것들]은 인간의 창조의 이야기에 있어서는 말해지지 않으며, 오히려 인상적으로 침묵된다; 그리고 땅의 동물들의 저 축복이 명시적으로 언급되지 않는다고 해도, 이것이 그 사가가 그 축복을 거부한다는 것을 뜻하지는 않으며, 오히려 그 사가는 인간의 축복을 (저 첫째의 독립적인 생물과의 전적인 유사성 안에서도) 인간의 직접적 주변 환경 및 동료성의 축복으로부터 뚜렷이 구별하여 부각시키려고 하며, 그래서 인간의 축복을 어떤 새로운 것으로 특징지으려고 한다.

24절의 창조 명령 안에서 땅에게 땅의 동물들을 "산출하라(내어라)"라고 말해졌을 때, 그것은 9절의 "물은 모여라!" 혹은 11절의 "땅은 푸른 움을 돋아나게 하여라!" 혹은 20절의 "물은 생물들로 번성하게 하여라!"의 명령과 유사한 사태이다. 그 실행에 있어서는 땅이 더 이상 주체가 아니며, 오히려 하나님께서 그 동물들을 "만드신다."(B. Jacob) 세계의 원칙으로서의 잉태하는 "어머니 땅"(Gunkel)을 생각하는 것은 불필요해진다. 이것이 뜻하는 것은 — 우리는 여기서 셋째 날에서 땅이 건조되는 것과의 평행 안에 위치한다. — 특별히 우리가 땅의, 그것들의 육체성의 본성에 따라 및 그것들의 실존 방식에 따라 땅에 속하는 및 땅에 붙들린 생물에 관계된다는 사실이다. "그 생물들은 땅으로부터 살며, 땅은 그것들의 무덤이 되며, 또 그것들의 근원이 된다." "그것들은 말하자면 스스로 운동하는 땅의 지반이다; 이것은 물고기(21절)가 살아 있는 물인 것과 마찬가지이다."(B. Jacob) 우리는 둘째 창조 사가 안에서 흙, 동물, 인간 사이의 더욱 가깝고 현실적인 관계에 도달하게 될 것이다. 첫째 사가는 그 관계를, 인간이 저 "산출"의 글자 그대로의 의미에서 존재한다고 이해하지는 않는다.

다음이 눈에 띈다: 25절의 땅의 동물들에게는 22절의 물고기와 새들의 축복 그리고 28절의 인간에 대한 축복이 명시적으로 말해지지 않는다. 이 생략은 "이미 대단히 길어진 여섯째 날의 사역에

너무 과부하가 걸리지 않도록" 발생하였는가? 혹은 여기서 한 필사자의 실수가 고려되어야 하는가? (Gunkel) 혹은 이러한 축복의 침묵은 단순히 21절에 따르면 이 사가에 있어서 그 축복이 자명하기 때문이었는가?(Delitzsch) 확실한 것은 사람들이 그 축복을 암묵적으로 보충해야만 한다는 것이다; 왜냐하면 그 축복을 고의적으로 건너뛰어야 했던 진지한 이유가 발견될 수 없기 때문이다. 또한 야콥(B. Jacob)이 다음과 같이 말하는 것도 전혀 진지한 이유가 될 수 없다: "땅의 동물들이 축복을 받지 못한 것은 율법이 그것들이 무제한으로 번성하고 땅에 충만하라고 말할 수 없었기 때문이다; 그렇게 된다면 그것은 인간에게는 재앙이 될 것이다."

여섯째 날의 사역의 보고 안에 놓인 **동물과 인간의 결합**(묶어서 봄)은 구약과 신약성서에는 흔한 한 사고에 상응한다. 우리는 이에 관하여 이사야 43:20f.에 주목한다: "들짐승들도 나를 공경할 것이다. 이리와 타조도 나를 찬양할 것이다. 내가 택한 내 백성에게 물을 마시게 하려고, 광야에 물을 대고, 사막에 강을 내었기 때문이다. 이 백성은 나를 위하라고 내가 지은 백성이다. 그들이 나를 찬양할 것이다." 하나님께서 인간에게 행동하실 때, 그곳에서는 동물들도 어떤 가깝고 먼 관계 안에서 앞서서 형태를 나타내면서 함께 현존하게 된다. 노아의 방주는 강력한 건축물이다; 왜냐하면 그 방주는 여덟 명의 인간 외에도 모든 동물들의 한 쌍씩을 수용해야 하며, "살아남게 하여야 하며"(6:19), "그 씨가 온 땅 위에 살아남아야"(7:3) 하기 때문이다. 우리는 또한 베드로전서 3:20을 주목해야 한다; 그곳에서 방주는 교회의 원형으로 이해된다. 홍수가 땅을 뒤덮었을 때, 하나님께서는 노아만이 아니라, 방주에 함께 있는 모든 들짐승과 집짐승을 돌아보실 생각을 하셨다.(창 8:1) 그리고 홍수 이후에 노아와 맺은 계약에는 노아의 아들들과 후손들만이 아니라, 명시적으로 "너희와 함께 있는 살아 숨쉬는 모든 생물, 즉 너와 함께 방주에서 나온 새와 집짐승과 모든 들짐승"도 포함된다. 또 종말의 때의 새로운 평화의 및 은혜의 계약도 호세아 2:18에서 명시적으로 및 우선적으로 하나님께서 이스라엘인들을 위하여 체결한 것이지만, 그러나 또한 "들짐승과 공중의 새와 땅의 벌레와" 맺는 계약이라고도 서술되며, 이사야 11:6f.의 유명한 구절 안에서 "이리가 어린양과 함께 살며"라고 인상적으로 노래된다. 이것은 이사야 11장 및 에스겔 34:25, 28에서 다음의 의미에서 발생한다: 야생동물들이 길들여진 동물들에게, 그리고 인간들에게 더 이상 위험을 뜻하지 않으며, 요엘 2:22에는 거꾸로 들의 동물들도 그것의 편에서 두려워할 필요가 없게 된다. 또 안식일의 휴식(출 20:12, 23:12)의 계명이 명시적으로 노예와 이방인만이 아니라, 또한 이스라엘인의 소와 나귀도 보호한다는 것도 여기에 속하며 — 요나 4:11에서 큰 성읍 니느웨(하나님께서는 인내심이 부족한 예언자와는 달리 이 성읍을 불쌍히 여기신다.)는 "좌우를 가릴 줄 모르는 사람이 12만 명도 더 되고, 소들도 수없이 많다."고 서술되며 — 또한 의인들은 잠언 12:10에 따르면 그의 소가 원하는 것도 돌보아주며 — 그리고 메시아 예수께서 마가복음 1:13에 따르면 그 직무를 시작하시기 전에 동물들과 함께 계셨으며, 천사들이 그분께 시중을 들었다는 것도 틀림없이 여기에 속한다. 그리고 바로 나귀가 예언에 따르면(슥 9:9), 그리고 그 예언의 성취에 따르면(마 21:1) 다윗의 아들을 예루살렘으로 싣고 가는 고유하게 특징적인 명예를 가지며, 이 명예는 나귀가 세상의 정복자의 자랑스러운 전투용 말과의 대조를 이룬다는 사실에만 아니라, 어쨌든 바로 이 순간 및 바로 이 시간에 인간의 선행자 및 동행자인 동물로서 — 어린아이들과 함께 — 성취되는 신적 축복의 전달자 및 선포자 중에서 결코 빠질 수 없는 동물이라는 사실에 놓여 있다.(레 20:25 그리고 다른 많은 구절들에 따르면) 정결한 및 불결한 인간들만이 아니라, 정결한 및 불결한 상태들,

행동방식들과 사물들만이 아니라, 또한 정결한 및 불결한 동물들 사이도 구분된다는 것은, 또 하나님께 특별한 방식으로 귀속되는 및 특별한 방식으로 하나님께 성화되어야 하는 첫 출생(출 34:19, 민 18:15)이 또한 동물들에게도 해당한다는 것은 얼마나 특징적인가! 또 예를 들어 아담-카인의 문제가 있는 계승도 또한 이러한 영역 안에서 고려되어야 할 것으로 보이며, (신 13:15, 삼상 15:3) 적군의 도시의 정복에 있어서 또한 소들도 죽음의 저주 아래 놓여야 하는 것도 고려되어야 할 것이다. 그러나 이스라엘 자체에 선고되는 심판에 또한 동물들도 굴복한다: "그렇기 때문에 [그 땅에 어떤 신실함도, 어떤 사랑도, 어떤 하나님 앎도 없기 때문에!] 땅은 탄식하고, 주민은 쇠약해질 것이다."(호 4:3) "나의 무서운 분노가 바로 이 땅으로, 사람과 짐승 위에 쏟아질 것이다."(렘 7:20) "이 땅에 사는 사람의 죄악 때문에 짐승과 새도 씨가 마르게 되었습니다." "내가 꾸짖어서 바다를 말리며, 강을 광야로 바꾼다. 그러면 물고기들이 물이 없어서 죽을 것이며, 썩은 고기들이 악취를 낼 것이다."(사 50:2) 그리고 마곡의 곡(Gog)의 날의 서술 안에서: "바다의 물고기와 공중의 새와 들의 짐승과 땅에 기어 다니는 모든 벌레와 땅 위에 있는 모든 사람이 내 앞에서 떨 것이다."(겔 38:20) 인간 **그리고** 소들이 더 이상 존속하지 못할 것이며, 그것들이 서로 함께 멸망하게 될 것이라는 것, 이것은 예언자적 위협의 거의 고정된 상수에 속한다. 그리고 요나 3:8에서는 니느웨 왕의 이상한 명령도 가능하다: 사람들 그리고 소들이 일반적인 참회의 표징인 굵은 베옷을 걸쳐야 한다. 바울의 유명한 구절인 로마서 8:20f.에서 χτίσιs의 ἀποχαραδοχία(창조의 진지한 기대)에 대한 진술은, 즉 비자발적으로, 인간 때문에, 그러나 바로 그렇기 때문에 또한 희망이 없지는 않으면서 허무에 굴복한 피조물은, 그래서 우리와 함께 탄식하고 신음하면서 메시아의 날을 마주 바라보는 피조물은, 확실하게도 또한 및 다름이 아니라 동물들에게도 관계된다. 동물은 전혀 다른 본질성 및 실존방식 안에서도 공연히 창조의 가장 내적인 영역에 가까운 것이 아니며, 공연히 인간의 축복과 동일한 축복을 입고 있는 것이 아니다. 마찬가지로 동물은 이제 인간이 져야 하는 저주의 짐도 함께 진다. 그와 같이 동물은 인간의 존재 및 인간 세계의 혼동을 공유한다. 그와 같이 동물은 이제 인간과 함께 고통을 겪고, 죽어야 한다. 그와 같이 동물은 그러나 또한 [그것도 물론 동물의 방식으로써!] "썩어짐의 종살이에서 해방되어서 하나님의 자녀가 누릴 영광의 자유"로 해방될 것이다. "주님, 주님은 사람과 동물을 똑같이 돌보십니다."(시 36:6)—이것이 성서 전체를 꿰는 단서이며, 이제는 바로 창세기 1:24f.에서 인간의 창조가 땅의 동물의 창조와의 특징적인 나란한 배열 안에서 처음으로 눈에 드러난다.

여섯째 날의 사역의 전반부도 또한 후반부와의 모든 관계 안에서 종결의—그리고 이제는 빛의 창조에 이르는 앞선 모든 것의 종결의!—특성을 가지며, 그러한 한도에서 이 사역의 날의 고유한 내용에 대한 전주 혹은 도입 엇박을—우리는 여기서 안식일 전의 성금요일에 관계된다는 것을 주목해야 한다.—형성한다: 그 고유한 내용은 **인간의 창조**이다. **이러한** 새로운 시작의 규정과 함께, 바로 그 규정으로써, 창조의 사역 전체는 종결되고, 신적 안식의 날에서의 그 사역의 완성이 무르익게 된다. 이 전체는 그것 안에 다양하게 포함된 모든 전제들, 결과들, 후속관계들 안에서 다음을 목적으로 추구한다: 그것은 하나님께서 근거하시고 마련하신 집의 거주자로서의, 다른 피조물들의 공간의 한가운데서 지반에 선 피조물로서의, 빛이 가능한 및 빛에 참여하는 존재로서의 인간이다. 인간이 창조될 때, 그때에는, 그때에야 비로소 다음과 같이 말해질 것이다: 하나님께서 만드신 그 모든 것을 보셨고, "모든 것이 보시기에 대단히 좋았다." 우리는 다음을 바르게 이해해야 한다: 하나님께서 그분의 사역을 "완성하셨다는 것", 이것은 가능적 및 명시적으로 일곱째 날의 하나님의 안식의 사역으로 지칭되며, 여섯째 날의 창조의 사역으로 지칭되지 **않는다**. 또한 인간도 자기목적이 아니다. 인간이 "창조의 왕관"이라고 말해지는 것은 다만 유보조건 아래서이다. 인간의 창조에 왕관이 씌워지는 것은 정확하게 말하면 오직 하나님께서 저 기쁜 안식일의 휴식 안에서 그것을 뒤돌아보시고 그분의 피조물을 내려다보시는 것을 통해서이다. 그러한 완성된 신적 휴식 및 기쁨의 대상은 일곱째 날에 **인간**의 창조와 함께 결정된 및 그래서 종결된 사역이다. 여기서 다음 결정이: 즉 이 사역을 (그분 자신으로부터, 그분의 고유한 영역으로부터, 그분의 고유한 능력으로부터 구분되는, 그분의 사랑의 무대, 도구, 대상에 관련된, 그분이 자신과 결합시키고자 하시는 한 파트너의 실존에 관련된) 그분의 의지의 행동 및 성취로써 공개하는 결정이 내려졌다. 모든 앞선 것은 **바로 그** 결정의 준비 및 원본이었다. 이 결정 자체가 그것의 본성에 따라 잠정적이라고는 해도, 그 결정은 자기 자신을 넘어서서 하나님의 (그 무대 위에서는, 그 도구로서의, 그 대상에 대한, 그 파트너와의 계약의 성취 안에서의) 행동 안에서의 그 이상 계속되는 결정들을 지시하며, 그래서 그것은 **바로 다음의** 잠정적인 것: 즉 그 지반 위에 및 그 공간 안에 있는 인간은, 다른 모든 피조물들의 한가운데 있는 인간은 저 다른 결단들에 전제되어 있다. 제칠일의 하나님의 안식의 사역으로서의 창조의 완성, 즉 계약(이것에 대하여 창조는 외적 근거로서 마련된다.)의 수립은 바로 그러한 종결에 관계된다. 앞에서가 아니라, 바로 여기서 그 외적 근거는 이제 현실적으로 놓이며, 여기서 발생하는 것 이상의 어떤 것은 창조의 외적 근거의 '기초 놓음'에 대해서는 기대되지 않고, 또 필요하지도 않다. 창조 그 자체는, 완결된 것은 아니지만, 여섯째 날의 사역으로서 (이 사역이 이제 인간의 창조를 그 자체 안에서 포함한다는 한도에서) 완료되었고, 그래서 끝났다. 하나님께서 창소자이시기를, 그래서 창조하시기를 그치지 않으신다고 해도, 또한 하나님께서는 지금까지 만드신 것: 즉 빛의 창조로부터 인간의 창조에 이르는 것과 다른 어떤 것도, 어떤 새로운 것도 만들지 않으신다. 모든 신적인 새 창조는 부분적으로는 (이와 같이 자체 안에서 완료되고 끝난 창조의) 은혜로운 유지 및 확증에, 부분적으로는 그것의 은혜로운 갱신에 관계될 것이다. 그러므로 창조 그 자체에 이러저러하게 하나님의 선하신 뜻 전체가 적용된다.

그렇기 때문에 이세 시금까지의 모는 것에 어울리지 않는 축제적인 및 또한 내용적으로 전적으로 새로운 이야기 요소가 이 마지막 창조 보고에 도입된다: 하나님께서는—이전과 마찬가지로: "… 있어라!", "땅은 산출하여라!", "우글거려라!" 혹은 "날아다녀라!"라고 하지 않으시고, 오히려: "**우리가 사람을 만들자!**"라고 말씀하신다. 하나님의 하나의 독백이, 한 의견이, 마치 많은 신적 의견들 사이에서 그것에 기초한 하나의 결정처럼, 사건으로 발생하게 된다. 바로 첫 창조 보고는 순진하든지 혹은 대단히 깊은 통찰력이든지 간에, 명시적인 복수형 안에서 보고되는 독백이 하나님께 가능하다고 여긴다. 그리고 바로 이 보고는 그 복수형 독백이 바로 이 자리에서 발생하는 것이 사태에 적합하다고 여긴다. 우리가 그 보고를 어떻게 이해하려고 하든지 간에, 다음은 확실하다: 그 보고는 창조자를 그분의 본질의 유일성 및 그분의 사역의 유일무이성에도 불구하고, 어쨌든 고독하지 않으신 것으로 생각하였으며, 또 그 사실이 바로 여기서, 인간의 창조에 있어서, 표현되는 것이 중요하다고 생각하였다. 창조 보고는 여기서 우선 밖을 향하지 않으며, 창조되어야 하는 피조물 쪽을 향하지 않으며, 오히려 저 "우리가 … 하자!"라는 형식 안에서 안을 향한다; 그것은 의도와 결정의 내재적-신적인 일치단결을 위한 외침이다. 우리는 다른 결론을 거의 피해갈 수가 없다: 성서적 증인이, 하나님께서 그 다음에 앞에서와 같이 "창조하셨다"라는 이 결론의 실행을—그 개념의 삼중적 반복을 통하여 강조하면서—이야기할 때, 인간의 실제 창조가 어떤 고독한 신의 실행이라는 생각이 현실적으로 일으켜지지 않도록 배려했다. 그 증인은 실제로 저 외침에 상응하는 내재적-신적 일치단결 안에서 발생한 한 신적 창조를 생각하였다. 그 증인의 견해는 물론 명령에 관련해서도, 실행에 관련해서도 그 일치단결이 여기서 필요하다거나 가능하다는 것이 아니며, 마치 그 일치단결이 앞선 하나님의 사역에는 결여되었다는 것도 아니다. 그 증인은 창조 전체가 끝과 목적에 도달해야 하는 바로 여기서, 다만 처음부터 하나님의 모든 창조적 말씀하심 및 행하심의 전제였던 그것을 드러내 보일 뿐이다. 그러나 바로 여기서 그는 다음을 명시적으로 드러나게 만든다: 그것은 한편으로 하나님께서 고독하지 않으시다는 것, 다른 한편으로 그분의 자기 자신과의 자유로운 일치이다; 하나님께서는 신적 본질 및 영역 안에서 이미 대상을 가지시며, 그러나 또한 그 대상 안에서 평화, 통일성, 공동적 결정 등을 가지신다. 신적 영역이, 하나님 자신이 점과 같지 않고, 무공간 및 무시간적으로 존재하지 않기 때문에, 하나님께서 죽은 것이 아니라 살아 계시기 때문에, 그분은 물론 한 분이시지만, 그렇다고 해서 다만 한 분인 것만은 아니시기 때문에, 그렇기 때문에 그분은 창조자가 되실 수 있으시며, 자신의 내적 본질과 모순에 빠지는 일 없이, 오히려 그분의 내적 존재를 확증하고 영화롭게 하는 중에, 자기 자신이 아닌 대상을 자신의 외부에 가질 수 있으시다.—그렇기 때문에 창조는 그분 자신 안의 그분이 존재 및 생명과의 관계 안에서 전적으로 새로운 것, 자유로운 것, 예속되지 않는 것이며, 그러나 그분의 신성의 어떤 부정, 배반, 포기도 아니며, 오히려 그분의 신성의 계시이다. 그렇기 때문에 "우리가 … 하자!"는 참으로 하나님의 모든 창조적 말씀하심 및 행하심의 진술형식이었으며, 그래서 이 진술형식을 앞에서 그 밖에 사용된 진술형식들에 대한 주석으로서 유효하다고 여기는 것은 필연적이다. 그러나 여기서 그 진술형식은 저자에게 거역할 수 없이 요청된다. 바로 인간이 언급되어야 하기 때문에, 다음이 반드시 말해야야 했다: 신적 영역 및 본질 안에서 발생하는 한 역사가, 신적 타자를 향하는 및 그 타자로부터 되돌아오는 한 신적인 운동이, 한 신적인 대화가, 그에 상응하는 신적 외침 및 신적 상응이, 인간의 존재의 창조적 근거였다.(이다) 한 현실적인, 그러나 일치단결 안에서 결정하고 결정되는 (하나님 자신 안의) 한 대상이 비밀스런 원형이다; 이 원형 위에 하나님과 인간의 '공존'(Koexistenz)의 공개되는 형상이, 비밀스런 모양이, 그리고 공개되는 모방이, 또한 인간 자신의 존재가 근거한다.

이로써 우리는 첫째 창조 사가에 따르면 하나님의 '창조자 의지'의 의도와 실행에 특징적인 개념에 이미 도달하였다. 저 외침은 다음과 같다: "우리가 우리의 형상(Vorbild)에 따라서 우리의 모양(Urbild)대로 사람을 만들자!" "우리의 모양대로"는 다음을: "우리 안에", 즉 하나님 자신의 영역 및 본질 안에 신적인, 그래서 자기 자신 안에 근거하는 한 모양(Urbild, 원형)이 존재하며, 이 모양에 저 본질이 상응한다는 사실에서 근거와 가능성을 갖는 한 본질로서 창조되는 것을 뜻한다; 그 원형은 그것의 전적인 모형성 및 타자성 안에서도 적법하며, 자신의 존재를 정당하게 만들 수 있으며, 그래서 그 본질에게 실존이 주어질 때, 그것은 바로 그 모양(원형)을 통하여 적법하고 정당하게 된다. 그러므로 저 모양대로 창조된다는 것은 그 모양 안에서 존재가 자신의 정당한 근거를 갖는다는 것을 뜻한다. "우리의 모양에 따라"는 이 사가에 대하여 명백하게도 결정적인 직관이었다; 왜냐하면 그 직관은 그 다음에 두 번씩이나 반복되기 때문이다. 여기서 사용된 또 다른 표현인 **"우리의 형상(Vorbild)에 따라"**는 다음을: 한 본성, 즉 비록 하나님에 의하여 창조되었지만, 하나님 자신의 본성 안에 자신의 형상을 갖는다는 한도에서, 다시 말하여 그것이 그러한 신적 본성의 모형이라는 한도에서, 어떤 새로운 본성도 아닌 한 본성이 저 형상의 모방 안에서 창조되었다는 사실을 통하여 자신의 본성적 특징을 갖는 한 본질이 창조되는 것을 뜻한다. 저 모양 안에서 이 형상에 따라 창조된 존재가 인간이다. 그 밖의 피조물은 오직 인간의 창조 및 존재 안에서 그것들의 종결 및 정점을 발견한다는 한노에서 모형적-모방적 성격을 갖는다. 그것과 함께 이제 다음이 의미 깊게 예시된다: 그 증인은 저 "우리가…하자!"를 지금까지 억제해 왔으며, 이제야 비로소 및 바로 여기서 그것을 밖으로 드러내었다. 하나님 자신 안에 존재하는 현실적인 및 일치하는 대상이 피조적 형태를 획득하고 피조물에게 공개되는 것은 한편으로 **하나님** 그리고 **인간**의 공동존재(Koexistenz)이며, 다른 한편으로 **인간**의 고유하게 특징적인 존재이다.

만일 우리가 그 밖의 피조물을 인간 없이 생각한다면, 그때 그 피조물의 개념은 하나님께 대한 타자의 개념은 되지만, 그러나 오직 하나님과 다른 것의 의미에서 그러할 뿐이며, 하나님께 대한 둘째의 것으로서의 의미에서 타자 개념이 되지는 못한다. 최초의 독립적인 생물과 함께 비로소 그 밖의 피조물의 영역 안에서는 하나님 곁의 및 앞의 둘째의 것(ein Zweites)이 계속해서 보이기 시작한다. 그 밖의 피조물은 현실적 형태 및 가시성을 인간 안에서 비로소 획득한다: 이제야 비로소 및 인간 안에서 현실적으로 한 타자가 되며, 말하자면 하나님께 대하여 둘째의 것으로서 피조적 계획 안에 등장한다.

이러한 갱신은 그러나 인간 그 자체의 고유하게 특징적인 존재 안에서 반복된다. 인간 없이 인간 곁에 창조된 것은 그것들끼리는 물론 서로 **나란히**, 또 지속적인 **연대 관계** 안에서 존재하지만, 그러나 저 진정한 **대면 관계** 및 **서로 속하는** 관계 안에서 존재하지는 못한다: 이 관계는 "나"와 "너"의 현실성 안에서 사건이 된다. 하늘과 땅, 바다와 땅, 또 식물로부터 땅의 동물에 이르까지의 살아 있는 생물들도 하나님께서 "나"로서 마주 대면하실 수 있는 어떤 "너"가 아니며, 또 그것들 사이에서도 나와 너의 관계 안에 서거나 그 관계 안에서 등장하지 못한다. 그러나 인간은 첫째 창조 사가에 따르면 미리 앞서서 그 자체로서 나와 너의 관계 안에서 존재한다.

"하나님께서 그들을 남자와 여자로 창조하셨다."가 "하나님께서 인간을 창조하셨다."에 대하여 즉시 주어지는 해석이다. 이 의미에서는 우선적으로 및 홀로 인간만이 하나님께 대한 대면자(Gegenüber)로서, 그것도 그분과 비슷한 대면자로서—진정한, 고유한 타자성 안에 창조되었기 때문에, 인간이 우선적으로, 인간만이 홀로 하나님의 "형상 안에서" 그리고 "형상에 따라" 창조되었다. 이 맥락을 통하여 주어지는 "하나님 형상"(Gottebenbildichkeit)이라는 개념으로부터 가능한 한 멀어지지 말아야 한다는 것이 이 개념의 그 밖의 성서적 사용의 이해를 위하여 추천되어야 할 것이다. 그것은 인간의 어떤 특질이 아니다. 그것이 인간의 어떤 특수한 속성들 혹은 행동방식들에 놓여 있는가를 질문하는 것은 의미가 없다. '하나님 형상'은 인간의 존재 혹은 행동에 놓여 있지 않다. 그 형상은 인간 자신이 그 자체로서 하나님의 피조물로서 존속함으로써, 존속된다. 만일 어떤 자가 하나님의 형상이 아니라면, 그는 인간이 아닐 것이다. 인간은 인간으로 존재함으로써, 하나님 형상이다. 왜냐하면 인간의 창조에 있어서 하나님의 뜻 및 의도는 다음과 같은 본질의 한 존재를 원하시는 것이기 때문이다: 그것은 하나님께 대한 자신의 전적인 비-신성 및 타자성 안에 있는 한 현실적인 파트너이며, 하나님께 대하여 행동할 수 있고 결합될 수 있으며, 그것에게 하나님 자신의 고유하신 신적 삶의 형식이 낯설지 않으며, 그것은 오히려 피조적 반복 안에서, 모형과 모방으로써, 자신의 편에서 또한 신적 삶의 형식의 담지자가 되는 그런 본질의 존재이다. 그러한 본질로서 하나님께서는 인간을 창조하셨다. 하나님의 삶의 형식(이것이 창조된 인간 안에서 반복된다.)은 "우리가 … 하자!"라는 것이 전대미문의 방식으로써 목표로 삼는 그것에 놓여 있다. 하나님의 고유하신 본질 및 영역 안에서 한 대상(Gegenüber)이 발생한다: 그것은 현실적인, 그러나 서로 일치하는 만남 및 발견(Sichfinden)이며, 자유로운 공동존재 및 공동작용이며, 공개된 대립관계 및 상호귀속관계이다. 바로 이러한 신적 삶의 형식의 반복, 그것의 모형 및 모방이 인간이다. 그 삶의 형식은 한편으로는 다음에 놓여 있다: **인간은 하나님의 대상**이며, 그래서 하나님 안에서 발생하는 자기만남 및 자기발견이 인간에 대한 하나님의 관계 안에서 모사되고 모방된다. 그리고 그 삶의 형식은 다른 한편으로 다음에 놓여 있다: **인간 자신이 그와 동일한 자의 한 대상**이며, 그와 동일한 자 안에서 인간 자신의 고유한 대상을 가지며, 그래서 하나님 자신 안에서 발생하는 공동존재 및 공동작용이 인간과 인간 사이의 관계 안에서 반복된다. 그렇기 때문에 비교의 근거(tertium comparationis), 즉 하나님과 인간 사이의 유비(Analogie)는 대단히 단순하게도 **나와 너의** 대면 안의 존재이다. 이 유비는 우선 **하나님**께 대하여 구성적(konstitutiv)이다; 그 유비는 그 다음에 창조된 **인간**에 대하여 그러하다. 만일 이 유비를 생각하지 않는다면, 그때 우리는 하나님에게 신성이 없다고, 또 인간에게 인간성이 없다고 생각하는 셈이 된다. 우리는 그 유비를 하나님께도, 인간에게도 없는 것으로 생각해서는 안 된다. 그것이 하나님의 신적 삶의 형식이며, 인간의 인간적 삶의 형식이라는 것이 인간의 창조 안에서 계시된다. 하나님께서는 이러한 본질을 원하시고 창조하심으로써, 자신과 인간 사이에 그러한 유비의 근거가, 즉 자유로운 구분 및 관계의 유비가 존재하도록, 인간을 창조하셨다. 그렇게 하나님께서는 인간을 자신의 파트너로, 하나님 자신에게 행동할 수 있고 결합(계약)될 수도 있기를 원하시고, 그렇게 창조하신다: 피조물로서의 인간이 창조자이신 그분으로부터 구분되고, 분리되는 간격에도 불구하고, 전적인 간격 안에서 그렇게 창조하신다. 인간 창조의 은혜는—이것 안에서 이제 창조 전체가 하나님의 은혜의 행위로 참으로 눈에 보이게 된다.—다음에 놓여 있다: 하나님께서 자유로운 구분 및 관계 안의 인간을 하나님 자신과의 연합 안에 **배치**하셨을(versetzt) 뿐만 아니라. 오히려 그 연합 안에서 **창조**하셨으며, 그래서 하나님 자신과 인간 사이의 바로 이러한 자연스러운 연합 안에서 계속해서 인간과 말씀하시고 행동하실 수 있도록 하셨다.

다음은 분명히 대단히 두드러지는 사실이지만, 그러나 전혀 변경될 수 없는 것이기도 한다: 성서적 증인은 이러한 **최종적 및 최고의** 창조 행위 안의 하나님의 은혜의 서술에 있어서 인간의 특수한 지성적 및 도덕적인 요청들 및 가능성들에, 인간의 이성 및 이성적 규정과 사용에, 전혀 관계를 하지 않았다. 인간이 자유로운 구분 및 관계 안에서 존재하는 및 그렇게 하여 하나님과 자연스러운 연합 안에 서 있는 (왜냐하면 그의 삶의 형식이 모사하고 모방하는 것이기 때문에) 본질인 것은 그를 동물로부터 구분하는 어떤 것 안에서 그러한 것이 아니라, 오히려 그가 동물과 형식적으로는 공통으로 갖는 것 안에서, 즉 하나님께서 인간을 **남자와 여자**로 창조하셨다는 사실 안에서 그러하다. 다음이 우리가, 인간의 창조를 넘어서서, 즉 그들이 하나님의 말씀을 통하여, 하나님의 형상 안에서 및 그 형상에 따라 창조되었다는 사실을 넘어서서, 경험하게 되는 것이다: "하나님께서 그들을 남자와 여자로 창조하셨다." 그 밖에 인간에 대해서 말해질 수 있는 모든 것, 인간이 동물의 세계와 땅을 다스려야 한다는 것, 인간이 그의 번성하는 능력의 실행에 있어서, 그러나 또한 그의 통치의 행사에 있어서 축복을 받았다는 것, 그에게 식물세계가 양식으로 주어졌다는 것 등은 이러한 복수형에: 인간은 "**남자와 여자**"라는 것에 관계된다. 그리고 바로 이 복수형을, 그의 성적인 분화를, 인간은 동물들과 공유한다. 그렇다면 무엇이 인간을 동물로부터 구분하는가? 그것은 창세기 1장에 따르면 의심의 여지없이 오직 다음이다: 바로 이 성적인 분화는 유일한 것, 즉 그 안에서 인간이 창조되었다는 유일무이한 것이며, 그래서 어떤 그룹 및 종 안에서의, 인종, 민족들 등등의 것 안에서의 인간의 창조 혹은 실존은 전혀 질문되지 않는다; 남자의 여자에 대한, 여자의 남자에 대한 구분 및 관계보다 더 현실적인 (인간과 인간 사이의) 어떤 구분과 더 현실적인 어떤 관계란 없으며, 그래서 그 구분 및 관계는 가장 근원적이고 구체적인 형태이다. 인간도 하나님처럼 전혀 고독하지 않다. 그러나 하나님께서 한 분이시고, 그분만이 홀로 하나님이신 것처럼, 또한 인간도 인간으로서 하나 및 홀로이며, 오직 그와 동일한 것의 이원성 안에서만, 남자와 여자라는 이원성 안에서만 둘이다. 그와 같이 인간은 하나님의 모사 및 모방이다. 그와 같이 인간은 하나님께 대한 자신의 대상성(Gegenüber) 안에서, 또 동료에 대한 대상성 안에서, 하나님 자신 안에 있는 바로 그 대상성이다. 그와 같이 인간은 그분의 특별한 은혜의 특별한 피조물이다. 왜냐하면 하나님의 유일무이성이 피조된 어떤 유일무이성 안에서 상응을 발견한다는 것은 명백하게도 하나님의 측량될 수 없는 특별한 은혜이기 때문이다. 하나님의 특별한 은혜가 바로 **그러한** 형태를 갖는다는 것, 바로 그러한 반복이 발생하는 것은 바로 남자와 여자 사이의 구분과 관계, 즉 성적 분화관계 안이라는 것은—인간이 그 형태를 동물과 공유함으로써—인간의 피조성을 특징짓는다. 그러나 바로 이 피조적 구분 및 관계는 다음에서 특징적이며, 또 자유로우며, 하나님과 동등한 형상을 취하며, 특별한 은혜의 예시이다: 인간은 동물과 바로 그러한 이원성 안에서 [말하자면 그 밖의 모든 가능한 차이들을 **배제**하는 가운데!] 모든 동물들 중에서 및 창조 전체 안에서 **홀로**(allein)이며, 인간은 바로 그러한 [그리고 오직 인간만이 바로 그러한] 삶의 형식 안에서, 남자와 여자로서, 언제나 또 다시 하나님 앞에 서며, 그분과 동일한 형태 안에서 언제나 또 다시 자기 자신 앞에 서게 될 것이다. 인간은 남자와 여자이며, 다른 모든 것은 오직 이 구분 및 관계 안에 있다. 이것이 여기서 그 성적 분화관계에 귀속되는 고유하게 특징적인 가치이다. 그 관계가 순수하게 피조적임으로써, 그것이 인간과 동물에게 공통적임으로써, 그 관계는 그 구분과 관계의 유일무이한 현실적 원칙이며, 인간이 하나님께 대면하여 서는 원형태이며, 인간과 인간 사이의 모든 교류의 원형식이며, 그러한 것으로서 인간적인 것 및 그와 함께 피조적인 하나님 형상이다. 인간은 모든 경우에 하나님 앞에서 및 동료들 사이에서 오직 그가 여자에 대한 관계 안에서 남자이며, 남자에 대한 관계 안에서 여자라는 사실로써만 인간일 수 있다. 그가 이쪽이든지 혹은 저쪽임으로써, 그는 인간으로 존재한다. 이것만이 그를 인간으로 만들며, 그 밖의 다른 어떤 것도 그렇게 하지 못하기 때문에, 그는 동물로부터 및 다른 모든 피조물로부터 구분되며, 그는 자유로운 구분 및 관계 안에서 존재한다; 그 구분 및 관계 안에서 하나님께서는 그를 하나님의 파트너로 선택, 의지, 창조하셨다. 인간이 남자와 여자로 창조되었다는 것은 하나님과 인간 사이에서 발생하는 모든 것의, 그러나 또한 인간과 인간 사이에서 발생하는 모든 것의 범례(Paradigma)이다. 인간이 남자와 여자로 창조되어 존재한다는 것은 창조자의 모사(Abbild) 및 모방(Nachbild)일 뿐만 아니라, 오히려 또한 인간과 창조자 사이에서 발생할 계약사 및 구원사의 원본(Vorbild)으로도 예시된다. 하나님께서는 그분의 모든 미래적인 말씀하심 및 행동 안에서 인간을 남자와 여자로서, 그렇게 하여 그분의 원형(Urbild; 모양) 안에서, 그분의 형상(Vorbild)에 따라, 창조하셨음을 승인하실 것이다. 이 문제들에 대하여 두 개의 성서적 창조 증인들은 상세하게 진술하였으며, 우리는 미리 여기서 앞서서 그것을 전개할 수는 없다. 첫째 증인은 인간의 하나님 형상성에 대한 보고의 분명한 맥락 안에서 하나님께서 인간을 남자와 여자로서, 이러한, 오직 이러한 현실적 복수형 안에서, 창조하셨다는 사실성을 언급하고 그것을 중심에 위치시키는 것으로써 만족하였다. 계속되는 모든 것은 바로 이들이 "인간들"이라는 사실에 관계된다. 인간들이란 그 전부가 전적인—여기서 전개되지는 않은—줌과 받음의, 필요와 충족의, 결여와 채움의, 대립과 합일의, 상위와 하위질서의 변증법 안에 있는 구분과 관계를 자체 안에 포함하는 어떤 것이다. 인간들은 그 밖의 모든 차이와 일치 안에서도 또한 언제나 또 다시 남자와 여자일 것이다. 양자 사이의 그 밖의 모든 차이와 일치는 그들이 남자와 여자라는 사실과 비교할 때 언제나 또 다시 잠정적 혹은 이차적인 것임이 드러날 것이다. 바로 이러한 엄격하게 자연적인 것, 엄격하게 피조적인 것, 바로 그들이 동물들과 공유하는 것은 결코 동물적인 것이 아니며, 오히려 바로 그것이 본래적 및 구분적으로 인간의 인간적인 것이다.—그러나 그 자체 안에서 그러한 것은 아니며, 오히려 인간을 이러한 삶의 형식 안에서 그분의 고유한 삶의 형식의 모사와 모방으로, 그 증인으로 만드는 것을 하나님께서 기뻐하시기 때문에 그러하다.

자신들의 그러한 피조적 방식 안에서 신적 삶의 형식을 반복하는 인간들에 대하여 이제 다음이 말해진다: 하나님께서 그들을 둘러싼 (물, 공기, 땅의) 동물의 세계의 한가운데에서 그들에게 한 높은, 통치의 지위를 부여하셨다. 그러나 그들의 하나님 형상이 그것에 놓여 있는 것은 아니다. 그들이 우선 그 밖의 피조물 중에서 독립적으로 살아 있는 존재로서 피조물의 공간 인에서 우월한 지위를 통하여, 더 큰 존엄성과 권세를 통하여, 그들에게 위임된 처분의 권세를 통하여 그 밖의 피조물로부터 뚜렷이 구분된다는 것은 그들의 하나님 형상의 결과이다. 이러한, 오직 이러한 관계 안에서, 인간에게 예속되는 관계 안에서, 또한 다른 피조물들도 인간 안에서 명백해지는 (창조 전체의)

비밀에 및 그것의 약속에 참여하게 된다. 인간에게 그러한 지위 및 기능이 귀속된다는 것이 그 밖의 창조가 그 비밀로부터 배제된다는 뜻은 아니다; 오히려 그것으로써 주장되는 것은 포함의 양식이다: 그 밖의 창조는 원칙적인 하위질서 안에서, 인간을 동료로서 뒤따르는 중에 및 인간의 주변 환경으로서 그들도 또한 증인들이며, 그러한 한도에서 인간의 하나님 형상에의 참여자 및 인간의 특별한 창조로서 인간에게 약속된 역사에의 참여자이다. 인간의 동물들에 대한 통치는 이보다 더 강하게는 이해될 수 없다. 그는 그들의 창조자가 아니다; 그러므로 인간은 그들에 대한 절대적인 주님이 아니며, 둘째 하나님이 아니며, 오히려 자신의 존엄성 및 권위의 자리 안에서도 다만 그들에 대한 하나님의 피조적 증인 및 대리자일 수 있을 뿐이다; 그리고 그에 의하여 다스려지는 것들 중에서 "동등한 것들 중의 첫째"(primus inter pares)일 뿐이며, 삶과 죽음에 대한 통치 및 피를 흘릴 권리는 자체 안에 포함하지 않는 어떤 위탁의 실행자일 뿐이다. 인간의 동물에 대한 통치는 내적 및 외적으로 제한된 통치이다. 그것들에 대한 인간의 존엄성 및 권세는 인간이 동물들과 공유하는 것 안의 자연적인 열등성과 관계되어 있다. 그것들에 대한 인간의 특성으로서의 이성성도 또한 이 맥락 안에서는 고려될 수 없다. 하나님께서 인간에 대하여 창조자이신 것은 동물에 대하여 그러하신 것보다 조금도 덜하지 않다. 인간을 특징짓는 것 및 인간에게 권위와 전권을 주는 것은 다음이다: 인간은, 다른 독립적으로 살아 있는 존재로부터 원칙적으로는 구분되지 않으면서, 남자와 여자로서의 그의 복수성의 유일무이성 안에서, 하나님의 은혜를 통하여 하나님의 형상으로 존재하도록 가치를 부여받았다. 인간을 다양성 안에 있는 동물들과 마주 대면하도록 세우는 것은 언제나 인간의 상이한 그룹들 및 인종들이 아니며, 오히려 모든 잠정적인 및 이차적인 차이들에도 불구하고 모든 개인들 안에서도 언제나 하나의 인간, 즉 남자와 여자라는 사실이다. 이것이 인간의 우월성을 부여하고 확증한다. 그러나 바로 그것은 은혜이며, 오직 은혜의 우월성으로서 나타날 수 있고, 유효할 수 있다. 그렇기 때문에 그것은 자기목적일 수 없다. 이후의 성서적 증거 전체의 진행 안에서 인간에게 특성, 의무, 약속으로서 귀속되는 것은 오인의 소지 없이 그러한 통치의 소유 및 행사 그 이상이며, 그 통치와는 다른 어떤 것이다. 통치는 본질이 아니라 오히려 인간의 고유한 규정의 액세서리(장식)이다. 그 본래적 규정은—그러나 또한 본래적으로는 오직 부정적 규정으로서—다음을 자신 안에 포함한다: 인간은 물의, 공중의 및 땅의 동물의 세계의 한가운데에서 그 동물들보다 높으며, 그것들을 처분할 권한을 위탁받았다. 인간의 그러한 권세 및 존엄의 지위에 인간의 하나님 형상이 예속되는 것이 아니라, 오히려 전자가 후자에게 의존한다.

인간이 창조된 이후에 또한 그러한 그의 통치권을 행사하기 위해서도 하나님의 특별한 **축복**을 필요로 한다는 사실로부터 우리는 이 사가를 그렇게 이해하지 않을 수 없게 된다. 그 통치도 그의 생육, 번성, 충만과 같이 특별한 독립적 생물로서의 그의 고유한 활동성의 일이다. 그 통치도 다른 활동과 마찬가지로 자발적 행위들 안에서 발생한다; 그 행위들의 적법한 및 성공적인 실행을 위해서는 인간에게 창조자의 자율화, 능력화 및 약속이 (그분의 말씀이 인간의 실존에 없어서는 안 되는 것처럼) 결여될 수 없다. 하나님의 모사 및 모방(Abild, Nachbild)으로서 인간은 남자와 여자로 존재한다.— 인간의 모든 행위의 이러한 전제를 위해서는 더 이상 어떤 축복도 필요로 하지 않는다. 이것은 어떤 방식으로도 인간의 자발적 행위의 문제가 아니다. 이 전제는 인간이 하나님의 창조를 통하여 그러한 존재라는 사실로서 주어져 있고, 확실하다. 그 전제는 하나님께서 인간을 선택하시고 원하심으로써, 저 "우리가 … 하자!"를 말씀하심으로써, 그렇게 하여 현실이 됨으로써, 존속한다. 그러나 인간은 그가 [이 점에서 동물과 비슷하다.] 남자와 여자로서 새로운 개체들로의 생육으로, 고유한 번성 및 충만으로 나아갈 때—그리고 그가 [이 점에서 하나님과 비슷하다.] 마찬가지로 남자와 여자로서 저 통치권의 실행으로 나아갈 때, 축복을 필요로 한다. 이제 그의 행동은—동물의 특성 앞에서의 그의 이러한 특정한 특성 안에 있는 그의 고유한 행동은—하나님의 '창조자 행동'과의 저 위험한 유사성을 획득한다; 이 유사성 안에서 인간은 최고로 참람하게 될 수도 있고, 전혀 아무런 성과를 남기지 못할 수도 있다. 이제 창조를 뒤따르는 역사가 시작되며, 그 역사 안에서는 동물뿐만 아니라, 오히려 또한 인간도 타락할 수도 있다; 만일 이미 인간의 창조와 함께 그의 행위에 대한 하나님의 허락과 약속이 직접적으로 등장하지 않았다면, 만일 하나님께서 그분의 축복과 함께 인간의 배후에 서 계시지 않는다면, 그렇게 될 수 있다. 그렇기 때문에 창조사의 요소가 **아직도 여전히**(noch) 그리고 계약사의 요소가 **벌써**(schon) 다음이다: 즉 하나님의 모사 및 모방으로 창조된 인간이, 남자와 여자가, 자신의 미래적 행동을 위하여 신적 축복을 필요로 하였으며, 실제로 그 축복에 참여하였다. 우리는 그 사실로부터 다시 한 번 배운다: 인간의 하나님 형상은 그가 다른 모든 존재들과 공유하는 피조성(이것 안에서 그는 다른 모든 존재와 함께 하나님의 지원에 의존되어 있다.)을 조금도 변경시키지 않는다. 인간의 하나님 형상 혼자만으로는 인간의 행위들을 참람함으로부터도, 무력함으로부터도 지켜주지 못한다. 그 형상은 모사성(Abbildlichkeit)이며, 원형성(Urbildlichkeit; 모양)이 아니며, 모방성(Nachbildlichkeit)이며, 원본성(Vorbildlichkeit; 형상)이 아니다. 바로 하나님과 동등한 본질로서의 인간은 그의 모든 행동들 안에서—동물보다 적게가 아니라 오히려 더 많이, 그가 대단히 확실하게도 동물들에 대한 통치권으로 규정된 것과 같이—하나님의 친절하신 말씀을 듣는 것에 의존해 있다. 우리는 또 계속해서 및 무엇보다도 다음도 배운다: 인간은 하나님의 그 친절하신 말씀을 실제로 들으며, 생육의 축복 그리고 (하나님과 동등한 형상의 본질로서의 그의 축복의) 확증을 실제로 받는다. 인간의 그러한 생육(Fortpflanzung)이 발생할 때, 인간의 권세 및 존엄의 지위에 대한 확증이 사건이 될 때, 그때 인간의 행동은 하나님의 축복 아래 있게 되며, 그래서 그분의 허락과 함께 및 그분의 약속 아래서 발생하게 된다. 첫 남자와 첫 여자가 그들의 자녀들 안에서, 즉 새로운 개체들 안에서 계속 살아가게 된다면, 그들이 번성하고, 땅에 가득 거주하게 되고, 땅을 정복하게 된다면, 그때 그러한 새로운 개인들은 (창조 안에서 및 창조와 함께) 첫 사람들에게 주어졌던 축복으로부터 축복을 받게 된다. 하나님께서는 또한 그들도 (처음에 선택하신, 원하셨던, 하나님의 모양에 따라 자기 형상대로 지으셨던 피조적 파트너에게 하셨던 것과 같이) 인정하실 것이다. 하나님께서는 자신의 허용 및 약속을 첫 사람에게서도, 그의 후손들에게서도 철회하지 않으실 것이다; 이것은 하나님께서 창조자로서 그들을 다스리고 유지하기를 그치지 않으실 것과 마찬가지이다. 그것에 반대하여 어떤 위협과 위험이 닥쳐오더라도, 그것은 다만 하나님의 축복과 함께 시작하는 노선 위에서의 우발사건일 뿐이다. 이 노선 위에서 발생하게 될 모든 것은 본질적 및 본래적으로 구원사이며, 다만 잠시 동안만—비록 그것의 가장 두려운 형태 안에서라고 해도 다만 잠시 동안만—또한 비-구원사일 수 있으며, 그것의 첫째 근거가 이러한 신적 축복이기 때문에, 최종 근거는 언제나 평화의 및 계약의 역사가 될 것이며, 어떤 대적의, 전쟁의, 혹은 진노의 역사가 되지 않을 것이다. 축복이 왜곡되어 저주가 될 수도 있고, 다시 말하여 허락이 포기의 성격을, 약속이 부담의 성격을 갖게 될 수도 있지만—그러나 그 저주라는 것은 다만 축복의 도착(Verkehrung)일 뿐이다. 또한 하나님의 진노와 징벌이 인간에게 적중할 수도 있지만, 그러나 그것은 인간에게 주어진 허락과 약속의 철회가 결코 아니며, 오히려 다만 그것의 한 특수한 형식일 뿐이며, 마지막으로 최종적으로는 더 나아가 그 허락과 약속의 가장 영광스러운 확증을 의미하게 될 것이다. 다음이 제시되어야 한다: 하나님의 원형(모양) 안에서 및 하나님의 형상대로 남자와 여자로서 창조된 인간은 그의 하나님과 동등한 형상을 자기 자신에게 힘입고 있는 것이 아니며, 그 형상 안에서의 계속적 존속을 스스로 확실하게 할 수 없다. 다음도 제시되어야 한다: 그러한 모양과 형상 안에서의 그의 존재의 반복은 인간의 고유한 일이 아니며, 오히려 신적인 재건 및 갱신의 일들 중 하나이다. 또 다음이 제시되어야 한다: 하나님 형상이 지속되는 것 혹은 점점 더 높은 단계로 발전하는 것은 인간에게 내재된 특질 중 하나가 아니며, 오히려 다만 창조자이신 그의 하나님에 대한 희망의 대상일 수 있을 뿐이며, 그가 인간으로서 그 특정한 한 인간(하나님의 모양 안에서 그 형상에 따라 창조되었을 뿐만 아니라, 또한 그 창조된 것에 따라 하나님과 동등한 형상으로 미래에 되어질 특정한 한 인간[*예수 그리스도])을 언제나 다만 내다볼 수 있을 뿐이다. 우발사건, 즉 남자와 여자의 타락사건은 창조와 그것에 상응하는 존재 사이에 정지시키면서 및 방해하면서 침입하게 될 것이며, 그것과 함께 하나님의 진노와 징벌이, 축복의 저주로의 역전이 등장할 것이다. 다음이 공개될 것이다: 자신의 창조도, 자신의 축복도 스스로 일으킬 수 없는 및 받을 자격도 없는, 오히려 저 역전을 자신에게로 이끌어 온 인간은 어떤 경우에도 그 역전된 것을 견딜 만한 힘을 갖지 못하며, 하물며 그것을 철회할 능력은 더욱 없다. 다음이 이제 처음으로 공개된다: 하나님의 모사 및 모방으로서의 인간은 그의 희망을 전적으로 **하나님**께 둔다는 사실에 전적으로 의존되어 있다. 그러나 또한 다음도 공개될 것이다: 인간은 그 희망을, 왜냐하면 그가 하나님의 모사 및 모방이기 때문에, 그리고 그가 근원적으로 축복을 받았고 또한 축복의 저주로의 역전 안에서도 여전히 축복 안에 머물기 때문에, **붙들고 소유**할 수 있다. 또 다음도 공개될 것이다: 하나님께서는 자기 자신에게, 그분의 말씀과 사역에, 충실하시며, 그래서 남자와 여자로서의, 즉 하나님의 모양 안에서 및 형상에 따른 인간의 창조는 우발사건과 타락사건 때문에 끝장이 나지 않으며, 오히려 그 사건과 인간 존재 사이의 전적인 모순에 직면해서도 그 사건을 넘어서서 계속될 것이다. 또 다음이 공개될 것이다: 인간은 저 특정한 한 인간을 내다볼 수 있는 근거를 갖는다: 그분은 인간 자신과는 달리, 그러나 참된 인간으로서 그의 자리에서 서실 것이며, 그의 유익을 위하여 하나님의 모양 안에서 및 형상에 따라 남자와 여자가 되실 것이다: 그것은 **예수 그리스도 그리고 그분의 공동체**이다. 계약사(이것의 시작, 중간, 끝은 바로 그 인간, 바로 그러한 남자 및 바로 그러한 여자가 될 것이다.)는 창조사를 확증하게 될 것이며, 그렇게 하여 축복의 확증 및 성취가 될 것이다; 이 축복은 인간의 생육의 행위를 내다보면서 그리고 인간의 다른 피조물에 대한 권세의 및 존엄의 지위에 앉는 것을 바라보면서 인간에게 주어진다. 인간은 그 양쪽에 대한 하나님의 허용 및 축복을 소유하며, 그 허용과 축복은: 어떤 우발사건 및 타락사건을 통해서도, 왜냐하면 바로 그 허용과 축복이 인간에게 관계되기 때문에, 헛되지 않을 것이다; 그 축복은 창조사의 완결 이후에 시작되는 계약사의 공개적인 비밀이 될 것이다. 인간은 하나님의 허락 및 약속을 소유한다; 왜냐하면 인간의 고유한 (하나님께서 원하셨고 창조하신) 실존은 다만 저 다른 인간의 실존의 외적 근거이기 때문이다.—그는 저 다른 인간의 외적 근거로서 이제는 그러나 참으로 하나님께 대한 현실적인 **희망** 안에 있는 실존일 수 있다; 인간의 고유한 죄, 하나님과 인간 사이의 전적인 전쟁, 인간을 위협하고 위험에 빠뜨리는 하나님의 진노 및 징벌의 모든 것 등도 그 희망에는 전혀 손을 댈 수가 없다. 남자와 여자가 하나님의 저 허락과 약속과 함께 자녀를 생산하고 양육함으로써, 그들이 끊을 수 없는 인간 종족의 합일 안에서 모든 동물들 이상이고 땅의 올바른 주인임으로써, 그들은 언제나 또 다시 저 희망의 새로운 표징을 스스로 실현한다. 그들의 그와 같은 인간적 행동은 (저 공개된 차이 및 기쁜 관계 안에서의) 현실적인 피조적 대상성의 표징이다; 그 차이 및 관계는 신적 삶의 형식의 모사 및 모형이다. 그들의 행동은 그 자체만으로는 그들의 신적 모양(원형) 및 형상의 부정일 뿐이며, 그 부정의 결과인 치명적인 병의 짐을 지고 있을 뿐이라는 사실도 인간에게 부과된 및 하나님에 의하여 축복된 행동으로서의 그들의 행동이 희망의 표징이라는 사실을 조금도 변경시키지 못한다: 그것은 즉 사람의 아들과 그분의 공동체의 표징이다. 만일 인간이, 만일 남자와 여자가 그러한 행동에 있어서 필연적으로 자기 자신을 넘어서는 곳을 가리킨다면, 만일 그들의 행동이 바로 그 표징의 실현이라는 사실로서 의미를 갖는다면, 그렇다면 마찬가지로 다음 사실도 전혀 변경이 될 수가 없다: 그들은, 그 표징을 실현함으로써, 그들 자신이 지시하는 그것에, 즉 예수 그리스도와 그분의 공동체에 참여하며, **바로 그 특정한** 한 인간의 (인간의 창조의 상응하는) 존재에 참여한다: 그들이 그분을 알기도 전에, 그들이 예수 그리스도를 믿기도 전에, 그들이 그분의 공동체로 부르심을 받기도 전에 참여하며 — 그들은 전적인 인간성 안에서, 그들이 그것을 알려고 하든지 않든지에 관계없이, 그러한 인간을 목표로 하는 하나님의 의지 및 계획 안에서, 희망을 가질 수 있으며, 그 희망의 진리 및 확실성으로부터 살아갈 수 있다. 바로 이것이 인간에게 주어진 축복의 능력에 관하여: 특수한 독립적인 생물로서의 그의 길에 발을 내딛을 때 인간에게 주어졌던 하나님의 친절한 말씀의 도달영역에 관하여, 말해질 수 있는 것이다. 하나님의 그와 같은 친절한 말씀은 다음을 증거한다: 인간의 자연적인 존재 및 행동은, 인간에게 고유할 수도 있는 모든 특성들 및 비행들에도 불구하고, 근본적 및 궁극적으로 다음의 표징이 되도록 규정되어 있다: 그것은 하나님의 모양(원형) 및 형상이, 하나님 자신이, 인간의 창조와 함께 인간의 보증인 및 인간의 희망이 되었다는 사실의 표징을 뜻한다.

26절의 신적 복수형은 무엇을 뜻하는가? 이 질문은 중요하다; 왜냐하면 "**우리가** 사람을 만들자!"만이 아니라, 오히려 그 다음의 "**우리의** 모양대로 **우리의** 형상에 따라"도 명시적으로 복수형이기 때문이며, 그래서 이 사가에서 여기서 눈앞에 서 있는 주체에 관련된 결정이 즉시 그러한 "형상"이 무엇으로 이해되어야 하는가라는 질문과 연관되기 때문이다. 주석자들은 다음에서는 일치한다: 이러한 두드러지는 복수형의 사용은 이제 서술되어야 하는 인간의 창조의 특별한 의미성과 관계된다: "그분은 다음을 알려주신다: 인간은 어떤 큰 것 및 유일무이한 것을 도전적으로 감행하여야 한다. … 인간은 다른 피조물들 중에서 신적 지혜, 정의 및 선하심에 대한 특별하게 및 월등하게 뛰어난 직관의 사례이다."(Calvin) "이 최고의 피조물은 오직 전적으로 신적인 '추밀원'(!)의 공동의 활동을 통해서 창조될 수 있었다."(Gunkel) "하나님의 한 특별한 자기결정이 다가오는 놀라운 일을 가리키고 있다."(G. von Rad) 주석자들은 또한 다음에서도 일치한다: 여기서 문제되는 것은 단순히 표현의 형식적 화려함이 아니다. [흔히 페르시아적 근원으로 소급되는] '존엄의 복수형'은, 여기서 생각날 수도 있겠지만, 그러나 구약성서적 언어 안에서는 알려지지 않았다. 이 사가가 신적 본질 안의 어떤 현실적인 복수성을 생각했다는 가정, 그리고 제사(P) 문서적 편집(창세기 1장은 이 편집 안에서 제시된다.)이 그것을 지우기를 원하지 않았다는 가정은 통용될 수가 없다. "보아라, 이 사람이 **우리 가운데** 하나처럼, 선과 악을 알게 되었다."라고 [J 문서에 근거해서] 창세기 3:22에서도 말해진다. 마찬가지로 창세기 11:7[탑 건축의 이야기 안에서]: "**우리가** 내려가서, 그들이 거기에서 하는 말을 뒤섞어서, 그들이 서로 알아듣지 못하게 하자", 그러나 또한 이사야 6:8, "내가 누구를 보낼까? 누가 **우리를** 대신하여 갈 것인가?"라고 말해진다. 하나님 주위의 천상의 주변 환경에 대해서 또한 시편 89:6, 8, 열왕기상 22:19, 욥기 1:6f., 다니엘 4:14, 7:10 그리고 특별히 창조를 바라보면서 욥기 38:7 등이 부분적으로는 대단히 극적으로 진술한다. 그러나 단순히 하나님 주변에 선 자들, 하나님의 단순한 궁정 의회 혹은 법정에 대해서 (이것들은 그 뒤에 홀로 행동하시는 왕의 배후에서 다시 사라져 버린다는 셈이 된다.) 이제 창세기 1:26에서는 말해지지 않는다. 왜냐하면 여기서 말씀하시는 자에 의하여 말을 건네받는 자는 단순히 조언을 질문 받는 것이 아니라, 오히려 [창 11:7에서 "내려오는 것"처럼] 행동으로, 그것도 창조의 행동으로, 말씀하시는 자와의 연합 안에서 인간의 창조로 부름을 받고 있기 때문이다. 그리고 델리취와 야콥과 같이 말을 건네받은 자가 문제가 되는 사역에 있어서 그 다음에는 실제로 함께 일하지 않고, 오히려 말씀하시는 자의 곁에서 단순히 관심을 가진 방관자로서 머물렀다고 전제할 만한 어떤 단서도 존재하지 않는다. 오히려 사태는 이미 다음과 같다: 사가는 인간의 창조를 말씀하시는 자와 말을 건네받은 자의 현실적인 공동 행위로 이해되도록 만들려고 한다. 그리고 이제 계속해서 주목되어야 한다: "우리가 사람을 만들자!"는 신적 본질 그 자체 안의 정서적 및 행위적 연합에 관계되며, 하나님과 어떤 신이 아닌 본질 사이의 그러한 연합에 관계되지 않는다: 어떻게 신이 아닌 본질이 창조의 행위에 다만 조언으로라도 도울 수 있겠으며, 더 나아가 여기서 명시적으로 말해지는 것처럼, 인간을 만드는 데에 능동적으로 참여할 수 있겠는가? 그리고 26절이 "우리의" 형상이라고 말하는 그 형상은 바로 그 다음에 27절에서 명시적으로 "그분의", 즉 하나님의 형상이라고 지칭된다. 이에 대한 델리취의 설명: 즉 인간이 "하나님의 형상으로 창조됨으로써, 또한 천사와 동등한 형상으로 창조되었다."는 설명은 어쨌든 본문에는 없으며, 사가의 의미에도 대단히 낯선 것이 틀림없으며, 또한 시편 8:6("주님은 그를 천사보다 조금 못하게 만드시고")로부터도 성서적 상상으로는 근거될 수가 없다. 이 모든 것을 있는 그대로 미루어볼 때, 심각한 어려움들이 생성된다; 하나님께서 여기서 자신에 결합시키시는 "우리"는 [델리취와 야콥도 또한 그렇게 하려고 한다.] 두말할 필요도 없이 천사들, 영들 및 비본래적인 어떤 신적 존재들의 천상의 궁정 의회 혹은 법정 혹은 추밀원에 관계되지는 않는다. 여기서 어떤 신적 존재들의 복수성을 말하려고 한다면, 그때 그는 최소한 다음을 인정해야만 할 것이다: 여기서 그 어떤 신적 존재들에게—그것들에게 창조에의 능동적 참여가 허가됨으로써, 그것들의 형상이 하나님의 형상이라고 말해짐으로써—이제 거의 능가될 수 없는 **본래성**이, 그것들에게 **참된 신성**이 귀속된다. 옛 교회적 주석은 잘 알려진 대로, 창세기 1:26은 하나님의 삼위일체에 대해서 말하고 있다고 결정하였다: 사람들은 이 주장의 명시성에 대하여 항의할 수도 있다. 왜냐하면 사가 안에서 의심의 여지없이 취급되는, 하나의 신적 본질 안의 현실적 복수성이 삼위일체성이라고는 본문도 말하지 않고 있기 때문이다. 그러나 다음은 확정될 수 있다: 그리스도교적 삼위일체론의 방향 안에 놓인 상념은—한 분이시고 홀로 하나님이시지만, 그러나 나와 너의 구분 및 관계를 자신 안에 가지고 있기 때문에 고독하지 않으신 분의 형상은—너무도 오만하게 옛 교회적 [예를 들어 궁켈을 비교할 것] 주석을 퇴짜 놓은 현대적 주석이 그 옛 주석의 자리에 위치시킨 것보다는 본문의 진술들에 어쨌든 더 가까이 다가가고 있으며, 올바르다고 평가될 수 있다. 여기서 창조자에 대하여 말해질 수 있는 것이 최종적 및 본래적으로 오직 그리스도교적 삼위일체론의 배경에서 참으로(현실적으로) 이해될 수 있다는 견해의 사람은 어쨌든: 여기서 말해지는 것을, 글자 그대로 및 하나의 혹은 다른 요소를 약화시킴 없이, 유효하게 취급할 수 있다는 장점을 갖는다. 그는 한편으로 하나님의 본질 안의 복수성을, 다른 한편으로 "우리가 … 하자!"를, 본문이 말하는 것처럼 참된 신적인 '창조자 행동'으로의 요청으로, 그리고 27절에서 완성된 비유에 따른 "우리의" 형상을 참으로 하나님의 형상으로, 진지하게 수용할 수 있다. 여기서 하나님의 삼위일체성을 전혀 **사고**하지 않으려는 사람은, 그도 또한 그렇게 **할 수 있는지**를 조심해서 살펴보아야 할 것이다!

27-27절에서 표현된 인간의 **하나님 형상**의 이해를 위하여 가능한 한 본문의 글자 그대로 및 본문의 맥락을 고수하려는 위의 제안이 수용된다면, 그때 우리는 그에 대한 자칭 주석으로 말해졌던 많은 것들로부터, 인간의 고안하는 영의 다양성에 대하여 진정으로 놀라면서, 거리를 취하여야 하며, 직접적인 지름길을 결정하여야만 한다.

이미 옛 교회의 주석이 여기서 [비교. 예를 들어 Ambrosius, Hexae. VI, 7f.] 인간 안의 하나님 형상 아래서, 인간의 육체는 그럴 수 없거나 혹은 다만 간접적으로만 그럴 수 있기 때문에, 인간의 **영혼**이 이해되어야 한다고 당당하게 기록하였다. 그리고 그 다음에 사람들은 인간이 하나님 형상이라는 것을(Athanasius, De incarn. 3) 인간의 이성성 안의 신적 로고스와 관계 짓거나, 혹은 (Augustin과 그 후계자들) 하나님의 삼위일체성을 바라보면서 기억, 이해, 사랑이라는 세 가지의 영혼의 능력들과 관계 짓거나, 혹은 (종교개혁자들과 그들의 후계자들) 하나님의 계명을 바라보면서 인간에게 근원적으로 고유한, 하나님의 율법에 상응하는 (도덕적 행위 안의) 통합성, 순결, 정의, 거룩 등과 관계 지었으며, 그 밖에 특별히 루터에 따르면 그것은 특정한 육체적 특성들과도 결합되기도 했다. 그 다음에는 대담해진 시대의 결과들의 관점에서 인간의 영혼에 대하여 다음과 같이 말해질 수도 있었다: "영혼은 신성의 상이며, 그것의 둘러싸면서 그러한 상을 각인하는 모든 것을 추구하며; 다양한 것을 하나로 만들며, 거짓으로부터 진리를 추구하며, 하층의 휴식으로부터 밝은 활동성 및 작용을 추구하며, 그리고 그것에 더하여 그렇게 하면서 영혼은 마치 자신의 내면을 들여다보는 것처럼, '나는 하나님의 딸이며, 나는 그분의 형상이다.'라는 고매한 감정과 함께, '우리가 … 하자!'라고 자신에게 말하려고 하며, 그렇게 원하고, 또 그렇게 지배한다. 우리는 어떤 개념들 중에서 영혼의 개념보다 더 내면적인 활동성을 가능하게 하는 개념을 갖고 있지 않다: 영혼은 자기 자신 안으로 회귀하며, 자기 자신을 다스리며, 세계 전체를 회전시켜 움직이고 또 극복한다."(Herder, *Vom Erkennen und Empfinden d. menschl. Seele 1778*, ed. Suphan Bd. 8, 195) 인간의 하나님 형상에 관하여 이제 헤겔은 다음과 같이 설명한다: "인간의 참된 즉자 존재는, 인간의 진리 안의 이념은 영원한 존재 안의 하나님 자신의 한 계기이며, 그래서 인간의 본성은 신적이다."(*Phil. d. Rel.* ed. Lasson, 102) 인간의 하나님 형상은 비더만(A. E. Biedermann)에 따르면 다음을 뜻한다: 인간은 "그에게 절대 정신의 동물적 영혼으로서 … 내재적으로 규정된 잠재력 및 규정성을 소유하며, 하나님의 '절대 정신-존재'와 함께 … 형식과 내용에 따라 일치하는, 실체적으로 그 존재 안에 뿌리를 두는 정신의 삶을 실현하지만, 그러나 하나님 밖의 세계요소 안에서는, 그리고 그렇기 때문에 유한한 현존재 안에서는 '대자적으로-존재하는' 정신의 삶을 실현해야 하며, 그래서 그 삶 안에서는 세계 과정의 영원한 근거가 동시에 또한 그 과정의 목적으로서 반사된다."(*Chr. Dogmatik.* 1869, 665) 인간의 하나님 형상은 립시우스(R. A. Lipsius)에 따르면 형식적으로는: 인간의 정신성을, 내용적으로는: 인간의 자유를 뜻하며(Lehrb. d. ev. prot. Dogm. 1879, 331), 도르너(J. A. Dorner)에 따르면: "하나님과의 삶의 연합을 위한 혹은 종교를 위한 인간의 규정성"을 뜻하며(Syst. d. chr. Glaubensl. Bd. I. 1886, 515), 제베르크(R. Seeberg)에 따르면; 인간의 "정신적 의지의 한 종류" 그리고 인간의 행위의 자유를 뜻하며(*Chr. Dogmatik*, I Bd. 1924, 499), 트뢸치(E. Troeltsch)에 따르면: 타락한 초기의 상태만이 아니라, 오히려 더 나아가, 인간의 영혼의 하나님과의 유사성의 전제 아래서, 투쟁 및 생성 안에서 "완전을 향하여 자신을 전개하려는 열망 그리고 그것과 함께 역사적 전개의 원칙"이다.(*Glaubensl.* 1925, 295f.) 우리는 하나님 형상의 개념에 대한 이 모든 설명들 및 이와 비슷한 설명들 중에서 어떤 것이 가장 멋진 것 혹은 가장 깊은 의미의 것인지, 혹은 어떤 것이 가장 진지한 것인지에 대해서는 토론할 수도 있다. 그러나 우리는 그중 어떤 것이 창세기 1:26f.의 설명으로 올바른 것인지에 대해서는 토론할 수 없다. 왜냐하면 다음이 구체적으로 파악되기 때문이다: 그 설명들 모두는 서로 마찬가지로, 그것의 발기인이 우리의 구절의 자리에서 그 개념을 발견한 후에, 본문을 계속해서 고려하지 않고 그들 각각의 인간학의 필요성들의 척도에 따라 허공으로부터 취하여졌으며, 그 다음에 사람들은 마찬가지로 주석적 숙고들로부터가 아니라 다만 자신의 고유한 인간학의 척도에 따라 하나에 찬성하고 다른 하나에 반대하기를 결정하려고 하였다. 트뢸치가 창세기 1:26f. 주석은 최종적으로 고려하지 않으려고 하면서, 오히려 자유롭게 변형된 개념의 새로운 구성을 결정하였다는 것을 보는 것은 차라리 신선한 느낌을 주지 않는가? 이 과정은 또한 저 다른 사람들이 고대 및 근세에 여기서 말했던 많은 것의 경향에 대해서도 마찬가지로 특징적이다.

물론 어찌 되었든 본문에 대단히 가까운 곳에서 움직이는 다른 설명들도 있다. 고대 교회적 주석과 날카롭게 대립하면서 궁켈은: 하나님의 형상성은 우선적으로는, 비록 정신적인 것을 배제하지는 않지만, 그러나 바로 인간의 **육체**에 관계된다고 주장하였다. 구약성서는 도처에서 하나님의 형태(Gestalt), 하나님의 귀, 손, 발, 그분의 입 등, 그분의 낙원에서의 거니심 등과 또 비슷한 많은 것들을 대단히 소박하게 말한다는 것이다. 그리고 창세기 5:3에서 아담이 자기 형상대로 그의 아들(셋)을 낳았다고 말해질 때, 그것은 분명히 그 아들이 아버지처럼 보였다는 것을, 그 아들이 형태와 외모에서 아버지를 닮았다는 것을 뜻한다는 것이다. 또 궁켈에 의하면 또한 창세기 5:1, "하나님이 사람을 창조하실 때에, 하나님의 형상대로 사람을 만드셨다."도 그렇게 해석되어야 하며, 그 다음에 또한 창세기 1:26f.도 마찬가지이다. 그러나 이에 대하여 첫째 다음이 말해져야 한다: 하나님의 창조와 아담의 아들 낳은 것이 서로 다른 것처럼, 마찬가지로 아담의 하나님에 대한 동등한 형상과 셋의 아담에 대한 동등한 형상은 단순히 동일한 것을 의미할 수가 없다. 그 다음에: 형상과 모방 사이의 '비교의 근거'로서의 형태 및 외모에 대해서는 창세기 5장에도, 창세기 1장에도 알아볼 수 있는 방식으로 진술되지 않는다. 그 다음에: 하나님의 인간과 비슷한 신체성에 대한 저 구약성서의 현실주의는 물론 하나님의 앎, 의지, 말씀하심 및 행하심에 대한 특정한 진술의 맥락 안에서 그것의 최고의 및 가장 본래적인 생명성을 구체적으로 증거한다는 의미를 갖지만, 그러나 그 현실주의는 어느 곳에서도 그 특정한 진술에 대하여 독립적인 관심을 갖지는 않으며, 어떤 경우에도 하나님을—어떤 거대하게 확대된 및 무시무시한—인간으로 눈에 보이게 만들거나 생각해야 한다는 주장을 하지 않는다. 그리고 마지막으로: 바로 창세기 1:26-31의 맥락 전체에서 하나님의 어떤 육체성에 대한 어떤 특별한 주목이 전혀 보이지 않으며, 이것은 인간의 영혼 혹은 정신성에 대한 주목이 보이지 않는 것과 마찬가지이다.

몇몇 증빙의 도움을 받고, 또 많은 주장들이 그 뒤를 따르는 한 흔적은 인간에게 수여된 동물들에 대한 통치권과 인간의 특별한, 하나님과 비슷한 본질 사이의 연결이다. 델리취에 따르면 하나님의 형상(imago Dei)은 다음에 놓여 있다: "인간은 자기 자신을 지배하는 [의식적인 및 자기를 자기 자신으로부터 규정하는] 그리고 바로 그렇기 때문에 다른 모든 피조물들보다 뛰어난 존재이다"; 그리고 야콥(B. Jacob)은 하나님과 인간 사이의 비교점을 영혼을 가졌다는 점에서, 영혼의 삶 안에서, 그 삶의 더 높은 형식들 및 표현들 안에서 진술하며, 그래서 하나님의 형상을 다음에서 발견하였다고 주장한다: 인간에게는 "정신적 능력들과 천부적인 통치자의 품격"이 귀속되어 있으며, 그것이 인간으로 하여금 땅과 동물의 세계에 대한 통치 안에서 하나님의 이 세상적 대리자가 될 수 있도록 만들며, 이것은 일월성신이 낮과 밤의 통치자로 정해진 것과 마찬가지라는 것이다. 그러나 여기서 전혀 검증되지 않은 채, 사가가 인간의 하나님 형상과 인간의 땅의 통치 사이에 어떤 기술적인 연관성(technischer Zusammenhang)을 주장하였다는 것과, 후자가 전자로부터, 그래서 또한 전자가 후자로부터도 설명될 수 있다는 것이 전제되고 있다. 사가가 양자를 서로 병렬시킬 때, 사가가 땅의 통치를 두말할 필요도 없이 하나님의 형상의 한 결과로 지칭하려고 할 때, 사가는 정말로 그러한 기술적 연관성을 의미했는가? 그랬다면 사가는 어떤 말로써 그것을 눈에 보이게 만들었어야 하지 않은가? 이제 그러한 흔적을 뒤쫓는 주석가들은 구약성서적 인간성의 개념보다는 오히려 헬라적 및 현대적 인간성의 개념에 더 많은 관심을 가지고 있지 않은가? 그 개념은 본문의 좁고 넓은 맥락에서는 낯선 어떤 실용주의적 지식이 아니며, 그 주석가들 자신이 그 관계를 유용하게 만들려고 시도하는 가운데 생긴 것이 아닌가? 오히려 이 사가는 대단히 명확하게도 인간은 그의 주변 환경 전체에 대한 저 특출한 지위가 귀속된 존재임을 제시하려고 하지 않는가?: 그래서 이 사가가 그 통치의 일의 전제를 말할 때, 말하자면 인간이 하나님의 형상으로 창조되었다고 지칭할 때, 한 독립적인, 고유한, 다른 질서의 한 중심 문제를 눈앞에 두고 있지 않은가?

우리가 창세기 1:26f.를 피셔(W. Vischer, *Das Christuszeugnis des AT Bd.* I, 1934, 59f.)와 함께 다음과 같이 이해한다면, 우리는 본문에 명백하게도 훨씬 더 낫게 그리고 가장 중요한 점에서는 결정적으로 접근하게 된다: 하나님께서는 인간의 특성(종류) 안에서 고유한 대상을 창조하셨으며, 그 대상이 하나님을 인식할 수 있도록 하셨으며, "하나님께서 하나님 자신의 영광을 바라보기를 원하시는 (창조의) 총체적 형체에게 인간은 눈이다. … 창조 전체는 하나님과 인간 사이의 대면을, 창조자와 피조물 사이의 역전될 수 없는 '나-너-관계'를, 목표로 한다. … 그 관계는 세계추진력 전체의 참된 및 유일무이한 동기(Motiv)이다." 사실상: 성서적 창조 역사의 첫 부분을 구성하는 본문의 문서적 맥락 전체의 관심은 어떤 추상적 인간에, 그의 어떤 영혼이나 정신성에 두어지지 않았으며, 그의 육체에 혹은 그에게 물론 귀속되는 다른 피조물들에 대한 우월성에 두어지지도 않았으며, 오히려 그 관심은 **계약**의, 하나님 나라의, 하나님의 영광의 미래적 동반자에게 두어졌으며, 참으로 하나님의 대상에게, 하나님께서 너라고 말을 건네신, 그리고 너로서 행동하는 이 세상적 주체에게 두어졌다; 그것은 창조로부터 시간의 종말에 이르기까지 연출되는 한 **역사**의 주체이다. 이 의미가 아닌 다른 어떤 의미에서 인간이 성서 안에서 "신적 지혜, 정의, 선의 특별하고 특출난 직관의 원본"이겠는가? 여기서 사태가 그 의미와 다를 수 있겠는가? 만일 여기서 이미 이후의 모든 것과의 일치 안에서 저 한 대상이, 하나님과 인간 사이의 특별한 역사적 관계 안에서의 저 구분성 및 관계가 목표가 되지 않는다면, 만일 여기서 바로 그 관계의 가능화에 관하여 말해지지 않는다면—인간의 창조에 따라 작동되는 특별한 장치의 진술, 즉: "우리가 우리의 모양에 따라 우리의 형상으로 인간을 만들자!"가 어떻게 바르게 설명될 수 있겠는가? 만일 우리가 본문이 관심을 가졌던 중심 내용에 도달하려고 한다면, 그때 우리는 피셔가 지시한 방향으로 반드시 계속해서 사고해야 한다.

중요한 보충 자료를 여기서 본회퍼(Dietrich Bonhoeffer, *Schöpfung und Fall* 1933, 29f.)의 숙고가 제공한다: 어떻게 하나님께서는 그분의 사역 안에서 자신을 보고, 인식하고, 재발견할 수 있으신가? 명백하게도 그것은 오직 그분에 의하여 창조된 것이 그분 자신과 비슷할 때, 그래서 그것 자체가 한 자유로운 것일 때, 그리고 그러한 한도에서만, 가능할 것이다: 물론 그것이 즉자적으로(an sich) 자유로운 것은 아니며, 그것의 특성, 활동, 성향, 본질에 따른 자유 안에서 자유롭다는 뜻은 아니며, 오히려 그 창조된 것은 그분을 향하여 자유롭다; 그분은 창조자로서 피조물을 위하여 자유롭기를 원하셨으며, 언제나 또 다시 자유롭기를 원하실 것이다. 하나님께서 이러한 의미에서 한 자유로운 것을 만드시고, 자유롭게 되도록 하신다는 것, 이것이 그분이 인간을 자신의 이 세상적 형상대로 창조하신다는 것으로 말해졌다. "인간은 다음에서 다른 피조물들로부터 구분된다: 하나님 자신이 인간 안에 계시며, 인간은 하나님의 형상이며, 인간 안에서 자유로운 창조자께서 자기 자신을 바라보신다. … 그 자유로운 피조물 안에서 성령께서 창조자에게 기도하시며, 창조되지 않은 자유가 창조된 자유와 결합되어 스스로를 찬양한다." 그러나 그 창조된 자유는 다음에서 스스로를 표현한다: "한 창조된 것은 다른 창조된 것에 관계되며, 인간은 다른 인간에 대하여 자유롭다": 남자와 여자로서의 인간의 "대면하는, 함께하는, 서로 의존된 존재" 안에서 자유롭다; 이러한 존재는 어떤 현존하는 특성으로, 인간에게 고유한 능력, 가능성으로, 혹은 인간 존재의 구조로 규정될 수 없으며, 단순히 발생할 뿐이다. 이러한 철두철미 선사된 및 정해진 관계 안에서 자유는, 즉 인간의 하나님 형상은, 계시된다. 하나님께서 인간에게 관계하시는 것처럼, 마찬가지로 그렇게 인간도 인간에게 관계한다; 말하자면 하나님께서 인간을 위하여 존재하시기 때문에, 하나님의 형상으로서의 관계의 유비(analogia relationis)는 존재의 유비(analogia entis)와 혼동될 수 없다.

본회퍼에게서 [피셔를 지나서] 수행된, 본문에 더 다가가는 진전은 명백하게도 다음에 놓여 있다: 여기서 모양과 형상이라는 분리될 수 없는 상상에 대한 (자유로운 구분 및 관계 안에서 실현되는 대상성의) 개념이 진지하게 수용되고 결실을 맺을 뿐만 아니라, 오히려 마지막으로 또한 27절의 내용이 조명된다; 그곳에서 [bara(창조하다)가 세 번 반복되어 사용되면서] 결코 흘려들을 수 없이 다음과 같이 말해진다: "하나님이 당신의 형상대로 사람을 창조하셨으니, 곧 하나님의 형상대로 사람을 창조하셨다. 하나님이 그들을 남자와 여자로 창조하셨다." 사람들이 본문 자체가 직접적으로 정의를 내리는 방식으로 설명하는 이 해석을 언제나 또 다시 지나치면서, 그리고, 이 구절을 숙고하지 않고서, 하나님의 형상에 관한 다른 가능한 자의적으로 고안해 낸 규정들을 찾아 헤매려고 하는 것은 틀림없이 놀라운 일이 아니겠는가? 더욱 놀라게 되는 것은 이 설명이 창세기 5:1에서 완전한 형식으로 반복되기 때문이다: "하나님이 사람을 창조하실 때에, 하나님의 형상대로 사람을 만드셨다. 하나님은 그들을 남자와 여자로 창조하셨다." 어떻든 하나님께서 창조하신 존재의 유사한 및 모형적 형상성이 다음에 놓여 있다는 이러한 분명한 진술로부터 우선 출발하는 것보다 더 명백한 일이 무엇이겠는가?: 그 존재는 바로 그러한 하나의 대상 안의, 바로 그러한 인간과 인간의, 말하자면 남자와 여자의 마주 대하는 및 서로 함께하는 존재를 뜻하며, 그 다음에 그것으로부터 우리는 계속해서 창조자의 신적 존재의 원형성과 형상성이 그것에 놓여 있다는 것이 질문되어야 한다. "이 둘이, 남성과 여성이, 창조자 앞에서 하나임으로써, 창조자 앞에서 '인간'이라고 말해지며, 양자가 하나님의 형상 안에서 창조되며, 하나님의 즐거움의 향유가 (한 피조물이 그것을 수용할 수 있도록 만들어졌다는 한도에서)

부부로서의 인간에게 주어지며, 하나님에 의하여 및 하나님 안에서 서로에 대한 신적 사랑으로 채워지며, 그래서 우리는 혼인의 상태가 얼마나 고귀한 가치를 갖는지를 이해하고 파악하게 된다."(H. F. Kohlbrügge, Schriftauslegung, Heft I, 14) 하나님 형상적인 존재의 지칭에 관하여 철두철미 인간적 존재의, 구조의, 성향의, 능력들의 지칭을 기대하려고 하고, 그 존재가 순전하게 그러한 구분과 관계에 놓여 있다는 사실을 철두철미 받아들이지 않으려고 하는 어떤 인간학에 사람들은 예속되지 않았는가? 어쨌든 본문은 이제 말한다: 그 존재는 **인간**과 **인간** 사이의 구분과 관계에 놓여 있으며, 사람들은 이것을 명확하게 붙들었어야만 했다. 혹은 사람들은 인간의 하나님 형상적 존재가 단순히 및 직접적으로 **남자**와 **여자**로서의 실존에 놓여 있다는 특수한 사실을 너무도 조야하게, 천박하게, 너무도 피상적으로 혹은 오직 도덕적으로만 사고하지는 않았는가? 그러나 그 사실이 이제—그것도 두 번씩이나 거듭 정의를 내리는 방식으로—본문 안에 있다면, 왜 사람들은 그 형상에 대한 그 밖의 모든 사변들 대신에 바로 그 사실을 숙고하도록 도전을 받지 않는가? 왜 사람들은 그들이 명백하게도 수용하려는 경향을 보였던 것과 같이 바로 남자와 여자의 구분 및 관계가 과연 정말로 그렇게도 중요하지도 않고 또 미심쩍은 것인지 확인해보려는 도전을 받지 않는가? 왜 사람들은 호세아 1:2f., 2:2f., 16, 3:1f., 이사야 54:5f., 62:5, 예레미야 3:1f., 6f., 4:40 등등, 에스겔 16:1f., 23:1f., 고린도후서 11:2, 에베소서 5:23f., 요한계시록 12:1f., 21:2와 같은 구절들을 통하여, 혹시 바로 그러한 구분과 관계가—인간의 정신성 및 육체성에 대하여 물론 말해질 수 있는 모든 것과 구분되면서—사실상 성서적 인간의 본질에 대하여 구성적 의미를 갖지는 않는가라는 질문으로 인도되지 않는가? (이 구성적 의미는 둘째의 창조 사가 안에서 그 본질에 더욱 명확하게 귀속된다!) 우리는 참으로 이 문제의 핵심을 오랫동안 방치할 이유를 갖고 있지 않으며, 다른 어떤 설명보다는 더 멋질 수 있지만, 그러나 동시에 더 자의적일 수 있는 설명들의 저 먼 곳을 떠돌아다닐 이유도 갖고 있지 않다.

이 사가가 참으로 남자와 여자의 대면 관계 및 일치성 안에서 인간의 모형성 및 모방성을 보았다는 사실로부터 우리가 출발한다면, 그리고 그곳으로부터 하나님의 본질 안의 원형성과 형상성을 질문한다면, 그때 우리는, 땅의 통치권으로부터 하나님의 형상을 이끌어내려는 저 주석가들과는 달리, 실용주의적 구상에 의존하지 않는다. 그때 우리는 오히려 본문 자체 안에서 피셔에 의해서도, 본회퍼에 의해서도 평가되지 않은 다음 사실성을 붙든다: 그것은 "우리가 … 하자!"(Lasset uns!)가 26절의 창조 명령의 고유하게 특징적인 형식이라는 사실이며, 그래서 그것과 함께 바로 이 맥락에서 명확하게 증거되는, 신적 본질 안의 복수성의 사실이며, 저 구분과 관계가, 저 사랑하는 공동존재 및 공동사역이, 저 나와 너가, 무엇보다도 우선적으로 하나님 자신 안의 사건이라는 사실이다. 이러한 핵심 내용이 본문의 맥락 안에서 아무 이유 없이 표현되고 있는가? 혹은 다음이 더 명확하지 않은가?: 우리는 하나님의 본질의 저 특성(하나님께서 '나'와 '너'를 자신 안에 포함하신다는 특성) 그리고 인간의 본질(인간이 남자와 여자로서 존재한다는 본질) 사이에서 이제 참으로 단순하고도 분명한 상응에, 말하자면 바로 '관계의 유비'(analogia relationis)와 마주친다. **하나님의 본질 안에서 말을 건네는 '나'가 그에 의하여 말 건넴을 받는 신적인 '너'에게 관계되듯이, 바로 그렇게 하나님께서는 창조된 인간에게 관계하시며, 바로 그렇게 인간적 실존 자체 안에서 '나'는 너에게, 남자는 여자에게, 관계된다.** 이것은 **유비**(Analogie) 그 이상일 수는 없다. 저 신적 본질 안의, 저 엘로힘의 공간 안의 나와 너의 구분과 관계가 남자와 여자의 구분 및 관계인 것은 아니다. 그 구분과 관계가 인간에게서, 동물들의 양성성에 상응하면서, 바로 그러한 형식을 갖는다는 것은 피조성에 속하는 것이며, 인간의 하나님 형상에 속하는 것은 아니다. 인간의 피조성에 속하는 다른 점은 다음이다: 인간에게서 나와 너의 관계는 오직 각각 상이한 두 개인들 사이에서의 구분과 관계의 형식 안에서 발생하지만, 하나님은 하나의 개체(Individuum)로서 그 관계를 자신 안에 포함하신다. 그 비유는 관계의 유비로서 동일성이 아니며, 오히려 동일하지 않은 것의 상응이다. 바로 이러한 동일하지 않은 것의 상응이 여기서 다음에서 발생한다: 남자와 여자의 상이한 개체의 공동실존의 형태 안에 있는 인간의 본질은 한 분이신 하나님이 자기 자신 안에서 '나'일 뿐만 아니라, 또한 '나 그리고 너'이시라는 사실의 한 피조적인, 그렇기 때문에 다른 종류의 반복이다: 하나님 안에서 또한 '너'인 '나'는 오직 자기 자신과의 관계 안에 있으며, 또한 '나'인 '너'도 오직 자기 자신과의 관계 안에 있다. 이것이 창조자로서 인간에 대하여 자유로우신 하나님이시며—그리고 하나님께 상응하는 저 존재는 피조물로서 하나님께 대하여 자유로운 인간이다. 이 하나님께서 자기 자신을 인간 안에서 보고, 인식하고, 재발견할 수 있으시며—그리고 이분에 상응하는 저 인간도 하나님을 인식할 수 있고, 보는 눈이 될 수 있으며, 창조 전체는 바로 이 목표를, "세계 추진 전체의 참된 및 유일무이한 동기"를 향한다. 바로 이러하신 하나님께서는 인간에게 '너'라고 말씀하실 수 있고, 또 말씀하실 것이며—그리고 그분께 상응하는 저 인간도 그분 앞에서 '나'로서 스스로를 책임질 수 있게 될 것이다. 그러하신 하나님 그리고 그분에 그렇게 상응하는 인간 사이에서 이제 그러나—피셔와 본회퍼를 보충하면서 또한 이것이 강조되어야 한다.—전적으로 생동하게 된 창조 안에서 한 유일무이한 관계가 발생하는데, 다음 한도에서: 그곳에서 언제나 또 다시 강조되듯이, 물의, 공기의 및 땅의 식물들과 동물들 사이에는 그룹들과 종류들이 존재하지만, 인간들 사이에는 그렇지 않다는 한도에서, 즉 인간이 다른 모든 생물들에 대하여 다음에서 한 '특이한 존재'(eins sui generis)라는 한도에서 발생한다: 인간에게서 발생하는 성의 구분은 인간과 인간 사이의 유일하게 현실적인 본질의 구분성을 형성한다: 하나의 신적 본질 안의 나와 너의 저 관계가 유일무이한 현실적 구분이라는 사실에 상응하여 그러하다. 우리는 이 내용으로부터 본다: 인간의 하나님 형상성은 어떤 한 특별한 것일 뿐만 아니라, 오히려 유일무이한 사태(Bewandnis)이다; 그리고 우리는 그 내용으로부터 이해한다: 인간의 동물들에 대한 통치권은 인간의 하나님 형상성 안에 이미 그것의 내적 근거를 가지고 있으며, 그래서 그 통치권을 실용주의적으로 하나님 형상성으로부터 굳이 연역해 낼 필요가 없다. 이렇게 보충된 및 첨예화된 파악 안에서도 피셔와 본회퍼의 주제는 어쨌든 이 사가의 본문에 가장 근접하는 (창 1:26f.의 주석으로서의) 설명으로 예시될 것이다.

26-27절에서 사용된 '상'(Bild)이라는 개념이 특별한 설명을 요청한다. 우리는 다음 번역을 감행한다: "우리가 우리의 **모양**(Urbild)**대로**(in) 우리의 **형상**(Vorbild)에 **따라서**(nach) 사람을 만들자!" 이 번역의 모험성은 명사라기보다는 전치사에 놓여 있다.

사태는 다음과 같지 않다: 'zelem'(형상)과 'demut'(모양)는 '상'(Bild) 혹은 '동등'(Gleichnis)과 단순한 동의어가 아니며, 혹은 통용된 번역에서와 같이 단순히 그렇게 구분되지도 않는다[칠십인역: εἰχών과 ὁμοίωσις, 불가타역: imago와 similitudo]. **상**(Bild)의 개념 안에서, 즉 어떤 **원본**(Vorlage)의 반복 및 상응 안에서 [이것에는 그 원본 자체의 상념을 환기시키는 것이 적합하다.] 두 가지의 명사는 물론 일치하며, 그리고 이것은 저 모든 제안들 안에서보다는 번역 안에서 더욱 잘 볼 수 있다. 그러나 zelem(입체적인 혹은 그려진 표현들을 지칭하는 데에, 또한 우상들의 신상들을 지칭하는 데도 사용된다.)은 완성되어 [그것의 대상과 대립되면서] 세워진 작품으로서의 상의 특성을 뜻하는 반면에, demut는 상의 개념과 생성을 어느 정도 분석하며, 그래서 [원본과의 대립 안에서의] 각인된 상, 복사, 뒤따른 상 등을 뜻한다. zelem에 대해서는 우선 "각인된 상"(Abbild)이, demut에 대해서는 "뒤따른 상"(Nachbild)이 배정되어야 할 것이다. 그러나 이제 사태는 [비교. Delitzsch] 다음과 같다: 이 두 단어는 양쪽 모두에 사용될 수 있으며, 그래서 zelem도 각인된 상만이 아니라, 그 각인된 상(Abbild) 안에서 판에 찍힌 원형(Urbild)도, 즉 그 각인된 상의 대상도 뜻하며, 그리고 demut도 뒤따른 상(Nachbild)과 복사만이 아니라, 또한 그것의 근저에 놓인 원형을 지칭할 수도 있다. 이제 우리의 본문이 우리의 경우에 있어서 혹시 의식적으로 그러한 이중적 의미로 말하고 있지는 않은지 숙고되어야 한다. 하나님의 상(Bild Elohim)은 그 자체로서 다음을 뜻할 수 있다: 그것은 하나님(Elohim)이, 자기 자신에 대하여 느끼고, 자신을 안다는 한도에서, **자기 자신에 대하여** 가지는 상이며, 그래서: 하나님의 각인된 상(Abbild) 및 뒤따른 상(Nachbild)이다.―이것은: 하나님께서 그분으로부터 실존하는 모든 각각의 상의 대상 및 원형이라는 한도에서, 하나님이 **자기 자신이신** 그 상이며, 그래서: 그분의 원형(Urbild) 및 원본(Vorbild)이다. 그러나 이렇게 해서는 우리가 아마도 이 사가에게 지나치게 복잡한 숙고를 부과하는 셈이 될 것이다. 만일 우리가 양자 사이에서 선택을 해야 한다면, 그때는 둘째의 가능성, 즉 "원형"(Urbild)와 "원본"(Vorbild)이라는 번역이 선호될 가치가 있을 것이다; 왜냐하면 전치사 "안에"와 "따라서"에 관련하여 다음이 명확하기 때문이다: 양쪽의 명사는 어떤 경우에도 하나님의 형상(Bilde Elohims)을 말하며, 그래서 하나님의 형상을 모방하여 형성된 인간의 상을 말하지 않으며, 그래서 불가타의 번역: "우리의 형상과 모양으로(향하여)"(ad imagonem et similitudinem nostram) 그리고 "모양으로(향하여)"(ad imagonem, 27절에서 두 번)라는 번역은 거부되어야 한다. 하나님의 상을 **향하여**(zum, ad)가 아니라, 오히려―26절 및 27절에서, 그러나 또한 창세기 5:1에서도 그 의미는 이러하다.―하나님의 상에 **상응하여**(entsprechend) 인간은 창조되었다. 인간의 하나님 형상은 인간의 소유가 아니며, 그렇게 되지도 않을 것이며, 오히려 그것은 전적으로 인간의 창조자의 의도 및 행동 안에 놓여 있으며, 인간에 대한 그분의 뜻이 바로 그 상응이다. 그러나 우리가 zelem과 demut를 "각인된 상"(형상, Abbild)과 "뒤따른 상"(모양, Nachbild)으로 번역하려고 한다면, 즉시 다음을 해석하여야 한다: 그것은 한 특정한 각인된 상이며, 한 특정한 뒤따른 상이다; 그것은 하나님께서 자기 자신에 대한 앎 안에서 자기 자신에 대하여 가지시는 각인된 상(Abbild) 및 뒤따른 상(Nachbild)이다. 만일 우리가 즉시 그러한 각인된 상의 대상에게로, 그러한 뒤따른 상의 원형에게로, 즉 하나님 자신에게로 되돌아간다면, 그래서 zelem을 "원형"(Urbild)으로, demut를 "원본"(Vorbild, 앞선 상)으로 번역한다면, 그것은 동일한 것을 더 단순하게 표현하는 셈이 된다. 모든 경우에 있어서 본문이 말하고자 하는 것은 다음이다: 하나님께서 인간을 하나님의 고유하신 본질에 상응하는 한 존재로서―그것도 하나님 자신이 [물론 하나님의 자기 자신에 대한 앎 안에서] 원형과 원본이 되시면서, 그러나 인간은 각인된 상과 뒤따른 상이 되는 방식으로써 창조하기를 원하셨다.

전치사들의 올바른 번역의 문제는 더 어렵다. 전치사 be는 그 자체로써는 "in"의 뜻이며, 여기서의 맥락들 안에서는 "이 양식 안에서"(in hunc modum)를 뜻하며, 그래서 그것에 뒤따르는 명사는 [그리고 26-27절에서의 및 또한 창 9:6의 zelem도] 마찬가지로 [비교. Delitzsch] 원형적인 주형

(*철제 주물 거푸집)이라고 지칭된다; 그 주형 안에서 각인된 상은 그것의 각인된 형태를 획득한다. 이와 반대로 전치사 ke는 비슷한 모든 맥락 안에서 "따라서"(nach, instar)의 의미를 가지며, 뒤따르는 명사를 [또한 26절의 demut도] 뒤따른 상의 생성에 앞서 놓인 원본이라고, 상을 만드는 자기 자신의 눈앞에서 보고 있는 규범 혹은 이상이라고 지칭한다. 여기까지는 모든 것이 분명하며, 모든 것은 zelem과 demut에 관한 우리의 숙고들과 일치한다.

질문은 그러나 이 두 가지 전치사들의 양쪽의 명사들과의 결합이 고정되어 있지 않다는 사실을 통하여 복잡해진다. 창세기 5:1에서는 말하자면 하나님께서 인간을 하나님의 형상 안에서(bidemut) 만드셨으며, 그 다음에서 5:3에서 아담이 셋을 "형상 안에서 모양에 따라"(bidemuto kezalmo) 낳았다고 말한다. 우리가 이 둘째 구절의 특별한 문제는 아직 열린 채로 둔다고 해도, 5:1의 bidemut로부터는 어쨌든 다음의 결과가 나온다: demut가 1:26-27에서와는 달리 또한 '원본'(Vorbild)으로 생각될 수 있으며, 그 원본 **안에서**(in) 뒤따른 상의 형태에 대한 결정이 내려진다. 혹시 우리는 여기서 demut의 직접적 의미를 생각해야만 하며, 그래서 하나님의 자기 자신에 대한 앎 안에 또한 하나님 자신이 최고의 능력 안에서 원본이 되는 뒤따른 상(Nachbild)이 있다고 생각해야 하는가? 이 뒤따른 상에 대해서 의심의 여지없이 다음이 말해져야 한다: 인간은 그 상에 상응하여 [그러므로 야콥에 따르면 그러한 신적인 뒤따른 상을 뒤따르는 상의 형성 안에서] 창조되었다. 그러므로 zelem과 demut 사이의 그리고 be와 ke 사이의 배타적인 대립은 1:26-27 안에서는 있을 수 없다. 어떻든 저곳에서의 demut는 zelem의 상세 규정이며, ke도 또한 be에 대하여 그러하다. 그러므로 다음이 사실일 가능성이 대단히 높다: 우리는 5:1의 bidemut에서 어떤 단축에 관계하고 있으며, 그 단축 안에서 bezelem은 [이것은 또한 9:6에서도 다시 등장한다.] 암묵적으로 함께 포함되어 있다. 확실한 것은 bedemut Elohim이 또한 5:1에서도 "하나님의 형상 안에서"(im Bilde Gottes)라고 번역되어 있으며, 또 우리의 1:26-27의 번역도 이것으로부터는 [여기서 가능한 다른 모든 번역들처럼!] 문제가 있을 수는 있지만, 그러나 불가능하다고는 말해질 수 없다는 것이다.

이제 그 원형(Urbild, 모양; 이것 **안에서** 인간은 창조되었다.) 그리고 그 원본(Vorbild, 형상; 이것에 **따라서** 인간은 창조되었다.)은 무엇인가? 우리의 앞에서의 숙고에 따르면 그것은 하나님 자신 안에 있는 나와 너의 관계 및 구분이다. 하나님 자신 안의 그 관계 및 구분에 상응하여 인간은 하나님에 의하여 창조되었다: 하나님에 의하여 말 건넴을 받는 너로서, 그러나 또한 하나님께 책임을 지는 나로서, 남자와 여자의 관계 안에서 창조되었으며, 그 관계 안에서 인간은 다른 인간의 너이며, 바로 그렇게 해서 및 바로 그러한 권리에 대한 책임 안에서 스스로 나이다.

인간의 하나님 형상성에 관하여 **그 밖의 구약성서** 안에서는 직접적으로는 적게 말해진다. 우리가 다시 한 번 '땅의 통치'의 문제로 되돌아간다면, 시편 8:6f.가 아직 논의될 수 있다. 창세기 5:1은 첫 사람 아담으로부터 노아에 이르기까지 펼쳐지는 가계도의 정점에 놓이는, 창세기 1:27의 창조의 사실성의 단순한 반복이다. 창세기 9:5에서 살인 금지명령은 하나님께서 인간을 자기 형상대로 만드셨으며, 또 인간의 생명에 대한 저주권도—동물들의 생명에 대한 처분과는 구분되면서, 즉 타락 사건을 지나서—배타적으로 하나님 자신의 일로 설명하신다는 사실에 근거한다. 살인자에 손을 댈 수 있는 것은 인간에게 내재한, 인간의 하나님과의 유사성의 어떤 가치가 아니다.—또한 여기서도 인간의 신적 창조에 대한 문장이 단순하게 반복되며, 예를 들어 인간의 어떤 본질적 술어에 대해서는 말해지지 않는다; 오히려 그렇게 손댈 수 있는 것은 하나님의 존엄성이다; 말하자면 인간의 창조 안에 있는 그분의 의도 및 행동의 존엄성이, 한 인간이 다른 인간의 생명을 빼앗는다는 사실을 통하여 손상을 입는다. 우리는 그러나 아담을 통한 셋의 출생의 설명에 있어서, 창세기 5:3의 bidemut와 kezalmo(자기 모양 안에서, 자기 형상에 따라)의 설명에 있어서는 조심해야 한다. 아담이 셋을 하나님의 형상 "안에서 및 그것에 따라" 낳았다고는 본문은 말하지 않으며, 오히려 아담은 셋을—이것은 어떤 다른 것이다.—자기의, 아담의 고유한 형상"에 따라 및 그것 안에서" 낳았다고 말해진다. 또한 다음도: 하나님께서는 인간은 1절에 따르면 남자와 여자로 창조하시지만, 그러나 아담은 3절에 따르면 다만 한 아들만 낳는다는 것이 여기서 구분하는 데 중요하다. 이제 창세기 1:26과의 관계에서 등장하는 양쪽 명사의 순서와 양쪽 전치사와의 결합의 역전도, 만일 그것이 순수한 우연이 아니라면, 최소한 다음 사실의 지시일 것이다: 본문은 이 과정을 창세기 1장의 과정과 단순히 동일한 선상에서 바라보지 않았다. 그러므로 이제 하나님의 창조는 아담의 생산 안에서 어떤 연장이나 계속됨을 발견하는 것이 결코 아니며, 오히려 우리가 여기서 창세기 1장을 되돌아본다면, 그때 우리는 그곳에서 하나님의 형상에 대하여 말해지는 것에 주목하게 되는 것이 아니라, 오히려 인간의 축복에 대하여 말해지는 것을 주목하게 된다; 그것은 5:2에서도 명확하게 기억된다: "생육하고 번성하라!" 인간은 식물과 마찬가지로 그리고 동물과 동일한 자발적 방식으로써 자신과 동일한 다른 개체들 안으로 자기 자신을 증식하는 능력을 가지고 있다. 인간이 그 능력을 타락 사건을 통해서도 상실하지 않았다는 것, 그래서 저 축복이, 인간에게 증식을 허용하고 약속하는 축복이, 소멸되지 않았다는 것, 우선 이것이 P 문서에 따르면 창세기 5장의 족보는, 그리고 여기서는 우선 아담을 통한 셋의 탄생이 증거했다. "인간이 하나님의 형상성의 재현을 성적인 결합의 육체적 결과 안에서, 그래서 명백하게도 육체적인 의미 안에서 상상했다."라거나, 이 구절이 "인간의 하나님 형상성에 대한 증거의 신학적 실제성을 모든 세대들에게 보증했다."(G. v. Rad, ThWB z. NT II 389)는 5:3에 대한 너무도 성급하게 축소된 진술이다. 아담을 통한 셋의 탄생과 함께 그리고 그 다음에 계속되는 종족의 육체적 결과 안에서, 즉 신체적으로 "재현"될 수 있다는 것, 이것은 우선 다만 인간 종족 그 자체의 실존일 뿐이다. 아담이—그가 동물과 함께 받은 그 축복에 상응하여—자신을 다른 개체 안에서 자신과 동일한 것으로 모사할 수 있다는 사실이 확증되고, 반복된다. 아담은 아버지가 될 수 있고 아들을 가질 수 있으며, 그에게 자신과는 다른 이름을 부여할 수도 있다. 이것은 그 자체로서도 큰 일이다: 그것으로 보증되는 것은 단순한 인간 종족의 역사의 가능성 그 이상이다. 저 신적 축복에 근거하여 그 가능성의 보증은 현실적으로 인간의 자유로운 결단 및 행위에 위임된다. 그러나 바로 그렇게 하여 또한 동물의 세계의 자연사의 가능성도 마찬가지로 보장된다. 인간 종족의 역사의 특수성은 그러나, 그 종족이 또한 성적인 증식을 통하여 계속 또 계속해서 스스로를 갱신하고 유지할 수 있다는 사실 안에서는, 아직 주어지지 않았고, 실현되지도 않았다. 모든 다른 피조물의 역사에 대하여 인간의 역사가 한 특수한 역사인 것은, 그 역사가 인간과 하나님 사이의 연합 및 교류의 역사라는 사실을 통해서이다. 그 역사 그 자체의 가능성 및 연속성은 아담이 셋 안에서 자기 자신을 모사할 수 있다는 것, 또 인간이 아버지가 되고 아들을 가질 수 있다는 것을 통해서는 보증되지 않는다. 아들에게 이제 그가 한 생명체일 뿐만 아니라, 또한 그 역사의 주제 및 전달자가 될 수 있도록 매개하는 것은 인간적 아버지가 아니다. 또 그렇게 될 수 있는 것은 인간이 인간으로서의 자신의 실존의 능력에 의해서도 아니며, 오직 하나님께서 인간을 그분의 고유하신 형상 안에서 및 그 형상에 따라 창조하셨다는 사실에 의해서이다. 인간적 실존의 특수한 성격, 즉 그것에 힘입어 인간이 하나님께 대하여 행동할 수 있게 되는 그 성격을, 하나님에 의하여 말 건넴을 받는 너로서 그리고 하나님께 책임을 지는 나로서의 인간의 성격을, 그리고 인간과 인간의, 남자와 여자의 공동존재 안에서의 나와 너로서의 성격을—이 모든 것을, 즉 인간의 하나님 형상성을 아버지는 아들에게 계속 전할 수 없으며, 그가 그 아들의 육체적 생명의 근원이라는 사실을 통하여도, 그에게 전달할 수가 없다. 인간적 아버지는 창조자 하나님께서 동일한 방식으로 그 새로운 피조물을, 자신이 아버지로서 생명을 매개했던 그 아들을 인정해 주시기를, 또한 그에 의하여 탄생한 아들도 그 자신과 마찬가지로 하나님에 의하여 하나님의 형상 안에서 및 그 형상에 따라 창조되었기를, 희망할 수는 있다. 그러나 그 희망의 실현은 인간적 아버지의 결단 및 행위에 위임되어 있지 않다. 어떻게 그가 자신에게 전혀 속하지도 않은 것을 아들에게 전달할 수 있겠는가?: 그것은 오직 하나님께서 그를 창조하셨을 때 모든 피조물의 한가운데에서 바로 그를 긍휼히 여기심으로써 그에게 그러한 특수한 방식으로 인정하셨던 것이다. 창세기 5:1에서 반복된 이러한 증거의 실제성은 그와 같이 하여 뒤따르는 세대가 어쨌든 존재한다는 사실을 통해서 모든 세대에게 보장되지는 않는다. 하나님께서 동일한 방식으로써 아담을 및 셋을 인정하신다면, 또한 셋도 하나님의 너 및 하나님께 대한 나가 될 수 있다면, 그리고 이 관계가 셋과 그와 동일한 자 사이에서 반복된다면, 그도 여자 안에서 [창 5:3 및 뒤따르는 족보 전체가 다른 모든 성서적 족보들과 마찬가지로 대단히 특징적이게도 여자에 대해서는 언급하지 않는다.] 자신과 동일한 자를 발견하게 된다면—그때 그는 그 모든 것을 그의 아버지로부터의 유산에 대해 감사해야 하는 것이 아니라, 오히려 그것은 희망의, 즉 오직 하나님 자신의 직접적 결정 및 행위 안에서만 사건으로 발생할 수 있는 희망의 실현이다. 우리는 다음을 말할 수 있고, 또 말해야 한다: 그 희망이 인간적 생산과 탄생에, 혈통의, 육체적 세대의 연속의, 족보의 전체 맥락에 **관계된다**. 우리는 이 족보를, 성서 안에서 그렇게도 중요한 역할을 담당하는 족보를, 말하자면 저 **장소**(저 신적 결정 및 행위가 각각 그때그때마다 발생하는 장소)의 진술로, 또 하나님의 인내의 표징으로 평가하여야 한다; 그 인내 안에서 하나님께서는 또한 인간 종족에 대한 축복을 참으로 만드시며, 또 그 인내를 통하여 인간 종족의 역사를 [다른 자연사들의 한가운데 있는 한 자연사로서의 역사를] 가능하게 만드신다. 그러나 우리는, 혈통, 육체적 종족 계승, 족보 등이 그 자체로서 인간의 하나님 형상의 연속성을 자체 안에 포함한다고 말할 수는 없다. 하나님 형상의 어떤 존재의 족보란 존재하지 않는다; 오히려 인간의 족보는 한 세대에서 다음 세대로 건너가면서 인간의 하나님 형상성을 목표로 한다. 하나님 형상성은 승낙(Zusage)이며, 약속이다: 이것으로써 하나님께서는 육체적인 종족 계승 그 자체를 동반하시며, 그 계승에게 의미를, 또 그 계승을 가능하게 하는 하나님 자신의 인내에게도 의미를, 부여하신다. 하나님 형상성 그리고 아담의 형상성 사이의 구분은 창세기 5:3의 단어들 및 맥락들 안에서 충분히 명확하다.

이것이 이제 우리가 인간의 하나님 형상성에 대한 구약성서의 직접적 진술들로 취할 수 있는 전부이다. 우리는 특별히 하나님 형상성이 타락 사건을 통하여, 그것이 부분적이든지 혹은 전체적이든지, 형식적이든지 혹은 질료적이든지와는 상관없이, **상실되었다**는 것을 구약성서로부터는 읽어낼 수 **없다**. 타락을 통한 imago Dei(하나님 형상)의 상실이라는 종교개혁적 주제는 개념적으로 및 필연적으로 "형상"을 "영혼의 올바른 상태"(rectitudo animae)로서, 어떤 무죄함의 상태(status integritatis)로 이해하는 배경으로 소급된다; 인간은 원래 이 상태를 소유하였으나, 그의 죄책 및 그것의 결과와 징벌에 의하여 즉시 상실하였다고 한다. "형상"(imago)에 대한 바로 이러한 이해는 그러나 창세기 1장 안에서는 어떤 근거도 갖지 않는다.—성서적 사가는, 창세기 1장도 또 창세기 2장도, 그러한 어떤 근원적인 '이상 인간'에 대하여 말하지 않는다.—그래서 우리는 이제 그러한 이상적 상태의 지양에 관하여, 하나님의 형상에 대한 어떤 부분적인 혹은 전적인 파괴에 대하여 그 밖의 구약성서에서도, 또한 신약성서에서도 발견할 수 없다는 것에 대해서 놀랄 필요가 없다. 인간이 소유하지 않은 것을 인간이 부패시킬 수 없으며, 그래서 또한 상실할 수도 없다. 그러나 다른 한편으로 인간의 창조에 있어서의 하나님의 의도 그리고 그것과 함께 수립된 약속과 승낙은 그럼에도 불구하고 상실되지 않았으며, 어떤 총체적인 혹은 부분적인 파괴에도 굴복하지 않았다. 상실 및 굴복되지 않았다는 것, 그것을 다음 사실이 제시한다: 하나님의 인간과의 연합 및 교류의 역사는 타락 사건(이 사건 안에서 그 관계 안에서의 인간의 거부가 사건으로 발생한다.)에 의해서도 중단되지 않으며, 오히려 정확하게 말하여 시작한다; 그 타락 사건 안에서도 더 나아가—비록 인간의 편에서는 하나님의 의도의 완전한 역전 안에서 수치와 심판에 이르게 되지만—하나님께서 인간에 대한 자신의 의도를 다음으로써 인정하신다는 사실이 예시된다: 하나님께서는 너로서의 인간에게 말을 건네시며, 또 나로서 책임을 지도록 만드시며, 또한 인간들도 서로에게, 너와 나로서, 남자와 여자로서, 서로 함께 서고 넘어지도록 하셨다. 저 양쪽의 창조의 사가들이 인간에게 귀속시키는 하나님의 형상성은, 즉 창조자의 자유로운, 은혜의 의지는 (이것에 의하여 그들은 하나님께서 자신과 동등한 존재와 관계하시듯이 관계하시는 그런 존재일 수 있다.) 그 사가에 의하면 타락의 사건에 의해서도 그들로부터 상실되지 않았다. 그 밖의 구약성서에 의해서도 그러하다. 오히려 구약성서 전체는 다음과 같이 고려한다: 인간에 대한 창조자의 그러한 자유로운 은혜의 의지는 계속 또 계속해서 성취되어간다: 어떤 자연적인 강제적 진행 안에서가 아니라, 또 단순히 종족 계승 안에서가 아니라, 오히려 저 신적인 결정들 및 행위들 안에서 성취되어간다; 이 결정과 행위는 언제나 또 다시 희망이며, 종족의 계승을 동반한다.

    이러한 **간접적** 방식 안에서 이제 물론 구약성서 전체는 창조 사가들의 저 증거의 확증이다. 구약성서는 중단되지 않은 유일한 연속 안에서 다음을 말한다: 하나님께서는 세대의 연속에 속박되심 없이 그분의 자유로운 선택 안에서 (이것이 이미 창세기 5장의 족보 안에서 볼 수 있듯이) 한 특정한 세대 계승을 그분의 특별한 결정들 및 행위들로써 동반하신다; 이것들은 그러한 특정한 장소에서, 그러한 특정한 역사 안에서 인간적 종족 전체의 하나님의 형상성이—인간의 즉시 드러나게 되었던 죄성 안에서 및 그 죄성에도 불구하고!—언제나 또 다시 희망으로 스스로를 갱신해 왔다. 그 밖의 구약성서가 계약사의 이러한 사실성에 대하여 말할 때, 그것은 창조사가들 안에서 그 사실성의 원칙적 가능화에 대하여 말해진 것과 일치한다. 저 증거의 간접적 확증의 노선에는 그 다음에 또한 구약성서적 **형상 금지명령**이 속한다. 이 금지명령의 동기는 다양하다고 해도, 그럼에도 불구하고 다음이 작용했다는 사실이 수용되어야 한다: 하나님의 형상을 만드는 것(abzubilden)은 불합리한 시도이다; 왜냐하면 하나님의 형상의 창조는 그분의 고유한 사역의 시작이며, 그것도 그분의 모든 창조사역들 중에서 최고의 것이었기 때문만이 아니라, 또한 그 사역의 반복 및 확증은 모든 시대에도 하나님의 고유한 사역으로 남으며, 그 자체가 원칙적으로 인간적 사역이 될 수 없기 때문이다. 하나님의 형상 그리고 또한 인간의 하나님 형상은 이스라엘 안에서의 하나님의 행하심 안에서, 즉 이스라엘 역사 안에서 볼 수 있게 되며, 그러나 바로 여기서 명백하게도 오직 그 역사의 모든 사건들을 동반하는 및 전달하는 희망으로, 그 희망이 그것의 모든 단계들 안에서 마주 향해 달려가는 목적으로 볼 수 있게 되며, 그래서 또한 여기서도 인간적으로 고정될 수 있는, 개별적 및 구체적인 형태를 갖는 어떤 '뒤따른 상'(Nachbild)의 대상으로는 생각될 수가 없다. "내가 깨어날 때, **당신의** 형상에는 충분히 만족하게 될 것입니다."—구약성서의 의인은 이렇게 생각하고 말한다.(시 17:15) 우리는 창세기 1장으로부터 다음을 이해한다: 근원적으로는 인간의 형상도 하나님의 형상 못지않게, 즉 인간의 형상도 하나님의 형상과 마찬가지로 저 금지명령 안에 세워졌다; 사람들은 후기 유대교 안에서, 또한 여기서도 다만 때때로 및 부분적 장소에서만 회당들을 성서적 역사의 표현들로써 장식하기 시작했다: 또 사람들은 그 점에서도 여전히 유대교적으로 머물렀다; 즉 사람들은 증명될 수 있는 것처럼(비교. G. Kittel, ThWB z. NT II 380f.) 동시대의 헬레니즘의 종교적 예술과는 구분되면서 인간(하나님께서 그에게 및 그와 함께 행동하신 인간; 예를 들어 하나님에 의하여 사로잡힌 에스겔, 불붙은 가시덤불 곁의 모세, 하나님께서 보호하시는 이스라엘인과 격퇴하시는 애굽인 등)을 표현하였으며, 그래서 예를 들어 역사적 영웅 혹은 현재하는 존경받는 경건한 자를 표현하지 않았으며, 짧게 말하여 인간 그 자체를 표현하지 않았다. 만일 하나님의 형상의 사태 관계가 그러하다면, 그래서 관계의 유비(analogia relationis)가 하나님의 사역 및 선사이기를 결코 그치지 않으며, 결코 인간적 소유가 될 수 없다면, 만일 하나님의 형상이 이스라엘의 역사를 동반하는, 그것을 계속해서 앞서나가는 희망이라면, 그때 우리는 형상 금지명령을, 더 나아가 사람들이 그 금지명령을 존경하려고 시도했던 특성도 이해하게 된다; 비록 사람들이 후대에 부분적으로는 그 금지명령을 위반했다고 해도 그러하다.

이러한 내용으로부터 이제 "하나님의 형상" 개념의 **신약성서적** 사용에 대한 그리고 그 개념의 창세기 1장과의 관계에 대한 몇 가지 약술이 가능해지고 또 필연적이 된다. 마지막에 말했던 것에 연결되면서 우선 다음이 확정된다: 또한 신약성서 안에서 볼 수 있는 최초의 공동체도 어떤 형상들도 알지 못했다: 하나님의 형상도, 예수의 형상도, 사도들의 형상도, 또 복음서적 역사의 사건들에 대한 형상도 알지 못했다. "미트라(Mithras)의 제의 형상은 미트라 종교에 확고하게 속했다. 세라피스(Serapis)의 형상은 그 종교의 생성과 함께 만들어졌다; 황제의 입상 없는 황제 제의란 없다. 그리스도인들의 종교에 있어서는 그와는 반대로 어떤 예배 대상의 형상에 관계되지 않았으며, 그 형상으로 서술되는 거룩한 신화에 관계되지 않았으며, 오직 들을 수 있는 **말씀**에만 관계되었다."(G. Kittel, 위의 곳, 384) 2세기 및 3세기가 되어서야 비로소 여기서도 한 변화가 일어났다. 이스라엘과는 반대로 여기서는 근원적으로 모든 형상의 **결여**가 너무도 **자명해서**, 형상 **금지명령**에 대해서도 신약성서 안에서는 **어떤 흔적도 남아 있지 않다.** 저 변화와의 논쟁 안에서 비로소 또한 교회 안에서도 형상 금지명령들과 형상 논쟁들이 있게 되었다. 신약성서적 공동체 안에서 사람들은 모든 손으로 만든 신상 혹은 인간상들이 제공할 수 있었던 것보다 훨씬 더 나은 것을 가졌던 것으로 보이며, 틀림없이 그것과의 놀라운 직접성 안에서 거주했던 것으로 보인다.

결정적인 것은 여기서(비교. Kittel, 위의 곳, 393) 다음의 언어적 사실성이다: εἰχών(형상)이 신약성서 안에서는 구약성서에서의 zelem과 demut의 이중성과는 달리 — 그러나 명백하게도 그것의 번역에 대한 중요한 의미를 가지면서! — 철두철미 원형(Urbild)을, 각인된, 그것의 본질 안의 상 안에서 볼 수 있는 형태 자체를, 지칭한다. '상'(Bild)이란 다만 하나의 상에 불과하며, 그것의 대상의 어떤 이차적인, 그래서 아마도 희미해진, 왜곡된 형태일 수 있다는 것은 여기서는 문제시되지 않는다. 오히려 바로 '상' 안에서 대상 자체가 등장한다. 가장 강력한 플라톤주의가 여기서 단번에 [마치 불가피한 것으로 보이는, 또 이 문제에 있어서는 적합한] 표현의 수단이 될 수 있다; 히브리서 10:1에서 다음을 말할 때 그러하다: "율법은 장차 올 것들의 그림자일 뿐이요, 사물의 형상 그 자체가 아니다.(οὐχ αὐτήν τήν εἰκόνα τῶν πραγμάτων); 다시 말하여: 율법은 우리에게 상 안에서 현재하는 사물들 그 자체를 소유하지 못한다. 상 안에 있는 사물들 그 자체! 그리고 여기서 εἰκών(형상)은 σκιά(그림자)보다 철두철미 위위에 있는 것처럼, 마찬가지로 로마서 1:23에서는 ὁμοίωμα(유사한 것) 이상이다. 그곳에서 언급되는 썩어 없어질 사람의, 새들의, 네 발 짐승의, 기어 다니는 동물의 εἰκών은 ὁμοίωμα 안에서, 다시 말하여 우상들의 형상 안에서 이방인들이 찍어낸 형상의 현실성이다; 이것은 히브리서 10:1에서 미래의 좋은 것들의 εἰκών이 율법 안에 그림자로서 은폐된 것과 마찬가지이다. 우리는 또한 요한계시록 13:1f.에 따르면 바다로부터 올라오는 짐승 그리고 14:9, 11, 20:4에 따르면 그 짐승의 εἰκών(13:14f.)이 어떻게 타락한 자들에 의하여 공동으로 경배되며, 15:2에 따르면 또한 그것들은 함께 정복되며, 또 그 밖에도(16:2, 10:2) 언제나 함께 언급되는지를, 주목해야 한다. 우리는 마가복음 12:16 및 병행구절에서의 로마 동전 위의 εἰκών Καίσαρος(가이사의 형상)가, 황제 자신이 그 초상을 지니는 동전 안에 및 그 동전과 함께 전적인 권력 안에서 등장한다는 이유에서, 가이사의 것은 가이사에게 바쳐야 한다는 증거인 것이 아닌지 질문해 볼 수도 있다.

이제 바울이 예수 그리스도를 εἰκών τοῦ θεοῦ(하나님의 형상; 고후 4:4)이라고, 혹은 εἰκών τοῦ θεοῦ ἀοράτου(보이지 않는 하나님의 형상; 골 1:15)이라고 지칭했을 때도 마찬가지로 현실적으로(realistisch) 이해되어야 한다. 더 나아가: 바울과 그리스도인들이 일반적으로 여기서, **예수 그리스도** 안에서, εἰκών을 그렇게 현실적인 것으로 보고 생각했기 때문에, 그들은 또한 다른 관점에서도 그렇게 현실적으로 이해할 수밖에 없었다. 그리고 그들은 형상 안에서 사물 자체를 소유함으로써, 그들의 이교적 주변 세계와 달리 어떤 다른 상들을 필요로 하지 않았으며, 이스라엘과 달리 어떤 형상 금지 명령도 필요로 하지 않았다. 예수 그리스도께서 형상들을—하나님의 형상 및 사람의 형상을—만드신다; **그래서** 형상 금지명령은 불필요하다. 사람들이 스스로 형상을 만드는 곳에서, 그러나 또한 사람들이 그러한 형상 제작을 금지해야 하는 곳에서, 그곳에서 사람들은—모든 반대에도 불구하고 명확하게—자신들이 제작한 형상들을 전적으로 신뢰하지는 못하며, 그 사물 자체를 등장시켜야 한다는 필요성을 거부할 수 없으며, 그 욕구를 최소한 억압해야만 한다는 사실을 증거하지 않을 수 없다. 예수 그리스도께서 그러한 결핍을 해소하신다. 그분을 본 자는 아버지를 보았다.(요 14:9, 비교. 12:45) 보이지 않는 하나님 자신이 그분 안에서 볼 수 있게 되셨다. 한 특정한 형상이 그분 안에서 등장하였으며, 그 형상에 직면해서는 원본(원형)에 대한 질문이 철두철미 및 남김없이 대답되어졌다. 창세기 1:26f.와의 관계는 이미 저 단순한 비교를 표현하는 구절들 안에서 오인될 수가 없다: πρωτότοκος πάσης κτίσεως(모든 피조물 중 처음 나신 자)는 골로새서 1:15에서 εἰκών τοῦ θεοῦ ἀοράτου(보이지 않는 하나님의 형상)에 직접적으로 연결되는 술어이다.

그러나 이제 창세기 1:26f.로부터 그리고 구약성서 전체로부터 볼 때 어떤 도약이 여기서 감행되는지를 생각해야 한다. 창조 사가가 아담에 대하여 그가 하나님의 형상이었다거나 혹은 어떻게 해서든 그 형상을 소유하였다고 말하지 않으려고 주의하였던 것처럼, 그곳에서 하나님의 형상은 전적으로 (파악될 수 없는 긍휼 안에서) 인간을 처분하시는 **하나님**의 일인 것처럼, 마찬가지로 그 밖의 구약성서 전체도, 바로 그 구절을 뒤돌아볼 때에도, 그 구절의 표현들의 정점에서도, 그 형상의 어떤 형태에 직면해서도, 여기서 하나님의 형상이 인간 안에서 혹은 인간적 사건 안에서 볼 수 있게 되었다는 등식을 감행하지는 않았다. 구약성서적 영역 안에서 사람들은 하나님의 형상을 **희망**하며, 그렇기 때문에 그 형상을 볼 수는 없으며, 그렇기 때문에 직접적 동일화를 감행하지 못한다. 플라톤(Plato)이 우주가 지성적인 하나님의 보이는 형상이라고 말했을 때의 대담함, 플루타르크(Plutarch)가 태양 안에서 하나님의 형상을 발견하려고 했던 것, 헬라주의적 애굽인들 사이에서, 통치자가 스스로를 신의 현현으로, 즉 볼 수 있게 된 신성으로 경외되는 것이 통치자의 양식에 속하였다는 것 ─ 이 모든 것은 이스라엘의 및 정경에 어느 정도 충실하였던 전통적 유대교의 영역 안에서는 창세기 1:26f.에 의하여 배제된 가능성들이다. 랍비들이 하나님의 형상을 언급했을 때, 그들은 그 개념을 ─ 우리는 여기서 이 문제 자체의 구약성서적 의미를 멀리서 인식한다. ─ 일종의 도덕적 이상의 개념으로 사용하였다: 각각의 사람은 율법에 대한 충실 및 불성실에 따라, 각각의 도덕적인 및 비도덕적인 삶의 경로에 따라, 그 형상을 보유하거나 상실한다는 것이다. 하나님의 형상적으로 존재한다는 것은 품위 있음을 뜻한다.(비교. Kittel, 위의 곳, 392) 이와는 반대로 필로(Philo)는, 그가 그리스도교적 교부들의 선구자로서 하나님의 형상을 일곱의 숫자 안에서, 단자(Monas) 안에서, 천상의 지혜(Sophia) 혹은 이성(Nus) 안에서, 로고스 안에서, 그리고 마지막 및 최종적으로 이성의 모사로서의 인간적 영혼 안에서 발견하였을 때, 구약성서적 사고를 완전히 포기한 셈이 되었다.

 바울이 이제 다음의 등식을 감행했을 때, 그것은 저쪽의 이교적인 그리고 이쪽의 진정한 및 진정하지 못한 유대교적인 구상개념들에 대하여 다시 한 번 들어보지 못한 및 원칙적인 갱신이었다: 이스라엘의 메시아이시며 하나님의 아들이신 인간 예수께서 하나님의 형상**이시다.**(ist) 예루살렘에서 십자가에 못 박히셨던 및 죽으셨던 인간이 메시아이시며, 하나님의 아들이시며, 하나님의 형상이시다: 앞의 두 서술단어보다 마지막 것은 조금도 덜 하지 않으며, 조금이라도 덜 낯선 것이 아니다. 이것은 또한 구약성서에 대해서도, 또한 창세기 1:26에 대해서도 갱신(Neuerung)인가? 우리는 이렇게 말할 수는 있다: 바울적인 등식의 구약성서에 대한 간격은 형식적으로 저 이교적 및 후기 유대교적 교리들 및 진술양식들에 대한 간격보다 더 크다; 그것들 모두에게는 바울이 말했던 것과 같은 특정성 및 구체성이 속해 있지 않다. 혹은 여기서 더 큰 형식적 간격이 가장 큰 내용적 **일치를** 드러내는가? 우리는 여기서도 다만 다음과 같이 말할 수 있을 뿐이다: 만일 구약성서의 희망이 공허한 것이 아니었다면, 만일 구약성서의 계약사가 최고로 특정한 및 구체적인 목표를 실제로 가지고 있었다면, 만일 예수 그리스도께서 이스라엘의 메시아, 하나님의 아들 및 이스라엘의 고유한 실존의 성취이시며, 이스라엘의 길 전체의 의미 및 목적이시라면, 그래서 창세기 1:26f.의 수수께끼에 대한 사실상의 대답이셨다면, 그렇다면 바울은 구약성서에 대하여 어떤 갱신을 대변한 것이 아니라, 오히려 그것의 성취를 지시하였을 뿐이다. 사실이 그러한가라는 결정은 주석의 질문이 아니다. 이 질문은 그 당시에도 그러했듯이, 또한 모든 시대에 있어서 오직 신앙과 불신앙의 형식 안에서, 오직 선포로 혹은 부정으로 대답될 수 있을 뿐이다.

 우리가 바울과 함께 그 질문이 긍정적으로 대답되어야 한다고 인정한다면, 그때 창세기 1:26f.의 해석에는 바울과 함께 다음이 추가되어야 한다: 하나님의 형상성이 철두철미 인간에 대한 신적 처분

권의 일이며, 신적 약속 및 승낙의 일이기는 했지만, 그러나 그렇다고 해서 그 일이 인간의 소유 안으로 건너가지 않은 것은 아니며, 인간적 현실성이 되지 않은 것은 아니었다. 만일 우리가 예수 그리스도 안에서 발생한 구약성서의 성취를 간과한다면, 창세기 1:26f.는 그렇게 ("건너가지 않았다고, 인간적 현실적이 되지 않았다고) 표현된 셈이 된다. 우리가 구약성서를 예수 그리스도와 함께 바라본다면—이것이 계시이며 발견이며, 신약성서적 공동체 전체와 함께 그것을 가장 잘 알고 있었던 대변자인 바울이 그것, 즉 구약성서를 예수 그리스도와 함께 바라보아야 한다는 것으로부터 유래했다.—그 때 언어적으로는 틀림 ad imaginem(형상을 향하여)라는 불가타의 번역도 중심 내용적으로는 올바르다는 것이 예증된다. 왜냐하면 아담의 창조와 함께 하나님께서는 인간을 하나님의 원형 및 원본(Urbild, Vorbild)으로서만이 아니라, 오히려 [그것 "안에서 및 따라서"의 성취 안에서] 그분의 각인된 상 및 뒤따른 상(Abbild, Nachbild)으로서 창조하셨기 때문이다. 고린도전서 11:7에 따르면 참으로 εἰκών καί δόξα θεοῦ(하나님의 형상 및 영광)이신 한 인간이 존재하며, 그분으로부터 그것이 모든 각각의 인간에게 말해질 수 있다. 그리고 바로 그 인간의 곁에 한 여자가 또한 존재하며, 그녀는 그 남편의 δόξα(영광)이며, 이것은 그 남편이 [그녀의 머리로서, 즉 바로 그녀와 함께!] 하나님의 δόξα인 것과 마찬가지이며, 또 그녀로부터, 더 나아가 그녀의 남편으로부터, 모든 각각의 여자에 대하여 동일한 것이 말해질 수 있다. 바로 이 남자가 바로 그 여자와 함께 인간이며, 하나님의 형상이다: 하나님의 형상에 암시되는 것이, 멀리 내다보는 것에, 아담과 셋 및 모든 뒤따르는 족보의 지체들과 같이 육체적 가능성만 근거하는 것에 그치지 않는다. **바로 그 남자가 [바로 그 여자와 함께]** (바울은 고전 15:45에서 이렇게 말한다.) "마지막 아담"이며, 그리고 47절에서: "하늘로부터의 둘째 아담"이다; 다시 말하여 그분 때문에, 그분을 바라보면서, 최종적으로 그분을 향하여, 바로 그렇기 때문에 또한: 그분 안에서 및 그분에 따라서 하나님께서는 첫 인간을 창조하셨다. 아담은 [그의 아내와 함께] 다만 "살아 있는 존재"로 창조되었으며, 이제 그러한 존재로서 육체적 세대 계승의 첫 지체가 되며, 그 마지막 지체는 바로 이 남자가 [바로 그 여자와 함께] 되어야 한다. 아담은 "땅의(이 세상의) 사람"이며, 이제 하나님에 의하여 그렇게 창조되었기 때문에, "하늘로부터의 사람"의 약속, 보증, 전제를 수용해야 한다. 그분은 하나님의 처분, 승낙 및 약속에 따라 오실 분이다. 아담은 로마서 5:13에 따르면 죄악의 인류의 첫 사람 및 원형으로서 "오실 자의 표상"(τύπος τοῦ μέλλοντος)이다; 그 오실 분은 [그의 여자와 함께하는] 그 남자이며, 동일한 죄악의 인류를 향하시는 은혜의 수여의 첫 사람 및 원형이시다. 그와 같이 아담 자신은 [그의 아내와 함께] 이미: 첫 사람으로서 그러한 마지막 사람이며, 이 세상 사람으로서 그러한 하늘의 사람이며, 죄인으로서 그러한 의인이다. 그와 같이 "우리가 우리의 모양대로(안에서), 우리의 형상에 따라 인간을 만들자!"는 이미 아담에 대해서도 전혀 허무한 말이 아니었다. 그와 같이 이미 아담도 어떤 공허한 희망 안에서 살지 않으며: 아담도, 그의 아들 셋도, 셋에 뒤따르는 모든 사람들도 그렇게 살지 않는다. 최종적으로 성취된 희망은 결코 공허한 희망이 아니다; 그 희망은 아직 그것의 성취의 증인들이 아닌 자들을 공허하게 버려둘 수 없었다. 그와 같이 거꾸로 그 약속의 성취이신 바로 그 마지막 사람도 이미, 다만 약속이었던 저 첫 사람이었으며, 그도 참으로 (바울이 골 1:15에서 이미 명시적으로 말했던 것처럼) πρωτότοκος πασης κτίσεως(모든 피조물보다 먼저 나신 분)이었다. 그와 같이 이 하늘의 사람은 또한 저 이 세상의 사람이었으며, 저 의인은 또한 이 죄인이었다. 그와 같이 아담은 이미 예수 그리스도였고, 그와 같이 예수 그리스도는 이미 아담이었다.

예언과 성취의 관계 안에서 (이 관계 안에서 바울은 구약성서를 예수 그리스도와 함께 바라본다.) ― 그곳에서 자명한 모든 차이점들에도 불구하고 ― 이러한 동일화가 유효하다. 그와 같이 바울은 인간 예수를 하나님의 현실적인 형상으로, 바로 그렇게 함으로써 또한 하나님에 의하여 창조된 한 특정한 현실적 인간으로, 여겼다. 그와 같이 형상들 및 형상 금지명령은 여기서 서로 함께 불필요해졌다; 왜냐하면 양자에 대한 필요성은 여기서 소멸되었기 때문이며, 의인은 이제 깨어났으며, 그래서 하나님의 형상에 만족했기 때문(*시 17:15)이다.

우리가 이것을 이해하려고 한다면, 그때 우리는 물론 다음을 지나칠 수가 없다: 바울은 고린도전서 11:7에 따르면 하나님의 εἰχών καί δόξα(형상 및 영광)인 남자의 곁에 사실상 줄곧 [말하자면 그것이 직접적으로 보이지 않는 구절들에서도 틀림없이] **자신의 여자와 함께하는** 남자를 생각했으며, 그래서 어떤 고립된 인물로서의 예수가 아니라, 오히려 **이스라엘의** 그리스도이신, **그분의 공동체의** 머리이신 예수를 생각하였다. 우리가 창세기 1:26f.를 [창 2장은 말할 필요도 없으면서!] 열린 눈으로 읽었다면, 그때 그것은 전혀 놀라움이 될 수 없다. 바울은 바로 그곳에서 어떤 고립된 남자-인간이 아니라, 오히려 남자 **그리고 그의 여자**를 인간으로 발견하였다. 이제 예수 그리스도께서 (유일한) 하나님의 형상이시라면, 그래서 (유일한) 인간이시라면, 그때 "예수 그리스도"를 말하는 자는 필연적으로 ― 이제는 물론 그곳에서 이 세상적으로 말해진 것을 성령론적으로 이해하면서 ― 또한 저 다른 인간에 대해서도 말해야 한다; 그는 그 남자와 함께 하나님에 의하여 창조되었으며, 그 남자와 함께 하나님에 의하여 너로서 말 건넴을 받았으며, 그 남자와 함께 나로서 하나님께 책임을 져야 하는 자(*여자)이다: 또 그 다른 자는 너인 그 남자에게, 그리고 그 자신은 나로서 그에 대하여 마주 선다. 바로 이렇게 바울은 사실상, 그가 그분을 하나님의 형상이라고, 그래서 한 특정한 인간이라고 지칭했을 때, 예수 그리스도에 대하여 말하였다.

바울은 인간의, 한 분 인간이신 예수 그리스도의 하나님 형상성을 배타적으로가 아니라, 포괄적으로 이해했다. 그렇기 때문에 바울은 고린도전서 15:49에서 아담과 그리스도의 대비의 연속 안에서 다음이 마치 자명하게 이해되는 것처럼 서술하였다: **우리**는, 땅의 사람의 형상을 지녔던 것처럼, 또한 하늘의 사람의 형상을 지니게 될 것이다. 예수 그리스도의 하나님 형상에 명백하게도 완전한 확실성 안에서 참여하게 될 "우리"는 누구인가? 누가 그 우리에게 추가될 것이며, 명백하게도 저 아담의 예수 그리스도와의 동일화에 함께 병합될 것인가?

우리는 고린도후서 3:18에서 읽는다: 우리는 너울을 벗어버린 얼굴로, 전적으로 개방되어서 우리의 있는 그대로의 존재로서 ― 주님의 영광을 반사하게 될 것이다. 우리 자신이 그러므로 거울이다; 이 거울 안에서 주님이 관찰하시며, 그리고 그분이 고유하신 형상을 재차 발견하시며, 그래서 우리는, 그분이 우리와 대면하심으로써, 그분에 의하여 거울로서 수용되고 사용되며, 사실상 "그분의 형상으로 변화하게 될 것이다": τήν αὐτήν εἰχόνα μεταμορφούμεθα ἀπό δόξης εἰς δόξαν(우리도 동일한 형상으로 영광에서 영광으로 변화할 것이다.) [그분의] 영광이 [우리의] 영광이 될 것이며, [그분의] 형상이 [우리의] 형상이 될 것이다. 우리에 의하여, 우리의 결정과 행동의 힘에 의해, 우리의 소질에 근거하여, 그러한 거울이 될 수 있는가? 아니다. 오직 "주님의 영에 의해서" 그렇게 된다: 이 대상이, 주님 및 그분의 영광이, 우리를 그러한 거울들로 **만드시며**, 그분의 형상이 우리의 것이 되는, 그래서 우리가 고린도전서 15:49처럼 그분의, 하늘의 사람의 상을 지니는 자가 되는 그 변화를 성취하신다. 그분은 고린도전서 15:45에 의하면 "살리는 영"이시기 때문에, 바로 그러한 살리는 **영**으로서 우리의 **주님**이시기 때문에, 그렇게 하실 수 있고, 또 실제로 행하신다. 이러한 일이 수여되는 "우리"는, 어떤 덮개도 없이, 우리의 현실성의 어떤 이데올로기적 변형도 없이, 예수 그리스도를 통하여 그분과 함께 영광 안에 있게 될 "우리"는 누구인가?

우리는 로마서 8:29에서 읽는다: "하나님께서는 미리 아신 사람들을 택하셔서, 자기 아들의 형상(εἰχόνος)과 같은 모습이 되도록 미리 정하셨으니, 이것은 그 아들이 많은 형제 가운데서 맏아들이 되게 하시려는 것입니다." 여기서도 마찬가지로 우선 그분이, 하나님의 아들이 그 형상을 지니는 자이시다: 그 형상 안에서 및 그 형상에 따라 하나님께서는 인간을 창조하셨다.(창 1:26) 또 우리는 여기서 명확하게 듣는다: 하나님께서는 다른 인간들을—말하자면 그렇게 미리 아신 자들을—바로 그렇게, 그분의 형상과 동일한 형태가 되도록, 그분에 참여하도록, 규정하셨다. **그분만의 홀로의 존재는 그분 자신만을 위한 존재가 아니다.** 많은 형제들 중에서, 그와 비슷하게 보이는 많은 자들 중에서, 그분은 처음 나신 자이어야 한다. 그분에 대한 하나님의 뜻은 [그분을 자신의 형상으로 창조하신 자의 뜻은] 미리 앞서서 또한 그분의 이러한 미래적 형제들에게도 향해 있었다. 하나님께서 고유한 아들을 생각하셨을 때, 즉시 함께 생각하셨던 그러한 형제들은 누구인가? 그분으로 인하여 그분과 마찬가지로 하나님께 귀하게 된, 하나님께서 그분과 (그분의 유일무이성을 전혀 손상하지 않은 채) 동등하게 위치시키려고 하는 그들은 누구인가?

우리는 마지막으로 골로새서 3:10에서 읽는다: "서로 거짓말을 하지 마십시오. 여러분은 옛 사람을 그 행실과 함께 벗어버리고, 새 사람을 입으십시오. 이 새 사람은 자기를 창조하신 분의 형상에 따라(χατ' εἰχόνα) 끊임없이 새로워져서, 참 지식에 이르게 됩니다. … 거기에서 오직 그리스도만이 모든 것이며, 모든 것 안에 계십니다." 이 구절은 다음을 제시하기 때문에 중요하다: 바울은 이와 같은 "우리의" 예수 그리스도의 하나님 형상에의 참여에 관련하여, 그 참여는 대단히 확실하게도 우리의 결정 및 행동에 근거하지 않으며, 오히려 우리에 대한 하나님의 결정에, 즉 살리는 영이신 예수 그리스도 자신에 근거하여 우리에게 수여되는 변화로 이해하였지만, 그렇다고 해서 그 참여가 우리의 고유한 결정 및 행동이 아닌 것은 조금도 아니며, 우리의 결단에 의한 옛 사람의 벗음 및 새 사람의 덧입음이 아닌 것은 전혀 아니라고 이해하였다. "그분을 창조하신 자의 형상"에, 즉 하나님의 형상에 (이 형상은 그리스도께서 모든 것이고, 모든 것 안에 계시는 그곳에서 볼 수 있고, 그곳에서 통치한다.) 그 통치에 굴복해야 한다는 것을 아는 자들 사이에서 거짓을 및 거짓의 세계 전체를 뒤로 넘겨버릴 줄 아는 단호한 인식이 상응한다. 그런데 이러한 형상을 눈앞에 두는 자들은, 예수 그리스도께서 "눈앞에 선한"(갈 3:1), 그러한 단호한 인식이 요청되는 그들은 누구인가? 여기서 오직 예수 그리스도의 하나님 형상인 그 하나님 형상성으로 이제 참으로 직접적인 말 건넴 안에서 부르심을 받으면서 그분 곁에 현존하게 되는 그들은 누구인가?

창세기 1:26f.와의 관계 안에서 조명되는 대답을 골로새서 1:15-18이 다음의 단순한 등식으로 제공한다: 이 구절은 "그 아들은 보이지 않는 하나님의 형상이시오"로 시작하지만, 마지막은 "그분은 교회라는 몸의 머리이십니다."로써 끝난다. 머리가 예수 그리스도이신 몸이, 주님이 그분이신 공동체가, 명백하게도 그렇게도 특징적으로 지칭되는, 저 다른 구절들의 "우리" 그리고 "그들"이다. **공동체와 함께 예수 그리스도께서는 하나님의 형상이시다.** 공동체의 중심으로부터, 그것의 고유한 실존 근거를 표현하면서, 바울은 저 등식을 성취하였다. 혹은 더 나아가: 바로 이러한 **그리스도론적** 등식이 그것의 뿌리에서 이러한 포괄적 성격을 가졌으며, 그 등식은 또한 **교회론적**인 것이었으며, 그러한 맥락에서 또한 **인간론적**인 등식이었다.

위의 사실로부터 우리는 하나님의 형상에 대한 바울적 가르침의 현실주의(Realismus)를 이해할 수 있다: 그것은 원시 그리스도교적 구상개념 전체의 현실주의이다; 이것에 대해서는 형상과 실체가 둘이 아니었으며, 이것에 대해서는 형상 안에서 실체 자체가 등장하였다. 공동체는, 그리스도인들은 예수 그리스도의 존재 곁에 현존하는 것과 마찬가지로, 또한 그분이 하나님의 형상이라는 사실 곁에도 현존한다. 그들은 그렇게 현존함으로써 그 실체를 간접적으로가 아니라, 직접적으로, 이론적으로가 아니라, 실천적으로, 바로 그렇기 때문에 현실주의적으로 안다. 남자는 현실적으로 여자 없이 존재하지 않으며, 오히려 남자는 여자의 머리이며, 여자는 남자의 영광이며, 이것은 남자가 하나님의 영광인 것과 마찬가지이다. 이 관계 안에서 **남자**에 대하여 말해질 수 있는 모든 것은 또한 **여자**에 대해서도 말해진다. 이 관계 안에서 또한 여자도 하나님의 형상이다. 우리는 바울이 고린도전서 11장 및 에베소서 3장에서 전개했던 남자와 여자의 관계에 관련된 인간학적 등식을 여기서 설명할 수는 없다. 다음은 자명하다: 바울은 남자와 여자에 관하여 그가 말해야 했던 모든 것을 이곳으로부터, 예수 그리스도와 그분의 공동체 사이의 관계로부터, 마찬가지로 그분의 하나님의 형상성으로부터 보았으며, 오직 그렇게 함으로써 "창조 질서"를 대변하였다. 우리는 다음 확정으로써 만족한다: 바울적 가르침의 창세기 1:26f.와의 일치는 바로 이러한 [그러나 너무도 자주 간과되어온] 점에서 결코 오인될 수 없다.

우리는 26절의 신적 명령의 말씀 그리고 28절의 신적 축복의 말씀 안에서 땅의 세계 안에서의, 정확하게 말하여: 바다, 공기, 땅에 거주하는 **동물의 세계**에 대한 **통치**로의 인간의 가능화 및 부르심에 관하여 읽는다. 인간의 이러한 거리를 둠, 높임 및 권세에 대하여 언급한다. 동물들도 인간과 마찬가지로 "고유한 삶의 충동"을 가진다: "그것들은 어떤 낯선 지배에 예속되어 있다고는 보이지 않는다."(Calvin) 동물들은 그러나 인간과는 달리 피조 세계 안에서 어떤 독립적인 가치나 기능을 갖지는 않는다. 그것들은 인간에게 속한다. 둘째 창조 보고 안에서(창 2:19) 이것은 다음과 같이 표현된다: 하나님께서는 동물들을 인간에게 이끌어 오시며, 그래서 인간은 동물들에게 이름을 부여한다. 그러한 한도에서 우리는 말할 수 있다: 인간과 동물 사이의 관계는 피조 세계 내부에서 하나님과 피조물 사이의 관계 일반의 하나의, 물론 대단히 다른, 반복이다. 인간은 "하나님의 이 세상적인 대리자"(B. Jacob)이다. 26절 및 28절에서 사용된 표현들은 대단히 강력하다: Radah는 작업 수행 및 공물 헌납을 지속하게 만드는 권세 있는 명령이며; kabasch는 통치자의 인식으로써 어떤 것을 밟아 다져서 지나다닐 수 있게 만드는 것이다.(B. Jacob) 우리는 주목해야 한다: 그 표현들은 명확하게 및 우선적으로 바다의 및 공중의 동물들에게 관계된다. 문제가 되는 것은 그것의 경계선 안에서의 확고하고도 의심의 여지가 없는 주권성이다. 그것의 경계선, 즉 신적 및 인간적 통치권 사이의 비동등성은 자명하다. 후자는 어떤 절대적 통치권일 수 없다. '동물들이 인간에게 속한다.'라고는 말해지지 않으며, 말해질 수도 없다: "땅과 그 안에 가득 찬 것이 모두 다 주님의 것이며, 온누리와 그 안에 살고 있는 모든 것도 주님의 것이다."(시 24:1) 그리고 동물의 세계의 영역을 넘어서는 어떤 인간적 통치권의 연장에 대해서도 창조

사가는 명백하게도 말하지 않으려고 한다. 또한 시편 8:6f.의 중요한 병행 구절도 명확하게도 이러한 제한 안에서 서술된다: "주님께서 손수 지으신 만물을 다스리게 하시고, 모든 것을 그의 발 아래 두셨습니다. 크고 작은 온갖 집짐승과 들짐승까지도, 하늘을 나는 새들과 바다에서 놀고 있는 물고기와 물결 따라 움직이는 모든 것을 사람이 다스리게 하셨습니다." 그렇기 때문에 궁켈(Gunkel)이 이 구절들 안에서 "인간 종족의 문화사 전체의 프로그램"이 공표된 것으로 보려고 했을 때, 그것은 본문에는 대단히 낯선 것이었다; 마찬가지로 야콥(B. Jacob)이 여기서 인간에게 수여된 "세계의 몸인 땅에 대한 무제한의 통치권"에 다음 확정을: 예를 들어 산을 뚫거나 깎는 것, 강물들을 막거나 방향을 바꾸는 것 등의 비슷한 것이 하나님을 거역하는 폭행이라고 말해질 수 없다는 확정을 연결시키려고 했을 때, 그것도 마찬가지로 본문에 낯선 것이다. 구약성서가 어디서 다만 가설적으로라도 그러한 질문에 관심을 가졌겠는가? 또한 시편 115:6, "하늘은 주님의 하늘이라도, 땅은 사람에게 주셨다."도 땅 위의 인간에게 지시된 거주지(하늘에 있는 하나님의 보좌와 대조되는)에 대하여 말하는 것이며, 인간에게 주어진, 땅의 통치권을 말하는 것이 아니다. 또 우리가 다니엘 7:1f.에서 읽을 수 있는 것처럼, 인간의 라이벌이 될 수 있는 것은 오직 동물뿐이다. 그러나 실상 동물은 인간의 라이벌이 아니라는 것, 하나님께서 땅을 동물들에게 주신 것이 아니라, 오직 참으로 인간의 자녀들에게 주셨다는 것, 인간이 동물에게 제왕적 우월성 안에서 마주 대한다는 것, 이것이 본문이 말하고자 하는 것이다. 이 우월성의 어떤 기술적인 근거는 예를 들어 인간의 형태 혹은 (동물들에 대한 인간의 주권성의 도구로서의) 인간의 이성성의 지시를 통해서는 주어지지 않을 것이며, 그리고 (만일 우리가 본문의 노선에 머물고자 한다면) 그 본문의 이해에 보충될 수도 없을 것이다. 물론 주장된 주권성도 근거를 갖는다: 그러나 오직 인간의 하나님 형상성 안에서, 다른 모든 차이점들을 배제하는 가운데서의 남자와 여자로서의 인간의 창조 안에서, 인간 종족의 통일성 및 유일무이성 안에서 그 근거를 찾아질 수 있다. 다음은 궁켈이 연민을 느끼면서 언급한 사실성이다: 인종의 차이점은 저자의 시야 안에는 아직 등장하지 않았으며, 그것에 대하여 우리는 여기서 계속해서 사고해야 한다는 것이다. 이러한 사실성과의 결합 안에서 인간의 하나님 형상에 대한 말들로 볼 수 있게 되는 근거는 그러나 이제 어떤 기술적인 근거가 아니다: 인간이 하나님의 형상 안에서 및 그것에 따라, 즉 저 특이성 안에서 창조되었다는 바로 그 사실로도 현실적으로 (동물들에 대한 통치권의 행사를 위한) 어떤 수단도 인간의 손에 주어지지 않는다. 오히려 그 사실로써 인간에게 주어진 것은—본문은 이것에 대해서는 말한다.—그러한 통치의 신적 규정 및 약속이다: 바다의, 하늘의, 땅의 모든 생물들의 한가운데에서 바로 인간이 철두철미 앞선 지위를 갖게 될 것이다; 인간은 그 생물들과의 모든 유사성 및 결합성에도 불구하고 그것들 중의 한 동물적 피조물이 되지 않을 것이며, 오히려 그것들 모두를—하나님의 피조물 전체에 대한 관계와의 상응 안에서—발밑에 두게 될 것이다; 인간이, 인간만이 홀로, 남자와 그의 여자만이, 말하자면 유일하게 특정한 동물적 피조물이 될 것이며, 그에게 하나님께서는 하나님의 고유하신 영예를 창조 한가운데에서 계시하시고 위탁하실 것이며, 인간과 함께 하나님께서는 한 특수한 역사의 진행 안에서 (이 역사는 어떤 동물의 역사가 아닐 것이다.) 공동의 일을 행하실 것이며, 인간의 삶의 활동들로부터 하나님께서는 하나님 자신에 대한 명시적인 승인과 하나님 자신의 권세 및 의에 대한 찬양을 기대하실 것이다. 그러한 통치, 그러한 특출함은 명백하게도 인간에게 동물에 대한 어떤 기술적인(technische) 우월성도 마련해줄 수 없다. 그 우월성은 전적으로 그의 하나님 형상성의 신적 규정 및 약속에 근거해 있다. 그 우월성은 그 약속 및 규정의 직접적인 결과이며, 그것으로부터 결코 분리될 수 없다. 그렇게 해서, 오직 그렇게 해서 그 우월성은 시편 8:4의 질문에 대한 대답이다: "사람이 무엇이기에 주님께서 이렇게까지 생각하여 주시며, 사람의 아들이 무엇이기에 주님께서 이렇게까지 돌보아 주십니까?" 그렇게 하여, 오직 그렇게 하여, 그곳에서(5f.) 주어지는 대답은 의미를 갖는다: "주님께서는 그를 천사들(Elohim)보다 조금 못하게 하시고, 그에게 존귀하고 영화로운 왕관을 씌워 주셨습니다. 주님께서 손수 지으신 만물을 다스리게 하시고, 모든 것을 그의 발 아래 두셨습니다." 이 규정 및 약속의 성취는 어디 있는가? 구약성서는 다시 시편 8:2에서 그것에 대하여 대답한다: "어린이와 젖먹이들까지도 그 입술로 주님의 위엄을 찬양합니다." [창 3:1f.의 타락 사건의 이야기 안에서] 다음이: 어떻게 인간이 그에게 주어진 규정 및 약속을 거역하여 그에 의하여 다스려져야 하는 동물들 중 가장 간교한 동물에 의하여 유혹을 당하는지가, 그리고 어떻게 그 다음에 그럼에도 불구하고 저 규정 및 약속(창 3:14f.)이 갱신되고 올바로 유지되어졌는지가 설명된다. 그것은 하나님의 이스라엘에 대한 관계 안에서 형성되는 (하나님과 인간 사이의) **계약**의 역사를 설명한다. 그러한 계약의 역사 안에서 다음이 참이 된다: 인간은 창조의 주님으로는 아니지만, 그러나 창조 안의 주님으로, 그리고 창조의 표징으로써: 동물들에 대한 주님으로 창조되었다. 신약성서는 (히 2:5f.) 잘 알려진 대로 시편 8편의 진술 전체를 직접적으로 (그분의 죽음의 고난으로 말미암아 영광과 존귀의 왕관을 쓰신) 인간 예수와 관계시킴으로써, 최종적 및 본래적 명료성과 함께 그 대답을 제공하였다. 창세기 1:26 및 28절의 의미 깊은 설명은 모든 경우에 있어서 그쪽으로 인도하는 노선 위에서 움직여야 한다. 이러한 노선 위에서 실현된 (동물에 대한 인간의) 통치권이 아닌 다른 어떤 것에 대해서 말할 어떤 동기도 성서적 창조 사가는 가지고 있지 않았다.

인간이 자신의 희망을 전적으로 하나님께 두는 것에 철두철미 의존되어 있다는 사실은 그것의 확고한 및 어떤 경우에도 부정될 수 없는 반대편을 다음 사실에서 본다: 인간은 또한 그를 둘러싸는 우주에 철두철미 의존되어 있다. 그리고 다음은 부정될 수 없는, 흔들릴 수 없이 수립된 (인간을 향하시는 하나님의 현실적인 은혜의) 표징이다.—우주는 집이며, 이 집은 인간 및 인간의 이웃 피조물들의 필수품을 충족시키기 위하여, 인간과 그 피조물들을 양육하기 위하여, 그래서, 그들에게 그들의 실존이 주어진 이후에, 또한 그들의 (그들에게 지시된 행동의 전제로서의) 계속적인 실존을 확실히 보장하기 위하여 마련되었다.

우리는 **첫째**로 주목한다: 인간과 동물들이 식물의 세계로부터 양육되어야 한다 (될 수 있다)는 관계의 수립은 자명한 것은 아니며, 또한 인간의 어떤 자의적인 선택이나 포착에 근거하지도 않으며, 오히려 하나님의 하나의 공식적인, 말하자면 법률적인 선언(Erklärung)에 근거한다: "보라, 내가 너희에게 준다!" 그리고 다시 한 번: "모든 동물들에게는 그러나 … 준다!" 인간과 동물들이 그들의 계속적 생육을 위하여, 그리고 인간은 그것을 넘어서서 동물들 사이에서의 권세의 및 존엄의 지위를 행사하기 위하여 신적 축복을 두말할 필요도 없이 **소유**하는 것이 아니며, 그래서 그 축복을 **받을** 필요가 없는 것이 아닌 것처럼, 마찬가지로 그들을 둘러싸는 식물의 세계가 산출한 것들을—혹은 아마도 단순히 그들의 결핍에 근거하여—그들에게 선하고 필요하게 보이는 대로 사용할 수 있는 상태도 그들 자신에게 그 자체로서 속해 있지 않다. 그러한 산출물들, 풀과 나무들이 그들을 위해 현존한다는 것은, 말하자면 그들에게 적합한 양식으로서 현존한다는 것은 자유로운 **신적** 결정이며, 그 결정에 대해서 인간도, 동물도 어떤 자연적인 청구권을 가지고 있지 않다. 피조물과 피조물 사이의, 인간과 동물 사이의 이러한 관계에 힘입어 그것들이 계속적 존재가 가능하다는 것은 그것들의 창조 및 식물들의 창조의 은혜보다 조금도 더 적은 은혜가 아니다. "오늘날 우리에게 일용할 양식을 주옵시고!"의 간구는 깨뜨려질 수 없는 창조의 질서에 상응한다: 이 질서 안에서 저 선언이 공표되었다는 것이, 한편으로 식물의 세계의 형태의 우주와 다른 한편으로 인간과 동물 사이에서 그러한 관계가 창조되었다는 것이, 다시 한 번 특수한 최종적 사역으로 이해될 수 있다. 동물들에게 우선 그리고 그 다음에 또한 인간에게 주어진 축복의 전적인 특수성에 다음의 특수성 전체가 상응한다: 양자는 이제 저 허용 및 약속을 사용할 수 있게 된다. 그들의 이러한 행동이 잘 수행되도록 배려되지만, 그러나 다름이 아니라 다음과 같이 배려된다: "보라, 내가 너희에게 준다!" 하나님께서는 다른 모든 것과 같이: 빛, 창공, 건조된 땅과 같이, 인간에게 주신 것처럼, 인간에게 직전에 동물적 동료들을 그리고 이어서 인간의 고유한 존재를 주신 것처럼, 마지막으로 이것을, 필요한 양식을 주신다. 인간에게 양식이 필요할 때에, 하나님 및 하나님의 은사는 결코 부재하지 않을 것이다. 하나님의 식탁은 그들 모두를 위하여 언제나 넘치도록 마련될 것이다.

우리는 **둘째**로 주목한다: 사가는 인간을 이 문제에 있어서 대단히 구체적으로 동물과 함께 놓는다.—동물을 먼저 인간으로부터 구분한 다음에, 다시 새롭게 함께 놓는다. 여기서 순서가 거꾸로 된다는 것도 물론 우연이 아니다: 인간이 먼저, 그 다음에 동물이 그 식탁으로 초대를 받는다. 인간의 창조 안에서 창조 전체가 은혜의 계약의 외적 근거로서 계시된다는 것, 우주가 그 계약 안의 하나님의 파트너로서의 인간의 존재 및 계속적 존속을 가능하게 하기 위하여 마련되었다는 것, 창조됨에 있어서는 인간보다 앞서는 동물의 세계 전체도 또한 인간을 바라보며, 그래서 자기목적이 아니며, 오히려 신적 자기목적의 실현의 무대, 도구, 대상이라는 것, 이것이 그 순서 안에서 명확해진다. 그러나 여기서 또한 및 우선적으로 인간도 하나님의 초대 및 허락을 필요로 한다. 그리고 인간이 초대받은 식탁은 또한 동물이 초대받은 것과 동일한 식탁이다. 인간이 먹을 것을 얻었을 때, 그것을 먹어야 하고, 또 먹도록 허용되었다는 사실에 의지하여 인간은 그의 종족성 그 자체 안에서와 마찬가지로 또한 다른 모든 독립적 생물들과의, 또한 우주와의 연합 안에서도, 확고하게 유지된다. 인간의 우주에 대한 높은 위치 혹은 인간 안에서 발생하는 우주 전체의 고양은, 인간과 우주 사이의 그러한 동등성이 올바르게 지속되지 않는 한, 발생하지 않는다. 인간의 하나님 형상성은 인간이 여기서 또한 동물 안에서 자신의 원형 및 원본(Urbild, Vorbild)를 갖는다는 사실을 조금도 변경하지 않는다. 그렇게 하여 인간의 인간성이 하나님의 자유로운 긍휼에 근거한다는 사실이 지속적으로 인간의 눈앞에 세워진다.

그리고 이제 **셋째**로 우리는 주목한다.[우리는 이 셋째를 물론 여기서 주목되어야 하는 유일한 것으로 볼 수는 없지만, 그러나 마찬가지로 확실한 것은 우리가 이것을 간과해서는 안 된다는 사실이다.]: 우리는 하나님께서 인간 및 동물들에게 **식물들**을 양식으로 마련하셨다는 것을 듣는다.—그러나 우리는 하나님께서 인간 및 동물들에게 동물들을 양식으로 배정하셨다는 것은 듣지 못한다. 사가는 오히려 침묵과 함께 다음을 말한다: 창조자 하나님께서는 바로 그렇게 행하지 않으셨다. 창조자 하나님께서 인간과 동물에게 지정하신 음식은—이것이 우리에게 실행될 수 있는지 혹은 우리에게 즐거운 것으로 생각되든지 아니든지 간에—채식이다. 여기서 다음이 가시화된다: 인간에게 부여된 (동물에 대한) 우위는 삶과 죽음의 통치권이 아니다; 그것을 피 흘리는 우위가 아니다. 또한 동물들 자신에게도 그리고 그것들 사이에도 그러한 폭력은 창조자 하나님에 의하여 주어지지 않았다. 그러한 폭력이 인간과 동물에 의하여 사용된다면, 그 폭력은, 그들의 창조로부터 바라볼 때, 불법적으로(illegitim) 사용되는 것이다. 그 폭력은 다른 질서 전체의 맥락 안에서의 특별한 적법화(Legitimierung)를 필요로 한다. 창조 사가 그 자체는 역사 이전의, 그것도 **자연**사 이전의 관계성과 사태들에 대하여 말하고 있다는 것이 여기서 대단히 극적으로 드러난다. 자연사적으로 볼 수 있는 영역 안에서 양식이 또한 육식을 포함하지 않는, 그래서 생명이 다른 생명의 죽임을 자체 안에 포함 않는 영역은 거의 없다. 그러나 성서적 증인은 자연사적인 가시영역을 넘어서는 곳을 바라본다. 그렇기 때문에 우리는 여기서 인간과 동물에게 주어진 질서를 상상하는 데에 겪는 어려움 혹은 불가능성에 걸려 넘어질 필요는 없다. 오직 중요한 것은 이 사가가 그러한 질서에 대하여 말하는 **의미**에 대한 질문이다. 그것에 대하여 관찰될 수 있는 두 가지 국민이 있다. 하나는 다음이다: 사가가 바라보는 및 묘사하는 그 공간은 하나님에 의하여 작용되는, 피조물의 **생성**(Werden)의 공간이다. 이것은 다음을 뜻한다: 생명의 공간은, 비록 그것이 시간적 생명으로서 소멸을 자체 안에 포함한다고는 해도, 그러나 죽음, 파괴, 멸망시킴을 포함하지는 않으며, 그렇기 때문에 생명의 죽임은 전혀 있을 수도 없다.—그것은 하나님에 의하여 주어진 및 제약된 현존재의 공간이며, 그렇기 때문에 피조물들이 현존을 위하여 서로에 전쟁을 벌이는 공간이 아니다.—그것은 하나님에 의하여 충족되는 필요성들의 공간이며, 그렇기 때문에 자의적으로 스스로 취하려는 그래서 타자에게 폭력을 행사하는 결핍성의 공간이 아니다. 창조는 평화(Friede)이다: 창조자와 피조물 사이의 평화이며, 피조물들 서로 사이의 평화이다. 사가에 의하여 재차 주어지는 질서에 따르면 인간은 풀들의 씨앗들 및 나무들의 열매들을 양식으로 삼아야 하며, 동물들도 풀과 채소로써 양육되어야 한다는 것, 이것은 그 평화를 깨뜨리지 않으며, 오히려 다음을 확증한다: 왜냐하면 그렇게 함으로써 그들은 식물을 파괴하지 않으며, 그렇게 함으로써 그들은 그들 모두에게 공동으로 지정된 잉여(Überfluß)를 향유하기 때문이다. 그러나 육식은 동물의 죽임을 전제로 하며, 이 죽임은 식물과는 달리 일회적, 개체적으로 살아 있는 존재의 다시 복구될 수 없는 파멸로서 그 평화의 단절이다. 성서적 증인은 어떤 "황금시대"의 서술 안에서 길을 잃게 되는 일을 회피하였으며, 그는 그러나—바로 이것이 저 질서 배정의 의미이다.—우주의 창조에 하나님을 통하여 저 평화의 깨뜨림이 예견되지는 않았다는 것을 알고 있으며, 그것을 말하고 있다. 그 증인은 생물(Kreatur)과 생물의 관계를 물론 양육의 관계로 서술하지만, 그러나 바로 그것을 한 생물의 다른 생물을 통한 파괴로 서술하지는 않는다. 그렇기 때문에 그 증인은 설득력 있는 침묵 안에서 다음을 이야기한다: 하나님께서 동물들을 (인간과 동물 상호 간의 공격을 막으신 것과 마찬가지로) 인간의 공격으로부터 보호하였으며, 하나님께서는 양자를 식물의 세계의 산출들로 지시하셨다. 창조에 뒤따라오는, 피조물의 존재의 능동적 및 수동적 존재가 **위협을 당하는** 대단히 다른 질서 아래서 비로소 그 질서는 다르게 변경될 것이며, 그러한 깨뜨림을 고려하는 (피조물과 피조물 사이의 관계의) 규정이 자리를 잡게 될 것이며, 그 규정 안에서 동물들의 죽임이, 그것과 함께 육식이 허용되고, 더 나아가 필요하게 될 것이다. 살인 금지령과 도살된 동물의 피를 먹는 것의 금지령도 또한 다음을 기억나게 한다: 한 생물의 생명은 다른 생물에게 속하는 것이 아니라, 오직 하나님께 속한다. 이 새로운 규정이 저 위협의 경우에 얽혀든 인간의 (인간과 함께 동물의) 신적 유기 및 부담의 그림자 안에서 제정된다는 것, 그 새로운 규정의 모든 사용 그리고 그것과 관계된 피조물의 고난이 그 그림자 안에서 사건으로 발생한다는 것, 이것을 간과한다는 것은 가능하지 않을 것이다. 저 최초의, 창조에 상응하는 및 창조와 함께 수립된 (인간과 동물 사이의, 그리고 동물들 서로에 대한) 평화의 질서는 그러므로—이것이 그 질서의 첫째 의미이다.—다음을 기억한다: 사태는 태초에는 그렇지 않았으며, 다른 생물의 희생으로써 한 생물이 양식을 얻는 것은 하나님의 질서에 상응하기는 하지만, 그러나 바로 하나님의 근원적인 질서는 아니며, 그렇기 때문에 틀림없이 하나님의 궁극적 질서도 아닐 것이다. 이 문제의 다른 국면은 다음이다: 창조의 시간에 뒤따르는 (능동적 및 수동적으로 위협을 당하는 피조물의 존재의) 시간은 그 자체가 바로 하나님의 **은혜의 계약**의 시간이다. 이 시간의 시작과 함께 제정되는 새로운 관계의 규정은, 피조물과 피조물 사이의 피의 심판의 우월성(Blugerichtshoheit)의 도입은, 어떤 경우에도 결코 피조물의 비행을 하나님께서 말하자면 외면하신다는 것을 뜻하지 않는다. 그 새로운 규정은 즉시 한 특정한 긍정적 의미를 획득하게 될 것이다. 은혜의 계약의 내용 및 최종적 성취는 피의 심판(Blutgericht)을 통한 인간의 화해에 놓이게 될 것이다. 바로 그것을 바라보면서 이제 동물은 **희생제물**로 바쳐진다; 다시 말하여 동물의 생명의 바침은 하나님에 의하여, 왜곡된 인간적 삶을 위한 대리적 표징으로, 또 그렇게 하여 하나님에 의하여 실행된 화해의 표징으로 요청되고 수용되며, 그래서 동물은 도살되고, 죽임을 당하며, 그래서 동물은—어떤 육식 동물의 생명이 아니라, 오히려 바로 "무죄한", 다시 말하여 피조물을 통한 피조물의 죽음에 참여하지 않는 초식 동물 및 가축의 죽음으로써, 모든 생명 중에서 무작위로 뽑는 것이 아니라, 오히려 특정한 "순결한" 동물들 중에서 선택되면서—인간에 대한 하나님의 명령에 따라 인간을 위하여 바쳐지며, 이 목적을 위하여 비로소 그리고 바로 그것과의 관계 안에서 동물의 고기는 그 다음에 또한 먹을 수 있게 된다. 육식의 시간은 희생제물을 먹는 시간이다. 육식은 하나님에 의하여 표징으로 명령되고 수용된 동물의 희생제물의 화해하는 작용(Wirkung)에의 참여이다. 그러므로 육식은 다음을 전제한다: 하나님께서 인간의 생명을 위한 동물의 생명의 바쳐짐을 대리적 표징으로 그리고 그것과 함께 지칭되는 화해에의 인간의 참여로 요청하고 수용하기를 원하신다. 육식은 또한 **흠이 없는** 상태를, 즉 인간과 동물에 의해서 이러한 신적 명령 없이는 손댈 수 없는 (동물적 생명의) 상태를, 마지막으로 하나님께서 동물에 대하여 (그것을 저 명령의 형식 안에서 인간에게 위임할 때에도 마찬가지로) 소유 및 보유하시는 유일한 처분권을 전제한다. 그러므로 육식은 한 근원적인 질서를 전제한다: 이 질서로부터 볼 때 그러한 신적 명령은 특별히 예외적인, 사태 관계의 새로운 규정으로서 두드러지게 **구별되며**, 이 새로운 규정은 그 명령을 통하여 근원적 질서를 깨뜨리기는 하지만, 그러나 또한 그 질서를 확증한다. 바로 이 전제 아래서—오직 이 전제 아래서만—희생제물은, 희생제물을 먹는 것은, 그리고 은혜의 계약의 영역 안에서의 육식은 어떤 참람함이 아니며, 오히려 하나님의 뜻과의 긍정적인 일치 안에 있다. 이러한 전제는 그러나 창조자의 근원적 명령질서(Anordnung)이며, 그 명령질서에 따르면 창조자는, 인간이 그의 생명을 아직 왜곡시키지 않았을 때에, 화해의 수립을, 그 화해의 표징으로서의 희생제물의 요청 및 수용을, 필요로 하지 **않으셨으며**, 그 명령질서에 따르면 동물의 식량의 필요성은 존재하지 **않았으며**, 그래서 충족될 수도 **없었으며**, 그 명령질서에 따르면 식물의 식량이 인간과 동물에게 사실상 충분할 수 있었다. 창조 보고는 이러한 명령질서에 상응하는 근원적 및 정규적인 (사물의) 상태를 묘사한다; 이 상태가 없다면 그것의 이후의 변경은 의미를 갖지 못할 것이다. 이렇게 하여 창조 보고는 인간과 동물의 양식에 대하여 그러한 경계선을 설치한다. 여섯째 창조 사역의 이야기는 바로 그것을 통하여—우리가 그 경계선의 이중적 의미를 주목한다면—그 자체 안에서 종결되는, 그 자체 안에서 조화롭게 일치히는 하나의 전체가 된다.

인간과 동물에게 지정되는 **양식**에 관하여 말하는 29-30절은 본문의 의미에서는 여기서 식물의 양식 외에 다른 어떤 것은 인간과 동물에게 의심의 여지없이 예견되지 않는다는 식의 특별히 부정적인 관심사로 해석되어서는 안 될 것이다. 이 점이 주목되어야 한다. 그러나 이 구절들이 오직 그러한 배타적인 것을 위해서만 있는 것은 아니며, 그래서 또한 그 구절들로써, 궁켈의 주석이 그러한 느낌을 주는 것과 같이, 말하자면 피조물 사이에서는 보편적 평화의 "황금시대"의 학설과도 같은 어떤 것이 대변되어져야 하는 것도 아니다. 그와 같은 직관이 행간에 있다는 것은 옳다; 그러나 그 직관이 현실적으로 다만 행간에만 있다는 사실이 또한 주의해서 주목되어야 한다.

본문 그 자체는 우선 순전히 긍정적으로 다음을 말한다: 피조적 생명으로서의 인간과 동물의 생명은 특별한 부양을 **필요로 하며**, 그러한 그것들의 부양이 하나님에 의하여 창조된 우주의 장치들을 통하여 미리 **마련되었으며**, 그 마련된 것을 적법하게 사용하기 위해서 인간과 동물은 특별한 **허용** 및 명령을 필요로 한다. **칼빈**은, 이 구절들 안에서 땅 위에서의 인간의 저 통치의 지위의 변경(Modifikation, 완화)을 보았을 때, 틀림없이 옳았다. "그가 주님에 의하여 그에게 주어지는 그것을 듣는 곳에서, 바로 그 순간에 그는 그의 의의 완전한 소유 안에 놓인다. … 왜냐하면 사태는 대단히 다음에 놓여 있기 때문이다: 우리는 하나님의 선하신 일들 중에서 그것이 우리에게 그분에 의하여 수여되었다는 것을 우리가 알지 못하는 어떤 것과는 접촉된 적이 없다; 왜냐하면 어떤 사물도 우리는, 그것을 우리가 하나님의 손으로부터 수용할 때가 아니라면, 다르게는 선한 양심으로써 향유할 수 없기 때문이다. 그리고 그렇기 때문에 바울은 가르친다.(롬 14:23): 우리는, 만일 믿음이 곁에 현존하지 않는다면, 먹거나 마시거나 계속해서 죄를 범하게 된다. 그래서 우리는 가르침을 받는다: 우리는 우리가 필요로 하는 것을 오직 하나님께만 간청해야 한다; 은사 자체의 사용을 통하여 우리는 그분의 선하심 및 부성적 돌보심의 관찰함으로써, 그것을 연습한다: 보라, 너희 생계는, 너가 창조되기도 전에, 나에 의하여 너를 위해 준비되었다; 그러므로 나를 너의 아버지로 인식하여라!; 나는 너를 위하여, 너가 아직도 생성되기도 전에, 대단히 조심스럽게 그것을 미리 예비하였다." 이것을 넘어서서 우리는 또한 다음도 간과해서는 안 된다: 인간과 동물은—인간의 저 통치의 지위를 손상함 없이—이 구절들 안에서 동일한 필수적 욕구에, 동일한 상태에, 동일한 허용 및 명령에 참여하는 존재로서 다시 한 번 함께 결합되어 관찰되고 있다. 이것이 본문이 긍정적으로 및 확실하게 우선적으로 관심을 가졌던 것들이다.

그러나 행간에 놓인 육식 및 동물 도살의 금지명령을 간과하거나 혹은 약화시키는 것도 물론 적절하지 않다. **칼빈**이 그렇게 하였다. 그러나 야콥의 설명: 즉 육식의 향유가 저 첫 인간들에게 직접적으로 금지되지 않았으며, 그래서 후대의 허용의 문이 열려 있었다는 것은 단순히 거치는 것 그 이상이다. 오히려 우리는 셋째 창조의 날에 인간과 동물을 위하여 차려진 식물의 세계의 식탁으로 양자를 지시하는 허용과 명령에 의하여 암묵적으로는 사실상 다음의 금지령이 공표되었다고 생각해야 한다: 인간과 동물은 서로를 먹이로 공격해서는 안 되며, 타자의 생명의 희생에 의하여 스스로의 생계를 마련해서는 안 된다. 사태는 실제로 다음과 같다: 창세기 9:3f.에서 노아에게 명시적으로 주어진 육식의 허용은 여기서 말해진 것에 대하여 어떤 새로운 것을 뜻한다. 동물 도살은 죄인의 영역 안에 그것의 공간을 가지게 될 것이며, 그 도살의 권리는 그 죄인들에게 은혜를 베푸시는 하나님의 영역 안에서 그것의 공간을 가지게 될 것이다. 동물 도살과 육식은 하나님에 의하여 명하신 희생제의를 통하여 그것의 적법성을 획득한다. 피조물의 생성상태로서의 창조의 영역 안에는 그 적법성이 없다. 그것의 이후의 적법성은 중간 규정이며, 그것의 전적인 상대성 안에서 하나님과 인간 사이의 계약사를 필연적으로 지칭한다. 창조 그 자체는 아직 그 계약이 아니며, 오히려 그 계약의 외적 근거이다. 창조 그 자체 안에서는 어떤 죄도 발생하지 않으며, 또한 어떤 죄도 예견되지 않는다. 그렇기 때문에 창조 안에는 어떤 희생제물도 필요하지 않으며, 그렇기 때문에 또한 동물 도살 및 육식도 예견되지 않으며, 그것이 "후대의 허용"으로 열려 있을 수도 없다. 여기서 간접적으로 실행되는 (피조적 실존의 근원 및 연속 사이의) 경계선 설치의 강조가 주목되어야 한다. 만일 우리가 이러한―어쨌든 다만 간접적으로만 말해진―금지령 안에서 직접적으로 땅의 보편적 평화의 어떤 "황금시대"의 이야기를 발견하려고 한다면, 그것은 너무 지나친 것이며, 본문의 진술 및 의도로부터 벗어나는 것이다. 창조 그 자체는 물론 평화이다. 그러나 성서적 사가는 피조적 실존의 어떤 초기적 평화시대에 대한 페르시아적인, 헬라적인, 로마적인 상상에 여지를 허용하는 것을 회피하려고 했던 것처럼 보인다. "그대로(also) 되었다."라는 것도 인간과 피조물 일반의 창조에서의 이러한 마지막 계기에 관련하여 다만 다음을 뜻한다: 인간과 피조물 일반은 "그대로(그렇게, also)" [그들이 저 허용 및 명령을 수용하고, 그럼으로써 암묵적으로 저 금지령 아래 위치함으로써] 존재하기 **시작했다**. 이 시작의 시간 혹은 "시대"는 역사 이전의 시대이며, 그 안에서는 정확하게 말하여―사가도 또한 이것에 스스로를 제한한다.―오직 하나님의 허용 및 명령에 대해서만 말해지며, 그에 상응하는 피조물의 행동 및 현존에 대해서는 말해지지 않으며, 이것은 다채로운 묘사의 대상도 되지 않는다. 하나님의 창조를 통하여 **생성**된 피조물이 **존재**함으로, 피조물의 역사 그 자체가 시작함으로써, 피조물의 행동 및 현존재가 서술될 수 있음으로써, 저 중간 규정도 시작한다; 반면에 그것에 앞선 것은 이제는 서술될 수 없거나 혹은 다만 하나님의 근원적 의지에 대한 기억의 형식 안에서만 서술될 수 있다. 그 앞선 것은 계약(이것의 외적 근거가 창조이다.)의 역사의 목적을 형성하는 역사 이후의 시대와는 다르다. 구속과 완성이 그러한 종말의 시간을 불러올 것이며, 또한 보편적인 평화를, 그리고 창조자의 계명에 상응하는 (인간과 동물 사이의) 평화를 자체 안에 포함하게 될 것이다. 바로 그 목표를 바라보면서 구약성서는, 예를 들어 이사야 11:6f., 65:25, 호세아 2:18 등은 저 중간 규정의 지양을 명확하게 생각하지는 않으면서도 또한 구체적인 표현들을 제공한다. "그때에는, 이리가 어린양과 함께 살며, 표범이 새끼 염소와 함께 누우며, 송아지와 새끼 사자와 살진 짐승이 함께 풀을 뜯고, 어린 아이가 그것들을 이끌고 다닌다. 암소와 곰이 서로 벗이 되며, 그것들의 새끼가 함께 눕고, 사자가 소처럼 풀을 먹는다. 젖먹는 아이가 독사의 구멍 곁에서 장난하고, 젖뗀 아이가 살무사의 굴에 손을 넣는다. 나의 거룩한 산 모든 곳에서 서로 해치거나 파괴하는 일이 없다. 물이 바다를 채우듯, 주님을 아는 지식이 땅에 가득하기 때문이다." 이것은 종말의 시간 안에서의 바로 **피조물**의 구속과 완성에 관계되며, 이것을 바라보면서 예언 그 자체는 **구체화**될 수 있다.(되어야 한다.) 물론 우리의 구절들은 이러한 종말의 시간과의 관계가 없는 것은 아니다. 그러나 우리는 그 관계가 이제 바로 다음과 같음도 보아야 한다: 성서는 여기서(창세기) 그곳(사 11:6f. 등)에서와는 달리 명시적으로 말하지 않으며, 다만 저 강조되는 경계선 설치로써 만족한다. 은혜로우신 하나님 및 죄인 사이의 계약으로서 수립되는 희망으로서의 종말의 시대의 역사를 최소한 구체적으로 암시하는 것은 명백하게도 구약성서적 증거의 의도 안에 놓여 있다. 그러나 피조물의 근원적인 무죄한 및 평화의 어떤 상태를 진개하는 것, 독사와 청취자들을 희망 대신에 향수병으로 인도하는 것, 그래서 인간의 시초들에 대한 어떤 낙관주의적 상상으로 인도하는 것 등은 명백하게도 구약성서적 증거의 의도 안에 놓여 있지 **않다**. 구약성서의 고유한 역사는, 즉 창조와 완성 사이의 중간에 있는 계약의 역사는, 하나님과 인간 사이의 갈등의 서술로서, 그리고 그러한 갈등 안에서의 하나님의 신실하심의 서술로써 시작한다. 창조사는 물론 그 갈등을 및 그것들을 넘어서는 하나님의 신실하심을 미리 앞서서, 그것들이 하나님의 피조물에 대한 근원적 의지와 대조되면서 기억된다는 사실을 통하여, 명확하게 만든다는 의미를 갖는다. 그러나 창조사는 그것을 넘어서서 피조물의 실존의 어떤 근원적인 선함에 관하여 말하는 의미를 갖지는 않는다. 그러므로 우리는, 인간의 하나님 형상성에 대한, 그리고 인간의 땅 위에서의 통치의 지위에 대한 설명들과 마찬가지로, 또한 저 허용 및 명령(그 안에 포함된 금지령과 함께)을, 또한 창조를 평화의 왕국으로 내다보는 것을, 결정적으로 **약속**으로 이해하여야 하며, 그 약속의 성취는 본문 안에서 눈으로 파악할 수 있는 시계의 저편에서 찾아져야 한다.

"그리고 그대로 되었다." 이 확정은 우선 인간의 창조 전체를 뒤돌아보며, 그렇게 하여 인간의 특별한 축복을, 또한 인간 및 동물의 양식에 관련된 그 마지막 명령을 파악하며, 그리고 말한다: 그 모든 것은, 그 밖의 창조 전체를 종결하면서, 서술된 그대로, 사건으로 발생하였으며, 효력을 나타내게 되었다; 인간은 하나님의 말씀 및 사역을 통하여 현실적으로 남자와 여자로서 하나님의 원형 및 원본에 상응하면서 실존하는 존재가 되었으며, 생육을 위한 그리고 다른 피조물들 사이에서의 그의 특수한 기능을 위한 저 허용 및 약속을 받았으며, 그에게는 마지막으로 다른 피조물들과의 연합 및 평화 안에서 또한 그의 피조적 욕구에 상응하는 삶의 가능성이 허락되었다. 이 모든 것이 발생하였다.(그대로 되었다.) 그 모든 것이 하나님의 인간 창조였다. 곧바로 다음이 연결된다: "하나님이 손수 만드신 **모든 것**을 보시니, 보시기에 **참 좋았다**." 인간의 창조를 뒤돌아보는 것은 이로써 창조의 사역 전체를 뒤돌아보는 것이 된다. 첫날부터의 하나님의 이전의 모든 선하신 생각들 및 말씀들이 바로 여기서 반복되고 확증된다. 모든 날들 중 으뜸인 바로 이날에 모든 역사보다 앞서는 사건 안에서 좋았던 것은, 그것도 대단히 좋았던 것은 무엇인가? 그 대답에는 오해의 소지가 없다: 그것은 빛의 현실화로부터 창조자 자신의 각인된 상 및 뒤따른 상으로서의 인간의 현실화에 이르는, 즉 빛을 빛으로서 인식할 수 있는, 하나님께 대하여 행동할 수 있는 (이 우주의 본래적 거주자인) 파트너의 현실화에 이르는 우주의 설치 및 건립이—이러한 전체 그 자체가 대단히 좋았으며, 하나님의 행위 및 사역으로서 하나님의 뜻에 완전히 상응하였다. "그것은 대단히 좋았다."는 구체적으로: 하나님께서 그것을 계획하셨던 것에 적합하였으며, 그분의 은혜의 계약의 외적 근거로서 적합하였음을 뜻한다. 이러한 전체에 대해서는 어떤 불평이나 비난도 [무엇으로부터 그러한 것이 벌써 제기될 수 있겠는가? 누가 여기서 이미 비판가일 수 있겠는가?] 자리를 차지할 수 없었으며, 오히려 하늘과 땅 위의 모든 피조물들의 찬양과 감사만 있을 뿐이었다. 그러한 전체는, 그분의 현재에 상응하면서, 오직 마찬가지로 대단히 좋은 미래를 바라볼 수 있을 뿐이었다. 그러한 전체의 상태 안에는 어떤 다른 것을 기대할 어떤 종류의 근거도 없었다. 그리고 그 다음에 발생할 수 있었던 것 및 발생했던 것은 그러한 그것의 근원으로부터, 약속 아래서 그렇게 근거된 현실성의 역사로서 서 있었다; 그 약속은 미래가 나쁘게가 아니라, 반쯤만 나쁘게도 아니라, 오히려 최종적 및 궁극적으로, 계속해서 통치하실 하나님의 뜻에 마찬가지로 상응하면서, 그 뜻과 함께 대단히 좋게 다가와야 한다는 약속이다. 하나님께서 창조자이시고, 피조물의 절대적 주님이시기 때문에, 그분의 뜻이 모든 선의 척도 및 기준이기 때문에, 저 피조물의 현재로부터 그것의 가까운 미래를, 또한 그것의 미래 전체를 결론 짓는 것은 필연적이고 또 강제적이다.

(창 2:1-3) 창조는 종결되었지만, 그러나 창조사는 아직 끝나지 않았다.

후대의 시대가 **일곱째** 날의 사건의 묘사로서 한 새로운 본문의 장이 시작되도록 했던 것은 의미 없는 일이 아니었으며, 오히려 최소한 주목되어야 할 주석이다. 그리고 사람들이 그렇게 하여 그 일곱째 날의 사건을 전혀 다른 방향의 둘째 창조 사가에 직접적으로 인접시킨 것도 의미 없는 일이 아니었다. 사태는 말하자면 다음과 같다: 하나님의 안식일 축제(첫째 사가는 아직도 이것에 대하여 보고한다.)와 낙원의 이야기(이것은 둘째 사가의 형태이다.) 사이에는 내적인 연관성이 놓여 있다. 첫째 사가에서 일곱째 날에 축제하시는 창조자에 (둘째 사가에서 저 특출한 장소에 놓이는, 그곳에서 하나님에 의하여 양육되고 보존되는, 그리고 남자와 여자로서의 자신의 완전성을 획득하는) 인간적 피조물이 상응한다. 또 하나님의 안식일 축제는 첫째 사가의 인간의 창조와 직접적인 관계 안에 있다. 창조 전체가 인간의 창조로서 끝났을 때, **인간**의 실현 안에서 창조의 정점에 도달되고 창조의 의미가 획득되었을 때, **그때** 하나님께서는 일곱째 날에 만드신 모든 사역으로부터 안식하셨다; 그리고 **그것들을** 바라보셨으며, 그것들 모두가 좋고, 그래서 어떤 더 이상의, 보충하는 창조가 필요하지 않음을 아셨으며, 피조물의 실존 및 본질에 관련한 하나님 자신의 뜻이 하늘과 땅에서 발생하였음을 아셨다. 하나님께서 그곳에서 완전한 것으로, 더 이상의 보충하는 창조를 필요로 하지 않는, 오히려 다만 하나님의 통치 아래서의 하나님 자신의 확증 및 유지만을 필요로 하는 피조물로 보시고 아셨던 그것이 이제 둘째 사가에서 인간의 생성에 관한 다른, 고유한 역사의 형식 안에서 이야기된다. 첫째 사가는 남자와 여자로서의 인간을 등장시키고, 그의 다만 암시만 된 창조를 하나님의 안식일에 앞서는 준비하는 날의 사역이 되도록 하는 깃에서 만족한다.

"**이와 같이** ― 말하자면 인간 안에서 종결된 창조에 대한 하나님의 관계 안에서 ― 하늘과 땅이 그 가운데 있는 모든 무리와 함께 **완성되었다.**" 그러나 바로 이러한 완성이 일곱째 창조 날의 하나님의 특별한 행동이다. 완성한다는 것은: "마지막으로 손을 보는 것"을 뜻하지 않는다. 그 마지막의 것은 하나님께서 여섯째 날에 행하셨으며, 이제 더 이상 할 것은 불필요하게 되었다. 하나님의 사역의 완성은 그것과는 다른 하나님의 어떤 새로운 행동이며, 다음에 놓여 있다: 하나님께서 자신의 사역의 끝을 확정하셨으며, 하나님 자신을 자체로서 종결된 그 사역에 대하여 마주 세우셨다. 바로 이 확정과 마주 대함이 하나님께서 "하시던 모든 일에서 손을 떼고 **쉬셨다.**"는 것 안에 놓여 있다.

여기서 어떤 수고스럽게 및 잘 행하여진 노동 이후의 어떤 회복의 안식이 문제되는 것은 아니다. 하나님의 안식에 상응하는 구약성서 안에서의 안식일의 인간의 안식도 또한 그러한 의미를 갖지 않으며, 오히려 순전히 부정적으로: 더 이상의 작업의 중지와 중단을 뜻한다. 안식일의 자유, 축제, 기쁨은 인간이 이날에 그의 주중의 일의 작업의 연속으로부터 풀려난다는 데에 놓여 있다. 안식일에 인간은 그의 사역에 속하지 않는다. 그가 과거에 놓인 사역으로부터 힘을 회복하고 미래에 놓인 새로운 작업을 위해서 힘을 강화한다는 방식으로도 그렇게 속하지 않는다. 안식일에 인간은 자기 자신에게 속하며, 그는, 그가 건축자 혹은 목수, 종 혹은 하녀인 것을 완전하게 뒤로 둔 채, 순전하게 한 인간이다; 6일 동안 그에게는 그렇게 존재해야 하는 및 그에 상응하는 것을 행하여야 하는 짐이 부과되었지만, 그러나 그의 본질 및 실존은 그 모든 부과된 것들 안에서, 즉 그의 사역 안에서 소진되지 않았으며, 오히려 그 인간은 자신의 주중의 모든 사역들 안에서 및 그것과 함께, 자기 나름의 방식으로 한 인간이기를, 바로 그 인간이기를, 남자와 여자로서, 그러한 존재로서 하나님 앞에서 존재하기를 추구하는 인간이다. 인간이 바로 그것을 헛되이 추구하는 것이 아니라는 것, 그의 사역이 그를 소진시킬 수 없다는 것, 오히려 그는 그러한 목적으로 향하는 도상의 확고한 걸음들 안에 있다는 것, 이것을 그에게 그의 각각의 주중의 날들의 끝 이후에 제공되는, 일이 없는, 그 자신에게 선사된 안식일의 **자유, 축제, 기쁨**이다. 안식일은 인간의 주중의 날 각각에게, 그래서 그의 전체 시간에게, 그리고 그가 그 시간에 행하는 것에게 전망과 깊이를, 의미와 광채를 부여하는 것이다. 성서적 증인은 일곱째 창조 날의 하나님의 행동을 대단히 명시적으로 및 직접적으로 인간이 지켜야 하는 안식일 제도와 연결시키며, 그래서 그 행동을 그 제도가 아닌 다른 어떤 것으로부터 이해한다는 것은 불가능하다. 인간이 안식일에 행하여야 하는 바로 그것을 먼저 하나님 자신이 바로 그 일곱째 날에 행하신다; 그분이 쉬신다; 다시 말하여 계속되던 창조의 사역을 중지하고 바라보시며, 그 사역을 중단하신다. 만일 하나님께서 창조자이시기를 그치지 않으셨다면, 하나님께서는 바로 그 일곱째 날에 전적으로 하나님 자신의 곁에 계셨으며, 어떤 새로운 창조 사역의 실행 중에 계시지 않았으며, 지금까지의 사역에 지쳤다거나 미래의 사역을 예비하기 위해서가 아니라, 오히려 모든 사역으로부터 **자유롭게**, 모든 행하여진 사역을 **축제하면서**, 그분의 선하신 사역 전체의 목적에 **기뻐하면서** 도달하셨다. 그러므로 하나님께서는 창조 이전의 그리고 세계와 인간이 없는 그분의 본질 및 존재의 내적 영광의 자존성(Aseität) 안으로 회귀하셨다고, 한순간 우리는 그렇게 생각하고 싶어질 수도 있다. 그러나 하나님께서는 창조 이전의 내적 영광으로 회귀하실 필요가 없다; 왜냐하면 창조자로서의 그분의 영광이 참으로 상실될 수가 없기 때문이다. 세계 및 인간이 없는 존재 안으로 하나님께서는 회귀하실 수 없으며, 원하지도 않으신다; 왜냐하면 그 일곱째 날의 축제, 자유, 기쁨은 세계 및 인간의 창조의 완성보다도 훨씬 더 큰 것으로 지칭되기 때문이다.

또한 하나님께서도 쉬신다는 것은 순전히 [그리고 충만한 내용으로서!] 다음을 뜻한다: 하나님께서는 그분의 창조 사역을 계속하지 **않으시며**, 다시 말하여 하나님께서는 그 사역을 세계와 인간의 창조에 이르러 **끝내셨다**. 하나님께서는 자신과 구분되는 **그러한** 현실성과의 **그러한** 관계 안으로 들어서시는 것에, 그러한 피조물의 창조자가 되시는 것에, 말씀의 **그러한** 사역들 안에서 그분의 권능 및 은혜의 외적 영역을 가지시고, 명백하게 계시된 그분의 영광의 장소를 가지시는 것에 만족하셨다. 한 경계선이 가시화되었다. 하나님 자신이 그 경계선을 설치하셨으며, 이제 그것을 더 이상 넘어서지 않으신다. 하나님의 '창조자 의지'는 그것이 무한하게 존재하는 것이 아니라, 오히려 바로 그러한 특정한 내용을 가지며, 그래서 다른 어떤 것도 갖지 않는다는 사실에서 태초부터 신적이었다. 하나님께서는 창조 사역을 계속하실 수 없었다; 왜냐하면 그분이 그것을 원하지 않으셨기 때문이다. 하나님께서는 태초부터 그것을 원하지 않으셨기 때문에, 그 사역을 그치고, 계속하기를 원하지 않으실 수 있었다. 그분은 모든 사역들로부터 쉬실 수 있었다; 왜냐하면 그분은 태초부터 그러한 모든 사역들을 원하셨고 계획하셨으며, 그래서 다른 어떤 것도 원하거나 계획하지 않으셨기 때문이다. 바로 이러한 그분의 안식이 하나님을 무한한 연속 안에서 진전되는 및 전개되는 세계원칙(Weltprinzip)으로부터 하나님을 구분한다.

일곱째 날의 하나님의 안식 안에서 볼 수 있게 되는 하나님의 한 특징은 그 안식이 **자유**를 계시한다는 사실이다. 창조 활동의 그러한 경계선이 없는 어떤 세계원칙은 하나님과는 달리 자유롭지 못하며, 오히려 그것의 고유한 진전들 및 전개들의 무한한 운동에 예속되어 있다. 바로 그것의 경계선 없는 창조 활동성 안에서 세계원칙은 그것 자신에 속하지 못할 것이며, 그것은 활동 중이라기보다는 오히려 그것 자체에게 부과된 노선에 사로잡혀 있을 뿐이며, 그것보다 더 높은 필연성에 굴복하고 있을 뿐이다. 오직 자신의 행동을 규정하고 또 제한할 수 있는 그러한 존재만이 자유롭다. 그리고 오직 그러한 존재의 사역만이 행함이다. 하나님이 그러한 존재이다. 하나님의 창조 활동성은 하나님 자신에 의하여 결정된 (그분의 사역으로부터의) 안식, 즉 일곱째 날의 안식 안에서 한계를 갖는다. 이러한 안식 안에서 계시되는 자유가 성서적 사가의 창조자의 참된 신성의 한 특성이다.

일곱째 날의 이러한 안식 안에서 볼 수 있게 되는 하나님의 또 다른 한 특징은 그 안식이 하나님의 **사랑**을 계시한다는 데에 놓여 있다. 자신의 창조 활동성의 그러한 한계가 없는 어떤 세계원칙은 하나님과는 달리 사랑이 없는 존재일 것이다: 그것은 아무 곳에서도 정지하지 않으며, 어떤 피조물 곁에도 머물지 않으며, 어떤 피조물에게서도 만족하지 않으며, 무한한 계속 안에서 언제나 또 다시 자기 밖의 다른 존재를 규정하는 존재일 것이다. 그러한 존재는, 겉으로 보기에는 사랑의 바다인 것 같지만, 그러나 실상은 전혀 사랑하지 않으며, 오히려 그것의 사랑의 모든 가능한 대상들을 지나치며, 근본적으로는 그것의 고유한 그림자만을 뒤쫓도록 저주받은 존재이다. 사랑은 한 특정한, 제한된 대상을 갖는다. 사랑은 그러한 대상 자체에 의하여 제한되고 규정되는 행위이다. 그렇게 하나님께서는 사랑하신다. 그렇기 때문에 하나님께서 더 이상의 모든 사역들을 멈추시고 중단하셨던 일곱째 날이 있으며, 하나님께서는 그분의 사랑의 대상을 **발견**하셨으며, 그래서 더 이상의 다른 어떤 사역을 필요로 하지 **않으신다**. 이러한 안식 안에서 계시된 하나님의 사랑이 창조자의 참된 신성의 다른 특성이다.

하나님이 바로 이러한 일곱째 날의 안식 안에서보다 더 많이 및 더 고유하게 하나님이신 적이, 창조의 사역 전체의 진행 안에서 더 완전하게 하나님 자신인 적이 언제 있었는가? 여기서 다음이 의심의 여지없이 명백해진다: 그분의 사역이 그분에게 해를 끼칠 수는 없으며, 그분을 중지시킬 수는 없다; 그분은 창조자로서 그 사역의 고유하신 주님이시며, 자유로우신 자 및 사랑하시는 자, 그리고 양자 안에서 하나님이셨다; 더 나아가 하나님께서는 바로 창조자로서 자신이 그 사역의 고유한 주님이시며, 자유로우신 자 및 사랑하시는 자이시며, 하나님이심을 확증하고 공개되도록 하셨다. 여기서 하나님께서는 전적으로 자기 자신의 곁에 계시며, 창조 이전에 자신의 내적 영광의 자존성(Aseität) 안에 계셨던 것보다 조금도 덜하지 않게, 마찬가지로 동등하게 자기 자신 곁에 계시며, 다만 지금은 또한 외부를 향해서도 작용하시는 자, 그리고 그 사역과의 관계 안에서도, 바로 그 관계 안에서 비로소 올바르게 존재하기를 원하시고 그렇게 존재하시는 분이 되신다.

그렇다면 다음이 주목되어야 한다: 성서적 증인이 말하는 것은 여기서 어떤 추상적 신 개념에의 공헌이 아니며, 오히려 **이야기**(Erzählung)이다. 그 증인은 **일곱째 날**에 대하여, 그날을 성취하는 하나님의 특정한 행하심에 대하여 말한다; 이것은 그가 앞에서 여섯 날들 및 그 사역들에 관하여 말했던 것과 마찬가지이며, 그래서 하필이면 여기서, 그곳에서보다 덜 글자 그대로 및 구체적으로 이해되어야 할 이유는 전혀 없다. 그러므로 그 증인은 하나님께서 자신의 사역을, 앞에서 그 사역을 시간 안에서 시작하셨고 또 종결하셨던 것과 마찬가지로 **시간** 안에서 완성하셨다고 말한다. 그러므로 그 증인은 일곱째 날의 하나님의 안식에 대하여 말함으로써, 사실상 다음을 말한다: 하나님께서 영원 전에 하나님 자신 안에서 계셨고 행하셨던 그것을 이제는 시간 안에서, **역사적 사건**의 형식 안에서, 피조물에 대한 그분의 관계 안에서 말하자면 **반복**하셨으며, 창조 전체의 **완성**이 바로 그 반복의 역사적 사건에 놓여 있었다.

이것은 무엇을 뜻하는가? 그것은 우선 **일반적**으로는 명백하게 다음을 뜻한다: 하나님께서는 세계 및 인간을 창조하고, 하나님 자신 앞에 세우고, 그것들에게 고유한 존재와 의미와 진행을 허용하고, 그것들에게 고유한 법칙적인 전개에 내맡긴 뒤, 하나님 자신은 근원에서 어떤 최고 섭정자의 잉여의 자리로 퇴각하는 것에 만족하지 않으셨다. 오히려 하나님께서는 세계와 인간을, 그것들을 창조하신 후에, 가장 진지하게 자신에게로 **수용**하셨으며, 그것들과 모든 형식 안에서 그것들의 **친구가 되셨다.**(sich zugesellt) 피조물의 현실성에는 그것이 하나님의 은혜와 권세로써 창조되었다는 것만 속하는 것이 아니라, 또한 다음이 구성적으로 속한다: 하나님께서 그 피조물과 **함께 존재**(koexistieren)하기를 원하셨으며, 그래서 하나님께서 하나님 자신을, 그 피조물을 창조하신 후에, 일곱째 날의 저 역사적 사건 안에서 피조물과 '함께 존재하는' 하나님으로 정하셨다. 이 사건을 바라볼 때—말씀의 성육신까지 이르는, 그리고 그것을 넘어서서 육신의 부활과 새 하늘 및 새 땅의 생성에까지 이르는 결과 전체와 함께—세계 **내재적** 하나님을 말하는 것은 의미가 있다. 왜냐하면 창조를 완성하는 이 사역 안에서—그것은 그 자체가 창조 사역의 어떤 계속은 아니지만, 실상은 모든 사역들의 사역이다.—하나님께서는, 세계와 인간을 만드신 이후에, **자기 자신을 세상적으로 그리고 인간적으로 만드셨기 때문이다**; 다시 말하여 하나님 자신을 시간적 행위(Akt) 안에서 세계의 존재와 의미와 진행과, 또 인간의 역사와 결합시키셨다.

 그러나 이것은 문제의 중심의 일반적 의미일 뿐이다. 그것의 특별한 의미는 다음이다: 창조자의 **참된** 신성, 그분의 진정한 자유 및 그분의 진정한 사랑이 공개되었다는 것, 이것이 일곱째 날의 저 사건의 내용이다. 참된 신성의 이러한 계시 안에서 하나님께서는 자신이 창조하신 세계와 자신을 결합시키셨다. 하나님께서 바로 안식 안에서 하나님 자신의 과거-현재-미래의 존재로서, 모든 형식 안에서, 그 세계와 친구가 되셨다는 이것이 창조 전체를 완성하며, 창조에 왕관을 씌운다. 하나님께서는 역사적 사건 안에서 다른 어떤 것도 아닌 바로 자신의 고유하신 완전한 존재를 반복하시며, **그러하신 존재**로서 하나님 자신과는 전혀 다른, 자기 자신이 창조하셨던 그것에 속한다고 선언하셨다. 바로 그렇게, 신성의 자유, 축제, 기쁨의 완전한 충만 안에서 하나님께서는 피조물 곁에 계시며, 피조물과 함께하신다. 하나님께서 마지막으로 및 최고로 창조하셨던 것은 **인간**이었다. 인간의 현실화 안에서 창조 전체는 그것의 정점 및 의미를 획득하였다. 인간이 현실화되어 하나님 앞에 섬으로써, 하나님께서는 창조 사역을 중지하셨으며, 저 경계선에 멈추셨으며, 하나님께서는 창조하신 것에 만족하셨으며, 또 사랑의 대상을 발견하셨다. 그렇게 하여 인간은 하나님의 직접적 및 본래적 대상으로서 자신의 **참된** 인간성 안에 있었으며, 하나님은 참된 신성 안에서 이제 그 인간과 친구가 되셨다. 그와 같이 **계약사**가 창조 주간의 일곱째 날의 그 사건 안에서 현실적으로 근거되었다. 그와 같이 계약사는 그날에 이미 비밀리에 시작되었다. 그와 같이 여기로부터 이미 계약사의 도달영역 전체를 볼 수 있게 된다: 계약사는 하나님 자신에 대한 어떤 이국적인, 어떤 부차적인, 왼손으로 취급하는 어떤 일거리가 아니다. 하나님께서는, 세계와 인간을 창조하신 이후에, 그 일거리 안으로 몸소 및 고유하신 인격 안에서 개입하셨으며, 직접 관여하셨다. 하나님께서는 창조자의 그 마지막 날 및 행위를 하나님 자신의 고유한 역사의 한 요소로 만드셨다. 하나님께서 자신의 자유, 축제, 기쁨에다가 피조적 현실성의 공간 안의 그러한 **시간적인** 형태를, 다른 역사적 사건을 이후의 및 이전의 한 역사적 사건의 성격을 부여하심으로써, 그분의 고유한 영예는 손상을 입을 수 있게 되었고, 내기에 걸려 위태로워졌다. 그러므로 하나님께서 이러한 안식의 날 다음에 동일한 공간 안에서 계속해서 행하실 그것의 곁에 전적으로 현존하신다는 것은—하나님께서 본래적인, 최고로 심각한 일이다. 그러나 하나님께서는 그 일을, 창조를 그렇게 완성하신 이후에, 자기 자신으로 인하여 행하실 것이다.

이것이 창조자 하나님을 위한 일곱째 날의 의미이다. 일곱째 날이 그 사실로부터 또한 **피조물**에 대해서도 갖는 **간접적인** 의미도 오인될 수 없다: 피조물은 다음에서—피조물은 그러므로 자기 자신 안에서가 아니라, 오히려 자기 자신의 저편에서—완성된다: 즉 **하나님**께서 고유하신 인격 안에서 하나님 자신을 (피조물과의) 그러한 **동료됨**(Zugehörigkeit) 안으로 이동시키셨다; 피조물의 완전성은 언제나 또 다시, 하나님께서 피조물에 대한 그러한 동료됨 안에서 계획하시고 행하실 것 안에서 추구되어야 하며, 그때 발견될 수 있다. 그러나 그 일곱째 날은 또한 피조물에 대해서도 **직접적인** 의미를 갖는다. 성서적 증인들의 견해는 명백하게도, 피조물이 그리고 그것의 정점에서 인간이, 하나님께서 안식하시는 저 마지막 사역의 날에 뒤따르는 날들에 자기 입장에서 자신의 사역을 진행할 수 있다는 것이 아니다; 오히려 그들의 견해는 다음이다: 피조물은, 무엇보다도 인간은 그 일곱째 창조의 날에 하나님과 함께 **안식**하였으며, 그래서 자유롭게, 축제하면서, 기쁘게 자기 자신의 곁에 머물 수 있었다는 것이다. 하나님의 멈추어져야 할 더 이상의 어떤 사역도 뒤에 남아 있지 않음에도 불구하고, 인간 및 피조물의 안식일의 자유, 안식일의 축제, 안식일의 기쁨이 오직 하나님의 사역만을 뒤돌아보며, 그래서 피조물의 고유한 사역을 뒤돌아보지 않음에도 불구하고 인간과 피조물도 그렇게 안식하였다. 피조물의 것은 오직 하나님의 자유, 축제, 기쁨에만 근거할 수 있었으며, 그래서 그것은 오직 다음 안에서만 존재한다: 피조물은 하나님의 그것에 참여하라는 초대의 순서에 응하였다. 사가는 이 초대를 명확하게 말한다: "하나님께서 일곱째 날을 축복하시고 거룩하게 하셨다"; 다시 말하여 하나님께서는 일곱째 날에게 피조물이 (필요한 변경을 가한다면) 동일한 내용 및 동일한 의미를 가질 수 있는, 그래서 그날에 하나님께 대한 것과 똑같이 인간의 행위의 날이 될 수 있는 능력 및 특별한 규정을 주셨다; 그래서 그날은 사역으로부터 자유로운, 다른 모든 날들과 구분되면서 전적으로 인간 자신에게 선사된 날이다. "왜냐하면 일곱째 날에 하나님이 창조하시던 모든 일에서 손을 떼고 쉬셨기 때문이다." 하나님께서 그것을 행하셨던 이유는 하나님 자신에 의하여 피조물이 동일한 것을 마땅히 및 반드시 행하여야 하기 때문이라고 설명된다. 창조사의 이러한 마지막 행위 안에서 남자와 여자로 창조된 인간의 하나님 형상성은—이 행위 그 자체는 명백하게도 하나님과 인간 사이에서 시작하는 계약사의 첫 행위이다.—다음에서 그것의 첫 확증을 발견한다: 그 초대가 전해지며, 또한 인간의 사역 주간이 그러한 일곱째 날의 목표를 갖게 되며, 그리고 그것과 함께 사역의 시간으로서의 인간의 시간 전체가 작업으로부터 자유로운, 인간 자신에게 선사된 미래의 표징 아래 유일회적으로 배치되었다. 이와 같이 원형은 그것의 각인된 상을, 원본은 그것의 뒤따른 상을 각각 승인한다. 그와 같이 하나님께서는 피조물의 작업 시간에 경계선을 두셨으며, 그와 같이 이 경계선은 올바른 시간적인, 각각 6일 이후에 다시 돌아오는, 그러나 이제는 아주 특별한, 그렇게 되라고 **축복을 받은 및 거룩하게 된** 말의 형태 안에서 구체적으로 볼 수 있게 된다. 그것은 노동해서 혹은 투쟁해서 얻어지는 목적이 아니며, 오히려 참으로 모든 노동과 투쟁의 저편에서 인간에게 **선사되는** 목적이며, 피조물을 위해서 존재하지만, 그럼에도 불구하고 피조물의 노동 및 투쟁의 길의 끝을 형성하는 (그의 실존의) 목적이다. 마지막 날은 안식일이 될 것이며, 인간의 마지막 시간도 그의 안식의 시간이 될 것이다; 그것도 하나님 자신의 안식과 연합된, 참된 신성의 자유, 축제, 기쁨에 참여하는 그의 안식의 시간이 될 것이다. 인간이 하나님의 그러한 완성하시는 행위에의 참여 안에서 그 자신의 편에서도 **참된** 인간이 될 것이라는 것, 이것이 약속이며, 인간은 이 약속 아래서 자신의 사역을 행하여야 한다. 그리고 다음에서—인간 자신이 행하는 어떤 것 안에서가 아니라, 오히려 인간이 이 약속의 성취로써 수용하는 것 안에서, 인간 자신 및 인간의 사역은 완성된다: 이것은 하나님 자신이 창조의 사역을 (그 모든 사역들을 마치신 후에) 다른 어떤 사역으로써가 아니라, 오히려 안식으로써 완성하신 것과 마찬가지이다. 하나님께서 축복하신 및 거룩하게 하신 일곱째 날은 언제나 새롭게 다시 돌아오면서 인간에게 그것을 증거한다. 일곱째 날은 하나님께서, 그러한 그날의 증거를 들으시고 수용하심으로써, 거룩하신 날이다: 하나님께서 일곱째 창조의 날에 그 증거의 근거 및 대상인 특별한 행위(Akt, *안식)를 위한 시간을 취하기를 얕보고 거절하지 않으셨다는 사실에 상응하는 특별한 시간적 행위 안의 날이다. 일곱째 날은 인간에게도 또한 그 증거를 듣고 수용할 시간이 주어지는 그런 날이다. 그날은 더도 덜도 아니라 첫째의 신적 안식일 축제 안에서, 그리고 그것과 결합된, 그 축제를 함께하라는 피조물의 초대 안에서, 하나님과 인간 사이의 계약의 의미 및 의도로 분명하게 볼 수 있게 된다.

우리는 그 초대가 다음의 시점에 뒤따라온다는 점을 아무리 주목해도 지나치지 않는다: 그것은 피조물이, 특별히 인간이 하나님에 의한 자신의 창조 외에는 등 뒤에 아무것도 가지고 있지 않은 시점이며, 안식일 축제와 인간 자신에 의하여 성취된 어떤 사역과의 관계란 것이 전혀 말해질 수 없었던 시점이다. 일하고 수고하기 전에, 그의 공로는 전혀 없이, 인간은 초대를 받으며, 모든 동작을 중지 및 중단하고 휴식하라는, 그래서 하나님의 고유한 행위와의 일치 안에서 자유롭게, 축제하면서, 기쁘게 자기 자신 곁에 머물라는 초대를 받는다. 그와 같이 **안식일**은 인간에게 주어진 약속으로서 인간을 위하여 그의 일하는 주간의 끝에가 아니라, 오히려 **시작**에, 그것도 그것이 바로 인간에게 주어짐으로써 철두철미 그의 일하는 주간의 시작에 서 있다. 그러므로 안식일의 표징인 약속 그 자체도 명백하게도 인간의 의지, 수행, 업적과 결합되지 않는다. 안식일이 처음 등장했을 때, 그 안식일보다 앞선 것은 오직 하나님의 사역이며, 인간의 사역은 없었다. 하나님께서는 자신에게 자유, 축제, 기쁨을 누리듯이 인간도 그렇게 할 수 있도록 행하고 완성하는 일을 스스로 떠맡으셨다. 이제 인간에게 남은 일은 다음이다; 하나님께서는 그 일에 꼭 필요한 것을 현실적으로 이미 **행하셨으며**, 인간을 하나님 자신의 안식에의 참여로 **초대하셨으며**, 인간이 그러한 초대에 현실적으로 **응할 수** 있도록 하셨다. 그러므로 인간에게 남은 것은 전적으로 하나님의 은혜뿐이다. 그 은혜가 인간에게 향해짐으로써 하나님과 함께하는 인간의 역사가 시작된다. 그러므로 그 은혜는 참으로 **주일**에 시작되며, 주중에 시작되지 않는다. 그 은혜는 **복음**과 함께 시작되며, 율법으로써 시작되지 않는다. 그 은혜는 인간의 **자유**와 함께 시작되며, 의무로서 시작되지 않으며, **축제**로서 시작되며, 부과된 과제로서 시작되지 않으며, **기쁨**으로써 시작되며, 수고와 노동으로써 시작되지 않는다. 물론 전자들에게 곧 후자들이 뒤따른다는 사실이 유의되어야 한다. 그러나 후자들은 즉시 전자를 발견하게 될 것이다. 하나님께서 일곱째 날에 안식하셨다는 것, 하나님께서 그날을 축복하시고 거룩하게 하셨다는 것, 이것이 인간이 증인이 되어야 하는 하나님의 최초의 행위이며; 인간 자신이 전적으로 하나님과 함께 일하지 않고 안식일을 지켜야 한다는 것, 이것이 인간에게 말해진 첫째 말씀이며, 인간에게 부과되는 첫째 의무이다. 여기서 시작되는 계약사가 하나님의 **은혜의** 계약의 역사가 될 것이라는 사실이 이제 유일회적으로 결정되었다. 바로 이 결정과 함께 피조물의 실존 및 본질에 관련된 하나님의 뜻의 계시로서의 창조가 완성되었으며 — 그것과 함께 또한 피조물 자체가: "하늘과 땅과 그 가운데 있는 모든 무리가" 완성되었다. 바로 **다음을 위하여**: 하나님과 인간 사이에 수립된 은혜의 계약의 역사로서의 인간의 역사가 시작되고 발생할 수 있기 위하여 창조는 발생하였다. 창조는 성서의 첫 증인에 따르면 다음 이유에서 발생하였다: 왜냐하면 하나님의 인간에 대한 사랑이, 인간과 그의 세계 전체가, 즉 하나님의 사랑의 대상이 피조물이 되고, 그래서 그것들이 하나님께 미리 앞서서 **속해야 한다**는 사실 안에서 비교할 수 없이 강력하게 되기를 하나님이 원하셨기 때문이다. 피조성은, 즉 창조는 은혜의 계약의 외적 근거이다; 이 근거 안에서 하나님의 인간에 대한 사랑은 그것의 성취를 향해 나아간다. 이러한 목적론 안에서 성서의 첫 창조-본문은 하나님의 "창조"를 구체적으로 볼 수 있게 만들었다.

일곱째 날의 보고의 이해는 결정적으로 그 구절을 지배하는, 하나님의 "완성"(Vollenden) 및 "안식"(Ruhen)이라는 개념과 그 맥락의 해석에 달려 있다. 우리는 읽는다: "하나님은 하늘과 땅과 그 가운데 있는 모든 것을 다 이루셨다.(완성하셨다, vollendet) 그리고 하나님은 그가 하신 일을 일곱째 날에 마치셨다."(완성하셨다, vollendet) "하늘"과 "땅"은 여기서 1:6f.와 1:9f.에서의 기술적 의미가 아니라, 오히려 1:1 및 2:4a에서와 같이 상층 및 하층 세계로서의 근본 구조 안에서의 피조물 전체를 가리키며, 다만 "그 가운데 있는 모든 무리"라는 추가는 형태를 갖춘 및 장치되어진, 계층적으로 배치되고 분화된 세계를 가리킨다. 이 "무리"(Heer)에는 물론 첫째 날의 빛으로부터 인간에 이르기까지, 여섯 날의 보고 안에서 피조물로 서술된 모든 것이 속한다. 그리고 이 사가가 어떤 자연과학적인 완전성에 대한 요청 없이 본문을 보고하였기 때문에, 여기는 우리가 어떤 것을 추가로 도입함 없이 상층 및 하층 세계 안의 모든 존재를 생각할 수 있는 장소일 것이다; 그 세계를 사가의 보고는 명시적으로 고려하지 않았지만, 그러나 구약성서적 이스라엘은 그 세계의 실존을 틀림없이 고려하였을 것이다. 이 전체: 하늘, 땅 및 그 사이의 모든 무리가 "하나님이 행하셨던 사역"을 형성한다. melakah라는 표현은 [mal'ak, 메신저, 사신과 유사하면서] "창조자의 생각, 의지 및 의도를 실현해야 하는 사역을 가리킨다. 창조자가 그에게 호흡을 불어 넣고, 그것의 본질의 형태를 만든다; 이것은 파송자와 메신저의 관계 같으며, 후자가 전자를 대리하며, 전자에 관하여 신고한다."(B. Jacob) 그것은 작품이다; 그것은 그것을 만들려고 했던 자의 사용을 위하여 준비되어 있다는 점에서, 만든 자를 찬양한다. 하나님께서는, 하늘과 땅과 그 가운데 모든 무리를 창조하셨을 때, 바로 그러한 작품(사역, Werk)을 만드셨다. 그런데 이제 다음과 같이 말해진다: 하나님께서는 그 작품(사역)을 일곱째 날에, 즉 인간의 창조의 날 바로 직후에 따라오는 날에, **완성하셨다**. 칠십인역은 이 표현을 다음과 같이: 하나님께서는 그 사역을 일곱째 날에 끝마치셨으며, 마지막을 손을 보셨다고 오해하였다; 또 칠십인역은 이와 같이 뒤따라오는 내용의 관점에서는 명백하게도 불가능한 문장을, 그 일이 일곱째 날이 아니라 여섯째 날에 행하여졌다고 고침으로써, 개선하려고 하였다. 그러나 그 일은 분명히 일곱째 날에 관계된다; 완성하기(kalah)는 끝이 아니며, 다시 말하여 어떤 행동의 최종적 행위(Akt)가 아니며, 오히려 그 최종 행위에 직접적으로 뒤따라오는, 그 행동을 효과적으로 종결하는 '더 이상 행하지 않음'을 가리킨다; 즉 어떤 행동을 끝내는 것 혹은 그것이 끝내지는 것이 아니라, 오히려 그것이 그치는 것 및 끝나는 것을 가리키며, 한 계기, 즉 그 안에서 행위자가 자신의 행동을 중단하고 행하여진 것에 만족하게 되는 계기를 가리킨다. 바로 이것이 하나님께서 여섯째 날이 아니라, 오히려 일곱째 날에 행하신 것이다. 야콥(B. Jacob)은 올바르게도 역대하 29:17의 병행구절들을 주목하였다: 그곳에서는 히스기야의 성전 정화가 서술된다: 첫째 달 첫째 날에 제사장들은 정화를 [우선 성전 앞뜰을] 청결하게 하기 시작했다; 그들은 여덟째 날에 성전 어귀에 이르렀으며, 팔일 동안 성전 자체를 청결하게 하였다; "첫째 달의 열 여섯째 날에 [즉 저 칠일과 이 팔일 후에] 그들은 다 마쳤다(killu)." 그와 같이 하나님께서는 일곱째 날에 마치셨다. 랍비 라쉬(Raschi)의 그 자체로서는 영감에 찬 해석, 즉 그날에 하나님께서 이제 바로 안식을 취하셨다는 해석은, 저 오해를 전제로 하기 때문에, 허용될 수 없다. 일곱째 날에 하나님은 더 이상, 어떤 의미에서도 더 이상의 것을 창조하지 않으셨으며, 오히려 하나님은 자신의 마지막 사역(작품)의, 말하자면 인간의 면전에 서 계셨으며, 인간을 바라보시면서 그 자체 안에서 종결된 전체로서의 창조 앞에 서 계셨다. 하나님께서는 그러한 전체를 증가시키거나 개선하는 작업을 단념하셨고,

중단하셨다. 이 결정의 근거는 1:31에서 재차 주어지는 판단에 놓여 있다: 하나님이 만드신 모든 것은 보시기에 대단히 좋았다. 왜냐하면 그분의 판결이 척도가 되고 또 그분의 결정이 올바르기 때문에, "왜냐하면 그분이 세계를 모든 관점에서 완성하실 때까지는, 즉 충분한 저장품들 중 아무것도 결여되지 않을 때까지 세계의 창조를 그치지 않으실 것이기 때문에"(Calvin), 그렇기 때문에 바로 그 신적 **중단**은 동시에 창조의 신적 **완성**(Vollenden)이었다. 그러므로 그 표현은 순수하게 부정적이지 않다. 하나님은 그치지 않으신다; 오히려 하나님은 바로 지금, 그 자체 안에서 이제 막 종결된 세계 전체와 창조자로서 마주 대면하기를, 그것의 창조자로서 그것에게 직접 및 그것 안에서 활동하기를, 시작하신다. "왜냐하면 다음이 확실하기 때문이다: 하나님께서는, 세계를 그분의 능력으로 유지하시고, 그분의 섭리를 통하여 다스리시고, 모든 피조물들을 양육하시고, 번성하도록 하심으로써, 지속적으로 일하고 계신다. … 그리고 만일 그분에게 저 지속적으로 살리시는 활동이 귀속되지 않는다면, 그분은 하늘과 땅의 창조자로 완전하게 인식되지 않으실 것이다."(Calvin) 우리는 이러한 일곱째 날의 하나님의 행동을, 그분에 의하여 창조된 세계에 대한 하나님의 축제적인 보좌등극으로, 창조에 대한 하나님의 통치권의 적법한 확증으로—이것을 사람들은 후대에 계속적 창조(creatio continua)라고 불렀다.—이해해야 한다. 그러나 하나님께서 이제 통치자로서 대면하시는 것, 즉 그것에게 및 그것 안에서 하나님께서 이제 활동하시게 될 것은 바로 6일 동안 서술된 방식으로 창조된 그 세계이며, 다른 어떤 것도 아니다. 창조의 종결 및 제한으로서의 이러한 하나님의 완성이 또한 통합적 요소로서 세계의 창조에 속한다. 이 종결 및 제한으로부터 나중에 많고 또 많은 이후의 주간들의 진행 안에서 하나님과 세계 사이의 역사가, 다시 말하여 하나님과 바로 그 세계의 역사가 이루어질 것이다. 세계의 완성은 "하나님께서 일으키고자 하셨던 세계의 상태"(Calvin)를 지칭한다. 그러한 한도에서 완성은 세계의 본질과 상태에, 또 실존에 속하며, 그러한 한도에서 세계의 창조에 속한다.

그렇기 때문에 교부들이 창조에 몰두하는 가운데 보통 6일간의 창조(Hecaemeron)에만 스스로를 제한했던 것은 큰 오해였으며, 심각한 지평의 협소화였다; 그러나 그곳에서 실제로는 외적으로만 아니라, 또한 내적으로도 모든 것이 창조사는 7일로 이해되어야 한다고 주장되고 있으며, 일곱째 날의 보고는 전혀 빼놓을 수가 없다. 그렇기 때문에 우리는 "날"의 개념을, 마치 사가가 [Delitzsch와 Jacob이, 또 WA 24, 61에서 이미 Luther가 그러했듯이] 일곱째 날로서 뒤따라오는 혹은 어떤 "항상 및 영원히"(Delitzsch) 지속되는 시간을 지칭하려고 했다는 식으로, 왜곡하거나 희석해서는 안 된다. 하나님이 행하시는 모든 것이, 그래서 또한 이 일곱째 날의 그분의 행동도, 또한 그분**의** 시간에 맞게, 다시 말하여, 하나님의 행동으로서 근원적으로 그분 자신 안에서, 그래서 모든 피조된 시간의 저편에서, 그러한 한도에서 모든 피조된 시간과 동시적으로 발생한다는 것은 한 별개의 문제이다. 그러나 그것을 바라보면서 그러한 완성하는 하나님의 행동이 사가의 의미에서 창조사 그 자체에게 속한다는 것, 그리고 그 행동이 참된, 특정한 및 제한된 날의 내용을 형성한다는 것이 억압된다면, 그것은 바른 일이 아닐 것이다. 현실 세계(이것 안에서 이후에 하나님의 저 계속되는 행동이 발생한다.)가, 그 세계가 생성되도록 하신 동일하신 하나님이 또한 그 세계를 완성하시지 않고서는, 그래서 세계의 상태가 시초부터 그것의 완성을 자체 안에 포함하지 않고서는, 생성될 수 없었다는 것, 이것을 사가는 (우리가 그 사가가 여기서 말하고자 하는 것을 "말하도록" 허용한다면) 말한다. 하나님께서는, 자신의 고유한 시간성을 해치지 않고서도, 또한 이러한 시간문제 안에서도 우리의 시간을 그분의 행동에 맞게 취하셨으며, 그래서 첫째 주의 현실적인 마지막 날에 모든 것을 완성하셨다. 또한 세계에 대한 하나님의 통치의 역사도 (시간을 종결하는, 그러나 그러한 한도에서 그 자체가 시간적인) 완성을 향해, 참된 마지막 날의 돌입을 향해 나아간다는 것, 이것이 창조사 안에서 그것의 분명한 상응을 취한다. 어떤 낯선 종류의 개념을 도입하지 않고서는 사가가 이것이 아닌 다른 어떤 것을 말할 수 없을 때에, 왜 우리는 그 사가가 말하고자 하는 그것을 말하도록 허용하지 말아야 하겠는가?

그리고 이제 사태는 다음과 같다: 이 구절들 안에서 사용된 다른 개념, 말하자면 하나님의 **안식**의 개념이 완성의 개념과 우선 일치한다. "하나님은 이렛날에는 하시던 모든 일에서 손을 떼고 쉬셨다." 2절의 이 구절이 완성에 대한 진술과 전적으로 병행을 이루는 것은 공연한 일이 아니다. schabat(안식하다)도 또한 우선적으로: 그치는 것, 어떤 활동을 중단하거나 중지하는 것을 뜻한다. 그렇기 때문에 불가타역의 3절은 올바르게도 "그분의 모든 사역을 중지하시고"(cessare ab omni opere suo)라고 재현되었다. 다만 여기서 활동성 내지는 행하여지던 것 그 자체보다는 오히려 활동하는 주체가, 즉 그 작업을 그침으로써 그것으로부터 자유롭게 되며, 이제 안식하게 되는 주체가 더 많이 생각되어야 할 것이다. 하나님께서 자신이 만드신 것, 즉 melakah를 완성하신다는 것, 이것은 그분 자신에 대하여 안식에 도달하심을 뜻한다. **궁켈**은 하나님의 이러한 인식을, 그가 피로 및 그것을 보상하는 회복의 상상을 그것과 결합시킴으로써, "강력한 신인동형론"이라고 말했으며, [예를 들어 Delitzsch와 같이] 이사야 40:28("주님은 땅 끝까지 창조하신 분이시다! 그는 피곤을 느끼지 않으시며, 지칠 줄을 모르시며 …")을 인용하면서 신인동형론을 회피하려고 했던 주석가들을 꾸짖었다; 왜냐하면 지치지 않는다는 것은 현대적 종교적 의식에 거치는 것이기 때문이었다. 그러나 여기서 중요한 것은 현대적 종교의식에게 어떤 양보를 하는 것이 아니다. 그리고 이사야 40:28에도 불구하고 신인동형론은 다른 곳에서와 마찬가지로 여기서도 좋은 근거를 가질 수도 있다. 오히려 문제가 되는 것은 사람들이 안식의 개념을 철두철미 앞선 피로에 뒤따르는 회복의 의미에서 이해하려고 한다는 것이며, 이것은 현대적 관찰일 뿐이다. 완수된 창조 이후의 하나님의 안식이 출애굽기 31:17의 병행구절에서 "숨을 돌림"(naphasch)의 개념과 결합된다는 것, 그리고 출애굽기 23:12에서 바로 이 "숨을 돌림"이 또한 안식일에 함께 쉬는 "여종의 아들"과 "나그네"에게도 귀속된다는 것은 올바르다. 그러나 바로 이 "숨을 돌림"은 "안식"을 다음 방향으로 언급한다: 그것은 자기 자신에 도달하는 것, 생기를 차리는 것을 뜻한다. 만일 여기서 결정적인 주석이 [출 20:8f.등의 후대의 안식일 계명을 도외시한다면] 3절에서 본문 자체를 통하여 주어지는 (하나님의 앞선 사건에 따라 또한 인간을 위해서도 축복받은 및 거룩하게 된 일곱째 날에 대한) 관계 안에서 찾아져야 한다면, 그때는 다음이 말해져야 한다: 안식일은 출애굽기 16:29에 따르면 인간에게 주어지는 하나님의 **선물**이다. 안식일은, 그것이 짐을 벗게 함으로써, 긍정적으로는 축복, 자유, 기쁨, 축제를 뜻하며—또 평화도 물론 추가되어야 한다. 안식일은 오늘 살아 있는 유대교적 의식을 지닌 사람에게도 한 "고양된 삶의 느낌"(B. Jacob)을 가져다준다. 우리가 창세기 2:2에서 "강력한 신인동형론"을 고려하여야 한다면, 그때 그것은 다음 방향을 향해야 한다: 여기서 또한 하나님께서도 인간의 축복이 귀속되며, 하나님께서도 수행된 한 주간의 일 이후에 일곱째 날에 자기 자신에게 도달하시며, 자기 자신에게 속하게 되신다. 그러나 물론 사가는 그것을 반대 순서로 말하고 의미한다. 또한 다음이 창조사에 속한다: 하나님께서 자신의 사역을 완성하셨으며, 종결된 전체로서의 그 작품과 마주 대면하여 서셨다. 바로 이것이 참된(현실적인), 종료된 (그것의 실제

상태 안의) 세계이다: 하늘과 땅과 그 사이의 무리 전체는 바로 그 세계를 원하셨고 창조하셨던 하나님, 그것의 이러한 형식 안에서 주님으로서 그것과 마주 대하시는 하나님 없이가 아니라, 오히려 그 하나님과 함께 존재한다. 일곱째 날에 다음이 발생하였다: 하나님께서 세계의 그러하신 완성자로서 축복 안에 계셨다. 그렇기 때문에 하나님 자신이 인간을 위하여 일곱째 날을 축복하시고 거룩하게 하셔서 인간이 축복을 받고, 자유롭게 되고, 기뻐하고, 축제하고, 평화 안에서 자기 자신에게 속하고, 숨을 돌리고, 생기를 되찾을 수 있는 날로 만드셨다.

그러나 우리는 3절에서 말해진 안식일의 제정 앞에서 (그것의 인간의 초대와 함께) 다음을 주목해야 한다: 일곱째 날의 하나님의 안식은 어떤 경우에도 하나님께서 세계에 대하여 멀어졌다거나 흥미를 잃었다는 것을 뜻하지 않는다. 하나님의 안식 개념과 완성 개념의 밀접한 결합은 정반대가 옳다는 것을 보여준다. 하나님의 안식의 날은 하나님께서 창조를 종결하시고, 그럼으로써 피조물을 제한하셨던 날과 동일한 날이다; 그날에 하나님께서는 인간의 창조 이후에 창조 그 자체가 충분하다고 여기셨으며, 그래서 바로 그 세계의 절대적 주님 및 왕이 되시는 것에 만족하셨다. 우리는 다음 질문을 제기할 수 있다. ― 콜브뤼게(H. Fr. Kohlbrügge, *Schriftauslegung 1 Heft* 1904, 23f.)가 그 질문을 제기하였다. ― 어떻게 하나님께서는 도대체 이 세계의 창조 이후에 안식할 수 있으셨으며, 어떤 정당성으로써 하나님께서는 세계 및 (특별히 그분의 마지막 피조물인) 인간으로 만족할 수 있으셨으며, 그들에 대한 통치를 시작하셨던 그날에 창조의 안식의 저 축복에 자신을 맡길 수 있으셨는가? 우리가 세계에 대한, 특별히 인간에 대한 본문 안에서 경험할 수 있는 것으로부터는 하나님의 이러한 안식이 물론 설명될 수 없고, 정당화될 수도 없으며, 그 밖에 우리가 세계 및 인간에 대해서 아는 것 혹은 안다고 주장하는 것으로부터는 더욱더 그렇게 되기 어렵다. 창조는 훨씬 더 나은, 훨씬 더 만족스러운 본질성을 향하여 계속 진행되었어야 했지 않은가? 그 본질성에 대한 하나님의 완성 및 안식은 전적으로 다른 가치를 가졌어야 했지 않은가? 그러나 이제 우리가 인간의 창조 안의 바로 그 모든 결정적인 계기들이: 인간의 하나님 형상성, 인간의 동물에 대한 통치적 지위, 약속의 요소로서의 땅 위의 생물들 사이에서의 평화 등이, 인간에게 하나님에 의하여 규정된 미래를 예시하였다는 것을 생각한다면, 우리는 콜브뤼게가 여기서 제시한 대답으로부터 단순히 쉽게 벗어날 수는 없을 것이다: "만일 하나님께서 그 모든 것을 그리스도를 바라보면서 행하지 않으셨다면, 과연 안식할 수 있으셨겠는가? 그렇지 않다면 하나님께서 마귀가 즉시 창조 전체를, 인간을, 파멸시킬 것이라는 것을 모르셨겠는가? 그러나 하나님께서는 하늘과 땅을 그리스도를 통하여 혹은 그리스도 안에서 만드신 것처럼, 마찬가지로 하나님께서는 또한 모든 것을 그리스도를 향하여 창조하셨다. 일곱째 날에 하나님께서는 그분의 아들에게 선한 뜻을 가지셨다. 하나님께서는 창조가 그리스도를 통하여 완전해졌음을 보셨다; 하나님께서는 창조가 그리스도를 통하여 그 자체로부터 재건되었음을 보셨으며, 그래서 하나님께서는 재건된 것인 그것이 완전하다고 선언하셨으며, 안식하셨다." 우리가 안식에 대한 이러한 **종말론적** 설명을 간과할 수 없다는 것은 확실하다. 하나님께서는 피조물의 현재만 보시는 것이 아니며, 그분이 그것을 창조하실 때 행하셨던 것을 뒤돌아보기만 하시는 것도 아니다. 하나님께서는 피조물의 **미래**를 아신다. 하나님께서는 완성되어 자신 앞에 서 있는 작품의 미래에 대하여, 그 작품 자체가 현재의 상태에서 자신에 대하여 추측할 수 있는 것보다, 그래서 사가가 그것의 생성의 서술로써 암시할 수 있는 것보다, 더 잘 아시며, 더 많은 기쁜 것들을 아신다. 하나님께서는 완성하심으로써, 안식하신다:

하나님께서는 완성하심으로써 축제하신다; 왜냐하면 하나님께서는 그 작품을 바라보시면서, 그것을 계획하시는 것을 아시기 때문이며, 그분의 그 작품에 대한 관계의 전혀 다른 완성 및 축제적 존재를, 그래서 또한 그 작품의 고유한 현실성을 마주 바라보시기 때문이다. 하나님께서는 피조물의 완성 안에서 안식하시고 축제하신다; 왜냐하면 그분은 자기 자신을, 피조물에 대한 자신의 의도 및 권능을 전적으로 확신하시기 때문이다. 이제 우리가 이에 상응하여 창조사를 넘어서서 창조사에 뒤따르는 하나님과 피조물 사이의 관계의 역사를, 모든 모순들 및 불완전성들과 함께하는 이스라엘의 역사를 바라본다면, (그 역사 안에서 피조물을 자신의 창조자와 바로 그곳에서 마주 대면하며, 그 다음에는 계속 또 계속해서 하나님의 자신의 완성하신 작품의 면전에서의 안식을 전혀 설명할 수 없는 [저 첫째 주간의 마지막의 안식은 더욱 설명할 수 없는!] 어떤 사물들이 상태에 있게 된다.)—그때 우리는 사실상 마지막으로 오직 그 역사의 **목적**을, 하나님께서 이스라엘의 역사 안에서 준비하시고 최후에 사건으로 발생하게 하시는 (인간과 세계 전체를 위한) 등장을, 즉 피조물의 형태로서의 **예수 그리스도**를 생각할 수 있으며, 그분을 바라보면서 저 창조의 일곱째 날의 하나님의 안식은 설명되고 정당화된다. 다음은 확실하다: 그날의 하나님의 안식은 (하나님 앞에 서 있는 피조 세계에 대한, 그리고 이제 그분 앞에 서 있는 인간에 대한) 하나님의 최고로 긍정적인 관계를 자체 안에 포함한다. 하나님께서는, 그러한 세계의 창조자가 되심으로써, 아무것도 잃지 않으셨으며, 하나님의 영예도 어떤 손상도 입지 않았다. 하나님께서는, 창조자로서 자신의 고유한 신성의 존엄을 위하여, 어떤 더 나은 세계도 필요로 하지 않으시며, 이 세계 안에 인간의 창조 이후에 어떤 더 높은, 더 완전한 본질성들(Wesenheiten)도 필요로 하지 않으신다. 하나님께서는 이러한, 인간 안에서 목적에 도달한 피조세계의 창조 이후에 손상됨 없이, 참으로 지치지 않고서, 회복을 필요로 하지 않으신 채, [인간은 그의 불완전한 일들 및 사역들 후에 지치고 회복을 필요로 한다!] 그분의 영광이 조금도 감소되지 않은 채, 오히려 확증되면서 자기 자신에게로 회귀하신다. 하나님께서는 이 세계의 창조자로서 자신의 신성이 감소되는 것이 아니라, 오히려 그때에 비로소 자신의 순수한 신성 안에 있게 되신다. 하나님께서는, 저 일곱째 날에 저 안식을 취하심으로써, 세계로부터 자신을 분리시키는 것이 아니라, 오히려 그때에 비로소 올바르게 세계를 자신과 결합시키신다. 그분의 사역이 그분을 의롭게 함(칭의)으로써, 사역 이후의 그분의 축제는 참으로 그분의 사역의 왕관이 된다. 우리는 이미 앞에서 말하였다: 인간이 아니라, 일곱째 날의 하나님의 안식이 창조의 왕관이다. 이제 그 전체를 [우선적으로 인간을] 조명하고 의롭게 하는 것은 그 왕관으로부터 전체를 향하여 [우선 인간을 향하여] 되돌아 비추는 광채이다. 하나님께서 자신의 완성 안에서 축제하심으로써, 그 전체는 그분의 축제의 홀이 되며, 인간은 그분의 축제의 동료가 된다. 일곱째 날의 그분의 안식은 그분이 창조하신 세계에 대한 그분의 은혜로우신 향하심의, 그 세계에 대한 그분의 은혜로우신 통치의, 그 세계 안에서의 그분의 은혜로우신 현재 및 내재의 예시이다.

위의 전체를 바로 평가하기 위해서 우리는 다음의 특징적인 것을 주목해야 한다: 사가는 하나님의 그러한 안식을 한 독립적 사건으로, 한 특수한, 다른 6일간의 순서 안에서의 마지막 창조의 날의 내용으로 서술하였다. 이 측면에서 볼 때도 또한 우리는, 만일 본문이 참으로 말하는 것을 말하도록 하지 못한다면, 어떤 중요한 것을 억압하는 셈이 된다. 물론 다음의 질문은 구체적이다: 여기서 하나님의 안식이라고, 그분의 고유한 영광 안에서의 머무심 및 존재라고 말해지는 것은 우리의 피조적 시간에 예속되지 않는, 영원부터 영원까지 그 자체 안에 있는 하나님의 어떤 존재를 뜻하고 그 존재에 관계되지 않는가? 그러한 하나님의 안식을 피조된 한 날의 특별한 내용으로 이해하는 것은 하나님의 본질의 불가능한 제약을 뜻하지 않는가? 이제 사가의 일곱째 날은 그날에 귀속된 하나님의 안식의 관점에서 피조된 **하루**의 제한된 시간 단위 대신에 '**모든** 시간'이라고 이해되어야 하지 않는가? 그러나 "날"의 개념을 해체하려는 대답은 너무도 분명히 의심스럽다. 그 대답이 수용된다면, 너무도 많은 것이 상실된다. 물론 하나님께서는 그 일곱째 날에만 안식하시는 것이 아니라, 오히려 영원부터 영원까지 또한 창조된 세계에 대한 관계의 외부에서, 그분 자신 안에서, 안식하신다. 하나님께서는 하나님이시기 위하여, 하나님 자신 안에서 영화롭고, 축복 안에 계시고, 자유롭고, 기쁘게 존재하기 위하여, 세계의 완성을 필요로 하지 않으신다. 그러나 하나님께서 자신의 그러한 내적인 영광을 홀로 보유하지 않으신다는 것이 바로 이 세계의 창조 안에서의 하나님의 은혜의 예시이다. 하나님께서는 다음으로써 창조에 왕관을 씌우신다: 그분은—그분이 창조 없이 존재하시고 소유하시고 행하시는 것이 손상됨 없이—저 제한을 사실상 스스로 수용하시며, 그래서 또한 세계 안에서도, 세계의 공간과 시간 안에서도 안식하시며, 그 안에서도 영화롭게 및 축복 가운데 계신다. 하나님께서는 그것을 다만 간접적으로만 행하지 않으신다: 하나님께서는 물론 만드신 것 그 자체에 대해서는 간접적으로 행하신다; 6일간의 사역 전체는, 그리고 우주 전체 및 그것의 각각의 현상들은 간접적으로 하나님의 내적 영광의 예시이다; 하나님께서는 그 영광을 홀로 보유하지 않으셨으며, 오히려 하나님께서는 그 영광을 자신과 구분되는 현실성의 형태 안에서 외적으로 비추시고 확산시키셨으며, 하나님께서는 그러한 다른 현실성 안에서도 그 현실성의 증인이, 충만한 증거들이 존재하기를 원하셨다. 그러나 하나님의 무자아성, 하나님의 은혜, 그분의 창조자로서의 향하심, 통치, 현재의 예시, 즉 그분의 세계 내재성 등은 이러한 간접적인 것 안에서 소멸되거나 소진되지 않으며, 또 그분이 세상을 그분의 melakah로 만드셨다는 사실 안에서도, 그분이 세계의 본질 및 실존의 사실성 안에서도 영광을 받으신다는 사실 안에서도, 소멸되거나 소진되지 않는다. 우리는 창조로부터 하나님을 오직 그분의 사역들 그 자체 안에서만 인식하도록 지시되지 않는다; 비록 하나님께서 의심의 여지없이 또한 그분의 사역들 그 자체 안에서도 충만한 증거를 주셨으며, 그래서 하나님 자신이 인식될 수 있다고 해도, 그러하다. 왜냐하면 창조 자체에는 하나님의 사역들 외에 또한 일곱째 날의 그분의 안식이 속하기 때문이다. 창조자로서의 그분의 행위의 외부에서만이 아니라, 오히려 또한 **내부에서도**, 즉 **시간을 성취하시면서도** 하나님께서는 자기 자신 안에서 영화로우시고, 축복 안에 계시고, 자유롭고 기쁘셨다: 그분은 일하시는 살아 계신 하나님이시지만, 그러나 그 일함 안에서, 사역 안에서 그 모든 것이 그치거나 소멸하지 않는다. 또한 외부 영역 안에서 오직 다음만이 발생할 수 있는 한 공간을 비워 마련하시는 것은 하나님께 결코 작은 일이 아니었다; 그 공간 안에서 하나님께서는 전적으로 자기 자신 곁에, 전적으로 하나님 자신이—그러나 이제는 바로 이 영역 안에서, 그분이 창조하신 세계, 즉 우리의 세계 안에서—전적으로 하나님 자신 곁에 계시며, 전적으로 하나님 자신이시다. 다음이 이 장소에서의 "강력한 신인동형론"이다: 모든 것을 완성하는 (사역들로부터 손을 떼는) 하나님의 안식은 사가에 의하면 전체에 떠도는 어떤 이념에 불과한 것이 아니라, 오히려 하나의 구체적인 종결하는, 그 자체가 역사적인 (창조사의) 계기였으며, 하나님의 안식이 그 역사의 전체성 안으로 편입되었으며, 그렇게 하여 또한 (자신의 완전한 고유한 특성 안에 있는) 피조 세계의 전체성 안으로 말하자면 함께 지어졌다. 세계는 그러한 하나님의 개입 없이 존재하지 않는다; 세계는 창조 안의 그것의 시초부터 다음은 참되고 현실적이며, 그것도 세계의 고유한 상태의 내부에서 구체적으로 참되고 현실적이다: 하나님의 은혜로우신 향하심, 지배 및 현재는—하나님의 모든 사역의, 즉 모든 피조적 현상들 그 자체의 비밀로서만이 아니라, 오히려 그것을 넘어서 세계에 고유한, 특별한 삶의 및 존재의 영역 안에 도달한다. 창조는 참으로 계약의 외적 근거이다; 이것은 이 자리에서, 만일 우리가 그것을 상(Bild)으로가 아니라 글자 그대로, 이상적으로가 아니라 현실적으로 이해하려고 한다면, 가장 날카로운 형식 안에서 표현된다. 우리는, 도대체 어떻게 창조 및 피조 세계의 범위 안에서, 그것을 파괴하지 않은 채, 다음이 가능한지를 질문해야 하지 않는가?: 즉 뒤따라오는 역사 전체가 이제 하나님을 간접적으로 증거하는 온갖 세계 사건들의 및 온갖 종류의 인간적 행동들의 및 경험들의 단순한 흐름에 불과하지 않으며, 세계 및 인간과는 거리가 먼, 그것과는 분리된 어떤 창조자 및 주님의 (왜냐하면 구체적이지 않기 때문에 파악될 수 없는) '높고 높음'에 불과하지 않고 그 이상이 되는가? 또 다음은: 성서에 의하면, 그러한 흐름이 지속적으로 최고로 인격적인 개입, 말씀들, 행동들에 의하여, 창조자 하나님의 자기증거의 지속적 요소에 의하여 동반되고, 원조를 받고, 그리고 충분히 명백하게도 때로는 중단되는 것은 어찌된 일인가? 어떤 질서에 근거해서 창조의 왕국의 한가운데에 은혜의 왕국이 있을 수 있으며, 계시들, 기적들 및 능력들이, 즉 명백하게도 6일의 사역으로부터, 피조 세계의 상태로부터 유도되거나 설명될 수 없는 특이한 것들, 인식들, 결정들이 있을 수 있는가?—그것들이 어떻게 참으로 하나님께서 저 6일 동안 창조하신 것 안에서 시작될 수 있는가? 만일 은혜의 계약의 역사가 이제 바로 (**한 민족** 이스라엘에 대한 하나님의 특수한 관계의) 예외적 형식 안에서 진행된다면, 그것은 창조의 관점에서 볼 때 어떤 질서에 상응하겠는가? 다음은: 하나님께서 창조자로서의 자신에게 거역되거나 모순되심 없이, 최종적으로 그분의 아들 안에서 스스로 인간이, 그것도 바로 그 **한 특정한** 인간 예수가, 그리고 그러한 가장 직접적인 방식 안에서 자신의 고유한 증인이 되신다는 것은, 어떻게 발생할 수 있는가? 어떻게 다음은 지양됨 없이, 어떻게 다음은: 특정한 시간적 사건들이 다른 것들과 구분되면서: 피조적 사물들의 일반적 시간적 흐름과 구분되면서 직접적인 신적 예시들 및 행위들의 특성을 지닐 수 있는 것은, 창조의 확증 안에서 발생할 수 있는가? 이 모든 질문들은, 만일 우리가 창조를 다만 자의적으로 그 자체로서 관찰된 6일로부터 이해하려고 하고, 사가가 실제로 증거하는 **7일**로부터 이해하지 않으려고 할 때는, 대답될 수 없는 질문들이다. 다음의 두 경우에 은혜의 계약은 공중에 뜨게 된다: 첫째는, 사람들이 은혜의 계약을 향할 때 마치 그것이 창조 안에, 그래서 세계 및 인간의 자연적 본질과 자연적 실존 안에 근거를 갖지 않은 것처럼 향하는 경우이며(그렇게 할 때 계약의 역사는 너무도 쉽게 어떤 우연적-자의적 환상의 표상으로 나타나게 되는데, 그러나 성서 그 자체는 그러한 환상에 전혀 참여하고 있지 않다!)—둘째, 사람들이 은혜의 계약의 역사를 인위적으로 저 전개들(Entwicklungen)로 환원시키려고 시도하는 경우이다; 이것은 6일 안에서 창조된 세계의 펼침으로, 그래서 세계 및 인간 역사로, 그 다음에는 틀림없이 바로 그 세계의 결정적 계기로 이해되는 전개들이며, 그래서 그것의 바로 하나님의 자기증거로서의, 그래서 계시 및 새 창조로서의 특성은 직접적 혹은 간접적으로 부정되고, 곡해되고, 은폐되어야만 하는 그런 전개들이다. 그러나 다음의 경우에 우리가 저 질문들에 적법하게 대답할 수 있다; 그것은 우리가 바로 그곳에 있는 그것을, 말하자면 다름이 아니라 창조의 **안식**이 **창조**에 속한다는 사실을 기억하는 경우이다: 그때 우리는 창조를 피조된 세계 위의 높은 곳에서 떠도는 어떤 하나님의 영광의 이상적 현실성으로 이해하지 않으며, 또 창조에 뒤따르는 시간과 역사 전체의 [마찬가지로 이상적인!] 현실성으로도 이해하지 않으며, 오히려 하나님께서 세계를 창조하시는 것에 만족하지 않으셨고 오히려 한 번 그것을 창조하신 이후에, 일회적으로 및 바로 그렇게 하여 영원히 (원래 그러하신 존재인) 영광의 주님으로서 그 세계의 친구가 되셨다는(zugesellt hat) 사실성의 현실성으로써 현실적으로 이해한다. 하나님께서는 시초부터 세계가 자신을 **소유하도록 자신을 내어주셨으며**, 그리고 바로 그렇게 하심으로써 시초부터 세계를 **자신의 소유로 만드셨다.** 이와 같이, 일곱째 날의 하나님의 안식의 결정과 함께 창조된 세계 안에서 은혜의 왕국은 어떤 낯선 것이 아니며, 그 역사는 질서 안에 있으며, 그 역사는 가능하게 된다: 바로 하나님의 자기증거의 연속으로서, 바로 그 증거들의 계시들, 기적들, 특별한 것들 및 새 창조들로서 가능하게 되며, 그래서 이제 피조 세계의 파괴로서는 이해되지 않는다. 우리는 이러한 노선을 시초부터 볼 수 있지 않은가? 하나님께서는 시초부터, 자신의 사역에서 손을 떼시고 안식하심으로써, 그러한 더 이상의, 창조의 사역 그 자체를 넘어서는 말씀 및 행동을 위한 공간을 마련하지 않으셨는가? 하나님께서 다른 방식으로 스스로를 예속시키셨는가? 하나님께서 자신의 영광을 자신이 만드신 것에 제한하셨는가? 하나님께서 그 영광을 피조 세계의 현실성 안으로 포함시키셨으며, 그래서 그 영광의 계시를 그 세계에 내재한 전개들에 예속시켜야 하는 의무를 스스로 지셨는가? 하나님께서 그렇게 행하지 않으셨기 때문에, 하나님께서 피조 세계의 왕관인 일곱째 날에 자기 자신의 곁에서, 바로 하나님 자신, 즉 살아 계신 하나님이셨기 때문에, 하나님께서 우리 곁에서 및 우리를 위하여 시초부터 그러하신 분이기를 소홀히 하지 않으셨기 때문에, 하나님께서는 다가오는 은혜의 왕국을 (어떤 환상의 의혹에도 노출되지 않은, 그렇기 때문에 어떤 재해석도 필요로 하지 않는, 정의의) 왕국으로서 근거하셨다.

이것으로부터 우리는 이제 3절의 필연성 및 근본적 의미를 이해한다: 그것은 **안식일의 제정**이며, 다시 말하여 일곱째 날의 하나님의 축제에 인간도 참여하라는 초대이다. "이렛날에 하나님이 창조하시던 모든 일에서 손을 떼고 쉬셨으므로, 하나님은 그날을 복되게 하시고 거룩하게 하셨다." 우리는 주목해야 한다: 하나님의 창조 사역에의 참여의 일에 상응하는 어떤 초대는 (이것은 많은 독자들 및 주석가들에게 물론 무언의 혐오거리가 될 것이다.) 주어지지 **않았다.** 창조 사역에서가 아니라, 오히려 안식일에 하나님께서는 인간을 자신을 뒤따르는 자로, 하나님 자신의 편에 소유하고자 하신다. 더 나아가 우리는 주목해야 한다: 바로 이 초대가 첫 사가의 본문 전체 안에서 유일무이하게 명시적인 내지는 전적으로 모호하지 않게 표현된 (창조에 뒤따르는 역사에 대한) 관계이다. 그것은 창조의 행위 안에서 하나님께서 스스로 보유하시는 그리고 이제는 또한 인간에게도 수여되는 **자유** 사이의 관계이다; 이 자유는 "스스로에게 정지를 명령하는 안식"(B. Jacob) 안에서 알려진다. 우리는 마지막으로 인간에게 제공된 그러한 자유의 '공로 없음'(das Unverdiente)을 주목한다. 아직 인간 자신은 어떤 일도 하지 않았으며, 아무것도 수행하지 않았다. 인간의 축제는 바로 그 근원 안에서 오직 하나님의 축제에, 그리고 그 축제를 통하여 왕관을 쓴 하나님의 창조의 사역에 관계될 뿐이다. 하나님의 행하심에 대한 바로 이 관계 안에서 축제하는 것이 또한 인간에게도 제공된다. 또한 인간에 대해서도 그날은 (인간의 주중에 일하는 것과 마찬가지로) 한 특별한, 시간을 충만하게 하는 행동이어야만 하며, 그러나 그의 일함 곁에서 및 밖에서 창조의 저 일곱째 날에 상응하는 하루의 내용이어야 한다. **칼빈**의 해석은 확실히 옳다: 하나님께서는 일곱째 날을 "우리가 그것에서 그분의 사역의 탁월함과 고매함을 축제하도록 하기 위하여" 축복하시고 거룩하게 하셨다. 중요한 것은 "축제적인 제의이며, 이것을 통하여 하나님께서는 인간들의 정신적인 및 육체적인 업무들을 일곱째 날에 그 자체로써 권리를 주장하신다." 물론 "하늘과 땅의 이러한 거대한 무대 위에서의 측량할 수 없는 선하심, 정의, 능력 및 지혜 등에 대한" 매일의 관찰의 연습은 필연적이며 또 요청된다. 그러나―하나님께서는 인간에 대한 어떤 환상도 갖고 있지 않으시다: "만일 인간들이 적절한 수준보다 덜 심각하게 그러한 관찰에 헌신되어야 한다면, 그렇다면 그들이 지속적인 관찰에서 빠뜨리는 것을 보충하기 위하여, 모든 일곱째 날이 특별히 규정되어야 한다." 우리는 이 문제의 목표를 눈앞에 유지해야 한다: 문제가 되는 것은, 마치 하나님께서 인간들의 무작위를 특별히 기뻐하시는 것처럼, 인간들이 이날을 철두철미 "축제해야" 한다는 것이 아니며, 오히려 다음이다: "그들은 그 밖의 모든 업무들로부터 풀려나서, 그들의 마음을 자유롭게 세계의 창조자에게 향하며, 인간을 세상에 의한 방해들로부터 빼내는 거룩한 부르심에, 그들을 전적을 하나님께 헌신하기 위하여.(*응답한다)" 우리는 어렵지 않게 알 수 있다: 중요한 것은 사실상 하나님에 의하여 축제된 안식의 날의 (피조적 공간 안에서의) 상응 및 반복이다. 하나님께서 자신의 사역 이후의 안식과 함께 직접적 행함 및 작용을 위한 자신의 자유를, 자신의 직접적인 자기증거의 가능성을 보유하시는 것과 같이, 마찬가지로 인간도 자신의 노동 안에서 그것을 그쳐서는 안 되며, 인간도 자신의 노동 안에서 정규적인 순서에 따라 언제나 또 다시 정지를 명령해야 한다: 그것은 명백하게도 인간 자신의 편에서 저 직접적인 하나님의 자기증거에 대하여 자유롭게 되고, 언제나 또 다시 열려 있기 위해서이며―"너희를 거룩하게 구별한 이가 나 주님임을 알게 하기 위함"이다.(출 31:13, 겔 20:12) 그러나 바로 리츨(A. Ritschl)의 신학에 따르면 철두철미 발생해야 한다고 하는 바로 그것이 발생해서는 안 된다: 그것은 인간의 삶이 "세계관 및 도덕성"의 유일한 일상이 되는 것이다. 바로 그 일상이 **주님의 날**을 통하여 제한되었으며, 그리고 다음이 문제의 핵심적 의미에 중요하다: 이 개념은 이 세대(Aeon)를 종결하는, 야웨의 나타나심과 심판의 날[최후의 심판의 날]과 마찬가지로 또한 바로 그 안식일을 지칭할 수 있다. 더 나아가: 바로 이 "주님의 날"은 **본래적**인, 한 **이름**을 지니는 날이며, 반면에 주중의 날은, 창세기 1장의 보고로부터 이미 엿볼 수 있는 것처럼, 구약성서의 언어 안에서는 어떤 이름도 갖지 않으며, 다만 숫자만 나타나며, 본래적으로 바로 그 한 날보다 앞선 날들일 뿐이다. 일곱째 날에 대한 하나님의 축복과 거룩하게 하심을 통하여 한 주간은, 그것과 함께 시간은 구체적으로 목적론적으로 구성되고 질서를 갖춘다. 시간은 이 날들 안에서 목적을, 그것도 구체적인, 스스로 시간을 성취하는 목적을 획득한다. 바로 이 목적에서 노동을 중단되며, 휴식, 축제, 자유가 인간을 위하여 시작한다. 그 본래적인 날이, 그 목적-시간이 끝날 때, 노동하는 새로운 한 주가 시작될 수 있으며, 그러나 이것들은 다만 한 새로운 안식일을 그것들의 본래적 날로서, 그것들의 목적-시간으로서 마주보며 진행될 수 있을 뿐이다. 또한 여기서도 구체적인 것은 비본래적이 아니며, 오히려 본래적이며, 안식일은 어떤 현실적인, 시간적인 날에 관계되며, 모든 날들 위에서 떠도는 어떤 안식, 기쁨, 자유의 이념에 관계되지 않는다. 여기서도 중요한 것은 창조사에 뒤따라오는 계약사 및 구원사의 기초 놓음 및 준비이다. 계약사는 피조물로부터 볼 때에도 어떤 경우에도 우주 및 인간의 본질과 실존의 전제 아래서 연출되는 세계사, 문화사, 정신사, 종교사 등과 단순히 동일시될 수 없다. 계약사는 인간에게 그 밖의 역사와의 모든 관계들에도 불구하고 그것들을 넘어선 곳에서, 고유한, 특별한 요구를 한다. 계약사는 인간의 구체적인 주의와 참여를 요청한다. 계약사는 인간에게, 시간을 바칠 것을, 즉 인간이 다른 일들에 대한 시간을 절약해야만 얻는, 그가 다른 일들에 동시에 사용할 수 없는 시간을 바칠 것을 요구한다. 안식일의 거룩함의 계명은 토마스 아퀴나스(Thomas von Aquino, *S. Theol.* II 2 qu. 122 art. 4 ad 1)가 정리한 것과 같다: 그것은 "인간이 자신의 삶 중의 어떤 한 특정한 시간 동안 신적 사물들을 위하여 자유롭게 되기 위하여 분리한다는 것에 관계된 한 도덕적 계명"이다. 하나님께서 6일 동안 창조된 작품들 안에서 자신을 계시하시는 데에 만족하지 않으시며, 오히려 세계 안에서의 그러한 그분의 간접적 현재 및 통치를 넘어서서 일곱째 날에 다름이 아니라 바로 그분 자신을, 살아 계신 자 및 영광 가운데 계신 자로서 계시하시는 것처럼—그리고 이제 바로 피조물과의 관계 안에서—마찬가지로 인간도 인간 그 자체 및 우주에 만족해서는 안 되며, 오히려 창조자에 대한 그러한 간접적 관계를 넘어서는 특수한 운동 및 경험 안에서 철두철미—이것을 이제 그의 피조성 전체 안에서—그 자신을 자신의 창조자를 향하게 해야 한다. 이것이 그날에 그의 일을 멈추는 긍정적 의미이며, 인간의 그날의 축제의 긍정적 의미이다. "우리는, 하나님께서 우리 안에서 일하시도록, 전적으로 쉬어야 한다; 우리는 우리의 의지로부터 멀리 떨어져야 하며, 우리의 마음을 멀리 던져야 하며, 육체의 모든 탐욕들을 해고하여야 하며, 마지막으로 고유한 성향으로부터 솟아나는 모든 업무들을 우리에게서 제거하여야 한다; 그렇게 하여 우리는, 하나님께서 우리 안에서 일하시는 동안, 그분 안에서 휴식하게 된다." 칼빈은 그렇게 서술했다.(*Instit.* II 8, 29) 그리고 창세기 2:3에 대해서는 더욱 날카롭게 말한다: "영이 머무는 것은 육체를 죽이는 것이며, 그렇게 하여 하나님의 자녀들은 계속해서 자기 자신이 살게 되지 않으며 혹은 그들의 고유한 의지에 공간을 제공하지 않게 된다." 본문이 그날의 축복과 거룩을 명시적으로 저 일곱째 날의 하나님의 안식의 선례 및 모범과 함께 근거했다는 사실은 다음을 증명한다: 우리는 인간에게 이날에 주어지는 안식을 사실상 결정적으로 자유와 결합시켜야 하는데, 이 자유는 하나님께서 그곳에서 피조물과의 관계 안에서 보유하셨던 것이다. 그리고 '안식' 그 결합 안에서 구체적으로 의미하는 것은 하나님께서 그 자유를 실제로 사용하셨던 그 사용으로부터, 즉 하나님의 자유로운 자기증거에 의하여 통치되는 은혜의 계약의 역사(이것 안에서 창조사가 계속된다.)로부터 얻어져야 한다. 자유 안에서 저 "영혼의 안식"이 일곱째 날의 하나님의 안식의 모방 안에서 사건으로 발생하고, 자유 안에서 저 "우리 안에서의 하나님의 작용"이 사건으로 발생하며, 자유 안에서 저 "중단", "포기", "거절", "단념"의 계명이, 저 "육체의 죽임"이 실제성을 획득한다. 바로 이것이 엄격하게 말하여 첫째 창조 사가의 마지막 문장에 의하면 그 계명으로 이미 확증되는 것이다. 인간이 존재하기 시작함으로써, 그는 **바로 그** 계명을, 오히려 **바로 그** 초대를, 첫째로서 수용한다. 이 초대가 창조사와 그것의 계속 사이의 문턱에서 다음이 드러나도록 만든다: 하나님께서 인간과 우주를, 그것 자체에게 내맡겨지도록 창조하지 않으셨다: 하나님께서 인간을 공연히 자기 형상 안에서 및 자기 형상에 따라 창조하신 것이 아니며, 공연히 인간을 동물보다 높이신 것이 아니며, 공연히 그의 생명의 유지를 위하여 양식을 주시면서 땅 위의 평화의 약속을 주신 것이 아니다. 그분과 함께 안식일을 축제하자는, 창조자의 인간에 대한 초대는 인간을 (창조자에 대한 피조물의 일반적 관계를 넘어서서) 즉시 하나님께 대한 관계 안에 위치시키는 것이다; 그분은 창조자로서 자유로우신 자 및 살아 계신 자이시며, 그러하신 자로서 그분의 약속을 현실로 만드시는 자이시다. 그 초대는 인간에게 말한다: 하나님께서 그 약속의 성취를 위하여 인간을 고유하게 및 특별히 수용하기로 생각하셨다. 그 초대는 인간에게 요청한다: 인간도 자신의 편에서 고유하게 및 특별히 그렇게 생각하시고 원하시는 하나님을 향하여 스스로를 개방해야 한다. 그 초대는 다음을 드러나게 만든다: 창조자와 피조물 사이에는 다만 간접적인 관계가 아니라, 직접적인 관계가, 어떤 외적 관계가 아니라, 오히려 교제가 있어야 한다. 그 초대는, 그것이 신적 수립 및 제정이기 때문에 다음을 충분히 드러나게 만든다: 그 교제가 하나님 편에서 열려지고, 시작되며, 그것의 진행 전체는 하나님의 자유로우신 은혜에 근거될 것이다. 그 초대는 물론, 그것이 초대인 동시에 계명이기 때문에, 다음을 드러낸다: 그 교제는 인간의 편에서도 결단에, 순종 혹은 불순종에 관계된다. 인류는 안식일을 지킬 것인가 혹은 지키지 않을 것인가? 인류는 약속된 안식에 들어갈 것인가 혹은 들어가지 않을 것인가? "그러나 그 말씀을 믿은 우리는 안식에 들어갈 것입니다." (히 4:3) 그리고: "하나님께서 주신 안식에 들어가는 사람은 하나님이 자기 일을 마치고 쉬신 것과 같이, 그 사람도 자기 일을 마치고 쉬는 것입니다."(히 4:10) 우리가 창조자와의 연합을 실현하고, 그래서 믿는 것을 행하기에 이를 것인가? "하나님께서 진노 가운데서 맹세하시기를, 그들은 내 안식에 들어오지 못하리라"라고 말씀하신 그러한 사람들이 있지 않겠는가? 이것이 창조사에 뒤따르는 (하나님과 인간 사이의 그 교제의) 역사 안에서 언제나 또 다시 시작되는 질문들이다. 그곳에는 언제나 또 다시, 하나님의 은혜에 감사하라는, "저 안식에 들어가기를 힘쓰라는, 그래서 불순종의 본을 따르다가 떨어져 나가는 일이 없도록" 하라는 권고와 부르심이 있을 것이다.(히 4:11) 그러나 하나님의 의도 및 신실하심은 그러한 질문 및 권고의 필연성을 통해서도 의문시되지 않을 것이다. 왜냐하면 창조로부터 다음은 흔들릴 수 없는 기저이며, 하나님께서 자기 자신만이 아니라, 오히려 또한 안식일의 제정을 통하여 인간도 그 위에 놓은 기초이기 때문이다: "영의 고유한 머뭄, 다시 말하여 영의 고유한 나라이며, 그 안에서 계속해서 하나님 곁에 머물러온 각각의 인간은 휴식하면서, 하나님의 식탁에 참여하게 된다."(Irenäus, *Adv. o. h.* IV 16, 1) 창조로부터 볼 때 — 순종과 불순종으로서의 모든 인간적 결단들이 수립되면서, 인간적 결단들을 넘어서서 유효하면서 — 하나님의 백성에게는 안식일의 안식($\sigma\alpha\beta\beta\alpha\tau\iota\sigma\mu\delta\varsigma$)이 머물며($\dot\alpha\pi o\lambda\epsilon i\pi\epsilon\tau\alpha\iota$), 그것은 하나님께서 원하신 및 지정하신 (하나님의 고유하신 자유 및 인간의 자유 사이의) 연합, 관계, 일치가 머물게 될 것이다.(히 4:9); 그 자유의 일치는 저 길의 목표이다; 그 백성은 언제나 또 다시 그 길로 되돌아오라고 부름을 받을 것이며, 하나님께서는 그렇기 외치는 데 지치지 않으실 것이다. — 그리고 하나님께서는 그 교제의 종말 및 정점으로써 자신의 아들 안에서 그 백성에게 다시 그 길로 돌아오라고 궁극적으로 외치셨다. "외치셨다"는 것은 다음을 뜻한다: 그것은 발생하였으며, 그것은 인간들의 안식일 모욕과 하나님의 은혜에 대한 인간의 대적의 바다 전체를 직면하는 저 머뭄($\dot\alpha\pi o\lambda\epsilon i\pi\epsilon\tau\alpha\iota$, 안식)의 능력이다. 우리에게 부과된 및 우리가 준수하여야 하는 안식일 계명의 모든 멈춤은 "대략적으로 영의 머뭄(안식; 이것의 참된 현실성은 그리스도 안에서 등장하였다.)을 모방하는 … 한 연습"(Calvin)이다. 한 인간, 즉 그 안에서 그러한 신적 및 인간적 자유 사이의 일치로서의 '영의 머뭄', '우리 안에서의 하나님의 작용', '중단', '포기', '거절', '단념', 그리고 마지막으로 '육체의 죽임'이 창조자의 계명에 상응하면서 발생한 한 인간은, 지속적으로 하나님 곁에 머문 한 인간은, 어떤 일반성 안의 인간도 아니며, 이스라엘적 인간도 아니며, 그리스도교적 인간도 아니며, 오히려 모든 인간을 위한, "유대인이 먼저지만, 그러나 또한 헬라인을 위한", 그분을 믿는 모든 인간을 위한, 바로 **저 특정한, 한 분이신**, 인간 예수 그리스도이시다; 그분은 하나님의 형상이셨던(이신) 것과 같이, 다른 모든 피조물 위로의 인간의 고양을 완수하였고, 또 땅 위에 평화의 왕국을 건립하셨던 것과 같이, 마찬가지로 또한 안식일 계명(이 계명의 공표로써 하나님께서는 창조 전체를 완성하셨다.)을 지키셨다.

우리는 첫째 창조 사가의 주석을 여기서, 일곱째 날의 축복 및 거룩함 안의 하나님의 진리와 신실하심에 관련하여 오직 인위적으로 의문시하려고 하지 않는 한, 본문의 그리스도론적 내용의 지시 없이 종결할 수가 없다. 만일 하나님의 진리와 신실하심이 예수 그리스도의 인격 및 사역 안에서 의심의 여지없이 계시되었다면, 그때 우리는 다음이 아니고 다른 무엇을 말하겠는가?: 창조 사가는 또한 이 문제 안에서도 예언자적으로 그분에 관하여 말하였다. 가장 초기의 그리스도교도 이것을 의심의 여지없이 말했고 또 주장하였다; 고린도전서 16:2, 사도행전 20:7에서 일곱째 날이 아니라, 오히려 주간의 **첫째** 날을 축제의 날로, 그것도 명확하게 "주님의 날"(χυριαχή ἡμέρα)로 지킴으로써, 그렇게 하였다. 가장 초기의 그리스도교는 하나님의 창조 질서에 대한 이러한 겉으로 보기의 혁명을 감행하였지만, 그러나 그들은 그것을 혁명이 아니라, 의무를 진 순종으로 여겼다; 왜냐하면 예수 그리스도의 부활의 날이 마가복음 16:2, 마태복음 28:1, 누가복음 24:1에서 유대교적 안식일 다음의 날, 즉 주간의 **첫째** 날이었기 때문이다. 그것은 어떤 갱신이었는가 혹은 그것은 바로 그렇게 함으로써 창세기 2:3을 올바로 이해하고 적용한 것이었는가? 그 감행이 예수 그리스도의 부활 안에서 계시된 하나님의 진리와 신실하심과 함께 일곱째 날의 축복 및 거룩함 안에서 그것의 올바름을 확인한다면, 만일 저곳에서 확증된, 하나님과 인간 사이의 계약사 및 구속사가 현실적으로 여기서 그것의 종결에 도달했다면, 현실적으로 여기서 새로운 세계의 새로운 시간 안에서의 삶이 시작되었다면, 그때 우리는 그곳으로부터 가장 초기의 그리스도교가 옳았다고 인정해야만 한다: 바로 그 새로운 시간의 바로 그 첫째 날이 이제 명백하게도 그 의미에 적합하게, 그러한 한도에서 또한 본문에 적합하게, **반드시** 그 새로운 시간 안의 삶을 다스리는 축제의 날이어야만 했다. 그러나 여기서 또한 한 다른 직접적 증거도 있다. 하나님께서 축제하신 안식일이 **하나님께 일곱째 날**이었다면, 그날은 **인간에게는** 의심의 여지없이 **첫째 날**이었다. 인간의 실존은 철두철미, 하나님께서 그날을 축제하시고 또 그날을 인간을 위한 축제일로 규정하시고, 축복하시고, 거룩하게 하심으로써, 시작되었다. 그렇게 본다면 인간은 그 축제일 다음에 어떤 비로소 거룩하게 하여야 하는 안식일로 향하는 도상에 있는 것이 아니라, 오히려 이미 거룩하게 된 안식일로부터 위치된다: **안식**으로부터 그의 노동으로, **자유**로부터 그의 사역의 업무로, **기쁨**으로부터 삶의 "진지함" 안으로 들어간다. 그러므로 안식, 자유, 기쁨은 그의 앞에 비로소 놓이는 것이 아니다. 인간은 밖으로부터 그쪽으로 들어갈 필요가 없다. 인간은 이미 그곳에서 출발하였으며, 그곳에서 시작하였다. 그 모든 것은 참으로 이미 발생하였다. 인간은 참으로 이미 하나님의 혼인잔치의 식탁에 앉았으며, 그리고 바로 그곳에서 먹고 마실 수 있었으며, 그곳에서 출발하여 그의 일상의 사역과 노동으로 나아갈 수 있었다. "주님의 날"은 참으로 인간의 첫날이었다. 그래서 "주님의 날"은 이후의 모든 시간 안에서 인간의 일곱째 및 마지막 날이 아니라, 오히려 첫째 날이어야 했으며, 모든 주간은 어떤 수고스러운 오르막길이 아니라, 오히려 안식일의 정상으로부터 기쁘게 내려가는 내리막길일 수 있게 되었다. 모든 주간의 목적성은: 다음 안식일을 향하는 그것의 방향성은, 그것의 능력을, 그것의 시작점에서의 저 ἀπολείπεται(머뭄, 안식)로부터 얻어야 한다. 그리스도교적 시간계산 안에서 주간은 명백하게도 그러한 의미를 획득하였다. 이 시간계산은 그러나 어떤 갱신이 아니었으며, 오히려 다만 실제로 이미 창세기 1-2장의 계산 안에 은폐되어 있었던 계산의 발견이었을 뿐이다: 하나님께서 인간과 세계의 창조 안에서 그 모든 것을 잘 고려하시고 만드신 이후에, 하나님께서 자유로우신 자 및 살아 계신 자로서 피조물과 친구가 되신 이후에, 인간은 이제 그의 길에—하나님 자신과의 연합 안에서 자유로운 자 및 살아 있는 자로서—발을 내딛을 수 있게 되었다. 인간의 자칭 첫째 날은 실상은 [앞서 다가오는 하나님의 은혜에 힘입어] 그의 둘째 날이며, 반면에 그의 참된 첫째 날은 "주님의 날"이었다.

3. 창조의 내적 근거로서의 계약

성서는 우리에게 즉시, 창조와 계약의 관계를 한 전혀 다른, 대립되는 측면으로부터 숙고하도록 요청한다. 어떤 내적인 모순이란 말해질 수는 없다. 우리는 지금까지 획득한 인식 중에서 아무것도 삭제하지 않을 것이며, 그것에 아무것도 추가하지 않을 것이며, 또 수정하지도 않을 것이다. 우리가 다시 한 번 몰두하는 것은 동일한 대상이다. 우리는 그 대상을 지금까지 불러왔던 것처럼 다시 한 번 그렇게 부를 것이다: 그것은 창조를, (왜냐하면 기술적으로 창조를 통하여 가능하게 되었기 때문에) 외적으로 창조에 근거하는, 그리고 외적으로, 시간적으로 창조를 뒤따르는, 창조사를 내적으로 계속하는, 하나님과 인간 사이의 교제의 역사의 전제라고 부르는 것이다.—즉 그것은 계약을 향한 길 및 수단으로서의 창조이다. 그러한 측면에서 발생한 대상에 대하여 말해졌기 때문에 그렇게 일컬어진 모든 것은—우리가 그 측면으로부터 바르게 보았다는 한도에서—마쳐진 것으로 간주해야 한다. 그러나 사태는 다음과 같다: 동일한 대상이 또한 한 다른 측면을 갖고 있으며, 그 대상은 그 다른 측면으로부터도 다시 한 번 전혀 다르게 관찰될 수 있으며, 또 관찰되고자 하며, 우리는 그 대상을 그 측면으로부터 또한 다르게 부를 수 있으며, 그 다른 측면으로부터 그 대상의 인식은 다시 한 번 한 다른 형태를 획득하게 되며, 한 다른 차원 안으로 진행되어야 한다.

우리는 다음을 조용히 인정해야 한다: 창세기 1장의 "제사장(P)" 문서 그리고 창세기 2장의 "야웨(J)" 문서의 나란한 병렬의 특징적 사실성이 동일한 대상의 저 다른 측면을 제시하지 않는다면, 그리고 그에 상응하는 (문제의 중심에 대한) 다른 시각과 명칭을 우리에게 강요하지 않는다면, 그때 우리는 지금까지 우리가 포함되었던 그 형식 안에서 그 본문의 문제 및 주제가 근본적으로 소진된 것으로 간주하지 말아야 할 동기를 찾기란 어려울 것이다. 사태는 흔히—성경의 바로 그 첫 장의 바로 교의학적 관심의 설명 및 평가 안에서—다음과 같았다: 사람들은 그렇게도 체계적으로 말을 건네고 매력을 끄는 창세기 1장의 구도에 대해서는 가능한 한 많이 주목하고 경의를 표했던 반면에—그러나 이제는, 마치 사람들이 1장에서 유일한 성서적 창조사와 관계했던 것처럼, 그 다음에 창세기 2장은 다만 몇몇 항목에서 (무엇보다도 물론 인간의 창조에, 다시 말하여 남자와 여자의 창조에 관련하여) 감사할 만한 가치가 있는 보충으로 파악하고 주목하였으며, 그리고 그에 상응하여 창세기 1장에 대한 일종의 독립되지 못한 주석으로서 읽고, 그렇게 취급하였다. 그러나 창세기 2장은 창세기 1장에 대한 그러한 단순한 보충이 아니며, 그렇게 단순한 주석도 아니며, 오히려 근본에 있어서 다른, 새로운 창조이다. 창세기 2장이 창세기 1장에 모순되지 않으며, 창세기 2장도 동일한 선역사적 역사를 대상으로 눈앞에 두고 있었으며; 창조의 행위 안에서도 마찬가지로 또한 그 행위의 창조 이후의 하나님의 의도 및 사역에 대한 관계 안에서도, 동일하신 하나님이 저쪽에서도, 동일한 인간이, 동일한 인간이 이쪽에도, 창조자와 피조물 사이의 동일한 관계가 눈앞에 있다는 것, 그것은 사실이다. 그러나 다음도 또한 참이다: 우리는 창세기 2장에서 동일한 사건에 대한 하나의 독자적인, 독립적인 사가와 관계한다; 그리고 다음도 참이다: 이 둘째 사가는 저 첫째에 비하여 시작부터 끝까지 철두철미 특수한 길을 간다. 그리고 대상의 통일성에 관련해서는, 그렇기 때문에 또한 모든 세부적인 차이점에도 불구하고 전체로서의 양쪽 보고의 내적 일치성에 관련해서는 어떤 의심도 있을 수 없다고 해도, 더구나 세부적 일치들 혹은 접촉들이 없지 않다고 해도, 그리고 둘째 사가가―무엇보다도 인간의 창조에 관련하여―첫째 사가 안에 그렇게 제공된 것들에 대한 설명이 사실상 있다고 해도, 그럼에도 불구하고 사태는 다음과 같다: 우리는 다만 인위적으로 및 강제로만 두 보고들을 전체로서 서로에 대한 직접적 관계로 옮겨 놓거나 혹은 조화시킬 수가 있다. 우리는 오히려 1장과 2장이 각각 가지고 있는 조화가 드러나도록 해야 하며, 그 다음에 저 더 높은 조화가 충족되도록 해야 한다; 그 높은 조화는 한쪽이 다른 쪽 다음에 스스로 독립적으로 말하도록 허용될 때, 비로소 들을 수 있게 될 것이다. 그러므로 우리는 두 보고들 중 둘째인 창세기 2장을 들을 때에도, 그것이 마치 유일한 것인 것처럼, 그렇게 들어야 한다. 바로 그렇기 때문에 우리는 첫째를 우선 들은 다음에 불필요하다고 여겨질 수도 있는 것을 회피할 수 없게 된다: 그것은 문제와 주제 전체를 다시 한 번 전혀 다르게 관찰하고 숙고하는 것이다.

우리는 여기서 보아야 하고 인식해야 하는 것을 대략 암시하기를 우선 시도한다.

피조물은 대충 존재하는 것이 아니다. 피조물은 그냥 현존하는 것이 아니고, 오히려 의미 깊게 현존한다. 피조물은 현존함으로써 이미, 한 의도를, 한 계획을, 한 질서를 실현한다. 피조물은 우연히가 아니라, 오히려 필연적으로 현존하며, 우연한 사건으로서가 아니라, 오히려 그 필연성의 표징 및 증거로서 현존한다. 이것은 피조물이 창조자의 피조물, 즉 하나님의 작품이기 때문에 그러하다. 하나님 자신이 대충(ungefähr) 존재하는 것이 아니라, 오히려 그분의 고유한 신적 의미 및 그분의 고유한 신적 필연성의 능력 안에서 존재하시는 것처럼, 마찬가지로 피조물도, 그분을 통하여, 그분의 영광의 계시를 통하여 존재한다. 창조의 행위는 그 자체가 하나님의 영광의 계시이며, 하나님께서는 그 영광을 통하여 피조물에게 의미와 필연성을 부여한다. 피조물은 이 필연성을 스스로 취할 수 없으며, 스스로 소유 및 보유할 수도 없다; 만일 그것을 상실한다면, 스스로 복구할 수도 없다. 그러나 피조물은 그렇게 할 필요가 없다. 하나님께서 피조물을 창조하심으로써, 그것에게 의미와 필연성을 주신다. 하나님께서 피조물에게 본질과 실존을 주심으로써, 또한 피조물의 의미와 필연성이 하나님 자신의 의도, 계획, 질서의 지수(Exponent)가 되도록 하신다. 만일 그 의미와 필연성이 그분의 존재에 힘입어서 그러한 지수가 되지 않았다면, 신적 수여에 근거해서 저 신적 의미 및 신적 필연성의 표징 및 증거가 되지 않았다면, 그것은 의미와 필연성이 아닐 것이다. 이 의미 및 필연성의 창조 안에서 및 그것과 함께 하나님께서는 피조물에게 바로 그 지수로 존재하도록 하신다. 그것이 창조의 행위 안에서의 하나님의 영광의 계시이다. 신적 의미 및 신적 필연성(이것이 피조물을 눈에 보이도록 만들며, 피조물 그 자체를 지칭하고 증거한다.)은 이제 하나님의 자유로운 사랑이다: 그 자유로운 **사랑** 안에서 하나님은 타자를 원하시고, 자기 자신을 통하여 타자를 규정하시며, 스스로 그 타자를 위하여 존재하시며—그 **자유로운** 사랑 안에서 하나님은 고유하신 권능으로부터의 그러한 의지 및 규정을 독립적인 결정 안에서 자기 자신으로부터 성취하신다. 그 사랑은 하나님이 그 안에서 하나님이신 바로 그 사랑과 동일한 사랑이다: 아버지는 아들 안에서, 아들은 아버지 안에서 성령을 통하여 존재하신다. 마찬가지로 다음 사랑도: 그 안에서 하나님은 자기 자신 곁에서 인간과의 연합을 자신의 고유한 아들의 인격 안에서 영원 전에 결의하신 사랑도 동일한 사랑이다. 하나님의 이러한 자유로운 사랑이 계시됨으로써, 다시 말하여 하나님 자신의 존재 밖에서 현실적이 되고 볼 수 있게 됨으로써, 하나님의 은폐된 영광도 계시된다.—바로 이것이 창조이다; 그러한 한도에서 창조는 피조물을 신적 존재 및 신적 필연성의 지수로, 표징 및 증거로 만든다. 그곳으로부터, 하나님의 자유로운 사랑으로부터, 피조물은 의미와 필연성을 가지며, 하나님의 의도, 계획, 질서의 선물을 수용하며, 그것을 전달하는 자가 된다. 그곳으로부터 다음이 말해져야 한다: 피조물은 바로 그 선물의 수용자가 아닌 다른 어떤 것으로는 전혀 창조되지 않았으며, 그래서 바로 그 수용자가 아닌 다른 어떤 것으로서는 전혀 존재할 수가 없다. 그곳으로부터 다음이 말해져야 한다: 피조물은 존재하는 동시에, 오직 감사할 수 있을 뿐이다; 만일 피조물이 감사하지 않으려고 한다면, 그것은 자신의 실존을 망각하고 부정하는 셈이 된다. 피조물의 창조는 그 자체가 감사하는 본질 및 감사하는 실존의 창조이다. 피조물은 오직 하나님의 자유로운 사랑의 '영광의 계시'의 행위에 근거해서 존재히고 실존힌디: 그것은 하나님께서 피조물에게 향하시는 그 사랑이며, 그러나 하나님은 피조물에게 그 사랑을 빚진 적이 없으시다; 그것은 아버지의 및 아들의 성령 안에서의 사랑이며, 그분의 아들의 헌신의 영원한 결의 안에서 인간을 위하여 구체적인 '하나님 밖의' 대상 없이 존재하지 않으시려는 사랑이다. 이러한 사랑이 시작됨으로써, 그래서 행동 및 사건으로 계시됨으로써, 창조가 발생하였으며, 피조물은 자신의 본질 및 실존을 획득하였다. 피조물이 있는 그대로 존재한다는 그것은 그러한 내용을 갖는 저 계시에 힘입고 있다.

이것이 문제의 핵심의 다른 측면이다. 우리는 첫째 측면이 무엇인지 앞에서 보았으며, 그 측면을 관찰해야 했다: 창조는 계약의 형식적 전제이며, 계약 안에서 하나님은 자신의 자유로운 사랑의 의지를 그것의 목표로 인도하신다. 하나님은 피조물을, 즉 하나님께, 사랑하는 자에게, 근원으로 속하는 한 존재를 사랑하신다; 그 존재에게는 계약의 주님이신 하나님이 수여하신 것을 소유하며, 그중 어떤 것도 그에게는 낯선 것일 수 없으며, 또 그 존재는 이 문제에 있어서 어떤 자신의 고유한, 다양한 권리를 주장하거나 대변할 수가 없다. 창조는 하나님께서 계약의 역사 안에서 피조물에게 원하시는 것 및 행하실 것에 대한 유일한 예비함(Bereitstellung)이며, 그러므로 피조물의 본질 및 실존도 그것에 대한 유일무이한 예비(Bereitshcaft)이다. 피조물의 본성은 다름이 아니라 은혜에 대한 준비(Zurüstung)이다. 피조물의 피조성은 하나님께서 은혜 안에서 [최종적으로는 그분의 아들의 헌신의 완성 안에서] 인간에게 계획하신 것 및 인간을 위하여 실행하시기를 소홀히 하지 않으신 것의 약속, 기대 및 예언에 의지하여 존재한다. 그러므로 창조는 계약으로 가는 길이며, 계약의 외적 능력이며, 계약의 외적 근거이다; 왜냐하면 계약의 실현을 위한 모든 것은 다음에 달려 있기 때문이다: 피조물은 하나님의 파트너로서 자기 자신을 통해서도, 자기 자신을 위해서도 등장할 수 있지 않으며, 피조물은 하나님의 보살핌 및 관여에 전적으로 의존되어 있으며, 그러나 피조물은 바로 그 하나님의 보살핌 및 관여에 사실상 참여되어 있다.—우리는 이제 본다: 동일한 문제의 핵심이 이제 한 다른 측면을 갖는다. **계약은 창조의 내적 근거이다.** 계약이 창조의 외적 근거인 것은 틀림없이 아니다. 창조의 외적 근거는 하나님의 지혜 및 전능성이다; 하나님께서는 자신의 일을 창조자로서 확실히 보증하신다; 왜냐하면 그분은 하나님이시기 때문이며, 그래서 세계와 인간의 창조에 있어서, 계약의 전제를 마련하는 데에 있어서, 하나님의 은혜를 위하여 피조물을 준비시키는 데에 있어서, 올바른 수단과 길을 설치할 수가 없기 때문이며, 그분의 말씀은 그분의 사랑의 대상이고 그분의 계약의 파트너인 피조물에게 본질과 실존을 수여하기에 충분하기 때문이다. 그러나 창조는—이제 이것이 주목되어야 한다.—또한 내적인 근거를 갖는다. 그 내적 근거는 창조자 하나님의 지혜 및 전능성이 다른 어떤 것이 아니라, 오직 그분의 자유로 우신 사랑의 지혜 및 전능성이라는 사실에 놓여 있다. 그리고 하나님께서 창조하신 것은 어떤—아마도 그 자체로서는 최고로 완전하고 경탄할 만할 수도 있는—현실성이 아니라, 오히려 그 자체 안에서 하나님의 영광의 지수들(Exponenten)로 그리고 그에 상응하는 봉사의 직무들로 규정된 현실성이다. 그것은 어떤 다른 공간이 아니라, 계약의 근거 및 역사로 규정된 공간이며, 어떤 다른 주체가 아니라, 오히려 그러한 역사 안에서 하나님의 파트너가 되어야 하는 주체이다: 하나님께서는 세계와 인간을 창조하심으로써, 하나님께서 은혜 안에서 향하고 수용하기를 원하시는 자연(본성)을, 그리고 하나님께 대한 봉사의 직무로 규정된 인간을 창조하셨다. 계약이 창조의 목표라는 것, 이것은 창조 안에서 규정된 피조물의 현실성에 나중에야 비로소 추가되는 것이 아니며—그렇다면 계약의 역사가 창조의 역사에 뒤따르는 것은 여타의 역사들이 뒤따르는 것과 마찬가지가 될 것이다.—오히려 그것은 창조 자체를 특징짓는 것이며, 그 자체로서 또한 피조물의 본질 및 실존이다. 그것은 아직도 근거를 갖추지는 않은 계약이며, 그것의 역사가 아직 시작하지 않은, 오히려 시작되어야 하는 계약이며, 창조와 피조물에게 목적으로서 미리 앞서 있으며, 그래서 창조가 필요하도록 만든 및 그렇게 조건을 지운, 또한 피조물도 그렇게 규정하고 제한시킨 계약이다. 창조가 계약의 외적 근거였다면, 마찬가지로 계약은 창조의 내적 근거였다. 창조가 계약의 형식적 전제였다면, 계약은 창조의 내용적(materiale) 전제였다. 창조가 역사적 우선성을 가진다면, 마찬가지로 계약은 사태 자체적(sachlichen) 우선성을 갖는다. 계약의 선포 및 수립이 창조 뒤에 시작하는 역사의 시작이라면, 마찬가지로 (시작되는 피조물의 존재의 역사로서의) 창조사도 이미 (나중에 이 사건 안에서 및 그 뒤에 따라오는 일련의 사건들 전체 안에서: 즉 이스라엘의 역사 안에서, 그리고 최종적으로 하나님의 아들의 육체 안에서의 나타나심의 역사 안에서 만나게 되고 합일되는) 모든 요소들을 포함하고 있다.

우리는 이미 새로운 문제 및 주제의 이러한 구도 안에서 사실상 동일한 대상에 관계되고 있음을 본다. 우리는 본다: 그곳에는 어떤 내적인 모순도 없으며, 그곳에서 우선적으로 말해진 것에 사실상 아무것도 추가될 것도 없으며, 그중 아무것도 제거될 것도 없다. 달라진 것은 오직 (동일한 대상이 이제 관찰되는 중에) 보는 방향과 차원뿐이며, 그 대상으로부터 취해지는 관심사, 그래서 그 대상에 대하여 말해지는 강조점뿐이다. 달라진 것은 이제는 창조가 계약을 **약속, 통고, 예언**하는 것만 아니라, (물론 계약과 동일한 것은 아니면서) 이미 창조 자체가 계약을 **앞서 형성**(vorbildet)하고, 그러한 한도에서 **선취**하는 것이며—또 창조가 계약을 예비하는 것만이 아니라, (그것을 행함으로써) 창조 자체가 이미 유일무이한 계약의 표징이며, 참된 **성례전**이 되는 것이며—창조의 목적으로서의 예수 그리스도만이 아니라, 또한 **창조의 시작으로서의 예수 그리스도**이다.(그분은 창조의 목적이기 때문에, 또한 창조의 시작이시다!)—이것이 이제 전면으로 내세워지는 것이며, 특별히 숙고되고 경의가 표해지고자 하는 것이다. 다음은 두말할 필요도 없이 용인되어야 한다: 우리는 **둘째 성서적 사가 보고**의 존재 없이는 위와 같이 시도할 용기를 서의 낼 수 없을 것이다. 그러나 그 둘째 창소 보고가 존재하기 때문에, 우리는 그렇게 시도할 용기를 마땅히 낼 수 있고 또 반드시 그렇게 해야 한다.

우리가 창세기 2:4b-25에서 관계하게 되는 것은 말하자면 내부로부터의 창조 이야기이다. 제사장 문서(P)의 증인의 구성양식과 개관성은 이제 더 이상 말해지지 않는다. 여기서는 그 자체로서 특정한 장소에서 전체의 목적과 의미를 드러내는 전체-관계성(맥락)은 더 이상 건축되지 않는다. 오히려 여기서 진밀로 및 본래적 의미에서 세계 창조에 관계되고 있는지를 질문하게 될 해석자가 최소한 한 사람 이상일 것이다. 왜냐하면 또한 둘째 증인의 눈앞에도 놓여 있는 것이 "하늘과 땅과 그 가운데 있는 모든 것"의 근거라는 사실은 말하자면 주변적으로 경험되며, 반면에 그 증인은 자신의 진술 안에서는 첫째 보고에서 서술된 보편적 사건 중에서 어떤 가장 좁은 선택도 같은 것만을 눈앞에 보고 있기 때문이다. 의심의 여지없이: 여기서도 만물의 시초가, 만물의 생성에 관계된다; 즉 만물의 존재 및 계약의 역사를, 그 역사 이전에 하나님께서 피조물의 근거를 마련하신 것으로부터 설명하려는 것에 관계된다. 그러나 이 설명은 여기서 가장 좁은 공간에 제한된다. 그리고 그 가장 좁은 공간은 저 뒤따라오는 역사의 공간에 가장 직접적으로 가까운 곳에 위치한다. 그 앞선 곳에서 발생하는 것은 이제는 전적으로 이러한 뒤따르는 역사의 방식 및 색채들 안에서 이야기된다. 이제 다만 그 서술이 전적으로 홀로 **하나님의**, 그것도 **근본적-신적인** 행동에 대하여 말한다는 사실이, 우리가 사실상 여기서도 창조사와 관계하고 있다는 것을 확실하게 만든다. 그러나 작아진 공간, 실행된 선택의 협소함, 그것에 뒤따라오는 지평의 제약, 뒤따라오는 역사와의 직접적인 가까움—둘째 보고의 이 모든 특성들은 첫째 사가에 특징적인 목적성이 여기서는 본질적으로 단축되었다는 결과를 나타낸다. 첫째 사가에서와 같이 한 영역에서 다른 영역으로 결정적인 중심에 이르기까지 기대와 긴장과 함께 나아가는 것은 둘째 사가에서는 일어나지 않는다. 오히려 우리는 둘째 사가에서는 시작부터, 필연적으로 앞에 내다봄 없이, 이전 것을 이후의 것으로 보충함 없이, 사태의 중심에(in mediis rebus) 있다. 오직 여자의 창조에 대한 결론 부분 안에서—이제 여기서는 첫째 사가에서의 인색함과는 정반대로—두드러지게 강조되는 목적론적인 긴장에 도달한다. 그러나 여기서도 마찬가지로, 그 긴장의 해소는—"주 하나님이 말씀하셨다: 남자가 혼자 있는 것이 좋지 않으니, 그를 돕는 사람, 곧 그에게 알맞은 짝을 만들어 주겠다."—형식적으로는 시작하는 구절 안에서 이미 취하여진다. 또 우리는 예를 들어 그 마지막 부분도, 창세기 1장이 여섯째 및 일곱째 날의 보고의 맥락 안에서 그러했던 것처럼, 홀로 및 독립적으로 창조의 목적에 대하여 진술한다고도 말할 수가 없다. 남자의 '돕는 사람'으로서의 여자의 창조는 전체의 그러한 목적의 한 측면이며, 나름대로는 최고로 강조되지만, 그러나 이미 여기서 서술되는 대로의 구체적인 남자의 창조가, 이미 에덴동산의 초원화가, 이미 특별한 두 나무를 심는 것이 각각의 방식으로 창조의 동일한 목적의 측면들이다. 우리는 여기서 시작부터 끝에 와 있으며, 즉 전망과 지시의 형식 안에 있을 뿐만 아니라, 또한 종말이 이미 시작들 자체 안에 있고, 그 자체로서 현재하고 볼 수 있는 그런 방식 안에 있다.

우리는 창세기 1장이 창조의 **예언자적** 파악에 관계되는 반면에 창세기 2장에 놓인 시각을 지칭하기 위해서는 **성례전의** 개념이 최소한 도움이 될 수 있다는 것을 인정한다면, 그것이 여기서 전제되는 양쪽의 상이한 원천 문서들의 그 밖의 특성에는 어울리지 않는 것으로 보이지만, 그 특성의 심화에 혹시 도움이 되지 않을지는 생각해볼 만하다.

그러므로 만일 우리가 여기서, 창세기 1장의 사가에서처럼, 본문의 요소들 중 한 특정한 것을 뽑으려고 한다면, 그리고 그 밖의 본문의 이해에 규범으로 사용하려고 한다면, 그것은 적절하지 못할 것이다. 이 보고가 어디로 "향하는지"(hinaus)의 질문에 대한 대답은 여기서 일반적으로 이 보고가 그 다음의 타락 이야기와 직접적 연관성을 가진다는 것을 통하여 주어진다. 이 보고는, 여기서 구체적으로 파악되는 것처럼, 하나님과 인간 사이의 계약의 역사의 시작을 직접적으로 목표로 삼는데, 그 시작은 다음에서 발생 사건이 된다: 하나님에 의하여 창조된 인간이 하나님께 불순종하며, 그 불순종의 결과를 지니고 전달해야 한다; 그러나 하나님께서는 창조자와 피조물 사이의 관계의 이러한 변경 안에서도, 통치자로서 이제 등장한 갈등 안에서도, 피조물의 하나님이기를 그리고 피조물에게 신실하기를 그치는 것이 아니라, 오히려 계속하신다. 창세기 2장의 창조 사가(Saga, 이야기 역사)는 바로 그 사건의 직접적 전제이다. 2장의 이야기 역사(Saga)는 세계의 및 특별히 인간의 생성을 한 존재의 생성으로 서술한다; 그 존재의 본성 및 실존방식 안에서 뒤따르는 역사 및 특별히 그 역사의 첫째 사건이 (창조에 대한) 자신의 전적인 새로움 및 파악 불가능성에도 불구하고 및 그것 안에서 형성된다. 2장의 이야기 역사는, 그 자체가 역사의 형식 안에서, 그 사건의 배경을 형성하는 상황을 서술한다; 그것은 저 사건의 그림자와 빛이 — 참으로 양자 모두가! — 뚜렷이 대비되는 벽이며, 저 사건이 연출되는 공간이다. 그 이야기 역사는 창조를, 그 뒤에 따라오는 사건의 표징 및 증거로 서술한다. 그러한 한도에서 그 사가(이야기 역사)는 그 사건을 전제하며, 그 사건의 원형(Vorbild, 원본)이 된다. 그 사가는 물론 인간이 하나님께 **반드시** 범죄해야 한다거나 혹은 하나님께서 **반드시** 인간에게 그렇게 신실함을 유지하셔야 한다고 말하지는 않는다. 그 사가는 그 뒤따르는 역사 안에서 하나님과 인간에게 부여된 자유를 의문시하지 않는다. 그러나 그 사가는 존재하는 모든 것의 창조자이신 하나님께서 원하셨고 정하신 관계(Verhältnis)를 서술한다; 이 관계 안에서 이후에 양쪽 측면이 취급된다. 바로 그 관계의 서술로서, 즉 전체의 목적에 대한 관련성 안에서 본문의 모든 요소들은 똑같이 중요하며, 우리는 그것들 중 어떤 하나를 뽑아내어 나머지들의 이해를 위한 주석적 주도명제로 사용할 수가 없다. 오히려 우리는 다음을 보아야 한다: 본문의 모든 요소들은 — 그것들의 역사적인 순열에도 불구하고, 한꺼번에 모두가 병렬되어서 — 저 단축된 및 바로 그렇게 하여 인상적인 (뒤따라오는 것에 대한 전체적 목적론적) 관계 안에 있다.

눈앞에 그대로 파악되는 첫째의 명확한 맥락은 창세기 2:4b-7이다. 여기서 우선적으로 주목되어야 할 첫째 내용은 다음이다: 우리는 — 이 사가의 뒤따라오는 모든 부분들에 대한 척도로서 — 하나의 새로운 **하나님 이름**과 관계하게 된다. 지금 창조자로서 행하신다고 서술되는 그 하나님은 바로 시작점부터 **야웨-엘로힘**이시다: 그분은 **이스라엘**에게 자신의 이름을 계시하신 **하나님**이시며, 바로 그 이름 안에서 이스라엘을 선택하고 부르셨으며, 이스라엘의 주님으로서 이스라엘과 함께 행동하셨다. 하나님께서 이미 창조사 안에서 이 이름을 지니셔야 할 만큼, 그렇게도 우리는 여기서 창조의 완성 이후에 시작되는 계약사에 가까이 있다. 그와 같이 창조사는 여기서 계약사의 전제로, 더 나아가 계약사의 (원형[Vorbild] 안에서 볼 수 있게 되는) 시작으로 관찰되어야 한다. 창조자에 관하여 듣거나 읽는 이스라엘인은 그분을 즉시 다름이 아닌 다음과 같은 분으로 생각해야 한다: 이스라엘인은 민족 전체와 함께 모든 것을 그분에 의지하고 있으며, 이스라엘인은 민족 전체와 함께 그분에게 천 번이나 죄를 범하였으며, 그분은 민족 전체와 함께 그 이스라엘인에게 파악될 수 없는 방식으로 언제나 또 다시 신실함을 유지하셨다. 바로 그 하나님이 창조자 하나님이시다.

바로 그 하나님께서 "하늘과 땅"을 만드셨다. 이러한 두드러져 보이는 역전이 주목되어야 할 둘째의 것이다. 하나님께서 또한 하늘의 창조자라는 사실은 참이고, 알려져 있다. 그러나 그것은 여기서만 언급될 뿐이며, 첫 구절에서의 이번 한 번뿐이며, 어떤 독립적인 음조를 갖지 않으며, 여기서는 다만 둘째 서열일 뿐이다. 이 사가의 시각은 (물론 하늘이 간과되거나 부정됨 없이) **땅**을 향해져 있다. 하나님께서 인간도 볼 수 있고 도달할 수 있는 이러한 하부의 세계 영역을 만드셨다는 것, 그리고 그 영역 안에서, 더 나아가 그 영역으로부터, 그것의 요소로부터 인간을 만드셨다는 것, 이것이 여기서 말하는 그 인간의 관심을 끈다. 화자는 창조자 하나님을, 그분이 땅의 창조자이기 때문에, 찬양한다; 그러나 물론 다음을 바라보면서 그렇게 한다: 창조자 하나님께서는 물론 바로 그 땅을 인간의 영역으로 정하셨으며, 그분은, 땅 위에 살아 있는 그 자체가 땅으로부터 취해진 인간을 그분 자신에게로 수용하실 것이며, 더 나아가 인간의 창조 안에서 그분 자신을 그렇게도 기적적으로 인간과 결합시키셨다. 그러나 뒤따르는 내용에 따르면 창세기 2장의 화자에게 중요한 것은 우선적으로 땅(흙) 그 자체이다. 인간조차도—이 사가는 사람들이 흔히 말하는 것처럼 그렇게 인간 중심적(anthropozentrisch)이지 않다.—우선 명확하게도 땅을 위하여, 땅에 봉사해야 하는 존재인 것으로 보인다. 또 다음과 같이 말해진다: 땅은, 하나님께서 아직 비를 내리게 하지 않으셨기 때문에, 그리고 땅을 경작할 인간이 아직 없었기 때문에, 근원적으로 열매를 맺을 수 없었다. 결실을 맺는, 나무와 풀들을 생산하는 땅의 이러한 이중적 선조건이 먼저 충족되어야 했으며, 그 다음에 창조의 진행이 성취되었다. 즉, 한편으로 땅에서 습기가 올라와 땅 전체를 적셨고, 그 다음에—마찬가지로 땅의 완성화의 연속 안에서—인간이 창조되었다. 인간이 하나님께서 푸르게 하신 것을 경작하고 지켜야 할 구체적 과제를 갖는다는 점이 이후에 에덴동산에 대한 구절 안에서 강조되며, 또한 타락사건 이후에도 인간은—물론 이제는 다른 표징 아래서—즉시 밭(Acker)을 가는 일로 내어보내진다. 그러므로 창조는 여기서 참으로 하늘과 땅의 창조이며[이러한 하층 영역의 강조와 함께], 그래서 단순히 인간의 창조가 아니다: 오히려 인간의 창조의 그 인간은 하늘 아래서 및 땅 위에서 구체적으로, 즉 그의 동료 피조물과의 관계 안에서 일하고 봉사해야 하는 인간이다. 우리는 첫째 보고와의 차이를 알아채야 한다; 그곳에서 식물 세계는—여기 2장에서보다 훨씬 더 인간 중심적으로—인간과 동물의 양식으로 정해져 창조된 것으로 보인다. 여기서 식물 세계는 우선 자기목적과도 같은 어떤 것을 갖는다. 완전한 땅은 건조하고, 결실을 못 맺고, 죽은 땅이 아니라, 오히려 관목과 채소들을 생산하는 살아 있는 땅이다. 하나님께서 땅을 푸르게 하실 것이다. 그러나 하나님께서는 심어진 것들의 번창함을 위해서 농부와 정원지기를 필요로 한다. 인간은 바로 그것이 되어야 한다. 여기서 인간은 단순히 봉사할 수 있는, 봉사로 준비된 존재로서 등장해야만 하며, 그 등장과 함께 및 그 이전에 땅의 푸르러짐이 의미 있게 발생하여야 한다. 인간은 여기서 어떤 빈틈을 메워야 한다; 인간은 여기서 필요하며, 물댐과 마찬가지로 필요하다; 그것이 없이는 저 땅의 완전함은 이루어질 수 없다. 인간의 어떤 특별한 가치를 주장하는 우월성의 모든 문제가, 바로 인간에 대한 야웨-엘로힘의 일반적인 것뿐만 아니라, 또한 대단히 특정한 '처분 권세'를 망각하는 모든 일이 바로 이 (피조 세계의 전체성의 테두리 안에 인간이 단순히 배치되는) 시각 안에서는 관찰될 수 없는 것으로 보인다. 인간은 하나님께서 그에 대하여 계획하시고 행하실 모든 특수한 것에도 불구하고, 우선은 다만 땅에 봉사할 수 있으며, 언제나 또 다시 봉사해야만 한다.

　이제 이 첫 구절의 끝에 놓인 것이 동일한 방향을, 말하자면 바로 인간적 실존의 필연적 겸허의 방향을 첫째 사가보다 더욱 구체적으로 지시한다; 그 구절은 인간의 특별한 창조의 과정에 대한 것이다. 여기서는 인간에 대하여 우선 하나님께서 그를 "땅의 흙(먼지)으로부터" 지으셨다고 말해진다. 여기에 사용된 히브리어 단어의 연관성에는 오해의 소지가 없다: 그 자체로서 (건조한, 결실 없는, 죽은) 땅 표면으로부터 취해진 개별적인 구성요소들의 한 형체—그것이 인간이다. 물론 인간은 다만 그것뿐이지는 않다. 그러나 인간은 그것이며, 지속적으로 그러하다. 인간은 관목들이나 채소들처럼 하나님께서 심으신 어떤 새로운 요소가 아니다. 그렇게 볼 때 인간은 창조 전체 안에서 어떤 독립적인 지위를 갖지 않는다. 그의 본성은 흙(먼지)이며, 흙 위에서 인간은 서고 또 간다. 그는 그의 실존을 오직 흙에게 빚지고 있으며, 하나님께서는 땅의 특별한 한 줌 흙(먼지)으로부터 바로 인간을 짓기를 원하셨다. 그리고 하나님께서 그를 지으셨다는 것과 하나님께서 그를 흙으로써 지으셨다는 것 둘 다를 인간은 동물과 공유한다. 다만 그는 이제 동물과는 다르게 바로 인간의 육체로 지어진 흙(먼지)일 뿐이다. 그러나 인간의 형체는 동물의 형체와 조금도 다르지 않게, 그것들이 취해진 흙으로 되돌아가야 하는 자연의 노선 위에 있다. 인간의 선택은 그와 같이 한편으로는 특출하며, 그러나 그 선택은 스스로를 뚜렷하게 구분한다: 첫째는 **바로 그 특정한 땅의 흙(먼지)이 다른 흙으로부터 인간을 구분하며**—그 다음에는 바로 그 특정한 형태(Bildung)가 인간을 동물들의 다른 형태들로부터 구분한다. 그러나 다른 한편으로 인간적 본성의 전적인 '권리 없음'도 여전히 유효하다; 그 본성은 흙으로부터 취해짐으로써, 동물과 구분되지만, 그러나 여전히 동물의 본성과 또한 결합되어 있으며, 인간의 본성은 또한 이 세상적인, 또한 동물적인 특성을 갖는다. "살아 있는 존재"라는 것도 인간은 물론 땅과는 아니지만, 그러나 동물과는 공유한다: 인간은 육체일 뿐만 아니라, 또한 영혼이며 ─ 더 나가가 최종적으로는, 인간을 그러한 존재로 만든 것은 하나님의 호흡(Odem)이다. 인간이 그러한 존재로서 동물과 함께 참여하고 있는 것이 높은 수준의 것 및 탁월한 것이라고 해도, 그래도 인간은 동물과 함께 또한 문제성 전체를, 그의 실존의 완전한 위협 및 무기력함을 공유한다. 왜냐하면 하나님께서 그 호흡(이것이 인간을 육체 존재를 넘어서는 영혼으로 만든다.)을 인간에게 빚지고 있는 것이 아니며, 그리고 그 호흡이 인간을 그렇게 만드는 것을 통하여, 그것이 인간의 고유한 호흡이 되는 것도 아니기 때문이다. 인간이 새로워지지 않는다면, 그때에는 그가 영혼을 갖는다는 것도 동물의 그것과 마찬가지로 그의 원래 존재로 되돌아가야만 한다는 것을 막지 못한다: 그것은 건조한, 결실 없는, 죽은, 먼지로부터의 먼지, 흙으로부터의 흙인 영혼이며, 형태 없고 고향 없이 형성된, 육체와 함께 땅의 깊음 안으로 지시된 영혼이며, 하나님의 영 없이 무기력한 희망 없음으로 정죄된 영혼이다. 이와 같이 인간은 본래부터 겸허의 및 하나님 경외의 계명 아래 서 있다. 그렇다면 어떤 의미에서 인간의 선택은 인간의 흙으로부터, 동물로부터 정말로 구분할 만큼 특출하고 뚜렷한가? 둘째 창조 보고에 따르면 ─ 여기서 틀림없이, 첫째 보고가 인간의 하나님 형상이라고 불렀던 것과의 내용적 평행에 관계된다. ─ 오직 한 가지에서 그러하다: 한 일반적인, 하나님으로부터 시작되는 생기를 넣음 혹은 영혼을 불어넣음이 있다. 그것으로부터 동물의 왕국은 살아간다. 인간은 그러나, 하나님께서 그에게 생명의 호흡을 코에 직접 불어넣으심으로써, 살아 있는 존재가 되며, 영혼이 된다; 인간은 그러한 최고로 **직접적**인, 최고로 **인격적**인, 최고로 **특수한** 행위 안에서 그렇게 된다. 하나님께서는 어떤 동물에게도 그렇게 향하지 않으셨다; 어떤 동물의 지음에서도 그렇게 살아 있는 존재로 만들지 않으셨다. 인간에게만, 오직 인간에게만 하나님께서는 그렇게 호흡을 불어넣으셨다. 인간만이, 오직 인간만이 그렇게 살아 있는 존재가 되었다. 우리의 본문의 의미에서 이것이, 즉 오직 이것만이 인간의 현실적인 차이점이며, 인간의 인간성(Humanität)이다. 우리는 주목해야 한다: 바로 그 인간성은 하나님의 완전하게 자유로운 및 전적으로 특수한 선택 및 향하심에 근거하며, 그것과 함께 서고 넘어진다. 이 인간성이 선다면, 그때는 그 불어넣음을 반복하실 수 있는 하나님이 머물고 계시며, 또한 인간의 흙(먼지)의 형체가 흙으로 되돌아간 이후에도, 인간을 선택하셨고, 그에게 그렇게 향하셨던 분의 신뢰는 여전히 남아 있다. 그 인간성이 쓰러진다면, 그때는 인간의 흙(먼지)으로의 회귀가 유일한 미래 및 전망이 된다. 인간이 흙, 즉 육체를 지은 흙인 것만은 아니며, 또 영혼인 것만도 아니며, 오히려 하나님의 호흡과의 직접적인, 인격적(개인적)인, 특별한 만남 안에서 그 흙의 형체와 함께 일깨워진, 근거 및 유지되는 영혼이라는 것, 바로 이것이 인간을 구분하는 높음 및 특출함이다. 하나님께서는 인간에게, 그를 창조하심으로써, 이 세상적 및 동물적 특성에 사로잡힌 그의 본성에도 불구하고, 더 나아가 그의 이 세상적 및 동물적 본성 안에서, 직접적으로, 인격적으로 및 특수하게 하나님을 희망할 수 있는, 하나님을 붙들 수 있는 기회(Anlaß)를 주셨다; 그분은 이미 창조와 함께 자기 자신을 인간과 결합시키신 분이시다. 인간의 본성의 전적인 문제성, 위협 당함, 무력함은 그대로 지속된다. 인간이 겸허 및 하나님 경외의 계명 아래 위치해 있다는 사실도 변함이 없다. 그러나 그 모든 것 안에서 **하나님**께서는 인간의 신뢰 및 희망이시다. 그분이 그러하신 것은, 인간을 모든 피조물들 중에서 바로 그분의 피조물로 수용하기를 원하셨기 때문이다. 하나님께 대한 인간의 고유한 직접성에 근거해서가 아니라, 오직 (인간에 대한 행동 안에서의) **하나님의** 자유로운 **직접성**에 근거하여 인간은 건조함, 결실 없음, 흙의 죽음(그는 이것에 빠져 있다.)에 승리한다. 이것에 있어서 인간은 이 구절의 시작을 눈앞에서 놓쳐서는 안 된다; 오히려 우리는 그 구절을 그 자체 안에 닫힌 순환으로 이해해야 한다. 바로 인간은, 하나님께서 신뢰와 희망이심으로써, 흙(그는 이것으로부터 유래하고 이것으로 되돌아가야 한다.)의 특성에 승리할 수 있으며, 그래서 그는 피조세계의 전체의 영역 안에서 다만 에덴의 경작자와 정원지기로서 봉사하도록 규정되었다. 건조된, 결실 없는, 죽은 땅이 하나님에 의하여 푸르러진 식물들을 지니게 된다는 것, 이것이 땅의 희망이며―둘째 창조 보고의 의미 안에서 우리는 다음과 같이 직접 말해야 한다: 그것은 피조 세계 전체의 희망이다. 땅은 죽음으로부터 생명으로 나아간다. 그 희망의 성취는 이제 인간을 기다린다; 그는 그 자신이 땅의 특성이면서도, 그러나 (하나님께서 그의 신뢰 및 희망이심으로써, 하나님이 자기 자신을 인간에게 그렇게 만드심으로써) 땅의 건조함, 결실 없음, 죽음에 승리하게 될 존재이다. 인간의 실존은 흙의 특성 전체에 모순이 되는 표징이 될 것이다. 인간의 행동은 땅을 위한, 피조 세계 전체를 위한 해결의 행동이 될 것이다. 그리고 인간이 흙으로 돌아갔을 때, 그 흙과 함께 취하게 될 것, 그것은 이 세상적인(irdisch) 모든 것을 위한 생명의 약속이 될 것이다. 이와 같이 인간의 실존은 전체의 범위 안에서 사실상 대단히 소박하게도 봉사와 노동의 사명을 받은 자의 실존이다. 인간은 땅을 경작하고 지키는 일에 헌신해야 한다; 그래서 하나님께서 땅을 완전하게 완성하시는 일이 의미를 가질 수 있도록 해야 한다. 이러한 기능 안에서 인간은 하나님과 피조물 전체에 대한 그의 책임을 떠맡는다. 그리고 이 기능 안에서 그는 그의 고유한 실존의 의미를 성취한다. 그러나 그것에 관련하여 다음을 잊어서는 안 된다: 인간이 아니라, **하나님**께서 땅을 푸르게 하고, 그래서 땅의 희망을 성취하며 그것을 완전하게 인도하신다. 그리고 인간이 아니라, **하나님**께서 그 희망의 성취의 다른 앞선 조건을 마련하실 것이며, 땅에게 안개와 비를, 그래서 습기를 마련하실 것이다; 이것이 없다면 인간의 봉사 및 노동은 헛된 것이 될 것이다.

또한 인간도 저 실존의 의미인 그 기능을 스스로 취한 것이 아니라, 하나님으로부터 수용하였다. 그와 같이 피조물 전체에게 신뢰와 희망을 주시는 근거는 인간이 아니라, 하나님이시다. 인간은 그러나 그 신뢰와 희망의 표징이며, 그는 그 표징을 자신의 실존으로, 자신의 노동과 봉사로, 더 나아가 그의 흙(먼지)으로의 필연적인 회귀로, 수립해야 한다. 겸허 및 하나님 경외의 계명도 또한 이 측면 아래 있다. 문제의 핵심은 다음 측면을 갖는다: 하나님께서는 인간을, 창조 전체에 대하여 생각하신 미래의 표징으로, 선택하시고 창조하셨다.—우리는 본다: 이 구절에는, 정확하게 관찰되고 또 그것의 모든 요소들이 잘 숙고된다면, 원형성(Vorbildlichkeit)이 직접 부과되어 있다. 우리는 여기서 참으로 시작부터 "사물들의 중심"(in mediis rebus)에 있다. 그리고 창조 사가의 이 형태가—이렇게 우리는 이미 첫 절을 바라보면서 말해야만 한다.—세계 창조자에게 벌써 계약사적인 이름인 야웨-엘로힘을 부여한 것은 공연한 일일 수가 없다.

자명하게도 여기의 전면에서는 우선 인간 실존에 대한 어린아이같이 순수한 서술이 등장한다; 그것은 인간 실존의 볼 수 있는 육체성 및 볼 수 없는 생기 혹은 영혼 사이의 모순 및 통일성의 서술이며, 동시에 하나님의 직접적 의지 및 행하심 안에서의 인간의 그러한 이중적 현실성의 근거의 서술이다. 그리고 자명하게도 여기서, 마찬가지로 전면에서 우선적으로, 마찬가지로 어린아이의 순수한 직관 안에서, 경작자(Bauer)의 신분의, 그의 신적 선택 및 소명의 찬양이 합주된다.

이 주제들이 구약성서적 영역 안에서의 이 창조 보고의 생성 혹은 다만 수용을 설명할 것이라는 것은 전혀 그럴 법 하지 않다. 오히려 이 전면의 상들(이것들도 틀림없이 그 자체의 의미를 가졌다.)의 배후에는 우선—여기서 총괄적으로(in nuce) 제시되면서—구약성서의 인간론 전체가 서 있다: 인간은 동물과 마찬가지로 흙의 형체이며, 동물과 함께 하나님에 의하여 영혼이 불어넣어졌으며, 동물과 함께 흙으로 돌아가며, 그래서 허무에 빠지며, 그러나 바로 동물과는 다르게 하나님에 의하여 직접 및 인격적으로 영혼이 불어넣어졌으며, 그것은 모든 피조물들 중에서 하나님에 의하여 직접 선택되고 부르심을 받았기 때문이며, 그래서 하나님께서 그에 대한 그 관계를 단절하시는 것이 아니라, 오히려 바로 세워 유지하시고 계속하신다는 사실로서 그는 서고 넘어지며—그리고 이 인간은 땅을 위한 봉사 안에 있다; (그는 그 땅으로부터 취해졌으며, 그 땅을 필요로 하며, 그것으로 회귀한다.): 그렇기 때문에 그의 봉사 안에서, 왜냐하면 이 땅이, 인간이 하나님의 선하심과 권능에 의지하여 산출하고 지니게 될 것 안에서, 자신의 편에서 또한 희망을 가지기 때문이다; 그 희망의 실현을 위하여 인간은 자신의 실존 및 노동력과 함께 준비되어 있어야 한다.

그러나 다음이 오인될 수 없다: 바로 그러한 인간론 그 자체의 배후에는 우선—모든 것이 야웨-엘로힘의 의지 및 행동을 통하여 제약되고 규정되면서—**이스라엘**의 선택 및 소명이, 이방 민족들의 세계의 한가운데에서의 (그 민족들과 동등한 지위에서의)

이스라엘의 실존 및 지위가, (그러한 동일한 종류의 무리로부터의) 이스라엘의 선택과 특수한 형성이, 그것들에 대한 이스라엘의 대립적 위치가, 그러나 또한 그것들을 위한 이스라엘의 중재자적 지위가, 그들의 어둠 속에서의 빛으로서의 (그 자체는 그러나 몰락의 운명에 처한) 이스라엘의 현존재가, 이스라엘의 선교의 책임성이, 그들에 대한 하나님의 종으로서의 이스라엘의 지위의 높음과 낮음이, 이스라엘의 희망과 우주 전체의 희망과의 분리될 수 없는 결합이 서 있다. 구약성서에 따르면 여기서 **인간**에게 귀속되는 변증법 전체 안에서 우선 개별적 인간이 아니라, 우선 어떤 일반적 인간이 아니라, 오히려 우선 바로 **이스라엘** 민족이 생성되었고, 살아 있었다. 그리고 이스라엘 민족이 여기서 서술되는 변증법 안에서 살아갔기 때문에, 이 창조 보고는 그 변증법을 또한 인간에게 귀속시킬 수밖에 없었다.

그리고 이제 본문의 마지막 주관적 내용으로서의 이스라엘의 수수께끼의 이러한 확정에서의 해석을 정지시킬 수 있는 어떤 것이 있다면, 그것은 다음을 통하여 **곤란해진다**: 바로 그 이스라엘의 수수께끼는, 그것과 함께 또한 인간의 수수께끼는 구약성서 전체에 대하여 하나의 가혹한, 그러나 또한 희망에 찬, 한 종말론적인, 그래서 자기 자신을 넘어서는 곳을 가리키는 수수께끼였다. 본문의 마지막 내용으로서의 이 문제에서 그 확정을 정지시키는 것은 또 다음에서 불가능해진다: 즉 그 희망에 가능한 수수께끼는, 여기서 말하는 그 사람(*성서기자)에게 최후의 것으로서 눈앞에 서 있었을 것이었던 그것은, 객관적으로는 이제 헛되이 자기 자신을 넘어서는 곳을 가리킨 것이 아니라, 오히려 이스라엘의 메시아이신 예수 그리스도 안에서 그것의 **성취**를 발견하였다. 만일 우리가 이것을 부정하지 않고, 오히려 믿는다면, 그때 우리는 본문의 내용의 최후의, 가장 깊은 층까지 밀고 들어가 전진해야 한다: 그분이, 예수 그리스도께서, 바로 그 인간이시며, 그분의 실존이 땅의 완성을 위하여, 건조함, 결실 없음, 죽음으로부터의 땅의 구속을 위하여, 하나님에 의하여 주어진 희망의 의미 깊은 실현을 위하여, 특별히 이스라엘의 희망의 실현을 위하여 오셔야만 했던, 그 인간이시다. 그분은, 그 자신이 피조물 전체의, 인간성 전체의, 이스라엘 전체의 중심으로부터 선발되셔서, 그것들에 속하면서, 그것들의 저주에 함께 처하면서, 그러나 바로 그에 대한 하나님의 저 직접적 및 개인적인 특수한 직접성 안에서, 피조물, 인간, 아브라함의 자손 및 다윗의 아들이셨던 인간이시다. 그분은 다음과 같은 인간이시다; 그의 신뢰 및 희망은 **홀로** 하나님이었으며, 그러나 이제는 참으로(현실적으로) 하나님이셨으며, 그렇기 때문에 그는 모두를 위한, 이스라엘 전체를 위한, 인류 전체를 위한, 더 나아가 우주 전체를 위한 존재이시며: 가장 깊은 겸허와 하나님 경외 안에서, 피조적인, 인간적인, 이스라엘적인 운명에 완전하게 헌신되면서, 바로 그렇게 하여 이스라엘의 왕 및 세상의 구세주이시다; 왜냐하면 그분은 이스라엘과 세상의 약함에 승리하시기 때문이다. 그분은 빈손이 아니라, 오히려 희망이라는 전리품을 가지고 흙으로 되돌아갔던 인간이시다; (그분은 흙으로부터 취하여졌지만, 흙을 위하여 흙에게 주어졌다.) 사가가 주관적은 아니더라도, 객관적으로는 말하는 그 인간은—이스라엘의 수수께끼의 발생한 해결을 바라볼 때, 이스라엘의 희망의 성취를 바라볼 때—**바로 그** 인간, 즉 예수이다. 우리는 이 둘째 창조사 안에서 계약사 및 구원사의 문턱에 그렇게도 가까이 있다; 그래서 우리는 이 창조사를—그것의 내용의 다른 층들에 대한 주목을 손상하지 않은 채—최종적으로, 그 다음에는 물론 결정적으로 또한 그렇게 해석하기를 회피할 수 없다.

우리가 창세기 2:4b 이하에서 둘째 창조사와 관계한다는 것은 **야콥**(B. Jacob)에 의하여 직접적으로 논박되었다. 땅, 식물들, 또한 인간도 여기서는 이미 창조된 것으로 전제된다; "다만 그것들은 아직 서로 연관되지 못하였을 뿐이다." 밭은 아직 버려져 있었다. 식물들은 아직 "경작되지 못한 단계"에 있었다. 인간은 그의 밭의 직무를 아직 시작하지 않았으며, 그래서 그의 규정성에 아직 도달하지 못하였다. 이제 이 본문은 땅, 식물들, 그리고 인간이 어떻게 서로 만나게 되는가에 대하여 말한다는 것이다. 이 모든 것 중에서 오직 다음만 올바르며, 본문의 명확한 표현과 일치한다: 그 보고의 지평은 실제로 경작자의 지평에, 그래서 땅-식물-인간의 순환영역에 제한되어 있다. 이러한 지평에 제한되지만, 그럼에도 불구하고 그 보고는—우리는 이것을 본문의 내용을 날조하지 않는 한, 삭제할 수 없다.—**창조** 보고이며, 시초들, 즉 그 배후에는 어떤 이전의 것도 전제되지 않는 시초들에 대한 보고이다. 야콥이 특별히 인간의 생성을 취급하는 7절을 바라보면서, 그리고 이후에 여자의 생성에 관한 전체 구절들을 바라보면서 조소하는 것과 같이, 창세기 2장은 "그 안에서 아무것도 창조되지 않는 창조사"라고 말하는 것은 아마도 생각해내기 어려운 종류의 것일 것이다. 참된 사실은 다음이다: 여기서 창조사는 인간의, 그의 활동 영역의, 그의 주변 환경의 생성의 역사에 압축되어 있다. 땅의 및 하늘의 생성에 대해서는 4절에 그냥 언급되어 있을 뿐이다. 그러나 또한 이 본문도 물론 아래로부터가 아니라, 오히려 위로부터, 다시 말하여 하나님으로부터, 또한 이 본문도 말하자면 창조 전체를 사고하며, 단순히 인간으로부터 사고하는 것이 아니며, 본문은 인간을 그러한 전체 안으로 입장시키며, 그 전체 안에서 명확하게도 봉사하는 기능을 취하도록 만든다. 본문의 관심사는 "가까운 세계이며, 땅 위에서 가까운 주님"이다.(Bonhoeffer) 이것은 다음과 연관된다: 이 본문은 첫째 사가보다 훨씬 더 많이 '신인동형론'적으로 말한다. 첫째 사가의 상 안에서의 피조 세계 안에서의 인간의 중요성 그리고 창조자의 인간적 유사성은 여기 둘째 사가에서 창조 그리고 그것에 근거한 하나님의 인간과의 교제가 함께 관찰되는 가까움(친밀함)의 결과이며, 그 가까움에 대한 숙고일 뿐이다.

이 둘째 사가에 고유한 종류의 방향성의 열쇠는 틀림없이 **야웨-엘로힘**이라는—창세기 1장에 대해서 새로운—이중적 하나님의 이름을 명백하게도 의식된 도입에 놓여 있다. 이 이름은 그 밖의 오경 안에서는 오직 모세가 바로에게 말하는 출애굽기 9:30에서만 등장한다: "왕과 왕의 백성들에 대하여 제가 확신하건대, 당신들은 야웨-엘로힘을 두려워하지 않습니다." 이것은 다음을 뜻한다: 당신들은 바로 이스라엘의 야웨가 참 **하나님**이시며, 두려워해야 할 분이라는 것을 알지 못합니다. 그러므로 바로 다음을 이방 세상은 알지 못하며, 그래서 배워야 한다: 야웨는 **엘로힘**, 즉 하나님이시다. 그러나 이스라엘은—바로 이것이 창세기 2장에서 전면에 서 있다.—알고, 또한 이스라엘도 물론 언제나 또 다시 배워야 한다: 바로 야웨가, 이스라엘의 하나님이, 셈의 하나님(창 9:26), 아브라함, 이삭, 야곱의 하나님이 엘로힘, 즉 전능하신 창조자 하나님이시다. 1655년에 간행된 '태초 선조들'(praeadamiten)에 대한 저서의 저자인 **라 뻬이레레**(La Peyrère; 비교. Delitzsch, 75)는 그러므로 다음 이론은 제시했을 때 근본적으로 올바른 추적 중에 있었다: 즉 창세기 1장은 자연적, 이교적 인간의 역사를, 그리고 창세기 2장은 유대적, 다시 말하여 구원사적 인간의 역사를 설명한다는 것이다. 양쪽의 하나님 이름의 일치의 기억을 바로 창조를 바라보면서 이사야서가 또한 제공한다: "그룹들 위에 계시는 만군의 주님, 이스라엘의 하나님, 주님만이 이 세상 모든 나라를 다스리시는 오직 한 분뿐이신 하나님이시며, 하늘과 땅을 만드신 분이십니다."(사 37:16) "하늘을 창조하신 주, 땅을 창조하시고 조성하신 하나님, 땅을 견고하게 하신 분이 말씀하신다. …"(사 45:18) 둘째 창조 사가는 창조사와 계약사를, 하나님의 의의 수립과 하나님의 긍휼의 계시를, 세계의 근거와 이스라엘의 근거를, 인간 그 자체와 선택되고 소명된 인간을, 한 괄호로 묶는다. 이것이 둘째 사가의 고유한 특성의 신학적 설명이다. 둘째 사가는 양쪽 계기를 동일시하지는 않으며, 오히려 그것들을 구분한다; 그러나 첫째의 계기는 언제나 이미 둘째 계기의 원형(Vorbild, 모범)에 관계된다. 그러므로 둘째 사가는 창조를 계약으로부터, 하나님의 의의 수립을 하나님의 긍휼의 계시로부터, 세계를 이스라엘로부터, 인간을 그의 선택 및 소명으로부터 이해한다. 그렇기 때문에 및 그러한 한도에서 둘째 사가는 하나님에 대한 진술 안에서 인간 중심적이며, 그렇기 때문에 또한 신인동형론적이다. 창세기 2장의 이러한 신학적 특성에는 물론 다음이 연관되어 있다: 둘째 사가는 창조의 시간성에 별다른 중요성을 부과하지 않았다. 물론 둘째 사가도 시간을 전제한다. 또한 둘째 사가도 창조사를 사건들의 시간적 순서 안에서 이야기한다; 그러므로 이 의미를 삭제하려는 야콥의 시도는 무기력해진다. 그러나 둘째 사가는 날들을 세지는 않는다. 둘째 사가는 시작에 명확하게 다음을 말하는 것으로 만족한다: "그때에[Zur Zeit, 글자 그대로: '그날에'] 주 하나님께서 땅과 하늘을 만드실 때에[이것은 6-7절 이하와 연결된다.], 주 하나님이 사람을 지으셨다"; 그 다음에는 언제나 이야기되면서, 그러나 시간의 진술은 없이 다음의 묘사가 진행된다: 하나님께서 에덴 안의 동산을 푸르게 하셨고, 하나님께서 인간에게 첫 계명을 주셨고, 동물들을 그의 잠정적 및 비본래적 동료들로 주셨고, 그러나 여자를 그의 참된 및 본래적 동반자로 주셨다. 다음은 명백하다: 창조사는 그것을 통해서도 뒤따르는 역사와 밀접하게 맞닿는다. 창조사는 물론 그것의 고유한 시간을 갖지만, 그러나 이 시간은 그와 동시에, 나중에 타락사건이 시작하는, 계약사가 연출되는 그 시간과 동일한 시간이다. 그 시간은 미리 앞서서 그 사건을 향해 나아가는 시간이다.

둘째 사가의 위에서 말한 신학적 특성과 이제 우선적으로 다음이 또한 연관된다: 출발점(terminus a quo)은—창조의 출발점이 아니라, 오히려 여기에 놓인 창조에 대한 관심의 출발점은 5절에 따르면 아직은 건조한, 아직은 결실 없는, 아직은 죽은 땅이다. "주 하나님이 땅 위에 비를 내리지 않으셨고, 땅을 갈 [원래는: 땅에 봉사할] 사람도 아직 없었으므로, 땅에는 나무가 없고, 들에는 풀 한 포기도 아직 돋아나지 않았다." 물이 없는, 식물이 없는, 경작되지 않은 땅—이것은 여기서 창세기 1:2의 흑암에 덮인 깊음의 상태라고 말해진 것과, 즉 하나님이 창조 안에서 부정하시고 뒤로 버리신 것과의 평행을 이룬다. 창세기 2장은 그렇게 깊이 되돌아가지는 않는다. 이 사가는 여기서 카오스의 끔찍함을, 우주 안에 건축되어 위협하는, 그러나 보호된 카오스의 경계선으로서의 하늘 및 땅의 대양을 눈앞에 파악하고 있지 않다. 이 사가는 그 문제가 대답되었다고 전제한다. 이 사가는 그에 대하여 자신의 고유한 문제를 가지고 있다; 이것은 창세기 1장에서는 다만 암시적으로만 전개된 것이다. 이 사가에 대해서는 말하자면 땅의 푸르름이 창세기 1:9-13에서와 같이 그 땅의 거주 가능성의 결정적인 필수요소(Requisiten)일 뿐만 아니라, 오히려 그 땅의 미래의 총괄개념이며, 완전성의 특성이며, 그것 없이는 땅은 현실적으로 하나님께서 창조하기 원하셨던 그 존재가 될 수 없다. 땅은 여기서 참으로 그것의 푸르름을 마주 바라본다. 만일 땅의 이러한 미래가 현실이 되지 않는다면, 땅에게는 화가 있을 것이다! 만일 하나님께서 그 미래를 가능하게 하지 않으신다면, 땅에게는 화가 있을 것이다! 그리고 하나님께서는 그 미래를 실현해야 하거나 다만 가능하게 해야 하는 어떤 빚을 땅에게 지고 있지 않다! 그리고 5절 안에서는 오인의 소지 없이 하나님께서 그렇게 하지 않으실 수도 있다는 어떤 뒤따르는 불안 같은 것을 느낄 수도 있다. 그러나 이제 하나님께서는 그것을 은혜 가운데서 행하셨다. 하나님께서는 땅의 그러한 미래를 우선적으로 가능하게 만드셨다. 어떻게 하나님께서 그 미래를 현실적으로 만드셨는가 하는 것에 대하여 그 다음에 에덴 정원이 푸르러짐에 대한 뒤따르는 보고의 형식 안에서 진술된다. 하나님께서는, 6절에 따르면, 우선 다음을 통하여 그렇게 하셨다: "땅에서 물이 솟아서, 온 땅을 적셨다." 궁켈과 그를 뒤따르는 취리히 성서가 제시한 번역인 "강"(Strom) 혹은 "큰 파도"(Wasserschwall)는 본문의 의미가 되기에 어렵다. 바로 우리가 이 이야기의 경작의 특성을 눈앞에 보유하려고 한다면, 그때 우리는 "어떤 큰 물결"이 어떤 경작자가 자신의 땅을 위하여 기대하곤 하는 것이 아니라는 사실을 간과할 수가 없다. 그리고 명확하게도 또한 5절에서 푸르러짐의 가능화로서 기대되는, 하나님께서 비를 내리게 하시는 일이 아직 일어나지 않았다고 말해진다. 궁켈이 말하듯이 안개만으로는 땅을 적실 수 없으며, 다만 습기 차게 할 뿐이라는 것은 주목할 만한 주장이다. 사가는 왜 여기서 단순하게 이미 고대인들도 잘 알고 있었던, 구름으로부터 비의 생성을, 그리고 땅에서 올라오는 습기로부터의 구름의 생성을 말하지 않았는가? 또한 궁켈이 추측한 다음 사실성은 기이하기 짝이 없다: 그 "물"(ed)의 창조가 야웨-엘로힘에 의한 것이라고 명시적으로 말해지지 않은 것이 어떤 "틀림없이 최고로 오랜 상상"의 연상(Anklingen)을 뜻하며, 그 연상에 따르면 야웨로부터 유래하지 않은 어떤 영역이 있다고 한다. 피조 세계가 완전히 하나님의 창조로부터 유래한다는 것을 이 사가는 첫째 사가보다는 훨씬 덜 목표로 삼으며, 그리고 이 사가는 여기서 인간의 창조로 서둘러 나아가며, 또 이 사가는 명백하게도, 식물 세계에 물론 불가결한 저 물(ed)의 창조를 (*인간의 창조와) 한 호흡에 동등하게 바라보고 말함을 통하여, 인간의 창조 사건의 중요성을 상대화시키지 않으려고 한다. 그러나 앞에서 이미, **하나님**께서 아직 땅에 비를 내리게 하지 않으셨다고 말했기 때문에, 이제는 바로 그 **하나님**께서 비를 내리셨다고 생각하는 밖에 다른 어떤 것을 우리가 기대할 수 있는가? 우리가 물(ed)의 솟아남을 저 처음의 아직 주어지지 않은 조건들의 충족이라고 이해한다면, 그때 다음은 분명해진다: 또한 그러한 과정의 신적 근거도 이 사가에 대해서 자명했다. 이 모든 것 안에서 정말로 주목할 만한 것은 첫째 사가와의 관계 안에서 **물**과 **땅**의 요소들에 대한 전적으로 다른 입장이다. 첫째 사가에서 하나님에 의하여 퇴각된 거대한 (땅에 대한) 거역자인 것이 여기서는 그 땅의 거주 가능성을 위한 전제 조건일 뿐만 아니라, 또한 하나님께서 원하시고, 그 다음에는 또한 이끌어내어지는 (땅의) 희망이다. 첫째 사가에서 인간의 원수로서 하늘과 땅의 지평선에서 어둡게 (그러나 인간의 구원을 포함하면서) 위협하는 카오스를 제어하는 표징이던 그것이 (하나님께서 그것에 대한 진노를 은혜 가운데서 후회하셨다.) 여기서는 인간과 함께하며, 그래서 인간의 친구로서, 하나님의 선하심을 갈망하는 표징이며, 땅의 다가오는 완전해짐의 표징이다. 궁켈이 다음과 같이 서술한 것은 물론 멋진 관찰이다: "P와

J에게서의 이러한 묘사들은 대단히 상이한 기후로 소급된다: P에서는 홍수의 기후에 굴복하는 퇴적층의 땅의 기후가, J에서는 늦여름에 가뭄에 신음하는, 신성이 그렇게도 갈망하는 비를 내려주고, 그래서 세계 전체를 새롭게 창조하는 어떤 땅의 기후에 관계된다: 시리아-아랍의 광야의, 그리고 북 메소포타미아, 시리아, 가나안의 기후가 그러하다." 왜 그가 옳지 않겠는가? 그러나 왜 그것이 거기서 끝나는가? 왜 그것이 이 문제에 대한 최종적 및 본래적인 말이 되는가? 우리는 낙원과 그것의 강들의 이야기에 관련하여 다시 한 번 첫째와 둘째 사가 사이의 여기에 놓인 대립으로 되돌아갈 것이다. 그러나 다음은 여기서 미리 말해져야 한다: 어쨌든 여기서 기후의 차이와 중심적 구상개념의 차이 사이에는 내적인 관계가 있다; (그 구상개념 안에서 양쪽 사가는 생성되었고, 그 개념으로부터 이해되어야 한다.) 궁켈이 생각하는, 홍수에 의하여 위협당하는 남쪽 메소포타미아의 퇴적층 지형은 이제 야웨-엘로힘이 그분의 백성을 인도하셨고, 그분이 그 가운데 거하셨던 땅은 아니다. 오히려 하나님께서는 그 땅으로부터 아브라함을 불러내셨다; 그곳에서의 위협적인 물의 위험 아래 있는 삶은 이미 하나님의 백성의 조상들의 뒤편에 놓인 **과거**였다. 첫째 보고의 보편적 구상개념(Konzeption)의 범위 안에서 생각되었던 것은 과거일 수만 있다.(이어야만 한다.) 그러한 과거를 더 이상 생각하지 **않는 것**, 창조자 하나님을 이스라엘에게 광야와는 정반대인 "좋은 땅"을 주시는 분 그리고 그 좋은 땅의 새로운 산출에 지속적으로 필연적인, 그 땅을 적시는 비를 내려주시는 분으로 이해하는 것이, 즉 물과 땅에 대한 이러한 전적으로 다른 사고가 둘째 사가의 노선 안에 마찬가지로 필연적으로 놓여 있었다; 왜냐하면 둘째 사가에게는 다음이 눈앞에 있었기 때문이다: 세계 전체의 창조자 및 주님이 이스라엘의, 즉 아브라함의 자손을 갈대아로부터 최종적으로 이끌어내어 가나안의 전적으로 다른 땅을 선사하신 주님 및 왕이시기 때문이다. 선사된 그 땅이 메마른 땅으로 머물지 않고, 오히려 언제나 또 다시 푸른 땅이, 그래서 습기에 찬 땅이 될 것이라는 것, 이것이 여기서 인간의 염려이며, 하나님께서 인간에게 주신 은사(Gabe)이다. 이제 하나님께서 인간에게, 계약사 안에서 발생한 것처럼, 이 둘째 사가 안에서 저 큰 친밀함 안에서 통고되는 것처럼, 그렇게 향하셨다면, 그 (*물의) 표징은 변한다. 그렇다면 하나님께서 땅을 창조하신 것을 후회하실 수도 있다는, 하나님께서 진노 안에서 저 카오스를 다시 돌아오게 하실 수 있다는 것보다 더 큰 염려가 있다. 이제 그 다른 염려가 전면에 등장한다: 하나님께서 땅을 **공연히** 창조하셨을 수도 있으며, 땅의 미래와 희망을 거부하셨을 수도 있다. 바로 이것이, 하나님의 자유로운 은혜로부터 살아가는 바로 그 인간을 흔드는 염려이다; 그는 그 은혜를 기뻐하지만, 그러나 하나님께서 그 은혜를 그에게 빚진 일이 없다는 것을 알기 때문에 흔들린다. 이것은 구속사적인, 선택된 및 부르심을 받은 인간의 염려이다. 이것에 다음 사실이 상응한다: 그렇다면 하나님으로부터 인간에게 도달하는 은사는 여기서 하나님께서 저 위협하는 파멸에게 정지를 명하시고 경계선을 설치하시는 것에 놓인 은사보다 더욱 친밀한 은사이다. 물론 하나님께서는 그것도 행하신다. 그러나 이제 전면에서 다른 것이, 그 부정적인 것에 의미를 부여하는 긍정적인 것이 등장한다: 하나님께서는 구원과 생명을 창조하시며, 땅을 푸르게 하시고, 그것을 위하여 땅을 물기에 젖도록 하신다. 첫째 사가의 세 번째 창조 사역의 **둘째** 부분이 여기서 탁월한 중요성을 획득한다. 하나님께서는 자신의 자유로운 은혜로부터 살아가도록 된 인간에게 긍정적 의도 안에서 마주 다가가신다. 그리고 그분의 이러한 긍정적 의도를 구원사적인 인간은 붙든다; 그 의도는 인간의 (그 자체로서는 다만 정당할 수밖에 없는) 염려에 대한 대적 및 극복이다. 하나님과 인간이 바로 이러한 관계 안으로 입장함

3. 창조의 내적 근거로서의 계약 319

으로써, 그 표징은 변한다. 그리고 둘째 창조 사가 안에서 미리 예견된 것이 바로 그 관계이기 때문에, 여기서 물 및 땅은 그러한 전혀 다른 특성을 획득한다. 그 변화는 아마도 다음과 일치한다: 첫째 사가는 각인된 바벨론적인 앞선 상들을 따르며, 반면에 둘째 사가는 비교적 독창적으로 이스라엘적 및 가나안적 기원들로 소급될 수 있다. 그러나 그 변화는, 날카롭게 표현한다면, 양쪽 보고의 기후적 조건성에 관련된 모든 추측들이 다만 추측에 지나지 않는다고 해도, 틀림없이 발생했을 것이다.

여전히 동일한 노선 위에서 이제 또한 인간의 생성에 대한 보고가 이해될 수 있다: "주 하나님이 땅의 흙(티끌)으로 사람을 지으시고, 그의 코에 생명의 기운을 불어넣으시니, 사람이 생명체가 되었다." 이것은, 우리가 중간에 말해진 모든 것을, 방금 등장한 땅의 적심의 보고를 말하자면 한 호흡에 들고 읽을 이후에도, 처음의 주요 문장에 연결된다: "주 하나님이 하늘과 땅을 만드시던 그날에 …" 인간이 땅의 주인이 아니라, 오히려 오직 땅에 봉사할 수 있을 뿐이라는 것에 대해서는 창조의 출발점의 서술인 5절에서 이미 결정되었다: 인간이 식물을 필요로 하기 때문에 하나님께서 식물을 창조하신 것이 아니라, 오히려 하나님께서 땅을 푸르게 경작하기 원하셨기 때문에, 하나님께서 인간을 창조하셨다. 그러나 전체 맥락의 정점에서의 문장의 위치는 그럼에도 불구하고 다음을: 이 사가가 얼마나 특별한, 물 적심의 질문의 해결과는 비교가 될 수 없는 중요성을 인간 창조의 사건에 귀속시키는가를 제시한다. 사가가 이해하는 대로의 창조의 목적점(terminus ad quem)은 여기서 말해진 것으로써는 아직 도달되지 않았다. 만일 도달했다면, 그 사가 위에 떠도는 전체가 그것의 모든 계기들 안에서 가시화되는: 즉 많은 나무들 및 저 특별한 두 나무와 함께 있는, 그것의 강들이 있는 에덴 안의 정원, 그 정원의 경작자로서의 인간, 인간에게 주어진 계명, 인간과 동물들, 남자와 여자로서의 인간 등이 가시화되는 그런 경우가 될 것이다. 그러나 창조의 목적점은 이제 시작한다. 그 목적점은 이 창조 보고의 첫 문장 안에서 가시화되기 시작한다. 우리는 세 가지의 비교되는 관찰들을 먼저 취급해야 한다:

1. 여기서 서술되는 인간의 창조는 인간의 **피조성**의 강력한 강조를 통하여 바벨론적 및 다른 이교적 사가들로부터 구분된다. 우리는 에누마 엘리쉬(Enuma Elisch) 서사시의 6 돌판에서 동일한 과정의 서술을 읽는다; 인간은 어떤 죽임을 당한 신의 피로부터 다른 신들의 필요에 따라 형성되었다고 한다. 신성의 그러한 종류의 비자발적인 어떤 외화 그리고 그것에 뒤따르는 인간의 신성 혹은 신적 형상에 대해서 여기서는 전혀 언급되지 않는다. 인간은 땅의 육체에 따라서는 하나님의 손을 통하여 땅의 흙으로부터 지어졌으며, 그래서 형체가 되었으며, 그 육체의 생명, 즉 영혼에 따라서는―결코 "하나님으로 변화하는 것"이 아니라, 결코 "신적 호흡의 빛을 발하는 것"(Gunkel)이 아니라, 오히려 신적 호흡을 통하여 고유한 현존재로 일깨워지며, 하나님께서 숨을 불어넣으심으로써 스스로 호흡할 수 있게 된다. 그가 하나님에 의하여 창조됨으로써, 하나님으로부터 구분되지 않는다면, 그는 무슨 존재이겠는가? 그가 받지 않은 것이 무엇이겠는가?

2. 여기서 서술된 인간의 창조는 인간에 대한 헬라적 파악과는 달리 다음을: 어떤 신적인 혹은 신과 비슷한 존재가 그것에 부적절한 육체의 존재 안에서 그것의 감옥을 발견했다거나, 어떤 정신적 능력이 어떤 물질적 껍데기를, 어떤 거룩한 내면성이 덜 거룩한 혹은 속된 외적인 것을 발견했다는 것을 말하지 않는다. 인간은 하나님의 손과 호흡을 통하여 양쪽 전체이다: 흙이면서 살아 있으며, 육체 및 영혼이며, 가시적 및 비가시적이며, 내적 및 외적이다. 하나님의 불어넣으심을 통하여 인간에

게 주어진 (육체의) 영혼이 **생명**이라면, 마찬가지로 하나님의 손가락에 의하여 형성된 육체도 어떤 수치, 감옥이 아니며, 영혼에 위협이 되는 어떤 것이 전혀 아니다. 하나님께서 원하시고 정하신 그 전체가 인간이며, 그것이 인간적 존재이다. 그의 존재 및 소유의 모든 것이 받은 것이기 때문에, 바로 그가 하나님의 피조물로서 하나님으로부터 구분되기 때문에, 그로써 존재한다는 것은 그에게 어떤 비하도 의미하지 않는다. 인간이 피조물을 반쯤 혹은 전적으로 하나님과 경쟁하는 것으로 보는 오직 그곳에서만 피조성은 비하로 이해될 수 있다. 야콥에 따르면 그러한 경쟁이 의심의 여지없이 존재하기 때문에, 그는 "사람이 생명체가 되었다."라는 문장 안에서 인간의 "비극적 운명"의 표현을, 즉 "살아 있는 한 끝나지 않는 그의 육감적 및 신적 본성 사이의 투쟁"을 발견했다. 한 랍비가 그렇게도 플라톤적일 수 있다는 것은 대단히 놀라운 일이다! 성서적 사가에 따르면, 그리고 성서적 인간론 전체에 따르면 그러한 경쟁은 틀림없이 배제되기 때문에 여기서도 진정한 및 올바른 인간적 가치만 있을 뿐이다.

3. 아마도 모든 알려진 가능한 인간 발생학들이 그것들에 책임이 있는 문학가 및 사상가의 내지는 그들의 집단 혹은 민족의 인간상에 상응하는 것과 같이—여기서의 인간 창조의 서술은 이스라엘적인, 정확하게 말하여: 간접적으로 그러나 결정적으로 이스라엘의 예언자들을 통하여 규정된 구약성서적인 인간상에 상응한다. 이 비교는 이 점에서는 형식적인 동등성을 제공한다. 여기서 존재 안으로 등장하는 흙의, 그러나 하나님에 의하여 호흡이 불어넣어진 인간은—하나님에 의하여 호흡이 불어넣어졌지만, 그러나 그럼에도 불구하고 흙으로 지어진 인간은—깊은 비천함 안에서도 높게 높여진—높게 높여졌지만 그럼에도 불구하고 깊은 비천함 안에 있는—심판 및 긍휼의—긍휼 및 심판의 대상인(우리는 언제나 둘 다를 말해야 한다.)—하나님 앞에서 서고 거니는 이스라엘적 인간이다: 그는 개인이 아니며, 오히려 그의 백성의 함께 책임이 있는 지체이며, 모든 시대에서의 및 모든 각각의 지체들 안에서의 이스라엘 백성이다. 이 인간상이 여기 놓인 인간 창조의 상의 소재적(materiale) 특수성을 제약한다. 우리는 이 상을 구약성서에 적용해야 하며, 구약성서를 그 상의 고유한 특성 안에서 보아야 하며, 그래서 그 상을 다른 어떤 것과 결합시키려고 시도해서는 안 된다. 다른 어떤 인간상으로부터도 바로 이 인간의 상이 필연적으로 주어지지 않는다. 델리취(Delitzsch)는 바르게 관찰하였다: 여기서는 타락 전 예정론적으로 구상되었다[그러나 그는 67쪽 및 78쪽에서는 타락 후 예정론적이라고 명백하게도 잘못 말한다.]; 다시 말하여 여기서 인간의 창조는 이미 창조에 뒤따르는 인간의 타락 사건과 그 결과를 바라보면서 이해 및 서술되고 있다: 인간의 기원 안에는 이미 죽음의 가능성이 놓여 있으며, 그것은 인간의 하나님께 대한 불순종과 관계되어 현실성이 될 것이다. 그러나 우리는, 그 모든 것을 보기 위해서, 즉시 다음을 추가해야 한다: 인간 창조의 이 상은 타락 전 **예정론적**(supralapsarisch)일 뿐만 아니라, 오히려 또한 타락 전 **계약론적**(suprafoederal)으로 구상되었다; 다시 말하여 여기서 인간의 창조는 이미 창조와 타락 사건의 저편에서 비로소 확증되는 하나님의 신실하심을 바라보면서 서술된다: 하나님께서는 인간에 대하여 이미 그 기원 안에서 준비하고 계신다; 그것은 철두철미 불충분한 것을 자신으로부터 완전하게, 그 자체로서는 죽은 것을 자신으로부터 살아 있도록, 만드시는 것이다. 우리는 여기서 이미—사태관계의 저 다른 측면의 진지한 평가 안에서—욥기 19:25를 생각하게 된다: "나는 확신한다. 내 구원자가 살아 계신다. 나를 돌보시는 그(*보증인)가 땅(흙) 위에 우뚝 서실 날이 반드시 오고야 말 것이다." 우리가 오직 이러한 인간상을 그리고

그 상의 그러한 변증법 전체를 눈앞에 둘 때에만, 왜 인간의 창조가 여기서 그렇게 서술되었으며, 다르게 서술되지 않았는가를 평가할 수 있는 위치에 있게 될 것이다. 예언자적으로 이해된 이스라엘 역사 전체 및 최종적으로 예수 그리스도 안에서 그것이 성취된 역사 전체가 그러한 짧은, 그러나 양쪽 측면에서 대단히 중요한 서술의 배후에 서 있다.

인간(adam)이 흙(adamah)의 티끌로부터 취해지고 만들어졌다는 것은 우선 단순히 인간이 그 흙에 속한다는 것을 증거한다. Adamah는 경작된 들판 혹은 토지 혹은 밭으로서의 **땅**이다. Adam은 그러므로 땅의 사람, 들의 사람, 밭의 사람을 뜻한다. 또한 라틴어에서도 인간(homo)은 흙(humus)으로부터 유래한다. 5절에 따르면 이 이름은 우선 다음을 뜻한다: 인간은 땅을 **위하여**, 땅에의 봉사를 위하여, 말하자면 땅의 경작으로 규정되었다. 한 상세한 의미가 여기서 추가되어야 한다: 인간은 그 자신이 흙으로부터 왔으며, 오직 하나님의 '창조자 행위'를 통해서 흙으로부터 취해졌으며, 흙으로 지어졌으며, 그 밖의 다른 흙으로부터 구분되었다. 그러므로 인간은 현실적으로 유일무이한 피조물(das Geschöpf)이 아니고, 피조 세계 전체 안의 한 피조물(ein Geschöpf)이다. 그러므로 인간은 어떤 높은 종류의, 말하자면 하늘로부터 땅으로 내려온 존재가 아니다: 땅에서 어떤 빛나는, 혹은 다만 "슬픈" 객이 아니며, 하늘의 소식을 전하는 자도 아니며, 또한 잔인한 운명에 의하여 땅으로 추방되고 예기치 않은 곳에 도착한 자도 아니다. 또한 시편 119:19, "나는 땅 위를 잠시 동안 떠도는 나그네입니다."도 그러한 의미를 갖지 않는다. 어떤 더 높은 기원이 아니라, 오직 하나님이 홀로 인간을, 그가 시민인 그 땅에서 객과 이방인으로 만드신다; 그러나 하나님께서 그를 우선적으로 시민으로 만드신 그곳에서 그를 천상적으로가 아니라, 오히려 세상적으로(irdisch) 만드셨다. "어머니로서의 대지(땅)"의 상상을 우리는 여기서 어떤 방식으로써도 도입할 수가 없다. 그 상상이 여기서 "유일신론적으로 변화했다는 것"(Gunkel)은 전혀 그렇지 않으며, 오히려 그 상상은 이 사가의 의미 및 특성 전체 안에서 어떤 공간도 차지하지 못한다. 흙이 아니라, 하나님께서 인간을 산출하셨다: 하나님 자신의 계획 및 결단에 따라, 그분의 (흙의 한 줌) 자유로운 선택에 따라, 바로 그 한 줌의 주권적 형체화 안에서, 산출하셨다. 창조와 죽은 자들의 부활(롬 4:17)과의 바울적 관련지음은 바로 창세기 2:7의 관점에서 대단히 적합하며, 그리고 창조가 그곳에서 "없는 것들을 불러내어 있는 것이 되게 하시는 것"이라고 말해지는 것도 그러하다. 왜냐하면 하나님께서 한 줌 흙으로 어떤 인간(einen Menschen)을 지으셨다고 말해지지 않으며, 오히려 하나님께서 한 특정한 인간(den Menschen)을 한 줌 흙으로 지으셨다고 말해지기 때문이다. 흙으로부터 동물과 인간을 만든다는 직관이 "화자의 문화적 영역이, 팔레스틴의 발굴들에서 수없이 발견되었던 것처럼, 진흙으로 만든 인간적 및 동물의 형상들을 알고 있다."(Gunkel)는 사실을 전제하고 있다는 것이 참이라고 해도―흙이 그러한 지음의 목적을 위한 어떤 속성을 가진다는 것은 사가의 의미에서는 어쨌든 말이 되지 않는다. 사가는, 비록 창조에 미리 주어진 재료에 대해서 말하기는 하지만, 하나님의 새 창조에 대하여 말한다: 진흙이 그 자체 안에 하나님께서 인간 및 동물의 형체들을 만드시는 데 필요한 것을 가지고 있다고 해도, 그것이 그렇게 사용될 수 있는 능력은 진흙 자체 안에 있지 않다; 이것에 대해서는 나중에 19절에서, 정말로 인간과 동물들이 지어질 때, 말해진다. 진정한 비교의 근거는 여기에 없으며, 없어야만 한다. **디트리히 본회퍼**가 미켈란젤로의 잘 알려진 그림을 설명하면서 말했던, 인간의 "최초의 흙에서 안식하면서 … 창조의 땅의 축복받은 지면에 완전히 파묻혀 있는 존재"의 저 "깊은 창조의 잠"도 명료성을 위해서는 말하지 않는 것이 더 낫다.

여기서 서술된 사건 이전에 있었던 그것은 인간이 아니며, 땅의 자궁 안의 인간도 아니며, 땅에서 잠자는 인간도 아니며, 오히려 다른 흙과 마찬가지의 한 줌의 흙이었을 뿐이다; 바로 그 흙으로부터 인간이 참으로 창조적으로 하나님에 의해서 지어진다. 여기서 지어진 것은 의심의 여지없이 인간의 육체(몸)이다. 그러나 우리는 잊지 말아야 한다: 또한 마음도 (예를 들어 시 22:15, 39:4, 잠 14:30) 몸에 속하며, 우리가 인간의 인격이라고 부르는 그것도 몸에 속한다. 인간이 흙으로부터 지어졌을 때, 인간은 몸을 **소유**하는 것이 아니라, 몸으로서 **존재**할 뿐이다. 인간은 전체로서 몸이며, 그를 지으신 하나님의 손이 흙과는 다르게 독립적으로 존재하는 존재가 되도록 허용하신 그 몸 이상의 아무것도 아니다; 여기서 사가도 틀림없이 우리가 "정신적"이라고 부르는 것을 포함한 모든 특별한 인간적 능력을 생각하였다. 그러나 하나님께서 사람을 지으셨던 것은 흙의 "**티끌**"(Staub)로부터였다. 이에 상응하여 아브라함은 창세기 18:27에서 말한다: "티끌이나 재밖에 안 되는 주제지만, 제가 주님께 감히 아룁니다"; 이에 상응하여 또한 시편 103:14도 말한다: "주님께서는 우리가 어떻게 창조되었음을 알고 계시기 때문이며, 우리가 한갓 티끌임을 알고 계시기 때문이다." 'aphar(티끌)의 근본 의미는: 지표면의 세공된, 느슨한 구성원소들이며, 그것은 [바다의 모래처럼] 셀 수 없이 많은 양을 지칭할 수도 있다; 그러나 'aphar는 그 근본 의미 외에도 하나님과의 관계 안에서 저급한 것, 위험한 것, 더 나아가 피조적 및 특별히 인간적 실존의 유기된 것의 의미도 갖는다; 그것은 바로 무덤을 뜻할 수도 있다. 여기서 티끌이 하나님께서 인간을 만드시는 재료로 언급된다면, 그때 위의 의미가 주목되어야 한다. 인간적 피조성의 특성(선함) 전체는 하나님께서 이 재료로부터 만드신 것 및 그것에 대하여 의도하신 것 안에 놓여 있다. 그러므로 그것은 재료 안에 놓여 있지 않다. 그 재료 자체는 오히려 그 피조성의 위협을 뜻한다; 하나님께서 그것으로부터 만드신 것을, 그것에게 생명을 주심에 의해 확증하지 않으신다는 한도에서, 혹은 하나님께서 그 확증을 철회하신다는 한도에서, 그러하다: "주님께서 손수 나를 빚으시고 지으셨는데, 어찌하여 이제 와서 나에게 **등을 돌리시고**, 나를 **멸망**시키려 하십니까? 주님께서는, 진흙을 빚듯이 몸소 이 몸을 지으셨음을 기억해 주십시오. 어찌하여 주님께서는 나를 티끌로 되돌아가게 하십니까?"(욥 10:8f.) 티끌의 형체 그 자체가, 그것이 아무리 놀랍게 지어졌다고 해도 확실하게 회피할 수 없는 위협에 대하여 욥기 34:14f.가 말한다: "만일 하나님이 결심하시고, 생명을 주는 영을 거두어 가시면, 육체를 가진 모든 것은 일시에 죽어, 모두 흙으로 돌아가고 맙니다"; 또 그 위험에 대하여 시편 104:27f.도 말한다: "이 모든 피조물이 주님만 바라보며 … 그러나 주님께서 얼굴을 숨기시면, 그들은 떨면서 두려워하고, 주님께서 호흡을 거두어들이시면, 그들은 죽어서 본래의 흙으로 돌아갑니다."—그리고 그 위험의 현실화에 대하여 시편 90:3이 말한다: "주님께서는 사람을 티끌로 돌아가게 하시고 '죽을 인생들아, 돌아가거라' 하고 말씀하십니다." 그리고 전도서 12:5b, 7도 말한다: "사람이 영원히 쉴 곳으로 가는 날, 길거리에서는 조객들이 오간다. … 육체가 원래 왔던 **흙**(티끌)**으로** 돌아가고, 숨이 그것을 주신 하나님께로 돌아가기 전에, 네 창조주를 기억하여라." 우리의 사가가 이 위협을 알고 있었다는 사실은 창세기 3:19로부터 알 수 있다: 그곳에서 하나님께서는 인간에게 얼굴에 땀이 흘러야 낟알을 먹을 수 있을 것임을 말씀하신다: "너는 흙에서 나왔으니, **흙으로 돌아갈 것이다**. … 너는 흙이니 흙으로 돌아갈 것이다." 바로 그렇기 때문에—바로 인간이 너무도 명확하게 흙(땅)의 시민이기 때문에, 그는 시편 119:19에 따르면 "객"이며, 다시 말하여 짧은 시간 동안 잠시 이동하는 땅 위의 방랑자이다. 인간은 하나님을 붙들며, 오직 하나님 안에서

그의 희망을 갖는다: 그 희망은 말하자면 그의 방랑이 의미 없지 않으며, 하나님께서 그를 공연히 티끌로부터 창조하신 것이 아니며, 오히려 하나님께서 그의 생명을 원하셨고, 불러일으키실 것이라는 희망이다.

이제 사가는 인간의 창조를 바로 그 **희망의 성취**라고 묘사한다: 하나님의 호흡이 티끌의 형체인 인간에게 그 자신으로서는 소유할 수 없는 및 스스로 부여할 수도 없는 것을 주신다; 그것은 인간의 원소들의 몰락으로부터 보존하는 지킴의 상태이며, 하나님의 지으심에 의하여 그에게 주어진, 하나님께서 실행하신 (인간이 취해진 그 흙으로부터의) 구분 안에 있는 인간 존재의 실체 및 연속성을 뜻한다. 인간의 이러한 연속성 및 실체가 생명이며, 그것도 식물들의 생명과는 다른 "살아 있는 존재"의 고유한 생명이다. 하나님께서 티끌의 형체인 인간에게 생명을 수여하심으로써, 그것은 바로: "살아 있는 존재"가 된다. 하나님께서는 그것을 "생명의 호흡"(nischmat chajjim, πνοή ζωῆς)의 수여를 통하여 행하신다. 그것 아래서: "하나님에 의하여 창조의 방식으로 시작되는 및 인간 안으로 들어가는 호흡, 숨 안에서 스스로를 외화하는 생명체의 생명의 원칙; 즉 피조적 영, 그것의 육체성의 동형적 현상이 영혼인 피조적 영"(Delitzsch)이 이해될 수 있다. 또한 시편 104:30도 저 위협의 말씀의 직후에 그 희망과 그것의 성취를 알고 언급한다: "주님께서 주님의 영을 불어넣으시면, 그들이 다시 창조됩니다. 주님께서는 땅의 모습을 다시 새롭게 하십니다." 또 욥기 33:4의 엘리후의 진술도 그 희망을 알고 언급한다: "하나님의 영이 나를 만드시고, 전능하신 분의 입김이 내게 생명을 주셨습니다." 그러나 우리는 주목해야 한다: 이것은 19절에 따르면 인간과 마찬가지로 흙으로 지어진 동물들에게 해당하는 만큼의 그 이상이 이제 인간에게 해당하는 것이 아니다. 또한 동물도 [정의하는 원칙에 의해] πνοή ζωῆς(생명의 호흡)을 수령하며, 또한 동물도 그 수령을 통하여 [정의된 원칙에 의해] "살아 있는 존재"가 된다. 그리고 우리는 인용된 모든 구절들에 근거하여 주목해야 한다: 바로 그 **희망** 및 그것의 **성취**. 왜냐하면 그것이 하나님의 자유로운 행동에 달려 있기 때문에, 왜냐하면 하나님이 삶과 죽음의 주님이기 때문에, 또한 인간 및 동물의 **위협**이다. 우리는 어떻게 인간과 동물이 창세기 7:21f., 9:10, 12, 15의 홍수 이야기에서 구원과 파멸에 직면하여 함께 고려되는가를 비교해야 한다. 하나님께서 인간 그리고 동물들에게서 (그것들에 주셨던) 생명을 다시 취하실 수 있다는 그것이 불안하게 만드는 것이다. 다음이 고통스럽게 만드는 것이다: 인간이 자신의 자랑 안에서 사실상 "동물처럼 제거될 수도 있다는 것"(시 49:13, 21), 그리고 인간들이 "짐승과 마찬가지이다. 사람에게 닥치는 운명이나 짐승에게 닥치는 운명이 같다. 같은 운명이 둘 다를 기다리고 있다. 하나가 죽듯이 다른 하나도 죽는다. 둘 다 숨을 쉬지 않고는 못 사니, 사람이라고 해서 짐승보다 나을 것이 무엇이냐? 둘 다 같은 곳으로 간다. 모두 흙에서 나와서, 흙으로 돌아간다. 사람의 영은 위로 올라가고 짐승의 영은 아래 땅으로 내려간다고 하지만, 누가 그것을 알겠는가?"(전 3:18f.) 그리고 욥기 14:7f.에서 인간의 나무와의 비교가 철두철미 인간에게 불리하게 진행되는 것을 읽는다: "한 그루 나무에도 희망이 있습니다. 찍혀도 다시 움이 돋아나고, 그 가지가 끊임없이 자라나고, 비록 그 뿌리가 땅 속에서 늙어서 그 그루터기가 흙에 묻혀 죽어도, 물 기운만 들어가면 다시 싹이 나며, 새로 심은 듯이 가지를 뻗습니다. 그러나 아무리 힘센 사람이라도 한 번 죽으면 사라지게 되어 있고, 숨을 거두면 그가 어디에 있는지도 모르게 됩니다. 물이 말라 버린 강처럼, 바닥이 드러난 호수처럼, 사람도 죽습니다. 죽었다 하면 다시 일어나지 못 합니다. 하늘이 없어지면 없어질까, 죽은 사람이 눈을 뜨지는 못합니다." 인간 그 자체의 소재적(materielle) 본성이, 그가 티끌로부터 지어졌다는 사실이 인간을 동물과의 저 동등성으로, 더욱이 나무와의 치명적인 비동등성으로 끌어내리는 것이 아니며, 인간을 파멸로써, 그의 육체를 그 형체의 소멸로써, 그가 취함을 받은 흙으로의 회귀로써, 그렇게 위협하는 것이 아니다; (그때 인간의 생명은, 그의 영혼은, 지체 없이, 구원의 가망 없이 동물과 함께 파괴되어 깊음 안으로 추락하는 일이 뒤따른다.). 오히려 저 모든 구절들은 다음과 같이 말한다: 바로 그 **희망** 및 그것의 성취가, 인간을 살아 있는 존재로 만드신 바로 **하나님**께서, 인간을 그렇게 동물과 함께 결합시키시며, 인간을 저 깊음(이것 안에서 인간은 나무를 부러워 해야 한다.) 안으로 강제하며, 그를 어떤 도피, 저항, 구원의 전망도 없이 전면적으로 위협하신다. 왜냐하면 창세기 2:7이 다음을 대단히 명확하게 한다: 인간을 티끌로부터 지음과 인간을 "생명의 호흡"의 전달을 통하여 살림은 서로 다르다. "양쪽의 행위는, 비록 멀리 떨어져 있지는 않다고 해도, 일치하지는 않는다."(Delitzsch) 하나님께서는 인간에게, 첫째 행위를 마치신 이후에, 둘째 행위를 빚진 적이 없으시다. 하나님께서는 둘째 행위를, 그것과 함께 첫째 행위의 결과를 언제라도: 말하자면 하나님께서 둘째 행위를 반복하지 않으시고, 그것을 과거가 되도록 하심으로써, 철회할 수 있으시다. 그렇게 하면 즉시 몸의 생명은, 티끌의 형체의 상태는, 그것과 함께 영혼은, 생명 자체는 과거가 되며, 땅으로 떨어지는 및 땅 아래서 사라지는 그림자가 된다. 그리고 창세기 2:7은 창세기 2:19와의 관계 안에서 다음을 대단히 명확하게 만든다: 인간과 동물의 운명의 관련성, 더 나아가 일치성, 양자에 공통적인 신적 살리심에의 의존성은, 즉 양자의 현존재의 공통적인 문제성은 하나님의 뜻, 배열질서 및 사역이며, 그래서 전도서 3:21의 '누가 알겠는가?'에 대해서 창조 사가의 의미 안에서는 다음이 아닌 다른 어떤 대답이란 주어질 수가 없다: 하나님이, 홀로 하나님만이, 바로 인간의 특수한 운명, 본질 및 장점이 무엇인지를, 또 인간의 영이 동물의 그것과는 달리 정말로 위로 올라가는지, 그래서 티끌 안으로, 무덤 안으로, 지하세계로 떨어지지 않는지를 아신다. 하나님만이 홀로 그러한 떨어짐이 인간의 최종 운명인지 아닌지를 아신다. 그리고 모든 외관에도 불구하고 티끌을 넘어서는 상승이 인간에 대하여 존재한다면, 그것은 홀로 하나님의 결정에 달려 있을 것이다. 몸의 혹은 영혼의 어떤 불멸성이, 인간적 실존 그 자체에 필연적으로 결합된 어떤 저 세상의 규정성 및 저 세상의 기대가 그 상승을 보증할 수는 없다. 하나님만이 **홀로** 그것을 보증하신다. 그러나 여기서 **유일한** 희망이신 바로 그 하나님이 여기서 우선 또한 벗어날 수 없는 위협이시다. 바로 그 하나님께서는 여기서 오직 자신의 자유로운, 빚지지 않은 은혜 안에서 [벗어날 수 없는 위협과는 반대로] 희망일 수 있고 또 보증을 창조할 수 있으시다. 하나님께서 실제로 그렇게 되시고 행하신다는 것이 창세기 2:7에서 오직 다음 한 가지를 통하여 짧게 언급된다: 하나님과 티끌로 빚어진 인간 사이에 하나의 두드러지게 눈에 띄는 **친밀한** 및 **인격적인 만남**이 있으며, 이 만남 안에서 인간의 창조 및 생명 주심의 둘째 행위가 이루어진다. 하나님께서는, 인간을 땅의 티끌로부터 지으신 후에, 그 인간에게 직접적으로 가까이 계셨다; 이러한 직접적 가까움 안에서 하나님께서는—이것은 하나님의 숨을 뜻한다.—생명의 호흡(Odem)을 창조하셨으며, 그 호흡을 통하여 티끌의 형체는 영혼으로 살아 있게 되며, 그래서 또한 인간도, 그가 살아 있게 됨으로써, 그의 편에서—이것을 미켈란젤로가 잘 표현하였다.—즉시 그의 생명의 창조의 직접적 증인이 되었다; 바로 그 생명의 호흡을 그의 코에 불어넣음으로써, 하나님께서 인간을 살아 있게 만드셨으며, 인간을 영혼으로 창조하셨다. 이러한 유일한 종류의 **만남** 안에서 인간은—사가의 의미 안에서 명백하게도 오직 인간만이—티끌의 형체로서의 자신의 존재를 넘어서서 한 살아 있는, 자신의 존속을 보장받는 존재가 되었다. 인간이 오직 그 만남 안에서 그 존재가 되었다는 것, 그것이 희망이지만, 그러나 또한 위협이다; 그 희망은 인간의 실존 안에서 시작되는, 그 위협에 저항하는, 그것을 극복하는, 그러나 그것을 어쨌든 자신 안에 포함하는 희망이다. 인간은 철두철미 다음에 의존된 존재이다: 하나님께서 그를 **다시** 만나기를, 인간에게 **다시** 그렇게 직접적으로 가까이 다가가기를, 인간을 **다시** 그의 고유한 생명의 창조의 증인으로 만들기를, 그에게 **다시** 생명의 호흡을 코에 불어넣기를 그치지 않으신다. 만일 하나님께서 그렇게 하기를, 그와 같은 창조자이기를 그치신다면, 인간은 더 이상 인간일 수 없을 것이다. 왜냐하면 인간 창조의 그러한 둘째 행위의 반복이 없이는 인간의 영혼은 살 수 없을 것이며, 그 영혼은 몸에게 존속을 보증할 수 없을 것이며, 영혼은 파괴된 티끌의 형체로서 그가 취하여진 그곳으로 되돌아가야만 할 것이기 때문이다.

이것이 창세기 2:2에서 인간이 **창조되는** 국면이다. 아직 구원사는 시작되지 않았다. 아직 인간은, 그가 얼마나 적게 하나님께 속하고 얼마나 많이 그가 취하여진 흙에 속하는지를, 얼굴에 땀이 흐른 뒤 빵을 얻고, 동물처럼 그가 취하여졌고 유래한 그곳으로 내려가는 것이 그에게 얼마나 합당한지를, 자신의 행동을 통하여 증명하지 않았다. 아직 하나님께서도 그 인간에게 말씀하지 않으셨고, 아직 인간에게 행동하지 않으셨다. 아직도 어떻게 하나님께서 바로 그분의 여기 서술된 인간의 창조 안에서 의로우신가 하는 것이 공개되지 않았다. 우리가 여기서 인간이 저 두 가지의 구분되는 행위들 안에서 창조된 것으로 보는 그 상황은 이미 전적으로 후에 시작하는 구원사에 상응하는 사건이다. 그 상황은 이후의 그 역사를 통하여 실제로 정당화될 것이다. 하나님께서 여기서 많은 티끌 중의 한 줌의 띠끌로부터 인간을 만드시듯이, 마찬가지로 아브라함과 그의 종속을 많은 민족들의 무리로부터 취하실 것이며, 마찬가지로 이스라엘의 몸이 생성되어 형태를 갖도록 하실 것이다: 그것은 바로 그 특별한 및 특출한 민족이다; 그의 특성과 본성은 다른 모든 민족들의 그것과 다르지 않으며, 하나님께서는 그 민족에게 선택과 특별한 형체화의 빛을 조금도 지지 않으셨으며, 그래서 하나님께서는 그것이 취해진 진흙 안에서 그것이 두말할 필요도 없이 소멸 및 몰락하도록 버려둘 수도 있으시다. 하나님께서는 물론 또한 그 민족에게도 둘째의 특별한 행위 안에서 가까이 다가가신다. 하나님께서는 아브라함의 선택을 다음에 의하여 참된 것으로 만드신다: 하나님께서는 바로 이 민족과의 한 직접적인 관계 안으로 들어서시며, 바로 그 민족과 한 계약을 체결하시며, 바로 그 민족에게 한 예언자적 영을 주신다. 바로 그 하나님의 영을 통하여 그 민족은 영혼을 획득하며, 다른 모든 민족들과 구분되는 살아 있는 민족이 된다. 그 영에 힘입어 아브라함에게 약속되었던 것이 갈대 바다에서, 시나이에서, 그리고 예루살렘에서 확증된다. 그것은 다음과 같이, 오직 다음과 같이 발생한다: 그 민족에게 영을 주신, 그것을 민족으로 만드신 야웨께서는 언제라도 그 주셨던 것을 이스라엘로부터 다시 취할 수도 있으시다. 그분의 자유로운 은혜, 그분과의 새로운 만남의 기대 및 실현은 지속적으로 그 민족의 유일한 희망이지만, 그러나 바로 그 만남은—왜냐하면 그것의 실현이 철두철미 하나님의 일이기 때문에—또한 그 민족의 위협이다. 이스라엘은 또한 자신의 편에서도, 자신이 다른 민족들의 한가운데에서 취하여진 한 민족이며, 그들의 특성에 철저히 참여되어 있으며, 그들보다 다르거나 더 낫지 않다는 것을 스스로 증명한다. 이스라엘은 다른 모든 민족들과 마찬가지로 불순종하며, 이것은 이 사가의 첫 인간이 즉시 불순종하며, 그것으로써 그의 흙으로의 회귀의 필연성이 정당화되는 것과 마찬가지이다. 이스라엘은 자신의 신적인 계약 파트너에게 자신의 영에 상응하는 어떤 영혼도, 그 계약에 상응하는 (민족으로서의 자신의 육체의, 현존재의) 어떤 삶도 예시하거나 헌납하지 않는다. 그 민족이 그러한 존재로서, 그것의 시간이 끝날 때까지, 존속한다면, 그것은 오직 다음에 근거해서 그러하다: 야웨께서 그 민족에게 예언자적 영의 생명의 호흡(Lebensodem)을 그것에 과분한 방식으로 빼앗지 않으시며, 오히려 과분한 방식으로 그 민족과 언제나 또 다시 만나신다. **땅**(인간은 땅에 봉사해야 한다.)을 위하여 하나님께서는 인간과의 만남을 갱신하신다. **민족들**(이스라엘 민족들에게 표징이 되어야 한다.)을 위하여 하나님께서는 이스라엘과의 만남을 또한 갱신하신다. 그러나 티끌로써 지어진 인간이 최종적으로는 흙으로 되돌아갈 수밖에 없는 것처럼, 마찬가지로 민족으로서의 이스라엘도 최종적으로는 **멸망**할 수밖에 없으며, 민족들의 무리 안에서 다시 소멸 및 몰락하며, 그 민족이 처음부터 말하자면 위협(처음부터 그 민족은 이 위협 아래 있었다.)의 성취 안에서 마주 향하여 달려왔던 그러한 실제의 몰락 안에서 다음을 증명해야만 한다: 그 민족은 하나님 외에는 어떤 희망도 가질 수 없으며, 전적으로 홀로 그 민족의 하나님만이 그 민족의 희망이며—바로 그분만이 홀로 인간의 희망이며, 세계 전체의 희망이시다. "그러나 이제는 알아라. 나, 오직 나만이 하나님이다. 나 밖에는 다른 신은 없다. 나는 죽게도 하고 살게도 한다. 나는 상하게도 하고 낫게도 한다."(신 32:39)

이와 같이 에스겔 37장이 창세기 2:7에 대한 가장 강력한 구약성서적 주석이다: 그곳에서 이스라엘은 그것의 역사의 정점에 선다; 그 정점은 언제나 또 다시 이스라엘을 위협했던, 이제는 등장한 종말이다. 그곳에는 마른 뼈들이 가득한 한 골짜기가 있다.(1절) 그곳에서 이스라엘인들도 오직 탄원할 수 있을 뿐이다: "우리의 뼈가 말랐고, 우리의 희망도 사라졌으니, 우리는 망했다."(11절) 그곳에서 그 뼈들이 다시 살겠는지의 질문에 예언자는 다만 다음과 같이 대답할 수 있을 뿐이다: "주 하나님, 주님께서는 아십니다!"(3절) 그곳에서는 그러나 그 뼈들에 대하여 예언하라는, 예언자에게 주어지는 사명도 있다: "너희 마른 뼈들아, 너희는 나 주의 말을 들어라. 나 주 하나님이 이 뼈들에게 말한다. 내가 너희 속에 생기를 불어넣어, 너희가 다시 살아나게 하겠다. 내가 너희에게 힘줄이 뻗치게 하고, 또 너희에게 살을 입히고, 또 너희를 살갗으로 덮고, 너희 속에 생기를 불어넣어 너희가 다시 살아나게 하겠다. 그때에야 너희는, 내가 주인 줄 알게 될 것이다."(4f.) 그리고 다음이 발생한다: "그래서 나는 명을 받은 대로 대언하였다. 내가 대언을 할 때에 무슨 소리가 났다. 보니, 그것은 뼈들이 서로 이어지는 요란한 소리였다. 내가 바라보고 있으니, 그 뼈들 위에 힘줄이 뻗치고, 살이 오르고, 살 위로 살갗이 덮였다. 그러나 그들 속에 생기(Odem)는 없었다. 그때에 그가 내게 말씀하셨다: 사람의 아들아, 너는 생기(Geist)에게 대언하여라! 생기에게 대언하여 이렇게 일러라. 나 주 하나님이 너에게 말한다. 너 생기(Geist)야, 사방에서부터 불어와서 이 살해당한 사람들에게 불어서 그들이 살아나게 하여라! 그래서 내가 명을 받은 대로 대언하였더니, 생기(Odem)가 그들 속으로 들어갔고, 그래서 그들이 곧 살아나 제 발로 일어나서 서는데, 엄청나게 큰 군대였다."(7f.) 이스라엘이 죽은 뼈들의 광야가 되었을 때, 한 가지만큼은 함께 살해되거나 죽을 수 없었다; 그것은 예언자적 영이다; 이 영을 통해서 그 백성은 이전의 백성이 되었다. 그 영은 그 백성을 물론 비켜갈 수 있고, 그 백성으로부터 탈취될 수 있고, 모든 네 방향으로 분산될 수 있고, 그래서 그 백성의 몸과 영혼을 허무에 넘겨버릴 수도 있다; 이것은 그 백성의 하나님의 자유 및 권리이며, 그리고 그 백성에게 백배나 합당했던 일이었다. 그러나 그 영 자체는 파멸될 수가 없다. 그와 같이 그 백성을 과거에 살아 있게 만들었고, 오랫동안 살아 있도록 유지했던 영은 바로 그 동일한 영이었으며, 그 영이 그 백성을 그것의 필연적 및 합당한 멸망 이후에 다시 및 새롭게, 이제는 궁극적으로 살아 있게 만들 것이며, 그렇게 할 수 있다. 이러한 생명의 영(호흡, odem)의 회귀를 에스겔은 죽은 이스라엘 백성에게 말하였다. 만일 에스겔이 이스라엘의 몰락의 저편에서 예수 그리스도 안에서 발생한 (이스라엘 역사의) 현실적인 성취를 보았다면, 그때 그는 헛되이 예언한 것이 아니며, 그렇다면 그는 현실적으로 하나님의 이름 안에서 예언한 셈이다. 왜냐하면 예수 그리스도 안에서 발생한 것, 그것은 바로 이스라엘과 함께 죽임을 당하지 않은, 이스라엘과 함께 죽지 않은 예언자적 생명의 영(Odem)을 통한 이스라엘의 죽은 자들로부터의 부활이었다; 그 영은 바로 그 백성을 온 민족들을 위하여 창조했던 영이다. 인간의 영혼과 육체의 생명 원칙으로서 하나님에 의하여 주어진 영(Odem)이 동일한 하나님에 의하여 다시 거두어질 수는 있다는 것, 인간이 영혼과 육체에 따라 죽음에 빠져 있다는 것, 인간이 영혼과 육체에 따라 불멸성을 갖지 못한다는 것, 오히려 바로 그 영이 인간으로부터 취해질 수 있다는 것, 그러나 그렇기 때문에 그 영이 사라지는 것은 아니며, 살아 있고 또 살아 있도록 만드는 영이기를 그치는 것은 아니며, 그 영은 하나님의 자유로운 처치에 따라 회귀하고, 인간을 그가 빠져 있는 및 그 안에서 사실상 멸망한 죽음으로부터 새롭게, 이제는 참으로(현실적으로) 살아 있게 만들고 있다는 것(만들 것이라는 것)—이것이 우리가 창세기 2:7의 인간론의 이해에 대한 에스겔 37장의 구원사적 주석으로부터 배워야 하는 것이다.

우리는 구약성서의 생명의 호흡(nischmat chajjim) 혹은 영(ruach)을 신약성서가 πνεῦμα ἅγιον(성령)이라고 부르는 것과 두말할 필요도 없이 동일시할 수 있는 것은 아니다. 요한복음 20:22에서 예수께서 "성령을 받으라!"라는 말씀과 함께 제자들에게 영을 불어넣으셨다고 말할 때, 그것은 창세기 2:7의 의식적인 능가를 뜻한다. 그러나 물론 인간학적인 개념으로서의 구약성서적인 영은 신약성서 안에서 예를 들어 데살로니가전서 5:23에서 πνεῦμα ὑμῶν로써 ψυχή 혹은 σῶμα와는 구분되는 것에 상응한다. 우리는 다른 한편으로 구약성서에서도, 신약성서에서도 인간 존재의 삼분법에 대해서는 유보조건 없이는 말할 수 없다. 인간적 본질 그 자체는 구약에서나 신약에서나 몸 그리고 영혼이며, 이 세상적 형태 및 이 세상적 생명이다. 그러나 몸에는 영혼이 없지 않으며, 인간의 이 세상적 형태가 이 세상적 본질의 한 형태라는 것은 인간이 **영**을 수용하고 보유한다는 것으로써 서고 넘어진다. 죽는다는 것은, 루터가 사도행전 5:5, 10, 12:23을 부정확하게, 그러나 바로 이 관점에서는 정확하게 번역했던 것처럼, "영을 포기하는 것(aufgeben)"이다. 예수께서는 죽으시면서 (눅 23:46) 그분의 영을 아버지의 손에 위탁하신다. 스데반은 죽으면서 예수께 자신의 영을 받아달라고 기도한다.(행 7:59) 이와 같이 영은 죽음 안에서도 지속되는 것 및 죽음을 넘어서서 남아 있는 것이다.—그것은 인간의 것은 아니며, 인간에 대하여 성취된 하나님의 향하심 및 선사이며, 이것은 철수되거나 혹은 인간에 의하여 반납될 때에도, 인간을 위하여 준비된 채로 머문다. 우리는 혹시 우리가 인간의 구속자(보증인) 곁에서, 티끌로부터 생겨난 및 현존하는 시민들에 대하여 욥기 19:25가 바로 구체적으로 "생명의 호흡(영)"을 생각하지는 않았는지를, 혹시 우리가 바울적 구절들, 즉 πνεῦμα를 ἀπαρχή(첫 열매; 롬 8:23) 혹은 ἀρραβών(보증; 고후 1:22, 5:5, 엡 1:14)이라고 지칭하는 구절들 안에서 최소한 **또한** 성령으로부터 구분되는 그러한 "생명의 호흡"을 그리스도교적 희망의 소유의 구체적 형태로서 생각하지는 않았는지를, 질문해 볼 수 있다.

창세기 2:8-17의 둘째 창조 사가의 안의 두 번째의 명확한 맥락은 인간의 거주지인 **에덴의 동산**이 푸르러짐, 그 동산의 나무들과 강들, 하나님께서 주신 인간의 업무, 그곳에서 인간에게 주어지는 허용과 금지 등에 관계된다.

사가의 시작에서 건너오면서 이 자리에서 결국 얻게 되는 첫인상은 어떤 놀라움 그 자체이다. 그곳에서 시작된 노선은 이제는 한층 더 높여진 지반 위에서 계속된다. 땅 그 자체를, 그것의 푸르러짐을 창조자는 그곳에서 의도했었다; 그렇기 때문에 창조자는 땅에게 안개와 비를 주셨으며, 그렇기 때문에 인간을 땅을 경작해야 하는 봉사자로 주셨다. 여기서 등장하는 놀라움은 바로 그 땅 그 자체 및 전체에 대하여 우선 더 이상 말이 없다는 사실에 놓여 있다. 하나님께서 땅에 원하시는 그것이 이제 물론 실행된다; 시작에 다만 땅의 미래로 볼 수 있었고 준비되었던 것이 이제 현재가 된다: 땅은 하나님에 의하여 푸르러진다. 우리는 그러나 즉시 **능가하는 것**을 주목해야 한다: (*앞에서는) 아직은 없었던 관목들과 채소들이 그곳에서 언급되며, 또 하나님께서 땅으로부터 자라게 하신 나무들이 이제 강조되면서 언급된다. 그 과정의 전제도 또한 이제는 눈에 보이게 능가된다: (*앞에서는) 비는 땅을 위하여 기대되는 것이었다; 여기서의 성취는 그러나—저 안개가 아마도 헛되지 않게 및 부족하지 않게 올라왔을 것이다.—에덴 정원의 물댐에 봉사하는 강 전체이다: 이것은 대단히 강력해서, 후에는 그 밖의 강들이 흔히 행하는 것과 다르게, 네 개나 되는 강들로 나누어지며, 낙원 밖에서 또한 더 넓은 다른 지역들도 결실을 맺도록 만들게 된다. 계속되는 능가는 다음에 놓여 있다: 여기서 바로 인간이—대단히 강조되면서 저 나무들 아래, 저 아직 나누어지지 않은 강변에 놓이며, 바로 그에게 바로 여기서 그의 생명의 공간 및 그의 과제가 제시된다. 바로 이러한 능가들은 그러나 다음의 제약과 연관되어 있다: 땅 그 자체의 전체 대신에 이제는 땅 위의 **특정한, 제약된** 장소가, 에덴의 정원이 언급된다; 그곳에서 처음의 모든 기대들이 훨씬 능가된 성취들 안에서 사건으로 발생한다. 이제 하나님께서 저기 밖에서도, 그 밖의 땅의 공간에서도, (우리가 시작에 근거하여 기대하게 되는 것처럼) 관목들과 채소들을 자라게 하시는지 아닌지를 우리는 명시적으로 경험하지 못한다. 이 보고는 그것을 물론 전제한다: 그러나 다음은 명백하다: 이 보고는 다만 간접적으로만 하늘에, 마찬가지로 다만 간접적으로만 땅 **전체**에 관심을 갖는다. 이 보고도 물론 처음에 하나님께서 땅 위의 하늘을 만드셨다고 말하는 것은 잊지는 않는다; 이 보고는 그러나 즉시 땅을 향하여, 그리고 하나님의 사역 전체를 땅의 부분 안에서 관찰한다. 그리고 마찬가지로 여기서 땅의 공간 전체도 잊혀지지는 않지만—그 전체에 대한 관계는 정원의 경계선에서 네 개로 갈라지는 강의 지류들을 통하여, 그리고 그 강들의 명명을 통하여 대단히 명확해진다. 그러나 이 보고의 시선은 그곳에서와 마찬가지로 땅에, 마찬가지로 여기서도 땅 위의 한 특정한 장소에, 나누어지지 않은 강의 영역에, 에덴의 정원에 향해진다; 또한 여기서도 이 부분 안에서 전체를 관찰한다.

그곳은 어떤 장소인가? 여기서 우리는 어떤 강제적 연상들에 의하여 영향을 받아서는 안 된다. 에덴은 "황홀"(Wonne)을 뜻한다. 그러므로 에덴의 정원은 의심의 여지 없이 "황홀의 정원"이라고 이해될 수 있다. 그 정원의 나무들에 관해서는, 그 열매들이 사랑스럽고, 보기에 탐스럽고, 먹음직하였다고 말해진다. 더 나아가 이 사가의 의견은 다음과 같다: 저 정원 안에서 솟아나는 강이 그 정원이 특별히 결실을 잘 맺도록 만든다. 그리고 그 정원의 중앙에는 생명의 나무가 서 있다. 그러나 그 나무에 대하여 자랑할 만한 것이 그것이 전부이다. 왜냐하면 금도 나고, '브돌라'라는 향료 또 홍옥수와 같은 보석도 나는 '하윌라' 땅은 에덴의 밖에 놓여 있기 때문이다. 그 정원 자체의 더 이상의 어떤 완전함들 및 그곳에서 향유할 수 있다고 기대되는 것들에 대해서는 언급이 없다. 그곳은 어떤 희열의 섬인 엘리시움(Elisyum)과도 같이, 서방인들의 정원(Hesperiden; 그리스의 서쪽의 이상의 땅)과도 같이, 혹은 게으른 자들의 천국과도 같이 묘사되지 **않는다**. 저 능가들은 그쪽으로 인도하지 않는다. 인간은 바로 그 장소에서 **노동**(arbeiten) 해야 하며, 땅을 위하여 **봉사**(dienen)해야 한다; 이것은 이 사가의 시작에 따르면 인간의 규정이다. 그리고 그 정원 안의 어디에인가는 또한 하나님께서 심으신 선악의 앎의 나무가 있다; 그 나무의 실존은 하나님의 허용 및 금지와 결합되어 있다. 그러므로 이 장소는 처음부터 진지한 **문제성** 없이 존재하는 것이 아니다. 에덴정원이 헬라적 번역 안에서 "낙원"(Paradies)이라고 말해진 것이 여기서 잘못된 곳으로 인도해서는 안 된다. 왜냐하면 "낙원"은 훨씬 후대에 및 또한 헬라적 영향 아래서 일종의 엘리시움이 되었던 반면에, 그 개념이 유래한 페르시아적 개념 안에서는, 그 다음에는 또한 히브리적 개념 안에서는 단순히 벽으로 둘러싸여 봉쇄된 및 제한된 공간을, 예를 들어 왕의 정원을 지칭하기 때문이다. 그 정원을 "황홀하다고"(wonnig) 특징짓는 것은 우선적 및 결정적으로, 그것이 하나님에 의하여 특별히 조성되었으며, 그렇기 때문에 특별히 하나님께 속한다는 사실이다. 그렇기 때문에 "하나님(엘로힘)의 정원" 혹은 "야웨의 정원"으로서 그 정원은 그 밖의 구약성서적 기억 안에서도 계속해서 살아남았다. 그것을 넘어서서 그 정원에 대하여 말해질 수 있는 것은 순전하게 다음이다: 그 정원은 결실 가능성 및 그것의 탁월한 열매들과 함께, 경작자 혹은 정원사가 원하는 선한 땅의 총괄개념이다: 그곳은 땅 위의 한 장소이며, 그곳에서는 땅(인간은 이것에 봉사하도록 규정되었다.)이 인간에게 봉사하도록 규정되었다는 사실이 볼 수 있게 드러난다. 첫째 보고의 관점이—인간을 위한 땅과 그 산물들이—이제 여기서 볼 수 있게 된다. 둘째 사가의 시작과의 관계 안에서의 모든 능가들을—여기서 올바르게도 초자연으로, 다시 말하여 하나님의 새로운 창조 행위로, 어떤 비교할 데 없는 황홀의 정원으로 느껴지는 모든 것은 그럼에도 불구하고 오직 자연적인 것을 목표로 하며: 즉 인간을, 땅 위에서 그의 과제를, 그러나 또한 그의 완전한 만족을 발견하는 인간을 목표로 한다. 그 정원의 서술의 초자연적 요소들은 물론 간과되어서는 안 된다. 정원 중앙의 생명의 나무 및 선악의 앎의 나무가—둘 다가 특별한 규정과 함께—그 초자연적 요소에 속하며, 그러나 또한 고유한 특성의 강의 체계(그 안에서 하나의 강이 네 개가 된다.)도 속하며, (이것은 어떤 델타의 생성의 알려진 상 안으로 바뀌어 해석될 수 없다.) 마지막으로 그 정원 안에서의 하나님의 인격적 현재 및 행위가 그 요소에 속한다. 그러나 바로 이 요소들은 그 정원을 어떤 엘리시움(*희열의 섬)으로 서술하는 것과는 아무 관계가 없다. 어떤 비정상적인 것도 아닌, 오히려 지극히 정상적인 것이, 땅, 물, 식물, 인간의 신적 창조의 조화에 상응하는 것이 낙원의 인간에게, 하나님께서 특별히 푸르게 하신 장소에서, 하나의 나누어지지 않은 강의 영역 안에서 제공되었으며, 그리고 인간은, 하나님께서 그곳에 "배치하시거나" 혹은 나중에 말해지듯이 그를 "수용하시고" 그곳에서 "안식하도록" 하신 이후에, 여기서 향유할 수 있게 된다. 우리는 또한 다음을 주목해야 한다. 그 정원이 단순히 하나님께서 땅 전체를 창조하심으로써 그것의 장소에 존재하는 것이 아닌 것처럼, 오히려 그것의 특별한 장소에 하나님에 의하여 특별히 및 제한되어 심겨진 것처럼, 또한 인간의 실존도 어떤 경우에도 그 정원 안에서 시작되지 않으며, 그래서 인간이 그 정원의 거주자, 경작자 및 지키는 자로 요구되었다는 것도 어떤 경우에도 저절로 이해되지 않으며, 마찬가지로 인간이 스스로 그곳으로 이동할 수도 없다. 인간의 창조가 낙원 안에서 시작하지는 않으며, 오히려 낙원 안에서 그 창조가 **완성된다**. 인간의 창조는 다음에서 시작한다: 그는 전혀 다른 어느 곳에서, 티끌로 형성되었으며, 하나님께서 창조하신 생명의 호흡을 통하여 살아 있게 되었다. 그리고 인간의 창조는 다음에서 계속된다: 인간은, 앞의 일이 발생한 이후에, 하나님에 의하여 하나님의 정원으로 **옮겨지며**, 그곳에서 안식에―그의 창조자와의 관계 안에서의 및 피조적 공간으로서의 땅에 대한 관계 안에서의 그의 정상적인 실존의 안식에―놓인다. 그 인간은 고향이 없다; 그는 고향을 찾지도 않고 발견하지도 못한다. 고향은 인간에게 준비되며, 인간은 그의 창조의 특별한 셋째 행위 안에서 고향으로 옮겨지게 될 것이다.―우리는 주목해야 한다: 그 모든 것은 이미 그의 [그것으로서는 아직 완성되지 않은, 그것으로서는 그것의 완성을 향하여 아직도 더 나아가야 하는] 창조의 특성 안에 이미 있다. 즉 바로 다음이 또한 인간의 창조에 속한다: 하나님께서는 인간에게 그리한 황홀의 정원을 마련하시며(황홀한 것은 우선적으로 바로 그것이 그분의, 하나님의 정원이기 때문이며, 그러나 바로 그렇기 때문에 그 다음에 또한 인간에 대해서도 황홀하다.(wonnig): 그것은 정상적인, 인간에게 적절한 삶의 공간이다.), 그리고 하나님께서는 인간을 그곳으로 옮기시며, 그래서 그 인간이 여기서, 땅의 바로 이 부분 안에서, 땅 전체를 위한 그의 규정을 성취하며, 그래서 현실적으로 살아가게 된다. 하나님의 호흡(Odem)은 인간을 명백하게도 바로 다음을 위하여 살아 있는 존재로 만들었다: 인간은 여기서, 땅 위의 그러한 특별한 장소의 특별한 조건들 아래서, 살아간다. 이와 같이 강과 나무들을 가진 그 정원의 창조는, 인간을 그곳에 위치시키는 것과 함께 둘째 사가가 이해하는 것과 같이 인간의 창조에 속한다.

그런데 그 장소는 어디인가? 우리는 이 질문의 대답에 있어서 두 가지 오류를 피하여야 한다; 그 오류는 본문이 참으로 말하는 것을 통하여 동일한 방식으로 배제된다. 우선 다음이 명확하다: 성서적 증인은 땅 위의 어떤 현실적인 **특정한 장소**를 말하려고 하며, 어떤 완전한 지역의 이념이나, 혹은 가공의 이상향에 대하여 말하려고 하지 않는다. 그 증인은 낙원을 이 세상적인(irdisch) 장소에 위치시켰다; 그것은 "동쪽에" 놓여 있다. 그 증인은 정원으로부터 시작하는 강의 네 지류 중에서 최소한 두 가지를 모든 각각의 청취자 혹은 독자들에게 두말할 필요도 없이 알려진 강들과 동일시하였다: 히데켈은 티그리스이며, 프라트는 유프라테스이다. 그 증인은 또한 다른 두 개의 강의 이름의 서술에도 특정한 지역의 이름: 하윌라와 구스를 부여하였다. 그리고 우리는 반복한다: 정원의 묘사 전체는 한 구체적인 이 세상적 영역에 관계되지 않는다는 어떤 추측이 불러일으켜질 수 있는 그런 색채들로써 행하여지지 않는다. 그러나 이제 물론 다음도 명확하다: 본문의 진술들에 근거하여 그 영역의 지리적 **위치를 정한다는 것**은 사실상 가능하지 않으며, 명백하게도 이 사가는 그것을 **의도하지 않았다**. 동쪽은 팔레스틴으로부터 볼 때, 아랍의 광야이며, 그리고 그 건너편은 유프라테스와 티그리스의 삼각구이며, 페르시아만이다. 그러나 그곳에 에덴이라는 이름의 어떤 지역에 대한 다만 기억이라도 있는가? 그곳에 어떤 강의 근원이 어디 있는가? 또 유프라테스와 티그리스가 철두철미 하나의 원천으로부터 유래하지 않는다는 사실 외에도, 그곳에 다른 강의 지류들(이것들에 대해서는 오늘날에 이르기까지도 다만 추측이 있을 뿐이다.)은 어디 있는가? 네 개의 강이 된다는 바로 그 강은 어디 있었고, 어디 있는가? 하윌라와 구스는 어떻게 이해되어야 하는가? "동쪽에"라는 가리킴이 전혀 다른, 고대에는 철두철미 알려지지 않았던 먼 곳을 지시하지 않는지 누가 알겠는가? 혹은 그것의 더욱 직접적인 의미가—"동쪽"의 지칭이 말하자면 팔레스틴으로부터 특정한 큰 광야를 그리고 그 광야를 넘어서 동시에 비쳐오는 동방의 빛(ex oriente lux)을 지시하는 의미가—최종적 및 결정적 의미였는지 누가 알겠는가? "동쪽"이 광야를 넘어선 곳을 지시함으로써, 그것은 낙원을 어쨌든 인간적 추측에 의해서는 **도달될 수 없는** 곳으로 지칭하며, 그리고 그것이 떠오르는 태양을 가리킴으로써, 낙원을 땅의 **미래**로서 지칭한다; 이 미래는 인간의 창조 당시에 이미 현재가 되었었다. 이 본문의 본질 안에는 다음이 놓여 있다: 본문은 장소의 진술에 있어서 물론 구체적이지만, 그러나 그럼에도 불구하고 다만 **반만**(Halb) 구체적으로, 물론 지리적으로, 그러나 그럼에도 불구하고 다만 무규정적 및 통제될 수 없이 지리적으로 말한다: 구체적이고 지형적인 것은, 왜냐하면 본문은, 또한 분명히 시간적으로 말하면서, 현실적인, 땅 위에서 발생한 역사를 이야기하려고 하기 때문이며—반만 구체적이고 무규정적으로 지리적인 것은, 왜냐하면 본문이 사가로서 이제 사실사(Historie)가 아니라, 오히려 선역사적인 역사(praehistorische Geschichte)를 제공하려고 하기 때문이다. 그래서 우리는 양쪽 모두를 필연적으로 감수하여야 한

다: 한쪽은 낙원이 철두철미 도처에 있지도 않고, 어디에도 없는 것도 아니며, 오히려 어디엔가 창조되었고 있었다는 사실성이며—다른 쪽은 본문이 바로 그 "어디엔가"의 어떤 탐색의 실천을 사실상 불가능하게 만들었다는 사실성이다. 우리가 이 본문들 전체 안에서 현실적 사건들, 인격들 및 사물들의 현실적인 바라봄과 관계하지만, 그러나 바로 바라봄(Schau)과 관계하는 것이며, 어떤 사실사적 시각이나 혹은 (관찰이 아니라 환상에 근거를 갖는) 어떤 구성작업과 관계하는 것이 아니라는 것, 이것이 여기서 대단히 구체적으로 명확하다. 다음은 물론 둘째 창조 보고의 성격 전체에 대단히 특징적이며, 그것의 이해에 대단히 중요하다: 본문은 그 서술을, 여기서 발생하는 것처럼, 사실사적인 및 그것과 함께 또한 지리적인 영역에 대단히 가까이 접근시키며, 그래서 너무도 가까워서 '낙원은 어디에 놓여 있는가?'라는 호기심의 질문이 이해될 만하게도 언제나 또 다시 제기될 수 있었으며, 그 호기심이 전적으로 잠재워질 수도 없을 것이다. 그러나 우리는, 만일 본문에 정말로 충실하려고 한다면, 다만 제기할 수만 있을 뿐이며, 그 다음에는 즉시 다시 탈락시켜야만 한다.

우리는 본문으로부터 다음 이상을 읽어낼 수가 없다; 왜냐하면 본문이 그것을 제공하려고 하지 않기 때문이다: 한 현실적인 장소가 현실적인 땅 위에, 멀리 및 다른 이 세상적 장소들에 대하여 유일무이하게, 그럼에도 불구하고 다른 장소들과의 관계 안에서 어떤 지반 위에 있었으며, 그래서 현실적인 인간이 그곳의 현실적인 땅 위에 있을 수 있었다; 그리고 오늘까지도 다음은 간과되거나, 망각될 수 없으며, 오히려 언제나 생각되어야 한다: 다른 모든, 알려진 이 세상적 장소들의 영역 안에 또한 그러한 알려지지 않은, 도달될 수 있는 영역 밖에 또한 그러한 도달될 수 없는, 인간의 고유한 영역 밖에 또한 그러한 인간에 대하여 상실된 장소가 있었고 또 있다; 그리고 바로 그 장소가 인간의 고향이다. 하나님께서는 인간을 지으신 이후에, 그를 바로 그곳에 근원적으로 두셨으며, 안식하게 하셨다. 바로 그곳에서 인간은 살도록 허용되었고, 마땅히 살아야 했다. 바로 그곳에서의 인간의 존재가 하나님의 피조물로서의 그의 현실성이었다. 바로 그곳에서 하나님에 의하여 창조된 땅의 공간 전체의 특성 부분이 있으며, 그 부분으로부터 전체는 의미를 갖고 또 이해될 수도 있다; 바로 그곳으로부터 구원이 오며, 축복, 기쁨, 평화가 땅 전체에게 온다; 왜냐하면 그곳이 하나님께서 원하셨던 (땅의, 식물의, 인간의) 생명의 첫 자리이기 때문이며, 그곳이 하나님의 의도의 성취가 창조로서 이미 사건으로 발생했기 때문이다. 바로 그곳에서 세상의 모든 강들이 하나의 유일한 강 안에서 그것들의 공통의 근원을 갖는다. 그 강들은 우선 하나의 강으로서 낙원을 직시고 결실을 맺도록 한 이후에, 그렇게 했기 때문에, 나누어지면서 결실의 능력을 땅 전체로 옮긴다. 그것들은 하나의 빛의 비침들이다; 그 빛은 그곳에서, 저 알려지지 않은 및 도달될 수 없는, 그러나 이 세상적인 장소로부터 비춘다. 바로 그 하나의 강 없이는 어떤 강들도 없다. 식물들도, 만일 그것들이 낙원의 나무들 안에서 그것들의 원형 및 원본을 갖지 않는다면, 존재할 수 없다. 땅도, 만일 그 장소에 바로 그 정원이 없다면, 존재할 수 없다. 만일 그 저곳이 없다면 이곳도 없으며, 그 내부가 없다면, 어떤 외부도 있을 수 없다. 인간도 우선적으로 하나님에 의하여 그곳에 위치되지 않았다면, 에덴에 없었다면, 전혀 없었을 것이다. 그 처음에 관하여, 그것 없이는 어떤 둘째와 셋째도 있을 수 없는 처음에 관하여 성서적 증인은 말한다. 그 증인은 그것을 헬라적으로 말하지 않는다; 그랬다면 그는 어떤 이념을 혹은 엘리시움의 신화적 변형을 말해야 했을 것이다. 그는 셈적으로, 그것도 성서적-셈적으로 그것을 말한다: 그렇기 때문에 그는 하나님에 의하여 창조된 이 세상의 한 장소를 이 세상적인 속성들로 말하며, 그럼에도 불구하고 이미 그 자신도 어떤 지도도 추구하거나 예시할 수가 없었다. 그는 하나님의 정원을 땅 위의 본래적이고 근원적인 장소로 말한다; 이것은 최초의 증인이 하나님의 말씀에 관하여 본래적인, 근원적인, 종말의 시간으로 말했던 것과 마찬가지이다.

우리는 여기서 펼쳐진 상의 일련의 개별적 특성들을 주목한다.—낙원의 일반적 특성은 어쨌든 **성전**의 특성이다. 인간이 아니라, 오히려 하나님이 그 정원의 소유주 및 주님이시다. 인간은 하나님에 의하여 규정된 및 다른 이 세상적 장소들로부터 경계선이 처진 장소에 위치한다. 인간은 **특별히** 그곳으로 옮겨지며, 그것도 안식에 놓인다; 이 특성은 낙원의 근거가 첫째 사가 안에서 서술된, **시간적인** 성전으로서의 안식일의 제정에 대한 **공간적인** 병행으로 나타나도록 한다. 이 장소에서의 인간의 과제는 그 장소를 관리하고 보존하는 데에—글자 그대로 말하지만: 그 장소에 시중을 들고 또 지키는 데에—있으며, 그렇게 하는 중에 인간은 어떤 자의성 없이도 성전 안의 제사장과 레위인의 기능들을 생각하게 되며, 그 기능들이 여기서 한 사람의 인격 안에서 합일된다. 성막 그리고 후대의 심히 거룩한 성전이 그것의 중심을—수학적인 것이 아니라, 시각적 및 기능적인 중심을—가졌던 것과 같이, 마찬가지로 낙원도 하나님에 의하여 다른 모든 나무들 곁에 다시 한 번 특별히 심어진 나무들을 갖는다: 그것은 생명나무와 선악의 앎의 나무이다. 이 정원의 엘리시움과의 차이점은 바로 여기로부터 필연적으로 강요된다. 인간이 여기서 거주지, 그에 적절한 삶의 공간을 얻는다는 것, 이 장소의 나무들의 열매들이 모두 보기에 사랑스럽고, 또 먹기에 좋다는 것, 인간이 여기서 자신의 양식과 자신의 창조에 상응하는 활동성을 발견한다는 것, 이 모든 것은 그가 여기서 하나님의 성전 안에 서 있다는 사실에 종속된다.

위의 사실과 또한 다음이 연관된다: 낙원은 강조되면서 과수원으로, "거룩한 숲"으로 서술되며, 그래서 그 안의 인간의 삶 및 기능은 한 과수원지기의 삶 및 기능으로 서술된다. 사가의 시작에 따라 땅이 관목들 및 채소들을 생산하고, 인간의 규정성이 밭 위에서의 봉사여야 한다는 것, 이것은 다음 보고를 통하여 잠정적으로 퇴각하며, 잠정적으로 능가된다: 온갖 종류의 나무들이 있으며, 이것들은 하나님께서 그 장소에—이

전에 인간을 흙으로부터 취하시고, 그 다음에 땅으로부터 물이 솟아나도록 하셨던 것처럼—땅으로부터 자라나게 하신 것이며, 그리고 인간은 한 가지 예외만 빼고 그것들 모두를 먹을 수 있으며, 명백하게도 다른 한 예외와 함께 인간은 그것들 모두를 먹었으며, 인간은 마지막으로 그 과수원을 돌보고 지키라고 주문을 받는다. 그것은, 이 사가의 보고에 따르면 그 장소를 특징짓는 **높은** 및 **최고의** 채식이다. 인간의 후대의, 고유한 역사 안에서(이 역사와 함께) 비로소, 그 낙원의 밖에서 비로소, 낙원이 인간에게 도달할 수 없게 됨으로써, 그때에 또한 밭은 다시 보이게 되며, 밭에서의 노동도 사가의 근원적 시각에 따르면 현실적으로 필연적인 것이 된다. 여기서, 낙원 안에서, 인간은 그의 양식에 관련해서도 참으로(현실적으로) 안식으로 옮겨지며, 또한 그의 **노동도**—첫째 보고의 의미에서 말하자면—인간의 실존의 자유, 기쁨, 축제를 방해하지 않는 (허용된 **안식일 사역**의) 최소치이다.

여기서 제공되는 그곳의 상을 지배하는 것은 인간의 능동적 및 수동적 행위가 전혀 아니며, 오히려 인간과 땅 전체를 위한 하나님의 선하신 행위 및 지시이다. 그래서 하나님께서 땅 전체를 위하여 원하셨고 또 행하셨던 그것이 우선적으로 전면에 서 있다. 본문의 진술 중 상세함을 통하여 가장 두드러지게 눈에 띄는 것은 에덴에서 발원하는 강에 대한 진술이며, 그것은 정원의 밖에서 나누어져서, 그곳의 다른 영역 안으로 "굽이쳐 흐르는" 지류가 된다. 이 서술은 다음이 오인되지 않도록 한다: 우리는 바로 이러한 물댐을 에덴 안에서 및 에덴으로부터 그 다음에는 그 밖의 땅 전체에서 지배하는 하나님의 축복의 총괄개념으로 이해해야 한다. 물댐(Bewässerung)은 땅이 그리고 땅 위에서 우선 하나님이 선택하신 성전이, 그 다음에는 그것으로부터 지평 전체가 반드시 필요로 하는 것이며, 하나님으로부터 사실상 수령하는 것이다. 저 안개가 공연히 땅으로부터 올라온 것이 아니다; 그 안개는 비로소 다시 땅으로 돌아가며, 그리고 이제 물을 모으고, 그리고 여기서, 낙원에서, 그것은 우선 발원하며, 그 다음에 맞닿은 정원의 땅에 결실의 힘을 가져다주며(정원은 그 힘을 필요로 한다.), 그래서 하나님께서도 저 나무들을 그곳에 헛되이 심지 않으신 셈이 된다. 이 낙원의 나무들은 우선 "물가에 심겨졌다." 그 나무들은 우선 저 발원과 함께 사건이 되는 하나님의 축복의 행동에 참여하게 되며, 그리고 여기서 처음으로 인간은 그 축복의 행동의 증인이 되며, 그것으로써 하나님께서 인간 자신에 계획하신 것을 이해하게 된다. 그러나 오직 여기서 처음으로: 그 축복의 행동의 도달영역이 땅 전체로 확장된다. 닫힌 성전이 그것의 나무들과 함께 표징적인, 성례전적인 특성을 갖는다는 것은 다음에서 볼 수 있다: 그것을 양육하는 물이 지하로 흐르는 어떤 지하의 원천으로서 저장되는 호수의 형태가 아니라, 오히려 그곳에서 즉시 강의 흐름 전체가 터지며, 그것을 낙원이 홀로 보유하는 것이 아니라, 그 강은 낙원으로부터 그것의 물을 수령한 다음에, 낙원의 주변에 계속해서 전달해야만 하며, 그 강은 충분히 강력해서 낙원의 경계 밖에 네 지류로—정확하게 표현하

자면: 사방팔방의 모든 곳으로 ─ 나누어지며, 그리고 그 강이 지금까지 운반한 것을 또한 그곳으로도, 땅 전체로도 운반해야 한다. 이것의 견해와 주장은 의심의 여지없이 다음이다: 세상의 모든 강들 및 모든 결실 가능성은, 모든 배양의 가능성은, 땅 위의 모든 생명은, 여기서 낙원 안에서, 그 안에서 발원하는 한 강 안에서, 그것의 근원을 갖는다. 인간이 더 이상 낙원에 살지 않는다고 해도, 낙원이 인간이 도달할 수 없게 되었다고 해도, 그래도 인간은 세상의 도처의 모든 시내들, 하천들, 강들의 곁에 서 있으며, 그곳에는 열매를 맺는 나무들이 있으며, 도처에서 밭에서의 인간의 노동은 헛되지 않으며, 오히려 생명의 유지에 도움이 된다; 그 강들의 최종적 및 최고의 근원은 바로 그 알려지지 않은, 그럼에도 불구하고 알려진, 상실된, 그럼에도 불구하고 현실적인 낙원인 그러한 강들의 강변에 인간은 서 있다. 또한 다른 모든 것도, 또한 하윌라 땅(에덴에서 시작되는 축복의 흐름이 그 땅 안에 근원을 갖는다.)의 서술 중에서 몇 가지가 열거된 것과 같은, 땅의 귀중한 광물질도 이 보고의 직관에 속한다. 그곳으로부터 근원적으로 유래하는 것은 그러므로 단순히 생명 그 자체 혹은 땅 및 인간에게 주어진 생명의 가능성만이 아니라, 오히려 그것은 모든 광채이며, 그 생명의 모든 아름다움이다.

낙원 그 자체의 비교적 냉철한 서술과 그곳으로부터 시작되는 강의 충만함 사이의 대조는 틀림없이 의도된 것이다. 낙원 그 자체가 영광의 장소라는 것은 그것으로써 물론 대단히 명확하게 된다. 그러나 바로 그 영광의 장소로서 낙원은 그것의 고유한 삶의 충만 및 아름다움 안이 아니라, 오히려 오직 무자아성(Selbstlosigkeit) 안에 있다; 이 무자아성 안에서 먼저 낙원에 주어졌던 것이, 이제는 외부에, 낙원으로부터 먼 곳에 나타나는 (그곳에서 시작되는 및 나누어지는 강 및 축복의) 충만과 아름다움으로 알려지게 된다. 하나님께서 성전 안에서 계시고, 원하시고, 행하시는 그 한 가지가 (하나님께서 또한 성전 밖에서도, 땅 전체에서도 계시고, 원하시고, 행하시게 될) 많은 것을 자체 안에 포함하고 약속하며, 또 자신의 밖으로 내어보낸다는 것이 네 지류의 그 '강'에서 명확해진다; 이것은 다음의 다른 것과 마찬가지이다: 하나님께서 그곳에서 계시고, 원하시고, 행하시게 될 많은 것 전부는 하나님께서 여기서, 그분의 성전 안에서, 우선 실행하신 약속, 계시, 선물로 소급된다.

그러나 이제 그 장소의 모든 뛰어난 특징은 명백하게도 그 성전이 자신의 한 중심을, 가장 거룩한 성소를 갖는다는 사실에서 정점에 도달한다. 하나인 강의 언덕에 심어진 많은 나무들 중에는 **두 개의 특별한** 나무들이 있다; 그 나무들에 대하여 인간에게는 그의 장소가, 즉 허용과 금지가, 지시된다: 그것은 **생명의 나무** 그리고 **선과 악의 앎의 나무**이다. 양자에 대하여, 그것들이 정원의 중심에 위치한다고 말해지는 어떤 불명확성은 아마도 의도된 것이며, 또 필연적이다. 두 나무는 어쨌든 그것들의 중요성과 함께, 여기서 및 후에 그것들에 대하여 말해지는 모든 것에 따르면, 가장 가까운 관계 안에 나란히 서 있다. 두 나무들도 정원의 모든 나무들처럼 열매를 맺으며, 그것의 향유는 인간에 대하여 그 자체로서는 문제가 될 수 없다.

특징적인 것은 우선 다음이다: 인간은 **첫째** 나무의 열매들을 사실상 먹을 필요가 **없는 것**처럼 보인다. 그것을 먹는 것은 인간에게 금지되지 않았으며, 또 인간은 명백하게도 먹지 **않았다**. 인간이 그것을 먹을 수 있다는 것은 훨씬 나중에서야 비로소 고려되며, 그때는 인간은 낙원으로부터 멀어져서 먹는 것이 불가능해진 때이다. 그와 같이 바로 그 "생명의 나무"는 정원의 많은 다른 나무들과의 관계 안에서 우선 **불필요한 것**으로 보인다. 그 나무의 목적 및 사용은 그것이 자신의 열매들의 장식 안에서 인간에게 보이고, 거기 서 있고, 정원의 중심을 형성한다는 것 안에서 소진된다. 그 나무가 거기 서 있음으로써, 인간에게는 그가 어디에 위치하는지, 그 장소가 누구에게 속하는지, 그에게 무엇이 기대되는지가 말해지면, 또 그가 여기 있을 수 있다는 것, 그에게 저 생명의 호의(Wohltat; 그는 이것의 증인이다.)가 보장되어 있다는 것이 말해진다. 그 나무가 그 호의를 매개하는 것은 명백하게도 아니다. 그 나무는 그 호의를 표현하고 제시할 뿐이며, 그것이 전부이다. 우리는 주목해야 한다: 나중에 작용하게 되는 유혹도 이 첫째 나무의 열매를 먹으라는 유혹이 아니다. 인간이 그 열매를 먹을 수 있다는 가능성은, 또한 그가 둘째 나무에 관련된 유혹에 굴복한 이후에도, 인간에게 실제로 닥쳤던 그 유혹의 더 이상의 어떤 유혹으로서가 아니라, 오히려 다음의 가능성으로 서술되었다: 하나님께서는 그 가능성이 이제 인간에게 또 하나의 유혹으로 엄습할 **수도 있다**는 것을 아셨으며, 그래서 인간을 이제 낙원으로부터 내어보내심으로써 원천적으로 그러한 실행이 불가능하도록 만드셨다. 첫째 나무의 실존과 관계된 어떤 공표된 약속에 대해서는 아무것도 보고되지 않는다. 본문은 그 나무의 이름을 부르고, 그것의 본질을 지칭하고, 그것의 존재를 정원의 중심에 세우는 것으로 만족한다. 첫째 나무는, 자기 스스로 말하는 하나의 **표징**이다. 땅의, 정원의, 그리고 정원 안의 나무들의, 인간 자신의 생명의 직접적 **현실성**은, 그 모든 것이 하나님의 피조물로서의 존속하는 것처럼, 그 자체로서는 아무 문제도 없으며, 어떤 대답이 필요한 질문이 전혀 아니다. 피조물의 그러한 현실성의 **표징**인 생명의 나무도 마찬가지로 그러하다. 그 나무가 서 있음으로써, 인간은 (약속이 공표될 필요는 없이) 그의 약속 안에서, 약속과 함께, 약속으로부터 살아간다, 인간은 생명나무의 열매를 먹을 **필요가 없다**. 이 첫째 나무는 그것의 열매들과 함께 하나님께서 인간에게 주신 표징이다; 그것은 인간이 땅과 함께, 땅으로부터 자라는 나무들과 함께 두말할 필요도 없이 갖는 것의 표징이며, 인간이 여기서, 하나님께서 그에게 안식하게 하신 곳에서, 현실적으로 살아갈 수 있다는 사실의 확증이다. 그렇기 때문에 인간은 그 나무의 열매들을 먹을 필요가 없다. 물론 먹을 수도 있다. 그러나 먹는다고 해도, 얻는 것도 없고 잃는 것도 없다. 그런 일을 해서는 안 된다. 그는 그 나무를 손대지 않은 채 버려둘 수 있다. 그리고 그는 그 나무를 손대지 않은 채 버려두었다.

범죄자가 된 인간도 그때에도 그 나무를 사실상 손대지 않은 채 버려두었다. 만일 인간이 첫째 나무의 열매도 먹었다면, 그때 인간은 앞의 범죄함을 통하여 그에게 닥쳐온 파멸을 하나님의 직접적 현실성을 이제 제 맘대로 및 악의로 취함으로써, 이 나무의 열매들을 먹음으로써 강화하는 셈이 되었을 것이며, 자기 책임인 재앙을 말하자면 신격화하고, 범죄자로서의 그가 빠져 있는 죽음 그 자체에게 영원한 생명의 의미 및 성격을 부여하는 셈이 되었을 것이며, 자기 자신을 영원한 죽음에 넘겨준 셈이 되었을 것이다. 인간이 낙원으로부터 멀어짐으로써 은혜롭게도 벗어나게 되었던 것은 바로 그러한 강화된 위험이었다. 그의 구원의, 하나님과의 화해의 역사 전체는 그렇지 않았더라면 무의미하게 되었을 것이다. 인간은 그렇게 깊이 추락하였지만, 그러나 바로 그 추락 안에서도 유지되며, 이끌어 올려진다; 인간은 다음에서 미래의 구원의 가능한 대상으로 남아 있다: 이 구원의 가능성은 저 앞선 자발적인 금지령에 의하여 그에게 부과된 어떤 유기에 있어서도 아직은 끝나지 않았다. 인간은 그가 행하였던 그것을 행한 이후에는, 죽어야만 한다. 그러나 인간은 영원한, 구원이 없는, 모든 부활을 미리 앞서서 배제하는 죽음으로의 정죄를 의미했을 그것은 행하지 않았다. 하나님께서는 인간이 그 극단적인 것을, 비록 그가 원한다고 해도, 행할 수 없도록 배려하셨다; 인간에게서 그렇게 할 수 있는 기회를 제거하심에 의해, 그렇게 하셨다.

그와 같이 생명의 나무는 현실적으로 낙원의 중심이며, 생명의 표징이다; 하나님께서 인간에게 인간의 창조와 함께, 또 인간이 하나님의 호의 아래서 살아갈 수 있었던 때에, 주셨던 표징이며, 그리고 인간이 하나님에 의하여 안식 안에 놓여졌던 고향의 표징이다; 인간이 안식할 수 있었던 것은 하나님 자신이, 그것으로써 그분의 생명의 원천이 인간에게, 바로 그곳에서 문제없이 및 하나님께서 직접 손을 펼치시는 일 없이, 현재하고 가까이 있을 수 있었기 때문이다. 태초에 바로 그러한 생명의 기쁜 소식이 있었다. 태초에 인간은 바로 그 표징 아래 서 있었다. 이후의 어떤 것도 그것을 변경할 수 없으며, 거짓으로 만들 수 없으며, 오히려 이후의 모든 것은 그것이 인간의 시초였다는 것을 확증해야만 한다.

정원 중앙의 둘째 나무는 그 이름에 따르면, 즉 그것의 본질에 의하면, 첫째 나무처럼 하나님께서 인간에게 주신 현실성(Wirklichkeit)의 표징이 아니라, 오히려 하나님께서 인간의 앞에 가지고 계시는 및 제시하시는 **가능성**(Möglichkeit)의 표징이다. 또한 그것도 하나님께서 심으신 것이며, "선악의 앎의 나무"라고 말해진다. 이 나무의 열매를 먹는 것이 초래하는 것은 그것과 결부된 금지령 안에서 다음과 같이 서술된다: "그것을 먹는 날에, 너는 즉시 죽게 된다." 그러나 그 나무는 조심스럽게도 예를 들어 "죽음의 나무"와 같이 명명되지 않는다. 그 나무의 열매를 먹는 것과 그 먹음의 결과로서 초래되는 죽음 사이에는 어떤 제삼의 것이, 중간의 것이 있으며, 바로 이것으로부터 그 나무는 자신의 이름과 본질을 갖는다: 그것은 "선과 악의 앎(Erkenntnis)"이다. 나중에

뱀이 이 나무에 대하여 행하는 주석은 다음과 같이 **올바르다**: "하나님은, 너희가 그 나무 열매를 먹으면, 너희 눈이 밝아지고, 하나님처럼 되어서, 선과 악을 알게 된다는 것을 아신다.…"(창 3:5)

선과 악을 아는 것, 구분할 수 있는 것, 즉 존재하는 것 및 존재하지 않는 것 사이의, 예와 아니오 사이의, 구원과 멸망 사이의, 삶과 죽음 사이의 심판자가 되는 것은 **하나님처럼 되는 것**이라고, 스스로 피조물의 창조자 및 주님이 되는 것이라고 **말해진다**. 그렇게 할 수 있는 자가 있다면, 그는 최고의 신적 속성과 기능을 소유한 자일 것이다. 창조자와 피조물은 다음을 통하여 구분된다: 창조자는 바로 그 구분을 행하시며, 반면에 피조물은 그것을 수용하고, 또 그렇게 의롭게 구분하실 수 있는 하나님께서 행하셨고, 행하시고, 행하실 것을 올바르다고 말하는 일에 의존해 있다. 피조물이 하나님의 판결에 근거해서 수용해야 하는 그것을 자신의 고유한 판결에 근거해서 선취할 수 있다고 한다면, 그때 피조물은 하나님 같이 되며, 그때 피조물과 창조자는 같아질 것이다. 그 나무의 이름은, 즉 그 나무의 본질은 다음을 말한다: 하나님 자신이 그 나무와 함께 인간에게 피조물의 전대미문의 높임의 그러한 가능성을 제시하셨다. 나무 그 자체 혹은 그것의 열매들이 그 가능성이거나 혹은 그 가능성을 포함하는 것이 아니라, 오히려 그 나무와 열매들은 그러한 가능성이 **현존**한다는 것을 **제시**한다. 그리고 그 나무의 열매 그 자체를 먹는 것이 그 가능성의 실현이 아니라, 오히려, 인간이 그 열매를 먹을 때, 그때 인간 자신이 그 가능성을 실현하려는 찰나에 있게 된다는 것을 **제시**하고 **확증**하게 된다.

이 가능성의 성격은 이제 물론 다음을 통하여 형식적으로 조명된다: 하나님께서 그 나무의 중요성의 설명을 위하여 **말씀하셨다**: 그것은 하나님께서 인간을 향하여 주신 첫째 말씀이다. 첫째 나무와는 전혀 다르게 여기서는 명백하게도 하나의 문제에, 하나의 일거리(Sache)에 관계되고 있다; 인간은 이것을—바로 생명의 나무의 표징 아래서 있는 인간으로서—자기 자신으로부터는 알 수 없으며, 그러나 그는 그것을 알아야 하며, 그래서 그에게 말해지고, 설명되고, 해석되어야 한다. 하나님께서 주신 생명의 현실성은 그 자체가 스스로 말한다. 그러나 하나님과의 유사성의 가능성은 그렇게 말하지 않는다. 그 가능성은 명백하게도 **긍정적으로** 말하지도 않으며; 자기 자신을 스스로 추천하지도 않는다. 이 가능성을 조명하고, 또한 남자에게 그것의 실현에 참여하도록 하기 위해서 뱀의 요청과 그것과 연관된 (뱀과 여자 사이의) 최초의 신학적 대화 및 논쟁이 필요하게 될 것이다. 그러나 그 가능성은 또한 두말할 필요도 없이 자기 자신에 **반대하여** 말하지도 **않는다**.(*자기모순적이 아니다.) 그 나무의 열매들도 그 자체로는 낙원의 모든 다른 나무들과 최소한 마찬가지로 "보기에 사랑스럽고, 먹음직"하다. 또한 그것들도 먹을 수 있는 것들이다. 그러나 그것들을 먹어서는 안 된다는 것이 인간에게 특별히 말해져야 했지만, 그러나 바로 그것이 실제로 발생한다. 그것은 생명나무의 표징 안의 하나님의 직접적인 자기계시 및 현재와는 다른 어떤 것이다. 생명나무는 그곳에 서 있는 것으로써 충분했다: 왜냐하면 명백하게도 인간적 삶에 대하여 하나님께서 공표하시는 '예'가 두말할 필요도 없이 들리고 이해되기 때문이다. 이제는 하나님의 '아니오'가 그 '예'에 추가되기 때문에, 말해져야 한다. 그것도 한 긍정적인 가능성에, 하나님의 뜻과 의도에 따라 인간의 창조의 완성을 위하여 실현되어야 하는 가능성에 관계될 수는 없는가? 그럴 수 있는지 혹은 없는지에 대해서 인간은 자신으로부터는 전혀 알 수가 없다. 그럴 수 없다는 것 그리고 그 가능성의 진정한, 파멸적인 성격이 무엇인가 하는 것은 그렇기 때문에 하나님께서 **말씀해** 주시는 것을 통해서만 분명해진다.

하나님께서는 인간이 그 나무 열매를 먹는 것을 원치 않으신다. 하나님께서는 그러므로 그 나무를 통하여 지칭되는 가능성이 현실이 되는 것을 원하지 않으신다. 금지령은 다음의 허용과 대단히 인상적으로 대조된다: "동산에 있는 모든 나무의 열매는, 네가 먹고 싶은 대로 **먹어라**." 그것은 일반적인 규정 중 유일무이한 예외이다: "그러나 선과 악을 알게 하는 나무의 열매만은 먹어서는 **안 된다**." 저곳에서 감사함으로 먹는 자는, 이곳에서 동일한 감사 안에서 먹지 않는 것과 결합된다. 그 근거가 제시되는 짧은 문장에 주목하는 것은 중요하다: "그것을 먹는 날에, 너는 반드시 죽는다." 이것으로써 그 먹음의 최종 결과이어야 하는 것이 지시된다. 인간은 그때 멸망하게 된다. 그것은 인간이 마치 독약을 먹을 것과 같으며, 그것의 필연적인 작용에 도달하기까지는 몇 분 혹은 몇 시간만 남아 있는 셈이 될 것이다. 이러한 현존하는 위험 때문에 금지령이 뒤따라온다. 다음은 명확하다: 이것은 하나님의 부성적 은혜의 성격을 건드린다. 만일 우리가 본문 자체에 의하며 명확하게 배제되는 그러한 질문의 주석의 짐을 지려고 한다면, 그것은 정신 나간 일이 될 것이다.—그러나 여기서 사적 배려의 행위와 같은 것으로 알려진다. 이것은 나중에 인간의 낙원으로부터 멀어짐과 근본적으로 동일한 노선 위에 있다. 그러므로 의도된 것은: 하나님께서 금지하시고, 그 다음에 그 금지령에 무게를 더하기 위하여 어떤 위협을 추가하는 것이 아니다. 오히려 의도된 것은: 하나님께서는 그 금지된 행위와 연관된 위험으로부터 인간을 안전하게 지키기 위하여 금지하신다. 다음은 저 나중의 동기에서와 마찬가지로 여기서도 분명하다: 이 위험은 회피될 수 없으며, 하나님 자신이 말하자면 어떤 강제성 아래(unter einem Zwang) 서신다: 만일 인간이 그 나무의 열매를 먹으면, 그때 인간이 죽어야 한다는 일은 필연적으로 발생한다. 하나님께서는 인간에게 그 먹는 것을 금지하심으로써 인간을 바로 그 필연성으로부터 벗어나게 하려고 하신다. 여기서 우리는 어떻게 하나님께서 자신의 보호하시는 손길을 피조물 위에 펼치시는가를 처음으로 본다. 하나님께서는 우리가 티끌인 것을 아신다. 하나님께서 인간이 다시 티끌로 분해되라고 지으신 것이 아니다. 하나님께서 되찾기 위하여 인간에게 영혼, 생명을 주신 것이 아니다. 하나님은 창조하신 그것이 유지되기를 원하신다. 그 금지령은 하나님께서 죽음에 정면으로 맞서시는 최초의 강력한 약속이다. 그러므로 저곳에서 소리 없이 및 긍정적으로 동일한 것을 말했던 첫째 나무의 존재와 기능과 여기서 금지령으로써 소리내어 및 부정적으로 말해진 것 사이에는 명백한 연관이 있다: 그것은 인간이 하나님의 뜻에 따라 살 수 있으며, 살아야 한다는 것이다. 하나님의 어떤 **악의**에 대한 질문은 공연히 **뱀의** 질문인 것이 아니다. 그 질문은 바로 본래적으로는 귀중한, 말하자면 그 금지령에 관련하여 회피할 수 없는 두 가지의 다른 질문들이 있다.

첫째는 그렇게도 회피될 수 없이 필연적인 저 위험에 대한 것이다; 인간이 그 나무의 열매들을 먹더라도, 왜 하나님 자신은 그것의 집행을 멈출 수는 없으신가? 왜 인간은 그것을 먹자마자 반드시 죽어야 하는가? 대답: 왜냐하면 그 나무가 선악의 앎의 나무이기 때문에, 인간은 죽어야 한다. 인간이 금지령을 위반할 때, 그래서 "눈이 밝아져서" 선과 악을 알게 될 때, 그 죽음 앞에서는 하나님 자신도 인간을 지킬 수 없으시다. 그 앎 안에서 인간은 죽어야 하며, 죽어 가며, 다시 말하여 그의 생명의 과정이 죽음의 과정으로 변화한다; 그의 티끌로의 회귀가, 그에게 주어졌던 영혼의, 생명의 멀어짐이 그와 함께 멈출 수 없이 진행된다. 그 맥락은 명확하다: 선과 악의 앎은 인간적인 속성 및 기능이 아니라, 오히려 최고의, 창조자를 피조물로부터 근본적 및 극단적으로 구분하는 속성 및 기능이다. 하나님이 원하시는 것 및 원하지 않으시는 것, 행하시는 것 및 행하지 않으시는 것, 그리고 그것과 함께 선하고 악한 것, 구원하는 것 혹은 파멸적인 것, 생명으로 혹은 죽음으로 인도하는 것을 아는 것은 하나님의 심판자로서의 지혜이며, 그것에 대하여 결정하는 것은 하나님의 재판관의 자유 및 재판관의 직무이다. 이러한 주권적 심판자의 지혜, 자유, 권한 안에서 하나님께서는 하늘과 땅을, 낙원과 인간을, 창조하셨다. 하나님께서는 창조하신 그것을 아신다; 왜냐하면 그분은 그것을 창조하기를 **원하셨고**, 그것을 **긍정**하셨기 때문이며, 하나님께서 그것을 **선하고** 또 **구원** 받을 것이라고 판단하셨기 때문이다. 그러나 하나님께서는 또한, 하늘과 땅을, 낙원과 인간을 창조하셨을 때, 창조하지 **않으셨던** 것도 아신다; 왜냐하면 하나님께서는 그것을 창조하기를 **원하지 않으셨기** 때문이며, 하나님께서 그것을 **부정**하고 또 **배척**하셨기 때문이다. 하나님께서는, 창조자로서 결정하셨던 것처럼, 다름이 아니라 바로 그렇게 결정하셨음으로써, 선과 악의 앎을 사용하셨다. 바로 그러한 심판자로서, 그분에 의하여 실행된 올바른 앎(Rechtserkenntnis) 그리고 그분의 의하여 공표된 올바른 권리주장(Rechtsspruch)에 근거하여 하나님께서는 **주님**으로서 인간과 마주 대하신다. 바로 다음이: 즉 그러한 하나님의 올바른 앎의 자명한 지반 위에 있는 및 그 전제 아래 있는 생명(삶)이 첫째 나무를 통하여 소리 없이 및 긍정적으로 선포된 생명이다. 둘째 나무는 명시적인 공고 및 계시이다: 그것은 참으로 하나님의 **올바른** 앎이다; 이 앎이 하늘과 땅의, 낙원 그리고 마지막으로 인간의, 그의 본질 및 생명의 전제를 형성한다. 모든 것이 지금의 존재 및 존재양식으로 있는 것은, 왜냐하면 하나님께서 다름이 아니라 바로 그렇게 결정하셨고 처리하셨기 때문이며, 하나님께서 다름이 아니라 바로 그것을 원하셨고, 하나님께서 그분의 자유(이것은 또한 그분의 지혜 및 권능이며, 또한 그분의 정의 및 선하심이다.) 안에서 선과 악, 구원과 재앙, 삶과 죽음 사이를 **선택**하셨기 때문이며, 그분이 의를 행사할 줄 아셨기 때문이며, 그 의를 실제로 행사하셨기 때문이다. 선과 악의 한 **앎**이 있다; 바로 그 앎이 만물의 근거이며, 생명의 원천이며, 말하자면 선악에 대한 **하나님의**, **창조자의** 앎이다. 낙원의 둘째 나무는 그러한 하나님의 앎의 공시 및 계시이다: 인간은 자신이, 하나님께서 긍정하심으로써 부정하셨으며, 선택하심으로써 배척하셨으며, 하나의 원하심으로써 다른 것을 원하지 않으셨다는 사실로부터, 그 사실 안에서, 생명(삶)을 갖는다는 것을 알아야 한다. 인간적 삶은 다음의 방식으로 성취되어야 한다: 인간은 무의식적으로가 아니라, 오히려 의식적으로—이 둘째 나무의 면전에서—그러한 하나님의 결정의 지반 위에 위치해야 하며, 인간은 하나님의 그 결정 그 자체를 수용해야 하며, 인간은 하나님을 그분의 주권성 안에서 다른 어떤 것도 아닌 바로 그것을 원하셨고 또 행하신 분으로 인식하고 찬양해야 한다. 바로 이것이 하나님께서 그 둘째 나무의 존재에 의해 원하시는 것이다. **그러한 앎 안의 그리고 그러한 찬양 안에 삶으로 인간을 외쳐 부르는 것**, 이것이 둘째 나무의 기능이다. 그렇지 않다면 하나님 앞의 및 하나님과 함께하는 삶이, 식물들과 동물들이 또한 그것들의 삶을 하나님 앞에서 및 하나님과 함께 살아갈 수 있는 것으로부터 구분될 수 있겠는가? 인간의 삶은 하나님과의 연합 안의 삶으로, 다시 말하여 그분의 신성을 승인하는, 그래서 창조 안에 있는 그분의 '심판자 직무'를 승인하는 삶으로 규정되어 있다. 여기서 모든 것은 명백하게도 하나님의 '심판자 직무'의 승인의 도달하는 것에 그리고 그것에서 마치는 것에 달려 있다. 이제 우리는 다음의 비판적 지점 앞에 선다: 그 승인은 가능하며, 그것에서 마칠 수 있는가? 인간은 하나님을, 그분이 선과 악, 구원과 멸망, 생명과 죽음에 대하여 그렇게 결정하신 바로 그분으로 알고 찬양하게 되는가? 그래서 인간에게 남게 되는 것은 그분을 기뻐하고 감사하면서—의식적인 감사 안에서—그렇게 창조된 지반 위에 자신을 위치시키는 것뿐이게 되는가? 혹은 인간은 하나님과 인간 사이의 최고의 연합의 이러한 제안으로부터 퇴각하고, 어떤 조건을—불가능한, 그러나 물론 가까이 있는 조건을—달고, 그래서 그 자신이 우선 '선'만이 아니라, 오히려 또한 '악'도 알고, 하나님이 원하셨던 것 및 선택하신 것만이 아니라, 오히려 또한 그분이 원하지 않으신 것, 배척하신 것도 안다고 하면서, 그 다음에는 어느 정도 유능하게 되어서, 하나님이 아시는 것을 스스로 안다고 하면서, 하나님의 '심판자의 권리'를 취하고, 그 자리에 자신을 위치시키게 되지는 않는가? 인간은 하나님의 '심판자 직무'의 공시 및 계시를 (하나님을 심판자로서 인식하고 찬양하는 대신에) 신적 사랑의 깊음만이 아니라 또한 신적 진노에 대한 자신의 고유한 통찰 안에서 하나님 곁에 서려는 목적에, 그러한 '하나님 같이 됨' 안에서 하늘과 땅을, 낙원을, 무엇보다도 창조의 선함을 통찰하는 지능인인 자기 자신을 스스로 기뻐하기 위한 목적에 이용하게 되지는 않는가? 인간이 그러한 가능성을 취하고, 스스로에게 그러한 높음을 마련하고, 그래서 그 나무의 열매들을 먹는 것이 꼭 필요한가? 만일 인간이 창조의 선함을, 만일 인간이 그에게 주어진 생명 그 자체의 영광을 인식하고, 그것을 그에게 주어진 자명성 안에서 수용한다면, 만일 인간이 '심판자의 권리주장' 그 자체를 승인한다면, 그리고 만일 인간 자신이 하나님의 '심판자의 권리주장'이라면, 그래서 하나님을 기뻐하고 즐거워한다면, 그분의 의를 의문시하지 않고, 자기 자신의 의를 추가로 요청하지 않는다면, 그래서 그분을 검증할 필요가 없다면, 인간이 하나님께서 말씀하셨다는 것 및 그렇게 유효하다는 것으로써 만족한다면—그때 인간에게는 그러한 가능성을 취할 어떤 필연성도 존재하지 않게 된다. 그런데 인간이 다르게 생각한다면 어떻게 되는가? 여기서 금지령이 제정된다: 그것은 저 교차로에서 다름이 아닌 그 나무 자체에 대한 주의를 요청한다; 그 주의가 없다면 명백하게도 그 나무 자체가 서 있거나 관찰될 수 없었을 것이다. 만일 인간이 다르게 생각한다면, 만일 인간이 저 나무의 열매를 취하고, 그래서 저 높임을 자신에게 마련한다면, 만일 인간이 정말로 어떤 필연성도 없이 선악의 신적 앎 안에 자신을 위치시킨다면, 그때 인간이 이제 심판자의 직무, 심판자의 앎, 심판자의 권리 주장 등에 대한 하나님의 책임성 전체를 함께 떠맡게 된다는 결과가 초래된다. 인간은 이제 현실적으로 자신의 입장에서 선택하고 배척해야 한다. 인간은 이제 선이 무엇인지, 악이 무엇인지, 구원이, 파멸이, 생명이, 죽음이 무엇인지 알아야만 한다. 인간은 한쪽이 무엇이고 다른 쪽이 무엇인지 자신이 아는 것에 근거하여 한쪽에게 다른 쪽에 대한 우월성을 부여해야 한다. 이제 그의 판결에는 최소한 이차적으로 모든 것이 종속될 것이다; 이것은 모든 것이 근원적으로는 하나님의 판결에 종속되었던 것과 마찬가지이다. 이것은 그러나 인간이 감당할 수 없는 책임성이다. 인간은, 그가 지구 전체를 운반해야 할 때처럼, 무거운 짐 아래서 붕괴하게 될 것이다. 왜냐하면 선과 악 사이의 선택 및 그 선택의 근거에 놓인 앎은 철두철미 절대적 도달영역 및 곤란성의 과제이기 때문이다. 인간은 그 선택에 내하여 언제나 및 필연적으로 실패할 뿐이다. 인간은 자신의 선택과 함께, 의에 적중하는 것이 틀림없이 아니라, 오히려 불의에 적중한다. 인간의 결정은, 하나님의 결정과는 달리, 악의, 파멸의, 죽음의 결정이 된다. 그가 인간이기 때문은 아니지만, 그러나 그가 **다만** 인간에 **불과**하기 때문이며, 그가 하나님이 아니기 때문이며, 선의, 구원의, 생명의 의지 그 자체는 하나님의 일이기 때문이며, 어떤 다른 본질에게도 전가될 수 없기 때문이다. 하나님의 결정이 은혜롭게도 폐쇄시킨, 왼쪽으로의 심연을 들여다 볼 때, 인간은 다만 즉시 비틀거릴 뿐이며, 그는 다만 즉시 그곳으로 추락할 뿐이다; 하나님께서는 자신의 결정에 의해 인간을 바로 그곳에서 저지하려고 하신다. 하나님이 서신 곳에 선다는 것은 모든 다른 존재들에게 불가능하다. 그 존재는 그곳에서 다만 멸망할 뿐이다; 다시 말하여 그 존재는 그곳에서, 자신이 바로 하나님이 아니며, 자신의 피조성 안에서 이제는 또한 피조물로서도 더 이상 존속할 수 없게 되었음을 예증할 뿐이다. 하나님의 자리에 서야 한다는 것은 다른 모든 존재에 대해서 사실상 독약이다. 그 존재는, 그곳에 세워질 때, 다만 자신의 고유한 판결만을 공표하고 실행할 수 있을 뿐이다. 그 존재가 악하기 때문이 아니라, 그러나 하나님만이 홀로 선하시기 때문이다! 이것이 저 가능성의 현실화로서 사건으로 발생해야만 하는 위험이다. 바로 이 위험으로부터 하나님께서는 인간을 보호하려고 하신다. 그러나 하나님께서 그렇게 보호하실 수 있는 것은 오직, 인간이 그분의 '심판자 직무'를 승인할 때이며, 그것이 전부가 되어 마칠 때: 즉 인간이 하나님이 심판자가 되시도록 할 때, 그래서 스스로 심판자가 되지 않을 때, 자신은 다만 신적 책임성의 무기력한, 타락한 담지자가 될 때, 선과 악의 앎이, 양자 사이의 선택이, 참으로 그분의, 하나님의, 고유한 일로 머물 때이다. 또한 하나님도 그 어떤 것도 자기 자신을 대적하도록 하실 수는 없다. 또한 하나님께서도 다음 사실 중 아무것도 변경시킬 수가 없다: 하나님만이 홀로 선이시며, 선과 악에 대한 심판도 하나님만이 전적으로 홀로 행하실 수 있으며, 다른 모든 존재는 그것의 속성 및 기능 안에서 심판자로서는 필연적으로 실패하며, 그래서 그것의 고유한 판결을 말하고 실행할 뿐이다; 왜냐하면 그 존재는 심연으로의 시선을, 또 하나님의 자유를 능가할 수 없으며, 하나님의 자유의 지혜 및 정의에 참여할 수 없기 때문이다. 만일 하나님께서 자신과 저 다른 존재 사이의 그러한 구분 중 어떤 것을 변경할 수 있다면, 그때 하나님은 하나님이기를 그치시는 셈이 될 것이다. 그러나 인간이 그 나무의 열매를 먹을 때, 그래서 자신의 입장에서 선과 악의 앎을 소유하게 될 때, 그 위험이 회피될 수 없기 때문에, 인간이 정말로 죽어야 하기 때문에, 그러한 변경은 있을 수 **없다**. 그렇기 때문에 하나님께서는 그러한 위반을 인간이 반드시 멸망하게 되는 일종의 침입으로 금지하셨다. 그렇기 때문에 하나님께서는 부성적 배려 안에서 그 둘째 나무로부터 인간을 보호하신다. 저 가능성을 향한 문은, 하나님께서 그 둘째 나무를 심으셨을 때, 열렸다. 그러나 그 문의 문턱에는 "출입금지!"가 서 있다. 그 가능성은 실현되어서는 **안 된다**. 그렇게, 오직 그렇게 그 가능성은 인간에게 제시되었다: 그것은 하나님의 가능성이며, 하나님만이 그 가능성을 능가하시기 때문에 (심판자이셨고, –이시고, –이실 것임으로써) 그것을 올바로 사용하셨고 또 사용하신다. 그 가능성은, 그 안에서 오직 하나님만이 인식되고 찬양되고자 하는 그런 가능성이다. 인간이 그렇게 하라고 부르심을 받는다는 것, 이것이 그 둘째 나무의 긍정적 의미이다. 인간이 이 하나님의 가능성을 **점유**한다는 것, 인간이 다만 이차적으로라도 하나님과 비슷해진다는 것, 이것은 그 나무의 올바로 이해된 긍정적 의미를 통하여 **부정**된 것이며, 바로 그것에 관하여 인간에게는 그의 실존과 결합된 명시적인 금지령을 통하여, 이러한 공개된 문들에 대하여 기록된 방어를 통하여 경고가 주어진다.

둘째 질문은 대답하기에 더 어렵다. 금지령의 의미가: 한편으로 선과 악의 앎 그리고 다른 한편으로 인간의 죽음 사이의 관계가, 그리고 전자를 막음으로써 후자가 닥치지 않게 하려는 하나님의 뜻이 그 자체로 명확하다면, 그렇다면 다음 질문이 올바르게도 제기된다: 하나님께서 이 문제에 있어서 인간에게 주신 그 보호는 왜 그보다 더 효과적이지 않으며, 왜 그 보호는 단순히 (인간이 위반할 수 있고 작용하지 않도록 만들 수 있는) **금지령**의 형식만 가졌는가? 우리는 여기서 더욱 많이 되돌아가서 질문할 수도 있다: 왜 하나님의 '심판자 직무'의 저 계시는 한 형식(그 안에서 그 계시가 인간을 최소한 위험에 빠뜨릴 수 있는, 인간을 유혹으로, 즉 금지령을 통하여 방어되어야 하는, 그러나 바로 그 금지령을 통해서 더욱 강해질 뿐인 유혹으로 인도할 수 있는 형식)을 갖는가? 왜 여기서 명백하게도 그 문은 인간이 도무지 닫을 수 없는 방향으로 열려 있는가? 출입금지의 저 금지령보다는 차라리 그 문을 잠가놓는 것이 더 낫지 않았는가?

우리가 다시 본문에 머문다면, 우선 다음이 주목된다: 본문 자체는 이러한 질서 전체 안에서 어쨌든 인간의 **어떤** 위험도 보고 있지 **않다**. 물론 인간 실존의 어떤 문제는 본다! 인간이 나무의 존재 및 그 금지령의 공표로써 어떤 교차로(십자로)로 인도된다는 것, 인간에게 이제 낙원의 한가운데에서, 즉: 그의 창조 행위의 한가운데에서 한 질문이 제기된다는 것, 인간이 그 질문에 그의 실존에 의해 대답해야만 한다는 것 등에는 오인의 소지가 없다. 하나님께서 인간에게 선사하신 바로 그 생명이 선악의 앎의 나무에 직면하여 하나의 **과제**의 성격을 갖는다. 하나님의 심판자 직무의 승인 안에서, 의식적인 감사 안에서, 그러한 한도에서 결정과 순종의 형식 안에서, 그 생명의 삶은 살아지고자 한다. 본문의 의도는 명백하게도: 그렇게 하여 한 그림자가 드리워진다거나, 혹은 인간에게 그렇게 하여 위반할 수 있는 기회가, 즉 자신의 삶을 상실할 수 있는 기회가 제공된다거나, 인간에게 말하자면 덫이 놓인다거나 하는 것이 전혀 아니다. 오히려 본문은 명백하게도 다음을 말한다: 창조자는 바로 그 행동 안에서도 자기 자신에게 철저히 충실하시며, 인간은 그것으로써 대단히 잘 보호되고 간수되며(aufgehoben), 더 나아가 그 둘째 나무도 또한 낙원의 **특별한 장식**이었으며, 낙원의 영광 및 하나님이 창조하신 인간의 영광도 그 나무 없이는 완전하지 않았을 것이다. 하나님께서 그 나무를 심으셨다: 이것으로써 다음이: 우리가 그 나무 안에서 어떤 염려 혹은 하나님의 무력함으로부터 허용되는, 어둠의 왕국의 어떤 교두보와 관계된다는 것은 배제된다; 그것으로써 오히려 다음이 말해진다: 여기서 중요한 것은 하나님의 지혜 및 정의의 잘 숙고된 '명령 질서'(Anordnung)이다; 하나님께서는 또한 그 나무를 심으실 때에도, 즉 그 문을 여실 때에도, 선과 악을 구분하시는, 의를 택하실 줄 아시는, 또한 이 문제 안에서도 의를 택하셨던 주님으로서 행동하셨다. 다음은 참이다: 하나님의 주권적 자유 안에 있는 신적 '심판자 직무'의 승인 그리고 그것과 함께 하나님께 순종하는 의식적인 삶은 인간에게 이러한 '명령 질서' 안에서 제공되기는 했지만, 그러나 **육체적으로**(physisch;

물체적으로) **불가능하게** 만들어지지는 **않았다**. 그러므로 다음이 참이다: 여기서 인간의 연출 공간(Spielraum)이 주어졌다; 여기서 인간에게 **자유**가 귀속되었다. 물론 순종과 불순종 사이의 선택의 자유는 아니다: 왜냐하면 그러한 자유는 하나님께서 인간에게 자신을 다음과 같은 분이심을 알려주심으로써 인간에게서 박탈되었기 때문이다: 하나님은 인간의 창조 안에서 및 그 창조와 함께 선악의 심판자로서 통치하시며, 인간을 선하게 만드셨으며, 그래서 인간을 오직 선에게로만 규정하고 무장시키셨으며, 하나님은 인간의 창조자로서 인간을 악으로부터, 다시 말하여 하나님 자신이 창조자로서 부정 및 배척하신 것으로부터, 단절시키셨다. 그러므로 인간에게 주어진 것은 심연의 가장자리에서의 연출 공간이 아니다; 그에게 지시된 것은 순종과 불순종 사이의 중간에 있는 어떤 장소도 아니다. 인간의 장소는 하나님, 즉 인간의 창조 때에 인간을 위하여 선택하신, 인간을 위하여 선악, 구원과 파멸, 생명과 죽음 사이를 결정하셨던 바로 그 하나님 곁의 및 앞의 장소이다. 순종이 아닌 다른 어떤 결단도 여기서 그 장소에 상응하지 않으며, 또 그 인간에게 기대되지 않으며, 인간의 본질에 일치할 수 없으며, 인간에게 주어진 생명의 행위일 수 없다. 자기 자신에 대한 충실 안에서, 자신에게 주어진 삶의 연속 안에서 인간은 다만 순종할 수 있을 뿐이다. 인간은 다만 그러한 순종을 확증하기 위한 자유만을 가지며, 그 자유는 어쨌든 그에게 수여된 **유혹**과는 아무런 관계가 없다. 어떻게 하나님이, 하나님 자신을 인간에게, 앎의 나무를 심음으로써 발생하는 것과 같이, 다음과 같은 분으로 명시적으로 계시하심에 의해 인간을 시험하실 수 있겠는가?: 그분은 창조자로서 인간을 선으로 규정하셨으며, 악과 단절시키셨으며, 그 나무의 열매를 먹지 말라는 금지령에 의해서는 인간에게 다만 다음만을 요청하셨다: 인간은 '심판자 직무' 안에 계신 하나님을 경외해야 하며, 그리고 하나님께서 그에게 지정하신 그 자리에 머물러 있어야 한다. 여기서 인간에게 주어지는, 그러한 공시, 계시, 요청에 대한 경외는 명백하게도 우리가 깊은 뜻에서 유혹이라고 이해하는 것의 정반대이다. 우리는 또한 하나님께서 인간에게 순종의 자유를 주심으로써 인간을 어떤 **시험**(Prüfung)에 처하게 하셨다는 상상도 배제해야 한다. 그 상상은, 인간이 자신의 수행으로써 무엇인가를 배울 수 있거나 혹은 배우지 못한다는 것을, 그래서 인간이 그 시험을 통과하거나 혹은 탈락할 수도 있다는 것을 전제한다. 시험이란 합법적인 불신의 행위이다. 피조물에 대한 하나님의 그와 같은 어떤 불신에 대해서 본문이 말하려 하지 않는다는 것은 확실하다. 인간이 하나님의 어떤 시험하는 불신의 혹은 불신하는 시험의 대상이 되기 위하여 기여한 것이 무엇인가? 인간의 존재와 소유 중에서, 인간이 인간의 창조와 함께 그에게 내려진 하나님의 선한 결정에 은혜를 입지 않는 것이 무엇인가? 여기서 하나님과 인간 사이의 관계의 '명령 질서'로서 가시화되는 것에 대한 어떤 적절한 개념이 존재한다면, 그것은 오직 '**확증**'(Bewährung)일 뿐이다. 하나님께서 인간에게 순종의 자유를 주심으로써 원하시는 것은 다음이다: 인간은 그의 창조 안에서 및 창조와 함께 자신에게 홀로 가까이 놓인 순종 그 자체를 스스로 **참**으로 만들어야 하며, 다시 말하여 스스로 **확증**해야 하며, 자신의 고유한 결단 안에서 **사건**으로 발생하도록 해야 한다. 다음은 분명하다: 하나님께서 그것을 원하실 때, 인간에게 순종을 강제하지 않으셨으며, 말하자면 인간의 순종이 기계적으로 이끌어 내어지도록 하지 않으셨다. 만일 하나님께서 인간에게 그 순종이 육체적으로 필연적이도록, 불순종을 육체적으로 불가능하게 만드셨다면, 만일 하나님께서 인간이 순종의 고유한 결단을 전혀 내릴 능력이 없도록 창조하셨다면, 그때 하나님은 순종이 기계적이도록 행하신 셈이 된다. 선악의 앎의 나무의 존재 및 그것과 결부된 금지령은 다음을 말한다: 하나님께서는 인간을 그렇게 만들지 않으셨으며, 오히려 인간이 자신의 **순종의 확증 및 실행의 능력**을 갖도록, 자신의 **고유한 순종의 결단의 능력**을 갖도록, 창조하셨다. 하나님께서 인간을 순종과 불순종의 헤라클레스적 갈림길의 선택 지점에 놓으셨다는 것은 본문에 있지 않다. 본문에 그런 것이 있다면 우리는 여기서 작동되는 어떤 신적 유혹 혹은 시험에 대해서 물론 말해야 할 것이다. 그 금지령에 의하여 강조된 것, 앎의 나무의 현존이 말하는 것은 오직 다음뿐이다: 인간에게 순종의 가능성이, 다른, 대립된 어떤 것과 경쟁하는 가능성으로서가 아니라, 오히려 그것에 대한 자유로운 결단을 위한 가능성으로서 제시되었다. 그것이 그보다 더 쉽게 인간에게 놓여질 수는 없다. 인간은 그보다 더 진지하게 취급될 수는 없다. 인간을 위한 하나님의 결정은, 인간의 창조 안에서 및 그 창조와 함께 완성된 그 결정은, 하나님의 결정을 인간의 고유한 결정 안에서 반복하고 확증하는 것을 인간으로부터 면제했다는 것을 뜻하지 않는다. 오히려 그 반복과 확증은 인간에게 기대되는 것이며, 그렇게 할 수 있는 능력은, 즉 인간의 자유는 명백하게도 인간의 특수한 피조성의 상태에 함께 속한다. 그 능력은 참으로 인간이 선과 악 사이의 중간에 선다거나 혹은 양자 사이에서 선택할 수 있다는 데에 놓여 있지 않다. 오히려 그 능력은 다음에: 인간은 그렇게 하여 그를 그의 창조와 함께 선으로 규정하신 하나님 앞에 서며, 그러한 하나님의 결정에 굴복할 뿐만 아니라, 그 결정을 자신의 고유한 결정의 **형태** 안에서 **존경**할 수 있다는 데에 근거한다. 이 자유를 하나님께서는 인간에게, 인간을 창조하실 때에, 주셨다: 다름이 아니라 바로 그렇게 하여 하나님께서는 인간을 하나님 자신의 고유한 결정 안에서 선으로 규정하셨다. 하나님께서는 인간으로부터 확증을, 인간의 고유한 의지 및 고유한 행동의 순종을 기대하시며, 인간이 바로 그것을 행할 수 있도록 만드셨다.

인간의 티끌로부터의 지음 및 하나님의 호흡을 통한 살림의 서술에 있어서는 아직도 인간의 자유에 대해서는 언급되지 않았다. 여기서 비로소, 낙원 안에서, 즉 하나님과 인간 사이의 관계의 근거 놓음의 서술에서, 그 자유는 가시화되며, 그러나 또한 여기서, 앞에서 주어진 인간학을 보충하는 형식 안에서가 아니라, 오히려 둘째 나무 및 그것과 연관된 금지령을 지칭하는 형식 안에서 가시화된다. 하나님께서 인간을 자신의 말씀 안에서 마주 대하심으로써 저 **자유**가 수여되는 그 인간은—바로 그 인간 그 자체는—하나님의 **계시**와 대면하는 인간이다. 다음에서 비로소 인간의 창조는 이러한 측면에서도 완성된다: 하나님께서 자신이 선과 악의 주권적 심판자이심을 알려주시며, 하나님께서 인간이 자신을 그러한 심판자로 여기도록 명령하시며, 어떤 의미에서도 스스로 그러한 심판자이려고 하는 것을 금지하셨다. 이러한 말 걸음 및 요청 안에서, 그것과 함께 그에게 주어지는 책임성 안에서 인간은 자유롭게 존재하며—자기 자신을 확증하는 것이 아니라, 오히려 그의 창조 안에서 및 창조와 함께 실행된 하나님의 결정을 인간 자신의 편에서 확증하는 데에 자유롭게 된다.

인간에게 주어진 이러한 자유는 명백하게도 참된(현실적인) 비교의 근거(tertium comparationis)이며, 이미 인간의 창조와 함께 근거된 (하나님과 인간 사이의) 연합의 특성이다. 그 자유는 바로 이러한 순종을 향한 자유이며, 순종과 불순종 사이의 선택-자유가 아니다; 이 자유는 앎의 나무의 열매의 금지령을 통하여 배제되었다! 그 참된 자유는 인간이 하나님과 같이 되는 것과, 신적 책임성을 무모하게 떠맡는 것과 아무런 관계가 없다. 그 자유는 인간을 파멸시키는 것일 수 없다. 그 자유는 철두철미 겸허를 향한 인간의 자유이며, 하나님의 '심판자 직무'의 인식 및 찬양을 위한 인간의 능력이며, 다만 이차적으로라도 하나님께 대한 어떤 통제력을 참칭하는 일 없이 하나님의 의를 인정하는 능력이다. 그것은 바로 피조물이 자기 자리 그 자체를 고수하면서, 그 자리를 긍정하면서, 굳게 지키면서 창조자와의 연합을 유지하는 자유이다: 식물과 동물 및 하늘과 땅의 다른 피조물들처럼 창조자와의 연합을 **소유**하는 것이 아니라, 오히려 그분과의 연합을, 전혀 권리주장이 없는, 그러나 이제 의식된, 스스로 실행하는, 활동적인 (그분의 신적 결정에 대한) 동의 안에서, **유지**(halten)한다. 하나님께서, 인간에게 그러한 자유를 주시면서, 원하시는 것은 물론 그분 자신과의 최고의 연합이다. 그러므로 우리는 다음을 주목해야 한다: 하나님께서는 인간을 하나님 자신의 '심판자 직무'로부터 결코 단순히 배제하신 것이 아니며, 오히려 인간이 특정한 방식으로 그 직무에, 즉 자신의 고유한 신적 본질에 참여하기를 원하신다. 인간이 자신에게 주어진 자유를 사용하고, 그래서 하나님의 결정에 (자신의 고유한 결단의 순종 안에서) 의를 돌려드린다면, 그는 의심의 여지없이 하나님의 지혜 및 정의(이것 안에서 하나님께서 결정을 성취하셨다.)에 참여의 몫을 획득하고 보유하게 된다. 하나님의 지혜와 정의는 바위이다; 그 위에 인간은 설 수 있으며; 또 그것은 강한 날개이다; 그 아래서 인간은 보호를 받는다. 하나님께서는 이제 인간 없이가 아니라, 오히려 인간과 함께 계신다; 그분의 고유하신 결정 및 행위 안에서 인간 자신과 함께하시는 그분은 지혜롭고 의로우신 분이시며, 의를 택하시는 주권적 심판자이시다. 하나님께서 인간에게 순종의 자유를 주시면서 원하시는 것은 바로 그러한 (인간의 그분과의 참된) 연합이며, 피조물의 바로 그러한 고양이다. 하나님께서 명백하게도 **바로 그것**을 원하시기 때문에, 그분은 인간에게 순종의 **자유**를 주시며, 그렇기 때문에 그분은 인간에게 순종이 육체적으로 필연적이 되도록 만들거나 혹은 불순종이 육체적으로 불가능하도록 만들지 않으셨다. 만일 하나님께서, 흔히 사람들이 이 자리에서 신정론의 문제를 던지며 하나님께 요구하듯이, 그렇게 행하셨다면, 즉 만일 하나님께서 인간에게 순종의 질문을 면제하심으로써 이 문제를 쉽게 만드셨다면, 인간에게서 자유를 삭제하시고 아무 문제도 없는 어떤 낙원을 만드셨다면, 그것은 어떤 큰 호의는 아닐 것이다. 범죄함 및 그 결과로부터의 저 효과적인 보호는 사실은 더 적은 사랑의 증거에 불과할 것이다. 만일 하나님께서 인간을 그렇게 보호하셨다면, 만일 하나님께서 인간을 그의 실존으로써 대답해야 하는 질문을 미리 앞서서 면제하셨다면, 그때 하나님께서는 인간을 저 연합으로, 하나님 자신과의 저 참된 합일로 부르지 않으신 셈이 된다. 하나님께서 인간을 저 연합으로, 더 나아가 합일로 부르셨다면, 인간의 순종의 규정은 하나님과의 **계약**(Bund) 안에 있는 순종의 규정이며, 그때 하나님께서는 인간에게 주셨던 그 자유를, 반드시 주셔야만 했다: 그것은 인간을 유혹하거나 시험하기 위함이 아니며, 오히려 인간에게 여지를 주어서 그의 창조 그 자체에 상응하여 스스로 순종할 수 있도록 하기 위함이다. 그때 인간은 반드시 저 교차로로 인도되어야 했으며, 인간의 구원을 부정하는 저 가능성이 그때 인간에게 반드시 제시되어야 했으며, 저 문은 그때 반드시 열려야만 했다. 하나님에 의하여 주어진 자신의 자유 안에서 인간은 그 (*부정된) 가능성을 이용하려고 했을 수가 없다. 하나님께서 (그 가능성 그리고 인간에게 주어진 자유로써) 긍정적으로 원하셨던 것으로부터는 인간은 범죄함으로 유도될 수가 없다. 선과 악의 고유한 앎이라는 파멸적인 '하나님과 비슷해짐'이 아니라, 오히려 자유 안에서 확증되는, 하나님(선을 원하셨고, 악을 배척하셨던 하나님)과의 연합이 참으로 이끄는 것 및 초대하는 것이었으며, 열려 있을 뿐만 아니라, 오히려 입장하도록 규정된, 낙원 안의 문이었다. 앎의 나무는, 그것이 인간과 (인간이 자신에게 주어진 자유의 오용 안에서 **취한** 어떤 자유 안에서) 마주 대할 때, 그때에 비로소 인간에게 위험해진다. 창조자 하나님께서는 그러한 가능성의 실현에 직면해서 어떤 칭의도 필요로 하지 않으신다.

우리는 뒤돌아본다: 이미 하나님의 이중적 이름의 사용이 다음을 기억하게 한다: 우리는 또한 둘째 보고의 중간 단락 안에서도 **이스라엘** 백성을 선택하시고, 창조하시고, 부르시고, 다스리실 그 하나님의 '명령 질서'(Anordnung)와 관계한다. 창조는 또한 여기서 주어지는 국면 아래서도 내적 근거를 가지며, 이 내적 근거는 **계약**이며, 창조에 뒤따르는 역사 안에서 아담, 족장들, 아브라함, 이스라엘 백성 등과 맺는 하나님의 계약의 형태를 취하게 될 것이다. 여기서 그 계약은 아직 형태를 갖지 않는다. 그러나 여기서 창조사로서 보고되는 것은, 만일 우리가 여기서 이미 준비되고 부각되는 것이, 여기서 서술되는 선역사적 생성의 이미 전체 및 개별적 계기에 대하여 특징적인 것이, 바

로 그 계약의 형태라는 것을 간과한다면, 최종적으로 이해될 수 없을 것이다. 물론 여기서는 이야기가 지어진다; 그러나 우연히가 아니라, 자의적으로가 아니라, 허공을 향해서가 아니라, 오히려 의미 깊게 지어진다: 이스라엘 안에서 발생한 계시를 통하여 자극된, 그러나 또한 규정화된 예언과 환상의 특정한 법칙에 따라 지어진다; 그 이야기는 어떤 일반적인 세계 및 인간의 생성이 아니라, 오직 특정한 세계 및 특정한 인간의 생성에 몰두하는 여유와 욕구를 가지며, 그것의 존재는 하나님의 계약의 성취 안에서 의미를 획득한다; 그 이야기는 하나님의 창조로서의 이러한 생성 안에서 이미 (이후에 성취될) 계약을 바라볼 뿐만 아니라, 오히려 그 계약의 근거 및 윤곽(손금) 자체를 추구하며, 또한 발견한다.

에덴의 특별한 정원의 푸르름 안에서의 땅과 인간의 창조 그리고 인간을 그곳에 옮기는 것이 그것의 연속을 발견한다는 것, 그것이 우리에게 두드러져 보였던 첫째였다. 여기서의 시선의 도약은 그러나 그것의 형식성 안에서 다름이 아니라 창세기의 이야기들이 나중에 다음에 의해 행하게 될 도약이다; 창세기의 이야기들은, 겉으로 보기에서 조금도 자의적이지 않게, 그것들이 우선 눈으로 파악하는 이 세상적 영역 중에서 바로 하나를, 말하자면 지중해와 아랍 광야 사이의 가늘고 긴 옥토의 땅, 즉 가나안 땅을, 관찰의 중심에 옮겨 놓는다. 이쪽과 저쪽 사이의 지리적 분리 사이에는 명백하게도 내적인 관계가 있다. 낙원은 물론 단순히 가나안 땅이 아니다. 본문은 가나안을 낙원으로부터 또한 지리적으로도 멀게 하려고 고심한다. 본문은 어쨌든 다음과 같이 행한다: 이제 낙원을 다른 어떤 지역에 긍정적으로 위치시키는 것은 가능하지 않다. 낙원의 상세한 위치는 공중에 뜬다. 그것은 그러나 가나안 땅과 같이 한 특정한 이 세상적 장소이다. 다른, 더 정확한 비교 지점들이 없지는 않다. 그것은 하나님에 의하여 선택된 장소이다. 그것은 '엘리시움'과 같은 기적의 땅이 아니며, 오히려 결실을 맺는, 다른 지역들과는 반대로, 현저하게 생산적인 지역이다. 여기에 이제 그것의 명백하게도 초자연적인 규정들이 속한다: 그것은 하나님의 뜻이 부분적으로 소리 없이, 부분적으로 소리로써 인지될 수 있는 그 중심을 통하여 성전으로 규정된다. 그곳은 하나의 강이 발원하는 장소이며, 그 강은 다른 모든 강들의, 세계에 결실의 힘을 주고 축복하는 강들의 어머니이다. 하나님께서 창조하신 에덴의 특별한 정원의 그러한 모든 자연적 및 초자연적 속성들과 기능들이 나중에 하나님의 계시를 통하여 그렇게도 특별하게 부각된 장소(이스라엘이 자신의 고향을 발견하며, 그것의 역사가 연출되는 장소)의 속성들과 기능들이 된다는 것은 우연인가? 이 사가의 어떤 이스라엘적 청취자 혹은 독자가 창조자 하나님의 이러한 특별한 기초 놓으심에 대하여 놀라겠는가? 그 독자 자신이 그 사가에 최고로 상응하는 사건의 증인이다. 그 자신이 그의 조상들에게 주어졌던, 다른 모든 땅들 중에서 **좋은** 및 하나님의 **성전**으로 규정된 땅의 약속이 성취되는 한가운데에서 살았다: 그는 그 땅의 지반 위에 서 있었고, 그 땅의 열매들을 먹었다; 그는 그 땅의 규정에 대한 모든 고유한 불충실을 그 가운데서 알았다; 그는 하나님께서 모든 감추임 안에서도 계시되시고, 모든 계시 안에서도 은폐되었던, 그 땅의 중심을 알았고, 추구했고, 경외했다. 어쨌든 이스라엘의 예언자들도 또한 그 특별한 장소의; 또 그곳으로부터 발원하여 그 땅만이 아니라, 땅 전체를 축복하는 강의 보편적 의미를 알고 있었다. 그러나 다음을 간과하기란 어렵다: 명백하게도 그 모든 것은, 가나안에서의 그러한 이스라엘의 구속사적 현실성 전체가 말하자면 여기서 뒤로 투사되었으며(projiziert), 혹은 더 낫게 말하자면: 여기서 이미 창조의 의미로서 인식되고 가시화되었다. 창조사는 말한다: 하나님의 계시와 구원의 **특수성**(Partikularität)은 (그것이 이스라엘에 주어진 약속 안에서 그리고 저 땅의 선사 안에서, 그것의 규정이 "거룩한" 땅으로 가시화되었듯이) 우연이 아니며, 오히려 만물의 생성 안에 가장 깊이 근거되어 있었으며, 그 "거룩한" 땅이 이미 만물을 근거하는 하나님의 '창조자 행위' 안에 그것의 원형(Vorbild)을 가졌으며, 더 나아가 하나님의 '창조자 행위'는 바로 이 관점에서 원형이 된다(vorbildlich)는 점에서 그것의 의미를 가졌다.

그러나 이것이 여기서 비교되면서 보아야 하는 모든 것이 아니다. 또한 다음도 전혀 우연한 일치일 수가 없다: 인간이 그가 인도되었던 그 고향에서 창조되었거나 그곳으로부터 유래한 것이 아닌 것처럼, 또한 이스라엘도 그에게 지시된 땅에서 민족으로 생성되지 않았다. 오히려 이미 아브라함이 낯선 땅으로부터 그곳으로 — 하나님께서 그에게 지시하실 땅으로 — 인도되었던 것처럼, 그리고 그 다음에 이스라엘도 낯선 땅에서 큰 민족이 되며, 그때 그러한 민족으로서 비로소 그 낯선 곳으로부터 구속이 되어 자신의 장소로 옮겨지는 것처럼, 또한 최초의 인간도 그러하다. 낙원은 최초의 인간에게 속하지 않는다. 그것은 참으로 그의 창조자에게 속한다. 그는 근원적으로 외부에 있으며, 내부에 있지 않다. 그러나 바로 그의 창조자가 그를 그곳으로 옮기며, 그를 그곳에서 안식하게 한다. 최초의 인간은 그 특별한 장소를 선택하지 않았으며, 그것은 그 장소가 자기 스스로를 자신의 특수성을 위하여 선택할 수 없었던 것과 마찬가지이다. 그러나 그 장소의 신적 선택 및 그 장소의 거주지로의 그 인간의 선택은 발생하였다: 양자의 창조는 동시에 그 선택의 실행이었으며, 그렇게 하여 인간은 낙원에 있게 되었다. 그와 마찬가지로 바로 이스라엘도 바로 저 땅의 거주자가 되었고, 될 수 있었다. 또한 다음에서도 일치한다: 창조자의 저 '명령 질서'는 일시적인 것이었으며, 인간은 낙원(그는 이곳에 위치되었다.)으로부터 다시 추방되어야 했으며, 그곳은 그에게 알려지지 않은, 도달될 수 없는 장소가, 잃어버린 낙원이 될 수 있었으며, 그 다음에 그것은 실제로 발생했다. — 이것은 정확하게 다음과 같다: 이스라엘은 그의 땅에서 최종적으로는 어떤 지속적인 장소도 갖지 못했으며, 오히려 낯선 땅으로, 그가 유래했던 그러한 낯선 땅으로 되돌아가야만 했으며, 그에게 주어졌던 그의 고향으로서의 저 땅을 한 번도 잊어버리는 일 없이, 그 땅을 향한 향수로부터 한시도 벗어날 수 없이, 그곳으로의 귀향의 약속을 상실함 없이, 그렇게 가야만 했다. 또 다음에서도 일치한다: 인간 **그리고** 이스라엘의 (그들의 특별한 장소로부터의) 추방은 물론 하나님의 심판의 행위이지만, 그러나 그 자체가 또한 하나님의 은혜의 행위이며, 하나님께서 그 인간 **그리고** 이스라엘에 대하여 갖고 계신 본래적인 뜻은 저 특별한 장소에서가 아니라, 오히려 바로 그 장소로부터의 그의 추방 안에서 및 그것과 함께 사건으로 발생한다. 그러한 한도에서 유배 및 유배로부터의 귀향은 이스라엘의 땅의 점령보다 더 적은 사건이 아니다; 전자는 이미 창조사 안에 그것의 원형을 갖고 있다.

그러나 결정적인 병행은 그것으로써도 아직 도달되지 않았다. 그 병행은 (정원의 중심을 형성하는) 나무들과 (이스라엘의 역사에 따르면 "거룩한 땅"의 잠재적인 중심을 형성했던, 그 땅에 거주하는 백성의 삶의 잠재적인 중심을 형성했던) 하나님의 계시 사이의 관계에 놓여 있다. 그 백성이 그 땅에서 하나님의 백성이라는 것, 하나님께서 그 백성의 중심에 거하신다는 것, 그 백성에게 '영원히'만이 아니라, 그렇기 때문에 또한 시간적으로도, '편재'로써만이 아니라, 그렇기 때문에 또한 장소적으로 가까이 계시기를 원한다는 것은 무엇을 뜻하는가? 하나님과 인간 사이의 이러한 가까움 안에서 무엇이 발생하는가? 하나님께서 인간과, 구약성서 안에서 증거된 하나님의 특성인 것과 같이: "지금 여기서"(hic et nunc) 만나신다는 것은—즉 어떤 일반적인 것이 아니라, 오히려 그분에 의하여 선택된 유일무이한 종류의 (그분의 행동의) "지금 여기서" 만나신다는 것은 무엇을 뜻하는가? (그 행동은 이스라엘 백성의 특정한 시간과 장소에서의 명확하고 선명한 행동이다.) 그때 하나님과 인간 사이의 관계의 '명령 질서'(Anordnung)로써 무엇이 가시화되는가? 이 질문에 대하여 낙원의 중심에 심겨진 두 나무의 보고가 사실상 대답을 한다. 그것은 나중에 그 밖의 구약성서 전체 및 이스라엘 역사에 의하여 주어질 대답의 예기(Antizipation)이다. 심겨진 두 나무의 보고는 다음을 말한다: 바로 그 나중에 주어질 대답이 이미 하나님의 창조의 날에 놓여 있었으며, 하나님의 '창조자 행동'이 그 대답의 원형(Vorbild)이라는 점에서 고유하게 특징적인 의미를 가졌으며, 나중에 발생했던 모든 것은 다만 그곳에서 이미 작용했던 진리의 전개일 뿐이며, 그곳에서 이미 수립된 원형의 성취 및 확증이었을 뿐이다. 그와 같이 그 보고는 하나님의 자기계시(이것을 소유함으로써 이스라엘은 약속된 및 선사된 땅 안에서 살아가게 된다.)의 내용 및 도달영역과 관계된다.

한편으로 하나님의 자기계시는 이스라엘에게, **생명나무**가 낙원 안에서 인간에 대하여 가졌던 존재 및 의미와 전적으로 동일한 존재 및 의미가 된다. 이 나무에는 다음이 속한다: 모세와 예언자들에 의하여 들려지고 증거된 하나님의 음성, 그들의 직무들을 통하여 바로 이스라엘이 모든 민족들 앞에서 그렇게도 뛰어나게 되었다는 사실성, 그 백성이 지켜야 하는 하나님의 율법, 성막과 나중의 성전, 그리고 바로 그곳에서 이스라엘에게 명령된 특별한 제의, 바로 이스라엘의 중심에서 발생하여야 하는 희생제물—그 땅 안에서 그러한 백성으로서의 이스라엘의 현존재의 구체적인 중심 전체는 이스라엘을 향하신 하나님의 철두철미 선하심의 표징이다: 그것을 이스라엘이 **살아야 한다**는 표징이다. 그 표징은 이스라엘에게 말한다: 이스라엘을 위하여 발생해야 하고, 발생할 수 있는 모든 것은 발생했고, 성취되었다. 그 표징은 이스라엘을 그의 건져냄 및 구원의 완성된 사실성 앞에 세운다. 하나님께서는 이스라엘을 민족으로 창조하셨다; 하나님께서 이스라엘을 바로 그 장소로 옮기셨다; 하나님께서 이스라엘에게 바로 그 장소에서 현재하신다: 전적으로 멀리 계신 하나님이 이스라엘에게는 전적으로 가까이 계신다: 이 현재는 조건 없는, 유보 없는, 제한 없는 현실성이며, 하나님의 철저한 신실하심이며, 이 신실하심에 대해서는 철두철미 신뢰될 수 있을 뿐이다; 왜냐하면 그 신실하심은 속이는 것일 수 없다; 왜냐하면 그것은 이스라엘로부터 제거될 수 없으며, 그 자체 안에서 확실하기 때문이다. 이 모든 것은 소리 없이, 자명하게, 어떤 설명도, 상세화도 필요로 하지 않으면서 그곳에 서 있다; 계약의 표징이 그곳에 서 있음으로써, 다른 어떤 특별한 개입(*열매 먹는 것)에 노출되지 않으면서, 그래서 그러한 개입의 어떤 금지령을 필요로 하지 않으면서, 서 있다; 왜냐하면 그 표징은 다음을 말하기 때문이다: 바로 그 모든 것이 이스라엘에게 **선사**되었으며, 이스라엘은 사실상 그 모든 것으로부터 살아가며, 또 계속해서 살아가도록 허용되어 있고 그래서 살아가도록 하나님의 규정 안에서 전적으로 규정되어 있다. 그 표징은 바로 다음만을 요청한다: 다만 그것이 보이고 들려져야 하며, 다만 그것이 눈과 귀 앞에서 상실되지 말아야 하며, 다만 그 표징이 증거하는 선물이 언제나 또 다시 수용되어야 하며, 다만 이스라엘의 현존재가 그러한 선물을 중단 없이 사용하여야 하며, 다만 이스라엘은 현실적으로 **살아야** 하며, 그 표징의 약속에 따라 살아가도록 **허용된 대로** 살아야 한다; 그리고 이스라엘은 사실상 이미 그렇게 살고 있다. 다만 자유가 이스라엘에게 요구될 뿐이다; 이스라엘은 그 표징에 의하여 사실상 그 자유 안으로 옮겨졌다. 이스라엘이 이 표징 안에서 살아간다면, 그것은 철두철미 보증된 및 철두철미 축복을 받은 삶을 살게 된다. 이것이 이스라엘에게 수여된, 이스라엘에 고유한 (그 백성을 위한) 하나님의 자기계시가 의미하는 한 가지이다.

하나님의 자기계시는 그러나 다른 한 가지도 뜻한다: 그것은 낙원 안의 **앎의 나무**가 인간에게 의미했던 것이다. 하나님의 자기계시는 또한 한 가능성에 대한 경고의 표징이다; 그것은, 만일 인간이 그 가능성을 실현할 경우에 그에게 약속된 생명 및 구원과는 정반대의 것이, 그의 파멸과 몰락이 다가올 수 있다는 가능성이다. 이스라엘은 하나님의 선택으로부터 살아간다. 이스라엘은 하나님만이 전적으로 홀로 그분의 지혜 및 의에 따라 바로 그에게 바로 그 땅을 주셨다는 사실로부터 살아간다. 이스라엘은 자신의 약속 및 희망을 오직 그 사실 안에서 인지되는 하나님의 '심판자 결정' 안에서 갖는다. 그 백성에게 모든 것은 다음에 달려 있다: 그러한 결정의 주권성, 유일무이성은 그 자체로 충분하다. 그러므로 이스라엘이 하나님 곁에 설 필요는 없으며, 그분의 심판대로부터, 스스로 선악을 알면서, 스스로 선택하려고 할 필요는 없다. 이차적으로도 그렇게 해서는 안 된다. 이것은 하나님께서 이스라엘이 스스로 선택하고 자신의 고유한 결정을 기뻐하는 것을 시기하시기 때문이 아니다; 오히려 하나님께서는 이스라엘이 오직 하나님 자신의 선택만을, 참으로 오직 하나님 자신의 고유한 결정만을 현실적으로 기뻐할 수 있음을 아시기 때문이다; 또 하나님께서는 이스라엘의 모든 자기선택 및 자기칭의가, 자신의 뛰어난 특수성을 스스로 이해하고 근거하려는 모든 시도가, 그러한 한도에서 (그 특수성 안에서 살아가는 대신에) 최소한 이차적으로라도 스스로를 실현하려는 노력이 다만 그것의 고유한 죽음의 판결만을 선고하게 됨을 아시기 때문이다. 이스라엘은 선택되었다는 사실에서 다른 모든 민족들로부터 구분된다; 그러나 자기 스스로 선택한 것이 아니며, 다만 이차적으로라도 자신의 고유한 미덕과 강함 위에 혹은 다른 어떤 탁월한 속성 위에 자신의 선택을 스스로 근거할 수 있는 것도 아니다. 다음이 이스라엘에게 생성된 약속의 능력이다: 그 약속의 내용은 오직 하나님 자신 안에 근거하는, 그래서 다른 어떤 반대편에 근거될 수 없는 하나님의 선하심이다. 이와 같이 하나님 자신 밖에서는 근거가 있을 수 없는 (그분의 선택의) 선하심으로부터, 그분의 선과 악의 앎의 지반 위에서, 이스라엘은 살아가야만 하며, 그 앎만을 기뻐해야 한다. 그렇기 때문에 다음 계명이 주어진다: 이스라엘은 거룩해야 하며, 다른 민족들과 비슷해져서는 안 되며, 그들의 신을 섬기거나 스스로 신들을 만들어서는 안 된다. 이 계명의 긍정적 의미는 순전히 다음이다: 이스라엘은 자기 높임, 자기 선택, 자기 칭의 없이 하나님의 **은혜**로 만족해야 하며, 이스라엘은 하나님의 길 및 심판을 알려고 하는 일 없이 오직 선의 지반 위에서 살아야 한다; 그 선은 하나님께서 자신의 자유로운 선택 및 결정에 근거하여 이스라엘에 회사하신 것이다. 바로 그것이 자기 자신에게 위임된 다른 민족들이 행하지 못하는 것이다: 다른 민족들은 그들의 자칭 선한 속성들로부터 살아가며, 자신들의 가치평가 및 기호에 따라 살아간다; 그러한 평가 및 기호 안에서 그 민족들은 그것이 [그것과 함께 자기 자신이!] 거룩하다고 말하며, 그것 안에서 그들은 [근본적으로는 자기 자신 안에서!] 최종적으로는 신들을 인식하고 경외해야 한다고 주장한다. 우상들은 인간이 탈취한 선과 악의 앎의 최종 결과이며, 가장 명확한 원소이며, 거대한 오류의 길의 특성이다; 그 길 위에서 구약성서의 날카로운 시각에 따르면 민족들이 차례로 섰다가 쓰러지며, 번성했다가 멸망으로 떨어진다. 모든 육체의 바로 그러한 오류의 길로부터 이스라엘은 자신에게 주어진 계명을 통하여 보호받는다. 이스라엘은 하나님의 지혜 및 의에 따른 자신의 선택에 근거하여 하나님 앞에서 갖는 명성을 유지해야 한다. 이스라엘은 자신의 명성을 스스로 주장하려고 해서는 안 된다. 그렇기 때문에 이스라엘은 모든 자기 높임의 특성인 온갖 우상들과 아무런 관계가 없다. 이스라엘은 그 계명을 지켜야 하는 특별한 근거를 갖는다. 만일 저 오류의 길 위에서 스스로를 검증할 수 있는 그 선한 속성들이 대단히 특별하게도 결여된다면 어떻게 되는가? 만일 하나님께서 이제 한 백성을 그것의 어떤 고유한 영예 및 권세도 없이, 어떤 어리석은, 무례한, 귀찮은 민족을, 다른 민족들 앞에서 하나님 자신의 민족으로 선택하셨다면, 어떻게 되는가? 그 민족이 (그것의 국가적 미덕을 자랑한다거나, 그 미덕을 신들의 형태 안에서 영화롭게 하는 것을 자랑하기가 불가능하기 때문에) 헛되이 그것의 고유한 신들을 만든다면, 어떻게 되는가? 바로 그 선택된 백성이 자신을 선택하신 하나님 밖에서는 어떤 위로와 도움을 발견하지 못한다면, 하나님의 심판 밖에서는 다만 잠정적인 긍휼도 발견할 수 없다면, 어떻게 되는가? 만일 자기 높임, 자기 선택, 자기 칭의의 길 위에서는 모든 걸음이 즉시 그 민족의 전적인 허점과 무력함의 폭로를 뜻한다면, 즉시 그 민족이 참으로 그러한 것에 위임되지 않았음을 의미한다면, 어떻게 되는가? 그때 그 민족은 어떻게 이중적으로 버림받고 상실된 채 서 있게 되는가! 그때 그 민족의 침몰과 몰락은 얼마나 확실하게 확정되는가! 만일 이스라엘이 그분의 고유한 선하심이 아닌 다른 어떤 의미 안에서 살아가려고 한다면, 그것은 얼마나 높은 곳으로부터의 깊은 곳으로의 추락이며, 이스라엘은 그때 어떤 자결을 행하게 되는가! 이것은 위협이며, 이스라엘에 주어진 하나님의 계시는 바로 그 위협의 실현으로부터 이스라엘을 보호하고 보존하려고 한다. 이스라엘에 그 나무의 열매를 먹는 날에, 그것은 반드시 죽게 된다. 이 경고를 통하여 근거된 금지령은 명백하게도 이스라엘에게 하나님의 동일한 자기계시를 통하여 주어진 계명의 다른 측면이다; 그 계명에 따르면 이스라엘은 자신에게 선사된 자유 안에서 살아가야 한다. 다른 어떤 자유도 아닌 바로 그 자유 안에서! 라고 그 계시는 말한다; 그 계시가 계명인 한도에서, 말하자면 이스라엘의 율법, 즉 헛되지 않게 그렇게도 많은 약속들에 의하여 그리고 동시에 그렇게도 많은 위협들에 의하여 둘러싸인 율법인 한도에서, 그렇게 말한다. 우리가 낙원의 앎의 나무의 금지령과 위협에 직면하여 제시할 수 있는 질문들이 또한 여기서도 제기되며, 그곳에서 주어졌던 대답들이 또한 여기서도 주어진다.

첫째 질문: 왜 이스라엘은, 그가 하나님의 결성을 통하여 사신에게 선사된 것을 스스로 취하려고 하고, 스스로 자신에게 귀속시키려고 하는 순간, 고난당하고, 망하고, 몰락해야 하는가? 대답: 왜냐하면 이스라엘은 그때 틀림없이 실수하기 때문이며, 실상은 다만 자신의 악함과 어리석음을, 자신의 약함과 도움 없음을 드러낼 뿐이기 때문이며, 자신이 스스로에게 귀속시킬 수 없는 선의 능력 안에서 사실상 존재할 수 없기 때문이다: 하나님 앞에서만이 아니라, 또한 사람들 앞에서도, 영적으로만 아니라, 또한 정치적으로도, 국가적 동일성과 자유의 유지 안에서만이 아니라, 자신에게 선시된 땅의 주장 안에서도 존속할 수 없기 때문이다. 야웨는 바로 이 백성의 의이시다. 그분의 의가 이 백성을 높인다. 그러나 죄는—다른 어떤, 자신의 고유한 의 때문에 그분의 유일무이한, 참된(현실적인) 의를 포기하는—그러한 죄는 모든 관점에서 사람들의 [말

하자면 하나님의 은혜로우신 판결에 홀로 의존해야 하는 사람들의] 멸망일 뿐이다. 그렇기 때문에 이 백성은 스스로를 거룩하게 하라고 명령하는 하나님의 계명을 지켜야 하며, 다시 말하여 하나님의 은혜에 만족해야 하며, 그분의 판결에 홀로 신뢰를 두어야 하며, 그 판결을 자신의 고유한 판결을 통하여 강하게 만들려고 해서는 안 되며, 자신의 고유한 영예를 스스로에게 귀속시키려고 해서도 안 되며, 그렇게 해서 자신을 치명적으로 약하게 만들어서도 안 된다.

둘째 질문: 왜 하나님의 은혜는, 하나님께 대한 이스라엘의 모든 특별한 거룩해야 함을, 그래서 모든 명령 및 금지령을 불필요하게 만들 만큼, 동시에 강력하고, 승리적이고, 관철적이지 않는가? 대답: 왜냐하면, 만일 하나님께서 그것들을 이스라엘에게 그보다 가볍게 만드셨다면, 만일 하나님께서 이스라엘에게 (그분의 은혜의 계시 안에서 및 그것과 함께) 자유를 주시고 또 자유로운 순종으로 그것에게 요구하지 않으셨다면, 그것은 이스라엘을 진지하게 취급하지 않은 셈이 되기 때문이다. 이 백성에게 주어진 남김 없는 확약(Zusage), 완전한 희망, 위로된 삶의 신뢰 등은 바로 다음에서 깊이를 갖는다: 그것은 대답을 기다리는 외쳐 부름이며, 인간적 결정 안에서 자신의 확증을 발견하고자 하는 신적 결정이다. 하나님께서는 이스라엘에 대하여 및 그것 안에서 다만 승리하려고만 하시는 것이 아니라—오히려 하나님께서는 연합 안에 있는 이스라엘을, 이스라엘과의 계약을 원하신다. 그렇기 때문에 하나님께서는 이스라엘에게 율법을 주시며, 그것의 거룩을 요청하신다. 그렇기 때문에 하나님께서는 이스라엘의 순종을 원하신다. 그렇기 때문에 모세와 예언자들은 위험을 경고한다; 그것의 실현은 스스로를 거룩하게 하지 않는 이스라엘을, 순종하지 않으려는 이스라엘이 필연적으로 초래하게 될 그런 위험이다. 그렇기 때문에 이스라엘에게 주어진 하나님의 계시는, 이미 낙원의 중심에서 발생했던 것 같은, 생명의 길 **그리고** 죽음의 길에 대하여 말한다. 바로 하나님의 은혜의 깊이가 그것을 요청하며, 구약성서를 그렇게도 넓게 채우는 재앙의 예언도 또한 그것을 요청한다. 야웨만 이스라엘의 의이시면 되는 것이: 그분이 그러하시다는 것을 이스라엘은 자신의 마음으로 믿어야 하며, 입술로 고백해야 한다.

낙원의 두 나무들의 사가가 또한 **일반적** 인간학적인 의미도 갖는다는 사실에는 물론 이론의 여지가 없다. 우리는 그 의미를 전개하고 유효하게 하려고 시도하였다. 그러나 우리는 우선 주목해야 한다: 전체 구절들 안에서 우리가 말할 수 있는 혹은 더 나아가: **또한** 말할 수 있는 것은 오직 그 두 나무들뿐이다. 다른 모든 것, 낙원의 식물들 및 존재에 대한 상상 전체는 한 **특별한**(partikulare)이다: 그곳에서 발원하여 땅 전체로 나누어지는 강에도 불구하고 그러하다; 왜냐하면 그 강이 이 특별한 장소로부터 시작한다는 것도 또한 낙원의 보편적 관계에 대한 한 특수한(partikulare) 의미 및 내용이기 때문이다. 낙원 자체의 의미는 오직 다음에만 놓여 있다: 낙원은 야웨-엘로힘이 그분의 백성에게 주려고 하시는 좋은 땅의 원형(Vorbild)이다. 두 나무에 대한 보고는 한 **더 넓**

은 국면을 열어준다. 그 보고를 저 '명령 질서'(이것 안에서 야웨-엘로힘과 그분의 계시는 인간과 만나며, 그 질서 안에서 인간도 그분을 **언제나** 및 **도처**에서 만나게 된다.)의 원형으로 이해하는 것은 가능하고 또 필연적이다. 그러나 그것은 야웨-엘로힘과 특정한 인간에 관계된다: 그러므로 어떤 신성 및 어떤 한 인간에 관계되지 않는다; 즉 우선적으로 이스라엘의 하나님과 그분의 백성에, 그리고 그들의 만남에 관계된다. 그 나무들이 그 사가에 따르면 바로 그곳에, 낙원 안에, 즉 저 특별한(partiklulare) 영역에 심겨져 있음으로써, 그 상상을 우선 **제한**하고, 그 다음에 그곳으로부터 비로소 무제한적으로 이해하는 것이 필요하다. 이 보고 안에서 일반적으로 말해진 것의 진리 및 유효성의 모든 능력은 다음에 달려 있다: 그것은 우선 전적으로 특수한 것 안에서, 하나님 및 이스라엘을 바라보면서 말해졌다. **바로 그 특정한** 계약 안에서, **바로 그 특정한** 계약의 매개를 통하여 (구약성서 전체의 노선에 따르면) 하나님께서 아담의 인격 안에서, 그 다음에서 마찬가지로 노아의 인격 안에서 땅의 모든 육체와 체결하신 계약이 실현된다. 바로 그 특정한 계약 안에서 저 생명의 약속이 주어지며, 그러나 또한 생명의 약속으로 인하여 저 죽음의 위협도 주어진다. 바로 그 특정한 계약 안에서 하나님의 은혜는 그렇게도 깊어서, 하나님께서는 자신을 낮추어 인간을 그분의 자유로운 계약 파트너로 부르시고 수용하신다.

그리고 여기서 그 다음에 필연적으로 그 구절들의 마지막의, **객관적인**, **그리스도론적인** 의미에 대한 질문이 제기된다: 그것은 특수한 것에 대한 질문이며, 이 질문으로부터 그 구절들이 제시하는 것으로 보이는 것이 이제 현실적으로 볼 수 있게 된다. 주관적인 것의 질문, 다시 말하여 본문 자체의 의도에 상응하는 의미에 대한 질문은 이스라엘 역사 및 그것 안에서 이차적으로, 암묵적으로 볼 수 있는 일반적 인간학에 대한 지시로써 대답되고 소진될 수 있다. 그러나 그 질문 및 대답의 저편에서 (다른 곳에서와 마찬가지로 여기서도) 구약성서 자체로부터는 직접적으로 대답될 수 없는 **현실성**(Realität)의 질문이 제기된다; 이 질문은 본문의 진술들과, 즉 닉원의 보고와, 그것의 강과 우선적으로 두 나무들과 사실상 마주 대면하고 있다. 본문의 계속 자체가 이 질문을 강요한다. 낙원은 사실상, 인간이 그것을 다시 떠나게 되도록, 인간에게 상실된 낙원이 되도록 지어진 것으로 보이지 않는다. 아담과 맺은 하나님의 계약은 그것의 시작에서 즉시 다음의 방식으로써 성취된다: 아담은 바로 그 앎의 나무에서 (이 나무의 실존은 경고하면서 그를 한계선 안에 위치시키고 그렇게 하여 생명을 유지시킨다.) 실족하며, 그는 바로 하나님의 은혜로우신 계명에 순종하는 것이 아니라, 오히려 불순종하며, 그래서 그는, 더욱 나쁜 것이 닥치지 않도록, 생명의 나무로부터 추방되어야 했다. 하나님의 선하심의 충만으로부터의 직접적인 삶이 이제는 오직 인간의 강탈의 형식 안에서만 사건이 될 수 있게 되었으며, 그래서 죽음을 영원화하는 저주가 그 강탈의 결과일 수밖에 없게 되었다. 인간에게 그 일을 막는 것이, 이제 그에게 수여되는 것과 같이, 하나님의 은혜의 첫째 행동이다. 이제 인간에게 남은 것은 오직 선악의 앎 안의 삶(생명)이다; 그것은 그가 획득한 높음 위의, 아니, 그가 추락한 깊음 안의 삶이며, 그래서 내적으로 불가능해진, 죽어가는, 죽음에 빠진 삶이다. 그곳에서 두 나무의 형태 안에서 복음 그리고 율법으로써 낙원의 중심을 형성하였던 하나님의 은혜는 이제 말하자면 그것들의 요소로 분해되어 버렸다: 복음은 한 가지이며, 율법은 그와 다른 한 가지이며, 한 은혜의 장소로서의 낙원은 인간에게 알려지지 않은, 도달될 수 없는 장소가 되어 버렸다. 그래서, 저기 밖에서 하나님께서는 이제 인간에게 현재하시며, 그와 같이 하나님께서는 인간을 붙드신다. 이러한 전제 아래서 이제 하나님과 인간 사이의 계약은 형태를 취한다. 이제 사가가 말하는 현실성(Realität)은 어디 있는가? 사가는 운 나쁘게 깨어난 후에는 무로 흘러가 버리는 아름다운 꿈에 관하여 말하였는가? 이스라엘의 지시 및 그것의 실존의 모범적인 것, 일반적인 특성에 대한 지시도 여기서 우선은 더 이상 인도해 주지 못한다. 왜냐하면 바로 그러한 조건들 아래서 사실상 노아, 아브라함과의, 그리고 후에는 모세를 통한 이스라엘 백성과의 계약이 체결되었고, 실행되었기 때문이다. 생명의 나무가 약속했던 것으로 보이는 것처럼 그렇게 가까이 이제 이스라엘은 하나님께 접근할 수 없다.(허용되어 있지 않다.) 거룩하신 자와의 그러한 모든 접촉을 막기 위하여 이스라엘 안에는 어떤 조심스런 조치들이 취하여져야 하는가! 율법 안에서 및 예언자들 안에서 전제되고 이스라엘의 역사의 서술들 안에서 구체적으로 보였던 모든 관계들 안에서의 저 직접적인, 단순한, 조건 없는, 그 자체로 확실한 (하나님 앞에서의 및 하나님과 함께하는) 생명의 결여란! 그곳에서는 명백하게도 모든 각각의 것이 저 특정한 인간을 목표로 한다; 그는 앎의 나무의 열매를 먹었으며, 그는 이제 언제나 또 다시 그렇게 행한 자로서 처신하며, 그는 매 걸음마다 다름이 아니라 하나님께서 금지하신, 그가 어떤 경우에도 행하지 말아야 할 그것을 행할 기회만을 기다리는 것으로 보인다; 그것은 자기 자신을 높이는 것이며, 그 표징으로써 낯선 신들을 부르는 것이며, 자신의 고유한 신들을 만드는 것이다. 이 백성 이스라엘은 처음부터, 그 다음에 매 걸음마다 징책당하는, 억압된, 고난당하는, 타락한 백성이며—현실적으로 죽어가고 몰락하는 백성이다. 바로 그러한 백성과, 바로 그러한 조건 아래서, 야웨-엘로힘은 그와 계약을 맺으셨다. 바로 그 백성 위에도 의심의 여지없이 처음부터 끝까지, 매 걸음마다, 그분의 은혜가 지배한다. 바로 그러한 백성을 그분은 사랑하시며, 바로 그 백성에게 살라고 명령하신다. 그분은 다음을 행하심으로써, 그렇게 사랑 및 명령하신다: 그분은 이스라엘을 언제나 새롭게 죽이시며, 최종적으로 그것의 역사적 정치적 총체성 안에서 몰락으로 이끄시며, 그리고 또한 그것의 모든 은혜의 예시들, 또한 광야의 구원들, 땅 정복, 또한 다윗과 솔로몬의 왕국들도 다만 그러한 죽음의 도상의 통과에 불과하게 만드시며, 그 길의 종말에 하나님의 종은 이사야 53장에서 묘사되는 것처럼 그렇게 서시며, 그 길의 종말에 그 좋은 땅은 이방인들에게 속하며, 그 길의 최후의 종말에는 그곳으로의 귀향이 다만 약속의 근심스런 그림자일 뿐이며, 그 약속을 갱신하는 데에 예언자들은 물론 모든 재앙의 예언 안에서 결코 지치지 않았다. 어떤 한도에서 이러한 반대의 상이 저 원형의 상(Vorbild)의 현실성(Realität)으로 이해될 수 있는가? 만일 그것이 현실(Wirklichkeit)이었다면, 만일 현실적인 낙원은, 현실적으로, 역사적으로 성취된 계약을 명백하게도 그렇게도 다르게 진행되었다면, 어떤 한도에서 저곳은, 창세기 2장 및 그것에 상응하는 구원의 예언들은 꿈을 꾸었다고 말할 수 없는가? 어떻게 에스겔은 저 낙원의 강의 말씀을, 성전 문지방으로부터 시작되는, 점점 더 깊어지는, 마침내 사해 바다의 물을 살아 있게 만드는 강물의 흐름의 묘사 안에서 갱신하기를 감행할 수 있었는가? 어떻게 잠언서는 하필이면 생명나무에 관하여, 마치 그것이 이전과 마찬가지로 도달될 수 있는 현실성(Wirklichkeit)인 것처럼, 그렇게 말하기를 감행할 수 있었는가? 그 모든 것은 어디에 있었는가? 팔레스틴 및 디아스포라의 유대교는 무엇인가? 그 유대교 자체는 무엇이었으며, 우리가 창세기 2장에서 눈앞에 기대하였던 역사의 목적 및 종말에서의 세계에 대해서 그 유대교는 무엇을 뜻하는가? 이것이 창세기 2장과 3장 사이의 그리고 창세기 2장과 그 밖의 성서 전체 사이의 관계에 놓인 긴장들 및 난제들(Aporien)이다; 이 난제를 구약성서 전체를 바라보면서 제거하려고 한다면, 그때 우리는 창세기 2장의 현실성(Realität)에 대한 질문을 제기하기를 전적으로 포기하거나 혹은 어떤 대담한, 그러나 현실적으로 결코 성취되지 못한 희망의 표현으로 다른 말로 하자면 어떤 장엄한 환상의 문서로 이해해야만 할 것이다. 우리는 그때, 어떻게 그러한 형식의 환상이 형성될 수 있었으며, 명백하게도 그렇게도 날카롭게 주장될 수 있었는지를 증명해야 하는 부담을 짊어져야 할 것이다. 여기서 주어질 수 있는 다른 대답은 그리스도교적인 대답이다. 또한 그 대답도, 달리 어찌할 수 없기 때문에, 다음에서 시작한다: 낙원 이야기(Geschichte)의 의미 및 현실성(Realität)은 이스라엘의 역사(Geschichte) 안에서 찾아져야 한다. 그러나 바로 이스라엘의 역사는 낙원 이야기를 사체 안에 폐쇄된 현실성이 아니라, 오히려 그것의 고유한 증거로서 처음부터 앞으로 열려진, 그것의 저편의 목적을 향하는, 그래서 자기 자신을 넘어선 곳을 가리키는 현실성(Wirklichkeit)으로 이해한다. 낙원 이야기가 예고하는 것은 이스라엘의 역사 안에서 물론 형태를 획득하지만, 그러나 그것은 다만 **잠정적인** 형태일 뿐이다. 이스라엘 역사는 말하자면 낙원 이야기 안에서 예고된 하나님과 인간 사이의 계약의 문제를 펼친다. 이스라엘의 역사는 어떻게 하나님께서, 낙원 이야기에 상응하면서, 인간을 실제로 수용하시는지, 어떻게 하나님께서 실제로 인간과 연합을 이루기를 원하시는지를 제시한다. 이스라엘의 역사는 그러나 또한 한 균열을 제시하며, 그것의 극복이 그곳에서 문제가 된다. 그 역사는 선하심의 전적인 영광 안에 계신 하나님과 죄, 곤경, 수치 안에 있는 인간을 제시한다. 그 역사는 어떻게 하나님께서 자신의 계약의 의지를 모든 신실하심 안에서 그것의 실현을 향하여 인도하시는지를 제시한다. 이스라엘 역사는 또한, 어떻게 그러한 실현이 다만 하나님의 파악될 수 없는 긍휼의 사역이며, 어떻게 그 실현이 오직 인간과 세계의 멸망 및 갱신을 통과하여 사건으로 발생할 수 있는지를 제시한다: 그 멸망 그리고 그 갱신은 인간이 볼 때에는 이해될 수가 없다; 그것 안에서 하나님 자신이 최종적으로 인간을 수용할 뿐만 아니라, 오히려 스스로 인간을 위하여 등장하시며, 계약을 마침내 하나님 자신의 고유한 인격 안에서 실현되도록 하셔야 하며, 바로 그렇게 하여 의의 인식(이것 안에서 그분은 만물의 창조자이시다.)이 궁극적으로 유효하게 된다. 이스라엘의 역사는, 인간과 세계가 어떻게 이 목적으로 **인도되는가**를 제시한다. 그러나 이스라엘의 역사는 어떻게 그 목적에 도달되는지를, 체결된 계약이 어떻게 완전하게 실현되고 성취되는지는 아직 제시하지 못한다. 그렇기 때문에 이스라엘 역사는 하나님의 은혜 및 인간의 죄에 대하여, 생명과 죽음, 복음과 율법, 선택과 저주 등에 대하여 말하기는 하지만—그러나 그 모든 것을 다만 대립적으로, 다만 모순적으로 말하며, 그래서 우리는, 언제나 앞을 지시하는 노선을 그 모든 것 안에서 못 보거나 혹은 시야에서 놓친다면, 전체의 통일성 및 현실성(Realität)을 의심할 수밖에 없게 되며, 그래서 이스라엘 역사의 낙원 이야기의 원형(Vorbild)과의 일치도 볼 수 없게 될 것이다. 그리고 우리는 최종적으로 말해야 할 것이다: 이미 낙원 이야기 자체가, 그것이 그것의 입장에서 이스라엘의 역사의 반영(Reflex)이기 때문에 (만일 우리가 양자의 통일성과 변증법을 **단 하나**의 지점을, 즉 하나님의 인간과의 계약이 완성되고 성취되는, 두 나무들이 하나의 유일한 나무가 되는 그 지점을 바라보면서 읽지 않는다면) 낙원 이야기는 두 나무의 병렬로써 그 통일성을 다만 모호하게 하고, 다만 어떤 변증법 안에만 드러내게 될 것이다. 바로 그 지점은 이스라엘의 역사의 **저편에**, 그리고 그 역사의 문서들로서의 구약성서의 **저편에** 놓여 있다. 그 지점이 여기서 볼 수 있게 된다면, 다음이 말해질 수 있고 또 말해져야 한다: 창조 사가는 그때 환상 안에서 고안된 것이 아니며, 구약성서가 문서화한 이스라엘 역사도 그때 어떤 모순의 역사 이상이다; 만일 그 역사가 실제로, 객관적으로 신약성서의 기자들과 사도들에 의하여 선포된 유대교적 메시아 나사렛 예수의 인격 안에서, 그분의 죽음 및 그분의 부활 안에서, 시초부터 의도했던 자신의 목적을 발견하였다면, 만일 하나님께서 그 인격이 되시고 그 인격으로 존재하시는 것을 기뻐하셨다면, 그리고 그 인격 안에서 인간의 소멸과 갱신(구약성서 전체는 이것 전체에 관하여 명확하지만, 그러나 괴리된 증거를 하였다.)을 스스로 진리로 만드시고, 그렇게 하여 그분의 창조 사역의 의의 인식을 유효하게 규정하시는 것을 기뻐하셨다면, 그러하다. 만일 그것이 참이라면, 즉 낙원 이야기를 그리스도교적으로 읽는 것이 적법하다면, 그때 낙원 이야기는 및 그것과 함께 그 안에서 원형이 형성된 이스라엘의 역사는 현실성(Realität)을 말한 셈이 된다: 즉 한 장소의 땅이 좋은 지역(땅)이었으며, 하나님에 의하여 창조된 인간이 바로 그 하나님에 의하여 참으로 안식에 놓이게 되었으며, 그곳에서 강이 발원하였고, 충분히 강력하여서 세계 전체를 두루 흐르고 결실을 맺도록 했으며, 그곳에서 복음과 율법이, 하나님을 통한 삶의 칭의와 성화가 하나님께는 하나이며, 죄악의, 죽는, 타락한 인간이 남김없이 사랑을 받는, 축복을 받는, 영화롭게 되는 인간과 동일한 한 인간임을 말한 셈이 된다. 그때 낙원 이야기와 이스라엘 역사는 하나님과 인간 사이의 완성된 현실적 연합에 대하여 말한 셈이 된다. 한편으로 창세기 2장의 낙원의 상과 다른 한편으로 예수 그리스도의 형태 및 사역 사이에는 완전한, 자유로운, 본래적인 일치가 놓여 있다; 이 일치는 창세기 2장 및 창세기 3장 사이에는, 그리고 창세기 2장 및 이스라엘 역사 사이에서는 물론 그렇게 보이지는 **않는다**. 그 일치의 빛 안에서 그 다음에는 창세기 2장과 3장의 일치 그리고 창세기 2장과 이스라엘의 역사와의 일치는 더 이상 그렇게 혼탁하게, 모순적 및 비본래적으로 나타나지 않는다; 물론 전자의 일치가 아니라면, 그러했을 것이다. 이미 이스라엘의 역사가 예수 그리스도 안에서 가시화된 현실성(Realität)에 완전하게 참여했다는 것도, 복음서 기자들과 사도들이 지치지 않고 기억했던 것처럼, 그때에 또한 가시화된다. 이곳으로부터 우리는 그때에 더 이상 헛되지 않게 이스라엘적 협소함으로부터 인문학적 넓음을, 특수한 것으로부터 일반적인 것을 내다볼 수 있으며, 더 이상 헛되지 않게 창세기 2장이 그렇게도 수수께끼와 같이 통고했던 일반적 인간학을 질문할 수 있다. 이것이 여기서 보고되어야 하는 그리스도교적 대답이다. 사람들이 이 대답을 수용하든지 않든지 간에, 그 대답은 어쨌든 저 긴장들 및 난제들을 능가한다는 장점을 갖는다. 다음은 자명하다: 우리는 그리스도교적 교회의 지반 위에서는 그 대답을 수용하거나 혹은 거부할 선택권을 갖고 있지 않다.

창세기 2:8-17의 문학적 통일성은 공격을 받았다. 우리는 두 나무 대신에 오직 하나만, 말하자면 앎의 나무만 언급이 되었다고 하는 어떤 더 이른 형태의 사가를 고려해야 하는가? 이미 9절에서 두 나무의 지역적 관계는 어느 정도 불분명하게 서술되었으며, 그리고 3:3에서 앎의 나무가 "동산 한 가운데 있는 (*한 특정한; der) 나무"로 등장한다. 그러나 다음이 질문되어야 한다: 만일 우리가 그러한 불명확성들을 지나치게 곤란하다고 생각하여 문서 자체를 나누려는 자극을 받게 된다면, 그것은 그러한 종류의 본문에 지나친 정확성을 요청하는 셈이 되지 않는가? 그리고 다음도 질문될 수 있다: 3장에서 "생명의 나무"를(3:22에서 이제 대단히 중요하게 다시 언급될 때까지) 사실상 둘러싸는 침묵은 근원적으로 중요한 의도에 근거하지 않는가?: 이미 뱀과의 저 대화가 시작되는 그 순간에, 생명의 나무는 말하자면 보이지 않게 되었다; 저 첫째 나무의 면전에서는 둘째 나무에 대한 그러한 대화는 이루어질 수 없었을 것이다. 만일 우리가 어떤 후대의 편집을 고려하려고 한다면, 그 안에서 첫째의—그리고 2:9에 따르면 명확하게도 바로 그것이 동산 중앙의 한 특정한(der) 나무이다.—나무가 추가되었다고 한다면, 그때에도 우리는 어쨌든 다음을 인정해야 한다: 지금 현존하는 직관의 풍부함 및 깊이 전체는 결정적으로는 바로 그러한 추가에 힘입어 가능해졌다. 10-14절의 에덴에서 시작하는 강의 서술에 있어서도 사태는 비슷하다. 사람들은 흔히 이 서술도 추정된 혹은 소원된 상의 (*어떤 이상적) 통일성에 비추어 후대의 추가라고 특징짓곤 했다: 즉 낙원의 지리적 장소가 본문이 우선 행하였던 것보다 더욱 정확하게 묘사되었어야 했다는 것이다.(Zimmerli) 그러나 바로 이 의도는 이제 그 구절에 실제로 대단히 적게 도움이 된다. 만일 여기서 추가하려는 의도가 있었다면, 그때 그것은 다만 낙원을 물이 풍부한 축복받은 장소로 그리고 동시에 세상의 모든 강들의 원천적 장소로 지칭하려는 것일 뿐이다. 그리고 낙원이 그러한 특성 없이 정말로 낙원일 수 있었을지, 바로 그 특성은 필연적으로 그 서술에 속했던 것은 아닌지가 질문될 수 있다. 몇 가지의 다른 자칭의 혹은 현실적인 '균형상실'은 고려되어야 할 것이다. 사가가 그것의 그림을 여러 요소들로부터 조합했다는 것은 물론 사가의 본질에 속한다; 그러므로 저 추측들에게는 어떤 엄격한 반대 주장도 마주 대립될 수가 없다. 그러나 그럼에도 불구하고 마찬가지로 많은 근거가 다음의 확정에 대하여 존재한다: 본문은 한때 [근원적으로 혹은 그 이후에] 어떤 그 배후에 놓인 원형식 안에서만이 아니라, 바로 지금 현존하는 그 형식 안에서 좋은 맥락의 의미를 가져야 했으며, 그래서 그 의미를 질문하는 것은 허용될 뿐만 아니라 또한 요청된다.

"야웨는 한 공원을 조성하셨다."(Gunkel) 8절을 이렇게 재현하는 것은 틀리지는 않지만 그러나 너무도 정확하게 페르시아적 어원인 παράδεισος(파라다이스)를 바라보고 있으며, 그래서 어느 정도 잘못 인도한다; 본문이 눈앞에 두고 있는 것은 15절에 따르면 단순히 여가와 사치의 장소가 아니라, 오히려—물론 영광스러운—노동의 장소라는 점에서 그러하다. 본문의 결정적인 규정은 그 낙원이 하나님에 의하여 조성되었고, 하나님께 속한다는 데, 그래서 인간에게 맡겨졌다(zugewiesen)는 데에 놓여 있다. 이러한 의미에서 창세기 13:10은 요단 온 들판을 그것의 물의 넉넉함 때문에, 그리고 이사야 51:3은 미래의 시온을 "야웨의 동산(정원)"으로서 에덴과 비교하며, 그것은 에스겔 28:13, 31:8에서는 "하나님(엘로힘)의 동산"이라고 말해진다. "에덴"(희열)이라는 단어가 그 동산이 놓인 지역인지 혹은 그 동산 자체인지 하는 것은 더 이상 결말이 나지 않으며, 어떤 지리적으로 유용한 진술도 그 이름으로써는 전혀 의도되지 않았던 것으로 보인다. 그 장소는 이사야 51:3 및 에스겔 36:35에서는 "에덴" 혹은 "에덴 동산"이라고 지칭되며, 창세기 4:16은 가인에 대하여—지리적으로는 아마도 마찬가지로 조명한다기보다는 더욱 모호하게 만들면서—그가 북쪽 지역에, "에덴의 동쪽"에 거주했다고 말한다. 8절에 따르면 에덴 자체가 "동쪽"에 놓여 있었다. 이것으로써 에덴을 북쪽 메소포타미아 산지에 위치시키려는 모든 노력들은 끝나게 되지 않는가? 에스겔 28:13f.는 에덴을 흔히 북쪽에서 찾아졌던 "하나님의 거룩한 산"의 상상과 가까이 관계시킨다는 것이 언급될 수는 있다. 그러나 여기서 말해지는 동쪽은 전혀 북방이 아니며, 그리고 네 개의 지류를 갖는 하나의 강을 메소포타미아의 두 강으로 만드는 것도 제대로 행하여질 수가 없다. 이 사가가 그러한 진술로써 팔레스틴으로부터 멀리 떨어진 알려지지 않은 광야의 먼 곳을, 해가 떠오르는 지역을 가리켰다는 것을 수용하는 것이 충분하지 않은가?—그리고 그 진술이 [또한 저 강에 대한 진술과 함께] 낙원의 위치를 물론 땅 위의 장소로 지칭하긴 했지만, 그러나 동시에 그 장소를 **찾아내는 것은 불가능**하다고 말하려고 하지 않았는가? 낙원의—나무들, 샘, 인간의 거주지로서의 장소 등의—모든 묘사들은 명백하게도 한 **오아시스**의 서술이다: 그러한 것을 하나님께서 조성하셨으며, 인간을 그러한 곳으로 옮기셨다. 그 장소에서의 인간의 근원적인 거주에 대한 유일한 전적으로 명확한 성서적 평행 구절로서 다시 한 번 에스겔 28:11-19이 인용될 수 있다: 그곳에서 대단히 특징적으로 하필이면 두로 왕이 꾸짖음을 당한다; 그는 원래 큰 사치 속에서, 지키는 그룹들 곁에서 불타는 돌들 사이를 드나들며 그곳에 거주하였고, "창조된 날부터 모든 행실이 완전하였다." — 그런데 마침내 그에게서 죄악이 드러났으며, 자기 미모를 자랑하다가 마음이 교만하여졌고, 자기 영화를 자랑하다가 지혜가 흐려졌으며, 그래서 땅바닥에 쓰러지는 것과 멸망이 필연적이게 되었다. 이 구절은 명백하게도 비유적(bildliche) 특성을 갖는다: 첫 사람에게 일어났던 일이, 두로 왕에게 일어나고 있다. 창세기 2:8f.가 그러한 비유로써 이방인 왕조의 근원 및 운명에 작용하는 것이 가능하였다는 사실성은 (우리가 창세기 사가에 귀속시켰던 그리고 그 사가의 본래 의도 안에 틀림없이 놓여 있었던) 보편적 의미를 옹호해 준다. 그 사가는 하나님께서 창조하신 인간을, "인류"(Menschheit) 그 자체를, 하나님의 철두철미 직접적인, 특수한 영역 안에 위치시킨다. 그 사가는 말한다: 바로 그러한 하나님의 특수한 영역이 인간의 최초의 근원적 장소였다. 그 사가는 인간의 타락을 그의 그러한 근원적 장소의 법규의 위반으로, 그리고 인간의 비참을 그 장소의 영광으로부터의 추방으로 특징짓는다. 물론 사가는 그것과 함께 다음도 말한다: 바로 그 특별한 장소가 하나님께서 인간을 만드신 최종적 목적이 될 것이다.

우리는 이미 다음에 중점을 두었다: 우리는 9절이 제시하는 낙원의 나무들의 화려함을 15절의 인간의 사명에 대한 서술: 즉 그가 정원을 "경작하고 지켜야 한다."는 것과 결합시켜야 한다. 이에 대한 반박은, 오직 사람들이 사가가 사가로서 제공할 수도 없었고, 하려고 하지도 않았던 어떤 실용주의(Pragmatik)를 사가에게 요구할 때에만, 발견될 수 있다. 땅에 대한 "봉사"로 하나님께서는 인간을 5절에 따르면 창조하셨다. 이 규정은 하나님께서 인간을 하나님의 정원 안에 위치시키는 것에 의하여 철회되지 않는다; 오히려 확증을 발견할 뿐이다. 인간이 그곳으로 옮겨진다는 것은 모슬렘의 저 세상 기대와 같은 바보들의 천국(Narrenparadies) 안에 놓이는 것을 뜻하지 않는다. 인간은 그곳에서 "안식에 들어간다." 이것은 그러나 인간이 그곳에서 일해야 한다는 사실을 배제하지 않는다. 완전한 기쁨 및 노동은 바로 사가의 **근본** 통찰 안에서 아직은 서로 분리되지 않았다; 땅이 저주를 받고, 가시덤불과 엉겅퀴를 내며, 인간이 수고로써 일해야 하는 것은 낙원에서 추방된 삶에 비로소 속한다. (3:17f.) 저 "경작"의 실천적 필연성에 대하여, 그리고 원수들과 위험들(이들로부터 방어하기 위하여 인간은 하나님의 정원을 "지켜야" 한다.)에 대하여 질문하는 것은 무익한 일이다; 이것은 이 정원의 지리적 위치를 질문하는 것이 무익한 것과 마찬가지이다. 생산 계급과 군인 계급은 여기서 그것의 자체 안에 목적과 가치를 가지며, 그래서 어떤 외적 규정성이 아니다: 경작자 및 군사가 되는 것은 모든 유용성과 필연성을 도외시한다면, 그 자체로는 좋은 일이다. 우리가 낙원 밖에서는 이해할 수 없는 것을 철두철미 이해하지 않으려고 함으로써 겸허히 만족한다면, 그때 우리는 틀림없이 낙원을 이제 어떤 희열에 찬 자들의 섬과 같은 어떤 것으로 만드는 것을 틀림없이 포기하게 될 것이며, 또 15절의 인간의 활동성을 어떤 근원적으로 다른 맥락으로부터 온 낯선 부분[말라버린 가지; Zimmerli]이라고 보는 의혹도 포기하게 될 것이다.

10절의 이해를 위하여 델리취(Delitzsch)는 올바로 지적하였다: "한 강이 흘러나와서…"(칠십인역과 또 취리히 성서)의 빈역은 잘못되었으며, 불가타의 egrediebatur(흘러나왔다; 발원하였다)가 맞다. 그 강은 흘러**나왔다**. 여기서 문제가 되는 것은 유일회적 기적적인 한 사건의 지칭이다; 이 사건은 어떤 강의 지속적인 "흘러나옴"의 지리적 개념과는 동일한 선상에 서 있지 않다. 여기서 — 우리는 창조사의 한가운데에 위치해 있다. — 근원을 취하는 그것은 한 특정한 강이며, 땅을 결실 맺게 만드는 바로 그 물이다. 오아시스의 현실성에는 바로 그곳에 한 **원천**이 있다는 것이 필연적으로 속한다. 바로 여기서 특정한 오아시스의 특정한 원천에 관계된다. 낙원에서 발원하는 그 강이 낙원 밖에서 네 지류로 나누어진다는 것, 그것의 이름이 언급되며, 부분적으로는 그것들을 "둘러싼" 특정한 지역들을 통하여 알려질 수 있다는 것 등은 지리적으로도, 수리(水理)학적으로도 구체화 될 수 없다. 그것에 의하여, 그것으로부터, 낙원은 사실상 확정되지 않는다. 사람들이 어떤 발원지역에 관하여 혹은 삼각주 지역에 관하여 말한다면, 그것은 사가의 의도에 틀림없이 적중하지 않는다. 본문은 기적과도 같이 네 방향으로 그리고 세계의 네 지역으로 직각으로 나누어지는 강을 말한다. 이러한 체계가 이미 그것을 어떤 지도에서 찾으려고 하는 것에 대하여 경고하지 않는가? 언급된 이름들 중에서 14절에서 티그리스와 유프라테스가 알려져 있다; 그러나 바로 그 이름은 본문에 따르면 그래야만 하는 공통의 근원을 가진 강들이 아니다. 그리고 이제 여기서 두 개의 다른, 동일한 원천으로 소급되는 강들이 추가된다. 그리고 11-13절에서 언급되는 비손(샘솟는 것) 및 기혼(뿜어나오는 것) 그리고 하윌라와 구스의 이름은 그곳에서 발견된다는 몇 가지 보석들의 언급과 함께 전부가 불분명하다. 우리는 이 구절들에 풍부하게 사용된 노력들에 대하여 다만 다음을 보고할 수 있다: 모든 가능한 문헌학적인 및 지리학적인 가능성들[아랍으로부터 나일에, 인도의 갠지스 강에 이르기까지!] 및 조합들이 고려되어 왔지만, 그러나 지금까지 누구도, 이 본문의 알려지지 않은 규모를 설득력 있게 확인하는 데에, 그리고 그 규모를 본문의 저 알려진 내용과 함께 결합하여 만족할 만한 상을 구성하는 데에, 성공하지 못하였다. 그것이 성공하기 이전에 다음이: 여기서 묘사된 지형은 알려진 및 알려지지 않는 요소들로써 바로 전형적으로 혼합된 **환상**의 지형(Phantasielandschaft)으로 여기는 것이 현실적으로 가장 가까이 놓인 대답일 것이다. 이와 다른 어떤 대답은 또한 내적인 이유로부터도 낙원에 대하여 관찰될 수가 없다. 사가가 관심을 가졌던 것은 모든 네 세계지역들의 강들의 원천으로서의 에덴 정원 자체 안의 물의 풍부함 및 그것의 중심적 중요성이었다. 사가는 네 강을 "뒤로 가리키는 손가락 지시와 같이 잃어버린 낙원을 더 이상 존재하지 않는 낙원의 강의 흩어진 지류로"(Delitzsch) 언급하고 서술한다. 사가는 말한다: 모든 물 및 모든 결실 가능성이, 또한 땅의 모든 아름다운 적심이 하나님의 창조의 기적을 통하여 바로 이 특별한, 나중에 모든 피조물에게 알려지지 않고 도달될 수 없게 된 장소에서 발원하는 원천 안에 그것의 근원을 갖는다. 그리고 다음이 바로 그 구절들의 고유한 특성이다: 사가는—5f.에서 땅에 근원적으로 결여된, 그 다음에 선사된 습기에 대하여 말해진 것과 함께—**물**에 대한 고유하게 특징적인 구상개념(Konzeption)을 문서화한다; 이 구상개념은 이 둘째 창조 사가에 대하여, 그러나 또한 다른 성서적 맥락들 전체에 대해서도 특징적이다. 물은 첫째 창조 사가 안에서는, 그리고 그것에 상응하는 방향을 취하는 성서적 직관 전체에 대하여, 위험한, 하나님에 의하여 속박되고 제어된 (카오스와 죽음의) 요소이다. 물은 여기서는 (*둘째 창조 사가에서는)—이에 상응하는 다른 성서적 직관의 노선에서도—땅과 인간에게 필요한, 그리고 하나님께서 선하심 안에서 그들에게 수여한 **생명의** 요소, 축복의 총괄개념이며, 우주 안의 인간은 그것을 희망하며, 하나님의 은혜로 우신 권세를 통하여 실제로 그에게 선사된다. 이에 대하여 우리는 예를 들어 신명기 11:10f.의 희망을 읽는다: "당신들이 건너가서 차지할 땅에는 산과 골짜기가 많아서, 하늘에서 내린 빗물로 밭에 물을 댑니다. 주 당신들의 하나님이 몸소 돌보시는 땅이고, 주 당신들의 하나님의 눈길이 해마다 정초부터 섣달 그믐날까지 늘 보살펴 주시는 땅입니다. 당신들이, 오늘 내가 당신들에게 명하는 그의 명령들을 착실히 듣고 주 당신들의 하나님을 사랑하며, 온 마음과 정성을 다하여 주님을 섬기면, 주님께서 당신들 땅에 가을비와 봄비를 철 따라 내려주셔서, 당신들이 곡식과 포도주와 기름을 거두게 하실 것이며, 들에는 당신들의 가축이 먹을 풀을 자라게 하여 주실 것이며, 그리하여 당신들은 배불리 먹고 살 것입니다." 그리고 우리는 시편 65:10f.에서 읽는다: "주님께서 땅을 돌보시어, 땅에 물을 대주시고, 큰 풍년이 들게 해주십니다. 하나님께서 손수 놓으신 물길에, 물을 가득 채우시고, 오곡을 마련해 주시니, 이것은 주님께서 이 땅에다 그렇게 준비해 주신 것입니다. 주님께서 또 밭이랑에 물을 넉넉히 대시고, 이랑 끝을 마무르시며, 밭을 단비로 적시며, 움 돋는 새싹에 복을 내려 주십니다." 메마른 땅의 우물, [예를 들어 창 26:18f.의 이삭의 종에 의한] 우물 파기, [예를 들어 창 24:11f.에서의 엘리에셀과 리브가의] 우물가에서의 만남들 등이 족장 이야기의 가장 중요한 부속품들이다; 모세가 광야의 바위에서 물을 솟아나게 하였다는 것(출 17:2f.)도 광야를 통한 은혜의 기적의 행렬의 첫째인 것으로 보인다. 우리는 삿 15:19에서 어떻게 하나님께서 목마른 삼손을 위하여 가까이 있는 "한 우묵한 곳"을 터지게 하셨는지를 읽는다; "거기에서 물이 솟아나게 나왔고, 삼손이 그 물을 마시자, 제정신이 들어 기운을 차렸다." 아모스 5:24의 예언자적 요청이 공연히 다음 형식을 취하는 것이 아니다: "공의가 물처럼 흐르게 하고, 정의가 마르지 않는 강처럼 흐르게 하여라." 이사야 8:5f.의 구절은 특별히 흥미롭다; 왜냐하면 그곳에서 야웨의 약속하신 및 야웨로부터 기대되는 도우심의 총괄개념으로서의 "고요히 흐르는 실로아 물"이 위험하게 솟구쳐 유다를 위협하는 유프라테스의 "세차게 넘치는 물"과, 다시 말하여 앗수르의 공격과 직접적으로 마주 대비되기 때문이다: 거룩한 및 구원하는 물이 파멸적인 물과 대비된다. 샘들, 시내들, 강들 등이 솟고 흐르는 것은, 넘치는 것은 이사야서의 더 후기의 부분들에서도 (예를 들어 사 12:3, 30:25, 35:6, 43:19, 44:3, 49:10, 58:11) 언제나 새롭게 사용되면서 구원의 예언의 한 특정한 요소가 된다. 이스라엘의 하나님은, 특별히 엘리아 이야기에서 대단히 극적으로 볼 수 있듯이, 땅과 인간에게 비를 내리는 하나님이시다. 이에 대하여 예레미야 14:22와 함께 질문될 수 있다: "이방 사람이 섬기는 허황된 우상들 가운데 비를 내리는 신이 있습니까? 하늘인들 스스로 소나기를 내려줄 수가 있습니까? 주 우리의 하나님, 그런 분은 바로 주님이 아니십니까? 그러므로 우리는 오직 주님께만 희망을 걸고 있습니다." 그렇기 때문에 예레미야 17:7f.는(또 시 1:3 등은) 주님을 신뢰하며, 주님을 바라는 한 사람에 대하여 말한다: "그러나 주님을 믿고 의지하는 사람은 복을 받을 것이다. 그는 물가에 심은 나무와 같아서 뿌리를 개울가로 뻗으니, 잎이 언제나 푸르므로, 무더위가 닥쳐와도 걱정이 없고, 가뭄이 상해도, 걱정이 없다. 그 나무는 언제나 열매를 맺는다." 그래서 시편 23:2는 주님이 목자이신 사람을 말한다: "나를 푸른 풀밭에 누이시며, 쉴 만한 물가로 인도하신다." 그리고 이 모든 것은 예수께서 다음과 같이 지칭될 때, 신약성서 안으로 수용된다: 그분은 살아 있는 물을 마시게 하시며(요 4:10f.), 더 나아가 그분은 그분을 믿는 자에게 그분의 배로부터 생수가 강같이 흐를 것을 약속하시며(요 7:38), 그 강은 완성된 나라 안에서도 그치지 않을 것이며, 그분의 사람들을(계 7:17) 생명수의 근원으로 인도하게 될 것이다. 성서의 마지막 장들에서도 대단히 감명깊게 반복된다: "목마른 사람들에게 내가 생명수 샘물을 거저 마시게 하겠다."(계 21:17) "성령과 신부가 '오십시오!' 하고 말씀하십니다. 이 말을 듣는 사람도 또한 '오십시오!' 하고 외치십시오. 목이 마른 사람도 오십시오. 생명의 물을 원하는 사람은 거저 받으십시오."(계 22:17) 그리고 노아가 건져냄을 받았던 저 큰 홍수는 이제(벧전 3:20f.) 예수 그리스도의 죽음의 살리는 능력 안으로의 인간의 거룩한 편입으로서의 구원하는 세례의 물(롬 6:4)이 되었다. 성서의 마지막의 본문들 및 성서의 처음의 우리의 본문은 다음에서 특별히 일치한다: 본문들은 그 생명과 축복을 가져오는 물이 유일무이한 특정한 한 장소에서 시작된다고 강조하며, 그곳으로부터 모든 방향으로 나누어진다고 말한다. 하늘의 예루살렘 안에 펼쳐진 하나님과 어린양의 보좌로부터 요한계시록 22:1에 따르면 생명수의 강이 수정과도 같이 맑게 시작된다. 바로 예루살렘 안에서 발원하는 및 그곳에서 흐르기 시작하는 강을 우리는 이미 요엘 3:18, 스가랴 14:8, 시편 46:5에서, 또 무엇보다도 에스겔 47:1-12의 큰 비전에서 읽을 수 있다; 에스겔에서는 성전의 문지방이 큰물의 원천으로 서술되며, 그 물은 우선 성전 자체를 모든 방향으로 흘러 가득 채우며, 그 다음에는 동족으로 향하여, 수천 길의 깊이로 점점 깊어지며, 그 강이 계속 흘러가는 양쪽의 둑에는 나무들이 먹을 수 있는 열매들을 맺으며, 그 잎새들은 마르지 않으며, 그 열매들 모두는 시들지 않으며, [왜냐하면 그 물은 성전으로부터 솟아나서 흘러오는 물이기 때문에] 마침내 그 물은 사해에 도달하며, 사해 바다를 깨끗하게 만들며, 그래서 사해 안에는 물고기가 우글거리며, 그래서 사람들은 엔게디부터 에네글라임에 이르기까지 어디서나 그물을 던질 것이다. 우리는 여기서 — 이 예언을 지칭하는 고유하게 특징적인 변화 안에서 — 창세기 2:10f.에 대한 가장 정확한 병행구절에 관계한다. 이러한 성서적 맥락 안에서 우리가 우리의 본문이 서술하는 의미를 수리(水理)학적으로 찾는다는 것은 전혀 불가능하며, 또 지리적으로 전혀 규정될 수 없는 강의 체계를 찾는다는 것도 마찬가지로 불가능하다. 본문은 하나님께서 택하시고 세우신 이 세상적 성전에 관하여 말하며, 그 성전으로부터 시작하여 땅 전체를 축복하고, 열매 맺게 하고, 그것의 갈증을 해소하고, 그것의 손상을 치료하고, 피조물 전체를 신선하게 하고 새롭게 하는 생명의 강에 대하여 말한다. 그 물은 이 둘째 사가 안에서는 모든 것을 황폐화시키는 (물의) 카오스 요소로부터 생성되었다. 다음 사실에 대하여 여기에 표징과 증거가 있다: 그것은 하나님에 의하여 속박되고 제어된 물이 아니며, 오히려 하나님께서 불러내신 물이며, 증발되어야 하는 원수가 아니며, 오히려 인간의 가장 친밀한 친구이며, 파멸이 아니라 구원이며, 죽음이 아니라 생명의 원칙이다. 이 사가가 (*첫째 사가와는) 다른 문서적 근원을 갖는다는 사실이 이러한 관점의 전환을 (*어느 정도) 설명할 수 있다고 해도, 그래도 바른 설명은 오직 다음에 놓여 있다: 이 사가는, 첫째와는 달리, 이미 창조의 내적 근거를 계약의 역사 안에서 보고 있다; 계약의 의도는 유지만이 아니며, 오히려 인간과 우주의 변화이며, 그것들의 모든 권세와 직무들에 대한 하나님의 통치이다: 그 역사의 목표에서 생명은 죽음을 그것의 가장 심각한 위험성 안에서 삼키며, 그곳에서 죽음 자체가, 그것의 위험성에도 불구하고, 생명이 될 것이다. 첫째 사가의 관찰방식 그리고 그것에 상응하는 성서적 직관의 다른 노선은 그러므로 틀린 것으로 정죄되는 것이 아니라, 오히려 전자를 능가하는 더 큰 진리의 맥락 안에 놓인다. 하나님께서 인간과 세계를 유지하고 보호하기를 원하신다는 것은 물론 참이다. 그러나 둘째 사가는 하나님께서 그것들을 보호하시는 목적이 무엇인지를, 그 보존으로써 계획하시는 것이 무엇인지를 내다본다. 창조의 실존이 그것의 경계선으로부터 위협을 당한다는 것도 또한 참이다. 그러나 둘째 사가는 또한 그 위협도 하나님으로부터 오며, 그러한 한도에서 무한한 약속으로 가득 차 있음을 내다본다. 또 인간이 죽어야 한다는 것도 참이다. 그러나 둘째 사가는 하나님의 진노의 사역으로서의 인간의 죽음이 그것의 끔찍함의 본래적 및 최종적 깊이 안에서 처음으로 하나님의 은혜임을 내다본다. 또 물이 만물의 종말의 표징이라는 것도 참이다. 그러나 둘째 사가는 만물의 종말의 저 건너편에서 바로 저 종말의 표징 안에 있는 바로 이 시작의 표징을 내다본다. **또한** 다음도 참이다: 예수 그리스도께서 바다의 폭풍을 잠잠케 하시며, 그 파도 위를 걸으시며, 그분의 사도를 같은 파도 위로 뒤따르게 하신다; 또 바다가 최종적으로 수정과 같은 바다가 되며, 그러한 한도에서 위험하지 않으며, 옛 바다도 전혀 없게 될 것이라는 것도 참이다. 그러니 둘째 사가는 예수 그리스도께서 새로운 생명수를 창조하시고, 모든 목마른 자들에게 마시게 하시고, 그들 자신을 그러한 물의 원천으로 만드실 것임을 내다본다. 이와 같이 둘째 사가는 이 문제의 중심에서 첫째 사가의 표현을 포괄하고 포함한다. 이와 같이 둘째 사가는 이 문제에 있어서 더 **넓은** 지평을 갖는다; 그렇지 않았더라면 그것의 지평은 첫째의 것보다 훨씬 좁았을 것이다. 둘째 사가는 우주론적으로 특수한 것(pratikular)을 종말론적 보편적으로 말할 수 있으며, 그것의 고유한 협소함 및 가까움으로부터 이제 제대로 최종적 높이 및 거리를 내다보며, 그렇기 때문에 물의 표징에 관련하여 이 큰 관점의 변경 안으로 자명하게 입장할 수 있었다. 우리가 이 점을 숙고한다면, 10-14절의 우리의 본문을 "무미건조한 낙원의 지리학"(Zimmerli)이라고 지칭하지 말아야 할 것이다. 그 본문은 예언적 내용들로 가득 차 있으며, 비록 이것이 후대의 추가라고 해도, 우리는 바로 그러한 추가에 대하여 아무리 감사해도 지나칠 수가 없다.

9b절 및 16-17절은 낙원 안의 특별한 두 나무에 관계된다. 우리가 이 사가 안에 놓인 형태가 제공하는 상으로부터 출발한다면, 다음이 확정될 수 있다: 이 상은 전면에 놓인 앎의 나무와 배경에 놓인 생명나무 둘 다에 의하여 지배된다. 3:1f.에서 시작되는 첫 두 인간의 역사 안의 비판적 계기는 앎의 나무이다; 그리고 생명나무는 그 다음에 3:22에서야 변경된 상황 안에서 낙원의 체류가 인간을 파멸시킬 수도 있다는 한 요소로 언급된다; 즉 그것은 인간이 낙원으로부터 추방되어야 하는 이유이다. 이것은 바로 3:22가 다음을 오히려 확증한다는 사실 중 아무것도 변경시키지 않는다: 그 밖에 다만 2:9에서 언급되는 **생명나무**가 낙원에 대하여 그리고 그곳에서의 인간에 대하여, 또 창조 행위 그 자체에 대하여 앎의 나무보다 훨씬 더 중요하게 지칭된다. 하나님께서 인간을, 그를 창조하심으로써, 안식하게 하신 그 장소는, 그리고 훨씬 이후에 그에게는 전혀 알려지지 않고 도달될 수 없는 근원적 출발점이 될 장소는 (이제 인간의 역사는, 그곳을 떠난 후에, 동일하신 하나님의 통치 아래서 언제나 새롭게 및 언제나 또 다시 그 장소를 향하여 나아가려고 애써야만 한다.) 바로 그 중심에 생명나무가 심겨진 정원이다. 생명나무가 본래의 낙원의 나무이다; 반면에 앎의 나무는 둘째 나무로서 첫째의 곁에서, 그 다음에는 물론 둘째 자신에 의하여 예고되는 (낙원 자체 안에서의) 문제성 때문에, 다음을 가리킨다: 하나님과 인간 사이의 계약이 낙원의 시작과 종말 사이에 진행되는 **길** 위에서 실현될 것이다. 저 밖의 그곳의 길은 **앎의 나무**의 표징 아래 서게 될 것이다. 그러나 창조의 행위는, 인간적 실존 그 자체의 신적 '기초 놓음'은—그것의 고유한 시작과는 구분되면서—**생명나무**의 표징 아래 서 있다. 그렇기 때문에 완성된 나라(계 2:7)의 상 안에서 지배적으로 다시 나타나는 것도 생명나무다: "이기는 사람에게는 내가 하나님의 낙원에 있는 생명나무의 열매를 주어 먹게 하겠다." 그리고 요한계시록 22:2f.에 따르면—이 구절은 명백하게도 에스겔 47:12를 바라본다.—**하나의** 생명나무가 **많은** 생명나무들이 되었으며, 그것의 의미는 다음의 맥락을 통하여 대단히 명확해진다: "도시의 (하늘 예루살렘의) 넓은 거리 한가운데 그리고 강 양쪽에는 열두 종류의 열매를 맺는 생명나무가 있어서, 달마다 열매를 내고, 그 나뭇잎은 민족들을 치료하는 데에 쓰입니다. 다시 저주를 받을 일이라고는 아무것도 그 도성에 없을 것입니다. 하나님과 어린양의 보좌가 도성 안에 있고, 그의 종들이 그를 예배하

며, 하나님의 얼굴을 뵐 것입니다. 그들의 이마에는 그의 이름이 적혀 있을 것입니다." 시작과 종말 사이의 저 길 위에서 아직도 및 이미, 우리가 보았던 것처럼, 그 나무는 많은 열매들 및 시들지 않는 잎들과 함께 생명수가 흐르는 강에 대한 필연적인 상응과 같은 것이 된다. 창세기 2장에서 그 나무는 무엇을 뜻하는가? 생명나무가 **하나님**께 속하는 정원의 **중심**에 서 있다는 것은 틀림없이 그 나무가 그 정원의 **주님**과 특별한 관계 안에 있음을 말하며, 그 나무 자체가 그 정원의 피조적 거주자인 인간에게 간과될 수 없음을 말한다. 중심에 있는 그 나무는 하나님의 성전으로서의 정원을 특징적으로 지칭한다. 여기서, 그 나무가 표현하는 동시에 제공하는 그것 안에서, 창조자 하나님께서는 (자신이 그곳으로 옮겨 놓으신) 피조물에게 현재하신다. 그 나무가 표현하고 제공하는 것 안에서 하나님께서는 인간에 의하여 인식되고, 경외되고, 사랑받기를 원하신다. 하나님께서 인간에게 정원 전체를, 그리고 그에게 모든 나무들을 맡기시면서, 인간에게 정원의 중심의 생명나무를 심으심으로써 선언하는 것은 하나님 자신이 가장 우선적으로, 중심적으로, 결정적으로 인간의 중심이 되어야 한다는 사실이다. "보아라, 하나님의 집이 사람들 가운데 있다. 하나님 자신이 그들과 함께 계실 것이요, 그들은 하나님의 백성이 될 것이다."(계 21:3) 생명나무는 낙원에서, 나중에 광야에서의 이스라엘인의 진영 안의 성막이, 약속된 및 선사된 땅의 예루살렘 성전이, 그리고 성막과 성전 안의 가장 거룩한 곳이 갖게 될 그 지위와 기능을 갖는다. 거룩한 땅에 그리고 땅 전체에 오직 하나의, 바로 하나님 자신에 의하여 선택된 성전이 있을 수 있다는 것(있을 것이라는 것)이 정원의 중심에 생명나무의 특별한 자리를 통하여 앞서 예시된다.(vorgebildet) 그 나무가 바로 **생명의** 나무라고 말해질 때, 우리는 앞선 7절에서 하나님께서 인간에게 생명의 호흡을 불어넣으셨다는 것을 생각해야 한다. 이러한 최고로 직접적-비매개적인 행동 안에서 하나님께서는 인간을 티끌의 형체로부터 살아 있는 존재가 되게 하셨으며, 그렇게 하여 또한 하나님 자신과 결합시키셨다. 그와 같이 하나님께서는 인간을, 그러하신 신적 행동 안에서 살아 있는, 그리고 그 생명성 안에서 이 행동의 갱신에 철두철미 의존하는 존재로 창조하셨으며, 오히려: 창조하기 시작하셨다. 그분의 창조는 아직 완성되지 않았다. 그곳에서 서술된 인간의 존재 상태에 대하여 이제 그가 낙원(그 중심에 생명나무가 있다.)으로 옮겨지는 것을 통하여 다음이 추가된다: 하나님께서 인간에게 자신의 고유하신 현재를 선사하신다: 하나님 자신이 그 장소에 함께 거주하는 자가 되신다. 생명나무는 명백하게도, 하나님께서, 그를 살리시는 자께서, 티끌의 형체인 인간을 위협하는 죽음으로부터 건지시는 자께서 인간에게 가까이 계신다는 것에 대하여 보증과 확신을 주는 기능을 갖는다. 인간은 하나님과 결합되고, 하나님께 의존해 있고, 종속되어 있을 뿐만이 아니다. 하나님께서 바로 그곳에서 인간을 위하여 계신다. 그리고 하나님께서는 인간이 죽은 것이 아니라, 사는 것을 원하신다. 바로 이 의도 안에서 하나님께서는 인간을 그분의 정원 안에서 안식하게 하셨으며, 하나님 자신이 그 정원 안에서 거주지를 정하셨다. 그 정원의 또 다른 거주자인 인간은 죽음을 두려워할 필요가 없으며, 그의 생명의 갱신 및 유지를 염려할 필요가 없다. 이것은 인간에게 다음으로써 약속되었다: 그는 이곳으로, 바로 그 중심을 갖는 장소로, 옮겨져 위치되었다. 잠언 안에서는 생명나무의 직관이 이후에 교훈적 의미를 갖게 된다는 사실로써 시작하는 많은 일련의 구절들이 있다; 사람들은 확실한 인간적 현존재의 최고의 보증을 그 의미 안에서 찾아야 한다고 믿었다. 잠언 3:18에 따르면 지혜는 그것을 취하는 자에게 생명나무이다. 잠언 11:30에서 생명나무는 "의로운 행동들이 받을 열매"이며, 잠언 13:12에서는 "소원이 이루어지는 것"이며[이루어지지 않고 단순히 지속되는 소원과 대조된다.], 잠언 15:4에서 "따뜻한 말"[가시 돋힌 말과 대조된다.]이 생명나무라고 말해진다. 비슷한 의미에서 잠언 10:11은 "경건한 자의 입", 잠언 13:14에서 "지혜자의 가르침"이, 잠언 14:27에서 "주님을 경외하는 것"이, 잠언 16:22에서 "명철"이 생명의 탄생 혹은 생명의 **원천**이라고 말해진다. 그러나 다음도 명확하다: 우리는 이 모든 구절들 안에서 하나의 확증에—원천 및 나무의 관계에 대한 가장 중요한 확증에—관계되며, 그러나 또한 동시에 낙원의 생명나무에 대한 저 직관의 동시에 유도된 및 간접적인 사용에도 관계된다. 이 사실은 언어적으로 다음에서 볼 수 있다: 낙원에서는 오직 이 'ez hachajjim만이 생명나무지만, 그러나 잠언에서의 나무는 정관사 없이 생명과 결합된다. 현실적인 병행구절은 오직 시편 36편만이 제공한다: 하나님께 생명의 원천이 있다고 찬양한다는 한도에서 그러하다. 창세기 2장의 생명의 나무는 유일무이한 생명의 표현 및 생명의 제공이다; 왜냐하면 그 나무는 하나님 자신을, 생명의 근원을, 낙원에 함께 거주하는 자로서, 낙원의 중심에 현재하는 자로서, 그렇게 하여 인간적 존재의 보증으로 지칭하기 때문이다. 또한 지혜에 관계된 잠언 3:18의 말씀도 본래적으로는 병행구절이라고 관찰될 수가 없다; 왜냐하면 낙원에 있는 생명나무가 표현하고 서술하는 것은 "붙드는 것"과는 관계가 없기 때문이다. 더욱이 다음이 생명나무의 본성에 속하는 것으로 보인다: 생명나무는 중심에 그리고 모든 것의 배경으로서 그곳에 현존하며, 그것의 **열매를 먹어야** 한다는 필연성이 보통 관찰되지 **않는다**는 사실로써 자신의 기능을 성취한다. 바로 7절의 맥락에서 본다면 생명은 오직 저곳으로부터만, 인간에게 필연적인 것처럼, 생명이 근원적으로 수여되고 주어진 곳, 즉 하나님 자신으로부터만, 갱신되고 유지된다고 말해질 수 있다. 하나님께서 생명을 사실상 갱신 및 유지하신다는 것, 그것은 생명의 나무를 통하여 하나님의 현재의 표현 및 제공에 의해 물론 **증거**되고 **보증**되지만, 그러나 그것은 그러한 피조적 수단을 통해서가 아니라, 오직 하나님 자신을 통하여 행하여진다. 그 나무가 이 사건을 증거하고 보증함으로써, 또 그러한 증거와 보증이 수용됨으로써, 그 나무의 열매를 붙잡음을 통하여 및 그것을 먹음을 통하여, 인간에게 현재하는 것 및 미래를 위하여 인간이 보장받고 있는 그것을 굳이 점유하려고 하는 것은 명백하게도 불필요하다. 하나님과 인간 사이의 비정상적인 상황 안에서 비로소: 생명나무의 실존에 의해 인간에게 주어지는 증거와 보증이 인간으로부터 객관적으로 제기되고, 그래서 인간이 그것을 더 이상 수용될 때에 비로소—생명나무의 열매에 대한 소원이, 그것을 먹는 것이 문제가 된다. 정상적인 상황 안에서는—창조의 행위 그 자체는 정상적인 상황을 창조한다.—그 모든 것은 전혀 금지될 필요가 없다. 절대적 안전 안에서, 즉 위협하는 죽음의 어떤 두려움도 없이, 어떤 생명의 결핍도 없이 살아가는 것이 창조의 행위 안의 인간의 규정성이었다. 죽음의 두려움과 생명의 결핍은 동일한 방식으로 인간의 규정에 상응하지 않는다. 인간의 참된 규정성은 다음으로써 주어진다: 인간은 생명나무가 중심을 형성하는 그 장소에서 안식에 놓였다; 그곳에서는 죽음의 두려움과 생명의 결핍이 나란히 불가능하다; 왜냐하면 인간은 그곳에서 죽음으로부터 보호되며, 생명을 보증받기 때문이다. 3:22에서 이제 우리는 겉으로 보기에 다른 어떤 것을 경험한다: 앎의 나무의 열매가 인간에게 선과 악의 앎을 가져다주었고, 그래서 인간을 하나님처럼 되도록 만들었을 때—그 일이 사실상 발생한 다음에, 즉 하나님과 인간 사이의 비정상적인 상황이 돌입한 이후에, 그때 인간은 자신의 손을 생명나무에 뻗칠 수도 있었으며, 그 결과로써 "영원히 살게 될 수도 있었다"; wachaj le'olam. 이 구절을 일반적 종교사로부터 알려진 (기적적인, 젊어지는, 불로초 등에 대한) 상상들과 너무 직접적으로 결합시키는 것은 적절하지 않다. 실제로 그 구절은 그러한 불로초 같은 것이 **없다**고 말할 뿐이다. 인간이 그러한 어떤 불로초에 손을 뻗으려는 것, 스스로 죽음으로부터 건짐을 받고 생명을 마련해보려는 것은 비정상적 상황의 죽음의 두려움 및 생명의 결핍일 뿐이다. 그러나 바로 그러한 시도는 그에게 금지되었을 뿐만 아니라, 사실상 부정되었다. 바로 그것을 인간은 행할 수가 없으며, 바로 그가 그것을 행할 수 없다는 것이, 그가 (그에게 생명, 젊어짐, 불멸이 하나님께 대한 정상적 상황의 관점에서는 두말할 필요도 없이 약속되었던) 낙원으로부터 추방된다는 것이 그의 구원이다. 하나님께서 그를 징벌하신 바로 그것이 이제, 그의 비정상적 상황 안에서는, 그의 유일한 구원이 되었다: 즉 그는 죽어야만 한다. 왜냐하면 그곳에서 인간에게 약속되었던 지속되는 생명, 젊어짐, 불멸성 등은 하나님의 직접적 현재의 결과 및 선물이었기 때문이다. 하나님의 이러한 현재 안에서, 인간이 생명나무의 증거 및 보증을 받고 수용함으로써, 인간은 그곳에서는, 그의 길의 시초에서는 물론 죽지 않을 수 있었다; 마찬가지로 그는 그의 길의 종말에서, 죽은 자들로부터 깨어났을 때, 하나님의 동일하신 현재 안에서 마찬가지로 다시 죽지 않을 수 있게 될 것이다. 그러나 바로 그 하나님의 현재는 그에게, 그가 하나님의 계명을 위반함으로써, 견딜 수 없는 것이 되어버렸다. 바로 하나님 앞에서 그는, 그가 선악의 앞 안에서 하나님 같이 된 이후로, 존속하는 것이 불가능해졌으며, 다만 멸망할 뿐이다. 하나님의 현재의 선물을 자기 마음대로 붙잡는 것이 이제는, 비정상적인 상황 안에서는, 필연적으로 저주로 변화하지 않을 수 없다. 만일 그가 지금, 이전에 하나님의 선물로 약속되었던 그것을 취한다면, 그때 그 약속은 다음의 방식으로 인지될 것이다: 그 인간은 하나님 앞에서 영원한 죄인 및 범죄자가, 그래서 영원히 죽는 자가 되고 그렇게 머물러야만 할 것이다. 인간이 빠져든 바로 그 비정상적 상황 안에서는 궁극적인 성격을, 그의 저주는 철두철미 유효한 규정적 성격을, 그의 죽음은 영원한 죽음의, 죽음 안의 지양될 수 없는 존재의 성격을 각각 획득하게 될 것이다. 바로 그렇기 때문에, 하나님께서는 인간이 그렇게 깊이 추락하기를 원하지 않으셨기 때문에, 인간을 생명나무로부터, 즉 하나님의 직접적 현재로부터 추방해야 하셨다. 백성들에게는 시내 산의 출입이, 즉 하나님의 계시에의 직접적인 참여가 금지되었다는 것(출 19:24), 또한 모세 자신도 주님을 다만 뒤에서만, 바위틈에 숨어서, 볼 수 있었다는 것(출 33:18f.) 성막 및 성전 안의 지성소에는 다만 대제사장에게 일 년 일회만 허용된다는 것(레 16:2), 법궤가 (그것을 소유하여 이스라엘의 하나님의 도우시는 현재를 즐기려고 했던) 블레셋인들에게는 사무엘상 5-6장에 따르면 다만 죽음과 멸망만 가져다줄 수 있다는 것 등 이 모든 것은 여기서 이제는 위협이 되어버린 (생명나무의) 약속이라고 서술된 것과 관계된다. "하나님은 조롱을 받으실 분이 아니십니다."(갈 6:7) 그러나 만일 인간이 하나님의 은혜로우신 현재를, 자기가 하나님께 불순종함으로써 빠져 있는 죽음의 두려움 및 생명의 결핍을 보충하기 위하여 이용하려고 한다면, 그것은 하나님을 조롱하는 일이 될 것이며, 그래서 영원한 멸망을 자신에게 이끌어오게 될 것이다. 만일 인간이, 하나님과 대립각을 세우면서, 하나님의 도움으로 그러한 대립의 결과를 충족시키려고 한다면, 그것도 하나님을 조롱하는 셈이 될 것이다. 하나님의 도우심은 그때에도 거절하지 않으실 것이다. 그러나 바로 하나님의 도우심이 그 때에는 사실상 인간에 대한 하나님의 궁극적인 저주가 될 것이다. 바로 그 유일무이한 불로초가 인간에게는, 정상적 상황에서는 그것을 필요로 하지 않았겠지만, 황폐화된 상황 안에서는 다만 더욱 강화된 죽음이 될 뿐이다. 죽음에 대한 인간의 유일한 구원, 유일한 보증은 다음에 놓여 있다: 그에게 생명나무를 붙드는 것이 불가능하게 만들어졌으며, 죽음이 단순히 그에게는 끝이며, 최소한 죽음으로써 하나님의 뜻을 (그가 범죄함 이후에서 반드시 그분과 마주쳐야만 하는 것처럼) 거역함 없이 성취하기 위하여, 최소한 죽음 안에서는 그분의 손 안에 있기 위하여, 최소한 죽음 안에서는 저주받지 않기 위하여, 최소한 하나님 안에서의 죽음 안에서는 희망을 가질 수 있기 위하여, 그는 죽을 수 있다.(허용되어 있다.) 3:22는 그러므로 생명나무로서의 첫째 나무의 성격을, 다시 말하여 인간에게 생명을 보증하는 하나님의 현재의 표징으로서의 성격을 확증한다. 그 구절은 그러나 그 성격을 말하자면 부정적으로 확증한다: 하나님께서 의도하신 및 이끌어오신 작용의 관점에서가 아니라, 하나님께서 원하지 않으신, 오히려 방해하신 (그 표징의) 작용의 관점에서 확증한다. 3:22는 말한다: 하나님과 다투는 인간에 대한 바로 그 생명의 표징은 죽음의 표징일 수밖에 없으며, 하나님께서 달리 어찌할 수 없으셨을 때, 하나님께서 자신을 거역하여 싸우는 인간을 그것으로부터 보호하려고 하셨을 때, 그 표징 아래―그의 궁극적인 마침표에―세우셨다. 이스라엘 안의 동일하신 하나님의 성전에 대한 병행구절은 바로 3:22로부터 전혀 간과될 수가 없다. 우리는, 어떻게 생명나무에게 그것의 성격 자체가 3:22에서 그것에 대하여 말해지는 것을 통하여 사실상 유지되고 있는지를 주목해야 한다. 그 나무가 사실상 죽음의 나무로 되지 않기 때문에, 하나님의 현재가 저 진실로 멸망시키는 작용을 인간에게 사실상 가질 수 없기 때문에, 사태는 다음과 같이 된다: 저 성전 안에서 그 자체로는 물론 인간에게 알려질 수 없고 도달될 수 없게 되었지만, 바로 그 생명의 약속이 완전한 의심의 여지없는 명료성 안에서 그를 기다린다; 비록 인간은 죽어야 하지만(죽음으로써) 그러하다. 그곳에서 인간에 의해서는 찾아질 수 없던 것, 그러나 그곳에서는 현실적인 것 그리고 그곳으로부터 오는 것은, 만일 그것이 다가온다면, 어떤 경우에도 결코 현실적인 위협이 아니며, 어떤 경우에도 결코 현실적으로 죽이는 것이 아니며, 그것은 언제나 생명의 약속 및 생명의 희망이다. 바로 그렇기 때문에 사람들은 이스라엘 안에서 생명의 나무가 최소한 비본래적으로라도 이제 교훈(잠언)적으로 말할 수 있다고 믿었으며, 그렇게 실제로 행하였으며, 바로 그렇기 때문에 계시록은 그 나무를 그렇게도 자명하게도 그 열매를 이기는 자가 먹는, 물론 자기 마음대로 먹는 것이 아니라, 그의 주님께서 먹게 하시는 나무라고 불렀다.

앎의 나무(Der Baum der Erkenntnis)는 구약성서 안에서 그리고 일반 종교사 안에서도 어떤 다만 질문될 만한 병행구절이라도 갖고 있지 않다. 그렇기 때문에 그 나무를 해석하려는 현존하는 시도들은 그만큼 더 많다. 그중 가장 가치 있는 것은 틀림없이, 아우구스틴(*De civ. Dei* XIII 20, XIV 12 등등), 루터(*Ennarr. in Gen.* W. A. 42, 73f., 80f.), 그리고 칼빈에 의한 주석일 것이다: 앎의 나무는 악 그 자체와는 전혀 관계가 없었으며, 오히려 그 나무 및 그것과 관계된 금지령은 인간에게 "그에게 순수하고 단일한 순종의 선을 추천하기 위하여 … 이성의 재능을 가진 피조물에 있어서 말하자면 모든 미덕들의 어머니 및 보호자인 저 미덕(아우구스틴), 경배와 경외의 극단적 표징(루터), 순종의 시험(칼빈)" 등이었다. 그 나무의 열매를 먹지 말라는 금지령은 그 다음에 일종의 시험적 금지령이 되었을 것이다; 그것의 형식적 충족에 모든 것이 놓여 있었으며, 그것의 의미 및 내용에 대해서는, 그리고 저 나무의 본질에 대해서는 더 이상 질문되지 않았다. 이러한 견해를 야콥(Jacob)이, 그리고 최소한 부분적으로는 또한 궁켈(Gunkel)도 계승하였다: 인간은 아무런 근거 없이, 어린아이와 같은 순종 안에서, 나중에 아브라함이 고향을 떠나고 이삭을 바쳤던 것과 같이, 순종해야 한다는 것이었다. 루터는 그 견해를 깊이 통찰하면서 놀랍게 확장하였다: "이 본문은 진실로 교회에 혹은 신학에 관계된다." 말하자면 그 오직 하나의 나무 아래서 본래적으로는 동일한 종류의 나무들의 작은 숲(Hain)이 이해되어야 한다는 것이다. 그곳에서 아담은 자신의 후손과 안식일마다 매번 함께 모여야 하며, 그곳에서 그는 그들에게, 그들이 생명나무의 열매를 함께 먹은 후에, 설교를 해야 하며, 말하자면 하나님과 그분의 찬양을, 창조의 영광을, 특별히 인간의 하나님 형상성을 선포해야 하며, 그들을 거룩하고 죄 없는 삶으로, 즉 그 정원의 신실한 경작 및 지킴으로 권고해야 했다는 것이다: 그것은 "가장 분명한, 가장 순수한, 가장 단순한, 어떤 애씀도 없는, 어떤 군더더기도 없는 하나님 경외"여야 했으며, 그중의 남은 자들이 후에 그리스도를 통하여 재건되었다고 한다.―저 낙원의 예배에 비교한다면 다만 "불쌍한 남은 것"일 뿐이지만, 이것은 우리가 언젠가 천사들의 합창과 함께 하나가 되어 예배의 전체성과 및 완전성으로 되돌아가게 될 것이라고 한다. 이렇게 하여 교회는―"담장 없이, 또 대단히 큰 공간의 멋진 장소에서의 화려한 외관 없이"―명백하게도 경제 및 국가보다 오래되었다고 한다. 그리고 바로 이러한 그 자체 안에서 선한, 순수한 예배의 계명에 관련하여 후에 인간이 자신의 고유한 죄책으로 인하여 타락하게 되었다는 것이다. 이러한 이해 안에서 다음은 틀림없이 올바르게 인식되었다: 앎의 나무를 심는 것은 순종과 믿음의 확증에 관계되며, 또 인간의 의식적 결단 안에서 성취되는 (인간의 하나님께 대한) **관계**의 개시에 관계된다. 그러나 그 나무가 바로 선과 악의 앎의 나무라고 말해진다는 것, 선과 악의 앎을 매개한다는 것, 바로 그러한 앎이 인간에게 금지되었다는 것, 그리고 인간이 후에 그 열매를 취했다는 것이 무엇을 뜻하는가 하는 것, 어떻게 마지막에 그의 사멸성이 그 금지된 취함과 관계되었는가 하는 것 등은 우리가 여기서 그 나무를 향했던 것보다는 좀 더 상세하게 숙고될 가치가 있다. "선과 악의 앎"이란 무엇을 뜻하는가? 이것은 예를 들어 벨하우젠(Wellhausen, Prolegomena, 300f. 등등)이 일반적으로 학문 및 세계 인식이라고 이해했던 것을 허용하기는 어려울 만큼 너무도 구체적이다. 또 사람들이 왜 하나님께서 인간에게 문화에 대한 어린아이 같은 무지함으로부터의 진보를 금지하셨는가? 라고, 그리고 왜 사가는 그 진보를 바로 치명적이라고 지칭하려고 했는가? 라고 질문하는 것도 소용없는 일이다. 일부 사람들(예를 들어 Delitzsch)은 더 나아가 어린아이의 무죄성으로부터 도덕적 결단으로의 진보의 문제를 생각하려고 하였다. 선과 악의 앎은 정신적 성숙 및 도덕적 결단력의 특징적 지표라는 것이었다. "생명의 나무가 인간에게 확증의 상급으로서의 생명을 그것을 향유를 통하여 매개하는 것처럼, 마찬가지로 앎의 나무는 그것의 향유의 회피를 통하여 올바른 자유의 사용을 매개한다." 원시 그리스도교적인 mizwah(계명, 명령)는 "인간에게 창조된 선택의 자유로부터 독립적으로 획득된 권력의 자유로 진보하는 동기를 부여하였다!" 그러나 왜 그것은 하필이면 바로 그 나무의 열매의 먹음의 금지령을 통해서인가? 왜 그 먹음은 치명적이라고 지칭되는가? 이 나무의 열매를 [포기하는 것이 아니라!] 먹는 것이 의심 없이 그러한 앎을 매개하고 그래서 그 진보를 가능하게 만든다는 것이 본문의 어디에 있는가? 또 다른 해석에 따르면―이 해석에는 **궁켈**이 창세기 3장을 설명하면서 관계된다.―그 나무의 열매는 일종의 '성욕촉진제'(Aphrodisiacum)였으며, 그것을 먹음의 결과는 성차이의 발견과 그에 따른 리비도(libido, 욕망)였다고 한다; 영국의 어떤 연구자는 tob(선)는 정상적 이성애적인, ra'(악)는 비정상적 동성애적인 리비도로 이해되어야 한다는 추측에까지 밀고 나갔다. 다음이 주목되어야 한다: 낙원의 두 사람의 (타락 사건 이전 및 이후의) 벗었음을 말하는 2:25 및 3:7은 불법적으로 획득된 및 생명을 위협하는 선악의 앎은 즉시 및 우선적으로 그들 서로에 대한 관계의 왜곡 안에서, 그것도 그들의 성적 관계의 왜곡 안에서 작용한다는 것을 의미한다; 그들은 이제는, 부끄러워하지 말아야 하는 것을, 그들의 서로 다음과 상호 간의 관계성을 부끄러워해야만 한다고 말하고 있다. 즉시 및 우선적으로 여기서, 자연스러운 것이 수치스러워 해야만 하는 것(pudendum)이 됨으로써, 신적 심판의 보좌로부터 판결하는 인간의 왜곡된 선고가 등장한다; 그리고 우리는 이 선고가 그리고 그것에 근거된 인간의 무력한 도덕적 '자기 도움'의 시도(무화과 잎!)가 어떻게 다음을 통하여 웃음거리가 되는지를 눈여겨봐야 한다: 하나님께서 그들에게 3:21에 따르면 가죽옷을 만들어 입히셨으며, 그렇게 하여 이미 발생한 및 그들의 도덕적 시도를 통하여 결코 제거되지 않는 무질서 안에 최초의 질서를 부여하셨다. 그러나 성적 관계의 앎에 대한 어떤 부정성에 대해서는 여기서도, 그 밖의 구약성서 안에서도 다만 아주 멀리서라도 언급되지 않는다. 또 다음을 간과하는 것은 완전히 자의적이다: 인간의 저 최초의 볼 수 있는 실수는—비록 마찬가지로 처음이라고는 해도—획득된 치명적인 앎의 결과이며, 그 앎 그 자체는 이제는 그럼에도 불구하고 더 깊은 및 더 포괄적인 앎이며, 그래서 성적인 앎 내지는 그것의 왜곡과 직접적으로 동일시된다는 것은 불가능하다. 이러한 모든 시도들의 자의성을 회피하고 확고한 지반 위로 인도하는 설명은 다음에서 시작되어야 한다: 그것은 선과 악의 앎과 구분이 그 밖의 구약성서에서 의미되는 것이다. 여기서 우선 다음의 일련의 구절들이 관찰된다: 그 안에서는 그 앎과 구분의 능력이 단순히 인간의 책임성 및 행동의 능력으로 지칭된다; 인간은 이 능력을 유년기에는 아직 갖지 못하며, 노년에는 더 이상 갖지 못한다. "적에게 사로잡혀갈 것이라고 말한 어린아이들, 곧 아직 선악을 구별하지 못하는 너희 아들딸들은 그리로 [약속된 땅으로] 들어갈 것이다; 나는 그들에게 그 땅을 줄 것이며, 그들은 그 땅을 차지할 것이다."(신 1:39) 그리고 임마누엘(사 7:13f.)에 대해서도 마찬가지로 말해진다: "그 아이가 잘못된 것을 거절하고 옳은 것(선악)을 선택할 나이가 될 때까지, 그 아이는 버터와 꿀을 먹을 것입니다. 그러나 그 아이가 잘못된 것을 거절하고 옳은 것을 선택할 나이가 되기 전에, 왕께서 미워하시는 저 두 왕의 땅이 황무지가 될 것입니다." 또 다른 측면에서 늙은 바르실래(삼하 19:35)도 그와 같이 말한다: "제 나이가 이제 여든입니다. 제가 이 나이에 좋은 것과 나쁜 것(선악)을 어떻게 가릴 줄 알겠습니까?" 또 요나 4:11도 여기 속할 수 있다; 저 큰 성읍 니느웨 안에는 "좌우를 가릴 줄 모르는" 사람들이 십이만 명도 더 있다고 말해진다. 그러나 이 개념을 더 풍부하게 사용하는 다른 구절들도 있다. 레위기 27:33은 더 가치 있는 및 덜 가치 있는 소들과 양들 사이를 구분하는 기술을 가리킨다. 그리고 창세기 31:24에서는 시리아 사람 라반에게 꿈 안에서 말해진다: 그는 야곱에게 "좋은 말이든지 나쁜 말이든지(선악 간에)" 그의 도피함으로 인하여 말하지 말아야 한다; 왜냐하면 그의 도피는 하나님의 계획과 뜻에 따른 것이기 때문이다. 우리는 열왕기상 3:9에서 솔로몬이 성전에 입장할 때의 그의 기도를 읽는다: "그러므로 주님의 종에게 지혜로운 마음을 주셔서, 주님의 백성을 재판하고, 선과 악을 분별할 수 있게 해주시기를 바랍니다. 이 많은 주님의 백성을 누가 재판할 수 있겠습니까?" 여기서 선과 악의 앎은 명백하게도 올바른 통치자 및 재판관의 필연적인 술어가 된다. 바로 이러한 술어에 드고아의 한 여인(삼하 14:17)이 이미 다윗에게 간청하였다: "이 좋은 또 높으신 왕께서 말씀으로 저를 안심시켜 주실 것이라고 믿었습니다. 왕은 바로 하나님의 천사와 같은 분이시니까, 저의 호소를 들으시고 선악을 가려내실 것이라고도 생각하였습니다." 우리는 그 구분의 능력이 이 양쪽 구절들 안에서—전자에서는 기도되면서, 후자에서는 "하나님의 천사"의 능력과 비교되면서—하나님 자신의 곁에 연결되고 있음을 주목해야 한다. 그리고 그 밖의 일련의 구절들 전체도 바로 다음에 대하여 말한다: 선악의 구분 능력이 본래적 및 우선적으로 최종적 근거에서 속하는 것은 오직 **홀로 하나님**이시다. 하나님께서 그 앎을 관리하시며, 하나님께서 선악의 구분을 성취하신다; 왜냐하면 양자가 모두 그분의 눈앞에 및 그분의 권능 안에 있기 때문이다. "우리가 누리는 복(선)도 하나님께로 받았는데, 어찌 재앙(악)도 받지 않겠는가?"(욥 2:10) "우리가 예언자님을 주 우리의 하나님께 보내는 것은, 그분의 응답이 좋든지 나쁘든지 간에(선악 간에), 우리가 그 말씀에 순종하려 하기 때문입니다."(렘 42:6) 하나님께서 양쪽을 다 아신다는 것: 그가 빛을 형성하시고 어둠을 창조하신다는 것, 구원을 일으키시고 재앙을 만드신다는 것(사 45:7), 이것이 그분을 열방의 신들 앞에서 뛰어나게 하는 것이며, 그렇기 때문에 이사야 41:23은 냉소적으로 말한다: "복을 내리든지 화를 내리든지(선이든지 악이든지) 좀 하여 보아라. 그러면 우리가 모두 놀라며 두려워하게 될 것이다. 참으로 너희는 아무것도 아니며, 너희가 하는 일도 헛것이니, 너희를 택하여 예배하는 자도 혐오스러울 뿐이다." 그리고 예레미야 10:5, "그것들은 사람에게 재앙(악)을 내릴 수도 없고, 복(선)을 내릴 수도 없으니, 너희는 그것을 두려워하지 말아라." 스바냐 1:12에 따르면 마음속에 "주님은 선한 것도, 악한 것도 행하지 않으신다."라고 말하는 사람보다 하나님을 더 나쁘게 오인하는 사람은 없다. 주님의 본질 및 행동에 대해서는 다음이 특징적이다: 선과 악이 모두 그분의 눈앞에 있으며, 그분의 손안에 있다; 양쪽 모두가, 선은 선으로서, 악은 악으로서의 특성을 그분으로부터 수용하며, 그리고 또한 그분의 판결인 그것의 실현도 그분의 처분에 굴복한다. 그분은(출 7:3) 바로를 완고하게, 망하게 하시면서, 이스라엘을 탈출시키는 분이시다. 그분은 "사람을 죽이기도 하시고 살리기도 하시며, 스올로 내려가게도 하시고, 거기에서 다시 돌아오게도 하신다."(삼상 2:6f.) 그분은 다윗의 하나님이기도 하고, 사울의 하나님이기도 하시다. 그분의 보좌 주위에는(왕상 22:19f., 욥 1:6f.) 선한 및 악한 영들이, 하나님의 아들들이, 그러나 그들 중에는 또한 사탄도 있다. 그렇기 때문에 그분의 백성에게 "생명과 축복 그리고 죽음과 재앙"(신 30:15)을 제시하고, 양자택일하게 하는 것은 전적으로 그분의 권한 안에 놓여 있다: "만일 당신들이 주님을 저버리고 이방 신들을 섬기면, 그는 당신들에게 대항하여 돌아서서, 재앙을 내리시고, 당신들에게 좋게 대하신 뒤에라도 당신들을 멸망시키고 말 것입니다."(수 24:20), 그러나 또한 거꾸로 약속 앞에도 놓으신다: "너희 조상들이 나를 노하게 하였을 때에, 나는 너희에게 재앙을 내리기로 작정하고, 또 그 뜻을 돌이키지도 않았다. … 그러나 이제는 내가 다시 예루살렘과 유다 백성에게 복을 내려 주기로 작정하였으니, 너희는 두려워하지 말아라."(슥 8:14f.) 이 사실로부터 인간에 대해서는 다음 결과가 되며 — 그것은 충분히 주목할 만하다. — 그 결과를 고전적 진술형식으로 옮기는 것은 바로 발람(민 24:13)의 말이다: "발락 왕께서 비록 그의 궁궐에 가득한 금과 은을 나에게 준다고 해도, **좋은 일이든 나쁜 일이든** 간에, 주님의 명을 **어기고 나의 마음대로**(나의 뜻대로) **할 수 있는 일**은 아무것도 없습니다. 나는 다만 주님께서 말씀하신 것만 말해야 합니다." 여기서 우리는 명백하게도, 저 모든 다른 맥락들로부터 볼 때, 창세기 2:16-17에 결정적으로 근접하는 곳에 위치한다: 주님의 말씀을 위반하는 것은 선 혹은 악을 자신의 고유한 뜻대로 행하는 것이다. 바로 이것이 발생하지 말아야 하는 것이다: 왜냐하면 하나님께서 선과 악 위에 계시는 분이시며, 인간에게 선한 것을 명령하시고, 악한 것을 금지하는 분이시기 때문이며 — 왜냐하면 인간의 자기 뜻대로의 선택은 선에 적중하지 않고, 오히려 언제나 악에 적중하기 때문이다. 바로 그것이 하나님께서 금지하신 것이다. 그리고 바로 이것이 낙원의 인간에게 앎의 나무로써 제시되었지만, 그러나 계명을 통하여 금지되었던 가능성이다. 그 가능성의 실현은 인간을 죽음에 넘긴다; 왜냐하면 그 가능성은 인간을 자동적으로 생명의 원천인 분으로부터 멀어지게 만들기 때문이다.

그 가능성은 인간을 그분과 비슷하게 만든다: 그 가능성은 그러므로, 이제 인간이 스스로 선택하고 결정하면서, 반드시 스스로 생명의 근원이어야만 한다는 것을 뜻한다. 그러나 인간 자신이 생명의 원천일 수는 없다: 그래서 인간에게 남은 것은 생명을 잃고 죽어야 한다는 것밖에 없다. 인간이 하나님처럼 되었지만, 그러나 하나님은 아니기 때문에, 그는 하나님 앞에서 다만 멸망할 수밖에 없다: 그를 만드신 바로 그 동일하신 하나님 앞에서, 바로 그분의 호흡을 통하여 그가 살아야 했던 그분 앞에서, 멸망해야 한다. 바로 하나님께서 선과 악을, 구원과 재앙을, 생명과 죽음을 현실적으로 아시기 때문에, 그리고 양쪽을 현실적으로 처분하신다는 것, 이것을 이제 하나님과 비슷하게 된 인간은 그의 본질에 고통을 느끼면서 스스로 경험하여야 한다. 바로 이것이 저 나무의 금지령이 막으려고 했던 것이다. 많이 변질된 질문, 즉 "선과 악" 아래서 도덕적 올바름 및 그름이, 혹은 유용성 및 무용성이, 혹은 유쾌한 것 및 불쾌한 것이 이해되어야 한다는 질문에는 양자택일로써 대답될 수 없다. tob 그리고 ra' 라는 구약성서적 개념은 바로 인용된 맥락들 안에서 그 모든 것을 포괄한다. 선과 악을 아는 자는, 그리고 바로 그렇게 하여 의와 불의를, 구원과 멸망을, 생명과 죽음을 아는 자는, 둘 다를 아는 자는 그것들에 대한 권세를: 즉 그 모든 것에 대한 권세를 갖는다. 창세기의 사가는 **타락 사건**에 대한 보고와 함께 의심의 여지없이 그리고 그 밖의 구약성서와의 일치 안에서 말하였다: 인간은 그러한 앎 및 그러한 권세를 스스로 취하여 자신의 재앙을 초래하였으며, 그래서 이제는 그 앎 및 그 권세를 소유하고 살아가야 한다. 그러나 **창조** 보고 안에서 그 사가는 말하였다: 그러한 앎과 권세는 인간에게 주어지지 않으며, 인간은 그 앎과 권세를 파멸적으로 사용해서는 안 되며, 오히려 솔로몬처럼 하나님께 **간구해야** 하며, 발람처럼 자기 뜻을 따르기보다는 하나님께 처리를 **맡겨야** 한다. **하나님**께서 그렇게 만드신 것, 그것이 선이며, 그리고 **하나님**께서 그렇게 만드신 것, 그것이 또한 악이다: 그 자체로 선한 것 악한 것은 없으며, 인간의 결정에 따라 그러한 것도 없다; 모든 것은 하나님의 계명의 노선 안에서 그러하다; 그러나 계명들은 인간 자신을 그럼에도 불구하고 다시 한 번 철두철미 명령자이신 하나님으로 지시하며, 오직 그분의 결정에 결합시키려고 한다. 프리첸(Th. C. Vriezen, *Onderzoek naar de Paradijsvoorstelling bij de oude semietische Volken*, 1937, 147)은 다음에서 옳았을 수도 있다: 그는 창세기 2:16-17 안에서 역사적으로(historisch) "고대 근동의 다신론적-마술적 정신적 태도"에 대한 구약성서의 거대한 제한을 보았다. 마술적 인식은 신적 인식의 그리고 존재의 구분의, 즉 그것에 대한 신적 권능의 겉보기의 기만이다. 이 인식 및 권세가 창세기 2장에서는 인간에게서 그의 피조성의 특성으로서 허락되지 않았으며, 창세기 3장에서는 하나님으로부터 멀어진, 즉 죽음에 빠져 있는 그의 상태의 특성으로서 그에게 귀속된다; 그리고 프리첸은 또한 다음에서도 옳았을 수 있다: 창세기 3장이 저 제한에 대립하여 마주 세웠던 것 그리고 피조성으로부터 하나님 없는 및 죽음에 빠진 상태로의 이행에 있어서 조언자 및 교사자였던 것이 다름이 아니라 탁월한 마술적 동물인 뱀이라는 사실은 공연한 일이 아니다. 마지막으로 우리는 다음을 주목해야 한다; 궁켈과 함께 17절의 예언 "그것을 먹는 날에, 너는 반드시 죽는다."가 전혀 적중되지 않았다는 것, 그래서 3:4에서 뱀이 주장했던 것 "너희는 절대로 죽지 않는다!"가 최종적으로 옳았다는 것에 대하여 놀라는 것은 무의미하다. 실제로: 나중에 아담이라고 명명된 그 사람은 앎의 나무의 열매를 먹은 후에 심장마비에 걸리지 않았으며, 오히려 나중에 5:4에 따르면 팔백 세까지 살았다고 한다. 우리는 이 사가를 그렇게 실용적으로(pragmatisch) 이해해서는 안 된다. 심장발작 및 죽음의 순간보다 더 나쁜 어떤 것이 있다; 그것은 죽음의 공포와 생명의 결핍 안에 있는, 죽음의 판결 아래 있는 한 실존이다; 이것은 불순종에 필연적으로 뒤따라온다. 이것이 인간이 저 날에 그 안으로 발을 내딛었던 그 실존이다.

창세기 2:18-25에서 둘째 창조 보고는 정점으로 및 종말로 이끌어진다. 이 보고의 셋째의 및 가장 상세한 부분은 아주 큰 내적 및 외적인 긴장으로 짜여 있다. 그것은 단 하나의 주제만을 갖는다: 그것은 **남자에게 여자가 친구가 됨으로써**(zugesellt) **인간의 창조가 완성**되는 것이다. 동물들의 창조도 물론 보고된다; 그러나 저 결정적인 사건의 범주 안에서는 다만 부차적인 의미만을 갖는다. 또 인간적 언어의 기원도 보고된다; 그러나 또한 이것도 저 맥락 안에서만 중요성을 가지며, 해석에 있어서 전면으로 옮겨지지는 않는다. 모든 것은 오직 하나의 소식으로 집중된다: 하나님께서 인간을 혼자 창조하지 않으셨으며, 오히려 남자와 여자라는 동일하지 않은 이원성(Zweiheit) 안에서 창조하셨다. 첫째 보고가 1:27에서―이것도 충분히 중요하다; 왜냐하면 인간의 하나님 형상성과 직접적인 관계가 있기 때문이다.―짧게 말했던 것이 여기서는 넓게 전개된다. 저 짧게 말해진 것이 가졌던 강조점에는 이곳으로부터 볼 때에도 전혀 의심이 없다. 여기서는 남자와 여자로서의 인간의 창조의 보고가 전체의 정점을 형성한다: 땅이 경작자를 얻는다는 것, 하나님이 그 경작자를 땅으로부터 지으시며, 하나님 자신의 호흡을 통하여 살아 있게 만드신다는 것, 하나님께서 낙원을 창조하시고 인간을 그 안에서 안식하게 하신다는 것, 그 성전 안에 두 나무가 전적으로 비슷한, 그럼에도 불구하고 전적으로 다른 기능 및 의미와 함께 서 있다는 것―이 모든 것이 이제 다음으로써 비로소 생명과 실체를 획득한다: 우리는 하나님께서 인간을, 인간적인 것의 본질인 모든 동료성(Geselligkeit) 및 연합성(Gemeinschaft)의 근본 형식 안에서 창조하셨다는 것을 알게 된다. 그리고 이 보고는 선역사적 창조보고로부터 역사적(historischen) 계약사로의 건너감 직전에 놓여 있다: 계약사는 다음 사건에 대한 보고이다; 그 사건 안에서 인간은 처음으로 능동적으로 행동하면서 자신의 책임성을 수용하게 된다: 인간은 그것을 즉시 둘이서 행하게 된다; 남자와 여자가 서로 함께 그 사건의 문제가 있는 영웅이 될 것이다. 그와 같이 남자와 여자로서의 인간의 생성에 관한 보고는 또한 그 점에 있어서도 최고의 중요성을 갖는다. 그곳으로부터 그렇게도 간략하게 할당되는 1:27의 구절에 비추어지는 빛은 우연일 수가 없으며, 오히려 창세기 1장과 2장의 두 사가를 나란히 병렬시킨 편집의 의도 안에 틀림없이 놓여 있다.

우리는 그 보고가 또한 여기서도 창조자 자신의 일종의 반성적 사고(Reflexion)에 대한 보고로써 시작되는 것을 우선 주목한다: "주 하나님이 말씀하셨다. 남자가 혼자 있는 것이 좋지 않으니, 그를 돕는 사람, 곧 그에게 알맞은 짝을 만들어 주겠다." 1:26과의 일치는 간과될 수가 없다: 창조 행위의 정점 직전에―양쪽에서 오직 이 장소의 구절에서만!―말하자면 하나님의 '동작 중지'(Innehalten)가, 하나님 자신의 자기 자신에 대한 말씀이 등장한다. 그 효과는 1장에서나 2장에서나 동일하다: 독자와 청취자는 지금 창조 행위 전체의 결정적 순간이 언급되고 있다는 절정의 정점에 도달되었음을 알아채야만 한다. 차이는 다음에 놓여 있다: 1장에서의 하나님의 생각(Reflexion)은 동물들을 다스리는, 하나님의 형상인 존재 그 자체를 대상 및 결과로 갖고, 그 다음에 남자와 여자로서의 인간의 창조 안에서 그에 대한 상응을 발견하는 반면에, 2장에서의 그것은 즉시 인간을 향해지며, 그것도 인간을 고독하게(einsam)가 아니라, 둘로서(zweisam), 남자와 여자로서 창조해야 하는 필연성에 향해진다. 이러한 둘 됨(Zweisamheit)의 강조에서 양쪽의 보고는 일치한다. 하나님께서 남자가 혼자 있는 것이 좋지 않다고 보셨다면, 그것은 더도 덜도 아니라 다음을 뜻한다: 사가는 **인간의 창조**가 지금까지 보고된 모든 것 안에 **아직도 완성되지 않았다**고 보고 있다. 어떤 인간적 존재가 순차적으로 조립되어 이제 완결에 도달한다고는 물론 생각되지 않는다. 흙으로부터의 인간의 지음과 살림이, 땅을 경작해야 하는 그의 사명이, 낙원으로 인도됨이, 그곳에서 두 그루의 나무들과의 만남이 언급될 때, 각각의 경우에서 인간 전체의 존재의 특정한 계기에 관계된다. 그러나 바로 그 인간 전체(전인)가 **누구** 및 **무엇**인가 하는 것이 이제 비로소, 그것도 사가의 진술형식 안에서 이야기되어야 한다: 이야기된다(erzählt)는 것은 왜냐하면 인간이 하나님처럼 영원 전부터 존재했던 것이 아니고, 오히려 시간 안에서 하나님의 창조의 사역을 통하여 생성되었기 때문이다. 전인(Der ganze Mensch)은—하나님께서 지으시고 살리신, 땅을 경작하도록 하신, 낙원에 두신, 양쪽 나무들의 표징에 직면하여 그의 특별한 피조성이 확증되어야 하는 바로 그 전인은 고독한 인간이 아니다. 고독한 인간은 좋지 않으며, 다시 말하여 좋게 창조되지 않았으며, 하나님께서 나중에 관계를 맺고 교제하려고 하시는 그 존재가 아니다. 그러한 혼자 있는 존재로서의 인간은 창조 전체의 선한 목적이 아니다; 그러한 한도에서 창조 전체도 또한 선하다고 말해질 수 없다. 우리가 둘째 보고를 첫째 보고에 따라 보충해 본다면, 그때 그 "좋지 못함"의 근거에 대하여 다음과 같이 말해져야 할 것이다: 왜냐하면 고독한 인간은 하나님의 형상에 따라 창조된 인간이 아니기 때문에, 하나님 자신이 고독히 않으시기 때문에, 좋지 못하다. 그 근거는 여기서 다만 앞을 향해서만 찾아질 수 있다: 고독한 인간은 다음 이유에서 좋은 피조물이 아니다; 왜냐하면 그러한 인간은 그 자체가 뒤따르는 역사 안에서 하나님의 파트너로서 전제되는 주체가 아니기 때문이다. 창조 전체도, 만일 창조된 인간이 고독하다면, 또한 좋지 못하다; 왜냐하면 그때 창조에는 계약 안에 있는 그것의 내적 근거가 결여될 것이기 때문이다. 뒤따르는 역사 안에서 하나님께서는 '남자와 여자'와 관계하고자 하신다; 그것을 주님 하나님께서는 저 독백 안에서 생각하신다; 저 계약(이 계약 안에서 주님 하나님께서는 둘인 인간과 관계하기를 원하신다.)은 이미 체결되었지만, 그러나 아직 근거되지는 않은 **계약**이며, 저 말씀의 내용이다. 인간은 그 계약 안에서 하나님의 파트너가 되기 위해서, 스스로 한 파트너를 필요로 한다. **파트너**라는 것은 물론 "그를 돕는 사람, 곧 그에게 알맞은 **짝**"의 개념에 대한 가장 짧은 서술이다. 추구되는 것은 인간과 동일하지만, 그러나 또한 그로부터 구분되는 한 존재이다. 그 존재가 인간과 다만 **같기만** 하다면, 다만 반복이고, 그 자신의 숫자적 증가에 불과하다면, 그때 그의 고독은 제거되지 않을 것이다; 그 존재는 그 인간에게 그때 한 타자로서 마주 대하여 설 수 없을 것이다; 그 인간은 그때 그 존재 안에서 다만 자기 자신을 재인식할 뿐일 것이다. 그 존재가 그 인간과 다만 **다르기만** 하다면, 전적으로 다른 어떤 종류의 존재라면, 그때 그 인간은 고독은 마찬가지로 제거되지 않을 것이다; 그 존재는 물론 타자이기는 하지만, 그러나 바로 그에게 속하는 타자로서 그와 대면하지는 못하며, 오히려 땅과 나무와 강처럼 그 인간의 공간의 한 요소로서, 그러나 그 공간의 거주자로서 그를 돕는 자(동료)는 아니면서, 그 공간 안에서 그에게 지시된 과제를 성취하지는 못하면서, 그와 대면하게 될 것이다. 인간이 좋게 창조되기 위해서 그는 한 존재를 필요로 한다; 그 존재는 그와 비슷하지만, 그러나 그럼에도 불구하고 그와 다르며, 그 존재 안에서 인간은 자기 자신을 **재**인식하지만, 그러나 그럼에도 불구하고 다만 **자기 자신**만을 재인식하는 것은 아니다; 그 존재는 그 인간에 대하여 '너'이며, 마찬가지로 확실하게 그는 '나'이고 또 그 존재에 대해서는 그 자신이 '너'이며, 이것은 그 자신이 나인 것과 마찬가지이다. 바로 이러한 양식 안에서 하나님 자신이 인간과 마주 대면하여 서시며, 그와 교제하시며, 그에게 행동하신다. 바로 이 양식에 인간의 고유한 실존은 상응해야 하며, 그 실존은 하나님께 대하여 좋게, 쓸모 있게, 행동 가능하게 되어야 한다. 인간의 그러한 실존은 그 자체 안에서 (하나님의 인간에 대한 관계의 형태가 양자 사이의 미래의 계약 안에서 취하게 될 것에 대한) 선취이며, 한 원형(Vorbild; 모범)이다.―이 개념적 상은 이 문제의 핵심의 설명을 위해서 여기서 사실상 불가피하다. 이 계약은 그 본성에 따라 은혜 안에서 형식적으로 예비되어야 한다. 이것은 인간이 홀로 남는 것이 아니라, 오히려 한 피조ر인 "그를 돕는 자, 곧 그에게 알맞은 짝"을 얻음으로써 발생한다. 그것은 오직 그렇게만 발생할 수 있다: 인간은 그 돕는 자를 반드시 **획득**하여야 한다. "내가 그에게 돕는 자를 **만들어 주겠다**." 인간적 실존의 바로 이러한 가장 중요한 필수부품(Requisit)이 하나님의 인간 **창조**의 완성이다. 여기서 어떻게 그러한 인간을 위한 준비가 하나님의 은혜에 관계되지 않겠는가? 하나님이 아닌 누가 이 선취를 완수하겠으며, 누가 그 원형을, 인간의 "그를 돕는 자, 곧 그에게 알맞은 짝"과의 동거를, 나와 너의 관계를 근거하겠는가? 하나님만이 인간과의 계약 안에서 그 모든 것에 고유한 현실성을 수여하실 것이다. 이와 같이 인간에게 필연적인 돕는 자의 창조가 창조사에 속한다.

우리는 그 다음 것의 이해를 위해서는 즉시 전체의 목적을 바라보아야 한다: "이제야 나타났구나, 이 여자 사람! 뼈도 나의 뼈, 살도 나의 살!"이라고 남자는, 하나님께서 여자를 그에게 데려오셨을 때, 소리친다. 이 외침, 이 인식의 표현, 인간에 의하여 실행된 선택 및 결단의 선포는—이 사가가 명시적으로 언급하는, 인간의 최초의 말은—예를 들어 여자의 창조가, 즉 인간의 창조가 완성된 이후에 뒤따라오는 것이 아니라, 오히려 바로 이 명시적으로 인용된 인간의 말과 함께 그 창조가 그것의 목적에 도달한다. 이 문제에 있어서 모든 것은 다음에 달려 있다: 저 존재는, "그를 돕는 자, 곧 그에게 알맞은 짝"은, 나에 대한 '너'는, 낙원의 땅, 나무들, 강들처럼, 그리고 나중에 동물들처럼 **다만 현존**하는 것이 아니며, 그 인간에게 다만 **알려져**(bekannt) 있고, 다만 **명명**되기만 하는 것이 아니며, 오히려 바로 그러한 존재로 **승인되며**(anerkannt), 이 승인 안에서 명명(benannt)된다. 창조사 전체는 인간의 바로 이 외침을 향한다. 그 인간 안에서 비로소 하나님의 창조의 사역은 목적에 도달한다; 왜냐하면 그와 함께 비로소 다음이 발생하기 때문이다: 인간에게 필연적인 및 하나님께서 주기로 생각하신 도움(돕는 자)이 바로 그에게 현실적으로 주어진다. 인간은 그 도움을 추구해야 했으며, 그 다음에 발견해야 했었다. 그는 그 도움이 그에게 주어진 대로, 수용해야만 했다. 그는 그녀를 그 존재 그대로 인식하고, 선택하고, 결정해야만 했다. 인간의 자유의 이러한 행위가 없다면 하나님의 바로 그러한 최고의 및 최종적인 선물은 선물이 아니게 될 것이다.

겉으로 보기에는 전체 맥락을 방해하는 혹은 최소한 지연시키는, 지금까지는 둘째 사가가 언급하지 않았던 동물들의 에피소드는 바로 그곳을 목적으로 한다. 동물들의 창조의 보고가 이제 도입된다. 하나님께서는 그것들을—소들, 새들, 야생동물들 등이 언급되며, 수중 동물들에 대한 특징적인 침묵 아래서—인간과 마찬가지로 흙으로 지으신다. "생물"(살아 있는 존재)이라고 또한 그것들도(1:24과 일치하면서) 말해지며, 2:7에서 인간에게 주어졌던 것과 같은 하나님의 호흡을 통한 인간의 저 특별한 살리심만이 동물에 대해서는 생각되지 않는다. 또 이 보고가 여기서 다만 추가적인 것처럼, 또한 독립적인 의미를 갖지도 않는다. 첫째 보고의 구조 안에서 창조의 이 부분에게 주어졌던 중요성은 여기서는 언급되지 않는다. 동물의 창조가 여기서 언급되는 것은 오직, 인간에게 규정된 "그를 돕는 자, 곧 그에게 알맞은 짝"에 대한 반대 사례를 제시하기 위한 것이다; 즉, 동물들 중의 그 어떤 깃도—이것에 대해서는 저 히니님의 말씀에 관련하여 이 보고의 독자들 및 청취자들에게 질문될 수 있다.—인간에게 그러한 "돕는 자"가 될 수는 **없다**. 물론 동물들도 "살아 있는 존재"로서 하나님에 의하여 창조되었으며, 또한 그것들도 흙으로 지어졌으며, 또 하나님께서 그것들도, 나중에 여자가 남자에게 인도되듯이, 그 남자 앞으로 인도되었다. 계속되는 것은 그러나 말한다: **그것들은** 남자가 필요로 하는 것, 하나님께서 그를 위하여 찾으셨고 발견했던 것, 또 인간 자신이 이제 찾고 발견해야 하는 그것이 **아니었다**. 이와 같이 동물들의 창조는 여기서 이 이야기가 목적으로 하여 나아가는 본래적 사역에 대한 다만 어두운 **배경**으로 보일 뿐이다.

그리고 이제 우리는 하나님께서 동물들을 "사람이 그것들을 무엇이라고 부르는지

보시려고" 그에게 이끌어 오셨다는 것에 대해서도, 본문의 의미에서 어떤 독립적인 중요성을 부여할 수 없다. 물론 이것은 첫째 사가의 1:26, 28에서의 인간의 동물에 대한 통치권에 대한 명확한 병행구절이다. 여기서 우리는 다음을 알게 된다: 모든 사물들은 아니라고 해도, 어쨌든 동물들은 하나님의 정하심에 따라, 인간이 그것들을 **부르는 대로** 그렇게 불려야 한다. 인간에 대한 관계 안에서 동물들은 본질을 취한다. 그것들에 대한 인간의 생각이 그것들의 본질을 규정한다. 그러나 정확하게 관찰한다면 사가가 말하는 것은 그러한 이름 부여의 (*명령이라기보다는) 위탁 및 허용이다: 우리가 1:28에 따라서 여기서 기대할 수도 있는 명령은 여기서는 공표되지 않았으며, 또 여기에 도입될 수도 없다. 또 그 위탁 및 허용도 본문의 맥락 안에서 어떤 자기목적을 갖지 않으며, 이 이야기의 진행 안에서 관심이 어떤 주변적 중심을 형성해서도 안 된다.

동일한 것이 우리가 여기서 그것 말고도 **언어**의 기원에 대하여 알게 되는 사실에도 해당한다: 언어는 인간이 자신의 통찰, 선택 및 결정에 따라 우선 동물들을 지칭하는 명사들 안에서 시작되었다.—그래서 언어의 기원은 신적인 것이 아니라, 오히려 인간적이다; 그 기원 안에서 하나님께서 인간에게 주신, 주변세계에 대한 인간의 자유가 본래적 근거를 갖는다. 그러나 본문이 우리에게 언어의 기원을 알려주고 싶어한다고 (비록 부차적으로는 의심의 여지없이 그렇게 하지만) 가정하는 것은 틀린 것이 될 것이다.

중요성 전체는 오히려, 우리가 전체 맥락에 주목한다면, 다음에 놓여 있다: 인간이 하나님에 의하여 **선택** 및 **결정** 앞에 놓인다; 그는 그것을 인식하면서 실행해야 하며, 또 자신의 말로 고백해야 한다. 인간은 자신의 파트너를, 즉 "그를 돕는 자, 곧 그에게 알맞은 짝"을 얻을 뿐만 아니라, 오히려 발견해야 하고, 자유 안에서 수용해야 한다. 그 "돕는 자"는 그에게 그의 고유한 자유로운 인식 안에서 (*그녀의) 본래적 존재가 되어야 하며, 그의 고유한 자유로운 말을 통하여 그녀의 본래적 존재는 승인되고 환영받아야 한다. '너' 안에서의 '나'의 인식 그리고 그 인식에 근거한 모든 것은 오직 자유 안에서만 가능하며, 바로 그 인식을 책임적 결단으로써 공개해야 하는 것은 바로 **그 자유로운 말**이다. 인간이 그의 파트너를, '너'를, 발견하도록, 하나님께서는 우선 동물들을 인간에게로 인도하신다. 인간은 다음 질문과 함께 그 파트너를 발견한다: 그는 그것을 각각에 대하여 무엇을 생각하는가? 그는 그것을 각각에 관하여 무엇을 말해야 하는가? 그는 결과적으로 그는 그것들의 외관을 최종적으로 무엇이라고 불러야 하는가? 그가 그것들에게 부여하는 명칭 안에서, 그는 그것들이 그에게 무엇인지를, 그것들이 그에게 어떤 인상을 주는지, 그가 그것들에게 무엇을 기대하고, 희망하고, 두려워하는지를 공표해야 한다. 그렇게 하는 중에—하나님께서 물론 숙고하신 계획의 실행 중에—다음이 제시되어야 한다: 동물들 중 그 어떤 것도 인간에게 속하는 것으로 보이지 않으며, 어떤 것도 '너'라고 부를 만하지 않으며, 어떤 것에도 '나'의 특성을 귀속시킬 수가 없다. 우리는 물론 하나님의 완성된 창조가 인간이 바로 그렇게 할 수 없다는 사실을 통하여 제약된다고 말할 수도 있다: 즉 인간은 동물들 중에서 물론 자신에게 가까운 것, 사랑스러운 것, 유용한 것, 또한 온갖 종류의 단순히 특징적인 것 혹은 혐오스럽거나 끔찍한 것 등을 발견할 수는 있지만, 그러나 바로 그 "**돕는 자**"를, "**그의 알맞은 짝**"을 인식할 수는 없다; 여기서 그 밖의 창조의 한가운데에서 한 균열(결핍)이 보이며, 이 균열의 충족 없이는 인간은 현실적으로가 아니라, 다만 말하자면 잠재적으로만 인간일 것이며, 그 균열에 직면하여 인간은, 비록 그 밖의 창조 전체의 충만함에 둘러싸여도, 여전히 고독할 것이며, 여전히 공허한 공간 안에 있으며, 그와 동등한 자와 함께 있지 않은 셈이 될 것이다. 오히려 우리는 거꾸로, 하나님의 완성된 창조가 다음과 같이 진행된다고 말하는 것이 나을 것이다: 인간은 또한 동물 세계의 풍요함의 한가운데에서도, 그리고 바로 그곳에서 통치할 때, 바로 여기서 그가 저 이름 부여 안에서 표현된 처분의 권세를 행사할 때, 그와 동일하지만 그러나 그와 구분되는 존재를, 좋게 창조된 인간이기 위하여 그가 필요로 하는 존재를, 발견하지 **못하며**, 동물 세계의 모든 풍요함과 그것들에 대한 인간의 고유한 주권성도 최종적으로는 인간에게 다만 그러한 결함만을 계시할 수 있을 뿐이다. 어쨌든 다음은 발생한다: "그 사람이 모든 집짐승과 공중의 새와 들의 모든 짐승에게 이름을 붙여 주었다. 그러나 그 남자를 [자기 자신을!] 돕는 사람, 곧 그의 짝이 없었다." 이러한 절차 전체가 운 나쁘게도 실패한 신적 실험인 것은 아니다; 오히려 바로 그렇게 하나님의 절차는, 인간을 위하여 예비하신 선물이 인간 위에 닥쳐오는 어떤 운명이 아니라면, 바로 그 인간 자신이 그에게 규정된 및 그를 위하여 창조된 "돕는 자" 그 자체를 인식하고, 선택하고, 긍정해야 한다면, 진행되어야 한다. 인간은 그 돕는 자의 수용에 있어서, 그때 그가 발견하는 그녀 외에 다른 어떤 도움도 전혀 있을 수가 없다는 사실을 통하여 강요되어서는 안 된다. 그는 다른 곳에서 진지하게 찾지 않았더라면, 그녀를 발견할 수 없었다. 그는 그 올바른 가능성을 자유롭게 붙들기 위해서, 이미 다른 가능성들을 반드시 봐야했고, 고려해야 했고, 던져버려야만 했다. 그는 먼저 본문이 묘사하는 당혹성 안으로, 창조 전체 안에 금이 간 균열 앞으로 인도되어야만 했으며, 그 균열 그 자체를 인식해야만 했다. 그것이 우선 발생해야 했던 것이다. 만일 그가 그 균열(결핍)을 인식하지 못했다면, 만일 그가 더 나은 것의 결핍 안에서 어떤 동물과의 동료됨으로 만족해 버렸다면, 어떻게 되었겠는가? 본문은 왜 인간이 그렇게 하지 않았는지에 대한 어떤 이유도 제시하지 않는다; 그리고 본문의 견해는 틀림없이 다음 외에 다른 어떤 근거란 언급될 수 없다는 것일 것이다: 그는 바로 인간이었다: 하나님에 의하여 창조된, 자신의 자유의 바로 그 완전한 사용 안에서 동물에게 물론 이름을 부여하지만, 물론 동물과 함께 살지만, 물론 그것을 사랑하거나 혹은 두려워하지만, 그러나 동물 안에서는 그와 동일한 것을 인식할 수 없었고, 동물 안에서는 그의 "돕는 자"를 선택할 수가 없었다. 그 인간은 거짓된 친구됨(Gemeinsamkeit)

으로써 고독과 교환하기보다는 차라리 그대로 고독하게 머물 정도로 인간으로서 자유로웠다. 그는 저 당혹성을 견딜 만큼, 그리고 모든 자칭의 제공을 지나쳐서 그의 짝이 될 수 있는 저 "돕는 자"를 기다릴 수 있을 만큼 자유로웠다. 그는, 모든 동물들을 보고, 이해하고, 명명한 이후에, 그것들에 대한 그의 관계를 정립한 후에: 반쯤 혹은 도착되어 만족하는 것보다는 차라리 불만족스럽게 머물 정도로, 자유로웠다. 그는 왜 그런 입장을 취하는가? 다시 한 번: 그가 인간이기 때문에, 그가 오직 그러한 입장 안에서, 그의 자유의 그러한 사용 안에서 인간의 창조의 완성을 향하여 인도되기 때문이다. 그 자리에서 다르게 행동하는 어떤 존재가 인간일 수 없는 것은, 거짓말하는 어떤 신이 신일 수 없는 것과 마찬가지이다. 그래서 우리가 처음에서 그에게 부정적으로 적중하는 것으로 보았던 그의 선택 및 결정은 인간의 자기 자신에 대한 어떤 처분이 아니라―그에게 금지된 선악에 대한 판단과 혼동해서는 안 될 것이다!―오히려 순전하게 그의 고유한 창조의 확증이다; 창조 안에서 **하나님**께서 그를 처분하시며, 그를 인간으로 만드셨다. 그는 자신이 선택**되었다**는 것을 선택한다. 그는 자신 위에 **내려진** 그 결정을 결정한다. 그는 인간으로 머문다. 그렇기 때문에 그는 불만족한 상태로 머문다. 그렇기 때문에 그는 불만족하게 머무는 것을 견딘다. 그렇기 때문에 그는 땅에서 나무와 강 안에서, 또 동물들 중에서, 그의 짝이 될 수 있는 "돕는 자"를 발견하지 못한다. 그래서 그는 정말로 그를 도와 줄 수 있는 "돕는 자"에 대하여 자유롭게 머문다. 그렇기 때문에 그는 이제 헛되이 기다릴 수도 있다는 위험을 감수한 채, 기다리려고 한다. 바로 그것이 그의 진정한 자유이며, 그의 가장 고유한 선택 및 결정이다.

성서의 증인이 여자의 창조의 보고를 바로 그렇게 예비한다는 것은 의미가 깊다. 그 증인은 그렇게 하여 여자는 참으로 동물과의 동일한 노선에 위치시키지 않았다. 그는 여자에게 바로 그렇게 하여 미리 앞서서 최고의 인간성을 귀속시켰다. 증인은 그렇게 하여 여자의 창조를 창조의 완성으로 특징지을 뿐만 아니라; 그 완성은 고독한 남자의 창조에 의해서도, 그러나 또한 동물의 세계 전체의 창조에 의해서도 아직 발생하지 않았다. 그 증인은 그 고독한 남자 자신이 자신의 진정한 자유를 사용하여 그에게 알맞은 돕는 자에 대한 모든 다른 가능성을 미리 앞서서 버리도록 하였다. 그 증인은 하나님 자신에 대하여 말하였다; 하나님 자신이 여자의 창조와 함께, 그 남자가 자신의 고유한 인간성을 다른 모든 가능성의 배제를 통하여 확증하고 증명하기를 기다렸다는 것이다. 여자의 창조를 위한 도로가 이보다 더 큰 영예로움 안에서 자유롭게 될 수는 없었다.

그리고 이제 여자의 창조 자체가 다음과 같이 서술된다: 주님 하나님께서 남자를 깊이 잠들게 하셨으며, 그 상태에서 그의 갈비뼈 중의 하나를 취하셨으며, 살로 채우셨으며, 남자로부터 취한 그 갈비뼈로부터 여자를 지으셨으며, 그리고 그 여자를 남자에게 이끌어 오셨으며, 그때 그 남자는 저 기쁨의 인식의 외침과 함께 그녀를 이제 그에게 참으로 주어진 "돕는 자"로서 환영하고 승인하게 될 것이다. 이 서술의 모든 각각의 계기는 고유한 중요성을 갖는다.

우리는 본다: 전체는, 저 도입 부분에 따라 다름이 아니라 그렇게 기대되는 것처럼, 남자의 — 이제는 긍정적인 — 선택 및 결정의 고백 안에서 종결에 도달한다. 하나님께서는 인간을 다음과 같이 창조하셨다: 인간은 그의 진정한 자유의 선택 안에서 자신의 인간성을, 자신에게 주어진, (왜냐하면 자기와 동일한 종이면서도 자신으로부터 구분되는 돕는 자이기 때문에) 자신에게 알맞은 여자에 대한 그러한 주저함 없는 '예'로써, 확증해야만 — 확증**하려고**(wollen) 해야만 — 하게 된다. 그러나 이러한 돕는 자의 마련, 현실화는, 그것과 함께 인간의 고유한 창조의 완성은 인간의 일이 아니라, **하나님의 사역**이다. 다시 한 번 말하자면: 인간이 그때 최종적으로 선택해야 하는 것은 하나님의 지혜 및 권능이며, 하나님의 처분 및 창조이며, 즉 하나님의 선택 및 결정이다; 바로 그것을 인간 자신이 그때 스스로 결정해야만 하게 된다. 그리고 본문은 우선 다시 한 번 새로운, 최종적인 신적 안수에 대하여 말하며, 이것이 목적에 도달했을 때 비로소, 다음 순간이 현존하게 된다; 그때 인간은, 그에게 주어진 자유의 사용 안에서 (자신을 만드신 장인을 찬양하는 사역으로서의) 저 고백과 함께 전체의 종결을 성취하게 된다.

인간이 하나님에 의하여 **깊은 잠**에 빠졌다는 것은 우선 순전히 그가 여자의 창조에, 즉 인간의 고유한 창조의 완성에 능동적으로 참여하지 않았음을 뜻한다. 그는 그 밖의 다른 창조의 한가운데에서 그에게 무엇이 결여되었는지 긍정적으로는 알지도 못했다. 여자를 "그를 돕는 사람, 곧 그에게 알맞은 짝"이라고 생각했던 것은 그가 아니었다. 그는 다만 사실상 불만족스러웠을 뿐이다. 그는 그의 인간성을 다만 다음으로써, 그가 실제로는 발견하지 못했을 어떤 다른 곳에서 그러한 돕는 자를 발견하려고 하는 데에 마음을 뺏기지 않았다는 것으로써, 증명할 수 있을 뿐이었다. 그러므로 이제 실현된 것은 전혀 이상이 아니며, 오히려 실제로 및 배타적으로 하나님의 계획이었다. **하나님**께서 남자가 혼자 있는 것이 좋지 않다고 보셨다. 하나님께서 그 결함의 참된 및 효과적인 제거를 생각하셨다. 하나님께서 인간에게 한 내상이 되고 그래서 그의 현실적인 도움이 될 수 있는 그 돕는 여자를 아셨다. 그렇게 해서 그 남자가 그녀 자신을 직접 이끌어 온다거나 혹은 그녀를 이끌어 오는 데에 다만 참여라도 한다는 것은 전혀 생각될 수가 없다. 그 일은 그와 같이 그에게 일어나야 했다. 그와 같이 그는, 그녀가 등장하기 위하여 인도되는 동안, 잠들어 있어야 했다. 이 잠은 그것을 넘어서 또한 다음을 뜻한다: 그는 자신의 고유한 창조에 대하여 몰랐던 것처럼, 이 사건에 대해서도 전혀 몰랐다; 이것은 그가 땅과 하늘의 창조를 몰랐던 것과 마찬가지이다. 이 사건은 피조물의 순수한 생성에 관계된다; 그것은 피조물의 고유한 관찰의 대상이 될 수 없으며, 피조물이 이해할 수도 없다. 우리는 아직도 그 자체가 다만 창조 사가일 수밖에 없는 창조사의 한가운데 있다. 그리고 이 사건이 이 자리에서 그렇게도 강하게 강조된다는

3. 창조의 내적 근거로서의 계약 383

것에는 의심의 여지가 없다. 여기서 서술된 바로 그 창조 전체의 완성: 여자의 창조를 통한 인간의 완성은 여럿 중의 하나가 아니라, 오히려 창조자 하나님의 모든 비밀들의 중심인 유일한 **특정한** 비밀이다. 창조의 내적 근거 전체는, 인간과 맺는 하나님의 계약 전체(이 계약은 나중에 역사적으로 근거되고, 실현되고, 성취될 것이다.)는 이 사건 안에서, 여자가 남자에게 추가된다는 완성하는 생성 안에서, 원형적으로 예시된다.(vorgebildet) 인간은 그때 그에 상응하는 현실성의 증인이 된다. 인간은 그때 하나님께서 여기서 원하셨고 행하셨던 것을 인식하고 긍정할 수 있게 된다. 인간은, 여기서 원형(모범)이 되는 역사가 시작됨으로써, 그 자신이 (창조의 내적 근거인) 계약의 당사자가 된다. 그러나 창조 그 자체에 대하여 아는 것, 즉 어떻게 하나님께서 인간의 창조와 존재를 저 계약을 의도하면서 완성하셨는가 하는 그것은 인간의 일일 수 없었다.(없다) 하나님의 은혜를 향하는 인간적 본성의 예비, 즉 인간의 피조적 실존 안에 은폐된 (인간에 대한 하나님의 긍휼하신 호의의) 근거는 하나님의 비밀이다. 이 예비가 발생하였다는 것, 그 근거가 현존한다는 것으로써 충분하다. 인간이 이 예비 및 근거 놓음의 결과에, 즉 그의 고유한 인간성에, 그에게 향해진 하나님의 은혜의 원형으로서의 그의 고유한 본성에 '예'를 말할 수 있다는 것으로써 충분하다. 인간이 그렇게 할 수 있다는 것, 그것은 그의 인식 및 그의 고백의 일이다. 이것을 위하여 인간은 자신에게 주어진 자유를 이제 긍정적으로 사용하여야 한다. 인간의 인식 및 고백의 전제를 창조하는 하나님의 행동 그 자체에는, 활동적으로도, 지성적으로도, 참여하지 못한다. 하나님의 그 행동이 발생하였다는 것, 그것을 인간은, 인간 자신이 그 행동으로부터 유래함으로써, 감사하면서 알 수 있게 된다. 그 행동이 어떻게 발생하는가 하는 것은—그것이 발생했다는 사실성의 증거로서, 오직 사가에 의해서만 말해질 수 있다. 바로 그 사가는 여기서 모든 진술의 필연적 경계선을 증거해야 한다; 하나님께서 인간의 창조의 완성의 순간에 인간을 저 깊은 잠에 빠뜨리심으로써, 그에게서 그것이 어떻게 발생했는가를 알 수 있는 모든 기회를 빼앗기 때문에 그러하다. 이러한 알 수 없음에 대한 앎은 이제 철두철미 강한 신인동형론에 상응한다; 바로 이 구절에서 이것 안에서—양쪽 창조 보고들의 그 밖의 어떤 곳에서보다 훨씬 더 강하게—계속해서 말해진다. 이 문제에 대해서 어떻게 말해질 수가 있겠는가? 하나님의 완성의 '어떻게'에 대해서는 전혀 모르면서도 인간은 그 사건의 결과에 근거하여 그 사건에 관한 네 가지를 명확하게 **알고 있다**. 그 사건의 생성에 관련한 네 가지가 그의 앞에 대단히 명확하게 서 있어서, 그는 인식할 수 있고 공표할 수 있으며, 그것은 너무도 명백해서 그 사가가 그것을 [사가의 식으로!] 서술하기를 그칠 수가 없었다.

첫째는 다음이다: 그 인간은 여자 안에서 다른, 낯선 기원의 어떤 다른 존재를 발견할 뿐만 아니라, 어떤 다른 인간을 발견할 뿐만 아니라, 그가 자기 자신의 한 부분으로서, 나중에 말해지듯이 "뼈도 나의 뼈, 살도 나의 살"로 인식할 수 있고 승인해야 하

는 한 존재를 발견한다. 그녀가 그 자신인 것은 아니지만, 그러나 그로부터 유래한, 그로부터의 어떤 것이다. 그는 그녀에 대하여, 그의 고유한 몸의 한 요소 혹은 지체를 대하듯이, 그렇게 대면한다. 그녀는 그에게, 그의 몸의 한 요소 혹은 지체가 낯설 수 없는 것처럼, 그렇게 낯설 수가 없다. 그녀는 자신의 특별한 존재로서, 그가 그 특별한 요소 혹은 지체로서 충족시켜야만 했던, 그러나 그럼에도 불구하고 충족시킬 수 없는, 그녀의 특별한 존재 안에서 그 충족을 기다렸던 그것을, 충족시켜야 한다. 그렇게도 가깝게 그녀는 그에게 속한다. 바로 이것이 사가가 인간에게서 취한 갈비뼈(이것으로부터 하나님께서는 여자를 지으셨다.)에 대해서 말할 때 의미하는 것이다.

둘째는 다음과 같다: 그 인간은 그의 몸의 저 요소 혹은 지체를 스스로 외화(entäußern) 할 수 없다. 그는, 그가 나중에 자녀들을 생산하듯이, 그녀가 나중에 자녀를 잉태하듯이, 그렇게 여자를 스스로 산출할 수 없으며, 자기 자신으로부터 만들어낼 수 없다. 그 여자는 그러한 어떤 행위 안에서, 인간이 자기 자신의 어떤 주인으로서 자신의 저 요소 및 지체를 지배하듯이, 그렇게 무자아적으로 그 인간으로부터 분리될 수 없다. 어떤 의미에서 그는 자신의 것을 강탈 당해야 한다. 여자가 그러한 존재로서 그 자신으로부터의 어떤 것으로 존재한다는 사건은 철두철미 그에게 주어져야 한다. 사가는 다음에서 바로 그것을 말하였다; 하나님께서 그로부터 저 갈비뼈를 그의 참가행위는 전혀 없이, 그를 죽음과 같은 잠에 빠뜨리심으로써, [그는 깊은 잠에 놓였으며, 치명적으로 보이는 상처가 그에게 주어진다.] 그렇게 **취하셨다.**(entnommen)

셋째는 다음과 같다: 그 인간은 그러한 취하여짐(Entnahme) 및 그렇게 하여 사역에 놓이는 여자의 생성에 의해 어느 정도 고통을 겪어야 한다: 그는 상실(Verlust)을 경험하였다; 그는 이제 더 이상 전적으로 그 자신이 아니며, 오히려 그의 몸의 저 요소 및 지체를 내어놓아야 한다. 이제 그에게 수여되는 것은 바로 죽음이 아닌가? 그러나 그는 사실상 죽지 말아야 한다. 그는 사실상 저 상실 아래서도 고통을 당할 필요가 없다. 그는 상처를 지니지 않으며, 그에게는 어떤 흉터가 남는 상흔도 없다. 여자가 그에게서 나온 그 무엇이기 때문에, 그는 사실상 전적으로 그 자신이기를 그치지 않는다. 더 나아가: 그는 이제야 비로소, 여자(그는 이 여자 안에서 자기 자신으로부터의 어떤 것을 재차 인식한다.)와의 대면 안에서, 전적으로 자기 자신이, 여자에 대한 관계 안의 남자로서의 전인이 되지 않았는가? 이 사가는 이 셋째의 것을 다음 보고로써 특징짓는다: 하나님께서는 저 '취하여짐'이 발생한 그 장소를 살로 **메우셨으며,** 겉으로 보기에 죽임을 당한 생명을 구원하셨으며, 겉으로 보기에 파괴된 인간의 완전성을 다시 재건하셨다.

넷째가 가장 중요하고 결정적이다: 남자는 여자 안에서 자신으로부터의 어떤 것만이 아니라, 그녀의 그와 같은 '그에게 속함' 안에서 그는 동시에 독립적인 및 고유한 특성(Art)과 구조를 인식해야만 한다. 그로부터 취해진 요소 혹은 지체는 이제 무엇이

3. 창조의 내적 근거로서의 계약 385

되었는가? 진실로 그것은 단순히 그가 처음에 그 자신에 속했던 그것이 아니며, 그러한 자기 자신에의 속함 안에서 알았던 존재가 아니다! 그것이 동일한 것이라고 해도, 그것은 전적으로 다르게 및 새롭게 동일한 것이며, 전적으로 독립적으로, 전적으로 고유한 형태 및 고유한 본질 안에서 동일한 것이다: 오인의 소지 없이 그의 것이지만, 그러나 마찬가지로 오인의 소지 없이 남자가 아니며, 여자이다; 오인의 소지 없이 그것으로 여전히 지속된 것이 아니라, 오히려 그것으로부터의 어떤 것, 즉 남자로부터 취하여진 어떤 것, 즉 그녀 안에서 그가 재차 인식하는 것이다. 이러한 넷째의 것을 사가는 다음 보고로써 표현한다: 하나님께서 여자를 남자로부터 취하신 갈비뼈로 **지으셨다**; 하나님께서 여자를 창조하실 때 남자를 사용하셨던 것은, 남자를 창조하실 때 땅의 티끌을 사용하셨던 것과 마찬가지이다; 하나님께서는 이쪽에서도 저쪽에서도 옛것으로부터 어떤 새것을 생성시키셨고, 형태를 지으셨다.

이 사가는 이제 너무 무리하여 도를 지나친 것이 아닌가? 이 모든 구체적인 진술들로써 이 사가는 창조의 비밀을 남김없이 드러내려고 하지 않는가? 정확하게 관찰한다면, 우리는 그렇게 주장할 수 없다. 이 사가는 인간에게 이 문제 안에서 하나님의 완성된 사역을 통하여 미리 말해진 그것을 정확하게, 물론 대단히 정확하게 뒤따라 말했을 뿐이다. 우리는 이 사가가 그것을 말했던 더 큰 맥락들 안에서 더 숙고해야 한다. 다음은 이미 분명하다: 하나님의 완성된 사역의 올바른 인식 안에서 그리고 여자의 및 남자와 여자의 관계의 올바른 인식 안에서, 이 사역의, 즉 여자의 및 바로 이 관계의 생성에 대해서는 여기서 말해진 바로 그것이 말해질 수 있고, 또 마땅히 및 반드시 말해져야 한다. 그 보고가 저 네 가지 요점 안에서 증거한 것은 인간에게, 남자와 여자에게, 그들의 참된 공동 존재에게 이제는 은폐되어 있지 않으며, 오히려 공개된다; 그것은 그 관계의 네 가지의 근본 기둥들이 될 수 있다. 그것에 대하여 그 공개된 것을 증거하려고 하는 이 사가는 마땅히 및 반드시 말해야 한다. 그 모든 것 안의 및 배후의 참된 비밀을 이 사가는 드러내지 않았을 뿐만 아니라, 오히려 한 번도 접촉하지도 않았으며, 하물며 그 자체로 명확하게 인식되도록 한 것은 더욱 아니다. 참된 비밀은 다음에 놓여 있다: 모든 것은 서술된 그대로 바로 그러하다는 것이다: 그것은 말하자면 하나님의 뜻에 따라 그리고 그분의 사역의 능력에 힘입어 그러하며, 다르게는 그렇게 될 수가 없다. 그 사가는 이것을 충분히 명확하게 말하지 않았는가? 이 사가는 그 과정 전체를 어떤 자연 과정으로가 아니라, 오히려 하나님의 행하심(Aktion)으로 서술하였으며, 그렇게 함으로써 그 과정이 모든 관찰 및 모든 개념성을 벗어나는 것으로 특징지었다. 더 나아가 이 사가는 그 과정을 세부적으로 다음과 같이 서술하였다: 그 과정의 '어떻게'에 대한 모든 질문들이 침묵되는 것이 아니라, 오히려 올바르게 날카로워지며, '대답할 수 없음'은 올바르게도 추방되어야만 한다. 이 범위 안에서 이 사가는 본질적인 것을 침묵시키는 것이 아니라, 오히려 공표한다. 대단히 특징적인 21-22절에서 말해진 것이 이제 바로 본질적이다: 현실적으로 예시되는 비밀은 그보다 작지 않으며, 사실적으로 제시되는 (남자에 대한 관계 안에서의) 여자의 수수께끼는 그보다 가볍지 않다. 이 사가가 그 생성 과정의 이야기를, 즉 여자의 창조 그 자체 대한 보고를 완전히 포기한다고 해도, 여자와 그녀의 관계성은 그보다 덜 변증법적으로 서술될 수는 없었다. 이 사가가 여기서 대담하게 시도된 모든 (그 사람이 깊이 잠든 동안에 발생한 창조의 행위에 대한 그것의 보고의) 신인동형론으로써 가리킨 것은 바로 다음이: 여자 및 성적 관계의 존재 안에 개관될 수 없이 놓여 있는 비밀의 현실성 및 다차원적 깊이가 아니고 무엇이겠는가?

이 사가가 하나님께서 "여자를 남자에게로 **데리고 오셨다**."라는 말로써 보고하는 그 일이 이제 발생하였을 때, 이것은 그러한 기적의 사역으로서 그 인간 앞에 서 있었다. 여기서 명백하게도 이제 — 당연히 그러한 것처럼, 후속적으로 — 전체 사건의 인식 근거와 같은 어떤 것이 가시화된다: 그 인간은 하나님께서 자신에게 데리고 오신 그 여자에 관하여, 어떻게 그녀가 자신의 깊은 잠 동안 그래서 자신이 알지 못한 채 생성되었는가를 잘 안다. 그 인간에게 하나님께서 데리고 오신 그녀의 비밀을 이 사가는 대단히 구체적으로 서술하기를 감행해야 했으며, 그래서 대단히 구체적으로 서술해야 했다; 왜냐하면 바로 그 구체적 형태 안에 이제 현실성이 존재하기 때문이다. 우리는 주목해야 한다: 이 현실성은 그녀의 생성에 대한 그 구체적인 증거와 함께, 여자의 단순한 현존 안에서 소진되지 않는다. 하나님의 '데리고 오심'이 그 현실성에 속한다. 그 보고는 그 여자가 바로 그곳에 다만 현존한다고 말하지 않으며, 그 다음이 그 사람이 우연히 잠을 깬 후에, 우연히 그녀를 발견하며, 자신의 고유한 사고에 따라 인식하고, 환영하고, 수용하였다고 말하지 않는다. 하나님께서 그녀를 그에게 데려 오시며, 하나님이 그녀를 그에게 보이시며, 선사하신다. 이러한 중재자 없이는 그 이전에 보고된 것도, 그 이후에 보고되는 것도, 생각될 수가 없다: 인간의 창조의 완성을, 여자의 존재를 그의 곁에서 의미 깊게 만들고, 그것의 비밀을 그에게 공개하는 것은 바로 그 인간에 대한 하나님의 관계이며, 그에 대한 하나님의 향하심이다. 나와 너의, 남자와 여자의 관계 안에서의, 상호 간의 만남 안에서의, 양자의 둘 됨(Zweiheit) 안에서의 인간의 창조의 완성은 바로 하나님의 사역이다. 하나님의 뜻과 계획 안에서 그 모든 것은 그것의 근원적 근거를 갖는다. 인간이 그 모든 것을 실현하기 위해서, 그 모든 것이 그를 위하여 근거되고, 그렇게 생동하기 위해서, 반드시 하나님께서 다시 중재하셔야 한다. 하나님께서 나와 너를, 남자와 여자를 창조하실 뿐만 아니라, 오히려 또한 그들의 서로에 대한 관계 그 자체를 창조하신다. 바로 이 관계는 우연이 아니며, 인간의 자의성도 아니다. 우연 및 자의성으로서의 그 관계는 기쁨의 대상이 아니며, 계시 및 인식의 대상도 아니다; 이것은 그 다음에서 묘사된다. 그러한 것은 무딘, 폐쇄된, 맹목적인 사실성에 불과할 것이다. 또한 이러한 '데리고 오심'도 여기서 서술되는 창조 행위 전체의 한 통합적 계기이다.

그러나 이 사실이 그 관계가 이전에 동물들에게 말해졌던 것에 대한 유비 안에 있음을 배제하지는 않는다. 그 인간이 바로 그 선물을 수용해야 하는 자유는 이제 그로부터 제거되지 않았다. 하나님께서 그에게 여자를 데리고 오실 때, 하나님께서는 의심의 여지없이 "그가 그녀를 어떻게 부르는지"를 알고 싶어하시며, 그 인간에게 다시 한 번 물으신다: 그는 하나님의 이러한 사역을 어떻게 여기며, 그것에 대하여 무엇이라고 말할 것인가? 그리고 하나님께서는 자신의 고유하신 사역을 보았을 때의 인간의 외침을 기다리신다. 인간의 그 외침과 함께 비로소, 그의 자유로운 선택 및 결정의 알림과 함께 이제 하나님의 고유한 사역도 그것의 목적에 도달한다. 그렇기 때문에 우리는 이제 뒤따라오는 것을 올바르게도 이야기의 최고점이라고 지칭하였다. 그는, 인간은 이제—뒤따라, 즉 필연적인 후속성 안에서—하나님께서 원하셨고 행하셨던 것에 대하여, 그가 책임을 지는 '예'를 말해야만 한다; 이것은 이전에 그가 동일한 책임이 있는 '아니오'를 말했던 것과 마찬가지이다. 그는 바로 그 자신의 고유한 창조가 완성되는 행위의 곁에 그의 인식 및 고백으로써 현존해야 한다. 그는 여자를 그에게 이제 현실적으로 주어진 "그를 돕는 자, 곧 그에게 알맞은 짝"으로 인식하고 환영해야 한다. 그녀가 그의 위로 드리워지는 어떤 운명이 아니라는 사실이 다시 한 번 제시되어야 한다. 그의 자유로운 **사고** 안에서 및 그의 자유로운 **말** 안에서 그는 하나님께서 그 여자를 그를 위하여 창조하셨다는 것을, 하나님께서 그 여자를 그에게 인도하셨다는 것을 확증해야 한다. 그는 그렇게 하라고 강요되지 않는다. 다음 질문이 또한 여기서 제기되어야 한다: 그가 그것을 행하지 않는다면, 만일 그가 창조의 균열이 이제 여기서 메워졌다는 것을, 그에게 결여된 것이, 그가 지금까지 기다렸던 더 나은 것이 이제 현존한다는 것을 인식하지 못한다면 어떻게 되는가? 만일 그가 다시 한 번 불만족한 채로 남아 있게 된다면 어떻게 되는가? 본문은 이 경우는 그와는 다르다는 어떤 근거도 제시하지 않는다. 그러나 본문은 이 경우가 달랐다는 것을 다만 실제로 보고할 뿐이다. 그는 하나님께서 창조하신 및 하나님께서 자유의 재능을 주신 **인간**이었다. 그러한 인간으로서, 그러한 자유의 사용 안에서, 그는, 하나님께서 그를 깊은 잠으로부터 깨우셨을 때, 하나님께서 그에게 그 여자를 데려오셨을 때, 하나님께서 그녀를 그에게 보이시고 선사하셨을 때, 필연성으로써 '예'를 말할 수 있었다; 이 필연성 안에서 그는 이전에는 다만 '아니오'만을 말할 수 있었을 뿐이며, 동물들 중 어떤 것 안에서 "그를 돕는 자, 곧 그에게 알맞은 짝"을 인식할 수 없었을 뿐이었다. 그는 인간으로서, 하나님께서 그를 위하여 창조하신 및 그에게 이끌어 오신 여자를 인식하고 수용할 수 있을 만큼 자유로웠다. 그는 이제 모든 당혹성으로부터 스스로 벗어나는 것을 볼 만큼 자유로웠다. 그는 이제 만족할 수 있을 만큼 자유로웠다. 그렇게 자유롭지 않은 어떤 존재는, 본문이 서술하는 것과는 다른 어떤 입장을 취하는 존재는, 인간일 수 없을 것이다; 그것은 어떤 거짓말하는 신이 신일 수 없는 것과 마찬가지이다. 그와 다른 어떤 입장을 취할 수 있는 자유란 실상은 가장 깊은, 가장 극단적인 부자유였을 뿐일 것이다. 여기서도 마찬가지로 인간은 자기 자신을 전적으로 처분하지 못하며, 선과 악을 판결하시도 못하며, 오히려 그는 다만 순전히 그의 고유한 창조를, 그에게 내려진 하나님의 결정을, 그에게 내려진 하나님의 선택을, 바로 그것과 함께 그 자신의 고유한 인간성을 확증할 뿐이다. 그는 인간이기 때문에, 그렇기 때문에 그는 그 여자를 그에게 주어진 "돕는 자"로 인식하며, 그렇기 때문에 그는 그녀를 기뻐하며, 그렇기 때문에 그에게는 그녀의 비밀이, 또한 저 전적인 구체성 안에서의 그녀의 생성의 비밀이 공개된다. 그와 같이 우리는, 이제 다른 측면에서, 여기서 여자가 얼마나 높게 위치되는가를 본다. 성서적 증인은 그 인간이 자신의 인간성을 처음으로, 그 여자를 인식하고 그에게 주어진 "돕는 자"로 환영함으로써, 긍정하도록 한다. 그리고 그 증인은 이러한 인식 및 환영을 다음에 의해 근거한다: 그 인간은 그녀 안에서 자기 자신으로부터의 어떤 것을—그리고 이제 그럼에도 불구하고 다만 그 자신으로부터의 어떤 것만이 아니라, 오히려 하나님께서 계획하시고 지으신 새로운, 독립적인 존재를 발견해야 하며, 그렇게 발견하였다. 그녀를 바라보았을 때 하나님께서는 그 남자로 하여금 자신에게 가해졌던, 그러나 이제는 제거된 심각한 고통을 생각하게 하셨으며, 거의 죽음에 가까웠던 고통을, 그러나 이제는 오히려 죽음으로부터 보호되는 것을 생각하도록 하셨다. 하나님께서 말씀하셨다: 특별한 향하심 (그 안에서 하나님께서 인간의 고유한 창조를 완성하셨다.)은—어떻게 하나님께서는 창조를 특별한 향함 안에서 시작하셨는가!—하나님께서 그에게 여자를 이끌어 오심으로써 정점에 도달한다. 하나님께서는 그 인간에게 하나님의 이러한 전적인 사역에 대하여 주저함 없이 '예'를 말하도록 하셨다. 그 인간은 그 '예'를 그가 이전에 동물들에게 질서를 부여할 때 행하였던 확정들로부터 명확하게 구분하였다. 하나님께서 그 인간으로 하여금 여자 안에서 자신에게 속한 및 그 자신의 인간적 본질을, 그의 고유한 인간성의 필연적인 파트너를 인식하고 환영하도록 하셨다. 또한 이 점으로부터도 말해질 수 있다: 여자는 이보다 더 영예롭게 등장할 수가 없었다.

우리는 그 인간이 23절에서 말하는 것 안에서 세 번 사용된 대명사를 주목해야 한다: "이제야 나타났구나. 이 사람! 뼈도 나의 뼈, 살도 나의 살! 남자(*이쉬)에게서 나왔으니, 여자(*이쉬아)라고 부를 것이다." 우리는 우선, 어떻게 이 문장들이 이미 문법적 형식을 통하여 그 밖의 다른 단순한 사실 확정의 진술들로부터 구분되는지를 주의하게 된다. 20절의 이름 부여가 형식적으로 계속되면서—그러한 것이 여기서도 명시적으로 실행된다.—여기서 형식적으로 또한 인간의 그의 주변 환경과의 관계적 질서의 한 부분에 관계됨으로써, 더 이상의 이름 부여와는 이제는 관계가 없는, 저 이름 부여의 목적인, 그러나 그것이 완수됨으로써 그 이름 부여 너머의 훨씬 먼 곳을 가리키는 어떤 것이 동시에 발생한다. 사태는 인간과 동물 사이에서는 도달될 수 없었던 곳에 도

달한다: **주변 세계**(Umwelt)가 인간과 '**함께하는 세계**'(Mitwelt)가 된다. 사태는 어떤 선택에 그리고 그것에 근거한 어떤 인격적 관계에 도달한다. 인간의 존재가 만남 안의 존재로 전개된다; 이 만남 안에서 인간은 한 이웃을 획득하며, 그리고 영원히 소유하게 된다. **어떤 하나의** 다른 존재에 대한 인간의 최종적인 객관적 확정이 바로 **그 특정한** 다른 존재에 대한 그의 주관적 고백이 된다. 아직도 그는 그 타자를 자기 자신에 대해서도 그렇게 말하듯이 3인칭으로 말한다; 그러나 바로 그 다음의, 그 마지막 객관적 단어 이후의 최초의 역사적 단어는 오직 "너"가 될 수 있을 뿐이다; 이것은 이미 "이 사람"이라는 반성적 사고 안에 잠재되어 있는 것으로 보인다. "그를 돕는 자, 곧 그에게 알맞은 짝"이 등장했을 뿐만 아니라, 오히려 그렇게 인식되었다는 사실에 대한 결정이 이미 내려졌다. 그 인간의 자유로운 사고는 행하여졌으며, 하나님께서 기다리셨던 그의 자유로운 말도 말해졌으며, 하나님께서는 그것을 들으셨다. 그 말은 하나님께 향해져야만 했고, 하나님께서 그것을 들으셔야만 했다; 왜냐하면 하나님의 사역이 바로 그 말 안에서 종결에 도달하기 때문이다. 이것이 그 말이 이제야 말해지도록 그동안 억제되었던 깊은 근거이다. 그 인간이 여자에게 말하는 것이 아니라, 오히려 그는 **여자에 직면하여**, 그녀를 긍정함으로써, **하나님께 '예'를 말한다**; 이것이 종결을 형성한다. 바로 그렇게 하여 그는 그녀를 환영하고, 수용한다. 바로 그렇게 하여 그는 그녀를 영화롭게 한다; 그는 그녀에게 이제 '너'라고 말할 수 있게 되며, 그녀를 바라보면서 이제야 비로소 또한 '나'를 말하기 시작하게 된다. 바로 그 최고의 명사, 여기서 목표로 했던 그 명사가 그것의 창조 근거 및 그것의 진리를 저 최고의 목적어 안에서 갖는다; 인간은 여기서 자기 자신에게도 아니고, 그 여자에게도 아니고, 그 여자를 바라보면서 및 가리키면서, 하나님께, 그분의 이제 완성된 사역에게 영광을 돌린다. 그의 고백은, 비록 주관적이라도, 비록 여자에 대한 그의 고유한 관계의 근거에 의해서도, 다음에서보다 더 큰 힘을 지닐 수는 없을 것이다: 그 고백은 내용적으로 바로 하나님의 사역의 순전한 '요점 반복'(Rekapitulation)이다.

그 여자는 누구인가? "바로 이 사람!" 이것은 틀림없이 "그를 돕는 자, 곧 그에게 알맞은 짝"에 관계되며, 18절에서 말해진 하나님의 통찰에 따르면 그의 고유한 인간성에 결여된 및 동물의 세계 안에서는 그를 위하여 발견될 수 없었던 '좋은 것'에 관계된다. "바로 이 사람", 이 여성(geminum), 아니 바로 이 여자(femina)가—왜냐하면 이 사람은 여성일 뿐만 아니라, 오히려 여자이기 때문에, 이것이 그녀를 동물로부터 구분한다.—바로 그 '좋은 것'(das Gute)이다. "이제 바로 이 사람!"은 이러한 그의 결함의 제거를 뜻한다. "이제 바로 이 사람"이 이제 그 남자를, 그의 고독 속에서는 결코 될 수 없었던 존재로; 하나님 앞에서 완성된 인간으로, 만든다. 이것이 여자의 가장 순전한 및 가장 포괄적인 정의이다; 그녀는 다음과 같은 존재, 즉 그 인간은, 그가 바로 그렇게 하여 그의 편에서 남자가 됨으로써, 그의 인간적 자유의 사용 안에서 다음과 같이 말할 수 있는(말해야 하는) 그런 존재이다; "이제 바로 이 사람!": 이 사람이 아니라면 그는 하나님께서 그를 위하여 창조하신 및 그에게 데려 오신 "그를 돕는 자, 곧 그에게 알맞은 짝"을 헛되이 찾아 헤맸을 것이다. "이제 바로 이 사람!"을 알지 못하는 사람에 대해서는, 우리의 본문으로부터 볼 때, 그가 여자에 대하여 말할 때, 환상을 말하거나 이론화하고 있다고, 그가 말하는 것이 무엇인지 모르고 있다고 말해질 수 있다. 그러한 사람은 차라리 침묵하는 것이 낫다. 그러한 사람은 다만 무능력하게 말할 수 있을 뿐이다. 또 그 밖의 모든 것은 이러한 두 번의 장엄하게 반복된 대명사에 대한 석의에 지나지 않는다.

왜 "이제 바로 이 사람!"인가? 왜냐하면 "이제 바로 이 사람!" 자체가 인간이며, 그러한 다른 인간적 본질일 뿐만 아니라, 또한 "뼈도 나로부터의 뼈, 살도 나로부터의 살"이기 때문에, 다시 말하여 인간이 그녀 안에서 자신의 고유한 몸과 본질의 잃어버렸던 요소 및 지체를 재발견하기 때문에, 그녀가 그에게 낯선 것이 아니라, 오히려 그 자신과 마찬가지로 알려져 있기 때문에, 그가 저 잃어버린 자신의 부분을 다만 그녀에 참여함으로써 다시 갖출 수 있기 때문에, 그가 그녀에 참여함으로써 비로소, 자기 자신에 완전하게 참여할 수 있기 때문에, 그러하다. 그는 그녀 없이는 그 자신일 수가 없다; 그는 오직 그녀와 함께 그 자신일 수 있다. 그녀는 그렇게 그렇게도 가깝다. 그러므로 바로 다음이 여자이다: 그녀는 그에게—그녀의 실존을 통하여 남자가 되어진 그 인간에게 그렇게도 가까운 것이며, 그 인간 자신을 위해서 그렇게도 불가결한 것이다. 만일 그녀가 그에게 그러한 존재가 아니라면, 그녀가 그에게 다만 중립적으로, 멀리서, 없어도 되는 것처럼 서 있다면, 그녀가 그에게 한 다른, 인간적인 다만 여성일 뿐인 존재라면, 그때 그녀는 여자는 아니다. 그리고 마찬가지로, 우리의 본문으로부터 본다면, 다만 환상 속에서 및 이론적으로만 여자에 대하여 말하는 사람은 그녀를 바로 그와 같이 남자에게 가까운 자 및 불가결한 자로서, 그 자신의 잃어버린 및 재발견한 부분으로 보고 이해할 수 없을 것이다.

이름 부여(지금 우리는 그쪽으로 가고 있다.)는 우선 동일한 것을 말한다. 그것의 의미는 다른 어떤 언어 안에서도 적절하게 재현될 수가 없다. "이쉬"(남자)는 "이쉬아"(ischa; 여자)에 대한 필요한 대응이다; 왜냐하면 우리에게는 이 단어가 통용되지 않기 때문이다. 모든 다른 번역들은 여기서 의도되는 공명음을 파괴한다. 사가가 보고하는 이름 부여는 바로 이것을, 즉 여자가 남자의 여자라는 것을 말한다. 이것은 물론 여자 자신이 본래적으로 남성적이라는 것을 뜻하지는 않는다. 또 그것은 여자가 남자의 소유물이라는 것을 뜻하지도 않는다. 또 그것은 그녀가 남자와 같은 완전한 의미 안에서 인간이라는 것도 뜻하지 않는다. 그것은 물론 그녀가 그녀의 본질 및 실존 안에서 그에게 속하며, 그를 돕는 자로 규정되지만, 그러나 그녀의 독립성 및 그녀 자신을 손상함 없이, 그 자신의 잃어버려진 및 재발견된 부분임을 뜻한다: "그로부터 취하여졌다." 이것이 그 곁에서 존재하는 그녀의 고유한 본질이다. 그것이 그녀의 인간성이다; 이것은 그 장소에서 및 그렇게 규정된 특성 안에서 조금도 사소하지 않으며, 그 인간성 안에서 그녀는 남자의 그것보다 말하자면 특정한 및 결정적인 관점에서는 능가한다; 그러나 만일 그녀가 그 인간성을 남자의 다른 인간성과 교환하려고 한다면, 그때 그녀는 그것을 포기하고 잃어버리는 셈이 될 것이다. 또한 양자 사이의 관계도 단순히 쌍방적이거나 동등하지 않으며, 남자는 여자로부터 취해질 수 없으며, 오히려 여자가 남자로부터 취해지며 그래서 남자가 우선적으로 여자에 속하는 것이 아니라, 여자가 우선적으로 남자에게 속하며, 그러한 한도에서, 다만 이차적으로 또한 그도 그녀에게 속한다.─이것이 여기서 잘못 해석되어서는 안 된다. 남자의 주권성(Sprematie)는 질서의 일이며, 가치 혹은 존엄성 혹은 영예의 일은 아니다. 그 주권성은 남자의 어떤 더 높은 인간성을 가리키지 않는다. 그 주권성의 인정이 여자에게 어떤 수치를 안기는 것이 아니며, 오히려 그것은 그녀의 영광의 승인을 뜻하며, 그녀의 영광은 특정한, 결정적인 관점에서는 남자의 영광보다 클 수도 있다. 마찬가지로 다음도 말해질 수 있다: 여자를 남자에 대한 이러한 관계 안에서 알지 못하는 사람은, 그녀를 우리의 본문으로부터는 전혀 알지 못하는 것이며, 그러한 남성들의 사고의 흐름 전체도, 그러한 또한 여자에 대한 여성들의 사고도 그 현실성을 완전히 비켜가는 셈이 될 것이다; 왜냐하면 그러한 사고들은 바로 그 계기를 전혀 고려하지 못하거나 혹은 틀리게 고려하기 때문이다.

우리는 최종적으로 질문한다: 왜 "이쉬아(여자)"인가? 왜 "나의 뼈로부터의 뼈, 나의 살로부터의 살"인가? 왜 "이제 바로 이 사람!"인가? 여기서 주어지는 근거가 다시 한 번 특별히 주목되어야 한다: "왜냐하면 그녀가 남자에게서 나왔기 때문이다." 여자의 특수한 실존 및 특수한 본질의 배후에는 고독한 남자에 대한 하나님의 저 개입 및 처치가 놓여 있다; 이것의 완수를 위해서는 그는 깊은 잠에 빠져야 했으며, 그 처치를 통하여 그 자신으로부터 한 부분이 취해지며, 그것도 죽음의 상처를 가하는 중에 취하여진다. 우리는 인간의 고유한 창조의 시작과의 유비를 주목해야 한다: 흙으로부터 그는 취하여졌으며, 이제 그는 여자의 창조에 있어서 (이 창조 안에서 그의 고유한 창조가 완성된다.) 그 자신이 그곳에서 흙이 그러했던 것이 된다; 소재(das Material), 즉 하나님의 사역의 가치도 없고, 그 사역에 적합하지도 않은 소재가 하나님의 사역에 사용되고, 봉사 안으로 수용된다. 하나님께서 인간을, 그는 전혀 그런 능력을 갖고 있지 못하지만, 그로부터 및 그 자신을 통하여 하나님 자신의 사역을 완성하기를 원하셨다는 것, 이것이 그 여자가 "남자로부터 취하여졌다."로써 말해졌다. 그것으로써 그에게 수여된 것은 파악될 수 없는 탁월함과 영예이며, 그리고 여자는 바로 그녀의 인격 안에서 그의 바로 그 **영예(Ehre)**이다: 여자는 자유로운 은총의 증거 및 구체화이다; 그 은총 안에서 하나님께서는─하나님 자신의 고유한 사역의 철두철미 기적적인 성격을, 창조자의 높으심 및 창조자의 능력의 고유한 주권성을 손상함 없이─**그 인간 없이가 아니라, 오**

히려 그 자신으로부터 및 그 자신을 통하여 그를 인간으로 완성하기를 원하셨다. 그것은 물론 섬뜩한(unheimliche) 영예이다. 그러나 그 영예는 오직 저 하나님의 처치 및 개입을 통해서만 생겨날 수 있다. 하나님 및 법에 따라 그에게 속한 어떤 것을 내어놓도록 그 인간에게는 물어보는 일도 없이, 그는 저 죽음의 상처가 그에게 가해지도록 허락할 수밖에 없었다. 죽어 있는 흙이 아닌, 오히려 살아 있는 생명체인 그에 대하여, 하나님께서 저 완성되어야 하는 사역을 위하여 걸어오셨을 때, 그가 자신에게 처해지도록 허용해야 했던 것은 희생제물, 고통, 죽음의 위험이었다. 그러나 하나님께서는 그를 살려주셨으며, 그럼에도 불구하고 여자에 대한 그의 관계 안에서의 발견의 완전한 기쁨 그리고 결코 잠재워지지 않는 결여의 아픔 사이의 기적적인 혼합은 그가 겨우 면하였던 바로 그것에 대한 지속적인 기억이다. 여자는 그에게 위대한, 그러한 섬뜩한 (unheimliche) **영예**이다. 그러한 것은 왜냐하면 여자의 창조가 인간의 고유한 창조의 완성이며, 그러한 한도에서 그 창조의 영예의 선포이기 때문이며, 그녀의 존재가 비로소 그의 고유한 실존의 인간성의 완성을 뜻하기 때문이다. 여자가 그러한 영예인 것은 왜냐하면 그가 여자에 대한 그의 예로써, 그의 자유로운 사고의 인식 및 그의 자유로운 말의 고백으로써, 말하자면 두 번째로 그녀의 창조에 및 그것과 함께 그 자신의 고유한 창조에, 그리고 그것과 함께—충분히 영예롭게!—창조 전체의 완성에 참여하게 되기 때문이다. 그의 영예로서 이제 여자는 그의 앞에 서 있으며, 바로 그것이 **그 여자의** 영예이며, 그러한 다면적인 의미 안에서 그것은 **그의** 영예이기도 하다. 그렇기 때문에 그녀는 "이쉬아(여자)"라고, "나의 뼈로부터의 뼈, 나의 살로부터의 살"이라고, "이제 바로 이 사람!"이라고 말해진다. 그 여자는 그 앞에 우연히 그렇게 서는 것이 아니며, 자의적으로 그렇게 서는 것도 아니다. 그녀는 그의 영예이며, 이것은 그 자신이(고전 11:7) 하나님의 영예인 것과 마찬가지이다. 그녀가 없다면 그도 영예가 없을 뿐이며, 그녀 없이 그는 또한 하나님의 영예일 수도 없다. 바로 다음이 여자의 창조의 특별한 영광이다: 여자는 "남자로부터 취하여졌다"; 여자는 남자로부터의 남자의 창조의 완성이며, 남자의 고유한 인식, 남자의 고유한 고백을 통하여 그 창조의 완성에는 왕관이 씌워지며—바로 이러한 (그것의 방식으로의) 결코 능가될 수 없는 탁월함이 여자를 특별하고 강하게, 그러나 진실로 그녀의 비하가 아니라, 오히려 바로 그렇게 하여 저 장소로의 그녀의 높여짐을 지시한다. 오직 그곳에서 여자는 자신이 참된 인간성을 갖는다. 그곳에서 그녀는 그 인간성을 참으로(현실적으로) 갖는다.

이곳에서 우리는 다른 전제들로부터 다음의 낯선 사실성을 이해할 수 있다: 본문은 이 맥락에서 여자에 대해서는 상응해야 하는 설명을 전혀 보고하지 않는다. 여자에게는, 하나님의 호흡을 통해 티끌로부터 지어져서 살아 있게 된 자인 홀로 있는 남자에게 그의 하나님께 대한 위치가 질문되었던 것처럼, 그 질문이 주어지지 않는다. 여자는 선택하지 않는다; 여자는 다만 선택될 뿐이다. 그녀는 동물과 남자 중에서 스스로 결정하지 않는다. 여자는 남자와 달리, 동물들과 달리 흙으로부터가 아니라, "남자로부터" 취하여졌다. 왜냐하면 여자가 바로 그렇게 하여 말하자면 본래적으로 인간적이기 때문에, 왜냐하면 그녀가 남자의 영예이며, 남자의 인간성의 완성이기 때문에, 여자가 남자를 향하여 규정되었다는 것, 자신의 존재 전체 안에서 남자를 향하여 실존한다는 것은 여자에게 어떤 문제인 것이 아니라, 오히려 자명한 것이다. 그래서 여자는 자신의 인간성을, 특별한 인식 안에서 및 특별한 고백으로 확증함에 의해 증명할 필요가 없다. 여자는 그 자신이 남자의 인간성의 완성이기 때문에, 자신의 인간성의 더 이상의 어떤 완성을 필요로 하지 않는다. 완성의 문제에 있어서의 그녀의 '예'는 남자의 그것 안에서 선취되었다; 남자의 '예'는 우리가 보았던 것처럼 여자가 아니라, 오히려 하나님을 향한 것이었으며, 내용적으로는 그러나 바로 그 여자를 보면서 말해졌다. 남자의 인식과 고백이 여자의 것을 내포한다. 남자가 여자를 선택함으로써 여자도 또한 남자를 선택하였다. 왜냐하면 하나님께서 여자를 남자로부터 및 남자를 향하여 창조하심으로써, (남자는 이것을 자신의 선택 및 자신의 선언을 통하여 확증해야만 한다.) 여자는 또한 (*선택되고 확증된 채로) 그렇게 존재한다; 그녀 자신의 어떤 선택과 선언 없이 그렇게 된다. 만일 여자에게 "돕는 자"가 되는, "그에게 알맞은 짝(Gegenüber)"이 되는 것 외에 어떤 다른 가능성이 있다면 그는 여자가 아닐 것이다. 여자는 하나님께서 그 여자를 선택하신 그 목적을 선택한다; 그러므로 여자는 자신의 모든 선택을 그 선택에 **굴복**시킴으로써, 자기 자신을 선택한다; 남자의 기쁜 선택에 의하여 둘러싸이고 그것을 담지하면서, 남자에 의하여 **선택된 자**로서 **존재**하면서, 자기 자신을 발견한다. 창조 사가의 의미 안에서 이 관계가 어떤 이상한 것도 아니며, 또: 전혀 여자의 참된 인간성을 비하하는 것, 불이익을 주는 것, 제약하는 것이 아니며, 남자에 대한 여자의 지위를 해치는 것도 아니다. 창조로부터 볼 때, 바로 여자의 참된 인간성은 다름이 아니라, 하나님의 뜻과 계획에 따라 남자에 의하여 선택된 자가 되는 것이며, 남자를 통한 그녀의 선택 안에서 하나님의 뜻과 계획을 (이제 바로 그 선택으로써) 인식하고 실현하는 것이다.

여자의 창조 그리고 그것과 함께 둘째 창조 보고 전체는 형식적으로는 어느 정도 거리가 있는 두 가지의 언급으로써 매듭지어진다. 첫째(24절)는 명백하게도 방금 주어졌던 남자의 고백에 대한 저자의 생각이다: "그러므로 남자는 아버지와 어머니를 떠나, 아내와 결합하여 한 몸을 이루는 것이다." 이 본문의 후대의, 신약성서적인 독자들 사이에서 그 생각에 부과된 중요성은 마태복음 19:4의 말씀이 창조자 자신의 말씀으로 언급된다는 것에서 제시된다. 그러나 24절은 저자 자신에게도 또한 계시된 하나님의 말씀의 의미와 특성을 가졌다는 것도 확실하다. 그래서 이 구절은 사람들이 이 본문 전체를 바로 이 구절을 바라보면서 "병인(病因)학적 신화의 모범적 사례"라고 불렀다는 사실과 양립할 수 없는 것도 아니다; 다만 그때 사람들은 중심 내용에 적절한 개념인 "사가"를 그렇게 말할 때에도 더 낫게 보존했어야만 했다. 모든 사가는 아니지만 그러나 틀림없이 모든 창조 사가들은, 그래서 또한 이 사가도, 그것의 본질에 있어서 "병인학적"(ätiologisch)이다; 다시 말하여 존재의 근저에 놓인 생성의 통찰 및 (*문학적) 창작(Dichtung)이다. 우리의 구절은 다음을 대단히 명확하게 만든다: 이 본문 전체는 발생학적으로(genetisch) 피조물의 존재로부터 생성으로의, 실존으로부터 창조로의 (예언서적-성문서적인) 뒤돌아봄보다 더 확실하다고 이해될 수 있다. 그러나 우리는 본문의 의미에서 동일한 것을 말하기 위해서는 다음을 추가해야 한다: 그것은 신적 계시의 빛 안에 있는 피조물의 존재로부터 그것의 (바로 그 계시를 통하여 조명되는) 생성으로의 뒤돌아봄으로, 즉 하나님께서 다스리시는 역사로부터 하나님의 창조로의 뒤돌아봄으로 이해될 수 있다. 그렇기 때문에—왜냐하면 여자가, 앞에서 서술한 대로, 하나님에 의하여 그렇게 창조되었기 때문에, 남자와 여자의 관계가 그때에, 원역사적으로, 그렇게 근거되고 형태를 갖추었기 때문에—그렇기 때문에 이제 사태는 다음과 같다: 남자와 여자 사이의 **사랑**은, 그리고 그것에 근거된 **결혼**은 [이 두 개념을 우리의 설명 안으로 비로소 의미 깊게 도입할 수 있는 곳은 바로 여기이다.] 다음 방식으로 발생하게 된다: 남자는 그 아버지와 어머니를 떠나며, 여자와 결합하며(여자에게 속하며), 둘은 한 몸이 된다. 만일 우리가 앞선 것을 주의 깊게 읽었다면, 그리고 올바로 이해하였다면, 그때 우리는 여기서 우선 깜짝 놀라지 않을 수 없게 된다. 우리는 여자의 생성의 서술에 따른 남자와 여자의 존재의 이러한 서술을 두말할 필요도 없이 기대하지는 않았을 것이다. 여기서는 어쨌든 앞의 두 진술들에 있어서 모든 것이 뒤집어지는 것으로 보이고, 또한 셋째 진술에 있어서도 최소한 그곳에서 통고되었던 것과는 다르게 보인다: 남자가 이제는 따르는 사람, 즉 여자에게 속한 사람이고, 남자와 여자가 서로 함께 철저한 하나이다. 우리는 묻게 된다: 앞에서 그렇게도 명확하게 강조되었던 남자의 주권성(Suprematie)은 어디로 갔는가? 또 우리는 묻게 된다: 본문은 어떤 의미에서 하나님의 창조 안에서의 저 생성과 남자와 여자 사이의 관계의 이러한 사실적 존재를 "그렇기 때문에"로써 연관시킬 수 있었는가? 그러나 양자 사이의 모순은 다만 겉으로 보기에만 그러할 뿐이다. 수수께끼의 "그렇기 때문에"(Darum)는 좋은 이유를 가지고 있다. 우리는 이 문제를—소위 병인학적인 사가에 이제 단번에 이중적인 사고가 속하고 있다.—오직 이 사가가 실제로 가지고 있는 양쪽 모두의 측면으로부터 현실적으로 철저하게 숙고하기를 시도해야 한다.

저자는 한편으로 다음을 말하려고 한다: 저곳, 즉 남자와 여자의 **창조**의 보고 안에서와 마찬가지로 또한 그들은 **역사적 현실성** 안에서도 서로에게 그렇게 관계된다: 말하자면 한 특정한 남자가 한 특정한 여자를 **사랑할 때**, 결혼 안에서 그 남자와 그 여자가 서로 함께 서로에게 **속할 때**, 그러하다. 다음이 발생할 때, 즉 그 남자가 아버지와 어머니를, 다시 말하여 그의 가장 근원적인, 가까운 및 좁은 속박들을 떠나고, 그의 가장 자연적인 뿌리들로부터 분리되어 독립적인 인간이 될 때, 그가 그 여자 안에서 '너'를 발견하며, 그 여자 없이는 나, 즉 바로 그 남자일 수 없을 때, 이제부터 그가 바로 그 너에게 "종속될 때"(anhängt), 다시 말하여 바로 그 너에게 그가 나인 그 동일한 힘으로써 관계하며, 그가 그 남자인 바로 그 동일한 필연성으로써 그 여자에게 향할 때, 그가 이 타자와 함께 (그녀는 겉으로 보기에는 타자이지만, 그에게 이제는 전혀 타자가 아니며, 오히려 가장 가까운 이웃이다.) 한 몸이 되며, 철저히 함께 일치하는 전체가 될 때, 그가 이제부터는 철두철미 그녀와 함께 인간일 수 있을 때—그때 다음은 비로소 참이 된다: 여자는 "이쉬아"이며, "그의 뼈로부터의 뼈"이며, "이제 바로 그 사람!"이다; 왜냐하면 "남자로부터 취해졌기" 때문이다. 여자가 남자에 대하여 그렇게도 결정적인 및 탁월한 의미를 획득하는 바로 이러한 전대미문의 과정 안에서 다음이 확정된다: 남자가 홀로 머문다는 것은 정말로 좋지 않으며, 그는 "돕는 자, 그에게 알맞은 짝"을 정말로 필요로 하며, 그러한 돕는 자의 존재 없이는 그의 고유한 창조도 현실적으로 완성될 수 없었을 것이다. 그 다음에는 다음이 또한 확증된다: 여자는 참으로 그의 영예이다; 남자의 빛이 되는, 그러나—뿌리로부터의 그의 저 분리가, 아버지와 어머니로부터의 그의 저 떠남이 보여주듯이—또한 그의 강력한 희생 및 고통이 없이는, 거의 반죽음 없이는, 실현될 수 없는 영예이다. 계속해서 다음이 확정된다: 그 인간은 자신의 고유한 창조를 하나님의 뜻과 계획에 따라, 그가 여자를 선택함으로써, 그 앞의 그녀의 실존에, 바로 그것과 함께 하나님의 창조 전체에, 그리고 최종적으로 및 최고로 그 자신의 고유한 인간성에 '예'를 말함에 의해 완성해야만 한다. 그때에 다름이 아니라 다음과 같은 계시됨의 사실성이 발생한다: 하나님의 뜻과 계획은 이 일 안에서 장난이 아니며, 오히려 진지하며, 또 하나님의 창조는 모든 현실성의 근거이다. 그 모든 것이 하나님의 창조 안에서, 그래서 또한 하나님의 뜻과 계획 안에 근거되어 있기 때문에, **그렇기 때문에**: 남자와 여자가 서로 사랑하면, 그들이 결혼하게 되면, 사태는 실제로 발생하는 것과 같이 그렇게 발생해야만 한다: **그렇기 때문에**, 그 남자는 이 일에 있어서 사실상 추구하는 자, 갈망하는 자, 희생되는 자, 여자를 그리고 그녀에 대한 그의 관계의 성취에—그러한 한도에서 이것은 (*그녀)보다 약한 그의 부분이다.—의존된 자이다.—우리는 저자를, 아직도 여전히 동일한 시각 안에서 확실하게도 또한 다음과 같이 이해할 수도 있다: 그곳에서, 그들의 창조 안에서, 서술된 남자와 여자의 관계와 마찬가지로, 또한 그 관계의 역사적 현실성 안에서, 그것의 사실상의 성취 안에서, 남자와 여자 사이의 사랑 및 결혼 안에서도 이해되고, 근거되고, 내적 형태를 갖추고자 한다. (그래야만 한다; will und muß) 그곳에서 그 관계는 자신의 원형(Vorbild)을 갖는다; 이 원형을 벗어날 때, 그 관계 자체의 파괴는 불가피하다. 그러므로 한 남자가 부모를 떠나 그의 여자에게 속하게 되고, 그녀와 한 몸이 될 때, 그것은 어떤 우연 혹은 자의성의 행위일 수 없으며, 오히려 그것은 **창조** 안에서 시작되는 저 노선 위에서 발생해야만 한다. 모든 것은 다음에 달려 있다: 그 남자는 이제 참으로 좋은 것을 찾고 발견한다;

만일 그렇게 발견하지 못했다면, 그 좋은 것은 그의 고유한 인간성의 완성에 결핍되었을 것이다.―그리고 마찬가지로 모든 것은 이제 그 여자가 그에게 바로 현실적으로 그 좋은 것이라는 사실에 달려 있다. 그때 그러한 일련의 사건(Akt)은 참으로 인간 생성의 완성하는 행위이며, 참으로 자유로운, 인간적인 사고 및 자유로운, 인간적인 말의 결정과 선택이다. 그러므로 남자의 (자신의 뿌리로부터의) 벗어남은 어떤 반역하는 자기 해방이 전혀 아니며, 그 분리는 그때 그가 바치는 희생 제의이며, 그 대가로서 그가 얻고 수여받는 자아의 독립이다. 그는 그때 다시 한 번 그의 나인 것이 아니라, 오히려 참으로 너를: "돕는 자, 곧 그에게 알맞은 짝"을 찾은 셈이 된다. 그때 그는 그녀가 "자신의 뼈로부터의 뼈, 자신의 살로부터의 살"임을, "이제야 바로 그 사람!"임을 확인하게 된다. 그때 그는 그녀 안에서 참으로 저 다층적인 의미에서의 그의 고유한 영예를 찾았고 발견한 셈이 된다. 그때 그 여자는 자신의 편에서 다름이 아니라 바로 남자의 영예이려고 의지해서는 안 된다. 남자가 그 사건 안에서 자신의 실현을 발견하는 그 의지와 계획은 양쪽 모두에 대한 하나님의 것이다. 만일 이 사건이 우연과 자의성에 혹은 오해와 오류에 근거하게 된다면, 그것은 남자와 여자 모두에게 좋지 않다.

그러나 이제 저자는 틀림없이 반대의 측면으로부터 또한 전적으로 다른 것을 말하려고 한다. 그는 그의 창조 보고를 틀림없이 또한 역사적 현실성으로부터 이해하려고 했다; 역사적 현실성은 그에게 창조보다 조금도 덜 중요하지 않았으며, 말하자면 창조보다 더 직접적으로 하나님의 계시의 빛 안에 서 있었다. 그러므로 그는 틀림없이 또한 다음도 말하려고 했다: 남자와 여자의 관계가 여기서, 즉 **역사적 현실성** 안에서 완전하게 전개되고 있는 것처럼, 그와 마찬가지로 또한 그것은 저기서, 남자와 여자의 **창조**에 있어서도 그렇게 의미되었으며, 그래서 저 원역사적 사건에 의하여 말해진 것도 그와 마찬가지로 이해되어야 한다. 만일 저곳에서 하나님께서 인간의 혼자 있음을 좋지 않다고 보셨고, 그래서 그에게 돕는 자를 주기로 결정하셨다면, 마찬가지로 그것은 여기서 한 인간이 부모를 떠나도록, 그 다음이 자신의 고유한 배우자를 찾도록 내모는 끊임없는 필연성의 원형이기도 하다. 저 창소 행위(그 안에서 여사는 남자로부터 취해지며, 그래서 그녀는 "그의 뼈로부터의 뼈, 그의 살로부터의 살"이 되며, 그녀는 "이쉬아"가 된다.)는 여기서 결여 및 충족(이것 안에서 남자는 그의 선택된 자와, 그의 선택을 통하여 자기 자신을 그녀에게 결합시킴으로써, 결합된다.)을 목표로 향한다. 남자를 통한, "이제야 바로 이 사람!"을 통한 여자의 저 인식 및 정의는 하나 됨(Einheit)을 목표로 향한다; 하나 됨 안에서 남자와 여자는 사랑에 의해, 그리고 사랑에 근거된 결혼에 의해, 다만 함께 존재하고, 둘인(zweisam) 하나로서 존재할 뿐이다. 저곳에서 볼 수 있었던 남자의 전적인 주권성은 그가 이러한 질서에 굴복한다는 사실을 목표로 한다. 오직 이러한 질서 안에서 남자만 홀로 선택하는 자라는 사실이 가시화되고 적법하게 효력을 발생할 수 있게 된다. 이 사건 안에서 남자에게 부여되는 오직 그러한 낮아짐 안에서만, 오직 그가 여자에게 — 왜냐하면 그는 찾는 자, 갈망하는 자, 여자에게 의존되어 스스로를 희생하는 자이기 때문에 — 더 약한 자로서 여자와 대면하여 선다는 사실 안에서, 오직 그러한 점에서 남자는 여자에게 주님이며, 더 강한 자일 수 있다. 오직 이 사건의 실행 안에서만 그는 자신의 자유로운 사고 및 자유로운 말로써 여자를 위하여 등장할 수 있는, 그리고 자신의 인간성의 명시적 확증으로서 또한 그녀의 인간성을 고백할 수 있는 권리를 획득하고 소유한다. 그의 전적인 우선성은, 그가 바로 그 우선성을 오직 그의 (여자에 대한 그의 사실상의 관계의 본성 안에 근거된) 겸허 안에서만 유효하게 만들 수 있다는 사실로써 서고 넘어진다. 우리는 이 사실로부터 본다: 여자는 그 우선성에 대하여 현실적으로 또 실천적으로 — 바로 실천적으로! — 아무것도 두려워할 필요가 없다. 창조에 상응하는 남자의 주권성이 저 "그렇기 때문에"를 통하여 사랑과 결혼의 순전한 역사적 현실성과의 관계 안에 놓일 때, 남자도 또한 자신에게 저곳에서 주어진 것 중 전혀 아무것도 잃어버리지 않는다. 그에게는, 원래 그에게 주어졌던 그것을 행하도록 말해질 뿐이다. 그리고 바로 그것으로써 여자로부터는 염려, 질투, 거부에 관한 마지막 항변도 제거되었다. 사랑과 결혼의 순전한 역사적 현실성 안에서 그것의 창조에 상응하는 근거에 대한 어떤 잘못된 이해는 남자 쪽에서도, 여자 쪽에서도 어떤 여지도 획득할 수 없다.

  두 개의 마침 진술 중 둘째(25절)는 앞에서의 생각으로부터 이야기로 되돌아간다: "남자와 그 아내가 둘 다 벌거벗고 있었으나, 부끄러워하지 않았다." 이것이 이 주제에 있어서 둘째 사가의 마지막 말이며, 또 창조 전반에 대하여 보고되어야 하는 것의 제일 마지막이기도 하다. 인간이 창조자의 손으로부터 유래하여, 이제 자신의 길에 발을 내딛음으로써, 그에게 주어지는 사태는 여기서 서술되는 것과 같다. 하나님께서 창조하신 땅과 하늘의 세계 공간은 창조로부터 인간에게 그러한 사태로 주어지는 것이다.

  바로 이 구절에 직면하여, 우리가 바로 여기서 이제 말하자면 최초의 인간의 어떤 무죄한 "원상태"(Urstand)의 이론과도 같은 것과 관계하지 않는지가 질문될 수 있다. 다음은 분명하다: 여기서 이야기 되는 (하나님께서 창조하신) 인간의 상은 나중에 인간의 최초의 행동이 범죄함이었던 그의 역사의 시작 이후에 인간이 스스로 표현하는 상과는 대단히 뚜렷하게 구분된다. 남자와 여자의 범죄함의 직접적 결과는 그들이 벗음을 부끄러운 일로 여기게 된 것, 즉 수치를 인지하게 된 것이며, 그들이 그 당혹성으로부터의 도움을 스스로 마련하려고 시도하는 것이다. 만일 우리가 여기서 상태(Stand; status)라는 개념을 굳이 사용하려고 한다면, 다음을 주의해야 한다: 우리의 본문의 사람들은 어쨌든 처음에는 (*나중과는) 전혀 다르게 무죄함(순결; Unschuld) 안에, 그리고 나중에는 (*처음과는) 전혀 다르게 죄책 안에 "서 있었다."(standen) 그 구분은 다음에 놓여 있다: 저곳에서는 — 바로 이것이 그들의 무죄함(순결)이었다. — 그들이 말하자면 스스로를 장식할 수 있는 그들의 독립적인 섬(Stehen)이 전혀 문제되지 않았고, 될 수도 없었다. 그들의 무죄함은 또한 내용적으로는 오직 다음이었다: 그들이 타락하기 전에는 행하여야 하는 어떤 것을 중단한다는 것이 그들의 생각 속에 도무지 떠오를 수가 없었다.—정확하게 말하자면: 수치와 같은 어떤 종류의 건은 사실상 그들의 생각(Sinne) 속에, 그들의 영역 안에 놓여 있지 않았다. "서는 것"(stehen)을 그들은 "넘어진"(fallen; 타락한) 이후에 비로소 행하기 시작하였다. 그들이 도대체 "서려고" 하는 그것이 그들의 타락(Fall; 넘어짐)이었다. 이제 그들은 반드시 "서야만 했다"; 그러나 그것으로써 다만 그들의 죄책을 확증할 수 있을 뿐이었다. 바로 이러한 "상태"(Stnad) 안에서 그들은 그때 최초로 및 우선적으로 스스로를 부끄러워해야 했다. 그러나 앞에서는 하나님께서 그들을 위하여 서 계셨다(stand): 그들의 창조자로서의 그분의 뜻과 계획과 함께, 그들의 영예이신 그분이, 그들의 무죄함이신 그분이 서 계셨다.—그래서 그들의 고유한 "섬"(Stehen)은 다만 다음으로써: 그들은 하나님의 사역과 은사에 그들의 고유한 아무것도 추가해야 한다고 생각하지 않았다는 것으로써 끝이 난 셈으로 여겼다는 사실에 놓여 있었다: 왜냐하면 그들에게는 아무것도 결핍되지 않았으며, 바로 그들의 자유로운 행동은 오직 하나님께서 그들을 전적으로 옹호하신다는 그들의 확증이었으며, 그분의 의도와 그분의 손의 사역을 그들의 고유한 의도들 및 사역들을 통하여 개선하거나 보충하려고 한다는 것은 있을 수 없었기 때문이다. 그들의 나중의 죄책(Schuld)이, 마찬가지로 나중의 그들의 벌거벗음으로 인한 그들의 수치가 **그들에게** 속하였다. 그들의 이전의 무죄함(순결)은 그러나 바로 다음에서 현실적인, 진정한, 순수한 무죄함이었다: 그들은 **그들에게 속하지 않았다**; 왜냐하면 그들은 그렇게 하여 자신의 장비를 갖추거나 장식하지 않았기 때문이며, 그들은 하나님께서 그들을 창조하실 때에 입히신 바로 그 자연의 옷이었으며, 그 옷 안에서 그들은, 하나님으로 충분하다고 만족함으로써, 보호를 받았기 때문이다. 만일 우리가 그것을 그들의 "원상태"(Urstand)라고 부르려고 한다면, 그때 우리는 그것을 어쨌든 어떤 방식으로써도 하나님의 창조의 행동 그 자체와 분리시켜서는 안 되며, 그래서 우리는 그것을 또한 **하나님 자신의 원상태와** (인간의 근원적으로 신한 본래 속성(Eigenstand)으로써, 인간의 수행 및 '미덕증명'으로써) 마주 세우려고 해서도 안 된다. 인간의 본래적 상태, 그의 수행 및 그의 미덕의 증명은 하나님의 원상태와는 구분되면서 사실상 즉시 죄책 안의 그의 상태였다. 인간이 선하고 무죄했다는 것, 이것은 그의 고유한 역사의 어떤 계기가 아니라, 오히려 그의 창조사의 '결론의 및 최고의 지점'이다. 첫째 사가의 1:31에서 진술된 관점 아래서 하나님께서는 당신이 만드신 모든 것을—인간도 마찬가지로—보셨으며, 그것이 참 좋다고 보셨다. 그리고 그 관점의 가장 정확한 병행은 그곳의 2:2-3에서 보고되는 하나님의 안식일 축제이다; 이 축제에의 참여 지분이 즉시 또한 인간에게도 주어지며, 그래서 인간의 진행 경로는 사실상 하나님의 안식 안에서 및 안식과 함께 시작될 수 있게 된다.

우리는 그 관점의 이해를 위해서 25절 안에서 우선 다음을 주목해야 한다: 인간들이 여기서 처음으로 "둘"(beide)이라고, 그리고 그 다음에는: "남자와 그 아내"라고 지칭된다. 그 문제(이것으로부터 사가의 마지막 부분이 시작했다.)는 이제 해소되고 제거되었다. 인간은 이제 더 이상 고독한 하나가 아니며, 둘이다. 18절에서 하나님의 판단에 따라 그에게 결여되었던 그 좋은 것이 이제 그에게 더 이상 결여되어 있지 않다. 그의 창조는 이제 완성되었다, 그는 이제 복수형이다. '나'는 이제 '너'를 발견하였다. 이것이 둘(beide)을 뜻한다. 둘 다가 서로 함께 이제 행동하는 및 그 행동 안에서 책임지는 '주체-인간'이다.(23절에서 떠맡았던 것처럼) 유일하게 책임지는 자 및 말하는 자로서의 남자의 지위는, 이제 여자가 창조된 이후에는, 그녀의 생성과 함께 그 자신의 고유한 창조가 완성된 이후에는, 지나가 버린 것이 되었다. 여자가 이제부터는 그 곁에 현존하며, 여자가 그와 함께 인간이며, 그와 함께 인간으로서 하나님 앞에 선다. 하나님의 인간과의 교제 전체는 지금부터는 엄격하게 남자와 여자로서, 즉 나와 너로서 분화된 본질로서의 인간에 관계되며, 그래서 인간성(Menschlichkeit)에 관계된다. 그러나 여자는 **여자**로서 그 곁에 현존한다. 남자와 여자의 마주 대함은 어떤 제 맘대로 형태를 갖춘 혹은 자유로운 처분에 따라 그럭저럭 배열된 요소들이 아니다. 오직 인간의 창조 안에서 하나님께서 질서를 부여하신 대로, 오직 그렇게만 인간 사이의 대면도 또한 하나님께 대한 관계 안에서 정상적이고 선할 수 있다. 그들 사이의 관계의 다른 모든 형태는 또한 그들의 하나님께 대한 관계를 변경시킨다. 하나님께 대한 그들의 관계의 모든 변질은 그들 서로에 대한 정상적이고 선한 관계가 방해를 받고 어긋나게 된다는 데에서 드러난다. 그 관계의 특정한 질서는 우선 "남자와 그의 아내"라는 두드러지는 표현에 의하여 지시된다. "남자와 그의 여자"는 23절에 따라 정확하게 번역되어야 한다. 그것은 단순히 "그 남자 그리고 그 여자"를 뜻하지 않으며, 오히려 다음에 따라오는 것이 말하는 주어는 남자이다: 즉 '이 남자 그리고 그의 여자'를 뜻한다.—그는 더 이상 홀로 있지 않은, 오히려 오직 그의 여자와 함께 있는 인간이 그 사람이다.—그의 고유한 창조는 오직, 그가 "그의 여자와 함께 있는 인간", "아내와 함께하는 남자"가 되었다는 사실을 통하여, 완성되었으며, 오직 그것과 함께 그는 "남자"가 되었다. 남자의 상대적인 주권성(Suprematie)은 이 표현 안에서 다시 한 번 관철된다. 그러나 우리는, 어떻게 그 주권성의 상대성이, 남자 그 자체가 아니라, 오히려 인간이 언급된다는 사실을 통하여, 확실해지는가에 주의해야 한다. 그는 바로 남자로서 어떤 추상적 남성성 안에서 실존하는 것이 아니라, 오히려 여자가 그에게 속하는, 그 여자를 "자신의" 아내로서 곁에 갖는 인간으로서 실존한다. 마찬가지로 또한 여자도 "그의"라는 소유격으로서 그 남자의 여자가 아니라, 그 인간의 여자라고 지칭된다. '남자의'가 아니라 '인간의' 여자(아내)로서 그녀는 "그의" 아내이다. 그 소유격은 여자의 인간성을 그 자체 안에 포함함으로써, 유효하다. 남자와 여자를 함께 세우는 "둘"이라는 숫자 단어의 범위 안에서 자신 곁의 여자의 현존이 없으면 남자에게서도 인간성이 박탈되는 일이 유효하다. 그 범위 안에서 그것은 자명하게 **유효**하다. 여자는 "**그의**", 즉 "**인간의**" 여자이다. 그리고 이 인간이 그 남자이다. 그 여자는 그로부터 취하여졌으며, "**그의 뼈로부터의 뼈**"이며, 그의 "**살로부터의 살**"이다. 그가 그녀를 하나님 앞에서 선택하였고, 환영하였다: "이제야 바로 이 사람!" **그**를 위하여 그녀는 그곳에 현존하며, **그의** 질문에 대한 대답으로서, **그**에게 알맞은 짝인 돕는 자로서 현존한다. 그녀가 **그의** '너'임으로써, 그녀는 '나'이다. 그녀는 **그의** 인간성의 완성임으로써, 인간이다. 만일 그녀가 그의 "아내"가 아니라면, 그에게 주어지고, 그에게 인도되고, 그에 의하여 그러하게 인식되고, 말 건넴을 받고, 수용되지 않는다면, "아내"로서의 그녀의 존재란 무엇이겠는가? 그 안에서, 그 남자 안에서, 그녀는 자신의 인간을 가지며, 그 안에서 및 그와 함께 그녀 자신의 고유한 인간성을 갖는다. 어떤 추상적인 남성성이 없는 것처럼, 마찬가지로 어떤 추상적인 여성성도 없다. 인간성은 오직 현실적일 뿐이다; 여자에 대한 이 인간성은 오직, 그 남자에게 그의 아내가 된다는 것, 그러나 바로 그렇게 하여 그 인간의 아내가 된다는 것에 놓여 있다. 이 둘 중 그 어떤 것도 홀로 주목되거나, 홀로 간과되어서는 안 되며, 그 어떤 것도 다른 편에 불이익을 주면서 과도하게 강조되거나 한쪽의 이익을 위하여 억압되고 소홀히 되어서는 안 된다: 남자의 그리고 여자의 **인간성**도, 그들의 **남성성** 그리고 **여성성**도, 남자의 **주권성**도, 그 주권성의 **상대성**도, **여자**의 고유한 인간적 권리도, 그 권리의 (남자에게 먼저 승인된, 그의 돕는 자에 대하여 법으로써 인정된) 권리주장에 대한 관계도, 그렇게 되어서는 안 된다. 그들의 창조의 단막(Akt) 안에서, 하나님께서 창조자로서 그들을 위하여 선하게 마주 서셨을 때, 남자와 여자는 그러했다. 그들은 이러한 차이 안에서, 이러한 총체성 안에서, 이러한 하나 됨 안에서 존재했다. 그렇게 그들은, 타락하기 전에는, 서 있었으며, 그들의 고유한 '섬'(Stand; 상태)을 주장하려는 것은 오직 그들의 죄책의 '섬'(상태)을 뜻할 뿐이었다.

그들은 벌거벗었다: 그들은 크게 뜬 눈으로 있는 그대로 서로 바라보았다: 남자는 남자였으며, 여자는 여자였다. 그리고 그들은 서로 **부끄러워하지 않았다**: 그들은 모든 당혹감 및 불안 없이 바로 그렇게 있었으며, 서로를 바로 그렇게: 남자는 여자를 여자로 여자는 남자를 남자로 인식하였다. 남자와 여자로서의 그들의 존재가 그들의 당혹과 불안을 뜻할 수 있는 모든 가능성에 대해서 그들은 닫힌 눈을 가졌다. 그들은 아무 것도 서로에게 감출 필요가 없었다; 왜냐하면 그들은, 하나님께서 그들을 창조하신 그대로, 둘 다 있는 그대로의 바로 그렇게, 하나님 앞에서 및 서로에 대하여 올바로 존재했기 때문이다. 그들이 스스로에게 및 서로에게 책망할 것이 무엇이겠으며, 서로에 대하여 감추어야만 할 것이 무엇이겠는가? 인간성이란 그들에게는 남성성과 여성성의 저편에 있는 어떤 이상(Ideal)이 아니었다; 인간성은 남성적인 것 및 여성적인 것 그 자체이며, 그것의 차이 안에 있는, 그러나 또한 서로에 대한 일치 안에 있는 인간적인 것

이었다. 그러므로 여성적인 것과 마찬가지로 또한 남성적인 것도, 어떤 인간 이하의 것일 수 없으며, 유감스럽게도 고통을 견뎌야 하는, 가능한 한 덮어야 하는 약점일 수 없다. 둘 중 어느 것도 추상적으로 유효하게 만들 필요가 없으면서, 둘 다는 구체적으로 유효하다. 남자의 주권성(Suprematie)이 우선 그가 주장한 것이 아니라, 오히려 우선적으로 하나님에 의하여 공표된, 그렇기 때문에 올바른 권리이기 때문에, 여자는 남자에게 비난하지 않았으며, 남자는 그 권리를 여자에게 감출 필요가 없었다. 여자가 남자에게 속하는 질서도 오직 그들의 인격 안에서 남자를 인간으로, 또한 그 인간을 처음으로 비로소 남자로 만드는 돕는 자의 표현이기 때문에, 그것은 그녀에게 어떤 비하를 뜻하지 않으며, 그녀는, 참으로 철두철미 및 전적으로 그의 돕는 자라는 바로 그 사실을 남자에게서 억압할 필요가 없다. 어떻게 하나님의 한 사역이 그 자체로서 타자 앞에서 수치스러운 것일 수 있겠는가? 수치란 수치스런 일이 있을 때 비로소 가능하다. 하나님의 사역 그 자체 안에는 어떤 수치스런 일도 없으며, 그러한 가능성조차도 없다. 불명예의 공간 그리고 비난과 수치의 공간은 창조자로부터 소외된, 피조물의 고유한 사역의 공간이다: 그것이 피조물이 자기 스스로 서려고 하는 곳, 하나님 대신 자신을 그곳에 세우려고 하는 곳이다.

우리는 물론 본문의 의미에서: 예를 들어 하나님에 의하여 창조된 인간의 무죄함(Unschuld; 순결)이 그들이 벌거벗었지만 부끄러워하지 않았다는 것을 뜻한다고 말할 수는 없다. 그들의 무죄함은 하나님 안에 그리고 하나님 앞에서의 및 하나님과 함께하는 그들의 존재 안에, "생명나무"의 표징 안에, 저 자유, 즉 그들이 하나님께서 주신 및 다시 주어지는 생명을 기뻐하는 자유 안에, 그것으로써 그들에게 자명해진, 경계선으로서의 "앎의 나무"로부터의 멀어짐 안에 있었다; 그 나무의 열매를 그들은 탐할 수가 없었으며, 그 금지령은 다만 그들 스스로의 힘에 의해 그렇게 의지하는 것이 불가능하다는 확증이었을 뿐이었다. 그들의 무죄성은 그들의 피조성이었다; 그 안에서 불명예(Schande)과 수치(Scham)는 어떤 공간도 차지할 수 없었다. 하나님에 의하여 옷과도 같이 그들 위에 펼쳐 입혀진 그러한 무죄성 안에 어떤 수치스런 것도 없었기 때문에, 그들은 부끄러워할 필요 없이 벌거벗을 수 있었으며(*당위), 부끄러워하지 않은 채 벌거벗어야 했다.(*필연) 남자와 여자의 벗음 및 거룩한 '부끄러워하지 않음'(이것의 확증 안에서 우리의 본문은 특징적이게도 끝난다.)은 그러한 그들의 무죄함의 상관개념(Korrrelat) 및 지수(Exponent)이다. 그들이 무죄했기 때문에, 그들은 벗었고 부끄러워하지 않았으며, 그렇기 때문에 그들의 벗음 그 자체는 그들의 눈앞에 공개되었고, 어떤 거치는 일로서 감추어지지 않았다. 그들의 이러한 무죄성이 탈락하면서 또한 그러한 상관개념도 탈락해야만 했다. 그들이 앎의 나무의 열매를 먹은 이후에, 다음이 그들의 앎의 첫 행위였다: 그들의 눈이 밝아졌으며, 그들은 벗었음을 알게 되었으며, 그들은 하나님의 사역의 영예 안에서 수치를 인식하게 되었으며, 그들은 스스로를 부끄러워하게 되었으며, 대단히 무력하게도, 그 수치를 스스로 해결하려고 시도해야만 했다. 그들의 인식이 인간에게 귀속되지 않은 저 선과 악의 인식(앎; Erkenntnis)이기 때문에, 그것은 도착된 인식이 되었다. 그리고 그들의 인식이 도착되었기 때문에, 남자와 여자로서의 그들의 벗음도 도착된 것이 되었다. 그들이 하나님의 비난 아래 서게 되었기 때문에, 그들은 필연적으로 그들 스스로를 비난하기 시작했다. 그들의 하나님께 대한 관계가 파괴되었기 때문에, 그들 서로에 대한 관계도 파괴되었다: 일치하던 그 모든 것이 무너져 분리되었으며, 특정한 질서 안에서 창조되었던 그 모든 것이 혼란에 빠졌으며, 희망 없이 마주 서게 되었다: 이쪽에는 성적 구분이 없는, 바로 그렇게 해서 핏기가 없는, 최종적으로는 영혼이 없는 이상으로서의 인간성이, 저쪽에는 추상적 남성성 및 추상적 여성성이 마주 서며—눈먼 남성성의 지배가 한편에 그리고 질투하는 여성의 권리 운동이 다른 한편에서 맞서며, 나쁜 에로스적인 자의성이 마찬가지로 나쁜 비에로스적인 자의성과, 부르주아적인 사랑과 결혼에 악마적인 사랑과 결혼이 맞서며, 방탕이 고루한 편협성에 맞선다. … 우리는 이것을 여기서 더 이상 추적할 수 없다. 의심의 여지없이: 하나님으로부터 타락한 인간의 "상태"(Stand)는 그 자체로 및 우선적으로 다음을 통하여 폭로된다: 그 상태는 비밀리에 혹은 공개적으로, 의식적 혹은 무의식적으로, 조직화된 혹은 비조직화된 (남자와 여자의 관계의) 수치이며; 그 관계의 질서 요소 중 한때는 이쪽이, 한때는 저쪽이 과장되거나 혹은 소홀히 되며, 바로 그렇게 하여 전체 질서가 상실된다.

 물론 우리는 다음과 같이 말해야 한다: 선악에 대한 인간적 판결의 도착성이 다음에서보다 더 현저하게 공개될 수는 없다: 그의 판결은 우선적으로 인간성의, 인간적 영예 및 자유의 그러한 가장 친밀한 영역 위에서 실족하며, 무엇보다도 우선적으로 여기서 수치가 발견되며, 우선적으로 여기서 도덕이 수립되어야 한다고 주장되며, 바로 그렇게 하여 우선적으로 여기서 현실적으로 도착성과 치욕이 발발하고, 도입된다. 하나님의 창조로부터 볼 때, 순수하고, 거룩하고, 위험이 없는 모든 것이, 하나님께 불순종하는 인간의 바로 저 불결해진 눈으로 보는 곳에서는 오직 불결하게, 거룩하지 않게, 유혹하는 것으로 보일 뿐이며, 오직 그곳에서 그는 바로 그렇게 하여 사실상 모든 것을 불결하게, 속되게 만들고, 또 멸망시킨다. 또 우리는 이렇게 말해야 한다: 바로 남자와 여자의 관계를, 바로 그 성적 관계를 인간성의 수치(pudendum)라고 선언하고, 그렇게 하여 현실적으로 그것의 수치로 만든 것은 세상 안으로 들어온 죄의 천재성이다. 창조사 자체는 이러한 수치에 대하여 아무것도 알지 못한다. 오히려 더 나아가: 하나님의 사역에 대한 창조사의 서술은 다음의 광채의 확정 안에서 절정을 이룬다: 바로 여기서, 인간의 죄가 그의 고유한 어둠을 발견하고, 그 발견과 함께 그것을 실현해야만 하는 곳에서, 창조자 하나님의 영광은, 그리고 그것과 함께 그분의 피조물의 영광은, 인간성의 영광은 최대가 되었다. 창조사는 모든 모호성 안에서도, 수치의 필연성이, 인간적 불순종의 결과로 그것이 아무리 크다고 해도, 하나님에 의하여 근거된 인간적 본성으로부터 유래하는 것이 아니라, 오히려 그 본성을 거역한다고 설명한다. 창조사는 저 관계의 영역 안에서 필연적이 된 모든 인간적인 무질서들 및 질서들에 근원적인, 결코 부정되지 않은, 결코 지양되지 않은 하나님의 질서를 마주 대면시킨다. 창조사는 다음을: 바로 그 관계가 우리가 지금 유일하게 알고 있는 전적인 도착성 안에서도 약속 아래, 또 비길 데 없는 계명 아래 서 있다고 선언한다. 창조사는 바로 여기서 빛을 제시한다; 그 빛은 어떤 어둠에 의해서도 제압되지 않으며, 오히려 그 빛은 인간의 불순종을 통하여 생성된 모든 어둠을 둘러싼다. 바로 이것이 이 사가의 그러한 마지막 말씀의 의미이며, 동시에 하나님의 창조를 취급하는 창세기의 첫 두 장의 마지막 말씀이기도 하다. 우리는 창세기 1장에서 하나님께서 인간을 하나님 형상에 따라, 말하자면 남자와 여자로 창조하셨다는 것을 들었다. 그리고 이제 우리는 창세기 2장에서 어떻게 하나님께서 그 형상을 지으셨는지를 들었다; 마지막 말씀 안에서 다음을 들었다: 어떤 오류도 없었으며, 남자와 여자로서의 인간은 그 자신을 부끄러워할 필요가 없다; 왜냐하면 인간은 바로 남자와 여자로서 하나님 앞에 올바르며, 또 자기 자신에게도 올바르게 존재했기 때문이며, 그 인간이 홀로 있지 않는 것이 하나님의 뜻이기 때문이며, 하나님께서 그 인간에게 여자라는 돕는 자를 창조하셨고, 이끌어 오셨기 때문이며, 그 여자가 그에게 "짝"이 되었기 때문이다.

그러나 이제 우리가 들은 것은 도대체 무엇을 뜻하는가? 우리가 이 본문을 그 자체로 읽으려고 한다면(읽을 수 있다면), 그때 우리는 다음 확정 이상으로 넘어갈 수는 없을 것이다: 여기서 남자와 여자의 관계의 성취로서의 사랑과 결혼의 신적 근거의 서술이 제공되고 있다. 그러나 어떤 의미 및 어떤 의도에서 바로 이러한 근거가 성서의 시작에서 그렇게도 높이 강조되는가? **어떻게** 이미 첫째 창조 보고가 하나님의 형상에 따른 **인간의 창조**를 바로 **남자와 여자**로서의 인간의 창조라고 지칭하기에 이르며—어떻게 이제 둘째 창조 보고는 그러한 창조를 이러한 양식 안에서 창조 사역 전체의 **정점**으로 묘사하기에 이르는가? 인간적 실존의 바로 이러한 규정 및 바로 이러한 문제성이 구약성서의 주제와, 이스라엘 백성의 중심에서의 하나님의 계시 및 행동과 무슨 관계가 있는가? 본문의 견해에 따르면 양자 사이에는 밀접한 관계가 있다는 사실, 우리가 또한 및 바로 여기서 신적 창조의 내적 근거로서의 신적 은혜의 계약 앞에 위치한다는 사실, 그것은, 우리가 앞에서의 모든 것과의 유비로 고려한다면, 의심의 여지가 없으며, 또한 그것은 우리에게 에베소서 5:32에서도 대단히 명시적으로 거의 명령에 가깝게 주어진다: 바로 바울이 여기서 저 비밀을 의심의 여지없이 보았다고 주장했다. 여기서 그렇게 결합하는 노선은 어떤 것인가? 여기서 저 비밀의 윤곽은 어디에 있는가?

우리는 그것을 이해하기 위하여 우선 두드러지게 나타나 보이는 우리의 본문에서

빠져 있는 것(Lücke)을 주목해야 한다. 여기서 눈앞에 파악되는 것 및 조명되는 것은 참으로 사랑과 결혼의 근거이며, 그것은 창조 안에서 근거된 및 질서를 갖춘 (남자와 여자 그 자체의) 관계이다. 여기에 빠져 있는 것은 바로 다음이다: 그 밖의 구약성서에 대하여 이 문제에 있어서 철두철미 관심의 중심에 서 있는 것, 그 다음에 또한 이 문제에 관한 그렇게도 많은 후대의 취급들이 다소간에 심각하게 및 운이 좋게 중심 주제로 만들었던 그것이다; 그것은 후손의, 인간의 부성 및 모성의 문제이며, 가족, 아이, 무엇보다도 아들 등이다. 바로 이 관점에서 창세기 2장은 그 밖의 구약성서의 내부에서 사실상 거의 고립된 곳이다. 남녀 간의 사랑(Eros), 그들의 만남과 관계 안에서의 인간성의 성취라는 것은 그 밖의 구약성서 그 자체 안에서는 오직 한 곳의 예외를 빼고는 다만 부차적 의미만을 갖는다. 인간의 성적 특성은 거의 전적으로 거룩한 자손의 증식이라는 관점 아래, 그와 함께 이스라엘의 희망의 관점 아래, 그와 함께 이스라엘의 규정 및 메시아적 기대라는 관계성 안에 놓여 있다. 자손을 위하여 남자는 그의 아내를 찾아야 한다: 그녀는 그 남자의 자녀들의, 우선적으로 그 남자의 몸의 후손의 미래의 어머니이며, 그래서 결혼은 거룩하게 여겨져야 한다. 남자가 부모를 떠나 그의 여자에게 속하고자 하는, 그와 한 몸이 되고자 하는 저 질풍과 같은 운동은 그 밖의 구약성서 안에서는 오직 한 곳에서만, 그곳에서는 물론 거의 경악할 정도로 강력하고 직설적으로 표현되고 묘사된다: 그곳은 [이곳이 그렇게도 많은 예기적 종말론에 의하여 둘러싸여 있는 것은 공연한 일이 아니다.] 솔로몬 왕이 썼다고 하는 "**아가서**"이다. 여기서, 오직 여기서만—그리고 이 예외가 정규적 법칙을 직접 확증한다.—창세기 2장은 전개되며, 다음이 출현한다: 창세기 2장의 상은 이제 단순히 우연이 아니며, 어떤 낯선 단락으로서 구약성서 안으로 들어온 것이 아니며, 오히려 이스라엘의 사고 안에서 특정한, 그러나 보통은 보이지 않는 역할을 담당하였다: 무아경(Entzücken)이—잠재적 가장과 가계의 조상의 그것이 아니라, 오히려 순전하게 **남자** 그 자체의 무아경이—그의 자녀들의 잠재적 생산자로서의 여성에 대한 것이 아니라, 오히려 순전하게 **여자** 그 자체에 대한 무아경이, 그리고 정확하게 우리의 본문의 25절에 따르면 바로 어떤 부끄러움도 없는 에로스가 그것이다.

여기서 (*아가서에서) 창세기 2장에서 아직도 들을 수 없는 한 목소리가 울린다: 여기서 여자는 동일한 무아경 안에서—바로 그 똑같은 "이제 바로 이 사람!"을 이제 막 말하려고 하는—남자에 마주 대하여 선다. 여기서 여자는, 그에 의하여 말 건넴을 받은 것처럼, 마찬가지로 크고 명확하게 대답한다. 여기서 여자는 남자에 의하여 칭송을 받는 것보다 남자를 조금도 덜 칭송하지 않는다. 여기서 남자를 고통 속에서 찾고 기쁨 안에서 발견하는 것은 바로 여자이다. 여기서 다음이 저 유명한 역전 안에서 바로 그녀의 입으로부터 나온다: "임은 나의 것, 나는 임의 것."(아 2:16) "나는 임의 것, 임은 나의 것."(아 6:3)

전혀 들어본 적이 없는 이러한 것이 이제 단번에—그것도 전혀 주저함 없이!—성서 안에 서 있다! 우리는 이렇게 말할 수도 있다: 아가서는 창세기 2장의 노선을 그렇게도 틀림없이 수용하고 더욱이 그렇게도 강력하게 확장함으로써, 또 바로 그렇게 하여 이제 그것 자체가 그 밖의 구약성서 안에서 그렇게도 고독하기 때문에—창세기 2장에 대하여 제기되어야 하는 질문을 그만큼 더 날카롭게 만들었을 뿐이다. 아가서는 스스로 질문을 던지고, 바른 설명을 추구한다. 아가서는 최종적으로 창세기 2장에 현실적으로 어떤 고립된 수수께끼를 제공하지 않으며, 오히려 그 대답이 현실적으로 질문되어야만 한다. 이제 창세기 2장과 아가서 사이의 비교로부터 어쨌든 다음이 전적으로 명확해진다: 창조 사가의 문학적 창작자와 아가서의 창작자가 몰두했던 것은 다음 사실성이었다: 남자와 여자 사이의 관계는 다른 무엇보다도 **우선적**으로—현실적으로 '부모 자식 관계'의 근거로서의 그것의 특성보다 앞서서—비교할 데가 없는 **계약**에, 숨김 없이 의도된 및 실행된 **합일**(Vereinigung)에 관계된다. 아가서는 무아경(Entzücken)의, 잠재울 수 없는 갈망의, (이 계약의 양쪽 파트너가 서로를 향하여 서둘러 나아가는) 남김 없는 의지 및 준비의 유일무이한 서술이다. 창세기 2장은 그것의 대단한 간결함 안에서 더욱 극단적이다: 오직 남자와 여자가 서로 함께할 때만 인간일 수 있다; 홀로 있는 남자는 인간이 아닌데, 왜냐하면 그가 홀로 있는 것은 좋지 않기 때문이다; 홀로 있는 여자도 인간일 수 없는데, 왜냐하면 그녀는 남자로부터 취해지기 때문이다; "그 둘은 한 몸이 될 것이다." 그러므로 창세기 2장은 체결된 및 분리될 수 없이 봉인된 계약에 관하여 말한다. 창세기 2장은, 아가서 안에서 목적이 되는 그것을 시작에 위치시킨다. 우선적으로 이 계약을 위하여 하나님께서는 인간을 남자와 여자로 창조하셨다. 그리고 아가서는 공명(동조)한다: 그 계약을 바라볼 때 남자와 여자는 모든 장애들과 제약들을 벗어버리고 서로를 향하여 마주 나아가야 한다.

우리는 두 본문들에 있어서 다음을 질문할 수 있다: 어디서 본문의 저자들은 용기를 얻었는가?—혹은 우리는 정경의 편집자에게 그것을 질문할 수도 있다: 어떻게 그들은 이러한 본문들을 수용하기에 이르렀는가?: 이 본문의 저자들은 명백하게도 전적으로 공공연한 (성적 관계의) 파괴 및 도착성을 지나쳐서 이 문제를 (결혼과 후손 생산의 관계에 냉철한 및 그 나름의 방식으로는 그렇게도 중심적인 시선을 주는 것으로 만족하는 대신에) 그와 같이 말할 수 있는, 그렇게도 당황함 없이 바로 그 에로스를 언급할 수 있는 용기를 가졌다. 그 저자들은 그것으로써 자신들이 무엇을 건드리고 있는지, 어떤 거의 희망이 없는 문제성의 짐을 남자와 여자 사이의 바로 그 에로스적 관계가 사실상 지고 있는지 몰랐는가? 그리고 그들은 바로 그 관계의 긍정적인 조명에 의하여 두말할 필요도 없이 파멸적인 화염에 새로운 기름을 붓게 된다는 것을 두려워해야 하지 않는가? 누가 이러한 본문들을 순수한 본문들로 쓸 수 있었을 만큼 순수했는가? 누가 이 본문들을 순수한 본문들로 읽을 수 있을 만큼 순수한 눈을 가졌는가? 그러나 창세기 2장의 저자는 어쨌든 그 관계의 파멸에 관하여 알고 있었다! 그 자신이 그 파멸을 나중에 충분히 명확하게 서술하였다. 그리고 어쨌든 그 밖의 솔로몬적인 문학서들에 대해서도 우리는, 그것들이 바로 남자와 여자 사이의 사물의 참된 상태에 대하여 어떤 환상을 만들어내었다고, 그것들이 바로 그 관계 위에서 십자로 교차하는 심연과 늪을 전혀 보지 못했다고 비난할 수는 없다. 우리가 이 본문들 안에서 구약성서의 계시 증거의 한가운데에서의 황당한 우연이나 어떤 거역적인 더럽힘에 관계하는 것이 아니라면, 그때에는 오직 다음과 같은 하나의 설명만이 있을 수 있다: 창조 사가의 문학적 창작자에게뿐만 아니라 저 아가서의 창작자에게도 마찬가지로 **하나의 다른**—마찬가지로 모욕을 당하고 더럽힘을 당한, 역사적 현실성 안에서 마찬가지로 거의 재인식할 수 없게 된, 이제 그럼에도 불구하고 올바르게 체결되고, 봉인되고, 존속하고, 유효한 **계약**이 [그리고 그것과 함께 그 계약의 실현을 향해 서둘러 나아가는 필연성이] 눈앞에 서 있었다: 이 계약의 존재가 그 저자들로 하여금, 바로 그 성적 관계의 영역을, 그리고 바로 그 관계에 의하여 위험하게 된, 더 나아가 사실상 파멸된 측면으로부터, 최고로 긍정적인 빛을 보고 서술하는 것을, 그 계약의 앎 안에서 또한 그 관계를 전적인 순수성 안에서 진지하게 수용하는 것을, 불가피하게 만들었다.

구약성서 안에서 정확하게 말하여 오직 그 두 곳에서만 그러한 서술이—상세하고 명시적으로는 어쨌든 아가서에서만—발생한다는 사실은 물론 우연이 아니다. 오직 하나님의 **창조**를 바라보면서, 그 다음에는 마찬가지로 오직 솔로몬적 왕권 통치의 서술의 **종말론적** 맥락 안에서, 그것은 감행될 수 있었다. 그러나 그것은 여기서 명백하게도 감행되어야만 했다. 여기서 내적 필연성이 다른 모든 이유들을 폭파한다. 여기서 주님 하나님 그리고 바로 이스라엘 안에서 위험한 마귀로 알려진 성적 관계의 에로스가 가장 가까운 관계 안에서 서로에게 근접했다. 여기서 "주님의 불길" 그리고 전적으로 다른 사랑의 불길(아 8:6)이 한 호흡 안에서 말해지며, 모든 규정성 및 공개성 안에서 서로 비교되고, 서로 관련된다. 여기가 어디인가? 여기는 하나님의 계시의 증인들이 (이스라엘의 불순종을 통하여 깨어시고 부정되있을 뿐만 아니라, 또한 하나님의 자유로우신 은혜를 통하여 흔들릴 수 없이 근거된, 바로 세워져 유지된 및 실행된) 계약 그 자체를 생각하는 곳이며, 그들이 그 백성이 자신의 편에서 존재하고 행하였던 모든 것을 넘어서 저편을 바라보기를 감행하던(그렇게 해야 했던) 곳이며, 그 백성을 선택하시는 하나님을, 그리고 그것에 상응하여 그분에 의하여 선택된 그 백성을 바라보았던 곳이며: 증인들이 이스라엘의 선택에 근거하여 하나님의 사랑의 눈 안에서 본래적으로—이스라엘 자신에도 불구하고, 그것의 전적인 불순종을 반박하면서—하나님 앞에서 및 하나님을 위하여 존재해야 했던 곳이다. 증인들은 계약의 **시작**을, 그리고 계약의 **목적**을 생각했을 때, 그들은 바로 그 계약을, 바로 그 하나님을, 바로 그 이스라엘을 야웨의 계시로부터 사고하기를 감행해야 했다. 창조 사가의 배후에 있었던 것은 바로

3. 창조의 내적 근거로서의 계약

그 계약의 **시작**의 사고이며—솔로몬적 사랑의 노래의 배후에 있었던 것은 바로 그 계약의 **목적**의 사고였다. 창세기 2장 및 아가서의 창작자는 남자와 여자에 대하여 그들이 행하였던 것처럼 그렇게 말하였다; 왜냐하면 그들은 깨어진 계약이 하나님 앞에서 깨어지지 않은, 흠이 없는, 양쪽 편으로부터 성취되는 계약으로 머물기 때문이며, 그 계약 자체가 이미 창조의 내적 근거였기 때문이며, 그 계약 자체가 마지막 날에 새롭게 계시될 것이기 때문이다. 계약에 대한 그들의 특별한 앎: 이스라엘의 배신 이전의 계약의 근원에 관한 및 그 배신 이후의 그것의 완성에 관한 앎에 다음의 한 특별한 것이 상응한다: 그것은 이 본문들 안에서 확산된, 대단히 특징적인, 사랑과 결혼에 대한 **자유로운** 앎이다.

구약성서의 시각이 자주 이 방향을 향하는 것은 아니다. 그 시각은 보통은 이쪽을 바라보지 않는다. 그 시각은 정규적으로는 중심에, 계약의 역사에 머문다; 그 계약은 이스라엘에 의하여 깨어지고 모욕을 당한 계약으로서 현실적이다; 그곳에서 그 다음에는 하나님의 신실하심이 약속 안에서보다는 위협 안에서, 상급 안에서보다는 징벌들 안에서 예시되어야 한다. 이것은 또한 필연적으로 다음 영역이다: 그곳에서는 남자들 및 여자들에 대해서는 오직 차라리 이스라엘의 아버지들 및 어머니들이라고 말해지며, 그들을 최소한 그러한 관점에서 생각하는 것이 희망과 위로가 되는 곳이다. 그곳에서 에로스는 차라리 침묵되어야 한다. 그곳에서 결혼은 주로 이혼의 경고와 위협의 형식 안에서 진술되어야 한다. 그곳에서는 아가서 2:11f.와는 슬프게도 반대로 겨울이 아직 지나지 않았으며, 비는 그치지 않았으며, 땅의 꽃들도 아직 나타나지 않았고, 그곳에서는 노래하는 계절이 아직 오지 않았으며, "나의 사랑, 나의 어여쁜 그대, 어서 나오오!"의 외침이 다만 의심스런, 유혹하는, 선정적인, 혹은 최고로 무관심한 세상적 음색을 가질 수 있을 뿐이다. 그곳에서 첫 남자를 통한 첫 여자의 환영이, 그곳에서는 그들 둘의 '벗었으나 수치 없음'이 차라리 생각되지 않는 것이 낫다. 그곳에서 아가서는 차라리 쓰여지지 않는 것이 더 나으며—이미 쓰여졌다면—읽혀지지 않는 것이 더 낫다. 그러나 구약성서의 시각은 이제 때로는 또한 다른 방향을 향한다. 하나님의 계약에 대한 구약성서의 증거 전체는 이제 다음 인식을 통하여 실행된다: 저 중심(이것 안에서 그 계약은 파기되고 모욕당했으며, 다만 그러한 상태에 있다.)이 전부가 아니며, 그 중심은 어떤 전적으로 다른 시작 및 종말 안에서 그것의 한계를 갖는다; 그곳은 야웨와 그의 백성이 서로 함께, 양자가 "한 몸"인 곳이다. 그리고 바로 그들이 그 한계선을, 그러한 한도에서 또한 계약의 본래성을 바라봄으로써, 구약성서적 증인들은 또한 남자와 여자에 대하여, 사랑과 결혼에 대하여 (그들이 보통 생각하고 말했던 것보다) 다르게 생각하고 말할 수 있었다.(말해야 했다.) 야웨와 이스라엘 사이의 관계의 저 파악될 수 없는 가까움, 내면성, 달콤함을 보는 시각이 그들이 그 밖에서는 에로스적인 것에 대하여 그렇게도 비에로스적으로 말하도록 만드는 사실상 염려, 근심 및 정당한 엄격성과 조바심 등을 폭파한다. 그들은 그때 자유롭게 및 거리낌 없이 말해야 한다. 그들에게 그때 남자와 여자의 사랑과 결혼은 말하자면 불가피하게 저 결합의 비유 및 표징이 된다; 그 결합은 **야웨**께서 자신과 그분의 **백성** 사이에 근거하셨고, 영원한 신실하심 안에서 유지할 것을 결정하셨고, 그분의 편에서 실제로 언제나 또 다시 갱신하셨던 결합이다. 그들은 그때 불가피하게 또한 인간 실존의 이러한 가장 위험한 영역을 보며, 바로 그 영역이 인간의 옛날의 및 새로운 영예에 도달함을 본다.

이러한 것이 발생하는 필연성 안에서, 다음의 탁월하게 특징적인 사실성이 반영된다: 예언자들은 바로 **야웨**의 **이스라엘**과의 **결합**을 언제나 또 다시 하나의 사랑과 결혼으로써 서술하였다. 확실히: 그것은 보통, 구약성서적 증거의 바로 중심에서, 야웨의 한 여자에 대한 사랑이며, 한 여자에 대한 결혼이다; 물론 그 여자는 처음부터 그것의 가치를 갖지 못했으며, 오히려 야웨께서(겔 16:1-4) 그 여자를 먼지로부터 주워 올리셨으며, 전적으로 그럴만 하지 않지만 그녀를 향하고 존중하며, 선물들로써 치장시켰다. 그분에게 예루살렘은 어떠했는가? 예루살렘은 "태어난 땅은 가나안이고, 그 아버지는 아모리 사람이고, 그 어머니는 헷 사람"이 아닌가? 호세아 1장 및 3장은 예언자에게 명령된, 최고로 낯선 행위로써 훨씬 험악하게 직접적으로 말해진다: 야웨에 의하여 선택된 자 및 그의 여자로 격상된 자는 나중에 비로소 창녀가 된 것이 아니라, 오히려 그가 그녀를 발견했을 때 이미 그러하였다. 그리고 바로 그러한 자로서 그녀는—이스라엘은 여기서, 유다는 또한 저기서, 또한 예루살렘도—행하고 처신하며, 그러한 자에 대한 징벌과 비참이 이제 불가피하게 그녀 위에 선고되어야만 한다. 그와 같이 호세아 2장, 예레미야 3장, 에스겔 23장은 잔인한 명확성과 상세함 안에서 서술된다. 야웨의 여자 파트너는 본래부터 그렇게도 품위가 없었으며, 그녀가 스스로 **제시**하는 것보다 훨씬 더 품위가 없다; 그녀는 "그녀의 젊은 시절"을, 즉 야웨께서 그녀를 어떻게 발견하여 사랑했는가를, 잊어버렸다. 그녀는 그분이 그녀를 격상시켜 주신 그 지위를 그녀의 편에서 결코 참으로 수용하지 않았다. 즉시 그녀는 이방 민족들의 신들과 간음하였으며, 더 나아가 공석 창녀가 되었다. 그녀는 남편을 다만 배신할 뿐이었다. 그녀는 남편에게 오직 수치만을 안겨주었다. 그렇기 때문에 남편은 그녀를 다만 내어 쫓고 포기할 수밖에 없었다. 수많은 간접적 및 직접적 암시들이 언제나 또 다시 다음을 기억하게 한다: 인간적 사랑과 결혼의 원형(Urbild)인 것은 바로 계약이며, 역사적 현실성 안에서 이스라엘에 의하여 **파기**된 계약이다; 이 계약 안에서 이스라엘, 유다, 예루살렘은, 신약성서 안에서 메아리가 울리듯이, "악하고 패역한 세대"로서 스스로를 예시하였다: 이스라엘은 자신에게 수여된 하나님의 은혜를 다만 오인하고, 멸시하고, 모욕할 줄만 아는 민족이었다. 우리는 그곳으로부터 바로 남자와 여자의 관계 그 자체에 드리워져야 하는 그림자를 이해한다. 그곳으로부터 우리는 다음도 이해한다: 구약성서는 에로스적 영역을 다만 드물게만, 다만 계약의 역사적 현실성의 한계를 바라보면서만,

3. 창조의 내적 근거로서의 계약   409

긍정적으로 취급할 수 있었다. 그러나 이 모든 것은 다음 중 아무것도 변경시키지 않는다: 그 모든 것은 최종적으로 그것의 부정성 안에서 다음 사실의 증명일 뿐이다: 계약은, 하나님께서 그것을 원하셨던 것처럼, 이제 하나님 편에서는 그럼에도 불구하고 올바로 수립되어 유지되며, 그래서 그것은 사랑의 계약 및 혼인의 계약이다. 그 사랑은 야웨께서 사랑하신 자에게는 받을 가치가 없는, 응답이 없는, 거절된, 배신에 의하여 모욕당한 사랑이다. 결혼도 야웨의 파트너에 의하여 깨어진 결혼이다. 야웨는 여전히 사랑하시는 자, 신랑, 남편으로 머무신다. 그분의 잃어버린 백성도 여전히 사랑하는 자, 신부 및 배우자로서 머문다. 예언자들은 이러한 갈등의 모든 예시 곁에서 또한 그 관계의 연속성을 전적으로 명확하게 드러내기를 결코 소홀히 하지 않는다. 여자의 배신은 일어나지만, 그러나 남편의 배신은 결코 일어나지 않는다. 여자의 배척과 유기는 일어나지만, 그러나 이혼서는 주어지지 않는다. 여자 파트너가 그녀의 젊은 시절을 잊어버렸다고 해도, 그녀의 파트너는 그 시절을 결코 잊지 않았다. 그녀를 향한 돌아오라는 외침과 또 그의 사랑 및 신실함의 확증은 결코 끊어지지 않는다.

"내가 다시는 노한 얼굴로 너를 대하지 않겠다. 나는 자비로운 하나님이다. 내가 노를 영원히 품지는 않겠다."(렘 3:12) "이스라엘아, 정말로 네가 돌아오려거든, 어서 나에게로 돌아오너라. 나 주의 말이다. 내가 싫어하는 그 역겨운 우상들을 내가 보는 앞에서 버려라."(렘 4:1) 확고한 약속이 남는다: "너는 네가 한 맹세를 하찮게 여겨, 그 언약을 깼으니, 나도 네가 한 것과 똑같이 너에게 하겠다. 그러나 나는 네 젊은 시절에 내가 너와 맺은 언약을 기억해서, 너와 영원한 언약을 세우겠다. … 이렇게 하는 까닭은 네가 언약을 지켰기 때문은 아니다!" "그때에 내가 너를 영원히 아내로 맞아들이고, 너에게 정의와 공평으로 대하고, 너에게 변함없는 사랑과 긍휼을 보여주고, 너를 아내로 삼겠다. 내가 너에게 성실한 마음으로 너와 결혼하겠다. 그러면 너는 나 주를 바로 알 것이다."(호 2:19f.) 다음 기대가 남는다: "그날에 너는 나를 '나의 남편'이라고 부르고, 다시는 '나의 주인'(바알)이라고 부르지 않을 것이다. 나 주의 말이다. 그때에 나는 그의 입에서 바알 신들의 이름을 모두 없애고, 바알 신들의 이름을 부르는 자들이 다시는 없도록 하겠다."(호 2:16f.) 그리고 계약의 약속 전체도 여전히 남는다: "두려워하지 말아라! 네가 이제는 수치를 당하지 않을 것이다. 당황하지 말아라! 네가 부끄러움을 당하는 일이 없을 것이다. 젊은 시절의 수치를 잊으며, 과부 시절의 치욕을 네가 다시는 기억하지 않을 것이다. 너를 지으신 분께서 너의 남편이 되실 것이다. 그분의 이름은 만군의 주님이시다. 너를 구속하신 분은 이스라엘의 거룩하신 하나님이시다. 그분은 온 세상의 하나님으로 불릴 것이다. … 내가 잠시 너를 버렸으나, 큰 긍휼로 너를 다시 불러들이겠다. 분노가 북받쳐서 나의 얼굴을 너에게서 잠시 가렸으나, 나의 영원한 사랑으로 너에게 긍휼을 베풀겠다. 너의 속량자인 나 주의 말이다."(사 54:4)

"그러나 네가 언약을 지켰기 때문은 아니다!"—이 모든 것 위에 이 말이 놓인다. 그곳이 바라보는 것은 참으로 역사적 현실성의 시작 및 종말이다; 그리고 시작과 종말에는 하나님의 사랑과 신실하심만이 홀로 존재한다; 신실하심 안에서 그분의 이스라엘과의 결합이 효력을 갖는다. 이스라엘의 고유한 태도와 증명이 의문시되는 바로 그 중심에서 그것은 그러나 이스라엘의 편에서 완전히 파괴된 결합이다. 다만 하나님의 사랑은 또한 그곳에서도, 그것의 시작 및 종말로부터, 즉 하나님의 결정 및 처분으로부터, 바로 사랑과 결혼이기를 그칠 수가 없다. 우리는 여기서 흔들릴 수 없이 배경에 서 있는 및 언제나 또 다시 전제되는 다음 사실성의 중요성을 아무리 강하게 주목하고 추천해도 지나치지 않는다: 야웨는 **남자**이며, 이스라엘은 **여자**이며 — 야웨는 **이스라엘의 남편**이며, 이스라엘은 **야웨의 아내**이다. 이 사실성이 창세기 2장 및 마찬가지로 또한 아가서의 창작자의 눈앞에 서 있었던 것이다. 그 사실성이 창작자들의 눈앞에 서 있었기 때문에, 그들은 에로스적 영역의 취급 안에서 저 거대한 자유로운 예외를 만들기를 감행하였다. 만일 우리가 그들의 표현들을 다만 비유적으로(bildlich) 이해한다면, 그들의 의견에는 물론 적중하지 못한다. 그들이 말하려고 했던 것 및 실제로 말했던 것은 의심의 여지없이 남자와 여자 그 자체, 사랑과 결혼 그 자체였다. 만일 우리가 그 창작자들이 (우리가 이미 그들이 말하는 것을 들었던 것처럼, 이스라엘의 남편으로서의 야웨에 의하여 이스라엘에게 유일회적으로 희사된 사랑이, 야웨에 의하여 자신과 이스라엘 사이에 수립되었고 곧게 유지되었던 결혼이 이 영역 안의 사건의 원형으로서 창작자들의 눈앞에 서 있었기 때문에) 그들이 이 영역에 대하여 그렇게 말했다는 사실을 직시하지 못한다면, 본문을 마찬가지로 이해하지 못한 셈이 될 것이다. 또 우리가 야웨의 그러한 사랑 및 결혼을 단순히 비유적으로만(bildlich); 즉 야웨의 이스라엘과의 결합을 에로스적 영역으로부터 취해진 관념적 상의 수단으로 하여 구체적으로 예시하고 명확하게 만들려고 했던 것처럼 이해하려고 한다면, 예언자들의 의도에 적중할 수 없을 것이다. 그들이 야웨의 사랑 및 결혼이라고 서술했던 것은 저 영역 안에서 비슷한 비유를 취하지 않으며, 오히려 그것은 남자와 여자 사이에서 각각 현실적으로 발생하는 것과의 모든 비교를 폭파한다. 왜냐하면 그러한 사랑 및 결혼은 어떤 인간적 남자의 것이 아니며, 오히려 선석으로 홀로 남편이신 야웨의 일이기 때문이다. 우리는 여기서 도달될 수 없는 원형(Urbild)과 관계한다; 이 원형이 남자와 여자 사이의 인간적 영역 안에서 현실적으로 된다. 그러나 **바로 그 특정한 사건의 원형**이 그렇게 된다! **하나님의 선택**(예정)이 현실적이기 때문에, 그렇기 때문에 인간적 사랑 및 결혼이 — 그리고 하나님의 선택으로부터 볼 때: 창세기 2장 및 아가서 안에서 서술되는 것과 같은 **해방된, 총체적인** 형태 안의 인간적 사랑 및 결혼이 존재한다. 이 본문들이 제공하는 상은 은혜의 계약의 **분명한, 필연적인** 반성(Reflex)이다: 그것은 이스라엘이 아니라, 오직 **하나님**에 의하여 유지된 **은혜의 계약**이다. 땅의 공간 전체의 창조자, 주님, 왕이신 하나님께서 이 계약에 대하여 홀로 계시는 것이 아니라, 오히려 그 땅의 공간 안에 있는 그분의 소유인 한 백성 안에서 구체적인 대상을 갖기를 원하셨기 때문에, **그렇기**

때문에 그분은 남자가 혼자 있는 것이 좋지 않다고 보셨으며, 그렇기 때문에 그분은 남자에게 여자 안의 돕는 자를, 그의 짝을 정해주셨다. 그분이 신적 자유 안에서 땅의 다른 어떤 민족 안에서도 그분이 필요로 하시는 것을 발견하지 못하셨기 때문에, 그분이 야웨-엘로힘으로서, 다른 모든 민족들을 지나치시고, 다른 모든 민족들 중에서, 그것의 편에서는 자격이 없지만, 그러나 그분 자신의 고유하신 본질 안에 다른 어떤 것도 아닌 바로 그 민족을 절대적으로 근거하면서 선택하기를 원하셨기 때문에, 바로 그 민족을 인정하기 원하셨고 그분의 의지의 지혜에 따라 그렇게 하셔야 했기 때문에, **그렇기 때문에** 인간은 인간으로서 자신의 창조의 완성을 어떤 동물과의 연합 안에서가 아니라, 오히려 오직 여자와의 연합 안에서 인식할 수 있었다.

그분이 바로 야웨 엘로힘, 즉 이스라엘의 거룩하신 자라는 사실이 하나님의 신성의 배타적인 비밀 안에 근거되어 있기 때문에, **그렇기 때문에**(darum) 인간은, 그의 인간 생성을 저 완성하는 행위에 도달할 때, 깊은 잠 안에 놓이며, 그 잠에서 깨어난 다음에 그는 하나님의 사역이 발생한 것을 발견한다. 하나님께서 이스라엘의 선택 안에서(선택과 함께) 미리 앞서서 다름이 아니라 자기 자신을 내어 주시고, 포기하시고, 희생하셨기 때문에, 하나님께서 바로 그러한 선택에 있어서 말하자면 자기 자신을 위험에 노출시키셨기 때문에, 이스라엘의 실존이 미리 앞서서 땅 위에서의 하나님의 아들의 실존을 자체 안에 포함하기 때문에, **그렇기 때문에** 남자의 여자는 "그의 뼈로부터의 뼈, 그의 살로부터의 살"이며, 그 여자는 이 세상적으로는 그와 비슷하지만, 그러나 단순히 흙으로부터가 아니라, 오히려 그 남자로부터 취해지며, 흙으로 빚어지는 것이 아니라, 오히려 남자가 버려야 하고 포기해야 하는 것으로부터 "지어진다."(gebaut) 왜냐하면 하나님께서 자유로운 결정 안에서 (자신이 창조하셨을 뿐만 아니라, 하나님 자신이 위험에 처하시면서, 자신의 신적 본질의 위협 아래서 창조하신 이스라엘에게) 예를 말씀하셨기 때문에, **그렇기 때문에** 남자의 저 환호가 있다: "이제야 바로 이 사람!" 한 인간이 부모를 떠나 그의 아내에게 속하게 될 때, 그와 그녀가 한 몸으로 결합될 때, 이것은 **다음 이유에서** 그렇게 발생한다: 하나님께서 자신을 그분의 백성과 남김없이 결합시키셨기 때문이며, 그분 자신이 그 백성과 어떤 유보조건도 없이 연대한다고 선언하셨기 때문이다; 이것은 저 계약의 수립 안에서, 저 "젊은 시절"에 그분과 그 백성 사이에서 발생했던 것과 마찬가지이다. 그리고 그 사람과 그의 부인이 벗었지만 부끄러워하지 않았을 때, 그것은 **다음 이유에서** 그러하였다: 왜냐하면 먼저 ― 정말로 먼저! ― 남편인 야웨께서, "만군의 주님"께서, "온 땅의 주님"께서 있는 그대로의 그분 자신을 저 불쌍하고 악한 창녀에게 계시하셨기 때문이며, 마찬가지로 그녀도 총체적인 비행 안에 있는 그녀 자신이 그분에 의하여 전적으로 통찰되고, 그분에게 전적으로 공개되었기 때문이며, 그리고 이러한 서로에 대한, 그러나 전적으로 하나님 안에 근거된 계시된 존재 안에 순수한 사랑, 호의, 기쁨이 있었기 때문이며, 남편 야웨께서 창녀인 이스라엘을 이제 부끄러워하지 않으셨기 때문이며, 그녀의 총체적인 벌거벗음 안에서도 최종적으로 그분 안에서 부끄러워하지 말아야 함을 그녀에게 허용하고 약속하셨기 때문이다.

이것이 남자와 여자로서의 인간의 창조사 안에서의 은혜의 계약의 개요이다. 이 창조사가 그러한 개요를 제시하기 때문에, 그것은 첫눈에 보기에 그런 것처럼 구약성서 안에서 그렇게 홀로 및 낯설게 서 있는 것이 아니다. 우리는 다시 한 번 언급해야 한다: 남자와 여자의 창조사는 "알레고리"(은유)가 아니며, 이것은 아가서가 그렇지 않은 것과 마찬가지이다. 그것은 말하고 있는 그것을 정확하게 말한다. 그것은 의심의 여지 없이 및 전혀 모호함 없이 에로스적 역사이다. 그러나 그 창조사는 그것의 특정한 맥락 안에 있으며, 그 맥락으로부터 분리될 수 없으며, 반드시 그 맥락으로부터 이해되어야 한다. 그 창조사는 바로 에로스적 이야기(역사)로서 구약성서 안에서—탁월하게 순수한, 탁월하게 거룩한 이야기로서—의미가 깊다; 왜냐하면 그것의 배경과 맥락이 계약의 역사이기 때문이다: 계약사는 하나님 자신에 의하여 징벌 없이 확증되는 사랑의 역사이며, 하나님에 의하여 주저함 없이 근거된 및 흔들림 없이 유지된 결혼의 역사이다. 남자와 여자의 창조사가 이러한 배경을 갖고, 그리고 이러한 맥락 안에 서 있음으로써, 그것은 스스로 감행하는 것을 알고 있으며, 그래서 그것을 필연적으로 감행해야 한다.

이곳으로부터 볼 때 이제 **신약성서**의 사신을 구약의 성취로 이해하는 것은 비교적 단순할 것이다. 구약성서는 자신의 고유한 사신의 범위 안에서 보이지 않는 어떤 성취를 기다린다. 우리는 보았다: 구약성서 안에는 창세기 2:18f.에 계약사적으로 상응하는 두 곳이 있다. 하나는 아가서이며, 다른 하나는 예언자들에게서 볼 수 있다. 양쪽 노선은 서로를 제약하고 보충한다. 아가서에서는 대단히 특징적이게도 **남자와 여자** 사이의 완전한 사랑의 관계가 표현의 대상이며, 예언서에서는, 마찬가지로 사랑의 관계의—그러나 일방적으로, 오직 남자의 편에서만 신실함 안에 근거되고 유지되는, 여자에 의해서는 전혀 실현되지 않는, 언제나 파기되는 사랑의 관계의—형식들 안에서 **야웨와 이스라엘의 관계**가 서술의 대상이다.

구약성서는 아가서에 의하여 **바로 성적 관계** 그 자체의 최종적이고 본래적인 **의미와 진지함**을 알고 있다; 그렇기 때문에 예언자들의 목소리 안에서, 바로 **야웨와 이스라엘의 관계**를 **남자와 여자의 관계**로 서술하는 일이 감행된다. 그러나 구약성서는 마찬가지로 정확하게 **바로 그 성적 관계가 역사적 현실성** 안에서 **타락**하여 **파괴**된 것도 알고 있다: 그렇기 때문에 야웨와 이스라엘의 관계는 야웨의 편에서는 완전하게, 이스라엘의 편에서는 다만 황폐화된 관계로 서술된다.

구약성서는 다른 한편으로 저 예언자들의 음성에 의하여 남편이신 야웨에 의하여 이끌어내어지는, **야웨와 이스라엘의 관계의 안전한 형태**를, "법과 정의 안에서의, 선함과 긍휼 안에서의 정혼"을 희망 안에서 내다본다: 그렇기 때문에 구약성서는 최소한 자신의 사신의 주변에서라도, 또한 남자와 여자의 관계를 저 전혀 다른 아가서의 빛 안에서 볼 수 있었으며(보아야 했으며), 그 관계를 때로는 또한 **에로스적**으로 묘사할 수도 있었다. 구약성서는 그러나 마찬가지로 다음도 정확하게 본다: **야웨와 이스라엘의 관계의 저 완전한 형태는 희망의 일**이며, 다만 희망 사항일 뿐이다: 그렇기 때문에 구약성서는, 성적 관계에 대하여 말할 때, 보통은 **에로스를 언급하지 않으며**, 그렇기 때문에 구약성서에 있어서 남자와 여자는 보통 자손을 잉태하고 생산하는 규정과 함께 아버지와 어머니로 서술된다: 구약성서는 그들 자신이 아니라, 다가오는 아들을 향한다.

이것은 수렴하는 노선인가 혹은 발산하는 노선인가? 여기서 그것은 일치하는가 혹은 모순되는가? 구약성서적 사신 그 자체만 볼 때에 우리는 다음이 아닌 다른 어떤 것을 말하기는 어렵다: 여기서 모든 노선들은 명백하게도 수렴하고자 하며, 그러나 그 다음에는 사실상 발산되며, 의도에서는 볼 수 있게 일치하다가, 그 다음에는 전체의 서술 및 개별적인 것이 전혀 해결될 수 없는 모순들 안에서 끝난다.

구약성서는 성적 관계의 저 가치를 어디서 아는가? 야웨와 이스라엘의 관계가 어떻게 바로 그러한 색채로 서술되기에 이르는가?—다른 한편으로 구약성서는 저 관계의 사실상의 파괴를 어디서 정확하게 아는가? 어떤 쓰라린 필연성이 야웨와 이스라엘의 관계를 다만 황폐화된 에로스적 관계로 서술하도록 강요하는가?

어디서 구약성서는 그 관계가 완전한 형태로 재건될 것이라는 희망을 얻는가? 그리고 이 희망을 향하여 때로는 에로스를 그렇게도 드러내어 서술할 수 있는 용기는 어디서 얻는가? 어디서 그 희망은 이제 다시 그렇게도 억압되었으며, 왜 그 희망은 전적으로 희망 사항일 뿐이며, 미래적인 것만을 바라보는가?—어디서 구약성서는 보통은 오직 부성과 모성만을 취급하며, 남자와 여자 그 자체를 넘어서서 오직 미래의 후손만을 바라보도록 하는 냉정한 규율을 얻었는가? 이 모든 노선들이 어떤 한 점에서 갈라질 수 있다는 것, 하나의 유일한 대답이 이 모든 질문들의 해소에 주어질 수 **있다는 것**, 이것은 물론 배타적이지는 않지만, 그러나 여기서 볼 수 있는 서로에 대한 관계의 충만에 직면하여 말하자면 긴급하게 요청된다. 그러나 다음도 마찬가지로 명확하거나 혹은 더욱 명확하다: 바로 그 지점은 구약성서 자체 안에서는 볼 수 **없으며**, 그 대답 자체는 구약성서 안에서 직접 주어지지 **않으며**, 구약성서적 주석은 흔히 그런 것과 같이 여기서도 개관될 수 없는 수수께끼의 확정으로써 최종적인 진술을 끝낸다.

그러나 우리는 이제 다음을—그리스도교적 교회 안에서 사람들도 또한 이것을—유효하게 해야 한다: 창세기 2:18f.의 계약사적 상응은 저 두 가지의 구약성서적 노선들, 즉 아가서 안에서 및 예언자들에 있어서 이 문제에 관련하여 볼 수 있는 것들 안에서, 소진되지 않는다. 우리는 다음도 유효하다고 인정할 수 있다(해야 한다.): 구약성서 전체는 신약성서와 함께 하나의 유일한 중심적 맥락을 형성하며, 또한 창세기 2:18f.도 구약성서를 넘어서서 완전하게 이해되기 위해서는 그 맥락 안에서 이해되어야만 한다. 또 우리는 다음도 유효하다고 인정할 수 있다(해야 한다.): 그렇다면 우리는 저 노선들 사이에는 발산이 아니라, 오히려 수렴을, 모순이 아니라, 오히려 일치를 확증해야 한다; 만일 우리가 구약성서의 외부에 놓인 (신약성서적 사신의 중심점과 동일한) 초점 (Brennpunkt; 연소점)을 알아챈다면, 그렇게 확증해야 한다. 우리는 에베소서 5:25f.에서 주어지는 창세기 2:18f.에 대한, 그것과 함께 또한 아가서에 대한, 그것과 함께 또한 저 예언서의 구절들에 대한 주석을, 자의적으로 무시하는 대신에, 오히려 마땅히 및 반드시 주목해야 한다. "이 비밀은 큽니다; 나는 그리스도와 교회를 두고 이 말을 합니다." 이상을 유효하다고 인정한다면, 우리는 우선 다음을 부정할 수 없게 된다: 창조 사가 자체의 불분명한 진술 그 자체가 다시 한 번 전적으로 다르게 형태와 색채를 획득하며, 더 나아가 그 진술은 바로 그곳에서 비로소 전적으로 구체적인 의미를 획득한다.

왜 그 인간은 혼자 있을 수 없었으며, 있어서는 안 되었는가? 왜 그는 여자 안에서 그의 짝인 한 돕는 자를 획득해야만 했는가? 왜 그의 창조는, 그의 고유한 인간이 됨은 여자의 창조로 끝나야 했는가? 저 더 큰 맥락 안에서 대답하자면 이유는 다음과 같다: 인간 예수, 즉 하나님의 아들이 (하늘과 땅의 창조는 그분의 피조적 실존에 관계된다.)—사람의 아들 (이스라엘의 선택은 그분의 나타나심과 사역을 목표로 한다.) 홀로 계시지 않았기 때문이며, 그분이 그분의 사람들 안에서, 그분을 믿는 공동체 안에서, 그분의 대상(짝)을, 그분의 주변 환경을, 그분께 봉사해야 하는 돕는 자를 가지셨기 때문이다; 그들 없이가 아니라, 오히려 그들과 함께 그분은 죽은 자들로부터 처음 나신 자이셨으며, 그와 같이, 그들 없이가 아니라, 오히려 그들과 함께 창조의 첫 열매이셨다; 왜냐하면 그분의 고유하신 성육신은 그러한 타자들의 등장과 함께, 그들의 (그분과의 연합 안으로의) 수용과 함께 완성되었기 때문이다.

왜 그 인간은 동물들과 함께 있는 것으로 만족할 수 없었으며, 그래서는 안 되었는가? 왜 그는 오직 여자 안에서만 그에게 결여되었던 도움을 인식할 수 있었는가? 신약성서로부터 대답하자면 이유는 다음과 같다: 예수의 공동체의 부르심과 모임이 (그 공동체를 위하여 그분은 태어나고, 십자가에 죽으시고, 부활하셨다.) 그분의 고유하신 자유로운 선택의 일이기 때문이며, 그분의 사람들이 다음을 통하여: 그분이 바로 그 공동체를 아셨으며, 그분이 바로 그 공동체를 직접 결정하셨으며, 바로 그들을 외쳐 부르셨으며, 바로 그들로써 그분의 주변 환경을 조성하셨음을 통하여, 그분의 사람들이 될 수 있었기 때문이다. 유유상종이 되어야 했기 때문에, 그분 사신이 그분처럼 되어야 하는 사람들 위에 위치하셔야만 했다; 그분 자신이 척도가 되셔야 했다; 그 척도에 비추어 그분과 비슷한 자들로서의 공동체는 그분의 사람들이라고 말해지고 그렇게 존재할 수 있었다; 하나님의 아들 및 사람의 아들이신 그분 자신이 그들을 알고 말을 건네셔야 했다.

왜 그 첫 인간은, 여자가 저 근원을 갖게 되는 하나님의 사역이 그에게 발생하는 동안, 저 깊은 잠에 빠져야 했는가? 신약성서로부터 말하자면 이유는 다음과 같다: 예수의 공동체가 그분의 죽음의 잠 안에 그것의 근원을 가지기 때문이며, 그분의 부활 안에서 완성되어 그분 앞에 서야 했기 때문이다.

왜 여자는 남자로부터 취해져야 했으며, 그의 뼈로부터의 뼈, 그의 살로부터의 살이어야 했으며, 말하자면 그의 갈비뼈로부터 "지어져야" 했는가? 왜냐하면 예수의 죽음이 그분의 공동체를 위한 그분의 헌신이기 때문이며, 그들의 화해가 하나님의 영광과 인간의 비참 사이의 교환이기 때문이다. 예수의 공동체는, 그분이 죽음의 상처를 당하심으로써, 그분이 자신의 고유한 생명의 한 요소가 취해지도록 허용하심으로써, 그 공동체가 전적으로 그분의 것이지만 이제 그분이 그럼에도 불구하고 내어 주시는 것으로부터 지어짐으로써, 그래서 그 공동체가 그분의 사람들로부터 본질 및 실존을 획득함으로써, 생성된다. 그분이 그들의 자리에서 그들의 육체를 입으신다; 그분이 그들의 약함을 취하시며, 그 약함을 자신의 몸의 한 요소로 만드신다. 그와 같이 공동체는 그분 없이 존재하지 않으며, 그분도 공동체 없이 존재하지 않으신다. 그렇기 때문에 그분은 공동체를 그분 자신의 몸으로, 그분으로부터 취해진 것으로부터 생성되고, 그분의 죽음을 통하여 살게 된 것으로, 인식하신다. 그렇기 때문에 공동체도 그분을 인식한다: 그리고 그들의 고유한 약함이 그분의 영광에 의하여 둘러싸이며, 그 영광을 지니며, 그들 자신이 그분의 죽음을 통하여 살게 되었음을 인식한다.

왜 남자의 저 환호인가?: "이제야 바로 이 사람!" 왜냐하면 예수의 공동체가 먼저 그분을 인식한 것이 아니라, 오히려 먼저 그분에 의하여 인식되었기 때문이며, 신적 전능성을 통한 그분의 부활의 능력 안에서 그분을 향하여 창조되었고, 그분에게 인도되었고, 세상으로부터 그분께 선사되었기 때문에, 왜냐하면 그분이 그 공동체 안에서 그분 자신을, 이제는 그분 자신을 한 타자 안에서, 한 대상(짝) 안에서 재발견하시기 때문에, 공동체의 실존 안에서 그분의 고유하신 실존이 성취되기 때문에, 왜냐하면 그분이 공동체와 함께—그것과 함께 비로소, 그러나 그것과 함께 이제 현실적으로—전적으로 그분 자신이기 때문에, 또 그분이, 공동체가 그분에게 봉사함으로써, 세상 전체의 주님 및 왕이 되시기 때문에, 그러하다. 공동체의 선택 안에서 및 그 선택과 함께 그분의 고유하신 선택이 완전해지며, 공동체의 계시 안에서 및 그것과 함께 그분의 계시도 궁극적으로 실행되었다.

왜 한 인간은 부모를 떠나며, 그 아내에게 속하며, 왜 그와 그녀는 한 몸이 되는가? 왜냐하면 예수께서 그분의 사람들을 위하여 아버지의 영광을 떠나시기 때문이며, 그분의 어머니, 형제자매들이 그분의 사람들로서, 그분의 뜻을 행하는 유일한 사람들이 될 것이기 때문이며, 그분이 그들과 그렇게도 완전하게 연대하셨음을 선언하고 그들과 현실적으로 결합되실 것이기 때문이다.

왜 그 인간과 그의 아내는 벗었지만 부끄러워하지 않았는가? 왜냐하면 예수와 그분의 사람들 사이에는 남김 없는, 그리고 바로 그 남김 없음 안에서 긍휼과 구원이 되는 (인간의) 드러남에 도달되었기 때문이며, 그분이 전적으로 가난한 자로서, 전적으로 낮아지신 자로서, 하나님에 의하여 배척되신 자, 그리고 바로 그렇게 하여 모든 영예를 지니시는 자로서, 바로 그와 같이 하나님의 선택되신 자로서 그들 앞에 서시며, 그들 앞에서 부끄러워하지 않으실 것이기 때문이며—마찬가지로 그들도 그들의 고유한 가난, 비천함, 배척됨 안에서 그분에 의하여 통찰 및 발견되지만, 이제 그럼에도 불구하고 부끄러워하거나 정죄되지 않을 것이기 때문이며, 그가 그들을 부끄러워하지 않으실 것이며, 오히려 그분이 그들을 그분 자신의 형제자매들이라고 부르실 것이며, 그분의 하나님의 선택되신 자로서의 그분 자신의 풍요함과 함께 그들을 위하여 변호하실 것이기 때문이다.

저곳에서 볼 수 있었던, 이미 이스라엘과 맺었던 동일한 은혜의 계약의 동일한 윤곽이 중심 내용 안에서 다시 한 번 구체화되었다. 구약성서 안에서 창세기 2:18f.에서 시작되는 노선들 위에서 볼 수 있었던 모든 본질적인 것이 신약성서의 중심점에서, 최고로 구체적으로 다시 등장하며, 다음을 명확하게 제시한다: 우리는 사실상 여기서 저 구약성서적 노선들의 초점에 위치하며, 그 노선들 및 그것의 창세기 2장의 근원은 이곳으로부터 이해되어야 한다. 만일 남편이신 예수 그리스도께서 구약성서가 남편인 야웨에 관하여 말하면서 예언하였던 것의 성취시라면, 그때는 저 구약성서적 주석 그 자체에 긴급했던 질문들은 더 이상 단순히 대답되지 않은 채 남아 있는 것이 아닐 것이다.

구약성서가 성적 관계에 저 가치를 부여할 때, 구약성서는 그 관계의 원형을, 즉 남자와 여자로서의 인간의 하나님 형상성을 목표로 한다; 그 형상성은 하나님의 계획 및 선택 안에서 **우선적으로** 예수 그리스도와 그분의 공동체 사이의 관계이며, **그 다음에** 야웨와 이스라엘의 관계이고, **그 다음에 비로소**—그 형상성의 저 원형으로부터 이제는 전적으로 직접적으로 또한 인간적 이성 간의 관계이다. 예수 그리스도 및 그분의 공동체가 창조의 내적 근거이기 때문에, 그리고 또 예수 그리스도께서 이스라엘의 선택 (예정) 및 부르심의 근거이시기 때문에, 그렇기 때문에 야웨와 이스라엘 사이의 관계는 일종의 에로스적 관계로 묘사될 수 있었다.

구약성서가 야웨와 이스라엘 사이의 관계를 그렇게도 무정하게 파괴된 관계로 서술하였을 때, 그리고 구약성서가 그 다음에 또한 남자와 여자의 관계를 보통 그것의 교란됨 및 무한한 위험성을 바라보면서 서술하였을 때, 구약성서는 사실상 하나님과 인간 사이의 계약을 목표로 하고 있다; 그 계약은 하나님의 계획 및 예정 안에서 그분의 아들의 헌신과 죽음을 이미 자체 안에 포함하고 있으며, 그 계약은 오직 이러한 대가를 치르고 실행될 수 있었다; 그 계약 안에서 하나님과 인간은, 하나님과 양쪽 성의 인간들은, 예수 그리스도와 그분의 사람들과도 같이, 그렇게 서로 마주 대면하여 선다; 예수 그리스도께서 그들의 죄를 위하여, 그들을 하나님과 화해시키기 위하여, 스스로를 헌신하시고 죽으셔야 했다는 한도에서 그러하다. 그들이 이러한 대면 안에서 혼인 파기자가 아닌 다른 어떤 자로서 설 수 있겠는가?: 하나님 앞에서나 서로에 대해서나 마찬가지이다. 어떻게 그곳으로부터 하나님께 대한 관계 및 그들 서로에 대한 관계에 관련하여 어떤 다른 부드러운 관찰이 자리를 잡을 수 있겠는가? 그들을 위하여 지불되어야만 했던 대가가 그렇게도 높아야만 했다면, 그들의 죄와 곤경은 예언자들에 의하여 거의 견딜 수 없이 가혹한 언어로 서술되었던 것보다 더 작을 수 없을 것이다. 이스라엘의 왕의 배척과 십자가 죽음이 이스라엘 역사의 종말이었다면, 그때 이스라엘에 관하여 및 이스라엘에게 예언자들이 그렇게 했던 것처럼 바로 그렇게 말해야 할 철저한 필연성이 있을 것이다. 이렇게 볼 때 성적 관계는 그것이 보통 구약성서 안에서 관찰되는 것과 같이 그렇게 관찰되어야만 한다.

구약성서가 그럼에도 불구하고, 모든 외관을 거스르면서 재건의 희망을 선포할 때, 구약성서가 저 혼인을 야웨와 그의 백성 사이의 법과 정의 안에서 다시 한 번 실현될 것이라고 야웨를 신뢰할 때, 그리고 구약성서가 그것에 근거하여 이제 또한 사랑과 결혼 그 자체를 긍정적으로 말하기를 감행할 때, 그때 구약성서는 사실상 다음 사건

을: 예수께서 그분의 공동체를 영광 안에서, 얼룩과 결함 없이, 거룩하고 흠잡을 데 없이, 그분 자신 앞에 세우실 그 사건을 가리킨다: 그때 공동체는 세례를 통하여 정화될 것이며, 그분의 말씀 안에서 성화될 것이다.(엡 5:26f.) 그분의 (이러한 여자와의) 약혼 및 결혼은, 구약성서가 바라보았던 야웨와 이스라엘 사이의 그것과는 달리, 그것이 전적으로 그분을 통하여 그렇게 수행됨으로써, 이제는 쌍방적 사랑과 신실함의 관계이며, "사랑과 진실이 만나고, 정의가 평화와 서로 입을 맞추며, 진실이 땅에서 돋아나고, 정의가 하늘에서 굽어보는"(시 85:10f.) 관계이다. 여기에 한 영역이 있다; 그곳에서 인간의 타락은 정지되고 선하게 만들어지며, 그곳에서 바로 그렇기 때문에 그에 대한 고소도 마땅히 및 반드시 잠잠해져야 한다. 그렇기 때문에 여기서 다음 영역이 있다: 그곳에서 남자들에게는 "자기 아내를 자기 몸 같이 사랑하는 것"이 의무가 된다. "자기 아내를 사랑하는 것은 곧 자기를 사랑하는 것입니다. 아무도 자기 육신을 미워한 사람은 없으며, 누구나 자기 육신을 먹여 살리고 돌보기를 그리스도께서 교회를 그렇게 하시듯이 합니다. 우리는 그리스도의 몸의 지체입니다."(엡 5:28f.) 여기서 남자와 여자의 관계는 처음으로 그 자체로 평가되며—그러나 이것은 신약성서 전체 안에서 이제 완전히 퇴각한다.—아버지, 어머니, 후손의 관점에서 평가되지 않는다. 여기서 그 관계는 그것의 고유한 영예를 (그 영예는 아가서 안에서 그렇게도 빛을 비치면서 유효하게 되었다.) 사실상 도로 찾는다.

　그리고 구약성서가 저 희망을 그렇게도 속박했을 때, 오직 엄격하게 미래적인 것만 바라보도록 했을 때, 남자와 여자의 부성과 모성을 엄격하게 전면에 위치시켰을 때, 그때 구약성서는 사실상 이스라엘의 모든 세대들의 상태 전체를 넘어서서 저 아들을, 사람의 아들을 목표로 한다; 그분은 자신의 인격 안에서 살아 계신 자이시며, 신랑이시며, 그분을 통하여 거룩하게 된 백성의 남편이시다. 우리는 마땅히 및 반드시 이렇게 말해야 한다: 구약성서는, 그것의 입장을 보통은 바로 그러한 엄격한 냉정함의 영역에 굴복시킴으로써, 가장 강력하게 자기 자신을 넘어선 곳을 가리켰으며, 이스라엘에 선사된, 이스라엘에 의하여 배척된, 그러나 하나님에 의하여 높여진 왕을, 하나님의 및 사람의 아들이신 예수 그리스도를 가리켰다. 구약성서가 객관적으로 그분을 의미했기 때문에, 창세기 2장 및 아가서와 같은 본문들은 오직 그 증거의 주변만 형성하고, 중심을 형성하지 못하였으며, 오히려 구약성서는 그것의 중심에서는 저 아들에 대한, 기대되는 자에 대한 증거여야 했다. 우리는 바로 이 사실로부터 또한 다음도 이해한다: 그 중심은 또한 저 **주변**을, 즉 구약성서의 창조 사가는 바로 이러한 **정점**을 마땅히 및 반드시 가져야만 했다: 그것은 남자와 여자의 창조로서의 인간의 창조이며, 둘이 벗었지만 부끄러워하지 않았다는 것이다.

　남자가 혼자 있는 것이 좋지 않다는 것(18절)을 또한 전도자도 통찰하였으며, 마땅히 드러나야 하는 것보다는 덜 확고하게, 표현도 하였다: "혼자보다는 둘이 더 낫다. 두 사람이 함께 일할 때에, 더 좋은 결과를 얻을 수 있기 때문이다. 그 가운데 하나가 넘어지면, 다른 한 사람이 자기의 동무를 일으켜 줄 수 있다. 그러나 혼자 가다가 넘어지면, 딱하게도 일으켜 줄 사람이 없다. 또 둘이 누우면 따뜻하지만, 혼자라면 어찌 따뜻하겠는가? 혼자 싸우면 지지만, 둘이 힘을 합하면 적에게 맞설 수 있다. 세 겹 줄은 쉽게 끊어지지 않는다."(전 4:9f.) 그러나 이 본문은 일반적으로 다음에 관계된다: 고독은 비참이며(Vriezen), 인간은 "사회적 관계 안으로 창조"되었다(Jacob); 그러나 그 본문은 또한 그 밖의 모든 연합의 뿌리가 되는 원칙적인, 인간의 이성적인 둘 됨에도 관계된다; 이것 없이 피조물은 "좋지" 않을 것이며, 그 둘 됨의 성립이 없다면 인간의 창조는 완성되지 않은 셈이 될 것이다. "여자의 창조 안에서 인종으로서의 인류가 완성되었다."(Calvin 22절 주석) "내가 그에게 한 돕는 자를 만들겠다. …"라는 하나님의 진술이 칠십인역에서는 ποιήσωμεν으로, 불가타역에서는 faciamus로 번역된 것은 주목할 만하다. 1:26에 대한 병행이 이미 일찍 너무도 강하게 감지되었으며, 그래서 여기서도 사람들은 저 비밀에 찬 복수형을 도입해야만 한다고 생각하였다. 그러나 또한 여기서도 ─ 물론 두드러진 방식으로 바로 여기서 ─ 한 특별한 신적 반성 및 결의에 관한 진술로 충분하다. 무엇 때문에 인간은 돕는 자를 필요로 하는가? 라는 질문은 사가의 의미에서는 물론 구체적으로 대답될 수 없다. 아우구스틴(Augustin, *De Gen. ad. lit.* IX 3) 등과 같이 자손 증식을 생각할 수도 없으며, 델리취(Delitzsch)처럼 그 인간이 15절에 따라 정원에서 해야 하는 것을 생각할 수도 없으며, 예수 시락서 36:26처럼 여자는 남자에게 "그가 기댈 수 있는 기둥"이라고 생각할 수도 없다. 그 인간이 필요로 하는 것은 일반적 및 포괄적으로 인간적 생명(삶) 그 자체를 위한 도움이다. 그것에 대해서 그의 '자기 도움'은 도움이 되지 않는다. 그가 필요로 하는 것은 ─ 이 개념 그룹은 차라리 번역으로 해체되지 않는 것이 최선이다. ─ 'eser kenegdo(그에게 알맞은 짝)이다. 침멀리(Zimmerli)는 주석한다: "주님 안에 현존하는 도움 곁에, 그에게는 그에게 적합한 도움이 선사되어야 했다." 그러나 이러한 대립 관계는 인위적이며, "어울리는 자"(Passende)라는 개념 [취리히 성서도 그러하다.]은 너무 모호하다. 문제가 되는 것은 본질적으로 동일하지만, 그러나 상대적으로 구분되는 한 피조물이며 ─ 그에게 한 짝이, 파트너가, 그와 함께 둘이 될 수 있는 그런 피조물이다. 그러한 피조물만이 그에게 틀림없이 도움이 될 것이다. 야콥(Jacob)은 다음의 숙고를 제시하였다: "인간이 만일 스스로 삶의 동반자를 찾았다면, 그 자신이 그 여자를 유일하게 어울리는 동반자로 인식하였다면, 그는 미혹되었다는 것을 부정할 수 없을 것이다." 이러한 고소하는 해석은 그러나 사가의 단순한 의미에는 상응하지 않는다; 사가는 순전히 다음을 뜻한다: 인간이 "돕는 자, 곧 그에게 알맞은 짝"과 함께 둘이 될 때 그는 현실적으로 비로소 좋게, 완성되어 창조된 인간이 되며, 그렇게 보일 수 있다. 그렇게 될 때 비로소 그에게 도움이 주어지게 된다.

19-20절에 뒤따르는 동물들의 창조 및 명명의 장면을 우리는, 그것을 이차적으로 이해하면 할수록, 다시 말하여 그것을 전체 이야기의 분명한 순서 안에 확실하게 배치하면 할수록, 그만큼 더 잘 이해하게 된다. 다음과 같이 주장하는 것: 여기서 또한 둘째 사가도 동물의 세계의 생성을 보고한다고, 혹은 여기서 둘째 사가는 인간과 동물들의 어떤 근원적인 친숙성 및 생명 공동체성을 기억하고 표현한다고, 혹은 여기서 그 사가는 언어의 기원에 대한 가설을 제시하려고 한다고 주장하는 것은 순전한 추측(Eintragungen)일 뿐이다. 그 모든 것이 부차적으로 발생한다는 것은 부정될 수 없다; 그러나 그것이 사가가 말하려고 했던 것은 아니며, 오히려 사가는 다음을: 어떻게 인간의 창조의 목표로

했던 완성의 길이 동물의 세계의 창조 및 존재를 지나쳐서 바로 그 여자의 창조로 인도되었는가를 제시하려고 했다; 사가가 바로 여자의 창조의 맥락 안에서 빛 안에 드러내려고 했던 것은 모든 단순한 동물성과는 구분되는 인간의 인간성(Humanität)였다. 사가는 어떻게 인간에게 (동물들의 창조에 의하여 그것들에 대한 인간의 지위를 넘어서서 숙고할 수 있는) 기회가 주어졌는가를 설명함으로써, 그리고 어떻게 그 숙고가 다음 결과로: 즉 인간이 각각의 동물에게 이름을 부여하기는 하지만, "돕는 자, 곧 그에게 알맞은 짝"을, 즉 그의 인간성의 완성을, 명백하게도 하층의 영역 안에서는 발견할 수 없었다는 결과로 발생하셨는가를 설명함으로써, 인간의 인간성을 빛으로 드러내었다. 하나님께서 자신의 여러 창조들을, 마침내 한 실험이 성공할 때까지 "시험해 보셨다"(probiert)는 것(Gunkel), 그래서 우리가 이 구절에서 "하나님의 비이성적인, 자비하신 생명성"의 예시와 관계한다는 것(Zimmerli) 등은 오직 다음의 한도에서: 하나님께서 여기서 인간으로 하여금 그에게 주어진 자유를 실제로 사용하도록 허용하셨다는 한도에서 말해질 수 있다. 나중에 훨씬 더 극적으로 서술되는 것처럼, 인간의 창조의 완성에 참여하는 것은 바로 인간 자신이다: 인간 자신이 그의 인간성을 결정해야 하며, 그것을 발견하고, 확증하고, 고백해야 한다; 그가 그 인간성을 상이한 동물들과의 대면 안에서 "시험해봄으로써", 다시 말하여 적용해봄으로써, 그렇게 해야 한다; 인간 자신이 그에게 꼭 필요한 (모든 연합의 근거로서의) 둘 됨을 어떤 동물도 그에게 충족시킬 수 없음을 확증해야 한다. 다음이 그때 발생한 것이다: "그러나 그 사람 자신에게 그는 어떤 돕는 자, 곧 그에게 알맞은 짝도 발견하지 못하였다." 인간의 인간성의 주장으로서의 이러한 배척과 부정이 사가의 19-20절이 보고하려고 했던 성공한 실험이며—그와 함께 시편 73:21f.에서 긍정적으로 서술된 결정이기도 하다: "나의 가슴이 쓰리고 심장이 찔린 듯이 아파도, 나는 우둔하여 아무것도 몰랐습니다. 나는 다만, 주님 앞에 있는 한 마리 짐승이었습니다."

그 인간이 21절에서 빠져들었던 깊은 잠은 거의 죽음과 같은 "하나님의 잠"이며, 그 잠 안에서 하나님의 말씀이 창세기 15:12에서 아브라함에게, 사무엘상 3:3에서 사무엘에게, 욥기 4:13, 33:15에서 욥에게, 다니엘 8:18, 10:9에서 다니엘에게 주어진다. 칠십인역은 그 단어를 ἔχστασις(황홀경)로, 아퀼라(Aquila)는 χαταφορά(졸도)로, 시마코스(Symmachos)는 χάρος(적합한 도움)로, 헬라 베네트(Grae. Venet)는 χῶμα(잠)로 각각 번역하였다. 이사야 29:10, 사무엘상 26:12에서 그것은 인간에게 드리워진 신적인 방해라고 지칭될 수 있다. 야콥처럼 "마취"라고 말하는 것, 혹은 델리취처럼 하나님의 창조적 사역이 무의식의 영역 안에서 실행된다고 주석하는 것은 본문에는 낯설다. 그 과정은 말한다: 여자의 창조에의 인간의 대단히 본질적인 참여는 그 행위의 바로 이 결정적인 순간에 어떤 능동적인 것이 아니라, 오히려 순수하게 수여되는 것이었다. 그 인간은 앞에서는: 저 동물들의 배척 안에서, 이후에는: 창조된 여자의 환영 및 승인 안에서 능동적으로 활동적이었지만, 그러나 여기서는: 그 자신의 창조가 시작되었을 때와 마찬가지로 전혀 활동적이지 않다. 여자가 남자의 피조물이라는 다르게 알려진 상상은 이 부분의 보고에 의해 암묵적으로 거부된다. 여자는 물론 남자로부터 창조되지만, 그러나 그것은 남자의 깊은 잠으로부터이며, 이것은 남자 자신이 그의 고유한 행위가 불가능한 땅으로부터 창조된 것과 마찬가지이다. 여자는—즉 남자의 고유한 창조의 완성은—하나님의 새 창조이다; 새 창조에 남자는, 그녀가 자신에게 수여됨으로써, 수동적으로 참여하며, 그리고 사태 자체에 상응하면서 다만 그의 고백의 형식 안에서, 그에게 주어진 자유 안에서 참여한다; 창조로서의 그는 새 창조를 어떤 방식으로도 스스로 성취할 수 없으며, 그의 편에서는 다만 확증하고 승인할 수 있을 뿐이다. 여자는 이제 그에게 현실적으로 인도되어진, 그를 돕는 자이며—그는 여자와 함께하는 존재 안에서 그 자신이 **비밀**이 된다. 오직 하나님의 사역에 대한 확증 및 승인만이 [동물들의 배척을 통하여 부정적인, 자신에게 인도된 여자의 선택을 통하여 긍정적인] 그의 바로 그 사역에의 능동적 (활동적) 참여이다.

21-22절에서의 여자의 창조의 서술은 칼빈도 자극하여 (그의 주석은 그 밖에서는 그리스도론적 관련성과 대단히 인색한 관계를 갖는다.) 다음과 같이 주석하도록 만들었다: "그 점에서 우리는 하나님의 아들과 우리의 합일의 참된 상을 밝히 본다; 왜냐하면 또한 저 분은 능력으로 무장한 지체들을 얻기 위하여 약해지셨기 때문이다." 만일 이것이 그 구절의 설명에 대한 첫째 말은 틀림없이 아니며, 오히려 다만 최초의 말이라고 해도, 그래도 이 본문의 맥락 안에서 및 본문 자체의 특성 안에서 어쨌든 시작부터 이쪽 방향으로 바라보는 것은 사태에 적절하다. 여기서 전면은 오직 우리가 이제 현존하게 된 그것의 배경에 비추어서 볼 때, 의미 깊게 이해될 수 있다. 만일 우리가 침멀리처럼 "어떻게 사람의 갈빗대가 갑자기 아래로 떨어질 수 있는가?"[델리취: "13번째 갈비뼈가 어디로 갔는가?"]라고 불합리한 질문을 한다면, 그것은 창조 사가에 지나치게 억지를 쓰는 셈이 된다; 그것은 그 균열을 하나님의 손과 처치가 메우셨다는 마찬가지로 불합리한 대답을 낳을 뿐이다. 우리가 남자와 여자의 내적 결합성 및 상호 간의 일치성의 근거와, 아마도 또한 '이쉬'와 '이쉬아'의 언어적 연관성의 근거와, 그러한 한도에서 일종의 병인학(病因)과 관계하게 된다는 것은 부정될 필요가 없다. 그러나 마찬가지로 우리는 그 사가가 **부차적으로** 말하는 것을 그 사가가 **말하려고 하는 것**(will)으로부터 명확하게 구분하여야 하며, 그래서 다음을 인정해야 한다: 사가의 의도는 온갖 잘 알려진 사태 관계들의 관점에서 이러저러한 정보를 제공하려는 것이 아니라, 오히려 인간의 이성성의 근거를 비밀로; 바울이 에베소서 5:32에서 말했던 것과 같은 "큰" 비밀로 서술하는 것이다. 이것이 18절이 하나님께서 창조하신 돕는 자의 개념과 함께 서술하는 창조의 프로그램이며, 이 프로그램의 실행에 대하여 우리는 그 구절에서 가르침을 받는다. 여자가 남자에게 인간적 삶을 위한 돕는 자가 되기 위해서는, 그녀 자신도 가장 풍부한 의미에서 인간적이어야 하며, 말하자면 그 인간 자신의 한 부분이어야 한다; 그렇기 때문에 그녀는 그의 갈비뼈로부터 지어진다. 그 여자가 남자에게 하나님께서 마련하신 돕는 자가 되어야 하기 때문에, 그 남자에게 그러한 갈비뼈는 그의 고유한 의지 및 행동에 의해서가 아니라, 오히려 그의 깊은 잠 동안 하나님의 처치 및 행하심에 의하여 강제적으로 취해져야 했다. 그 남자에게 짝인 여자 안에서 도움을 수용하기 위하여, 그 남자는 고통을 당해야 했으며, 그러나 그것은 하나님의 긍휼하심에 의하여 그가 멸망하게 되는 고통은 아니며, 그것을 위하여 그에게는 치명적인 상처가 가해지지만, 그러나 즉시 치료가 된다. 그렇게 하여 여자는 그에게 참된(현실적인) 짝이 되며, 모든 동일한 종의 특성에도 불구하고, 그의 한 부분으로서의 그녀의 전적인 본질성 안에서도 한 고유한 본질이며, 그에게서 취해진 것으로부터 그녀는 그렇게 특별히 지어져야 했다; 칠십인역은 이 '지어졌다'를 ᾠκοδόμησεν이라고 번역하였으며, 그 다음에 바울은 잘 알려진 대로 한 분 예수 그리스도 안에 놓인 근거 위에서의 공동체의 건립을 οἰχοδομή라고 서술하였다. 물론 여기서는 전적으로 남자와 여자에 대하여 말해지고 있다; 그러나 바로 그들은 하나님의 창조 사역의 왕관이 되는 비밀로, 그렇기 때문에 야웨와 이스라엘 사이의 관계 안의 그 비밀의 내적 근거로 말해진다; 만일 우리가 이 관계의 수수께끼를 끝까지

직접적으로 사고한다면, 그래서 신약성서를 자의적으로 닫아버리지 않는다면, 그때 우리는 여기서 사실상 예수 그리스도 안에서 발생한 그 관계의 실현의 effigies(상; 이미지) 앞에 서게 된다; 그 관계는 그때 스스로를 남자와 여자의 관계의 최종 근거로 예증한다. 다음은 대단히 특징적이지만, 오인의 소지 없이 그러하다: 21-22절 전체에서 그렇게도 극적으로 주어지는 서술은, 오직 우리가 에베소서 5장의 안내에 스스로를 폐쇄시키지 않을 때에 비로소, 구체적 의미를 획득할 수 있다; 만일 이 안내가 없다면 우리는 최종적으로는 어떤 기적적인 우연성 앞에 서게 되고, 그것을 감수해야만 하게 될 것이다. 그 구절들은 다음의 오인될 수 없는 진술들 안에서 소진된다: 여자는 **남자에게서서**(ἐξ ἀνδρός, 고전 11:8) 났으며, 그래서 남자의 여자이며, 그래서 남자 자신의 고유한 창조의 완성이다. 바로 이러한 역전될 수 없는 진술이 구약 및 신약성서적인 계약사와 구원사의 직접적 핵심이다. 그 구절들이 그 구체적인 내용을 손상하지 않은 채 창조사 전체의 정점을 형성한다는 사실이 의미 없다고 말하는 것은 철두철미 가능하지 않다. 그렇기 때문에 바로 그 중요성을 고려하지 않고 그 구절들을 바르게 읽고 해석한다는 것도 철두철미 가능하지 않다.

22절에서 하나님께서 여자를 남자에게 이끌어 오셨다는 것은, 칼빈이 올바르게 주목했던 것처럼, 다음을 표현한다: 인간은 "고유한 의지로부터 한 여자를 취한 것이 아니라, 오히려 그에게 소유하도록 주어진 자로 주님에 의하여 인도되어온 여자를 받아들였다." 이 말씀의 내용은 하나님께서 여기서 말하자면 신부 인도자의 역할을 행하셨다는 식으로 말하는 것에 의해서는 전혀 심화되지 않는다. 여기서 다만 약혼이나 결혼이 묘사된다고 본다면, 너무도 중요한 계기들이 결여되어진다. 우리는 여기서 아직도 여전히 창조사의, 즉 원역사의 공간 안에 위치하고 있으며, 여기서 설명되는 것은 처음 사랑이나 결혼 조약의 이야기가 아니라, 오히려 사랑과 결혼에 의해 역사 안에서 이후에 현실적으로 될 모든 것의 근거화 및 가능화이다. 하나님께서 여자를 **그 인간**에게 인도하셨다는 것, 그의 인간성이 바로 그러한 하나님의 선사에 의하여 완성된다는 것, 이제는 남자가 아니며, 바로 그 여자의 남자, 즉 그 남자와 만난 그 여자의 남자라는 것은 공연한 일이 아니다.—만일 여기서 이미 사랑의 및 결혼의 이야기가 설명된다는 것은 대단히 이상하고 비현실적이라고 말하지 않을 수 없을 것이다. 하나님께서 중간에 개입하신다는 것, 둘로서의 인간을, 다른 인간과의 관계 안의 인간을, 남자와 여자로서의 인간을 축복하신다는 것, 바로 그렇게 하여 인간에게 본래 존재대로 인간과 이웃인간의 관계 안에서 존재하라고 명령하신다는 것, 이것이 하나님의 완성하시는 사역이며, 여자의 인도에 의해 발생하는 것이며, 남자와 여자의 만남의, 그들의 미래적 사랑과 결혼의 실현으로서가 아니라, 오히려 그것의 전제로서 발생하는 것이다. 이 전제는 사실상 하나님의 '수여'(addicere)에 관계되며, 이것에는 인간의 측면에서는 다만 '수용'(accipere)이 상응하며, '스스로 취함'(sumere)은 상응하지 못한다. 하나님께서 인간을 완성하셨다; 인간은 오직 바로 그러한 완성된 인간으로 존재하기를 감수할 수 있을 뿐이다; 인간은 둘이 되었으며, 그에게는 한 돕는 자가 생성되었다. 그러나 우리는 그것으로써 칼빈에 의하여 잘 제시된 방향으로 너무 멀리 나아가서는 안 되며, 예를 들어 그 인간이 보여준 설명의 고유한 전적인 중요성을 간과해서는 안 된다. 마찬가지로 칼빈은 다음도 올바르게 보고 언급하였다: 그 인간은 자기 자신으로부터가 아니라, 오직 "하나님의 비밀의 계시로부터" 우리가 지금 듣는 것처럼 그렇게 말하였다. "이제야 바로 이 사람!"이 그의 돕는 자가 되고, 그의 짝이 되고, 그의 뼈로부터의 뼈, 그의 살로부터의 살이 되고, 그래서 "이쉬아"라고 부르게 된 것은 그가 그렇게 한 것이 아니다. 그가 그렇게 처리할 수 없었던 것과 마찬가지로 또한 그는 그러하다는 것을 그 자신으로부터 알 수도 없었으며, 다만 그가 예언자적으로 고백해야 하는 그것을 말할 뿐이다. 그러나 바로 그 자신의 고유한 자유 안에서 그는 이제 예언자적으로 말하며, 자기 생각에 따라 발견한 어떤 것이 아니라, 하나님께서 발생한 사역에 의해 그의 인간성의 필연적인 긍정적 확증으로 그에게 계시하신 그것을 말한다. 하나님께서 그를 위하여 창조하신, 그에게 이제 실제로 인도되어온 그 돕는 여자는 여기서 다음을 통하여 그녀의 본질 및 실존을 철두철미 스스로 말한다: 그녀의 무언의 대화를 통하여, "하나님 보시기에 값진 것인, 속사람의 썩지 않는 온유하고 정숙한 마음의 단장"(벧전 3:1f.)으로써, 침묵 안에서(고전 14:34), 조용함(딤전 2:12) 안에서 말한다; 이 모든 것 안에서 신약성서는 여자의 어떤 결함이 아니라, 오히려 특별하고 탁월한 특성을 보았다. 23절에서 남자가 인지하였고, 말로 표현하였던 비밀의 계시는 하나님께서 완성하신 및 제시하신 사역의 바로 이러한 조용한, 침착한, 부드러운, 침묵하는 '소식 전함'이다. 하나님에 의하여 창조된 및 인간에게 인도된 여자는 그녀의 실존을 통하여 스스로를 설명한다; 그녀는 자신의 현재를 통하여 설득한다: 그녀는 오인될 수 없으며, 오히려 그녀의 어떤 추가 행동도 없이 다만 인식될 뿐이다.

바로 그렇기 때문에 남자가 여자를 환영했던 그 인식과 고백은, 비록 그가 그것을 자기 자신으로부터 행한 것은 아니라고 해도, 비록 그것(인식과 고백)이 전적으로 그것의 대상으로부터 살아 있는 것이라고 해도, 그 남자 자신의 가장 본래적인 자유의 행동으로 이해되어야 한다. 그의 고유한 창조는 그의 다음과 같은 책임적 행위로써 완성된다: 그는 이제, 하나님께서 창조하신 사실성(Faktum)을 붙들면서, 그 사실성을 통하여 가르침을 받으면서, 여자를 "바로 이러한"(haec tandem aliquando; "이제야 바로 이 사람!") 아직 남아 있는 그의 고유한 인간성의 결함의 제거를 위하여 주어진 돕는 자로서 승인한다. 우리는 이 말씀의 메아리를 잠언 18:22에서 듣는다: "아내를 맞이한 사람은 복을 찾은 사람이요, 주님으로부터 은총을 받은 사람이다"; 그리고 "유능한 아내"(잠 31:10)라는 유명한 서술이─그 명칭의 구체적인, 물론 풍부하게 부르주아적인 전면의 내용을 전혀 손상하지 않은 채─마찬가지로 위의 말씀의 배경에서 이해되어야 하지 않는가 하는 것도 생각해 볼 가치가 있다. 우리는 물론, 그 말씀이 참으로 예언자적인 의미를 가지며, 그것이 오직 계시에 근거함으로써 능력을 갖는다는 것을 이해하기 위하여, 또한 전도서 7:26f.의 반대 진술도 주목하여야 한다. 그곳에서 이 문제에 있어서의 인간적 지혜의 수고의 최종 결과가 다음과 같이 대단히 날카로운 형식으로 진술된다: "나는 또 올가미와 같은 여자, 마음이 덫과 같고, 손이 쇠사슬과 같은 여자는 죽음보다 더 쓰다는 것을 알았다. 하나님을 기쁘게 해드리는 남자는 그런 여자를 피할 수 있지만, 죄인은 그런 여자에게 걸려들고 말 것이다. 보아라 전도자가 말한다. 내가 깨달은 것은 이것이다.─사물의 이치를 하나하나씩 찾아가는데, 아직도 얻지 못하였지만, 다만 찾으면서 깨달은 것은 오로지, 천 명 가운데서 남자 하나는 찾을 수 있어도, 천 명 가운데서 여자 하나는 찾지 못한다는 것이다. 그렇다. 다만 내가 깨달은 것은 이것이다. 하나님은 우리 사람을 평범하고 단순하게 만드셨지만, 우리가 우리 자신을 복잡하게 만들어 버렸다는 것이다." 창세기 3장의 시각은 이러한 침울한 시각이 J 문서적 사가에게도 또한 낯선 것은 아니었음을 제시한다. 그러나 그 사가는 창세기 2장에서 하나님께서 창조하신 여자에 대하여, 그리고 하나님의 **계시**를 통하여 남자에게 주어진 여자의 앎(인식)에 대하여 말하며, 그 남자의 고유한 지혜의 괴로운 최종 결과를 말하지 않는다; 그렇기 때문에 그와 같이 긍정적인 고백을 하는 남자를 제시할 수 있었다. 우리는 주목해야 한다: 그것(고백)은 어떤 가치 판단을 포함하지 않는다. 우리는 더 나아가 다음을 주목해야 한다: 그것은 헤르더 이래로 그렇게도 자주 그곳에서 발견하고 싶어했던 어떤 사랑의 선언을 포함하지도 않는다. 그것은 오인의 소지가 없는 언어적 활기에도 불구하고, 모든 기쁨에도 불구하고 대단히 냉철한 및 핵심에 적중하는 다음의 확정이다: 결여되었던 돕는 자가 현존하며, 그것도 남자와의 모든 구분성 안에서도 하나의 본질인, 더 나아가 남자 자신과 같은 종의 본질인 형태 안에서 인식되어야 하는 형태로서 현존한다; 그 본질은 남자에게 결합된 것은, 남자가 그것과 분리될 수 없이 결합된 것과 마찬가지이다: 그것은 남자가 '이쉬아'로서, 그에게 속하는 것으로서 감수하고, 경외하고, 대우해야 하는 본질이다. 이러한 중심에 놓인 진리가 여기서 증거되는, 하나님의 창조 안에서의 사랑과 결혼의 근거이다. 다른 모든 것들: 남자와 여자의 관계의 역사적 현실성 안에서의 모든 가치판단들 혹은 비-가치판단들, 모든 사랑 혹은 비-사랑, 모든 선택 혹은 배척은 그 근거로부터 비로소 뒤따라와야 한다.

24절["그렇기 때문에 남자는…떠나…"]은 델리취에 의하면 아직도 아담의 진술의 계속인 것으로 이해된다: 여자의 면전에서 아담은 예언적으로 결혼의 본질을 낭송한다; 그는 여자의 창조 안에서 실현된 하나님의 이념(Gottesidee)을 통찰한다." 이 구절의 의미는 다음에서 올바르고 깊게 재현된다: 창세기 10:3, 26:33, 32:33 등과 같은 유비들로부터 여기서 보고자가 [Calvin: "모세는 자신의 가르치는 자로서의 직무를 잘 행한다."] 자신의 말을 전한다고 추론되어야 할 것이다. 그 구절은 어쨌거나 주석적으로 중요한 암시를 준다; 우리는 본문 전체의 가르침의 고유한 의미에 따라 본문의 구체적 내용을 넘어서서 창조에 뒤따르는 역사를 내다보아야 한다. 그것은 창조 안에 그 목적이 놓인 바로 그 역사이다. 또 거꾸로 창조의 목적이 그 역사 안에서 재인식된다. 앞선 내용과 겉으로 보기에 모순되는 것: 남자가 여기서 여자를 위하여 부모를 떠나야 하며, 여자를 따르고 여자에게 속한 자라고 지칭되는 것은 여기서 모계 사회적 관계가 전제되고 서술되고 있다는 추측을 낳게 하였다. 침멀리(Zimmerli)는, 이것은 말하자면 반대쪽의 강조를 위하여: 즉 "여자의 봉사성에 대한 모든 일방적 이해에 반대하여 하나님이 주신 여자의 가치를 드러나게 만들기 위하여" 발생한다고 생각한다. 그런데 이 문제는 그보다는 더 단순하지 않은가? 역사적 현실성 안에서의 사랑의 획득 및 결혼의 근거의 과정은—24절은 이것을 말한다.—모권적 혹은 부권적 사회 관계성 안에서 마찬가지로 여기서 서술되는 그것이다: 그것에 남자에 있어서 그가 여자를—그의 아내를—만남으로써, 지금까지의 직접적 속박들과 구분되는, 새로운, 다시 말하여 새롭게 결합되는 삶을 시작한다. 이것으로써 남자는 자명하지는 않는 한 시작(진군)을 실행한다. 그리고 바로 이 진군으로써 그는 여자의 창조에 대하여 말해졌던 것, 자기가 그러한 완성된 하나님의 창조 사역에 직면하여 고백했던 그것: 즉 여자가 "돕는 자, 곧 그에게 어울리는 짝"임을 확증한다. 아버지와 어머니가 그에게 할 수 없는 역할을 여자는 해줄 수 있다. 그는 부모에게 계속해서 아들로 머물지만, 그는 그들을 부모로서 이전과 마찬가지로 공경해야 하지만, 그러나 그는 그의 아내와의 만남 및 짝이 됨 안에서 '남자'가 되었으며, 독립적인 머리(그의 고유한 영예는 바로 그의 아내이다.)가 되었다. 만일 남자가 이제—그의 근원적 관계로부터 분리되면서—**여자**와 함께 [바로 그렇게 해서 자기 자신을 발견하면서] 한 몸이 되어야 한다는 것이 다르게 변경된다면, 그때 여자가 남자로부터 취해졌다는 것, 여자가 "그의 뼈로부터의 뼈, 그의 살로부터의 살"이라는 것, 그녀가 하나님에 의하여 그에게로 인도되었다는 것, 남자에 의하여 그에게 결여되었던 및 이제 주어지는 돕는 자로 승인되었다는 것 등은 참이 아닌 셈이 될 것이다. 바로 이 중심 주제가 어떤 맥락에서 에베소서 5:29f.에서 다시 등장하는가를 주목하는 것은 유익하다. "자기 육신을 미워한 사람은 없습니다. 누구나 자기 육신을 먹여 살리고 돌보기를 그리스도께서 교회를 그렇게 하시듯이 합니다. 우리는 그리스도의 몸의 지체입니다. **그러므로** 사람이 부모를 떠나 …" 사랑과 결혼의 근거는 이제 더 이상 남자로부터의 여자의 창조가 아니며, 오히려 창조의 배후에서 및 창조를 넘어서서 그리스도와 그분의 공동체의 공동존재(Koexistenz)이다: 이 공동존재가 "창세기 2장의 큰 비밀"이다. "한 몸"이 된다는 것 안에서(Gunkel처럼) 오직 육체적 성적 과정만을 지시하는 것은 너무 원시적이다; 물론 그것이 육체적 과정을 배제하지 않고, 포함한다고 해도 그러하다. 그것은 삶의 연합의 총체성에 관계되며, 남자와 여자 사이의 인격적 합일의 성립에 관계된다. 바로 그 합일이, 한 남자가 남자와 여자로서의 그의 존재 안에서 완성되는 것이 창조의 목적이었다. 그 합일은, 하나님의 뜻에 따라 사건으로 발생함으로써, 양자의 사랑과 결혼 안에서 완성에 도달하는 목적이 된다. 그러나 이러한 "한 몸이 되는 것" 안에서(Calvin처럼) 일부일처제의 필연성에 대한 지시를 발견하려는 것도 지나치게 섬세하다.(zu subtil) 일부일처제의 필연성은 오직 **한 분** 그리스도와 그분의 **하나인** 공동체가 하나의 성취된 계약 안에서 한 몸이라는 사실로부터 온다. 그러므로 그 필연성이 구약성서 안에서 잘 알려진 대로 볼 수 없다는 것은 우연이 아니다: 이스라엘의 결혼 관습 안에서도, 이스라엘적 혼인법 안에서도, 또 간접적으로 야웨의 이스라엘에 대한 관계 안에서도 볼 수 없다; 그 관계는 하나의 계약이 아니라, 오히려 많은 계약들의 형식 안에서 진행되며, 그 안에서 야웨의 파트너도 하나가 아니라, 오히려 이스라엘과 유다의 형태의 예언자들 사이에서 이중적이다. 만일 우리가 이 본문을 아가서의, 그리고 최종적으로는 신약성서의 맥락에서 보기를 거부한다면, 그때 우리는 그 본문을 사랑과 결혼의 완전한 및 최종적으로는 유일하게 가능하고 적법한 형식으로서의 일부일처제에 관련하여 **아무것도** 읽어낼 수 없게 될 것이다; 왜냐하면 이 본문은 이 문제에 대하여 암묵적으로는 대답하지만, 그러나 명시적으로는 대답하지 않았기 때문이다. 만일 우리가 아가서를 창세기 2장과 함께 [창 2장을 엡 5장과 함께] 묶어서 바라보지 않는다면, 동일한 것이 아가서에 대해서도 해당된다. 이러한 좁은 및 넓은 맥락에서 볼 때, 일부일처제의 필연성은 우리의 본문으로부터도, 물론 24절로부터도 다만 강제적으로만 이끌어낼 수 있을 뿐이다.

25절에 대하여 야콥은 호세아 2:3, 욥기 1:21, 전도서 5:14 등을 기억하였다; 그곳에서 벌거벗음은 인간의 탄생과 죽음에 있어서의 궁핍함의 특성이며, 또 아모스 2:16, 욥기 24:7에서 벌거벗음은 그 밖에도 인간의 결핍과 비참의 계기로 언급된다. 그러나 우리의 본문 안에서 확정되는 처음 두 사람의 벌거벗음을 "빈곤의 벌거벗음"으로 이해한다면, 그것은 큰 실수가 될 것이다. 이미 사무엘상 19:24, 이사야 20:2f., 미가 1:8 등이 어떤 예언자들의 일정 기간 동안의 표징적인 벗음에 대하여 말하지만, 이것은 어쨌든 (*본문의) 이 방향을 지시하는 것 중 제일 마지막의 것이다. 그리고 25절은, 또한 야콥도 잘 알고 말하는 것처럼, 창세기 3장과의 명확한 관계 안에 있다. 그러나 창세기 3장에서 인간들이 서로에 대하여 및 하나님 앞에서 부끄러워하기 시작했던 것은 그들의 빈곤이 아니었고, 오히려 그들이 스스로 가려보려고 했던 그들의 성적 특성이었다. 그들이 그러한 특성을 그들의 창조의 행위 안에서는 부끄러워하지 않았다는 것을 창세기 2:25은 말한다. 궁켈과 같이 그들에게 아직 아이가 없었고, 사춘기 이전의 상태에 있었기 때문에, 그들은 서로 부끄러워하지 않았다고, 그 상태를 그들은 나중에—이것이 그들의 선과 악의 앎이었다고 한다.—상실하였다든가 내지는 성적 성숙의 상태와 교환했다고 생각하는 것은 마찬가지로 원시적이다. 이에 관련하여 바로 앞선 구절이 너무도 명확하게 성적 특성 및 그것의 사용의 적법성을 지시하고 있다. 둘이 벌거벗었다는 것은—25절에서 이것은 대단히 강하게 강조된다.—서로 사신을 숨기지 않으며, 오히려 어떤 가리개도 없이 서로 드러내어 알려져 있음을 뜻한다. 그리고 "부끄러워하지 않았다"는 자기 자신에게 및 상대에게 이러한 상호 간의 앎, 드러냄, 알려짐 안에서 어떤 당혹도, 짐도, 비난도 없음을 뜻한다. 25절은 말한다: 남자와 여자는, 그들이 하나님에 의하여 창조되었을 때, 그분의 손에 의하여 빚어졌을 때, 그와 같은 동기를, 그와 같은 가능성을 전혀 갖지 않았다. 그러했기 때문에 그들이 무죄했던 것은 아니지만, 그러나 그들이 무죄했다는 것, 그것이 그 점에서 제시되었으며—사가의 의미에서는 결정적으로 바로 그 점에서 그러하다. 그들은 벌거벗었기 때문에 가난(arm)했던 것이 아니었다. 오히려 그들은 물론 나중에는 가난하게 되었지만, 바로 그 점에서는 부유했다. 바로 그들의 이후의 부유함은 그곳으로부터 볼 때 다만 그들의 가난함일 뿐이었다. 그들은 있는 그대로의 존재로서 하나님 앞에서 및 서로에 대하여 의로웠다; 그들 자신을 통해서가 아니라, 하나님의 작품(Werk)으로서, 그렇게 존재하고 지속하는 것은 유일한 필연성이었다; 그들은 그 필연성 아래 있었으며, 그것의 승인 안에서 바로 그들은 자유로웠다. 그들은 이것 외에 다른 어떤 칭의도 필요로 하지 않았기 때문에, 그들은 참으로 의로웠으며, 의로운 자들로서 자유로웠다. 그리고 다른 모든 칭의들은 (그들은 후에 그러한 칭의들로써 스스로를 보호하고 장식하려고 하지만, 그러나 바로 그것들로써 스스로 속박 안으로 나아간다.) 그 자유의 칭의의 중계일 뿐이며, 동시에 어떤 도피도 변명도 있을 수 없는, 그들에 대한 고소를 드러낼 뿐이다. 하나님께서는 그들을 범죄자로 창조하지 않으셨다. 그렇기 때문에 그들은, 할 수 있다고 해도, 도피할 필요가 없으며, 스스로 변명할 필요가 없었다. 그와 같이 그들은 자유로웠으며, 바로 그 자유의 행사 안에서 선하였으며: 하나님의 선한 작품이었다. 그와 같이 그들은 어떤 고소 아래도 있지 않았다. 바로 그렇기 때문에 그 둘은, 남자와 그의 아내는, 벌거벗었지만, 서로 부끄러워하지 않았다.

§ 42
창조자 하나님의 '예'

창조자 하나님의 사역은 특별히 '선하신 행동'(Wohltat)에 놓여 있다; 그분이 창조하신 것은 그것의 피조성의 한계 안에서 그분을 통하여 실현된 것으로서 존재할 수 있고, 그리고 그분에 의하여 의롭게 된 것으로서 선하게 존재할 수 있다.

1. 선하신 행동으로서의 창조

우리는 **창조**의 사역을 성서 안에서 증거된 하나님의 계시 및 그리스도교적 믿음의 대상과의 **관계성** 안에서 이해하였다. 하나님의 모든 사역들의 첫째이며, 하나님으로부터 구분되는 모든 사물들의 시작인 창조 사역의 목적 및 의도는 예수 그리스도 안에서 성취된, 하나님의 인간과의 계약이다. 우리는 그곳으로부터 다시 한 번 창조 사역의 **특수성**(Besonderheit) 그 자체의 질문으로 되돌아간다. 그러한 목적 및 그러한 의미 안에서 착수된 및 완성된 하나님의 사역으로서의 '창조'(Schaffen)란 무엇을 뜻하는가?

한 가지가 저 관계성(Zusammenhang)의 인식으로부터 확실해지며, 그리고 이 질문의 적절한 대답에 대하여 전제되어야 한다: 하나님의 창조는 전적으로 특정한 **성격**(Charakter)의 사역이다. 그 사역은 어떤 성격이 나중에서야 비로소 외부로부터 각인되는 사건이 아니며, 하나님께서 어떤 특정한 해석을 통하여 그 성격을 비로소 부착하시는 그런 사건도 아니며, 그래서 그 성격은 경우에 따라서는 또한 간과될 수도 있고 의심스러울 수도 있는 것이 아니다. 오히려 창조 사건에는 한 특정한 성격이 [그것의 의도와 의미에 따라] 그것이 사건으로 발생하는 동시에 이미 내적으로 고유하게 속해 있다. 그 사건의 계시 및 인식은 필연적으로 즉시 바로 그 성격의 계시 및 인식을 뜻한다. 하나님의 창조는 말하자면 그 자체 안에 (그분에 의하여 창조된 것에 대한) **하나님의 '예'**를 포함한다. 하나님의 창조는 하나님의 **'선하신 행동'**(Wohltat)이다. 창조 사역 안에서 형태를 얻는 것은 하나님의 **'좋으심'**(Güte)이다. 이것이 창조의 성격이며, 이 성격이 없다면, 그 사역은 하나님의 창조일 수 없다.

우리는 이미 앞의 내용에서 이미 창조가 신적 은혜, 긍휼, 좋으심(gratia, misericordia, bonitas)로 이해되어야 한다는, 고대 교회적 및 종교 개혁적 주제를 생각하였다. 이 명제는, 그것이 창조에 (계약과의 관계성에 힘입어) 고유한 성격에 관계될 때, 공중에 뜨지 않으며, (부분적으로는 실제로 그러했듯이) 주저하면서 제시될 필요가 없다. 그 사건은 (그것의 의미와 의도는, 우리가 성서적 창조 증거로부터 배웠던 것처럼, 예수 그리스도 안에서 목적에 도달하는 역사이다.) 그 자체가 적대적일 수도, 중립적일 수도 없으며, 오히려 오직 '선하신 행동'이며, 오직 그렇게만 이해될 수 있다.

하나님께서는 창조자로서 자신이 창조하신 것에 대하여 '아니오'가 아니라, 또한 '예 그리고 아니오'도 아니라, 오히려 오직 '예'만을 말씀하셨다. 물론 어떤 신적인 '아니오'도 있다: 그것은 하나님께서 그분의 본질에 따라 존재하실 수 없는 모든 것의 필연적 배척이며—그에 상응하는, 마찬가지로 그분의 본질에 따라 의지하시거나 창조하실 수 없는 모든 것의, 그분이 자신과 구분되는 현실성으로서 인내하실 수 없는 모든 것의 필연적 배척이다. 이러한 이중적 '아니오'의 능력은 그러나 그분의 마찬가지로 이중적인 '예'의 반작용력이다: 이중적 '예'는 하나님 자신에 대하여 '예' 그리고 하나님과 동일하지는 않지만, 그러나 하나님께서 원하시고 창조하신 현실성에 대한 '예'이다. 이 마지막 '예'가 **창조의 '예'**(긍정)이다. 창조는 그러므로 배척이 아니며, 신적 '아니오'의 반작용력을 통한 비현실적인 것의 진노의 규정이 아니다. 이러한 비현실적인 것(Nicht-Wirklichen)것과는, 오직 창조가 불가피하게 그것의 분리에 놓여 있을 때만, 관계한다. 그러나 창조 그 자체는 배척이 아니며, 오히려 선택과 수용이다. 창조는 하나님과 구분되지만, 그러나 하나님께서 원하시는 현실성의 (하나님의 본질에 상응하는) 규정(Setzung)이다. 창조는 외부로 향해진 하나님의 사역으로 '예'(이것 안에서 하나님께서는 자기 자신을 통하여 하나님이시다.)의 의로움, 가치, 좋음에의 참여이다. 창조 안에서 하나님께서 자신의 내적 본질을 외부를 향하여 확증하심으로써, 하나님께서—자신에 대하여 신실하지 않음 안에서가 아니라, 오히려 최고로 신실하심 안에서—하나님 자신에 대해서만이 아니라, 오히려 또한 타자에 대해서도 '예'를 말씀하심으로써, 창조는 하나님의 **'선하신 행동'**이다. 왜냐하면 다음이 하나님의 [그것과 함께 모든 참된] '선하신 행동'의 총괄개념이기 때문이다: 하나님께서는 자신에 대한 최고의 신실하심 안에서 또한 (하나님의 고유하신 본질에 참여되지 않은) 한 타자를 기뻐하셨으며, 그러한 다른 본질의 한계 안에 있는 그 타자를 존중하고 긍정하셨다. 창조는, 그것이 하나님의 선하신 뜻에 따라 발생하기 때문에, 즉 모든 선한 의지의, 선한 상태의, 모든 안녕(Wohlfahrt)의 최고의 법칙에 따라 발생하기 때문에, '선하신 행동'이다. 창조는, 양도할 수 없는 다음의 성격을 갖기 때문에, '선하신 행동'이다: 그것은 한 타자에게 향해지는 신적 기쁨, 신적 존중, 신적 긍정의 행위의 성격이다. 하나님께서 창조하신 것은 그 자체가 선하게 행하여진 것이다. 하나님께서 창조하지 않으신 것은—'비현실적인 것'의 영역 전체는—선하게 행하여지지 **않았다는**(nicht wohlgetan) 특성으로 인식될 수 있다: 그리고 선하게 행하여지지 않은 어떤 것은, 그것이 하나님에 의하여 창조된 것이 아니라, 오히려 '비현실적인 것'의 영역에 속한다는 사실로 인식될 수 있다. 오직 하나님의 피조물만이 정말로 **현실적으로** 하나님 밖에서 존재할 수 있다. 그리고 오직 하나님 밖에서 현실적인 것만이 하나님의 **피조물**이다. 하나님의 피조물, 즉 하나님 밖에서 현실적인 것은 그러므로 필연적으로 및 완전하게 신적인 '마음에 듦'(Wohlgefallen)의 대상이며, 그래서 또한 '선하신 행동'(Wohltat; 호의)의 대상이다; 이것은 하나님께서 창조하지 않으신 것, 즉 비현실적인 것이 하나님의 진노 및 심판의 대상이어야 하는 것과 마찬가지이다.

이 명제는 어떤 무책임한 감행이 아니다. 이 명제는 허용될 뿐만 아니라, 명령된다. 우리는 하나님의 창조를 '선하신 행동'이 아닌 다른 어떤 것으로 이해할 수 없다. 우리는 여기서 다르게 혹은 다만 불확실하거나 애매하게라도 사고하고 말할 자유를 갖고 있지 않다. 창조의 그리스도교적 인식은 창조가 '선하신 행동'이라는 명제를 요청하고 전달한다. 그 인식은 하나님의 '선하신 행동'이 신적 창조의 뿌리, 근거 및 목적임을 우리에게 제시한다. 그 인식은 우리에게 평화를 제시한다; 평화와 함께 하나님께서는 현실적으로 원하신 것을 하나님께서 원하지 않으신 것, 즉 비현실적인 것으로부터 나누셨으며, 후자로부터 전자를 보호하셨다. 그 인식은, 어떻게 이미 모든 사물들의 시작 안에서(시작과 함께) 하나님의 피조물을 위하여 하나님 자신을 결정적으로, 구속력 있게, 책임적으로 만드셨는가를 제시한다. 그리스도교적으로 인식된 창조는 '선하신 행동'이다. 만일 우리가 이와 다르게 말하려고 한다면, 그때 우리는 성서적 창조 증거를 통하여 우리에게 제공된 인식 전체를 철회하는 셈이 될 것이며, 어떤 다른 원천으로부터 다른 인식을 얻어오는 셈이 될 것이다. 만일 우리가 창조가 무엇인가에 대하여 만물의 시초에 대한 어떤 자의적인 추정들로부터 가르치려고 한다면, 그때 우리는 물론 그것을 다르게 말하게 될 것이다. 그러나 우리는 여기서, 우리는 성서적 창조 증거를 통하여 제공된 인식을 굳게 붙든다는 것을 전제한다. 이 전제로부터 우리는 우리 자신이 이러저러한 노선으로 지시되는 것을 본다. 우리는 더 전개하면서 다음을 추가할 수 있다: 저 명제는 주님의 그리스도교적 인식을 통하여 요청되고, 전달된다; 그분은 만물의 시초에 홀로 **창조자**일 수 있으신 분이시다. 이 주님은 누구신가? 그분은 이스라엘의 하나님이시며, 예수 그리스도 안에서 인간을 사랑하셨고, 인간의 타락 안에서도 그를 찾고, 발견하시고, 자신에게로 이끄셨던 분이시며, 그분의 의로운 심판의 고통을 인간에게는 면제하시고, 영원한 생명의 약속 아래 있는 생명을 인간에게 은혜 안에서 희사하셨던 분이시다. 그분이 자신의 본질을 그렇게 확증 및 계시하신 분, 즉 창조자시라면, 그때 그분은 동일한 본질을 이미 창조자로서 확증 및 계시하셨으며, 그때 그분은 이미 그분이 현실적으로 원하셨고 창조하셨던 그것에 대하여 '아니오'가 아니라, '예 그리고 아니오'도 아니라, 오히려 다만 '예'만을 말하셨다. 바로 이 하나님께서 창조하신 것은 그 자체로 선하게 행하여졌다. 만일 우리가 이와 다르게 말하려고 한다면, 그러하신 하나님 그리고 그분의 신적 본질을 눈앞에서 잃어버리는 셈이 될 것이다. 우리는 여기서 그 하나님 및 그분의 본질을 우리 눈앞에 두고 있다는 것을 전제한다. 그때 우리는 다르게 말할 수 있는 자유를 갖지 못한다. 우리는 다른 측면에서 전개하면서 다음을 추가할 수 있다: **피조물**의 그리스도교적 인식은 저 명제를 불가피하게 및 견고하게 만든다. 피조물이 무엇이든지 간에, 다음은 피조물로부터 제거될 수 없다: 하나님께서 이스라엘의 역사 안에서 피조물과 스스로 연대하셨으며, 더 나아가 예수 그리스도 안에서 그분 자신이 피조물이, 아브라함과 다윗의 자손으로부터 사람의 아들이 되셨다. 그렇게 행하시는 것을 하나님께서 불가능하지 않다고, 또 하나님께 무가치하지 않다고 보셨다면, 그때 하나님께서는 그분의 피조물을 그것들의 본질과의 모든 상이성에도 불구하고 어쨌든 그분의 '마음에 드는' 대상으로 보셨다. 하나님에 의하여 부정된 것 및 배척된 것과 하나님께서는 명백하게도 스스로를 결합시킬 수도, 그것과 하나가 될 수도 없으시다; 이것은 예수 그리스도 안에서 완성된 역사 안에서 발생한 것과 같다. 그러한 결합 및 그러나 하나 됨에 도달했다는 것, 그것을 이미 피조물 그 자체가 참여되어 있는 '선하신 행동'이 증명한다; 왜냐하면 하나님께서는 이미 피조물 그 자체에게 그 '선하신 행동'을 희사하셨기 때문이다. 만일 우리가 이 선하신 행동을 부정하거나 혹은 다만 문제 삼기라도 한다면, 그때 우리는 피조물에게 저 결정적으로 수여된 것을 놓치는 셈이 될 것이다. 우리는 그것을 놓칠 수가 없다고 전제하며, 그렇기 때문에 우리의 명제가 이 측면으로부터 확고해지는 것을 본다.

우리는 다음을 분명히 해야 한다: 창조와 계약 사이의 관계가 조금이라도 느슨해지거나 모호해지는 것은 그 명제의 위협을 뜻하며, 또 그 명제는 그 관계가 해체된다면 무력해진다. 하나님의 창조가 '선하신 행동'의 성격을 갖는다는 것은 저 관점 아래서 방금 말해진 것에 따르면 창조가 하나님과 인간 사이의 계약 안에서 그것의 목적과 의미를 갖는다는 사실로부터 결과한다. 그것은 그러므로 계약의 성취로서의 예수 그리스도 안의 하나님의 계시를 통하여 (계약에 대해서는 이미 구약성서의 창조 사가가 증거한다.) 강요되는 인식이 된다. 창조가 그러한 성격을 갖는다는 것은 그러나 다음의 때에 그만큼 의문스럽게 된다: 그때는 사람들이 창조와 계약을 [그리고 그에 앞서서, 그와 동시에 혹은 나중에 또한 구약성서와 신약성서를!] 분리시키려고 할 때이며, 그리고 계약의 그리스도교적 인식 **곁**에 혹은 **외부**에 있는 어떤 창조의 **특수한** 인식을, 혹은 창조의 그리스도교적 인식 **곁**에 혹은 **외부**에 있는 어떤 계약의 특수한 인식을 질문하려고 할 때이다. 이러한 추상화가 강하게 관철되면 될수록, 우리의 명제는 그만큼 덜 강하게 근거되어진다. 내적 연관성 안에 있는 창조와 계약의 그리스도교적 인식을 통해서가 아니라면, 그 명제가 어떻게 진지하게 요청 및 전달될 수 있겠는가? 이 연관성이 단순히 외적으로 및 명목적으로 이해되면 될수록 그만큼 더, 그리고 하나님의 사역의 통일성에 대한 내적 통찰이 (두 개의 독립적으로 분리된 영역의 어떤 단계적인 병렬

관계 혹은 순차 관계라는 상상을 통하여) 변방으로 추방되면 될수록, 그만큼 더 하나님의 창조가 '선하신 행동'이라는 명제도 외적이고 명목적으로, 단순한 주장에 불과하게 되며, 그만큼 더 이러한 성격이 하나님의 창조에 단순히 우연히 귀속되었다는, 아마도 어떤 특정한 해석의 문제에 불과하다는 외관이 강해질 것이다. 사람들이 창조와 계약의 내적 및 현실적 관계를 간과하는 중에 그 명제에 대하여 평가할 수 있는 것은—현존재에 대한 그리스도교적 주체의 주로 긍정적인 입장에서의 선한 의도의 토론들 혹은 그리스도교적 믿음의 "그럼에도 불구하고" 혹은 창조자와 구속자 하나님의 동일성의 단순한 주장 등도—그 명제에게 어떤 가설적 확실성을 부여하는 것 이상에는 충분하지 못하다. 그 명제가 다만 그렇게만 근거될 때, 그것은 단순한 해석의 특성이라는 데에 근접할 것이다. 그때 그 문제는 책임성 없이 감행되어질 것이다. 그러나 그 그리스도교적 명제의 진정한 감행은 그것에는 책임이 뒤따른다는 사실을 통하여 그러한 종류의 다른 감행들로부터 특별히 구분된다. 이제 그 명제에 대하여 책임져야 하는 가능성은, 그 명제가 (계약의 진리가 이미 창조의 비밀이며, 계약의 비밀이 또한 창조의 선하신 행동을 이미 자체 안에 포함한다는) 분명한 통찰에 근거하지 않고 있다는 한도에서, 점차 소멸된다. 이 명제의 엄격한 확실성은 그것이 그리스도교적 주체의 어떤 선한 의도 혹은 확신 위에가 아니라, 오히려 그러한 객관적 사태 관계에 근거하고 있다는 사실로써 서고 넘어진다. 그때 및 그렇게 하여 그 명제는 또한 그리스도교적 주체의 선한 의견 혹은 확신의 내용도 될 수 있으며, 수고될 수 있는 앎을 담은 믿음의 명제로서 "감행"(gewagt)될 수도 있다. 그 명제는, 저 연관성이 느슨해지고 모호해짐에 따라서 그것의 해체에 도달할 때, 현실적인 및 적확한 계약의 인식으로부터 분리된, 그래서 그 인식에 대하여 독립적으로 제기된 창조의 질문에, 혹은 창조의 인식과 관계가 없는 계약의 추상적 질문에 도달할 때, 전적으로 무력해져 버릴 것이다. 그때 그 명제는 공중에 뜨게 될 것이며, 다만 쓰러질 수밖에 없을 것이다. 그곳에서 그 명제는 다만 어떤 간접적인 힘밖에는 가질 수 없을 것이다: 그곳에서 저 연관성이 비록 외적으로 및 명목적으로 표현은 된다고 해도, 눈앞에서 최소한 전적으로 사라지거나 직접 부정되지는 않는다고 해도 그러하다; 그리고 이 영역들의 분리가 현실적으로 관철되는 곳에서 그 명제는 완전히 무력화된다. 그때는 성서적 창조 증거도, 성서적 계약 증거도 희석되어 버리며, 관심을 끌지 못하고 비생산적으로 보일 것이며, 그때는 다만 겨우 살아남은 것으로서 하찮게 주변에 놓이게 될 것이다: 성서적 창조 및 계약 증거는, 저 연관성의 시각이 근본적으로 부정되고 중지되는 곳에서는, 더 이상 저 내적 관계로부터 살아 있지 못할 것이며, 그것을 더 이상 말할 수도 없게 될 것이다. '선하신 행동'의 개념의 기준은 그때 성립될 수 없을 것이다.—왜냐하면 '선하신 행위자'로서의 하나님께서는 그때 창조 안에서도, 계약 안에서도 볼 수 없게 될 것이기 때문이다. 그때는 또한 "창조", "창조자", "피조물" 자체의 개념들도 (이 개념들의 올바른 이해로부터 저 명제는 유도될 수 있다.) 내용이 없이 공허하게 될 것이다; 왜냐하면 그 개념들을 어떤 중립적인 범주들 [예를 들어 작용, 원인, 결과 혹은: 상의 형성, 형성자, 상]로부터 구분하는 것은 그 개념들의 (이의 없이 선하신 행위자로서 존재하시고 또 그렇게 이해되시는 하나님의 작용에 대한) 관계를 통한 (그것들의) 성취이기 때문이다. 창조 안에서 계약이, 계약 안에서 창조가 전혀 볼 수 없게 되는 곳에서는 또한 창조한 선하신 행동이라는 명제도 전혀 주장될 수 없게 될 것이다.

여기서 회피되어야 하는 잘못된 길의 마지막 단계를 바라보면서—그러나 바로 그렇기 때문에 또한 시작들도 바라보면서—고대 이단 신학자인 마르키온(Marcion)과 또 현대적 이단들인 니체(F. Nietzsche), 부카르트(Burckhardt), 바그너(R. Wagner), 슈타이너(R. Steiner), 프로이트(S. Freud), 하이데거(M. heidegger), 슈바이처(Alb. Schweitzer) 등을 생각하면서 또 최근의 쇼펜하우어(Arthur Schopenhauer)도 기억해 보는 것이 유익할 것이다.

마르키온의 주제는 (이하를 A. v. Harnack, *Marcion: Das Evangelium vom fremden Gott*, 2판, 1924와 비교하라) 창조가 선하신 행동이라는 명제와 정반대의 대립 안에 마주 서 있다: 창조와 선한 행동은 서로를 배척하는 개념들이라는 것이다. 오히려 다만 정반대의 것이 주장된다: 창조는 선한 행동이 아니라, 악한 행동(Übeltat)이다. 창조 그 자체는 순전히 밤과 전율(Grauen; 공포)의, 기만, 수치, 재앙과 그 결과들의 근원이며, 피조물은 그러한 창조의 도약성에 상응하고 그것에 해당하는 해체를 향하여 마주 나아갈 수 있을 뿐이다. 하나님의 선하신 행동은 창조의 저편에서 시작될 뿐만 아니라, 더 나아가 창조의 부정 및 창조와의 투쟁이다. 창조의 소식, 예수 그리스도의 복음은 창조에 근거하여 존재하는 및 창조를 통하여 규정된 인간과 세계에 대하여 철두철미 새로운 및 낯선 진리를 대변한다. 복음 안에서 선포되는 구속은 창조의 철두철미 파멸적인 사역으로부터의 인간의 구속이다. 창조의 근원자와 예수 그리스도 안에서 나타나신 및 행동하신 참 하나님, 즉 구속자 하나님과의 동일성이란 어떤 경우에도 말이 되지 않는다. 창조는 인간에게 너무도 잘 알려진, 그에게 최고의 세속성 안에서 계시되는, 열등한 및 비본래적인 하나님의 사역이며, 그 하나님은 이에 대하여 창조에 있어서 나쁜 재료를 사용하였다. 그러한 어떤 "하나님"의 특징은 어떤 독재자의 "정의"이다; 그는 질투하면서 자신의 고유한 영예만을 생각하는, 자신의 의지에 대한 굴복을 명령하는, 그 의지에 대한 거역을 복수하는, 자신의 모든 과업들 안에서—특별히 인간의 배치 및 규정 안에서, 그러나 또한 그 밖의 우주의 조직과 장치 안에서, 또 역사의 조종 안에서—최고로 조야한, 어리석은, 소심한, 미숙한, 무엇보다도 너무도 악의에 찬 및 유익하지 않은, 최종적으로 염려스러운 및 무력한 독재자이다. 이러한 정의를 지닌 악한 창조주가 그가 맹목적 특수성 안에서 선택한 마찬가지로 악한 유대 민족의 신이며, 즉 구약성서의 하나님이라는 것이다. 그의 악한 대변자들 및 봉사자들이 구약성서의 족장들 및 예언자들이다. 그의 악한 계시가 그의 외적인, 육체 지향적인, 자의적인, 잔인한 계명들을 가진 율법이다. 그의 악한 그리스도가 구약성서 안에서 약속된, 아직까지도 나타나지 않은, 그러나 미래에 기대되는 유대적 세계 통치자이다. 바로 이러한 열등한 "하나님"에게 예수 그리스도 안에서—저 하나님에 의하여 창조된 사람들의 예상과는 전혀 다르게, 그 하나님이 질서를 잡고 유도하는 세계와 역사를 통해서는 전적으로 준비되지 않으면서, 구약성서적 경륜에 의해서는 오직 지연되고, 그렇기 때문에 오직 낯선 하나님(Deus alienus)으로서 — 저 우월하고 본래적인 하나님이 마주 등장하셨다; 이 하나님의 사역은 순수한, 선사하는, 강제적이지 않은, 인내하시는 사랑의 전능이며, 그분의 사역은 배타적으로 다음에 놓여 있다고 한다: 그것은 순수한 긍휼로부터 그분과는 전적으로 다른 형상을, 인간을, 수용하는 것이며, 인간을 — 모든 인간을! — 그의 창조자의 통치로부터 해방시키는 것이며, 인간을 새로운, 영원한 생명에 참여하도록 만드는 것이다. 그 하나님은 그것을, 그분의 아들의 인격 안에서 세계 창조자의 아들보다, 즉 유대적 메시아보다 앞서서 오심으로써, 인간이, 육신이 되신 것은 아니지만 — 그렇게 되었다면 그분은 저 악한 "하나님"의 창조에 알려질 수밖에 없었을 것이다. — 그러나 인간적 현상(Erscheinung) 안에서 등장하셨음으로써, 그렇게 하여 인간으로서 인간들 사이에서 및 인간들을 위하여 행동하고 고난당할 수 있는 위치에 있게 되심으로써, 행하셨다. 그분은 구약성서적 하나님의 원수들인 세리와 죄인들의 친구가 되셨다. 그분은 단순히 그분의 말씀만으로, 더 나아가 오직 그분의 의지만으로 창조신의 사역 아래서 고통을 당해야 했던 무수한 사람들을 고치셨다. 그리고 그분은 지하 세계로 내려가심으로써, 그분을 오랫동안 갈망하며 기다려왔던, 유대 신의 옥에 갇힌 자들을 해방시키셨다; 그들은 카인, 소돔 사람들, 이집트인, 모든 이방인들 등이다; 반면에 그분은 아벨, 에녹, 아브라함, 모세 등의 구원자가 되실 수가 없다; 왜냐하면 그들은 저 열등한 신과 긍정적 관계를 맺었기 때문이다. 그분 자신을, 세계 및 유대 신에 의하여 저주를 받은 죽음을 십자가에서 맛보신 후에, 그것과 함께 피조물에 대한 대가를 치르신 후에, 죽은 자들로부터 깨어나셨으며, 이제는 그 악한 세계를 이미 극복하신, 이 세상 안에서 — 그분에 의하여 수립된 새 창조를 통하여 서로 결합된 교회 안에서 — 이미 그분을 믿고 그 믿음을 다음과 같이 확증하는 모든 사람들의 미래적 구원자이시다; 그들은 믿음의 확증을 위하여 그들이 할 수 있는 방법과 수단을 통하여 [예를 들어 성적인 자손 번식의 금욕, 육식과 포도주 및 그와 같은 세상적 욕망을 멀리함으로써] 고난의 삶을 살며, 그 결과 각자의 영역 안에서 예수 그리스도 자신과 같이 고난을 당해야만 하며, 예수 그리스도를 뒤따르면서 그들의 원수를 사랑하며, 그리고 [구약성서적 율법과는 반대로] 악을 선으로 갚을 줄 알며, 그 밖에도 모든 두려움으로부터 자유하면서 현실적인 의를 성취한다. 그들의 희망은 예수 그리스도 안의 저 낯선 하나님에 의하여 성취된 세계 심판이다; 이 심판 안에서 믿지 않는 자들은, "의인들"은 정죄되지는 않지만 — 정죄된다면 참 하나님의 성격과 모순될 것이다. — 그러나 그들의 본질에 따라 소멸해야만 한다; 이것은 그 다음에 세계 창조신의 세속 세계 전체 그리고 마지막으로 그 창조신 자신도 소멸해야 하는 것과 마찬가지이며; 반면에 믿는 자들은 이 세상적 육체의 궁극적 헌납 이후에 영원한 생명의 은혜의 수여에 참여하게 될 것이다.

이것 곁에 및 이것을 향하여 쇼펜하우어의 학설이 있다; 이 학설을 그는 특별히 "의지와 표상으로서의 세계"(*Die Welt als Wille und Vorstellung*, 처음 1819, 보충판 1844 및 1859)에서 대변하였다. 또한 이 학설도 창조는 하나님의 '선하신 행동'이라는 명제와 정반대로 대립하여 선다. 세계는 주체에 대한 관계 안에 있는 객체이며, 한편으로는 개성화(Individuation)의 원칙으로서의 시간과 공간을 통하여, 다른 한편으로는 사물들의 영원한 형식들로서의 이념들을 통하여 형성된다. 세계는, 학문이 근본의 명제에 굴복하면서 탐구한다는 한도에서, 학문의 대상이며, 또 세계는, 예술이 세부적으로 및 그 명제로 지칭된 관계성의 외부에서 명상할 수 있다는 한도에서, 예술의 대상이다. **이러한** 세계는 말하자면: 표상(Vorstellung)의, 현상(Erscheinung)의, 천으로 덮인 마야(Maja)의 세계이다. 그러나 학문과 예술의 객체화(Objektivation)는, 즉 표상의 세계는 그 자체가 전적으로 다른 어떤 객체화의, 즉 전혀 **다른**, 본래적 세계의, 말하자면 **의지**의 반사(Spiegelung)일 뿐이다; 이 의지는 나의 고유한 육체의 행위 안에서 표상으로만이 아니라, 오히려 각각의 현재 안에서 또한 직접적으로 알려져 있으며, 그 의지 안에서 나는 [만일 내가 정신병원 환자처럼 회의적인 자아중심적 사고를 하지 않으려고 한다면] "물 자체"를, 모든 현상들의 본질에 이르는 열쇠를 인식해야만 한다. 그것은 **생**(Leben; 삶)을 향한 의지이며, 그것의 본래적인, 지성적인, 그래서 자유롭고, 권세가 있고, 불멸적인 주체는 경험적인, 필연성에 굴복하는, 생성하고 소멸하는 개인들의 의지 안에 은폐되어 있기는 하지만, 그러나 그 의지의 참된 작인(agens)으로서 활동 중이며, 어쨌든 인간 안에서 다소간에 공개될 수 있다. 바로 인간 안에서 말하자면 현상 세계의 본질은 인식될 수 있으며, 그리고 의지는 다음 질문 앞에 놓인다: 그 의지는 현상 세계를 통하여 그에게 제시된 **동기**들을 계속해서 따를 것인가, 혹은 그 의지는 현상 세계의 참된 본질의 인식에 스스로가 **진정제로서**(zum Quietiv) 작용되도록 할 것인가, 다른 말로 하자면 그 의지는 스스로를 이 세계를 의지하는 [그리고 표상하는] 의지로서 **긍정**할 것인가 혹은 **부정**할 것인가? 현상 세계의 본질은, 우리의 고유한 몸의 행위 안에서, 즉 생 자체를 향한 의지 안에서, 그 의지가 우리의 표상이라는 한도에서—무엇보다도 결정적 및 포괄적으로는 성적 욕망으로서의 그 의지의 형태 안에서[생식기(genitalien)는 의지의 본래적인 발화점이다.]—한계가 없는 및 그 자체 안에서 목적과 방향도 없는 (인간적 종족의 고유한 번식, 반복, 갱신의) 분투(Streben)라고 인식될 수 있다: 그것은 결함과 불만족으로부터 생성되는, 오직 더 큰 결함 및 새로운 불만족 안에서 끝날 뿐인 그런 추구(Sucht)이다. 생 그 자체는 거시적으로나 미시적으로나 하나의 계속되는 기만으로 스스로를 표현한다. 만일 생이 어떤 약속을 하였다면, 그것은 그 원했던 것이 얼마나 원할 가치가 없었는가를 보여주지 않고서는, 그 약속을 지키지 않는다. 생이 무엇을 주었다면, 그것은 취하기 위하여 그러했을 뿐이었다. 행운은 계속해서 미래에 혹은 과거에 놓인, 현재는 바람이 햇빛 비치는 표면을 몰고 가는 작고 어두운 구름에 비교될 수 있다; 그 구름 앞의 및 뒤의 모든 것은 밝지만, 다만 그 구름 자체는 지속적으로 그림자를 던진다. 생은 그렇기 때문에 본질적으로 **고통**이며, 거대한 아픔의 지속적인 운반이며, 그 아픔은 모든 소원들 및 소원의 성취들을 통하여 다만 증가할 뿐이다. 생은 우리에게 결여된 것에 직면한 불안 그리고 거의 붙잡히지 않는, 이미 사용된 (우리의 욕망의) 객체들에 직면한 지루함 사이에서 이리저리 흔들리는 시계추라고 말해진다. 생은 염려이며, 확실성과의 투쟁이며, 그 투쟁에서 최종적으로는 패배하며, 확실한 난파가 전망되는 절벽과 소용돌이의 해안이며, 행운의 및 영리한 생도 전복되는 지반 위의 한 변천일 뿐이며, 또한 예술을 통해서도 다만 대단히 적은 사람에게만, 그들에게도 다만 지나가는 꿈의 형식 안에서만 아름답게 보일 뿐이다: 예술 그 자체도 행운(Glück; 행복)을 위한 온갖 종류의 애씀일 뿐이며, 행운 그 자체를 표현하지는 못하며, 모든 멜로디는 근본음의 떠남 및 재수용일 뿐이며, 그 근본음이 그대로 유지되는 것은 다만 성가신 일일 뿐이다. 생은 방해를 받는, 지연된 죽음일 뿐이며, 죽음은 최종적으로 승리해야만 하며, 대단히 확실하게도 우리는 이미 탄생의 순간에 죽음에 빠져 있다. 생은 우리가 고통을 겪어야 하는 어떤 것의 명확하게 각인된 흔적을 지닌다. 생은 개별적으로는 순전히 작은 오류들 및 혼동들의 '욕망의 놀이'이며, 전체적으로는 생의 의지로부터 자신의 고유한 비용들을 치러야 하는 진정한 '비극의 놀이'이며, 무한한 자연의 영의 많은 환영받지 못한 및 소멸하는 꿈들 중의 하나이다.—이것이 모든 개별적 인간의 삶이다. 우리는, 우리가 현존한다는 것을 가장 적게 느낄 때, 가장 행복하지 않은가? 그리고 그것은 차라리 아무것도 존재하지 않는 것이 더 낫다는 것을 증명하지 않는가? 누가 그의 삶을 두 번째로 살려고 하겠는가? 생이 그렇게도 짧다는 것이 인간에게 최선이 아닌가? 생이 선물이라고? 만일 미리 앞서서 생을 살펴보고 검사해 볼 수 있었다면, 누가 그 선물을 거절하지 않았겠는가? 다만 어떤 맹목적인, 전혀 볼 수 없는 의지만이 우리가 지금 처한 이 상황 안에 스스로를 위치시켰을 것이다! 그러므로 인간 세계 전반은, 역사는, 우연과 오류의, 어리석음과 악함의 유일무이한 영역이며, 그 안에서 탁월한 것은 언제나 다만 (*예외의) 규정을 확증하는 예외를 형성할 뿐이다. 그러므로 세계 일반에 대해서는—이미 그것의 이론적 문제성이 이것을 증명한다.—실천적으로 다만 다음이: 세계는 존재하지 말았어야 했다고 말해질 수 있을 뿐이다.—메피스토펠레스와 함께 말하자면: "왜냐하면 생성되는 모든 것은 소멸될 가치를 갖기 때문이다. 그렇기 때문에 차라리 아무것도 생성되지 않는 것이 더 낫다." 단테는 이 현실세계로부터가 아니고 다른 어느 곳에서 지옥의 직관을 얻었겠는가? 아니다. 이 세상의 생은 선물이 아니며, 오히려 우리의 탄생에 의해 계약이 맺어진 빚이며, 그 이자를 우리는 일생동안, 그 원금을 우리는 죽음에서 갚아야만 한다. "모든 가능한 세계들 중의 최선의 것?" 정반대이다: 세계란, 만일 그것이 존재해야 한다면, 가능한 것들 중 가장 나쁜 상태이다. 낙관주의? 그것은 세계의 고유한 창시자의, 생의 의지의, 정당하지 않은 자기 자랑이며, 자신의 길 위에 자신이 반영되는 자기만족일 뿐이다; 낙관주의는 불합리할 뿐만 아니라, 인류의 이름 없는 고통에 대한 모욕으로서 진실로 양심의 가책이 없는 사고 유형이다. 물론 어떤 영원한 **정의**도 있다; 오직 그 정의는 인간의 비참 전체를 취해도 그것의 무가치성보다 크지 않으며, 그들의 죄책 및 비참이 전체적으로는 균형을 유지한다는 데에 놓여 있다. **의**는 그 결과 오직, 어떤 사람들이 그들의 생의 의지를 너무도 이기적으로 확증하여서 다른 사람들에게도 본질적인 생의 의지의 영역을 방해 및 파괴하면서 침입하게 되는 시도들에 대한 필연적인 방어를 뜻한다. **선**은 다음을: 낯선 현상 안의, 우리에게 오직 표상 안에서 주어진 타자의 [또한 동물의] 현상 안의 생의 의지를 재차 인식하는 것이며, 그것에 상응하여 [tat twam asi: 이것이 너이다!] 존중하는 것을 뜻한다. **사랑**은 에로스적 추구와는 반대되는 [경우에 따라서는 자신의 고유한 권한을 포기하기에 이르는] 연민이다. 의, 선, 사랑 안에서 시작되는 (표상 세계 및 그 세계를 구성하는 개성화 원칙의) 통찰이 근본적이고 일관성이 있다면, 그때 그것은 모든 동기들을 추방하는, 의지의 **진정제**(Quietiv)이며, 그때 생의 의지의 긍정도 또한 그 의지의 부정으로 뒤집어질 것이다. 그때 소원은 거절을 통하여, 분투는 태연을 통하여, 욕망은 단념을 통하여 대체된다; 이 대체는 신약성서 안에서, 더 깊게는 그리스도교적 금욕주의와 신비주의에 의하여, 그보다 더 깊게는 인도의 종교적 도덕적 지혜에 의하여 **자기 부정**의 "둘째의 길"로서 추천되었다. 자기 부정은 자살을 통해서는 성취될 수가 없다; 자살을 통해서 우리는 생을 부정할 수는 있지만, 그러나 생의 의지를 부정할 수는 없으며, 정말로 바쳐져야 하는 희생제물을 회피하는 셈이 될 뿐이다; 자기 부정은 모든 성적 삶의 자발적 포기 안에서, 자발적 가난 안에서, 자발적 금욕 및 그와 비슷한 것들 안에서 성취된다. 자기 부정은 이론 명제에 의해서 강제될 수 없다; 자기 부정은, 인식의 (의지에 대한) 가장 내적인 관계로부터 솟아남으로써, 경험적 개인에게 갑자기 "밖으로부터의 타격"과도 같이 다가오며, 그 과정에서 그 밖에도 나이 듦에 따른 힘의 감소가 모든 환상들의 포기 및 의지의 애씀에 대하여 가장 자유로운 유예를 수행하게 된다. 자기 부정은 그러한 한도에서 은혜이며, 의지 자체의 최초 및 동시에 최종 행위이며, 의지의 **자**

유의 유일한 **직접적인** 현상이다. 자기 부정 안에서 마야의 덮는 천이 찢어진다. "물 자체"가 등장한다: 그때 우리는 말하자면—이것은 끔찍한 것이 아니라, 오히려 모든 위로의 원천 및 총괄개념이다.—우리의 그렇게도 현실적인 바로 이 세계 전체가 그것의 모든 태양들과 은하수들과 함께 **무**(Nichts)라는 것을 본다. 의지가 꺼짐으로써, 또한 표상도 꺼진다. 세계는 더 이상 없다. 허무한 것(das Nichtige)은 무(Nichts)로부터 생성되었다가, 무로 회귀한다. 구속이 사건으로 발생하였다. 바로 이렇게 이해된 "**원죄**"[경험적 인간 아담의 인격 및 행동 안에서 상징화된, 의지의 긍정] 그리고 "**구속**"[그리스도라는 지성적 인간의 인격 및 행동 안에서 상징화된, 의지의 부정]은 어쨌든 그리스도교의 위대한 진리이며, 반면에 그 밖의 것은—특별히 그리스도의 "개인적"[비-가현설적!] 파악과 관계된 모든 것은—다만 그 구속을 옷 입힌 것, 껍질, 운반체, 유대적 협력사역 등이다.

마르키온 이론과 쇼펜하우어 이론은 그것들의 결정적인 지점에서, 말하자면 하나님의 창조가 선하신 행동이라는 명제에 대한 투쟁 안에서, 결과에 있어서의 그 밖의 모든 차이점에도 불구하고 **공통된 근원**을 갖는다. 양쪽 모두는 한 일관성 있게 수행된 **추상화**에 의하여 한 장소에서, 즉 하나님의 계시 곁에 지속적으로 머무는 그리스도교적 인식에 대해서 좁고 명확한 관계 안에 있는 장소에서 살아가고 있다. 양쪽 모두는 (비록 정확하게 정반대가 되는 방향으로 성취되기는 했지만) **하나님의 창조와 계약** 사이의 원칙적 및 궁극적 **분리**로부터 살아가고 있다. 바로 그곳으로부터 양자는 필연적으로, 비록 출발점에서는 서로에 대하여 등을 돌리는 것으로 보이지만, 창조가 악한 행동이라는 저 악한 반박 안에서는 서로 일치한다.

마르키온은 명백하게도 **계약**을, 전적으로 오직 그것만을 바라보려고 한다. 그것이 참된 계약을 바라보았다면 얼마나 좋았겠는가! 마르키온의 추상화가 어쨌든 이 방향을 향한다는 것은 그 이론의 그리스도교성을 옹호하는 것처럼 보인다. 하나님은 마르키온에게는 그리스도 안에서 나타난 사랑이며, 전적으로 그것만이며, 그 외의 아무것도 아니다. 이 이단가가 행하였던 것처럼 믿음을 그렇게도 강하게 그리스도 안의 하나님의 계시 및 사역에 연결시키고, 그렇게도 진지하게 양자를 결합시키려고 했던 그리스도교적 신학자들은 많지 않다. 그래서 하르낙(Harnack)은, (*이단이라는 것에 대하여) 명백하게도 이의를 제기하면서, 마르키온이 "범그리스도교적"이라고 말해야 한다고 주장하였다. 그러나 반짝이는 것이 모두 금인 것은 아니다. 마르키온의 그리스도론은 말하자면 가현설적이다: 마르키온에 따르면 그리스도 안의 그 낯선 하나님은 인간이 아니며, 오히려 다만 가상의 몸(Scheinleib)을 가진 어떤 인간과도 같은 **그 무엇**이다. 이것은 다음을 뜻한다: 그 낯선 하나님의 계시 및 사역의 **유일무이성**이 바로 이 현상 안에서 이제 다만 공허한, 다시 말하여 어떤 직관에도 상응하지 않는 개념적 주장이 되어 버린다. 그리고 이것은 우선적으로 다음을 뜻한다: 바로 그 낯선 하나님에 대한 어떤 **복음**이란 있을 수 없다; 왜냐하면 그 하나님은 또한 그리스도 안에서도 인간에 **대하여** 낯설게 등장하였고, 낯선 상태에 **머물렀기** 때문이며, 그래서 인간에게 귀속되지 않았기 때문이다. 마르키온이 그 하나님께 귀속시킨 은혜 및 긍휼이 넘치는 사랑 전체는 인간에게 계시될 정도로는 크지 않았으며, 하물며 인간을 구원할 수 있을 만큼 크지는 더욱 못하였다. 그러한 어떤 그리스도는—여기서 마르키온은 이와 반대되는 것을 다만 **주장**할 뿐이다.—말하지 못하며, 행동하지 못하며, 고난당하지 못하며, 죽지 못하며, 부활하지 못한다. 그 사랑의 (한 현실적 인간에 대한) 자연적 관계가 결여된다면, 그때 그 모든 진술들은 무의미해진다. 만일 그 진술들이 한 인간이 그 모든 것을 행하셨다고 말하지 않는다면, 아무것도 말하지 않은 셈이 된다. 바로 그 진술들의 모든 것은 참 하나님의 참 아들이 인간을 해방하시고 인간에게 영원한 생명을 가져다주신 분으로 믿어질 수 있는가에 달려 있다. 그렇게 낯설게 머무는 하나님은—비록 사랑의 총괄개념이라고 해도, 그러나 다만 사랑의 총괄개념일 뿐이기 때문에!—인간과 피조물 전반을 다만 배제할 수 있을 뿐이며, 포함하지는 못한다. 피조물은 그러한 하나님을 실상은 전혀 믿을 수가 없다. 그 하나님이 스스로 인간이 될 수 없다면, 마찬가지로 그 하나님은 인간과 현실적인 연합을 이룰 수도 없으며, 인간의 부활 및 생명일 수도 없다. 다음은 하르낙이 즐겨 인용했던 문장이다; 그것은 마르키온의 시초를 "반명제"로써 형성했다고 한다: "우리가 복음에 대하여 아무것도 말할 수 없으며, 생각도 할 수 없으며, 복음을 어떤 것과 비교도 할 수 없다는 것은, 정말로 기적 이상의 기적이며, 경련, 권세, 경탄이다!" 마르키온의 기쁨 및 자유의 소식 전체는 이러한 배후의 근거 위에서는 공허한 울림이 된다. 마르키온의 눈길이 계약의 방향을 향하는 것에는 의심의 여지가 없다. 그리고 한 사도 바울의 눈과 함께, 모든 유대교적 잔재들 및 오해들로부터 정화된 신약성서의 지침에 따라, 마르키온도 그 방향을 바라보려고 한다. 그러나 그곳에서 보아야 하는 것을 볼 수 있었기에는 마르키온의 시선은 너무도 원칙적이며, 최종적으로는 너무도 세속적이다. 마르키온은 신약성서를 너무도 근본적으로 정화하였으며, 그 결과 신약성서의 현실적 그리스도가, 그 그리스도의 현실적 실존이 이미 이스라엘 안에서 오인될 수 없었다는 것을, 신약성서 전체의 구약성서와의 관계를 볼 수 없었다. 마르키온은 바로 유대인 바울의 증거를 다만 지속적인 횡령과 폭력 아래서 독자적으로 읽으려고 하였다. 그래서 계약은 마르키온의 시각 안에서는 순수한 신성의 경직된 이념과 그 이념으로부터 선험적으로 배제된 인간 사이의 결실을 맺지 못하는 대면이 되어버린다; (저 이념은 그것의 순수한 새로움 및 숭고함 안에서 인간에게 직접적으로 관계하지 못하며, 하물며 그것이 사랑이라는 주장에 상응하여 인간과 어떤 계약을 맺는다는 것은 더욱 어렵기 때문에, 인간은 그 이념으로부터 배제된다.). 계약은 마르키온의 시각 안에서는 바로 계약이 **아니다**. 결과는 분명하다: 마르키온은 그리스도의 참된 인간성을 보려고 하지 않음으로써, 그래서 계약을 볼 수 없음으로써, 참 인간을 및 참 피조물을 다만 참되신, 그리스도 안에서 계시되신 하나님과의 연합의 **외부에서** 보았다. 그래서 마르키온은 그 참되신 하나님을 **창조자**로 볼 수 없었다. 그래서 마르키온은 이제 창조자 안에서 어떤 다른, 열등한, 저 공허하게 의로운, 그러나 선하지는 않은 신을 보았다. 그래서 마르키온은 창조 안에서 [왜냐하면 저 참 하나님이 아니라, 이 열등한 신이 창조자이기 때문에!] 다만 **악한 행동**만을 볼 뿐이었다; 이 악한 행동은 어떤 방식으로도 선한 행동으로 전환될 수 없으며, 오직 그 행동의 철회만이 우리의 구속의 희망의 유일한 구체적 형태가 된다. 그리스도의 인간성이, 그것과 함께 계약이 부정되는 곳에서, 이스라엘과 구약성서는, 창조자, 피조물 및 창조는 필연적으로 왼쪽에, 극단적인 어둠에 서게 된다. 그리고 이것은 예를 들어 그리스도의 신성이 그 부정과 동시에 더 확실하게, 더 긴급하게 선포되면 될수록, 더욱 그 정도는 심해진다. 마르키온은 그리스도의 인간성의 부정과 동시에 그리스도의 신성의 선포를 최고로 추진하였으며,—다른 어떤 그리스도교적 가현설 주장자들이 결코 도달할 수 없었던—최고의 일관성으로써, 이스라엘과 구약성서가, 창조자, 피조물 및 창조가 그러한 전제 아래서 어떤 곳에 서게 되는가를 보고 공표하였다. 참된 계약의 목표와 성취는 한 인격 안의 참 하나님 및 참 사람이신 그리스도이시다. 참된 계약은 이스라엘과 구약성서를, 창조자, 피조물 및 창조를 배제하는 것이 아니라, 포함한다. 참된 계약을 보는 사람에게는 마르키온이 그리스도 **밖에서** 어둠

속에 서야 한다고 여겼던 그것이 그리스도 **안에서** 빛 안에서 선다. 마르키온이 저 관계성의 부정의 일관성을 벗어나지 않았던 것, 그와 함께 창조는 하나님의 선하신 행동이라는 명제를 오인하게 하는 모든 [또한 저 관계성의 덜 일관적인 부정들 안에서도 작용하고 위협하는!] 근거를 폭로했던 것은 그것의 공로이다.

그리고 이제 **쇼펜하우어**는, 동일한 추상화의 능력 안에서 바로 정반대 방향으로, 말하자면 **창조**를 향한 방향으로 바라봄으로써, 동일한 결과에 도달하는 데에 성공하였다. 또한 쇼펜하우어의 시선의 집중력도 경탄할 만하다. 그러나 이 방향 안에서 보아야 하는 그것은 그의 마찬가지로 너무도 원칙적인 및 너무도 세속적인 시각에는 보일 수 없었다. 그리스도 안의 하나님의 계시와 사역, 즉 계약이 그가 보았던 상 안에서는 말하자면 존재하지 않았다. 그래서 그의 세계상에 필연적으로 하나님이 없었던 것은 마르키온의 하나님 상에 세계가 없었던 것과 마찬가지이다. 그래서 쇼펜하우어의 의도는 마르키온과 정면으로 대립하여 선다. 그러나 그 의도의 성취는 쇼펜하우어와 마르키온을 즉시 결합시킨다. 쇼펜하우어가 다른 방식으로 얻어진 (창조 및 구속에 대한) 그의 견해를 예시하면서 추가적 및 부차적으로 그리스도를 말하려고 할 때, 그때 또한 그도 경험된 인간적 개인 예수의 모든 구원의 의미를 분명하게 반대하며, 또한 그도 [마르키온주의적 구호들에 대한 명시적인 관계 안에서] 가현설을 주장한다. 다만 그는 가현설의 비밀을—그리스도의 "신성"이 그분의 "현상"(Erscheinung; 가현)에 속박되지 않으며, 오히려 그 현상과는 원칙적으로 독립적이며, 또한 그분 안의 다른 곳에서도 인식될 수 있다는 비밀을—명백하게도 마르키온보다 더 낮게 통찰하였으며, 그래서 그리스도 안의 하나님으로부터도 아니고, 하나님으로부터도 아니고, 오히려 자유로운 처분 안에서 그 자체로 지칭된 존재의—인간의 존재의—(자유롭게 선택된) 직관으로부터 논쟁하였다. 하나님은 직접 부정되지는 않는다. 그러나 그의 하나님은 지속적으로 낯선 자이며, 이것은 그 하나님이 순전히 및 단순히 **부재**(abwesend)하다는 그의 학설의 자명한 전제 아래서 여기서 실천적으로 승인된다. 현재(anwesend)하는 것은 세계이며, 세계는 하나님의 창조가 아니며, 오히려 **의지와 표상**의: **인간적** 의지 및 인간적 **표상**의 객체화일 뿐이다. 창조자, 피조물 및 창조에 관한 쇼펜하우어의 견해 안에 남는 것은 그 자신, 즉 인간뿐이다; 그의 의지는 그의 천재성 안에서 본래적 발화점을 가지며, 그의 표상은 마야의 덮는 천의 탐구자인 동시에 획득자이며, 그것의 전달자 및 관찰자이다. 세계와 세계 안에서의 인간의 본래적 삶은 한 사역, 한 산출 및 형태화이지만, 그러나 인간의 지적인 원형(Urbld) 안에서, 마찬가지로 또한 인간의 경험적인 모형(Abbild) 안에서 철두철미 **그의**, 지적인 동시에 경험적으로, 자유로운 동시에 필연적으로 존재하는 인간의 **고유한** 사역이다. 인간이 한 인격 안의 창조자 및 피조물이며, 또 그는 생의 의지의 긍정 안에서 언제나 동시에 창조와 창조됨의 행위 안으로 포괄된다. 인간은 세계 및 자신의 본질, 실존, 인식을 오직 자기 자신에만 의존해야 하며, 오직 자기 자신에게만 책임지워야 한다. 그렇기 때문에 의, 선, 사랑의 연습 중에 세계 및 자기 자신이 무에 불과하다는 본래적 인식을 향하여 나아가는 것이 그의 일이다. 또 그러한 인식을, 종결하는, (노쇠하는) 자연에 의하여 지지되는 은혜 안에서, 그에게 다가오는 생의 의지의 부정 안에서, 사실상 전복시키고, 그래서 (그가 자신의 고유한 창조자였던 것과 마찬가지로) 자신의 고유한 구속자가 되는 것이 인간의 고유한 일이다. 마르키온이 인간을 계약으로부터 배제하였듯이, 쇼펜하우어는 하나님을 창조로부터 배제하였다. 그리고 마르키온에게서 창조가 계약 안에서 보이지 않는 것처럼, 쇼펜하우어에게서는 계약이 창조 안에서 보이지 않는다. 그리고 이제 다음 결과가 쇼펜하우어에게서도 분명하게, 그와 다를 수가 없는 것처럼, 마르키온과의 일치 안에서 이끌어내어진다: 하나님에 대하여 고독하게 관찰되는 창조, 즉 인간적 의지 및 인간적 표상의 세계는 (그것이 마르키온에게서 세계에 대한 하나님의 고립을 통하여 지시되었던 것과) 너무도 동일한 어둠 안에 서게 된다. 쇼펜하우어에 의하면 명백하게도 인간이 하나님의 자리에 들어섰다는 것은 그리 대단한 일이 아니며, 다음이 생각되어야 한다: 쇼펜하우어는 헤겔 및 이 문제에 있어서 헤겔에 친숙한 다른 근대 철학자들과는 달리 다음을 통찰하고 진술했을 뿐만 아니라, 노년에는 점점 더 증가하는 무수한 온갖 종류의 험담들 안에서 선포하였다: 창조자 하나님인 인간은 그 자체로서 및 본래적으로 어리석고, 악하고, 죄가 있고, 정죄된 자이다; 이 창조신의 오류는 그의 모든 허구들 및 망상들과 함께 다음에 놓여 있다: 그것은 그가 그러한 존재로서 잉태되고 탄생되었다는 것이다; 자기 자신을 창조자로 삼은 그 피조물은 그 자체가 및 본래적으로 언제나 또 다시 실망의 징벌을 받으며, 이미 그의 생성 안에서 멸망에 빠진, 비탄의 골짜기의 거주자이다; 이러한 인간의 존재적 및 인식적 생성 및 형태화로서의 창조는 유일무이한 졸렬한 사역이며, 선한 행동이 아니라, 악한 행동이다. 이것이 잘 알려져야 하고, 잘 말해져야 한다! **바로 이것**이 인간이 스스로 책임져야 하는 것이다! 인간에게 남은 일은 사실상 이 사태 관계를 통찰하고 그것으로부터 다음의 실천적 결론을 이끌어내는 것 외에 아무것도 없다: 이 졸렬한 작품은 해체되어야 하고, 최종적으로는 파괴되어야 한다. 그것은 **오직** 붕괴될 가치만 갖는다. 인간은 그가 유래한 그곳으로 되돌아가야만 하며, 그 다음에는 그가 행하였던 것을 다시는 미리 앞서서 시작하지 않으며, 다시는 재차 행하지 않으며, 더 이상의 모든 존재적 및 인식적 창조들을 포기하며, 그래서 창조신의 고정된 자리로부터 퇴각하며, 바로 그렇게 하여 이제 더 이상 자신의 고유한 피조물일 필요가 없게 된다. 또한 쇼펜하우어도 명백하게도, 창조의 악한 행위라는 그의 견해에 있어서 어떤 더 나은 빛 안의 변경된 해석의 도움을 받을 수 있는 위치에 있지는 않았다. 왜 그러한가? 그리고 그가 안다고 진술한 그 모든 것을 그는 도대체 어디서 알았는가? 그는 그 모든 것을 최종적으로는 오직 다음에서 알 수 있었다: 그는 세계의, 생의, 인간의 본질을 하나님 없이 및 하나님 밖에서, 즉 — 현실적인 것이 아니라, 오히려 **비현실적인** 창조를, 계약으로부터, 인간 예수의 신성으로부터 **추상화된** 창조를, 그것의 전적인 추상성 및 비현실성 안에서 다른 사람들과는 달리 다음과 같이: 즉 그가 이제 창조에 관하여 바로 그렇게 알고 진술해야 했던 것과 같이, 보았다. 그가 아는 모든 것을 그는 최종적으로 그의 세계, 생, 인간의 구상 개념 안에서 전제된 '하나님을 알지 못함'으로부터 알았다. 쇼펜하우어는 그가 아는 것을, 창조와 계약의 관계를 부정한 이후에, 그리고 그 결과 시야를 채우는 — 비현실적인! — 사태 관계와 **정직하게**(aufrichtig), 마찬가지로 저 관계를 직접적 혹은 간접적으로 부정했던 많은 다른 사람들보다 더 정직하게 대면함으로써, 알았다. 쇼펜하우어는 그에게 친숙했던 미적 세계관 안으로의 도피의 가능성을 통해서도 그 정직성으로부터 멀어지지 않았다. 이것은 그의 훌륭한 점이다. 하나님이 배제된 창조란 정직한 눈에게는 다만 악한 창조일 수 있을 뿐이다. 그 창조의 창시자는 — 즉 하나님의 자리에서 스스로 창조자이려고 하는 저 자의성의 죄책을 행하는 인간은 — 다음 외에 다른 어떤 긴급한 소원도 가질 수가 없다: 그것은 자신의 고유한 피조물인 인간이 무(Nichts)로부터 산출된 허무한 것(das Nichtige)으로서 가능한 한 빨리 및 근본적으로 무로 회귀하는 것이며, 그래서 자기 스스로를 구원하는 것이다. 이 모든 것을 남김없이 보고 진술한 것은 쇼펜하우어의 공로이다. 그의 "비관주의"에게는 그의 전제로부터는 아무것도 반박할 것이 없다.

저 결정적인 지점에서 구체적 대신에 추상적으로 사고하기 시작하는 곳에서 사람들은 이미 마르키온과 쇼펜하우어가 일치하면서 도달했던 그 결과로 향하는 도상에 있게 된다: 즉 창조는 선한 행동이 아니라, 악한 행동이라는 것이다. 그 다음에 사람들이 마찬가지로 이 결과에 도달하는가 혹은 그 길을 벗어날 수 있게 되는가의 문제는 다만 일관성과 정직함의 문제일 뿐이다. 바로 그렇기 때문에 여기서는 이미 **첫 걸음**에 대하여 경고가 주어져야만 한다.

신적 창조의 성격은 중심적으로는—다음의 두 단원(§42-2, §42-3)은 이 내용을 취급할 것이다.—다음에 놓여 있다: 하나님께서 창조하기 원하셨던 것 및 창조하셨던 것은 **존재**할 수 있고 또 **선하게 존재**할 수 있다: 하나님의 창조는 그분의 피조물의 **실현** 및 **칭의**(Verwirklichung & Rechtfertigung)이다. 그 점에서 창조는 선하신 행동이다. 우리는 이 도입하는 숙고를 바로 이곳으로부터 그리스도교적 창조론 전체에 대하여 적용되어야 하는 한 요점으로써 마친다.

창조론의 대상은 하나님의 '창조하심'이며, 이것은 다음을 통하여 특징지어진다: 창조는—왜냐하면 계약이 창조의 의도 및 창조의 의미이기 때문에—하나님의 선하신 행동이다. 이렇게 근거된 (창조의 대상의) 성격은 그리스도교적 창조론을 신화, 철학, 학문 안에서 각각의 시대와 장소에 등장한 그러나 또한 미래적으로도 생각할 만한 모든 소위 **"세계관들"**로부터 구분한다. 그리스도교적 창조론은 하나님의 계시 위에 근거되었다는 점에서 세계관들로부터 구분된다. 그러나 바로 이 구분성은 형식적일 뿐만 아니라, 또한 내용적(material)이다: 그리스도교적 창조론은 어떤 다른 곳으로부터 유래할 뿐만 아니라, 또한 그에 상응하여 혼동될 수 없는 방식 안에서 모든 세계관의 이론과는 **다르다**. 그리스도교적 창조론은 어떤 다른 근원을 가질 뿐만 아니라, 또한 다른 **대상**을 가지며, 그렇기 때문에 세계관들과는 다른 길을 간다. 창조론의 대상인 하나님의 '창조하심'은 말하자면 세계관의 대상이 결코 될 수 없다.

이 진술의 올바름은 우선 다음으로부터 온다: 세계관은 전체적으로, 지금까지 알려진 한도에서, 창조의 개념에 전혀 도달하지 못하였으며, 인식론으로부터 존재론을 거쳐 발생학에 이르는 길을 끝까지 가본 적이 없을 뿐만 아니라, 이미 인식론 안에 혹은 늦어도 존재론 안에 처박혀 있곤 했다. 하나님의 창조라는 신학적 개념에 대한 "세계관적" 등가물은 어떤 **순수한**, 다시 말하여 원칙적인, 모든 인식 및 존재를 근거하는, 그래서 그것보다 앞서는 **생성의 최초치**이어야만 할 것이다. 세계관들은 그러나 언제나 인식과 존재의, 주체와 객체의 순환의 내부에서 시작하며, 그 순환을 이러저러한 특정한 관계들 안의 어떤 특정한 시각으로 서술하는 것으로 만족하며, 그렇게 하는 중에 개별적 체계들 사이의 변주 및 차별화가, "진보들" 및 "퇴각들"이 너무도 커서 세계 전체는 계속 변화하면서 한 번은 거대한 사고와, 한 번은 거대한 기계와 동일시되는 것으로 보인다. 아마도 그러한 세계 전체는, 생성의 남은 문제, 그 해당되는 (사유로 혹은 기계로 이해되는) 전체의 근원에 대한 질문이 전혀 알아채지지도 않은 채, 오히려 소박하게 건너뛰거나 무시된 채, 진행되기도 한다. 아마도 그 문제는 잘 알아채기는 하지만, 그러나 완전하게 의식되는 가운데 그리고 체념된 혹은 강조된 그것의 '책임 없음'이 확증되는 중에 열린 채 버려두기도 한다. 아마도 또한 그 문제는 대답되기는 하지만—그러나 다만 발생학적으로(geneseologisch)으로 "심화된" 어떤 인식론 혹은 존재론의 형식 안에서 대답이 시도되며, 바로 그렇게 해서 대답되지 않으며, 오히려 왜곡된다. 왜냐하면 생성의 문제는 인식의 문제 및 존재의 문제에 대하여 하나의 **새로운, 독립적인** 문제이며, 인식 및 존재의 그리고 그것들 상호 간의 관계들의 어떤 해석을 통해서도 대답될 수 없기 때문이다. 생성의 문제는, 그것이 재차 의문시되지 않고 도무지 취급되어야 한다면, 독립적으로 취급되어야 한다.

우리는 물론 오늘에 이르기까지의 세계관들의 역사를 바라볼 때 다음을 문제 삼을 수는 없다: 순수한 생성의 독립적인 문제는 모든 세계관에 대하여, 그 문제가 그것 안에서 취급되었든지, 왜곡되었든지, 혹은 전혀 볼 수 없든지 간에, 어쨌든 객관적으로 **현존**하며, 최소한 불안을 야기하는 변방으로서, 그것의 세계상의 경계로서 [그 세계관의 의도와 함께 혹은 그 의도에 반하여] 사실상 그 세계관의 **시야** 안에 놓여 있다. 만일 그리스도교적 창조론이 만일 이러한 불안을 야기하는 문제를 객관적으로 지니고 있지 않은 어떤 세계관의 가능성을 고려한다고 하면, 그것은 스스로를 지양해버리는 셈이 될 것이다. 그러므로 그리스도교적 창조론은 지금까지 등장한 및 다소간에 지배적이었던 세계관들에 대하여 전체적으로 및 개별적으로, 객관적으로는 또한 그것들도 신적 창조의 신학적 개념의 등가물에 몰두했었다는 사실을 인정할 수 있으며, 그러한 한도에서 그 세계관들이 관심을 가졌던 인식 및 존재의 순환의 기원에 대한 질문이 최소한 그것(*질문)의 한계를, 최소한 그것의 설명될 수 없는 배후를 형성하였다는 것도 인정할 수 있다. 그 질문은 그것의 존재를 통하여, 신적 창조의 개념의 (그것의) 대변을 통하여, 세계관들에게 다음을 기억하게 한다: 그러한 그 질문의 배경은 오늘에 이르기까지도 설명되지 않았으며, 그 세계관들 모두가 이러저러하게 대답했던 '우선 질문'은 지금까지도 대답되지 않았으며, 그러한 한도에서 그 세계관들의 집들은 공중에 지어졌다.

이 우선 질문을 그리스도교적 창조론의 관점으로부터 근본적으로 대답될 수 없는 것으로 설명하는 것, 그리고 순수한 생성의 독립적 문제가 또한 어떤 신화적, 철학적, 혹은 학문적 성격의 세계관 안에서도 **왜곡되어 취급**되었을 뿐만 아니라, 또한 **긍정적으로 대답**되었을 수도 있다는 사실을 논쟁하는 것은 바람직하지 않다; 또 그래서 세계관들이—이것은 지금까지도 발생하지 않은 것이다.—신적 창조의 신학적 개념의 최소한 논의될 수 있는 등가물을, 다만 시야 안의 도처에 사실상 (*모호하게) 놓이도록 하는 대신에, 어떤 독립적인 발생학 안에서 저 신학적 개념의 곁에 등장시켰을 수도 있다는 사실을 논쟁하는 것도 바람직하지 않다. 신화가 구체화하고, 철학이 사고하고, 학문이 연구하는 것이 어떤 새로운 "차원들" 안에서 미래적으로 가능한지 혹은 가능하지 않은지를 결정하는 것은 신학의 과제일 수 없다; 그리고 여기서 미리 앞서서 회의주의의 입장을 취하는 것은 더욱 신학에 적절하지 않다. 만일 어떤 미래의 세계관이 지금까지 침묵된 혹은 방관된 혹은 왜곡된 (모든 세계관들보다 앞서는) 저 우선적 질문의 대답을 정면으로 감행하려고 한다면, 그때 그리스도교적 창조론은 그것에 대해서 어쨌든 그러한 감행의 의도는 한 진정한 필연성으로부터 생성되는 것이라고 말할 수 있다: 더 나아가 그 의도로부터 가장 훌륭한 참여 및 가장 긴장된 주의력이 분명히 부인될 수 없다고도 말할 수 있다.

그러나 신적 창조의 신학적 개념의 등가물로서의 어떤 순수한 생성의 새로운 학설은 물론 그 학설이 다음의 때에: 그 학설에 의하여 제시된 순수한 생성이 그리스도교적 창조론 안에서와 마찬가지로 명확하게 **순수한** [모든 인식 및 존재보다 선행하는, 모든 인식 및 존재를 근거하는, 즉 신적인] '선하신 행동'을 알려지게 만들 수 있을 때에만, 인정될 수 있을 것이다. 순수한 생성의 (그러한 미래적 세계관에 의하여 제시되는) 개념은 그러므로 생성되는 및 생성된 우주의 화복에 중립적인 어떤 사건의 개념일 수 없으며, 그 개념은 어떤 백지의, 나중에야 비로소 특정한 해석들로써 적혀야 하는 종이일 수 없다; 오히려 그 개념은 신적 창조의 신학적 개념과 마찬가지로 미리 앞서서 순수한 '선하신 행동'의 총괄개념으로 **특징지어져야** 한다. 그 개념은 순수한 생성의 개념으로서 동시에 생성되는 것 및 생성된 것의 긍정이어야 한다. 이것 이하가 그러한 어떤 미래적 세계관에 대해서 (만일 그 세계관이 신학적인 관심의 대상이 되려고 한다면) 요구될 수는 없다. 그 세계관이 예를 들어 신적 창조가 [다만 다른 언어들로 곡해되면서] 또한 자신의 대상이라고, 그래서 그것이 다만 그리스도교적 창조론의 대상만인 것은 아니라고 주장하기 전에, 바로 그것(*긍정)을 행하는가 행하지 않는가의 질문이 반드시 제기되어야 한다.

우리는 보았다: 창조가 하나님의 선하신 행동이라는 명제는 오직 및 배타적으로 창조와 계약 사이의 관계 안에, 즉 예수 그리스도 안의 하나님께서 창조자시라는 인식 안에, 근거되어 있다. 여기서 및 오직 이곳으로부터 창조가 선하신 행동이며, 어떤 한도에서 그러한가 하는 것이 결정된다. 세계관적인 등가물이 이러한 근거를 갖는다는 것은 명백하게도 말이 되지 않는다. 그러나 저 명제는 그렇게 근거되며, 그렇지 않다면 그것은 전혀 근거를 갖지 못한다. 어떤 미래의 세계관도 순수한 생성에 관한 그것의 학설 안에서 바로 **이곳**으로부터 근거되어야 한다; 그렇지 않다면 그 세계관은 전혀 그렇게 결정할 수 없을 것이다. 우리는 이곳이 아닌 다른 어떤 곳으로부터 그렇게 결정될 수 없다는 사실을 이미 보았다. 다른 어떤 곳으로부터 결정한다면, 모든 각각의 미래적

세계관도 결과적으로는 마르키온과 쇼펜하우어로써 마치게 될 것이다. 이것은 다음을 뜻한다: 그러한 미래적인 세계관은 지금까지 탁월하다고 지칭되어온 세계관 중에서 분명하고 진정한 발생학을 통하여 더 이상 단순한 세계관이기를 그쳐야만 할 것이며; 그것은 그 결정적인 지점에서 그리스도교적 창조론과 동일시되어야만 할 것이다. 그 세계관 자체가 여기서 신학적이지 않다면, 그 세계관이 여기서 하나님의 계시 위에 근거되지 않는다면, 그때 그 세계관은, 그것의 새로운 차원의 발견에도 불구하고, 순수한 생성의 학설이라고 해도, 바로 그 생성의 '선하신 행동'에 관한, 모든 선한 행동들의 총괄개념으로서의 그 생성에 관한 **근거된** 및 **필연적인** 학설일 수 없을 것이며, 그래서 그리스도교적 창조 교의로부터 여전히 ─ 말로서만이 아니라, 핵심에 있어서! ─ 구분되면서 다른 어떤 대상을 향한 셈이 될 것이다.

우리는 여기서 명백하게도 그리스도교적 창조론과 다른 **모든** [지금까지의 모든 것만 아니라, 생각될 수 있는 모든] 세계관 사이의 **원칙적** 구분 앞에 서 있다. 그리스도교적 창조론은 신학으로서 오직 하나님의 계시를, 세계관은 비-신학으로서 오직 인간에게 가능한 (우주에 대한) 직관 및 파악을 고려한다는 형식적인 구분은 다음을 통하여 양쪽 모두에 의하여 소재적으로(material) 확증된다: 전자는 창조를, 왜냐하면 그것이 예수 그리스도 안에서의 하나님의 사역이기 때문에 '선하신 행동'으로 고백 및 인식하는 반면에, 후자는 세계관으로서의 그것의 본질에 따라, 바로 그 세계관이기를 포기하지 않고서는, 결코 그렇게 고백 및 인식할 수 없다. 만일 세계관이 ─ 비록 아마도 다른 언어 안에서라고 해도 ─ 저 **특성**을 가진 하나님의 창조와 관계하려면, 그 세계관은 그 자체가 신학이 되어야 한다. 이것은, 만일 신학이 저 순수한 생성의 문제에 저 특성 없이 향하려고 한다면, 그 즉시 신학이기를 그치고, 한 세계관이 되어야 하는 것과 마찬가지이다. 인식 근거만이 아니라, 오히려 또한 그것들의 대상이 **구분**되어야 한다는 것은 그 특성에 관련한 결정으로부터 신학에게만이 아니라, 또한 세계관에게도 본질적이다. 이 사실로부터 다음이 결과한다: 그리스도교적 창조론은 모든 알려진 혹은 미래에 알려질 수 있는 각각의 세계관들로부터 독립적으로 자신의 특수한 인식 근거 및 대상에 상응하면서 자신의 **특수한** 길을 가야한다. 이것이 의미하는 바를 이제 짧게 요약한다:

1. 그리스도교적 창조론은 **그 자체**가 **세계관**이 될 수 **없다**. 왜냐하면 만일 그리스도교적 창조론이 그렇게 되기를 원한다면, 그때 그것은 자신의 특수한 [신적 창조의 저 특성을 통하여 모든 세계관의 대상으로부터 구분되는] 대상을 상실하게 될 것이며, 만일 그리스도교적 창조론이 그렇게 원할 수 있다고 한다면, 그것은 그 즉시, 신학으로서 대상도 없이 머물지 않기 위해서는, 이러한 그것의 대상을 그때 새롭게 수용해야만 할 것이며, 그렇게 함으로써 어떤 세계관으로부터 새롭게 신학으로 재차 변신하는 것을 즉시 염두에 두어야 할 것이다.

2. 그리스도교적 창조론은 **어떤 세계관에 의해서도 지지될 수 없다**. 왜냐하면 옛날의 혹은 근대의, 이미 알려진 혹은 생각이라도 될 수 있는 세계관 중에서 그것의 연구 및 서술의 근거 및 실행에 있어서 하나님의 선하신 행동으로서의 창조를 지지하려는 것은 아무것도 없기 때문이다; 이미 알려진 세계관 중에서는 어떤 것도 순수한 생성의 문제에 대한 각각의 불만족스러운 취급을 통하여 지지하지 않으며 ─ 오늘 알려지지는 않았지만, 그러나 그러한 세계관을 계승하려는 것 중에 창조는 선하신 행동이라는 명제에 대한 그것의 필연적인 거부를 통하여 오류에 빠지지 않게 될 것도 아무것도 없다.

3. 그리스도교적 창조론은 자신의 편에서 **어떤 세계관도 보증할 수 없다**. 왜냐하면 순수한 생성의 문제를 통찰하게 된 어떤 세계관이 그 문제를 무시하는, 혹은 그 문제를 방치하는 어떤 세계관보다 그리스도교적 창조론에게 더 가까이 있다고 해도, 또 그 문제를 다만 인식론적으로 혹은 존재론적으로 덮어버리려고 하는 세계관보다, 마지막으로 그 문제를 독립적인 문제로 공략하려고 하는 세계관보다, 이러한 감행의 필연성을 여전히 벗어날 수 있다고 주장하는 세계관보다 더 가까이 있다고 해도, 그때 그리스도교적 창조론은 그것들 중 그 어떤 것도 구속력 있게 옹호할 수 없기 때문이다; 옹호할 수 없는 이유는 그리스도교적 창조론에 대해서 결정적인 질문이 모든, 비록 "더 낫다"고 해도, 비록 그것에 가장 가까이 있다고 해도, 세계관들에 대해서는 거부되기 때문이며, 또 반드시 거부되어야만 하기 때문이다.

4. 그리스도교적 창조론은 **세계관들과 "논쟁"할 수도 없다**. 다시 말하여 부분적으로는 동의하면서 세계관을 인정하고 또 부분적으로는 거부하면서 세계관에 반대하는 입장을 위하는 것은 그리스도교적 창조론의 과제가 아니다. 한편으로 창조론은 세계관에 전혀 모순적으로 대립하지 않는다: 창조론이, 세계관이 말하자면 그것이 선택한 길을 끝까지 가는 것을 본다는 한도에서, 그와 함께 (창조론이 세계관에게 지라고 설득한 것이 없는) 책임성을 수용한다는 한도에서 그러하다; 다른 한편으로 창조론은 세계관에 근본적으로 대립한다; 창조론은 세계관의 선택 및 그것의 길 자체를 최종적으로는 잘못된 것이라고 여겨야 한다는 한도에서 그러하다.

5. 그리스도교적 창조론은 **세계관들과** 다음 방식으로 **대화한다**: 창조론은 그것의 고유한 대상에 대한 고유한 인식을 고유한 근거 및 일관성 안에서 더 낮게 아는 것은 아니지만, 그러나 다르게 알면서, 그리고 그것의 다른 앎을 부정하는 것이 아니라, 오히려 전개하면서 저 세계관 곁에 및 대립하여 선다. 창조론은 세계관과의 만남으로부터 자신을 위하여 다음을: 창조론의 고유한 주제에 대한 고유한 입장의 (비교로부터 생겨나는 증가하는) 명료함 및 상세화를 기대한다. 창조론은 그 만남으로부터 세계관을 위하여 다음을 기대한다: 세계관들은, 그것의 대변자들이 창조자 하나님의 단절되지 않는 증거를 듣게 됨으로써, 제한된 질문 제기를 통하여 제약된 그들의 체계들을 알아채도록, 그리고 최소한 그 체계들의 "개선"으로, 그러나 최종적으로는 그 체계들의

해체로 초대될 수 있다.

    6. 그리스도교적 창조론은 교의학의 한 부분으로서 자신의 **고유한 과제**를 추구한다; 그 과제는 교회적 선포의 봉사 안에서 교의학에게 제시되며, 창조자의 계시 안에서의 자기 증거가, 즉 창조의 성서적 증거가 점점 더 무제약적으로 및 완전하게 파악되고, 점점 더 충실하고 정확하게 재현되는 것에 놓여 있다. 세계관들이 이 과제에 있어서 창조론을 도울 수 없는 것처럼, 또한 창조론도 그 추구에 있어서 세계관에 의하여 방해를 받지 않는다. 그리스도교적 창조론이 창조를 하나님의 선하신 행동으로 이해함으로써, 그것은 자신의 고유한 발로 서서 행하며, 예를 들어 다음을 고백하기를 주저하지 않는다: 창조론은 창세기의 창조 사가들에 관련하여 이전과 마찬가지로 **모든**, 옛날의, 현대의, 미래적인 세계관들로부터는 어떤 내용적인, 어떤 직접적인 가르침도 기대하지 않는다.

    이것이 왜 "자연주의적인 및 종교적인 세계 견해"와 같은 혹은 그와 비슷한 문제 제기들이 창조의 그리스도교적 창조론에 개입할 수 없는가 하는 이유들이다. "세계상들"의 대변자들과의 토론이 이제 **직접적으로** 수행되어야 한다.

2. 실현(Verwirklichung)으로서의 창조

    하나님께서 창조자로서 (창조하신 것에게) '아니오'가 아니라, '예 그리고 아니오'도 아니라, 오직 '예'만을 말씀하셨다는 것은 첫째로 하나님께서 그것을 **실현하셨다**는 것을 뜻한다. 창조의 선함은 다음에 놓여 있다: 피조물은 자신의 창조자에 의하여 존재하도록 허용되었고, 그래서 존재한다: 그것의 피조적인, 창조자의 존재에의 종속에 의하여 제약되고 규정된, 그래서 그 존재로부터 구분되는, 그래서 그 존재와는 다른 방식으로—그러나 있으며, 있지 않은 것이 아니며, 있는 것처럼 보이기만 하는 것도 아니며, 미혹 혹은 꿈 안에 있는 것도 아니다. 물론 가상, 미혹, 꿈 등도 있다. 사람들이 그렇게 부르는 많은 것도, 정확하게 관찰한다면, 현실성의 한 특수한 형태이다. 그러나 하나님의 창조 안에서는 어떤 순수한 가상(Schein)도, 다만 미혹 그 자체인 어떤 미혹도, 대상이 전혀 없는 어떤 꿈도 없으며, 다만 무(Nichts)의 형태인 어떤 형태는 없다. 하나님께서는 비현실성 때문에 오직 '아니오'만이 말해질 수 있는 어떤 피조물을 창조하지 않으셨다. 하나님의 피조물은, 그것이 현실적이기 때문에 그분에 의하여 긍정되었으며, 그분에 의하여 긍정되었기 때문에, 현실적이다. 자기 자신 안에 근거하는, 자기 자신을 통하여 유지되는 어떤 현실성이란 없다; 오직 하나님께서 원하시는, 정하시는, 보증하시는 및 보존하시는, 그래서 각각의 장소 및 각각의 방식으로 진정한 현실성이 있을 뿐이다. 하나님 자신의 현실성이 그 현실성 위에서 및 배후에서 그것을 보호하면서 서 있다. 피조물은, 하나님이 존재하시기 때문에, 존재할 수 있다. 피조물은, 하나님이 자신의 창조자이시기 때문에, 존재할 수 있다. 하나님께서 존재하시고, 그의 창조자이시기 때문에, 피조물은 하나님을 뒤따라 '또한 나도 존재한다.'라고 말할 수 있으며, 마찬가지로 이웃 피조물에게 '또한 너도 존재한다.'고, 그리고 그 이웃에 대하여 또한 그도, 그녀도, 그것도 존재한다고 말할 수 있다. 피조적 실존은 창조의 '선하신 뜻'이다. 마찬가지로 피조적 실존의 인식도 또한 (창조자의 '자기 알림'에 근거한) 창조의 '선하신 뜻'의 인식이다.

이와 다르게 그 인식은 얻어질 수 없으며, 근거될 수 없으며, 올바로 유지될 수도 없다. 자아의식 및 세계의식으로서, 다시 말하여 우리 자신 및 인간 및 우리 밖의 사물들의 인지 및 개념으로서 성취되는 실존의 인식은 물론 단순히 추정일 뿐일 수도 있으며, 가상, 즉 순수한 가상, 무(Nichts)의 형태일 수 있으며, 의식으로부터 존재로의 우리의 걸음은 공허한 허구일 수도 있다. 우리가 우리의 고유한 현실성 혹은 어떤 한 현실성을 직접적으로 안다는 것은 참이 아니다. 참된 것은 오직 우리가 그것을 안다고 직접적으로 **주장**한다는 것뿐이다. 직접적인 것은 다만 우리 및 다른 존재가 실존한다는, 그리고 우리의 의식이 존재를—우리의 고유하고 낯선 존재를—자신 안에 포함한다는 **추정**(Vermutung)뿐이다. 의식이 존재를 전혀 포함하지 않는다는 반대 주장은 물론 지나친 것이다. 무(Nichts)가 현실적이며, 추정된 현실적인 것은 무라는 것을 우리가 무엇으로부터 알겠는가? 왜 우리의 의식이 존재를 실제로 자체 안에 포함해서는 안 되는가? 의식이 존재를 포함한다는 추정은 **반박될 수가 없다**. 그러나 마찬가지로 의식이 존재를 포함한다는 주장도 지나친 것이다. 추정된 현실적인 것이 현실적이라는 것을 우리가 무엇으로부터 알겠는가? 언제, 어디서, 어떻게 우리가 (우리의 의식이 우리의 고유한 혹은 낯선 존재를 실제로 강력하게 예시하는) 저 걸음이 행하여지는 것을 보겠는가? 그쪽을 지시하는 추정도 반박될 수 없다; 그러나 그 추정은 **증명될 수도 없다**. 우리는 그 긍정적 가설에 대하여 다만 다음을 유효하게 여길 수 있다: 우리는 보통 "마치" 긍정적 가설이 유효하고, "마치" 부정적 가설이 유효하지 않은 것처럼 **행동한다**. 그 구분은 참으로 무시되어도 좋은 것이 아니다: 우리는 존재가 가상이 아니라고, 비존재가 아니라고 추정한다. 우리는 이 추정과 함께 살아가며, 그 반대의 추정과 함께 살아가지 않는다. 우리는, 우리가 존재하며, 어떤 것이 존재한다는 선한 주장 안에서 및 그 주장으로부터 살아간다. 그러나 그 주장은 우리가 존재하지 않으며, 아무것도 존재하지 않는다는 악한 주장보다 그 자체로는 더 근거가 있는 것도 아니다. 우리는 철두철미, 우리의 선한 주장을 검증할, 그것에 확실성을 부여할 위치에 있지 않다. 우리는 이 문제에 있어서의 확실성을 권고할 수 있으나, 언제나 다만 권고할 뿐이다. 우리는, 우리의 선한 주장이 우리를 속일 수도 있다는, 실제로는 무(Nichts)가 현실적이며, 추정상 현실적인 것도 또한 무일 수 있다는 가능성의 심연 위에서 살고 있다. 이것은 우리의 행동의 규칙인 "마치 … 인 것처럼"이 전적으로 문제가 없는 것이 아니라는 사실과 관계되어 있다. 언제까지 우리는 그 선한 주장을 최소한 진지하게 고백하는 자들로서 행동할 것인가? 우리는 존재하지 않는 자들로서, 세계가 우리에 대하여 존재하지 않는 그런 자들로서, 계속해서 행동하고 있지는 않은가? 언제 어디서 우리는 우리의 "마치"의 사실적인 행동을 저 선한 주장을, 저 반박될 수 없지만 또한 증명될 수도 없는 추정을 (의심 될 수 없이) 보증할 수 있을 것인가? 결코 전적으로 억압될 수 없는, 차라리 부정되지 않는 것이 더 나은, 잠재적인, 그러나 충분히 자주 현시되는 허무주의가 바로 인간의 실존방식을 그러한 추정의 능력으로서 의문 안에 세운다. 그와 같이 우리는 우리가 존재한다는 것, 어떤 것이 존재한다는 것을 사실상 알지 못한 채 살아간다. 물론 우리는 사실이 그러하다고 우리 자신에게 말하려고 시도할 수도 있다. 그러나 그러한 시도 중 그 어떤 것도 우리는 의식과 존재의 순환으로부터, 아마도 순수한 가상의 순환으로부터 벗어나게 해줄 수 있는 것은 없다. 우리가 그러한 시도를 할 때, 우리는 언제나 저 순환 운동을 단순히 반복하게 될 뿐이다.

우리가 존재하고, 어떤 것이 존재한다는 것, 이것을 우리는 우리 자신에게 말해야 할 뿐만 아니라, 우리는 그렇게 말하도록 용기를 얻고, 권위를 갖고 불가피하게 강요되어야만 한다. 우리는 그것이 우리에게 말해지기 때문에 우리 자신에게 그렇게 말한다는 사실을 통하여 그렇게 말해야 한다는 것은 근거되고 보증되어야 한다. 한 더 높은 판결자가 우리의 의식과 우리의 추정상의 내적 및 외적 존재 사이에 개입해 들어와야 하며, 우리의 의식이 우리를 속이지 않는다는 것, 우리의 존재가 단순히 공허한 추정상의 존재가 아니라는 것을 결정해야 한다. 우리가 존재하고, 어떤 것이 존재한다는 것, 이것은 우리에게, 우리의 의식 및 존재의 순환 안에서 **아마도**가 아니라, 그곳으로부터 강제되는 우월성 안에서 어디로부터 그것이 **참인지**가 **공개**되어야 한다: 인식적–존재적 X가 바로 그 존재로서, 그리고 우리가 존재한다고 주장하는 그것 안에서, 존재하면서 근거되어 있는 바로 그곳으로부터, 근원적으로, 즉 자기 자신 안에서 의심의 여지없이 존재하는 (그 자체로서 그 밖의 존재하는 모든 것, 그래서 또한 우리의 고유한 존재성의 근거인) 바로 그것으로부터 **참임**이 **공개**되어야 한다. 만일 우리가 참된 창조자의 피조물이라면, 그때 우리 자신도 참으로(현실적으로) 존재할 것이며, 그때 우리의 의식은 우리 자신도, 우리 외부의 어떤 것도 속일 수 없을 것이며, 그때 우리의 안 및 밖에서 의식된 존재는 단순히 추정된 것이 아니라, 오히려 그 추정의 한계 안에서 [그것의 근거가 되는 존재와의 구분성 안에서] 참된 존재이다. 그리고 우리가 바로 그 참된 창조자를 통하여, 우리가 그분의 피조물이라는 소식을 전해 받는다면, 그때 우리는 다만 추정(vermuten)만 하는 것이 아니라, 오히려 우리가 바로 그 소식에 근거하여, 참으로(현실적으로) 존재한다는 사실을 **안다**.(wissen) 그때 우리의 자의식 및 세계의식은 가상의 영역으로부터 벗어난다. 자의식 및 세계의식에게는 그것에 주어진 그 소식(Bescheid)

의 형식 안에서 존재가 현재한다. 그때 그 의식에게는 존재와 자기 자신을 의심하는 일이 거부된다. 그때 그 의식에게는 자의식으로서 존재하는 것이, 존재의 인식을 성취하는 것이 명령되고, 의무로 부과된다. 그때 우리는 "마치" 긍정적 가설이 유효하고, 부정적 가설이 유효하지 않은 것처럼, 그렇게 살지 않게 된다. 그때 우리는 어떤 가설의 유효성에 전혀 의존하지 않으면서 존재하게 될 것이다. 그때 우리는 더 이상 "마치" 사태 관계가 이러저러한 것처럼 살지 않게 될 것이다. 그때 우리는 단호한, 어떤 불확실성을 통하여도 혼탁해지지 않는, 피조세계의 및 우리의 고유한 현실성의 인식, 그리고 (바로 그 인식에 근거된) 삶의 현실성의 인식 외에 다른 어떤 선택을 가질 수 없게 된다.

우리 및 우리 밖의 존재가 그분의 피조물이라는 사실이 우리의 창조자로부터 우리에게 말해져야 할 것이다. 그때 우리는 확실히 보증된 인식 안에서 또한 우리 자신에게 우리가 존재하며, 어떤 것이 존재한다는 것을 말할 수 있을 것이며, 당연히 및 반드시 말해야 하게 될 것이다. 그것이 우리에게 반드시 **말해져야** 한다. 그러므로 우리는 우리의 자의식 및 세계의식과 결합된 그리고 그 의식의 근저에 놓인 직접적인 어떤 신의식의 내용에 관하여 말하지 않는다. 다음을 가정해보자: 피조적 정신이 자기 자신 및 세계의 인지를 위한 능력만이 아니라, 또한 ["부정, 탁월함, 인과의 길"을 통하여 행사하는 (*KD II/1, 398ff.의 내용임)] 어떤 최고로 완전한 본질의 이념의 형성을 위한 능력도 가지고 있다는 것이 그 정신의 본질에 속한다고; 또 바로 그것이 정신의 가장 본래적인, 다른 모든 것을 포괄하는 능력이라고; 정신이 바로 그 가장 완전한 본질의 이념의 형성 안에서 동시에 자신의 가장 고유하고 깊은 본질을 전개한다고; 마지막으로, 바로 그 이념을 하나님의 이념(Idee)이라고 부르는 것이 합당하다고, 저 특수한 의식(이것으로부터 그 이념이 생겨나온다.)을 신적 의식이라고 부르는 것이 합당하다고, 가정해보자. 우리는 그 모든 가정들에도 불구하고 단순히 의식으로부터 자의식으로의 도상에 있을 뿐이며, 존재의 인식에 이르는 길을 향해서는 아무런 도움을 얻지 못한다. 만일 우리의 신 의식이 자아 및 우리의 세계의식에 대하여 우리가 존재와 관계하고 있으며 가상과 관계하고 있지 않다는 보증이 된다면, 그때 신 이념은 명백하게도 단순한 이념에 불과할 수 없을 것이다. 만일 신 이념이 우리에게 그 밖에 의식되는 존재를 보장한다면, 만일 우리의 신 의식이 우리의 자아의식 및 세계의식을 이제 참으로 '존재의식'으로 고양시키려고 한다면, 그때는 반드시 하나님 자신이 존재해야 할 것이다. 그러나 우리가 하나님이 존재하신다는 것을, 우리의 신 이념이 단순히 이념에 불과하지 않는다는 것을 어떻게 알겠는가? 잘 알려진 것처럼 하나님의 본질의 완전성으로부터 하나님의 존재를 추론하는 것은, 우리가 존재하고 또 어떤 것이 존재한다는 추론과 너무도 비슷하게 보이며, 또 바로 그 추론에 의하여 해결되어야 하는 문제 자체와 너무도 비슷하게 보이며, 그리고 또한 그 추론 자체도 의식 및 존재의 순환운동(이것은 가상의 순환운동일 수도 있다.) 안에 있는 것으로 보이기 때문에, 우리가 그 추론에 의해 위로를 얻기란 어려울 듯하다. 저 이념을, 이러한 추론적 결론까지 인도하는, 저 존재하는 신의 이념을 형성하는 것은 물론 피조적 정신의 본질에 속할 수도 있다. 우리가 바로 그러한 결론 안에서 피조적 정신의 가장 본래적인 및 가장 직접적인 행위와 관계할지도 모른다. 우리가 지속적으로 존재를, 현실성을, 어떤 존재하는 것을 알기를 열망한다는 것에는 의문이 없다. 이미 우리의 자아의식 및 세계의식이, 그리고 그것의 거대한 추정(Vermutung)이 그 증인이다. 그리고 우리의 신 의식이 — 혹은 우리가 그렇게 여기는 것: 즉 어떤 완전한 것(이것이 그렇게 완전하게 존재한다고 한다면)에 대한 우리의 의식이 우리의 그러한 최고의, 그 자체로서는 명백하게도 근거가 있는, 대단히 불가피한 열망의 중심 및 주요 증인일 수도 있다. 왜 그럴 수 없겠는가? 그러나 열망하는 것과 도달하는 것은 서로 다르다; 그 열망이 대단히 깊게 우리 자신에게 속한다고 해도, 그 열망이 피조적 정신의 가장 본래적 및 직접적 행위라고 해도, 서로 다르다. 가장 완전한 본질로서의 (우리의) 신 이념에 존재가 속한다는 것, 이것이 그 이념을 나 및 세계의 (우리의) 이념들로부터 구분하지 않는다. 그러나 우리의 신 이념은 유감스럽게도 자아 및 세계의 (우리의) 이념과 또한 다음을 공통으로 소유한다: 그것은 그 대상의 존재의 주장이 그렇게 하여 물론 반박될 수 없기는 하지만, 그러나 또한 (다른 이념들의 — 그것이 다소간에 깊든지 혹은 높든지에 관계없이 — 대상들의 존재의 주장과 마찬가지로) 증명될 수 없다는 사실이다. 그러할 것이라는 추정은 물론 저 완전한 본질에게 귀속될 수 있지만, 그러나 그렇지 않을 수 있다는 의혹에 또한 그 추정은 굴복한다. 이제 그러한 최고의 이념이 그것의 특수한 대상의 현실성을 보장할 능력을 갖고 있지 않기 때문에, 다음은 명확하다: 그 이념은 또한 저 다른 이념들의 대상들의 현실성을, 즉 피조적 실존의 현실성을 보증할 능력도 갖고 있지 않다. 우리가 그 이념을 우리의 직접적 신 의식을 통하여 확장하려고 시도한다고 해도, 우리는 우리의 내적 및 외적 존재의 문제성의 영역을 벗어나지 못한다. 그렇게 시도함으로써 우리는 그 문제성을 다시 한 번 어떤 깊이 안을 맴돌게 만들고, 그렇게 알려지게 만들 수 있을 뿐이다. 그렇게 함으로써 우리는, 우리가 존재하고 어떤 것이 존재한다는 것을 가장 높게 및 가장 깊게 말하지만 — 그러나 우리는 또한 (그렇게 함으로써) 그것을 아직도 여전히 다만 설득할 뿐이다; 즉 우리가 그 주장을 하나님의 이념에 근거시킨다고 해도 마찬가지이다. 그렇게 함으로써 우리는 다만 다시 한 번 저 가장 필연적인 추정을 밑줄을 쳐서 강조할 뿐이며, 그렇게도 직접적이고 불가피한 저 열망에 공간을 부여할 뿐이다. 우리는 그러나 또한 우리의 신 의식의 관점에서 이전과 마찬가지로 여전히 우리가 전혀 알지 못하고 있는 것을 "마치" 알고 있는 것처럼 살아갈 수밖에 없다.

우리 및 우리의 외부의 것이 존재하며, 우리가 그분의 피조물이라는 사실이 우리의 창조자에 의하여 말해져야 한다는 것, 이것은 저 직접적인 신 의식과 — 그것이 이

2. 실현(Verwirklichung)으로서의 창조

의식과 어떤 관계를 갖든지 간에 — 혼동되지 말아야 한다. 우리는 창조자의 현실성에 상응하는 신적 '자기 알림'을 말하고 있다. 그러므로 우리는 우리의 의식의 더 이상의 규정(Setzung)이 아니라, 우리의 의식에 수여되는 '대립적 규정'(Entgegensetzung)을 말하고 있으며, 오직 그와 함께, 오직 그렇게 하여 근거된 인식을: 즉 우리가 우리에게 수여되는 이러한 '대립적 규정'의 승인 안에서 성취할 수 있는 인식을 말하고 있다. 창조자의 현실성이 (그분만이 홀로 자기 자신을 통하여, 즉 근원적으로 존재하신다는 사실에 의하여) 다른 모든 현실성들로부터 구분되는 것과 같이, 마찬가지로 그분의 '자기 알림'도 (그분만이 홀로 그분의 존재를 확증적으로, 진실로 및 효력 있게 알릴 수 있으시며, 그분의 계시 안에서 자기 자신을 주장할 수 있으시다는 사실에 의하여) 다른 모든 존재의, 모든 피조적 정신의 '자기 알림'들로부터 구분된다. 그리고 창조자의 외부에 존재하는 모든 것이 각각의 존재함을 오직 그분께만 힘입고 있는 것처럼, 마찬가지로 또한 그분 밖에서 발생하는 (존재에 대한) 모든 앎도 (오직 그분이 그 밖의 모든 존재의 근거가 되는 그분의 고유한 존재에 대한 오류 없는 앎을 은폐가 아니라, 오히려 공개되도록 하시기 때문에) 현존할 수 있게 된다. 창조자의 이러한 '자기 알림'(Selbstkundgebung), 즉 그분의 고유하신 존재에 대한 오류 없는 앎의 그와 같은 계시됨(Offenbarwerden)이 피조적 의식에게 수여되는 '대립 규정'이며, 이 규정에 힘입어 실존, 현실성, 하나님 밖의 존재에 대한 앎이, 피조된 것의 (창조자로부터 구분되는) 질서 안에서, 가능하고 또 현실적이 된다. 이러한 앎은 하나님의 존재하심에 대한 앎으로써 시작되며, 그 다음에 바로 이러한 최초의 및 본래적인 대상을 넘어서 하강하면서 (아는 것들의 고유한 실존 및 그것의 주변 세계에 대한) 앎이 된다. 왜냐하면 하나님의 '자기 알림'의 일차적 내용이, 또 그 '자기 알림'을 통하여 근거된 앎의 일차적 대상은 하나님 자신이시며, 바로 그분의 존재이기 때문이다. 바로 이러한 내용 및 대상은 그러나 그 자체 안에 아는 자 및 그것의 주변 세계를, 또 그것들의 존재를 포함한다. 바로 하나님 자신이 (그분의 존재는 '자기 알림' 안에서 공개되며, 그 '자기 알림'을 통하여 근거된 앎 안에서 인식된다.) 그분으로부터 구분되는, 그분 밖에 있는 것의 실존적 근거이시기 때문이다. 하나님의 '자기 알림'에 근거하여 그분을 및 자신의 주변 세계를 아는 자들은 그러나 하나님으로부터 구분되며, 하나님 밖에 있다. 어떤 자가, 하나님을 통하여 가르침을 받아서, 하나님 자신과 그분의 존재를 안다면, 그때 그는 바로 그것과 함께 또한 자기 자신을 및 자신의 실존을 — 그리고 자신의 주변세계 및 그것의 실존을 알게 된다. 하나님께서는 그 자에게 하나님 자신의 존재를 증명하심으로써, 또한 그의 자아 및 그의 세계의 존재도 증명하셨다. 하나님께서 먼저 '나는 존재한다!'라고 말씀하심으로써, 인간도 그분에 뒤따라 '예, 당신은 존재하십니다.'라고, 또 '나도 존재하며, 나와 함께 있는 것도 그러하다.'라고, 말할 수 있다.(당연히 및 반드시 말해야 한다.) 그에게 하나님께서는 — 존재적 질서가 인식적 질서 안에서 스스로를 확증한다. — 보증하신다; 하나님 자신의 고유한 존재를 위하여, 마찬가지로 그분을 아는 자의 존재를 위하여, 마찬가지로 또한 하나님으로부터의 구분 안에서도 그분께 결합된 낯선 존재를 위하여, 보증하신다.

우리는 강조한다: 피조적 실존의 이러한 인식은 철두철미 및 배타적으로 하나님의 '자기 알림' 및 계시에 근거한다. 그 인식은 전적으로 및 배타적으로 피조물의 (그의 창조자에 의하여 그에게 말해진 것에 대한) 메아리 및 대답이다. 그 인식은, 피조물의 능력 중 그 어떤 것에도 근거하지 않는다는, 그리고 피조물의 능력 중 그 어떤 것도 이 인식을 위한 능력이 아니라는 한도에서, 피조물의 자발적 수행도 아니고, 수동적 수행도 아니다. 그 인식은 다만 사실적으로 발생할 뿐이다. 다음은 다만 사실적으로 사건으로 발생한다: 피조물은 그 인식을 위한, 자기 자신으로부터는 충분할 수 없는 능력만을 갖고 하나님의 '자기 알림'을 향해야 하며, 그 인식을 성취할 준비가 되어 있어야 한다. 그 인식은 승인의 형식 안의 인식(앎)이며, 믿음과 순종의 법 아래 있는 앎이다. 이것이 그 인식을 자아의식, 세계의식, 신 의식에 근거한 우리의 다른 모든 앎들로부터 형식적으로 구분한다.

바로 그렇기 때문에 이제는 그러나 또한 다음이 강조되어야 한다: 그 인식은 우리의 자아의식, 세계의식, 신 의식에 근거한 앎의 변증법에 참여되어 있지 않다. 그 인식은 의식과 존재의 저 순환경로 안에서 성취되지 않으며, 또한 '존재 혹은 가상?'이라는 질문이 최종적으로는 열려 있어야 한다는 규정 아래서도 성취되지 않는다. 그 인식은 단순히 그 질문이 존재쪽으로 대답되어야 한다는 어떤 강화된 및 심화된 추측에 불과한 것도 아니다. 그 인식은 확증적인, 진실한 및 효력 있는 '존재인식'이다. 그것은 확실한 인식이다; 그 인식은 대단히 확실하게도 (자기 자신을 통하여 및 근원적으로 존재하시는, 바로 그렇게 하여 그 밖의 모든 존재하는 것의 근거이신 분의 '자기 알림'에) 대답하며, 대단히 확실하게도 창조자께서 먼저 말씀하신 그것을 다만 뒤따라 말한다. 그 인식은 흔들리거나 의심될 수 없다; 왜냐하면 그 인식은 피조물의 어떤 선택에 근거하는 것이 아니라, 오히려 '자기 알림'에 의해 성취되는 창조자의 선택에 근거하기 때문이다; 창조자의 선택의 면전에서 피조물의 선택은 의심될 수 없으며, 그 면전에서 피조물 및 그의 동료 피조물이 존재하지 않을 수도 있다는 가능성은 미리 앞서서 및 궁극적으로 탈락된다. 그러한 가능성은 하나님 자신이 없을 수도 있다는 혹은 하나님께서 그분의 고유하신 존재의 앎에 있어서 오류를 범할 수도 있다는 어떤 가능성처럼 불가능하며, 혹은 하나님께서 피조물에게 그분의 '자기 알림'을 감추신다는, 혹은 하나님께서 자신을 그렇게 알리시는 중에 스스로를 속이려고 하신다는 어떤 가능성처럼 불가능하다. 그러한 가능성은 하나님께서 존재하시며, 존재하지 않는 것이 아니며, 하나님 자신을 모르는 것이 아니라, 오히려 아신다는 사실을 통하여 존재적으로 배제된다. 그러한 가능성은 하나님께서 피조물에게 은폐되어 계시지 않으며, 오히려 그분의 '자기 알림' 안에서 공개되시며, 그것도 참으로 계시되신다는 사실을 통하여 인식론적으로 배제된다. 그러한 가능성으로 퇴각하는 것은 저 율법을 통하여 피조물에게 금지되어 있다; 그 율법에 따르면 피조물은 하나님의 '자기 알림'에 근거하여 등장하였다. 오직 바보가 될 때에만, 그러한 가능성으로 퇴각할 수 있을 뿐이다. 오직 바보가 될 때에만, 그와 정면 대립되는 가능성을 공허한 가능성으로, 공허한 추측의 대상으로 취급할 수 있으며, 어떤 공허한 가설의 근거 위에서 살아가야 한다고 생각할 수 있다. 아니다. 여기서 정상적인 것은 오직 완전한, 제약되지 않은 및 전제가 없는 확실성이다. 여기서 정상적인 것은 오직 창조자의 존재에 대한, 그리고 바로 그것과 함께 또한 자신의 고유한 및 동료의 실존에 대한 피조물의 감사하는 환호이다. 우리는 존재하도록, 살아가도록 허용되어 있다; 그래서 우리는 살아간다. 바로 우리가 우리에게 말해진 그것과 다르게는 결코 말할 수 없기 때문에, 바로 우리가 그 확실성을 확인할 능력을 우리 자신 안에 전혀 가지고 있지 않기 때문에, 바로 우리는 우리의 전적인 무능력과 그 무능력의 의식 안에서 다만 메아리를 울리고 대답만 할 수 있을 뿐이기 때문에, 다음을 말하는 것은 자명하고도 필연적이다: 우리는 그 확실성을 말함으로써 전적으로 의심의 영역 밖에 및 위에 위치한다. 피조물은 **존재한다**. **하나님**이 존재하시기 때문에, 하나님 그리고 피조물이 존재한다는 것이 바로 하나님을 통하여 우리에게 말해졌기 때문에, 우리는 그렇게 말한다. 하나님은 현실적으로 존재하신다. 그분의 창조는 실현(현실화, Verwirklichung)이다. 마찬가지로 또한 그분의 피조물도 현실적이다.

우리는 여기서 데카르트의 명상록(Renè Descartes, *Meditationes de prima philosophia*)의 주제 영역을 상세하게 취급해야 할 자리에 와 있다.

다음 사실이 주목되어야 한다: 결정적으로 고대 인문주의의 르네상스 그리고 현대적 정밀 자연과학의 발전을 통하여 규정된 근세 철학의 시작점에는 모든 존재자의 현실성에 대한 원칙적 질문이 서 있다.

데카르트는 이 책의 제목에서, 또 소르본느 대학에 바치는 헌정사 안에서, 또 첨부된 내용 개관 안에서 그 책이 마치 "하나님 및 영혼"에 관계되는 것처럼 말하였으며, 또 그 책의 본질적인 내용이 또한 불신자들도 반박할 수 없는 하나님의 존재의 증명 및 영혼의 불멸성의 증명에 놓여 있는 것처럼 말하였다. 나는 어떤 내용적 혹은 전략적 근거에서 그가 그렇게 주장하였는지 알지 못한다. 어쨌든 그러한 진술이 맞지 않는다는 것은 구체적으로 파악될 수 있다. 신 증명(Gottesbeweis)은 제3 명상에서 더 이상 사유하는 주체의 자기 증명을 위한 지지대가 아니며, 제5 명상 안에서 신 증명은 그 사유하는 주체로부터의 귀결된 것 그 이상이 아니다. 그리고 영혼(Seele) 불멸성의 증명을 우리는 제6 명상에서 육체의 분할성과는 구분되는 정신(Geist)의 불멸성에 대한 부차적인 언급 안에서도 거의 찾아볼 수가 없다. 마찬가지로 하나님에 대한 및 영혼에 대한 질문은, 특별히 첫째 질문의 대답이 의심의 여지없이 중요함에도 불구하고, 방법론적으로는 오직 그 책 안에서 실제로 시도된 것의 가장자리에 서 있을 뿐이다: 그 시도된 것은 [하나님과는 동일하지 않은] **존재자의 현실성** 내지는 그 현실성의 **확실성에 대한 질문의 대답**이다. 우리는 그와 같이 이 책의 내용 안에서 의심의 여지없이 볼 수 있는 그 책의 목적에 충실히 따라갈 권리를 독자로부터 빼앗을 수가 없다. [나는 A. Buchenau, *Phil. Bibl.* Bd. 27의 독일어판 안에서 사용된 번호를 인용한다.]

인간은 모든 것을 의심할 수 있다; 데카르트는 그 명상들의 첫째 안에서 그렇게 선언한다. "내가 지금 여기서 존재한다는 것, 내가 겨울 외투를 입고 벽난로 앞에 앉아 있다는 것, 내가 이 종이를 손에 들고 있다는 것 … 바로 이것이 내 손이라는 것, 이 육체 전체가 나의 것이라는 것", 이 모든 것은 하나의 꿈일 수도 있다.(I, 6) 데카르트는 다음 사실로부터 어쨌든 위로를 받는다: 최소한 대수학, 기하학, 또 그와 비슷한 학문들이 있으며, 그것들 안에서는 일반성이, 즉 가능한 사물들의 물체성, 연장, 형태, 특질, 크기, 숫자, 장소, 시간 등이 그것들의 현실성을 고려함 없이도 있을 수 있으며, 의심될 수 없는 확실성의 어떤 것을 포함하고 있다; 그러나 다음이 데카르트를 불안하게 만든다: 그의 고유한 및 모든 사물들의 현실적 창조는 하나님에 의하여 다만 하나의 "낡은 의견"(vetus opinio)일 수도 있으며, 하나님께서는 땅, 하늘, 연장된 사물들 등의 비존재(Nichtsein)를, 혹은 더 나아가 다만 그것들의 가상(Schein)만을 원하셨고 또 일으켜내셨을 수도 있으며, 그래서 2 더하기 3 혹은 정사각형의 변의 숫자 등도 미혹에 근거하고 있을지도 모른다.(I, 10) 만일 너무도 선하신 하나님이 아니라, 진리의 원천이 아니라, 오히려 어떤 악한 영이, 최고로 권세도 있고 교활한 어떤 영이, 나의 경박한 믿음을 외부 세계 전체의 현혹(Vorspiegelung)에, 더 나아가 나의 고유한 감각적 존재에게 덫을 놓는 데에 온 힘을 쏟고 있다면, 일은 어찌 되는가?

그리고 마찬가지로 데카르트는 둘째 명상도 다음 선언으로써 시작한다: 그는 "의심에 빠졌는데, 그 의심은 너무도 강력하여, 그는 그것을 더 이상 잊을 수가 없다."(II, 1) "만일 내가 부지중에 깊은 소용돌이의 혼란 안으로 추락한 것이라면, 나는 발을 디딜 확고한 지반도 없고, 표면으로 솟아 헤엄칠 수도 없는 상황이라면, 어찌 되는가?" 즉 무슨 참된 것이 남아 있는가? 데카르트는 우선 이렇게 말한다: "아마도 어떤 확실한 것도 없다는 오직 이 한 가지만 남게 된다"; 그 다음에 데카르트는 즉시 계속한다: "의심해야 할 어떤 최소한의 단서도 놓여 있지 않은 어떤 것이 존재하지 않는다는 것을 … 나는 어디서 아는가?"(II, 3) 무엇이 그것일 수 있는가? 대답은 구체적으로: 나 자신이며, 어떤 악마에 의하여 미혹되고 있을 수도 있지만, 그러나 이제 그럼에도 불구하고 완전하게 속고 있지는 않은, 오히려 최소한 의심하는, 미혹은 최소한 반쯤은 통찰하는, 그래서 사유하는 존재(본질)인 나 자신이다. "그 악마는 할 수 있는 만큼 많이 나를 속일 수도 있겠지만, 그러나 내가 존재한다는 것을 내가 **사유하고 있는** 한, 내가 존재하지 않는다는 사실을 결코 완성할 수는 없을 것이다." 내가 그것을 사유할 때 및 사유하는 한, 나는 또한 존재하는 어떤 것이다. 무엇? 육체? 영혼? 이 모든 것은 어떤 전능한 기만자의 가능한 미혹으로서 우선 그렇게 있을 수도 있겠지만, 그러나 그것은 확실하게도 사유하는 존재(res cogitans)이며, 그 자체는 존재하지않는 것이 아니라, 오히려 존재하는 것이다. 내가, 미혹 안이든지 혹은 아니든지 간에, 이것저것을 바라보고, 긍정하고, 부정하고, 욕망하고, 혐오하고, 상상하고, 인지한다는 것, 그러나 무엇보다도: 내가 의심한다는 것, 이것이 나의 사유이며, 그리고 나는 **사유함**으로써, 또한 **존재한다**.(II, 14) 나는 왁스 한 조각이 그것의 상이한 속성들: 즉 색채, 형태, 온도, 단단함 등 안에서 변화하는 것을, 그리고 동시에 그것의 본질의 지속적 동일성 안에 있는 것을 관찰할 수 있는 위치에 있다.(II, 19) 바로 그 후자를 나는 행하며, 그러나 사유하면서 행하며, 그래서 그러한 **사유의 실행**(Vollzug) 안에서 나는 **존재**한다.

데카르트의 셋째 명상은 "하나님의 현존재(Dasein)에 관하여"(De Deo, quod existat)이다. 데카르트는 둘째 명상 안에서는 사유하는 주체의 자기 증명의 적확성(Schlüssigkeit)을 제시했다기보다는 다만 전제하는 데에 그칠 수밖에 없었다. 이제 그는 그 적확성을 제시하려고 한다. 그리고 바로 그 제시를 위하여 '하나님 사고'가 그에게 도움을 준다. 그는 안다: 사유의 사실성으로부터 열리는, 사유하는 본질의 존재적 확실성의 주장에 있어서 그는 "일반적 규정"(allgemeine Regel)에 의지하였다. 그 규정은 다음과 같다: "내가 올바르게도 분명하고 명확하게(valde clare et distincte) 파악하는 모든 것은 참이다." 후에 데카르트는 그의 "철학의 원칙"(*Principia Philosophiae* 1644, I, 45)에서 그 개념의 의미를 진술하였다: '분명하다는 것'(clara)은 통각하는 정신에게 어떻게든 현재하는 및 명백하게도 인상을 남기는(praesens et aperta) 인지(perceptio)이며, 예를 들어 아픔의 느낌이 그것이다; '명확하는 것'(distincta)은 자신의 고유한 속성 안에서 다른 모든 것들로부터 구분되는 어떤 인지이며, 예를 들어 그와 같은 어떤 감각의 특정한 지정 및 원인의 설명 등이 그러하다. 사유하는 자로서의 나의 존재에 대한 의식은 분명하고 명확한 인지(percetio clara et distincta)이다. 그러나 어떻게 나는 그러한 존재를, 그리고 무엇보다도 그 의식을 참되다고 여기기에 이르는가? 내가 그러한 것을 참이라고 여긴다는 것은 확고하다. 그러나 그것이 **올바르다**는 것을 나는 나에게 어떻게 **확신**시킬 수 있는가? 아직도 여전히 다음 가능성은 열려 있다: 어떤 악마적인 신이 나에게 그러한 본성을 수여하였을 수도 있으며, 나는 내게 가장 밝게 드러났다고 보이는 것 안에서도, 예를 들어 3 더하기 5의 결과 안에서도 속고 있을 수도 있다. 물론 내 안의 모든 것은 이 가능성에 반대하여 항의한다. "분명하게 파악하였다고 추정하는 대상들을 내가 향할 때마다, 나는 그것들에 대하여 너무도 완전하게 확신하여서, 나도 모르게 다음과 같이 소리 지르게 된다: 누가 되었든지 간에 나를 속여 봐라! 누가 되었든지 간에, 내가 무엇인가로서 존재한다는 의식을 가지고 있는 한도에서는, 내가 무(Nichts)라는 사실을 불러일으킬 수는 없을 것이며, 또 내가 지금 존재한다는 것이 지금 참이라면, 전혀 존재한 적이 없었다는 사실을 불러일으킬 수는 없을 것이며, 혹은 내가 말하자면 명백한 모순을 인식하게 되는 것처럼 2와 3이 5보다 많거나 적다는 사실도 불러일으킬 수가 없다."(III, 6) "내가 어떤 신이 도무지 존재하는지에 대하여 전혀 충분하게 알지 못하고 있을 때"(III, 7), 나는 어디로부터 도대체 저 기만하는 신을 고려해야 할 동기를 갖게 되는가? 그러나 저 항의를 적법화하기 위하여, 그리고 이 마지막의 (비록 그것이 그 자체 안에서는 약하다고는 해도) 의심을 해소하기 위하여, 즉 저 근원적인 가설을 제거하기 위하여 "신이 도무지 존재하는가, 그리고 혹시 그 신은 기만자일 수 있는가?"라는 것이 시도되어야 한다; 즉 신 존재 증명이 등장해야 한다. 이 증명은 다음과 같이 진행된다: 우리의 상념들의 내용은 그 상념들이 우리 밖의 실재적 대상으로부터 유래하는가에 대한 판단에 우리가 도달하도록 해주지 않는다.(III, 18) 우리의 상념들은 그 자체가 꿈의 상들일 수 있다. 그 상념들은 그러나, 여전히 상념들로서, 그 자체가 다소간의 현실성의 내용(realitas obiectiva)을 가지고 있다는 한도에서, 다소간에 완전할 수도 있다.(III, 19) 한 실체의 상념은 실체의 단순한 양식(Modus) 혹은 단순한 임시성(Akzidenz)보다 더 많은 현실성의 내용을 포함한다. 그리고 그렇게 하여 "(*신적) 이념(이것을 통하여 나는 영원하고, 무한하고, 전지전능하신 신을, 즉 자신 밖에 현존하는 모든 사물들의 창조자를 묘사한다.)은 유한한 실체들을 표현하는 이념보다 더 많은 객관적 현실성을 자신 안에 포함한다."(III, 19) 이제 나는 한 유한한 실체이기 때문에 신의 상념 및 현실성은 나의 고유한 현실성을 넘어서며, 그렇기 때문에 나의 현실성은 나로부터, 나의 상념으로부터, 유래할 수가 없다. 나의 저 상념의 원인인 그것은 나의 밖에 있는 어떤 타자여야 한다.(III, 23) "신의 이름 아래서 나는 한 실체를 이해한다; 그 실체는 무한하고, 독립적이고, 최고의 통찰력 및 권세를 가지며, 그에 의하여 나 자신은 창조되었으며, 이것은 말하자면 존재하는 모든 존재자의 경우와 마찬가지이다. 그리고 참으로 이 모든 것은 다음과 같은 속성을 갖는다: 내가 그 모든 것을 더 조심스럽게 숙고하면 할수록, 그 실체가 나 자신으로부터 유래한다는 것은 그만큼 더 불가능한 것으로 보인다. 그래서 우리는 앞에서 말해진 것으로부터 결론을 내려야 한다: **신은 필연적으로 존재한다**. 왜냐하면, 비록 내 안에 있는 실체의 이념은 [바로 그것과 함께 **나 자신**이 한 실체라는 이념도] 내게 본질적이라고 해도, 그럼에도 불구하고 그것은 무한한 실체의 이념은 아니다; 왜냐하면 그 이념이 **참**으로 무한한 어떤 실체로부터 유래하지 않는 한, 나는 **유한**하기 때문이다."(III, 27) "그러한 어떤 본질적 존재는 존재하지 않는다."는 것을 숙고한다고 해도, 우리는 "그 존재의 이념이 내게 아무런 현실적인 것을 생각하지 않는다고 숙고할 수는 없다."(III, 30) 그 이념은 "가장 참되게, 가장 분명하게, 그리고 가장 명확하게" 내 안에 현존하는 이념이다.(III, 31) 그 이념은 더욱이 어떤 방식으로는 나 자신의 개념보다도 앞선다. 왜냐하면: "만일 어떤 완전한 본질의 이념(이것과의 비교를 통하여 나는 나의 결핍성을 인식한다.)이 내 안에 전혀 없다면, 내가 의심한다는 것, 내가 어떤 것을 원한다는 것, 다시 말하여 내게 어떤 것이 결핍되어 있다는 것 및 내가 전적으로 완전하지는 않다는 것을 도대체 어떻게 내가 알겠는가?"(III, 28) 그렇게 그 이념은 나 자신을 초월하며, 더 나아가: 그렇게 그 이념은 나에게 나의 이념으로서의 그것의 존재를 통하여 나 자신을 초월하는 (그것의 내용의) 현실성, 즉 신의 존재이다. 이러한 이념을 가지고 있는 나 자신은, 만일 그러한 본질이 존재하지 않는다면, 전혀 존재할 수 없을 것이다.(III, 35) 나는 언제나 또 다시, 한 부분시간으로부터 다른 부분시간으로, 다만 나의 불완전성 안에서, 그래서 오직 이러한 완전한 본질에 대한 관계 안에서, 존재하며, 나의 불완전성 안에서 언제나 또 다시 바로 이러한 완전한 본질을 통하여 유지되거나 혹은 더 나아가 창조되며(III, 36), 그 본질 안에서 나는 그러므로, 내가 존재하기 때문에[바로 내가 의심하면서 존재함으로써!], 나의 고유한, 나 자신 안에 근거하는 근원을 인식해야만 한다.(III, 38) 이미, 내가 존재한다는 것 그리고 완전한 본질의, 즉 신의 이념이 내 안에 있다는 것을 통하여 또한 신이 존재한다는 사실이 가장 명확하게 증명되었다.(III, 40) 그런데 나는 이러한 강력한 이념을 어디서 얻는가? 명백하게도 감각을 통해서는 그 이념은 내게 매개되지 않는다; 왜냐하면, 언제 어디서 나의 감각 기관이 그 이념의 형성을 불러일으켰겠는가? 마찬가지로 나는 그 이념을 나 자신으로부터 숙고해 내었을 수도 없다; 또 내가 그 이념을 확대할 수도, 축소할 수도 없다는 것은 확실하다.(III, 41) 그래서 나에게는 오직 다음 인식만 남는다: 그 이념은 나 자신의 이념과도 같이 내게 "선천적으로 귀속"(innata)되었을 수가 없으며, 신이 그 이념을 나의 창조 시에, "예술가가 자신의 작품에 각인하는 표징과도 같이" 내게 심으셨다. 그래서 사태는 다음에 도달한다: "내가 나의 정신의 시선을 나 자신에게로 향하게 할 때, 나는 내가 (불완전한, 타자에게 예속된 그리고 크고 작은 것을, 혹은 더 나은 것을 한계 없이 추구하는) 사물임을 통찰할 뿐만 아니라, 또한 동시에 바로 내가 예속된 그 대상이 그러한 더 큰 것을 … 무한히 자신 안에 포함한다는 것, 즉 신이라는 것을 통찰한다. 증명의 근거의 강제하는 힘 전체는 내가 다음 사실을 승인한다는 데에 놓여 있다: 나 자신은 그러한 나의 본성과 함께 — 내가 말하자면 신의 이념을 내 안에 가지고 있다는 한도에서 — 만일 신이 현실적으로 존재하지 않는다면, 존재하기가 불가능

2. 실현(Verwirklichung)으로서의 창조

하다; 저 신은 (그 신의 이념이 내 안에 있다.) 다시 말하여 모든 완전성들을 소유한다; 그 완전성들은 내가 비록 이해하지는 못하지만, 그래도 나는 어떤 방식으로 사유 안에서 그것들에 도달할 수는 있으며, 그래서 그것들은 철두철미 어떤 결함에도 굴복할 수 없다. 이 사실로부터 신이 어떤 기만자일 수 없다는 사실에 대한 충분한 것이 조명된다; 왜냐하면 다음이 자연적 통찰을 통하여 내게 명백하기 때문이다: 모든 기만, 모든 속임수는 어떤 결함에 의하여 제약되기 때문이다."(III, 42) 그러나 신은 완전한, 결함이 없는 본질존재(Wesen)이다. 만일 신이 존재한다면—나는, 나 자신이 존재함으로써, 나에 앞서서 신이 존재한다는 것을 스스로 확신하여야 한다.—그렇다면 저 일반적 규정에 의지하는 데에 어떤 장애물도 존재하지 않는다; 그 규정은 둘째 명상 안에서 놓인 전제 안에서 적법하다고 설명되었으며, 우리가 분명하고 명확하게 파악하는 모든 것을 참이라고 간주할 수 있다는, 또 사유하는 주체의 자기 증명에 신뢰는 선사할 수 있다는 규정이다.

우리는 계속해서 듣는다: 데카르트의 **넷째** 명상은 다음 인식: "진리와 오류"에 관한, 다시 말하여 오류의 가능성에 관한 그리고 그것의 언제라도 가능한 (진리를 통한) 극복에 관한 '현실적 확실성'이 존재한다는 인식의 이제 막 획득된 기초에 관계된다. 신은 나를 속이지 않는다; 그래서 나는 나 자신을, 그것과 함께 완전한 본질인 신을 확실하게 인식한다.(IV, 2-3) 내가 나의 판단력을 올바르게 사용한다면, 나는 나의 판단을 그르치게 할 수가 없다.(IV, 4) 내가 그럼에도 불구하고 오류를 범한다는 것, 즉 실수할 수 있다는 것, 내가 나를 속이지 않는 신의 현실적인 및 실증적인 이념에, 또 무(Nichts)의 부정적인 이념에 명백하게도 참여하고 있다는 것은 어떻게 된 일인가?(IV, 5) 완전한 본질로서 최선을 원하는 신은 내가 결코 속지 않도록, 그렇게 나를 창조할 수는 없었는가?(IV, 6) 그러나 그것은 최종 질문을 제기하는 셈이 되며, 신에 대한 경박한 시도이다. 내가 사실상 속을 수도 있다는 사실에 근거하는 나의 불완전성은 신으로부터 볼 때에는 아마도 신에 의하여 창조된 전체의 완전성에 속할 수도 있다.(VI, 7-8) 나의 오류 가능성의 구체적 근거는 나의 오성의 (나의 의지와의) 경쟁에 놓여 있으며, 양자가 신에 의하여 나에게 주어졌다는 한도에서 그러하다기보다는 오히려 특별히 내 의지가 **바로 나의** 의지라는 한도에서 그러하다.(IV, 9) 만일 나의 오성이 제한되어 있다고 해도, 그럼에도 불구하고 나의 진리의 자유는 너무도 커서 "나는 그보다 더 큰 어떤 이념도 파악할 수 없으며, 그래서 그 자유는 탁월하게도 다음과 같다: 그 자유를 통하여 나는 내가 신의 한 모형 및 한 비유라는 것을 인식한다." 나는 다만 내가 우유부단한 정도에 따라 부자유할 뿐이다.(IV, 12-13) 바로 다음으로부터 그러나 이제 오류가 생긴다: 나는 그러한 나의 자유 안에서 긍정하면서 혹은 부정하면서, 내가 분명하고 명확하다고, 그래서 참이라고 [나를 속일 수 없는 신에 의하여 확증되었다고!] 인식하지 못한 상념들에 대하여 또한 판단할 수 있다.(IV, 17) 내 판단은 그 경계선을 넘어서지 말아야 한다. 그 경계선을 지키지 않을 경우에 나의 판단은, 필연적으로 그래야 하지는 않지만, 그러나 그것이 전적으로 다르게 될 수 있기 때문에, 오류를 범하게 된다.(IV, 18) 다음이 잘 이해되어야 한다: 신은 내게 의지와 오성을 주셨다; 그리고 양자의 행위는 그 자체로서, 그것들이 신에 예속되는 한도에서, 참되고 선하다. 그러나 내가 저 자유를 그때그때마다 올바르게 사용하지 못하는 것, 그래서 내가 올바르게 통찰하지 못한 것에 대하여 그럼에도 불구하고 판단을 내린다는 것은 나의 불완전성이다.(IV, 21) 이 불완전성에 대항하여 나는 나 자신을 보호할 수 있다. 내가 모든 것 및 각각의 것을 분명하고 명확하게 인식할 수는 없다고 해도, 그래도 나는 "의지를 (의지는 오성이 분명하고 명확하게 상상하는 것 위에서만 펼쳐진다는) 제약 안에 유지시키는 것"을 규정으로 만들 수 있다. 그때 및 바로 그러한 제약 안에서 나는 오류를 범하지 않을 수 있게 된다. 그리고 내가 그렇게 행할 수 있다는 것, 바로 그것이 "인간의 가장 큰 및 가장 탁월한 완전성"이다.(IV, 24) "내가 완전하게 통찰하는 모든 것을 충분하게 주목할 때, 그리고 그것을 내가 혼동된 및 어두운 방식으로 통찰한 그 밖의 것으로부터 구분할 때, 나는 그 완전성에 도달하게 된다."(IV, 25)

데카르트의 **다섯째** 명상은 특징적인 제목을 지닌다: "물질적 사물들의 본질에 대하여 그리고 다시 한 번 하나님의 현존재에 대하여." 물질적 사물들의 실존에 대한 (이제 만기가 다 된) 질문을 향하기 전에, 데카르트는 그 사물들의 **본질**(essentia)을, 다시 말하여 그것들의 이념들을 (그것들이 인간적 의식 안에 있다는 한도에서) 눈앞에 파악하려고 한다.(V, 3) 그 사물들의 이념적 규정은 명백하게도 그것들의 연장, 측정 가능성 및 '셀 수 있음'이다.(V, 4) 그것들의 현실성 안에서가 아니라, 오히려 그것들의 이러한 이념적 규정성 안에서 그것들은 나에게 "철저하게 통찰되고 알려질 수 있으며", 이것은 그것들이 나에게 직접적으로, 다시 말하여 감각적으로 알려지기 전에도, 그렇게 알려짐 없이도 가능하다. 수학적 이념들은—이것들은 물질적 사물들의 그러한 이념적 규정성이다.—그것들에게 나의 외부의 어떤 사물이 상응하는지 않든지에 관계없이, 어떤 경우에도 무(Nichts)에 대한 이념들이 아니다; 더 나아가 그것들은 그 자체가 불변하는 영원한 본성의 이념들이다. 상상된 삼각형에 관련하여, 그것이 나의 외부에 존재하든지 않든지 간에, 그것의 내각의 합은 어떤 경우에도 동일하게 180도라는 것, 가장 큰 각은 가장 긴 변과 마주 대한다는 것 등등의 것이 제시될 수 있다.(V, 4-5) "**참된** 모든 것은 또한 **어떤 것**(etwas)이다." 확실한 외형관계 및 숫자관계들은 참되며, 분명하고 명확하다; 그래서 그것들은 '어떤 것'이다.(V, 6) 바로 이 자리에서 데카르트는 독자들이 놀라게도 우선 다음 질문과 함께 앞으로 진군한다: "그러나 이제 (어떤 사태의 이념을 나의 의식으로부터 취할 수 있다는) 유일한 사실로부터 (그 사태에 속한다고 내가 분명하고 명확하게 파악할 수 있는 모든 것이 실제로 그 사태에 속한다는) 사실이 귀결된다면—그 결론으로부터 하나님의 현존재에 대한 한 증명의 근거가 취해질 수 있지 않은가?"(V, 7) 내가 (수학적 인식 안에서 가능한 것처럼) "분명하고 명확하게" 어떤 사태에 속한다고 파악하는 것은 그 사태에 속한다.—이것은 공리(Axiom)이며, 이 공리 아래서 **신 존재 증명**의 전제가 이제 **두 번째**로 등장한다. 이 전제 아래서 데카르트는 다음과 같이 진행한다: 어떤 임의의 수학적 이념[형태 혹은 숫자]처럼, 또한 나는 나 자신 안에서 신의 이념을 발견한다. 어떤 관계성이 특정한 형태 및 숫자의 본성에 속한다는 것을 내가 분명하고 명확하게 통찰하는 것처럼, 다음도 또한 그러하다: 언제나 실제로(aktuell) 존재한다는 것은 신의 본성에 속한다.(V, 7) 이것은 다만 겉으로 보기에만 궤변적이다. 왜냐하면 내가 다른 모든 사물들에 있어서는 본질과 실존을 구분해야 하지만, 그 사물들의 본질의 그렇게도 필연적인 사유와 함께 아직은 마찬가지로 필연적인 그것들의 실존을 생각하지 않았지만, 그럼에도 불구하고 나는 신의 존재를 그 신의 본질로부터는 전혀 분리시킬 수가 없다; 이것은 내가 삼각형의 본질을 내각의 합이 180도라는 그것의 규정성으로부터 분리시킬 수 없으며, 혹은 산의 본질로부터 가까이 있는 계곡의 상상을 분리시킬 수 없는 것과 마찬가지이다. 현존재의 완전성이 결여된 어떤 신은 내게 속하는 (최고로 완전한 본질로서의) 신의 이념과는 상충한다.(V, 8) 내가 계곡 없는 산을 상상할 수 없다는 사실로부터 물론 산과 계곡이 어딘가에 존재한다는 사실이 귀결되지는 않지만, 그럼에도 불구하고 내가 [완전성의 총괄개념으로서의] 신을 존재한다고 생각할 수 있다는 사실로부터는 존재가 그 신으로부터 분리될 수 없으며, 그래서 그 신은 진실로 존재한다는 사실이 필연적으로 귀결된다. 날개 달린 말을 상상하면서 그것의 존재를 질문하지 않는 것은 나의 자유이지만, 그러나 현존재 없는 신을, 다시 말하여 전적 완전성이 없는, 그래서 자신의 현존재의 완전성이 없는 어떤 가장 완전한 본질을 상상하는 것은 내게 자유롭지 않다. 내가 어떤 때에 어떤 신의 사고를 착상한다는 것이 물론 필연적이지 않지만―이것은 내가 어떤 때에 삼각형을 상상한다는 것이 필연적이지 않은 것과 마찬가지이다.―"그럼에도 불구하고, 내가 원할 때마다 최초 및 최고의 본질을 사고하고 **그것의 이념을 즉시 나의 정신의 보고로부터 끄집어내는 것**"(eius ideam ex mentis meae thesauro depromere)은 필연적이며, 그 본질에게 근본적으로 [비록 아마도 언제나 실제적이지는 않다고 해도] 모든 완전성들을, 또한 존재를 귀속시키는 것도 필연적이다; 이것은 한때 성취된 어떤 삼각형의 상상에 그러한 것의 모든 속성들의 인식이 근본적 및 필연적으로 결합되어 있는 것과 정확하게 마찬가지이다. 왜 나는 이것을 언제나 실제로 행하지 않는가? 오직 선입견에 의한 내 정신의 어두워짐만이, 오직 물체적 사물들의 상을 통한 나의 의식의 지배만이 내가 그렇게 행하는 것을 방해할 수 있다. 그 자체로서는 다음보다 공공연히 명백한 것은 없다: 우리가 생각할 수 있는 최고의 존재는 실존하며, 그 존재에게만 홀로, 그러나 그 존재에게 현실적으로 본질과 실존의 합일이 귀속되며, 그것도 영원으로부터 영원에 이르기까지 귀속된다. 그리고 내가 그 확실성의 그러한 가장 확실한 것을 한 번 파악하였다면, 그때 나는 그 밖에도 다음을 알아채게 된다: "그 밖의 다른 모든 사물들의 확실성은 바로 이곳에 너무도 철저하게 의지하고 있어서, 우리는 그것 없이는 결코 다른 어떤 완전한 것을 알 수가 없다."(V, 12, 14) 말하자면 내가 신이 존재한다는 것을 알지 못한다면, 그때 나는 언제나 또 다시 또한 나의 분명하게 및 명확하게 성취된 인식들도―또한 삼각형의 내각의 합이 180도라는 인식도―불확실하고 변경될 수 있는 주장들이라고 여길 수 있게 되며, 그래서 나 자신을 나의 사고의 본성 안에서 미혹되었다고 여길 수 있게 된다. "그러나 내가 이제 신이 존재한다는 것을, 그리고 동시에 또한 그 밖의 모든 것이 그 신에 의존하며, 그 신이 기만자가 아니라는 것을 통찰했다면, 그때 나는 그 사실로부터 내가 분명하고 명확하게 파악하는 모든 것이 필연적으로 참"이라는 결론을 도출하며, 그 사실에 대하여 더 이상 어떤 의심의 근거도 갖지 않으며, 그러한 한도에서 하나의 참되고 확실한 앎을 소유하며, 그래서 나는 내가 명확하고 분명하게 증명한 진리를 확신을 가지고 진리라고 여길 수 있으며, 마땅히 및 반드시 그렇게 해야 한다.(V, 1) "그리고 그렇게 하여 나는 분명하게 본다: 모든 앎의 확실성 및 진리성은 참된 신의 인식에 의존하며, 그래서 나는, 내가 그 신을 인식하기 이전에는, 어떤 다른 완전한 것에 대해서는 아무것도 알 수가 없었다. 그러나 이제는 신 자신 및 다른 순수한 오성의 사물들에 관한, 마찬가지로 또한 **순수 수학의 대상을 형성하는 물체적 본성에 관한** 무수한 것이 내게 완전하게 알려졌고 확실하다."(V, 18)―"또한 순수 수학의 대상을 형성하는 물체적 본성에 관한…!"이라는 것은 명백하게도 데카르트의 지금까지의 모든 사고가 최종적으로 목표로 했던 예증이다. 또한 물체적 본성에 관한 (비록 모든 것은 아니라고 해도 그것의 고유한 속성 안의) 무수한 것이 현실적으로 존재하는 우리의 외부세계로서 우리에게 알려질 수 있다는 것, 이것이 목표였으며, 이것이 이제 신 존재 증명을 통하여 일반적으로 보증되어야 했다.

외부세계의 현실성의 증명은 데카르트의 **여섯째** 명상 안에서 다음과 같이 수행된다: 물질적 (materielle) 사물들이 존재**할 수 있다**는 것은 1. 그러한 사물들이 순수 수학의 대상을 형성한다는 사실에서 생성되며, 그리고 2. 나에 의하여 실제로 지속적으로 사용되는, 그것들의 실존을 상상으로 그려낼 수 있는 나의 능력으로부터 생성된다.(VI, 1) 상상 안에서 사실적으로 발생하는 어떤 물체적 본성의 이념으로부터 그것들의 실존의 높은 개연성이 최소한 그 이념의 가장 적절한 설명으로서 뒤따라온다.(VI, 4) 물론 그것들의 실존의 개연성만이다! 이제 오직 다음이 확정된다: 이러한 이념은 나로부터 오며, 나의 감각을 통하여 지속적으로 매개되며, 모든 경우에 나의 의지 없이, 나의 동의 없이, 나의 순수한 사고의 모든 이념들보다도 훨씬 더 생동적이고 표현적이다. 그 이념들이 나 자신으로부터 유래하는가?(VI, 8-9) 혹시 내가 앞서 내 감각적 느낌 안에는 갖고 있지 않았던 어떤 한 이념을 내 오성 안에 갖고 있지 않은지를 나는 바로 질문해야 하지 않는가?(VI, 10) 데카르트는 물론 이렇게 주장하려고 하지는 않는다. 그러나 데카르트는 이제 더욱 강하게 인간의 정신적 삶이 이 정신으로부터 구분되는, 감각의 매개를 통하여 정신에게 사유되는 **외부세계**에 의하여 함께 규정되고 있음을 주장한다. 왜 나는 특정한 감각들을 필연적으로 슬픔 혹은 기쁨으로 반응하는가? 이유는 명백하게도 "본성이 나를 그렇게 가르쳤기 때문"이다.(VI, 12) 오직 신 **없이** 인식할 때에만, 나는 "내가 내게 가장 참된 것으로 보이는 것 안에서 속을 수 있도록, 나의 본성이 그렇게 설치되어 있다는 사실"을 인정할 수 있을 것이다.(VI, 14) 물론 나는 감각으로부터 얻었다고 주장하는 모든 것을 두말할 필요도 없이 유효하다고 인정해서는 안 된다. 그러나 마찬가지로 나는 모든 것을 의심 속으로 끌고 가서도 안 된다. (VI, 16) 어쨌든 나는 사유하는 본질로서 존재하며, 그러한 나는 사유하지 않는, 오히려 연장된 본질로서의 나의 육체와 구분되면서 존재한다는 것을 너무도 잘 안다.(VI, 17) 나는 또한 느낄 수 있는 (empfinden) 나의 고유한 수동적 능력을, 다시 말하여 감각적 사물들의 이념을 수용하고 인식할 수 있는 능력을 잘 안다.(VI, 20) 이제 신은 나에게 한 커다란 성향(magnam propensionem)을 부여하여서 내가 이러한 이념들이 물체적 사물들로부터 "방사"(emitti)되었다고 믿게 할 때, 만일 그 이념들이 물체적 사물로부터가 아닌 다른 어떤 곳으로부터 현실적으로 유래하였다면, 그 신은 기만자일 수밖에 없을 것이다. 그러나 신은 기만자가 아니다. 그러므로 물체적 사물들은 존재한다!(VI, 21) 그것들이 내가 감각으로 인지한 것과 아마도 어느 정도 다르게 존재한다고 해도, 그럼에도 불구하고 나는—마찬가지로 신이 기만자일 수 없기 때문에—나의 통찰을 수정할 수 있는 가능성과 언제나 더 나아지는 진리의 인식에 도달하려는 더 확실한 희망을 갖게 된다.(VI, 23) 나의 본성이 나를 가르치는 것은 그 자체로도 최소한 어느 정도의 진리를 자신 안에 지닌다. "왜냐하면 본성 아래서 나는 다름이 아니라 신 자신 혹은 신에 의하여 창조된 자연(본성)에 설치된 **종합 질서**(coordinatio)를 이해하며; 특별히 나의 본성 아래서는 다름이 아니라 신이 나에게 부여한 모든 것의 **파악**(complexio)을 이해하기 때문이다."(VI, 24) 바로 이 본성이 [일반적인 및 특별한 의미 안에서] 나를 가르친다. 자연(본성)이 가르친다.(Natura docet) 이것이 여섯째 명상을 지배하는 명제이다. 본성은 다름이 아니라 다음을 가장 강조하여 가르친다: 나는 감각 및 욕구들을 가진 한 육체를 가지고 있으며, 나는 선장이 그의 배에 현재하는 방식으로 그 육체에 현재할 뿐만 아니라, 화 및 복 안에서 육체와 합일된 전체를 형성하며, 육체적 환경 안에서 다른 육체들의 한 다양성으로 실존한다.(VI, 25-27) 유한한 본질인 나의 본성은 물론 전지의 능력을 갖지 않는다.(VI, 31) 또한 나의 판단력들도 하나님의 선하심에도 불구하고 나의 고유한 죄책에 의하여 틀릴 수 있다.(VI, 35) 그럼에도 불구하고 다음이 확정된다: 나는 동시에 분할될 수 없는 정신 및 분할될 수 있는 육체이며, 그것의 결합은 두뇌를, 더 정확하게 말하자면: 두뇌의

한 특수한 작은 부분을 형성하며, 두뇌는 "공동 감각"(sensus communis)의 자리이며(VI, 36-37), 그리고 나에게 보통의 경우에는 언제나 바로 느낌(Empfindung; 감각)에 의하여 매개되며, 감각은 최고로 및 가장 빈번하게 나의 **건강**의 유지에 공헌한다. 이 느낌은—이것은 하나님의 권능 및 선하심의 한 증명이다!—본성에 의하여 나에게 수여된 느낌이며, 그것의 진리는 가능하게도 그 밑에 흐르는 오류들을 통하여 탁해질 수는 있지만, 그러나 지양되지는 않는다.(VI, 39-42) 다음은 부인될 수 없다: 나의 모든 느낌들은 나에게, 육체에 **유익한 것**에 관련하여, 실제로는 거짓된 것보다는 훨씬 더 자주 참된 것을 제시한다. 또한 나도, 하나의 동일한 사태 관계를 검증하기 위하여, 거의 언제나 나의 감각 중 많은 것을, 그것에 더하여 그에 연결된 기억들을, 또 오성의 정밀한 조사를 사용하며, 그래서 나의 인지는 지속적인 통제에 굴복한다. 그래서 사태는 다음과 같이 된다: 나는 감각에 의하여 나에게 주어진 것들이 전반적으로 거짓이라는 사실을 두려할 필요가 없으며(VI, 43), 그래서 나는 모든 과도한 의심을 우스운 것으로 거부할 수 있으며, 또 최종적으로 나의 모든 대상적 인지가 공허한 꿈에 근거할 수도 있다는 의혹에 넘어갈 필요가 없게 된다. 왜냐하면 내가 어디로부터, 어디서 및 언제 특정한 사물들이 나에게 제공되는가를 알아챌 때, 내가 그것들의 인지를 중단 없이 나의 그 밖의 삶 전체와 연결시킬 수 있을 때, 그때 그 사물들은 꿈일 수 없기 때문이다. 그렇게 확실하게 신은 기만자가 아니다!(VI, 44-45) 그러므로 사태는 다음과 같다: 육체 세계로부터, 즉 현실적인 외부세계로부터, 비록 모든 것은 아니라고 해도, 그럼에도 불구하고 무수히 많은 것이 "온전하게 확실하며, 또 알려져" 있다.

우리는 지금까지 무엇을 들었는가? 그리고 이제 우리는 그것에 대하여 무엇을 말해야 하는가? 우선 우리가 모든 솔직한 독자들이 바로 여섯째 명상의 증명력에 관하여 비교적 미약한 인상을 받았으리라는 특징적인 사실로부터 시작하는 것은 분명히 허용된다. 데카르트가 여기서 그렇게도 많은 것을 시야로 이끌어내었다는 바로 그 사실이 불안을 야기한다. 무엇을 통하여 도대체 외부세계의 현실성 내지는 확실성이 예증되는가? 나의 기억의 연속성 그리고 나의 추측성의 관찰들의 합리적 통제를 통하여? 두뇌의 저 비밀에 가득찬 가장 작은 부분 안에서 발생하는, 마찬가지로 비밀에 가득한 '공동 감각'(sensus communis) 및 나의 육체의 건강 사이의 관계를 통하여? 감각의 느낌들을 수용할 수 있는 나의 수동적 능력(facultas passiva)의 확정을 통하여? 혹은 의심의 여지없이 현존하는 나의 (그러한 믿음을 선사하는) 커다란 성향(magna propensio)을 통하여? 분할될 수 없다고 선언된 나의 사유하는 정신의 (분할될 수 있다고 선언된 연장된 세계로부터의) 자기구분을 통하여? 혹은 마찬가지로 전적으로 새롭게 및 놀랍게 도입된 (나의 실존의 두 요소들의 총합으로서 "가르치는" 본성이라는) 개념을 통하여? 혹은 다만 더 높은 개연성(이것으로써 수학적 진리들이 나의 사유와는 독립적인, 외부세계의 실존을 지시한다.)을 통하여? 혹은 최종적으로 다만 (나에게 나의 사유의 신뢰할 만한 가치와 동시에 또한 외부세계의 실존을 보증하는) 신의 실존을 통하여? 이 모든 것은 개별적 혹은 전체적으로 증명력이 있는가? 우리는 이것을 데카르트에 반대하면서 질문하는 것이 아니라, 오히려 그와 함께 질문한다. 왜냐하면 데카르트 자신이 그의 책에 앞선 '개관' 안에서 그는 다음과 같이 주장하지 않았다고 설명하기 때문이다: 여섯째 명상 안에서 인용된 "이성들은 그것이 증명하여야 하는 것을 증명하는 데에 대단히 유용하다: 말하자면 그것은 현실적으로 한 세계가 존재한다는 사실, 그리고 인간들이 육체를 가지고 있다는 사실이다: 이와 같은 것에 대해서는 건전한 인간 오성에 머무는 그 누구도, 그 어느 때에도, 의심해본 적이 없을 것이다." 그러나 바로 그것에 대하여: 말하자면 그의 겨울 외투, 그가 쓰고 있었던 종이, 그의 고유한 손, 그의 육체 등의 참된 현존재를 그럼에도 불구하고—명백하게도 건전한 인간 오성의 곁에서—(첫째 명상에 따르면) 그는 의심하였다! 마치 그는 그것을 의심하는 것처럼, 다만 그렇게 행하였는가? 데카르트가 그곳에서 정말로 의심하였는지에 대하여 독자로 하여금 의구심을 갖게 하는 다른 이유들이 또 있다. 그러나 데카르트는 둘째 명상 안에서 바로 그의 의심 위에, 즉 바로 그의 사유 위에 그의 확실성의 집 전체를 건축하려고 하였다. 만일 그가 저 의심을 (그의 고유한 설명에 따르면) 건전한 인간 오성에 있어서 전혀 가질 수 없었다면, 그래서 첫째 명상 안에서 전혀 진지하게 의심하지 않았다면, 오히려 의심과 함께 다만 유희를 벌였다면, 이제 사태는 어떻게 되는가? 그의 집은 단순한 유희의 의심의 근거 위에서 존속하게 될 것인가? 그러나 어찌 되었든 간에: 데카르트가 다만 자신이 의도했던 **유희**(Spiel)에서 승리했다고 말하기란 여섯째 명상의 결과에 직면해서는 불가능하며, 데카르트 자신도 명백하게도 그렇게 주장하려고 하지 않았다. 왜냐하면 우리가 저 이성들(rationes)의 중요성에 대하여 무엇을 생각하든지 간에, 그 이성들이 "분명성 및 명확성"의 진리 규정에 의하여 포괄되지 **않는다**는 것은 확실하다. **바로 이 경전**(Kanon)을 데카르트는 바로 여섯째 명상 안에서는 (그곳에서 문제되는 것은 그의 겨울 외투 및 그의 고유한 손들의 참된 현존재의 예시였다.) 아주 현명하게도 더 이상 불러내지 않았다. 이제 도대체 그 경전에 의하여 (그것의 탁월함을 잠정적으로 전제한다면) 무엇이 포괄되는가? 데카르트는 그의 명상들 이후에 무엇을 분명하고 명확하게, 그래서 참이라고 인식하였는가?

    인식된 것은 본래적 및 직접적으로는 명백하게도, 다섯째 명상의 시작에서 제시되는 것과 같이, 다만 수학적 진리들 그 자체이다. 데카르트는 그러나 첫째 명상 안에서 올바르게도 설명하였다: 또한 수학적 진리들도 그 자체는 물론 진리들이지만, 그러나 바로 꿈의 진리들일 수 있으며, 기괴한 신적-우주적 속임수의 총체 관계 안의 진리 요소들일 수도 있다. 그는 또한 여섯째 명상 안에서도, 수학적 진리들이 다만 높은 개연성과 함께 현실적 외부세계의 존재를 지시할 수 있다는 것 외에, 다르게 지시할 수 있다는 것을 어떤 방식으로도 제시하지 못하였다. 그러한 진리들의 수용을 위하여 여기서 이끌어내어지는 이성들(rationes)은 분명하고 명확하게 인식된 수학적 진리들과는 아무런 관계가 없다.

    데카르트가 분명하고 명확하게, 그래서 참인 것으로 인식하였다고 주장하는 둘째의 것은 사유하는 본질로서의 그의 고유한 실존이다. 어떤 한도에서 그러한가? 자신의 외부의 모든 것을 의심하는 본질로서? 데카르트는 그렇게 말하였다. 그러나 이제 그가 건전한 인간 오성에 있어서는 전혀 진지하게 의심할 수 없다면? 만일 그가 이제 최선의 경우에도 **마치 그렇게 의심하는 듯이** 그렇게 **행동**할 수 있을 뿐이라면? 그는 그 자신을, 그의 의심을, 그때 분명하고 명확하게, 즉 참으로 확신할 수 있는가? 혹은 자기 자신을 확신하는 본질은 분명하고 명확하게 성취된 수학적 인식들의 주체인가? 그러나 만일 그 인식들 자체가 꿈꾸는 것일 수 있다면, 그 인식들에 상응하는 외부세계가 다만 높은 개연성에 의해서만 만들어질 수 있다면, 그때 그 인식들을 아마도 다만 꿈꾸는 주체는 자기 자신을 다른 방식으로, 어떤 더 높은 정도로 확신할 수 있는가? 그리고 비록 그 주체가 이러저러하게 성취된 자기 확신의 사고 행위로서 올바르다고 해도: 어떻게 또한 참된 사고는 그것의 고유한 순환 경로를 돌파하고, 사유하는 주체의 참된 존재로 뚫고 들어갈 수 있는—분명하고 명확하게, 즉 참되게 저 "나는 존재한다."로 밀고 들어갈 수 있는 위치에 있게 되는가?

저 진리 규정의 셋째의 가장 중요한 적용은 다섯째 명상에서 제시된 다음 파악 안의 **신 존재 증명**이다: "내가 필연적으로 어떤 사태에 속한다고 파악한 그것은 그 사태에 속한다." 나는, 나에게 천성적으로 속하는 어떤 완전한 본질의 이념에는 필연적으로 또한 나의 외부에 있는 그것의 존재가 속한다고 파악한다. 그래서 한 완전한 본질이 나의 외부에 필연적으로 존재한다. 그러나 필연적으로 명백하게도 오직 그러한 어떤 본질에 대한 나의 이념 안에서만! 또한 삼각형의 내각의 합이 180도라는 통찰도 (데카르트는 다섯째 명상 안에서 자신의 신 존재 증명을 이 통찰에 형식적으로 연결시켰다.) 내가 생각할 수 있는 각각의 삼각형의 본성만을 서술하며, 나의 사유의 외부에 있는 삼각형의 현실적 존재를 서술하지는 않는다. 그 신 존재 증명이 증명하는 것은 나에 의하여—그것이 필연적이든지 아니든지 간에—**사유된** 완전한 본질의 본성이다. 그 증명의 능력은 나의 외부에 및 위에 있는 어떤 신의 존재에 관련해서는 나의 외부의 세계보다 혹은 사유하는 주체로서의 나의 고유한 존재에 관련해서는 나의 사고력보다 결코 적지는 않지만, 그러나 더 클 수도 없다. 우리는 그 능력이 아무리 멀리 나아간다고 해도 결코 확실성에는 도달할 수 없다는 것을 보았다. 마찬가지로 또한 신 존재 증명이 그것의 본질적 제약의 내부 안에서 대단히 멀리 인도할 수 있으며: 가설(가정)적 세계의식과 자아의식의 이목을 끄는 심화에 대단히 유용할 수도 있다. 그러나 신 존재 증명은 나의 외부에 현실적으로 존재하는 완전한 본질, 즉 창조자에 관련해서는 엄격한 확실성을 제공할 수가 없다; 그러나 그분의 완전성에 그분이 나를 속이지 않는다는 사실이 속한다. 바로 이 사실을 향하여 셋째 명상 안에서 신 존재 증명은 인도되었으며, 또 다섯째 명상의 결론에서도 유용하게, 더 나아가 불가결한 것으로 설명되었다. 진리의 규정 그 자체는 검증 없이 수용될 수 없다. 우리가 어떤 한도에서 그 규정에 최고의 신뢰를 마땅히 및 반드시 선사할 수 있는가 하는 사실이 제시되어야 한다. 이제 바로 그것이 창조자 하나님의 존재를 통하여, 즉 진리 규정에 대한 보증을 통하여 증명되어야 한다. 이것은 셋째 명상 안에서 다음의 방식으로 발생하였다: 불완전한, 그러한 한도에서 자신의 여집합을 형성하는 완전성을 필연적으로 지시하는 (사유하는 자의) 존재로부터 한 전적으로 다른 완전한 본질이, 즉 신의 본질이 추론되었다. 우리는 그 증명이 여기서 어떤 단서에 의존하는지를 본다: 신의 이념이 다섯째 명상에서는 인간 정신의 **보석**으로부터 "이끌어내어졌다"면, 그것은 셋째 명상 안에서는 인간 정신의 **결함**으로부터 "이끌어내어졌다." 신의 이념이 전자에서는 수학적 인식들과 같이 나의 사유의 실증적 사역(작품)이라면, 후자에서는 그 사역의 부정적 전제이며, 어떤 약점 안에서 스스로를 드러내는 능력이다. 신의 이념은 그러나 전자에서와 마찬가지로 또한 후자에서도 나의 사유와 결합되어 있으며, 그 이념의 내용의 (단언된) 현실적 존재는 사유하는 주체로서의 나 자신의 (단언된) 존재로써 서고 넘어진다.

이제 그러한 신 존재 증명은 나의 사유의 진리 규정 그 자체를 확증할 힘을 가지는가? 이제 데카르트의 강조된 표현의 설명에 따라 각각의 진리는, 또한 수학적 진리들의 진리성은—어쨌든 다섯째 명상 안에서는 이 진리들에 근거하여 신 존재 증명이 다시 한 번 수행된다!—그렇게 증명된 신의 존재에 의존하는가? 이제 우리는 그렇게 증명된 신의 존재에 근거하여 다음을: 여섯째 명상이 우리를 가르치는 우리의 "본성", 즉 우리의 오성의 및 감각의 능력의 총합(complexio)으로서의 본성이 외부 세계의 존재에 관련하여 우리를 속이지 않을 뿐만 아니라, 오히려 신뢰할 수 있는 교사라는 것을, 확신해야 하는가? 왜냐하면 다음이 여섯째 명상의 혼란하게 얽힌 논증 안에서 유일하게 정확한 요소이

기 때문이다: 총합 안의 우리의 본성이 신에 의하여 우리에게 주어졌다: **우리의** 본성(Natur)의 배후에는 신에 의하여 통제되는 (사유하고 연장된 실체의) 병렬좌표(coordinatio)로서의 **유일무이한**(die) 본성이 놓여 있다. 그 유일무이한 본성의 배후에는 **신**의 본성이 있으며, 완전한 본질의 본성으로서의 그 본성 아래서 명백하게도 양쪽 계기의 탁월한 병렬 좌표가, 아마도 양자의 탐구될 수 없는 동일성이 이해될 수 있다. 바로 그렇기 때문에 우리는 본성론에 귀를 기울여야 한다. 그러나 데카르트가 그와 같이 세 번 삭감된 의미 안에서 본성에 대하여 알고 있는 그것을—말하자면 그의 고유한 경전에 따라 "분명하고 명확하게" 알고 있는 그것을—그는 우리에게 말해주지 않았다. 그는 그것을 우리에게 말해줄 수도 없었다; 비록 그가 우리에게 그의 고유한 단서에 따라 의심의 여지없이 저 양쪽 계기들의 총체적 질서와 총체적 파악(coordinatio, complexio)에 대해서는 가르쳐야 했다고 해도, 그러하다. 바로 그것에 대하여 그는 다만 단언하며—신의 존재에 호소하면서 단언할 수 있을 뿐이었다! 그가 긍정적으로 아는 것, 그것은 수학적 진리들 그 자체뿐이다. 데카르트는 수학적 진리들에 상응하는 현실적 외부세계를 알지 못했으며, 또 사유하는 주체로서의 자기 자신도 알지 못했으며, 또—당연하게도—완전한 본질의 현실적 존재도 알지 못했다; 그러나 바로 그 본질이 그의 고유한 사유의 신뢰성 **그리고** 그의 고유한 실존 **그리고** 외부세계의 실존을 근거하고, 계시하고, 확증하는 것이다. 다음이 데카르트의 인식에 모든 경의를—또 이것은 그에 의하여 시작되는 근세 철학 전체에 특징적인 빛을 비춘다.—표한다: 데카르트는 신의 존재를 단언(behaupten)하는 것을 인간적 자아의식 및 세계의식의 확실성의 근거에 필수적이라고 또 가능하다고 여겼다. 그러나 우리는 오인할 수 없다: 데카르트는 신의 존재를—그 자신의 고유한 전제 및 방법에 측정하여—물론 단언했지만, 그러나 증명하지는 못했으며, 그렇게 하여 또한 다른 모든 영역의 (그의) 확실성의 근거도 오류에 처하게 되었다. 사유함(cogitare)의 순환은 돌파되지 않았다. 존재함(esse)의 지반에 발을 들여 놓지는 못하였다. 또한 사유하는 주체의 자기증명도, 또한 수학적 진리들의 증명도, 그리고 최고 및 최종적으로: 또한 신 존재 증명도 저 순환 안에서 발생하고 있다. 하나님이 나의 신의 **이념**과 다르다는 사실은 제시되지 못하였으며, 그렇기 때문에 나 자신도 나의 사유 안의 나와는 다르며, 외부세계도 그것에 대한 나의 상념 안에서의 그 세계와는 다르다는 사실도 제시되지 못하였다. "건전한 인간 오성"이 우리를 초대한다는 것, 우리의 자아의식 및 세계의식에 신뢰를 선사한다는 것, 우리가 그 초대에 응하는 커다란 성향(magna propensio)을 가지고 있다는 것, 우리가 사실상 지속적으로 저 총체 질서 및 총체 파악(coordinatio, complexio)의 수용을 사용한다는 것, 그렇게 하는 중에 우리가 어떤 오류들로부터 보호받아야 한다는 것, 또 보호받을 수 있다는 것, 이것들을 우리는 이미 앞에서 알았다. 그러나 "자연(본성)이 가르친다"(natura docet)는 것의 확인을 위해서 데카르트가 필요하지는 않다. 그 확인은 데카르트의 **문제**였다. 그는 그 확인(이것을 문제 삼음으로써 그는 출발했었다.)에 의해 우리에게서 이 문제가 떠나가도록 만들어서는 안 되었다. 우리에게는, 어떤 한도에서 그러나 "가르치는" 본성(자연)의 문제 안에서 협약과 개연성 이상의 것이, 말하자면 확실성이 존재할 수 있는가의 통찰이 약속되었다. 데카르트는 이 약속을 지키지 않았다. 그는 그 약속을 지킬 수도 없었다. 그는 명백하게도, 하필이면 신의 존재 안에서 그의 과업 수행에 적합한 수단을 엿볼 때, 그 약속을 지킬 수 있는 가능성으로부터 그다지 멀리까지는 멀어지지 않았다. 그러나 이제 어떻게 그가 신의 존재를 **증명하는가** 하는 바로 그 방법이, 그의 방식으로 존재한다고 증명된 바로 그 **신의** 존재가, 다만 그의 과업 전체의 완전한 재앙

2. 실현(Verwirklichung)으로서의 창조   463

을 보이도록 드러낼 뿐이다. 왜냐하면 그의 확실성의 증명이 **여기서** (*신 존재 증명에서) 충분하지 않을 때, 그 증명은 **전체** 노선에서 충분할 수가 없기 때문이다.

왜 그 증명은 여기서 충분하지 않은가? 그 이유는 신 존재 증명이, 어린아이도 발견할 수 있듯이, 데카르트에 의하여 제시된 양쪽의 형식들 안에서 한 **순환**을 포함하기 때문이다. 인간은, 순환의 연속 안에서가 아닌 다른 형식 안에서 하나님에 대하여 말할 수 있기 위해서는, 하나님 자신이어야 한다: 또한 그리스도인도 자신의 고백에 있어서 하나님의 존재를 자신 및 타자에게 언제나 다만 믿음 안에서 그리고 하나님께 대한 믿음을 호소하는 형식 안에서 증명할 수 있을 뿐이다. 우리는 데카르트의 시초의 논거가 말하자면 신의 **이념**, 즉 최고 본질에 대한 인간적 사유의 상이었다는 사실 그 자체에서는 어떤 오류를 발견하지 **못한다**. 스스로 신이 아닌 어떤 존재에 있어서는 실천적으로 그와 다른 어떤 가능성은 없다. 또한 (자신의 고백에 의해 하나님의 존재를 믿음 안에서 그리고 믿음으로의 호소 안에서 증명할 수 있다고 주장하는) 그리스도인도 그렇게 하는 중에 우선 믿음 안에서 구상적으로 형성된 및 고백 안에서 공언된 그의 하나님의 이념에 관계하게 된다. 순환(Zirkel) 및 이념은 (이것들 없이는 그리스도교적 믿음도 하나님을 증명할 수 없다.) 그러나 인간의 손에 맡겨진 **권세의 도구들**이 아니다. 데카르트는 그것들을 그러한 도구들로 사용하였다. 데카르트는 신의 이념을 다만 그의 정신의 보고 혹은 결함으로부터 "이끌어내기"만 하면 되며, 그 이념은 이미 그의 처분 아래 있으며, 삼각형의 이념보다 더 작지는 않지만, 그러나 그보다 더 크지도 않은 능력을 갖는다. 그래서 그는 번갈아 가면서 한 번은 신의 존재로서 그의 진리 규정의 유효성을 증명하고, 그 다음에는 마찬가지로 그의 진리 규정의 유효성에 근거하여 신의 존재를 증명할 수 있었다. 그가 이 사태 관계 안에서 보여준 바로 그 권세가 그의 무력함을 증명한다. 그의 정신으로부터 "이끌어내어진"(hervorgeholten) 및 번갈아 가면서 증명되고 증명하는, 그에 의하여 사용되는 및 그에게 봉사하는 어떤 신의 이념은 명백하게도 그것의 대상의 존재와 함께 데카르트적 명상들이 본래적으로 돌파하려고 했던 영역의 내부에 머물고 있다. 그 이념으로부터는 어떤 방향으로도 저 건너편(ein Jenseits)에 도달할 수가 없다: 인간과 자유의 전능성 안에서 대면하여 서시는, 홀로 및 바로 그렇게 하여 또한 인간을 위하여 존재하시는 **하나님**의 '저 건너편'에도, 바로 그렇기 때문에 사유의 행위 안에서 소진되지 않는, 인간적 사유의 **주체**의 '저 건너편'에도 도달할 수 없으며, 그렇기 때문에 또한 현실적인, 우리의 사유에 의해서는 도달될 수 있지만, 그러나 우리의 사유 안에 갇혀 있지 않은 **외부세계**의 '저 건너편'에도 도달할 수가 없다. 그러한 신은 희망 없이 내부에 있다. 그 신은 그에게 주어지는 서술 안에서도, 그에게 귀속되는 역할 안에서도 그를 특성화하는 본질(그 본질에게는 모든 인간적 사유의 상들 및 상념들의 저편에서 현실적 현존재가 귀속된다.)로서의 신적 성격을 지니지 못한다: 왜냐하면 본질 자체가 사유하고 상상하는 인간에게 그 사유의 상들 및 상념들을 무자비하게 및 불가피하게 써 넣었기 때문이다. 증명의 최고의 능력이 오직 저 필연성(이것의 압력 아래서 인간은 **자기 자신으로부터** 자신의 개념들의 대상에게 현실적 현존재를 귀속시키지 않을 수 없다.) 안에 존재한다면, 증명의 능력이 오직 증명 수행자의 능력에 불과하며, 그래서 증명되는 자의 자기증명의 능력은 아니라면, 그때 어떻게 하나님의 현실적 현존재가 증명될 수 있겠는가? 이 증명 능력보다 적은 어떤 것이 하나님의 존재의 증명에 요청될 수는 없다: 왜냐하면 이 증명 능력보다 적은 모든 것은 **하나님**의 존재를, 근원적, 필연적, 본질적으로 모든 인간적 사유의 상들 및 상념들의 저편에 있는 본질의 존재를, 증명할 수 없을 것이기 때문이다.

바로 이 본질의 신적 성격은 (*증명되는 자의 자기능력이 아닌) 그 밖의 경우에는 존중되지 않는다. 그때 어떻게 증명되는 자의 존재가 **그러한** 본질일 수 있겠는가?

더 나아가 **하나님**의 존재에 대한 증명의 능력은 그것이 **하나님의 자기증명**의 능력 위에 근거한다는 것에 의존한다; 즉 그 증명이 하나님의 자기증명에 공간을 허용하며, 하나님에 관하여 주어지는 서술 및 하나님께 귀속되는 역할이 하나님의 **신적** 특성을 은폐하지 않을 뿐만 아니라, 오히려 다음 사실로써 드러낸다는 사실에 의존한다: 인간에 의하여 수행되는 증명은 하나님에게 존재를 귀속시킨다; 왜냐하면 그것(*증명)을 행하는 것이 또 인간이 그것(*규정)에 순종하는 것이 인간에게 미리 앞서서 규정되어 있기 때문이다. 오직 그렇게 하여 인간은 그가 하나님의 존재를 안다는 것 그리고 그가 그 존재를 증명할 수 있다는 것을—말하자면 행동을 통하여—제시한다. 오직 그렇게 하여 하나님의 존재는 인간에 의하여 현실적으로 증명될 수 있다. 유일하게 가능한 이러한 전제 아래서 그리고 유일하게 가능한 이러한 형식 안에서 하나님의 존재는 11세기에 **안셀름 캔터베리**에 의하여 증명되었다. 그는 프로스로기온 2-4에서 제시하였다: 그리스도교적 교회 안에서 계시되고 믿어지는 하나님은 다음 이유에서 존재하지 않는 것이 아니라, 오히려 존재하지 않는 것으로 생각될 수도 없다: 왜냐하면 하나님은 '그보다 더 큰 것이 생각될 수 없는'(quo maius cogitari non potest) 본질로서의 자신의 계시를 통하여, 창조자로서의 자신의 계시를 통하여 그분의 피조물인 인간에게 이미 그러한 (*하나님이 존재하지 않는다는) 생각을 **금지하셨으며**, 인간이 그렇게 **생각**하는 것을 논리적-도덕적으로 **불가능하게** 만드셨기 때문이다; 또 왜냐하면 오직 그분의 음성을 듣지 않는 및 간과하는 "어리석은 자"(insipiens)만이 "하나님이 없다."는 것을 육체적으로 가능하게 할 수 있으며, 그러한 논리적-도덕적으로 불가능한 것을 마음속에서 말할 수 있기 때문이다. 하나님 자신을 통하여 하나님을 아는 자는—그분의 계시에 근거하여 및 그 계시에 대한 믿음 안에서 아는 자는—바로 그렇게 하여 하나님의 존재를 알며, 바로 그렇게 하여 그에게는 하나님의 비-존재라는 것이 완전히 배제된다.

데카르트의 신은 이러한 신적 특성을 지니지 않는다. 그의 신성은 하나님이 자기 자신을 계시하셨다는 것 및 그것이 믿어져야 한다는 것과는 아무런 관계가 없다. 그 신의 이념은 인간에게 선천적으로 속한다. 그 이념은 데카르트에 의하여 원하는 대로 그의 고유한 정신의 보고 혹은 결함으로부터 이끌어내어질 수 있다. 그 이념은 저 탁월한 속성들의 총합에 근거한다; 그 속성들은 상대적으로 우선 인간 정신의 모든 속성들이며, 이 속성들을 예시하는 중에 다만 신의 고유한 속성들이다: 인간 정신이 자신의 시간성, 유한성, 제한된 앎과 능력, 상대적인 창조력 등을 절대화하고 초월하며, 그의 가능한 무한성의 거울 안에서 자기 자신을 관찰하며, 그 무한성 안에서 그러한 그는 철두철미 자기 자신의 곁에 머물며, 자기 자신에 대한 전망 위에서 다만 그러한 "사변적인" 확장 및 심화가 연장되도록 한다. 내가 나 자신을 초월할 때, 나는 나 자신에 대하여 절대적인, 나 자신을 초월하는 어떤 본질을 만나는 것이 결코 아니라, 오히려 언제나 새롭게 나의 고유한 본질만을 만날 뿐이다. 내가 다만 나의 자기초월의 도상에서 만나는 어떤 본질의 존재를 증명할 때, 나는 언제나 나의 고유한 실존만을 증명하게 될 뿐이다. 데카르트에게서 의도되었던 것처럼, 만일 신 존재 증명을 통하여 간접적으로 바로 나의 고유한 실존이, 그리고 그것을 넘어서서 나를 현실적으로 초월하는 외부세계의 존재가 증명되었다면, 그때 나는 그렇게 수행된 신 존재 증명에서 사실상 **아무것도** 증명한 것이 **없는** 셈이며, 그때 나는, 신 존재 증명이 성취된 이후에, 나의 고유한 및 현실적 외부세계의 존재의 질문에 관련하여 내가 그것들을 확인하기 위하여 출발하였던 정확하게 바로 그 장소에 위치하는 셈이다. 그렇다면 그 순환(이것 안에서 나는 사고하였다.)은 틀림없이 악한 순환(circulus vitiosus)이었다.

만일 사태가 그와 달라야 한다면, 나는 계시 안에서 자기 자신을 권위 있게 증명하시는 하나님을 그분의 말씀 위에서 믿어야만 하며, 나는 그분의 계명 및 금지령에 굴복하여야만 한다. 이러한 (*계명을 지키는) 행동 안에서 나는 존재하는 것으로 증명하는 본질의 신적 특성에 대한 나의 앎은 확증 및 실증하게 될 것이다. 그러한 행동 안에서 나는 나 자신의 저편에 계신 하나님의 현존재를 **단언**할 뿐만 아니라, 또한 **현실적으로 승인**한 셈이 될 것이다. 나는 그러한 행동 안에서 **사유자로서 내가 하나님에 관하여 안다고 주장하는 것에 상응하여** 행하는 셈이 될 것이다. 나의 사유 그 자체는, 만일 내가 그러한 행함 안에서 생각한다면, 그것이 그 하나님께 대한 **순종의 사고**라는 한도에서, 나의 저편에 있는 하나님의 현실성에 의하여 규정된 및 채워진 사유이다. 바로 이러한 하위질서 안에서 (그 질서 안에서 그 사유는 이미 형식적으로 하나님의 저 세상적[jenseitigen] 존재에 대한 증거이다.) 그 사유는 그때 하나님의 존재의 인식을—하나님께서 그것과 마주 서신다는 승인의 한 요소로서—전개할 수 있으며, 그래서 신 존재 증명을 수행할 수 있다; 이것은 안셀름에 의하여 또한 큰 분명성 및 완전성 안에서 수행되었던 것과 마찬가지이다. 이러한 하위질서가 없다면, 하나님의 자기증명에 대한 순종의 행동이 아닌 다른 어떤 입장 안에서는, 그 증명은 **하나님**의 존재 증명으로는 결코 수행될 수가 없다. 바로 여기서 데카르트는 일을 그르친다. 물론 그에게는 근원적 및 본래적으로는 수행되어야 하는 신 존재 증명이 머릿속을 떠올랐을 수도 있다. 우리는 그가 결정적 장소들에서 주관적으로는 물론 진지한 경외와 함께 저 "완전한 본질"에 대하여 말하였다는 것을 부인할 수 없다. 셋째 명상은 그가 다음과 같이 설명하는 문구로써 끝난다: 그가 하나님의 진리성에 대한 획득된 통찰의 결과들을 탐구하기 전에, 그는 잠시 하나님의 관찰 곁에 머물고 싶다고 말하며(placet hic aliquandiu in ipsius Dei contemplatione immorari), 하나님의 속성들을 자신의 곁에서 숙고하며, 그러한 측량될 수 없는 빛의 아름다움을, 그것이 동시에 눈부시게 된 그의 정신의 빛이 견딜 수 있는 한도에서, 직관하고, 경탄하고, 경외하고(intueri, admirare, adorare) 싶다고 말한다. "왜냐하면 우리가 다른 생명의 최고의 축복이 오직 신적 존엄성의 명상(comtemplatio divinae maiestatis)에 놓여 있다는 것을 믿음 안에서 믿는 것처럼(fide credimus), 마찬가지로 우리는 또한 지금 이미, 우리가 현재의 (비록 대단히 불완전하다고는 해도) 하나님 직관으로부터 이 세상에서 가능한 최고의 기쁨을 길어올 수 있다는 것을 경험(experimur)할 수 있다." 이렇게 우리는 이 위대한 [아마도 가장 위대한] 합리주의자의 사유 안의 신비적 요소에 대하여 직접 말하기를 감행하였다. 데카르트에게서 우리는 유감스럽지만 신비주의 그 이상에 대해서는 말할 수가 없다. 데카르트에게서 직관되고, 경탄되고, 경외되는 신은 하나님이 아니다; 그분의 인식은 그분의 자기증명에 근거되며, 그분께 대한 순종 안에서 성취되며, 바로 그렇게 해서 존재하시는 하나님의 인식일 수 있다. 데카르트가 다만 단 한 번만이라도 저 "믿음 안에서 믿는다."를 정말로 사용했더라면! 데카르트의 가톨릭적 믿음은 안셀름의 그것과는 달리, 그의 철학과는 멀리 떨어진 어떤 곳에서 활동 중이며, 그 철학을 그것의 정점에서 철학으로부터 진정한 겸허 안의 신학이 되도록 하는 데에서는 활동하지 않는다: 그가 자신의 신 존재 증명을 증명되어야 하는 본질의 신적 특성의 존경 아래서 수행하도록 스스로 요청받고 있다고 느꼈어야 했던 바로 그곳에서는 활동하지 않는다. 바로 그렇기 때문에 그의 증명은 그가 증명하고자 했던 것을 증명할 수 없었다. 그리고 바로 그렇기 때문에 그 증명은 그의 실수 안에서 사실상 그가 인도했던 일련의 과업을 지지하는 것이 아니라, 오히려 근본적인 위협이 되었다: 그 과업은 우리의 고유한 존재 및 현실적 외부세계의 확실성의 예시이다.

다음은 언제나 기억할 만한 데카르트적 시도의 특성이다.—바로 그렇기 때문에 우리는 그를 여기서 기억해야만 한다.—그는 이 예증을 하나님 인식과, 즉 신 존재 증명과 대단히 밀접하게 결합시켰다. 우리는 그가 옳다고 인정한다: 피조세계의 현실성의 인식, 즉 우리의 자아의식 및 세계의식의 적법화는 하나님 인식에—피조세계가 그것의 창조 안에서 및 창조와 함께 하나님에 의하여 긍정되었다는 인식에 달려 있다; 긍정되었다는 것은 우선 현실적으로 규정되었음을 뜻한다. 우리가 하나님을 믿음으로써(믿기 때문에), 우리는—그리고 우리가 믿음으로써 우리는 또한 다음을 인식한다: 우리는 존재하며, 존재하지 않는 것이 아니다.—또한 우리 주변의 세계가 존재하며, 존재하지 않는다는 것을 믿는다. 데카르트는 다음에서 옳았다: "본성" 바로 그 자체, 그리고 우리의 감각을 통하여 마찬가지로 우리에게 존재한다고 신고되는 타자와 우리의 사고와의 사실상의 공동존재가 우리를 가르칠 수 있는 것은 오직 그것이 하나님에 의하여 창조되었기 때문이며, 그것들의 창조자이신 하나님께서 우리에게 사태가 그러하다는 증거를 직접 주시기 때문이다. 그러나 모든 것이 달려 있는 바로 이 하나님의 증거는, 그것이 본성의 (그 자체로는 문제가 있는) 가르침에 관련하여 저 확실성을 우리에게 매개해야 한다면, 우리의 고유한 정신의 증거이어서는 안 되며, 오히려 우리의 정신에 주어진 하나님 자신의 증거이어야만 한다. 우리는 물론 그러한 확실성 없이도 계산하고, 탐구하고, 실험하고, 경험을 집적하고, 비교하고, 조합하고, 유용하게 만들 수 있다. 우리는 그러나 그럼에도 불구하고 그 모든 행동 안에서 그 확실성 없이 살아갈 수는 없다. 우리는, 우리가 지속적으로 사용하는 전제를, 자신의 고유한 현실성을, 그리고 우리 주변의 세계를 확신할 때에만, 현실적으로 살아갈 수 있다. 인간적 삶의 모든 비참은 건전한 인간 오성 및 저 "자연(본성)이 가르친다."(natura docet)가 대단히 미약하게라도 우리를 이 피조세계가 **현실적**이라는 확실성의 지반 위에 세워줄 능력을 갖지 못한다는 사실과 관계되어 있다. 이 확실성의 근거를 간접적으로 마련하려고 했던 데카르트적 신 존재 증명도 그 힘을 또한 갖지 못한다. 그러므로 다음은 놀라운 일이 아니다: 데카르트는 최종적으로는 다시 건전한 인간 이성의 증빙에 의존할 수밖에 없었으며, 마치 그가 바로 이러한 전제들을 전혀 의심해 본 적이 없는 것처럼, "본성이 가르친다."로 퇴각할 수밖에 없었다.

우리는 알고 있다.—다음은 대단히 구체적이며, 데카르트 자신이 명확하게 설명하였다: 그는 실제로 그러한 전제들을 결코 의심하지 않았으며, 그 의심을 향하지 않음으로써, 또한 그의 의심의 사실성 위에 근거된, 그의 고유한 실존의 증명을 무력하게 만들었다. 우리는 잠깐만 그가 유희로써만이 아니라 현실적으로 의심했다고, 겨울 외투와 그의 손만이 아니라, 그의 고유한 현실성 전체를 의심했다고 가정해보자. 또 그에게, 이성의 봉사에 헌정된 그의 학자적 삶 전체는, 그의 모든 이론적 해체 및 건설의 시도들과 함께, 그가 "시대들 사이에서" 수립하고 도움을 받았던 가톨릭적–인문주의적 중용 전체와 함께, 그의 모든 계획들과 실행들, 영감들과 두려움들과 함께, 유일무이한 무(Nichtigkeit)일 수도 있다는 생각이 떠올랐을 수도 있다고 가정해 보자. 그럴 수도 있다는 생각을 이제 그가 현실적으로 막을 수 없다고 가정해 보자. 그가 이러한 가능성에 직면하여 심각하게 의심하였을 뿐만 아니라, 오히려 절망에 빠졌다고 가정해 보자. 이것은 명백하게도 발생하지 않았다. 그러나 이것은 발생했을 수도 있는 것이었다. 그러나 바로 그것은 **반드시** 발생했어야만 했던 것이다; 만일 예를 들어 이미 첫째 명상의 자기 관찰이 '신적 존엄성의 명상'(contemplatio divinae maiestatis)이, 그러나 이제는 그의 정신의 저 무해한 자기산물의 관찰 안에서가 아니라, 오히려 정말로 자기 자신을 창조자로서 계시하시는 성서의 하나님의 관찰 안에서, 수행되어야 했다면, 반드시 발생해야 했다. 그분의 존엄성의 관찰 안에서라면 데카르트의 의심 따위는 공허한 유희였을 것이다. 그 하나님의 인식 안에서라면 그에게는 그의 고유한 무성(Nichtigkeit)의 가능성이, 그 다음에는 그의 사유 및 외부세계 전체의 무성이 저항할 수 없이 조명되었어야만 했을 것이다. 그 하나님의 인식 안에서는 창조자의 존재 곁의 피조세계의 존재의 문제성이 거인과도 같이 그를 엄습했을 것이며, 그래서 —그때는 틀림없이 유희로써가 아니라— 그 다음에는 현실성의 및 확실성의 질문이 그를 사로잡아 몰두케 했을 것이다. 그 질문은 그때 **진정한** 질문이 되었을 것이다; 그러나 그 질문은 그의 첫째 명상 안에서는 틀림없이 그렇지 **못하였다**. 그리고 그 질문이 그렇지 못하였다는 것, 그 질문에 필연성이, 그래서 진정성이 결여되었다는 것은 그의 대답의 불충분함과, 그의 신 존재 증명의 실패와 가장 밀접하게 관계된다. 살아 계신 하나님의 인식 안에서 진정하게 제기된 질문과 함께 그것의 진정하고 충분한 대답은, 참된 신 존재 증명의 전제는, 그리고 그것과 함께 참된 확실성의, 인간적 자아의식 및 세계의식의 진정한 적법성의 전제는 이미 등장하였다. 진정한, 살아 계신 하나님의 존엄성의 관찰을 통하여 야기된 (모든 창조된 것의 무성[Nichtigkeit]의 가능성에 직면하는) 경악은 즉시 또한 다음에 대한 감사의 자리를 마련해야만 한다: 그 하나님께서는 피조세계의 무성을 배척 및 제거하셨으며, 그분은 그 세계를 허무(Nichts)로부터 빼앗아 분리시키셨으며, 그분은 그 세계를 긍정하셨으며, 그 세계에 현실성을 수여하셨다. 창조의 은혜에 대한 그러한 감사 안에서 —그리고 또한 저 문제점이 대단히 진지하게 되는 바로 그 동일한 장소에서— 그 문제점은, 최종적으로 다시 한 번 건전한 인간적 오성을 그리고 "본성이 가르친다."를 지시하는 대신에, 그 문제 자체의 극단적 해소를 발견했어야 했다. 그때 그 진지한 질문에게는 또한 진지한 대답이 상응하였을 것이며, 또 거꾸로 그 진지한 대답은 언제나 또 다시 진지한 질문을 불러 일으켰을 것이다. 유감스럽게도 데카르트에게서는 질문도, 대답도 그렇게 진지하지 못하였다. 양자는 그에게서는 진지할 수가 없었다. 그의 철학은, 바로 하나님 신앙에 그렇게도 중요한 역할을 부여함으로써(부여하기 때문에), 다음 사실에 대한 좋은 사례가 된다: 우리는 피조세계의 현실성을 그것이 의심의 여지없이 공표된 그곳: 즉 창조자 하나님의 계시 안에서가 아닌 다른 어떤 곳에서는 징계되지 않고서는 찾을 수 없다.

그러나 아직도 우리의 명제의 근거에는 최종적 날카로움 및 정확함이 빠져 있다. 그것은 창조, 창조자 및 피조물의 **그리스도교적** 인식이다; 이 인식은 '창조가 현실화'(Verwirklichung; 실현)라는 명제를 요청하고 전달하며, 우리는 또한 그 명제의 근거에 있어서 우리는 그 인식을 이미 고려하였다. 그러나 우리는 그 인식을 아직 드러내지 않았으며, 그래서 바로 그것이 이제 발생해야 한다. 피조적 실존을 규정하고 보증하시는, 그리고 그분의 '자기 알림'을 통하여 그 실존이 피조물에게 공개하고 확신되는 그 하나님은 창조의 행동 안에서(그것과 함께) 또한 피조물과의 **계약**을 근거하시는 그분과 동일한 분이시다.

하나님은 **창조자**로서 홀로(bar) 존재하시는 것이 아니라, 오히려 성부, 성자, 성령으로서의 삶의 넘치는 충만 안에서, 희열(Lust)과 사랑 안에서 존재하시며, 그 안에서 그분은 자신의 영광을 혼자만 보유하는 것이 아니라, 오히려 그분 밖에서 크게 드러내기를 원하시며, 그 안에서 홀로 존재하는 것이 아니라, 또한 그분으로부터 구분되는 타자의 하나님이 되기를 원하신다. 그러한 희열과 사랑 안에서 살아 계시고 활동하심으로써, 그분은 '선하신 분'(Wohltäter)으로서 존재하신다. 그분은 인간을 그렇게도 사랑하셔서, 그분의 아들 안에서 인간들의 하나님이 되시며, 스스로 인간이 되시는 것이 그분 자신에게 결코 작은 일이 아니었던, 그러하신 하나님으로 존재하신다. 그분은 창조자로서 이미 그렇게 할 수 있고 또 그것을 원하는 분으로서 존재하신다. 그러므로 그분의 **창조**는 벌거벗은(bare) 규정 및 보증이 아니며, 저 타자의 벌거벗은 실현이 아니다. 창조는 어떤 특징 없는 것이 아니라, 오히려 피조물의 긍정, 선택, 수용으로 특징지어지는 행동 및 사건이다. 창조는 타자의 규정 및 보증이며, 그 타자에게 하나님의 영광이 증명되며, 그에게 하나님께서는 자신의 선하신 뜻을 확증하시며, 하나님께서는 그 타자와 스스로를 결합시키고 의무를 지기를 원하신다. 창조는, 그러한 신적인 뜻과 계획의 실현을 위한 전제를 마련하며, 창조는 신적 긍정, 선택, 수용에게, 신적인 선하심, 통치, 배려에게 각각의 영역 및 대상을 수여함으로써, '선하신 행동'(Wohltat)이다. 창조는, 하나님의 인간과의 계약 안에서 근거를 갖고 목적에 도달한다는 한도에서 '선하신 행동'이다. 마찬가지로 또한 **피조물**도 벌거벗은 채 존재하는 것이 아니라, 오히려 바로 그러한 계약의 영역 및 대상으로서, 하나님께서 자신의 기뻐하는 것을 주기로 하신, 하나님 자신의 고유하신 충만에 참여하도록 하신 존재로서 실존한다. 피조물이라는 것은: 하나님에 의하여 긍정되고, 선택되고, 수용되도록 규정되었음을 뜻한다. 피조물이라는 것은 이스라엘과 같은 종류로서, 즉 하나님께서 자신의 아들 안에서 하나님 자신의 고유한 것으로 만들기를 부끄러워하지 않으신 것과 같은 종류로 존재하는 것을 뜻한다. 피조물이라는 것은 그분의 영광이 거주하는 그 장소를 향하여 준비되어 있음을 뜻한다. 피조물은 선하게 만들어진 것이며, 그것의 존재가 그러한 의도 없이, 그러한 목적 없이 존재하지 않기 때문에 그러하다. 그리고 이제 마지막으로 피조물에 대한 창조자의 '자기 알림'(Selbstkundgebung)도, 창조자와 피조물이 현실적으로 존재하고, 창조가 바로 현실화라는 사실의 벌거벗은 알림이 아니다. 그 '자기 알림'은 물론 그러하며, 그러한 사실성을 포함한다. 그러나 그 '자기 알림'은 그것만이 아니다. 그 '자기 알림'은 창조자를 그 자체로만이 아니라, 오히려 또한 그분의 은혜의 계약의 주님으로서 서술하며, 창조를 그 자체로만이 아니라, 오히려 창조 안에 및 창조와 함께 근거된 계약을 서술하며, 피조물을 그 자체로만이 아니라, 오히려 또한 그 계약의 당사자로서의 그것의 규정을 서술한다. 그 '자기 알림'은 계약의 역사가 전적으로 진행되는 동안 및 진행됨으로써, 발생한다. 그 '자기 알림'은 계약의 역사의 추진 요소이며, 공동체,

즉 이스라엘과 교회에 대한 하나님의 말씀이며, 인간에 대한 일련의 신적 행동 안에서 선포된 (타락하고 구원받은 죄인들에 대한) 말씀이다. 그것의 내용은 하나님께서 그분의 아들 안에서 피조물을 대적하시는 것이 아니라, 오히려 위하신다는 기쁜 소식이다. 그 알림이 인간에게 이것을 말함으로써, 그것은 인간과 순수한 대립 안에서 만나며, 그것은 또한 인간의 마음을 획득하며, 또한 인간에 대한 권위를 획득하며, 인간을 믿음과 순종으로 일깨우며, 인간을 순수한 감사의 자리에 위치시키며, 그 알림은 인간에게 모든 선택을 배제하라는 저 필수적 요청을 강요하며, 인간에게 바로 오직 하나의 올바른 선택의 자유를 선사한다: 그것은 그의 선택된 존재의 선택이다. 예수 그리스도에 대한 기쁜 소식인 하나님의 '자기 알림'은 성령의 사역이다; 이 사역을 통하여 인간은 하나님의 은혜로 및 그 자신의 고유한 은혜 입은 존재로 인도되며, 그 사역을 통하여 인간은 하나님 안에 사로잡히며, 또 자유롭게 된다.

그리고 바로 예수 그리스도에 관한 기쁜 소식인 그 '자기 알림'은 이제 또한 창조자 및 피조물의 존재의 공시이며, 이제 또한 창조가 '현실화'라는 사실을 포함한다. **은혜로우신** 하나님이 존재하며, 그분에 의하여 **은혜를 입은** 피조물이 존재한다. 왜냐하면 은혜로우신 하나님은 자신을 피조물에게 존재자로서 계시하시며, 바로 그렇게 하여 또한 피조물도 존재자로서 존재한다는 것을 계시하신다. **하나님은** 현실적이시며, 그분**의** 창조는 현실화이다; 그분**의** 피조물도 또한 현실적이다. 피조물은 존재하도록 허용되었다. 이것이 창조자 및 피조물의 존재의 그리고 그 존재의 인식의 (그리스도교적으로 상세화된) 형식화된 진술이다. 이것이 창조와 계약의 일치를 통하여 특징지어졌던, 창조자와 피조물의 공동존재 및 그것의 인식이다; 이것을 우리는 앞에서 생각하였었다. 오직 그 인식으로부터 다음 구분이 의심의 여지없이 유효하다: 그것은 우리가 우리 자신에게 우리의 자아의식 및 세계의식에 근거하여 말하는 것과 (만일 그것이 유효하려면) 우리에게 더 높은 판결자를 통하여 말해져야만 하는 것 사이의 구분이며, 우리 자신에 의하여 근거된 추정 및 개연성과 자기 자신 안에 근거된 확실성과 진리 사이의 구분이며, 우리의 하나님 의식과 하나님의 오류가 있을 수 없는 '자기 알림' 사이의 구분이며, 존재하시는, 그래서 모든 존재하는 것을 근거하시는 하나님의 이념과 바로 그러하신 하나님 자신의 존재 사이의, 그렇게 하여 근거되는 인간 및 세계의 존재 사이의 구분이며, 우리의 의식과 존재 사이의 순환경로와 그 순환경로에게 주어지는 하나님(이분의 의식과 존재는 둘이 아니라 하나이다.)의 대립적 마주침 사이의 구분이다. 다음은 분명하다: 존재의 가상에 대한, 앎의 의심에 대한 무조건적인 우월성은 오직 그 구분 안에서만 볼 수 있게 되며, 의심으로부터 앎으로의 나아감은 오직 그 구분의 역동성 안에서만 행하여질 수 있다. 이 구분의 역동성은 창조와 계약의 일치이며, 그 일치를 통하여 피조적 존재는 '존재할 수 있음'(Sein-Dürfen; 존재로 허용되어 있음)으로 특징지어진다.

이러한 사실로부터 볼 때 데카르트적 존재 증명은 참으로 우리의 뒤편으로 넘겨진다. 그 사실로부터 존재 증명은 개선되며, 참으로(현실적으로) 수행될 수 있다. 우리는 그 사실로부터 존재 증명을 수행하기를 시도하였다. 그리스도교적 교회는 언제나 오직 그 사실로부터 존재 증명을 시도할 수 있으며, 또 그렇게 하게 될 것이다. 교회가 그 사실로부터 그렇게 수행함으로써, 이제 자신의 일 또한 확신하게 될 것이다. 교회는 창조자의 존재 및 그분의 피조물의 인식을, 창조자께서 그분의 피조물에게 은혜로우시다는 사실 안에서 이해한다. 교회는 창조의 지혜의 그러한 요소를 창조의 근거 및 목적인 계약 안에서: 예수 그리스도 안에서 인식한다; 존재하시는 창조자께서는 "그분을 통하여" 존재하는 피조물을 창조하셨다.

그분 안에서 창조는 현실화이다. 그분 안에서 창조 그 자체가 인식된다. 은혜의 계약이 가상이 아니고, 미혹이 아니라면, 예수 그리스도 안의 하나님의 사랑 및 우리의 사랑받음이 꿈이 아니라면, 또한 하나님의 존재도, 또한 우리의 및 우리 주변세계의 존재도, 또한 우리가 및 우리 외부의 어떤 것이 존재한다는 우리의 의식도 꿈이 아니며, 또한 우리의 자아의식 및 세계의식도, 또 우리의 그 자체로는 그렇게도 문제가 있는 하나님 의식도 꿈이 아니다. 계약의 은혜가 계약의 확실한 계시이기 때문에, 창조의 '자기 알림'은 또한 창조자로서의 그분의 현실성 및 그분의 피조물로서의 우리의 현실성의 확실한 계시이며, 저 우선적인 및 이 이차적인 현실성에 대한 의심의 원칙적 종말이다. 하나님께서 그분의 고유하신 영광 및 그분의 기뻐하심의 영역 및 대상으로서의 피조세계를 긍정하심으로써, 그분은 또한 그 현실성도 긍정하신다. 그분이 우리에게 저 첫째 긍정을 알려주심으로써, 또한 그분은 이 둘째 긍정도 우리의 마음속에 및 입술 위에 놓으신다: 그것은 그분이 존재하시며, 또 우리가 존재한다는 고백이며, 이것이 가상 안이 아닌 존재 안의 삶을, 신뢰 안의 삶을 가능하게 및 필연적으로 만든다. 만일 우리가 하나님의 실존 및 그것과 함께 우리의 고유한 및 피조세계 전반의 실존에 관하여 비존재의 의혹을 아직도 가지고 있다면, 그것은 틀림 없이 하나님의 말씀을, 그리고 현실적 피조세계 안에서 현실적 인간으로서 죽으시고 부활하셨던 예수 그리스도를 의심하는 셈이 될 것이다. 한 계명 및 한 금지령이 여기서 우리에게 주어진다; 그것을 통하여 우리에게 그러한 퇴각의 길은 근본적으로 단절된다.

3. 칭의로서의 창조

창조자 하나님에 의한 피조물의 긍정은 둘째로 하나님께서 피조물을 **의롭게 하셨음**을 뜻한다. 우리는 우리 명제의 이러한 결정적인 구성요소로서, 우리가 앞에서 부정적 형식으로 진술했던 것: 즉 피조물은 "벌거벗은 채"(bar) 존재하지 않는다는 진술을 수용한다. 피조물은 어떤 한 (*우연한) 현실성을 갖거나 그러한 현실성이 아니다. 피조물의 존재는 중립적이지 않으며, 그것은 나쁘지 않으며, 오히려 의롭다.(recht) 피조물이 존재하고, 그래서 무(Nichts)로부터 구분됨으로써, 그것은 해와 악으로부터 구분되었으며, 창세기-사가로써 말하자면: 카오스의 어둠으로부터 분리되었다. 피조물의 존재는 하나님에 의하여 부정된 것이 아니라 긍정되었고, 배척되는 것이 아니라 선택되었기 때문에, 그것은 하나님의 기뻐하심의 대상이다. 그것이 하나님에 의하여 존재하도록 허용되었기 때문에, 그것은 선하게 존재할 수 있다. 하나님에 의한 피조물의 창조는 그것의 실현(현실화)과 마찬가지로, 또한 그것의 칭의를 자체 안에 포함한다. 피조물이 스스로를 어떻게 표현하든지 간에, 피조물이 자신으로부터 무엇을 만들어내든지 간에, 그것으로부터 무엇이 생성되든지 간에, 그것이 개별적 및 전체적으로 어떻게 해석되든지 간에: 피조물은 **존재**한다는 한도에서 선하며, 하나님께 및 하나님 앞에서, 피조물이 자신의 존재를 빚지고 있는 그분의 판결 안에서, 또한 **의롭다**. 또 그것은 유보조건 및 제약 없이 유효하다: 자명하게도 피조물을 창조자로부터, 긍정된 것을 긍정하시는 분으로부터, 즉 피조물의 선함을 창조자의 선하심으로부터 구분하는 그 경계선 안에서, 그러나 그 경계선 안에서는 아무런 유보조건도 없이 유효하다. 창세기 1:31이 여기서 유효하다: "하나님이 그 지으신 모든 것을 보시니, 보시기에 심히 좋았더라." 하나님에 의하여 존재하는 것보다 더 나은 것은 하나님 자신을 제외하고는 오직 하나님과의 연합 및 교제 안에서 존재하는 것 중에서 가능할 뿐이다. 피조적 존재보다 더 나은 것은 오직 계약의 목적뿐이다; 피조물은 자신의 창조 안에서 및 창조와 함께 그 목적을 향하여 규정되었다. 피조된 존재 그 자체의 질서 안에는 존재하는 것보다 더 나은 것은 아무것도 없다. 하나님에 의하여 존재하는 것, 즉 하나님이 기뻐하시는 것, 즉 하나님께서 선택하셨고, 수용하셨고, 하나님에 의하여 의롭게 된 것은 선할 뿐만 아니라, 오히려 대단히 선하며, 완전하다. 하나님과의 연합 및 교제의 목적점을 기다리는 좋은 것 및 최선의 것도 그것의 존재 그 자체의 완전성에 아무것도 추가하지 않는다. 또한 피조물의 미래적 영광도 그것이 이미 창조를 통하여 완전하게 의롭게 되었다는 사실을 전제한다. 피조적 존재의 긍정이 아닌 다른 어떤 것은 여기서 이러한 의미 안에서는 대변될 수가 없다. 피조물은 선하게 존재할 수 있으며, 선하다; 왜냐하면 저 판결(하나님은 이것과 함께 피조물과 마주 대하신다.)은 선하기 때문이며, 하나님이 선하시기 때문이다; 하나님께서는 피조물을 현실화하시고, 의롭게 만드심으로써, 선하시다. 피조물이 이 판결을 뒤따라 말함으로써, 자신의 현실화와 함께 성취된 칭의를 승인 및 수용함으로써, 피조물은 자기 자신과 자신의 동료 피조물을 선하다고 인식할 수 있다. 피조적 선함은 창조의 선함이다. 그러므로 피조적 선함의 인식은 또한 창조자의 '자기 알림'에 근거한 창조의 선함의 인식이다.

다음은 분명하다: 피조적 선함은 그와 다르게는 획득될 수 없고, 근거될 수 없고,

올바르게 유지될 수도 없다. 창조가 칭의이며, 그래서 또한 이러한 상세한 의미에서 '선하신 행동'(Wohltat)이라는, 그 '선하신 행동'을 통한 존재자 그 자체가 선하다는 명제는 실현으로서의 창조의 명제보다 더 대담하며 더 위협적이다. 피조물이 자신이 존재한다는 것을 자기 자신으로부터는 알 수 없다면, 어떻게 피조물은 자신이 선하다는 것을 자기 자신으로부터 알 수 있겠으며, 자기 자신으로부터 그렇게 판단할 수 있겠는가? 무엇으로부터, 어떤 척도에 비추어 피조물이 그것에 대한 확실한 판단에 도달할 수 있겠는가? 피조물이 그것에 대하여 견해들 및 추정들 이상의 어떤 것을 어떻게 갖겠으며, 가설 이상의 어떤 것을 어떻게 제시할 수 있겠는가?: 그러나 견해들, 추정들, 가설들은 가깝거나 먼 미래에 확실하게도 전혀 다른 것들에 의하여 제한되면서, 그것들과 마주 대면해야만 하지 않겠는가? 어떻게 피조물은 저 긍정적 명제 그리고 어떤 대립된 혹은 중립적인 명제 사이에서 고통스럽게도 아직도 여전히 및 언제나 또 다시 선택해야 한다는 것을 스스로에게 정당화할 수 있는가? 어떻게 피조물은 바로 이 치명적인 장소에서 어떤 확실한 것을 안다고, 어떤 확실한 것을 말해야 한다고 스스로를 설득할 수 있는가? 피조물이 의로우며, 또 선하다는 사실은 피조물에게 (만일 피조물이 그것을 확실하게 알고 말해야 한다면) 그것을 의롭게 만든 바로 그곳으로부터 소식으로 전달되어야 한다. 선한 것의 근거, 본질, 척도는 또한 여기서도 해당된 심판자로서 등장해야 할 것이며, 피조물에게 인지되고, 또한 이 문제에서도 피조물에게 다음과 같이 선언되어야 한다: 부정적 결정은, 그러나 또한 그 결정에 대한 저 중립적 거부는 금지되고 불가능하게 되었으며, 그러나 긍정적 결정은 필수적이라서 피조물의 고유한 자유로부터 어떤 망설임과 의심도 없이 고유하게 소유해야 하고 또 스스로 성취해야 한다. 우리는, 그 진술들의 변증법이 여기서 최종적인 말이 되지 않으려면, 우리는 여기서 '창조는 칭의이며, 피조적 존재는 선한 존재이다.'라는 진술을 행할 수 있어야 하고, 그렇게 할 수 있는 권위와 요청을 받아야 하며, 그것을 통찰하고 공표할 수 있어야 한다.

　　신의 사고(Gottesgedanken)로 인도하는 것은 여기서 우리에게 그러한 결단을 가능하게 하는 데에 결코 충분하지 않다. 존재에 대한 "낙관론"적 주제를, 그 존재를 선하신 하나님의 존재와 결합시킴으로써 강화하려는 선한 의도가 물론 가까이 놓여 있다. 그러나 우리는 주의하여야 한다: 어떤 선한 신의 개념은 또한 여기서도 **가치평가**(이것 안에서 우리는 어떤 우연한 장소로부터 어떤 자의적으로 선택된 척도로써 측정하면서 존재의 칭의를 우리 자신으로부터 성취할 수 있다고 주장한다.)의 최종 및 최고의 표현에 지나지 않을 수 있다. 혹은 우리의 그러한 가치평가에다가 절대성의 성격을, 또 존재의 (우리에 의한) 칭의에다가 범주적 강조를 부여하려는 우리의 **욕망**의 최종 및 최고의 표현에 지나지 않을 수도 있다. 혹은 최종적으로 우리가 우리의 가치평가를 사실상 절대화하면서, 존재에 대한 우리의 가치판단을 실행할 수 있다고 주장하는 저 **확실성**의 최종 및 최고의 표현에 지나지 않을 수도 있다. 또 그러한 가치평가, 그러한 욕망, 그러한 자칭의 확실성에 있어서, 최고의 이름을 언급함으로써 어떤 역보증을 마련하려는 성향도 충분히 가까이 놓여 있다. 그 역보증의 힘은 물론 우리의 가치평가, 욕망 및 확실한 견해의 힘보다 작지 않을 것이다: 그 힘이 우리의 힘에게 얼마나 진지하게 관계되는가 하는 것은 우리가 바로 하나님의 선하심에 대하여 말하기를 감행한다는 사실 안에서 확실하게 드러나게 될 것이다. 그러나 그러한 보증의 힘이 우리의 가치판단, 욕망, 견해의 의도된 힘보다 어떻게 더 클 수가 있겠는가? 그 힘에 의해 우리의 이미 형성된 및 확고하게 된 확신들의 (어떤 아마도 신뢰될 만한 및 잘 표현된) 강조 이상의 어떤 것에 어떻게 도달될 수 있겠는가? 어떤 한도에서 예를 들어 그 힘의 근거는 그것 없이도 확고할 수 있는 (*다른) 사태 관계의 근거일 수 있는가? 가장 선하고 가장 큰 어떤 신(Deus Optimus Maximus)에의 호소란 그 자체로는 피조적 정신의 작품으로서 한 가설로서의 힘 외에 다른 어떤 힘을 전혀 가질 수 없다는(또한 그러한 맹세의 도움에 의해서도 도무지 얻을 수 없다는) 명제의 병리학적 맹세 이상일 수는 없지 않은가? 그러한 호소는 그 힘을 사실상 획득할 수가 없다. 그 호소는, 비록 이러한 맹세의 형식 안에서 제시된다고 해도, 피조적 정신의 자기 대화의 한 계기에 머문다; 피조적 정신은 가장 선한 및 가장 큰 신의 호소 안에서도 또한 다만 다시 한 번, 이번에는 더욱 높여진 음성으로써, 자기 자신에게 호소할 뿐이며, 자신의 고유한 가치판단, 욕망, 확실한 견해의 정당성, 존엄성, 권위에 호소할 뿐이며, 존재에 칭의를 부여하기를 착수함에 의해 다만 자기 자신을 의롭게 하기를 그치지 않을 뿐이다. 바로 그렇기 때문에 피조적 정신은 또한 다른, 대립되는 주제들 및 가설들에 대해서도, 존재를 향한 온갖 종류의 다소간에 극단적인 고소들에 대해서도, 무엇보다도 온갖 종류의 중립화의 시도들에 대해서도, 자신의 주제에 의해 언제나 다만 상대적인 확실성만을 주장하고 관철시킬 수 있을 뿐이다. 존재의 (피조 정신에 의한) 칭의는 논박될 수 있으며, 사실상 지속적으로 논박당한다: 그가 존재를 의롭게 말해야 한다고, 또 그렇게 할 수 있다고 주장하는 바로 그 동일한 근거로부터 그렇게 된다. 피조적 정신은 존재의 선함을, 동일한 호흡 안에서 동시에 그 선함을 의심하지 않고서는, 주장할 수가 없다. 피조적 정신은 그의 고유한 '예'에 언제나 비밀리에 어떤 '아니오'로서, 혹은 '예 그리고 아니오'로서 마주 대면하게 된다; 비록 그 정신이 대단히 강력하게 그 '예'를 표현한다고 해도 마찬가지이다. 비록 피조적 정신이 그 강조를 위하여 '신의 사고'에 접근하면서, 가장 선하고 큰 신에게 호소하고, 그래서 자신의 맹세를 최고로 높인다고 해도, 그때에도 그 정신은 여전히 그 칭의를 최고로 필요로 하게 될 뿐이다. 피조적 정신은 바로 그 신의 사고가 유감스럽게도 대단히 다른 주제들 및 가설들의 강조로 이끌려갈 수 있다는 불안한 사실성으로부터 벗어날 수가 없다. 피조적 정신이 바로 하나님의 선하심의 개념으로 가득 채워질 수 있다는 것은 유감스럽게도 피조적 정신 그 자체로부터는 조성될 수 없다; 대단히 확실하게도 그 정신의 낙관주의는 비관주의에, 아마도 또한 무관심주의에 굴복하게 될 것이며, 대단히 확실하게도 그 정신은 또한 그때에도 다음의 필요 및 가능성을 갖게 될 것이다: 그것은 그의 평가절하들 및 두려움들을, 그러나 또한 그의 피곤함과 우유부단함을, 최종적으로는 존재에 대한 그의 상응하는 판단들을 절대화하려는 시도들이며, 모든 것을 (하나님의 이름으로 혹은 그 이름과 자칭 등가적인 개념으로 지칭되는) 최종 현실성에 닻으로 연결시키기를 시도함으로써 어떤 객관적 하부구조 및 배경을 마련하려는 그의 고유한 시도들이다. 또한 이러한 관점에서의 신성도 다만 기괴하고 공허한 반사(이것 안에서 피조 정신의 가장 상이한 견해들이 재차 인식된다.)일 뿐이다. 그 신성은 논쟁을 넘어선 것이 아니라, 오히려 논쟁 안에 있다: 이것은 피조적 정신 자체가 예와 아니오의 변증법을 넘어선 것이 아니라, 그 안에 위치하는 것과 정확하게 마찬가지이며, 피조적 정신이 언제나 '예'에게 우선 우선권을 주지만, 그러나 또한 언제나 '아니오'에게 최소한의 공간을 주지 않을 수 없으며, 신뢰 안의 삶에 필연적인 확실성과 함께 명명백백한 '예'를 결코 붙들 수는 없다는 것과 정확하게 마찬가지이다.

  이것이 우리가 여기서 창조자 하나님의 '자기 알림'으로부터 출발해야만 하는 상황이다. 우리가 그렇게 출발하면, 그때 그것은 "낙관론적" 주제의 구조를 위한 '신의 사고'의 도입과는 아무런 관계가 없다. 하나님의 '자기 알림' 및 그것에 대한 믿음은 피조물의 자기 판단의 강조가 아니며, 인간적 견해의 구상화가 아니며, 오히려 상이하게 경쟁하는 인간적 견해들에 대한, 그리고 그것들과 대립하는 (피조적 존재에 대한) 신적 판결의 계시 및 승인이다. 왜냐하면 이러한, 피조세계에 머무는 (신적 기뻐하심의) 빛에 관하여 창세기 1:31의 "매우 좋았다."가 말하기 때문이다. 그 빛은 인간이 자신의 고유한 존재 및 본질 안에서 그리고 세계의 어느 곳 및 어느 때에 볼 수 있는, 그러나 다른 곳 및 다른 때에는 또한 볼 수 없는 그런 빛들 중의 하나가 아니다. 그 빛은 인간이 어떤 선한 신의 개념을 도움을 받아서 자신의 고유한 사고에 따라 피조적 존재 안에서 발견할 수 있지만, 그러나 그 다음에는 그것이 어둠에 노출되어 있고 또 사람은 바로 신의 사고를 매개로 하여 피조세계 안에서 최종적으로는 이전과 마찬가지이거나 혹은 더 많은 그림자를 혹은 보편적인 어둠을 드러낼 수 있을 뿐임을 경험해야 하는 그런 종류의 빛이 아니다. 창조자의 빛은 객관적으로도, 주관적으로도 피조물의 처치 아래 있지 않다. 그 빛은 낙관론자들, 비관론자들 및 회의론자들의 해석의 시도들에 대하여 그것의 고유한 능력과 특성 안에서 빛을 발한다. 그 빛은 피조물이 점화하거나 혹은 끌 수 없으며, 혼탁하게 하거나 은폐할 수 없다. 그 빛은 자체로부터 발하며, 그 조명이 볼 수 있게 되는 것은 언제나 그것의 고유한 사역이다. 모든 피조적 존재 그 자체가 그 빛의 증인 및 반사이기 때문에, 그 빛은 객관적 및 주관적으로 (피조적 존재의 및 바로 그렇게 하여 또한 그 존재의 칭의의 근거이신) 창조자 자신의 자유로우신 행동이다. 그 빛은 명령하면서 비치며, 그렇게 하여 모든 인간적 견해들에 대하여 해방하면서 비친다.

그 빛은 주제들과 가설들의 논쟁을, 그것이 시작되기도 전에, 끝낸다. 그 빛은 그 논쟁이 불가능하도록 만든다.

창조자의 '자기 알림'은 (우리는 그분의 사역의 선하심의 이해를 위하여 그것으로부터 출발해야만 한다.) 말하자면 다음을: 피조적 존재가 그분에 의하여 의롭게 되었으며, 존재하는 방식 그대로 올바르다는 진리의 계시를 포함한다. 우리는 또한 여기서도 주목해야 한다: 그 '자기 알림'은 그 계시를 자체 안에 포함한다. 그러므로 우리는 그 진리의 계시를 추상적으로, 신적 '자기 알림'의 고유한 및 주요한 내용과 분리시켜서 인지하려고 할 수 없다. 그 '자기 알림'의 소식은 그것을 오직 그러한 관점 안에서, 오직 "현존재의 의미" 및 그와 비슷한 것에 대한 질문의 대답을 추구하면서 부차적으로 및 반만의 귀로 문의하려는 사람에게는 틀림없이 오해될 것이다. 그러한 사람은 그 '자기 알림'을 어떤 인간적 '신의 사고'와 혼동할 것이며, 그것이 자신의 목적에 최종적으로는 후자와 마찬가지로 결실을 제공하지 못한다고 발견하게 될 것이다. 하나님께서 자신이 만드신 모든 것을 대단히 선하다고 보셨다는 문장은 이미 창세기 1:31에서도 그것의 맥락으로부터 분리될 수 없으며, 우주(Kosmos)에 대한 어떤 서술이라고 추상적으로 이해될 수 없다. 물론 창조자는 우주 그 자체를 의롭게 만드신다. 그러나 창조자가 그렇게 행하시는 것은 우주가 그분 자신의 의지 및 계획에 따라, 또 자신과 인간 사이의 계약의 수립 및 실행을 위한 규정과 함께 창조되었기 때문이다. 창조자는 우주를, 창조의 바로 이러한 의미 및 목적의 관점에서, 그분 자신의 영역 및 그분 자신의 대상으로서의 우주에 대한 그분의 고유하신 행동의 관점에서, 의롭게 하신다. 피조세계는 존재하는 그대로 의롭다; 왜냐하면 피조세계는 그것의 존속 및 구조 안에서 올바른 장소 및 올바른 도구이기 때문이며, 인간이 이 피조세계의 한가운데에서 (예수 그리스도 안에서 시작, 중심, 목적을 갖는) 신적 사역의 올바른 대상이기 때문이다. 피조세계의 의로움, 선함, 가치, 완전성 등은 하나님께서 영원 전에 결의하신 및 시간 안에서 발생한 (그분의 고유하신 아들의) 사역에 대한 그것(피조세계)의 상응에 놓여 있다. 신적 '자기 알림'이 은혜의 계약을, 또 하나님의 아들의 그러한 사역을 내용으로 가짐으로써, 그 알림은 (피조적 존재 그 자체의 의로움의 질문에 대한) 대답을, 그것도 충분하고 확실한, 모든 논쟁을 배제하는 대답을 포함한다. 그 알림이 예수 그리스도에 관하여 말함으로써, 그것은 또한 다음을 우리에게 말해준다: 피조물에 대한 창조자의 행동은 현실적으로 및 가장 포괄적인 의미에서 선하신 행동이며, 의심의 여지가 없는 및 저항될 수 없는 (우리를 위한) 이유, 즉 왜 우리에게 창조자가 기뻐하시는 것이 우리의 기쁨이 되어야 하는, 또 우리에게 있는 그대로의 피조적 존재가 만족스럽게 주어졌을 뿐만 아니라, 또한 그것이 무조건적인 기쁨이 된다는 이유이다. 피조적으로 존재하는 것, 그것은 그분의 아들의 사역 안에서의 하나님의 영광을 위하여 존재한다. 피조적 존재가 이러한 규정 아래 있기 때문에, 그것은 악하거나, 나쁜 것이 아니라, 오히려 선하며, 불완전한 것이 아니라, 오히려 완전하게 선하다. 이것이 창조자 하나님의 현실성 안에서 및 그 현실성과 함께 사건으로 발생하고, 그분의 '자기 알림' 안에서 및 그것과 함께 계시되는 결정이다. 이 결정은 피조적 존재의 의로움을 우리의 눈 및 우리의 사고에 대해서는 감추는 저 은폐성 및 저 변증법에 저항하며, 또 '자기 알림' 안에서 계시되는 창조자의 현실성에 대한 앎으로서의 믿음이 바로 그러한 은폐성 및 변증법에 저항한다. 우리가 피조세계에 관하여 보고 여기는 것에 대하여—은혜의 계약, 예수 그리스도의 사역은 (그 사역을 위하여 및 그것의 실행을 위하여 피조세계는 고유한 내용과 형식 안에서 존재한다.) 전혀 다르다. 이 다른 것이 창조자의 계시의 고유한 및 주요한 내용이다. 이와 같이 우리에게 계시되는 바로 이 다른 것이 우리에게서 피조적 존재를 우리 자신으로부터 판단해야 하는—그 존재를 [낙관론자들과 같이] 무죄방면하거나 혹은 [비관론자들과 같이] 정죄해야 하는—과제를 면제시켜주며, 그러나 또한 우선적으로 존재의 의로움의 질문에 대하여 잘못 이해된 모든 중립성의 체념으로부터도 해방시켜주며, 참으로 여러 주장들의 논쟁들도 면제시켜준다; 바로 그 모든 주장들에 대하여 가장 확실한 관점을 우리에게 제공함으로써, 그렇게 해준다. 피조적 존재를 (왜냐하면 그것이 하나님께 그렇게도 파악될 수 없는 방식으로써 기뻐하는 것이 되기 때문에) 우리의 편에서 사랑하고 찬양하는 것은—이것이 우리가 예수 그리스도 안의 하나님의 '자기 알림'을 통하여 배우는 것이다.—우리의 의무이다; 이것이 바로 예수 그리스도 안에서 볼 수 있게 되는 것이다; 그 존재에 대한 우리의 고유한 판단이 어제 무엇이었고, 오늘 무엇이든지, 또 내일 무엇이 되든지 관계 없이 그것은 우리의 의무이다.

피조적 존재는 **빛의 측면**(Lichtseite)과도 같은 어떤 것을 가지고 있다. 그러나 창조자 및 그분의 '자기 알림'을 통한 그 존재의 칭의는 그러한 빛의 측면과 결합되어 있지 않다. 그 칭의는 다음 측면과: 즉 태양이 비치고, 꽃이 피고 열매를 맺고, 조화로운 형태들, 색채들, 소리들이 존재하고, 생명을 유지하고 촉진하는 사실성들 및 관계성들이, 목적을 가진 관계성들 및 질서들이, 통찰될 수 있는, 지배적인 및 유용한 요소들 및 힘들이 존재하고, 그리고 피조적 정신의 사고에 조명되고, 인간의 마음에 말해지고, 인간의 삶의 의지에 어떻게든 조화되고, 상응하고, 또 마주 대하여 다가온다는 측면과, 일치하지 않는다. 피조물의 의로움은 인간 자신을 포함하여 피조물 자신이 의심의 여지 없이 행할 능력이 있는 그러한 '예'와, 그러한 환호와 동일하지 않다. 물론 그 의로움은 그러한 '예'의 부정은 아니다. 그 의로움은 오히려 그 '예'를 확증한다. 그 의로움의 '예'는 그러한 피조물의 '예'를 자신 안에 포함한다. 그리고 오직 전자의 '예'로부터 후자의 '예'도 강력하게 될 수 있다. 하나님의 '자기 알림'이 인지되는 곳에서는 존재하는 것의 또한 그러한 음성도 울려 퍼진다. 또한 그 음성도 유효하다. 또한 존재자에 대한 긍정적인 판단도 그것의 근거 및 정당성을 갖는다. 존재자의 그러한 직접적인, 내재적인 선함의 승인도 또한 의심의 여지없이 (현존재의 창조자께서 자신의 계시를 통하여 스스로 대면하시는) 인간에 의하여 요청된다. 그 인간은 바로 그렇게 하여 피조세계의 현실성 앞에 놓이며, 그리고 그 현실성에는 그러한 직접적인, 내재적인 선함이 속한다. 피조물의 창조자에 대한 찬양에는 틀림없이 또한 피조물이 직접적으로 스스로 말하는 질서, 아름다움, 목적 적합성 등이 속하며, 또한 직접적 및 참으로 환상이 아니라 사실적인 현상들 및 관계성들에 근거한, 생명의 긍정도 속한다. 그러므로 "사랑하는 자여, 나가서 기쁨을 찾으라 …!"는 것은 양보일 뿐만 아니라, 허용일 뿐만 아니라, 오히려 명령이며, 존재자에 대한 하나님의 칭의를 인지하게 된 사람의 감각 안에서는 그 명령을 무시한다는 생각은 떠오를 수가 없다. 하나님의 거룩하심 앞에서 부끄러워해야 하는 사람은 언제나 웃을 수 있고 또 언제나 또 다시 웃어야 하는 사람이 아니라, 오히려 웃음을 심각하게도 소멸시킨 사람, 또 무엇보다도 정말로 슬픈 아이러니의 미소로 침잠한 사람이다. 그래서는 안 된다: 바로 그러한 것 안에는 틀림없이 악한 '더 많이 앎'이, 철두철미 허용될 수 없는 하나님의 '자기 알림'에 대한 저항이 숨어 있을 것이다; 그러나 그 '자기 알림'의 빛 안에서 피조세계는 밝아지며, 그 '자기 알림'은 우리의 가장 밝은 '예'를 요청하며, 어떤 자칭 권세에 의해 어두워진 '예'를 요청하지 않는다. 그러나 하나님의 '자기 알림'은 피조세계의 그러한 밝아짐 및 밝은 존재와 결합되어 있지 않다. 비록 그 '자기 알림'이 우리에게 피조적 존재를 기뻐할 수 있는 근거와 정당성을 수여한다고 해도, 그러나 그 근거와 정당성은 피조적 존재 그 자체가 기뻐할 수 있는 존재라는 사실에 놓여 있지 않다. 하나님의 '자기 알림'이 피조세계에 의심의 여지없이 직접적으로, 내재적으로 속하는 모든 선함에 대한 우리의 감사를 요청한다고 해도, 그러나 그 요청은 그 감사 안에서 소진될 수가 없다. 그 '자기 알림'은 틀림없이 그러한 측면에 대하여 완고해지거나, 맹목적이거나 혹은 다만 무관심하거나 고려하지 않는 것을 금지하지만, 그러나 그 '자기 알림'은 우리에게 그럼에도 불구하고 우선적으로는 그것 자체를 인지하고 숙고할 것을 명령하며(gebieten), 그렇게 하여 그 '자기 알림'은 우리의 주의력을 우선적으로는 모든 근거들 위의 우월한 근거에서 감사할 것을 명령한다. 그 '자기 알림'은 우선적으로 그것의 고유한 빛 안에서 비춘다. 만일 피조세계가 조명된다면, 그것은 그 '자기 알림'이 그것의 빛의 반사 안에서 조명하기 때문이다. '자기 알림'의 빛은 또한 피조세계 그 자체에 그 빛이 결여된 곳에서도 비친다; 왜냐하면 이쪽에서 그 빛을 주시는 분과 저쪽에서 금지하시는 분이, 이쪽에서 자신을 계시하시고, 저쪽에서 은폐되어있기를 원하시는 분이 동일하신 하나님이기 때문이다. 하나님께서는 자유로우셔서 피조세계를 그렇게 유지하실 수도 있다. 또한 그때에도 피조세계는 하나님의 사역이며, 또한 그때에도 피조세계는 그분의 증인이다; 하나님의 말씀에는 하나님의 침묵이 속하며, 하나님께서 말씀하시는 것에는 또한 말씀하지 않으신 것이,

하나님의 예에는 또한 아니오가, 그분의 은혜에는 또한 심판이 속한다는 사실에 상응하여 그러하다. 하나님의 '자기 알림', 창조자 하나님의 계시는 그분의 참된 말씀으로서 그분의 침묵을, 아니오를, 심판을 포함한다. 그래서 우리는 그 '자기 알림' 및 계시가 피조세계 안에서 우리와 만나는 '예'와 동일하지 않다는 사실에 대하여 놀라서는 안 된다. 그래서 우리는 그 '자기 알림'의 빛의 반사가 우리에게 아무리 아름답게 비친다고 해도, 언제나 또 다시 그것은 근원으로 회귀한다는 사실에 날카롭게 반대해서는 안 된다; 그 근원에서 빛은 전혀 다르게 및 오직 홀로 밝게 비춘다. 우리는 신적 창조의 계시의 자유로운 우월성을 붙듦으로써 이미 잘 행하는 셈이 된다; 왜냐하면 우리는 악명 높게도 (피조세계의 직접적인, 내재적인 선함의 긍정적 선포 안에서의 그 창조 계시의 반사가 마치 그것이 객관적인 가치[Darbietung; 나타남]에 상응하는 것처럼 그렇게 기뻐하거나, 그렇게 멀리서라도 평가할 수 있는) 위치에 있지 않기 때문이다. 피조세계 그 자체 안에서 우리가 다만 예감이라도 할 수 있는 것보다 무한하게 더 좋고 더 아름답지 않은 것이 어디 있겠는가? 누가 피조세계의 내적인 선함에 대하여, 그리고 또한 다만 그것의 특성[우리를 둘러싸는 양적인 충만에 대해서는 말할 필요도 없으면서] 안에서, 그 피조세계에 대하여 참으로 적절하게 감사하고 또 그에 상응하여 기뻐하는 일을 올바르게 행할 수 있는 위치에 있겠는가? 만일 하나님의 은혜의 계시가 말하자면 피조세계의 그러한 증거와 결합되어 있다고 한다면, 우리의 지위는 무엇이 되겠는가? 그래서 만일 우리가 그러한 증거의 우리의 비천한 이해에 의존하고 있다면, 또 우리는 어떠한 자이겠는가? 신적 창조 계시의 독립성이 또한 이 측면에서도 주목되어야 한다는 것은 우선적으로 다음 이유에서 권장된다: 왜냐하면 피조세계 그 자체의 증거는 객관적으로 그곳에서 우리와 만나는 '예' 안에서, 그 피조세계의 직접적, 내재적 선함의 투표(표결) 안에서 소진되지 않기 때문이며, 왜냐하면 피조세계는 사실상 긍정적인 측면뿐만 아니라, 오히려 또한 부정적인 측면을 제공하고, 그에 상응하여 긍정적인 판단만이 아니라, 또한 부정적인 판단을 입술에 올리기 때문이다. 우리는 현존재에 또한 고유하게 특징적인 그림자로부터 완전히 벗어날 수 있는 위치에 있지 않다. 우리는 현존재로부터 빠르거나 늦거나, 이러저러하게, 몇 가지의 음성은 들어야만 한다. 그러나 그 때 모든 것이 있는 그대로써 그렇게도 의롭다는, 생명에 필연적인 인식은 어디 있는가? 그러므로 다음은 모든 관점에서 선하다: 하나님의 '자기 알림'은 그것의 증거의 진리 및 능력에게, 현존재의 내적인 선함을 통하여 손상됨이 없이, 그 선함 곁에서 및 그것을 넘어서서, 자신의 고유한 빛 안에서 빛을 발하며, 자신의 고유한 길을 나아가며, 그렇게 하여 우리의 긍정적 판단의 허약함 및 흔들림으로부터 독립적으로 우리로 하여금 피조세계의 현실성을 또한 그러한 측면에 따라서도, 즉 그것의 침묵하는, 더 나아가 부정하는 증거에 따라서도 바르게 평가할 수 있도록, 그 피조세계의 완전성을 이제는 여기저기서만이 아니라, 총체성 안에서 현실적으로 인식할 수 있도록, 준비시킨다.

우리는 이제 이 문제를 그러한 다른 측면에서 평가해야 할 동기를 갖는다: 창조자의 '자기 알림'을 통한 피조적 존재의 칭의는 현존재의 **그림자 측면**과는 틀림없이 결합되어 있지 않다. 그 문제는 이미, 피조세계의 현실적인 완전성이 바로 다음의 곳에서: 그것의 직접적인, 내재적인 선함이 어느 정도 거짓으로 정죄되고 가상임이 드러나는 곳에서, 그것의 무성(Nichtigkeit)이 폭로되는 곳에서, 그 선함이 자기 자신에게 아니오를 말하는 곳에서, 그 선함에 또한 인간에 의해서도 다만 부정될 수 있는 곳에서, 시작되는 것과 같이 서술되었다. 실상은 그렇지 않다. 피조물의 의로움은 하늘이 어두워진다는 데에, 조화들이 부조화들에 의하여, 목적론이 무의미성 및 의미 거역성에 의하여 삼켜진다는 데에 의존하지 않는다. 피조물의 의로움은 그것의 한계선에서 비로소 시작되지 않는다. 피조물의 의로움의 계시는 존재하는 것의 선포와 하나인 것은 아니며, 그래서 또한 인간적 삶의 의지의 거부 및 파괴와 하나인 것도 아니며, 죽음의 투표(표결)와 하나인 것도 아니다. 피조물의 의로움은 모든 현존재의 거짓, 수치, 비참, 상실이 밝게 폭로되는 곳에서 참되이 존재한다. 피조물의 의로움은 피조세계에게 물론 고유하게 특징적인 '아니오'와, 물론 피조세계가 스스로를 고소하고 슬퍼하면서 그 목소리를 내어야 하는 '아니오'와 동일하지 않다. 우리는 물론 또한 여기서도 말해야 한다: 피조물의 의로움은 물론 그 '아니오'를 부정하지 않으며, 오히려 그것을 긍정한다; 그 의로움의 '예'는 그 '아니오'를 반복하고 강조한다. 피조물의 의로움이 그 아니오에게 비로소 힘을 준다. 그 음성은 그렇게 울리며, 또한 그 말도 그렇게 유효하다. 의와 근거는 또한 존재자에 대한 부정적 판단을 갖는다: 그것은 인간적 판단 자체가 알 수 있는 것 이상으로 부정적인 판단이다. 그것도, 인간의 삶의 의지의 의미 및 힘에 있어서의 절망도, 인간의 한계에 대한, 모든 사물의 무력함과 종말에 대한 전망도, 또한 그것에 대한 남김 없는 고백도 의심의 여지없이 창조자께서 자신의 계시를 통하여 자신과 만나게 하시는 인간에 대하여 요청된다. 인간이 상실되었으며, 소멸되어야 한다는 것을 알지 못한 채, 어떻게 창조자 앞에 설 수 있겠는가? 인간에게 창조자와 함께 또한 피조세계의 현실성이 계시됨으로써, 그에게는 또한: 그 현실성은 창조자의 선하심과 관계 안에서는 선하지 않으며, 그 현실성의 수수께끼들, 역설들 및 모순들 앞에서 눈을 닫는 용기는 인간에게서 없어져야 한다는 사실도 계시되어야 한다. 바로 피조물의 창조자 찬양에는 그때, 창조자에게 모든 것을 빚지고 있는 피조물이 사실상 지속적으로 모든 것을 빚지고 있다는 사실을, 그러한 빚진 피조성 안에서 피조물은 창조자 앞에서 먼지와 재에 지나지 않는다는 사실을 남김없이 인정할 수 있는 준비 자세가 또한 포함된다. 여기에 어떤 환상도 지배하지 않는다. 여기서 가장 진지한 이유들이 말한다. 여기에는 신적 요청이 놓여 있다: 특별히 겸허한 및 슬픈 마음의 양보 및 허용이 아니라, 오히려 주목되든지 않든지 간에 모든 각각의 사람들에게 향해진 한 계명이 놓여 있다. 다음은 또한 참이다: 창조자는 현존재의 모든 내적 완전성의 시초에서와 마찬가지로 또한 종말에서도 찾아지고 발견될 수 있다. 창조자의 선함 앞에서 바로 이제 울어야만 하고 울기를 원하는 자는 철두철미 부끄러워할 필요가 없다. 오히려 부끄러워해야 할 사람은 어떤 잘못된 자만심으로부터 스스로를 방어하려는 사람 혹은 아마도 단순히 통찰력 부족 때문에 아직 혹은 더 이상 그렇게 할 수 없는 사람이다. 바로 이것이 인간이 현존재의 비탄으로부터 벗어나기 위해서 발생해야 하는 최종적인 것이다. 만일 인간이 그 비탄으로부터 정말로 벗어날 수 있다면, 바로 그것은 인간이 마주칠 수 있는 가장 심각한 저주일 것이며, 그리고 만일 인간이 기쁨과 고통에 아무런 아픔 없이 완급조절을 하여 그것의 지배자가 되려고 한다면, 그때는 이중적으로 어려워질 것이다. 하나님께서 침묵하시는 곳, '아니오'를 말씀하시는 곳, 심판을 행사하시는 곳에서 또한 피조세계를 어둡게 만드는 것은 그때 또한 그곳에서도 경외받기를 원하시는 하나님의 '자기 알림'이다; 이 알림은 인간적 탄원과 고소가 필연적이도록 및 필요하도록 만든다. 그러나 하나님의 '자기 알림'은 현존재의 빛에 결합되지 않는 것처럼 마찬가지로 현존재의 제한된 어둠에도 결합되지 않는다. 그 '자기 알림'이 우리에게 비탄 및 고소를 위한 정당성과 이유를 줄 때에도. 그것이 또한 현존재에 대한 부정적 판단을 입술에 올릴 때에도, 그 '자기 알림'은 그럼에도 불구하고 현존재가 이러한 측면에 따라 보이도록 만들 수 있는 및 실제로 보이도록 만드는 것 안에 놓여 있지 않다. 그 '자기 알림'은 피조세계의 어둠과는 결코 동일하지 않다. 그 '자기 알림'이 피조물의 탄식으로부터 우리가 결코 벗어날 수 없다는 것을 요청한다고 해도, 그것은 오히려 그러한 탄식을 우리 자신 안에서 오히려 강력하고 생동하도록 만드는 것이며, 그래서 그 '자기 알림'은 어떤 경우에도 우리를 그러한 탄식에 참여하도록 요청하는 데에서 소진되지는 않는다. 그 '자기 알림'이 우리에게 또한 그러한 측면에 따라서도 모든 완고함 및 맹목성을, 모든 무관심과 냉담을 금지하지만, 그러나 그것은 우리에게 더 나아가 무엇보다도 우선적으로 모든 근거들의 근거로서의 바로 그 '자기 알림' 자체를 참으로 주목할 것을, 즉 하나님 앞에서 그때에도 또한 구원을 이루면서 슬퍼할 것을, 요청한다. 마찬가지로 우리는 기억하여야 한다: 그 '자기 알림'은 무엇보다도 우선적으로 그것의 고유한 빛 안에서 비친다; 그것은 무엇보다도 그것의 고유한 진리를 계시한다. 이것은 그 '자기 알림'이 그림자를 드리우는 곳에서도 마찬가지로 유효하다. 그것은 또한 그 '자기 알림'을 동반하는 아니오에 대해서도, 그 '자기 알림'의 은혜를 동반하는 심판에 대해서도, 그것 없이는 말씀이 말씀일 수 없는 하나님의 침묵에 대해서도 유효하다. 우리는 그림자 안에 설 때에도 다음을 숙고해야 한다: 우리를 그림자 안에 감추시는 그 동일한 하나님께서는 충분히 자유로우셔서 그것을 전혀 다르게 우리에게 취급할 수도 있으시다. 우리는 그분이 우리를 지금 그림자 안에 감추신다는 사실 곁에 붙들려 있어서는 안 된다. 그렇기 때문에 우리는 그분을 다만 그 그림자 안에서만 찾으려고 생각해서는 안 된다. 하나님께서는 지금 우리 주변을 둘러싸는 그분의 침묵의, 아니오의, 심판의 증인들만을 갖고 계신 것이 아니다. 그분은 그 증인들을 즉시 전혀 다른 증인들을 통하여 해체할 수도 있으시다. 비록 그것들이 해체되지 않는다고 해도, 비록 우리가 지속적으로 그림자 안에 감추어져 있어야 한다고 해도, 그래도 그것들은 다만 그분의 증인들일 뿐이며, 그래서 그 **증인들의** 침묵, **그것들의** 아니오, **그것들의** 심판 그 자체는 어떤 경우에도 그것들의 주님이신 하나님 **자신**과 동일하지 않다. 그리고 그 증인들을 통하여 매개된 슬픔 그 자체는 그분이 우리를 그 안으로 빠뜨리시는 슬픔과는 동일하지 않다; 그분은 우리를 기쁘게 만들기 위하여 우리의 슬픔을 수용하심으로써, 그렇게 행하신다. 그분의 '자기 알림'은 높은 곳에서 발생한다: 또한 현존재의 비탄 위의 높은 곳에서, 근본적으로는 또한 (피조세계의 부조화들, 무의미들, 의미 거역성들을 통하여 우리에게 주어질 수 있는) 가장 큰 실망(전율)들의 저편에서도 발생한다. 그 '자기 알림'은 이러한 전율들을 사용할 수 있고, 실제로 그렇게 한다. 우리는 그럼에도 불구하고 하나님의 '자기 알림'의 축복하는 만남 안에서 발생해야 하는 만큼 (만일 그 '자기 알림'이 피조세계로부터 이러한 관점에서 우리에게 발생할 수 있는 것 안에서 소진되어야 한다면 필요한 만큼) 그렇게 현실적 및 근본적으로 전율하지 않는다. 우리의 구원을 위해서 그 '자기 알림'은 그렇게 소진되지 않는다. 마찬가지로 주관적으로는 우리의 감각 및 사고는 너무도 무뎌서, 이 관점에서 피조세계로부터 실제로 우리에게 주어지는 그것을 정말로 실현하지 못한다. 우리가 현존재의 환호의 목소리를 언제나 다만 최고로 부분적으로 및 최고로 혼동하면서 인지하는 것처럼, 마찬가지로 또한 피조세계의 비탄의 목소리도 그러하다; 그 목소리 앞에서 우리는 흔히 본성적으로 전자에 대해서보다 귀를 더욱 두텁게 및 더욱 가볍게 막을 뿐이다. 하나님의 심판은 (이것 없이는 우리는 또한 그분의 은혜도 경험할 수가 없다.) 이미 하나님께서 우리가 들어야 하는 그분의 '아니오'를 철두철미 존재자의 수수께끼와 모순들에, 곤경, 고통, 죽음에 넘기는 제약을 바로 하나님 자신에게 부과하셨기 때문에, 우리와는 결코 마주치지 못한다. 우리는 죽음의 경악으로부터 도피할 수 있다.—그리고 유일무이한 한 분 외에 그렇게 도피하지 않고서 죽은 사람은 아무도 없다. 그리고 이제 여기서 다음이 객관적으로 말해질 수 있다: 현존재 그 자체의 증거는 명확하지 않으며, 현존재의 목소리는 결코 대단히 분명하게 부정적이거나 또 심각하지 않으며, 또 전율을 일으키거나 낙담케 하면서 크게 들리지 않기 때문에, 그래서 그 목소리는 하나님께서 우리를 정말로 기쁘게 만들기 위하여 정하신 슬픔 안에 우리를 위치시키지 못하며, 그 안에 굳게 붙들어 두지 못한다. 우리의 불안은 또한 객관적으로도 충분히 크거나 압박을 받지 못해서, 그것은 우리를 궁극적으로 불안하게 만들지 못하며, 그래서 하나님 안에 있는 안식을 향하여 준비되도록 만들지도 못한다: 이미 다음의 이유에서 그러하다; 왜냐하면 그 불안에는 악명 높게도 언제나 또 다시 (어떤 등가물을—하나님의 평화와는 아무런 관계가 없는 우리 자신의 고유한 등가물을—재차 발견하도록 대단히 쉽게 허용하는) 불안들이 뒤따르기 때문이다.

또한 죽음의 존재도 피조세계 안에서는 그것에 대한 우리의 사고가 하나님의 심판에 대한 사고가 되도록 할 만큼 결코 그렇게 보이지 않는다; 이미 다음 이유에서 그러하다; 왜냐하면 우리에게 죽음은, 눈길이 아무리 멀리 도달한다고 해도, 그것이 우리에게 부을 수 있는 모든 경악 곁에서도, 다른 새로운 생명의 어떤 뒤따름 없이는 결코 만나지지 않기 때문이다. 그러므로 우리는 현존재의 부정적 국면 위에도, 또한 현존재에 대한 우리의 고유한 부정적 판단 위에도, 어떤 집을—어쨌든 영원한 집은 안 된다.—건축할 수 없다. 이 사실로부터 우리는, 또한 부정의 길(via negativa) 위에서도 결코 하나님 인식에 도달하지 못하며, 그렇기 때문에 만물이 있는 그대로 의롭다는, 생명에 필연적인 인식에도 도달하지 못한다. 현존재의 비탄에의 우리의 참여가 (우리를 하나님과 결합시키는, 그래서 현존재의 칭의를 확실하게 만드는) 힘을 가지고 있다면, 그때 그것은 현존재 자체의 힘이 아니며, 우리 자신의 힘이 아니며, 오히려 현존재 및 우리의 힘으로부터 독립적인, 모든 피조적 힘들을 능가하는, 신적 '자기 알림'의 힘이다. 그 '자기 알림'이 이러한 독립적인, 그 자신에게 고유한 힘을 소유한다는 것은, 그러한 고유한 길을 나아간다는 것은, 좋은 일이다: 이것은 그 '자기 알림'이 그것의 진리의 저 피조적 증거 안에서 등장하였으며, 이 진리가 그 증거에 봉사할 수 있다는 사실과는 상충하지 않는다. 그리고 그렇게 하여 우리 자신이 또한 우리의 삶의 심각성의 깊이 및 강조에 대한, 우리의 고난의 인내력의 근본 성격에 대한, 심각한 슬픔과 시험에 대한 우리의 개방성에 대한 질문으로부터 독립적으로 되는 것도 좋은 일이다. 만일 창조자 하나님의 계시가 자기 자신 안에서 및 자기 자신을 통하여 진지하지 않다면, 바로 그렇게 해서 우리가 현실성 **전체**를 바르게 평가할 수 있도록, 그리고 그것의 완전성을 다만 부분적으로가 아니라, 오히려 **전체적** 노선 위에서 인식할 수 있도록 예비시켜 주지 않는다면, 우리는 결코 충분히 진지해질 수가 없을 것이다.

그러나 우리는 이제까지 하나님의 창조가 피조적 존재의 칭의라는 사실을, 또 하나님의 '자기 알림'이 하나님을 통하여 그 존재의 긍정을, 그래서 그 존재 위에 놓이는 신적인 기뻐하심을, 그리고 그 존재의 완전성을 드러낸다는 사실을, 주장만 하였고, 아직 설명하지는 못하였다.

설명을 필요로 하는 것은 1. 다음 사실이다: 하나님의 '자기 알림'은 현존재의 양쪽의 서로 모순되는 국면들의 능가일 뿐만 아니라, 현존재의 양쪽의 서로 대립되는 판단들의 상대화일 뿐만 아니라, 오히려 우선적으로 **양쪽** 국면의 **확증**이며, 그렇게 하여 **양쪽** 판단들의 [의심을 통한 그것들의 중립화와는 반대로!] 확증을 모든 경우에 자신 안에 포함한다. 왜 및 어떤 한도에서 사태는 그러한가? 왜 및 어떤 한도에서 또한 하나님의 '자기 알림'도 현존재의 환호를, 마찬가지로 또한 비탄을 드러내며, 웃고 **그리고** 우는 것을, 기뻐하고 **그리고** 슬퍼하는 것을 우리에게 허용할 뿐만 아니라, 또한 명령하는가? 그래서 양쪽 측면에 대한 바로 그 무관심은, 바로 그 회의론자의 입장 및 판단은 양쪽 측면으로부터 배제된 제삼의 것이 되는가? 우리는 대답한다: 다음 이유에서 사태는 그러하다: 왜냐하면 창조자 하나님의 계시가, 그분에 의하여 창조된 현존재를 그렇게 하여 정확하게 **계약**(이것 안에서 하나님 자신이 인간의 주님, 돕는 자, 구원자가 되시기를 원하셨다.)과 결합시키시기 때문이며 — 마찬가지로 정확하게 예수 그리스도 안에서 성취되는 세상의 하나님 자신과의 화해와 결합시키시기 때문이다. 창조자의 이러한 의도 안에, 즉 피조물의 이러한 최종 목적 안에 (이것은 하나님의 '자기 알림' 안에서 계시된다.) 피조물의 본성 및 본질에 관련하여 미리 앞서서 **이중의** 규정이 포함되어 있다: 그것은 한편으로 하나님 앞에서 존재하는 피조물의 **고상함과 가치**[그렇지 않다면 피조물이 어떻게 하나님의 파트너로서 도무지 고려될 수 있겠는가? 어떻게 하나님께서 피조물을 도무지 수용할 수 있으며, 그렇게 원하시겠는가?]이며 — 다른 한편으로는 그러나 하나님 앞에 마찬가지로 명확하게 존재하는 피조물의 **결핍과 위험**[그렇지 않다면 피조물이 어떻게 하나님의 피조물과의 계약 안에서의 통치와 도우심에, 어떻게 그분의 아들의 인격 안에서의 하나님과의 화해에 그렇게도 전적으로 의존할 수 있겠는가?]이다. 인간을 그분의 고유하신 아들 안에서 하나님 자신과의 연합 안으로 고양시키기 위하여 하나님께서는 인간을 창조하셨다: 이것이 인간적 현존재 및 모든 현존재의 **긍정적** 의미이다. 그러나 바로 그러한 고양은 인간 및 모든 현존재의 전제로 하나님의 고유하신 아들이 참여하고 짊어지신 비천함을 갖는다: 이것이 피조물의 **부정적** 의미이다. 모든 것이 예수 그리스도를 향하여, 그분의 죽음 및 그분의 부활을 향하여 창조되었기 때문에, 모든 존재는 미리 앞서서 이러한 이중적인, 대립되는 규정 아래서 있어야만 한다: 모든 존재는 무(Nichts)가 **아니며**, 오히려 어떤 것(Etwas)이며, 그러나 무의 **경계선**에 있는 **어떤 것**이며, 무와 인접한, 무에 의하여 위협을 받는 그러나 자기 자신으로부터는 그 위협을 이겨낼 수 없는 어떤 것이다. 현존재는 하나님을 향하여 규정되었으며, 확실하게도 그것은 오직 하나님을 통해서만 현실적이며, 그럼에도 불구하고 그것의 근원 및 그것의 규정을 배반하는 것은, 그래서 죄의 공간 및 도구가 되는 것은 단순히 불가능하지만은 않다. 현존재는 존속하지만, 그러나 그것 스스로가 보증 및 유지할 수 있는 그러한 존속 상태를 갖지는 못한다. 현존재는 살아가지만 그러나 스스로의 힘으로 파괴와 죽음으로부터 안전을 보장할 수 있는 그런 생명을 갖지는 못한다. 현존재는 말하자면 그것의 창조자에 대한 희망을 가질 수는 있다; 그럼에도 불구하고 미래를 가지는 자신의 고유한 능력에 대해서는 의심할 수밖에 없다. 그래서 현존재는 자신의 창조자 앞에서 그분의 '자기 알림'에 의하여 서 있다. 창조자께서는 그러한 현존재를 원하시며, 그렇게 그것을 창조하셨으며, 그렇게 현존재의 **양쪽** 국면은 근거되었다: 어떤 인간적 시각 안에서 인식될 수 있는 것보다, 어떤 인간적 판단 안에서 진술될 수 있는 것보다 더 깊게, 더 극단적으로, 더 필연적으로 근거되었다. 그렇게 현존재의 환호와 비탄은 **하나님의** 의지 안에 그것의 근거를 갖는다. 그와 같이 양쪽의 서로 대립되는 판단들이, 아무리 그것들이 인간의 사고와 입에는 단순한 주장들에 지나지 않는다고 인간적 견해가 현실적 사태 관계를 아무리 정당하게 평가하지 못한다고 해도, 하나님의 의지 안에 및 현존재의 진리 안에 근거되어 있다. 그래서 우리가 기뻐하는 자들과 함께 기뻐하고, 우는 자들과 함께 울어야 한다는 것은 참으로 **하나님의** 계명이다. 그래서 참으로 여기서 환호하는 자들은 정당성을, 저곳에서는 슬퍼하고 항의하는 자들이 ― 이들은 정당성을 갖지는 않지만, 그것을: 그들 자신이 꿈꿀 수 있는 것보다 더 많은 정당성을 획득한다; 그러나 우유부단한 자들, 중립적인 자들은 전적으로 불의하게 된다; 그들은 그들의 지혜를 현실적 사태 관계에 올바르고 정당하게 적용하지 못하였으며, 그들이 그들의 지혜 안에서, 즉 현존재의 이중적 규정에 대한 그들의 우유부단함과 중립성 안에서 양쪽 국면을 더 멀리 떨어뜨려 놓으면 놓을수록, 더욱 정당하지 못하게 된다.

설명을 필요로 하는 것은 2. 다음 사실이다: 창조자 하나님의 '자기 알림'은 이제 현존재의 저 양쪽 국면의 확증일 뿐만 아니라, 오히려 **능가**이며, 또한 현존재에 대한 양쪽의 판단에 대한 능가이다. 그 '자기 알림'은 양쪽 국면을 자신 안에 포함하지만, 그러나 그것들을 능가한다; 그 '자기 알림'은 그것들로부터 독립적이다. 창조자의 '자기 알림'은 그 양쪽 국면을 사용하지만, 그러나 그것들에 예속되지 않는다. 그 '자기 알림'은 현존재의 최고의 환호로부터 알려질 수 있는 것과 전적으로 다른 어떤 고양에 관하여 말한다. 그 '자기 알림'은 그러나 또한 현존재의 가장 큰 비탄의 소리가 증거할 수 있는 것과도 전혀 다른 비하에 관하여 말한다. 그 '자기 알림'은 피조물의 긍정적인 표결(Votum) 안에서도, 또한 부정적인 표결 안에서도 소진되지 않는다. 그 '자기 알림'은 **무조건적인** '예'를, 그리고 **무조건적인** '아니오'를 말한다; 현존재의 목소리 그 자체는 이것을 결코 행하지 못한다. '자기 알림'의 이러한 우월성은 무엇에 근거하는가? 우리는 대답한다: 그 우월성은 다음에 근거한다: 하나님의 '자기 알림'은 하나님의 고유하신 말씀이며, 그 알림 안에서 창조자 자신이 피조물이 되셨다. 창조의 비밀, 의미 및 목적은 그 우월성이 공개된다는 것, 바로 창조 안에서 계시된다는 것이며; 하나님과 인간 사이의 계약 및 연합, 또 그것과 함께 현존재 전체의 완성이다; 이것들은 너무도 심각하며 너무도 멀리 도달하는 것이다; 즉 말씀(하나님께서 말씀을 통하여 만물을 창조하셨다.)이, 하나님 자신이 스스로를 그분에 의하여 창조된 것 중의 하나로 만드시며, 이것은 하나님 자신이 다른 사물들과 같이, 그분으로부터 구분되는 모든 현실성과 같이 현존하심을 뜻하며, 또한 그것들의 이중적 규정성을: 그것들의 위대함과 비참함, 그것들의 무한한 가치와 그것들의 무한한 위협, 그것들의 희망과 절망, 그것들의 환호와 비탄을 그분 자신의 고유한 일로 만드셨음을 뜻한다. 바로 이것이 창조의 의미 및 목적이신 예수 그리스도 안에서 발생한 것이다. 그분의, 하나님의 아들의, 낮아지심 및 높여지심이 창조자 하나님의 '자기 알림'이다. 피조물이 그 밖에 증거할 수 있는 모든 높음이란, 여기서 수여되는 그 고양 곁에서는 무엇이겠는가? 그리고 피조물이 자신 안에서 제시할 수 있는 모든 비천함이란, 여기서의 낮아지심 곁에서 무엇이겠는가?: 여기서 그것은 하나님 자신의 높으심 및 낮아지심이며, 여기서는 하나님 자신이 그분의 아들 안에서 피조물의 높음을 그분 자신의 장식으로, 피조물의 비천함을 그분 자신의 수치로 만드셨다. 그러나 물론 다음은 분명하다: 여기서 들을 수 있는 '예와 아니오'는, 그 밖에서 인지될 수 있는 '예와 아니오'와는 하늘과 땅처럼 서로 다르다. 또 다음도 분명하다: 여기서 양자는 무조건적으로 및 강제적으로 울려 퍼지며, 여기서 양자는 상대성(양자는 그 밖에서는 이것 안에서 인지된다.)을 통하여 제약됨 없이, 또 양자를 정당하게 평가하지 못하는 인간적 무능력을 통해서 제약됨 없이, 울려 퍼진다. 그리고 다음도 분명하다: 여기서 양자(*예와 아니오)는 피조적 존재가 그 밖에서 그것의 이중적 규정성에 관하여 매개할 수 있는 계시들의 내용 및 능력과는 근본적으로 독립적으로, 그리고 우리가 다소간에 솔직하게 그러한 계시들에 대답할 수 있다고 여기는 상이한 판단들과는 독립적으로, 또 그 판단들에 연결하여 흔히 형성하곤 하는 상이한 견해들과는 독립적으로, 울려 퍼진다. 여기서—그분이 환호하시는 자이시며, 그분이 탄식하시는 자이시다.—자신의 길을 나아가시는 분이 바로 **하나님 자신**이기 때문에, 우리가 이 문제에 관하여 안다고 주장하는 모든 것은 상대적으로만이 아니라, 오히려 절대적으로 능가된다. 이 문제를 자신의 **고유하신** 인격 안에서 참인 것으로 만드시는 분이 바로 **하나님 자신**이기 때문에, 하나님께서 자기 자신을 현존재의 **양쪽** 국면의 주체로 만드시기 때문에, 양쪽은 간과될 수 없으며, 우리가 양쪽 중 어느 한쪽도 전적으로 회피할 수 없다는 사실이 통찰된다. 하나님 자신이 현존재의 **양쪽** 국면을 고유한 소유로 만드심으로써, 우리는 흘려들을 수가 없이 현존재를 이러한 **양쪽** 국면들 아래서 전적으로 진지하게 수용하라는 부르심을 받으며, 또 현존에의 '예' 혹은 '아니오'를, 그것의 기쁨 혹은 고통을 회피한다는 것은 우리에게 흘려들을 수 없이 금지되며, 또 우리의 고유한 지혜 안에서 최종적 도피를 추구하려는 우유부단과 중립성도 엄격하게 금지되어서, 바로 그 마지막 가능성은 우리에게 다만 모든 인식될 수 있는 가능성들 중에서 가장 불가능한 것일 뿐이다. 피조적 존재의 영광에의 및 상실성에의 하나님의 고유하신 참여의 빛 안에서 우리는 다음과 같이 말해야 한다: 가장 피상적인 현존재의 기쁨이라도, 또 현존재에 대한 가장 소박한 탄식도, 그분의 현실성에 '참여되지 않은 상태'보다는 낫다. 그러한 참여되지 않음은—어떤 저주받은 자가 그렇게 될 수 있다고 가정한다면—정말로 '하나님 없음'이 될 것이다.

설명을 필요로 하는 것은 3. 다음 사실이다: 창조자 하나님의 '자기 알림'은, 그것이 현존재의 양쪽 국면 및 그 양쪽에 상응하는 판단들을 확증하고 능가함으로써, 현존재의 **완전성**이 계시되도록 한다: 그것은 피조물 위에 머무는 하나님의 기뻐하심, 창조자를 통한 현존재의 칭의이며, 즉: 현존재는 있는 그대로로서 의로우며, 그것은 총체성 안에서 **선하며**, 더 나아가 **최선**이라는 사실이다. 우리는 여기서 명백하게도 전체 질문의 결정적인 지점에 위치한다. 창조자 자신의 계시를 통하여 확증된, 더 나아가 능가된 저 양쪽 국면들은 서로에 대하여 어떤 관계를 갖는가? 한쪽이 다른 쪽의 경계선인가? 양자는 나란히 및 서로 함께 서 있고 또 유효한가? 하나님께서 자신과 구분되는 현실성을 창조하시면서 부여하신 '예와 아니오'는 서로의 등가물인가? 그 현실성은 이중 현실성인가? 그 현실성의 이중 규정은 영원한 규정인가? 현존재의 완전성에 대해서는 사람들은 명백하게도 말할 수가 없을 것이다. 그것의 칭의에 대해서도 우리는 그때 아무것도 알지 못하는 셈이 된다. 우리는 그때 그 칭의를 우연성 혹은 자의성에 따라, 이러저러한 단순한 견해에 상응하여, 그리고 그에 상응하는 반대 견해들과의 모순 아래서, 좌로 혹은 우로 치우쳐서 찾게 될 것이다. 그리고 그때에는 중간에 위치한 회의론자가, 중용이, 더 이상 웃지도 않고 울지도 않는, 즉 본래적인, 참된, 비열한 '하나님 없는 자'가 참된 의인으로서 무대에 올려질지 누가 알겠는가? 이 셋째 질문에 관련된 이 상황을 분명하게 하는 것이 좋다: 사람에 의하여 고안될 수 있는 및 관계할 수 있는 (그곳으로부터 현존재의 저 양쪽 국면들 및 또한 저 양쪽 판단들의 적법한 병렬이 가능하게 되는) 어떤 장소란 사실상 존재하지 않는다. 그러한 병렬이 언제나 또 다시 시도되었고, 또 이러저러하게 실행되었다는 것은 이해될 만하다. 그것은 그러나, 하나님의 '자기 알림'으로부터 발생하지 않았다면, 언제나 양쪽 국면 중 한쪽 혹은 다른 한쪽의 심각성을 희생하면서, 언제나 양쪽 측면에 따라 필연적인 판단에 필요한 날카로움을 희생하면서, 발생하였다. 우리는 이 문제에서 들을 수 있는 '아니오'를 무해화하고, 그 다음에 그것을 어떤 대단히 승리주의적인 '예'와의 평화로운 관계성 안에 위치시킬 수 있다. 거꾸로 우리는 마찬가지로 들을 수 있는 '예'를 단축시켜서, 그 다음에 그것을 그렇게도 육중한 '아니오'의 단순한 도입 약박자로 만들어버릴 수도 있다. 그렇게 하여 우리는 "긍정적 길 혹은 부정적 길"을 통하여 현존재의 칭의에, 현존재의 내적인 혹은 외부로부터 제한되는 완전성의 주장에 도달할 수도 있다; 이 주장은, 사람들이 반대편으로부터 객관적으로 존재하는 불안에 의하여 주관적으로 불안해지지 않을 때, 오랫동안 예를 들어 하나님의 '자기 알림'에 의하여 양쪽 국면의 무조건적인 날카로움이 제지하고, 발견된 통합을 깨면서 길을 막지 않는 동안에는, 중요성을 가질 수도 있다. 그러나 그 통합을 깨뜨리는 것이 하나님의 '자기 알림'이 아니라, 어떤 다른 근원의 반대 숙고라면, 그때 사람들은 그러한 반대 숙고의 압력을 따라가게 될 수도 있으며, 아마도 상이한 진리의 계기들의 대립된 부분으로, 낙관론자로부터 비관론자로 혹은 거꾸로 될 수도 있을 것이다: 그러나 첫째와 마찬가지로 둘째 결단도 확실하고 궁극적인 것은

3. 칭의로서의 창조 487

아니며, 또한 미래의 셋째 결단도 둘째와 마찬가지일 것이다. 그때는 아마도 어떤 중립적인 중심에서, 즉 근본적인 '하나님 없음'의 영역 안에서 정착하고 그곳에서 휴식을 찾는 가능성만이 최종적 결론의 지혜로 제공될 것이다. 아마도 하나님 없음 및 하나님의 자기 알림 사이의 믿음 곁에는 최종적으로 어떤 선택도 없을 것이다. 그러나 이제 우리가 양자 사이에 어떤 선택도 가지고 있지 않다고 가정해보자: 하나님의 자기 알림을 통하여 현존재의 저 환호의 경박한 수용뿐만 아니라, 또한 현존재의 저 비탄의 모든 무해화도 저지될 것이다; 또 우리가 그곳으로부터 우리의 문제에 부딪치며, 그렇기 때문에 우리에게 이러저러한 문제가 대부분 방어되었으며, 왼쪽 및 오른쪽으로부터 울리는 '예와 아니오'의 날카로움을 우리가, 그 날카로움을 의식한 이후에, 회피하게 되었다고 가정해보자. 우리가 존재하는 것의 의로움에 대한 질문을, 그것이 하나님의 '자기 알림'을 통하여 우리에게 불가피하게, 양쪽 측면으로부터 무조건적으로 제기되었기 때문에, 반드시 제기해야 한다고 가정해보자. 지금까지 말한 것의 관점에서 이것은 분명히 주목을 끄는 것이지만, 그러나 사태는 바로 그러하다: 우리는 바로 **그때** 그리고 **그렇게 하여** 주어지는 정황들 및 전제들 안에서 그러한 질문에 대한 긍정적 대답을 **할 수 있을** 뿐만 아니라, 또한 **해야만** 한다. 현존재의 저 양쪽 국면들의 투쟁 안에서 하나님의 이름이 들려질 수 있다면, 그때 그것은 다만 그 국면들이 이제 그것들의 고유한 심각성, 그것들의 극단적 날카로움을 획득한다는 것을, 다만 그 양자가 이제 근본적 극단성 안에서 능가된다는 것만을 뜻하지 않는다. 하나님의 이름은 현존재 전체의 **주님**의 이름이다. 그 이름을 듣는 자는 바로 그렇게 하여 현존재 전체 위에 내려지는, 현존재의 양쪽 국면을 규정하고 지배하는 결정 앞에 서게 된다. 그리고 그 이름을 듣는 자 그리고 그 이름에 의하여 성취되는 결정을 올바르다고 인정하는 자는 필연적으로 그 이름에 의하여 규정되고 지배되는 현존재의 의로움을 승인해야만 하게 된다. 여기서 물론 모든 것은 우리가 듣는 그것이 정말로 **하나님의** 이름인가 하는 것에, 그 이름에 의하여 성취된다고 우리가 인정하는 것이 정말로 하나님의 결정인가 하는 것에 달려 있다. 어떤 임시 변통물이 우리로 하여금 피조세계에 대한, 또 우리의 고유한 및 모든 현존재에 대한 어떤 긍정적 입장을 필연적으로 취하도록 할 수는 없을 것이다. 우리는 우리에게 자기 자신을 창조자라고 확증적으로 알려주신 그 하나님에 관하여 말하고 있다. 만일 우리가 하나님의 선하심이 말하자면 개념적으로 확고하다고, 그리고 우리가 그 선하심의 사고 안에서 현존재의 양쪽 국면의 해결될 수 없는 투쟁을 **견뎌야만** 한다고, 하나님에 의하여 창조된 현실성의 내적 의로움을 눈을 감고 단단히 **붙들어야** 한다고 자신을 설득하는 것은 전혀 충분하지 못하다. 이러한 프로그램은 실행될 수 없다. 그리스도교적 믿음의 저항(Trotz)은, 이것이 없다면 이 문제 안에는 물론 어떤 전망도 없기는 하지만, 그러나 어떤 **맹목적인 것이 아니다**. 구약성서적 "그럼에도 불구하고"(Dennoch)의 신약성서적 번역, 설명 및 적용은 "**그렇기 때문에**"(Darum)이다. 그리스도교적 믿음은 그것이 무엇을 붙들고 있는지를 **보고** 또 **안다**. 그 믿음은 아무것도 스스로에게 설득할 필요가 없다. 그 믿음은 어떤 사고의 귀결들에 대한 투쟁적 붙듦과는, 어떤 신의 개념의 수고스러운 실행과는 아무런 관계가 없다. 그 믿음은 저 갈등의 투쟁(Widerstreit)을 견뎌야 한다는 결단 및 수고에 놓여 있지 않다. 오히려 그 믿음은 그 투쟁적 갈등이 이미 견디어졌다는 — 말하자면 하나님 자신에 의하여 우리를 위하여 견디어졌고 또 극복되었다는 — 인식에 근거한다. 이러한 근거 위에서 그 믿음은 그때, 그 갈등의 투쟁이 우리에게 견딜 만하며, 또한 우리에 의해서도 견디어질 수 있고, 그렇게 허용되어 있다는 저항하는 신뢰이다. 그 믿음의 저항은 이러한 토대에 관한 확실성의 저항이다. 바로 그렇기 때문에 그 믿음은 어떤 자의적인, 그래서 무력한 저항이 아니며: 공허한 주장이 아니며, 탐구될 수 없는 것에 대한 관념적 명제화, 공허한 체념이 아니며, 해결될 수 없는 이율배반의 사실성 아래서의 단순한 굴복이 아니다. 오히려 그 믿음은 저 토대로부터 현존재의 불완전성을 통하여 그것의 완전성을 내다본다. 그 믿음이 직접적인 바라봄이 아니라, 오히려 '관통하여 보는 것'이라는 사실이 그 믿음을 **투쟁**(Kampf)으로 만든다: 그 투쟁 안에서 하나님에 의하여 성취된 결정이 이제 또한 우리의 편에서도 언제나 또 다시 새롭게 성취된 것으로 승인될 수 있다. 그 믿음이 이제 저 토대로부터 현실적인 '관통하여 보는 것'이라는 사실이 그 믿음을 **자유로운** 및 **기쁜**, 모든 자의성 및 노고로부터 해방된 투쟁으로 만든다. 다음 이유에서 그 믿음은 그러한 투쟁일 수 있다; 왜냐하면 그 믿음은 그것의 시작 및 대상을 하나님의 '자기 알림' 안에서 갖기 때문이며, 왜냐하면 그 믿음은 그것의 봄 및 앎의 토대를, 완전성 안으로까지 내다보는 그것의 '통과하여 봄'의 전제를 스스로 창조할 필요가 없기 때문이며, 먼저 구성해야 하고 그 다음에 실행해야 하는 어떤 신의 개념에 집착할 필요가 없기 때문이며, 피조세계의 완전성에 대하여 온갖 종류의 이론적 책임성을, 더구나 맹목적 주장을 스스로 짊어질 필요가 없기 때문이다. '그럼에도 불구하고'가 **이미** 선언되었다. 하나님께서 그것을 말씀하셨다. 이러한 **신적인** '그럼에도 불구하고'는 그리스도교적 믿음에게 허용되었을 뿐만 아니라, 오히려 (왜냐하면 지시되었기 때문에) 필연적인 (현존재의) 칭의이며, 또 자유이다; 이 자유 안에서 인간은 창조자 하나님 앞에서 **정지**해 있을 뿐만 아니라, 오히려 창조자와 함께, 그렇기 때문에 또한 그분의 피조물의 세계와 함께 **만족**하게 되며(만족할 수 있으며), 그 자유 안에서 인간 자신은 신적 기뻐하심의 반사가 되며, 또 인간은 피조물에 대한 신적 긍정을 모든 겸허로써, 그러나 또한 모든 확실성과 함께 반복할 수 있고 또 해야만 한다.

창조자 자신이 피조적 현존재의 모순을 견디기를 원하셨고, 견디셨고, 아직도 견디신다는 것, 이것이 우리가 하나님의 '자기 알림'에 의해 계시되는 토대 안에서 주목해야 하는 **첫째**의 것이다. 왜냐하면 피조물의 **모순**이 창조자 **하나님** 자신에게 **낯설게** 남아 있을 수 **없다**는 것이 참된 하나님의 참된 선하심이기 때문이다. 창조자 하나님께서 그 모순을 가장 우선적으로 자기 자신의 소유가 되도록 만드셨으며, 그 다음에 비로소 피조물을 그 모순의 표현(Darstellung)으로 만드셨다. 우리의 환호와 탄식에 앞서서 창조자의 그것이 있었다. 왜냐하면 빛이 우리를 기쁘게 하고, 어둠이 우리를 고통스럽게 만들 수 있기 전에, 그분이 양쪽을 아셨으며, 양쪽을 나누셨으며, 그렇게 함께 질서를 잡으셨기 때문이다. 생명이 우리를 환영하고, 죽음이 우리를 위협하기 전에, 이미 그분은 생명 및 죽음의 주님이셨으며, 그분이 양자를 서로 결합시키셨다. 그리고 이제 모든 사태는 다음과 같지 않다: 그분은 그 모순과 단순히 마주 서 계시지만 않으며, 그 모순은 그분께 단순히 낯설고 외적이지 않다; 오히려 그분은 신성의 전적인 존엄성 안에서 그러한 대립들 및 그것의 관계성에 참여하셨으며—그분은 영원한 긍휼 안에서 그 대립들을 내적으로 수용하셨으며, 그것들이 이제 하나님 자신 안에서 그것들의 근원을 취하도록 하셨다. 우리는, 만일 우리가 하나님의 자기 알림에 근거하여 (그분의 인간과의 계약이 창조의 의미와 목적이며, 첫째 근거라는) 사실을 굳게 붙들고자 한다면, 그렇게 말해야만 한다. 만일 사태가 그러하다면, 그때 하나님께서는 피조물이 존재하기도 전에, 그것을 수용하셨다는 셈이 된다: 말하자면 **모든** 인간들을 위한 인간으로서, **모든** 피조물을 위한 피조물로서 죽고 또 살기를 원하셨던 그분의 고유하신 아들 안에서 피조물을 수용하셨다. 그러므로 그분은 피조물을 바로 그것의 **모순** 안에서 수용하셨다. 그분은 그러므로 피조물의 위협 및 희망을 그분 자신의 **고유한** 일로 만드셨다. 바로 그분 자신을 그분은 아끼지 아니하셨다. 바로 그분 자신을 그분은 현존재의 저 이중적 국면의 전적으로 엄격한 법칙 아래 최초의 것으로서 놓으셨다. 현존재의 모순 중 우리에게 인식될 수 있는 및 경험될 수 있는 모든 날카로움 및 가혹함이란 하나님께서 그분 자신에게, 그분의 고유한 마음에, 아직 그분이 창조자로서 행동하시기도 전에, 일어나도록 하셨던 그 날카로움 및 가혹함에 비한다면 무엇이겠는가? 그 모순을 바라보면서 우리가 창조자에게 질책할 것이 무엇이겠으며, 우리가 각각 그 모순을 알게 될 것보다 처음부터 아는 자로서 그분이 그것에 관하여 무한히 더 많이 알지 못할 것이 무엇이겠는가? 우리는 우리가 시도할 수 있는 현존재의 문제의 가장 신중한 및 가장 완전한 전개로써도 필연적으로 다만 너무 늦게 도착할 뿐이다. 그 문제는 우선적으로 하나님의 **고유하신** 문제이다. 이것은 다음을 뜻한다: 우리는 우리의 편에서 그 문제를 풀어야 한다는 필연성으로부터 면제되었으며, 우리는 그 문제를 참으로 그분의 문제가 되도록 하면 되며, 그에 상응하여 또한 그분의 **해법**을 붙들면 된다. 다음이 잘 이해되어야 한다: 그것은 바로 이 문제가 이제 다시 해결되지 않은 채로 어떤 은폐된 신적 결의의 어둠 속으로 유예되었음을 뜻하지 않는다. 그것은 바로 하나님의 고유하신 문제로서 어떤 은폐된 것이 아니라, 오히려 우리에게 공개된 및 우리에게 최고의 긴급성으로서 제시되는 문제이다. 그 문제는 그분의 아들이신 **예수 그리스도**의, 우리의 주님의 문제이며, 그 자체가 어떤 어두운 천명인 것은 아니며, 또한 그 자체를 넘어서는 하나님의 어떤 어두운 처분인 것도 아니며, 오히려 그것의 전적인 비밀 안에서 그 자체로서 철두철미 분명한 및 분명히 인식될 수 있는 사실성이며, 사람들은 그것을 바라볼 수 있으며, 사람들은 보고 이해할 수 있는 그것을 확신할 수 있다. 우리의 창조자이신 하나님의 자기 알림은 바로 그분이 예수 그리스도 안에서 자신을 다음과 같은 분으로서 인식되도록 하신다는 사실에 놓여 있다: 그분은 우리의 일을, 그것이 우리 것일 수 있기도 전에, 그분의 것으로 만드셨으며, 우리의 현존재의 모순과 낯선 타자로서 대면하지 않으셨으며, 오히려 그 모순을, 영원 전부터, 스스로 짊어지기를 원하셨으며, 그리고 그렇게 짊어지셨다. 그러므로 현존재의 문제를 발견해낸 자는 우리가 아니다. 또 우리는 그 문제의 해법에 아무것도 명제로서 첨가할 수도 없다. 그렇게 하는 중에 우리는 우리가 전혀 알지 못하는 어떤 비밀스런 하나님의 본질에 관계하는 것도 아니다. 우리는 우리가 인식할 수 있는 현실성으로부터 어떤 전혀 알지 못하는 영역 안으로 불안하게 도피하는 것도 아니다. 오히려 우리는 하나님께서 우리에게 굳게 붙들라고 하나님 자신에 관하여 알려주신 그 정보(Kunde)를 굳게 붙든다. 그렇게 하여 현존재의 문제는 우리에게 필연적이 된다. 그래서 우리는 또한 다음을 인정해야 한다: 그 문제는 가장 우선적으로 하나님의 고유하신 문제이며, 그 다음에야 비로소 또한 우리의 문제이며, 그 문제는 우리 자신에 의하여 해결될 수 없으며, 오히려 우리는 그 문제가 하나님에 의하여 해결된 것으로서 인정해야 한다. 그분이 창조자로서 이 관점에서 우리를 위하여 등장하시고 또 변호하신다는 것은 어떤 알려지지 않은 것이 아니라, 오히려 하나님의 계시에 근거하여 알려진 사실성이다.

　　창조자 하나님께서, 현존재의 문제를 그분 자신의 고유하신 일로 만드심으로써, **우리를 변호하신다**는 사실은 여기서 숙고되어야 할 그 이상의 한 걸음이다. 피조물의 기쁨과 고통을, 빛과 어둠을, 생명과 죽음을 그분의 고유하신 죽음 안에서 미리 앞서서 그분 자신의 일로 만들기를 원하셨고 또 그렇게 행하셨다는 사실 안에서, 하나님의 영원하신 긍휼이 예시된다는 사실은 어떤 알 수 없는 기분에 따라 대충 일어난 일이 아니다. 그것은 우리의 유익을 위하여 발생하였다. 하나님께서 그것을 그렇게 결정하시고 실행하셨다는 사실은 그분의 영원하신 사랑의 사역이었다. 우리는 하나님 자신이 저 모순을 짊어지는 자가 되기를, 그분이 신성의 전적인 존엄성 안에서도 그렇게도 깊이 우리에게로 자신을 낮게 굽히기를 원하셨다는 사실로부터 살아간다. 우리는 예수 그리스도의 죽음 및 부활로부터, 하나님의 고유하신 고난 및 승리로부터, 탄식 및 환호로부터, 현존재의 이중적 본성에의 그분의 근원적 참여로부터, 살아간다. 하나님께서 우리의 존재 및 존재양식을 짊어지심으로써, **우리 자신을 짊어지셨다.** 피조물이 그것의 창조의 내적 근거 및 의미인 계약을 위하여, 계약을 향하여, 계약 안에서 실존할 수 있다는 사실에 대한 신뢰가 없다면, 피조물이란 무엇이겠는가? 만일 하나님이 피조물과 아무런 관계를 갖지 않으려고 하셨다면, 만일 그분이 피조물을 스스로 소유하려고 하지 않으셨다면, 만일 그분이 피조물에게 및 그와 함께 행동하지 않으셨다면, 그래서 그분 자신을 위하여, 말하자면 그분과의 연합 안의 현존재를 얻고자 하지 않으셨다면, '하나님의 피조물'로서의 피조물이란 무엇이겠는가? 이 모든 것이 너무도 크고 귀중한 일이라서, 화해의 기적(창조는 이것을 목표로 한다.) 곁에서는 창조의 기적이 거의 작게 보일 수도 있다; 또 피조물을 위한 하나님의 고유하신 개입이 아닌 다른 어떤 것도 저 사랑의 이러한 결의를 인지되도록 하기에 충분하지 않다; **바로 이것이** 이 문제의 고유한 비밀이다; 우리는 그 비밀에 다만 눈 먼 믿음과 함께 참여할 수밖에 없다; 왜냐하면 우리에 대한 하나님의 바로 그러한 관계는 철두철미 파악될 수 없기 때문이며, 오직 그분의 사실성 안에서 인식될 수 있기 때문이다. 그 관계로부터 우리가 반드시 배워야 할 것은 하나님의 우리를 위한 사실상의 개입(Einsatz)이다: 우리를 위한 하나님의 고유하신 개입이 아닌 다른 어떤 것도 창조를 이러한 목적을 향해 인도하기에는 사실상 충분하지 못하다. 혹은: 그 목적은 너무도 높이 있어서 하나님 자신의 개입이 아닌 다른 어떤 것도 그것을 필연적이도록 만들 수 없다. 하나님의 사랑의 결의는 (우리는 그것을, 그것이 우리에게 계시된 대로, 그 자체로서 경외할 수밖에 없다.) 다음을 포함한다: 그것은 그분의 우리의 실존에의, 또 우리의 실존의 모순들에의 고유하신 참여이며, 피조세계의 불완전성 안으로 내려오심 및 그것 안으로 진입이다. 우리를 사랑하심으로써 하나님께서는 현존재의 문제를 자신의 소유로 만드셨다. 만일 이 사실이 우리 눈앞에 분명히 서 있다면, 그때 우리가 다음을 부정하기란 불가능하다: 피조적 불완전성에는 '그것을 관통하여 보는 것'이 존재하며, 그것의 의미가 존재하며, 그것의 완전성이 존재한다. 피조세계는 그것을 자기 자신으로부터 및 자기 자신 안에서 갖지는 못한다. 그러나 피조세계는 그 완전성을, 하나님께서 그것을 그분의 아들 안에서 우리의 유익을 위하여 그분의 고유하신 의복으로, 즉 그분의 고유하신 본성으로 규정하셨음으로써, 미리 앞서서 얻어서 소유한다. 피조세계는 그 사실로부터 — 그것이 존재적으로 그러하고 더 나아가 그것으로부터 가혹하고 엄격한 외양을 갖는 그 불완전성으로서 — 성화되고, 축복받고, 긍정되고, 하나님의 고유하신 완전한 본질과의 관계 안에 놓인다. 어떻게 우리가, 하나님 자신이 피조세계를 긍정하셨다는 것을, 더욱이 피조적 영역 안으로의 그분의 고유하신 내려오심 및 진입을 통하여, 더 나아가 우리를 향해진 그분의 사랑의 사역 안에서 피조세계를 그렇게 긍정하셨다는 것을, 문제 삼을 수 있겠는가? 하나님께서 피조세계에 어떤 항의할 것도 보지 않으실 때, 그렇게도 남김없이 우리를 위하여 스스로를 개입시킬 만큼 우리를 사랑하셨을 때, 우리가 그것에 대하여 항의할 것이 무엇이겠는가? 하나님께서 피조적 존재를 우리의 유익을 위하여 그분의 고유하신 존재로 만들기를 원하셨다는 계시적 사실성에 직면하며 피조적 존재는 의롭게 되어야 하지 않겠으며, 우리는 그 존재의 의를 인정해야 하지(할 수 있지) 않겠는가? 그 존재에게 이러한 계시된 하나님의 행동 안에서 공표된 것보다 더 명확한 어떤 의가 존재하는가? 불완전성 안에서 바로 그러한 신적 행동의 무대, 도구, 대상인 세계보다 더 완전한 어떤 세계가 존재하는가? 만일 이와 반대되는 어떤 것을 말하려고 한다면, 그 때 그 사람은 틀림없이 그러한 신적 행동을 간과하는 셈이 될 것이며, 틀림없이 신적 자기 알림의 중심 및 주요 내용을 흘려듣는 셈이 될 것이다.

그러나 이제 필연적으로 또 한 걸음이 감행되어야 한다. 현존재의 모순은, 그것의 이중적 국면은, 즉 피조세계의 불완전성은 그럼에도 불구하고 어떤 최종적인 말을, 그래서 그것의 완전성을 말하자면 그것의 배후에 및 위에 머물러 세워두고 있는가? 하나님 안에서 그리고 피조세계 안에서 두 영역의 나란한 병존으로써, 그래서 그것의 완전성에 대한 정면 대립된 판단들의 병렬로써 끝난 셈인가? 하나님의 자기 알림으로부터 생각한다면, 우리는 우리는 그곳에서 정지할 수가 없다. 하나님의 자기 알림은 틀림없이 양 영역의 결정적으로 대립되는 경계선에 대하여 말하지 않으며, 양 국면의 어떤 동일한 종류의 무한성에 대하여 말하지 않으며, 양자 사이의 어떤 정적인 동등성에 대하여, 어떤 절대적인 대칭에 대하여, 즉 영원한 이원론에 대하여 말하지 않는다. 그 자기 알림은 물론 이중적으로 규정된 하나의 현실성을 말하지만, 그러나 어떤 이중의 현실성을 말하지는 않는다. 그 자기 알림은 하나님의 **길과 사역**에 대하여, 살아 계신 하나님의 **행동**에 대하여 말한다. 그러므로 그 자기 알림은, 마치 우리가 하나의 활의 두 개의 화살들과 그리고 두 개의 사건의 결과들과 관계하듯이, 그렇게 하나님의 의지의 양쪽의 처분들의 관계를 대칭화하는 것을 우리에게 허락하지 않는다. 사태는 명백하게도 다음과 같지 않다: 하나님께서 피조물의 현존재 및 모순을 짊어지는 자가 되려는 그분의 아들의 규정 안에서 그분의 낮아지심 및 높여지심을, 그분의 죽음 및 부활을 **동일한** 방식으로 원하셨고 또 발생하도록 하신 것이 **아니다**. 오히려 하나님께서는 여기서 예를 말하신 것과 다르게 저곳에서 아니오를 말씀하셨으며, 예수 그리스도 안에서 무한한 희망을 말씀하신 것과 다르게 피조물의 무한한 위협을 그분의 고유하신 마음 안에 수용하셨으며, 그분이 여기서 피조물의 능력 안에 계신 것과는 다르게 그것의 연약함 안에서 강하시다. 피조물이 저곳에서와 마찬가지로 여기서도 그분**의** 권능 안에서 있다는 것, 저곳에서와 마찬가지로 여기서도 그분**의** 뜻이 발생한다는 것, 그분의 행동이, 빛과 어둠에의, 생명과 죽음에의 그분의 고유하신 참여가 여기서와 마찬가지로 저기서도 피조물의 칭의를 그 자체 안에 포함한다는 것 등은 저 **구분성**(이것 안에서 동일한 사건이 여기서와 마찬가지로 저기서도 일어난다.)을 전혀 변경시키지 않는다. 하나님께서는 바로 예수 그리스도의 인격 안에서 피조물의 고난과 죽음에 궁극적으로가 아니라, 하물며 영원히는 더욱 아니라, 오히려 다만 **잠시 동안만** 참여하셨다. 그 참여는 배려의 방어의 행위이다; 하나님께서는 그분의 고유하신 아들을 피조적 실존의 비천함 및 비참 안으로 넘겨주심으로써, 그 행위를 성취하신다. 하나님께서는 그분에 의하여 무로부터 벗어난, 그리고 이제 그럼에도 불구하고 무(Nichts)에 아직도 여전히 그렇게도 인접해 있는 피조세계의 희망 없는 위협을 보신다. 하나님께서는 피조세계가 그러한 심연의 가장자리에서 스스로를 유지할 수 없을 것임을 보신다. 하나님께서는 피조세계의 약함을 보시며, 그것의 유혹의 권세를 보신다. 그리고 바로 이러한 피조세계 안에서 하나님께서는 그럼에도 불구하고 그분의 고유하신 영광을 계시하기를 원하신다. 피조세계의 중심을 형성하는 바로 인간은 그분의 뜻을 확증하고 성취해야 하며, 그 뜻과 함께 무에 확고하고 확실하게 대립하여야 하며, 그 뜻과 함께 예를, 바로 그렇기 때문에 또한 아니오를 말해야 하며, 그렇게 진실하게 그 뜻과 함께 계약 안에 서야 한다. 우선 인간의 그러한 아니오가 전적인 무력함 및 유혹성 안에서도, 창조자 하나님께서 영원 전에 말씀하신 것처럼, 그렇게 말해지도록 하기 위하여, 하나님께서 스스로 인간이 되기를 원하셨으며, 인간의 무력함 및 유혹성을 하나님 자신의 고유하신 짐으로 만드셨으며, 인간으로서 고난당하시고 죽으셨으며, 바로 이러한 그분의 자기 헌신 안에서 그분의 피조물과 무로부터 위협받는 파멸 사이의 경계선이 확고해졌다. 하나님께서 인간에게 은혜로우시기 때문에, 하나님께서 인간을 그 경계선에서 확고히 존재하도록, 그분과의 계약 안에서 그분이, 하나님이, 원하지 않고 오히려 부정하신 것에게 아니오를 말하도록 규정하셨기 때문에, 그분에게는 그러나 그러한 규정을 충족치 못하는 인간의 무능력이 눈앞에 있기 때문에, 하나님께서 인간을 바로 그 규정의 충족에 홀로 내맡기기를 원하지 않으시기 때문에, 그렇기 때문에 하나님께서는 바로 여기서 인간을 수용하시며, 그렇기 때문에 그분은 바로 여기서 인간의 피조성을 수용하신다. 하나님께서는 그것을 그분의 피조물의 구원 및 보존을 위하여 행하신다. 하나님께서는 피조물이 스스로를 구원할 수 없고 보존할 수 없기 때문에, 그렇게 행하신다. 우리는 두말할 필요도 없이 본다: 여기서 어떤 자기목적이란 없다. 여기서 아니오를 위해서가 아니라, 오직 예를 위하여 아니오가 말해진다. 여기서 예수 그리스도의 고난, 죽음, 장사지냄 안에는 어떤 지체와 머무름도 있을 수 없으며, 어떤 최종적인 말도 말해질 수 없다. 여기서 십자가에는 부활이, 낮아지심에는 높여지심이 뒤따르며, 그리고 바로 그 높여지심 안에서 육신이 되신 하나님의 아들의 본래적인, 궁극적인, 영원한 형태가 뒤따른다. 이 형태가 예이며, 그것을 위하여 앞에서 아니오가 말해졌으며, 그 형태는 건립이며, 그것을 위하여 앞에서 방어되었으며, 그것을 위하여 앞에서 저 경계선이 확고하게 되어야만 했다. 그 형태는 인간에 대한 하나님의 긍정적 의지의 계시이다. 하나님께서는 피조적 실존의 비천함 및 비참에 스스로 참여하셨다; 왜냐하면 그 실존은 다르게는 하나님의 영광에 결코 참여할 수 없었기 때문이다. 하나님께서 피조적 실존을 그분의 영광으로 두르심으로써, 그분이 무력하고 유혹당하는 인간을 그분의 아들의 인격 안에서 그분과 함께 예를 말하도록 고양시키고 강하게 만드심으로써, 그분은 앞에서 필연적으로 말해졌던 아니오를 떠나셨으며, 그분은 인간의 비천함과 비참을 뒤로 던지셨으며, 그분의 저 현존재의 부정적 국면에의 참여는 단순한 통과과정이 되었다. 그 참여는 **한순간**의 일이었다. 이 순간은 지나갔다. 그분은 이제 이후로는 더 이상 죽지 않으신다. 그분은 이제 영원히 살아 계신다: 하나님의 아들로서만이 아니라, 또한 **사람의 아들**로서도, 만물의 창조자로서만이 아니라, 또한 **피조물**로서도 영원히 살아 계신다; 그분은 피조물을 자신에게로 수용하셨으며, 피조물의 본성과 일을 그분의 고유한 것으로 만드셨으며, 피조물의 본성과 일을 잠시 동안 변호하셨으며, 그 다음에는 그러나 영원히 승리로 이끄셨다. 여기서 우리는 신적인 길의 **목적점**에 있다. 여기서 **최종적** 말씀이 말해졌다. 현존재의 양쪽 국면의 상이성에도 불구하고 유일한 하나님의 의지가 여기서 그리고 저기서 발생하며, 유일하신 하나님께서 여기서 그리고 저기서 강하시다; 양쪽 국면의 다름에도 불구하고 하나님의 고유하신 사역이, 살아 계신 행동이 발생하며, 창조된 현실성의 양쪽 규정성 사이의 비대칭과 균등하지 않은 비율이 하나님과 인간 사이의 계약의 정점에서 발생한다; 이 계약이 창조의 의미 및 목적이다. 피조세계 안의 예와 아니오 사이의 관계는 그것의 창조자 하나님의 확증적 계시에 따라 그와 같이 형성된다. 이것으로부터 우리가 양쪽 국면의 어떤 영원한 이원론을 말하기란 불가능하며, 오히려 **지양** 안에서 파악되는 이원론에 관하여 말해야 한다. 우리는 바로 그것으로부터 양쪽 국면이 사실상 현존한다는 것을 부정할 수는 없으며, 마찬가지로 우리는 그럼에도 불구하고 그곳으로부터 두 가지의 서로를 궁극적으로 제한하는, 동일한 방식으로 자체 안에서 휴식하고 고정되는 영역들을 이해한다는 것도 불가능하다. 여기서 양자의 병렬 존재는 오히려 저 "죽음과 생명이 격투기를 벌이는 기이한 전쟁"의 운동 및 활동으로 드러난다; 그것에 대하여 "생명이 승리했으며, 죽음이 생명 안으로 삼켜졌다."는 것이 말해질 수 있다. 이러한 기이한 전쟁의 사건이 피조적 존재의 칭의이다. 하나님의 움직이지 않는 어떤 완전성이 피조적 불완전성의 배후에 및 위에 있는 것이 아니라, 오히려 하나님의 고유하신 개입을 통하여 피조물을 위하여 성취된, 그 불완전성의 **투쟁** 및 **극복**이 있다. 이러한 신적 투쟁 및 극복 때문에 피조물은 불완전하게 존재하도록 허용되었으며, 피조물은 또한 그것의 불완전성 안에서도 이미 하나님의 고유하신 완전성에 참여되어 있다. 피조물은 예수 그리스도 안에서의 하나님의 살아 계신 활동 안에서 그렇게 참여한다. 계약의 정점을, 즉 창조의 의미 및 목적을 형성하는 것은 바로 그 신적 **투쟁** 및 **극복**이다. 그리고 바로 그분 안에서 피조세계는 그것의 모든 불완전성 안에서도 지금 여기서 이미 완전하다; 그렇게도 확실하게 저곳에서 창조자 자신이 피조물이 되신 것처럼, 또한 위협당하는 피조물의 동료가 되셨으며, 또한 피조물의 희망의 미리 앞선 실현의 보증인이 되셨다. 우리는 피조세계를 예수 그리스도 안에서 계시된 하나님의 긍휼의 본질로부터, 예수 그리스도 안에서 영원히 결의된 및 시간 안에서 실행된 (하나님께서 피조물에게 수여하신) 참여로부터 이해하여야 한다. ― 우리는 피조세계를 그분의 살아 계신 활동의, 그리고 저 유일하게 실행된 (피조물의 불완전성의) 신적 투쟁 및 극복의 무대, 도구, 대상으로 이해하여야 한다; 그때 우리는 실수 없이 피조세계의 칭의를, 즉 그것의 완전성을 꿰뚫어 보게 된다. 그때 우리는 피조세계의 특성을 모든 생각될 수 있는 세계들 중 최선의 것으로 인식하게 된다. 어떻게 그 세계가, 그러한 신적 활동의 빛 안에 및 권세 아래 있을 때보다, 그것의 양쪽 국면들이 그것의 창조자 자신에 의하여 그렇게 배치되었을 때보다, 더 나을 수가 있겠는가? 피조세계의 대립들의 바로 그러한 신적 배치를 보고 이해하셨던 분이 어떤 더 나은 피조세계를 원하실 수 있었겠는가?

하나님의 활동 안에서 실행된 현존재의 바로 그러한 칭의의 인식이 그리스도교적 믿음 안에서 문제된다. 우리는 본다: 그리스도교적 믿음 안에서 성취된 그 인식의 반복은 낙관론의 예와도, 비관론의 아니오와도 마찬가지로 전혀 관계가 없다.—물론 그리스도교적 믿음도 또한 피조세계에 예를 말한다: 그것은 확실한, 결정적인, 절대적인 '예'이다. 그 믿음이 하나님께서 예수 그리스도의 죽은 자들로부터의 부활로 깨우심 안에서 이 일을 선언하신 것의 뒤따라 말함, 반복함, 반사가 아니고 다른 무엇이겠는가? 어떻게 그 믿음이, 그러한 원형을 굳게 붙들 때, 하나님께서 완전한, 궁극적인 및 영원한 '예'를 말씀하신 곳에서 어떻게 다만 부분적으로라도, 다만 부차적으로라도, '아니오'를 말할 수 있겠는가? 그러나 바로: 그리스도교적 믿음은 [낙관으로] 어떤 인간적 판단에 근거해서가 아니라, 하나님의 '예'의 뒤따라 말함 및 반복 안에서 예를 말하고 아니오를 말하지 않는다. 모든 비관론보다도 그 믿음은 다음을 더 잘 안다: 인간은 이 문제의 근거된 및 확실한 판단에, 무한한 위협을 마주하는 피조물의 현실적인 안전 및 고양에, 그것의 현실적인 구원 및 보존에, 더욱이 피조물의 현실적인 영광에 도달할 능력이 없으며, 이 모든 것은 오직 하나님의 고유하신 행동 안에서 현실성일 수 있고, 오직 그러한 하나님 행동의 승인 안에서 진리일 수 있으며, 반면에 이러한 관계 안이 아닌 다른 곳에서는 다만 자의적 능력의 및 무력한 주장일 수 있을 뿐이며, 인간은 그 모든 것들을 예시할 위치에 있지 않다. 그리스도교적 믿음은 하나님 자신이 말씀하신 '예'로부터 살아간다; 바로 이 '예'가 그리스도교적 믿음의 긍정적 결단의 기쁨 및 평화이다; 그리스도교적 믿음은 그 결단을 스스로 성취하며, 그 성취를 감행해야 한다; 왜냐하면 그것을 감행하지 않을 때, 그리스도교적 믿음일 수 없기 때문이다.—또한 그리스도교적 믿음도 물론 피조세계에 대한 아니오를 알며, 또한 그 믿음도 그것을 반복한다. 하나님 자신이 우리를 위하여 헌신하신 아들 안에서 또한 '아니오'를 말하셨다: 말하자면 피조물에 그렇게도 가까이 인접한 무(Nichts)를 통하여 위험과 위협에게, 피조물의 무력함과 유혹성에게, 피조물에 부착된 불완전성에게, 죄와 죽음을 통하여 피조물의 지배에게, 그것으로부터 위협받는 파멸에게, '아니오'를 말하셨다. 이러한 '아니오'가 자체 안에 포함되지 않는다면, 어떻게 저 신적인 '예'가 올바르게 반복될 수 있겠는가? 그러나 그 아니오는 비관론의 아니오로부터 다음을 통하여 구분된다: 그 아니오는 저 신적 아니오에 상응하면서, 결코 피조세계 그 자체를 향하지 않으며, 오히려 무

(Nichts; 무에 의하여 피조세계는 둘러싸여 있고 위협을 당한다.)를 향하며, 죄와 죽음(이것에 의하여 피조세계는 지배당한다.)을 향한다. 그리고 그 다음에는 무엇보다도 다음을 통하여 구분된다: 또한 그 아니오도 근원적으로는 하나님에 의하여 말씀되어진 이후에는, 그러나 하나님의 '예'에 의하여 추월되고 능가되어진 이후에는, 다만 예에 의하여 둘러싸여진, 예 안에 은폐된, 다만 뒤돌아보는, 이차적인 아니오일 수만 있다: 그것은 이미 부정된 것에 대한, 더 이상 고유한 힘을 갖지 않는, 어떤 독립적인 주의를 기울일 필요도 없는 것에 대한 아니오이며, 더 큰 예 안으로 포괄되고 은폐되면서 들려지고 유효하게 되는 아니오이다; 그것은 이미 내려진 긍정적 결정을 어떤 방식으로도 의문시할 수 없으며, 오히려 다만 그 결정을 확증할 수 있을 뿐이다. 아니오는 그것은 궁극 이전의 성격 안에서, 그리스도의 십자가에서 실행된 심판의 계시로서, 또한 **하나님의 말씀**이며, 그렇기 때문에 믿음 안에서 뒤따라 말해질 수 있다. 그리스도교적 믿음은 그러나 모든 낙관론보다도 다음을 더 잘 안다: 피조세계에 대한 **최종적** 말씀은 **긍정적인** 것이며, 부정적인 것이 아니다. 바로 그렇기 때문에 그 믿음은 궁극 이전의 (이 문제 안에서 또한 자신의 진리를 갖는) 부정적 말씀을 물론 전적으로, 그러나 다만 그것의 경계선 안에서 진지하게 수용할 수 있다: 즉 바로 그것의 **궁극 이전의 성격** 안에서 다름이 아니라 그것도 하나님의 말씀이다. 바로 그렇기 때문에 그리스도교적 믿음은 그 아니오를 자의적으로 및 무력하게 최종적 말로써 대변하려는 비관주의와는 전적으로 결별한다. 또 당연하게도 저 소위 중용의 지혜와도 전적으로 결별한다; 그 지혜는 최종적 말씀인 '예'를 기뻐하지도 않으며, 궁극 이전의 '아니오'와 진지하게 대립하고 그렇게 기꺼이 반복하려고 하지도 않는다; 그것은 십자가를, 또 마찬가지로 예수 그리스도의 부활을 동일한 완고함 안에서 지나쳐서 사고한다. 만일 그리스도교적 사고가 어떤 한 구상개념에 등을 돌린다면, 그때 그것은 틀림없이 다음과 같은 것이다: 그 개념에 의한 저 대립들(이것의 성취를 위하여 하나님 자신이 고난당하셨으며 또 승리하셨다.)의 병렬 배치가 우리에 의하여 운이 좋게도 획득된 어떤 중립적인 관점 및 태도의 형식 안에서 이미 우리의 배후에 놓여 있다. 그 병렬 배치(Koordination)가 **예수 그리스도** 안에서 성취되었기 때문에(됨으로써), 그것은 그분 **안에서** 물론 **우리의 뒤편**에 있으며, 그러나 또한 그분 안에서 언제나 새롭게 붙들 수 있는 희망으로서 **우리의 앞에도** 있으며, 어떤 경우에도 우리가 획득할 수 있는 관점 및 입장의 형식 안에서 **우리 안에 있지는 않으며**—그 대립들을 중립화하는 것으로서가 아니라, 오히려 그것들 사이에서의 하나님의 살아 계신 **행동**으로서 우리의 뒤에 및 앞에 있다. 그리스도교적 믿음이 이러한 하나님의 행동을 모방함으로써, 그것의 운동에 참여함으로써, 예수 그리스도를 뒤따름으로써, 그 믿음은 자신의 편에서 결단을 성취하며, 피조적 존재의 칭의를, 즉 의로움을 인식한다.

설명을 필요로 하는 것은 마지막으로 4. 다음 사실이다: 우리에게 하나님의 자기 알림은, 그것이 현존재의 양쪽 국면을 확증하고 능가함으로써, 우리에게 그것들의 병렬 배치 안에서 현존재의 완전성을 계시함으로써, 그 모든 것들에 대한 **확실한, 결정적인, 구속력 있는** 인식을 매개한다. 우리는 최종적인 질문에 대하여 결정적으로 바로 그러해야만 한다고 대답해야 할 것이다. 그리고 다음은 참이다: 하나님의 자기 알림은, 그것이 발생함으로써, 그 자체가 다름이 아니라 결정적 및 강제적으로 빛을 발할 수 있다; 그것은 그 자체가 의심의 여지없이 확실한 인식으로 인도한다. 이러한 참된, 그러나 일반적인 명제에 대하여 어떤 한도에서 그것이 바로 이 문제 안에서 유효한가를 분명하게 하는 것이 좋을 것이다. 그때 우리는 다음에서 출발하여야 한다: 예수 그리스도 안에서의 하나님의 살아 계신 행동은 (그분 안에서 현존재의 양쪽 국면은 확증되고 능가된다.) 피조세계의 완전성을 보이도록 만들기 위하여, 그것을 인지하는 인간이 그분에 대한 어떤 중립적 입장을 취하는 것을 불가능하게 만든다; 바로 그분에 대한 살아 있는 관계가 그렇게 만든다. 그 사건 안에서 목표가 되는 것은 바로 그분이다. 바로 그분이 미리 앞서서 그 사건에 참여하셨다. 바로 그분이 하나님 자신이 수용하신 그 피조물이며, 그 위험과 희망을, 그 죽음과 생명을, 그것의 고통과 평안을 하나님 자신의 고유한 일로 만드신 그 피조물이다; 바로 그 피조물을 위하여 하나님께서는 저 기적적인 전쟁을 수행하셨으며, 그 피조물을 위하여 하나님께서는 승리하셨다. 창조의 목적 및 의미로서의 예수 그리스도의 역사는 (*하나님으로부터) 멀리 떨어진 곳에서 상연되는 어떤 드라마, 즉 하나님이 참여해도 되고 혹은 참여하지 않는 방관자로서 곁에 있어도 되는 그런 드라마가 아니다. 그 드라마는 하나님께서 그분의 아들 안에서 영원 전에 그분의 마음속에서 결정하셨던 그 드라마이다. 그분의 일이 그곳에서 수행되었으며, 그분이 그곳에서 위협하는 무에 대하여 방어되었으며, 그분에게 영원한 생명이 획득되었으며, 그분이 그곳에서 하나님의 영광의 옷으로써 둘러지셨다. 그리스도교적 믿음은 하나님께서 행하신 것을 보기만 하지 않는다; 그 믿음은 **우리를** 위하여 행하여진 그것을 수용한다. 그 믿음은 그 사건에의 우리의 참여이며, 거꾸로 이 사건은 우리의 존재 및 본질에의 하나님의 참여이다. 우리는 신적 행동의 일련의 사건들 안에서 하나님의 사랑받는 자들이며, 그분의 계약의 파트너이다(그렇게 된다.); 이러한 우리의 존재를 우리는 더 이상 추상화할 수 없으며, 즉 더 이상 자의적으로 다른 어떤 곳으로부터 숙고하거나 논쟁할 수 없다. 오직 우리가 하나님의 계시 앞에서 인위적으로 눈을 감을 때에만 그렇게 할 수 있을 것이다. 만일 우리가 눈을 뜬다면, 그때 우리는 우리 자신을 신적 사랑의 빛과 능력 안에서, 신적 계약의 질서 안에서 실존하고 있음을 발견할 것이다. 우리는 그곳으로부터 (우리가 어떤 다른 존재가 되는) 다른 영역 안으로 퇴각하는 길을 갖고 있지 않다. 우리는 그곳에서 선언된 및 그렇게 취급된 그런 존재이다. 우리는 우리에게 가능하다고 생각되었던, 그리고 우리가 만일 다른 존재였다면 좋아

했었을 모든 견해들과 판단들의 가능성을 더 이상 갖고 있지 않다. 이제 우리가 우리의 존재로서 존재함으로써, 현존재의 낙관론적, 비관론적, 그리고 중립적 관찰은 더 이상 없다. 우리는 그러한 신적 행동의 계시 안에서 행하여진 전달을 그것이 말하는 그대로 수용하고 유효하게 하는 것 외에 다른 가능성을 갖고 있지 않다. 우리는 그쪽으로 강요를 받는다: 우리 위에 가해지는 외압의 강제를 통해서가 아니라, 오히려 우리를 향한 하나님의 **사랑**의 강제를 통하여 그렇게 된다. 우리는 폭력은 벗어날 수 있지만, 그러나 사랑으로부터는 벗어날 수 없다. 우리는—이것이 하나님의 자기 알림과의 대면 안에 있는 우리의 실존의 진리이다.—하나님에 의하여 사랑받는 자, 찾아진 자, 발견된 자, 그분을 위하여 획득된 자, 그분에 대한 믿음으로 부르심을 받은 자들이며, 다른 어떤 것도 아니고, 그 외에는 아무것도 아니다. 우리는 그러한 대면 안에 있는 자들이다; 우리에게는 **구원**이 수여되었으며, 우리의 현존재는 구원이 가득한 및 구원받을 만한 것이 되었다: 우리 자신을 통해서가 아니라, 오직 하나님의 행동을 통해서, 예수 그리스도 안에서 우리에게 희사된 신적 칭의를 통하여, 그러나 어떤 반대 의견도 없이 구원이 가득하게, 구원 받을 만하게 그렇게 되었다. 우리는 이러한 대면 안에서 다음과 같은 존재가 되었다: 우리는 엄격한 신적 아니오를 뒤편에, 해방시키는 신적 예를 앞에 가진 존재이며, 하나와 마찬가지로 다른 하나도 양자가 모두 이 질서 안에 있으며, 이러한 관계 안에서 서로를 뒤따라 말하고 반복해야 한다. 그와 같이 우리는 신적 자기 알림의 단순한 청취자에 불과한 것이 아니다. 우리 자신이 그 자기 알림의 증인들이다. 그러므로 그 자기 알림이 우리에게 선포하는 결정은, 우리에게 및 우리의 고유한 입장에, 우리의 고유한 판단의 내용 위에 내려지는 결정은 그와 같다. 그렇게 우리는 하나님의 계명 아래 세워진다: 우리는 그분이 긍정하는 것을 긍정해야 하고, 그분이 부정하는 것을 부정해야 하며, 그리고 양자를 그분 자신이 그것을 행하신 질서 안에서 행하여야 한다. 그래서 우리에게는 좌로나 혹은 우로나 틀리게, 다시 말하여 자의적으로 및 무력하게 스스로 판단하는 것은 금지된다. 그래서 우리에게는 우선 중립적으로 사고하고 진술하는 것이 금지된다. 어떻게 의롭게 된 피조물이 바로 그 피조세계의 신적 칭의가 아닌 어떤 다른 것을 증거할 수 있겠는가? 만일 분명하게 이 방향을 지시하는 창조자 하나님의 계시에 대하여 승인을 거부하려고 한다면, 그것은 스스로를 지양하는 셈이 될 것이다. 칭의의 피조물은 모든 선입견들로부터 자유롭게 됨으로써 다음의 의무를 진다: 그것은 선입견으로부터 자유롭게 사고하고, 선입견 없는 자유를 향하여 나아가야 한다. 이러한 의무로부터 벗어날 수 있는 사람은 아무도 없다: 의롭게 된 피조물은 더욱더 그러하다; 왜냐하면 바로 그것 자체가 자유롭게 되었고, 그래서 이러한 의무 안에 놓였기 때문이다. 이 피조물에 대해서는 이중적 규정성 안에 있는 현실성 전체에 대한 거대한 **개방성**이 있을 뿐이다. 바로 이 피조물에 대해서는 또한 현실성 전체에 대한 거대한 **신뢰**가 있을 뿐이다. 그것은 하나님께서 우선 그분의 행동의 계시를 통하여 그분의 신뢰 안으로 이끌어 들이신, 그리고 언제나 또 다시 이끌어 들이시는 자들의 필연적인 및 확실한 신뢰이다; 그 신뢰의 관점에서 피조물은 언제나 또 다시 스스로를 갱신하며, 그것의 확실성을 언제나 새롭게 획득하고 확증하게 된다. 우리는 한 원 안에 있다; 이 원 안에서 우리는 움직일 수 있고 또 움직여야 하지만, 그러나 우리는 다만 한 방향으로만 달려갈 수 있을 뿐이며, 더 이상 그 원을 벗어날 수 없다. 하나님의 자기 알림 그 자체가 우리에게 오직 확실한, 결정적인, 구속하는 인식을 매개할 수 있다는 일반적인 명제는 이 문제 안에서도 그와 같이 참되다. 우리는 오직 다음에 주목하게 위하여 이 명제를 기억할 필요가 있다: 그리스도교적 믿음에 선사된, 현존재의 칭의 및 완전성의 인식은 **흔들릴 수 없는** 인식이다.

우리는 여기서 우리의 신학적 탐구의 곁에 또한 한 철학적 대상을 위치시킨다. 피조세계가 창조자 하나님에 의하여 **선하게** 원해졌고 또 창조되었다는 그리스도교적 명제는 라이프니츠의 유명한 저작들(Gottfr. Wilh. Leibniz, 특별히 그의 *Essays de Theodicèe*, 1710, 그러나 또한 이미 *Discours de metaphysique* 1686, 논문 중에서는 *De rerum originatione radicali* 1697 등등)과 글자 그대로 일치한다; 그 저작들 안에서 라이프니츠는 그의 형이상학적, 물리적, 도덕적, 그리고 또한 신학적 학문성에 왕관을 씌웠으며, 또 그 저작들 안에서 그는 동시에 그의 동시대 전체의 종교적 생명(삶) 의식의 위대한 근거자, 형성자이고 또 위대한 주석자 및 표현자였다. 또한 라이프니츠도 우리가 몰두했던 질문 안에서 단호함 및 신의 이름에의 가장 강력한 호소 아래서 긍정적인 쪽을 선택하였고 또 결정하였다: "자연과 운명을 한탄하는 대신에 오히려 찬양할 수 있는 유모어를 충분히 가진 사람들은, 비록 그들이 특별히 훌륭하게 단절하지는 못했다고 하더라도 (내게는 이렇게 생각된다.) 다른 사람들보다는 선호될 수 있다. 왜냐하면 이러한 한탄들이 옳지 못하게 근거되었다는 사실을 도외시하더라도, 이것은 그럼에도 불구하고 실상은 섭리의 질서에 대하여 불평하는 것을 뜻하기 때문이다. 사람들은 국가(이 안에서 그들은 살아간다.) 안에서 불만족하는 사람들의 숫자에 가입하는 것은 다만 경솔할 일이며, 그리고 하나님 나라 안에서 그것은 가장 있을 수 없는 일이다; 하나님 나라 안에서 그것은 불의와 연관되지 않을 수 없다." (*Theod.* I, 15; *이하 원문 프랑스어) 그 긍정성이 설명되는 온화한 규정성은 그의 방식 안에서 신학적으로 근거되는 (라이프니츠의 것일 뿐만 아니라, 그의 시대 전체의) 낙관론에 있어 특징적이다. 우리는 그 특성 안의 한 고전적 음성을 취급하기로 한다.

왜 본성과 운명에 만족하고 불만을 갖지 않는 것이 더 나은가? 라이프니츠가 이 명제에 부여한 첫째의, 마지막의, 결정적인 근거는 모든 **완전성들**을 그것의 최고의 단계 안에서 자신 안에 합일하는 본질로서의 **신**에 대한 지시이다. 신은 자신의 완전성에 근거하여 다른 모든 것에 앞서서, 만일 가능하다면 존재해야 한다는 장점을 갖는 본질이다. 모든 모순으로부터 자유로운 본질의 가능성을 가로막는 것은 아무것도 없다. 그 결과 그 본질이 존재한다는 것이 선험적으로(a priori) 인식될 수 있다. 그 결과 그 본질은 존재한다; 이것은 후험적으로(a posteriori) 우연한 본질의 실존으로부터 열려지는 것과 마찬가지이다; 우연적 실존은 그것의 충분한 근거를 오직 필연적 본질 안에서 가질 수 있으며, 필연적 본질은 그 실존의 근거를 자신 안에 갖고 있다. 이러한 필연적인 및 실제로 실존하는, 즉 완전한 본질은 그 자체로서 세계의, 다시 말하여 그 밖의 모든 본질의 우주의 선함의 존재적 근거 및 인식론적 보증이다. 그 본질의 완전성이 힘입어, 즉 그 본질 안에 결합된 최고의 지혜, 권능, 의지적 자유 및 선함 등에 힘입어 그 본질은—모든 관점에서—다만 **완전하게 행동**할 수밖에 없다. 하나님으로부터 구분되는 사물들은 그러나 그것들의 본성 내지는 (하나님께서 그것들에 대하여 가지시는) 이념들 안에서 다만 하나님께서 그것들을 선하게 **원하셨고** 또 그렇게 만드셨기 때문에 선한 것은 아니다. 오히려 작품은 주인을 찬양한다; 그것이 **그 자체 안에서** 선하기 때문에 그러하다. 하나님의 작품들로서의 그 사물에게는 고유한, **내적인** 탁월성이 귀속된다; 이것은 그 자체로서 인식될 수 있거나 혹은 서서히 인식될 수 있다. 다음이 이미 물체적 세계에 해당한다: "물체 세계의 장소는 순수하게 자연의 빛을 통하여 [이미] 이 삶 안에서 점점 더 그것의 순수성(참됨)으로부터 인식되며, 거시 및 미시우주의 조직이 새로운 것들의 발견을 통하여 스스로 열리기 시작하면서, 그렇게 인식된다."(*Theo.*, *Causa Dei* 143) 이것은 우리에게 물론 어떤 미래적 삶 안에서야 비로소 완전하게 계시된 정신 세계의 아름다움에 해당한다.(ib. 144) 마찬가지로 신의 본질의, 또 행동의 완전성으로부터 계속해서 다음이 귀결된다: 신은 자신과 구분되는 본질에 관련하여 실제로 그것을 유지하고 만든 것보다 더 낫게 유지하고 만들 수가 없었다. 신이 선택하고, 원하고, 만든 그것을 신은 이성적인, 그것도 최선으로 이성적인 근거로서 선택했고, 원했고, 또 만들었다. 그것이 선험적으로 그렇게 존재해야만 한다는 것은 후험적으로 그것의 확증을 우리의 진보하는, 점점 더 개선되는 (우주의 실제적인 일반적 조화에 대한) 인식 안에서 발견한다. 그리고 그것이 사랑의 근거이다: 이 사랑을 우리는 신에게 다른 모든 사물들에게보다 더 많이 빚지고 있다. 하나님은 가능한 최고로 완전한 및 최고로 소원할 만한 방식으로서 행동하신다. 우리는 우리의 의지에 상응하여 부딪치게 되는 것을 강력하게 인내해야 할 뿐만 아니라—그렇게 할 때 우리는 언제나 여전히 비밀리에 (*잠재적) 반란자들로 남게 될 것이다.—오히려 우리는 진실로 그것에 만족해야만 한다; 왜냐하면 우리를 사랑하시는 자로서의 신은 자신의 고유한 만족을 바로 그가 사랑하는 자들의 행복과 완전성 안에서 발견하기 때문이다. "동일한 것을 원하고 그리고 동일한 것을 원하지 않는 것, 그것이 참된 우정이다."(*Disc. d. metaph* 4.) 그렇게 하는 중에 우리는 우리의 편에서 모든 힘을 갖고 신의 용맹한 의지에 상응하여 행동하려고, 우리의 의무를 성취하려고, 노력하게 되며, 일반적 최선을 위하여 각자는 자신의 영역에서 공헌하게 되며, 바로 그렇게 하여 신의 영예에 봉사하며, 우리의 편에서 신과의 화합 안에 놓이게 된다.—그 다음에 그러한 우리의 노력들의 성공과 실패에 있어서 모든 주님들의 최선으로서의 신이 홀로 유일하게 올바른 사고를 질문하며, 그 밖에도 적합한 시간과 장소를 잘 알며, 우리의 선한 의도들이 성공하도록 한다는 사실을 확신하게 된다. 신의 본질과 행동의 완전성으로부터 다음이 근본적 및 포괄적으로 귀결된다: 신은 모든 가능한 피조세계들의 무한한 충만으로부터 어떤 하나가 아니라, 오히려 바로 최선의 것을, 다시 말하여 피조세계의 제약성 안에서 가장 완전한 것을, 그리고 그 완전성 안에서 [마찬가지로 인간적 피조성의 제약성 안에서] 최선으로 인식될 수 있는 것을, 선택한다. 바로 그 최선의 세계가 우리의 세계이며, 전체적 연장 안의, 그것의 모든 구성요소들 및 규정성들 안에 있는, 또 그것의 상태의 가능한 및 현실적인 변화들 및 발전들 안에 있는 우리의 현실 세계이다. 이것보다 어떤 더 나은 세계가 있다면, 신의 지혜는 그 세계를 인식하였을 것이며, 신의 선함은 그 세계를 원했을 것이며, 신의 전능성은 그 세계를 창조해야만 했을 것이다. 그러나 신이 그렇게 행하지 않았기 때문에, 우리는 다음을 **반드시 인식해야** 하며—

그리고 신이 이 세계를 자신의 지혜, 선함 및 전능성 안에서 실현하였기 때문에, 우리는 다음을 **인식할 수 있다**: 우리의 현실 세계가 최선의 세계이다. 우리는 왜 신이 지금 있는 것과 같은 바로 이 세계를 최선으로 원했는지 알 수는 없다. 우리는 어떤 한도에서 우리의 현실 세계가 최선의 세계인가의 인식에서는 낙후된 위치에 있다; 그러나 우리는 그때 그 결함을 그 세계에 돌리는 것이 아니라, 오히려 우리의 낙후된 인식에 돌려야 하며, 그리고 그 세계가 최선이라는 사실을 의심하지는 말아야 한다. 왜냐하면 참된 인식의 진보를 통하여 그 사실은 다만 확증되고 더 잘 알려질 것이기 때문이다.

여기서 한 객관적인, 피조세계의 현실성 자체 안에 근거된 수수께끼가 존재한다는 것을 라이프니츠는 물론 논박하지 않았으며, 오히려 인정하였다. 그러나 그는 전체 노선에서 여기에 한 최종적인, 풀릴 수 없는 수수께끼가 존재한다는 것은, 그리고 현존하는 모순이 지속적인 상태를 가질 수 있다는 것은, 거부하였다. 현실적 피조세계가 모든 세계들 중 최선의 것이라는 것은 그 세계가 **절대적으로** 선하며 완전하다는 것을 뜻하지는 않는다. 만일 그러하다는 그것은 피조세계가 아닐 것이다. 그 피조세계의 본질 그 자체로부터, 그것의 실존의 '**신이 아닌 성격**'으로부터 그것의 **불완전성**이 필연적으로 귀결된다. "신은, 피조세계를 신으로 만들지 않고서는, 피조세계에게 모든 것을 수여할 수가 없다." (*Theod.* I, 31) 피조세계로서의 본질로부터 그러므로 **형이상학적 악의 필연성**이 귀결된다; 이 악 안에 물리적인 악의, 다시 말하여 고통의 가능성이, 그리고 도덕적인 악의, 다시 말하여 죄 혹은 악행의 가능성이 근거된다. 피조세계의 상대적 완전성에 관한, 즉 그 세계의 창조자의 본질 및 행동의 완전성에 관한 한 심각한 모순이 그곳으로부터 제기되는 것은 아니다; 왜냐하면 (1) 피조세계 그 자체의 본질의 바로 그 상대적 완전성 그리고 그 세계의 실존은 바로 그러한 그것의 제약이 없다면 가능하지 않을 것이기 때문이다. 형이상학적인 악은, 피조세계 자체의 불완전성은 그 다른 존재 안에서, 최선으로, 가장 완전하게 자신을 영화롭게 하려는 신의 선한 의지를 확증할 뿐이며, 만일 우리가 형이상학적인 악을 제거하려고 한다면, 그때 우리는 신의 그러한 선한 의지와 자신의 제약성 안에서 확고하게 되는 (피조물의) 불완전성을 동시에 문제 삼게 된다. 그러므로 형이상학적 악은 신 및 그의 피조물의 완전성에 관한 모순을 근거할 어떤 단서도 제공하지 않는다; 왜냐하면 (2) 그 악은 어떤 긍정적인 성격도 갖지 않으며, 오직 부정적인 성격만을 갖기 때문이며, 왜냐하면 그 악의 본질은 오직 근원적 제약들(limitation originale) 중의 하나일 뿐이며, 그것 자체는 피조세계의 내적인 완전성 중 아무것도 변경시킬 수가 없으며, 오히려 그 완전성을 간접적으로 확증해야만 하기 때문이다. 형이상학적 악은 또 저 모순에 대한 아무런 단서도 제공하지 않는다; (3) 왜냐하면 신은 피조세계의 존재와 함께 그 악의 존재를, 왜냐하면 신은 피조세계의 불완전성과 그것의 완전성을 어떤 질서 안에서 함께 보았고 함께 정하였기 때문이다; 그 질서 안에서 피조세계의 불완전성은 그것의 완전성의 증가에 봉사해야만 한다. 이 모든 것은 이제 근본적으로 필연적이지는 않지만, 그러나 가능한 물론 현실인 **물리적 및 도덕적** 악에, 고통과 죄에, 해당한다. 이것들이 필연적인 형이상학적 악으로부터 유래하기 때문에, 어쨌든 그것들의 존재는 창조자에 대한, 혹은 다만 피조세계의 상대적 완전성에 대한 비난의 근거가 될 수는 없으며, 어쨌든 그것들도 또한 그 자체로는 완전한 피조물의 '결여된 성질'(Privation)로서 이해될 수 있으며, 또한 그것들도 완전성 및 불완전성의 저 우월한 관계의 질서 안으로 **편입**될 수 있다.

고통(Schmerz)이란 무엇인가? 그것은 피조된 정신에게 본질적으로 가능한, 그리고 (그것이 실제로 존재하기 때문에) 그에 의하여 현실적으로 경험되는 불쾌함(Unlust)이며, 그 정신에게 쾌감(Lust)

곁에 다음 이유에서 필연적으로 주어지는 것이다; 왜냐하면 정신은 하나의 물질적인 육체에 예속되어 있고, 그래서 육체의 긍정적 및 부정적 느낌들에 참여되어 있기 때문이며, 왜냐하면 정신은 오직 이러한 결합 안에서 그것의 존재일 수 있기 때문이다. 이 악(Übel)이 우리에게 때로는 많게, 때로는 적게, 그리고 어떤 사람에게는 다른 사람보다 더 많이 적중한다는 것은 나름대로의 좋은 의미를 갖고 있다: 그것은 말하자면 다음과 관계되어 있다: 우리의 그리고 피조적 현존재 전체의 연속적 맥락 안의 일자의 혹은 타자의 상이한 위치들과 기능들은 동일하지 않으며, 우리는 그러한 전체 안에서 각각 상이한 입장들 및 기능들을 가지며, 그러한 것들 안에서 우리에게는 때로는 이것이 때로는 저것이, 그리고 일자에게는 때로는 이것이 타자에게는 저것이 쾌감과 불쾌감으로 주어진다: 그것은 물론 우리가 다만 드물게, 다만 부분적으로만 통찰할 수 있는 어떤 계획에 따라서 주어지지만, 그럼에도 불구하고 그 계획은 존재하며, 이제 그것은 신이 원하는 및 작용하게 하는 완전한 세계 전체의 계획이며, 그래서 선하고 구원하는 계획이다; 비록 우리에게 그것의 실행의 특별한 국면이 언제나 선한 것으로 보이지는 않더라도, 비록 여기저기서 물리적인 악으로 등장하고 우리에게 고통을 준다고 해도, 그러하다. 우리는 그것을 바라보면서 숙고해야 한다: (1) 그러한 악은 실천적으로 대단히 자주 우리에게는 어떤 필연적인 징벌의 성격을, 혹은 더 일반적으로는: 우리를 구원하는 양육의 수단의 성격을 가지며, 그 수단은 이미 전체의 선함에 명확하게 참여되어 있다. 더 나아가 다음도 숙고해야 한다: 이성과 인내는 모든, 가장 가혹한 고통도 근본적으로는 견딜 수 있는 것으로 만든다. 또 우리는 (2) 숙고해야 한다: 우리의 피조성 안에 놓인, 쾌감과 기쁨의 근거들은 불쾌와 고통의 근거들보다 대단히 많고 또 대단히 크며, 그리고 우리는 우리를 둘러싸는 현실세계의 충만함을, 그러나 또한 가장 멀리 있는 태양의 세계들까지의 알려지지 않은 공간들을 관찰할 때, 고통의 규모란 총합 중의 총합으로서는 피조적 행운의 충만 곁에서는 거의 영에 가깝다고 추측할 만한 단서를 갖게 된다. 그러나 우리는 무엇보다도 (3) 다음을 확고히 붙들어야 한다: 또한 모든 고통은 다만 지나가는 것일 뿐이라고, 그 자체로는 완전한 사물들의 전체 질서 안의 부분적으로 '결여된 성격'으로 이해될 수 있다.—우리가 때로는 이러한 이해의 전체를 세부 사항에 있어서는 이해할 수 없다고 해도 그러하다.

이제 도덕적 악과 **악행**, **죄**는 무엇인가? 여기서 명백하게도 대답의 난이도가 최고로 상승하며, 바로 여기서 그러나 또한 낙관론적 확실성이 가장 강해진다. 왜 완전한 신은 자신의 완전한 피조물에게 범죄할 가능성을 주었는가? 왜 신은 피조물이 이러한 가능성을 사용하도록 허용하였는가? 라이프니츠에 따르면 신은 피조물에게 그 가능성을 다음 이유에서 주었다; 왜냐하면 신은 인간에게, 신이 그것을 행하지 않는다면, 어떤 자기규정성도 줄 수 없고, 피조물에게 정신적–도덕적 본질(이것이 바로 그 피조물의 완전성이다.)을 거부해야만 했기 때문이다. 신은 악에 어떤 긍정적인 참여도 하지 않는다. 신은 인간이 범죄하기를 원하지 않는다. 신은 인간을 그쪽으로 강제하지 않는다. 신은 다만 인간이 죄를 범할 수 있다는 것을 허용한다. 바로 이 허용 그 자체는 그 밖의 신의 행동 전체와 마찬가지로 필연적이며, 의도적이며, 선하다. 왜냐하면 바로 그 인간은 (이 인간의 본질에는 죄를 범할 수 있는 가능성이 놓여 있으며, 신은 이제 또한 인간이 그렇게 행하는 것을 실천적으로 막지 않는다.) 자유로운 인간이며, 그는 반드시 죄를 범해야 하는 것은 아니며, 그의 이성의 목소리를 듣고 그의 의무를 성취할 수 있으며, 공동의 유익을 위하여 또 신의 영예를 위하여 살고 행동할 수 있으며, 그렇게 행동할 때 그 인간에게는 신의 필요한 은총이 결여되지 않을 것이다. 인간은 이러한 인간일 수 있으며—인간은 바로 하나님의 은총이 만나고 머무는 인간일 수 있으며, 그러나 그가 앞의 인간이 아니라면 그럴 수 없다: 즉 그는 죄를 범할 수 있는 그리고 실제로 죄를 범하는 인간이다. 그렇게 하여 타락 사건의 전제 및 타락 사건 자체는, 신이 악을 원하거나 작용하도록 하지 않고서도, 근원적으로 피조세계의 불완전성에 근거되며, 바로 그렇기 때문에 그러나 또한 그것은 피조세계의 상대적 완전성과의 관계가 없지도 않다. 그러므로 죄도 또한 '결여된 성격'(Privation)이다: 죄도 사건이 될 수 있으며, 인간의 상념들 안에 올바른 명확성이 결여되는 곳에서, 그리고 인간의 자기결단이 적중해야만 하는 그것에 적중하지 못할 때, 사건으로 발생한다. 그러나 전체의 조화 안에서 및 그 조화를 위해서 비록 부정적 특성 안에서라고 해도 죄는 존재해야만 한다; 왜냐하면 피조세계 안에 악의 가능성이 없다면, 또한 어떤 선도 없을 것이기 때문이며, 왜냐하면 악도 또한 그것의 실현 안에서―그렇다고 악이 선하게 된다든가, 악으로서 변명이 되거나 혹은 징벌을 피하는 일은 없이―선의 총합을 피조세계의 전체 맥락 안에서 증가시키는 데에 봉사해야 하며, 그래서 그 나름의 방식으로 마찬가지로 하나님의 영광에 봉사해야 한다. 이러저러한 개인의 그러한 전체 맥락 안에서의 사실적 고통도 그때그때마다 필연적이며, 또한 이러저러한 인간의 사실적인 범죄함도 마찬가지이다. 인간이 지금 이러저러한 죄를 범하지 않는다면, 그때 그는 이러저러한 인간일 수 없을 것이며, 그때 그는 세계의 엮인 맥락 전체에 대하여 그의 지금의 최선의 존재와는 다른 어떤 자일 것이다. 또한 신의 행동도, 또한 신 자신의 본질도 그때에는 지금과 같은 완전한 본질 및 행동일 수 없을 것이다. 이것이 불가능하기 때문에, 예를 들어 우리는 다음과 같이 말해야 한다: 신은 유다라는 이름의 한 인간이 존재할 것을 모든 시간으로부터 보며, 신의 영 안에 지니는 그 인간의 개념 및 이념이, 그리고 그의 이러저러한 미래의 자유로운 행위들을, 즉 예수에 대한 배신의 행위도, 신 자신 안에 있다. 신의 긍정적 의지에 따라서가 아니라, 신의 법칙에 의해서가 아니라, 또 신에 의하여 강제되어서가 아니라, 오히려 그의 죄의 자유로운 결단에 의해 유다는 그 배신을 실행하며―그러나 그렇다고 해도 그가 신적 세계 계획의 외부에 있는 것이 아니라, 오히려 **그와 그의 행위도 또한** 그 내부에 있다. 왜 그러한 유다가 다만 가능할 뿐만 아니라, 또한 실존하는가 하는 것은 물론 우리에게는 탐지되지 않는다. 그러나 유다가 실존하기 때문에 다음 사실과 다른 것은 가능하지 않다: 그가 실행한 악은 이자와 복리에 의해 우주 안에서 보상되어야 하며, 신은 그보다 더 큰 선을 그의 악으로부터 생성되도록 할 것이며, 그리고 사물의 존재하는 맥락의 전체 안에서 (그 전체 안에 바로 그 죄인도 함께 포함되어 있다.) 그 전체의 완전성은 또한 그 죄인에 관련해서도 모든 경우에도 예증될 것이다.(*Disc. de. métaph.* 30)

1702년에 출판된 『보편적 정신의 원리에 관한 숙고』(*Consideratione sur la doctrine d'un esprit universale*)를 라이프니츠는 **죽음**에 관한 명시적인 교의라고 발표하였다. 이 책은―언제나 신에 의하여 정해진 및 통치되는 우주의 질서 안에서―개별적인 영혼들 및 그것의 육체적 기관들이 언제나, 비록 대단히 사소한 규모에서라고는 해도, 실존하며, 그리고 생명체의 생산이 다만 일종의 전개 및 증가로 이해될 수 있다는 통찰의 배경 및 맥락 위에 있다. 이에 상응하여 또한 죽음도 다만 감소에, 그 발전의 새로운 형식으로의 건너감에 불과하며, 이 발전 안에서 생명체는 이중적 실존의 평행주의 안에서 사실상 계속해서 존속하며, 그 발전 안에서 또한 불멸의 영혼은 세련된, 그것의 방식으로 기관을 취하는 육체를 통하여 계속해서 보존되며, 그 영혼은 미래의 어느 날에 부활할 수 있으며, 그것의 (이전에 그 안에서 존재하였던) 볼 수 있는 형식을 다시 취할 수 있을 것이다. 잠과 기절하는 것이 그러하듯이, 또한 죽음은 **모든 것**의 정지가 아니며, 오히려 생명체의 **특정한**, 특별히 명확하게 등장했던 기능들의 정지이다. 그래서 죽음은 개별적 영혼의 소멸이 아니며[신 안의 그것의 단순한 지속적 존속 형식 안에서도 그렇지 않으며], 또 생명체 그 자체의 파멸도 아니다. 오히려 모든 개별적 영혼들처럼 육체 세계에 대한 바로 그것의 특수한 결합 안에서 그 나름대로 전체 우주의 완전한 한 거울이며, 바로 그렇게 하여 영혼은 또한 죽음이라는 의복의 바뀜 안에서도 여전히 존속하며, 그것의 실존을 통하여 우주의 완전성에 공헌한다. 어떤 현실적인 진공은 또한 죽음을 통해서도 그 어느 곳에서도 생성되지 않으며, 피조세계의 완전성에 대한 모순은 또한 죽음의 관점에서도 제기될 수 없다.

여기서 다음을 기억하는 것이 이해를 돕는 데 무익하지 않다: 특별히 "신정론" 안에서 상이한 형태들로서 전개된 악의 문제는 라이프니츠의 사고 전체 안에서는 다만 **이차적인** 역할만을 담당하며, 그 문제와의 논쟁은 여기서는 다만 어떤 비밀종교적인 호교론의 성격만을 지녔다. "신정론"은 그 저자의 진술에 따르면 프로이센의 여왕인 소피 샬로테(Sopie Chalotte)와의 종교철학적 대화 안에서 유래하였다고 한다.—그리고 그 신정론은 중심 내용적으로는 눈에 뜨이게 회의론자인 피에르 베일레(Pierre Bayle)의 몇몇 진술들에 대한 가벼운 싫증으로부터 생성되었다; 1706년의 피에르의 죽음에 관련하여 라이프니츠는 "신정론"의 마지막에 도입된 믿음과 이성의 조화에 대한 논문 안에서 다음과 같이 쓴다: "다음이 희망될 수 있다: 베일레(Bayle) 씨는 지금 이러한 빛들에 의하여 자신이 둘러싸여 있는 것을 발견한다: 그 빛들은 현세의 우리들에게는 결여되어 있다; 왜냐하면 바로 그것의 수용의 근거는 그에게 선한 의지가 어떤 경우에도 결여되어 있지 말아야 한다는 데에 놓여 있기 때문이다." "파시디우스"(Pacidius)라는 익명으로 라이프니츠는 많이 및 기꺼이, 그러나 거의 언제나 조금 부드러운 목소리로 항의하였다. 이 사실은 가장 깊은 곳에서 다음과 관계되어 있을 것이다: 악의 문제는 라이프니츠에게는 근본적으로는 거의 심각하지 않은—죽고 사는 문제는 명백하게도 아닌—관심사였으며, 그는 어떤 방식이 되었든 간에 그 문제를 이미 끝냈으며, 혹은 그것을 전혀 시작하지도 않았으며, 다만 다른 기회를 고려하는 중에 부차적으로 그 문제에 관여하였다. 악은 모든 형식 안에서 라이프니츠에게는 사실상 그가 이미 서술한 바로 것: 즉 '결여된 성격'의 해악(malum privativum)이었다; 이것은 그 자체가 유감스럽게도 현존하며, 그러나 우주의 완전성을 다만 확증할 수 있을 뿐이다. 그의 낙관론은 고유한 발로 서 있으며, 그러한 논쟁을 필요로 하지 않는다. 그의 낙관론은, 그가 어떤 비관론의 사고와 논쟁하기도 전에, 그러한 논쟁도 없이, 자기 스스로를 근거하고 유지한다. 그의 낙관론은 처음부터 완전성과 악의 대립과는 아무 관계도 없으며, 오히려 우주의 (신 안에, 바로 그렇기 때문에 자신 안에 근거된) **완전성**에 대한 (악의 문제 전반에 의하여 접촉되지 않는, 이 관점 안에서 완전히 흔들리지 않는 및 흔들 수 없는) 직관으로부터 살아간다. 그 완전성은 어디에 근거하는가? 먼저 다음에 근거한다: 우주의 질서는, 하나님 자신의 본질에 상응하여, 전제와 수단들 안에서는 가장 단순한, 그리고 현상, 목적, 작용들 안에서는 가장 풍부하고 다양한 질서이다. 그러나 이것은 라이프니츠가 오래 머물 수 없었던 한 예비하는 직관일 뿐이다. 다음이, 즉 우주가 철두철미 개별적인, 일회적인, 비교될 수 없는 그 자체 안에 폐쇄된 실체들의 충만 안에서, 가장 상이한 단계들의 **기능적 통일성들** 안에서 존재한다는 것이 그에게는 우선적으로 우주의 완전성이다: 그곳들 중 각각은 독립적으로 하나님 자신에게 유사하며, 우주 전체의 통합체 및 거울이며, 그것들 모두의 사이에는 이제는 가장 완전한 조율이 존재한다: 그것은, 완전한 정확성으로 구성된 두 개의 시계 사이의 작동과 진행과도 같이, 너무도 완전하고, 근원적이고, 파괴될 수 없다; 그래서 우리는 그러한 정확성 위에서 지속적으로 일치하는 기능적 작동을 예측할 수 있으며, 어떤 함께 규칙을 정하는 제삼의 기계주의 없이, 양자를 통제하는 어떤 인간의 계산하는 개입 없이도, 짧게 말하여 그것들 사이의 어떤 직접적 관계가 필연적이지 않으면서도, 그렇게 예측할 수 있다. 그래서 세계의 작동은 그것의 신적 장인을 찬양한다; 왜냐하면 그것이 그러한 시계 장치의 무한한, 조화로운 기능의 충만에 근거하기 때문이다. 이것은 즉 **개체들** 안의 완전한 현존재 그리고 **전체 현존재** 안의 완전한 조화 사이의 완전하게 질서 잡힌 관계성은, 이러한 통일성은, 자유와 공동체성의 이러한 병렬관계 및 내포관계는 "형이상학 담론"(Discours de métaphysique)에 따르면 그리고 "신정론"["단자론"과 그것과 유사한 저작들은 말할 필요도 없다.] 안에서도 명확하게 인지될 수 있는 배경에서는, 창조자 및 피조물의 고유하게 라이프니츠적인 칭의이다. 그 칭의에 다음은 악에 관한 시각에서 참으로 다만 부차적으로 및 이차적으로, 다만 호교론적으로 첨가될 수 있을 뿐이다: 악은, 어떤 형태로 존재하고 스스로를 드러내든지 간에, 그 통일성을 더 이상 거짓으로 정죄할 수 없으며, 오히려 악은 피조적 완전성의 한계로서 그 통일성을 다만 확증할 수 있을 뿐이다. 라이프니츠적 낙관론은 어떤 투쟁하고 승리하는 것이 아니라, 오히려 순수한, 시초부터 전적으로 **단절되지 않은**(ungebrochener), 어떤 단절도 가능하지 않은, 그 자체 안에서 및 미리 앞서서 우월한, **단자론적** 낙관론이다. 그러한 것으로서 그의 낙관론은 또한 저 동시대인들 전체에 대하여 대단히 대변적이고, 대단히 구성적이었으며, 또 모든 시대에 대하여 그렇게도 모범적이 되었다. 그보다 더 큰 순수성 안에서 그의 낙관론은 제시될 수 없었다. 그러나 그 순수성은, 만일 그것이 라이프니츠 자신이 행하였던 것보다 더 단순하게 및 더 체계적으로 제시되었더라면, 훨씬 더 쉽게 알아볼 수 있게 되었을 것이다.

그 단순화와 체계화는 라이프니츠보다 어린 동시대인, 학생, 친구였던 할레 사람 크리스찬 볼프(Christian Wolff)에게서 발생하였다. 그는 1719년(라이프니츠의 신정론 출판의 9년 후)에 출판된 그의 책 "신, 세계, 인간 영혼 및 모든 사물에 대한 이성적 사고; 진리의 애호가들에게 헌정함"의 서론에서 다음을 명시적으로 자랑하였다: 그를 통하여 "앞서 규정된 라이프니츠 선생님의 조화"가 더 큰 빛 안으로 옮겨졌으며, 라이프니츠 자신에게서보다 더 낫게 이해될 수 있게 되었다는 것이다. 우리는 그가 전적으로 틀렸다고 말할 수는 없다. 그 책 안에서 말하자면 **완전성**(§152)의 개념은 간결하고 훌륭하게 "다양한 것들의 조화로운 합치"라고 정의된다. 시계 하나가 그것의 많은 부분들 안에서 조립되어서 바늘이 시간을 그리고 그 부분들을 올바르게 가리킨다면, 그때 그 시계는 완전하다. 한 인간의 많은 행위들이 총체적으로 어떤 일반적인 의도 안에 근거할 때, 그의 품행은 완전하다. 각각의 의도는 그 의도와 어떤 사물의 상태의 그 의도에 대한 관계가 함께 해당된 일의 완전성의 정도를 형성하는 근거이다.(§157) 어떤 일이 완전할 수 있는 상이한 등급이 있다. 하나의 동일한 일이 상이한 완전성들을 가질 수 있으며, 그것은 이상적 경우에는 서로 일치하고 그것들의 "조합된 완전성"을 산출하게 되지만(§162), 그러나 그것들은 서로 상충될 수도 있으며, 그 경우에는 전체의 가능한 한 큰 완전성이 그것들 사이의 필연적 타협으로부터 주어져야 한다(§166) 등등. "하나의 세계"의 완전성에 적용하자면, 그것은 그 완전성이 다음에 놓여 있음을 뜻한다: 세계 안의 모든 것은 동시에 존재하며, 서로를 뒤따르며, 서로 함께 조화된다.(§701) 이제 모든 사물들의 총체적 관계성으로서의 하나의 세계의 본질 안에는 우리는 이 모든 사물들을 인식할 수 없으며, 그것들 전체의 모든 조화들은 더욱 인식할 수 없다는 사실이 놓여 있다. 그래서 그것들의 완전성은 우리에게 파악되지 않으며(§702), 부분들의 불완전성은 모두 함께 전체의 완전성에 속할 수 있기 때문에, 우리는 일시적으로 세계 전체의 한 조각을 불완전하다고 보는 것은 가능하다; 비록 그 전체는 세계가 가질 수 있는 가장 큰 완전성을 갖는다고 해도 그러하다.(§703) 동일한 것이 또한 여기서 그러한 조각의 개별적 부속요소들에 관련해서 (그것들의 서로에 대한 연결이 우리에게 통찰되지 않음으로써) 우리에게 주어질 수 있다: 예를 들어 우리가 우리의 고유한 삶 안에서 다만 현재만 보고 이 현재가 과거 및 미래와 어떻게 조화되는지를 생각하지 않을 때 그러하다.(§704f.) 세계의 완전성 및 그것의 내적 조화에는 상이한 법칙들이 있다: 예를 들어 자연은 어떤 비약을, 즉 "그것을 통하여 우리 모두에게 최소한 개별적으로 파악되고 만족스러울 수 있는" 비약을 행하지 않는다는 법칙, 혹은: 물체의 모든 반작용의 양은 그것에 가해진 행위에 비례한다는 법칙(이것 위에 모든 운동의 법칙이 근거한다.), 혹은 자연은 긴 길보다 짧은 길을 선호하며, 힘의 양은 언제나 동일하게 유지된다는 법칙 등등의 더 많은 법칙들이 있다.(§709) 또 하나의 세계 안에는 물론 상이한 완전성들 및 그것들의 법칙들의 상충이 존재하며, 그것으로부터 예외들 및 필연적인 타협들이 존재한다. 또한 이 타협들이 사실상 그 법칙들을 더 많이 볼 수 있게 만들수록, 그만큼 더 세계는 완전해진다.(§712) 세계는 더 나아가, 저 법칙들에 굴복하는 사람들의 다양성이 크면 클수록 그만큼 더 완전해지며, 그러한 한도에서 많은 상이한 사물들의 관계 안에서의 조화는, 그 관계들이 적고 동일했을 때보다, 명백하게도 더 크다.(§715) 더 나아가 세계는, 질서가 많으면 많을수록, 세계 안의 모든 이상한 것들이 드물면 드물수록, 그만큼 더 완전해진다.(§716f.) 그러나 우리는 숙고해야 한다: 세계 안의 많은 질서는 은폐되었을 수 있으며, 우리가 인지하지 못할 수도 있다; 우리가 그것들을 너무 적게 관찰함으로써, 사물들을 불명확하게 인식함으로써, 그래서 존재하는 유사성들과 연속성들을 충분히 완전하게 통찰하지 못함으로써, 그러할 수 있다.(§722) 그렇기 때문에 볼프도 또한 현실 세계의 완전성의 증명을 위하여 신의 개념을 끌어오려고 한다. 완전성의 정의를 위해서 그가 그 개념을 필요로 하는 것은 물론 아니다; 완전성 일반 및 어떤 세계의 완전성이 무엇인가 하는 것을 그는 이미 그의 저서의 마지막에 신론에 헌정된 부분보다 훨씬 이전에 이미 독립적으로 진술할 줄 알았다. 물론 우리는(§977) 여기서 부차적인 근거로서 모든 세계들 및 그 안에 위치하는 사물들이 그것들의 완전성을 모든 완전성들의 원천인 하나님의 지성(Verstande Gottes)으로부터 소유한다는 것을 경험한다. 그리고 이제 모든 세계들 중의 최고로서의 현실 세계라는 라이프니츠의 이론(§980f.)은 다음의 대단히 분명한, 그러나 대단히 독특한 형식을 획득한다: 충분한 근거 없이는 아무것도 발생하지 않으며, 또한 신이 많은 가능한 것들 중에서 한 세계를 다른 세계들보다 선호하며 현실성 안으로 옮겨 놓는다는 것도 그러하다. 이제 가능한 상이한 세계들이 동일한 종류의 사물들로서 오직 그것들의 완전성의 등급을 통해서만 구분될 수 있기 때문에, 또한 바로 이 하나의 세계를 실현하기를 선택하는, 신의 충분한 근거도 다름이 아니라 (신이 그 안에 "적용"한) 완전성의 더 큰 등급이 아닐 수 없다. "그러므로 세계의 가장 큰 완전성이 신의 의지를 움직이는 근거이다. … 이것보다 더 나은 세계가 가능했다면, 신이 그것보다 덜 완전한 세계를 선호했다는 일은 일어날 수 없었을 것이다." 모든 가능한 세계들에 대한 신의 앎의 완전성이 신이 말하자면 부지중에 더 나은 것보다 덜한 세계를 선호했다는 것을 불가능하게 만든다. 동일한 것이 신적 의지의 완전성으로부터도 귀결된다: 신적 의지의 자유는 바로 다음에서 외화된다: 신은 자신이 최고라고 보았던 그것을 원했으며, 반면에 신에게 어떤 보다 불완전한 세계가 더 마음에 든다는 것은 불가능했다. 신은(§1004) 자신의 고유한 완전성 혹은 또한 세계의 완전성 혹은 또한 세계의 맥락 안의 개별적 사물들의 완전성에 거역하는 어떤 것도 원할 수 없었고 또 원할 수 없다. 결과적으로 우리는 세계 안에서—말하자면 모든 사물들의 맥락 안에서 및 조화 안에서—발생하는 것으로부터 신의 의지를 읽어낼 수 있으며(§1007), 반면에 신의 의지가 직접적 계시들을 통하여 우리에게 전달되는 것 중에서 우리가 이성을 통하여 인식할 수 없는 것은 아무것도 없으며, 또 이성에게 혹은 자연 법칙들에게 모순되는 것도 아무것도 없다.(§1010) 가능한 것, 그것은 신의 지성 안에서 유일회적으로 결의되었으며(§975), 그 결과 불가능한 사물들을 가능하게 만드는 것은 신의 전능성에 속할 수가 없다.(§1022) 그리고 신은, 사물들의 전체 맥락 안에서 관찰할 때, 최선의 것이 아닌 것은 아무것도 원할 수 없기 때문에, 또한 신은 오직 최선의 것만을 의지하고 만들어낼 수 있으며, 가능한 모든 것을 그렇게 하는 것이 아니다.(§1023) "모든 각각의 이성적 존재는 의도에 따라 행동한다. 신은 가장 이성적인 존재이다. 그러므로 신은 완전하게 의도에 따라 행동한다."(§1026) 그러나 신의 의도들이 무엇인가 하는 것은 신에 의하여 창조된 사물들의 본질로부터 알려진다.(§1027f.) 그 사물들의 전체 맥락 안에서, 즉 신에 의해 선택된 완전한 세계의 전체 맥락 안에서 또한 행운과 불행도 신의 의도들에 속한다.(§1030) 사물들의 본질 및 본성은 언제나 수단이며, 그 수단을 통하여 신의 지혜는 세계 안에서 신의 의도들을 실행한다.(§1031f.) 사물들의 본질은 그런데 그것들이 "기계들"이라는 사실에 놓여 있다. "기계는 조립된 기구이며, 그것의 운동은 그것들의 조립의 종류에 근거한다. 세계는 마찬가지로 한 조립된 사물이며, 그것의 변화들은 조립의 종류에 근거되어 있다. 이와 같이 세계는 하나의 기계이다."(§557) "그와 같이 세계 및 그 안에 있는 모든 것은 신의 수단이며, 그 수단을 통하여 신은 자신의 의도들을 실행한다; 왜냐하면 그것들은 기계들이기 때문이다. 이것으로부터 그것들이 그렇게 하여 신의 지혜의 기구가 된다는 사실이 밝혀진다; 왜냐하면 그것들은 기계들이기 때문이다. 그러므로 기계들에게 흔히 행하듯이 그렇게 세계 안의 모든 것을 이해될 수 있도록 설명하는 사람은 바로 신의 지혜를 인도하는 사람이다: 그러므로 이것을 행하지 않는 사람은 신의 지혜를 잘못 인도하는 자이다."(§1037) 세계가 "기계"가 아닌 정도에 따라, 세계가 초자연적인, 기적적인 사건의 공간인 정도에 따라, 세계는 다만 권세의 한 도구일 뿐이며, 그 자체로서 신의 지혜는 아닌 셈이 된다. "그것으로부터 기적의 사역들이 대단히 드물게 있는 한 세계는 그것들이 빈번히 등장하는 세계보다 더 높다고 주목되어야 한다."(§1039) 그러나 이제 (이러한 신적 지혜의 영예에 다만 "인식한", 그 다음에는 언제나 자연적 질서와의 관계 안에서 현실적인 "기적의 사역들"을 통하여 방해되는) 세계 기계 혹은 기계 세계에 대한 신의 "주요 의도"는 무엇인가? 그것은 하나님의 완전성들[이들 아래서 신의 지혜는 신의 권능보다 더 크다.]을 "거울 안에서처럼" 드러내는 것이 아니고 다른 무엇이겠는가?—"사람들은 이것을 흔히 신의 영광의 계시라고 부르곤 한다."(§1045) 이러한 자신의 주요 의도에 도달하기 위하여 신은 어떤 불완전한 것이 아니라, 오히려 최선의, 그래서 어떤 다른 것이 아니라 바로 이 현실 세계를 생성시켰으며(§1047), 그 현실 세계 안에서는 모든 것이 가장 짧은 길 위에서 그리고 모든 것이 이미 앞서 결정된 조화 안에서 발생하며(§1049f.), 그렇게 하는 중에 신의 창조하는 및 유지하는 활동성은 영혼들, 사물들, 요소들의 현실성의 실현 내지는 유지에만 제한되며, 반면에 그것들의 변경은 시계 제작자의 한때 발생했던 작업에서와 같이 그것들의 본질로부터, 그것들의 본성으로부터, 주어지며, 그래서 신의 직접적인 사역을 필요로 하지는 않는다.(§1054f.) 사물들의 내지는 그것들의 상태의 변화는 그러나 그것들의 제약들의 변경과 동일하며, 그것들의 유한성의 상이한 수정들과 동일하다.(§107, 121, 585, 783) 그 결과 사물들의 제약들은 그리고 그것과 결합된 불완전성은 신을 통해서가 아니라, 오직 사물들 자체를 통해서만 존속된다. 그리고 우리가 악하다고 혹은 나쁘다고 말하는 모든 것은 사물들의 제약성으로부터 일으켜지기 때문에, 신은 악 혹은 나쁜 것과는 아무 관계도 없으며, 그것은 전적으로 피조물에게 속한다.(§1056) 신은 다만, 사물들을 생성하고 유지함으로써, 악과 나쁜 것을 허용할 뿐이다.(§1057) 왜 신은 그 양자를 허용하는가? 이 세계는 최선의 세계이다. 바로 이 세계 안에는 많은 악과 나쁜 것이 **존재한다**. 그래서 또한 최선의 세계도 악과 나쁜 것 없이는 존재할 수 없다. 그러므로 신은, 악과 나쁜 것을 허용함으로써, 그것을 허용하지 않았을 때보다 더 많은 선을 유지한다.(§1058) 그러므로 신은 예를 들어 "기적의 사역들"을 통하여 악과 나쁜 것을 불가능하게 만들 어떤 이유도 갖지 않는다. 신은 기적의 사역들보다 자연의 진행을 더욱 선호함으로써, 세계의 본질과 본성이 스스로 보여주는 것과 같은 그러한 소여성들이 사건으로 발생하는 것을 동시에 의지하지 않고서는 세계가 현실적이라는 것을 의지할 수가 없다. 그렇지 않다면 세계는 신의 지혜의 거울이 아닐 것이지만, 그러나 세계는 바로 그러해야 한다.(§1059) 이와 같이 신은 자신의 지혜를 피조물로부터 유래하는, 그러나 신에 의하여 허용된 악과 신으로부터 유래하는 선 사이의 **조화**를 통하여 증명한다. 신은 사물들의 본질을 자신의 마음에 드는 대로가 아니라, 오히려 자신의 지성(Verstand)에 따라 설치하였다; 그래서 신도 또한 자기 마음대로 사물들을 변화시킬 수 없다.(§994) 신이 인간들을 땅 위에 두려고 할 때, 신은 그들에게서 죄를 범할 수 있는 능력을 금지할 수 없다. 혹은 신은 인간 없는 세계를 창조해야만 했는가? 세계가 "기계"이기 때문에, 그것은 "시계 제작자가 이러저러한 톱니바퀴를 빼버려도 나머지 전체에는 아무것도 변경되지 않으면서 이전과 같이 잘 가는 시계를 어떤 시계를 제작자가 만들 수 있었다고 말하려고 하는 것처럼" 불합리하다.(§1061) 신은 사실상 모든 각각의 사물에게 큰 완전성을 전해주어서, 그 결과 그만큼 큰 선이 가능한 것으로 예시된다.(§1062) 그보다 더 큰 선함이 가능하다는 것을 신은 인간에게 제시할 수 없었으며, 그 결과 신은 사물에게 최고의 선함을 예시하였으며, 그래서 피조물에게 최고의 등급 안에서 선하다.(§1063) 그리고 신은 그의 고유한 완전성을 그리고 그 밖의 모든 사물들을 단번에 및 완전하게 통찰하기 때문에, 또한 신도 만족을, 그것도 완전한, 지속적인, 불변하는 만족을 사물들의 중심에서 가져야 한다. (§1065f.) 이러한 신은 누구이며, 무엇인가? 신은 우리의 고유한 영혼과 비슷하게, 그러나 완전하게 모든 세계를 단번에 명확하게 상상할 능력을 갖는 본질이다. 신은 그것을 어떤 감정도 없이 행하지만: 그러나 신은 피조물의 행복에 대한 저 만족은 예외이다; 피조물의 내적 완전성이 신으로 하여금 그들에게 현실성을 부여하도록 유도하였다: "그리고 그러한 한도에서 나는 신에게 사랑을 귀속시킬 수 있다."(§1067) 우리는 다만 우리의 고유한 영혼의 본질 및 속성들의 제약들을 제거하기만 하면, 즉시 신의 본질 및 속성에 대한 올바른 개념을 얻게 된다.(§1076f.) 그리고 가능한 및 현실적인 모든 것이 오직 하나의 충분한 근거만을 갖고, 많은 근거들을 가질 수 없기 때문에, 오직 하나의 신만이 존재할 수 있다. 또한 이 인식도 세계 안의 모든 것이 서로 연결되어 있으며, 세계는 하나의 "기계"라는 사실에 의존한다.(§1080f.) 그와 같이 신은 "완전한 만족" 안에서 존재한다. "왜냐하면 신은 모든 것을 최고로 높은 등급 안에서 소유하기 때문에, 신에게는 그것을 넘어서서 원할 수 있는 어

떤 것은 더 이상 존재하지 않는다."(§1089)

이상이 18세기의 라이프니츠의 낙관론을 학문적으로 확대하고 확산시킨 철학이었다; 그 철학 안에서 라이프니츠는 시대정신의 고전적 형태가 되었다. 우리는 첫눈에 라이프니츠에게 주어진 변화를 본다: 라이프니츠의 직관을 여전히 어떤 형식적 비밀 및 마술로 감싸고 있었던 단자론이 이제는 불필요한 미사여구처럼 탈락되었다. 세계의 완전성이 라이프니츠 자신도 주장하였던 시계장치의 특성을 통하여 두말할 필요도 없이 확증되고 있다면, 단자들이 왜 필요한가? 그러나 우리는 바로 여기서 그리고 무엇보다도 신정론의 역할 및 인용 안에서 그 제자의 완전한 동의 및 신실함을 본다; 그 제자는 이제 정말로 모든 매개하는 개별적 분절들(라이프니츠는 이것들을 따로 진술하지 않았다.)을 보충하는 중에 '체계'로서의 스승의 사고에 경의를 표할 줄 알았다.

우리는 라이프니츠-볼프적 이론의 실천적 적용을 위해 특징적으로 언급될 수 있는 작품들을 문학 장르 전체로부터 뽑아 열거함으로써, 한 단계 더 높게 및 깊게 동일한 사고를 구체적으로 표현하려고 한다. 피조세계의 완전성에 대한 증거는, 그것이 철학자들에 의하여 추상적 및 개념적으로 제공된 이후에, 이제 다른 학자들에 의하여 또한 구체적으로 상상되면서 진행될 수 있었다.(되어야만 했다.) 다른 사람들 중에서, 그러나 어쨌든 특별한 기교적 완벽성과 함께 루터교 목사인 레서(Friedrich Christian Lesser)가 1738년에 출판된 그의 책 안에서 그것을 시도했고 또 완성했다: 그 책 제목은 "벌레-신학(*Insecto-Theologia*) 혹은: 어떻게 인간이 대단히 무시되는 벌레들의 주의 깊은 관찰을 통하여 위대하신 하나님의 전능성, 지혜, 선하심 및 정의의 살아 있는 인식 및 경탄에 도달할 수 있는가에 대한 이성적 및 성서적 시도"이다. 이것은 장난이 아니며—동일한 저자는 비슷한 문체와 형식으로 암석학과 아메바학도 썼다.—오히려 각고의 노력으로 및 일관성 있게 수행된 진지함에 관계된다. "위대하신 하나님은 모든 및 각각의 피조물들을, 또한 벌레들을, 이성적 인간들이 그분의 무한하신 권능 및 탐구될 수 없는 지혜의 거울과 증인들로서 이성적으로 관찰하도록 하기 위하여, 생각하셨다."(2판. 1740, 3쪽) 왜 아니겠는가? 어떤 "벌레들"은 옛 신학에게 하나님의 선하심에 관한 질문에 있어서 대단한 어려움을 주었다! 레서는 다음을 서정적으로 확신시킨다: 그는 설교들 안에서 청중을 "다만 홀로" 하나님의 자연적 인식으로 인도할 뿐만 아니라, 오히려 그들에게 "또한 십자가에 못 박히신 그리스도를 설교한다."(38쪽) 그러나: "다음도 나의 의무이다: 나는 신적 속성들의 발자취를 계시된 성서로부터만이 아니라, 또한 자연이라는 계시된 큰 책으로부터도 탐구하며, 그것을 다른 사람들에게 기쁘게 전한다."(14쪽) 그는 브록케스(Brockes)의 "하나님 안에서의 이 세상적 만족"(Irdischen Vergnügen)을 인용한다:

다음은 유감스럽다; 신학도 또한
(많은 것을 배제한다; 모든 것을 말할 수 없기 때문에)
창조자의 사역에 관하여 가장 적은 수고만을
바치는 데에 익숙해져 있다. 어떻게 하나님이 기뻐하실 수 있는가
그분의 봉사자가 그렇게 그분의 기적들에 대하여 침묵하는 것을
그분의 기적들이 피조물 안에서의 창조자의

모든 영광, 권능, 존엄, 완전함을
제시하지 않는가?
그 기적들이 그러한 것들을 스스로 알 수 없기 때문에
우리에게 아주 작지는 않은 흔적들이
제시되고 있지 않은가?

그리고 "우리가 자연을 관찰할 때, 그중의 어떤 것도 무익하다거나 헛되다고 간주되어서는 안 된다."(11쪽) 또한 벌레들도 그러하다! 레서의 책은—그의 "돋보기 없이 및 돋보기와 함께" 획득한 정보들을 제외한다면—어느 정도 확실한, 대단히 목적의식적인 재능들을 서술하였다. 그 책은 첫째의 방대한 단원 안에서 선택된 자연 영역에 대한 일종의 완전한 현상학을 제공한다; 이 영역들은 그 당시에는 명백하게도 또한 전문학문적 서술로서 가치를 가졌으며, 기꺼이 읽혀질 수 있었다. 그러나 그 철학적-신학적 관심을 가진 저자는 그가 독자들을 어디로 인도해야 하는지 정확하게 알고 있었고, 그것을 대단히 명확하게 드러내기를 어떤 지점에서도 잊지 않았다. 벌레들이 (증명될 수 있는 것처럼) 어떤 근원적 생성을 통해서가 아니라, 오히려 성적 생식을 통한 그들의 종의 유지 안에서 생겨 나옴으로써, "그것을 부정하는 하나님 부정자들의 주요 근거들 및 초석들은 멸망하였다": 창조의 영예가 한 전능한 및 지혜로운 존재에게 머문다; "그 존재는 모든 것을 또한 벌레들 안에서도 한 종류가 다른 것을 지속적으로 증식하도록 질서 있게 배치해서, 그 존재는 하나님이라고 명명된다."(49쪽) 바로 하나님의 크심을 또한 벌레들의 작음이 찬양하며(59쪽), 그리고 그것들의 현존의 목적에 대한 복잡한 구조가 어떤 결함도, 또 어떤 잉여도 제시하지 않는다는 사실이 찬양한다.(72쪽) 동일한 것이 다음에 대해서도 말해질 수 있다: 그것들의 무수한 숫자(78쪽), 인간들의 호흡공간과 동일한 공간 안에서의 그것들의 호흡(82쪽), 그것들의 증식의 양식(92쪽), 그것들의 성적 구분(115쪽), 그것들의 부분적으로는 그렇게도 이상하게 보이는 거주 장소(레서는 이 요점을 추방된 잘츠부르크 사람을 기억나게 하기 위하여; 또 그리스도의 피로써 값 비싸게 구속된 영혼들에게 어떤 하늘의 고향을 지시하기 위하여 제시하며, 최종적으로는 요한복음 14:23이 인용된다; 144쪽), 그것들의 놀라운 운동의 자유(이것은 우리에게 필연적으로 최초의 운동자를 유도하도록 한다; 158쪽), 그것들의 양육(이것은 정당하게도 각각의 이성적 그리스도인을 아버지 하나님의 은혜로우신 배려에 대한 어린아이와 같은 신뢰에 이르도록 해야 한다; 183쪽), 그것들의 보호 및 방어 능력(이것은 저자에게 시편에서 하나님의 의인들의 보호에 관하여 말해진 모든 것을 기억하게 한다; 189쪽), 그것들의 자식 사랑(이것을 바라보면서 자식을 살해하는 인간들의 그렇게도 다른 행동에 대하여 엄중한 말이 주어진다; 196쪽)—마지막으로 그것들의 "재치", 다시 말하여 그들에 고유한 이성에 의한 것은 아니지만, 그러나 그렇게도 효율적으로 인도되는 기술적 능력 등이 그것이다: 여기서 대단히 특별하게 꿀벌과 거미가 생각되며, 전자에 관련하여 "경건한 의학 박사"라는 시가 다음과 같이 시작되면서 인용된다:

너는 이제 무엇을 말하겠는가, 완고한 무신론자여,
창조자의 존재와 권능을 의심하는 자여,
만일 네가 벌들의 경찰대를 본다면?

어떤 수학자, 어떤 사냥꾼, 어떤 직물 제조자, 어떤 화가, 어떤 정치가, 어떤 법학자 및 장군이 그것들을 가르쳤는가? "그러나 너, 인간이여, 모든 지능과 지혜가 하나님으로부터 유래한다는 것을 숙고하라! 우리가 우리 자신에게 및 우리 자녀들에게 그것을 너무도 적게 가르친다는 것은 얼마나 수치인가! 그것이 얼마나 불의를 행하는 것인지 숙고하라! 깊이 숙고하라! 지성에 대하여 너의 하나님께 감사하고 그분께 향하며, 너에게 그러한 은혜를 주신 그분을 경외하라! 또 너희 자녀들이 지성적이 되도록, 어느 것이 하나님의 선하시고 기뻐하시는 뜻인지 분별하도록 굳게 붙들라!"(240f.) 그러나 이 현상학은 아직 끝나지 않았다. 벌레들도 감각을 갖는다; 비록 부분적으로는 대단히 불완전한 감각 기관들을 갖는다고 해도 그러하다.—그리고 그것들은 그 감각기관을 [우리에게 얼마나 큰 교훈인가!] 다만 최종 목적을 향해서만, 하나님의 풍부한 선하심이 그것들에게 수여한 바로 그 목적을 위해서만 사용한다.(252쪽) 벌레들은 외적 및 내적 기관들을 가지며, 그것들 모두는 목적에 적합해서 우리는 다음을 인정해야만 한다: 그것들을 만든 장인은 어떤 최고의 지혜의 존재였음이 틀림없다. (318쪽) 그 이후의 단원은 "몇 가지 벌레들의 몇 가지 특수한 속성들에 관하여"를 취급한다. 그 단원은—"중간 정도의 개만큼 컸다고 하는" 터키에서 자칭 등장했었다는 개미들의 진술을 지나쳐서—다음을 기억한다: 우선 이 영역에서의 많은 생명체의 놀라운 미소성(이것으로부터 "물질은 거의 무수한 부분들로 쪼개질 수 있다."는 사실이 유도될 수 있다고 한다.), 어떤 다른 밤에 빛을 내는 능력이 있는 벌레들, 또 다른, 온갖 종류의 소리들과 냄새들을 발산하는 벌레들, 모방의 잘 알려진 현상들, 서로 다른 종들 간에 벌어지는 전쟁, 많은 거미들이 몸 안에 돌을 지닌다는 놀라운 사실 등등이 그것이다; 이것들은 "많은 사람들이 이러한 작은 동물들의 정규적인 속성들을 통하여 그것들을 만드신 하나님의 사역에 대한 그리스도교적 주의력을 새롭게 하려고 하지 않을 때, 그들을 무관심의 잠으로부터 깨우는 데에" 대단히 적합한 경이로운 속성들이다. 왜냐하면 "그와 같은 모든 특수한 속성들이 그것들이 향하는 목적과 유용성을 가지고 있으며, 그래서 그것들에게 그러한 위치에 두고 그러한 것을 각인한 존재는 어떤 지혜로운 존재라는 사실을 사람들이 보게 되기 때문이다."(339f.) 마지막 단원은: "대부분의 벌레들의 아름다움에 관하여"이며, 이것 안에서 레서는 다른 모든 것들보다도 많은 종류들의 잘 배분된 및 언제나 독창적인 화려한 색상들을 이해하며, 그 색상으로부터 다음이 유도된다: "이 작은 동물들은, 비록 그것들이 모든 경우에 유용성에 도움이 되지는 않는다고 해도, 흔히 유용한 관찰을 위해 제공되며, 모든 경우에 몸에 유익을 주지는 않는다고 해도, 그럼에도 불구하고 눈들과 정서를 신선하게 만든다." 우리는 배운다: 벌레들은 우리에게 창조자의 훨씬 더 큰 아름다움을 기억하게 하며, 모든 인간적 의복의 허영심이 절망적이라는 것도 기억하게 한다; 왜냐하면 그 의복은 "불쌍한 누에들의 불결한 분출물"에 기초하기 때문이며, 그 밖에도 많은 벌레들의 아름다움과는 도무지 비교될 수 없기 때문이다.(355쪽) 그 책의 둘째 단원에서는 이제 신정론의 문제가 무게 있게 취급된다. 벌레들은 부분적으로는 유용하지만, 부분적으로는 해가 된다. **유용하다**는 것은: "왜냐하면 그것이 어떤 현명한 최고 존재의 통치로부터 유래한다는 것을 드러내지 않은 것은 자연 전체 안에 아무것도 없기 때문이다; 이 사실로부터 다음이 귀결된다: 피조물의 유용성은, 벌레의 것을 포함하여, 그러한 유용성을 가져야 한다는 것과 함께 미리 앞서서 결정되었으며, 그래서 벌레들의 참된 유용성 및 가치는 인간에 의하여 인과적으로 발견되지 않는다."(357쪽) 무엇보다도 인간이 [예를 들어 어떤 메뚜기처럼] 먹을 수 있는 벌레들도 있다. 또 "벌이 우리에게 꿀을 제공하며, 그것의 달콤한 용액이 요리에 얼마나 큰 유익을 갖는지"를 모르는 사람은 없으며, 또 "모스코바와 다른 지역들에서는" 그것으로 꿀술(Meth)도 만든다[조리법이 상세하게 설명된다.]; 그렇게 하는 중에 왓스의 대단히 유용한 부산물과 그것의 다양한 용법이 또 생각될 수 있다. 다른 벌레들은, 예를 들어 누에는, 옷을 위한 재료와 도구를 제공하며, 그것으로부터 상업과 무역의 번영에 기여하였으며, 이것은 벌집, 꿀, 왁스 등이 잘 알려진 대로 거래되는 것과 마찬가지이다. 또 다른 벌레들은 물감을 공급한다. 다른 것들은 자연적인 날씨 측정기로 봉사한다. 다른 것들은 공기를 나쁜 습기들과 탁함으로부터 깨끗하게 한다. 또 다른 것들은 낚시꾼과 사냥꾼을 위한 미끼로 사용될 수 있다. 그리고 사람들은 1525년의 농민전쟁 때 집을 습격당한 한 목사를 이야기한다; 그는 즉시 몇 개의 벌통을 사람들 사이에 던졌는데, "그것이 그렇게도 운 좋은 효과를 일으켜서, 반란을 행한 농민들은 격노하여 몰려든 벌떼에 의하여 목사관으로부터 쫓겨났으며, 그들의 습격을 그만두어야만 했다." 그곳에서 누가 벌레들이 아무런 유익이 없다고 감히 주장하겠는가? 벌레들의 신학에 대한 의미는 그 책 전체가 헌정된 그것의 일반적 목적 외에도 꿀이 또한 이스라엘적 제의 규정 안에서도 확실한 역할을 담당한다는 사실에서, 마찬가지로 하나님께서 메뚜기, 파리, 나방 등을 하나님 없는 자들에 대한 의로운 징벌의 실행에 흔히 사용하신다는 사실에서, 제시된다. 벌레들은 율법 규정에, 즉 법률가들에게 어떤 문제거리를 제공한다. 그것들은 또 치료 의학의 관심이었는데, 예들 들어 거머리 등이 — 그리고 18세기의 실습에 따르면 또한 지렁이도, 또이, 전갈, 파리, 말벌, 말똥풍뎅이, 쌍무늬 바구미도 — 그러하였으며, 또 개미산정이 특히 호평을 받았는데, 개미는 귀의 소음병, 점막 염증, 위궤양뿐만 아니라, 모든 감각기관과 기억의 강화에도 탁월한 효과가 있다고 하였다. 그러나 벌레들은 또한 서로에게 봉사하기도 하며, 다른 종류의 동물들에게 먹이가 되기도 한다. "커다란 고래는 오직 바다 이를 먹지만, 이러한 기괴하게 큰 기계들이 그럼에도 불구하고 그 바다 이만 즐기면서도 그렇게 뚱뚱할 수 있다는 것은 놀라운 일이 아니다."(407쪽) "이 모든 것을 편견 없이 숙고하는 사람은 틀림없이 다음 결론을 내릴 것이다: 그렇게도 다양하게 유용한 그리고 그 유용성을 위하여 대단히 적절하게 장치된 피조물들의 창조자는 어떤 대단히 현명한 존재임이 틀림없다." 무익한 벌레들이란 없으며, 오직 그 유용성이 우리에게 알려지지 않은, 즉 아직 탐구되지 않은 그런 벌레들이 있을 뿐이다. 벌레들이 인간에게 직접적으로 유용하지 않다고 해도, 그러한 간접적으로는 분명히 유용하다: "얼마나 많은 벌레들이 물고기들, 새들, 다른 동물들에게 양식을 공급하는가? 그것들은 인간의 양식이 되지 않는가? 그것으로부터 우리는 본다: 벌레들은 그러한 동물들을 매개로 하여 그럼에도 불구하고 인간들에게 유용성을 마련할 수 있다."(417쪽) 벌들과 누에들의 양육과 성향에 대한 짧은 언급이 그 책의 이 단락을 적절하게 마감한다. 그러나 저자는 벌레들이 또한 **해로울 수도** 있다는 것을 잘 알고 있으며, 이 사실을 전혀 놀라지 않고 직시한다: 벌레들은 대단히 바람직하지 않은 방식으로 양식 안에, 특별히 인간에게 주어진 식물들과 그 열매들 안에 들어가 있다. 파리들은 가장 깨끗한 책들을, 가장 아름다운 의복을, 농부의 얼굴과 마찬가지로 왕의 얼굴을 더럽힌다. 벼룩, 빈대, 모기 등은 사람들의 잠을 방해할 수 있다. 벌레들은 찌르고, 독을 주입하고, 내과 병들을 일으키고 확산할 수 있으며, 동일하게 인간에게 이로운 동물들을: 소, 말, 개 등을 잠을 못 자게 해서 위험하게 할 수도 있다. 그러나 하나님의 의로우심은 이 문제에서도: 그러한 재앙은 흔히 대담한 범죄의 받을 만한 징계로서 이해될 수 있다는 사실에서 밝혀지며 — 또 하나님의 지혜는 해로운 벌레들이 인간을 조심하도록, 열심을 내도록, 영리하고 깨끗하도록 만드는 데에 봉사할 수 있다는 사실에서 밝혀지며 — 하나님의 선하심은 벌레들이 다행하게도 오직 잠시 동안만 살며, 오직 일정한 시간 동안만 먹는다는 사실에서 밝혀지며, 또 무엇보다도 그것들의 천적이 되는 많은 자연적 수단이 있다는 사실에서도 밝혀진다; 동물의 왕국 안에서는 벌레들의 증식에 반작용하는 것들이 너무도 많다: 예를 들어 거미는 파리를, 모기 딱정벌레는 모기를 먹으며, 제비는 소 외양간을 깨끗하게 한다. "그와 같이 언제나 하나는 다른 하나를 대적하지만, 그러나 우리는 동시에 이 모든 것을 그렇게 질서를 잡은 존재는 틀림없이 전능한 또한 선한 존재임을 볼 수 있다."(465쪽) 벌레들의 성공적인 퇴치의 서술에도 전체적인, 마찬가지로 교훈적이고 재미있는 한 단원이 헌정된다. 물론 사람이 벌레를 완전히 뿌리 뽑을 수는 없다: "부분적으로는 그것들이 너무 많은 숫자이기 때문에, 부분적으로는 그것들이 너무 강하게 증식하기 때문이다." 그러나 열정적 묘사 안에서 서술되는 것처럼, 기도로부터 시작하여 "호기심을 자극하는 파리 덫"과 끈끈이로 끝나는 온갖 수단들을 통하여 (그것들에 의하여 일으켜지는) 손실을 막거나 혹은 경감시키기 위하여 필요한 조치들을 행할 수는 있다. 하나님의 지혜와 선하심은 그분이 인간에게 지능을 주셔서 그러한 방어수단을 고안하고 적용하도록 하셨다는 것에서도 제시된다. 또 인간의 온갖 종류의 벌레 오용이 있다는 것도 하나님의 지혜 및 선하심에 반대하는 것이 아니다: 벌레들과 연관된 미신들이 있으며, 그것들의 생산물은 비싼 옷과 장식에 사용된다; "모든 그리스도교적인 고상한 여성들은 그것으로부터 자신을 지켜야 할 것이다"; 또 우상화된 것을, 돌팔이 의료 행위 등등도 있다. 왜 하나님은 그러한 오용을 막지 않으시는가? 볼프답게 잘 대답된다: 하나님의 선하심을 통하여 인간에게 주어진 이성에는 자유의지도 속한다. 그러므로 만일 하나님이 인간에게 하나님 자신의 전능함을 통하여 피조물의 오용을, 그래서 또한 벌레들의 오용을 금지시키셨다면, 그것은 하나님의 지혜가 반하여 진행되는 셈이 된다. "정당하게도 이제 다음이 요청된다: 벌레들이 인간과 동물들에게 주는 모든 유익이 창조자 자신에게 귀속되는 것처럼, 또한 벌레들의 오용을 창조자의 책임이라고 고려하려고 하는 것은 가장 큰 불의가 될 것이다; 그 오용은 오히려 인간들에게 귀속되어야 한다."(506쪽) "성서 안에서 몇 가지의 벌레들에 관하여 설명되는 몇 가지의 기적적 사역들"이라는 한 단원은 이로써 마치며, 전체에 왕관을 씌운다; 그 안에서 애굽의 재앙으로부터 요나의 박넝쿨의 벌레를 지나서 헤롯 아그립바(행 12:23)의 비참한 죽음에 이르기까지 여기에 속하는 모든 것들이 설명되며, 또 기적이라고 주석된다; 그렇게 하는 중에 저자는 성서의 진리를 도처에서 "전제"하려고 한다; "왜냐하면 그 진리는 내 앞의 다른 사람들에 의하여 이미 무신론자들에 반하여 증명되었기 때문이다."(508쪽)

우리는 벌레들의 현존이 여기서 구체적으로 보고되는 모든 것에 의하여 완전하고 정확하게 칭의되었음을 인정해야만 할 것이다. 그리고 비슷한 방식으로 피조세계의 더 많은 다른 영역들도 칭의될 수 있었음은 분명하며, 그래서 그러한 칭의가 실제로 착수되고, 이러한 반쯤 학문적인 형식들 밖에서 또한 상이한, 더욱 대중적인 형식들 안에서 실행되었으며, 그중에서 낙관주의가 그것의 본질을 더욱 감추지 않고 계시했다는 사실은 놀라운 일이 아니다. 그러한 종류의 한 유명한 작품은 이미 인용되었던 함부르크 상원의원이었던 브로케스(B. H. Brockes)의 "육체적 및 도덕적 문학 안에 있는 하나님 안에서의 이 세상적 만족"이다; (이것은 1721년에, 그리고 그 다음에는 여러 판을 거듭하여 출판되었으며, 또 여러 작곡가들에 의하여, 예를 들어 취리히의 신학자 바호펜[Joh. Kasp. Bachofen]에 의하여 음악으로 옮겨졌다.) 그 책 안에서는 날들과 계절의 4주기, 12달, 하늘, 땅과 바다, 빛과 어둠, 해, 달, 별들, 공기, 불과 물, 정원, 초원, 숲과 산, 동물의 세계로부터의 일련의 종들, 마지막으로 인간에게 그 모든 것을 그렇게도 행복하게 매개하는 오감과 그것의 모든 속성들과 기능들이 상세하게 및 사랑스럽게 열정적으로 서술되며, 그것들의 놀라운 존재 형식은 직접적인 방식으로 전능하고 지혜로우신 창조자와의 관계 안에 놓인다. 방목된 소떼에 대한 관찰은 다음과 같이 끝을 맺는다.

> 그것들이 신선한 풀밭에서
> 날카로운 혀들로써 풀을 뜯을 때,
> 매번의 입질은 소리 나는 울림을 자극하며
> 그와 함께 한 거친 숨결이 모여 교차되며
> 그것은 서늘한 풀밭에 누워 있는 자에게
> 불쾌하지 않은 한 음악을 일깨운다.
> 그것들의 반쯤 감은 눈 안은 반짝이고
> 유순함이 안식과 결합되면서
> 태연하게, 걱정 없이, 바르게 만족하면서 거주한다.
> 아, 사람들이 너희를, 안정된 정서 안에서
> 안타깝게도 더 자주 가르침을 받지 못하고, 그 모습을 보지 못하는구나!
> 너희는 이쪽저쪽으로 움직이는 턱들과 함께 서 있고
> 매이지 않은 여러 송아지들은 윤기가 나며
> 가득 찬 젖통의 유두로부터는
> 진한 우유가 우리의 양식을 위해 분출된다.

이에 대하여 아리아,

> 사랑스런 소야, 나는 여기 서 있다
> 어떻게 사람들이 너에게서 젖을 짜는지를 보면서
> 내게 생각이 떠오른다
> 어떻게 그것은 가능할까?
> 너 안에서 풀들이 나를 위하여
> 그렇게 기적과도 같은 방법으로
> 마실 것으로 또 양식으로 준비되면서
> 마치 살아 있는 오븐 안에 있는 것처럼
> 즉시 스스로를 증류하는구나!
> 이제 말하라, 인간이여, 실제로
> 이러한 질서를 창조하신 그분께
> 무한한 찬양이 합당하지 않은가?

땅에 대한 시 안에서 그것의 둥근 형태에 대하여 다음의 숙고들이 제시된다.

> 여기에 잘 주목할 것
> 전능자의 기적의 손이
> 그분의 모든 작품들 안에서처럼
> 탐구될 수 없는 지혜를
> 또한 이 둥근 형태 안에도 보이신다.
> 완전한 원형을 그리는 것은
> 자연의 질서에 따르면
> 가장 완전한 형태이다.
>
> 원 안의 모든 부분은
> 동일한 안식 안에 있으며,
> 동일한 방식으로 중심을 향하여 침잠한다.
> 그렇게 하여 그들은 서로 유익을 주며
> 서로를 밀치지만, 그러나 서로 버티어 주며
> 세상의 무거운 짐을
> 그렇게 자기 자신 안에서 붙들고 있다.
>
> 그보다 더 이 원들은 봉사한다.
> 예를 들어 바다와 강이
> 바람과 폭풍에 의하여 밀려갈 때
> 그것들은 훨씬 적은 해만을 끼치면서
> 즉시 부드럽게 무리를 지어서
> 둥근 지면을 달려간다.
> 그렇지 않다면 세상은 바다에 의하여
> 이미 오래전에 삼켜졌을 것이기 때문이다.
>
> 만일 세상이 그것의 무게 때문에
> 둥근 대신에 각이 졌다면,
> 전율을 일으키는 탑 같은 산들 중 그 어떤 것도
> 동물에게만이 아니라
> 또 인간에게도, 벌레들에게도
> 도무지 오를 수 없는 것이 되었을 것이다.
> 그렇다면 그것들은 몸을 돌릴 수도 없고,
> 같은 저울의 양쪽에 설 수도 없을 것이다.

그러나 또한 신정론의 문제도 적절한 장소에서 적합하게 고려된다. 우리는 "안개 낀 및 습기에 찬 날씨들"이 존재한다는 사실에 대하여 다음의 위로의 가르침을 얻는다.

> 세상의 이러한 거역적인 형태에 있어서
> 사람들은 어떤 것을 느끼는데
> 그것은 바로 우리에게 아무것도 불쾌하지 않은 것이며
> 우리의 피부를 통하여 신경에 이르는 것이다.
> 우리는 어떤 것이 우리 주변을 떠도는 것을 발견하며
> 특별히 우리가 건조한 곳에 설 때
> 그것은 우리에게, 우리가 그것에 주목할 때
> 전율을 일으키는 희열을 가져다주며
> 또한 그 자체가 그렇게도 슬픈 시간 안에서
> 젖은 대기는 우리에게 일종의 욕망을 준다.
> 희열에 가득 찬 그 어떤 것이
> 우리의 가슴을 통과하여 조용히 머문다.
> 많은 것에서 우리는 명확하게 본다:
> 특별히 우리의 작은 파이프에 불이 붙여질 때
> 인간이 어떤 사랑스러운 것을 느낀다는 것을.
> 가끔씩 반복되는 부드러운 어깻짓은
> 느껴진 욕망을 제대로 명확하게 표현하는 것처럼 보인다.

겨울이 차고, 그래서 불쾌할 때, 우리는 다음 생각과 함께 기뻐한다.

> 하나님께서 가지시는, 오 지혜로운 기적의 권능이여!
> 외경 없이 인간은 그것을 측량할 수 없다.
> 가장 큰 나무가 꼭 필요한 곳에서
> 가장 큰 나무는 자란다:
> 그때그때마다 차가운 북쪽 땅에서
> 다른 곳보다 더 많이 발견된다.
> 누가 그것을 생각하는가?
> 언제, 칼처럼, 북쪽이 피부를 쪼갤 때
> 따뜻하게, 편안하게, 또 안락하게 옷을 입고서
> 사람들은 그때 생각하는가?
> 사람이 오직 하나님의 은총과 선하심을 통해서만
> 따뜻하게, 편안하게, 안락하게 옷 입을 수 있다는 것을?
> 그분의 은총이 그렇게도 멀리 우리에게까지 펼쳐져서

우리를 모피, 삼, 양모, 가죽으로 덮는 것을?
깨어라! 이곳을 통과하여 접촉되는 나의 마음이여,
정신을 차리고, 계속해서 그것을 생각하라!

그리고 동일한 상황 안에서,

내가 따뜻한 방 안에서 창가에 설 때
그리고 차가운 북풍이 밖에서 무정하게 불어댈 때
많은 구부린 방랑자들을 본다.
그의 호흡은 모든 온기를 빼앗겼으며
바람에 날린 머리카락과 구부러진 무릎들
목은 깊이 잠겼고 사지는 뻣뻣이 굳었으며
거의 감겨진 눈꺼풀과 함께
파랗게 언 볼과 코와 턱과 함께
느리고 힘들게 눈보라를 헤쳐간다 –
나는 생각한다, 그것도 바르게, 나의 감각 안에서
내가 나의 방에 있다는 것은 얼마나 행복한지를
하나님이 내게 선사한 쾌적함이 얼마나 큰 것인지를!

그리고 한 영리한 젊은이는 새 덫에 걸린, 죽은 또 살아 있는 새들을 보고 마음이 심란해진 그의 연인을 다음과 같이 적절하게 위로할 줄 안다.

당신의 슬픔은 올바르게 보이지만, 그러나 새들이
다른 동물들보다, 우리에게 덜 유익하게 창조되었나요?
새들이 우리에게 아무런 유익도 주지 말아야 하나요? 아마도 그것들이 오직
매의 잔인한 발톱의 노략물이 되어야만 하나요?
혹은 너무 많이 증식하면 어쩌나요? 그것들 모두가 죽게 되겠지요.
아마도 추측컨대 더 비참하고 더 슬프게 파멸하겠지요.

그러므로 위로를 받으세요!
그럼에도 불구하고 당신이 차라리
몇 마리에게 자유를 선사하고 싶다면
그렇게 하세요, 그래서 당신의 즐거움이
절대로 깨뜨려지지 않도록.
가장 아름다운 것들을 날려 보내든지
아니면 그것들 모두에게 자유를 주든지!

이에 대한 아리아,

> 사냥하고, 낚시하고, 새를 잡는 것은
> 순수한 즐거움의 원천이며
> 그러한 욕망을 가지고 생각하는 자에게 그러하다:
> 그 즐거움을 그에게 선사하시는 자는 하나님이시며
> 하나님께서 그것에 아무런 불만도 없으시다.
> 사람이 그분을 기쁘게 경외하고
> 그분을 즐거움과 기쁨으로
> 모든 지각들을 기쁘게 헌정한다면, 그러하다.
>
> 산들, 골짜기들, 평원들, 숲들
> 밭들, 초원들, 평지의 들판들
> 이것들은 우리에게 가득한 즐거움을 준다.
> 우리는 그것들을 필요로 하며
> 향유하면서 생각하기만 하면 그것들을 소유한다.
> 창조자께서 모든 것을 선사하셨으며
> 오직 그분만이 만드시고 양육하신다.
> 아름다운 세상의 지역들에서
> 인간만이 홀로 기쁨 안에서
> 그분을 가장 높이 경외한다.

그리고 이제 고대 및 근세에 많은 문제들이 가장 단순한 및 가장 직접적인 해법들을 발견하였던 곳이 의심의 여지없이 스위스이기 때문에, 이 합창 안에서 끝에는 또한 하나의 — 물론 약간 이상하게 — 동시대의 스위스적 음성이 언급된다: 그 책은 『자연과 경험의 신학』(*Theologia naturalis et experimentalis*)이며; 스위스 산맥의 고지와 저지의 주민들의 행정, 업무, 상업들을 위하여, 그들에 대한 최고의 선한 행위자이신 하나님(GOTT)께 그들을 인도하기 위하여, 또 이 백성들 사이에서 하나님의 인식, 사랑, 찬양을 증가시키기 위하여 아브라함 키부르츠(Abraham Kyburtz)에 의하여 출판되었다.(1753) 그 작은 책 전체는 "Nun danket alle Gott"(이제 모두 하나님께 감사하라)라는 노래의 멜로디에 맞추어 노래할 수 있게 되어 있다. 젊은 날에 그 저자는 열심 있고 군사적인 경건주의자였으며, 루츠(Sam. Lutz)와 아노니(Hier. Annoni)의 친구였으며, 뷤플리츠(Bümpliz), 슈바르첸네크(Schwarzenegg), 자넨(Saanen) 등지에서 목사로 복무하였으며, 유감스럽게도 도처에서 직무 수행을 더 할 수 없게 되었으며, 마지막에는 로스바흐(Rossbach)에서 패배한 제국 군대에서 군대 설교가가 되었다. 그의 특별한 찬양은, 내적으로 들려오는 것처럼, 스위스의 산들에 해당한다. 그것은 1940년의 레뒤(Réduit)의 예언과도 같이 들리며, 이것이 그에 관하여 신학적으로 언급할 만한 것이다. 그는 시작부터 바로 노래한다.

한 강력한 자가 온다고 해도
그의 모든 전쟁 도구들과 함께
그래서 그가 투구를 쓰고
우리의 성벽으로 달려온다고 해도
그는 반드시 퇴각해야만 한다
그것은 전적으로 실행될 수 없는 일일 뿐
왜냐하면 그는 보루에게는
그의 모든 군대로써도 너무도 약하기 때문에.

그러나 농부여, 주의하라!
그렇지 않으면 전적으로 헛되이
이 성벽을 두들기게 된다
악한 삶에 있어서
하나님(GOTT)을 벗어나는 때에,
동시에 강한 보호도 벗어나게 되며
그때 사람은 원수에게
저항하기를 중지하게 된다.

그러나 산들 및 창조자에 대한 그의 고유한 찬양은 겉으로 명백하게도 대단히 구체적인 것들에 해당한다. 이미 그의 둘째 노래가 다음을 취급한다: 말하자면 "우유, 치즈, 버터, 양념 치즈, 응고유 등의 (산들의) 다섯 가지의 유익함에 관하여 앞선 사랑스러운 멜로디에 따라 노래하기"가 그것이다; 그리고 볼프(Chr. Wolff)에게 신실하게 경의를 표하는 진술을 행한다.

너희 농부들아, 하나님께 감사하라
그분이 너희에게 지혜를 주셨다.
너희들 그리고 너희 백성들은
알프스에서 살아갈 수 있다:
너희에게 풀은 무슨 유익인가?
네가 그 풀을 먹는 것은 아니다!
그러나 하나님께서는 소를 통하여
너에게 꼭 필요하고 유용한 것을 주신다.

셋째 노래는 목장의 삶으로부터 주일의 스위스식 레슬링, 돌 포환, 뿔 피리불기 등의 스포츠에 이르는 서술을 제공한다. 넷째 노래 안에서 우리는 산에서 나는 고체 및 액체 미네랄에 몰두하게 되며, 뒤따르는 일련의 시들 안에서 스위스의 중심 지역인 에멘탈(Emmenthal)부터 샤프하우젠(Schaffhausen)에 이르는 멋진 경관들 안에 위치되며, 그리고 마지막으로 상세한, 여전히 같은 멜로디로 노래할 수 있는 채소들 및 풀뿌리 가르침["의사, 기적 치유자, 약사들에 대한, 그리고 높이 칭송되는 의료기술과 또 정원 가꾸기 애호가들에 대한 경외, 욕망, 유익을 위한" 가르침]에 따라 목적에 도달하며, 안식에 옮겨진다; 그렇게 하는 중에 영적으로 유익한 해석은 극단적 변방으로 밀려나지만, 그러나 아직도 여전히 함께 소리를 낸다.

> 온갖 종류의 약제들을
> 하나님(GOTT)은 산 위에서 우리에게 선사하신다.
> 이것을 생각하지 않는 자는
> 나쁜 그리스도인이다.
> 혈과 육에 반대하여
> 주님(HERR)이 그렇게 선하시고 온화하시다면
> 그분의 형상을 지니는 영혼에게는
> 무엇을 행하지 않으시겠는가?
>
> 모든 외적 사물들을 통하여
> 마음은, 주(HERR)여, 당신을 향합니다.
> 그 마음이 당신 안에서
> 수여자에게 전심으로 침잠할 때까지!
> 그때 나는 당신 안에서 발견합니다:
> 내 영혼이 기뻐하는 것을
> 내게 주어질 수 있는 모든 것보다 더 큰 것을
> 그것은 넓은 세상 전체입니다!

우리는 뒤돌아본다. 언급된 형태들 및 제공된 것들의 수준의 하강은 간과될 수 없지만, 그러나 그럼에도 불구하고 **중심 내용**의 통일성도 또한 그러하다; 모든 것들은 그 중심 내용의 주변의 길을 가며, 그 길의 통일성 위에 그것들 모두는 위치한다. 그 길은 틀림없이 한 긴 인간적 역사이다; 라이프니츠에게서 미리 결정된, 신적인 원초단자 안에서 우선적으로 그리고 모든 다른 단자들의 충만 안에서 또한 이차적으로 현실적인, 스스로를 전개하는 **대립들의 조화** 안에 위치하는 세계의 완전성이, 볼프(Wolff)에게서 모든 창조된 것의 **기계적 성격**으로, 레서(Leser)에게서 그 창조된 것의 **유용성**으로, 브로케스(Brockes)에게서 창조된 것의 인간을 위한 만족의 **즐거움**으로, 키부르츠(Kyburtz)에게서 전혀 감추어지지 않은 그것의 직접적 혹은 간접적인 **먹을 수 있음**으로 변화하였다. 다음은 분명히 동일하지 않다: 창조자 신이 저 자유로운, 그러나 완전한, 자신의 완전성 안에서 틀림없이 오직 최선의 것만을 원하고 만드는 원초적 존재라는 것은, 그 다음에 모든 기계들 중 최선의 것을 운 좋게도 발견하고, 항변될 수 없이 조립하고 그리고 만족하여 떠나버린 시계제조자로, 그 다음에 개미들과 꿀벌의 영역들의 놀라움의 배후에서 필연적으로 열려지는 현명한 창시자로, 세계 전체에서 관찰될 수 있는 규모, 의미성, 유용성, 욕망 등의 모든 찬양을 받을 만한 최대치로, 그리고 마지막으로 단순히 치즈, 버터, 채소, 풀뿌리들 등의 최고의 제공자로 이해되고 경외되는 것과는 동일하지 않다. 또 다음도 마찬가지가 아니다: 세계 안의 결코 간과될 수 없는 악이, 그 다음에는 세계의 불가피한, 그러나 원칙상은 아니지만 사실상 관찰되는 가장자리로, 그 다음에는 피조적 완전성에 포함되어 냉철하게 계산될 수 있는 한 계기로, 그 다음에는 실천적으로 보상될 수 있는, 그래서 견딜 수 있고 또 간접적으로 기뻐할 수도 있는 (거대한 세계 안의 및 삶의 계산서 안의) 한 마이너스 계정으로, 마지막으로 때때로의 도덕적 언급의 대상으로 취급되는 것은 같은 것이 아니다. 어쨌든 우리는 이 모든 것에 있어서 **하나의** 공간 안에 및 **하나의** 지반 위에 있다. 낙관론이 그렇게도 큰 무게를 실었던 그것들의 연속성은 어쨌든 최고의 정점으로부터 낮은 곳으로 향하는 그것의 고유한 전개 안에서 확증된다. 왜냐하면 볼프를 가르친 것에 대하여 혹은 브로케스와 키부르츠의 경박성에 대하여 라이프니츠에게 책임을 묻는 것이 적절하지 않은 것처럼, 또한 다음을 오인하는 것도 불가능할 것이기 때문이다: 볼프는 라이프니츠의 충실한 학생이었으며, 레서는 볼프의 중재를 통하여 배운 것을 다만 열심히 적용했을 뿐이며, 브로케스와 키부르츠의 유형은 라이프니츠와 볼프의 관점에서는 반박되거나 혹은 심각하게 비판될 수도 없다. 이 기차에 한 번 올라탄 사람은, 그 기차가 정차하지 않고 달려가기 때문에, 언젠가 그것의 종착역에 도착하기를 기뻐해야만 하며, 그렇게 하는 중에—이 적용은 내게는 허용되어 있는 것으로 보인다.—학파의 원칙과 함께 다음으로써 위로를 받게 된다: 불완전성은 이제 바로 피조적 완전성에 속하며, 불완전성은 피조적 완전성에 말하자면 필연적이며, 더 나아가 그 완전성을 더욱 크게 만들 수 있다: 형이상학적, 물리적 및 도덕적 악이 없다면 세계는 세계가 아니고, 신은 신일 수 없는 것처럼, 마찬가지로 브로케스와 키부르츠가 없는 라이프니츠는 그의 고유한 이론에 따르면 최종적으로 라이프니츠일 수 없었을 것이다.

이러한 역사적 현상을 관찰하는 것은 가치가 있다; 왜냐하면 그 현상은 그것의 좋고 나쁜 형식들 안에서 이제 교회교의학이 대변하는 칭의로서의 창조론에 인접한 곳에 위치해 있기 때문이다; 이 인접성은 간과될 수 없지만, 그러나 첫눈에 보이는 것처럼 양자가 서로 논쟁하는 것은 전혀 간단하지 않다.

우리도 또한 다음 명제를 분명하게 제시하였고 또 대단히 명확하게 제시해야만 한다: 피조세계의 현존재만이 아니라, 또한 존재형식도 창조자 하나님에 의하여 **긍정**되었으며, 그것은 그러한 한도에서 **칭의**되었고, **완전**하다. 우리도 또한 다음 형식을 수용하였고, 사용하였다: 하나님에 의하여 실제로 창조된 세계는 나쁘지 않을 뿐만 아니라, 선할 뿐만 아니라, 오히려, 왜냐하면 하나님의 선하신 뜻이 그것을 창조하였고 또 그것 위에 머물기 때문에, 모든 세계들 중의 **최선의** 세계이다. 우리도 또한 의문 없이 한 특정한 "낙관론"을 대변하였으며, 그래서 이제 막 우리가 발견했던 그 인접성을 (이것이 우리 마음에 들든지 안 들든지 간에) 어떤 경우에도 단순히 수치스러워 해서는 안 된다. 대단히 특징적이게도 정신사 전체 안에서 이 문제에 관련하여—이 **주제** 그 자체로만 취급한다면—18세기의 낙관론처럼 그리스도교적인 견해와 그렇게도 가깝게 공명하면서 글자 그대로 일치하는 견해는 없다. 우리는 인정해야 한다: 여기서는 있는 그대로의 피조세계 그 자체가 올바르다는 나름대로 승리하는 방식으로 관철되는 **신뢰**가 살아 있었다. 여기서 피조세계를 그러한 전제 아래서 **진지하게** 수용하려는 시도가 근본적으로 및 조심스럽게 행하여졌다. 여기서 그 전체에 대한 **의심**은 바로 그리스도교적 교리에 따라 형식적으로 취급되어야만 하는 것처럼, 그렇게 취급되었다: 그것은 진지하게 및

§42 창조자 하나님의 '예'

최종적으로는 어떤 고유한 의미도 가질 수 없는, 어떤 경우에도 부정성을 스스로 짙게 할 수 없는, 결코 절대화될 수 없는 그런 입장이다; 왜냐하면 그것은 더 높은 곳에 의하여 이미 거짓으로 정죄되고 극복되었기 때문이다. 여기서—우리는 생각해야 한다: 30년 전쟁의 잔인함과 비참함 이후 백년도 지나기 전에!—나름대로 (강력한, 어쨌든 지속력 있는, 그리고 이제 바로 추상적일 뿐만 아니라 또한 구체적인, 일반적이고 비구속적일 뿐만 아니라 또한 피조세계의 다양한 현실성에 직접적으로 관계되는) 창조자의 찬양이 주목함 안에서 및 흔히 직접 감동을 주는 감사 안에서 조율되고 연주되었으며—이것은 다른 많은 시대의 그렇게도 많은 부주의와 감사하지 않음, 그렇게도 많은 불만과 무관심, 그렇게도 많은 텅 빈 맹목성과 무지, 예를 들어 볼테르의 음흉한 웃음 등에 대하여 여전히 의롭게 및 구속력 있게 존재할 수 있었다. 우리는 부정할 수 없다: 라이프니츠와 그의 강하고 약한 후계자들은 "**기쁜**" 소식을 선포하였으며, 그러한 한도에서 어쨌든 복음의 선포와의 형식적 **유사성** 안에 위치하였다. 다음은 전혀 우연이 아니다: 바로 그 세계에 결과적으로 지금까지의 시대 중 가장 훌륭한 음악이 배출되었다: J. S. **바하**, G. Fr. **헨델**, **글룩**(Gluck)과 **하이든**, 비교 대상자가 없는 W. A. **모짜르트** 등이 그들이다. 그리고 그 밖에도 바로 이곳으로부터 순진한 **삶의 기쁨**의 흐름 전체가 발원되었으며, 오늘에 이르기까지의 우리도 그 흐름으로부터 살아가고 있으며, 그것을 근본적으로 무효화하는 것은 확실히 대단히 부적절할 것이다. 신랄하게 비판적으로 바라보고 냉소하기 전에, 우리는 그 모든 것을 어쨌든 깊이 숙고해야 한다; 왜냐하면 그렇지 않다면 우리는 말하자면 키부르츠에 대하여 [라이프니츠에 대해서는 말할 것도 없고] 너무도 경솔하게 심각하게 불의하게 대하는 셈이 될 것이기 때문이다. 낙관론은, 사람들이 그 생산물을 미소 짓지 않고는 연구할 수 없다는 사실에 의해서는, 제거되지 않는다. 바로 그 미소가, 더 나아가 웃음이 낙관론의 필연성이라는 것을 가장 큰 열심의 진지함 안에서 그것을 제시하는 것이 낙관론의 프로그램이 아니며, 그것의 우월한 정당성이 아닌가? 볼프에 따른, 자신의 편에서 "즐겁게 만족"(vergnügten)하시는 하나님 안에서의 영혼의 이 세상적 만족(Vergnügen)이라는 가설은 그 가설이 이미 우리에게 실제로 만족(Vergnügen)을—물론 그것의 근원자가 그것을 미리 보았던 것과는 약간 다르게—마련하여 준다는 사실을 통하여 이미 상대적으로 정당화되지 않았는가?; 그러나 우리는 겉으로 보기에 혹은 현실적으로 더 중요하다고 평가하는 (다른 시대들의, 다른 정신들의) 생산물에 대해서는 언제나 그렇게 말할 수는 없다. 우리는 다음을: 그 만족은 그럼에도 불구하고 그리스도교적 영역을, 특정한 시대에 또한 이러한 현상을 바로 그것의 당혹스런 순수성 안에서 가능하게 또 더 나아가 필연적이도록 만들기 위해서, 필요로 한다는 사실을 고려해야만 하지 않는가? 그리고 거꾸로: 교회사 및 세계사의 지평 위에서의 하나님의 저 광채는 (우리가 예수 그리스도의 부활이 그 광채의 본래적 및 최종적 원천이라고 알고 있다.), 만일 바로 이 현상이 그렇게도 명확하게 조명했고 또 오늘에 이르기까지 조명하고 있다면, 도대체 어디 있는 셈인가? "밖으로 나가자, 내 영혼이여, 그리고 즐거움을 찾자!"에서 이미 게르하르트(P. Gerhardt)가 이러한 세계상의 정신 중의 약간을 선취하였다. 그리고 하나님의 광채를 바로 이 세상 안에서 인식하는 것이 문제가 된다면, 그때 우리는 모든 것을 그리고 그리스도교 전체는 다소간에 명확하게 및 취향에 따라 저 18세기의 직관들 안에서, 언어 안에서, 음조들 안에서 실제로 생각하고, 느끼고, 말하게 되며, 그때 우리는 자기도 모르게 저 하프와 수금을 취해야만 하게 되며, 그때 우리는 자기도 모르게 저 사람들에 **대하여** 웃게 될 뿐만 아니라, 오히려 이제는 그럼에도 불구하고 그들과 **함께** 미소 짓고 웃어야만 하며, 또 그때 우리는 혹시 우리가 우리 자신의 일을 우리 자신의 방식으로 (*그들과) 마찬가지로 잘 취급하고 있는지 아닌지에 주의해야 할 것이다. 저 음조가, 그 당시에 그러했던 것과 같이, 그렇게 완전하게 및 끊어지지 않고 들려지는 것은 아마도 필요하고 또 필연적일 것이다.

그러나 낙관론은 또한, 그것이 다른 것들처럼 오직 정신사적 현상이었다는 사실을 통해서도, 그것이 그 자체로서 그것의 시대를 가졌으며, 그리고 그 시대가 끝났을 때, 그것이 몇십 년 동안 전적으로 혹은 거의 전적으로 지배했었던 전장은 다시 소거되었으며, 전혀 다른 개념들에게 자리를 내어주어야만 했다는 사실을 통해서도, 제거되지 않는다. 물론 그러한 일은 발생하였다. 1755년의 리스본의 대지진은 많이 언급되는 그 시대의 전환이 되었다. 그 전환은 느린 속도이기는 하지만, 그러나 성취되었다. 낙관론 자체는 위축되고, 비판적이 되고, 성숙해야만 했다. 철학사에서 라이프니츠 다음의 이정표는 흄(David Hume)이라는 이름이 차지하였다. 자연과 인간의 선함을 아직도 여전히 그 이상으로 칭송할 수 없었던 루소(Rousseau)의 삶과 작품은 사실상 유일한 거대한 탄식과 비난이었다. 그리고 볼테르 안에서 명랑함과 괴로움 사이에 균형을 맞추는 중립적인 것의 전형이 새로운, 비록, 낙관론 위에 쏟아지는 모든 냉소에도 불구하고[그의 책 *Candide* 안에서!], 근본적으로는 아직도 여전히 낙관론적으로 채색된 형태를 취하기 시작하였다. 또한 그리스도교적 설교도 이제는, 아직도 저 배경 안에 있으면서, 그러나 이미 명확하게 결별하면서, 엄중한 혹은 전혀 곡해될 수 없는 하나님의 **심판**의 주제를 전적으로 새롭게 수용하고, 하나님을 사랑하는 자들에게 만물이 최선으로 봉사한다는 것이 무엇을 뜻하는지를 어느 정도 근본적으로 및 계산하면서 선포하기를 배워야만 했다. 그때 칸트는 [괴테의 까다로운 판단에 따르면] "그의 철학적 외투를, 그가 온갖 종류의 서투른 선입견들을 자신으로부터 정화하기 위하여 긴 인간적 삶을 필요로 한 이후에, 경솔하게도 근본악이라는 수치스런 얼룩으로써 더럽혔다." 그리고 그때 헤겔 시대의 관념론적 낙관론의 상응 및 극복 이후에 세계는 이론적 및 실천적으로 어느 정도까지는 세계기계 혹은 기계적 세계가 되었으며, 그것 앞에서 추측컨대 즐겁게 만족한 볼프는 그의 만족한 신과 함께 경악했을 것이며, 그리고 사람들은 그 세계를 최종적으로 가장 선한 의지에 의해서도 모든 세계들 중의 최선의 세계라고 분류할 수 없었다. 저 (*관념론적) 세계 전체가 지나갔다는 것은 많은 동시대인들 및 후손들에게는 전혀 혹은 대단히 나중에야 비로소 알려졌으며, 그래서 우리는 그 흔적들을 19세기 안의 깊은 곳에서도 언제나 또 다시 만날 수 있다는 사실에 놀라서는 안 된다. 관념론적 낙관론이 극복되었다는 것으로써 낙관론 자체가 제거된 것은 전혀 아니다. 낙관론적 입장이 역사적으로 제약되었고, 역사적으로 추월되었다는 것은 다만 그것이 최종적 언어가 아니었으며, 그것은 극복될 수 있는 것이었다는 사실만을 제시한다. 이와 마찬가지로 나중에 또한 칸트와 헤겔도, 또 그들 이후에 또한 쇼펜하우어와 니체도, 입센과 슈트린트베르크도, 그리고 버나드 쇼도 왔다가 다시 사라졌다. 그리고 이 영역 안에서 사라지는 것은 또한 변형된 및 많은 경우에 개선된 형태 안에서 다시 등장하여 **와 있으며**, 그것이 형식을 가졌던 경우에는, 흔히 다른, 더욱 큰 혹은 더욱 작은 형식 안에서 실제로 다시 온다. 우리는 또한 라이프니츠가, 또한 낙관론이 어떤 다른 외관 안에서 어느 날 다시 찾아올지 아무도 확신하지 못한다. 그리고 다시 한 번 라이프니츠의 시대를 살아갈 수 있다는 것이 그 나름대로는 멋진 일이 될 수 있지 않을지 누가 말할 수 있겠는가? 어쨌든 이러한 측면에서 라이프니츠를, 비록 그가 우리의 시대의 의미 및 취향에는 별로 상응하지 않는다고 해도, 모든 침착성 및 정당성 안에서 진지하게 수용하지 말아야 할 어떤 근거도 없다. 교의학 안에서 그는 진지하게 수용되어야 한다; 왜냐하면 그도 피조물과의 관계 안에 계신 창조자 하나님의 무조건적 찬양을 교의학과 흡사하게, 그러나 전적으로 다른 방식으로, 노래하려고 시도했고, 실제로 노래했기 때문이다.

우리는 이제 그곳에서 말해졌던 것과 여기서 말해져야 하는 것 사이의 **차이**를 구체적으로 서술하려고 한다.

낙관론의 형상 안에서의 가장 두드러지는 계기는 (이것은 또한 낙관론의 가장 지적되어야 하는 약점이다.) 이미 첫눈에 보기에도 다음 특성에 놓여 있다: 낙관론은 피조적 현존재의 그림자 측면 전체를: 악, 죄, 죽음을 통한 그것의 제한성을 **제거**하였다기보다는 오히려 그것과 **동화**되려고 하였으며, 그 제한성을 단순히 피조세계의 빛의 측면의 가장자리라고 **변형하여 해석**하였다. 저 고상함(라이프니츠는 이 문제를 고상하게도 높은 곳으로부터 아래로 내려다보았다.), 저 냉철함(볼프는 그 문제를 냉철하게 계산하였다.), 저 생기 넘침(대중화시킨 자가 생기 넘치게 그 문제를 처분할 줄 알았다.), 저 기교(이것으로써 그들 모두는 눈 뜬 상태로 현실성을 간과하였다.) 등은 겉으로 보기에는 현존재의 그림자 측면에 관하여 말하는 듯이 보이지만, 그러나 그것에 관하여 현실적으로 말할 줄 모르며—그 모든 것은 경탄할 만하며, 부러움을 산다. 그러나 여기서 현실성은 명백하게도 다만 절반만, 그리고 그렇기 때문에, 만일 우리가 엄격하게 말하고자 한다면, 전혀 관찰되지 않았다. 현실성은 **두 가지 국면**을 지닌다. 이것은 초기의 및 후기의 시대들을 알았고 또 표현했다. 그러나 18세기의 낙관론은 그것을 근본에 있어서 알지 **못하였다.** 왜 아니겠는가? 낙관론은 이미 변화하여 고통도, 눈물도, 비명소리도 더 이상 없는 하나님 나라 안에 있는가? 혹은 낙관론은 변화 중에 있어서, 어떤 이교적 낙원으로의 변화로 퇴각하였는가? 누가 최종적으로 결정하는가? 우리는 궁금해 한다: 질병, 가난, 기만과 사기, 오류, 짐과 폭력 등이 또한 18세기에도, 그리고 부분적으로는 가장 불행한 형식들 안에서, 존재했다. 그러나 저 낙관론자들은 자연 및 역사의 책을 충분히 근본적으로 읽지 못하였다는 것, 그들이 여기서 주목되어야 하는 현상들을 알지 못하였다는 것, 이것을 우리는 그들의 책임으로 돌릴 수는 없다. 상이한 형태들의 악에 대한 라이프니츠의 개념적 개관은 완전하다. 레서는 벌레들의 왕국 안에서 (그곳에서만이 아닌) 상연되는 "현존을 위한 투쟁"에 관하여 후대의 다윈과도 같이 대단히 정확하게 알았다. 그리고 브로케스에게는 "영웅의 노래"라는 빈정거리는 제목의 하나의 시가 있다: 이 시에서 그는 슈투트너(Berta von Stutner)의 선구자이며, 군사주의의 어리석음과 잔인함을 대단히 날카롭게 심판할 줄 안다; 또 대화 형식의 한 신년 송시도 있다: 이 시에서는 회의론, 비관론, 무신론 등의 총체적 논쟁들이 어쨌든 말로 표현되며, 그 다음에는 물론 승리주의적으로 침묵 안에 옮겨진다. 결여된 것은 사실성에 대한 및 사고 가능성에 대한 **지식**이 아니라, 오히려 현존재의 이러한 다른 국면을, 즉시 서둘러 지나치지 않고서, 이제 **저항**(고수)하려는 불가피한 **압박**(Zwang)이다. 다르게 표현하자면: 결여된 것은 그 다른 국면으로부터 주어질 수 있는 제어이다; 이 제어가 직선의 노선을 깨뜨릴 수 있었고, 현존재의 찬양을 어느 정도 경화 및 심화할 수 있었을 것이다. 죽음의 석상(*모짜르트 돈 조반니에 나오는 대리석상)이 완전히 빠져 있다: 샴페인 아리아는—대단히 부르주아적으로, 정중하고 종교적으로, 그러나 다만 그만큼 더 강조되면서 확고하게—계속해서 노래된다. 저기 바깥에서 눈보라와 찬 서리에 얼어붙은 사람을 따뜻한 방안으로부터 내다보는 자는 다만 그가 자신에게 선사된 쾌적함을 하나님께 감사해야 할 이유만을 갖는다는 가르침을 이끌어낸다. 그와 같이 그 당시의 독일 학생은 "높은 산(Olymp)으로부터 내려다보는" 기쁨을 선사받은 자로서, 저 다른 자("현존재의 그림자 측면)를 오직 "우리의 젊음의 즐거움을 방해하는 창백한 질투"를 지닌 블레셋 사람이라고 알며, 그에게 거역하는 것을 최고로 거룩한 과제라고 안다. 우리는 다음과 같은 인상을 받는다: 마치 이 모든 사람들은 종 모양의 어떤 유리 집 안에 있어서, 그 벽을 통하여 우주의 고통을 물론 볼 수는 있지만—비록 그것이 마지막에는 그들 자신에게도 적중되겠지만—그러나 그것과 접촉한다는 것은 아무런 희망 없이 방해되고 있는 듯하다. 그들 모두에게는 사물들을 있는 그대로 보려는 최종적 및 불가피한 근거, 즉 "우는 자들과 함께 우는 것"이 결여되었다. 그들 모두는 물론 미래적 삶에 관하여, 영원한 영광에 관하여 많을 것을 말하지만, 그러나 그것이 구속이라는 것, 즉 현재 존속하는 모순의 지양을 뜻한다는 것은 그들의 가시권 안에 놓여 있지 않다. 그들은 구속을 필요로 하지 않는다; 자신들을 위해서도 타인을 위해서도, 그러하다. 그들은 다만—이것은 또한 라파터(Lavater)의 "영원으로의 전망" 안에서도 제시된다.—그들이 이미 지금 여기서 알고 있고 향유하는 완전한 것의 무한성만을 희망한다. 그들은 어떤 모순에 의해서도 고통을 당하지 않는다; 그들의 가르침은 또한 누구에게도 볼 수 있게 될 수도 없다; 그래서 그들 및 그들의 가르침을 받은 자들에게는 피조세계의 절반이, 그렇게 하여 아마도 피조세계 전체가 사실상 은폐되어 있다. 저 큰 지진이 비로소, 볼테르의 냉소, 그 후의 단두대가 비로소 몇몇 사람들에게 모순이란 것이 존재하며, 어떤 수수께끼들이 있으며, 그것을 지나친다는 것은 있을 수 없다는 사실을 일깨워주기 시작하였다. 그러나 다음과 같은 사람들이 있었다고 알려져 있다: 그들은 그 시대의 진정한 자녀들로서 또한 단두대 앞에서도 철두철미 낙관적이었으며, 즉시 미뉴에트의 춤 걸음으로 마주 나아갔다고 한다. 땅의 어떤 권세도 여기에 결여된 그것을 바르게 만들 수 없었으며, 또한 세상적인 회의론과 비관론도 이와 같이 열린 눈으로써도 다른 의미를 못 보는 자들을 보게 할 수는 전혀 없었다. 그러나 다음은 분명하다: 창조자에 의하여 긍정된 및 칭의된 피조세계에 관한 그리스도교적 명제는 어떤 다른 포괄적인 도달영역을 갖는다; 그 명제는 바로 낙관론이 명백하게도 취하지 못했던 그것을 자신 안에 포함한다: 그것은 진정한, 불가피한, 손으로는 지시될 수 없는 앎, 즉 피조세계의 경계로부터의 위협, 즉 죄, 죽음 및 마귀에 대한 앎이다. 그리스도교적 명제는 저 낙관론과는 달리 현실성을 **전적**으로, 그래서 **또한 바로 그** 차원 안에서, 보아야 할, 그리고 **전적**으로, 또한 **바로 그** 국면의 관점에서 진지하게 수용해야 할 불가피한 근거를 가지고 있다. 이와 같이 그리스도교적 명제는 낙관론과 이미 여기서 혼동될 수 없다. 이것이 그 명제의 구분에 대하여 말해져야 할 첫째이다.

둘째는 다음과 관계된다: 라이프니츠적인 낙관론이 악, 죄, 죽음의 취급에 너무 적은 특수한 무게(중요성)를 두었다고 한다면, 동일한 것이 이제 또한 **긍정적인** 세계 국면에 관한 그것의 취급에도 말해질 수 있다. 우는 자들과 함께 울지 못하기 때문에, 낙관론은 근본적으로는 또한 마찬가지로 웃는 자들과도 함께 웃을 수—말하자면 근본적으로, 조용하게 및 궁극적으로 웃을 수—없다. 이것은 낙관론이 지속적으로 말하고, 또 명백하게도 말해야만 하는 최상급들 안에서 이미 나타난다. 라이프니츠적인 단자들이 다름이 아니라 우주 전체의 복합체 및 거울로, 동시에 신적인 중심단자로 인식되어야 했으며—그리고 또한 볼프적인 세계시계 안에서는 다름이 아니라 선택하는 신적 지성의 및 실행하는 신적 권능의지의 바로 최상의 것이 인식되어야 했다; 대중화시킨 자들도 또한 그들의 최상급의 표현들로써도 어떻게 세계 안의 모든 것 각각이 능가될 수 없이 선하고 아름답게 우리 앞에 있는지를 확신시킬 수 없었다. 자신의 핵심을 전적으로 확신하는 자는, 여기서 맹세되는 것과 같이 그렇게 지나치게 맹세할 필요는 없다. 동일한 것이 낙관론적 주제들을 모으고 집적시켰던 미심쩍은 열정 안에서도 나타난다. 벌들과 개미들의 삶으로부터의 몇 가지만으로도, 편견 없이 그 자체로만, 완전함의 어떤 독특한 추구 없이도 조용히 관찰된다면, 이제 그와 같이 동물학적 영역 전체를 신학적 진리로써 뚜껑을 열려는 시도보다, 낙관론의 주제에 대하여 더욱 신빙성이 있지 않겠는가? 우리는 "벌레 신학", "이 세상적 즐거움", 그리고 비슷한 작품들을 읽을 때, 과연 저 불안하게 만드는, 혹시 많은 영들을 더하여 일을 만들려는 시도가 그 안에 놓여 있지 않는가라는 질문을 떨칠 수 있는가? 동일한 것이 마지막으로, 다음이 이러한 문헌들 전체에 특징적이라는 사실에서도 나타난다: 이 문헌들을 지속적으로 호소하면서, 훈계하면서, 더 나아가 맹세하면서 말하며, 계속해서 독자의 겉옷 단추를 붙들며, 독자를—때로는 그의 완고함에 대한 격렬한 꾸짖음이 없지도 않으면서—숙고하게 하며, 그것도 동일한 사고를 단조롭게 숙고하게 한다; 다시 말하여 1. 피조물 안에서 인지될 수 있는 지적 의미, 아름다움, 유용성 등의 승인을 하도록, 그리고 2. 마지막에는 피조물로부터 현명하고 전능한, 선한, 배려하는 창조자를 숙고하도록, 그래서 필연적으로 감사하도록 만든다. 강력한 및 지속적인 도덕화 없이는, 명백하게도 이러한 작가들은 그들의 인식을 자기 자신에게도, 다른 사람들에게도, 그럴 듯하게 만들 수 없었다. 이 모든 것은 바로 그들의 긍정적인 서술들, 묘사들, 찬양들에 대해서도 어떤 비밀스런 억압의 느낌을 확산시킨다; 바로 그들의 복음이 이제 광범위하게 율법적인 성격 및 취향을 갖는다. 우리는 거의 언제나 그들의 명랑함의 배후에서 어떤 헐떡이는 소리를 듣는다; 그리고 그들이 그것을 결코 인정하지 않는다는 것이 그것들 더욱 분명하게 알아채도록 만든다. 레서가 벌레들을 그의 벌레 신학에 사용하기를 마친 후에 모든 벌레들에게 영원히 싫증나지 않았다는 것, 볼프가 그의 "이성적 사고"의 1089 파라그래프를 마쳤을 때, 탄식하지 않았다는 것 혹은 약간이라도 하품하지 않았다는 것, 그리고 라이프니츠 자신이 창조자와 피조물을 그렇게도 완전하게 의롭게 한 후에 기꺼이 어떤 다른 사물들 및 질문들을 향하지 않았다는 것은, 거의 생각되기 어렵다. 여기에, 한때 그렇게도 심각하게 말해진 저 사고 및 진술이 오늘날 논쟁의 소지 없이 우리에게 작용하는 어떤 **코메디** 같은 작은 그것의 내적인 이유를 가지고 있다. 그러나 바로 그 이유의 이유는 무엇인가? 저 낙관론의 바로 저 강한 측면의 이러한 오인될 수 없는 약점은 어디로부터 오는가? 그 약점은 틀림없이 다음으로부터 온다: 낙관론이 피조세계의 양 측면을 바라보았던 그 지평은, 낙관론이 선 또 마찬가지로 악을 찾아야 한다고 또 찾을 수 있다고 주장했던 그 영역은, 근본적으로 제약된 것이었으며, 낙관론이 여기서와 마찬가지로 그곳에서도 측정했던 그 척도는, 여기서(밝은 영역)와 마찬가지로 그곳(어두운 영역)에서의 침착하고 견고한 판단을 위해서는, 근본적으로 불충분한 것이었다. 낙관론의 판단은 피조물의 자기 자신에 대한 판단이며, 피조물을 둘러싸는 그 밖의 피조세계에 대한 판단이다: 그 이상 아무 것도 아니다. 그 판단은 객관적으로는 피조세계의 현존재 그 자체와 함께 서고 넘어지며, 주관적으로는 피조세계의 존재형식으로부터 최선의 측면을 채집하는 인간적 능력과 함께 서고 넘어진다. 그 판단은 세계의 완전성 및 칭의가 세계 자체에 두루 및 연속적으로 내재하는 고유한 **속성**이라고 전제하며, 또 그 완전성 자체를 확정할 수 있는 **기준**을 인간이 처치할 수 있다고 전제한다. 우리는 그 기준 및 그렇기 때문에 그 기준의 소유도 가변적임을 보았다. 라이프니츠는 너무 고상해서 피조물의 선함을 그것이 완전한 기계라는 사실에서 찾을 수가 없었다, 볼프는 너무 고상해서 그 선함을 단순히 피조물의 유용성 안에서 볼 수가 없었다. 또 레서와 브로케스도 여전히 너무 고상해서 선을 좋고 나쁜 먹을 수 있는 것과 동일시할 수가 없었다. 그러나 그 다음에 키부르츠 및 그와 비슷한 사람이 더 이상 그렇게 고상하지 않았을 때, 그는 다만 한 입장이 드러나도록 만들었는데, 그것은 라이프니츠의 체계 안에서는 너무 **약한 것**이었으며, 이렇게 말해서는 안 되지만: **진부한 것**이었는데 — 말하자면 그것은 피조세계를 의롭게 하는 선함이 철두철미 그 세계 자체 안에 내재하는 및 인간에 의하여 그렇게 판단될 수 있는 선함이어야만 한다는 전제였다. 사람들이 이러한 순환경로 위를 움직였을 때, 그들은 명백하게도 기꺼이 행하고자 했던 만큼 스스로를 확신시킬 수가 없었다. 바로 이 순환경로 안에서 또 다른 한편으로는 악은 그 어디서도, 인간이 그것을 간과하거나 지나쳐감 없이 지속적으로 저항(고수)해야 하는 방식으로는, 마주쳐지지 않았다. 여기서 사람들은 악을 다만 자연적인, 그래서 불가피한 결함으로 이해했으며, 그래서 선으로써 보상하려고 시도하였다. 여기서 악은 무제약적인 것으로서 그것들 형태들 중의 그 어떤 것 안에서도 심각한 현실성으로 평가되지 않았다. 여기서 선에 대한 판단은 사람들이 그 판단에 부여하기 원했던 내적 확실성 및 일관성을 가질 수 없었으며, 이제 명백하게도 그 문제에 최종적으로는, 다만 수고와 헐떡임 아래서 상대적 확신만을 줄 수 있었다. 현존재의 그림자 측면을 올바로 보려고 하지 않는 낙관론자들을, 또한 현존재의 빛의 측면에 직면해서도 호흡을 할 수 없도록 만들었던 것은, 그들을 또한 이쪽에서도 올바로 보고 그래서 말로만이 아니라 행동 안에서 기뻐할 수 없도록 방해했던 것은, 그 다음에 진정한 기쁨을 확산시킬 수 없도록 했던 것은 낙관론의 추상적 **이 세상성** 및 그것의 추상적 **인간 중심주의**였으며 — 후자는 가장 낮은 단계에서는 또한 위장-중심주의(Gastrozentrismus)로 변화하였다. 이러한 순환경로 안에서 대답될 수 없었던, 선의 유익들에 대한, 저 조화 혹은 기계 혹은 유용성의 기구의 의미에 대한 질문 앞에서는 어떤 벗어남도 있을 수 없다. 그 질문은 그러한 모든 자칭 선이 유익하게 주어져야 한다는 인간 자신을 목표로 한다. 그 질문은, 인간 자신을 더 많이 만물의 중심에 위치시킬 수 있기 위해서, 그만큼 더 인간을 압박해야만 한다. 이 순환경로 안에는 자유가 없으며, 그렇기 때문에 진정한 기쁨도 없으며, 최종적으로는 다만 감추어진 노고만 있을 뿐이다. 바로 이것이 낙관론자들의 주제를 현존재의 칭의에 대한 그리스도교적 명제로부터 구분하는 또 다른 것이다. 우리는 보았다: 그 그리스도교적 명제는 현존재의 두 가지 국면들을 그리고 두 가지의 상응하는 인간적 판단들을 자체 안에 포함한다; 그러나 그 명제는, 그것들을 초월(transzendiert)하면서, 포함한다. 관찰되는 피조물과는 다른, 관찰하는 피조물과도 다른 어떤 것이 그곳에서 본래적 및 우선적으로 환호하고 탄식한다. 그리고 바로 이러한 저 세상적인 맥락(jenseitigen Zusammenhang) 안에서 그 다음에는 환호하고 탄식하는 피조물의 음성이 살아 있고 힘이 있게 되며, 현존재의 양쪽 측면은 스스로 말하고, 의미를 주면서, 쇄도하고 자극하면서, 우리에게 진정한 참여를 외치게 된다. 이러한 저 세상적인 맥락이 18세기의 낙관론에는 결여되어 있다. 그렇기 때문에 낙관론은 자신의 문제를 다만 절반만 확실하고 있다. 그렇기 때문에 낙관론은 실제로 그런 것보다 더욱 강한 채 해야 하며, 그래서 최상급으로 말해야 하며, 그렇기 때문에 (*세부적인 것에) 과도하게 몰두하며, 그렇기 때문에 지나치게 도덕화한다. 낙관론은 오직 저 '저 세상적 맥락' 안에서만 수행될 수 있는 것을 수행하려고 한다. 낙관론은 자기의 키를 자기 자로써 재려고 한다. 그렇기 때문에 낙관론은 긴 가발을 쓴다; 이것은 그것의 대변자들이 정말로 그렇게 했던 것과 마찬가지이다. 그러한 가발 아래서 낙관론은 대단히 편안하지는 않다. 그리스도교적 낙관론은, 좌로나 우로나 더 높은 필연성에 순종하기 때문에, 그러한 가발을 필요로 하지 않는다.

셋째 구분점이 결정적이다. 18세기의 낙관론은 다음 안에서 그리스도교적 진리를 기억한다는 점에서 훌륭하다: 낙관론은 피조세계의 양쪽 국면들 사이에서 어떤 **선택**을, 그것도 바로 그 특정한 선택을 행하였으며, 피조세계의 완전성을 올바른 것이라고, 그것의 불완전성은 아무것도 아니라고 설명하였다. 그리고 낙관론은 또한 다음에서도 그리스도교적 진리를 기억한다는 점에서 훌륭하다: 낙관론은 그 선택을 **하나님의** 이름에 소급하면서, 그 이름과의 관계 안에서 행하였다. 그러나 바로 여기서, 양자가 주제의 글자 그대로서는 동일한 것을 말하는 곳에서, 실상은 그것이 동일하지 않다는 것이 드러난다. 우리는 라이프니츠의 체계를 신 중심적이라고 말할 수 있다; 왜냐하면 그 체계는, 구성적으로 관찰한다면, 그것의 근원과 중심을 의심의 여지없이 중심단자로서의 신의 이념 안에서 그리고 앞서 고정된 조화의 보증 안에서 갖기 때문이다. 볼프에게서는 신의 이념은 체계의 외적 결과 안에서도, 또한 내적 연속성 안에서도 그러한 중심적 지위 및 기능을 갖지 못한다. 영혼을 가진 인간 그리고 질서를 갖춘 세계는 그에 의하여 우선 완전한 것으로 예시된다; 그 다음에야 비로소 (저 완전한 전체 시계의 고안자 및 제작자로서의) 신론을 통하여 전체에 왕관을 씌우는 것이 필연적이라고 혹은 다만 바람직하다고 예시된다; 그래서 우리는 만일 세계가 그 자체 안에서 그렇게도 완전하다면, 그러한 왕관 씌움이 도무지 철두철미 필요한 것인지를 질문하게 된다. 어쨌든: 나중에 신의 이념은 나오며, 등장하기는 한다. 대중화시키는 자들에게서 신의 이념은 그 다음에 최소한 수사학적으로 그들의 세계 관찰의 (애써 도달한 및 그보다 더 열정적이라고 부를 수 없는) 정점에서 등장하며, 저 도덕적인 강조 표시의 맥락 안에서 재차 더욱 전면으로 옮겨진다. 그러나 신의 이름의 수백 번의 부름 및 외침과 그로써 지칭되는 법적의 어떤 거룩한 넘쳐흐름(Überflüssigkeit) 사이에는 또한 여기서도 올바르게 설명될 수 없는 모순이 존재한다. **무신론**은 낙관론자들이 아는 모든 것을 **또한** 알며, 또 "전능하고 현명한 창조자"를 그럼에도 불구하고 **배제**할 줄도 안다; 이 무신론이 낙관론의 문 앞의 어느 곳에 잠복해 있으며, 그리고 어떤 자극(이것 안에서 무신론의 대변자들은 언제나 또 다시 꾸짖음을 당한다.) 안에서 다음을 제시한다: 세계의 완전성, 벌들과 개미들의 기술적 완전성, 지구의 원형, 따뜻한 겨울 방의 쾌적함, 스위스 유제품의 탁월함 등에 대해서는 어쨌든 낙관론자들이 (그 모든 것에 관련하여 근거로서 언제나 또 다시 인용되는 저 전혀 다른 인물보다는) **직접적으로** 확실히 안다. 이제 신의 사고 안에서의 낙관론의 이러한 기초공사 혹은 왕관 씌움이 올바른 것이라고 가정하자! 그렇다고 해도 그 인물(그의 실존이 부분적으로는 세계의 완전성으로부터 증명되어야 하며, 부분적으로는 그 실존이 세계의 완전성을 증명해야 하는 인물)은 도대체 무엇인가? 생각해 보자: 그러한 인물을 불러들이는 중에 현존재의 양쪽 국면들 사이에는 선택이 행하여지며, 현존재의 존재형식에 대하여 부정하는 판단보다 긍정하는 판단이 선호된다. 어떤 한도에서 그 인물은 그렇게 하라고 요청하며, 격려하거나 혹은 더 나아가 강요하는가? 낙관론자들의 신은 누구 혹은 무엇인가? 무엇이 그 신으로 하여금 바로 그 방향을 그렇게도 명령적으로 지시하도록 하며, 반대 방향으로는 지시하지 못하게 하는가? 그 신은 완전한 본질이라고 우리에게 대답되었다: 그는 최고로 전능하며, 최고로 지혜로우며, 최고로 선하며, 그렇게 하여 최고의 존재이다. 그 신은 자신의 완전성 안에서 모든 불완전성의 부정이며, 그래서, 그가 다른 모든 존재의, 그의 피조물들의 창조자이기 때문에, 또한 피조물들의 불완전성의 부정이며, 피조물들의 불완전성을 다만 일종의 결함으로 이해하는 충분한 근거이다. 가능한 모든 세계들 중에서 그 신에 의하여 창조된 세계는 그렇기 때문에 최선인, 즉 피조적 불완전성으로부터 상대적으로 자유로운 세계이다; 왜냐하면 그 신은 자신의 완전성 안에서 이러한 상대적으로 최선인 세계가 아닌 다른 어떤 세계를 원하고 창조할 수 없기 때문이다. 그렇기 때문에 우리는 우리의 편에서도 필연적으로 최선의 것을 그 세계에 관하여 사고하고 말해야 한다. 그러나 바로: 우리는 그 존재를 고려하고, 그래서 우리의 선택에 있어서 그러한 신적 필연 아래 서기를 주장할 때, 그때 우리는 그것을 다음에 근거해서 그렇게 한다: 우리는 그 존재를 세계의 존재형식으로부터, (바로 그 질문되고 있는!) "사물들의 본질"(볼프)로부터 인식해야만 한다고 생각한다. 그러므로 의심의 여지없이: 그렇게 하는 중에 우리는 어쨌든 우리에 대하여 근거를 필요로 하는 어떤 것 위에 우리 자신을 근거시키고 있다. 우리가 그러한 스스로 근거하는 중에 있는 것의 근거를 실행하려고 한다면, 그때 우리는 바로 그 근거하는 중에 있는 것을 통하여 근거되었다고 하는 것을 이미 주어진 및 알려진 것으로 전제하게 된다: 그것은 현존재의 완전성이다. 재차 다음 질문이 등장한다: 현존재의 완전성은, 만일 그것이 신의 완전성을 도외시하고서도 주어져 있고 알려져 있다면, 만일 그것이 바로 우리에 대하여 어떻게 해서든 그 자체 안에 근거되어 있다면, 왜 신의 완전성을 경유하는 우회에 의하여 근거되어야만 하는가? 그런 우리가 이 질문을 제쳐 놓는다고 해도, 다른 질문이 남아 있다: 어떤 한도에서 현존재의 완전성은 우리에게 주어져 있고 알려져 있어서, 우리가 그 완전성으로부터 신의 완전성을 인식할 수 있으며, 또 현존재의 완전성에 대한 우리의 인식 안에서 신의 완전성의 인식이 최소한 강화될 수 있는가? 어디서 및 어떻게 우리는 이 순환경로 위에 올라탈 수 있는가? 여기서 다음이 아닌 다른 대답은 있을 수 없다: 우리는 우리 자신을 통하여ㅡ이렇게 말해야 할 것이다: 우리의 영혼의 능력의 총괄개념으로서의 이성을 통하여ㅡ언제나 자유롭게 그 순환경로 위에 승차할 수 있는 위치에 있다. 이성과 같이 가는 인간의 영혼은 세계 및 신과 함께 말하자면 삼각형을 이룬다; 그것의 한 각으로서 인간의 영혼은 두 개의 다른 각을 향하여 [그리고 두 개의 다른 각은 그 각을 향하여] 완전히 개방되어 있다. 인간의 영혼은 우주와, 그러나 또한 신과도 친숙하고 서로 비슷하다. 인간 영혼의 고유한 완전성인 그것은 또한 우주의 및 신의 완전성이어야만 한다. 인간 영혼은 다만 자신의 고유한 완전성만 관찰하고 분석하면 된다; 그러면 인간 영혼은 우주의 및 신의 완전성을 양적으로만이 아니라, 또한 질적으로도 이해할 수 있다. 바로 그렇기 때문에 및 바로 그렇게 하여: 자신의 고유한 완전성의 전제 아래서 그리고 그 전제로부터 획득된 이해의 적용 안에서 인간 영혼은 저 순환경로에 승차할 수 있다; 한 번은 신의 완전성으로부터 우주의 완전성을, 또 한 번은 우주의 완전성으로부터 신의 완전성을 유도하고 증명할 수 있다. 낙관론의 주제 전체는 명백하게도 이 승차의 적법성과 능력에 달려 있다. 그리고 이 승차는 순수하고 분명하게 인간적 자기 신뢰의 행위이다. 우리는 우주와 함께 그리고 신과 함께 저 삼각관계 안에 설 수 있는, 그래서 우리의 특성 안에서 완전하게 존재할 수 있는, 그리고 우리의 고유한 완전성의 이해 안에서 우주의 완전성과 신의 완전성에 대한 척도를 우리 손에 가질 수 있는 용기를 가져야 하며, 우리는 그것을 **신뢰해야** 한다. 18세기의 고전적 인간은 이러한 자기 신뢰를 **가졌으며**, 혹은 최소한 마치 그가 그 신뢰를 가진 것처럼 그렇게 행동할 수 있었다. 낙관론의 주제는 스스로의 절대화(내가 국가다; L'état c'est moi)와 함께 서고 넘어진다. 그 주제는 스스로의 실행을 위하여 원칙적으로는 우주도 신도 필요로 하지 않는다. 그 주제는 선험적으로(a priori) 유효하다. 그 주제는 우선적 및 본래적으로 오직 **인간**만을 필요로 한다; 이 인간은 우주 및 신과 동일한 지반 위에 서며, 양자와 동일한 방식으로 관계하고 마칠 줄 알며, 그래서 세계를 신의 고유한 선함의 빛 안에서 선하다고 설명할 수도 있다. 그 인간이 그렇게 하기 위하여 또한 신을 필요로 하는가? 명백하게도 다만 이차적 노선 안에서 필요로 한다. 낙관론자들은 신을 **사용하였다**. 무신론자들은 신을 혐오와 거침 때문에 **사용하지 않았다**. 그러나 또한 낙관론자들도 신을—볼프의 체계가 여기서 이것을 잘 드러낸다.—다만 **부차적으로** 사용하였으며, **필연적으로** 사용한 것은 **아니었다**. 인간의 완전성은 긴급한 경우에는 스스로를 **세계**의 완전성 안에서 반사하는 것으로 만족할 수도 있었다. 그것은 신과 **함께** 갔지만, 그러나 또한 신 **없이도** 갔다. 신의 완전성 안에서 어떤 원칙적으로 새로운 것 및 인간의 완전성이 아닌 다른 것은 모든 경우에—그것 위에 집적된 모든 최상급들에도 불구하고—발견되지 않는다. 다음이 낙관론적 주제의 결정적 약점이다: 낙관론은, 이러한 주권성 안에서 감행되는 중에, 바로 그러한 및 오직 그러한 주권성 안에서 이제 현실적으로 실행되어야만 했다. 낙관론이 바로 신적 능력과 권위를 대변한다는 것은 불가능하였으며, 낙관론은 최선의 경우에도 인간적 **자기 신뢰**의 최대치에 불과하였다. 인간이 철썩 같이 자기 자신을 믿음으로써, 인간이 자신의 오감을, 자신의 이성화하는 지성을, 자신의 느낌의 정서를 홀로 존재하고 확실한 지침으로 간주함으로써, 낙관론적 인간은—바로 이 근거 위에서 그는 이제 또한 그것을 실행해야 했다.—다음을 감행하였다: 즉 선과 악을, 구원과 재앙을, 삶과 죽음을 구분할 뿐만 아니라, 또한 병렬 배치하며, 한쪽의 다른 쪽에 대한 우월성을, 빛의 어둠에 대한 승리를 개념화하고 선포하며, 무덤 입구의 돌을 굴려내기를 감행하였다. 현존재의 그림자 측면 전체는 그 자체로는 완전한 것의 결함에 놓여 있을 뿐이며, 점점 개선되는 인간의 자유 안에서 그 측면의 무의미성은 점점 더 명확하게 인식될 수 있다는 것—이러한 승리주의적인 주장은 이제 현실적으로 스스로의 굳게 쥔 주먹에 의해 유지되고 증명되어야 했으며, 삶을 걸고 대변되어야 했다. 그렇게 된다면 신의 이름을 전하는 자들에게 기대할 것은 아무것도 없는 셈이 된다; 왜냐하면 그는 그러한 주장의 예시에 있어서도 다만 부차적인 및 임의의 기능만을 담당했기 때문이다. 우리는 기억한다: 그 신은 세계 및 인간에 대하여 만족한 시계 제조자의 지위만을 갖는다. 그 신은 세계 안의 변화들과는—인간은 바로 이 변화 안에서 살아간다.—직접적으로는 아무런 관계가 없다. 세계 및 인간의 완전성에는 신이 이 세상적인 사건에 직접적으로는 최소한도로 참여하는 것으로 만족한다는 것도 속한다. 신이 모든 직접적인 참여를 멀리한다고 왜 볼프가 직접적으로 말하지 않았겠는가? 그러한 직접적 참여를 고려해야 할 필연성은 틀림없이 요청되지도 않으며, 피조물의 현존재에의 신의 그러한 직접적 참여의 약속도 인간에게 틀림없이 주어지지 않았다. 인간에게는 다만 언제나 또 다시, 인간의 자신의 이성을 사용해야 하며, 자신의 정서가 말해지도록 해야 하며, 자신의 의지가 움직이도록 해야 한다고 말해질 수 있을 뿐이다. 인간에게 낙관론의 복음은 사실상 다만 율법으로 선포될 수 있을 뿐이다. 인간은, 다만 인간이 자기 스스로를 도울 때(그러한 한도에서), 신이 도울 뿐이다. 인간은 사실상 어떤 전율의 고독 속에 위치한다. 왜냐하면 인간이 신을 믿든지 혹은 믿지 않든지 간에: 피조세계에 대한 그의 관계는 그의 **자기 신뢰**의 정점 위에 서 있기 때문이다; 현존재는, 인간 자신이 이성적이라는 한도에서(그때만), 이성적이다. 자기 자신을 의심할 때에는 반드시 심연이 열린다. 우리는 여기서 철사줄에 매달린 인형과 같은 시민성을, 그것의 경직된 진리 주장을 이해한다; 이것은 인간의 내적 절대주의에 거의 상응하지 않는 (그렇게 설정된 인간의) 외적 속박 및 인위적 가치를 뜻한다. 이 모든 것 안에서 대단히 단순하게 **두려움**이 스스로를 드러낸다; 이 두려움은 근본적으로는 신이 없는 저 자기 신뢰 안에서 그리고 그것의 감행 안에서 필연적으로 측면에서 동반된다. 후대에 "질풍 및 노도"의 사람들이 그리고 낭만주의자들이 이러한 낙관론적 입장에 쏟아 부었던 웃음들은 대단히 적절하지 않다. 아버지 및 할아버지 세계의 **관습들**로부터 자유하는 것도 한 가지 일이지만, 그러나 그 관습들이 **필연적으로** 만들어낸 두려움은 어떻게 해야 하는가? 그리고 그 두려움의 본래적 근거였던 신 없는 **자기 신뢰**는 어떻게 해야 하는가? 그러나 어떻게 되든 간에: 피조세계의 칭의에 대한 그리스도교적 명제는 두려움에 의하여 위협당하지 않으며, 그 명제는 생명을 걸고 그렇게 강경하게 주장할 필요도 없다; 왜냐하면 그 명제는 저 자기 신뢰와 아무 관계도 **없기** 때문이다. 그 명제는 명확하게도 창조자 하나님의 결정에 관계된다. 그 명제는 하나님의 (피조세계에의 참여의) 행동을 바라보면서 (그분의 의지에 순종하는 가운데) 필연적으로 말해져야 하는 그것을 단순히 공표한다. 그 명제는 세계, 자기 자신, 신을 증명하는 인간의 어떤 자발적인 외침이 아니라, 오히려 하나님의 자기 증명 (그 인간은 자기 자신과 함께 또한 세계를 그 자기 증명에 근거할 줄 안다.)에 대한 인간의 대답이다. 왜냐하면 그 인간이 관계하는 하나님은 저 임의로 고려되는 혹은 고려되지 않는, 임의로 인용되는 혹은 인용되지 않는 최고의 본질이 아니라, 인간 자신의 고유한 완전성의 거울이 아니라, 오히려 인간과 세계의 자유로우신 주님이기 때문이다; 그분은 자기 자신을 인간과 세계의 존재형식에 책임적으로 만드셨으며, 그분 자신을 그러한 책임을 지는 자라고 알리셨다. 그분의 **계시된** 결정을 향하여 그리스도교적 믿음 안에서는 세상에 대한 '예'가 말해진다; 그 '예'는 또한 '아니오'를 심각하게 수용하고 또 자신 안에 포함하며, 바로 그렇게 하여 그것을 극복하고 또 자신의 뒤로 넘긴다. 바로 그분의 결정을 향하여 그 '예'는 '아니오'에 대하여 우선권을 획득하며, 지금 여기서 그 자체로서 인식될 수 있는 무(Nichts)의 '아니오'에 저항한다. 사태는 아마도 다음과 같을 것이다: 18세기의 낙관론자들도 또한 최종적으로는 바로 이 하나님의 '예'를, 바로 이 하나님의 (예를 통한 아니오의) 극복을 **말하려고는** 했다. 사태가 사실상 그러했다는 한도에서는 (그들이 그것을 스스로 알려고 하지 않았고 또 원하지도 않았지만) 그들도 또한 어떤 불변하는 것을 선포했던 셈이다. 그러나 그렇게 하는 중에서의 그들의 혼동은 모든 경우에서 너무도 크다. 그러한 한도에서 그리스도교적 명제는 그들의 명제에 대하여 하나의 다른 명제로서 마주 선다.

넷째의 마지막 구분점은 이러한 셋째의 것과 관계되어 있다. 우리는 이미 보았다: 낙관론은 자신의 문제의 중심을 확신하지 못하고 있었다. 낙관론의 인식은, 그것의 절대적 거동에도 불구하고, 확실하지 않은, 결정적이지 않은, 구속력이 없는 인식이었다. 바로 신적 권위 및 능력으로서 낙관론은 말할 수가 없었다. 낙관론에 의하여 한동안 그렇게도 강력하게 지배되었던 18세기의 인간도 그 다음에는 다시 달라졌다. 낙관론 자체도, 그것의 시대가 끝났을 때, 등장하였던 것처럼 사라졌다. 낙관론의 불확실성의, 즉 그것의 다만 제한된 유지 가능성의 내적 근거는 무엇인가? 낙관론의 신이 다만 어떤 완전성(인간은 이 완전성을 우선 자기 자신에게 귀속시키기를 감행하였다.)의 반사상이었다는 것, 낙관론은 그 신을 결과적으로는 다만 임의로 사용하였다는 것, 그래서 그 신 안에서 어떤 본래적 및 최종적 안식도 가능하지 않았다는 것, 이것이 여기서 필연적인 설명의 한 측면이다. 다른 측면은 다음으로부터 온다: 저 낙관론자들은 거의 개선될 수 없는 **관찰자** 및 **구경꾼**이었으며, 그러한 자들로서 (형식적으로 및 성공적으로) 결단해야 한다는 재앙을 회피하고 스스로를 방어하였다. 그들은 망원경 앞에 혹은 단순히 따뜻한 방 안에 혹은 소떼들 곁의 풀밭에 앉았고, 그리고 응시하고, 그 다음에서 일어나는 일 그 자체를 반성한다. 그들은 그곳에서 갖는 모든 관심사에 있어서 그 일어나는 일이 몸에 접촉되지는 않도록 한다. 그들은 사물들과 그들 사이의 거리와 관계를 규정하고 정규화하는 사람들이다. 그들은 그 사물들을 관찰하고 경험하며, 그것들의 관계성, 조화, 유익함 등을 세부적 및 전체적으로 확정한다. 그들은 모든 각각의 것을 올바르게 배치할 줄 아는 대가들이다. 그러나 그들은 동방의 독재자들이 그 신하들에게 그러하듯이 사물들에는 고유하게 참여하지 않는다. 사물들은 그들에게 도달하지 않으며, 악 안에서 도달하지 못하며, 그러나 이제는 또한 선 안에서도 도달하지 못한다. 그래서 그들은 거꾸로 사물들에 도달하지 못하며, 그래서 악과 선을 확신하지 못한다. 모든 것은 견해들, 주장들, 확신들의 테두리 안에 머문다. 모든 것은 **수집품 전시장**(Panoptikum)으로 머문다. 또한 신도 그들에게는, 또한 그들 자신도 최종적으로는 그러한 전시장 안의 인형들일 뿐이다. 만일 유리집이 달라진다면, 또한 모든 것이 달라질 수 있을 것이다. 낙관론자들이 소유한 것은 대단히 자명하지만, 그러나 그들의 낙관론적 주제가 바로 그들에게 필연적인 것은 아니며, 그들에게 다른 모든 주제들이 불가능한 것은 아니다. 그들은 선택하고 그 주제를 사용한다. 그러나 그들은 바로 그렇게 선택하기를 선택하는 것은 아니다. 이러한 고상한 입장은 비싼 대가를 치러야 한다. 그러한 입장은 그것을 취하는 인간이 어쨌든 그 안에서 유지되는 자가 아니며, 그는 바로 그곳에서, 그가 오늘 서 있는 곳에서, 내일은 또한 쓰러질 수도 있다는 사실을 폭로한다. 그 인간은 많은 것을 소유하지만, 그러나 **그를 소유하는 것은 아무것도 없다**; 이것은 그가 소유한 모든 것이 의문시됨을 뜻한다. 그의 고유한 자의적 권세 뒤에 그의 무력함이 놓여 있다. 바로 이 무력함에 18세기의 모든 자의적 권세들이 질병을 겪었다. 18세기가 그렇게도 깊게 느꼈던 그리고 그렇게도 크게 공표했던, 현실성에 대한 신뢰는 흔들릴 수 있는 것이었다. 지진을 통하여 모든 것이 그 신뢰와는 다른, 대립되는 빛 안으로 옮겨졌다. 그러한 변화가 발생하도록 한 것이 다른 모든 가능한 재난들 중에서 바로 **지진**이었다는 사실은 상징적이고 징후적이다. 그 영원한 관찰자 및 구경꾼이 (그들이 그렇게도 조용히 관찰하고 관조할 수 있다고 믿었던) 그 지반이 흔들리는 것을 느꼈을 때, 그것은 그들에게 치명적이었다. 그들이 그 지반을 더 이상 확신할 수 없었을 때, 그들은 무엇이었으며, 그들의 판단은 어디로 가야 했는가? 참된 확실성은 그 지반(우리는 그곳으로부터 보고 사고한다.)이 안정적인가 혹은 불안정한가에 달려 있다. 우리는 보았다: 현존재의 칭의에 대한 그리스도교적 명제는, 그 명제를 공표하는 자들이 스스로 그 명제가 아닌 다른 명제를 공표할 수는 없는 사람들로 만든 사람들이라는 사실로부터, 자신의 확실성을 획득한다. 그들은 그렇게 결단하도록 결정된 사람들이다. 그들은 다만 관찰자 및 구경꾼인 것이 아니라, 오히려 피조세계의 완전성을 맹세한 **증인들**이다. 그들은 창조자의 자기 알림에 의하여 도달되고 적중되었다. 그들은 창조자에 의하여 찾아진 자들, 발견된 자들, 선택된 자들 및 부르심을 받은 자들이다; 피조세계의 한가운데에서 창조자 자신이 그들에게 도달하심으로써, 그들을 사로잡으며, 그들을 그분의 기뻐하시는 판결에 대한 의무를 지도록 하시며, 그래서 그들이 그 판결 곁에서 다른 어떤 것도 그들의 의미에서 및 그들의 입술에서 나올 수 없도록 하신다. 그들은 하나님을 굳게 붙듦으로써, 또한 모든 사물들의 진리를 굳게 붙든다. 그리고 바로 이것이 토대의 위기와 비교되는 그들의 판단의 자유를 뜻한다; 다만 겉으로 보기에만 자유로운 단순한 관찰 및 반성은 그 위기들에 필연적으로 굴복하였다. 또한 이러한 의미에서 또한 그리스도교적 명제는 순수한 낙관론의 명제에 대하여 다른, 자신의 고유한 것을 진술하며, 그래서 그리스도교적 명제는 후자와 혼동될 수가 없다.

우리는 결론에 도달한다. 언급된 모든 차이를 일치시킬 수 있는 한 공통분모가 있다. 또한 18세기도 **그리스도교적인** 백 년이었다. 우리가 몰두했던 낙관론적 정신의 대변자들도 또한 다소간의 진지함과 함께 그리스도인들이고자 했다. 다만 확정되기 어려운 것은 그 사실이 낙관론의 근거에 어떤 의미를 가졌는가 하는 것이다. 라이프니츠가 다른 많은 것들 곁에서 또한 그리스도교적 교회에 대하여 가졌던 관심, 그가 성서와 교리를 취급했던 존경심 등은 주목될 가치가 있다. 그는 신정론 안에서 바울, 아우구스틴, 칼빈과 그리고 특별한 관심과 함께 루터의 "노예의지"(De sevo arbitrio)와 논쟁하였으며, 다시 말하여 그들을 그 자신의 의미에서 해석하기를 시도하였다. 그러나 우리는 그의 사고과정 안에서―아직도 언급할 수 있는 한 예외와 함께―어떤 특별히 그리스도교적인 흔적을 찾지는 못한다. 또 볼프의 철학 안에도 하나님의 "기적의 사역들"에 대한 어떤 (비록 불안하게 제한되면서 확신되기는 해도) 남겨진 영역이 있으며, 그리고 볼프는 주관적으로는 틀림없이, 프로이센의 빌헬름 I세(Friedrich Wilhelm I)가 공개적으로 그를 한 번 위협했던 것과 같은 무신론 혐의의 교수형을 받는 것을 거의 의식하지 않았다. 그러나 그의 저서 『이성적 사고』 안에서도 우리는 어떤 긍정적인 그리스도교적인 음색을 거의 인지할 수가 없다. 그리고 마찬가지로 브로케스의 "이 세상적 만족" 안에서도 자연의 책은 물론 이론적으로는 계시의 책 곁에 놓이지만, 그러나 실천적으로는 홀로 및 배타적으로 저 첫째의 책만이 사용되었다: 그의 마음 **전체**가 어디에 있었으며, 어디서 그렇지 않았는가 하는 것에는 오인의 소지가 없다.―그는 물론 저 둘째의 '계시의 책'에도 모든 의무의 존경심을 표하였지만, 그러나 전혀 사용하지 않았다. 이러한 문헌들 전에 안에서 물론 부정되지는 않으면서, 오히려 유효하게 허용되고 때로는 널리 환영되는, 그러나 바로 낙관론적 주제의 근거 및 설명을 위해서는 어떤 방식으로도 결실을 맺지 못하는 **그리스도교적인 것**은 대단히 단순하게도 **예수 그리스도**이다; 이분의 인식 위에, 그 인식에 상응하는 그리스도교적 명제의 근거 및 설명의 전체가 도착한다. 창조 안에서의 하나님의 의지의 및 피조세계에 대한 그분의 기뻐하심의 비밀로서의 그분의 낮아지심과 높여지심, 그분의 죽음과 그분의 부활에 **그리스도교적** 낙관론의 의미 및 진리가 놓여 있다. 그분 안에서 발생한, **계약**의 성취로부터 다음이 가시화된다: 현존재의 양쪽 국면들이 그것들의 필연성 및 심각성을 가지며, 양쪽 국면이 모두 저 세상적인(jenseitigen) 맥락 안에 서며, 그것들의 서로에 대한 관계가 한쪽의 다른 쪽을 통한 극복이며, 인간은 이 관계 안에 내려진 하나님의 결정에 대하여 어떤 대립되는 판단을 할 수 있는 위치에 있지 않다. 예수 그리스도의 이름으로부터 그리스도교적 교회의 교의학 안에서 이 문제에 대하여 말해질 수 있는 모든 것은 완전히 달라진다. 그래서 우리는 여기서 저 순수한 낙관론에 대한 그리스도교적 교의의 모든 차이점들의, 그것에 대하여 우리가 제기해야 하는 모든 항변들의 공통분모 앞에 선다. 다음은 두말할 필요도 없이 이해될 수 있다: 낙관론은, 그 대변자들의 모든 가식적인 및 부분적으로는 물론 또한 진정한 그리스도교성에도 불구하고, 이 문제에 있어서 저 이름과 함께 시작할 줄 몰랐으며, 그래서 낙관론에 대해서는 그렇게 말해질 수밖에 없으며, 실제로도 그렇게 행하였다. 우리는 저 선한 레서가 그의 독자들에게 그 자신이 설교가로서 "단순히 오직" 하나님의 자연적 인식만이 아니라, 오히려 또한 "십자가에 못 박히신 그리스도"를 선포하려고 한다고 확신시켰는지를 들었다. 우리가 하나님의 바로 그 **자연적** 인식을: 피조세계 안의 및 그 세계로부터의 하나님 인식을, 즉 피조세계의 완전성에 관한 인식을 **오로지 십자가에 못 박히신 예수 그리스도의 중재**를 통하여 분명하게, 확고하게, 필연적으로 획득할 수 있다는 사실, 이것은 낙관론이 꿈에도 생각하지 못했던 것으로 보이는 가능성이었다. 낙관론에게 하나님의 자연적 인식과 현존재의 칭의가 문제될 때, 그때 낙관론은 저 전혀 **다른** 책을 읽으며, 그때 낙관론은 그것의 유리집의 벽을 통과하여, 마치 어떤 성금요일도, 어떤 부활절도 없는 것처럼, 수집품 전시장을 응시하며, 성금요일과 부활절의 소식을 통하여 현실적인 피조세계를 내다보는 대신에 그렇게 응시한다. 그 결과가 낙관론에 고유한 약점이다. 여기서 우리는 바로 그 낙관론의 깊은 **그리스도교적 무지**라고 부를 수 있는 것 앞에 서게 되는 것 외에 다른 어떤 수가 없다. 낙관론은 그것이 의도했던 주제를 가능하게, 필연적으로, 강하게 만들 수 있었던 바로 그 하나, 즉 유일한 것을 간과하였다.

그리고 이제 다음이 라이프니츠의 특별한 위대함을 말해준다: 그는, 내 생각으로는, 최소한 한 번은 바로 그 하나, 즉 유일한 것에 아슬아슬하게 근접하였다. 그의 신정론(*Theodizee, Causa Dei* 49)의 라틴어의 종결 단원에서 말하자면 [앞뒤와는 독립적인] 다음의 숙고가 발견된다: "[바로 이러한 실제적인] 사물들의 최적의 순서(순번)를 하나님께서 선택하셨던 가장 강력한 근거는 그리스도이셨다; 그분은 신인이시며, 그러나 그분은, 최고의 정점에 도달한 피조물이라는 한도에서, 그러한 탁월한 순서 안에 한 부분으로서, 더 나아가 창조된 모든 것의 머리로서 포함되셨다: 그분에게 최종적으로 하늘과 땅의 모든 권세들이 주어졌으며, 그분 안에서 모든 백성들이 축복을 받게 되며, 그분을 통하여 모든 피조물이 멸망의 노예 상태로부터 해방되며, 하나님의 자녀들의 영광의 자유에 도달한다." 그러므로 예수 그리스도를 바라보면서, 피조세계의 지체 및 머리로서의, 주님 및 구원자로서의, 피조물 전체의 희망으로서의 그분의 지위를 바라보면서 하나님께서는 이 세상을 다른 모든 세상들 중에서 최선의 것으로 선택하셨으며, 그러므로 그분의 신성 및 인성 안에 있는 "가장 큰 근거"(maxima ratio)가 피조세계의 완전성의 최상위 원칙이며, 그렇게 하여 하나님 자신의 완전성도 인식될 수 있다는 것이다! 우리는 그 구절을 저자의 개인적 그리스도교적인 경건성의 구속력 없는 표현이라고 평가해야 하는가? 혹은 그 세기의 대충 모든 철학자들에게 흔히 있는, 내용적으로는 구속력 없는 (성서, 교회 및 교리에 대한) 양보의 문구라고 평가해야 하는가? 혹은 라이프니츠적인 보편주의의 한 요소(이 보편주의가 모든 세계들 중의 최선의 신적 선택을 서술해야 했을 때, 또한 이 요소를 빠뜨리기를 원하지 않았던 한 요소)라고 평가해야 하는가? 어찌되든 간에: 라이프니츠는 한 번만큼은 이것을 서술하였으며, 그리고 만일 그가 그곳에서 서술한 것의 도달영역이 어떠한 것인지를 다만 의식했었더라면, 만일 그가 그의 체계 전체를 모든 완전성의 바로 그 '가장 큰 근거'로부터 철저하게 다시 사고했었더라면, 모든 것이 어떻게 진행되었을지는 거의 예측하기조차 힘들다. 그것은 발생하지 않았다. 우리는 다음을 확정하는 것으로 만족해야 한다: 그것은 발생했을 수 있었다. **또한 예수 그리스도의 인식도 저 시대의 낙관론에게 단순히 결여되었던 것만은 아니었다.** 다만 낙관론은 그 인식을 어떤 방식으로도 결실을 맺도록 만들 수 없었을 뿐이다. 낙관론은 그 인식을 다만 그 자체로 독립된 일로 **자기 자신 위에** 근거되어 있도록 버려두었을 뿐이다. 낙관론에게는 다만 그 인식이 실천적으로 쓸모가 없었을 뿐이다. 바로 그 점에 낙관론의 모든 약점이 근거해 있다. 우리는 이 사실상의 상태의 역사적 원인들을 여기서 추적할 수는 없다. 이 원인들에는 그러나 어쨌든 무엇보다도, 16 및 17세기의 신학적 정통주의가 바로 이러한 중심점에서 동반했던 약점들에 속한다. 신학적 정통주의는 다음에서 심각한 오류를 범하였다: 그것은 특정한 장소에서는 대단히 많이 및 대단히 크게 그리스도에 대하여 말하였지만, 그러나 또한 대단히 많은 다른 장소들에서는—우리는 정통주의의 신론, 예정론, 자연신학, 국가론, 창조론 및 화해론 전체, 그리고 바로 모세 오경의 "대단히 좋았다."(valde bonum)에 대한 그것의 설명 등을 생각할 수 있다.—이제는 그럼에도 불구하고 예수 그리스도와 함께 거의 혹은 전혀 시작하지 않았으며, 오히려 아리스토텔레스와 데카르트에게서 (*소위) 적절하게 도움을 받으려고 하였다. 계몽주의는 바로 이 자리에서는 저 복식부기(로마 가톨릭적 양식을 뒤따르면서—이미 루터주의적 및 개혁주의적 선조들이, 더 나아가 부분적으로는 종교개혁자들도 행하였던 복식부기; *예수 그리스도와 철학자를 동시에 섬김)에 대한 부당하지만은 않았던 심판이었다. 이러한 복식부기를 (왜냐하면 저 로마 가톨릭적 전통으로부터 벗어날 수 없었기 때문에) 선하게 평가하고 동조했던 사람은, 그래서 자연과 은혜, 창조와 계약, 창조 계시와 구원 계시를 각각 따로 나누고, 그 긴장 전체를 최종적으로는 다름이 아니라 거룩한 삼위일체성 안으로 투입시켰던 사람은, 라이프니츠와 그의 노선에 전혀 돌을 던져서는 안 될 것이다. 계몽주의의 태양은 경제에 있어서 저 두 권의 책들과 함께 조만간에 필연적으로 드러나야만 하는 바로 그것을 총체적 노선에서 밝게 드러내었다: 저 두 권의 책들이 창조자 및 피조물의 인식의 원천으로서 나란히 함께 놓여 있는 곳에서는, 은혜의 책의 모든 추천이 전혀 아무런 도움이 되지 않았다; 그렇게 나란히 놓였다는 사실 그 자체로서 이미 다음이 결정되었다: 저 특정한 한 권의 책(이것 안에서 창조자 및 피조물의 인식이 실제로 읽혀지며, 이것으로부터 그 인식이 사실상 얻어지게 된다.)이 **다른** 책이 되어 버리며, 그것도 **오직** 저 다른 책, 곧 자연의 책이 되어 버린다. 하늘의 즐거움 **곁에** 이 세상적 즐거움이 놓인다는 것은 필연적으로 후자가 전자를 불필요하게 만들어 버린다는 사실을 동반하게 된다. 그리스도교적인 것 **곁에** 놓인 인간적인 것, 세상적인 것, 이성적인 것도 그 사실을 언젠가는 폭로하게 될 것이다. 어떤 사람도 두 주인을 섬길 수 없다. 만일 누가 그리스도 곁에 어떤 다른 주님을 한 번 섬긴다면, (이러한 절차의 효과가 언제나 그러하게 되는 것처럼) 그때 그 인간은 나쁜 나무에서 자라는 나쁜 열매들에 대하여 놀라지 말아야 할 것이다. 그러므로 우리는 현존재의 칭의의 인식에 관련하여 선택하여야만 한다. 그 인식은 "하늘과 땅의 모든 권세들이 주어진" 그분의 인식에 의해서만 성취될 수 있다. 그 인식은, 만일 그분께 대한 고백이 사실상 유효하지 않다면, 성취될 수 없다. 이것이 우리가, 18세기의 낙관론을 뒤돌아볼 때, 최종적으로 배워야 하는 것이다.

찾아보기

1. 성서 구절

창세기

1장 ········ 110, 123, 154, 164, 173, 188, 199, 253, 302, 307
1-2장 ········ 6, 36, 37, 90, 110, 123, 116, 118, 120, 122, 140, 270, 301, 316, 375, 403
1:1-2:4a ········ 133
1:1 ······ 25, 28, 30, 135f., 207
:2 ······ 136, 138f., 156, 165, 316
:3 ·························· 53, 150f.
:3f. ················· 149, 150, 158
:3-5 ······················ 160f., 167
:4 ································ 160f.
:5 ······················ 163, 171, 173f.
:6 ························ 185, 190, 208
:6f. ······························ 187, 290
:6-8 ···················· 137, 167, 181f.
:7 ································· 185
:8 ································· 170
:9 ···························· 196, 208
:9f. ······················ 168, 206, 290
:9-13 ······················ 193f., 317
:10 ························ 167, 170, 185
:11 ································ 208
:11f. ······························· 206
:11-13 ··························· 206f.
:12 ································ 152
:14 ····· 171, 185f., 216, 220
:14f. ······························ 219f.
:14-19 ··························· 211f.
:16-18 ··························· 100
:17 ································ 137
:20f. ······························ 235
:20-23 ··························· 226f.
:21 ································ 230
:24-31 ··························· 236f.
:26 ····· 159, 253f., 375, 379, 418
:26f. ···················· 216, 221, 256f.
:26-2:3 ······················· 134f.
:27 ································ 262
:28 ···················· 203, 209, 239, 272, 274, 379
:29f. ······························ 206f.
:31 ······· 291, 398, 471, 474f.
2장 ········ 6, 110, 265, 302f., 308f., 312f., 358f., 404f.
:1 ·············· 134, 152, 214
:1-3 ···························· 282f.
:2 ································ 292
:4a ···················· 90, 136f., 290
:4b ································ 90
:4bf. ····························· 315f.
:4b-7 ··························· 308f.
:4b-25 ··························· 306f.
:4b-3:24 ······················· 90
:5 ·························· 316f., 362
:5f. ································· 363
:7 ······················ 36, 82f., 203, 321f., 326f.
:8 ································· 327f.
:8-17 ······················ 327f., 360
:9 ···························· 360f., 366
:10f. ······························· 365
:15 ······················ 361f., 418.
:16f. ······························· 373f.
:18 ························ 375, 389, 399, 417, 420
:18f. ······························· 412f.
:19 ························ 170, 272, 323f.
:20 ························ 388, 418f.
:21 ································ 419
:21f. ······················ 385f., 420f.
:23 ························ 388, 399, 422
:24 ································ 393f., 424
:25 ··············· 371f., 404, 424f.

-536-

3장 ······ 358f., 371f.	13:10 ······ 361	레위기
:1f. ······ 274, 366	15:1f. ······ 234	
:3 ······ 360	:12 ······ 419	9:24 ······ 192
:14 ······ 233	18:27 ······ 322	20:25 ······ 240
:14f. ······ 274	19:24 ······ 192	26:19 ······ 192
:17f. ······ 362	22:15f. ······ 234	
:19 ······ 203, 322	24:11f. ······ 364	민수기
:22 ······ 253, 360	26:18f. ······ 364	
4:16 ······ 361	:33 ······ 423	14:12 ······ 210
5:1 ······ 90, 256f.	27:28f. ······ 192	16:13 ······ 210
:2 ······ 263	28:12 ······ 137, 191	18:15 ······ 241
:3 ······ 256, 262f.	:17 ······ 192	24:17 ······ 221
6:5f. ······ 148	32:33 ······ 423	
:9 ······ 90	37:9 ······ 214	신명기
:19 ······ 240	:9f. ······ 165	
7:3 ······ 240	49:13 ······ 202	1:28 ······ 191
:10f. ······ 145	:25 ······ 198	4:11 ······ 191
:11 ······ 198		:18 ······ 229
:15 ······ 82	출애굽기	:19 ······ 222
:21f. ······ 323		8:2 ······ 210
8:1 ······ 146, 240	9:29 ······ 205	9:2 ······ 191
:2 ······ 187	:30 ······ 315	10:14 ······ 137
:6f. ······ 146, 236	14장 ······ 199	11:10f. ······ 363
9:3f. ······ 279	:11 ······ 210	:11f. ······ 192
:5 ······ 262	15:8, 10 ······ 146	13:15 ······ 241
:6 ······ 262	16:4 ······ 192	17:3 ······ 222
:10 ······ 323	:29 ······ 292	18:10f. ······ 223
:13 ······ 203f.	17:2f. ······ 364	28:23 ······ 192
:26 ······ 315	19:5 ······ 205	:49 ······ 236
10:1 ······ 90	20:8f. ······ 292	32:1 ······ 210
:3 ······ 423	:11 ······ 34, 137	:10 ······ 210
11:4 ······ 191	:12 ······ 205	:11 ······ 146
:7 ······ 253	23:12 ······ 240, 292	:15 ······ 62
12:1 ······ 90, 156, 234	31:13 ······ 298	:39 ······ 326
:3 ······ 204	:17 ······ 292	33:18 ······ 202
:12f. ······ 128	34:19 ······ 241	:28 ······ 192

여호수아

3:15f. ······················ 199
10:12 ······················ 214

사사기

5:17 ······················ 202
　:20 ······················ 214
　:31 ······················ 221
15:19 ······················ 364

사무엘상

3:3 ······················ 419
12:21 ······················ 142
15:3 ······················ 241
19:24 ······················ 424
26:12 ······················ 419

사무엘하

7:23 ······················ 205
22:16 ······················ 146

열왕기상

5:13 ······················ 229
8:12 ······················ 137
　:27 ······················ 137
　:32f. ······················ 191
　:35 ······················ 192
9:28f. ······················ 202
14:11 ······················ 236
17:4 ······················ 233
18:38 ······················ 192

22:19 ······················ 253
　:49f. ······················ 202

열왕기하

7:2 ······················ 186
17:16 ······················ 222
19:15f. ······················ 61
　:25 ······················ 26
21:3f. ······················ 222
23:5 ······················ 222
　:12 ······················ 240
　:34 ······················ 170
24:17 ······················ 170

역대상

16:31 ······················ 202
16:33 ······················ 209

역대하

2:6 ······················ 137
29:17 ······················ 290

느헤미야

9:6 ······················ 34, 137f.
　:19 ······················ 210
　:27 ······················ 191
13:19 ······················ 177

욥기

1:6f. ······················ 253
　:21 ······················ 424
3:1f. ······················ 225

4:13 ······················ 419
7:12 ······················ 231
9:6 ······················ 204
10:8f. ······················ 322
　:8 ······················ 36
　:9 ······················ 203
11:8 ······················ 191
14:7f. ······················ 323
17:12 ······················ 173
19:25 ······················ 320, 327
20:6f. ······················ 191
24:7 ······················ 424
26:7 ······················ 138, 203
　:11 ······················ 138, 186
28장 ······················ 76
31:26f. ······················ 222
33:4 ······················ 323
　:15 ······················ 419
37:18 ······················ 186
38장 ······················ 198
　:3 ······················ 219
　:6f. ······················ 198
　:7 ······················ 253
　:19 ······················ 168
　:22 ······················ 187
　:33 ······················ 219
　:38f. ······················ 34, 36, 37
42:1f. ······················ 37
　:7f. ······················ 37

시편

1:3f. ······················ 208
2:4 ······················ 137
8장 ······················ 36
　:3 ······················ 190

:4 …………………… 190, 216	65:6 …………………… 204	97:5 …………………… 205
:6f. …………………… 254	:7 …………………… 201	:6 …………………… 192
:7 …………………… 34	:10f. …………………… 364	102:7f. …………………… 235
11:1 …………………… 236	66:6 …………………… 199	:26 …………………… 190
:4 …………………… 137, 191	68:17 …………………… 205	103:11 …………………… 191
14:2 …………………… 191	:34 …………………… 138	:14 …………………… 322
17:15 …………………… 266	69:1f. …………………… 200	:19 …………………… 191
18:5 …………………… 200	:15f. …………………… 200	104:1 …………………… 37
:16 …………………… 200	72:5 …………………… 221	:1f. …………………… 163
19장 …………………… 220	:17 …………………… 221	:3 …………………… 187
:2 …………………… 186, 190	73:21f. …………………… 419	:5 …………………… 138
:6 …………………… 214	:25 …………………… 32, 138	:5f. …………………… 198
20:7 …………………… 191	74:12 …………………… 204	:6 …………………… 143
22:15 …………………… 322	:13f. …………………… 200	:14f. …………………… 37
23:2 …………………… 364	:16 …………………… 174	:19 …………………… 220
24:1 …………………… 58, 205, 272	75:3 …………………… 203	:23 …………………… 36
:2 …………………… 198	76:9 …………………… 204	:27 …………………… 206, 322
33:5 …………………… 203	77:17f. …………………… 199	:29f. …………………… 83, 146
:6 …………………… 83	78:23 …………………… 186	:30 …………………… 323
:6f. …………………… 154	85:11f. …………………… 417	:32 …………………… 204
:7 …………………… 143, 198	:12 …………………… 192	106:9 …………………… 199
:9 …………………… 234	88:13 …………………… 174	107:1f. …………………… 210
:13 …………………… 191	89:3 …………………… 187	:23f. …………………… 202
36:6 …………………… 241	:6, 8 …………………… 253	108:5 …………………… 191
:7 …………………… 205	:10f. …………………… 200	113:4 …………………… 191
:10 …………………… 164	:11f. …………………… 56	114:3, 5 …………………… 199
37:6 …………………… 221	90:2 …………………… 198	115:16 …………… 138, 203, 273
39:4 …………………… 322	:3 …………………… 322	119:19 …………………… 204, 321
46:1-3 …………………… 201	:4 …………………… 171	:73 …………………… 36, 62
:5 …………………… 365	91:5 …………………… 175	:89 …………………… 191
49:13, 21 …………………… 323	92:13f. …………………… 209	:105 …………………… 164
50:6 …………………… 192	:2f. …………………… 201	121:1 …………………… 205
:10f. …………………… 235	95:5f. …………………… 59	124:2f. …………………… 201
57:4 …………………… 191	:5 …………………… 198	:7 …………………… 236
:6 …………………… 191	96:5 …………………… 59	136:5 …………………… 76
:11 …………………… 191	:12 …………………… 209	:6 …………………… 198

:8f. ······················ 219	3:18f. ···················· 323	17:7 ························ 26
139:7 ························ 83	:21 ······················· 324	:12f. ···················· 200
:9 ························ 198	4:9f. ···················· 418	20:2f. ···················· 424
:12 ······················ 144	5:1 ······················· 191	21:1f. ···················· 210
14f. ······················· 36	:14 ······················ 424	:11f. ···················· 175
144:7f. ···················· 201	7:26f. ···················· 422	22:9f. ····················· 62
145:9 ······················· 48	12:5b, 7 ················· 322	:11 ······················· 26
147:15 ···················· 204		24:1 ····················· 210
148:3 ······················ 219	**아가서**	:32f. ···················· 214
:4 ················ 138, 187f.		27:1 ····················· 200
:5 ························ 154	2:16 ····················· 404	29:10 ···················· 419
:7 ························ 231	:11f. ···················· 407	:18 ······················ 174
:8 ························ 209	3:8 ······················· 175	30:25 ···················· 364
:10 ······················ 234	6:3 ······················· 404	:26 ······················ 221
:13 ······················ 191	8:6 ······················· 406	31:4 ····················· 205
150:1 ······················ 186		34:4 ····················· 192
	이사야	:11 ······················ 142
잠언		35:6 ····················· 364
	2:3 ······················· 205	:1f. ······················ 210
3장 ···················· 76, 83	:6 ························ 223	37:16 ···················· 316
:18 ······················ 209	:19 ······················ 204	:26 ······················· 26
:19 ······················· 76	5:20 ····················· 173	40:4 ····················· 205
6:23 ······················ 164	6:8 ······················· 253	:6f. ······················ 209
8:22f. ····················· 76	7:13f. ···················· 372	:12 ······················ 191
:27f. ····················· 197	:14 ······················· 41	:22 ······················ 186
12:10 ······················ 240	8:5f. ····················· 364	:28 ······················ 292
14:27 ······················ 368	:6f. ······················ 200	:31 ······················ 236
:30 ······················ 322	:18 ······················ 205	41:4f. ···················· 154
18:22 ······················ 422	11:2f. ······················ 81	:19f. ····················· 210
30:4 ······················ 191	:4 ························ 204	:23 ······················ 373
31:10 ······················ 422	:6f. ················ 240, 280	42:4 ····················· 204
	12:3 ····················· 364	:5 ················· 186, 203
전도서	13:10 ···················· 224	:6 ························ 164
	14:12 ···················· 224	:16 ······················ 174
1:4 ······················· 203	:13 ······················ 138	43:1f. ····················· 62
2:13 ······················ 174	:13f. ···················· 191	:2 ························ 210

	예레미야	예레미야애가
:6f. ······ 199	3장 ······ 408	3:38 ······ 145
:19 ······ 364	:1f. ······ 259	
:20f. ······ 240	:6f. ······ 259	**에스겔**
44:1f. ······ 62	:12 ······ 409	
:3 ······ 364	4:1 ······ 409	1:1 ······ 192
:23 ······ 209	:13 ······ 236	:22f. ······ 186
:24 ······ 26, 34, 203	:23 ······ 142	8:16 ······ 222
:26f. ······ 154	:28 ······ 192	10:1 ······ 186
45:1-13 ······ 26	:40 ······ 259	16:1f. ······ 259
:7 ······ 145	5:22 ······ 197	:1-14 ······ 408
:9f. ······ 58	6:23 ······ 210	20:12 ······ 298
:12 ······ 36	8:2 ······ 222f.	21:3 ······ 210
:18 ······ 141, 203, 316	9:24 ······ 204	23장 ······ 408
47:13f. ······ 223	10:2 ······ 223	:1f. ······ 259
48:13f. ······ 154	:5 ······ 373	28:11-19 ······ 361
49:10 ······ 364	:11f. ······ 59	:13 ······ 361
50:2 ······ 200, 241	14:22 ······ 364	:13f. ······ 361
:3 ······ 192	17:7f. ······ 364	31:3f. ······ 210
51:3 ······ 361	:8 ······ 209	:8 ······ 361
:6 ······ 192	18:1-6 ······ 26	32:7 ······ 224
53장 ······ 357	:6f. ······ 58	34:25, 28 ······ 240
54:4 ······ 409	19:13 ······ 222	36:35 ······ 361
:5f. ······ 259	23:24 ······ 203	37:1f., 11 ······ 326f.
:7 ······ 150	27:5 ······ 58	38:20 ······ 229, 241
:10 ······ 205	:9 ······ 223	47:1-12 ······ 365f.
55:9 ······ 191	31:31 ······ 83	:8f. ······ 235
:12 ······ 209	:35f. ······ 221	
57:20 ······ 201	:37 ······ 191	**다니엘**
58:11 ······ 364	33:19 ······ 174	
60장 ······ 225	:20 ······ 178	2:18f. ······ 191
:19f. ······ 224	51:53 ······ 191	:22 ······ 164
:20 ······ 225		4:7f. ······ 209
62:5 ······ 259		:14 ······ 253
64:8f. ······ 62		7:1f. ······ 273
65:17f. ······ 56		
66:1 ······ 137, 191, 203		

호세아

:10	253
8:14	177
:18	419
10:9	419
12:3	192

호세아

1장	408
:2f.	259
2:2f.	259
:3	424
:16	259
:16f.	409
:18	240, 280
:19f.	409
3장	408
:1f.	259
4:3	241
8:14	62
9:10	210
11:11	236
13:5	210

요엘

1:12	210
2:20	224
:22	210, 240
3:5	205
:15	224
:18	365

아모스

2:16	424
3:6	145
4:13	145
5:8f.	221
:18	174
:24	364
:26	222
8:9	224
9:2	191
:3	200
:6	154

요나

1:9	191
2:1f.	235
:4	200
:11	233
3:8	241
4:11	240, 372

미가

1:8	424
4:7	205

나훔

1:3	200

하박국

2:14	204
3:3	203
:8	200
:10	205

스바냐

1:5	222
:15	174

스가랴

14:8	365

말라기

3:10	192
4:2	221

예수 시락

36:26	418

마태복음

2:1f.	222
3:16	210
5:5	204
:14	164
:18	192
:35	203
:45	221
6:9f.	61
:10	204
:23	174
:26	234
:26f.	61
:31	206
7:9f.	235
:11	61
:17	209

:29 ········· 55	12:16 병행구 ········· 267	:51 ········· 192
8:5f. ········· 55	13:24 ········· 165, 224	3:16 ········· 74
10:16 ········· 234	:31 ········· 32	:31 ········· 192, 204
:29f. ········· 61	16:2 ········· 301	4:10f. ········· 364
:31 ········· 234		5:17, 19 ········· 75
11:16-19 ········· 76	**누가복음**	:35 ········· 164
:25 ········· 54		6:33 ········· 192
13:24f. ········· 57	1:77f. ········· 221	:63 ········· 82f.
:43 ········· 221	2:14 ········· 204	7:38 ········· 364
14:17f. ········· 235	5:4f. ········· 235	8:12 ········· 164
16:2f. ········· 219	11:35 ········· 174	9:5 ········· 164
17:2 ········· 221	12:49 ········· 204	12:36 ········· 164
18:24f. ········· 54	13:6f. ········· 57	:45 ········· 267
19:4 ········· 393	15:11f. ········· 57	14:9 ········· 267
20:1f. ········· 57	16:1f. ········· 58	:23 ········· 510
21:1 ········· 240	17:5f. ········· 57	16:15 ········· 75
:19 ········· 210	:7f. ········· 57	17:2 ········· 75
:33f. ········· 57	18:1f. ········· 58	20:22 ········· 327
22:1f. ········· 57	:7f. ········· 61f.	21:1f. ········· 235
24:29 ········· 224	:13 ········· 191	
25:1f. ········· 57	21:25 ········· 224	**사도행전**
:14f. ········· 57	22:53 ········· 174	
27:52 ········· 204	23:46 ········· 327	2:2 ········· 192
28:1 ········· 301	24:1 ········· 301	4:24 ········· 34, 137
:18 ········· 75	:42f. ········· 235	5:5, 10 ········· 327
	:51 ········· 192	7:49 ········· 203
마가복음		:55 ········· 192
	요한복음	:59 ········· 327
1:10과 병행구절 ········· 236		12:23 ········· 513
:13 ········· 240	1:1 ········· 28, 74f.	14:15 ········· 137
:16f. ········· 235	:3 ········· 28, 47f., 75, 159	17:24 ········· 34
2:10 ········· 55	:3f. ········· 78	:24f. ········· 54
4:28 ········· 233	:9 ········· 28	20:7 ········· 301
:41 ········· 56	:10 ········· 34, 75	27-28장 ········· 202
10:18 ········· 166	:10f. ········· 159	
11:23 ········· 56	:11 ········· 79, 94	

로마서

1:18 ……………… 192
:20 ……………… 22, 34
:23 ……………… 267
4:17 ……………… 32, 155, 321
5:13 ……………… 269
6:4 ……………… 75, 365
8:20f. ……………… 241
:23 ……………… 327
:29 ……………… 271
11:29 ……………… 204
:36 ……………… 35, 53, 65
14:23 ……………… 279

고린도전서

1-2장 ……………… 76
1:9 ……………… 75
:21 ……………… 50
8:6 ……………… 35, 75, 77
11장 ……………… 272
:7 ……………… 269, 392
:8 ……………… 421
14:34 ……………… 422
15:45 ……………… 82f., 269, 271
:47 ……………… 204
:49 ……………… 270f.
16:2 ……………… 301

고린도후서

1:22 ……………… 327
3:6 ……………… 82
:18 ……………… 270
4:4 ……………… 164, 267
:5f. ……………… 53f.
:6 ……………… 155, 164
5:5 ……………… 327
:14f. ……………… 52f
:17 ……………… 150
6:14 ……………… 174
11:2 ……………… 259
:25 ……………… 177
12:2 ……………… 138

디모데전서

2:5 ……………… 77
:12 ……………… 422
6:16 ……………… 144

갈라디아서

4:9f. ……………… 223
6:13f. ……………… 52f.

에베소서

1:4 ……………… 32
:7f. ……………… 76
:10 ……………… 65, 80
:14 ……………… 327
:17f. ……………… 76
2:4 ……………… 75
:5 ……………… 54
:8f. ……………… 53
3:9 ……………… 35
4:24 ……………… 53
5장 ……………… 421
:8 ……………… 174
:9 ……………… 164
:15 ……………… 76
:23f. ……………… 259
:25f. ……………… 414
:26f. ……………… 417
:28f. ……………… 417
:29f. ……………… 424
:32 ……………… 403, 420

골로새서

1:13 ……………… 174
:9 ……………… 76
:15 ……………… 74, 79, 267
:15f. ……………… 78, 80
:15-18 ……………… 271
:16 ……………… 34f., 75f.
:16-18 ……………… 91
:17 ……………… 74f.
:25f. ……………… 76
2:10 ……………… 76
:16 ……………… 223
3:2 ……………… 204
:10 ……………… 54, 271
4:5 ……………… 76

데살로니가전서

1:10 ……………… 192
5:4f. ……………… 174
:5 ……………… 164
:23 ……………… 327

히브리서

1:1 ……………… 157
:2 ……………… 34, 75

:2f. ……………………… 78
:3 ……………… 75, 79, 155
:10 ……………………… 75f.
2장 ……………………… 80
:5f. ……………………… 274
4:3 ……………………… 300
:9f. ……………………… 300
6:7 ……………………… 204
10:1 …………………… 267
:35f. …………………… 14
11:3 ……… 14, 18, 32, 34, 155
:13 …………………… 204
12:1f. ………………… 14
:26 …………………… 204

요한1서

1:1 ……………………… 74
2:8 …………………… 174
:13f. ………………… 74

야고보서

1:5f. ………………… 76
:16f. ………………… 54
3:6 …………………… 123
:13f. ………………… 76

유다서

13장 ………………… 201

베드로전서

1:12 ………………… 192
2:9 …………… 164, 174

3:1f. ………………… 422
:20 ………………… 240
:20f. ……………… 364
4:19 ……………… 29

베드로후서

3:10 ……………… 192
:13 ………………… 32

요한계시록

1:16 ……………… 221
:17 ………………… 103
3:14 ……………… 75
4장 ………………… 26
:6 ………………… 193
:11 ………………… 35
5:13 ……………… 34, 137
6:12f. …………… 224
7:17 ……………… 364
8:10f. …………… 224
9:1f. …………… 224
10:1 ……………… 222
:6 ……………… 34, 137
12:1 ……………… 222
:1f. ……………… 259
13:1f. …………… 267
:8 ………………… 80
:13 ……………… 192
14f. ……………… 267
14:1 ……………… 205
:9, 11 …………… 267
15:2 …………… 193, 267
16:2 ……………… 267
19:17 …………… 234

20:4 ……………… 267
:11 ……………… 192
:23 ……………… 224
20-21장 ………… 225
21:1 …………… 32, 192, 202
:2 ………………… 32, 259
:23f. …………… 165
:25 ……………… 176
22:1 ………… 202, 365
:2f. ……………… 366
:5 ………… 165, 176, 224
:17 ……………… 364

2. 인명과 고유명사

절대주의 Absolutismus　530
알버트 호크 Albert, Hch　176
암브로시우스 Ambrosius　28, 91, 140, 156, 207f., 232, 255
안셀름 (캔터베리) Anselm v. Canterbury　48, 49, 158, 173, 464
아포피스의 책 Apophisbuch　153
아리스티데스 Aristides　25
아리스토텔레스 Aristoteles　140, 535
아타나시우스 Athanasius　156, 255
아우구스틴 Augustin　22f., 35, 47f., 60, 66, 92, 98f., 136f., 139, 156, 370, 533
바하 Bach, Joh. Seb.　522
바호펜 Bachofen, Joh. Jak　115
바호펜 Bachofen, Joh. Kasper　513
바실리우스 Basilius　91, 136, 207
바움가르트너 Baumgartner, Walter　112
바우어 Baur, Ferd. Chr.　66
베일레, 피에르 Bayle, Pierre　504
베르자예프 Berdjajew, Nik.　115
베로수스 Berosus　120
비더만 Biedermann, Alois Emanuel　69, 255
본회퍼 Bonhoeffer, Dietrich　258, 260, 315, 321
브로케스 Brockes, B. H.　513f., 533
부카누스 Bucanus　71
불트만 Bultmann, Rudolf　112
분데헤쉬 Bundehesch　220
부카르트 Burckhardt, Jacob　431
칼빈 Calvin, Jean　48f., 70, 80, 84f., 135, 187, 197, 203, 229f., 233, 279, 297f., 370, 420f., 533
클레멘스 Clemens Alex.　28
클레멘스 Clemens Rom.　156
코케이유스 Coccejus　79
델리취 Delitzsch, Franz　171, 187, 254f., 320, 362, 418f., 423
데카르트 Descartes, René　470f., 535
디다케 Didache　70
아이히로트 Eichrodt, Walter　120, 186
에누마 엘리쉬 Enuma elisch　120f., 153f., 220, 319
프로이트 Freud, Sigmund　431
프리드리히 빌헬름 Friedrich Wilhelm I　533
포에스터 Foerster, Werner　30, 68, 156
게르하르트 Gerhard, Joh.　71
게르하르트 Gerhardt, Paul　175f., 522
괴테 Goethe, J. W. v.　208, 523
글룩 Gluck, Chr. Willibald v.　522
그레고리 Gregor v. Nazianz　47
그레고리 (니사) Gregor v. Nyssa　66
그레스만 Greßmann, Hugo　120, 153
궁켈 Gunkel, Hermann　90f., 123, 136, 139f., 143, 145f., 156, 166, 170f., 188f., 196, 209, 214f., 229, 254f., 273, 279, 292, 317f., 370f., 424
헨델 Händel, Georg Friedr.　522

하만 Hamann, Joh. Georg   115
하르낙 Harnack, Adolf. v.   435
하이든 Haydn, Joseph   522
헤겔 Hegel, Georg Wilh. Friedr.   255, 438, 523
하이데거 Heidegger, Martin   431
하이델베르크 교리문답 Heidelb. Kat.   49, 60
헤르더 Herder, Joh. Gottfried   423
헤르만 Hermann, Nik.   176
흄 Hume, David   523
입센 Ibsen, Henrik   523
이레네우스 Irenäus   35, 70, 75, 79, 300
야콥, 벤노 Jacob, Benno   28, 31, 135f., 146, 155, 163f., 180, 185, 215, 229, 233, 239f., 250, 272, 290f., 315, 370, 418
예레미아스 Jeremias, Alfred   135f., 142, 154, 171
예수 시락 Jesus Sirach   418
유스틴 Justin   156
칸트 Kant Immanuel   66, 69, 523
키텔 Kittel, Gerhard   266f.
코엘러 Koehler, Walter   15
콜브뤼게 Kohlbrügge, Herm. Friedr.   259f.
키부르츠 Kyburtz, Abraham   518
락탄티우스 Lactantius   68, 70
라파터 Lavater, Joh. Kaspar   175, 525
라 페이레르 La Peyrère   316
라이프니츠 Leibniz, Gottfr. Wilh.   499f., 501f., 509, 521, 523f., 533f.
레서 Lesser, Fr. Chr.   509f., 521f., 533
자유주의 Liberalismus   114
립시우스 Lipsius, R. A.   20, 69, 70, 255
뤼데만 Lüdemann, Hermann   20
루터 Luther, Martin   36f., 48, 136, 140, 159, 177, 181, 187, 197, 203, 223, 230f., 255, 291, 323, 327, 370, 509, 533
마르키온 Marcion   431f., 435f., 442

멜랑히톤   70f.
미켈란젤로   324
모차르트 Mozart, Wolfgang Amadeus   524
니케아-코스탄딘노플 신조 Nic.-Const. Symb.   35, 82, 84, 163
니체 Nietzsche, Friedrich   431, 523
노발리스 Novalis   144
외팅엔 Oettingen, A. v.   100
오리게네스 Origenes   47
정통주의 Orthodoxie   71, 114, 136, 188f., 535
필로 Philo   76, 268
플라톤 Plato   268
플루타르크 Plutarch   268
폴라누스, 아만두스 Polanus, Amandus   15, 48, 70, 71
크벤슈테트 Quenstedt, Andreas   15, 70, 187
폰 라트 Rad, Gerhard v.   253, 263
라쉬 Raschi, Rabbi   290
리츨 Ritschl, Albrecht   69, 70, 298
루소 Rousseau J. J.   523
륄레 Rühle, O.   112
슐라터 Schlatter, Adolf   108, 115
슐라이에르마허 Schleiermacher, Fr. E. D.   20
스콜라 Scholastik   21
쇼펜하우어 Schopenhauer, Arthur   431f., 437f., 442, 523
슈바이처 Schweitzer, Albert   431
슈바이처, 알렉산더 Schweizer, Alexander   20
제베르크 Seeberg, Reinhold   69, 255
셀네커 Selnecker, Nik.   176
버나드 쇼 Shaw, Bernhard   523
소피에 샬로테 (프로이센) Sophie Charlotte v. Preußen   504
슈트라우스 Strauß, David Friedr.   17
슈트린트베르크 Strindberg, August   523
슈투트너 Suttner, Bertha v.   524

혼합종교주의 Synkretismus   76

테르툴리안 Tertullian   70, 156
테오필루스 Theoph. v. Antiochien   14, 28, 156
토마스 아퀴나스 Thomas v. Aquino   15, 48, 136, 299
틸리히 Tillich, Paul   112
트뢸치 Troeltsch, Ernst   69, 256
피셔 Vischer, Wilhelm   115, 257f.
볼테르 Voltaire   525
프리첸 Vriezen   374
벨하우젠 Wellhausen, Joh.   136, 371
비헬하우스 Wichelhaus, Joh.   80
비트시우스 Witsius, H.   80
볼프 Wolff, Christian   505f., 509, 513, 520f., 533
침멀리 Zimmerli, Walter   108, 135f., 141, 148, 152, 168, 170, 361f., 366, 418, 420, 423
조로아스터 Zoroaster   76

3. 개념

인간론 Anthropologie 313
하나님 형상 Bild Gottes 54, 75, 134, 153, 209, 226, 245f., 371, 416
　"원형" Urbild 244f., 260f.
　"전형(모범)" Vorbild 162, 210, 244f., 260f.
　상실? Verlust 263f., 384
　비교. 형상금지! Bilderverbot!
계약 Bund 61, 65, 80, 87, 129ff., 205ff., 228, 246, 274, 302ff., 325, 348, 358, 375f., 383, 403f., 424, 429, 471, 496, 533
　계약 파트너 Bundespartner 220, 325, 356
카오스 Chaos 112, 136f., 143f., 156, 161f., 181f., 336
결혼 Ehe 394f., 403f., 421f.
땅(흙, 지구) Erde 32f., 44, 90f.135f., 146f., 181f., 290f.
　산 Berge 205
　결실 가능성 329, 335, 363
　"어머니 대지" Mutter Erde 321
　땅과 바다 Land u. Meer 170, 193
　인간 Mensch 192f., 199, 205. 직접 인간을 찾을 것!
　식물세계 Pflanzenwelt 247
　동물세계 213, 229 직접 찾을 것!
　광야 Wüste 202, 210
구약의 에로스 Eros im A. T. 402ff.
하나님의 영원성 Ewigkeit Gottes 96f.

어둠 Finsternis 139f., 152f., 160f., 166f.
창공(궁창) Firmament 167f.
여자 Frau 302f., 375f., 410f. 비교, 인간/성
성령 Geist Hl. 71f., 127f., 327. 창조자/성령을 보라!
하나님의 심판 Gericht Gottes 142
역사 Geschichte 85f., 102, 112f.
피조물 Geschöpf 28, 82, 146, 290f., 432
　결핍 Bedürftigkeit 454
　감사 Dankbarkeit 44, 300, 339, 477
　인식 Erkenntnis 439f. 인간/인식을 보라!
　실존 Existenz 130f., 304, 415f.
　별들 Gestirne 직접 찾을 것!
　삶(생명) Leben 191f., 332
　인간 Mensch 직접 찾을 것!
　중립성 Neutralität 476f.
　동물 Tier 직접 찾을 것
　신뢰 Vertrauen 498
　완성 Vollendung 285
　현실성 Wirklichkeit 320, 332, 336, 356, 447f.
　가치 Würde 483
별들 Gestirne 211f.
　천문학(점성술) Astrologie 219f.
　천체 제의 Gestirnskult 222
　달 Mond 211, 219
　이름부여 Namengebung 170
　시간 Zeit 211

하늘 Himmel   32, 43, 90f., 135f., 183, 186f.
예수 그리스도 Jesus Christus 창조자/예수 그리스도를 보라!
   아담 Adam   262
   육신을 입으심 assumptio carnis   43, 103, 493
   부활 Auferstehung   495
   하나님 형상 Bild Gottes   255f., 300 직접 찾을 것!
   공동체 Gemeinde   252f., 266f., 272f., 414f., 418f.
   피조물 Geschöpf   431f., 483f.
   십자가 Kreuz   496
   이스라엘의 메시아 Messias Israels   314, 359
   창조자 Schöpfer   직접 비교할 것!
이스라엘 Israel   90f., 152, 191, 205, 294, 306f., 315f., 348f., 354f., 405f.
우주 Kosmos   121, 135f., 160f., 182, 190, 211f., 274f.
땅 Land   191f.
몸 Leib   322
빛 Licht   139f., 152f., 170, 204f., 207
사랑 Liebe   130, 394f., 416f. 비교. 결혼! 에로스!
남자 Mann   265f., 302f., 392f. 비교. 인간/성
바다 Meer   187f., 193, 225f. 비교. 물! Wasser!
인간 Mensch   33f., 125, 190f., 210, 218f., 229f., 279f., 296, 308
   봉사 Dienst   305f., 310, 215f.
   인식 Erkenntnis   211f., 341f., 437f., 499
   창조(됨) Erschaffung   230f., 300f., 312f.
   자유 Freiheit   340f., 387
   성 Geschlechtlichkeit   243f., 375f., 390
   하나님 형상 Gottebenbildlichkeit   직접 찾을 것!
   통치 Herrschaft   247f., 256f.
   인간성 Humanität   231f., 381f., 388
   창조의 왕관 Krone der Schöpfung   286, 294, 392

벗음 Nacktheit   398
양식 Nahrung   275f.
죽음 Tod   직접 찾을 것!
신화 Mythus   112f., 136f.
밤 Nacht   144, 161, 165, 173f.
계시 Offenbarung
   구약과 신약 안의 통일성 Einheit im A. T. und N. T.   91, 305
   창조 Schöpfung   227, 284, 337, 464f.
낙원 Paradies   328f.
   나무들 Bäume   319, 328f.
      인식(앎)의 나무 Baum der Erkenntnis   329, 337f., 345, 352f., 360f., 410
      생명나무 Baum des Lebens   333f., 351, 358, 366, 410
   에덴 정원   329f.
   낙원의 장소 Ort des   328f., 349f.
   낙원의 현실성 Realität   350f.
   뱀 Schlange   338f.
   강 Strom   317f.
   금지 Verbot   335f., 339f., 354
안식일 Sabbat   157, 282f.
사가(역사 이야기) Sage   112f., 301
죄 Sünde   265, 397, 495
   타락사건 Sündenfall   265, 362f.
하나님의 창조 Schaffen, göttl.   31, 46, 423f., 442
창조자 Schöpfer   24f., 41f., 290, 426f.
   삼위일체 하나님 der dreieinige Gott   71f., 535
   아버지 Vater   67f.
   아들 Sohn   67f.
   성령 Geist, Hl.   72f., 133f.
창조 Schöpfung
   창조와 계약 u. Bund   직접 찾을 것!
   무로부터의 창조 creatio ex nihilo   31, 140
   연속적 창조 creatio continua   86

창조 인식 Erkenntnis, der   35f., 411. 비교. 인간/인식
구속(구원) Erlösung   280
예정(선택) Erwählung   416, 535
창조의 선함 Güte, der   167, 281f., 412, 444, 471f.
은혜 Gnade   53f., 59f., 90, 149, 158f., 191, 275, 284f., 510f.
근거 Grund   74, 80, 286f.
역사 Geschichte   27, 77, 85, 96f., 266
예수 그리스도 Jesus Christus   39f., 68f., 251, 300, 469, 470
질서 Ordnung   161, 168, 174, 195, 257, 272, 388
하나님의 숨(호흡) Odem Gottes   319, 323f.
성례전 Sakrament   306
창조의 날들 Schöpfungstage   298f., 316
6일 간의 사역 Sechstagewerk   152, 196
의미 Sinn, der   281, 299
칭의 Rechtfertigung   84, 439, 470f.
실현(현실화) Verwirklichung   426f. 비교. 피조물/현실성!
완성 Vollendung   261, 282f., 287f., 375
완전성 Vollkommenheit   475, 478, 482f.
선하신 행동으로서의 창조 als Wohltat   171, 181f., 324f., 319f., 466f.
시간성 Zeitlichkeit   100f., 171
목적 Ziel   129, 294, 358, 376, 471
창조론 Schöpfungslehre
  계약사 Bundesgeschichte   91f., 127, 228, 248, 265, 279, 286, 298, 309
  그리스도론 Christologie   38f., 420f.
  신조 Credo   13f.
  신화? Mythologie?   112f., 136f., 215
  낙관론? Optimismus?   472f., 486, 495f.
  창조사 Schöpfungsgeschichte   87f., 101f., 133f., 169, 228f., 281, 348
  성서 Schrift, hl.   23, 38f., 125f.
    신인동형론 Anthropomorphismus   292, 315
    성서문자주의 Biblizismus   41
  날 Tag   134, 160, 160f., 211
    주님의 날 Tag des Herrn   298f.
  신정론 Theodizee   504
  자연신학 Theologie, natürl.
    "신 존재 증명" Gottesbeweis   20, 461f.
    신의 사고 Gottesgedanke   472f.
    절대 의존의 감정 schlechth, Abhängigkeitsgefühl   20
    그리고 철학 u. Philosophie   20
  동물 Tier   203, 206, 209f., 211f., 256f., 299, 310f., 375f., 411, 414f.
  죽음 Tod   320, 345f., 481, 503
  물 Wasser   137f., 143, 145f., 168
    형이상학적 위험 Gefahr metaphys.   190, 192, 199f., 230
    하늘의 대양 Ozean, himml.   183
    땅의 대양 Ozean, ird.   186, 190f., 316
    원시홍수 Urflut   143, 150, 186f. 비교. 바다!
  세계 Welt   15f., 32, 135f., 145, 214
  세계관 Weltanschauung   216, 439f.
  하나님의 말씀 Wort Gottes   40, 63, 70, 74f., 79, 147f., 176f., 469f.
    하나님의 독백 Selbstgespräch, göttl.   152, 243f., 204f., 376
    히브리어 Sprache, hebr.   170f.
  기적 Wunder   107, 197f.
  시간 Zeit   89f.
    창조의 시간 Schöpfungszeit   100f.
    성서적 시간개념 Zeitbegriff, bibl.   220
  증거 Zeugnis   23, 38f., 124f., 478

옮긴이

신준호

서울대학교 무역학과 졸업
연세대학교 신학과 졸업
연세대학교 대학원 신학과 졸업
독일 하이델베르크 대학 졸업(Th. D.)
연세대 연합신학대학원 연구교수 역임
독일 하이델베르크 대학 초빙교수(Wissenschaftlicher Assistent) 역임

저서

『기독교 신학과 자연과학의 대화』(공저, 대한기독교서회)
『아픔의 신학』(한들출판사)
『칼 바르트 교회교의학 해설』(뉴미션21)

역서

『하나님의 영』(미하엘 벨커/ 대한기독교서회)
『종말론에 관한 과학과 신학의 대화』(미하엘 벨커, 존 폴킹혼/ 대한기독교서회)
『교회교의학 I/2』(칼 바르트/ 대한기독교서회)
『개신교신학 입문』(칼 바르트/ 복있는 사람)
『교의학개요』(칼 바르트/ 복있는 사람)